2018

中国县域统计年鉴(县市卷)

CHINA STATISTICAL YEARBOOK (COUNTY-LEVEL)

国家统计局农村社会经济调查司　编

中国统计出版社
China Statistics Press

图书在版编目（CIP）数据

中国县域统计年鉴．县市卷．2018 / 国家统计局农村社会经济调查司编．-- 北京：中国统计出版社，2019.5

ISBN 978-7-5037-8809-3

Ⅰ．①中… Ⅱ．①国… Ⅲ．①县级经济－经济统计－中国－2018－年鉴 Ⅳ．① F127-54

中国版本图书馆 CIP 数据核字（2019）第 072847 号

中国县域统计年鉴—2018（县市卷）

编　　者 / 国家统计局农村社会经济调查司
责任编辑 / 冯燕玲　丁小珊
封面设计 / 李雪燕
出版发行 / 中国统计出版社
通信地址 / 北京市丰台区西三环南路甲 6 号　邮政编码 /100073
电　　话 / 邮购（010）63376909　书店（010）68783171
网　　址 / http://www.zgtjcbs.com
印　　刷 / 河北鑫兆源印刷有限公司
经　　销 / 新华书店
开　　本 / 880×1230 毫米　1/16
字　　数 / 868 千字
印　　张 / 27.75
版　　别 / 2019 年 5 月第 1 版
版　　次 / 2019 年 5 月第 1 次印刷
定　　价 / 550. 00 元（全套）

如有印装差错，由本社发行部调换。

《中国县域统计年鉴（县市卷）-2018》
编辑委员会

编 者 说 明

一、《中国县域统计年鉴（县市卷）-2018》是一部全面反映我国县域社会经济发展状况的资料性年鉴，收录了2017年全国2000多个县域单位的基本情况、综合经济、农业、工业、教育、卫生、社会保障等方面的资料。

二、本卷的资料范围包括全国除香港特别行政区、澳门特别行政区和台湾省以外的县、旗、县级市和上报资料完整的市辖区，行政区划截止到2017年12月31日。

三、本卷的主要内容包括两个部分：一是县（市）社会经济主要指标；二是按公共财政收入分组的县（市）资料；篇末另附主要指标解释。

四、本卷的资料来自2017年县（市）社会经济统计年报。

五、本卷空栏有如下情况：

（1）该项数据较小，不够规定单位。

（2）该项指标在当年没有统计任务，没有统计数据。

（3）该项指标未掌握确切数据。

六、咨询服务电话：010-68782899。

编　者

2019年3月

目录

一、县（市）社会经济主要指标

二、按公共财政收入分组县（市）资料

附录：主要指标解释

1

县（市）社会经济主要指标

2017年县(市)社会经济主要指标

北京市

指　　标	单位	大兴区	怀柔区	平谷区	密云区	延庆区
一、基本情况						
行政区域面积	平方公里	1036	2123	948	2226	1995
乡个数	个		2	2	1	4
镇个数	个	14	12	14	17	11
街道办事处个数	个	8	2	2	2	3
户籍人口	万人	70	28	40	44	29
第二产业从业人员	人	218364	57507	55603	68710	22535
第三产业从业人员	人	369810	114764	142015	160970	106534
固定电话用户	户	152191	98776	93295	96735	38634
二、综合经济						
地区生产总值	万元	6443149	2863621	2335697	2782407	1375591
第一产业增加值	万元	168005	65600	157029	141660	68295
农业增加值	万元	93259	20367	91562	75276	25481
牧业增加值	万元	29153	10960	48309	38214	25671
第二产业增加值	万元	2428092	1627735	956358	1122291	430754
公共财政收入	万元	847148	379793	296339	330388	161608
各项税收	万元	2240273	379793	782027	915766	511640
公共财政支出	万元	2290216	1351031	1311741	1509179	1215872
居民储蓄存款余额	万元	13071313	2665528	2166763	2719655	1912344
年末金融机构各项贷款余额	万元	13316765	2257804	1873367	2178214	945656
三、农业和工业						
农业机械总动力	万千瓦特	16	13	16	14	11
机收面积	公顷	6753	3213	6607	5927	6947
设施农业占地面积	公顷	5943	245	748	631	658
棉花产量	吨			13		
油料产量	吨	1499	496	257	2249	400
规模以上工业企业单位数	个	339	164	115	135	41
四、教育、卫生和社会保障						
普通中学在校学生数	人	22748	9458	10450	14074	8577
中等职业教育学校在校学生数	人	6293	694	243	611	1234
小学在校学生数	人	60069	16868	17925	22095	12288
医疗卫生机构床位数	床	6999	1711	1979	1695	1037
各种社会福利收养性单位数	个	40	23	34	33	33
各种社会福利收养性单位床位数	床	6509	2812	5381	4724	4700

2017年县(市)社会经济主要指标

天津市、河北省

指　　标	单位	宝坻区	宁河区	静海区	蓟州区	藁城区
一、基本情况						
行政区域面积	平方公里	1459	1032	1476	1590	836
乡个数	个			2	1	1
镇个数	个	16	14	16	25	12
街道办事处个数	个	8		1	1	
户籍人口	万人	72	40	60	87	85
第二产业从业人员	人	127548	62001	182602	120424	258376
第三产业从业人员	人	93269	52328	151162	144834	214582
固定电话用户	户	225000	88441	188546	147541	46695
二、综合经济						
地区生产总值	万元	6099700	3794928	6547573	3654174	6008138
第一产业增加值	万元	200300	175628	222073	265674	376329
农业增加值	万元	53402	64267	141509	137438	220099
牧业增加值	万元	58941	61795	49821	119477	153449
第二产业增加值	万元	2953300	2457000	3194200	1254700	4061366
公共财政收入	万元	645000	261892	695131	253365	365702
各项税收	万元	383700	100998	437037	355942	599614
公共财政支出	万元	1105800	606226	1108527	777897	621514
居民储蓄存款余额	万元	3336622	2059100	1996294	3840832	2671186
年末金融机构各项贷款余额	万元	4985315	1861200	4023740	3872416	1398112
三、农业和工业						
农业机械总动力	万千瓦特	75	54	55	48	151
机收面积	公顷	90853	24010	60640	52008	68884
设施农业占地面积	公顷	1014	89	2323	1679	659
棉花产量	吨	2263	18304	2187		35
油料产量	吨	85	512	10094	2030	5974
规模以上工业企业单位数	个	227	137	570	74	392
四、教育、卫生和社会保障						
普通中学在校学生数	人	34254	17527	36048	41513	31872
中等职业教育学校在校学生数	人	810	1484	2466	3759	4890
小学在校学生数	人	36906	28387	60425	53224	59212
医疗卫生机构床位数	床	2793	2740	2016	2378	2021
各种社会福利收养性单位数	个	10	6	19	17	17
各种社会福利收养性单位床位数	床	624	514	3173	812	5694

2017年县(市)社会经济主要指标

河北省

指　　标	单位	鹿泉区	栾城区	井陉县	正定县	行唐县
一、基本情况						
行政区域面积	平方公里	603	326	1381	468	1025
乡个数	个	3	3	7	5	11
镇个数	个	9	4	10	3	4
街道办事处个数	个				2	
户籍人口	万人	43	35	33	51	46
第二产业从业人员	人	85703	102204	55442	105393	61762
第三产业从业人员	人	84412	75498	47294	91493	96284
固定电话用户	户	55000	33374	11986	63372	18453
二、综合经济						
地区生产总值	万元	3844841	2105023	1569795	2970319	1179591
第一产业增加值	万元	186027	133959	111533	337855	289425
农业增加值	万元	129579	59798	53948	177883	163286
牧业增加值	万元	46181	72943	38911	157908	110170
第二产业增加值	万元	1897694	1161224	592678	998217	410478
公共财政收入	万元	230078	117618	62702	222061	46464
各项税收	万元	358721	177997	101181	203694	54494
公共财政支出	万元	404908	229409	182483	347875	250288
居民储蓄存款余额	万元	2265000	1409452	1237962	3259863	1329066
年末金融机构各项贷款余额	万元	2016476	1179805	611389	2631759	588028
三、农业和工业						
农业机械总动力	万千瓦特	49	58	33	83	83
机收面积	公顷	28719	32463	10500	40687	37937
设施农业占地面积	公顷	663	368	41	634	77
棉花产量	吨	15	1	57	8	19
油料产量	吨	2344	359	2217	13167	19204
规模以上工业企业单位数	个	198	164	51	148	89
四、教育、卫生和社会保障						
普通中学在校学生数	人	18510	13390	12782	26095	22717
中等职业教育学校在校学生数	人	4971	4431	969	2939	511
小学在校学生数	人	33672	27711	18402	41246	39964
医疗卫生机构床位数	床	2067	1613	1401	2218	1775
各种社会福利收养性单位数	个	12	8	5	23	5
各种社会福利收养性单位床位数	床	7424	3558	2452	3576	5047

2017年县(市)社会经济主要指标

河北省

指　　标	单位	灵寿县	高邑县	深泽县	赞皇县	无极县
一、基本情况						
行政区域面积	平方公里	1066	222	296	1210	524
乡个数	个	9	1	3	7	5
镇个数	个	6	4	3	4	6
街道办事处个数	个					
户籍人口	万人	35	20	26	28	54
第二产业从业人员	人	37968	35121	58118	33100	149251
第三产业从业人员	人	30270	26928	36219	63462	48936
固定电话用户	户	20400	16100	7823	6485	29884
二、综合经济						
地区生产总值	万元	1000223	865889	1041540	889038	2032302
第一产业增加值	万元	243383	112071	125238	148185	254729
农业增加值	万元	156347	93362	81850	83798	153767
牧业增加值	万元	69843	17975	40933	47193	99363
第二产业增加值	万元	365911	471312	587162	418472	1013255
公共财政收入	万元	40861	48012	42307	35030	60270
各项税收	万元	18148	49413	40260	25493	81519
公共财政支出	万元	204137	137341	134307	166418	224242
居民储蓄存款余额	万元	1069160	471456	1036393	734843	1644484
年末金融机构各项贷款余额	万元	533363	318263	433115	420598	632082
三、农业和工业						
农业机械总动力	万千瓦特	48	46	28	52	64
机收面积	公顷	34831	26112	26803	26128	46289
设施农业占地面积	公顷	298	1398	375	65	1117
棉花产量	吨	17	54	18	10	1
油料产量	吨	3588	3389	4045	7501	11649
规模以上工业企业单位数	个	69	77	82	61	116
四、教育、卫生和社会保障						
普通中学在校学生数	人	18286	9767	8369	10294	20835
中等职业教育学校在校学生数	人	1409	410	523	698	950
小学在校学生数	人	26843	18914	16598	29312	41895
医疗卫生机构床位数	床	1269	700	905	1118	1400
各种社会福利收养性单位数	个	5	3	1	3	5
各种社会福利收养性单位床位数	床	3368	1928	2795	1623	4316

2017年县(市)社会经济主要指标

河北省

指　　标	单位	平山县	元氏县	赵　县	晋州市	新乐市
一、基本情况						
行政区域面积	平方公里	2648	675	674	619	525
乡个数	个	11	7	4	1	3
镇个数	个	12	8	7	9	8
街道办事处个数	个					1
户籍人口	万人	50	44	62	57	52
第二产业从业人员	人	62035	79762	136593	137502	114773
第三产业从业人员	人	50647	49107	114881	69958	74894
固定电话用户	户	29760	20330	19202	33589	26211
二、综合经济						
地区生产总值	万元	2386065	1913632	2175119	3051278	2170743
第一产业增加值	万元	139231	169739	217235	305421	298265
农业增加值	万元	48302	86677	168932	199752	178694
牧业增加值	万元	42784	72275	46208	99846	118308
第二产业增加值	万元	1439621	972252	1304836	1613359	1108698
公共财政收入	万元	123173	76180	59359	91150	78677
各项税收	万元	205162	112387	72990	50924	82673
公共财政支出	万元	320390	190675	227121	250814	228992
居民储蓄存款余额	万元	1677793	1394496	1340761	2261616	1436781
年末金融机构各项贷款余额	万元	1113811	896472	766022	1153124	848199
三、农业和工业						
农业机械总动力	万千瓦特	59	59	103	71	176
机收面积	公顷	21490	49167	74565	46333	45080
设施农业占地面积	公顷	247	194	300	295	2395
棉花产量	吨	59	129			
油料产量	吨	6650	5450	1845	5652	19616
规模以上工业企业单位数	个	23	78	109	275	175
四、教育、卫生和社会保障						
普通中学在校学生数	人	23617	15368	24231	20699	27463
中等职业教育学校在校学生数	人	3703	2980	4132	3291	1925
小学在校学生数	人	38170	34833	46208	40984	49224
医疗卫生机构床位数	床	1597	1860	2240	1449	1782
各种社会福利收养性单位数	个	6	3	9	17	10
各种社会福利收养性单位床位数	床	3238	2224	3240	4320	3454

2017年县(市)社会经济主要指标

河北省

指　　标	单位	丰南区	丰润区	曹妃甸区	滦　县	滦南县
一、基本情况						
行政区域面积	平方公里	1262	1154	1281	1027	1482
乡个数	个	3	3			
镇个数	个	12	17	5	10	16
街道办事处个数	个	1	3	3	4	1
户籍人口	万人	53	82	21	57	57
第二产业从业人员	人	120632	164382	62619	123521	119305
第三产业从业人员	人	130326	116202	48298	159693	83900
固定电话用户	户	66600	115725	63600	40075	53849
二、综合经济						
地区生产总值	万元	5985532	6770488	4391515	4871852	3322948
第一产业增加值	万元	388541	340080	267385	396456	683556
农业增加值	万元	239019	173710	71941	215086	360435
牧业增加值	万元	70444	157805	38813	176140	191150
第二产业增加值	万元	3341991	4646838	2709353	2916218	1103005
公共财政收入	万元	397342	238090	670462	172400	110058
各项税收	万元	590527	192017	760116	126377	72179
公共财政支出	万元	508356	379629	834785	323892	275218
居民储蓄存款余额	万元	3923958	5613109	1694344	3297890	2227900
年末金融机构各项贷款余额	万元	2788835	3185420	9453821	1578493	1067122
三、农业和工业						
农业机械总动力	万千瓦特	54	80	57	58	94
机收面积	公顷	38828	51136	21995	35282	64343
设施农业占地面积	公顷	2178	2448	704	1134	3968
棉花产量	吨	10069	43		215	10
油料产量	吨	35948	37487	622	69950	62686
规模以上工业企业单位数	个	172	181	92	97	92
四、教育、卫生和社会保障						
普通中学在校学生数	人	27163	36281	7233	26439	30543
中等职业教育学校在校学生数	人	5138	5605	2203	4071	3791
小学在校学生数	人	32948	56090	9796	39893	31798
医疗卫生机构床位数	床	2113	3854	884	2291	2514
各种社会福利收养性单位数	个	4	28		2	9
各种社会福利收养性单位床位数	床	4414	6225	507	3029	5439

2017年县(市)社会经济主要指标

河北省

指　标	单位	乐亭县	迁西县	玉田县	遵化市	迁安市
一、基本情况						
行政区域面积	平方公里	1417	1439	1170	1513	1227
乡个数	个	3	8	4	12	7
镇个数	个	10	9	16	13	10
街道办事处个数	个	1	1	1	2	4
户籍人口	万人	45	40	70	76	77
第二产业从业人员	人	82296	85222	189351	170870	178813
第三产业从业人员	人	92272	66967	115095	147297	207716
固定电话用户	户	42200	50200	83290	78900	69750
二、综合经济						
地区生产总值	万元	3578773	4127146	3445577	4864906	9036714
第一产业增加值	万元	731003	183804	567612	397163	327986
农业增加值	万元	491276	127128	376342	266710	157923
牧业增加值	万元	87332	41956	184190	120885	165081
第二产业增加值	万元	1245124	2465831	1502765	2062430	5205892
公共财政收入	万元	137076	123918	102193	123618	405223
各项税收	万元	102820	261927	153344	217369	857768
公共财政支出	万元	293370	282844	287378	351195	651032
居民储蓄存款余额	万元	2604443	2171058	3681109	3830864	5308389
年末金融机构各项贷款余额	万元	1576363	1087580	1945650	2113712	4473960
三、农业和工业						
农业机械总动力	万千瓦特	72	19	66	99	111
机收面积	公顷	25926	32	69300	23795	9553
设施农业占地面积	公顷	12032	91	2943	950	408
棉花产量	吨	8	135	69	13	13
油料产量	吨	10341	8065	3055	48064	34829
规模以上工业企业单位数	个	84	56	158	150	163
四、教育、卫生和社会保障						
普通中学在校学生数	人	19462	20156	34737	42491	36640
中等职业教育学校在校学生数	人	2100	2353	4400	3186	5427
小学在校学生数	人	18534	34052	49956	61490	63567
医疗卫生机构床位数	床	1833	2109	2788	3140	4652
各种社会福利收养性单位数	个	7	9	6	12	29
各种社会福利收养性单位床位数	床	3416	2667	3688	5960	6043

2017年县(市)社会经济主要指标

河北省

指　　标	单位	抚宁区	青龙满族自治县	昌黎县	卢龙县	肥乡区
一、基本情况						
行政区域面积	平方公里	968	3510	1212	956	503
乡个数	个	2	14	5	3	4
镇个数	个	5	11	11	9	5
街道办事处个数	个	1	1			
户籍人口	万人	33	56	53	42	41
第二产业从业人员	人	35237	87620	64989	44130	85856
第三产业从业人员	人	30815	60593	71839	73109	119629
固定电话用户	户	25700	28700	37010	26732	3800
二、综合经济						
地区生产总值	万元	1167193	1099958	2597928	1158608	1027193
第一产业增加值	万元	288982	365610	592503	333464	238948
农业增加值	万元	149583	224088	284639	201660	176486
牧业增加值	万元	129562	117543	221210	121376	57346
第二产业增加值	万元	275706	169440	1031717	340554	466941
公共财政收入	万元	40884	37773	106018	41806	63559
各项税收	万元	63024	54716	212146	26999	51500
公共财政支出	万元	178043	258147	294380	207269	227530
居民储蓄存款余额	万元	1886419	1271308	2829682	1496695	765830
年末金融机构各项贷款余额	万元	1016463	743096	1023110	560317	573905
三、农业和工业						
农业机械总动力	万千瓦特	23	12	66	61	50
机收面积	公顷	2705		44068	16500	61380
设施农业占地面积	公顷	1017	241	4583	602	1981
棉花产量	吨	5		22	46	4306
油料产量	吨	12022	4125	34341	23901	4797
规模以上工业企业单位数	个	29	17	30	26	55
四、教育、卫生和社会保障						
普通中学在校学生数	人	8730	15281	25266	18729	24278
中等职业教育学校在校学生数	人	2219	9018	4141	3583	1396
小学在校学生数	人	18753	41396	30662	23619	45217
医疗卫生机构床位数	床	1849	1755	2844	1614	1158
各种社会福利收养性单位数	个	3	4	14	3	4
各种社会福利收养性单位床位数	床	2833	5325	4288	3290	3218

2017年县(市)社会经济主要指标

河北省

指　标	单位	永年区	临漳县	成安县	大名县	涉　县
一、基本情况						
行政区域面积	平方公里	761	742	482	1053	1509
乡个数	个	8	7	4	10	8
镇个数	个	9	7	5	10	8
街道办事处个数	个					1
户籍人口	万人	96	75	46	93	43
第二产业从业人员	人	277000	116551	78741	93800	98119
第三产业从业人员	人	276606	90790	84152	215279	129970
固定电话用户	户	25832	17956	19137	16000	21190
二、综合经济						
地区生产总值	万元	2657269	1345162	1606475	1368900	2325021
第一产业增加值	万元	345749	206400	211916	242375	124266
农业增加值	万元	227206	125133	149613	153262	73861
牧业增加值	万元	109863	77510	60083	86169	29758
第二产业增加值	万元	1446463	705874	801664	528815	1159552
公共财政收入	万元	127353	44580	68477	43955	117102
各项税收	万元	123889	28433	90617	68875	117102
公共财政支出	万元	323966	217879	207440	302089	239911
居民储蓄存款余额	万元	2619408	1250279	872736	1484007	1569201
年末金融机构各项贷款余额	万元	2047148	539969	521815	1115821	1604274
三、农业和工业						
农业机械总动力	万千瓦特	68	65	63	73	37
机收面积	公顷	62993	70267	37333	115632	12800
设施农业占地面积	公顷	1814	203	1007	1225	27
棉花产量	吨	379	78	10733	17	10
油料产量	吨	2388	2413	5678	81178	633
规模以上工业企业单位数	个	141	56	83	88	73
四、教育、卫生和社会保障						
普通中学在校学生数	人	55911	35619	23185	48241	23489
中等职业教育学校在校学生数	人	7230	2985	1502	1199	2490
小学在校学生数	人	88110	74712	46748	85367	33933
医疗卫生机构床位数	床	4668	1718	1644	4010	2479
各种社会福利收养性单位数	个	10	8	4	8	13
各种社会福利收养性单位床位数	床	4438	4338	1769	4750	3091

2017年县(市)社会经济主要指标

河北省

指　　标	单位	磁　县	邱　县	鸡泽县	广平县	馆陶县
一、基本情况						
行政区域面积	平方公里	695	449	336	314	456
乡个数	个	5	2	3	3	4
镇个数	个	6	5	4	4	4
街道办事处个数	个					
户籍人口	万人	48	26	34	31	36
第二产业从业人员	人	103199	63040	86061	74792	95473
第三产业从业人员	人	105506	54637	88696	69577	65524
固定电话用户	户	25069	7404	38002	7020	7720
二、综合经济						
地区生产总值	万元	819441	817927	860490	816267	806257
第一产业增加值	万元	94844	131826	121296	99285	189253
农业增加值	万元	37300	81409	74926	79334	102163
牧业增加值	万元	47055	44180	45051	18696	83468
第二产业增加值	万元	369514	361182	384779	342280	327812
公共财政收入	万元	70366	35409	35622	43500	50008
各项税收	万元	98508	27364	47312	32134	32781
公共财政支出	万元	194918	125345	160200	153913	175525
居民储蓄存款余额	万元	1461157	599953	699614	617100	770086
年末金融机构各项贷款余额	万元	1076432	327155	365480	415700	459274
三、农业和工业						
农业机械总动力	万千瓦特	73	27	28	34	54
机收面积	公顷	34368	29267	29534	29060	39830
设施农业占地面积	公顷	19	464	1	448	1183
棉花产量	吨	32	20427	76	947	736
油料产量	吨	645	1095	224	3753	5052
规模以上工业企业单位数	个	52	69	75	44	71
四、教育、卫生和社会保障						
普通中学在校学生数	人	34806	17198	16267	11908	17195
中等职业教育学校在校学生数	人	2423	263	1047	1508	765
小学在校学生数	人	47303	31390	39237	35497	43253
医疗卫生机构床位数	床	2703	942	1171	1302	1285
各种社会福利收养性单位数	个	6	4	4	3	4
各种社会福利收养性单位床位数	床	2565	856	1038	2197	1680

2017年县(市)社会经济主要指标

河北省

指　　标	单位	魏　县	曲周县	武安市	邢台县	临城县
一、基本情况						
行政区域面积	平方公里	864	677	1806	1848	797
乡个数	个	9	4	9	6	4
镇个数	个	12	6	13	10	4
街道办事处个数	个					
户籍人口	万人	103	53	84	36	22
第二产业从业人员	人	161614	75206	215366	66280	20673
第三产业从业人员	人	130521	94346	201041	49513	21348
固定电话用户	户	17790	12102	35100	29200	26287
二、综合经济						
地区生产总值	万元	1740146	1372107	6398787	1469101	677771
第一产业增加值	万元	327825	187998	256978	129183	77885
农业增加值	万元	245481	103784	139059	101858	45137
牧业增加值	万元	79183	79026	101696	18098	27698
第二产业增加值	万元	780727	836966	3752919	940713	387972
公共财政收入	万元	72664	51075	416046	100549	26334
各项税收	万元	95183	62701	571836	170010	29858
公共财政支出	万元	381406	184892	632276	247098	138373
居民储蓄存款余额	万元	1434000	1021959	4479373	1479384	828061
年末金融机构各项贷款余额	万元	931035	787174	3081508	869205	550813
三、农业和工业						
农业机械总动力	万千瓦特	73	79	181	35	25
机收面积	公顷	83418	54894	26133	20783	21420
设施农业占地面积	公顷	1300	142	139	28	109
棉花产量	吨	523	6804	2228	159	8
油料产量	吨	4693	2561	7032	6642	5773
规模以上工业企业单位数	个	69	103	104	55	52
四、教育、卫生和社会保障						
普通中学在校学生数	人	42865	28067	43613	14259	16026
中等职业教育学校在校学生数	人	1733	2080	10504	2019	2580
小学在校学生数	人	92883	58290	81133	21976	18905
医疗卫生机构床位数	床	3050	1808	4076	2055	1103
各种社会福利收养性单位数	个	2	2	21	6	4
各种社会福利收养性单位床位数	床	4596	2891	4185	5316	1390

2017年县(市)社会经济主要指标

河北省

指　　标	单位	内丘县	柏乡县	隆尧县	任　县	南和县
一、基本情况						
行政区域面积	平方公里	788	268	749	431	405
乡个数	个	4	2	5	4	5
镇个数	个	5	4	7	4	3
街道办事处个数	个					
户籍人口	万人	30	21	56	39	39
第二产业从业人员	人	46628	36421	96338	55865	67200
第三产业从业人员	人	41295	26167	63583	55245	69324
固定电话用户	户	27150	8602	63820	16812	18626
二、综合经济						
地区生产总值	万元	770457	370401	1000460	503633	626275
第一产业增加值	万元	111079	81947	216691	107146	189877
农业增加值	万元	78147	60151	156973	86139	158163
牧业增加值	万元	27753	20960	56664	18905	28068
第二产业增加值	万元	330766	143698	407528	173283	186980
公共财政收入	万元	45304	17857	41537	31999	36771
各项税收	万元	67889	23745	73122	47008	23778
公共财政支出	万元	155473	103586	185835	185921	171235
居民储蓄存款余额	万元	967050	462236	1281375	816707	827600
年末金融机构各项贷款余额	万元	511172	341669	775981	659597	807552
三、农业和工业						
农业机械总动力	万千瓦特	26	36	84	52	49
机收面积	公顷	28438	25760	73333	46135	48000
设施农业占地面积	公顷	105	27	143	129	1245
棉花产量	吨	8	40	2757	6	2
油料产量	吨	14486	2115	10571	2323	1815
规模以上工业企业单位数	个	34	47	69	47	38
四、教育、卫生和社会保障						
普通中学在校学生数	人	14671	9589	15946	13470	18677
中等职业教育学校在校学生数	人	2245	1142	1083	469	2078
小学在校学生数	人	24879	16486	44737	30293	30005
医疗卫生机构床位数	床	1227	830	1695	1105	1237
各种社会福利收养性单位数	个	3	4	6	1	2
各种社会福利收养性单位床位数	床	1978	1163	1358	2419	2704

2017年县(市)社会经济主要指标

河北省

指　标	单位	宁晋县	巨鹿县	新河县	广宗县	平乡县
一、基本情况						
行政区域面积	平方公里	1111	631	366	504	406
乡个数	个	5	3	4	4	4
镇个数	个	11	7	2	4	2
街道办事处个数	个	1				1
户籍人口	万人	85	43	18	33	36
第二产业从业人员	人	138140	68235	12089	49692	79688
第三产业从业人员	人	71413	39301	17455	61579	54021
固定电话用户	户	42442	20383	26506	11684	14528
二、综合经济						
地区生产总值	万元	2879179	759608	344849	498148	651009
第一产业增加值	万元	296491	277009	84931	107276	130071
农业增加值	万元	239097	253590	67572	81253	106993
牧业增加值	万元	55809	21363	15663	24629	20808
第二产业增加值	万元	1881240	222784	139894	213862	254387
公共财政收入	万元	97259	39038	17134	20446	30620
各项税收	万元	147739	44083	32213	30792	21491
公共财政支出	万元	297351	184047	116995	135743	158475
居民储蓄存款余额	万元	2232741	1081316	594395	582800	862868
年末金融机构各项贷款余额	万元	1648236	559892	299218	356301	467759
三、农业和工业						
农业机械总动力	万千瓦特	130	44	30	22	30
机收面积	公顷	115014	32339	29433	17890	31200
设施农业占地面积	公顷	286	534	86	430	141
棉花产量	吨	1251	668	3655	7515	306
油料产量	吨	4166	13051	3249	15054	20724
规模以上工业企业单位数	个	245	68	45	56	66
四、教育、卫生和社会保障						
普通中学在校学生数	人	28905	20350	5484	8460	16208
中等职业教育学校在校学生数	人	6029	395	200	1341	546
小学在校学生数	人	66146	33113	9294	27298	31922
医疗卫生机构床位数	床	3233	1604	631	980	1271
各种社会福利收养性单位数	个	5	15	3	5	7
各种社会福利收养性单位床位数	床	3265	4196	1016	1725	2041

2017年县(市)社会经济主要指标

河北省

指　　标	单位	威　县	清河县	临西县	南宫市	沙河市
一、基本情况						
行政区域面积	平方公里	1012	500	542	861	859
乡个数	个	5		3	5	4
镇个数	个	11	6	6	6	4
街道办事处个数	个				4	5
户籍人口	万人	64	44	39	50	45
第二产业从业人员	人	91919	107845	56432	92293	99512
第三产业从业人员	人	73113	98757	71791	77969	123050
固定电话用户	户	25849	30057	11750	38092	46596
二、综合经济						
地区生产总值	万元	869226	1535437	762268	1086690	2394824
第一产业增加值	万元	232171	57800	118111	160189	61902
农业增加值	万元	175410	43364	90964	125211	30543
牧业增加值	万元	53953	9561	25899	32254	28786
第二产业增加值	万元	302622	721296	293175	424796	1182177
公共财政收入	万元	50009	70961	39038	33272	101280
各项税收	万元	70119	126923	46049	38164	177357
公共财政支出	万元	274873	212882	179097	200095	243879
居民储蓄存款余额	万元	1303057	1686172	836919	1529883	2196737
年末金融机构各项贷款余额	万元	734521	1104144	421047	915120	2175260
三、农业和工业						
农业机械总动力	万千瓦特	67	40	55	76	31
机收面积	公顷	26200	39715	49667	43464	26377
设施农业占地面积	公顷	74	28	37	153	23
棉花产量	吨	41781	414	1165	26864	52
油料产量	吨	7069	2167	1030	13801	2987
规模以上工业企业单位数	个	92	120	59	84	78
四、教育、卫生和社会保障						
普通中学在校学生数	人	25895	17667	14749	28340	30165
中等职业教育学校在校学生数	人	2054	1624	1973	4631	4328
小学在校学生数	人	56491	48197	38424	34655	42682
医疗卫生机构床位数	床	2023	1844	1418	1563	1826
各种社会福利收养性单位数	个	16	4	1	10	3
各种社会福利收养性单位床位数	床	2837	1656	1537	4455	2441

2017年县(市)社会经济主要指标

河北省

指　　标	单位	满城区	清苑区	徐水区	涞水县	阜平县
一、基本情况						
行政区域面积	平方公里	658	867	723	1662	2496
乡个数	个	6	9	4	4	7
镇个数	个	5	9	10	11	6
街道办事处个数	个					
户籍人口	万人	40	68	62	36	23
第二产业从业人员	人	67102	115639	126919	46446	19057
第三产业从业人员	人	59155	64679	72853	31178	22359
固定电话用户	户	39193	43142	55814	25354	16821
二、综合经济						
地区生产总值	万元	1147677	1234586	2632615	709270	423285
第一产业增加值	万元	188387	286498	236590	136222	87953
农业增加值	万元	132977	237003	128358	77211	61836
牧业增加值	万元	50568	46053	106311	38227	15134
第二产业增加值	万元	510500	462887	1643198	161361	102013
公共财政收入	万元	59188	57555	135669	67595	31855
各项税收	万元	88032	103747	437853	98019	32822
公共财政支出	万元	190762	256955	308435	220947	262386
居民储蓄存款余额	万元	1454965	1790343	2042669	1173554	856515
年末金融机构各项贷款余额	万元	887976	837679	921826	988736	505264
三、农业和工业						
农业机械总动力	万千瓦特	30	54	50	18	9
机收面积	公顷	25243	65330	53597	20550	200
设施农业占地面积	公顷	864	6804	2072	680	330
棉花产量	吨	15	20	1	24	
油料产量	吨	1512	6897	2377	10573	4722
规模以上工业企业单位数	个	104	68	58	32	18
四、教育、卫生和社会保障						
普通中学在校学生数	人	20660	29308	33885	17307	11781
中等职业教育学校在校学生数	人	2824	1870	3263	979	3545
小学在校学生数	人	36617	55667	47392	21251	20584
医疗卫生机构床位数	床	1507	2657	3016	1050	829
各种社会福利收养性单位数	个	2	4	2	3	1
各种社会福利收养性单位床位数	床	2167	3293	1930	1302	1206

2017年县(市)社会经济主要指标

河北省

指　　标	单位	定兴县	唐　县	高阳县	容城县	涞源县
一、基本情况						
行政区域面积	平方公里	714	1414	495	314	2448
乡个数	个	9	11	4	3	9
镇个数	个	7	9	4	5	8
街道办事处个数	个			1		
户籍人口	万人	60	59	35	27	29
第二产业从业人员	人	139555	114407	85120	93756	21195
第三产业从业人员	人	128034	41903	38722	43748	30756
固定电话用户	户	32150	40329	37915	25232	21202
二、综合经济						
地区生产总值	万元	1350848	857503	964649	531161	642453
第一产业增加值	万元	260892	223430	58476	91554	49236
农业增加值	万元	171424	109410	46308	58512	25428
牧业增加值	万元	87804	108241	9301	32848	14705
第二产业增加值	万元	586937	334329	555813	255802	276826
公共财政收入	万元	58231	40206	70150	16508	95118
各项税收	万元	108470	51317	71939	30829	74533
公共财政支出	万元	225166	272133	166821	119037	321804
居民储蓄存款余额	万元	1393362	1713771	1335073	1023925	828953
年末金融机构各项贷款余额	万元	717768	845804	608365	606049	568900
三、农业和工业						
农业机械总动力	万千瓦特	45	29	17	31	8
机收面积	公顷	65240	30159	29646	28340	2000
设施农业占地面积	公顷	1802	245	32	277	58
棉花产量	吨	101	10	181	2	
油料产量	吨	15982	3286	3836	2154	86
规模以上工业企业单位数	个	77	59	116	56	15
四、教育、卫生和社会保障						
普通中学在校学生数	人	30932	33262	17990	10358	16380
中等职业教育学校在校学生数	人	1053	2180	1998	940	1931
小学在校学生数	人	42390	50433	34634	22286	25984
医疗卫生机构床位数	床	1456	2635	1366	1109	1115
各种社会福利收养性单位数	个	2	6	2	2	2
各种社会福利收养性单位床位数	床	511	2872	1458	1325	1318

2017年县(市)社会经济主要指标

河北省

指　　标	单位	望都县	安新县	易　县	曲阳县	蠡　县
一、基本情况						
行政区域面积	平方公里	370	728	2534	1084	652
乡个数	个	4	3	18	10	3
镇个数	个	4	9	9	8	10
街道办事处个数	个					
户籍人口	万人	27	47	58	65	54
第二产业从业人员	人	41600	150917	89751	74077	77922
第三产业从业人员	人	33200	53601	48550	49340	47783
固定电话用户	户	20058	40735	41419	42523	36672
二、综合经济						
地区生产总值	万元	604288	560897	1255607	930473	1070459
第一产业增加值	万元	142620	84433	223739	125284	152083
农业增加值	万元	111094	55996	80461	75709	98485
牧业增加值	万元	30450	15311	126574	40651	51761
第二产业增加值	万元	256630	236627	554689	344712	590027
公共财政收入	万元	30358	35482	47924	44266	42743
各项税收	万元	36911	58537	71325	58824	51970
公共财政支出	万元	168049	158100	270184	234320	198744
居民储蓄存款余额	万元	89069	1360670	1563368	1464532	1497572
年末金融机构各项贷款余额	万元	692500	613363	753022	445127	490511
三、农业和工业						
农业机械总动力	万千瓦特	33	40	23	43	50
机收面积	公顷	31666	45000	30837	26510	32985
设施农业占地面积	公顷	296	101	174	76	306
棉花产量	吨	23	93	9	115	170
油料产量	吨	2468	334	8818	7173	6703
规模以上工业企业单位数	个	25	69	51	67	89
四、教育、卫生和社会保障						
普通中学在校学生数	人	11612	19364	31037	42543	26200
中等职业教育学校在校学生数	人	1043	656	2803	2847	1623
小学在校学生数	人	18883	42904	40131	72427	50414
医疗卫生机构床位数	床	1222	1593	3105	2782	1912
各种社会福利收养性单位数	个	6	1	7	3	1
各种社会福利收养性单位床位数	床	1447	2025	2454	2299	1832

2017年县(市)社会经济主要指标

河北省

指　　标	单位	顺平县	博野县	雄　县	涿州市	安国市
一、基本情况						
行政区域面积	平方公里	711	331	514	751	486
乡个数	个	5	1	3	1	3
镇个数	个	5	6	6	10	6
街道办事处个数	个				3	2
户籍人口	万人	31	27	40	70	41
第二产业从业人员	人	38095	59992	74296	109516	87657
第三产业从业人员	人	24730	52346	27135	112411	47569
固定电话用户	户	23653	19048	30576	77557	3478
二、综合经济						
地区生产总值	万元	512488	489479	799515	3269308	1096417
第一产业增加值	万元	177772	129283	91841	209817	182035
农业增加值	万元	157342	94375	76148	144390	152833
牧业增加值	万元	16256	18622	15672	61224	26431
第二产业增加值	万元	167372	189298	479573	1160458	442465
公共财政收入	万元	38866	18146	26558	261452	62729
各项税收	万元	48554	27809	47134	464814	98207
公共财政支出	万元	155699	114418	153761	402085	199971
居民储蓄存款余额	万元	839189	660807	1346170	3286001	1659997
年末金融机构各项贷款余额	万元	387530	338691	550900	4088973	529170
三、农业和工业						
农业机械总动力	万千瓦特	25	26	25	29	53
机收面积	公顷	19728	27017	34366	50074	37289
设施农业占地面积	公顷	821	166	200	1278	261
棉花产量	吨	3	17	7	1	28
油料产量	吨	2361	4678	2904	7431	15774
规模以上工业企业单位数	个	44	38	119	68	83
四、教育、卫生和社会保障						
普通中学在校学生数	人	13394	12587	14584	27264	23218
中等职业教育学校在校学生数	人	1470	629	1539	5977	1474
小学在校学生数	人	23508	21516	37640	44627	27863
医疗卫生机构床位数	床	1368	811	1174	4175	1319
各种社会福利收养性单位数	个	4	3	1	9	4
各种社会福利收养性单位床位数	床	1924	1423	914	3206	1910

2017年县(市)社会经济主要指标

河北省

指　　标	单位	高碑店市	万全区	崇礼区	张北县	康保县
一、基本情况						
行政区域面积	平方公里	618	1162	2324	3868	3365
乡个数	个	1	7	8	11	8
镇个数	个	8	4	2	7	7
街道办事处个数	个	5				
户籍人口	万人	56	23	13	36	27
第二产业从业人员	人	69260	24204	10734	66142	28623
第三产业从业人员	人	87470	20515	38529	64188	28413
固定电话用户	户	40838	9047	9028	23678	4760
二、综合经济						
地区生产总值	万元	1682717	666736	321719	1011685	484626
第一产业增加值	万元	131934	89869	51868	235884	157957
农业增加值	万元	82261	29843	29925	148372	85311
牧业增加值	万元	48283	46175	11691	75365	61859
第二产业增加值	万元	868294	310581	151206	485466	183202
公共财政收入	万元	117625	42265	48000	68586	23000
各项税收	万元	213761	76737	56640	446	16045
公共财政支出	万元	256285	211908	206079	277968	225936
居民储蓄存款余额	万元	3036756	770557	581202	955723	385863
年末金融机构各项贷款余额	万元	4005869	624922	814796	1320134	368387
三、农业和工业						
农业机械总动力	万千瓦特	24	9	7	36	27
机收面积	公顷	46287	2333	357	46334	77166
设施农业占地面积	公顷	311	476	156	127	203
棉花产量	吨	1				
油料产量	吨	12497	966	1638	22518	25988
规模以上工业企业单位数	个	54	45	11	41	25
四、教育、卫生和社会保障						
普通中学在校学生数	人	26567	9010	2997	22309	6067
中等职业教育学校在校学生数	人	2086	1060	181	1998	629
小学在校学生数	人	39980	14942	5157	22782	6579
医疗卫生机构床位数	床	1965	1260	383	1788	787
各种社会福利收养性单位数	个	2	1	5	7	5
各种社会福利收养性单位床位数	床	2685	1133	1222	1764	1995

2017年县(市)社会经济主要指标

河北省

指　　标	单位	沽源县	尚义县	蔚　县	阳原县	怀安县
一、基本情况						
行政区域面积	平方公里	3363	2601	3198	1849	1698
乡个数	个	10	7	11	9	7
镇个数	个	4	7	11	5	4
街道办事处个数	个					
户籍人口	万人	22	19	50	27	24
第二产业从业人员	人	9466	18923	19883	52643	46021
第三产业从业人员	人	21420	26412	53551	61778	76993
固定电话用户	户	7524	2760	13122	11000	13201
二、综合经济						
地区生产总值	万元	535228	378086	837887	471297	658816
第一产业增加值	万元	207016	111453	131709	99344	86718
农业增加值	万元	157106	72385	55849	28781	57239
牧业增加值	万元	37697	28655	63318	56405	24250
第二产业增加值	万元	182001	150562	198463	149226	215070
公共财政收入	万元	29316	19484	54023	33461	46541
各项税收	万元	15032	22090	29382	23964	35610
公共财政支出	万元	237247	194090	297906	226902	219906
居民储蓄存款余额	万元	480092	399929	1660640	790528	774615
年末金融机构各项贷款余额	万元	434538	294155	1129803	788494	536873
三、农业和工业						
农业机械总动力	万千瓦特	44	12	25	11	8
机收面积	公顷	72300	17650	18500	9867	5200
设施农业占地面积	公顷		119	417	68	291
棉花产量	吨					
油料产量	吨	2985	27491	2595	5118	11113
规模以上工业企业单位数	个	17	17	15	20	24
四、教育、卫生和社会保障						
普通中学在校学生数	人	6941	4108	20824	7311	5809
中等职业教育学校在校学生数	人	60	1466	2046	1840	2823
小学在校学生数	人	11363	6197	45863	18531	13556
医疗卫生机构床位数	床	678	1048	1525	785	827
各种社会福利收养性单位数	个	4	7	5	4	2
各种社会福利收养性单位床位数	床	1110	1297	1377	872	1963

2017年县(市)社会经济主要指标

河北省

指　　标	单位	怀来县	涿鹿县	赤城县	承德县	兴隆县
一、基本情况						
行政区域面积	平方公里	1801	2802	5273	3648	3123
乡个数	个	6	4	9	11	7
镇个数	个	11	13	9	12	13
街道办事处个数	个					
户籍人口	万人	37	35	30	42	33
第二产业从业人员	人	28378	20169	15399	22859	43693
第三产业从业人员	人	59900	65902	43260	71311	52294
固定电话用户	户	51120	45190	7600	22420	15054
二、综合经济						
地区生产总值	万元	1353573	839229	606002	1233780	1005647
第一产业增加值	万元	119221	138918	220192	312816	252343
农业增加值	万元	59577	45225	150089	216553	215228
牧业增加值	万元	46437	85047	46590	76379	28896
第二产业增加值	万元	366332	254647	164663	454722	400089
公共财政收入	万元	154088	63331	37369	64366	50710
各项税收	万元	240894	39219	33234	106098	74506
公共财政支出	万元	277152	262164	226930	260618	241475
居民储蓄存款余额	万元	1677210	1116848	876868	1295152	1286482
年末金融机构各项贷款余额	万元	1881198	937969	782407	1223661	951460
三、农业和工业						
农业机械总动力	万千瓦特	16	20	11	16	7
机收面积	公顷	8660	4477	860	953	
设施农业占地面积	公顷	123	65	316	851	218
棉花产量	吨					
油料产量	吨	759	850	2218	576	214
规模以上工业企业单位数	个	35	42	29	65	33
四、教育、卫生和社会保障						
普通中学在校学生数	人	18693	10207	10962	18262	13881
中等职业教育学校在校学生数	人	2023	2632	908	2619	3345
小学在校学生数	人	29065	23592	17260	26774	20561
医疗卫生机构床位数	床	1468	1358	1052	2509	1381
各种社会福利收养性单位数	个	17	6	4	5	3
各种社会福利收养性单位床位数	床	2255	1716	2496	8518	2326

2017年县(市)社会经济主要指标

河北省

指　　标	单位	滦平县	隆化县	丰宁满族自治县	宽城满族自治县	围场满族蒙古族自治县
一、基本情况						
行政区域面积	平方公里	2993	5473	8739	1936	9037
乡个数	个	11	15	16	8	25
镇个数	个	9	9	10	10	12
街道办事处个数	个	1	1	1		
户籍人口	万人	33	45	41	26	53
第二产业从业人员	人	66251	73831	61796	54354	32484
第三产业从业人员	人	53325	68735	54680	52259	49415
固定电话用户	户	12543	15715	14886	12441	24452
二、综合经济						
地区生产总值	万元	1410084	1220290	1045791	1724610	1242879
第一产业增加值	万元	227073	366916	228868	156843	443496
农业增加值	万元	113529	203943	87879	101092	304210
牧业增加值	万元	79404	138452	108241	29424	105929
第二产业增加值	万元	628346	405402	390585	947095	335078
公共财政收入	万元	71527	37049	61510	80085	54156
各项税收	万元	153968	76170	65097	159344	97345
公共财政支出	万元	263756	285772	370573	199124	367855
居民储蓄存款余额	万元	1117005	1153401	1083579	1591477	1293586
年末金融机构各项贷款余额	万元	1330650	1031215	1600724	1666642	1129410
三、农业和工业						
农业机械总动力	万千瓦特	31	30	47	9	67
机收面积	公顷	1670	4667	28533		58900
设施农业占地面积	公顷	756	1349	1325	594	532
棉花产量	吨					
油料产量	吨	514	7026	5140	1065	7744
规模以上工业企业单位数	个	54	43	39	39	40
四、教育、卫生和社会保障						
普通中学在校学生数	人	15594	17068	18052	10580	28794
中等职业教育学校在校学生数	人	2545	3306	2708	2235	3784
小学在校学生数	人	23125	32398	30510	23529	41636
医疗卫生机构床位数	床	1866	2049	2205	3154	2484
各种社会福利收养性单位数	个	12	9	6	7	15
各种社会福利收养性单位床位数	床	3660	2791	2489	2291	2302

2017年县(市)社会经济主要指标

河北省

指　　标	单位	平泉市	沧　县	青　县	东光县	海兴县
一、基本情况						
行政区域面积	平方公里	3294	1520	968	710	919
乡个数	个	6	15	3	1	4
镇个数	个	13	4	7	8	3
街道办事处个数	个					
户籍人口	万人	48	74	44	38	24
第二产业从业人员	人	91195	173790	113907	75951	42050
第三产业从业人员	人	69173	169969	59508	43469	31460
固定电话用户	户	20062	184100	44950	23726	21650
二、综合经济						
地区生产总值	万元	1725559	2344489	1871849	1518352	479905
第一产业增加值	万元	320988	187000	482893	106861	69687
农业增加值	万元	267040	121006	437183	77232	21173
牧业增加值	万元	41183	53606	41640	27609	20119
第二产业增加值	万元	680535	1126805	704436	596620	233583
公共财政收入	万元	64659	100168	80157	54930	37850
各项税收	万元	110050	127098	135980	93126	14876
公共财政支出	万元	338250	419210	269608	211876	155950
居民储蓄存款余额	万元	1700906	1725597	1711191	1574959	619506
年末金融机构各项贷款余额	万元	1470895	936722	1039028	720861	391742
三、农业和工业						
农业机械总动力	万千瓦特	33	111	57	52	35
机收面积	公顷	5033	95858	52198	46538	34088
设施农业占地面积	公顷	4866	116	8690	86	70
棉花产量	吨		96	217	5782	73
油料产量	吨	1131	320	1236	1301	541
规模以上工业企业单位数	个	69	201	153	120	42
四、教育、卫生和社会保障						
普通中学在校学生数	人	24509	31311	15165	12737	10046
中等职业教育学校在校学生数	人	2401	4060	6118	902	128
小学在校学生数	人	33327	66238	35380	28695	19616
医疗卫生机构床位数	床	2109	2717	1657	1448	1227
各种社会福利收养性单位数	个	13	1	3	6	1
各种社会福利收养性单位床位数	床	2848	4135	1381	1268	1325

2017年县(市)社会经济主要指标

河北省

指　　标	单位	盐山县	肃宁县	南皮县	吴桥县	献　县
一、基本情况						
行政区域面积	平方公里	795	516	790	582	1173
乡个数	个	6	3	3	5	11
镇个数	个	6	6	6	5	7
街道办事处个数	个					
户籍人口	万人	49	37	40	28	66
第二产业从业人员	人	95730	78647	108267	73308	111550
第三产业从业人员	人	85600	97216	75303	56905	60988
固定电话用户	户	33409	29402	21169	23294	47780
二、综合经济						
地区生产总值	万元	1401397	1372416	1058109	771663	2343719
第一产业增加值	万元	94764	241097	155602	155175	246544
农业增加值	万元	36560	159446	128364	106195	155243
牧业增加值	万元	56547	64997	25965	47310	87032
第二产业增加值	万元	863054	458893	447656	195361	1191500
公共财政收入	万元	47668	103872	44502	31468	67195
各项税收	万元	88006	90151	81685	38887	95323
公共财政支出	万元	249195	233738	227006	175094	287450
居民储蓄存款余额	万元	982190	1426213	1159774	1018067	1944750
年末金融机构各项贷款余额	万元	800000	700683	662065	459123	1018362
三、农业和工业						
农业机械总动力	万千瓦特	44	69	96	50	98
机收面积	公顷	58355	41378	51573	51267	73281
设施农业占地面积	公顷	117	2182	310	406	685
棉花产量	吨	4	18	6049	5575	652
油料产量	吨	181	977	1809	463	19336
规模以上工业企业单位数	个	142	87	102	50	228
四、教育、卫生和社会保障						
普通中学在校学生数	人	16031	18539	17660	11197	33485
中等职业教育学校在校学生数	人	726	911	1352	530	6694
小学在校学生数	人	44780	34430	33930	17580	69035
医疗卫生机构床位数	床	1349	1078	1479	1392	1789
各种社会福利收养性单位数	个	2	1	1	2	8
各种社会福利收养性单位床位数	床	1764	2460	1688	2857	3890

2017年县(市)社会经济主要指标

河北省

指　　标	单位	孟村回族自治县	泊头市	任丘市	黄骅市	河间市
一、基本情况						
行政区域面积	平方公里	387	1009	1012	1545	1322
乡个数	个	2	4	6	6	11
镇个数	个	4	8	9	4	7
街道办事处个数	个		3	7	3	2
户籍人口	万人	23	63	89	48	89
第二产业从业人员	人	43770	173495	201597	116190	218386
第三产业从业人员	人	20253	114057	141789	86430	126904
固定电话用户	户	42669	39480	170043	46206	85427
二、综合经济						
地区生产总值	万元	873631	2090280	6065518	2784570	2790208
第一产业增加值	万元	53733	147525	142961	297937	144823
农业增加值	万元	20853	102278	86170	66682	99308
牧业增加值	万元	31815	42568	30908	59679	41222
第二产业增加值	万元	525838	1095605	3568438	1136204	1276076
公共财政收入	万元	34946	83920	320289	163726	103727
各项税收	万元	52970	132484	1062860	258056	61417
公共财政支出	万元	141330	268831	451817	397398	353097
居民储蓄存款余额	万元	696053	2507314	4333012	2435689	3068970
年末金融机构各项贷款余额	万元	399781	1152751	2361710	2477425	1276394
三、农业和工业						
农业机械总动力	万千瓦特	25	114	63	83	98
机收面积	公顷	31784	65240	64913	67019	73430
设施农业占地面积	公顷		157	262	15	179
棉花产量	吨	284	135	257	1028	1496
油料产量	吨	938	279	2121	2823	18122
规模以上工业企业单位数	个	104	253	303	114	291
四、教育、卫生和社会保障						
普通中学在校学生数	人	7557	31704	43526	25764	27341
中等职业教育学校在校学生数	人	381	3151	8433	3592	
小学在校学生数	人	22490	60481	87677	43183	85072
医疗卫生机构床位数	床	426	1810	4599	3407	2514
各种社会福利收养性单位数	个	2	4	16	2	6
各种社会福利收养性单位床位数	床	821	4385	4215	3122	4767

2017年县(市)社会经济主要指标

河北省

指　　标	单位	固安县	永清县	香河县	大城县	文安县
一、基本情况						
行政区域面积	平方公里	703	776	448	897	1037
乡个数	个	4	5		2	1
镇个数	个	5	5	9	8	12
街道办事处个数	个					
户籍人口	万人	52	41	37	53	55
第二产业从业人员	人	43668	81439	92542	137465	110336
第三产业从业人员	人	50704	50434	60635	68378	106689
固定电话用户	户	30024	56120	28710	56040	162584
二、综合经济						
地区生产总值	万元	2458095	1631723	2507862	1315065	1583503
第一产业增加值	万元	405466	520028	174259	156028	119518
农业增加值	万元	384463	437436	150099	100462	77711
牧业增加值	万元	18987	77933	21387	48578	28037
第二产业增加值	万元	557716	314480	1264027	548199	912683
公共财政收入	万元	413595	145523	333338	84063	96627
各项税收	万元	832576	355191	590773	89920	131865
公共财政支出	万元	913776	379656	587763	233266	334340
居民储蓄存款余额	万元	2341382	1468014	2836141	2246064	2554512
年末金融机构各项贷款余额	万元	4223798	2294589	6023463	853722	1669567
三、农业和工业						
农业机械总动力	万千瓦特	49	42	25	48	66
机收面积	公顷	40000	22199	17646	43983	56384
设施农业占地面积	公顷	5962	6691	1302	841	380
棉花产量	吨	94	710	3	3292	593
油料产量	吨	4204	8762	78	7123	243
规模以上工业企业单位数	个	78	74	150	89	150
四、教育、卫生和社会保障						
普通中学在校学生数	人	22608	13296	17891	25421	23677
中等职业教育学校在校学生数	人	2485	1242	2256	1879	1935
小学在校学生数	人	44670	32784	31921	54500	62622
医疗卫生机构床位数	床	1101	1093	1644	1921	2368
各种社会福利收养性单位数	个	3	3	4	10	5
各种社会福利收养性单位床位数	床	2293	2375	2398	2008	1725

2017年县(市)社会经济主要指标

河北省

指　　标	单位	大厂回族自治县	霸州市	三河市	冀州区	枣强县
一、基本情况						
行政区域面积	平方公里	176	802	643	878	905
乡个数	个		5		4	3
镇个数	个	5	7	10	6	8
街道办事处个数	个	1	1	5		
户籍人口	万人	13	65	71	34	41
第二产业从业人员	人	33761	150585	142245	75037	65788
第三产业从业人员	人	24314	129377	141562	41938	46385
固定电话用户	户	25020	116415	104124	48213	40061
二、综合经济						
地区生产总值	万元	1035367	4308124	5321863	1011298	990948
第一产业增加值	万元	49832	127105	160028	113575	124368
农业增加值	万元	20763	87751	82855	86905	94602
牧业增加值	万元	27390	21944	71231	20969	26994
第二产业增加值	万元	346343	2520794	2779583	457334	550239
公共财政收入	万元	244200	235487	542097	62330	67687
各项税收	万元	493911	365382	1008086	86208	92272
公共财政支出	万元	349252	479878	753133	236239	233336
居民储蓄存款余额	万元	1012282	3929004	5387113	1743154	1910259
年末金融机构各项贷款余额	万元	3160010	4808131	15841825	1126454	1319961
三、农业和工业						
农业机械总动力	万千瓦特	15	77	44	70	45
机收面积	公顷	4300	25999	23109	47332	69100
设施农业占地面积	公顷	84	501	633	122	595
棉花产量	吨		1611	3	18266	11046
油料产量	吨		4837	40	11697	6807
规模以上工业企业单位数	个	64	194	171	93	125
四、教育、卫生和社会保障						
普通中学在校学生数	人	6779	33607	38153	46823	23820
中等职业教育学校在校学生数	人	1146	1781	5990	2033	672
小学在校学生数	人	10826	76485	72668	27990	36341
医疗卫生机构床位数	床	447	2724	5186	1026	1186
各种社会福利收养性单位数	个	2	4	6	9	4
各种社会福利收养性单位床位数	床	401	1745	7604	2332	1664

2017年县(市)社会经济主要指标

河北省

指　　标	单位	武邑县	武强县	饶阳县	安平县	故城县
一、基本情况						
行政区域面积	平方公里	800	443	572	495	941
乡个数	个	3	3	3	3	4
镇个数	个	6	3	4	5	9
街道办事处个数	个					
户籍人口	万人	32	22	29	34	53
第二产业从业人员	人	58631	42164	64820	84999	88335
第三产业从业人员	人	32620	17099	53067	36411	38431
固定电话用户	户	26149	18300	20676	48949	45800
二、综合经济						
地区生产总值	万元	773468	658328	695948	1315917	1171394
第一产业增加值	万元	213829	78652	253474	116517	204936
农业增加值	万元	163181	48200	219231	41858	141209
牧业增加值	万元	47854	27232	31617	72469	60872
第二产业增加值	万元	278435	323870	202076	680723	389510
公共财政收入	万元	40983	34189	27797	72963	59843
各项税收	万元	41500	34943	32289	91787	77675
公共财政支出	万元	192436	148579	167751	213358	237486
居民储蓄存款余额	万元	1134421	755339	965299	1701992	1609307
年末金融机构各项贷款余额	万元	757674	504143	482167	1442672	993360
三、农业和工业						
农业机械总动力	万千瓦特	50	58	52	37	111
机收面积	公顷	49685	42500	45200	38639	67500
设施农业占地面积	公顷	971	428	7739	35	918
棉花产量	吨	7987	107	65	8	11555
油料产量	吨	11816	4458	9060	8689	11115
规模以上工业企业单位数	个	50	83	80	149	87
四、教育、卫生和社会保障						
普通中学在校学生数	人	28379	6932	8185	13478	27995
中等职业教育学校在校学生数	人	2192	367	111	1199	2726
小学在校学生数	人	24593	15891	18853	26262	45347
医疗卫生机构床位数	床	998	659	1389	1320	2400
各种社会福利收养性单位数	个	6	4	5	8	7
各种社会福利收养性单位床位数	床	2288	1307	1630	1802	2247

2017年县(市)社会经济主要指标

河北省

指　　标	单位	景　县	阜城县	深州市	定州市	辛集市
一、基本情况						
行政区域面积	平方公里	1188	695	1245	1284	951
乡个数	个	6	5	6	5	7
镇个数	个	10	5	11	16	8
街道办事处个数	个				4	
户籍人口	万人	55	36	57	123	63
第二产业从业人员	人	82204	90103	111118	394445	199857
第三产业从业人员	人	68706	43828	133109	203578	117479
固定电话用户	户	44428	18473	39514	73850	40466
二、综合经济						
地区生产总值	万元	1648530	799488	1642886	3173132	4562022
第一产业增加值	万元	171531	168835	323356	584786	455516
农业增加值	万元	118886	138919	238188	371821	316788
牧业增加值	万元	48446	26095	78639	161462	136499
第二产业增加值	万元	875194	345423	605370	1627485	2642604
公共财政收入	万元	72936	41352	78873	200295	146180
各项税收	万元	110735	44074	91389	304309	222309
公共财政支出	万元	264166	188389	268595	543401	406559
居民储蓄存款余额	万元	2230405	1315130	1702959	3888907	3149854
年末金融机构各项贷款余额	万元	1328218	665872	1121118	2599218	1939237
三、农业和工业						
农业机械总动力	万千瓦特	102	62	164	98	126
机收面积	公顷	94950	48221	99166	101053	75110
设施农业占地面积	公顷	314	7221	272	1411	1414
棉花产量	吨	4168	3509	429	12	1058
油料产量	吨	9775	933	30672	23346	30612
规模以上工业企业单位数	个	134	101	89	253	315
四、教育、卫生和社会保障						
普通中学在校学生数	人	28099	18035	21328	75038	30774
中等职业教育学校在校学生数	人	230	161	2465	10033	3281
小学在校学生数	人	44457	27305	31964	94337	43352
医疗卫生机构床位数	床	2094	1380	1702	5564	2189
各种社会福利收养性单位数	个	14	8	8	7	4
各种社会福利收养性单位床位数	床	2918	2183	1892	3077	2666

2017年县(市)社会经济主要指标

山西省

指　　标	单位	清徐县	阳曲县	娄烦县	古交市	阳高县
一、基本情况						
行政区域面积	平方公里	609	2059	1276	1584	1678
乡个数	个	5	6	5	7	6
镇个数	个	4	4	3	3	7
街道办事处个数	个				4	
户籍人口	万人	33	15	13	22	29
第二产业从业人员	人					19365
第三产业从业人员	人					27907
固定电话用户	户	24429	11250	8000	31940	38246
二、综合经济						
地区生产总值	万元	1443536	383644	210954	300506	333785
第一产业增加值	万元	138800	56909	20004	21694	111799
农业增加值	万元	104774	33970	11429	9182	51096
牧业增加值	万元	30953	17166	4556	7118	59395
第二产业增加值	万元	809158	206799	86272	113378	62495
公共财政收入	万元	80747	50084	30909	56946	12352
各项税收	万元	65494	22115	23406	34895	8383
公共财政支出	万元	197491	146731	149738	162735	235704
居民储蓄存款余额	万元	1571222	552310	336283	1389454	702093
年末金融机构各项贷款余额	万元	1669136	293158	117604	825493	278678
三、农业和工业						
农业机械总动力	万千瓦特	14	10	3	5	21
机收面积	公顷	18036	12088	3300	3565	14067
设施农业占地面积	公顷	1083	442	19	72	1948
棉花产量	吨					
油料产量	吨	50	233	539	431	3680
规模以上工业企业单位数	个	57	27	8	13	19
四、教育、卫生和社会保障						
普通中学在校学生数	人	17315	9058	4809	11006	5824
中等职业教育学校在校学生数	人					1294
小学在校学生数	人	21598	8524	7086	17107	14335
医疗卫生机构床位数	床	736	1141	336	1433	1014
各种社会福利收养性单位数	个	6	6	5	1	12
各种社会福利收养性单位床位数	床	740	1269	1096	504	710

2017年县(市)社会经济主要指标

山西省

指　　标	单位	天镇县	广灵县	灵丘县	浑源县	左云县
一、基本情况						
行政区域面积	平方公里	1629	1284	2731	1968	1294
乡个数	个	6	7	9	12	6
镇个数	个	5	2	3	6	3
街道办事处个数	个					
户籍人口	万人	21	18	25	35	14
第二产业从业人员	人	10498	8452	19096	24453	2942
第三产业从业人员	人	15077	9056	29661	39025	4294
固定电话用户	户	7640	4627		24000	8160
二、综合经济						
地区生产总值	万元	249281	254114	345319	405113	451389
第一产业增加值	万元	66916	58009	39887	106525	28158
农业增加值	万元	26113	39069	15094	39383	9201
牧业增加值	万元	40117	17002	23929	61451	15459
第二产业增加值	万元	74810	76935	120604	119689	181071
公共财政收入	万元	10213	12609	13517	26989	64922
各项税收	万元	5699	6290	7504	9357	48229
公共财政支出	万元	191513	196207	210796	264749	135167
居民储蓄存款余额	万元	582722	504628	800358	867679	696473
年末金融机构各项贷款余额	万元	237126	217394	240601	291947	243018
三、农业和工业						
农业机械总动力	万千瓦特	11	7	25	9	8
机收面积	公顷	7500	8360	5860	16566	15145
设施农业占地面积	公顷	590	519	145	23	87
棉花产量	吨					
油料产量	吨	3977	1950	2476	1721	3189
规模以上工业企业单位数	个	10	10	25	13	14
四、教育、卫生和社会保障						
普通中学在校学生数	人	9580	8941	14053	7483	5582
中等职业教育学校在校学生数	人	509	842	491	1457	
小学在校学生数	人	10302	10498	18061	15710	8383
医疗卫生机构床位数	床	537	589	437	1184	398
各种社会福利收养性单位数	个	9	12	15	10	9
各种社会福利收养性单位床位数	床	680	392	1075	560	226

2017年县(市)社会经济主要指标

山西省

指　　标	单位	大同县	平定县	盂　县	长治县	襄垣县
一、基本情况						
行政区域面积	平方公里	1468	1390	2523	483	1178
乡个数	个	7	2	6	5	3
镇个数	个	3	8	8	6	8
街道办事处个数	个					
户籍人口	万人	18	32	31	35	27
第二产业从业人员	人	9951	41587	18271	43674	16232
第三产业从业人员	人	19026	49285	41323	42354	19033
固定电话用户	户	3127	25872	10847	11451	17621
二、综合经济						
地区生产总值	万元	307712	1000475	1228974	1732596	1834428
第一产业增加值	万元	78889	44161	38682	67582	63665
农业增加值	万元	37351	21494	23843	31021	53699
牧业增加值	万元	39799	19201	12243	34626	8373
第二产业增加值	万元	80004	542233	725609	1074270	1258084
公共财政收入	万元	18674	78493	56983	152027	139432
各项税收	万元	13263	67663	43911	122539	278315
公共财政支出	万元	164226	207279	191563	203208	203930
居民储蓄存款余额	万元	483876	1383379	1871282	1163052	1650116
年末金融机构各项贷款余额	万元	219893	842650	1258146	546653	1888005
三、农业和工业						
农业机械总动力	万千瓦特	14	11	18	5	11
机收面积	公顷	16000	4332	10549	8013	17350
设施农业占地面积	公顷	207	101	86	354	
棉花产量	吨					
油料产量	吨	206	104	38	309	536
规模以上工业企业单位数	个	15	50	27	48	44
四、教育、卫生和社会保障						
普通中学在校学生数	人	3534	16786	8913	16317	11208
中等职业教育学校在校学生数	人	234	807	421	2175	376
小学在校学生数	人	8326	21412	20843	21924	16328
医疗卫生机构床位数	床	364	609	847	704	1401
各种社会福利收养性单位数	个	8	10	14	2	8
各种社会福利收养性单位床位数	床	503	1070	942	48	419

2017年县(市)社会经济主要指标

山西省

指　　标	单位	屯留县	平顺县	黎城县	壶关县	长子县
一、基本情况						
行政区域面积	平方公里	1142	1550	1101	1008	1029
乡个数	个	4	7	4	7	5
镇个数	个	7	5	5	5	7
街道办事处个数	个					
户籍人口	万人	28	15	16	30	36
第二产业从业人员	人	35600	17700	27972	41670	24523
第三产业从业人员	人	18500	13050	26389	35198	27366
固定电话用户	户	12578	5359	8835	8971	15089
二、综合经济						
地区生产总值	万元	1096023	226301	309029	540683	1455549
第一产业增加值	万元	66473	25784	30387	53993	121691
农业增加值	万元	49353	16747	17595	35720	91058
牧业增加值	万元	15261	6488	8132	16582	28923
第二产业增加值	万元	773521	80616	102593	239882	978111
公共财政收入	万元	84356	9899	16202	17685	120070
各项税收	万元	163978	11947	11978	11218	102946
公共财政支出	万元	162580	157070	113308	189588	181557
居民储蓄存款余额	万元	739816	326343	548660	697854	963583
年末金融机构各项贷款余额	万元	417817	230512	258868	406200	586610
三、农业和工业						
农业机械总动力	万千瓦特	20	4	10	4	16
机收面积	公顷	26050	3300	5349	5005	17482
设施农业占地面积	公顷	168	69		104	1419
棉花产量	吨			2		
油料产量	吨		39	171	36	28
规模以上工业企业单位数	个	29	13	11	12	29
四、教育、卫生和社会保障						
普通中学在校学生数	人	12525	5253	8155	12166	13952
中等职业教育学校在校学生数	人	567	212	517	1278	783
小学在校学生数	人	18605	6086	10309	16002	18771
医疗卫生机构床位数	床	956	613	642	948	1021
各种社会福利收养性单位数	个	5	7	15	13	19
各种社会福利收养性单位床位数	床	246	423	861	781	856

2017年县(市)社会经济主要指标

山西省

指　　标	单位	武乡县	沁　县	沁源县	潞城市	沁水县
一、基本情况						
行政区域面积	平方公里	1610	1297	2550	630	2658
乡个数	个	9	7	9	3	7
镇个数	个	5	6	5	4	7
街道办事处个数	个				2	
户籍人口	万人	21	17	16	23	20
第二产业从业人员	人	19152	9944	23390	28892	20898
第三产业从业人员	人	19057	15365	25850	13654	31593
固定电话用户	户	8249	9447	7560	12897	14506
二、综合经济						
地区生产总值	万元	574171	250063	1364087	1058521	1899450
第一产业增加值	万元	33031	56076	26507	46121	62749
农业增加值	万元	24199	39967	20292	30652	31852
牧业增加值	万元	7421	13518	3093	11935	25982
第二产业增加值	万元	282087	36857	1022739	675155	1324325
公共财政收入	万元	30474	9727	110333	64075	127409
各项税收	万元	63638	4426	337855	113395	103754
公共财政支出	万元	169791	126592	164944	122458	206101
居民储蓄存款余额	万元	564947	414221	452203	785276	743547
年末金融机构各项贷款余额	万元	332973	167389	278633	499217	503579
三、农业和工业						
农业机械总动力	万千瓦特	10	9	3	10	10
机收面积	公顷	9000	9700	5990	7950	13706
设施农业占地面积	公顷	66	119	155	77	217
棉花产量	吨				4	72
油料产量	吨	619	5	567	159	1096
规模以上工业企业单位数	个	15	5	21	34	42
四、教育、卫生和社会保障						
普通中学在校学生数	人	8855	6587	5591	11673	8942
中等职业教育学校在校学生数	人	1853	728	1058	465	475
小学在校学生数	人	10580	7761	9904	13897	9541
医疗卫生机构床位数	床	444	486	901	670	717
各种社会福利收养性单位数	个	8	1	14	11	7
各种社会福利收养性单位床位数	床	781	50	989	641	330

2017年县(市)社会经济主要指标

山西省

指　　标	单位	阳城县	陵川县	泽州县	高平市	山阴县
一、基本情况						
行政区域面积	平方公里	1917	1751	2024	980	1651
乡个数	个	7	5	3	4	9
镇个数	个	10	7	14	9	4
街道办事处个数	个				3	2
户籍人口	万人	38	25	49	48	24
第二产业从业人员	人	53098	26058	66926	93243	
第三产业从业人员	人	39854	28386	63722	61361	
固定电话用户	户	23735	12623	25739	24849	7651
二、综合经济						
地区生产总值	万元	2001536	393737	2525776	2078047	1580436
第一产业增加值	万元	91469	52856	143385	149839	113428
农业增加值	万元	44018	27363	61028	65947	52388
牧业增加值	万元	44738	22997	77839	80331	56941
第二产业增加值	万元	1182175	110390	1594925	1212785	581573
公共财政收入	万元	133918	15000	152658	147573	114556
各项税收	万元	86522	8666	106351	107553	81173
公共财政支出	万元	247269	181019	293731	276766	211698
居民储蓄存款余额	万元	1468478	671541	1006032	1978878	1192722
年末金融机构各项贷款余额	万元	809336	355727	866230	1258134	872636
三、农业和工业						
农业机械总动力	万千瓦特	17	5	18	8	28
机收面积	公顷	16430	9767	35780	15460	33000
设施农业占地面积	公顷	47	66	179	586	120
棉花产量	吨	6		2		
油料产量	吨	1764	735	413	139	2228
规模以上工业企业单位数	个	60	11	49	58	42
四、教育、卫生和社会保障						
普通中学在校学生数	人	18188	12362	17225	24950	11220
中等职业教育学校在校学生数	人	2272	380	1429	2588	341
小学在校学生数	人	14380	12405	18778	23715	13747
医疗卫生机构床位数	床	2202	857	2183	1510	949
各种社会福利收养性单位数	个	20	6	11	16	6
各种社会福利收养性单位床位数	床	1094	480	550	1322	424

2017年县(市)社会经济主要指标

山西省

指　　标	单位	应　县	右玉县	怀仁县	榆社县	左权县
一、基本情况						
行政区域面积	平方公里	1708	1969	1234	1701	2020
乡个数	个	9	6	6	5	5
镇个数	个	3	4	4	4	5
街道办事处个数	个		1			1
户籍人口	万人	31	11	29	14	16
第二产业从业人员	人				10768	11805
第三产业从业人员	人				15629	29835
固定电话用户	户	7651	5518	11904	6647	9158
二、综合经济						
地区生产总值	万元	757046	671923	2254838	310289	525414
第一产业增加值	万元	139552	54096	96050	47199	36630
农业增加值	万元	87238	14474	31500	33746	29837
牧业增加值	万元	48488	28418	59939	11457	5740
第二产业增加值	万元	217661	334766	1201943	119380	260336
公共财政收入	万元	15388	37033	91644	23619	71992
各项税收	万元	7583	76892	71450	13814	40612
公共财政支出	万元	153130	127781	91644	142719	175351
居民储蓄存款余额	万元	764852	502839	1836501	369411	721509
年末金融机构各项贷款余额	万元	386412	319989	519740	209508	685579
三、农业和工业						
农业机械总动力	万千瓦特	21	12	21	9	8
机收面积	公顷	34600	22208	31667	2452	3170
设施农业占地面积	公顷	262	34	193	578	101
棉花产量	吨					
油料产量	吨	11943	8485	247	245	407
规模以上工业企业单位数	个	38	17	74	9	19
四、教育、卫生和社会保障						
普通中学在校学生数	人	14946	3825	50869	6719	7096
中等职业教育学校在校学生数	人	3117	43	12672	1181	1413
小学在校学生数	人	15686	5119	39245	9076	12343
医疗卫生机构床位数	床	1229	489	1607	316	455
各种社会福利收养性单位数	个	9	7	10	3	10
各种社会福利收养性单位床位数	床	805	680	2268	131	770

2017年县(市)社会经济主要指标

山西省

指　　标	单位	和顺县	昔阳县	寿阳县	太谷县	祁　县
一、基本情况						
行政区域面积	平方公里	2250	1946	2110	1050	854
乡个数	个	5	7	7	6	2
镇个数	个	5	5	7	3	6
街道办事处个数	个	1		8		
户籍人口	万人	14	24	21	29	28
第二产业从业人员	人	38369	14414	37316	37746	42996
第三产业从业人员	人	33850	28594	55250	31165	35012
固定电话用户	户	7085	16709	15412	18903	21533
二、综合经济						
地区生产总值	万元	527539	725285	1089008	913408	792934
第一产业增加值	万元	31266	48667	127896	194938	185460
农业增加值	万元	22174	37630	114619	146521	130492
牧业增加值	万元	8464	9710	12648	37410	52208
第二产业增加值	万元	272218	410065	575238	251336	210784
公共财政收入	万元	109748	57038	82169	46350	35831
各项税收	万元	27317	34203	68307	24930	22647
公共财政支出	万元	179706	175817	151473	188088	170685
居民储蓄存款余额	万元	611691	1010554	1060417	1529824	1069452
年末金融机构各项贷款余额	万元	331854	295874	662223	592248	497525
三、农业和工业						
农业机械总动力	万千瓦特	8	12	21	20	18
机收面积	公顷	3520	4151	28221	19600	17060
设施农业占地面积	公顷	64	109	140	3160	562
棉花产量	吨				2	
油料产量	吨	659	71	55	4	28
规模以上工业企业单位数	个	15	17	34	58	39
四、教育、卫生和社会保障						
普通中学在校学生数	人	6123	9440	8517	24162	12790
中等职业教育学校在校学生数	人	1285	1755	1086	3900	5642
小学在校学生数	人	7993	13658	10852	17845	18656
医疗卫生机构床位数	床	619	964	998	1956	773
各种社会福利收养性单位数	个	10	5	1	9	6
各种社会福利收养性单位床位数	床	220	858	26	1097	430

2017年县(市)社会经济主要指标

山西省

指　　标	单位	平遥县	灵石县	介休市	临猗县	万荣县
一、基本情况						
行政区域面积	平方公里	1260	1202	741	1339	1082
乡个数	个	9	6	3	5	10
镇个数	个	5	6	7	9	4
街道办事处个数	个	3		5		
户籍人口	万人	54	26	44	57	45
第二产业从业人员	人	61791		66637	31411	29316
第三产业从业人员	人	46561		97305	79524	33100
固定电话用户	户	33347	22089	37370	139957	57850
二、综合经济						
地区生产总值	万元	1165301	2262843	1798870	1370100	661352
第一产业增加值	万元	132314	50305	53457	460645	178686
农业增加值	万元	83981	33068	15245	440596	146856
牧业增加值	万元	46058	14279	33990	18622	27508
第二产业增加值	万元	435174	1476869	1057030	316989	182337
公共财政收入	万元	49030	160706	129075	22759	34763
各项税收	万元	33942	102466	95183	12849	28585
公共财政支出	万元	252143	202512	212120	222744	193022
居民储蓄存款余额	万元	1566253	1787497	2307344	1243713	829305
年末金融机构各项贷款余额	万元	780173	995548	2402713	998904	437521
三、农业和工业						
农业机械总动力	万千瓦特	17	9	14	42	20
机收面积	公顷	25340	3562	15420	45004	42520
设施农业占地面积	公顷	321	174	85	4442	137
棉花产量	吨	4			5541	538
油料产量	吨	312	133	10	4001	3627
规模以上工业企业单位数	个	52	101	91	44	24
四、教育、卫生和社会保障						
普通中学在校学生数	人	25487	15588	21028	23855	17549
中等职业教育学校在校学生数	人	7490	1404	3977	2328	
小学在校学生数	人	40416	23076	36456	27047	20166
医疗卫生机构床位数	床	1944	1369	2193	2850	1868
各种社会福利收养性单位数	个	3	6	8	6	18
各种社会福利收养性单位床位数	床	71	810	705	796	1088

2017年县(市)社会经济主要指标

山西省

指　　标	单位	闻喜县	稷山县	新绛县	绛　县	垣曲县
一、基本情况						
行政区域面积	平方公里	1167	686	593	994	1620
乡个数	个	6	2	1	2	6
镇个数	个	7	5	8	8	5
街道办事处个数	个					
户籍人口	万人	40	36	33	28	23
第二产业从业人员	人	66018	57314	27478	15874	27871
第三产业从业人员	人	34887	26508	26787	36982	35126
固定电话用户	户	31050	22012	19043	17500	8582
二、综合经济						
地区生产总值	万元	954265	816476	816843	581906	566835
第一产业增加值	万元	116625	129611	176701	100086	56502
农业增加值	万元	92891	79077	135633	78558	40805
牧业增加值	万元	20361	49550	40159	15780	13296
第二产业增加值	万元	416424	305043	347688	194451	267661
公共财政收入	万元	28251	45508	31056	12219	23889
各项税收	万元	21240	39166	64577	15719	19171
公共财政支出	万元	196324	149976	135849	148037	163794
居民储蓄存款余额	万元	1221000	725971	916493	701437	714222
年末金融机构各项贷款余额	万元	462914	228616	304369	349866	365161
三、农业和工业						
农业机械总动力	万千瓦特	16	19	23	9	8
机收面积	公顷	55670	37372	42120	27480	14520
设施农业占地面积	公顷	529	54	3594	186	111
棉花产量	吨	24			3	119
油料产量	吨	2211	272	1132	315	2225
规模以上工业企业单位数	个	28	21	29	18	13
四、教育、卫生和社会保障						
普通中学在校学生数	人	18483	12819	20734	6284	10427
中等职业教育学校在校学生数	人	1866	1436	3130	1361	1502
小学在校学生数	人	23094	21355	19077	14465	11367
医疗卫生机构床位数	床	2370	2496	1750	1055	1565
各种社会福利收养性单位数	个	7	7	4	7	12
各种社会福利收养性单位床位数	床	750	350	290	780	774

2017年县(市)社会经济主要指标

山西省

指　　标	单位	夏　县	平陆县	芮城县	永济市	河津市
一、基本情况						
行政区域面积	平方公里	1351	1174	1178	1208	593
乡个数	个	5	4	3		5
镇个数	个	6	6	7	7	2
街道办事处个数	个				3	2
户籍人口	万人	36	24	38	44	40
第二产业从业人员	人	47381	14902	28400	31950	37958
第三产业从业人员	人	39930	17495	39330	78562	31402
固定电话用户	户	17000	10108	15450	29412	37169
二、综合经济						
地区生产总值	万元	508507	433054	821835	1316650	2055634
第一产业增加值	万元	200627	101259	230076	223119	78470
农业增加值	万元	183225	85674	190027	191708	61641
牧业增加值	万元	15984	14400	36698	22040	15077
第二产业增加值	万元	102861	147808	236542	578705	1268941
公共财政收入	万元	20400	58769	65821	41861	310560
各项税收	万元	6297	51815	17326	62573	288324
公共财政支出	万元	178913	155781	185828	209801	202788
居民储蓄存款余额	万元	715234	72033	773825	1204109	1485403
年末金融机构各项贷款余额	万元	484275	234413	497469	719238	1084435
三、农业和工业						
农业机械总动力	万千瓦特	21	17	35	33	10
机收面积	公顷	44000	28460	52460	56100	25273
设施农业占地面积	公顷	2892	1287	425	1305	156
棉花产量	吨	50	14	97	1048	
油料产量	吨	2003	3744	2895	3588	1669
规模以上工业企业单位数	个	20	19	27	47	70
四、教育、卫生和社会保障						
普通中学在校学生数	人	11084	9751	16879	10155	23404
中等职业教育学校在校学生数	人	380	1298	2774	2443	1883
小学在校学生数	人	15434	11189	16173	21710	27795
医疗卫生机构床位数	床	1156	1091	1512	1992	2147
各种社会福利收养性单位数	个	5	10	7	15	14
各种社会福利收养性单位床位数	床	316	270	325	1275	1446

2017年县(市)社会经济主要指标

山西省

指　　标	单位	定襄县	五台县	代　县	繁峙县	宁武县
一、基本情况						
行政区域面积	平方公里	851	2428	1729	2373	1936
乡个数	个	6	11	5	10	10
镇个数	个	3	5	6	3	4
街道办事处个数	个					1
户籍人口	万人	22	30	21	28	16
第二产业从业人员	人	21260	20384	5843	18854	6185
第三产业从业人员	人	17807	14034	6388	15293	7681
固定电话用户	户	47710	23360	12554	573	4900
二、综合经济						
地区生产总值	万元	440371	498300	671172	668090	585940
第一产业增加值	万元	43614	49644	28426	53346	21915
农业增加值	万元	34826	23759	12583	14080	8067
牧业增加值	万元	6858	20022	12662	32177	10994
第二产业增加值	万元	231583	151800	411078	381376	374841
公共财政收入	万元	17891	24211	30678	23929	169366
各项税收	万元	10887	53535	16674	14716	86124
公共财政支出	万元	130873	207291	151100	184966	181233
居民储蓄存款余额	万元	732764	1363600	995304	1041211	784029
年末金融机构各项贷款余额	万元	344498	744900	502375	525292	311203
三、农业和工业						
农业机械总动力	万千瓦特	10	9	8	14	2
机收面积	公顷	16767	10100	10633	27080	6000
设施农业占地面积	公顷	164	110	15	135	14
棉花产量	吨					
油料产量	吨	442	123	215	1153	2533
规模以上工业企业单位数	个	33	12	62	57	19
四、教育、卫生和社会保障						
普通中学在校学生数	人	10107	13557	4065	9057	6510
中等职业教育学校在校学生数	人	533	2258	255	2669	552
小学在校学生数	人	14177	15681	12401	22479	10080
医疗卫生机构床位数	床	656	573	450	1171	891
各种社会福利收养性单位数	个	6	9	8	41	1
各种社会福利收养性单位床位数	床	256	220	410	436	77

2017年县(市)社会经济主要指标

山西省

指　　标	单位	静乐县	神池县	五寨县	岢岚县	河曲县
一、基本情况						
行政区域面积	平方公里	2058	1471	1391	1984	1317
乡个数	个	10	7	9	10	9
镇个数	个	4	3	3	2	4
街道办事处个数	个					1
户籍人口	万人	16	10	11	8	14
第二产业从业人员	人	7444	3165	7910	4891	19229
第三产业从业人员	人	11359	8716	19100	10214	17831
固定电话用户	户	5985	13	4800	1501	
二、综合经济						
地区生产总值	万元	287166	225704	220537	241731	964342
第一产业增加值	万元	37847	88467	44527	39445	37330
农业增加值	万元	18071	37930	31331	20971	20057
牧业增加值	万元	11561	47785	10115	15427	14108
第二产业增加值	万元	119616	25018	25136	57044	661595
公共财政收入	万元	15892	14334	20225	12866	55015
各项税收	万元	5616	7734	13710	8084	59008
公共财政支出	万元	156785	120411	120525	135588	153799
居民储蓄存款余额	万元	333744	367651	562079	334667	902170
年末金融机构各项贷款余额	万元	92406	109428	402747	103786	741825
三、农业和工业						
农业机械总动力	万千瓦特	5	14	16	11	6
机收面积	公顷	7600	14733	18980	10750	6236
设施农业占地面积	公顷	26	6	9	27	68
棉花产量	吨					
油料产量	吨	4146	6256	209	2931	2676
规模以上工业企业单位数	个	11	5	10	13	27
四、教育、卫生和社会保障						
普通中学在校学生数	人	6159	1820	2730	3055	6120
中等职业教育学校在校学生数	人	101	111	146	91	1117
小学在校学生数	人	8503	4051	6924	3463	8231
医疗卫生机构床位数	床	648	469	456	258	475
各种社会福利收养性单位数	个	6	4	4	9	
各种社会福利收养性单位床位数	床	83	185	450	319	

2017年县(市)社会经济主要指标

山西省

指　　标	单位	保德县	偏关县	原平市	曲沃县	翼城县
一、基本情况						
行政区域面积	平方公里	998	1685	2571	437	1149
乡个数	个	9	6	11	2	4
镇个数	个	4	4	7	5	6
街道办事处个数	个	1		3		
户籍人口	万人	16	10	49	23	31
第二产业从业人员	人	17029	5559	55227	24254	34682
第三产业从业人员	人	16550	13980	75653	33776	65583
固定电话用户	户	5615	4180	27908	8373	12652
二、综合经济						
地区生产总值	万元	860682	281397	1412738	981399	763060
第一产业增加值	万元	34646	37790	129916	136299	88080
农业增加值	万元	20473	11873	66752	110590	51527
牧业增加值	万元	11191	22441	60522	21805	33866
第二产业增加值	万元	630475	117698	670479	534117	268254
公共财政收入	万元	58632	21187	81042	25802	29789
各项税收	万元	136365	5525	59600	53024	45040
公共财政支出	万元	159156	121177	307083	146265	189046
居民储蓄存款余额	万元	775418	408209	1815600	698934	967427
年末金融机构各项贷款余额	万元	304458	121482	826700	286623	345040
三、农业和工业						
农业机械总动力	万千瓦特	8	5	21	21	22
机收面积	公顷	5015	11333	24973	33245	40366
设施农业占地面积	公顷	127	44	92	1424	249
棉花产量	吨				1	
油料产量	吨	1045	2811	1083	2337	399
规模以上工业企业单位数	个	22	5	37	24	28
四、教育、卫生和社会保障						
普通中学在校学生数	人	6185	3050	19007	9076	17078
中等职业教育学校在校学生数	人	1001	85	2687	797	821
小学在校学生数	人	10133	4261	26221	13266	18346
医疗卫生机构床位数	床	800	320	994	999	1521
各种社会福利收养性单位数	个	5	2	6	3	2
各种社会福利收养性单位床位数	床	250	80	603	115	42

2017年县(市)社会经济主要指标

山西省

指标	单位	襄汾县	洪洞县	古县	安泽县	浮山县
一、基本情况						
行政区域面积	平方公里	1028	1494	1191	1959	938
乡个数	个	6	7	3	3	7
镇个数	个	7	9	4	4	2
街道办事处个数	个					
户籍人口	万人	50	77	9	8	13
第二产业从业人员	人	58007	91645	9641	9721	14502
第三产业从业人员	人	21615	139821	21056	16887	29532
固定电话用户	户	14735	27512	4174	3940	2720
二、综合经济						
地区生产总值	万元	1231913	1702546	477218	463340	473268
第一产业增加值	万元	140173	101905	24769	41486	45745
农业增加值	万元	108234	61374	19757	32064	34715
牧业增加值	万元	28485	37122	3224	6461	8995
第二产业增加值	万元	558330	933916	332887	315519	306031
公共财政收入	万元	47416	71721	27995	40800	7381
各项税收	万元	91108	145471	75024	113573	10294
公共财政支出	万元	235236	318195	110732	93337	108931
居民储蓄存款余额	万元	1506263	1769532	313997	267647	288968
年末金融机构各项贷款余额	万元	736296	999220	139781	268746	114875
三、农业和工业						
农业机械总动力	万千瓦特	26	26	6	6	8
机收面积	公顷	78234	66734	7559	2070	19046
设施农业占地面积	公顷	608	189	19	32	199
棉花产量	吨					5
油料产量	吨	964	108	1417	386	976
规模以上工业企业单位数	个	29	61	26	10	24
四、教育、卫生和社会保障						
普通中学在校学生数	人	23370	34831	3691	3107	4448
中等职业教育学校在校学生数	人	3218	1662	146	49	434
小学在校学生数	人	26532	49370	5721	5282	6059
医疗卫生机构床位数	床	1343	2337	365	460	376
各种社会福利收养性单位数	个	5	3	2	5	6
各种社会福利收养性单位床位数	床	360	144	68	59	131

2017年县(市)社会经济主要指标

山西省

指标	单位	吉县	乡宁县	大宁县	隰县	永和县
一、基本情况						
行政区域面积	平方公里	1780	2025	963	1413	1213
乡个数	个	5	5	4	5	5
镇个数	个	3	5	2	3	2
街道办事处个数	个					
户籍人口	万人	11	24	7	11	7
第二产业从业人员	人	11580	27545	6565	11568	6456
第三产业从业人员	人	18066	31965	7805	15060	14850
固定电话用户	户	3678	6104	1896	2296	1000
二、综合经济						
地区生产总值	万元	219626	1009443	58688	160593	83025
第一产业增加值	万元	57713	32961	14901	38721	19512
农业增加值	万元	48520	17671	9560	30385	11947
牧业增加值	万元	5896	12398	1692	4917	4508
第二产业增加值	万元	97786	723118	6482	24806	16486
公共财政收入	万元	11750	126229	3303	7489	10103
各项税收	万元	22147	375975	5565	11406	21695
公共财政支出	万元	126212	214784	121100	152871	124964
居民储蓄存款余额	万元	232029	786073	112063	251877	122587
年末金融机构各项贷款余额	万元	155640	550578	61851	102452	45913
三、农业和工业						
农业机械总动力	万千瓦特	9	13	4	9	4
机收面积	公顷	3000	11015	280	1144	1960
设施农业占地面积	公顷	38	1	48	43	4
棉花产量	吨			24		33
油料产量	吨	843	1222	701	577	384
规模以上工业企业单位数	个	4	33	2	1	1
四、教育、卫生和社会保障						
普通中学在校学生数	人	4015	12212	1644	3938	1784
中等职业教育学校在校学生数	人	760	2579	84	329	189
小学在校学生数	人	5677	15645	2583	6726	3215
医疗卫生机构床位数	床	402	1080	215	374	229
各种社会福利收养性单位数	个	2	3	3	2	3
各种社会福利收养性单位床位数	床	90	272	63	59	180

2017年县(市)社会经济主要指标

山西省

指　　标	单位	蒲　县	汾西县	侯马市	霍州市	离石区
一、基本情况						
行政区域面积	平方公里	1509	875	221	764	1324
乡个数	个	5	3	3	3	3
镇个数	个	4	5		4	2
街道办事处个数	个			5	5	7
户籍人口	万人	11	15	24	31	29
第二产业从业人员	人	11682	16565	26560	36501	37371
第三产业从业人员	人	17580	19845	71108	68833	33817
固定电话用户	户	2610	2780	27248	25203	25852
二、综合经济						
地区生产总值	万元	731758	248725	1035645	781632	813938
第一产业增加值	万元	21522	32821	33194	38097	19868
农业增加值	万元	12388	15586	24334	22762	8521
牧业增加值	万元	6122	15007	6131	12957	8819
第二产业增加值	万元	581615	83642	249785	478504	228647
公共财政收入	万元	72662	6988	49939	58548	96389
各项税收	万元	192498	4876	93876	126818	75689
公共财政支出	万元	136392	133626	167414	157922	216544
居民储蓄存款余额	万元	334724	212568	1444378	1148447	2427948
年末金融机构各项贷款余额	万元	247360	53082	1124522	861365	2772364
三、农业和工业						
农业机械总动力	万千瓦特	4	5	9	8	4
机收面积	公顷	4533	6530	13675	14260	5130
设施农业占地面积	公顷	55		184	85	42
棉花产量	吨		6		13	
油料产量	吨	300	203	146	110	531
规模以上工业企业单位数	个	34	6	26	18	24
四、教育、卫生和社会保障						
普通中学在校学生数	人	4578	6725	9712	13532	32133
中等职业教育学校在校学生数	人	175	110	955	895	267
小学在校学生数	人	7285	9203	13808	20260	42142
医疗卫生机构床位数	床	540	389	1426	1416	399
各种社会福利收养性单位数	个	3	1	10	11	5
各种社会福利收养性单位床位数	床	128	80	1277	715	193

2017年县(市)社会经济主要指标

山西省

指　　标	单位	文水县	交城县	兴　县	临　县	柳林县
一、基本情况						
行政区域面积	平方公里	1069	1827	3166	2977	1287
乡个数	个	5	4	10	10	7
镇个数	个	7	6	7	13	8
街道办事处个数	个					
户籍人口	万人	45	23	29	66	35
第二产业从业人员	人	44008	30111	24605	39080	102876
第三产业从业人员	人	29162	23637	21031	45460	60381
固定电话用户	户	24250	6750	7165	8163	38968
二、综合经济						
地区生产总值	万元	661339	722394	858943	550413	1758784
第一产业增加值	万元	120745	32564	39952	75408	21131
农业增加值	万元	55108	13838	18124	41922	12350
牧业增加值	万元	64548	17295	9415	28637	6976
第二产业增加值	万元	351759	464593	666638	204907	1273333
公共财政收入	万元	24445	52006	133309	150017	240749
各项税收	万元	18660	34711	115386	35142	215255
公共财政支出	万元	209501	179634	287883	411115	231616
居民储蓄存款余额	万元	1214852	984477	684251	817749	1137899
年末金融机构各项贷款余额	万元	742544	491463	634858	648492	823440
三、农业和工业						
农业机械总动力	万千瓦特	21	8	8	15	7
机收面积	公顷	23500	5900	8000	12400	7500
设施农业占地面积	公顷	85	83	52	92	
棉花产量	吨					17
油料产量	吨	436	368	6468	3224	802
规模以上工业企业单位数	个	31	44	17	23	43
四、教育、卫生和社会保障						
普通中学在校学生数	人	22351	12901	10829	11734	19999
中等职业教育学校在校学生数	人	2277	1714	232	3059	1706
小学在校学生数	人	29958	17691	15875	23018	25727
医疗卫生机构床位数	床	1075	769	729	1420	1255
各种社会福利收养性单位数	个	7	3	2	5	5
各种社会福利收养性单位床位数	床	267	109	102	322	470

2017年县(市)社会经济主要指标

山西省

指　　标	单位	石楼县	岚　县	方山县	中阳县	交口县
一、基本情况						
行政区域面积	平方公里	1735	1513	1434	1439	1258
乡个数	个	5	8	2	2	3
镇个数	个	4	4	5	5	4
街道办事处个数	个					
户籍人口	万人	12	19	16	16	12
第二产业从业人员	人	5874	9031	9156	19486	8659
第三产业从业人员	人	12630	26803	7122	18551	14134
固定电话用户	户	3500	3230	5231	5100	27152
二、综合经济						
地区生产总值	万元	95964	329885	357558	671301	551220
第一产业增加值	万元	24814	25002	19102	14992	18711
农业增加值	万元	16296	13103	9532	7301	10150
牧业增加值	万元	5303	4968	7184	6588	6728
第二产业增加值	万元	1587	196211	236787	485676	445524
公共财政收入	万元	4353	40070	41396	63444	63481
各项税收	万元	2719	102717	35976	52642	51801
公共财政支出	万元	143399	137812	151162	138246	114618
居民储蓄存款余额	万元	224405	439725	288920	677771	581958
年末金融机构各项贷款余额	万元	187166	259015	69953	506737	306781
三、农业和工业						
农业机械总动力	万千瓦特	6	8	5	5	6
机收面积	公顷	4930	12800	4500	2430	3720
设施农业占地面积	公顷	8	18	35	16	214
棉花产量	吨	7				
油料产量	吨	1401	1186	1107	59	464
规模以上工业企业单位数	个	2	14	14	30	26
四、教育、卫生和社会保障						
普通中学在校学生数	人	6067	8712	4995	8069	5525
中等职业教育学校在校学生数	人	1229	1043	259	623	856
小学在校学生数	人	8277	12016	8581	11742	9059
医疗卫生机构床位数	床	330	593	466	431	431
各种社会福利收养性单位数	个	1	8	7	4	2
各种社会福利收养性单位床位数	床	20	209	258	180	280

2017年县(市)社会经济主要指标

山西省、内蒙古自治区

指　　标	单位	孝义市	汾阳市	土默特左旗	托克托县	和林格尔县
一、基本情况						
行政区域面积	平方公里	938	1179	2765	1408	3448
乡个数	个	5	3	2		4
镇个数	个	7	9	7	5	4
街道办事处个数	个	5	4			
户籍人口	万人	51	43	36	20	20
第二产业从业人员	人	95292		69570	30350	20389
第三产业从业人员	人	82015	46755	61324	22874	38304
固定电话用户	户	43125	29361	9567	23500	14000
二、综合经济						
地区生产总值	万元	4389492	1320657	1810796	1489923	1305289
第一产业增加值	万元	101898	62310	329854	182531	194619
农业增加值	万元	55926	29712	116986	74507	59782
牧业增加值	万元	43020	30254	198929	101781	126519
第二产业增加值	万元	2980917	718634	503643	815191	555948
公共财政收入	万元	209782	86851	184377	205865	138724
各项税收	万元	161442	63478	161298	114112	128000
公共财政支出	万元	249284	202864	311215	219393	246818
居民储蓄存款余额	万元	3426816	1734953	740277	596591	502900
年末金融机构各项贷款余额	万元	2023775	869572	524788	859119	700600
三、农业和工业						
农业机械总动力	万千瓦特	6	19	63	44	42
机收面积	公顷	10200	27022	83375	50066	48096
设施农业占地面积	公顷	440	46	2524	533	752
棉花产量	吨					
油料产量	吨	284	337	33982	1653	6344
规模以上工业企业单位数	个	166	31	53	40	36
四、教育、卫生和社会保障						
普通中学在校学生数	人	29283	21121	10112	9627	7999
中等职业教育学校在校学生数	人	2083	1793	1133	1366	690
小学在校学生数	人	39914	29469	13391	11253	8626
医疗卫生机构床位数	床	4047	2082	715	564	511
各种社会福利收养性单位数	个	44	16	16	4	7
各种社会福利收养性单位床位数	床	2372	719	1751	288	590

2017年县(市)社会经济主要指标

内蒙古自治区

指　　标	单位	清水河县	武川县	土默特右旗	固阳县	达尔罕茂明安联合旗
一、基本情况						
行政区域面积	平方公里	2818	4682	2368	5025	17482
乡个数	个	4	6	3		5
镇个数	个	4	3	5	6	7
街道办事处个数	个					
户籍人口	万人	14	17	36	20	11
第二产业从业人员	人	8463	12178	56939	31440	8507
第三产业从业人员	人	14415	20464	82136	20812	20183
固定电话用户	户	5610	4224	13423	4793	1900
二、综合经济						
地区生产总值	万元	482919	498061	1713263	605976	1026115
第一产业增加值	万元	60439	80371	354463	123776	132215
农业增加值	万元	38463	68315	200668	34687	54773
牧业增加值	万元	16145	10362	152527	88214	74424
第二产业增加值	万元	126136	137664	687500	320700	464100
公共财政收入	万元	26319	23434	132067	30302	55006
各项税收	万元	21018	19853	89156	21889	47925
公共财政支出	万元	151921	155706	275567	188260	187501
居民储蓄存款余额	万元	351104	403877	876600	378382	296361
年末金融机构各项贷款余额	万元	275723	523362	998500	639237	258730
三、农业和工业						
农业机械总动力	万千瓦特	16	33	49	26	27
机收面积	公顷	37333	104667	100000	103333	55333
设施农业占地面积	公顷	276	426	226	32	2
棉花产量	吨					
油料产量	吨	8537	62320	32250	15930	14509
规模以上工业企业单位数	个	15	10	20	22	40
四、教育、卫生和社会保障						
普通中学在校学生数	人	4291	3803	8092	3961	1519
中等职业教育学校在校学生数	人	368		929	643	
小学在校学生数	人	4903	4743	12686	5212	2995
医疗卫生机构床位数	床	342	448	921	517	470
各种社会福利收养性单位数	个	4	2	11	9	5
各种社会福利收养性单位床位数	床	260	450	431	706	522

2017年县(市)社会经济主要指标

内蒙古自治区

指　　标	单位	阿鲁科尔沁旗	巴林左旗	巴林右旗	林西县	克什克腾旗
一、基本情况						
行政区域面积	平方公里	14555	6459	9837	3933	20673
乡个数	个	7	4	4	2	6
镇个数	个	7	7	5	7	7
街道办事处个数	个	2	2	2	2	3
户籍人口	万人	29	35	18	23	25
第二产业从业人员	人	12450	19237	2881	10766	18210
第三产业从业人员	人	10697	9442	3637	13960	44389
固定电话用户	户	19700	18308	6100	17000	9000
二、综合经济						
地区生产总值	万元	763951	866326	522724	691982	911359
第一产业增加值	万元	185130	220158	113270	124923	179564
农业增加值	万元	108340	109639	59601	70964	110077
牧业增加值	万元	67925	101273	46933	44006	55769
第二产业增加值	万元	200686	297308	202859	306813	433774
公共财政收入	万元	27297	52410	29990	34189	53600
各项税收	万元	21763	37639	23049	27237	48503
公共财政支出	万元	316676	327375	251138	246166	265000
居民储蓄存款余额	万元	489313	638194	390636	506663	482351
年末金融机构各项贷款余额	万元	718787	780008	665526	497799	777182
三、农业和工业						
农业机械总动力	万千瓦特	62	37	39	37	49
机收面积	公顷	58667	41662	42535	23200	51333
设施农业占地面积	公顷	704	1381	280	446	248
棉花产量	吨					
油料产量	吨	17467	7935	45357	20622	8425
规模以上工业企业单位数	个	25	43	16	33	37
四、教育、卫生和社会保障						
普通中学在校学生数	人	12606	15628	8417	9043	4769
中等职业教育学校在校学生数	人	1296	2026		1080	731
小学在校学生数	人	14491	19662	9545	10104	9338
医疗卫生机构床位数	床	1579	1758	801	1185	1308
各种社会福利收养性单位数	个	8	21	12	17	15
各种社会福利收养性单位床位数	床	631	1873	1094	1250	759

2017年县(市)社会经济主要指标

内蒙古自治区

指　　标	单位	翁牛特旗	喀喇沁旗	宁城县	敖汉旗	科尔沁左翼中旗
一、基本情况						
行政区域面积	平方公里	11882	3050	4305	8294	9573
乡个数	个	6	2	2	7	6
镇个数	个	8	7	13	9	11
街道办事处个数	个	2	2	3		1
户籍人口	万人	48	35	60	60	52
第二产业从业人员	人	42000	32642	56700	39575	37532
第三产业从业人员	人	46000	41172	51311	56126	87376
固定电话用户	户	11000	14403	56000	133021	6677
二、综合经济						
地区生产总值	万元	1116366	589527	1322750	1170152	948074
第一产业增加值	万元	413711	130867	354862	415368	449603
农业增加值	万元	182148	78221	252924	294608	307611
牧业增加值	万元	220025	43313	81038	89141	133586
第二产业增加值	万元	355630	209443	413246	287292	106700
公共财政收入	万元	42145	39157	46500	44519	59567
各项税收	万元	31855	31204	34571	30899	25280
公共财政支出	万元	358951	255517	345228	385735	336101
居民储蓄存款余额	万元	689375	740232	1354087	973136	393239
年末金融机构各项贷款余额	万元	825820	529552	981269	673291	389356
三、农业和工业						
农业机械总动力	万千瓦特	76	26	42	89	136
机收面积	公顷	120206	26000	31333	57644	262667
设施农业占地面积	公顷	955	3448	24461	1626	1484
棉花产量	吨					
油料产量	吨	95321	3137	1516	11520	26789
规模以上工业企业单位数	个	54	13	62	22	13
四、教育、卫生和社会保障						
普通中学在校学生数	人	16073	14605	24833	27352	16352
中等职业教育学校在校学生数	人	1828	1983	3486	1391	23
小学在校学生数	人	20077	17677	35789	30707	23791
医疗卫生机构床位数	床	1300	1147	2906	2909	1288
各种社会福利收养性单位数	个	19	11	27	30	15
各种社会福利收养性单位床位数	床	990	1260	980	1088	819

2017年县(市)社会经济主要指标

内蒙古自治区

指　　标	单位	科尔沁左翼后旗	开鲁县	库伦旗	奈曼旗	扎鲁特旗
一、基本情况						
行政区域面积	平方公里	11500	4353	4709	8130	16492
乡个数	个	5		3	6	8
镇个数	个	10	10	5	8	7
街道办事处个数	个			1		
户籍人口	万人	40	39	18	45	31
第二产业从业人员	人	14405	17405	10890	25465	8180
第三产业从业人员	人	55600	51991	30524	20395	72025
固定电话用户	户	45000	4968	8560	28800	12264
二、综合经济						
地区生产总值	万元	842700	1199151	408638	706182	1197500
第一产业增加值	万元	346900	432939	186000	285582	370700
农业增加值	万元	166370	277515	97705	137079	155200
牧业增加值	万元	161160	146357	83500	135539	199600
第二产业增加值	万元	126200	242508	46030	154700	395800
公共财政收入	万元	42232	35461	11507	32427	69482
各项税收	万元	23835	20987	7255	37569	57452
公共财政支出	万元	323654	265985	162363	338400	296103
居民储蓄存款余额	万元	423967	674408	213057	635995	476622
年末金融机构各项贷款余额	万元	821567	638527	187427	508940	605449
三、农业和工业						
农业机械总动力	万千瓦特	108	114	40	102	75
机收面积	公顷	155400	93333	37400	100000	103786
设施农业占地面积	公顷	64	1061	746	3151	257
棉花产量	吨					
油料产量	吨	24722	7417	3560	10834	16735
规模以上工业企业单位数	个	19	21	4	28	22
四、教育、卫生和社会保障						
普通中学在校学生数	人	15619	18959	7681	12023	7917
中等职业教育学校在校学生数	人	227	808	385	2145	908
小学在校学生数	人	23437	20061	9994	18583	16401
医疗卫生机构床位数	床	3466	1431	763	1509	1897
各种社会福利收养性单位数	个	7	2	6	14	10
各种社会福利收养性单位床位数	床	336	620	272	495	627

2017年县(市)社会经济主要指标

内蒙古自治区

指　　标	单位	霍林郭勒市	东胜区	达拉特旗	准格尔旗	鄂托克前旗
一、基本情况						
行政区域面积	平方公里	585	2145	8241	7692	12221
乡个数	个	1		1	3	
镇个数	个		3	8	7	4
街道办事处个数	个	4	12	6	4	
户籍人口	万人	8	27	37	33	8
第二产业从业人员	人	22056	109207	50530	68395	14933
第三产业从业人员	人	29878	180274	114485	92071	18274
固定电话用户	户	4719	68132	11405	60243	3460
二、综合经济						
地区生产总值	万元	1929994	6918100	3338345	9224006	1279000
第一产业增加值	万元	31994	15096	364845	104006	126100
农业增加值	万元	7998	5197	234433	62885	76500
牧业增加值	万元	23526	5642	119453	32122	42350
第二产业增加值	万元	1221800	2416400	1576300	5108500	747400
公共财政收入	万元	115734	416548	130103	673831	80060
各项税收	万元	93085	345772	93455	531315	46879
公共财政支出	万元	156849	519749	353073	720790	256418
居民储蓄存款余额	万元	527148	8125200	1282491	3157500	357300
年末金融机构各项贷款余额	万元	1132211	21908300	1285205	2748300	316400
三、农业和工业						
农业机械总动力	万千瓦特	2	3	70	11	29
机收面积	公顷	17421	2133	84107	10000	20500
设施农业占地面积	公顷	202	107	540	577	256
棉花产量	吨					
油料产量	吨	18052	28	45552	5712	6134
规模以上工业企业单位数	个	37	62	54	104	17
四、教育、卫生和社会保障						
普通中学在校学生数	人	6298	26737	13488	15145	2860
中等职业教育学校在校学生数	人	195	8753	2571	3062	1099
小学在校学生数	人	7806	40437	23848	26198	4097
医疗卫生机构床位数	床	771	4705	2409	1496	491
各种社会福利收养性单位数	个	1	19	9	8	2
各种社会福利收养性单位床位数	床	107	4352	1076	1809	690

2017年县(市)社会经济主要指标

内蒙古自治区

指　　标	单位	鄂托克旗	杭锦旗	乌审旗	伊金霍洛旗	海拉尔区
一、基本情况						
行政区域面积	平方公里	20367	19253	11674	5487	1440
乡个数	个	2	1	1		
镇个数	个	4	5	5	7	2
街道办事处个数	个					6
户籍人口	万人	10	14	11	18	28
第二产业从业人员	人	37100	14400	4871	51123	20773
第三产业从业人员	人	27267	27000	37478	58305	162792
固定电话用户	户	12000	9600	9237	13900	72393
二、综合经济						
地区生产总值	万元	4254915	948054	3637373	5643912	1791372
第一产业增加值	万元	84615	198554	144773	77612	73423
农业增加值	万元	39123	129808	81678	38818	24021
牧业增加值	万元	39254	56280	57455	27298	46344
第二产业增加值	万元	3050300	364800	2564800	3111100	543199
公共财政收入	万元	207542	35566	356980	630018	103632
各项税收	万元	174319	28710	122480	508803	85923
公共财政支出	万元	356430	243707	296096	679018	293290
居民储蓄存款余额	万元	846926	379732	543597	2479500	2212636
年末金融机构各项贷款余额	万元	1225767	587195	1207767	1651100	3961066
三、农业和工业						
农业机械总动力	万千瓦特	14	65	57	20	12
机收面积	公顷	11333	40000	13499	5085	25333
设施农业占地面积	公顷	14	31	201	115	382
棉花产量	吨					
油料产量	吨	11703	122636	3269		4629
规模以上工业企业单位数	个	45	22	30	58	41
四、教育、卫生和社会保障						
普通中学在校学生数	人	4923	4031	4147	6021	16883
中等职业教育学校在校学生数	人	640		439		2055
小学在校学生数	人	10238	5526	10019	13691	13320
医疗卫生机构床位数	床	513	590	722	1310	3441
各种社会福利收养性单位数	个	6	3	7	5	6
各种社会福利收养性单位床位数	床	656	664	410	551	900

2017年县(市)社会经济主要指标

内蒙古自治区

指　　标	单位	阿荣旗	莫力达瓦达斡尔族自治旗	鄂伦春自治旗	鄂温克族自治县	陈巴尔虎旗
一、基本情况						
行政区域面积	平方公里	11073	10383	54688	18657	18634
乡个数	个	4	4	2	6	4
镇个数	个	8	11	8	4	3
街道办事处个数	个					
户籍人口	万人	32	32	25	14	6
第二产业从业人员	人	10646	6619	5740	17256	7347
第三产业从业人员	人	42141	15289	30801	58394	13418
固定电话用户	户	9663	16348	9620	12279	5550
二、综合经济						
地区生产总值	万元	1047694	808660	623988	1005463	765367
第一产业增加值	万元	455966	446749	225090	72092	91574
农业增加值	万元	284695	312959	157182	5884	37645
牧业增加值	万元	142483	119323	42615	58596	40977
第二产业增加值	万元	196610	45826	40825	646537	473329
公共财政收入	万元	24974	24687	18000	64696	49147
各项税收	万元	19216	11605	30838	54824	203992
公共财政支出	万元	309566	328882	289782	207962	152884
居民储蓄存款余额	万元	564960	426119	731769	463047	153050
年末金融机构各项贷款余额	万元	469212	594788	781570	865222	150357
三、农业和工业						
农业机械总动力	万千瓦特	91	115	64	20	21
机收面积	公顷	182334	360000	265794	14880	
设施农业占地面积	公顷	360	21	128	4	9
棉花产量	吨					
油料产量	吨	20872	120	110	7783	36528
规模以上工业企业单位数	个	11	3	4	12	11
四、教育、卫生和社会保障						
普通中学在校学生数	人	8066	4887	4480	3117	967
中等职业教育学校在校学生数	人	2071	867	755	279	
小学在校学生数	人	17240	10749	8935	4618	2006
医疗卫生机构床位数	床	1164	892	837	832	588
各种社会福利收养性单位数	个	11	10	10	8	2
各种社会福利收养性单位床位数	床	1467	1165	547	451	160

2017年县(市)社会经济主要指标

内蒙古自治区

指　　标	单位	新巴尔虎左旗	新巴尔虎右旗	满洲里市	牙克石市	扎兰屯市
一、基本情况						
行政区域面积	平方公里	21634	24840	735	27803	16800
乡个数	个	5	4			4
镇个数	个	2	3	2	10	8
街道办事处个数	个			10	6	7
户籍人口	万人	4	4	17	33	41
第二产业从业人员	人	1378	5873	19883	60842	25430
第三产业从业人员	人	12026	11390	96423	89924	68742
固定电话用户	户	3095	3400	35000	27600	30392
二、综合经济						
地区生产总值	万元	206377	525034	1629150	1297487	1475364
第一产业增加值	万元	61255	38811	33207	352604	402808
农业增加值	万元	15708	720	7271	191786	237234
牧业增加值	万元	35067	25437	2865	99530	147234
第二产业增加值	万元	43109	350172	336558	229046	574988
公共财政收入	万元	19320	64949	102155	40511	50269
各项税收	万元	23127	104839	77206	28614	42430
公共财政支出	万元	140535	162026	404143	336138	380999
居民储蓄存款余额	万元	72514	88791	1322258	1255323	878429
年末金融机构各项贷款余额	万元	84569	132533	1342087	891349	2054874
三、农业和工业						
农业机械总动力	万千瓦特	19	6		36	73
机收面积	公顷				155726	210202
设施农业占地面积	公顷	118		27	870	531
棉花产量	吨					
油料产量	吨	4485			72270	10341
规模以上工业企业单位数	个	6	17	28	28	63
四、教育、卫生和社会保障						
普通中学在校学生数	人	819	671	9722	10451	12162
中等职业教育学校在校学生数	人		55	836	1033	706
小学在校学生数	人	1785	1772	8770	7464	17775
医疗卫生机构床位数	床	149	181	953	3296	2064
各种社会福利收养性单位数	个	2	2	5	13	24
各种社会福利收养性单位床位数	床	90	98	390	1031	4069

2017年县(市)社会经济主要指标

内蒙古自治区

指　　标	单位	额尔古纳市	根河市	临河区	五原县	磴口县
一、基本情况						
行政区域面积	平方公里	28958	20010	2333	2503	3676
乡个数	个	3	1	2	1	1
镇个数	个	3	4	7	8	4
街道办事处个数	个	2	4	11		
户籍人口	万人	8	14	52	28	11
第二产业从业人员	人	6630	10590	37572	6153	4170
第三产业从业人员	人	23903	13843	180640	24763	22947
固定电话用户	户	9320	11285	84000	9483	10600
二、综合经济						
地区生产总值	万元	391620	346986	2421916	852305	460629
第一产业增加值	万元	142994	98204	423116	248005	96529
农业增加值	万元	96370	26503	224657	155741	46262
牧业增加值	万元	34249	23067	187297	81423	40198
第二产业增加值	万元	56692	49742	862300	222300	222900
公共财政收入	万元	14099	8580	172804	33017	26641
各项税收	万元	6983	14019	148034	30149	17714
公共财政支出	万元	173819	165900	406103	302011	142973
居民储蓄存款余额	万元	305649	551207	2926000	783000	404563
年末金融机构各项贷款余额	万元	276122	287895	4711000	874000	407877
三、农业和工业						
农业机械总动力	万千瓦特	23	2	109	104	49
机收面积	公顷	145173	2727	88666	92000	47297
设施农业占地面积	公顷	52	23	3200	1194	901
棉花产量	吨					
油料产量	吨	121077	1263	180875	266646	73855
规模以上工业企业单位数	个	12	4	53	25	15
四、教育、卫生和社会保障						
普通中学在校学生数	人	2733	2402	21975	9437	2980
中等职业教育学校在校学生数	人	24	40	7845	2031	
小学在校学生数	人	2929	2086	28973	11323	3706
医疗卫生机构床位数	床	440	581	4678	1183	1137
各种社会福利收养性单位数	个	2	1	8	6	3
各种社会福利收养性单位床位数	床	125	90	1849	937	580

2017年县(市)社会经济主要指标

内蒙古自治区

指　　标	单位	乌拉特前旗	乌拉特中旗	乌拉特后旗	杭锦后旗	集宁区
一、基本情况						
行政区域面积	平方公里	7482	22868	24525	1752	553
乡个数	个	2	4	3		1
镇个数	个	9	6	3	9	1
街道办事处个数	个					10
户籍人口	万人	33	14	6	29	31
第二产业从业人员	人	7713	4039	9639	8038	14522
第三产业从业人员	人	36673	20637	12573	53406	74243
固定电话用户	户	4337	2965	1216	49251	37000
二、综合经济						
地区生产总值	万元	1154118	834641	585057	1035610	1534132
第一产业增加值	万元	301904	162941	37157	319939	39508
农业增加值	万元	198911	81731	13196	185756	14061
牧业增加值	万元	86152	65163	21853	117024	21972
第二产业增加值	万元	357000	478900	422000	311346	578300
公共财政收入	万元	74196	78758	84757	37846	113907
各项税收	万元	59732	68096	74550	32256	237586
公共财政支出	万元	288741	316116	164651	254441	323401
居民储蓄存款余额	万元	984965	400964	181249	925750	2795541
年末金融机构各项贷款余额	万元	985198	433897	162100	978691	3205842
三、农业和工业						
农业机械总动力	万千瓦特	125	45	15	84	20
机收面积	公顷	95333	53820	7667	56666	3530
设施农业占地面积	公顷	255	810	68	550	1671
棉花产量	吨					
油料产量	吨	145275	88150	6423	74565	4275
规模以上工业企业单位数	个	52	26	38	14	23
四、教育、卫生和社会保障						
普通中学在校学生数	人	10007	3296	1377	5363	29808
中等职业教育学校在校学生数	人	1694			2314	1156
小学在校学生数	人	12714	4121	2546	10102	23398
医疗卫生机构床位数	床	1411	564	238	1147	2411
各种社会福利收养性单位数	个	9	2	1	10	26
各种社会福利收养性单位床位数	床	1391	368	150	1730	1191

2017年县(市)社会经济主要指标

内蒙古自治区

指　　标	单位	卓资县	化德县	商都县	兴和县	凉城县
一、基本情况						
行政区域面积	平方公里	3119	2534	4284	3518	3458
乡个数	个	3	3	4	4	2
镇个数	个	5	3	6	5	6
街道办事处个数	个					
户籍人口	万人	20	17	33	32	24
第二产业从业人员	人	19599	7658	15287	10467	3683
第三产业从业人员	人	35284	26848	29124	23345	24635
固定电话用户	户	4966	8605	4900	2569	5000
二、综合经济						
地区生产总值	万元	510474	376602	476095	494040	612391
第一产业增加值	万元	87327	75409	127548	113364	166435
农业增加值	万元	34453	27976	47362	49063	104699
牧业增加值	万元	50278	42387	73198	54038	55090
第二产业增加值	万元	204501	177144	152985	153330	233175
公共财政收入	万元	20443	13916	284251	15823	21018
各项税收	万元	15284	7505	11715	11801	17192
公共财政支出	万元	180096	173804	274843	246278	192513
居民储蓄存款余额	万元	440564	346335	548361	640766	494790
年末金融机构各项贷款余额	万元	346060	226167	271921	541326	3734675
三、农业和工业						
农业机械总动力	万千瓦特	10	15	27	21	21
机收面积	公顷	3345	2211	74369	38000	28333
设施农业占地面积	公顷	141	46	2550	8	420
棉花产量	吨					
油料产量	吨	9104	3430	38963	45470	6785
规模以上工业企业单位数	个	12	28	25	24	8
四、教育、卫生和社会保障						
普通中学在校学生数	人	2597	3496	6500	4999	4621
中等职业教育学校在校学生数	人	1392	435	1617		188
小学在校学生数	人	2871	4265	8307	9710	6298
医疗卫生机构床位数	床	384	505	858	817	1046
各种社会福利收养性单位数	个	3	11	3	1	4
各种社会福利收养性单位床位数	床	310	445	340	290	450

2017年县(市)社会经济主要指标

内蒙古自治区

指　　标	单位	察哈尔右翼前旗	察哈尔右翼中旗	察哈尔右翼后旗	四子王旗	丰镇市
一、基本情况						
行政区域面积	平方公里	2440	4186	3910	24036	2722
乡个数	个	4	7	3	8	3
镇个数	个	5	5	5	5	5
街道办事处个数	个		7		13	5
户籍人口	万人	22	20	22	21	31
第二产业从业人员	人	25069	12396	9884	1486	39062
第三产业从业人员	人	25019	10174	18810	2362	37420
固定电话用户	户	5426	11456	8775	4600	2095
二、综合经济						
地区生产总值	万元	687254	448000	493339	535568	1045425
第一产业增加值	万元	130884	133000	103441	152304	160537
农业增加值	万元	46605	56165	32677	51076	69318
牧业增加值	万元	80804	70859	62570	98826	86075
第二产业增加值	万元	333853	155000	216243	191508	489385
公共财政收入	万元	30135	14623	16014	9618	43417
各项税收	万元	24084	9233	12914	7311	32461
公共财政支出	万元	232462	197216	202232	269121	274933
居民储蓄存款余额	万元	482286	325650	412729	390671	559153
年末金融机构各项贷款余额	万元	425059	364783	301625	419726	786858
三、农业和工业						
农业机械总动力	万千瓦特	18	32	18	40	20
机收面积	公顷	28000	65254	14814	5829	30215
设施农业占地面积	公顷	1164	24500	8750	502	940
棉花产量	吨					
油料产量	吨	8233	55238	38745	47367	8386
规模以上工业企业单位数	个	35	12	14	37	39
四、教育、卫生和社会保障						
普通中学在校学生数	人	1702	2767	1854	5299	7522
中等职业教育学校在校学生数	人	214	609	162	610	209
小学在校学生数	人	3613	3075	4764	6310	10463
医疗卫生机构床位数	床	409	339	437	606	500
各种社会福利收养性单位数	个	1	5	3	5	12
各种社会福利收养性单位床位数	床	350	680	104	422	768

2017年县(市)社会经济主要指标

内蒙古自治区

指　　标	单位	乌兰浩特市	阿尔山市	科尔沁右翼前旗	科尔沁右翼中旗	扎赉特旗
一、基本情况						
行政区域面积	平方公里	2728	7409	16964	15613	11837
乡个数	个			5	6	5
镇个数	个	4	4	9	6	8
街道办事处个数	个	9	4			
户籍人口	万人	32	5	33	25	39
第二产业从业人员	人	17636	1688	20166	8751	22718
第三产业从业人员	人	102791	13488	53498	36797	54507
固定电话用户	户	41265	5879	7404	10111	8393
二、综合经济						
地区生产总值	万元	1519564	154396	710333	494274	745175
第一产业增加值	万元	101776	28339	341937	190201	359345
农业增加值	万元	48292	8333	206197	90808	222535
牧业增加值	万元	50288	6072	116756	87462	127082
第二产业增加值	万元	672324	30171	145383	117839	132692
公共财政收入	万元	82675	11556	27283	15527	56798
各项税收	万元	66737	7001	20382	10341	20290
公共财政支出	万元	326707	117970	349716	304353	408833
居民储蓄存款余额	万元	1551068	159132	301306	269591	510498
年末金融机构各项贷款余额	万元	4381240	383589	421805	317775	693437
三、农业和工业						
农业机械总动力	万千瓦特	31	4	96	71	158
机收面积	公顷	45620	21333	202130	157962	202000
设施农业占地面积	公顷	741	5	1000	62	2143
棉花产量	吨					
油料产量	吨	3393	2371	21273	152134	3090
规模以上工业企业单位数	个	58	1	23	38	18
四、教育、卫生和社会保障						
普通中学在校学生数	人	20938	593	9815	11160	12130
中等职业教育学校在校学生数	人	5854		649	445	2054
小学在校学生数	人	19625	1090	16370	13678	21289
医疗卫生机构床位数	床	3376	292	1380	1495	1359
各种社会福利收养性单位数	个	14	1	13	5	7
各种社会福利收养性单位床位数	床	1211	60	830	410	800

2017年县(市)社会经济主要指标

内蒙古自治区

指　标	单位	突泉县	二连浩特市	锡林浩特市	阿巴嘎旗	苏尼特左旗
一、基本情况						
行政区域面积	平方公里	4797	4015	14780	27495	34240
乡个数	个	3	1	3	4	4
镇个数	个	6		1	3	3
街道办事处个数	个			7	4	
户籍人口	万人	31	3	19	4	3
第二产业从业人员	人	18324	3372	26783	3937	2045
第三产业从业人员	人	25724	46428	87669	8940	9501
固定电话用户	户	8424	5300	42152	618	3930
二、综合经济						
地区生产总值	万元	555476	782754	1953529	307615	348311
第一产业增加值	万元	233490	7452	162726	87229	68015
农业增加值	万元	170251	2182	39758	69059	8763
牧业增加值	万元	56224	4913	121973	17524	58259
第二产业增加值	万元	146043	110035	825681	111803	171769
公共财政收入	万元	25289	35003	196283	13977	28376
各项税收	万元	7796	20011	172383	9995	19915
公共财政支出	万元	265312	209678	269389	104554	115880
居民储蓄存款余额	万元	409351	486179	1680667	143048	117119
年末金融机构各项贷款余额	万元	463457	704000	3299218	120508	98603
三、农业和工业						
农业机械总动力	万千瓦特	54		15	7	10
机收面积	公顷	74667		22513	100	1247
设施农业占地面积	公顷	2295	38	1817		
棉花产量	吨					
油料产量	吨	6249		729		
规模以上工业企业单位数	个	8	13	72	13	16
四、教育、卫生和社会保障						
普通中学在校学生数	人	9872	4470	19767	887	651
中等职业教育学校在校学生数	人	382		7091		
小学在校学生数	人	13100	5396	17678	1527	1594
医疗卫生机构床位数	床	1034	207	1652	223	130
各种社会福利收养性单位数	个	10	1	6	1	1
各种社会福利收养性单位床位数	床	1058	130	1314	70	100

2017年县(市)社会经济主要指标

内蒙古自治区

指　　标	单位	苏尼特右旗	东乌珠穆沁旗	西乌珠穆沁旗	太仆寺旗	镶黄旗
一、基本情况						
行政区域面积	平方公里	22455	47554	22459	3426	5146
乡个数	个	4	4	7	2	2
镇个数	个	3	6	5	5	2
街道办事处个数	个		7		8	6
户籍人口	万人	7	8	8	21	3
第二产业从业人员	人	8016	10578	9189	3301	1523
第三产业从业人员	人	14857	23921	19312	7245	7210
固定电话用户	户	3970	3920	3028	7787	900
二、综合经济						
地区生产总值	万元	481982	547876	1119694	411177	236565
第一产业增加值	万元	59968	155073	147260	124326	38045
农业增加值	万元	12479	11475	22678	65900	13875
牧业增加值	万元	46086	143055	123699	53817	22131
第二产业增加值	万元	265311	224234	797609	103840	90674
公共财政收入	万元	25370	89955	183959	13654	15813
各项税收	万元	18791	69472	154775	10728	14571
公共财政支出	万元	143754	218628	186771	165825	87343
居民储蓄存款余额	万元	270312	365272	294151	432142	91411
年末金融机构各项贷款余额	万元	168965	322509	559115	375813	114498
三、农业和工业						
农业机械总动力	万千瓦特	4	19	11	25	3
机收面积	公顷		26060		84666	100
设施农业占地面积	公顷		80	12	2000	
棉花产量	吨					
油料产量	吨	94			13763	
规模以上工业企业单位数	个	56	36	25	22	6
四、教育、卫生和社会保障						
普通中学在校学生数	人	1446	3552	3041	4745	1057
中等职业教育学校在校学生数	人	981		221		32
小学在校学生数	人	3122	5864	5226	4744	1291
医疗卫生机构床位数	床	372	487	442	432	230
各种社会福利收养性单位数	个	3	3	4	11	1
各种社会福利收养性单位床位数	床	122	106	889	543	71

2017年县(市)社会经济主要指标

内蒙古自治区

指　　标	单位	正镶白旗	正蓝旗	多伦县	阿拉善左旗	阿拉善右旗
一、基本情况						
行政区域面积	平方公里	6253	10206	3864	80412	74485
乡个数	个	3	4	3	6	4
镇个数	个	2	3	2	9	3
街道办事处个数	个				4	
户籍人口	万人	7	8	11	14	3
第二产业从业人员	人	1043	7223	10202	35338	4000
第三产业从业人员	人	9270	12732	19920	74703	8262
固定电话用户	户	843	1500	4007	18305	1509
二、综合经济						
地区生产总值	万元	284910	594559	437597	2052738	171389
第一产业增加值	万元	56704	75987	92926	100229	26229
农业增加值	万元	17615	19794	44756	57719	14957
牧业增加值	万元	37771	54282	45959	34998	8676
第二产业增加值	万元	118143	348572	169498	1331217	56953
公共财政收入	万元	11333	35349	21102	89927	8440
各项税收	万元	15091	31090	16817	68048	19699
公共财政支出	万元	115960	124213	125683	433803	130738
居民储蓄存款余额	万元	149658	240295	322673	1742669	105488
年末金融机构各项贷款余额	万元	105316	577978	371252	3248755	78326
三、农业和工业						
农业机械总动力	万千瓦特	12	18	25	20	2
机收面积	公顷	11229	19600	41866	22000	2600
设施农业占地面积	公顷	24	18	89	98	8
棉花产量	吨				26	76
油料产量	吨	144	1464	712	12603	5102
规模以上工业企业单位数	个	24	19	7	71	11
四、教育、卫生和社会保障						
普通中学在校学生数	人	1285	2235	4380	8520	926
中等职业教育学校在校学生数	人		113	1022	954	60
小学在校学生数	人	1902	3566	6727	9511	890
医疗卫生机构床位数	床	185	351	435	1126	102
各种社会福利收养性单位数	个	2	5	5	2	1
各种社会福利收养性单位床位数	床	275	427	240	459	104

2017年县(市)社会经济主要指标

内蒙古自治区、辽宁省

指　　标	单位	额济纳旗	辽中区	康平县	法库县	新民市
一、基本情况						
行政区域面积	平方公里	114606	1470	2167	2320	3318
乡个数	个	5		7	5	4
镇个数	个	3	13	5	12	20
街道办事处个数	个		4	3	2	5
户籍人口	万人	2	54	35	44	68
第二产业从业人员	人	3657	36815	13576	36810	50808
第三产业从业人员	人	11422	36815	38848	43478	82370
固定电话用户	户	2328	109597	60770	34020	92159
二、综合经济						
地区生产总值	万元	306581	1977001	1294024	1965067	2211359
第一产业增加值	万元	20542	625840	307472	346630	650049
农业增加值	万元	11806	247960	150239	153254	387282
牧业增加值	万元	7094	311088	140793	183485	221319
第二产业增加值	万元	94588	536083	475658	774635	720038
公共财政收入	万元	16970	82203	62581	91108	104326
各项税收	万元	11670	55036	47227	77057	83853
公共财政支出	万元	121406	252840	220908	259648	331412
居民储蓄存款余额	万元	167734	1683918	881355	1126223	2175921
年末金融机构各项贷款余额	万元	204988	900314	692200	865448	1355043
三、农业和工业						
农业机械总动力	万千瓦特	5	57	38	51	119
机收面积	公顷	233	57867	63450	80000	137836
设施农业占地面积	公顷	7	6967	263	601	11178
棉花产量	吨	183			1	
油料产量	吨	26	15679	47690	24088	8248
规模以上工业企业单位数	个	7	76	59	191	78
四、教育、卫生和社会保障						
普通中学在校学生数	人	801	17866	12260	8905	15944
中等职业教育学校在校学生数	人	14	2513	960	1230	1191
小学在校学生数	人	1334	20540	15866	16375	28761
医疗卫生机构床位数	床	155	2265	1177	1006	2790
各种社会福利收养性单位数	个	1	4	10	12	12
各种社会福利收养性单位床位数	床	102	960	1250	1654	2060

2017年县(市)社会经济主要指标

辽宁省

指标	单位	普兰店区	长海县	瓦房店市	庄河市	台安县
一、基本情况						
行政区域面积	平方公里	2678	142	3643	4114	1393
乡个数	个			8	6	
镇个数	个	2	5	13	15	10
街道办事处个数	个	17		11	5	4
户籍人口	万人	73	7	99	89	37
第二产业从业人员	人	106970	2768	117261	112213	37003
第三产业从业人员	人	107554	19091	151690	128033	58010
固定电话用户	户	130908	17000	155934	141558	56325
二、综合经济						
地区生产总值	万元	4371173	991749	8953799	5666929	1204149
第一产业增加值	万元	694452	524869	838724	1079802	290165
农业增加值	万元	246741	1110	418560	264516	140843
牧业增加值	万元	220499	484	187351	131775	130842
第二产业增加值	万元	2141518	77038	4587320	2674899	408224
公共财政收入	万元	165914	47000	511356	261683	45712
各项税收	万元	138879	7145	282276	265445	37914
公共财政支出	万元	395773	147385	847370	623180	182256
居民储蓄存款余额	万元	3990081	404642	4981239	4350786	1262805
年末金融机构各项贷款余额	万元	2117282	297657	4435263	3085817	817687
三、农业和工业						
农业机械总动力	万千瓦特	62	6	72	55	34
机收面积	公顷	34733	42	38800	15953	60400
设施农业占地面积	公顷	4930	12	5049	15889	6436
棉花产量	吨			1		
油料产量	吨	25140	14	5617	10251	8112
规模以上工业企业单位数	个	134	7	271	203	62
四、教育、卫生和社会保障						
普通中学在校学生数	人	12837	2518	29105	25566	8410
中等职业教育学校在校学生数	人	1455	584	1639	1887	867
小学在校学生数	人	24472	2975	40553	27136	15556
医疗卫生机构床位数	床	3277	340	5360	4095	1712
各种社会福利收养性单位数	个	30	6	43	30	20
各种社会福利收养性单位床位数	床	2735	480	6767	5920	2300

2017年县(市)社会经济主要指标

辽宁省

指　　标	单位	岫岩满族自治县	海城市	抚顺县	新宾满族自治县	清原满族自治县
一、基本情况						
行政区域面积	平方公里	4502	2566	1701	4287	3921
乡个数	个	3		4	6	4
镇个数	个	18	21	4	9	10
街道办事处个数	个	5	6	2		
户籍人口	万人	53	107	11	29	32
第二产业从业人员	人	45317	247599	15535	20145	12253
第三产业从业人员	人	51431	261045	13198	37173	27959
固定电话用户	户	66100	154553	32856	54654	41534
二、综合经济						
地区生产总值	万元	1123538	5194495	323249	502015	549940
第一产业增加值	万元	224765	342745	91076	157570	162391
农业增加值	万元	173307	188986	43007	79685	82603
牧业增加值	万元	41132	139717	17876	41812	41197
第二产业增加值	万元	346654	1498603	134214	109601	115301
公共财政收入	万元	74040	243410	41019	38721	53689
各项税收	万元	56800	330886	31033	29459	32474
公共财政支出	万元	269174	462505	111182	205860	209104
居民储蓄存款余额	万元	2063472	6346930	312080	1042942	1073774
年末金融机构各项贷款余额	万元	1260502	3201200	228591	455418	619806
三、农业和工业						
农业机械总动力	万千瓦特	29	57	11	30	24
机收面积	公顷	15067	61154	4800	14800	14666
设施农业占地面积	公顷	1698	5244	138	390	122
棉花产量	吨					
油料产量	吨	5355	1374	658		31
规模以上工业企业单位数	个	48	294	16	23	26
四、教育、卫生和社会保障						
普通中学在校学生数	人	13817	29100	1907	8417	6645
中等职业教育学校在校学生数	人	1078	2015	191	1317	841
小学在校学生数	人	26580	61048	3937	10565	12056
医疗卫生机构床位数	床	1688	4436	429	1114	1365
各种社会福利收养性单位数	个	25	45	8	16	23
各种社会福利收养性单位床位数	床	1433	4103	576	1044	1752

2017年县(市)社会经济主要指标

辽宁省

指　　标	单位	本溪满族自治县	桓仁满族自治县	宽甸满族自治县	东港市	凤城市
一、基本情况						
行政区域面积	平方公里	3342	3547	6115	2399	5515
乡个数	个	1	4	3	1	1
镇个数	个	10	8	19	14	17
街道办事处个数	个	1	1		3	3
户籍人口	万人	28	29	42	59	57
第二产业从业人员	人	25834	32019	24550	77857	66833
第三产业从业人员	人	32579	58018	42510	144227	101392
固定电话用户	户	40316	40280	78700	189143	153958
二、综合经济						
地区生产总值	万元	1210674	1035690	820923	2312975	1797942
第一产业增加值	万元	160891	192567	222427	652950	244059
农业增加值	万元	47501	68203	76824	209446	92876
牧业增加值	万元	31774	27445	38303	55532	74724
第二产业增加值	万元	412549	328853	209526	727720	545212
公共财政收入	万元	70777	52738	54723	131039	110890
各项税收	万元	52442	34893	39000	93045	76984
公共财政支出	万元	172579	199731	257886	417889	328284
居民储蓄存款余额	万元	1134020	1138469	1690787	3642852	2658641
年末金融机构各项贷款余额	万元	800787	535135	861942	2590946	1513721
三、农业和工业						
农业机械总动力	万千瓦特	18	16	30	55	49
机收面积	公顷	9520	14541	6145	54160	23540
设施农业占地面积	公顷	62	154	292	5821	1635
棉花产量	吨					
油料产量	吨	104	234	942	10157	1516
规模以上工业企业单位数	个	28	17	32	111	74
四、教育、卫生和社会保障						
普通中学在校学生数	人	9915	5773	16137	17792	14154
中等职业教育学校在校学生数	人	273	395	648	1296	2192
小学在校学生数	人	14192	10986	15146	24194	21666
医疗卫生机构床位数	床	1281	1256	2268	2868	3894
各种社会福利收养性单位数	个	7	12	11	26	32
各种社会福利收养性单位床位数	床	585	1689	768	2050	1908

2017年县(市)社会经济主要指标

辽宁省

指　　标	单位	黑山县	义　县	凌海市	北镇市	盖州市
一、基本情况						
行政区域面积	平方公里	2497	2476	2586	1694	2946
乡个数	个	4	3	2	3	3
镇个数	个	15	13	15	11	16
街道办事处个数	个	2	2	4	5	8
户籍人口	万人	59	41	51	50	70
第二产业从业人员	人	29225	37537	46733	22348	49770
第三产业从业人员	人	123926	68487	60138	46702	135026
固定电话用户	户	59625	49804	69699	109187	153485
二、综合经济						
地区生产总值	万元	1216917	1062605	1343797	1078703	1703515
第一产业增加值	万元	443785	302708	457207	378456	415359
农业增加值	万元	195749	89002	220427	225733	174201
牧业增加值	万元	240665	208482	131641	145259	94462
第二产业增加值	万元	234263	325846	370934	197093	573088
公共财政收入	万元	72540	77110	100209	48215	227035
各项税收	万元	29941	32168	80051	29141	134595
公共财政支出	万元	345469	257735	349697	280599	264189
居民储蓄存款余额	万元	1880196	1130463	1824859	2035555	2643831
年末金融机构各项贷款余额	万元	975482	892184	1051329	1057119	1300451
三、农业和工业						
农业机械总动力	万千瓦特	72	40	41	57	38
机收面积	公顷	132070	36600	54413	76667	19528
设施农业占地面积	公顷	3314	1379	2601	12575	6267
棉花产量	吨					2
油料产量	吨	44203	30443	27948	39826	198
规模以上工业企业单位数	个	38	33	46	43	68
四、教育、卫生和社会保障						
普通中学在校学生数	人	12169	14452	17104	18721	13313
中等职业教育学校在校学生数	人	841	2285	1181	1748	1246
小学在校学生数	人	21662	16202	17064	21084	26323
医疗卫生机构床位数	床	2399	1238	2154	2161	2546
各种社会福利收养性单位数	个	13	20	33	29	34
各种社会福利收养性单位床位数	床	1147	1738	2127	1580	3400

2017年县(市)社会经济主要指标

辽宁省

指　　标	单位	大石桥市	阜新蒙古族自治县	彰武县	辽阳县	灯塔市
一、基本情况						
行政区域面积	平方公里	1598	6218	3623	2480	1170
乡个数	个		3	2	3	1
镇个数	个	13	32	22	12	10
街道办事处个数	个	5	1		10	3
户籍人口	万人	69	71	40	47	44
第二产业从业人员	人	83864	42638	16608	61145	44756
第三产业从业人员	人	80123	28061	52562	56054	61527
固定电话用户	户	79449	122500	88126	133982	62600
二、综合经济						
地区生产总值	万元	2923550	1222922	843546	1096046	1325701
第一产业增加值	万元	316710	462423	401491	274956	284688
农业增加值	万元	163553	222296	230606	150635	181698
牧业增加值	万元	84403	219509	151862	79978	68547
第二产业增加值	万元	1599808	213803	125460	281126	435529
公共财政收入	万元	160613	61156	44721	84188	131230
各项税收	万元	132939	43618	32715	62788	108735
公共财政支出	万元	373253	421232	283962	226909	228201
居民储蓄存款余额	万元	3380058	1262529	932989	1897582	1768485
年末金融机构各项贷款余额	万元	2986256	1082627	649358	1811181	1511758
三、农业和工业						
农业机械总动力	万千瓦特	42	140	78	33	44
机收面积	公顷	36267	220000	72377	39832	240
设施农业占地面积	公顷	1020	2245	797	2701	2168
棉花产量	吨					
油料产量	吨	222	98941	110079	1293	1814
规模以上工业企业单位数	个	207	55	40	47	32
四、教育、卫生和社会保障						
普通中学在校学生数	人	23360	17486	13471	10275	9649
中等职业教育学校在校学生数	人	841	1600	469	1746	750
小学在校学生数	人	32748	27991	27683	17914	17068
医疗卫生机构床位数	床	3079	1809	1261	2080	1699
各种社会福利收养性单位数	个	30	33	16	14	17
各种社会福利收养性单位床位数	床	1579	1483	1116	1096	1700

2017年县(市)社会经济主要指标

辽宁省

指　　标	单位	大洼区	盘山县	铁岭县	西丰县	昌图县
一、基本情况						
行政区域面积	平方公里	1816	2009	2250	2683	4317
乡个数	个			2	6	
镇个数	个	11	13	12	12	33
街道办事处个数	个	8			2	
户籍人口	万人	39	27	38	33	100
第二产业从业人员	人	46391	31128	39857	15118	56243
第三产业从业人员	人	90693	44703	65882	56182	99000
固定电话用户	户	115000	58709	22211	40002	181803
二、综合经济						
地区生产总值	万元	2487622	1257160	949705	449991	1284688
第一产业增加值	万元	502874	350111	214401	194769	549727
农业增加值	万元	166824	203694	117928	84576	280507
牧业增加值	万元	81078	84961	86814	96026	256856
第二产业增加值	万元	1223254	514199	334185	41193	216604
公共财政收入	万元	311372	127352	51042	26179	50592
各项税收	万元	313743	104662	38742	15193	49449
公共财政支出	万元	527279	277586	240540	205022	474390
居民储蓄存款余额	万元	1557951	1250959	611244	766562	2088431
年末金融机构各项贷款余额	万元	1221674	537478	636781	623579	1821000
三、农业和工业						
农业机械总动力	万千瓦特	25	22	36	47	97
机收面积	公顷	42333	39007	54000	43960	19400
设施农业占地面积	公顷	1067	5340	915	344	738
棉花产量	吨					
油料产量	吨	56	3555	568	162	77369
规模以上工业企业单位数	个	138	67	71	13	30
四、教育、卫生和社会保障						
普通中学在校学生数	人	16515	8009	5775	6822	33168
中等职业教育学校在校学生数	人	4983	1688	1412	728	1226
小学在校学生数	人	17452	8529	10335	11038	38453
医疗卫生机构床位数	床	2460	1134	1160	1114	3568
各种社会福利收养性单位数	个	11	11	9	7	18
各种社会福利收养性单位床位数	床	673	1500	984	912	1950

2017年县(市)社会经济主要指标

辽宁省

指　　标	单位	调兵山市	开原市	朝阳县	建平县	喀喇沁左翼蒙古族自治县
一、基本情况						
行政区域面积	平方公里	262	2838	3758	4868	2232
乡个数	个		1	12	7	5
镇个数	个	3	16	14	17	14
街道办事处个数	个	2	3	1	6	3
户籍人口	万人	24	56	56	58	42
第二产业从业人员	人	61445	42680	65618	60580	48187
第三产业从业人员	人	45707	70425	62652	94320	63946
固定电话用户	户	24112	31751	68267	140000	51292
二、综合经济						
地区生产总值	万元	1006618	956001	926689	1080254	893853
第一产业增加值	万元	29741	314319	279801	281728	287112
农业增加值	万元	17013	141884	153125	145722	193216
牧业增加值	万元	12074	151778	110093	121662	78860
第二产业增加值	万元	686062	176182	213780	214624	197677
公共财政收入	万元	92318	60419	45366	71480	39780
各项税收	万元	80223	71532	35383	53597	29885
公共财政支出	万元	115629	234740	323424	348245	275795
居民储蓄存款余额	万元	1542207	1740401	795700	2118991	1156787
年末金融机构各项贷款余额	万元	1101973	1533497	757599	1140779	881852
三、农业和工业						
农业机械总动力	万千瓦特	8	49	40	41	22
机收面积	公顷	6100	52667	24000	55800	24300
设施农业占地面积	公顷	58	511	1551	1812	2435
棉花产量	吨			65		
油料产量	吨	34	434	2922	5075	1795
规模以上工业企业单位数	个	16	38	31	38	43
四、教育、卫生和社会保障						
普通中学在校学生数	人	4535	12824	21857	23737	21047
中等职业教育学校在校学生数	人	385	1062	1120	5502	1284
小学在校学生数	人	8212	22696	32666	27622	20644
医疗卫生机构床位数	床	1330	3215	1213	2747	1921
各种社会福利收养性单位数	个	1	5	28	15	6
各种社会福利收养性单位床位数	床	150	2710	1020	1785	1020

2017年县(市)社会经济主要指标

辽宁省

指标	单位	北票市	凌源市	绥中县	建昌县	兴城市
一、基本情况						
行政区域面积	平方公里	4419	3282	2780	3195	2102
乡个数	个	15	7	11	21	12
镇个数	个	12	15	14	7	7
街道办事处个数	个	7	8			9
户籍人口	万人	57	64	64	62	53
第二产业从业人员	人	31767	57925	42306	52397	16451
第三产业从业人员	人	60073	70825	44806	95912	63535
固定电话用户	户	86246	82000	62321	88806	129330
二、综合经济						
地区生产总值	万元	1154676	1243186	1509929	713787	1123586
第一产业增加值	万元	295557	366607	506257	198441	268137
农业增加值	万元	168660	272518	234569	87474	93878
牧业增加值	万元	112881	90969	137421	97035	69653
第二产业增加值	万元	257539	200408	461117	153764	164903
公共财政收入	万元	54866	85029	108488	45539	111593
各项税收	万元	36607	60000	84541	23692	120116
公共财政支出	万元	379165	348778	332965	319842	374898
居民储蓄存款余额	万元	1693005	2183063	2211448	1168838	2071621
年末金融机构各项贷款余额	万元	1008324	1160932	1898475	897401	2158358
三、农业和工业						
农业机械总动力	万千瓦特	36	18	51	17	
机收面积	公顷	1189	4000	40867		
设施农业占地面积	公顷	2821	5692	4580	1080	1188
棉花产量	吨	6			1	
油料产量	吨	3048	167	60025	400	105441
规模以上工业企业单位数	个	37	35	25	15	73
四、教育、卫生和社会保障						
普通中学在校学生数	人	20566	32020	28745	26607	22686
中等职业教育学校在校学生数	人		2853	1970	2236	2738
小学在校学生数	人	21504	39832	32970	36096	26079
医疗卫生机构床位数	床	3101	3561	1145	1849	1712
各种社会福利收养性单位数	个	55	8	29	21	10
各种社会福利收养性单位床位数	床	2077	730	2571	1973	1750

2017年县(市)社会经济主要指标

吉林省

指　　标	单位	九台区	农安县	榆树市	德惠市	永吉县
一、基本情况						
行政区域面积	平方公里	3375	5415	4712	3461	2399
乡个数	个	2	10	9	4	2
镇个数	个	2	12	15	12	6
街道办事处个数	个	15	4	4	4	
户籍人口	万人	79	113	124	92	33
第二产业从业人员	人	140387	102430	153682	98355	18098
第三产业从业人员	人	111095	98696	140237	102648	27520
固定电话用户	户	192478	81510	109188	82500	39300
二、综合经济						
地区生产总值	万元	4845952	4718439	4333365	4819745	993151
第一产业增加值	万元	426286	885209	818512	764064	142151
农业增加值	万元	189856	541124	514581	369050	90782
牧业增加值	万元	227452	328048	293789	384471	38645
第二产业增加值	万元	2297311	1335057	1195009	1783348	371000
公共财政收入	万元	269444	142962	100400	107965	67272
各项税收	万元	227947	112996	65395	85332	57906
公共财政支出	万元	662718	794367	893020	650165	319836
居民储蓄存款余额	万元	1999258	2852700	2162332	2375877	1100185
年末金融机构各项贷款余额	万元	2526033	3464000	3090227	1041977	1399274
三、农业和工业						
农业机械总动力	万千瓦特	112	186	210	139	47
机收面积	公顷	89767	292000	343321	150000	36300
设施农业占地面积	公顷	425	2358	3497	833	255
棉花产量	吨					
油料产量	吨	102	65104	3102	3923	
规模以上工业企业单位数	个	286	210	110	206	60
四、教育、卫生和社会保障						
普通中学在校学生数	人	29816	25608	47593	36098	11699
中等职业教育学校在校学生数	人	1119	1577	744	244	
小学在校学生数	人	35099	56078	57648	53360	14516
医疗卫生机构床位数	床	2930	3766	3230	2454	1423
各种社会福利收养性单位数	个	18	52	36	17	13
各种社会福利收养性单位床位数	床	3700	4521	3248	2188	2131

2017年县(市)社会经济主要指标

吉林省

指　　标	单位	蛟河市	桦甸市	舒兰市	磐石市	梨树县
一、基本情况						
行政区域面积	平方公里	6370	6522	4557	3861	3405
乡个数	个	2	3	5	1	6
镇个数	个	8	6	10	13	15
街道办事处个数	个	7	5	5	4	
户籍人口	万人	43	43	61	51	74
第二产业从业人员	人	39931	43302	38031	54091	31232
第三产业从业人员	人	80372	84358	53241	88799	43852
固定电话用户	户	13181	56710	67999	18591	37400
二、综合经济						
地区生产总值	万元	1711624	2171428	2037229	2393925	2343867
第一产业增加值	万元	203389	409201	515192	436097	865845
农业增加值	万元	94020	175318	295416	183382	481718
牧业增加值	万元	79563	211497	189321	241868	333544
第二产业增加值	万元	727909	908048	659371	821396	625887
公共财政收入	万元	54424	61172	58283	131305	72565
各项税收	万元	45138	49276	25800	114683	31605
公共财政支出	万元	370384	370750	431468	380565	596179
居民储蓄存款余额	万元	1199548	1188189	1420603	1270166	1638123
年末金融机构各项贷款余额	万元	1061278	1080663	1869597	1471441	1129276
三、农业和工业						
农业机械总动力	万千瓦特	59	43	97	52	90
机收面积	公顷	43400	46750	67415	53300	160666
设施农业占地面积	公顷	67	107	501	665	2594
棉花产量	吨					
油料产量	吨	316	2272	21	412	49440
规模以上工业企业单位数	个	125	157	123	129	46
四、教育、卫生和社会保障						
普通中学在校学生数	人	16133	18689	20000	17912	12942
中等职业教育学校在校学生数	人	651	1191	853	1576	1140
小学在校学生数	人	18601	20971	25900	21540	37462
医疗卫生机构床位数	床	1753	1742	2335	2293	2704
各种社会福利收养性单位数	个	40	22	29	35	23
各种社会福利收养性单位床位数	床	2250	1824	1925	3356	1956

2017年县(市)社会经济主要指标

吉林省

指　　标	单位	伊通满族自治县	公主岭市	双辽市	东丰县	东辽县
一、基本情况						
行政区域面积	平方公里	2524	4141	3121	2522	2173
乡个数	个	3	2	4	2	4
镇个数	个	12	18	8	12	9
街道办事处个数	个	2	10	6		
户籍人口	万人	45	103	37	40	34
第二产业从业人员	人	24996	108995	18517	60400	35270
第三产业从业人员	人	68585	132448	81699	46682	42181
固定电话用户	户	35225	236500	20000	29043	26134
二、综合经济						
地区生产总值	万元	1651828	4644919	943406	1668898	1580204
第一产业增加值	万元	523502	889630	301549	180354	141527
农业增加值	万元	96232	509289	121689	91263	70401
牧业增加值	万元	425619	365378	169939	80336	64606
第二产业增加值	万元	487308	1789678	219265	888950	1010116
公共财政收入	万元	60294	217805	43053	36029	32035
各项税收	万元	49497	101075	21886	24782	17415
公共财政支出	万元	385850	796243	432613	330800	366733
居民储蓄存款余额	万元	952719	3077399	904105	1112502	760227
年末金融机构各项贷款余额	万元	615155	3361342	1358573	708460	1237585
三、农业和工业						
农业机械总动力	万千瓦特	48	139	79	67	59
机收面积	公顷	63500	182000	154825	50770	46000
设施农业占地面积	公顷	115	1268	490	274	65
棉花产量	吨					
油料产量	吨		74	49440	82	91
规模以上工业企业单位数	个	52	192	61	87	76
四、教育、卫生和社会保障						
普通中学在校学生数	人	19134	48559	15481	16580	7822
中等职业教育学校在校学生数	人	885	2952	2378	804	458
小学在校学生数	人	19772	63354	25098	16832	12479
医疗卫生机构床位数	床	1587	4452	1460	1999	854
各种社会福利收养性单位数	个	31	37	18	39	15
各种社会福利收养性单位床位数	床	1826	6187	1651	1880	1743

2017年县(市)社会经济主要指标

吉林省

指　　标	单位	通化县	辉南县	柳河县	梅河口市	集安市
一、基本情况						
行政区域面积	平方公里	3726	2276	3346	2179	3341
乡个数	个	5	1	3	3	2
镇个数	个	11	10	12	16	9
街道办事处个数	个				5	4
户籍人口	万人	24	33	36	59	21
第二产业从业人员	人	32989	30560	23635	76487	27175
第三产业从业人员	人	20260	58359	45992	50106	27273
固定电话用户	户	68645	46713	49587	95055	46252
二、综合经济						
地区生产总值	万元	1104155	827298	706776	3489914	868870
第一产业增加值	万元	67632	154051	171577	180659	54643
农业增加值	万元	31420	93474	85583	92106	32897
牧业增加值	万元	21189	52997	48207	78789	11866
第二产业增加值	万元	484976	268759	260345	1543731	231153
公共财政收入	万元	76188	79791	50066	210539	53498
各项税收	万元	42087	57759	35027	161127	38758
公共财政支出	万元	291577	319666	315111	604439	315806
居民储蓄存款余额	万元	845178	1015467	857619	2238241	1027541
年末金融机构各项贷款余额	万元	905436	664806	835080	1552628	789848
三、农业和工业						
农业机械总动力	万千瓦特	19	39	36	56	14
机收面积	公顷	2800	25000	50530	64010	4250
设施农业占地面积	公顷	116	237	77	328	125
棉花产量	吨					
油料产量	吨	362	58	448	5	746
规模以上工业企业单位数	个	95	44	88	177	31
四、教育、卫生和社会保障						
普通中学在校学生数	人	8720	14266	7506	22505	4590
中等职业教育学校在校学生数	人	506	764	1294	861	430
小学在校学生数	人	8699	14354	16107	25940	7315
医疗卫生机构床位数	床	1646	1549	2107	3224	1095
各种社会福利收养性单位数	个	17	14	14	36	12
各种社会福利收养性单位床位数	床	942	1043	573	2644	709

2017年县(市)社会经济主要指标

吉林省

指　　标	单位	江源区	抚松县	靖宇县	长白朝鲜族自治县	临江市
一、基本情况						
行政区域面积	平方公里	1348	6159	3094	2506	3009
乡个数	个		3	1	1	1
镇个数	个	6	11	7	7	6
街道办事处个数	个	4				6
户籍人口	万人	21	29	14	8	16
第二产业从业人员	人	46760	36584	11701	9478	24475
第三产业从业人员	人	29618	75124	30655	18369	36452
固定电话用户	户	20653	59225	20633	21729	23600
二、综合经济						
地区生产总值	万元	1578961	1949772	729896	448092	1005356
第一产业增加值	万元	73930	229229	70318	55190	79796
农业增加值	万元	35931	181122	46939	42791	54983
牧业增加值	万元	18106	24950	15236	5962	11371
第二产业增加值	万元	803367	902106	381722	199286	516871
公共财政收入	万元	47912	84540	28628	28066	38565
各项税收	万元	29837	88737	43544	22071	33059
公共财政支出	万元	238754	377109	229555	231539	266982
居民储蓄存款余额	万元	947479	1046978	377950	318604	600537
年末金融机构各项贷款余额	万元	154450	779845	442427	159355	344387
三、农业和工业						
农业机械总动力	万千瓦特	7	6	9	3	8
机收面积	公顷	1000	730	1170	600	1027
设施农业占地面积	公顷	192	350	145	59	127
棉花产量	吨					
油料产量	吨	403	7302	8929	80	797
规模以上工业企业单位数	个	59	85	55	33	62
四、教育、卫生和社会保障						
普通中学在校学生数	人	5220	11441	4651	4485	5829
中等职业教育学校在校学生数	人		836	465		582
小学在校学生数	人	6036	12755	5829	3037	5720
医疗卫生机构床位数	床	1902	2775	428	316	1138
各种社会福利收养性单位数	个	11	7	7	11	13
各种社会福利收养性单位床位数	床	758	465	287	306	443

2017年县(市)社会经济主要指标

吉林省

指　　标	单位	前郭尔罗斯蒙古族自治县	长岭县	乾安县	扶余市	镇赉县
一、基本情况						
行政区域面积	平方公里	6979	5736	3617	4654	4717
乡个数	个	13	10	4	5	4
镇个数	个	9	12	6	12	7
街道办事处个数	个				5	
户籍人口	万人	57	63	27	71	27
第二产业从业人员	人	56201	36377	21653	60968	14812
第三产业从业人员	人	125850	92175	59884	102263	31411
固定电话用户	户	222000	10121	33721	55020	19143
二、综合经济						
地区生产总值	万元	3233574	2512567	1945067	2919569	1347139
第一产业增加值	万元	461255	461371	144328	463191	254443
农业增加值	万元	283829	295961	97415	283089	147174
牧业增加值	万元	144375	158208	38753	150486	81646
第二产业增加值	万元	1138259	763516	1210506	763237	582013
公共财政收入	万元	107457	52186	85962	52992	58072
各项税收	万元	72299	31206	49870	26268	33526
公共财政支出	万元	514731	533138	367480	501724	412962
居民储蓄存款余额	万元	1852825	905113	556897	1086736	601348
年末金融机构各项贷款余额	万元	3348151	1763953	538214	1442378	1417844
三、农业和工业						
农业机械总动力	万千瓦特	173	169	110	145	108
机收面积	公顷	273500	211255	150686	240089	134179
设施农业占地面积	公顷	1000	2052	226	1314	1996
棉花产量	吨					
油料产量	吨	342453	92155	55499	364638	26884
规模以上工业企业单位数	个	137	107	91	112	58
四、教育、卫生和社会保障						
普通中学在校学生数	人	25138	25676	9763	16551	10586
中等职业教育学校在校学生数	人	1650	551	1164	1194	77
小学在校学生数	人	33530	35261	11631	33898	11704
医疗卫生机构床位数	床	1630	3021	1350	995	784
各种社会福利收养性单位数	个	21	23	13	18	12
各种社会福利收养性单位床位数	床	1320	659	498	920	1864

2017年县(市)社会经济主要指标

吉林省

指　　标	单位	通榆县	洮南市	大安市	延吉市	图们市
一、基本情况						
行政区域面积	平方公里	8496	5017	4879	1750	1147
乡个数	个	8	10	8		
镇个数	个	8	6	10	4	4
街道办事处个数	个		8	5	6	3
户籍人口	万人	36	41	41	55	12
第二产业从业人员	人	7053	25862	35021	36632	11629
第三产业从业人员	人	28755	66981	30521	187613	22721
固定电话用户	户	27950	32424	62410	182890	24090
二、综合经济						
地区生产总值	万元	1236502	1375354	1411951	3353654	422635
第一产业增加值	万元	197794	235633	185054	36609	15579
农业增加值	万元	133707	143553	120770	26212	10423
牧业增加值	万元	50626	79202	48452	8230	4182
第二产业增加值	万元	425878	601961	774450	1239582	207878
公共财政收入	万元	80357	61421	105995	261361	17260
各项税收	万元	18525	38328	75641	215728	12321
公共财政支出	万元	508261	462749	439803	616517	220461
居民储蓄存款余额	万元	541444	738776	915998	4785744	527746
年末金融机构各项贷款余额	万元	839095	1435548	1466869	4174738	186322
三、农业和工业						
农业机械总动力	万千瓦特	125	98	74	13	8
机收面积	公顷	128125	181820	62310	12500	8700
设施农业占地面积	公顷	665	1290	2627	325	77
棉花产量	吨					
油料产量	吨	32206	31212	32217	2136	327
规模以上工业企业单位数	个	54	59	72	83	31
四、教育、卫生和社会保障						
普通中学在校学生数	人	15203	14992	7480	22275	2011
中等职业教育学校在校学生数	人	1606	660	1396	2248	281
小学在校学生数	人	31405	17994	14714	36470	2557
医疗卫生机构床位数	床	1152	2356	1500	4868	392
各种社会福利收养性单位数	个	17	16	19	58	13
各种社会福利收养性单位床位数	床	1186	1408	1132	4300	919

2017年县(市)社会经济主要指标

吉林省

指标	单位	敦化市	珲春市	龙井市	和龙市	汪清县
一、基本情况						
行政区域面积	平方公里	11957	5184	2208	5069	8918
乡个数	个	5	5	2		1
镇个数	个	11	4	5	8	8
街道办事处个数	个	4	4	2	3	3
户籍人口	万人	46	23	16	17	22
第二产业从业人员	人	40662	21182	8872	10346	17294
第三产业从业人员	人	103874	34766	20825	36595	43564
固定电话用户	户	88023	94800	35016	28376	45400
二、综合经济						
地区生产总值	万元	1814148	1445840	389349	518742	682762
第一产业增加值	万元	285405	52551	29848	37918	102803
农业增加值	万元	231400	35017	14631	16773	74726
牧业增加值	万元	38112	12791	12130	13000	8660
第二产业增加值	万元	787418	966914	135536	304795	293746
公共财政收入	万元	174047	188246	23128	40819	64290
各项税收	万元	73097	136057	9853	11525	50157
公共财政支出	万元	617097	401001	157161	322933	388103
居民储蓄存款余额	万元	1810043	1200145	702501	556412	827303
年末金融机构各项贷款余额	万元	1633289	1431978	251880	535604	607705
三、农业和工业						
农业机械总动力	万千瓦特	87	24	17	20	37
机收面积	公顷	138200	26327	20700	20168	34451
设施农业占地面积	公顷	335	92	80	76	155
棉花产量	吨					
油料产量	吨	6777	4048	1581		92
规模以上工业企业单位数	个	134	113	28	29	53
四、教育、卫生和社会保障						
普通中学在校学生数	人	16753	8063	2632	1849	6005
中等职业教育学校在校学生数	人	1693	577	113	102	682
小学在校学生数	人	19696	11295	3588	4156	6977
医疗卫生机构床位数	床	2112	1236	503	714	861
各种社会福利收养性单位数	个	17	18	19	14	17
各种社会福利收养性单位床位数	床	2365	1234	1834	1302	1140

2017年县(市)社会经济主要指标

吉林省、黑龙江省

指　　标	单位	安图县	呼兰区	阿城区	双城区	依兰县
一、基本情况						
行政区域面积	平方公里	7444	2229	2452	3112	4616
乡个数	个	2	3		8	3
镇个数	个	7	7	4	9	6
街道办事处个数	个		16	15	10	
户籍人口	万人	20	61	55	77	38
第二产业从业人员	人	9476	31055	52938	85132	16889
第三产业从业人员	人	21859	76096	77814	140240	25085
固定电话用户	户	38817	70696	88000	28031	26642
二、综合经济						
地区生产总值	万元	693251	3445898	3300296	5742412	1557486
第一产业增加值	万元	60755	677650	354299	1509680	237530
农业增加值	万元	48237	359196	219500	808584	214345
牧业增加值	万元	9719	292519	120258	684657	12758
第二产业增加值	万元	212109	1279284	770666	1261709	496449
公共财政收入	万元	39032	145428	75622	179840	39101
各项税收	万元	19916	141148	62600	162984	25259
公共财政支出	万元	321212	370487	195176	494438	298048
居民储蓄存款余额	万元	824006	1903558	1817679	1747819	721811
年末金融机构各项贷款余额	万元	832964	1242818	965838	2077629	491348
三、农业和工业						
农业机械总动力	万千瓦特	28	59	48	99	58
机收面积	公顷	14500	6650	56469	205055	210354
设施农业占地面积	公顷	178	678	446	2689	2102
棉花产量	吨					
油料产量	吨	8793	182		7012	32
规模以上工业企业单位数	个	35	61	51	140	39
四、教育、卫生和社会保障						
普通中学在校学生数	人	4248	20846	18763	28856	8003
中等职业教育学校在校学生数	人	511	91	989	551	365
小学在校学生数	人	7646	31126	23661	34996	16549
医疗卫生机构床位数	床	803	4564	2162	2334	1153
各种社会福利收养性单位数	个	14	22	3	26	2
各种社会福利收养性单位床位数	床	1439	2108	1210	2181	556

2017年县(市)社会经济主要指标

黑龙江省

指　　标	单位	方正县	宾　县	巴彦县	木兰县	通河县
一、基本情况						
行政区域面积	平方公里	2976	3843	3143	3600	5676
乡个数	个	4	5	8	2	1
镇个数	个	4	12	10	6	7
街道办事处个数	个					
户籍人口	万人	22	57	67	25	25
第二产业从业人员	人	10572	48069	93735	7237	17141
第三产业从业人员	人	13964	106124	115145	29419	19426
固定电话用户	户	32000	31008	29406	16082	18425
二、综合经济						
地区生产总值	万元	631128	3273422	1878949	868139	847510
第一产业增加值	万元	216016	527720	515411	278034	313857
农业增加值	万元	164757	163279	321266	191038	232055
牧业增加值	万元	29193	333952	185509	74629	42350
第二产业增加值	万元	120805	1146178	276414	87194	127970
公共财政收入	万元	22652	66225	32757	15436	26540
各项税收	万元	10083	39734	18500	11763	12506
公共财政支出	万元	154792	383264	395738	224558	216800
居民储蓄存款余额	万元	737089	1067113	1093114	420288	529887
年末金融机构各项贷款余额	万元	376641	1761500	706786	274849	733997
三、农业和工业						
农业机械总动力	万千瓦特	72	99	142	71	99
机收面积	公顷	70206	153950	211170	87075	103077
设施农业占地面积	公顷	3961	834	1805	225	162
棉花产量	吨					
油料产量	吨	86	22		949	20
规模以上工业企业单位数	个	48	77	29	21	32
四、教育、卫生和社会保障						
普通中学在校学生数	人	8277	21719	18856	8113	8005
中等职业教育学校在校学生数	人	306	2016	227	382	339
小学在校学生数	人	8909	28777	23418	11093	9518
医疗卫生机构床位数	床	1040	1953	1843	773	903
各种社会福利收养性单位数	个	9	36	10	11	8
各种社会福利收养性单位床位数	床	1238	3970	1361	1103	1107

2017年县(市)社会经济主要指标

黑龙江省

指　　标	单位	延寿县	尚志市	五常市	龙江县	依安县
一、基本情况						
行政区域面积	平方公里	3150	8891	7512	5887	3678
乡个数	个	4	7	12	6	9
镇个数	个	5	10	12	8	6
街道办事处个数	个					
户籍人口	万人	25	57	90	58	47
第二产业从业人员	人	7219	54821	112821	46742	15680
第三产业从业人员	人	25734	119853	120446	99959	54510
固定电话用户	户	26732	39423	85483	31519	8062
二、综合经济						
地区生产总值	万元	772178	2245607	4234641	920769	624018
第一产业增加值	万元	244764	631152	1058128	421890	284999
农业增加值	万元	194623	490829	784039	252965	191375
牧业增加值	万元	33504	100096	177602	161724	80839
第二产业增加值	万元	159964	528034	1218680	218635	133113
公共财政收入	万元	31067	43000	71517	40763	30183
各项税收	万元	26361	32781	32039	64786	23474
公共财政支出	万元	212621	295568	440517	449217	152986
居民储蓄存款余额	万元	480756	1615889	1850228	787078	666813
年末金融机构各项贷款余额	万元	301972	871938	1276034	534650	805925
三、农业和工业						
农业机械总动力	万千瓦特	48	79	148	181	63
机收面积	公顷	88000	137300	266500	275899	244267
设施农业占地面积	公顷	702	445	2478	65	158
棉花产量	吨					
油料产量	吨	152	2231	61	588	648
规模以上工业企业单位数	个	49	117	221	22	28
四、教育、卫生和社会保障						
普通中学在校学生数	人	5049	10933	18878	21794	12056
中等职业教育学校在校学生数	人	383	784	1519	4800	508
小学在校学生数	人	10038	19921	34326	26688	14516
医疗卫生机构床位数	床	1019	2297	3130	1822	980
各种社会福利收养性单位数	个	7	4	161	4	15
各种社会福利收养性单位床位数	床	1250	514	4778	900	2044

2017年县(市)社会经济主要指标

黑龙江省

指　　标	单位	泰来县	甘南县	富裕县	克山县	克东县
一、基本情况						
行政区域面积	平方公里	3917	4792	4060	3320	2083
乡个数	个	2	5	4	8	2
镇个数	个	8	5	6	7	5
街道办事处个数	个					
户籍人口	万人	31	32	29	44	28
第二产业从业人员	人	15578	13779	32920	63667	59930
第三产业从业人员	人	45767	21956	46135	86085	57950
固定电话用户	户	15132	26943	47200	29173	12912
二、综合经济						
地区生产总值	万元	506321	616040	681893	694507	437094
第一产业增加值	万元	219604	262195	268014	259059	140029
农业增加值	万元	149228	157824	169640	177237	76342
牧业增加值	万元	58086	98765	88724	77544	58064
第二产业增加值	万元	102111	170858	217776	161374	209531
公共财政收入	万元	28600	28207	38906	16505	26385
各项税收	万元	42663	55028	17660	23658	53753
公共财政支出	万元	249296	333795	196505	323717	262465
居民储蓄存款余额	万元	497083	752383	594233	726829	435358
年末金融机构各项贷款余额	万元	392993	1007459	342388	408421	363080
三、农业和工业						
农业机械总动力	万千瓦特	85	74	50	65	56
机收面积	公顷	160753	209300	135170	196810	9680
设施农业占地面积	公顷	127	94	630	112	74
棉花产量	吨					
油料产量	吨	6202	2646	56		25
规模以上工业企业单位数	个	20	22	23	13	14
四、教育、卫生和社会保障						
普通中学在校学生数	人	13003	12663	8903	12027	9136
中等职业教育学校在校学生数	人	558	535	1811	3490	1229
小学在校学生数	人	12367	18349	11947	11804	8697
医疗卫生机构床位数	床	866	960	1237	1628	600
各种社会福利收养性单位数	个	17	6	4	5	3
各种社会福利收养性单位床位数	床	1847	1140	1172	1871	640

2017年县(市)社会经济主要指标

黑龙江省

指　　标	单位	拜泉县	讷河市	鸡东县	虎林市	密山市
一、基本情况						
行政区域面积	平方公里	3599	6660	3243	9334	7731
乡个数	个	9	4	3	4	8
镇个数	个	7	11	8	7	8
街道办事处个数	个		2			1
户籍人口	万人	56	68	27	15	40
第二产业从业人员	人	13307	47558	3945	3157	14960
第三产业从业人员	人	38772	55501	10259	8937	65575
固定电话用户	户	10571	23785	60247	32300	35928
二、综合经济						
地区生产总值	万元	884082	1173083	872150	683710	991872
第一产业增加值	万元	268487	431605	319850	357041	337991
农业增加值	万元	189102	288920	192897	262976	208472
牧业增加值	万元	64293	129804	86618	48632	102650
第二产业增加值	万元	263401	269613	207362	86089	164018
公共财政收入	万元	18135	29423	24157	49905	37958
各项税收	万元	10238	37906	14786	33574	22253
公共财政支出	万元	412211	422744	234387	242198	324548
居民储蓄存款余额	万元	656732	1132643	814948	1405800	1548939
年末金融机构各项贷款余额	万元	357333	1882452	359168	2434675	709282
三、农业和工业						
农业机械总动力	万千瓦特	72	109	52	90	84
机收面积	公顷	226200	388500	81880	151400	186440
设施农业占地面积	公顷	55	180	278	909	467
棉花产量	吨					
油料产量	吨	679	343	2362	217	194
规模以上工业企业单位数	个	14	39	13	27	30
四、教育、卫生和社会保障						
普通中学在校学生数	人	13919	15839	10918	8136	15330
中等职业教育学校在校学生数	人	318	5857	435	239	859
小学在校学生数	人	16395	24003	8412	5543	13614
医疗卫生机构床位数	床	1033	1452	1637	1152	2770
各种社会福利收养性单位数	个	13	12	10	3	25
各种社会福利收养性单位床位数	床	1153	3732	1376	654	2325

2017年县(市)社会经济主要指标

黑龙江省

指　　标	单位	萝北县	绥滨县	集贤县	友谊县	宝清县
一、基本情况						
行政区域面积	平方公里	2077	3344	2258	1647	10001
乡个数	个	2	6	3		4
镇个数	个	6	3	5		6
街道办事处个数	个					
户籍人口	万人	8	12	28	5	29
第二产业从业人员	人	3592	9958	20831	240	15732
第三产业从业人员	人	16706	13655	45647	4930	16412
固定电话用户	户	3368	5200	19080	9807	50579
二、综合经济						
地区生产总值	万元	403260	277718	694232	91599	865656
第一产业增加值	万元	86371	126498	171470	2649	336886
农业增加值	万元	65146	106094	141544	1507	254168
牧业增加值	万元	15870	14237	25769	1142	66421
第二产业增加值	万元	81020	16802	167143	45536	181234
公共财政收入	万元	28831	15382	22536	22351	42103
各项税收	万元	22345	14023	12441	20121	19668
公共财政支出	万元	191223	102251	254461	73832	354003
居民储蓄存款余额	万元	807964	494073	902511	612172	1109317
年末金融机构各项贷款余额	万元	3432121	232023	813289	256312	1058814
三、农业和工业						
农业机械总动力	万千瓦特	33	62	70		89
机收面积	公顷	75237	93539	112729		162130
设施农业占地面积	公顷	62	1085	779		2703
棉花产量	吨					
油料产量	吨	143		11		199
规模以上工业企业单位数	个	18	7	30	12	40
四、教育、卫生和社会保障						
普通中学在校学生数	人	2891	4748	13134	2650	12882
中等职业教育学校在校学生数	人	55	1292	307		4565
小学在校学生数	人	2853	4924	10661	2250	15861
医疗卫生机构床位数	床	579	468	1091	1099	1862
各种社会福利收养性单位数	个	1	1	10	9	7
各种社会福利收养性单位床位数	床	125	260	961	998	1039

2017年县(市)社会经济主要指标

黑龙江省

指　　标	单位	饶河县	肇州县	肇源县	林甸县	杜尔伯特蒙古族自治县
一、基本情况						
行政区域面积	平方公里	6598	2446	4120	3504	6054
乡个数	个	5	6	8	3	6
镇个数	个	4	6	8	5	5
街道办事处个数	个					
户籍人口	万人	7	43	44	25	24
第二产业从业人员	人	2586	4400	3569	29354	3833
第三产业从业人员	人	6330	17456	11706	14995	38251
固定电话用户	户	14328	40429	47200	10825	34200
二、综合经济						
地区生产总值	万元	220908	1305524	1067213	459880	1065072
第一产业增加值	万元	151248	428281	411263	245799	338026
农业增加值	万元	125180	169036	218977	103555	148931
牧业增加值	万元	21675	252425	163404	128700	164587
第二产业增加值	万元	17311	454518	194680	44654	447785
公共财政收入	万元	12051	33873	32023	24839	34002
各项税收	万元	6770	18358	22841	17564	22543
公共财政支出	万元	223140	286778	259893	288132	271758
居民储蓄存款余额	万元	404443	734603	815694	520258	487355
年末金融机构各项贷款余额	万元	254224	1044109	400347	1634831	356744
三、农业和工业						
农业机械总动力	万千瓦特	33	70	54	103	86
机收面积	公顷	87429	114200	126670	134000	128350
设施农业占地面积	公顷	55	1269	1105	3100	462
棉花产量	吨					
油料产量	吨	39	3683	27031	287	1359
规模以上工业企业单位数	个	5	61	84	11	31
四、教育、卫生和社会保障						
普通中学在校学生数	人	3362	18954	20638	8822	12733
中等职业教育学校在校学生数	人	280	68	89	288	108
小学在校学生数	人	3392	14962	16448	11040	10151
医疗卫生机构床位数	床	496	1204	1257	784	802
各种社会福利收养性单位数	个	2	12	18	14	13
各种社会福利收养性单位床位数	床	120	1552	2020	1432	361

2017年县(市)社会经济主要指标

黑龙江省

指　　标	单位	嘉荫县	铁力市	桦南县	桦川县	汤原县
一、基本情况						
行政区域面积	平方公里	6739	6443	4417	2268	3420
乡个数	个	5	3	4	4	6
镇个数	个	4	4	6	5	4
街道办事处个数	个					
户籍人口	万人	7	35	42	19	24
第二产业从业人员	人	996	1558	24452	5936	9533
第三产业从业人员	人	4686	8282	17396	7663	23294
固定电话用户	户	5131	20000	36995	32890	7387
二、综合经济						
地区生产总值	万元	196248	722774	1354373	593646	822831
第一产业增加值	万元	95606	344941	578482	268886	322447
农业增加值	万元	87929	205277	349032	221710	209785
牧业增加值	万元	5687	100950	186412	43773	100095
第二产业增加值	万元	25244	116235	336229	202392	275787
公共财政收入	万元	12345	32286	29134	20331	21786
各项税收	万元	4438	14150	16163	12892	14548
公共财政支出	万元	164587	269690	450243	248967	266292
居民储蓄存款余额	万元	229229	1215751	885811	423600	576087
年末金融机构各项贷款余额	万元	140627	389374	434552	1957500	676758
三、农业和工业						
农业机械总动力	万千瓦特	17	39	40	65	57
机收面积	公顷	77520	87512	25650	133039	109036
设施农业占地面积	公顷	12	121	392	21	126
棉花产量	吨					
油料产量	吨	231	487	7765	51	9
规模以上工业企业单位数	个	2	23	36	46	21
四、教育、卫生和社会保障						
普通中学在校学生数	人	2395	10547	25813	7211	6925
中等职业教育学校在校学生数	人	311	101	1113	664	422
小学在校学生数	人	2753	9012	14077	8534	7626
医疗卫生机构床位数	床	389	1365	1395	480	911
各种社会福利收养性单位数	个	3	36	24	10	14
各种社会福利收养性单位床位数	床	578	2992	990	380	792

2017年县(市)社会经济主要指标

黑龙江省

指　　标	单位	同江市	富锦市	抚远市	勃利县	林口县
一、基本情况						
行政区域面积	平方公里	6229	8224	6047	2575	6638
乡个数	个	4		5	5	1
镇个数	个	6	11	4	5	10
街道办事处个数	个		2		5	
户籍人口	万人	11	37	8	29	34
第二产业从业人员	人	5983	9870	4956	12798	34087
第三产业从业人员	人	19346	43085	32677	11010	79879
固定电话用户	户	9093	16537	6356	63015	24975
二、综合经济						
地区生产总值	万元	449767	1416613	354368	530439	1032138
第一产业增加值	万元	159246	501856	217553	144227	354957
农业增加值	万元	142900	433053	194966	96263	302022
牧业增加值	万元	9483	60932	6135	30022	47478
第二产业增加值	万元	69137	335485	26879	124578	329696
公共财政收入	万元	23010	59923	17899	27888	48635
各项税收	万元	14252	31077	8707	51365	23531
公共财政支出	万元	236712	495105	191821	337225	289504
居民储蓄存款余额	万元	414591	1170562	343698	701537	657473
年末金融机构各项贷款余额	万元	766298	860044	290663	923077	198837
三、农业和工业						
农业机械总动力	万千瓦特	64	132	67	45	57
机收面积	公顷	108124	361330	170142	46558	114036
设施农业占地面积	公顷	180	120	125	1050	2660
棉花产量	吨					
油料产量	吨	45	849		74	16114
规模以上工业企业单位数	个	23	29	4	29	52
四、教育、卫生和社会保障						
普通中学在校学生数	人	3665	16380	2663	10255	10018
中等职业教育学校在校学生数	人	397	702	215	315	462
小学在校学生数	人	6530	17724	3199	12115	11588
医疗卫生机构床位数	床	419	1251	190	630	998
各种社会福利收养性单位数	个	6	22	1	3	9
各种社会福利收养性单位床位数	床	516	1266	30	680	1231

2017年县(市)社会经济主要指标

黑龙江省

指　　标	单位	绥芬河市	海林市	宁安市	穆棱市	东宁市
一、基本情况						
行政区域面积	平方公里	422	8712	7227	6247	7117
乡个数	个			4	2	
镇个数	个	2	8	8	6	6
街道办事处个数	个		1	1	1	
户籍人口	万人	7	37	41	28	20
第二产业从业人员	人	931	52866	50931	63049	12081
第三产业从业人员	人	8296	61918	78097	64882	47034
固定电话用户	户	14368	37017	35924	27894	30029
二、综合经济						
地区生产总值	万元	1486557	1912400	2044877	1828588	1521925
第一产业增加值	万元	15838	201850	547220	213129	268124
农业增加值	万元	12452	167970	437271	173481	252467
牧业增加值	万元	3227	21791	99941	31661	13130
第二产业增加值	万元	164246	969656	759264	951042	380720
公共财政收入	万元	50057	75506	56862	74638	62017
各项税收	万元	66058	142789	21171	29768	40407
公共财政支出	万元	232520	282552	350935	365395	268640
居民储蓄存款余额	万元	935667	1248751	1197338	659009	889833
年末金融机构各项贷款余额	万元	604930	302064	378379	210867	555141
三、农业和工业						
农业机械总动力	万千瓦特	4	39	88	30	52
机收面积	公顷	2842	51440	162070	86800	39897
设施农业占地面积	公顷	27	1875	2105	639	1855
棉花产量	吨					
油料产量	吨	201	7171	2689	13312	7577
规模以上工业企业单位数	个	22	36	35	37	31
四、教育、卫生和社会保障						
普通中学在校学生数	人	5710	8274	7188	8181	8082
中等职业教育学校在校学生数	人	631	855	865	1254	2501
小学在校学生数	人	7733	8588	13353	10343	8594
医疗卫生机构床位数	床	615	1760	1606	948	804
各种社会福利收养性单位数	个	3	13	21	9	11
各种社会福利收养性单位床位数	床	1197	2525	2346	1527	616

2017年县(市)社会经济主要指标

黑龙江省

指　　标	单位	嫩江县	逊克县	孙吴县	北安市	五大连池市
一、基本情况						
行政区域面积	平方公里	15109	17344	4319	7194	9874
乡个数	个	6	6	9	4	5
镇个数	个	8	3	2	5	6
街道办事处个数	个		1		6	1
户籍人口	万人	32	8	9	40	34
第二产业从业人员	人	31219	1351	2702	28900	16258
第三产业从业人员	人	46876	4266	12743	98900	30446
固定电话用户	户	6800	8040	6821	16000	19745
二、综合经济						
地区生产总值	万元	1697367	232913	124674	982728	644876
第一产业增加值	万元	709998	127861	59059	218458	367332
农业增加值	万元	634796	111312	44587	188557	223448
牧业增加值	万元	66679	10821	10735	22908	30091
第二产业增加值	万元	259517	36264	21175	231154	64255
公共财政收入	万元	60991	45102	14940	58896	33891
各项税收	万元	28069	10506	4734	24275	14706
公共财政支出	万元	464350	216434	171175	414449	363107
居民储蓄存款余额	万元	932491	313778	251686	1320428	914865
年末金融机构各项贷款余额	万元	1285553	179769	187383	2651745	426569
三、农业和工业						
农业机械总动力	万千瓦特	88	51	46	47	40
机收面积	公顷	420046	157750	117362	219000	243027
设施农业占地面积	公顷	29	82	69	378	45
棉花产量	吨					
油料产量	吨	323	1051	431	220	17
规模以上工业企业单位数	个	19	8	6	35	9
四、教育、卫生和社会保障						
普通中学在校学生数	人	13173	3297	3867	7002	7929
中等职业教育学校在校学生数	人	526	171	49	781	934
小学在校学生数	人	17676	3194	4446	10653	7503
医疗卫生机构床位数	床	1331	377	390	2930	2761
各种社会福利收养性单位数	个	2	4	1	4	2
各种社会福利收养性单位床位数	床	360	268	150	440	744

2017年县(市)社会经济主要指标

黑龙江省

指　　标	单位	望奎县	兰西县	青冈县	庆安县	明水县
一、基本情况						
行政区域面积	平方公里	2316	2499	2685	5467	2308
乡个数	个	5	8	4	6	6
镇个数	个	10	7	11	8	6
街道办事处个数	个		4	4		4
户籍人口	万人	45	49	45	37	33
第二产业从业人员	人	19966	38284	19496	33089	28166
第三产业从业人员	人	21375	51692	37458	34126	21893
固定电话用户	户	28350	48490	37210	27603	21257
二、综合经济						
地区生产总值	万元	806028	722118	721793	911122	565998
第一产业增加值	万元	410497	332399	384939	412689	246269
农业增加值	万元	145407	219782	250429	342639	153319
牧业增加值	万元	261426	105358	128360	51019	85902
第二产业增加值	万元	250540	223944	229574	241472	223836
公共财政收入	万元	38739	31889	27838	39823	24220
各项税收	万元	22660	24648	17744	15393	16593
公共财政支出	万元	391835	362319	406838	303298	309767
居民储蓄存款余额	万元	754715	707005	695563	848652	504213
年末金融机构各项贷款余额	万元	290446	398413	372142	476993	212261
三、农业和工业						
农业机械总动力	万千瓦特	43	48	64	59	79
机收面积	公顷	160429	165000	156667	185400	129333
设施农业占地面积	公顷	140	264	371	691	503
棉花产量	吨					
油料产量	吨	114	721	1493		37
规模以上工业企业单位数	个	24	24	21	29	13
四、教育、卫生和社会保障						
普通中学在校学生数	人	13315	19336	20178	12292	11422
中等职业教育学校在校学生数	人	47	388	266	810	
小学在校学生数	人	13552	14205	13005	12853	10327
医疗卫生机构床位数	床	1494	1328	1405	968	1004
各种社会福利收养性单位数	个	4	4	4	32	13
各种社会福利收养性单位床位数	床	1050	1200	2279	2533	924

2017年县(市)社会经济主要指标

黑龙江省

指　　标	单位	绥棱县	安达市	肇东市	海伦市	呼玛县
一、基本情况						
行政区域面积	平方公里	4238	3586	4323	4667	14335
乡个数	个	6	3	9	10	6
镇个数	个	5	11	12	13	2
街道办事处个数	个		4	4		
户籍人口	万人	30	46	86	76	5
第二产业从业人员	人	8956	8540	13973	50613	237
第三产业从业人员	人	37526	18134	22520	51429	3172
固定电话用户	户	30089	21450	96966	129840	2096
二、综合经济						
地区生产总值	万元	624706	2988712	4008297	1441356	130029
第一产业增加值	万元	264329	389740	841354	804951	71611
农业增加值	万元	233202	214112	419046	715135	58567
牧业增加值	万元	17119	162995	388347	77572	2588
第二产业增加值	万元	177985	1400191	1711335	296461	10353
公共财政收入	万元	30911	58772	170409	47423	9800
各项税收	万元	21144	43843	133435	37099	5786
公共财政支出	万元	343475	382008	466268	551200	114721
居民储蓄存款余额	万元	726971	1150308	1459444	1183494	165154
年末金融机构各项贷款余额	万元	584781	92831	1914333	1407804	129239
三、农业和工业						
农业机械总动力	万千瓦特	67	58	59	96	24
机收面积	公顷	134056	125815	138666	235019	70398
设施农业占地面积	公顷	970	374	415	1196	13
棉花产量	吨					
油料产量	吨	31	49	428	3437	
规模以上工业企业单位数	个	20	67	49	33	1
四、教育、卫生和社会保障						
普通中学在校学生数	人	9515	13907	26494	20578	1733
中等职业教育学校在校学生数	人	1508	874	2005	1237	13
小学在校学生数	人	8408	14402	29501	20796	1643
医疗卫生机构床位数	床	950	1742	2217	1462	267
各种社会福利收养性单位数	个	2	31	30	5	5
各种社会福利收养性单位床位数	床	2120	2287	2598	3801	338

2017年县(市)社会经济主要指标

黑龙江省、上海市、江苏省

指　　标	单位	塔河县	漠河县	奉贤区	崇明区	浦口区
一、基本情况						
行政区域面积	平方公里	14059	18428	720	1413	911
乡个数	个	3			2	
镇个数	个	4	6	8	16	
街道办事处个数	个			2		9
户籍人口	万人	7	7	54	68	71
第二产业从业人员	人	3154	3090	186946	145387	178700
第三产业从业人员	人	3168	6465	37062	97460	215300
固定电话用户	户	43180	10210		182774	158489
二、综合经济						
地区生产总值	万元	231062	277125	7793308	3328358	10239912
第一产业增加值	万元	145137	97839	123340	213470	402012
农业增加值	万元	24735	36832	73457	115820	252698
牧业增加值	万元	8396	12301	22247	32890	34863
第二产业增加值	万元	11445	41946	4199442	1384130	5128700
公共财政收入	万元	12177	20141	1281111	1038911	1075364
各项税收	万元	7690	31781	3808843	2000933	885615
公共财政支出	万元	98864	121960	2508052	2214534	973746
居民储蓄存款余额	万元	367769	281303	7815990	4976133	3796700
年末金融机构各项贷款余额	万元	110264	135541	12509601	6996517	10093700
三、农业和工业						
农业机械总动力	万千瓦特	2	3	9	23	26
机收面积	公顷	6927	2618	10068	21464	10261
设施农业占地面积	公顷	80	51	2036	961	5853
棉花产量	吨				184	163
油料产量	吨			675	3205	4493
规模以上工业企业单位数	个	3	7	939	114	259
四、教育、卫生和社会保障						
普通中学在校学生数	人	1201	2546	25182	16105	19567
中等职业教育学校在校学生数	人	265	543	5290	5378	4534
小学在校学生数	人	1670	695	34096	15799	43614
医疗卫生机构床位数	床	533	413	5079	3126	2347
各种社会福利收养性单位数	个	1	5	34	51	11
各种社会福利收养性单位床位数	床	60	256	6327	8212	1856

2017年县(市)社会经济主要指标

江苏省

指　　标	单位	江宁区	六合区	溧水区	高淳区	锡山区
一、基本情况						
行政区域面积	平方公里	1563	1471	1064	790	399
乡个数	个					
镇个数	个		1	6	6	4
街道办事处个数	个	10	11	2	2	5
户籍人口	万人	108	92	44	45	46
第二产业从业人员	人	346500	235900	163000	163500	299600
第三产业从业人员	人	339800	196400	111600	92500	139200
固定电话用户	户	328649	87901	68677	57443	
二、综合经济						
地区生产总值	万元	19892161	11875785	7137685	6320503	8097738
第一产业增加值	万元	631461	601985	422685	421803	177738
农业增加值	万元	405441	445600	311790	170622	132103
牧业增加值	万元	41327	33690	24940	15493	5490
第二产业增加值	万元	10335500	7249600	3637300	3084400	4180000
公共财政收入	万元	2264606	1084837	566618	281664	787894
各项税收	万元	1997246	946672	404697	232449	1235981
公共财政支出	万元	2133818	1013897	878961	647727	778291
居民储蓄存款余额	万元	7681300	4517000	2457900	1890400	
年末金融机构各项贷款余额	万元	16415800	8688500	5449200	3729100	
三、农业和工业						
农业机械总动力	万千瓦特	51	59	33	53	10
机收面积	公顷	29371	60250	24915	21685	7084
设施农业占地面积	公顷	11300	10793	11330	8260	3479
棉花产量	吨	778	16	465	139	
油料产量	吨	11193	5793	9864	5666	213
规模以上工业企业单位数	个	659	399	433	250	719
四、教育、卫生和社会保障						
普通中学在校学生数	人	39024	29277	14759	14251	24033
中等职业教育学校在校学生数	人	13249	2660	1925	2096	2200
小学在校学生数	人	72621	42561	23798	21422	42854
医疗卫生机构床位数	床	7062	3662	1927	1967	2362
各种社会福利收养性单位数	个	34	21	11	13	13
各种社会福利收养性单位床位数	床	6085	3267	3556	3285	3007

2017年县(市)社会经济主要指标

江苏省

指　　标	单位	江阴市	宜兴市	铜山区	丰　县	沛　县
一、基本情况						
行政区域面积	平方公里	987	1997	1871	1450	1806
乡个数	个					
镇个数	个	10	13	17	12	13
街道办事处个数	个	7	5	11	3	4
户籍人口	万人	125	108	132	121	124
第二产业从业人员	人	608900	402600	177100	193600	224900
第三产业从业人员	人	337600	259500	183500	177300	212600
固定电话用户	户	288786	233663	113004	72952	90954
二、综合经济						
地区生产总值	万元	34882695	15582540	10852964	4569342	7563160
第一产业增加值	万元	416395	491440	864964	825942	996360
农业增加值	万元	257824	327884	635848	637375	680689
牧业增加值	万元	54679	27735	180749	177768	266858
第二产业增加值	万元	18978400	8078300	5622400	1961000	3593600
公共财政收入	万元	2351560	1111500	658201	250000	544611
各项税收	万元	3728259	1579188	690236	278787	534620
公共财政支出	万元	2272879	1236372	1119644	650058	890877
居民储蓄存款余额	万元	11568900	9961700		2690210	3457738
年末金融机构各项贷款余额	万元	29169600	15173600		2118672	2690136
三、农业和工业						
农业机械总动力	万千瓦特	26	49	114	83	104
机收面积	公顷	19510	54465	119902	75323	87855
设施农业占地面积	公顷	3011	10429	28773	8324	13130
棉花产量	吨			1911	6826	1737
油料产量	吨	1370	3182	3993	3072	2761
规模以上工业企业单位数	个	1470	941	361	290	407
四、教育、卫生和社会保障						
普通中学在校学生数	人	58093	41214	51716	43795	41569
中等职业教育学校在校学生数	人	11900	8029	6953	5143	5414
小学在校学生数	人	93817	60800	133022	93291	113611
医疗卫生机构床位数	床	8199	5775	3588	4137	5168
各种社会福利收养性单位数	个	27	32	63	20	25
各种社会福利收养性单位床位数	床	9125	9783	9411	4747	4923

2017年县(市)社会经济主要指标

江苏省

指　　标	单位	睢宁县	新沂市	邳州市	武进区	金坛区
一、基本情况						
行政区域面积	平方公里	1769	1592	2085	1065	976
乡个数	个					
镇个数	个	15	13	21	11	6
街道办事处个数	个	3	4	4	5	3
户籍人口	万人	144	113	194	96	55
第二产业从业人员	人	216500	192100	303100	515300	185600
第三产业从业人员	人	199200	192400	298000	297700	131500
固定电话用户	户	110607	85811	108390	463500	150274
二、综合经济						
地区生产总值	万元	5600692	6442641	9176460	22602700	7083400
第一产业增加值	万元	912792	710841	1223460	416800	352800
农业增加值	万元	670511	427889	950816	315300	186900
牧业增加值	万元	195115	166436	190994	33700	41900
第二产业增加值	万元	2380600	2693000	4038100	12348500	3580100
公共财政收入	万元	399165	474565	600510	1637451	511918
各项税收	万元	422290	494022	581576	2630613	761975
公共财政支出	万元	831154	930036	1105205	1565578	675289
居民储蓄存款余额	万元	3115436	2465755	3924299	10353500	3684400
年末金融机构各项贷款余额	万元	2816990	2800329	4275196	20054000	6794400
三、农业和工业						
农业机械总动力	万千瓦特	123	122	128	26	45
机收面积	公顷	146385	96480	119610	9208	28165
设施农业占地面积	公顷	22341	20926	22300	8422	7355
棉花产量	吨	271		390		
油料产量	吨	22968	49111	10160	570	3087
规模以上工业企业单位数	个	258	306	428	1665	459
四、教育、卫生和社会保障						
普通中学在校学生数	人	47917	45249	85790	51394	18788
中等职业教育学校在校学生数	人	7405	6399	18730	10632	2358
小学在校学生数	人	108215	123484	193189	102845	26183
医疗卫生机构床位数	床	4556	3856	6322	5505	2643
各种社会福利收养性单位数	个	24	30	32	22	17
各种社会福利收养性单位床位数	床	7825	4248	8111	5754	3463

2017年县(市)社会经济主要指标

江苏省

指　　标	单位	溧阳市	吴中区	吴江区	常熟市	张家港市
一、基本情况						
行政区域面积	平方公里	1535	2231	1237	1276	987
乡个数	个					
镇个数	个	10	7	8	8	8
街道办事处个数	个	1	6	1	6	
户籍人口	万人	79	67	83	107	93
第二产业从业人员	人	246000	427900	531800	635900	460900
第三产业从业人员	人	137100	266100	293600	370400	268400
固定电话用户	户	175358		233649	307203	221659
二、综合经济						
地区生产总值	万元	8580300	10608000	17889800	22795500	26060400
第一产业增加值	万元	506400	225400	438300	420700	312100
农业增加值	万元	317700	86300	221000	305300	223400
牧业增加值	万元	23100	5200	26900	17200	20500
第二产业增加值	万元	4170600	4944600	9150600	11657600	13656400
公共财政收入	万元	613778	1439304	1835198	1918107	2100088
各项税收	万元	834281	2332354	2983073	3278519	3398463
公共财政支出	万元	816341	1168325	1743596	1658019	1936161
居民储蓄存款余额	万元	4987833		9249541	12253697	10272831
年末金融机构各项贷款余额	万元	8560563		24089164	22647572	21922154
三、农业和工业						
农业机械总动力	万千瓦特	55	16	41	32	30
机收面积	公顷	57934	2767	21653	37923	31130
设施农业占地面积	公顷	12471	490	4808	6644	4654
棉花产量	吨	207			99	16
油料产量	吨	14223	171	304	2211	2158
规模以上工业企业单位数	个	381	858	1376	1313	1134
四、教育、卫生和社会保障						
普通中学在校学生数	人	26608	26704	42655	46683	44762
中等职业教育学校在校学生数	人	5846	3593	5891	8359	8893
小学在校学生数	人	38549	75248	90835	82268	83045
医疗卫生机构床位数	床	3237	6104	5921	8247	9841
各种社会福利收养性单位数	个	21	28	32	27	44
各种社会福利收养性单位床位数	床	5613	6532	8914	13412	10926

2017年县(市)社会经济主要指标

江苏省

指　　标	单位	昆山市	太仓市	通州区	海安县	如东县
一、基本情况						
行政区域面积	平方公里	932	810	1562	1184	2791
乡个数	个					
镇个数	个	10	6	12	9	12
街道办事处个数	个		1	4	4	3
户籍人口	万人	86	49	126	93	103
第二产业从业人员	人	739300	266000	333500	285000	306500
第三产业从业人员	人	409800	166700	210000	144000	180000
固定电话用户	户	377803	141674	253400	219700	190000
二、综合经济						
地区生产总值	万元	35203500	12409700	11694110	8682987	8525045
第一产业增加值	万元	307500	360500	582528	588287	713686
农业增加值	万元	107600	198700	400608	320432	297819
牧业增加值	万元	6200	53800	63528	194686	138104
第二产业增加值	万元	19168900	6278800	5744600	4124500	3912129
公共财政收入	万元	3525088	1408616	727483	600135	555588
各项税收	万元	5842457	2303233	917921	826648	732936
公共财政支出	万元	2930442	1265111	1006534	864704	1081022
居民储蓄存款余额	万元	12185389	5446474	8968631	7309673	6450136
年末金融机构各项贷款余额	万元	28880074	13572788	8632223	9565297	5693740
三、农业和工业						
农业机械总动力	万千瓦特	18	21	51	69	94
机收面积	公顷	13039	18299	50255	75013	114423
设施农业占地面积	公顷	3491	5566	8132	12113	18800
棉花产量	吨	13	98	479		1247
油料产量	吨	641	1721	49662	9731	25682
规模以上工业企业单位数	个	1973	965	726	967	725
四、教育、卫生和社会保障						
普通中学在校学生数	人	52326	22176	32076	27002	23762
中等职业教育学校在校学生数	人	7705	3481	3581	15862	3620
小学在校学生数	人	138475	46488	50586	31416	29965
医疗卫生机构床位数	床	7225	4023	6008	5253	4062
各种社会福利收养性单位数	个	19	22	40	33	30
各种社会福利收养性单位床位数	床	7349	5757	7326	6832	7942

2017年县(市)社会经济主要指标

江苏省

指　　标	单位	启东市	如皋市	海门市	赣榆区	东海县
一、基本情况						
行政区域面积	平方公里	1715	1576	1144	1514	2037
乡个数	个					6
镇个数	个	12	11	9	15	11
街道办事处个数	个		3	3		2
户籍人口	万人	112	143	100	120	124
第二产业从业人员	人	292000	345500	311000	223000	179800
第三产业从业人员	人	208000	214500	183000	168000	201500
固定电话用户	户	227000	250200	231000	117925	92932
二、综合经济						
地区生产总值	万元	9895029	10257989	11359000	5910254	4838142
第一产业增加值	万元	691322	660489	560078	905354	697942
农业增加值	万元	300915	466480	351595	291780	479390
牧业增加值	万元	52660	156421	57374	102670	121592
第二产业增加值	万元	4750950	4923000	5630577	2787500	2116300
公共财政收入	万元	711282	713060	725403	231745	211167
各项税收	万元	933536	905831	879708	287109	253105
公共财政支出	万元	926737	1094123	937857	615787	619818
居民储蓄存款余额	万元	7997916	7666618	8094248	2447000	2383376
年末金融机构各项贷款余额	万元	8216660	7690859	9676231	2941727	2946286
三、农业和工业						
农业机械总动力	万千瓦特	62	85	39	118	152
机收面积	公顷	27541	87443	19622	77033	158442
设施农业占地面积	公顷	17032	14813	20830	17280	21090
棉花产量	吨	1400	19	5204		
油料产量	吨	55200	25025	55627	46436	36359
规模以上工业企业单位数	个	487	845	673	428	449
四、教育、卫生和社会保障						
普通中学在校学生数	人	27861	48260	33761	57675	58431
中等职业教育学校在校学生数	人	4534	10960	6132	7171	8997
小学在校学生数	人	37742	61551	47584	103669	122536
医疗卫生机构床位数	床	4541	6679	3806	4476	4075
各种社会福利收养性单位数	个	48	25	46	21	28
各种社会福利收养性单位床位数	床	6026	6685	7457	2851	3599

2017年县(市)社会经济主要指标

江苏省

指　　标	单位	灌云县	灌南县	淮安区	淮阴区	洪泽区
一、基本情况						
行政区域面积	平方公里	1538	1028	1452	1307	1273
乡个数	个	2	1	4	7	
镇个数	个	10	10	20	14	6
街道办事处个数	个	1		3		3
户籍人口	万人	104	82	115	92	37
第二产业从业人员	人	130700	110800	177800	143200	69700
第三产业从业人员	人	164600	104000	202500	163700	75000
固定电话用户	户	77638	60387	42228	6690	26339
二、综合经济						
地区生产总值	万元	3664374	3422077	4992250	4829363	2841130
第一产业增加值	万元	661274	540177	680350	718463	350063
农业增加值	万元	408044	395447	523000	509518	204190
牧业增加值	万元	145732	86987	86000	171346	66633
第二产业增加值	万元	1621500	1631900	1942900	2034800	1163200
公共财政收入	万元	205658	218838	210945	255730	164593
各项税收	万元	233521	298946	286276	311107	214668
公共财政支出	万元	548464	501895	691046	571243	366639
居民储蓄存款余额	万元	1613784	1236200			1126209
年末金融机构各项贷款余额	万元	2118688	1578534			1723132
三、农业和工业						
农业机械总动力	万千瓦特	128	129	102	81	89
机收面积	公顷	110227	84879	121496	88750	63164
设施农业占地面积	公顷	18867	13296	2100	3410	513
棉花产量	吨					
油料产量	吨	520	1096	4540	12181	2320
规模以上工业企业单位数	个	227	146	341	333	262
四、教育、卫生和社会保障						
普通中学在校学生数	人	41201	33538	43561	32964	13128
中等职业教育学校在校学生数	人	4546	7524	11432	8776	2782
小学在校学生数	人	70871	63846	61332	62598	17549
医疗卫生机构床位数	床	3490	3503	4827	6871	1590
各种社会福利收养性单位数	个	23	43	39	46	37
各种社会福利收养性单位床位数	床	3123	3603	4076	4237	2276

2017年县(市)社会经济主要指标

江苏省

指　　标	单位	涟水县	盱眙县	金湖县	盐都区	大丰区
一、基本情况						
行政区域面积	平方公里	1679	2497	1378	1015	3008
乡个数	个	2	3			
镇个数	个	17	14	10	8	12
街道办事处个数	个		3		4	
户籍人口	万人	114	80	35	71	71
第二产业从业人员	人	116600	127400	66200	157100	160900
第三产业从业人员	人	200300	141900	72000	161500	187600
固定电话用户	户	23391	58366	54690	68541	82621
二、综合经济						
地区生产总值	万元	4293781	3956825	2678661	4992030	6456656
第一产业增加值	万元	593481	560517	350661	448930	802556
农业增加值	万元	437929	371981	214364	251140	468798
牧业增加值	万元	122372	75035	28074	120497	139605
第二产业增加值	万元	1660800	1574500	1013200	2395100	2539800
公共财政收入	万元	192002	183024	201828	345197	525006
各项税收	万元	304894	224732	313423	441585	651399
公共财政支出	万元	583525	502566	448479	609600	846610
居民储蓄存款余额	万元	2050931	1877548	1408314		3846409
年末金融机构各项贷款余额	万元	2288693	2667989	2044269		4637456
三、农业和工业						
农业机械总动力	万千瓦特	124	126	83	53	87
机收面积	公顷	114730	134660	67610	82541	108012
设施农业占地面积	公顷	2754	1881	381	10627	16047
棉花产量	吨		40			1383
油料产量	吨	25357	5920	5046	9025	30779
规模以上工业企业单位数	个	323	355	284	357	408
四、教育、卫生和社会保障						
普通中学在校学生数	人	47150	32689	9306	25489	21810
中等职业教育学校在校学生数	人	16304	7631	2331	8963	3082
小学在校学生数	人	79118	55920	12603	36516	27195
医疗卫生机构床位数	床	4329	3785	1552	3150	3561
各种社会福利收养性单位数	个	66	31	23	20	24
各种社会福利收养性单位床位数	床	5600	4732	2159	2078	3501

2017年县(市)社会经济主要指标

江苏省

指　　标	单位	响水县	滨海县	阜宁县	射阳县	建湖县
一、基本情况						
行政区域面积	平方公里	1474	1950	1439	2606	1157
乡个数	个					
镇个数	个	8	11	13	13	11
街道办事处个数	个		3	4		3
户籍人口	万人	62	123	113	96	79
第二产业从业人员	人	101800	193900	178400	200800	173600
第三产业从业人员	人	106400	211200	189400	217400	164800
固定电话用户	户	46926	68981	59944	73653	66925
二、综合经济						
地区生产总值	万元	3189727	4411617	4457219	4981148	5220160
第一产业增加值	万元	414227	607417	566119	841748	481360
农业增加值	万元	203890	341414	281797	414974	224512
牧业增加值	万元	127000	126761	172633	200162	128573
第二产业增加值	万元	1563500	1796700	1945000	1819400	2238300
公共财政收入	万元	239012	273002	261444	241800	263166
各项税收	万元	298923	355610	312536	321292	310296
公共财政支出	万元	550081	753553	736547	751108	744419
居民储蓄存款余额	万元	1129373	2016959	2967908	3044445	3024703
年末金融机构各项贷款余额	万元	1664689	2948897	2490534	2983599	3282960
三、农业和工业						
农业机械总动力	万千瓦特	76	86	85	105	64
机收面积	公顷	80040	110400	130000	134332	91830
设施农业占地面积	公顷	10140	16273	16827	16507	10487
棉花产量	吨		144	32	545	53
油料产量	吨	11138	18137	10371	8654	11336
规模以上工业企业单位数	个	146	199	242	282	371
四、教育、卫生和社会保障						
普通中学在校学生数	人	23991	40013	36377	32901	27725
中等职业教育学校在校学生数	人	1766	2713	5260	2561	3133
小学在校学生数	人	49401	84141	66346	47478	38977
医疗卫生机构床位数	床	2752	4995	4298	4095	3608
各种社会福利收养性单位数	个	20	33	24	27	16
各种社会福利收养性单位床位数	床	2517	5729	4441	5414	2723

2017年县(市)社会经济主要指标

江苏省

指　　标	单位	东台市	邗江区	江都区	宝应县	仪征市
一、基本情况						
行政区域面积	平方公里	3176	553	1330	1462	902
乡个数	个		1			
镇个数	个	14	7	13	14	9
街道办事处个数	个		5			
户籍人口	万人	111	61	105	89	56
第二产业从业人员	人	237000	170000	270000	180000	170000
第三产业从业人员	人	261300	150000	250000	170000	160000
固定电话用户	户	93157	204014	236364	126726	127409
二、综合经济						
地区生产总值	万元	8106662	7442365	9026490	5749280	6283618
第一产业增加值	万元	951762	198265	635490	687680	232818
农业增加值	万元	518206	96591	457610	320578	161880
牧业增加值	万元	241703	30388	61700	59125	48648
第二产业增加值	万元	3292900	3302300	3354800	2574200	3288100
公共财政收入	万元	540066	547483	526565	275856	477947
各项税收	万元	632770	759874	670645	368338	828710
公共财政支出	万元	949430	617624	1003265	677903	575031
居民储蓄存款余额	万元	5492767	5105236	6337225	3044731	3061639
年末金融机构各项贷款余额	万元	4649201	13164713	6125939	3281056	4028790
三、农业和工业						
农业机械总动力	万千瓦特	95	22	66	60	42
机收面积	公顷	122370	21309	83869	113157	44750
设施农业占地面积	公顷	38387	3104	16330	12795	8254
棉花产量	吨	217	211			11
油料产量	吨	33164	1405	10926	8561	5242
规模以上工业企业单位数	个	495	396	647	435	389
四、教育、卫生和社会保障						
普通中学在校学生数	人	29836	20984	36493	31690	18862
中等职业教育学校在校学生数	人	3245	2909	4849		3868
小学在校学生数	人	34443	34674	40772	34597	23249
医疗卫生机构床位数	床	5131	3260	4504	2579	2381
各种社会福利收养性单位数	个	44	19	17	19	18
各种社会福利收养性单位床位数	床	5572	2019	3820	4311	3936

2017年县(市)社会经济主要指标

江苏省

指　　标	单位	高邮市	丹徒区	丹阳市	扬中市	句容市
一、基本情况						
行政区域面积	平方公里	1922	617	1047	327	1378
乡个数	个	1				
镇个数	个	10	6	10	4	8
街道办事处个数	个	2	2	2	2	3
户籍人口	万人	81	29	81	28	59
第二产业从业人员	人	200000	80600	331400	115100	152800
第三产业从业人员	人	180000	81200	247100	89100	145400
固定电话用户	户	146373		178821	81755	109076
二、综合经济						
地区生产总值	万元	6084083	3902100	12332700	5362000	5302000
第一产业增加值	万元	740883	192400	536600	139100	449400
农业增加值	万元	358022	117300	381900	84200	313900
牧业增加值	万元	99801	35200	58100	20100	46500
第二产业增加值	万元	2678500	2040100	6188400	2810400	2481000
公共财政收入	万元	326276	220071	610499	320046	440011
各项税收	万元	464420	294099	878475	453832	653931
公共财政支出	万元	652584	271966	828816	412525	601002
居民储蓄存款余额	万元	3715853		6067927	2887679	3152256
年末金融机构各项贷款余额	万元	3587081		10029346	4808404	7249952
三、农业和工业						
农业机械总动力	万千瓦特	72	22	38	14	57
机收面积	公顷	112158	26716	68059	11968	40678
设施农业占地面积	公顷	13336	6200	3584	2500	12884
棉花产量	吨		7			467
油料产量	吨	12274	5153	5572	936	19976
规模以上工业企业单位数	个	559	228	698	343	239
四、教育、卫生和社会保障						
普通中学在校学生数	人	25344	9210	33725	9999	16929
中等职业教育学校在校学生数	人		1667	4284	1442	3642
小学在校学生数	人	26584	14470	50242	14309	25510
医疗卫生机构床位数	床	2972	929	3324	1224	1904
各种社会福利收养性单位数	个	21	19	52	41	26
各种社会福利收养性单位床位数	床	7656	2501	5792	2800	4327

2017年县(市)社会经济主要指标

江苏省

指　　标	单位	姜堰区	兴化市	靖江市	泰兴市	宿豫区
一、基本情况						
行政区域面积	平方公里	928	2395	656	1170	1236
乡个数	个		4		1	2
镇个数	个	14	27	8	14	8
街道办事处个数	个	2	2	1	1	3
户籍人口	万人	78	157	66	119	50
第二产业从业人员	人	174000	263000	209000	265000	131723
第三产业从业人员	人	159000	267000	139000	229000	131654
固定电话用户	户	97486	140683	142028	190706	44412
二、综合经济						
地区生产总值	万元	6688099	8623106	9233446	9640750	2815696
第一产业增加值	万元	442699	1167206	236846	571650	280896
农业增加值	万元	330761	641846	172222	411322	198637
牧业增加值	万元	69029	87824	43812	126072	61187
第二产业增加值	万元	3050900	3312300	4484400	4508600	1599200
公共财政收入	万元	339591	360589	600913	631126	188019
各项税收	万元	487588	514675	879410	957257	347410
公共财政支出	万元	657731	906091	702122	818416	387459
居民储蓄存款余额	万元	4574385	5270458	4920736	4942293	
年末金融机构各项贷款余额	万元	5453445	5029103	7870583	6970123	
三、农业和工业						
农业机械总动力	万千瓦特	43	122	28	63	63
机收面积	公顷	66780	187212	40860	86400	46135
设施农业占地面积	公顷	10040	17530	5650	12793	9733
棉花产量	吨	128	504			13
油料产量	吨	18055	20441	3234	31131	955
规模以上工业企业单位数	个	477	604	506	701	219
四、教育、卫生和社会保障						
普通中学在校学生数	人	31801	40694	24118	42360	31714
中等职业教育学校在校学生数	人	6589	4354	3486	4938	25757
小学在校学生数	人	31349	65823	27858	48274	89318
医疗卫生机构床位数	床	3942	5240	4775	4635	2507
各种社会福利收养性单位数	个	22	35	18	51	17
各种社会福利收养性单位床位数	床	3690	9029	4389	8872	2925

2017年县(市)社会经济主要指标

江苏省、浙江省

指　　标	单位	沭阳县	泗阳县	泗洪县	萧山区	余杭区
一、基本情况						
行政区域面积	平方公里	2299	1378	2694	1420	1228
乡个数	个	8	5	9		
镇个数	个	25	11	14	12	6
街道办事处个数	个	6			14	14
户籍人口	万人	198	107	110	130	104
第二产业从业人员	人	375898	168683	166731	658900	316700
第三产业从业人员	人	297336	143056	151667	369000	500600
固定电话用户	户	119442	68047	45713	452300	237400
二、综合经济						
地区生产总值	万元	7701435	4477422	4509399	21556817	16950563
第一产业增加值	万元	943935	587022	713499	648223	503763
农业增加值	万元	787015	362675	347358	473406	331855
牧业增加值	万元	104799	67133	83421	91716	18241
第二产业增加值	万元	3524800	2237800	1903000	9478594	5514100
公共财政收入	万元	480018	262089	263386	2274820	2800053
各项税收	万元	559146	323863	345389	1995581	2603836
公共财政支出	万元	1055405	653053	706643	2408393	2703850
居民储蓄存款余额	万元	3547538	2191880	2187538	14959800	10607600
年末金融机构各项贷款余额	万元	4720698	3659229	3174567	33216500	11345600
三、农业和工业						
农业机械总动力	万千瓦特	212	103	157	50	41
机收面积	公顷	188586	105168	165647	13320	18360
设施农业占地面积	公顷	25000	12733	19800	2290	1311
棉花产量	吨		7	336	80	36
油料产量	吨	11135	6491	13517	11418	3916
规模以上工业企业单位数	个	689	217	326	1544	1158
四、教育、卫生和社会保障						
普通中学在校学生数	人	76408	52263	45329	66526	49852
中等职业教育学校在校学生数	人	8398	5818	5327	10441	11166
小学在校学生数	人	178857	94209	99325	104664	96870
医疗卫生机构床位数	床	7686	5076	4786	10005	5480
各种社会福利收养性单位数	个	67	36	32	46	33
各种社会福利收养性单位床位数	床	6642	4435	5323	11011	8349

2017年县(市)社会经济主要指标

浙江省

指标	单位	富阳区	临安区	桐庐县	淳安县	建德市
一、基本情况						
行政区域面积	平方公里	1832	3124	1829	4452	2364
乡个数	个	6		4	12	1
镇个数	个	13	13	6	11	12
街道办事处个数	个	5	5	4		3
户籍人口	万人	68	53	41	46	51
第二产业从业人员	人	201561	158319	111216	36400	84700
第三产业从业人员	人	159349	134910	126037	97200	89200
固定电话用户	户	104600	103730	62909	57900	73300
二、综合经济						
地区生产总值	万元	7737274	5718285	4201573	2402801	3902900
第一产业增加值	万元	435987	423715	251554	362469	347600
农业增加值	万元	266286	210507	160264	258873	242200
牧业增加值	万元	58274	55392	32703	33854	64300
第二产业增加值	万元	3390932	2736530	2120899	790091	1894000
公共财政收入	万元	637020	433009	278292	172688	244007
各项税收	万元	572580	401473	247949	158826	220493
公共财政支出	万元	662997	647766	416717	573686	449887
居民储蓄存款余额	万元	4185200	3024585	1979400	1582200	2367000
年末金融机构各项贷款余额	万元	11391800	5411950	4035360	2148350	3131700
三、农业和工业						
农业机械总动力	万千瓦特	33	36	16	31	26
机收面积	公顷	14884	4256	7539	1079	10797
设施农业占地面积	公顷	1079	239	535	402	1936
棉花产量	吨				93	46
油料产量	吨	8004	4428	6959	9182	13154
规模以上工业企业单位数	个	644	597	338	117	352
四、教育、卫生和社会保障						
普通中学在校学生数	人	33389	20343	15459	14748	17852
中等职业教育学校在校学生数	人	6828	4348	2801	3264	1307
小学在校学生数	人	44385	30196	24107	15254	20742
医疗卫生机构床位数	床	3616	2981	1998	2904	2904
各种社会福利收养性单位数	个	22	31	26	33	37
各种社会福利收养性单位床位数	床	4037	2910	3673	3617	4265

2017年县(市)社会经济主要指标

浙江省

指　　标	单位	鄞州区	奉化区	象山县	宁海县	余姚市
一、基本情况						
行政区域面积	平方公里	814	1268	1382	1843	1501
乡个数	个			5	3	1
镇个数	个	10	6	10	11	14
街道办事处个数	个	14	5	3	4	6
户籍人口	万人	87	48	55	63	84
第二产业从业人员	人	432900	183400	173400	260000	365409
第三产业从业人员	人	424400	125000	127700	152500	305293
固定电话用户	户	436500	129800	136299	121500	233200
二、综合经济						
地区生产总值	万元	15139128	5443332	4782204	5387277	10078621
第一产业增加值	万元	249562	304169	707211	429634	447730
农业增加值	万元	198122	161930	168750	147975	352669
牧业增加值	万元	5213	24862	28692	21346	30127
第二产业增加值	万元	5946689	3195823	2039594	2793094	5893314
公共财政收入	万元	2416460	429354	392698	554779	906480
各项税收	万元	2052600	349183	323078	402861	782712
公共财政支出	万元	2012241	684824	702706	800286	1026808
居民储蓄存款余额	万元	15940591	3082447	2612935	2830274	7937418
年末金融机构各项贷款余额	万元	68625173	5980138	7210599	7624896	12060431
三、农业和工业						
农业机械总动力	万千瓦特	16	27	78	28	51
机收面积	公顷	13323	8227	9725	18110	25448
设施农业占地面积	公顷	1320	878	1445	468	1729
棉花产量	吨	5		3	342	36
油料产量	吨	1104	1226	2213	2164	4613
规模以上工业企业单位数	个	1030	475	512	536	1184
四、教育、卫生和社会保障						
普通中学在校学生数	人	27707	19561	21609	30400	38107
中等职业教育学校在校学生数	人	551	3725	4905	7105	9041
小学在校学生数	人	67581	30977	36571	48000	65856
医疗卫生机构床位数	床	8171	2494	2120	2658	3296
各种社会福利收养性单位数	个	58	26	57	21	35
各种社会福利收养性单位床位数	床	10720	4394	5743	5002	7093

2017年县(市)社会经济主要指标

浙江省

指　　标	单位	慈溪市	洞头区	永嘉县	平阳县	苍南县
一、基本情况						
行政区域面积	平方公里	1361	157	2677	1042	1253
乡个数	个		1	4	2	2
镇个数	个	14	1	11	14	17
街道办事处个数	个	5	5	7		
户籍人口	万人	105	15	98	89	135
第二产业从业人员	人	479000	38032	170067	204300	275100
第三产业从业人员	人	246000	44333	148154	149900	245600
固定电话用户	户	343000	13625	115625	63336	147899
二、综合经济						
地区生产总值	万元	15325660	901336	3832979	4102941	5107353
第一产业增加值	万元	530332	63190	143798	166330	324651
农业增加值	万元	380671	6761	110966	71210	147455
牧业增加值	万元	46407	2148	18623	21164	35406
第二产业增加值	万元	9337171	309794	1756029	1522953	1903003
公共财政收入	万元	1573080	71022	315959	297950	337222
各项税收	万元	1347938	51162	251999	249766	291997
公共财政支出	万元	1514577	223016	739942	602825	806195
居民储蓄存款余额	万元	11578790	383182	3909542	3424329	4120203
年末金融机构各项贷款余额	万元	18545385	674811	5453055	4649733	7503730
三、农业和工业						
农业机械总动力	万千瓦特	37	25	13	26	39
机收面积	公顷	12300	39	8404	24	20150
设施农业占地面积	公顷	2234	142	492	771	3315
棉花产量	吨	1064		1		
油料产量	吨	14714	467	3076	2660	689
规模以上工业企业单位数	个	1434	35	360	355	385
四、教育、卫生和社会保障						
普通中学在校学生数	人	49118	4864	45255	41182	60000
中等职业教育学校在校学生数	人	10964	733	8550	9646	10085
小学在校学生数	人	78573	7259	61620	59412	98800
医疗卫生机构床位数	床	4419	294	3197	3149	4841
各种社会福利收养性单位数	个	22	7	13	3	58
各种社会福利收养性单位床位数	床	5834	1001	678	40	3285

2017年县(市)社会经济主要指标

浙江省

指　　标	单位	文成县	泰顺县	瑞安市	乐清市	嘉善县
一、基本情况						
行政区域面积	平方公里	1293	1768	1350	1391	507
乡个数	个	5	7	2	3	
镇个数	个	12	12	9	14	6
街道办事处个数	个			12	8	3
户籍人口	万人	41	37	125	130	39
第二产业从业人员	人	41900	78500	404702	306100	234633
第三产业从业人员	人	70902	42800	321278	322300	129021
固定电话用户	户	18288	22000	236055	236168	116162
二、综合经济						
地区生产总值	万元	881648	915598	8634921	9461268	5214149
第一产业增加值	万元	85880	78483	230962	201865	224585
农业增加值	万元	73630	60460	109555	104175	186639
牧业增加值	万元	5043	13621	22883	36191	6220
第二产业增加值	万元	234959	262472	3541767	4168836	2898469
公共财政收入	万元	82539	79105	634679	794030	517178
各项税收	万元	40479	42437	576850	717228	474148
公共财政支出	万元	454576	451527	982303	952075	595003
居民储蓄存款余额	万元	1870529	1157458	8801520	8012693	4046753
年末金融机构各项贷款余额	万元	1144608	1092150	10539081	11394116	6431251
三、农业和工业						
农业机械总动力	万千瓦特	7	6	37	25	21
机收面积	公顷	1038	1300	16653	19496	22176
设施农业占地面积	公顷	304	175	1387	1642	3568
棉花产量	吨			3	12	1
油料产量	吨	842	269	2128	1529	1125
规模以上工业企业单位数	个	23	21	900	1073	776
四、教育、卫生和社会保障						
普通中学在校学生数	人	9633	13433	55398	60456	19046
中等职业教育学校在校学生数	人	1046	2015	11552	9505	3811
小学在校学生数	人	15746	19864	90206	104897	33447
医疗卫生机构床位数	床	1209	1218	4470	4122	2438
各种社会福利收养性单位数	个	10	7		64	9
各种社会福利收养性单位床位数	床	2202	2113		8058	3337

2017年县(市)社会经济主要指标

浙江省

指　　标	单位	海盐县	海宁市	平湖市	桐乡市	德清县
一、基本情况						
行政区域面积	平方公里	585	863	554	727	938
乡个数	个					
镇个数	个	5	8	6	8	8
街道办事处个数	个	4	4	3	3	4
户籍人口	万人	39	69	50	70	44
第二产业从业人员	人	171772	387794	252194	354828	181300
第三产业从业人员	人	90422	221319	144473	250300	105600
固定电话用户	户	89724	194633	110585	165928	113711
二、综合经济						
地区生产总值	万元	4565648	8620629	6025569	7985439	4701878
第一产业增加值	万元	168811	177519	119934	216117	219501
农业增加值	万元	111339	132563	95659	141237	48149
牧业增加值	万元	31182	23062	5074	49882	21543
第二产业增加值	万元	2696389	4794040	3554901	4060460	2441295
公共财政收入	万元	406520	777242	688688	616900	486632
各项税收	万元	378285	725843	636521	574687	425618
公共财政支出	万元	487021	819513	735843	665038	511256
居民储蓄存款余额	万元	3090001	6755316	4025818	6670181	3179671
年末金融机构各项贷款余额	万元	6366254	10823611	6445353	10041084	5762322
三、农业和工业						
农业机械总动力	万千瓦特	13	16	22	25	30
机收面积	公顷	22879	16382	35178	15067	4636
设施农业占地面积	公顷	2514	1514	4839	3743	1369
棉花产量	吨	164	94	109	125	68
油料产量	吨	962	1867	2488	4404	998
规模以上工业企业单位数	个	506	1281	711	1057	702
四、教育、卫生和社会保障						
普通中学在校学生数	人	16231	27769	18822	31455	18486
中等职业教育学校在校学生数	人	4727	10335	6960	8528	3524
小学在校学生数	人	23746	42754	28872	44641	24923
医疗卫生机构床位数	床	2137	4357	3109	3682	2011
各种社会福利收养性单位数	个	10	22	16	20	27
各种社会福利收养性单位床位数	床	2469	6207	4156	4701	4319

2017年县(市)社会经济主要指标

浙江省

指　　标	单位	长兴县	安吉县	柯桥区	上虞区	新昌县
一、基本情况						
行政区域面积	平方公里	1431	1886	1066	1406	1214
乡个数	个	2	3		3	5
镇个数	个	9	8	8	12	8
街道办事处个数	个	4	4	8	6	3
户籍人口	万人	63	47	67	78	44
第二产业从业人员	人	227000	142100	445900	308400	114800
第三产业从业人员	人	153100	118800	214900	177600	81200
固定电话用户	户	139748	121471	249801	170005	63459
二、综合经济						
地区生产总值	万元	5532125	3603051	13512151	8403971	3932075
第一产业增加值	万元	335452	259659	356140	459445	225682
农业增加值	万元	244198	174000	239686	291676	192491
牧业增加值	万元	14484	8347	34577	43476	7091
第二产业增加值	万元	2751100	1594301	6866857	4383856	1914616
公共财政收入	万元	494980	395208	1140629	701094	363600
各项税收	万元	420537	349543	968157	620202	284468
公共财政支出	万元	630843	620038	1018938	725852	454128
居民储蓄存款余额	万元	3378313	2639497	8576581	5736482	2360364
年末金融机构各项贷款余额	万元	6044330	4988442	13445836	9669167	4066994
三、农业和工业						
农业机械总动力	万千瓦特	40	29	20	42	21
机收面积	公顷	38529	16113	11353	26616	2852
设施农业占地面积	公顷	5357	1149	131	2362	746
棉花产量	吨	13	4	14	239	162
油料产量	吨	9808	1395	2438	5999	9631
规模以上工业企业单位数	个	713	412	1184	737	255
四、教育、卫生和社会保障						
普通中学在校学生数	人	26942	21587	37400	33332	21017
中等职业教育学校在校学生数	人	9192	5625	9376	7239	4123
小学在校学生数	人	35052	28897	44800	37957	23108
医疗卫生机构床位数	床	3748	2183	4265	3313	2649
各种社会福利收养性单位数	个	33	27	14	27	23
各种社会福利收养性单位床位数	床	5781	4194	6682	7458	4499

2017年县(市)社会经济主要指标

浙江省

指　　标	单位	诸暨市	嵊州市	武义县	浦江县	磐安县
一、基本情况						
行政区域面积	平方公里	2311	1789	1568	918	1195
乡个数	个	1	6	7	5	10
镇个数	个	23	11	8	7	9
街道办事处个数	个	3	4	3	3	
户籍人口	万人	109	73	34	40	21
第二产业从业人员	人	441418	239600	125350	152300	51000
第三产业从业人员	人	209531	130000	77096	96400	16600
固定电话用户	户	274216	127881	50420	51446	19174
二、综合经济						
地区生产总值	万元	11653803	5321608	2374088	2148513	892340
第一产业增加值	万元	512960	391020	159042	105211	116265
农业增加值	万元	321542	306020	121017	81662	97657
牧业增加值	万元	44790	42493	24688	18834	6745
第二产业增加值	万元	5791810	2650028	1226881	1108799	394951
公共财政收入	万元	770087	380222	242808	177883	89072
各项税收	万元	643524	323982	213619	151164	72916
公共财政支出	万元	913114	531965	457985	339153	285204
居民储蓄存款余额	万元	7506012	4199705	2156902	2223598	852400
年末金融机构各项贷款余额	万元	12859247	5629475	3350292	2895198	1278092
三、农业和工业						
农业机械总动力	万千瓦特	74	38	19	11	23
机收面积	公顷	27611	16894	7675	3280	1009
设施农业占地面积	公顷	2063	2544	1031	3057	489
棉花产量	吨	17	65	12	102	
油料产量	吨	8654	4651	4052	5023	835
规模以上工业企业单位数	个	1207	595	468	350	144
四、教育、卫生和社会保障						
普通中学在校学生数	人	74401	28800	14269	22134	9683
中等职业教育学校在校学生数	人	10529	6036	2486	4783	1638
小学在校学生数	人	64981	32100	26938	30742	11006
医疗卫生机构床位数	床	5734	3435	1745	2377	868
各种社会福利收养性单位数	个	17	67	21	13	11
各种社会福利收养性单位床位数	床	5218	7718	2807	2836	1781

2017年县(市)社会经济主要指标

浙江省

指　　标	单位	兰溪市	义乌市	东阳市	永康市	衢江区
一、基本情况						
行政区域面积	平方公里	1312	1105	1747	1047	1748
乡个数	个	3		1		8
镇个数	个	7	6	11	11	10
街道办事处个数	个	6	8	6	3	2
户籍人口	万人	66	80	85	61	41
第二产业从业人员	人	155400	550000	262500	323602	61600
第三产业从业人员	人	118300	361100	175000	144049	68100
固定电话用户	户	64885	319900	135600	117900	
二、综合经济						
地区生产总值	万元	3481034	11580427	5539128	5281171	1591724
第一产业增加值	万元	256351	218118	183249	87484	215004
农业增加值	万元	150829	186458	146630	68741	134189
牧业增加值	万元	73244	15539	20636	6803	44071
第二产业增加值	万元	1803287	3737462	2595549	3044415	679808
公共财政收入	万元	241800	849995	585778	523569	136774
各项税收	万元	206359	784858	504527	434880	109040
公共财政支出	万元	422997	947363	826984	633373	331354
居民储蓄存款余额	万元	2516273	13837361	6205446	6003475	1029968
年末金融机构各项贷款余额	万元	4150717	22728394	7554146	8915749	1624610
三、农业和工业						
农业机械总动力	万千瓦特	32	23	48	30	25
机收面积	公顷	2825	6547	14989	6369	15888
设施农业占地面积	公顷	4120	747	2171	1379	2332
棉花产量	吨	4140		108		16
油料产量	吨	15256	4192	4664	1107	11300
规模以上工业企业单位数	个	468	763	523	631	110
四、教育、卫生和社会保障						
普通中学在校学生数	人	25991	48520	46198	34595	15429
中等职业教育学校在校学生数	人	4784	14820	6803	4714	2016
小学在校学生数	人	32106	104286	68164	61380	20713
医疗卫生机构床位数	床	2430	5986	5025	3273	1031
各种社会福利收养性单位数	个	25	10	29	35	23
各种社会福利收养性单位床位数	床	5668	4131	7015	4423	3100

2017年县(市)社会经济主要指标

浙江省

指　　标	单位	常山县	开化县	龙游县	江山市	岱山县
一、基本情况						
行政区域面积	平方公里	1097	2231	1143	2019	325
乡个数	个	5	6	7	5	1
镇个数	个	6	8	6	11	6
街道办事处个数	个	3		2	3	
户籍人口	万人	35	36	41	62	18
第二产业从业人员	人	77400	40600	74917	105200	52100
第三产业从业人员	人	53600	48500	74657	65400	57800
固定电话用户	户	32691	27800	58500	61400	35079
二、综合经济						
地区生产总值	万元	1274012	1188431	2178251	3016400	1969700
第一产业增加值	万元	83832	126838	120828	219614	398400
农业增加值	万元	55670	92148	54872	125444	12800
牧业增加值	万元	9792	7027	41812	68807	2000
第二产业增加值	万元	536650	395022	955174	1471898	755700
公共财政收入	万元	98780	84400	148161	166709	155195
各项税收	万元	64653	75986	118555	130156	119710
公共财政支出	万元	377589	442416	497543	452126	415997
居民储蓄存款余额	万元	1077620	1213225	1766152	2659843	1102496
年末金融机构各项贷款余额	万元	1620184	1661830	2657628	3252545	1008654
三、农业和工业						
农业机械总动力	万千瓦特	10	14	28	41	55
机收面积	公顷	7123	136	21325	23808	250
设施农业占地面积	公顷	1119	136	1846	1005	126
棉花产量	吨	27	12	430	290	
油料产量	吨	5439	9843	12518	9767	472
规模以上工业企业单位数	个	104	71	196	208	51
四、教育、卫生和社会保障						
普通中学在校学生数	人	13226	14336	16476	27865	4542
中等职业教育学校在校学生数	人	2113	1647	3974	6515	489
小学在校学生数	人	16433	16986	19216	31269	6594
医疗卫生机构床位数	床	1174	179	1927	2295	560
各种社会福利收养性单位数	个	22	16	14	29	21
各种社会福利收养性单位床位数	床	2944	1982	3060	3511	2215

2017年县(市)社会经济主要指标

浙江省

指　　标	单位	嵊泗县	三门县	天台县	仙居县	温岭市
一、基本情况						
行政区域面积	平方公里	97	1072	1426	1992	836
乡个数	个	4	1	5	10	
镇个数	个	3	6	7	7	11
街道办事处个数	个		3	3	3	5
户籍人口	万人	8	45	60	52	122
第二产业从业人员	人	3752	105500	66800	79700	494700
第三产业从业人员	人	27434	61400	73800	70800	265400
固定电话用户	户	20589	42500	59300	41200	187381
二、综合经济						
地区生产总值	万元	1077800	2104908	2292439	2134971	9851728
第一产业增加值	万元	310800	297727	132239	155266	753120
农业增加值	万元	1120	80530	97727	109037	205362
牧业增加值	万元	170	17843	21750	25984	17681
第二产业增加值	万元	159100	772155	948027	909799	4058581
公共财政收入	万元	66659	167830	192068	185250	680900
各项税收	万元	31451	134401	161548	162037	591411
公共财政支出	万元	240756	405848	416031	499327	911183
居民储蓄存款余额	万元	435312	1494510	2183560	2115547	8837852
年末金融机构各项贷款余额	万元	379637	3837946	3090510	2984754	12056809
三、农业和工业						
农业机械总动力	万千瓦特	20	25	16	23	103
机收面积	公顷		6328	7926	9210	16440
设施农业占地面积	公顷	126	1938	2432	382	7062
棉花产量	吨		141	18		53
油料产量	吨		1603	2566	2951	1048
规模以上工业企业单位数	个	14	192	145	147	802
四、教育、卫生和社会保障						
普通中学在校学生数	人	1915	18900	31000	29622	54429
中等职业教育学校在校学生数	人	52	5190	6123	6906	10978
小学在校学生数	人	2552	27000	30000	35817	89095
医疗卫生机构床位数	床	326	1607	2336	1925	5543
各种社会福利收养性单位数	个	12	27	39	21	59
各种社会福利收养性单位床位数	床	627	3253	4418	3938	10495

2017年县(市)社会经济主要指标

浙江省

指　　标	单位	临海市	玉环市	青田县	缙云县	遂昌县
一、基本情况						
行政区域面积	平方公里	2171	378	2484	1494	2539
乡个数	个		2	20	8	11
镇个数	个	14	6	9	7	7
街道办事处个数	个	5	3	3	3	2
户籍人口	万人	120	43	56	47	23
第二产业从业人员	人	382000	262100	59900	59700	36100
第三产业从业人员	人	83400	113800	67600	115500	41753
固定电话用户	户	112053	121923	54200	58500	23554
二、综合经济						
地区生产总值	万元	6100910	5293220	2230789	2154582	1071031
第一产业增加值	万元	465220	341093	86489	111033	116413
农业增加值	万元	240839	51932	60141	76139	82745
牧业增加值	万元	46507	2350	6874	18141	7241
第二产业增加值	万元	2793154	2846877	1177500	1085892	391538
公共财政收入	万元	542928	484919	168400	130521	83707
各项税收	万元	478355	436245	125310	103681	66592
公共财政支出	万元	835668	646672	457465	426085	355812
居民储蓄存款余额	万元	5452084		3899000	1659514	838256
年末金融机构各项贷款余额	万元	7605353	4965074	2422478	2127545	1084556
三、农业和工业						
农业机械总动力	万千瓦特	45	21	6	12	11
机收面积	公顷	16280	1182	590	3232	1177
设施农业占地面积	公顷	1408	2313	488	741	465
棉花产量	吨	51	97	4	3	
油料产量	吨	1741	706	902	1027	1090
规模以上工业企业单位数	个	486	799	103	179	60
四、教育、卫生和社会保障						
普通中学在校学生数	人	58866	22574	17768	22344	8826
中等职业教育学校在校学生数	人	20904	4812	4434	5240	2393
小学在校学生数	人	81770	46387	30311	29340	10827
医疗卫生机构床位数	床	5473	2229	1486	1928	764
各种社会福利收养性单位数	个	70	25	24	14	5
各种社会福利收养性单位床位数	床	9290	3378	3020	1153	757

2017年县(市)社会经济主要指标

浙江省

指　　标	单位	松阳县	云和县	庆元县	景宁畲族自治县	龙泉市
一、基本情况						
行政区域面积	平方公里	1401	978	1898	1949	3046
乡个数	个	11	3	10	15	7
镇个数	个	5	3	6	4	8
街道办事处个数	个	3	4	3	2	4
户籍人口	万人	24	11	21	17	29
第二产业从业人员	人	43400	28200	18027	9000	45100
第三产业从业人员	人	37600	33100	23862	20000	56200
固定电话用户	户	22538	12802	16161	12382	25339
二、综合经济						
地区生产总值	万元	1015305	638465	678047	543721	1282981
第一产业增加值	万元	147059	48885	64054	72092	143144
农业增加值	万元	116664	40990	38889	52620	97334
牧业增加值	万元	8687	3170	2194	5522	10232
第二产业增加值	万元	432432	299616	283825	158560	506486
公共财政收入	万元	63070	51800	42048	70087	85032
各项税收	万元	50376	42473	35990	59225	70611
公共财政支出	万元	373097	234295	317822	367433	413571
居民储蓄存款余额	万元	856554	540885	660571	463838	1095679
年末金融机构各项贷款余额	万元	1112476	783062	917614	750364	1414113
三、农业和工业						
农业机械总动力	万千瓦特	14	6	9	8	18
机收面积	公顷	1183	834	1660	57	2800
设施农业占地面积	公顷	927	211	239	193	244
棉花产量	吨	1				
油料产量	吨	877	132	48	242	615
规模以上工业企业单位数	个	92	57	53	17	90
四、教育、卫生和社会保障						
普通中学在校学生数	人	9500	4601	7522	5439	11903
中等职业教育学校在校学生数	人	2333	1821	1966	1630	3440
小学在校学生数	人	12700	8053	9796	8614	16268
医疗卫生机构床位数	床	887	593	648	651	1160
各种社会福利收养性单位数	个	16	6	2	10	6
各种社会福利收养性单位床位数	床	1530	864	338	1148	1400

2017年县(市)社会经济主要指标

安徽省

指　　标	单位	长丰县	肥东县	肥西县	庐江县	巢湖市
一、基本情况						
行政区域面积	平方公里	1841	2182	1695	2344	2046
乡个数	个	4	6	4		1
镇个数	个	10	12	8	17	11
街道办事处个数	个					5
户籍人口	万人	77	107	82	121	86
第二产业从业人员	人				283166	205386
第三产业从业人员	人				175390	151994
固定电话用户	户	56748	16000	56339	67739	74325
二、综合经济						
地区生产总值	万元	4411179	5698751	6485907	2849091	2990652
第一产业增加值	万元	605936	653928	529613	479913	307842
农业增加值	万元	361347	307614	226474	272278	152490
牧业增加值	万元	175567	194566	192764	73910	74726
第二产业增加值	万元	2699969	3633132	4211092	1131172	1566788
公共财政收入	万元	551412	565980	809244	307357	309651
各项税收	万元	459805	490475	731633	148901	242758
公共财政支出	万元	616596	723901	697684	583915	425658
居民储蓄存款余额	万元	1647968	2669505	2738186	2876610	2848815
年末金融机构各项贷款余额	万元	2429456	3444384	3463438	2803954	4005655
三、农业和工业						
农业机械总动力	万千瓦特	99	74	59	156	58
机收面积	公顷	99050	124000	72270	139333	57270
设施农业占地面积	公顷	11801	3392	1775	2638	777
棉花产量	吨	5413	5842	1443	1128	1545
油料产量	吨	32081	122493	19090	16501	28869
规模以上工业企业单位数	个	449	372	462	250	171
四、教育、卫生和社会保障						
普通中学在校学生数	人	31615	62702	29819	47306	38059
中等职业教育学校在校学生数	人	10474	15319	6979	3011	6747
小学在校学生数	人	46746	51995	40662	60363	41427
医疗卫生机构床位数	床	2270	2300	2809	3542	4202
各种社会福利收养性单位数	个	21	19	24	43	21
各种社会福利收养性单位床位数	床	4248	3940	4300	5356	3989

2017年县(市)社会经济主要指标

安徽省

指　　标	单位	芜湖县	繁昌县	南陵县	无为县	怀远县
一、基本情况						
行政区域面积	平方公里	650	585	1264	2022	2192
乡个数	个					3
镇个数	个	5	6	8	20	15
街道办事处个数	个					
户籍人口	万人	35	28	55	121	132
第二产业从业人员	人	63470	63485	106815	278541	160396
第三产业从业人员	人	77790	60764	94335	290032	260125
固定电话用户	户	23460	22307	23646	52000	49659
二、综合经济						
地区生产总值	万元	2416975	2696749	2315837	4178915	2918327
第一产业增加值	万元	197480	95467	305670	424446	678471
农业增加值	万元	113116	39420	127204	200958	365078
牧业增加值	万元	30112	19419	67830	78511	190238
第二产业增加值	万元	1466367	1872771	1109557	2097788	1213459
公共财政收入	万元	425725	476157	283579	358499	291344
各项税收	万元	355549	367121	133709	162412	239984
公共财政支出	万元	436681	414728	407558	636774	666314
居民储蓄存款余额	万元	1370183	1479717	1739531	3300381	1909215
年末金融机构各项贷款余额	万元	1480948	1208795	1458599	2778562	2279691
三、农业和工业						
农业机械总动力	万千瓦特	33	24	42	73	279
机收面积	公顷	36740	10700	57620	72920	415500
设施农业占地面积	公顷	418	315	1530	2766	3891
棉花产量	吨	4198	985	66	12984	936
油料产量	吨	16654	3672	7865	30515	61633
规模以上工业企业单位数	个	385	271	301	271	281
四、教育、卫生和社会保障						
普通中学在校学生数	人	15115	12768	25432	46986	57694
中等职业教育学校在校学生数	人		5630	2230	8494	15501
小学在校学生数	人	17463	11797	26189	49242	104273
医疗卫生机构床位数	床	934	695	1690	4711	5074
各种社会福利收养性单位数	个	14	11	18	48	51
各种社会福利收养性单位床位数	床	1255	1221	2345	7782	7435

2017年县(市)社会经济主要指标

安徽省

指　　标	单位	五河县	固镇县	凤台县	寿县	当涂县
一、基本情况						
行政区域面积	平方公里	1428	1361	894	2948	1002
乡个数	个	2	3	4	3	1
镇个数	个	12	8	12	22	10
街道办事处个数	个					
户籍人口	万人	69	65	68	140	48
第二产业从业人员	人	105026	56127	128399	197000	833940
第三产业从业人员	人	135985	69017	127486	220000	98894
固定电话用户	户	9700	24200	47292	53360	36829
二、综合经济						
地区生产总值	万元	1990373	2151928	2671073	1637429	3416879
第一产业增加值	万元	547378	570569	336467	450143	284834
农业增加值	万元	225245	325145	171600	236893	95626
牧业增加值	万元	192381	202039	118997	139329	31462
第二产业增加值	万元	621583	800145	1631764	542297	2228418
公共财政收入	万元	171893	167530	243068	160737	469437
各项税收	万元	70232	119067	183062	129841	392155
公共财政支出	万元	386082	371842	471873	575658	489036
居民储蓄存款余额	万元	1283928	1216013	1808858	1885899	1917603
年末金融机构各项贷款余额	万元	1272944	1096558	1679400	1839992	1866108
三、农业和工业						
农业机械总动力	万千瓦特	99	118	92	246	36
机收面积	公顷	118730	95100	82990		58700
设施农业占地面积	公顷	866	2463	582	726	
棉花产量	吨	739	903	9	1024	1548
油料产量	吨	67559	248661	5121	10744	28644
规模以上工业企业单位数	个	166	214	166	128	384
四、教育、卫生和社会保障						
普通中学在校学生数	人	27820	24872	31978	55902	18162
中等职业教育学校在校学生数	人	8595	10472	2661	12267	5682
小学在校学生数	人	47452	47849	57452	75749	21053
医疗卫生机构床位数	床	2463	2215	2240	2704	1818
各种社会福利收养性单位数	个	22	26	22	78	16
各种社会福利收养性单位床位数	床	3759	3688	2428	7801	2573

2017年县(市)社会经济主要指标

安徽省

指　　标	单位	含山县	和　县	濉溪县	义安区	枞阳县
一、基本情况						
行政区域面积	平方公里	1028	1319	1982	845	1808
乡个数	个				2	5
镇个数	个	8	9	11	6	17
街道办事处个数	个					
户籍人口	万人	45	54	112	29	97
第二产业从业人员	人	81174	78991	92429	81067	
第三产业从业人员	人	92075	117731	109604	40319	
固定电话用户	户	21025	34323	49423	11404	40721
二、综合经济						
地区生产总值	万元	1542955	1715639	2968029	1669213	2407572
第一产业增加值	万元	197401	243755	425777	112006	339206
农业增加值	万元	111888	175261	253795	70639	112317
牧业增加值	万元	29222	34059	140089	15351	83266
第二产业增加值	万元	805880	959483	1581535	1173720	1302868
公共财政收入	万元	164976	261009	335756	149782	87248
各项税收	万元	134677	215740	306419	336176	55204
公共财政支出	万元	271317	406496	569316	306325	389946
居民储蓄存款余额	万元	1292638	1796025	2866244		2883163
年末金融机构各项贷款余额	万元	1194317	1496960	2154319		1189131
三、农业和工业						
农业机械总动力	万千瓦特	44	55	239	26	52
机收面积	公顷	39100	57730	202872	15536	97087
设施农业占地面积	公顷	613	6451	465	1313	300
棉花产量	吨	6364	181	23	992	10100
油料产量	吨	29570	14065	1027	15054	43276
规模以上工业企业单位数	个	204	141	294	99	240
四、教育、卫生和社会保障						
普通中学在校学生数	人	17918	19016	53027	9806	38382
中等职业教育学校在校学生数	人	4008	2965	2234	1066	5586
小学在校学生数	人	22757	24417	79306	11937	33566
医疗卫生机构床位数	床	1090	1320	4283	976	2787
各种社会福利收养性单位数	个	14	31	23	46	26
各种社会福利收养性单位床位数	床	1156	3112	3202	1138	3461

2017年县(市)社会经济主要指标

安徽省

指　　标	单位	怀宁县	潜山县	太湖县	宿松县	望江县
一、基本情况						
行政区域面积	平方公里	1276	1688	2040	2394	1348
乡个数	个	5	5	5	13	2
镇个数	个	15	11	10	9	8
街道办事处个数	个			14		
户籍人口	万人	71	59	58	88	64
第二产业从业人员	人	123135	127258		104324	139881
第三产业从业人员	人	182176	111341		246855	107704
固定电话用户	户	74632	30010	28813	24100	35644
二、综合经济						
地区生产总值	万元	2188611	1519377	1175800	1827516	1172424
第一产业增加值	万元	200102	219345	255479	402327	270464
农业增加值	万元	104183	107723	62671	183952	116890
牧业增加值	万元	41498	57893	120106	86352	77943
第二产业增加值	万元	1337570	835963	525204	760553	516312
公共财政收入	万元	194666	118920	84676	115639	87747
各项税收	万元	149479	93423	72125	82622	70323
公共财政支出	万元	315255	366825	364323	462600	322121
居民储蓄存款余额	万元	2673848	1619346	1174803	1784000	1700255
年末金融机构各项贷款余额	万元	1736817	1082870	956663	1263000	974675
三、农业和工业						
农业机械总动力	万千瓦特	58	38	30	46	
机收面积	公顷	60453	40800	41210		42784
设施农业占地面积	公顷	1183	357	187	545	
棉花产量	吨	5170	3904	9140	19051	18048
油料产量	吨	33756	12930	23110	66338	74618
规模以上工业企业单位数	个	287	198	135	195	134
四、教育、卫生和社会保障						
普通中学在校学生数	人	24538	24374	21316	42852	24734
中等职业教育学校在校学生数	人	3237	2119	3497	8040	5027
小学在校学生数	人	29668	25683	28040	56255	30231
医疗卫生机构床位数	床	2122	1844	1304	2195	1308
各种社会福利收养性单位数	个	24	35	20	25	12
各种社会福利收养性单位床位数	床	4490	4230	4100	3200	2849

2017年县(市)社会经济主要指标

安徽省

指　　标	单位	岳西县	桐城市	歙　县	休宁县	黟　县
一、基本情况						
行政区域面积	平方公里	2372	1546	2122	2126	857
乡个数	个	10		13	11	3
镇个数	个	14	12	15	10	5
街道办事处个数	个		3			
户籍人口	万人	41	76	48	27	9
第二产业从业人员	人	2365	65993	90050	50450	15909
第三产业从业人员	人	12689	18662	98252	63838	24989
固定电话用户	户	23000	87000	42663	30232	10185
二、综合经济						
地区生产总值	万元	926032	2729721	1523259	817635	290295
第一产业增加值	万元	168502	284143	170359	130236	37482
农业增加值	万元	92033	119891	112039	69269	16179
牧业增加值	万元	38526	100600	46586	31665	9932
第二产业增加值	万元	487694	1707728	682420	314418	111189
公共财政收入	万元	83020	251168	120445	82280	36995
各项税收	万元	68251	208942	61385	41716	15348
公共财政支出	万元	313151	451700	346565	220637	115041
居民储蓄存款余额	万元	994283	3021999	1807189	980681	439770
年末金融机构各项贷款余额	万元	781376	2554173	1552843	739670	461302
三、农业和工业						
农业机械总动力	万千瓦特	12	57	23	18	8
机收面积	公顷	9500	63690	26300	10150	5320
设施农业占地面积	公顷	143	261	408	517	108
棉花产量	吨	248	2806	28	21	11
油料产量	吨	3549	22480	15378	8380	4121
规模以上工业企业单位数	个	107	435	159	65	19
四、教育、卫生和社会保障						
普通中学在校学生数	人	15275	31771	16945	8298	2191
中等职业教育学校在校学生数	人	3011	5880	5407	2317	771
小学在校学生数	人	20989	29961	19146	10640	3497
医疗卫生机构床位数	床	1935	2022	1774	800	247
各种社会福利收养性单位数	个	40	1	1	2	9
各种社会福利收养性单位床位数	床	3227	250	140	410	550

2017年县(市)社会经济主要指标

安徽省

指标	单位	祁门县	来安县	全椒县	定远县	凤阳县
一、基本情况						
行政区域面积	平方公里	2215	1481	1568	3001	1937
乡个数	个	8	4		6	1
镇个数	个	10	8	10	16	14
街道办事处个数	个					
户籍人口	万人	19	49	46	98	79
第二产业从业人员	人	22994				147125
第三产业从业人员	人	36701				82665
固定电话用户	户	16776	28475	36557	41218	50947
二、综合经济						
地区生产总值	万元	612116	1592188	1440247	1833761	1857593
第一产业增加值	万元	60532	218500	251390	562600	375226
农业增加值	万元	30854	122717	124314	255831	188074
牧业增加值	万元	3403	59632	59358	236385	134635
第二产业增加值	万元	218322	797448	611517	556937	720814
公共财政收入	万元	57383	248172	244727	146882	273224
各项税收	万元	23302	202051	171088	144566	197175
公共财政支出	万元	177357	345313	358945	672666	445488
居民储蓄存款余额	万元	753839	1191509	1277113	1630785	1454457
年末金融机构各项贷款余额	万元	500866	1560077	1571737	1541147	1354998
三、农业和工业						
农业机械总动力	万千瓦特	12	76	76	159	124
机收面积	公顷	9340	79880	63530	192120	127
设施农业占地面积	公顷	70	714	529	2272	2900
棉花产量	吨	72	140	2862	2052	120
油料产量	吨	3031	9647	46918	33438	27422
规模以上工业企业单位数	个	58	179	168	142	133
四、教育、卫生和社会保障						
普通中学在校学生数	人	5897	15547	16299	41979	16245
中等职业教育学校在校学生数	人	1737	4062	1444	6550	6027
小学在校学生数	人	7993	22211	17671	46589	47526
医疗卫生机构床位数	床	925	1843	1664	2807	1935
各种社会福利收养性单位数	个	1	16	11	24	30
各种社会福利收养性单位床位数	床	178	3211	1595	4838	3090

2017年县(市)社会经济主要指标

安徽省

指　　标	单位	天长市	明光市	临泉县	太和县	阜南县
一、基本情况						
行政区域面积	平方公里	1754	2350	1839	1867	1801
乡个数	个		1	2	1	8
镇个数	个	14	12	21	30	20
街道办事处个数	个	1	4	5		
户籍人口	万人	63	65	230	178	172
第二产业从业人员	人		86298		353660	
第三产业从业人员	人		114842		381208	
固定电话用户	户	49547	32600	60717	28193	48000
二、综合经济						
地区生产总值	万元	3595568	1397547	1908543	2428242	1617701
第一产业增加值	万元	323133	337670	720061	510378	492418
农业增加值	万元	131035	122304	437869	293117	273441
牧业增加值	万元	60990	69856	241870	180295	127251
第二产业增加值	万元	2215018	414575	493724	1105278	526524
公共财政收入	万元	458603	164812	200171	402052	91017
各项税收	万元	177794	120856	167251	184163	64066
公共财政支出	万元	543571	386425	740521	807118	629399
居民储蓄存款余额	万元	2029712	1353980	3553790	3679185	2469603
年末金融机构各项贷款余额	万元	2394278	1444944	2025175	2262922	1629046
三、农业和工业						
农业机械总动力	万千瓦特	122	96	138	164	86
机收面积	公顷	108930	93600	152000	186740	144760
设施农业占地面积	公顷	226	263	6108	1775	4611
棉花产量	吨		130	292	240	688
油料产量	吨	13087	46066	9815	4593	18910
规模以上工业企业单位数	个	463	92	175	355	231
四、教育、卫生和社会保障						
普通中学在校学生数	人	16356	26132	104157	90893	63870
中等职业教育学校在校学生数	人	9069	5279	13932	23241	12987
小学在校学生数	人	29126	35176	150579	138055	117489
医疗卫生机构床位数	床	3209	2411	5862	7494	4623
各种社会福利收养性单位数	个	20	24	64	50	58
各种社会福利收养性单位床位数	床	2561	3612	6270	10297	4699

2017年县(市)社会经济主要指标

安徽省

指　　标	单位	颍上县	界首市	砀山县	萧　县	灵璧县
一、基本情况						
行政区域面积	平方公里	1859	667	1197	1854	2124
乡个数	个	8	3		5	6
镇个数	个	22	12	13	18	13
街道办事处个数	个		3			
户籍人口	万人	179	83	100	140	129
第二产业从业人员	人	367300		93000	224039	186161
第三产业从业人员	人	203300		91000	268601	199412
固定电话用户	户		28000	24555	16185	25000
二、综合经济						
地区生产总值	万元	2492088	1893522	1941684	2699744	2043729
第一产业增加值	万元	494351	254246	400900	534300	513900
农业增加值	万元	235004	145599	278873	324301	313069
牧业增加值	万元	160843	74121	96137	148596	170843
第二产业增加值	万元	1267585	1160434	879364	1064700	710776
公共财政收入	万元	302776	310100	89696	167610	84341
各项税收	万元	158834	137921	62149	87230	81120
公共财政支出	万元	651248	514842	425416	599636	478212
居民储蓄存款余额	万元	2397541	1791159	1869150	2433343	1816874
年末金融机构各项贷款余额	万元	1959224	1423381	1329040	1528416	1209316
三、农业和工业						
农业机械总动力	万千瓦特	117	47	63	130	161
机收面积	公顷	173740	57400	68200	148390	201867
设施农业占地面积	公顷	3205		13865	919	297
棉花产量	吨	374	1192	5500	5021	934
油料产量	吨	6024	4612	54714	33104	19016
规模以上工业企业单位数	个	229	290	231	212	205
四、教育、卫生和社会保障						
普通中学在校学生数	人	69963	31964	37801	55163	47949
中等职业教育学校在校学生数	人	10923	6355	4470	10245	13028
小学在校学生数	人	121806	54071	61752	88439	103492
医疗卫生机构床位数	床	4243	3110	4234	2924	2840
各种社会福利收养性单位数	个	60	30	31	35	43
各种社会福利收养性单位床位数	床	5130	2882	3996	3320	4251

2017年县(市)社会经济主要指标

安徽省

指　　标	单位	泗　县	霍邱县	舒城县	金寨县	霍山县
一、基本情况						
行政区域面积	平方公里	1857	3239	2100	3814	2043
乡个数	个	3	9	6	11	3
镇个数	个	12	21	15	12	13
街道办事处个数	个					
户籍人口	万人	96	163	100	68	36
第二产业从业人员	人	122000		105000	80981	58848
第三产业从业人员	人	143000		89000	72507	64576
固定电话用户	户	20730	80926	81000	39098	96211
二、综合经济						
地区生产总值	万元	1912227	2341221	1928907	1010642	1675704
第一产业增加值	万元	481100	493037	299954	196404	150559
农业增加值	万元	293785	198816	115982	101115	71807
牧业增加值	万元	148654	176722	81314	60765	33462
第二产业增加值	万元	627084	986754	891252	370123	962004
公共财政收入	万元	93415	195425	210231	91213	92621
各项税收	万元	58854	93402	167281	121972	163379
公共财政支出	万元	478818	554409	454462	457193	275066
居民储蓄存款余额	万元	1397017	1984014	2530770	1501355	1181803
年末金融机构各项贷款余额	万元	1224525	1869137	2224890	1782337	987734
三、农业和工业						
农业机械总动力	万千瓦特	158		86	46	34
机收面积	公顷	167960		63100		16660
设施农业占地面积	公顷	490	212	772	624	1120
棉花产量	吨	3200	1249	2809		74
油料产量	吨	97428	23278	29375	10852	3545
规模以上工业企业单位数	个	161	133	154	88	134
四、教育、卫生和社会保障						
普通中学在校学生数	人	41184	51130	32138	28509	13869
中等职业教育学校在校学生数	人	4556	7358	7956	7658	2754
小学在校学生数	人	74052	94991	34805	36043	14449
医疗卫生机构床位数	床	4415	3554	2766	2137	1459
各种社会福利收养性单位数	个	34	56	41	35	23
各种社会福利收养性单位床位数	床	3593	7996	5986	3713	3280

2017年县(市)社会经济主要指标

安徽省

指　　标	单位	涡阳县	蒙城县	利辛县	东至县	石台县
一、基本情况						
行政区域面积	平方公里	2110	2091	2005	3261	1413
乡个数	个		2	3	3	2
镇个数	个	20	12	20	12	6
街道办事处个数	个	4	3			
户籍人口	万人	168	143	172	55	11
第二产业从业人员	人		233690		83078	24869
第三产业从业人员	人		212817		116557	19002
固定电话用户	户	27863	20505	24000	43177	17676
二、综合经济						
地区生产总值	万元	2768558	2717137	2150730	1573255	261952
第一产业增加值	万元	437271	528245	471567	264849	43872
农业增加值	万元	304735	374749	294842	112848	24015
牧业增加值	万元	104227	90933	145512	66888	3950
第二产业增加值	万元	1224356	1065517	656592	642727	91105
公共财政收入	万元	208859	282766	200072	147629	26200
各项税收	万元	178318	56580	162742	112007	20666
公共财政支出	万元	641668	613500	639091	301332	117294
居民储蓄存款余额	万元	2562873	2215677	2395025	1654037	358631
年末金融机构各项贷款余额	万元	1650312	2549724	1903255	1075255	268611
三、农业和工业						
农业机械总动力	万千瓦特	231	285	226	48	13
机收面积	公顷	261207	280018	190000		3400
设施农业占地面积	公顷	973	7617	2896	1399	20
棉花产量	吨	162	155	350	14325	10
油料产量	吨	1898	27995	4758	34385	5859
规模以上工业企业单位数	个	203	225	206	161	18
四、教育、卫生和社会保障						
普通中学在校学生数	人	69004	67696	82984	24077	3641
中等职业教育学校在校学生数	人	17262	16420	15210	1290	1702
小学在校学生数	人	123336	129338	135830	26895	4344
医疗卫生机构床位数	床	5174	4746	3846	1598	407
各种社会福利收养性单位数	个	100	34	23	27	16
各种社会福利收养性单位床位数	床	8055	7130	5118	2865	1051

2017年县(市)社会经济主要指标

安徽省

指　　标	单位	青阳县	郎溪县	广德县	泾　县	绩溪县
一、基本情况						
行政区域面积	平方公里	1131	1105	2116	2055	1116
乡个数	个	2	7	3	2	3
镇个数	个	9	2	6	9	8
街道办事处个数	个					
户籍人口	万人	28	35	52	35	18
第二产业从业人员	人	63568		162821	67687	25846
第三产业从业人员	人	70388		147236	111713	18497
固定电话用户	户	30603	29700	34991	11373	26010
二、综合经济						
地区生产总值	万元	927679	1344166	2301816	994750	678387
第一产业增加值	万元	109437	156064	222486	180787	88738
农业增加值	万元	39680	79752	109301	74545	55434
牧业增加值	万元	19250	15644	70907	52469	22302
第二产业增加值	万元	455474	762063	1149226	404370	315616
公共财政收入	万元	96427	173035	375645	130238	75887
各项税收	万元	64403	191851	296716	142671	39849
公共财政支出	万元	195746	315181	436241	282480	168171
居民储蓄存款余额	万元	1197480	951810	1643765	1201305	645126
年末金融机构各项贷款余额	万元	1109496	1073497	2022959	862085	759387
三、农业和工业						
农业机械总动力	万千瓦特	30	33	62	19	11
机收面积	公顷	23590	51600	36801	22	4680
设施农业占地面积	公顷	266	956	648	846	205
棉花产量	吨	107	725	401	443	4
油料产量	吨	7225	13346	19226	10275	8720
规模以上工业企业单位数	个	153	251	334	151	66
四、教育、卫生和社会保障						
普通中学在校学生数	人	14794	12508	21086	7015	4789
中等职业教育学校在校学生数	人	1470	4067	5906	3472	1537
小学在校学生数	人	14550	18359	26874	14054	6628
医疗卫生机构床位数	床	1276	1554	2036	1384	536
各种社会福利收养性单位数	个	14	21	20	13	14
各种社会福利收养性单位床位数	床	1476	2045	2910	1998	1726

2017年县(市)社会经济主要指标

安徽省、福建省

指　　标	单位	旌德县	宁国市	闽侯县	连江县	罗源县
一、基本情况						
行政区域面积	平方公里	905	2487	2130	1168	1100
乡个数	个		5	6	6	5
镇个数	个	10	8	8	16	6
街道办事处个数	个		6	1		
户籍人口	万人	15	39	68	68	27
第二产业从业人员	人	15585	93178	166170	120479	23321
第三产业从业人员	人	28013	89448	114067	94135	67441
固定电话用户	户	16604	43604	95990	117308	29260
二、综合经济						
地区生产总值	万元	395439	2902797	5600745	4303635	2242156
第一产业增加值	万元	63036	220260	348642	1271913	401056
农业增加值	万元	20757	125902	257075	114798	104022
牧业增加值	万元	16970	54406	66800	27313	14089
第二产业增加值	万元	173280	1724088	3250920	1864447	1346212
公共财政收入	万元	78293	449472	710942	461308	127210
各项税收	万元	52435	349191	504596	375935	72758
公共财政支出	万元	142706	420446	945671	666093	317661
居民储蓄存款余额	万元	471758	1442276	2645499	2546435	635521
年末金融机构各项贷款余额	万元	422632	2095296	3163951	3815610	1597668
三、农业和工业						
农业机械总动力	万千瓦特	9	26	16	38	5
机收面积	公顷			4455	4145	2934
设施农业占地面积	公顷	307	160	327	174	361
棉花产量	吨	141	17			
油料产量	吨	5968	11306	2071	699	281
规模以上工业企业单位数	个	47	338	341	128	126
四、教育、卫生和社会保障						
普通中学在校学生数	人	2354	13480	26573	25859	8900
中等职业教育学校在校学生数	人	551	3618	1262	1700	1643
小学在校学生数	人	5712	18617	45625	46841	16098
医疗卫生机构床位数	床	791	2033	1028	1325	928
各种社会福利收养性单位数	个	12	31	2	14	17
各种社会福利收养性单位床位数	床	780	3237	150	1594	602

2017年县(市)社会经济主要指标

福建省

指　　标	单位	闽清县	永泰县	平潭县	福清市	长乐市
一、基本情况						
行政区域面积	平方公里	1467	2244	393	1701	664
乡个数	个	5	12	8		2
镇个数	个	11	9	7	17	12
街道办事处个数	个				7	4
户籍人口	万人	32	40	44	137	74
第二产业从业人员	人	70751	81513	43895	164425	69405
第三产业从业人员	人	50113	71323	49786	223850	27923
固定电话用户	户	34473	46203	66436	286310	127316
二、综合经济						
地区生产总值	万元	1662319	1658613	2275031	9934080	7403100
第一产业增加值	万元	282590	444106	337231	882904	491522
农业增加值	万元	225320	309638	31621	337264	131456
牧业增加值	万元	25612	18397	20854	126085	47002
第二产业增加值	万元	756832	660140	653400	5082769	4706738
公共财政收入	万元	172620	91019	296708	1003125	650320
各项税收	万元	83599	66254	222159	849949	424251
公共财政支出	万元	353618	314271	886147	880935	658720
居民储蓄存款余额	万元	993018	810805	1361100	6884600	3151662
年末金融机构各项贷款余额	万元	767371	1019278	3270100	7261500	8689156
三、农业和工业						
农业机械总动力	万千瓦特	3	6	17	26	21
机收面积	公顷	5419	6197	215	8760	7671
设施农业占地面积	公顷	258	850	100	2741	495
棉花产量	吨					
油料产量	吨	2023	4841	5847	28259	1650
规模以上工业企业单位数	个	108	44	16	366	380
四、教育、卫生和社会保障						
普通中学在校学生数	人	13543	13133	20389	69942	28770
中等职业教育学校在校学生数	人	687	2784	812	8331	3086
小学在校学生数	人	18948	18953	28471	115878	53310
医疗卫生机构床位数	床	1573	1091	1365	2954	2046
各种社会福利收养性单位数	个	11	23	10	23	25
各种社会福利收养性单位床位数	床	430	541	495	1237	2688

2017年县(市)社会经济主要指标

福建省

指　　标	单位	仙游县	明溪县	清流县	宁化县	大田县
一、基本情况						
行政区域面积	平方公里	1841	1730	1806	2408	2233
乡个数	个	5	5	7	7	8
镇个数	个	12	4	6	9	10
街道办事处个数	个	1				
户籍人口	万人	116	12	16	38	41
第二产业从业人员	人	171518	15109	14050	39234	37636
第三产业从业人员	人	141593	29436	20570	66784	32334
固定电话用户	户	155571	16095	23290	27758	46140
二、综合经济						
地区生产总值	万元	3598966	735322	1049515	1289590	2023769
第一产业增加值	万元	176589	179416	207456	230170	375549
农业增加值	万元	102123	125242	119443	136315	284120
牧业增加值	万元	42967	11862	24395	24992	37882
第二产业增加值	万元	1736353	311378	498368	596620	1013620
公共财政收入	万元	320103	30195	36169	62502	74247
各项税收	万元	232047	19387	27951	42331	42789
公共财政支出	万元	535935	154932	175301	259705	231828
居民储蓄存款余额	万元	2630807	400107	334608	767216	675033
年末金融机构各项贷款余额	万元	2625571	259261	306416	748597	859211
三、农业和工业						
农业机械总动力	万千瓦特	25	10	13	20	19
机收面积	公顷	6493	8378	10013	19467	8666
设施农业占地面积	公顷	1164	94	641	100	258
棉花产量	吨				8	
油料产量	吨	7195	1386	1815	2651	945
规模以上工业企业单位数	个	299	98	106	143	183
四、教育、卫生和社会保障						
普通中学在校学生数	人	55047	3835	5958	14391	12853
中等职业教育学校在校学生数	人	2417	1322	1123	1746	396
小学在校学生数	人	71429	6056	9601	22001	29485
医疗卫生机构床位数	床	2979	415	717	1274	1332
各种社会福利收养性单位数	个	29	9	13	17	20
各种社会福利收养性单位床位数	床	3150	481	666	442	1256

2017年县(市)社会经济主要指标

福建省

指　标	单位	尤溪县	沙　县	将乐县	泰宁县	建宁县
一、基本情况						
行政区域面积	平方公里	3422	1799	2241	1529	1716
乡个数	个	5	4	7	7	5
镇个数	个	10	6	6	2	4
街道办事处个数	个		2			
户籍人口	万人	45	27	19	14	16
第二产业从业人员	人	55599	24169	28548	8252	13519
第三产业从业人员	人	50455	50856	22242	15969	20528
固定电话用户	户	40660	33176	27065	23270	23399
二、综合经济						
地区生产总值	万元	2200607	2280093	1212206	944494	953092
第一产业增加值	万元	411572	250944	161147	117005	151486
农业增加值	万元	238321	118005	79918	49175	86763
牧业增加值	万元	43305	35770	11235	8509	8279
第二产业增加值	万元	990008	1261493	664580	431310	486691
公共财政收入	万元	78222	97123	64492	27568	31813
各项税收	万元	52758	54761	37061	16470	18154
公共财政支出	万元	288677	249307	205069	158646	189981
居民储蓄存款余额	万元	976299	990626	511937	363759	385984
年末金融机构各项贷款余额	万元	1067553	1681556	560703	415168	361598
三、农业和工业						
农业机械总动力	万千瓦特	21	10	8	6	17
机收面积	公顷	16983	8760	9277	6613	14840
设施农业占地面积	公顷	192	58	269	50	52
棉花产量	吨	44			11	
油料产量	吨	745	1061	771	658	259
规模以上工业企业单位数	个	156	202	138	97	111
四、教育、卫生和社会保障						
普通中学在校学生数	人	16724	14736	7849	3603	5433
中等职业教育学校在校学生数	人	2039	4641	381	344	620
小学在校学生数	人	22530	23593	12195	8127	8983
医疗卫生机构床位数	床	1561	1213	867	682	537
各种社会福利收养性单位数	个	16	11	11	37	7
各种社会福利收养性单位床位数	床	610	715	353	680	430

2017年县(市)社会经济主要指标

福建省

指　标	单位	永安市	惠安县	安溪县	永春县	德化县
一、基本情况						
行政区域面积	平方公里	2931	680	3057	1468	2232
乡个数	个	3	1	11	4	6
镇个数	个	8	15	13	18	12
街道办事处个数	个	4				
户籍人口	万人	33	102	121	61	35
第二产业从业人员	人	53088	353705	165987	123867	105508
第三产业从业人员	人	49626	225738	173312	125938	35818
固定电话用户	户	42382	306516	128700	62700	48412
二、综合经济						
地区生产总值	万元	3805159	9493060	5162896	3733128	2210507
第一产业增加值	万元	281262	296036	469393	206028	92707
农业增加值	万元	136887	44086	401678	156021	54087
牧业增加值	万元	34797	60195	62819	38580	28561
第二产业增加值	万元	2233390	6448957	2638700	2129300	1284864
公共财政收入	万元	176108	388887	265695	115875	164542
各项税收	万元	100313	699920	326307	51161	131273
公共财政支出	万元	291464	672935	630659	321647	277299
居民储蓄存款余额	万元	1106402	3532732	2585801	1379825	921425
年末金融机构各项贷款余额	万元	1924442	5216296	3633951	1266961	1888756
三、农业和工业						
农业机械总动力	万千瓦特	15	17	85	29	8
机收面积	公顷	8067	5074	1466	10667	3000
设施农业占地面积	公顷	65	393	60	167	65
棉花产量	吨					
油料产量	吨	885	14633	2589	460	343
规模以上工业企业单位数	个	266	533	254	210	124
四、教育、卫生和社会保障						
普通中学在校学生数	人	16740	43303	49305	22781	15104
中等职业教育学校在校学生数	人	4127	5029	4845	1740	4129
小学在校学生数	人	24799	76438	112287	36184	22997
医疗卫生机构床位数	床	2569	3451	3629	2139	1479
各种社会福利收养性单位数	个	15	9	18	18	20
各种社会福利收养性单位床位数	床	1280	1161	888	1126	1174

2017年县(市)社会经济主要指标

福建省

指　　标	单位	金门县	石狮市	晋江市	南安市	云霄县
一、基本情况						
行政区域面积	平方公里		178	744	2024	1051
乡个数	个				2	3
镇个数	个		7	13	21	6
街道办事处个数	个		2	6	3	
户籍人口	万人		34	115	164	46
第二产业从业人员	人		201121	655795	556167	75261
第三产业从业人员	人		121486	259569	300621	45436
固定电话用户	户		202500	406656	228650	40759
二、综合经济						
地区生产总值	万元		7727200	19815006	9773833	2004587
第一产业增加值	万元		254482	198806	267277	268060
农业增加值	万元		5174	37652	110592	129577
牧业增加值	万元		90	18448	138756	18572
第二产业增加值	万元		3905000	11953300	5764100	977860
公共财政收入	万元		601069	2122345	702869	113332
各项税收	万元		460271	1903474	647183	92863
公共财政支出	万元		530832	1458274	741801	327597
居民储蓄存款余额	万元		4280207	8506500	6191629	888260
年末金融机构各项贷款余额	万元		7044410	13960600	7743562	859469
三、农业和工业						
农业机械总动力	万千瓦特		23	30	27	17
机收面积	公顷		36	1287	23790	6467
设施农业占地面积	公顷		20	293	152	399
棉花产量	吨					
油料产量	吨		806	5293	8113	2325
规模以上工业企业单位数	个		402	1542	791	183
四、教育、卫生和社会保障						
普通中学在校学生数	人		33372	89547	62464	24235
中等职业教育学校在校学生数	人		2104	12023	14992	1986
小学在校学生数	人		62188	176860	120962	30841
医疗卫生机构床位数	床		1596	4783	5474	1590
各种社会福利收养性单位数	个		3	54	19	122
各种社会福利收养性单位床位数	床		600	5676	1365	1517

2017年县(市)社会经济主要指标

福建省

指　　标	单位	漳浦县	诏安县	长泰县	东山县	南靖县
一、基本情况						
行政区域面积	平方公里	2149	1294	900	249	1962
乡个数	个	4	5	1		
镇个数	个	17	10	4	7	11
街道办事处个数	个					
户籍人口	万人	93	67	21	22	36
第二产业从业人员	人	112886	91635	65247	51116	49115
第三产业从业人员	人	128501	76801	41568	40706	45523
固定电话用户	户	126578	93175	45000	37675	57771
二、综合经济						
地区生产总值	万元	3765054	2495491	2414987	2026960	2864761
第一产业增加值	万元	698028	453708	137985	340793	583009
农业增加值	万元	279352	185435	78034	22061	346594
牧业增加值	万元	63800	30044	33507	8420	177800
第二产业增加值	万元	1404383	1086956	1501091	949182	1356397
公共财政收入	万元	292578	92821	200832	176299	117451
各项税收	万元	223512	75279	168699	134467	88322
公共财政支出	万元	571957	327595	236359	278675	267082
居民储蓄存款余额	万元	1698760	864723	806598	653040	788657
年末金融机构各项贷款余额	万元	2545128	693659	777047	953319	842877
三、农业和工业						
农业机械总动力	万千瓦特	28	14	7	18	16
机收面积	公顷	10134	7089	3113		1203
设施农业占地面积	公顷	343	2106	310	1	2017
棉花产量	吨					
油料产量	吨	12798	4723	2650	2593	1630
规模以上工业企业单位数	个	249	156	253	98	236
四、教育、卫生和社会保障						
普通中学在校学生数	人	38991	25282	7800	8476	13218
中等职业教育学校在校学生数	人	3098	1180	500	1438	3453
小学在校学生数	人	61100	42547	15929	13819	18869
医疗卫生机构床位数	床	2957	1994	854	970	1056
各种社会福利收养性单位数	个	350	38	48	7	11
各种社会福利收养性单位床位数	床	4071	1817	621	1047	550

2017年县(市)社会经济主要指标

福建省

指　　标	单位	平和县	华安县	龙海市	建阳区	顺昌县
一、基本情况						
行政区域面积	平方公里	2310	1278	1337	3383	1980
乡个数	个	5	3	2	3	3
镇个数	个	10	6	12	8	8
街道办事处个数	个				2	1
户籍人口	万人	62	17	89	36	24
第二产业从业人员	人	68780	34713	237378	21591	25025
第三产业从业人员	人	78780	18337	188063	79176	32834
固定电话用户	户	59116	22632	174120	53902	23763
二、综合经济						
地区生产总值	万元	2024337	1314815	8226129	1869205	1098657
第一产业增加值	万元	414434	272279	667756	344593	172114
农业增加值	万元	342115	198775	260435	171653	83993
牧业增加值	万元	36983	38817	96417	59576	27161
第二产业增加值	万元	701744	706677	4569448	912172	420512
公共财政收入	万元	84569	72106	876402	161194	66827
各项税收	万元	60139	59062	753197	96651	48384
公共财政支出	万元	355690	173924	783368	293976	207138
居民储蓄存款余额	万元	1084150	366104	2696175	1069700	656525
年末金融机构各项贷款余额	万元	730745	301547	6043941	1878327	551924
三、农业和工业						
农业机械总动力	万千瓦特	34	7	41	36	12
机收面积	公顷	3999	802	8807	28720	5673
设施农业占地面积	公顷	463	298	1781	1090	241
棉花产量	吨				11	4
油料产量	吨	233	922	1730	962	200
规模以上工业企业单位数	个	119	112	481	165	73
四、教育、卫生和社会保障						
普通中学在校学生数	人	28279	5951	39355	16398	11869
中等职业教育学校在校学生数	人	1267	436	1951	14992	326
小学在校学生数	人	34797	9499	64728	24513	11372
医疗卫生机构床位数	床	2006	570	3070	1997	900
各种社会福利收养性单位数	个	270	47	102	14	16
各种社会福利收养性单位床位数	床	3033	906	3681	1411	842

2017年县(市)社会经济主要指标

福建省

指　　标	单位	浦城县	光泽县	松溪县	政和县	邵武市
一、基本情况						
行政区域面积	平方公里	3376	2240	1043	1744	2831
乡个数	个	8	5	6	5	3
镇个数	个	9	3	2	4	12
街道办事处个数	个	2		1	1	4
户籍人口	万人	43	16	17	24	31
第二产业从业人员	人	48830	25450	12773	22683	19282
第三产业从业人员	人	61017	19541	14621	25963	69842
固定电话用户	户	44172	22280	16700	18172	49700
二、综合经济						
地区生产总值	万元	1442561	911821	522075	616297	2304440
第一产业增加值	万元	323550	389453	122294	157318	253173
农业增加值	万元	99641	47973	67533	79600	125143
牧业增加值	万元	187838	319954	15754	53049	41600
第二产业增加值	万元	545115	287849	202264	239257	1114530
公共财政收入	万元	79575	60610	32792	47528	158383
各项税收	万元	45034	25182	17735	22007	81859
公共财政支出	万元	279948	174609	184010	161116	293116
居民储蓄存款余额	万元	1048206		378600	441470	1076800
年末金融机构各项贷款余额	万元	671094	689044	305800	342781	1242000
三、农业和工业						
农业机械总动力	万千瓦特	29	11	16	11	26
机收面积	公顷	36100	10013	4387	6013	22733
设施农业占地面积	公顷	109	29	90	96	169
棉花产量	吨					4
油料产量	吨	1081	370	151	145	3825
规模以上工业企业单位数	个	111	36	56	106	205
四、教育、卫生和社会保障						
普通中学在校学生数	人	19629	8168	6175	8420	12696
中等职业教育学校在校学生数	人	714	399	279	436	1137
小学在校学生数	人	24422	10401	10725	16061	18498
医疗卫生机构床位数	床	1574	680	629	755	2353
各种社会福利收养性单位数	个	35	11	9	15	19
各种社会福利收养性单位床位数	床	2600	456	878	509	1301

2017年县(市)社会经济主要指标

福建省

指　　标	单位	武夷山市	建瓯市	永定区	长汀县	上杭县
一、基本情况						
行政区域面积	平方公里	2803	4233	2350	3099	2855
乡个数	个	4	4	11	5	5
镇个数	个	3	10	12	13	17
街道办事处个数	个	3	4	1		
户籍人口	万人	24	55	51	55	53
第二产业从业人员	人	23488	59222	56706	138220	103310
第三产业从业人员	人	51210	79821	87208	91893	78337
固定电话用户	户	42394	40000	64464	60360	63511
二、综合经济						
地区生产总值	万元	1673651	2372018	2420129	2080030	3168042
第一产业增加值	万元	237253	443320	285396	302465	418213
农业增加值	万元	161512	239137	121747	133251	165889
牧业增加值	万元	27841	62137	112704	107723	205016
第二产业增加值	万元	666604	970556	1151221	919952	1475956
公共财政收入	万元	109307	118139	91889	109125	251308
各项税收	万元	87268	82739	64231	40491	110990
公共财政支出	万元	264683	323013	290544	371041	474009
居民储蓄存款余额	万元	942800	1351557	946762	1010890	1120395
年末金融机构各项贷款余额	万元	1210450	1231141	995317	1194579	1851618
三、农业和工业						
农业机械总动力	万千瓦特	23	36	11	20	11
机收面积	公顷	13134	14494	8118	11230	12087
设施农业占地面积	公顷	320	1053	188	265	271
棉花产量	吨		4			
油料产量	吨	1442	1062	1216	4086	2479
规模以上工业企业单位数	个	65	175	136	122	96
四、教育、卫生和社会保障						
普通中学在校学生数	人	11089	22098	17483	22518	17719
中等职业教育学校在校学生数	人	2669	1067	751	2082	2819
小学在校学生数	人	18740	37350	26295	32839	25620
医疗卫生机构床位数	床	1113	2444	1416	2253	1944
各种社会福利收养性单位数	个	10	16	23	17	21
各种社会福利收养性单位床位数	床	622	1191	990	707	2136

2017年县(市)社会经济主要指标

福建省

指　　标	单位	武平县	连城县	漳平市	霞浦县	古田县
一、基本情况						
行政区域面积	平方公里	2638	2579	2976	1708	2377
乡个数	个	5	7	3	6	4
镇个数	个	12	10	11	6	8
街道办事处个数	个			2	2	2
户籍人口	万人	40	35	30	54	43
第二产业从业人员	人	54306	48420	32160	33330	42213
第三产业从业人员	人	125216	102108	47593	119132	53210
固定电话用户	户	56500	39038	51662	50775	54800
二、综合经济						
地区生产总值	万元	1812854	1833578	2310159	2125111	1629846
第一产业增加值	万元	293728	311736	297276	573687	399417
农业增加值	万元	122580	163880	195833	75821	333498
牧业增加值	万元	120566	81276	51384	18061	24868
第二产业增加值	万元	727150	758227	936648	635667	564132
公共财政收入	万元	117336	74017	68075	122458	73614
各项税收	万元	89389	36786	91642	54211	77029
公共财政支出	万元	359392	258712	239271	368761	288282
居民储蓄存款余额	万元	687376	555529	721958	724926	1041846
年末金融机构各项贷款余额	万元	908751	713440	830604	1471368	1202330
三、农业和工业						
农业机械总动力	万千瓦特	13	10	12	27	14
机收面积	公顷	10523	7835	5414	4187	3014
设施农业占地面积	公顷	677	266	487	268	3215
棉花产量	吨					
油料产量	吨	918	3482	966	1569	401
规模以上工业企业单位数	个	134	128	136	132	132
四、教育、卫生和社会保障						
普通中学在校学生数	人	13351	11213	11443	19622	13210
中等职业教育学校在校学生数	人	838	707	594	1614	1390
小学在校学生数	人	18721	16770	17856	38203	20533
医疗卫生机构床位数	床	1533	1477	1184	1740	1423
各种社会福利收养性单位数	个	22	16	15	74	13
各种社会福利收养性单位床位数	床	1445	760	1331	1268	574

2017年县(市)社会经济主要指标

福建省

指　　标	单位	屏南县	寿宁县	周宁县	柘荣县	福安市
一、基本情况						
行政区域面积	平方公里	1486	1460	1047	544	1810
乡个数	个	7	6	3	7	5
镇个数	个	4	8	6	2	13
街道办事处个数	个					4
户籍人口	万人	19	27	21	12	67
第二产业从业人员	人	13872	17508	10193	15924	99317
第三产业从业人员	人	21998	45534	29988	14627	84667
固定电话用户	户	18500	23555	18577	15805	76808
二、综合经济						
地区生产总值	万元	635132	671304	495851	475847	4148594
第一产业增加值	万元	117864	141109	67186	71399	463648
农业增加值	万元	82468	111636	41845	50578	275353
牧业增加值	万元	16625	7507	8125	6237	25578
第二产业增加值	万元	232293	281845	240428	232881	2511556
公共财政收入	万元	39659	54560	41716	37588	347640
各项税收	万元	22981	24707	23411	28302	179456
公共财政支出	万元	206404	208039	174292	144803	433087
居民储蓄存款余额	万元	387600	413337	341662	202123	1348604
年末金融机构各项贷款余额	万元	666957	405906	314979	302663	2136784
三、农业和工业						
农业机械总动力	万千瓦特	10	7	5	5	21
机收面积	公顷	2080	1286	880	614	4827
设施农业占地面积	公顷	436	337	1484	261	2875
棉花产量	吨					
油料产量	吨		91	311	70	1532
规模以上工业企业单位数	个	60	75	45	68	263
四、教育、卫生和社会保障						
普通中学在校学生数	人	6168	10002	7149	4431	32689
中等职业教育学校在校学生数	人	913	488	1075	1211	5934
小学在校学生数	人	10098	13594	11058	7872	52865
医疗卫生机构床位数	床	744	687	599	532	2400
各种社会福利收养性单位数	个	9	17	11	25	47
各种社会福利收养性单位床位数	床	365	280	400	702	2014

2017年县(市)社会经济主要指标

福建省、江西省

指　　标	单位	福鼎市	新建区	南昌县	安义县	进贤县
一、基本情况						
行政区域面积	平方公里	1526	2368	1811	660	1946
乡个数	个	3	6	7	3	12
镇个数	个	10	13	11	7	9
街道办事处个数	个	3	4	1		
户籍人口	万人	60	94	116	30	85
第二产业从业人员	人	106014	92954	307491	21780	112519
第三产业从业人员	人	94516	165976	391492	20164	196906
固定电话用户	户	78267	61500	51680		64873
二、综合经济						
地区生产总值	万元	3474811	7252320	13052025	1135488	3364079
第一产业增加值	万元	505061	536867	576404	116126	530983
农业增加值	万元	151599	243460	318858	63406	217920
牧业增加值	万元	11261	150955	148586	24887	138070
第二产业增加值	万元	1976486	2975329	9339670	575262	1705469
公共财政收入	万元	255315	650437	918952	87386	156863
各项税收	万元	108823	555845	696672	49352	106436
公共财政支出	万元	408002	1058007	1428829	230945	442656
居民储蓄存款余额	万元	1404995	2243456	3479386	943890	2283215
年末金融机构各项贷款余额	万元	4273790	3314788	4586362	1213313	1911891
三、农业和工业						
农业机械总动力	万千瓦特	18	71	103	11	62
机收面积	公顷	5527	105456	130840	35750	74260
设施农业占地面积	公顷	478	1679	659	19	262
棉花产量	吨		194		1398	99
油料产量	吨	433	32006	14092	24511	51071
规模以上工业企业单位数	个	298	96	481	122	146
四、教育、卫生和社会保障						
普通中学在校学生数	人	23511	50397	58460	12269	46897
中等职业教育学校在校学生数	人	1844	582	15848	160	3818
小学在校学生数	人	40564	78125	101408	17714	57692
医疗卫生机构床位数	床	2222	2391	2298	1097	2243
各种社会福利收养性单位数	个	29	21	23		29
各种社会福利收养性单位床位数	床	2217	3041	4165		2655

2017年县(市)社会经济主要指标

江西省

指　标	单位	浮梁县	乐平市	莲花县	上栗县	芦溪县
一、基本情况						
行政区域面积	平方公里	2851	1980	1072	727	961
乡个数	个	8	1	8	4	5
镇个数	个	10	15	5	6	5
街道办事处个数	个		2			
户籍人口	万人	28	94	28	52	31
第二产业从业人员	人	65122	173205	42600	121902	70600
第三产业从业人员	人	45216	199912	45200	92911	63300
固定电话用户	户	28600	43283	22236	43542	27085
二、综合经济						
地区生产总值	万元	1167430	3046448	628496	1934300	1466489
第一产业增加值	万元	156556	324175	97672	136703	155922
农业增加值	万元	108609	206834	40906	69178	73363
牧业增加值	万元	15120	46684	19592	39818	48739
第二产业增加值	万元	634638	1569533	243392	1005500	720898
公共财政收入	万元	146100	403167	61897	160557	106687
各项税收	万元	129700	204247	40096	114992	70582
公共财政支出	万元	232585	578615	228385	332353	281192
居民储蓄存款余额	万元	818478	2278968	725159	632829	547337
年末金融机构各项贷款余额	万元	695000	1533314	522078	866932	1268366
三、农业和工业						
农业机械总动力	万千瓦特	30	45	14	12	12
机收面积	公顷	22358	68215	21690	20732	14080
设施农业占地面积	公顷	1676	2546	32	123	415
棉花产量	吨	314	1352	204		
油料产量	吨	9043	26857	21115	4745	3093
规模以上工业企业单位数	个	86	114	62	120	138
四、教育、卫生和社会保障						
普通中学在校学生数	人	12536	50421	15415	27983	16362
中等职业教育学校在校学生数	人	278	1203	1248	779	3584
小学在校学生数	人	18634	89795	22791	41347	27325
医疗卫生机构床位数	床	831	3121	941	2106	1174
各种社会福利收养性单位数	个	22	23	16	11	11
各种社会福利收养性单位床位数	床	1336	3172	1235	1137	1273

2017年县(市)社会经济主要指标

江西省

指　　标	单位	柴桑区	武宁县	修水县	永修县	德安县
一、基本情况						
行政区域面积	平方公里	917	3504	4504	2047	868
乡个数	个	4	11	17	4	8
镇个数	个	7	8	19	11	5
街道办事处个数	个		1			
户籍人口	万人	33	41	88	40	18
第二产业从业人员	人	67521	50824	149565	47102	31933
第三产业从业人员	人	56794	78802	169876	60257	32615
固定电话用户	户	30502	37600	103987	33511	22150
二、综合经济						
地区生产总值	万元	1255418	1222083	1681467	1592709	1120284
第一产业增加值	万元	173280	179128	220950	218393	77591
农业增加值	万元	58116	71261	125645	110792	35358
牧业增加值	万元	19018	29212	46268	17439	24230
第二产业增加值	万元	662182	581772	810351	975820	739385
公共财政收入	万元	185588	187869	238866	240121	120513
各项税收	万元	150454	161400	205727	197432	15448
公共财政支出	万元	255312	318020	513766	385203	232355
居民储蓄存款余额	万元	805241	944000	1272912	1057266	607376
年末金融机构各项贷款余额	万元	962776	957000	1319479	997167	688228
三、农业和工业						
农业机械总动力	万千瓦特	37	23	25	31	9
机收面积	公顷	5000	12875	43580	40230	6461
设施农业占地面积	公顷	959	147	114	171	584
棉花产量	吨	5752	224	518	2208	2542
油料产量	吨	16130	15191	17513	17254	6877
规模以上工业企业单位数	个	106	100	132	155	143
四、教育、卫生和社会保障						
普通中学在校学生数	人	18976	14418	45571	20264	9499
中等职业教育学校在校学生数	人	455	2480	3256	553	77
小学在校学生数	人	26627	30513	74418	28200	16704
医疗卫生机构床位数	床	1136	1421	1936	1195	764
各种社会福利收养性单位数	个	13	22	42	23	10
各种社会福利收养性单位床位数	床	2605	1237	4593	2817	781

2017年县(市)社会经济主要指标

江西省

指　　标	单位	都昌县	湖口县	彭泽县	瑞昌市	共青城市
一、基本情况						
行政区域面积	平方公里	2227	674	1534	1419	310
乡个数	个	12	6	3	8	3
镇个数	个	12	6	10	8	2
街道办事处个数	个				2	1
户籍人口	万人	82	30	38	46	12
第二产业从业人员	人	136425	46572	45670	71276	32214
第三产业从业人员	人	158106	43330	84571	74957	3465
固定电话用户	户	96997	34895	51075	44287	18556
二、综合经济						
地区生产总值	万元	1315991	1407254	1251123	1895830	1156343
第一产业增加值	万元	291985	144144	199285	177106	52124
农业增加值	万元	164132	61828	95879	82297	18276
牧业增加值	万元	24023	14775	20468	30011	10652
第二产业增加值	万元	577885	969796	685424	1247168	757400
公共财政收入	万元	148700	303800	153557	300166	201815
各项税收	万元	83388	276147	185978	240267	175121
公共财政支出	万元	435826	278322	309879	385206	209871
居民储蓄存款余额	万元	1658665	810852	901329	1165151	338054
年末金融机构各项贷款余额	万元	767154	1114695	765215	1339218	855512
三、农业和工业						
农业机械总动力	万千瓦特	84	7	18	30	6
机收面积	公顷	59543	17120	13600	14762	7002
设施农业占地面积	公顷	94	125		400	6
棉花产量	吨	5937	8132	12350	3301	330
油料产量	吨	34698	24846	38694	23628	2936
规模以上工业企业单位数	个	97	93	139	138	156
四、教育、卫生和社会保障						
普通中学在校学生数	人	45327	16102	20526	28082	6562
中等职业教育学校在校学生数	人	1595	105	1594	1304	
小学在校学生数	人	58054	19782	25871	38819	13425
医疗卫生机构床位数	床	2200	995	1159	1824	582
各种社会福利收养性单位数	个	27	14	17	22	2
各种社会福利收养性单位床位数	床	1270	1349	2314	2200	70

2017年县(市)社会经济主要指标

江西省

指 标	单位	庐山市	分宜县	余江县	贵溪市	南康区
一、基本情况						
行政区域面积	平方公里	641	1389	931	2493	1722
乡个数	个	1	3	5	4	12
镇个数	个	9	7	7	14	6
街道办事处个数	个		1		3	2
户籍人口	万人	27	34	40	65	77
第二产业从业人员	人	52037	48700	64254	108044	362563
第三产业从业人员	人	26510	65400	92345	141055	170597
固定电话用户	户	49945	24874	18177	52400	110750
二、综合经济						
地区生产总值	万元	1186841	2468835	1251062	4218807	2142672
第一产业增加值	万元	85208	222593	181489	287453	250585
农业增加值	万元	25379	84986	74620	130036	96868
牧业增加值	万元	13311	19652	72039	52294	105081
第二产业增加值	万元	352042	1058436	709333	2684953	1097885
公共财政收入	万元	130578	315334	127750	320350	192400
各项税收	万元	78913	189342	95652	513953	240787
公共财政支出	万元	238319	392916	303644	452526	587860
居民储蓄存款余额	万元	591722	896838	937596	1476700	3208047
年末金融机构各项贷款余额	万元	649490	1160877	1156949	1675100	3370504
三、农业和工业						
农业机械总动力	万千瓦特	4	19	25	46	25
机收面积	公顷	7189	23472	44134	61200	29582
设施农业占地面积	公顷	5	557	2111	490	2239
棉花产量	吨	2825	67			
油料产量	吨	6988	5614	21330	8388	13944
规模以上工业企业单位数	个	63	104	103	99	301
四、教育、卫生和社会保障						
普通中学在校学生数	人	13173	16700	20786	27571	62415
中等职业教育学校在校学生数	人	163		252	809	1864
小学在校学生数	人	23925	27300	32089	49702	80623
医疗卫生机构床位数	床	1231	1164	1732	2425	3744
各种社会福利收养性单位数	个	11	14	18	25	23
各种社会福利收养性单位床位数	床	430	860	1520	1470	1968

2017年县(市)社会经济主要指标

江西省

指　　标	单位	赣县区	信丰县	大余县	上犹县	崇义县
一、基本情况						
行政区域面积	平方公里	2989	2866	1343	1542	2208
乡个数	个	7	3	3	8	10
镇个数	个	12	13	8	6	6
街道办事处个数	个					
户籍人口	万人	66	78	31	32	22
第二产业从业人员	人	146205	83970	52524	73696	43505
第三产业从业人员	人	160547	202988	62628	73409	54122
固定电话用户	户	42725	53210	30566	28380	11250
二、综合经济						
地区生产总值	万元	1677056	1882874	1128817	655130	814510
第一产业增加值	万元	232156	315374	133289	122007	110350
农业增加值	万元	131928	165599	60564	33223	33097
牧业增加值	万元	51986	91982	29767	22225	6988
第二产业增加值	万元	948900	751100	546786	249628	389192
公共财政收入	万元	153366	118073	78736	60841	80257
各项税收	万元	85809	81309	53701	73310	93283
公共财政支出	万元	452009	441345	254568	258748	221786
居民储蓄存款余额	万元	1738221	1950869	850862	735023	573851
年末金融机构各项贷款余额	万元	1839436	1740361	773634	941427	679876
三、农业和工业						
农业机械总动力	万千瓦特	22	32	21	12	8
机收面积	公顷	37016	2763	14193	6621	6050
设施农业占地面积	公顷	313	288	37	50	58
棉花产量	吨					1
油料产量	吨	6331	16667	3599	2379	1479
规模以上工业企业单位数	个	106	97	74	40	35
四、教育、卫生和社会保障						
普通中学在校学生数	人	46126	34123	17264	19657	10789
中等职业教育学校在校学生数	人	1560	3293	2079	1087	1866
小学在校学生数	人	59701	72167	28190	29910	17952
医疗卫生机构床位数	床	2177	2148	1563	1159	1007
各种社会福利收养性单位数	个	57	17	11	6	6
各种社会福利收养性单位床位数	床	851	1723	738	866	880

2017年县(市)社会经济主要指标

江西省

指　　标	单位	安远县	龙南县	定南县	全南县	宁都县
一、基本情况						
行政区域面积	平方公里	2350	1646	1321	1535	4049
乡个数	个	10	5		3	12
镇个数	个	8	9	7	6	12
街道办事处个数	个					
户籍人口	万人	40	34	22	20	85
第二产业从业人员	人	60530	79512	28263	47434	156341
第三产业从业人员	人	138054	75766	6932	37411	165413
固定电话用户	户	33370	36525	24200	11095	37419
二、综合经济						
地区生产总值	万元	667858	1532206	774765	670936	1632343
第一产业增加值	万元	175181	133578	103215	96298	333069
农业增加值	万元	113741	78686	21503	54216	204154
牧业增加值	万元	32766	34828	67608	10334	67166
第二产业增加值	万元	148832	832720	349117	338416	663243
公共财政收入	万元	52504	133561	114400	95452	78821
各项税收	万元	37031	83042	77442	39289	59628
公共财政支出	万元	283446	314500	237457	240872	442687
居民储蓄存款余额	万元	732605	943162	480748	504980	2000225
年末金融机构各项贷款余额	万元	809419	1078895	1059053	484430	1487187
三、农业和工业						
农业机械总动力	万千瓦特	12	10	7	11	36
机收面积	公顷	17428	9413	10039	10586	63175
设施农业占地面积	公顷	306	806	382	36	3707
棉花产量	吨				6	
油料产量	吨	224	2814	282	4601	9017
规模以上工业企业单位数	个	37	115	47	45	100
四、教育、卫生和社会保障						
普通中学在校学生数	人	23768	18140	11152	11177	53251
中等职业教育学校在校学生数	人	3741	1251	1165	638	1374
小学在校学生数	人	37415	28648	21210	18862	80722
医疗卫生机构床位数	床	2016	1456	1186	991	2463
各种社会福利收养性单位数	个	18	8	9	6	28
各种社会福利收养性单位床位数	床	906	856	1091	630	3615

2017年县(市)社会经济主要指标

江西省

指　　标	单位	于都县	兴国县	会昌县	寻乌县	石城县
一、基本情况						
行政区域面积	平方公里	2892	3215	2712	2352	1567
乡个数	个	14	18	13	8	5
镇个数	个	9	7	6	7	5
街道办事处个数	个					
户籍人口	万人	111	85	53	33	33
第二产业从业人员	人	181119	158978	83411	38467	40302
第三产业从业人员	人	187619	172088	97368	130794	57352
固定电话用户	户	70975	67301	33800	20102	20775
二、综合经济						
地区生产总值	万元	2111517	1581790	1042171	708160	528511
第一产业增加值	万元	280462	302882	193770	212126	136703
农业增加值	万元	135837	127002	117056	150554	64243
牧业增加值	万元	72039	125468	34173	40402	10789
第二产业增加值	万元	1020121	762409	410418	212917	154512
公共财政收入	万元	192961	78252	92944	48851	49206
各项税收	万元	140161	57675	48981	66364	67312
公共财政支出	万元	560016	445289	336102	261000	215102
居民储蓄存款余额	万元	2321097	1774468	1033462	644020	760954
年末金融机构各项贷款余额	万元	1755309	1494001	898345	706703	967747
三、农业和工业						
农业机械总动力	万千瓦特	21	28	9	15	15
机收面积	公顷	39750	46801	27080	19042	16610
设施农业占地面积	公顷	1247	1229	353	202	228
棉花产量	吨					
油料产量	吨	15129	6942	1624	2426	3659
规模以上工业企业单位数	个	101	94	74	59	49
四、教育、卫生和社会保障						
普通中学在校学生数	人	80455	59827	34168	20591	19826
中等职业教育学校在校学生数	人	4764	3888	3066	233	1353
小学在校学生数	人	99053	87736	41177	24186	24194
医疗卫生机构床位数	床	3382	2709	2242	1134	1508
各种社会福利收养性单位数	个	29	30	26	17	16
各种社会福利收养性单位床位数	床	2049	2861	2126	1074	1426

2017年县(市)社会经济主要指标

江西省

指　　标	单位	瑞金市	吉安县	吉水县	峡江县	新干县
一、基本情况						
行政区域面积	平方公里	2441	2122	2510	1298	1248
乡个数	个	10	6	3	5	6
镇个数	个	7	13	15	6	7
街道办事处个数	个		2			1
户籍人口	万人	70	52	58	19	35
第二产业从业人员	人	118324	101875	117631	30100	49268
第三产业从业人员	人	153234	43216	77313	26890	66021
固定电话用户	户	83847	44361	43968	19600	4600
二、综合经济						
地区生产总值	万元	1491576	1801749	1490718	729808	1298058
第一产业增加值	万元	228061	293344	266015	129403	207872
农业增加值	万元	114423	128247	160657	60101	94181
牧业增加值	万元	75265	101987	34360	18478	56428
第二产业增加值	万元	512281	952168	662889	350529	659869
公共财政收入	万元	123998	185208	100780	66542	96776
各项税收	万元	176715	115812	73270	50935	72555
公共财政支出	万元	500185	434649	351049	207741	261746
居民储蓄存款余额	万元	1696827	1511451	1326290	596789	1255846
年末金融机构各项贷款余额	万元	1996251	1133886	1249628	492746	1276262
三、农业和工业						
农业机械总动力	万千瓦特	18	88	38	14	25
机收面积	公顷	27850	67436	81141	34860	49267
设施农业占地面积	公顷	283	423	425	465	262
棉花产量	吨	5			42	205
油料产量	吨	7726	21309	18615	4961	22549
规模以上工业企业单位数	个	71	130	88	67	125
四、教育、卫生和社会保障						
普通中学在校学生数	人	45606	27559	28850	9448	20236
中等职业教育学校在校学生数	人	4112	4046	1824	536	1203
小学在校学生数	人	63320	49512	53446	16602	30019
医疗卫生机构床位数	床	2605	1819	2282	601	1423
各种社会福利收养性单位数	个	31	21	23	13	14
各种社会福利收养性单位床位数	床	2541	1109	1347	1064	1001

2017年县(市)社会经济主要指标

江西省

指　　标	单位	永丰县	泰和县	遂川县	万安县	安福县
一、基本情况						
行政区域面积	平方公里	2710	2660	3144	2038	2793
乡个数	个	13	6	11	7	12
镇个数	个	8	16	12	9	7
街道办事处个数	个					
户籍人口	万人	49	60	62	32	42
第二产业从业人员	人	104167	183971	114382	55151	63281
第三产业从业人员	人	59984	104819	100389	52817	114115
固定电话用户	户	24700	52646	56456	28486	32156
二、综合经济						
地区生产总值	万元	1549481	1678691	1254531	757693	1354896
第一产业增加值	万元	239134	291464	148196	146191	200328
农业增加值	万元	121717	140574	74969	58377	114039
牧业增加值	万元	34103	66662	25320	21181	41883
第二产业增加值	万元	750065	845228	614754	343857	573118
公共财政收入	万元	113906	128546	100788	74894	130652
各项税收	万元	80128	82845	67585	47472	85224
公共财政支出	万元	295287	369762	398621	282328	324760
居民储蓄存款余额	万元	1195638	1730326	1155672	883867	1210664
年末金融机构各项贷款余额	万元	1038337	1317748	1151165	702058	825108
三、农业和工业						
农业机械总动力	万千瓦特	37	57	14	27	31
机收面积	公顷	51800	74793	35543	43491	62450
设施农业占地面积	公顷	506	1741		5024	2444
棉花产量	吨					
油料产量	吨	7372	28611	8979	13072	19763
规模以上工业企业单位数	个	127	90	84	73	96
四、教育、卫生和社会保障						
普通中学在校学生数	人	25169	28442	36551	15718	18360
中等职业教育学校在校学生数	人	59	1612	618	317	778
小学在校学生数	人	45488	54504	61123	27476	30751
医疗卫生机构床位数	床	2113	2618	1910	1339	1860
各种社会福利收养性单位数	个	28	25	25	19	20
各种社会福利收养性单位床位数	床	2015	2520	1682	1818	1933

2017年县(市)社会经济主要指标

江西省

指　　标	单位	永新县	井冈山市	奉新县	万载县	上高县
一、基本情况						
行政区域面积	平方公里	2181	1298	1642	1714	1350
乡个数	个	13	12	3	7	5
镇个数	个	10	7	10	9	9
街道办事处个数	个		1		1	1
户籍人口	万人	53	17	34	57	38
第二产业从业人员	人	111900	30092	45163	120074	66929
第三产业从业人员	人	80300	33805	49094	125858	37013
固定电话用户	户	29100	37004	13498	40760	43924
二、综合经济						
地区生产总值	万元	1038045	705534	1410543	1378510	1625290
第一产业增加值	万元	183250	70151	180156	162193	209920
农业增加值	万元	74520	21702	91939	94881	86543
牧业增加值	万元	35532	7673	24579	4012	58299
第二产业增加值	万元	459445	198814	644935	657852	731096
公共财政收入	万元	70388	83002	238000	147258	273633
各项税收	万元	44008	66950	201133	113217	243332
公共财政支出	万元	321534	203015	317310	335301	315898
居民储蓄存款余额	万元	1328903	591557	878186	1195882	1333766
年末金融机构各项贷款余额	万元	672211	722538	1010968	1413221	1549754
三、农业和工业						
农业机械总动力	万千瓦特	20	5	39	27	42
机收面积	公顷	52487	6258	44150	43840	39200
设施农业占地面积	公顷	711	1164	104	83	231
棉花产量	吨	10		745	36	872
油料产量	吨	27739	2588	16146	3891	17461
规模以上工业企业单位数	个	71	30	99	159	197
四、教育、卫生和社会保障						
普通中学在校学生数	人	29997	8935	17736	42351	20031
中等职业教育学校在校学生数	人	430	270	4434	1235	1086
小学在校学生数	人	42618	15728	26175	63870	35454
医疗卫生机构床位数	床	2125	698	2013	2618	1637
各种社会福利收养性单位数	个	23	7	19	20	15
各种社会福利收养性单位床位数	床	1791	550	1789	2312	2668

2017年县(市)社会经济主要指标

江西省

指　　标	单位	宜丰县	靖安县	铜鼓县	丰城市	樟树市
一、基本情况						
行政区域面积	平方公里	1934	1377	1552	2845	1289
乡个数	个	4	6	3	7	4
镇个数	个	8	5	6	20	10
街道办事处个数	个				5	5
户籍人口	万人	30	15	14	150	61
第二产业从业人员	人	43853	24045	12280	183532	93595
第三产业从业人员	人	57175	30715	25971	314612	153218
固定电话用户	户	24611	16598	14992	95806	59125
二、综合经济						
地区生产总值	万元	1156486	449759	444055	4771192	3755686
第一产业增加值	万元	189400	64471	71786	627754	394687
农业增加值	万元	90544	26830	12407	446009	193268
牧业增加值	万元	36555	4259	7942	74570	112741
第二产业增加值	万元	541733	202236	181855	2298802	1896280
公共财政收入	万元	129231	92726	68538	497223	553384
各项税收	万元	160534	46677	47177	344660	458225
公共财政支出	万元	267676	176937	167415	918576	548019
居民储蓄存款余额	万元	1054962	469492	304474	3478702	2186524
年末金融机构各项贷款余额	万元	927447	502125	288219	2997559	2437011
三、农业和工业						
农业机械总动力	万千瓦特	35	18	15	66	38
机收面积	公顷	34830	14780	6130	152430	83720
设施农业占地面积	公顷	41	42	125	409	190
棉花产量	吨	271	845		162	333
油料产量	吨	1252	7733	543	44782	56792
规模以上工业企业单位数	个	126	56	32	219	221
四、教育、卫生和社会保障						
普通中学在校学生数	人	16342	6334	7077	78883	29217
中等职业教育学校在校学生数	人	1381	391	714	3064	1711
小学在校学生数	人	24303	10430	11135	98360	44658
医疗卫生机构床位数	床	1403	601	553	5061	2329
各种社会福利收养性单位数	个	17	12	10	29	22
各种社会福利收养性单位床位数	床	1070	855	998	5520	3924

2017年县(市)社会经济主要指标

江西省

指　　标	单位	高安市	东乡区	南城县	黎川县	南丰县
一、基本情况						
行政区域面积	平方公里	2439	1268	1713	1709	1913
乡个数	个	2	4	2	8	5
镇个数	个	19	9	10	7	7
街道办事处个数	个	2				
户籍人口	万人	87	48	34	25	32
第二产业从业人员	人	138943	57955	55896	46720	26663
第三产业从业人员	人	175161	48144	56318	60647	50354
固定电话用户	户	80175	26737	13052	8806	26150
二、综合经济						
地区生产总值	万元	2359134	1580131	1221477	679614	1213900
第一产业增加值	万元	418274	231028	175612	108637	305530
农业增加值	万元	188144	107232	89513	46859	266671
牧业增加值	万元	109316	101206	32486	23993	9684
第二产业增加值	万元	1021306	788051	484264	275765	344433
公共财政收入	万元	401394	158179	152743	107560	80881
各项税收	万元	202248	188942	124533	88941	104800
公共财政支出	万元	554602	398483	248543	232205	261275
居民储蓄存款余额	万元	2568827	1241267	870558	613485	692247
年末金融机构各项贷款余额	万元	2991767	1351524	936305	621394	1057421
三、农业和工业						
农业机械总动力	万千瓦特	97	38	21	11	21
机收面积	公顷	95600	46010	31370	21350	23840
设施农业占地面积	公顷	1139	179	125	328	44
棉花产量	吨	8888	31	54		
油料产量	吨	58419	8358	2586	2924	321
规模以上工业企业单位数	个	207	118	113	49	39
四、教育、卫生和社会保障						
普通中学在校学生数	人	50587	23847	18855	11264	14409
中等职业教育学校在校学生数	人	2851	257	686	915	334
小学在校学生数	人	73437	37516	31117	16982	28337
医疗卫生机构床位数	床	3523	1743	832	763	1009
各种社会福利收养性单位数	个	25	21	15	14	13
各种社会福利收养性单位床位数	床	4005	1841	1448	776	1678

2017年县(市)社会经济主要指标

江西省

指　　标	单位	崇仁县	乐安县	宜黄县	金溪县	资溪县
一、基本情况						
行政区域面积	平方公里	1521	2411	1937	1353	1248
乡个数	个	8	7	4	5	2
镇个数	个	7	9	8	8	5
街道办事处个数	个					
户籍人口	万人	39	39	24	32	12
第二产业从业人员	人	48558	43389	32561	50819	12108
第三产业从业人员	人	43861	26829	51639	52993	33254
固定电话用户	户	11080	12378	7895	9672	9714
二、综合经济						
地区生产总值	万元	1180189	624481	678640	837158	377942
第一产业增加值	万元	265206	106605	95386	129862	42405
农业增加值	万元	138545	67880	60618	88891	13946
牧业增加值	万元	85508	13277	9663	16695	3752
第二产业增加值	万元	484136	218776	321789	314897	155547
公共财政收入	万元	112700	75241	100006	107441	51675
各项税收	万元	90167	64301	81588	89705	44955
公共财政支出	万元	284096	270483	199276	248779	115466
居民储蓄存款余额	万元	897039	1048000	541956	753900	374195
年末金融机构各项贷款余额	万元	740757	688100	699973	822530	324727
三、农业和工业						
农业机械总动力	万千瓦特	25	24	15	25	4
机收面积	公顷	40120	35900	18770	43600	4830
设施农业占地面积	公顷	137	131	139	174	46
棉花产量	吨	957		17		
油料产量	吨	15277	1524	1892	5652	80
规模以上工业企业单位数	个	118	17	89	68	15
四、教育、卫生和社会保障						
普通中学在校学生数	人	20860	16147	10173	15657	5410
中等职业教育学校在校学生数	人	550	462	278	410	309
小学在校学生数	人	31560	34022	17726	26667	8059
医疗卫生机构床位数	床	1134	1548	495	919	249
各种社会福利收养性单位数	个	18	17	16	15	8
各种社会福利收养性单位床位数	床	1040	1300	1280	867	311

2017年县(市)社会经济主要指标

江西省

指　　标	单位	广昌县	广丰区	上饶县	玉山县	铅山县
一、基本情况						
行政区域面积	平方公里	1603	1377	2232	1961	2178
乡个数	个	5	3	10	6	10
镇个数	个	6	15	11	11	7
街道办事处个数	个		5	3	1	
户籍人口	万人	25	97	85	65	48
第二产业从业人员	人	24439	156335	209385	121321	67180
第三产业从业人员	人	56235	166457	132769	94545	116904
固定电话用户	户	10724	75052	9500	70000	27060
二、综合经济						
地区生产总值	万元	629978	3766906	2246803	1725514	1213165
第一产业增加值	万元	106586	224219	188528	167249	161479
农业增加值	万元	64780	121728	112485	61436	73999
牧业增加值	万元	7324	29998	28199	23162	33986
第二产业增加值	万元	251918	2043886	1717571	897979	570297
公共财政收入	万元	52173	292161	234541	285321	149277
各项税收	万元	75622	371095	316832	192372	135117
公共财政支出	万元	245578	578159	558691	393700	341546
居民储蓄存款余额	万元	635012	1722852	1707133	1721105	1134813
年末金融机构各项贷款余额	万元	581782	1669885	2339088	1819939	1011462
三、农业和工业						
农业机械总动力	万千瓦特	13	19	14	38	24
机收面积	公顷	14173	36810	27290	40361	10675
设施农业占地面积	公顷	324	789	1023	959	454
棉花产量	吨	1	23	48	195	
油料产量	吨	326	11297	8356	14672	3328
规模以上工业企业单位数	个	66	195	136	195	61
四、教育、卫生和社会保障						
普通中学在校学生数	人	10883	55305	50268	44106	18366
中等职业教育学校在校学生数	人	557	8080	6629	1233	45
小学在校学生数	人	20102	81201	71168	55542	39732
医疗卫生机构床位数	床	701	3422	2954	2580	1516
各种社会福利收养性单位数	个	12	23	20	39	23
各种社会福利收养性单位床位数	床	803	1733	1060	1463	1824

2017年县(市)社会经济主要指标

江西省

指　　标	单位	横峰县	弋阳县	余干县	鄱阳县	万年县
一、基本情况						
行政区域面积	平方公里	654	1573	2331	4215	1148
乡个数	个	6	5	11	15	6
镇个数	个	2	10	9	14	6
街道办事处个数	个	2	2		1	
户籍人口	万人	23	43	108	157	44
第二产业从业人员	人	54237	99775	95861	253093	75412
第三产业从业人员	人	54089	58596	129063	237438	91062
固定电话用户	户	20548	26164	75000	79853	31172
二、综合经济						
地区生产总值	万元	676620	1022651	1458968	2088736	1395877
第一产业增加值	万元	54021	197924	410228	571069	149375
农业增加值	万元	15606	74131	196348	242458	72610
牧业增加值	万元	18758	47971	39123	67632	38576
第二产业增加值	万元	403275	443892	554217	944242	803457
公共财政收入	万元	64645	150320	110720	180166	187812
各项税收	万元	52109	113508	80027	144170	150008
公共财政支出	万元	234113	326995	494232	733531	350045
居民储蓄存款余额	万元	570788	1029569	2052708	2700405	1105228
年末金融机构各项贷款余额	万元	721149	895612	1492692	1610197	1087453
三、农业和工业						
农业机械总动力	万千瓦特	8	16	55	85	10
机收面积	公顷	13920	39600	137860	146865	28746
设施农业占地面积	公顷		72	3972	5832	310
棉花产量	吨	10	37	83	5965	424
油料产量	吨	4178	6732	28286	104088	8627
规模以上工业企业单位数	个	44	102	96	106	114
四、教育、卫生和社会保障						
普通中学在校学生数	人	11463	22571	41037	81438	30124
中等职业教育学校在校学生数	人		779		2618	1074
小学在校学生数	人	21402	39240	92152	107903	41059
医疗卫生机构床位数	床	1113	1216	4992	3912	1574
各种社会福利收养性单位数	个	7	21	21	41	21
各种社会福利收养性单位床位数	床	800	2254	2200	4291	2258

2017年县(市)社会经济主要指标

江西省、山东省

指　　标	单位	婺源县	德兴市	长清区	章丘区	平阴县
一、基本情况						
行政区域面积	平方公里	2968	2082	1209	1719	715
乡个数	个	6	6			
镇个数	个	10	5	3	3	6
街道办事处个数	个	1	3	7	15	2
户籍人口	万人	37	34	56	104	37
第二产业从业人员	人	33462	14729	157262	314285	78190
第三产业从业人员	人	63376	15272	113569	274102	64221
固定电话用户	户	45054	50127	81020	129000	93561
二、综合经济						
地区生产总值	万元	1007845	1440086	3216258	10011919	2730371
第一产业增加值	万元	93475	174596	358433	849229	329804
农业增加值	万元	50941	89701	232569	510229	233567
牧业增加值	万元	14510	24490	109053	306799	84471
第二产业增加值	万元	346876	588336	1255882	5867758	1542503
公共财政收入	万元	145100	294759	203567	520832	200661
各项税收	万元	109847	164534	164783	698028	274965
公共财政支出	万元	275783	426006	346091	643533	319401
居民储蓄存款余额	万元	1102967	1104296		4363880	1282500
年末金融机构各项贷款余额	万元	970330	1147904		3900338	1169072
三、农业和工业						
农业机械总动力	万千瓦特	21	17	63	89	39
机收面积	公顷		16700	29831	109400	35591
设施农业占地面积	公顷	101	84	379	18627	989
棉花产量	吨	76	40	72	937	625
油料产量	吨	8126	6846	13747	6475	9251
规模以上工业企业单位数	个	37	124	195	609	205
四、教育、卫生和社会保障						
普通中学在校学生数	人	20284	17740	23380	50204	16331
中等职业教育学校在校学生数	人	623	1158	1259	7562	2746
小学在校学生数	人	30812	29510	27126	53534	18504
医疗卫生机构床位数	床	1624	1726	1280	5447	1852
各种社会福利收养性单位数	个	16	18	10	114	11
各种社会福利收养性单位床位数	床	868	1484	967	2006	1226

2017年县(市)社会经济主要指标

山东省

指　　标	单位	济阳县	商河县	即墨区	胶州市	平度市
一、基本情况						
行政区域面积	平方公里	1099	1162	1921	1324	3176
乡个数	个					
镇个数	个	4	11	7	6	12
街道办事处个数	个	6	1	8	6	5
户籍人口	万人	58	64	117	85	139
第二产业从业人员	人	113800	85892	300195	265342	243103
第三产业从业人员	人	138900	102015	214676	179584	202852
固定电话用户	户	35760	43600	123116	92873	72028
二、综合经济						
地区生产总值	万元	3359915	2038820	13129066	11349054	8613431
第一产业增加值	万元	533071	488650	668810	493786	957631
农业增加值	万元	381009	378848	240634	254334	721319
牧业增加值	万元	131283	82819	93433	95101	225817
第二产业增加值	万元	1725840	807864	7117600	5874700	4474100
公共财政收入	万元	206818	100116	1043467	965177	542112
各项税收	万元	159900	78479	1012435	842743	544447
公共财政支出	万元	390777	356358	1282609	1089059	969667
居民储蓄存款余额	万元	1435400	1259340	5317400	3973566	4524974
年末金融机构各项贷款余额	万元	1169251	1115363	8493000	6393939	3813543
三、农业和工业						
农业机械总动力	万千瓦特	94	82	110	106	266
机收面积	公顷	92185	117700	82193	70912	208883
设施农业占地面积	公顷	18085	3555	1526	1823	4928
棉花产量	吨	54	248	5		414
油料产量	吨	3482	226	61545	28782	122054
规模以上工业企业单位数	个	231	191	526	736	401
四、教育、卫生和社会保障						
普通中学在校学生数	人	17910	27311	56955	44977	58526
中等职业教育学校在校学生数	人	1727	2380	6450	7278	5360
小学在校学生数	人	36524	41276	83248	61179	69780
医疗卫生机构床位数	床	1583	1235	5634	5723	5287
各种社会福利收养性单位数	个	9	12	21	9	80
各种社会福利收养性单位床位数	床	1339	997	3408	2499	2505

2017年县(市)社会经济主要指标

山东省

指　　标	单位	莱西市	桓台县	高青县	沂源县	滕州市
一、基本情况						
行政区域面积	平方公里	1568	509	831	1636	1495
乡个数	个					
镇个数	个	8	7	7	10	17
街道办事处个数	个	3	2	2	2	4
户籍人口	万人	73	50	37	58	173
第二产业从业人员	人	154589	161338	75132	89069	359060
第三产业从业人员	人	94890	125704	74182	98325	371008
固定电话用户	户	48660	57381	34833	28340	147348
二、综合经济						
地区生产总值	万元	5876956	5848593	2315380	2952200	11503700
第一产业增加值	万元	582556	196883	265606	327191	754495
农业增加值	万元	363827	130206	173163	235242	589793
牧业增加值	万元	208265	38337	70591	63343	128523
第二产业增加值	万元	2880300	3437108	1118777	1266021	5785605
公共财政收入	万元	511215	352891	145775	200034	703568
各项税收	万元	342884	276374	111610	140957	500544
公共财政支出	万元	714707	397731	279836	351653	840680
居民储蓄存款余额	万元	2705970	2038258	1137943	1638697	4624909
年末金融机构各项贷款余额	万元	3516190	4230086	1198780	1752576	4384705
三、农业和工业						
农业机械总动力	万千瓦特	131	58	56	30	139
机收面积	公顷	95733	46754	78615	6959	142298
设施农业占地面积	公顷	11441	148	1661	1810	14477
棉花产量	吨		16	655	266	761
油料产量	吨	73643	13	254	13378	33098
规模以上工业企业单位数	个	332	272	131	165	428
四、教育、卫生和社会保障						
普通中学在校学生数	人	38201	30479	20742	32033	75712
中等职业教育学校在校学生数	人	4374	3236	1947	3430	13253
小学在校学生数	人	33502	20199	15194	21538	117242
医疗卫生机构床位数	床	4356	4042	1424	1810	8588
各种社会福利收养性单位数	个	12	26	7	5	18
各种社会福利收养性单位床位数	床	2901	2542	856	369	3795

2017年县(市)社会经济主要指标

山东省

指标	单位	垦利区	利津县	广饶县	长岛县	龙口市
一、基本情况						
行政区域面积	平方公里	2331	1666	1166	59	901
乡个数	个		2		6	
镇个数	个	5	4	6	1	8
街道办事处个数	个	2	2	3	1	5
户籍人口	万人	24	31	53	4	64
第二产业从业人员	人	75362	54300	164160	4143	195823
第三产业从业人员	人	47136	57100	159704	17489	120346
固定电话用户	户	17520	12226	65900	8066	120311
二、综合经济						
地区生产总值	万元	4547996	2959523	8692420	720980	11909358
第一产业增加值	万元	209539	291317	440814	395339	394819
农业增加值	万元	73613	165589	315429	221	261598
牧业增加值	万元	39211	73496	76761	68	73563
第二产业增加值	万元	2655488	1558257	5668694	44689	6731002
公共财政收入	万元	227177	137800	410311	12802	980017
各项税收	万元	156774	89985	282173	11114	649192
公共财政支出	万元	288000	276113	499185	82363	946538
居民储蓄存款余额	万元	1697778	941062	2753830	309405	4996486
年末金融机构各项贷款余额	万元	4367569	1316078	9393707	120362	6061984
三、农业和工业						
农业机械总动力	万千瓦特	49	45	96	7	61
机收面积	公顷	41761	79106	80123	62	22983
设施农业占地面积	公顷	108	1116	1226		1223
棉花产量	吨	10118	9099	2997		
油料产量	吨	726	1665	5	6	6699
规模以上工业企业单位数	个	181	135	301	4	280
四、教育、卫生和社会保障						
普通中学在校学生数	人	10948	10547	30994	1411	30835
中等职业教育学校在校学生数	人	3733	2594	4359	95	8730
小学在校学生数	人	11717	9645	26158	984	29131
医疗卫生机构床位数	床	919	890	2604	249	4998
各种社会福利收养性单位数	个	48	28	11	2	21
各种社会福利收养性单位床位数	床	1536	1489	1618	80	2452

2017年县(市)社会经济主要指标

山东省

指标	单位	莱阳市	莱州市	蓬莱市	招远市	栖霞市
一、基本情况						
行政区域面积	平方公里	1731	1928	1009	1432	2016
乡个数	个					
镇个数	个	13	11	6	9	12
街道办事处个数	个	5	6	5	5	3
户籍人口	万人	87	85	40	57	60
第二产业从业人员	人	161672	172283	90522	144898	48467
第三产业从业人员	人	59629	169853	81665	104650	187502
固定电话用户	户	95311	110492	33572	36673	66320
二、综合经济						
地区生产总值	万元	3730790	7672462	5053647	7379368	2687944
第一产业增加值	万元	441244	713801	437250	421777	497115
农业增加值	万元	256487	339307	207301	249933	446891
牧业增加值	万元	125643	128576	65463	72608	35957
第二产业增加值	万元	1759935	3832832	2538816	3763927	1074172
公共财政收入	万元	181187	582092	327418	575000	127401
各项税收	万元	148944	799202	350584	525636	108245
公共财政支出	万元	358880	618487	391333	571086	320940
居民储蓄存款余额	万元	3012740	5133316	2752866	3333101	2017257
年末金融机构各项贷款余额	万元	1830891	2843757	3273031	2995025	1307998
三、农业和工业						
农业机械总动力	万千瓦特	133	125	72	85	76
机收面积	公顷	94010	98393	21053	56105	21950
设施农业占地面积	公顷	912	565	13999	518	82
棉花产量	吨	5	76			
油料产量	吨	90128	49438	21084	65304	56015
规模以上工业企业单位数	个	218	255	236	279	192
四、教育、卫生和社会保障						
普通中学在校学生数	人	35414	37773	12342	26128	13273
中等职业教育学校在校学生数	人	3612	7681	3080	3013	1496
小学在校学生数	人	31482	28733	15167	19894	16022
医疗卫生机构床位数	床	3894	6974	2289	2545	2363
各种社会福利收养性单位数	个	11	28	8	21	5
各种社会福利收养性单位床位数	床	2390	4866	833	3444	986

2017年县(市)社会经济主要指标

山东省

指　　标	单位	海阳市	临朐县	昌乐县	青州市	诸城市
一、基本情况						
行政区域面积	平方公里	1910	1831	1101	1569	2151
乡个数	个					
镇个数	个	10	8	4	8	10
街道办事处个数	个	4	2	4	4	3
户籍人口	万人	65	92	64	95	111
第二产业从业人员	人	149485	174174	109363	194652	287482
第三产业从业人员	人	117216	183842	86286	142958	233113
固定电话用户	户	29837	85913	62226	115625	67122
二、综合经济						
地区生产总值	万元	3281933	2802363	3079433	6584400	8246900
第一产业增加值	万元	715198	374363	393133	551463	660104
农业增加值	万元	320117	241885	272896	479073	268096
牧业增加值	万元	89440	108193	111874	69598	381630
第二产业增加值	万元	1184224	1107000	1274700	2907220	4037100
公共财政收入	万元	303766	163388	240168	465247	712168
各项税收	万元	198612	142135	193480	381439	488000
公共财政支出	万元	396169	355353	317835	512101	746890
居民储蓄存款余额	万元	2756825	3013590	2309465	5266457	4379534
年末金融机构各项贷款余额	万元	3076830	2638089	2632112	4750665	5409240
三、农业和工业						
农业机械总动力	万千瓦特	110	43	50	126	130
机收面积	公顷	62855	61277	52948	83217	154687
设施农业占地面积	公顷	1607	2818	16190	22963	5261
棉花产量	吨		396	94	47	493
油料产量	吨	85291	15866	38035	68	54358
规模以上工业企业单位数	个	171	273	245	473	436
四、教育、卫生和社会保障						
普通中学在校学生数	人	27410	33279	40719	41378	58826
中等职业教育学校在校学生数	人	2881	3615	1747	12950	12130
小学在校学生数	人	19353	58013	38831	51326	69808
医疗卫生机构床位数	床	3223	4608	3890	5023	5941
各种社会福利收养性单位数	个	28	11	6	10	24
各种社会福利收养性单位床位数	床	4925	1365	1921	6930	7863

2017年县(市)社会经济主要指标

山东省

指　　标	单位	寿光市	安丘市	高密市	昌邑市	兖州区
一、基本情况						
行政区域面积	平方公里	1990	1712	1527	1628	650
乡个数	个					
镇个数	个	9	10	7	6	6
街道办事处个数	个	5	2	3	3	6
户籍人口	万人	110	97	89	59	62
第二产业从业人员	人	205874	134531	282829	155477	197876
第三产业从业人员	人	253610	98156	150525	150969	198670
固定电话用户	户	110799	100761	118000	76227	34100
二、综合经济						
地区生产总值	万元	8667153	3362100	6432117	4429217	7109068
第一产业增加值	万元	1020553	525700	524117	385117	326168
农业增加值	万元	816025	458700	353601	222724	260040
牧业增加值	万元	120771	52100	163485	95141	55390
第二产业增加值	万元	3463000	1334800	3138700	2255200	3969900
公共财政收入	万元	903102	225004	491360	307943	579720
各项税收	万元	673501	181593	403902	205629	315836
公共财政支出	万元	954598	418486	520933	406138	535305
居民储蓄存款余额	万元	5566620	3057000	3488200	3005954	2836700
年末金融机构各项贷款余额	万元	7335928	3535000	4043340	2523140	3265500
三、农业和工业						
农业机械总动力	万千瓦特	119	139	151	97	66
机收面积	公顷	94704	68933	147640	95624	64665
设施农业占地面积	公顷	30554	6563	2314	5749	91
棉花产量	吨	4765	538	122	2789	62
油料产量	吨	258	50070	27075	8021	2989
规模以上工业企业单位数	个	508	389	495	307	358
四、教育、卫生和社会保障						
普通中学在校学生数	人	33078	40942	45778	25843	30978
中等职业教育学校在校学生数	人	13719	4242	10859	2832	2254
小学在校学生数	人	67499	63256	63858	31702	36617
医疗卫生机构床位数	床	5955	2594	4502	1918	4044
各种社会福利收养性单位数	个	102	21	58	10	18
各种社会福利收养性单位床位数	床	6955	1366	5899	2132	3569

2017年县(市)社会经济主要指标

山东省

指　　标	单位	微山县	鱼台县	金乡县	嘉祥县	汶上县
一、基本情况						
行政区域面积	平方公里	1738	653	888	975	889
乡个数	个	1				1
镇个数	个	11	9	9	12	12
街道办事处个数	个	3	2	4	3	2
户籍人口	万人	73	48	67	93	82
第二产业从业人员	人	113308	73467	99810	219786	184707
第三产业从业人员	人	124424	96319	153119	262344	131308
固定电话用户	户	34692	68892	38616	24100	55349
二、综合经济						
地区生产总值	万元	4668173	1909672	2228139	2958963	2743044
第一产业增加值	万元	575673	445498	576839	372663	358344
农业增加值	万元	172401	293079	456676	308195	190162
牧业增加值	万元	103601	50312	109172	51343	164035
第二产业增加值	万元	1975900	717232	626800	1368500	1260100
公共财政收入	万元	327336	100136	139676	167805	136006
各项税收	万元	242870	76347	113705	147302	113338
公共财政支出	万元	401296	243369	364838	390836	318631
居民储蓄存款余额	万元	1571011	1253160	2121500	2610400	2007914
年末金融机构各项贷款余额	万元	986760	569428	1357800	1373857	1305650
三、农业和工业						
农业机械总动力	万千瓦特	76	100	78	110	109
机收面积	公顷	52195	45478	27230	96380	91953
设施农业占地面积	公顷	301	510	2963	276	199
棉花产量	吨	83	10659	19944	2716	105
油料产量	吨	1798		1790	2737	8122
规模以上工业企业单位数	个	158	123	213	300	212
四、教育、卫生和社会保障						
普通中学在校学生数	人	26326	19785	19329	53694	21229
中等职业教育学校在校学生数	人	816	1125	1937	5269	2171
小学在校学生数	人	44620	31910	52384	93889	54680
医疗卫生机构床位数	床	3263	1615	2646	3348	2136
各种社会福利收养性单位数	个	18	12	15	20	78
各种社会福利收养性单位床位数	床	1826	1347	1250	2566	3356

2017年县(市)社会经济主要指标

山东省

指　　标	单位	泗水县	梁山县	曲阜市	邹城市	宁阳县
一、基本情况						
行政区域面积	平方公里	1118	961	815	1617	1124
乡个数	个		2			1
镇个数	个	11	10	8	13	10
街道办事处个数	个	2	2	4	3	2
户籍人口	万人	64	84	65	121	84
第二产业从业人员	人	109789	140937	171900	306000	193388
第三产业从业人员	人	112075	108014	137600	313000	165279
固定电话用户	户	69852	48000	28657	95200	70700
二、综合经济						
地区生产总值	万元	1884582	2823392	4380244	9661528	4448900
第一产业增加值	万元	446682	481092	260744	553277	564300
农业增加值	万元	234252	309399	165380	386315	366365
牧业增加值	万元	193903	117605	82447	123191	184632
第二产业增加值	万元	684800	1324500	1457900	5071566	1924300
公共财政收入	万元	82158	146023	253888	751256	114918
各项税收	万元	61967	212085	224032	467080	170809
公共财政支出	万元	318729	378670	417864	755547	364129
居民储蓄存款余额	万元	1482400	2664697	2203093	3740979	1996784
年末金融机构各项贷款余额	万元	919000	1205835	1574184	5625032	1123154
三、农业和工业						
农业机械总动力	万千瓦特	48	84	61	75	109
机收面积	公顷	62183	101337	69245	106479	100425
设施农业占地面积	公顷	1261	828	730	769	1541
棉花产量	吨	415	1828	218	382	91
油料产量	吨	59007	12503	10733	61888	66630
规模以上工业企业单位数	个	217	233	259	347	315
四、教育、卫生和社会保障						
普通中学在校学生数	人	26924	35761	27264	49800	42971
中等职业教育学校在校学生数	人	1737	2715	7490	4032	4706
小学在校学生数	人	44158	82637	39953	71685	36591
医疗卫生机构床位数	床	2158	3058	3018	6460	3225
各种社会福利收养性单位数	个	14	17	22	29	15
各种社会福利收养性单位床位数	床	2041	2467	1842	6710	2899

2017年县(市)社会经济主要指标

山东省

指　　标	单位	东平县	新泰市	肥城市	文登区	荣成市
一、基本情况						
行政区域面积	平方公里	1340	1934	1277	1616	1526
乡个数	个	2	1			
镇个数	个	9	17	10	12	12
街道办事处个数	个	3	3	4	3	10
户籍人口	万人	81	144	99	58	66
第二产业从业人员	人	180531	342417	183018	184502	183780
第三产业从业人员	人	182887	359687	184382	139666	94236
固定电话用户	户	52733	67756	133486	64293	79554
二、综合经济						
地区生产总值	万元	3965300	8426200	8088280	8297041	11602602
第一产业增加值	万元	445800	590020	525120	628546	912190
农业增加值	万元	252400	328542	357157	159086	149368
牧业增加值	万元	93771	240028	146372	175329	60216
第二产业增加值	万元	1821900	4049400	4014600	3811213	5152536
公共财政收入	万元	114816	406370	403767	516866	719298
各项税收	万元	80682	309699	326640	417964	575620
公共财政支出	万元	379962	646636	567195	634930	1023568
居民储蓄存款余额	万元	2081600	4548183	3732184	3542287	4513384
年末金融机构各项贷款余额	万元	1790574	3950538	3095866	3333747	5229155
三、农业和工业						
农业机械总动力	万千瓦特	84	97	98	146	222
机收面积	公顷	94820	77065	92929	53476	50771
设施农业占地面积	公顷	402	1541	2033	1056	125
棉花产量	吨	2498	170	734		
油料产量	吨	20834	96788	9628	73338	53318
规模以上工业企业单位数	个	310	344	327	492	532
四、教育、卫生和社会保障						
普通中学在校学生数	人	43136	81427	51575	19873	28322
中等职业教育学校在校学生数	人	3529	6087	5523	4413	3421
小学在校学生数	人	34655	77542	50927	18853	25151
医疗卫生机构床位数	床	2886	6505	4671	4594	4278
各种社会福利收养性单位数	个	15	27	20	40	42
各种社会福利收养性单位床位数	床	2450	3779	2137	8528	6989

2017年县(市)社会经济主要指标

山东省

指　　标	单位	乳山市	五莲县	莒　县	沂南县	郯城县
一、基本情况						
行政区域面积	平方公里	1665	1497	1821	1719	1195
乡个数	个		2	1	1	3
镇个数	个	14	9	16	13	9
街道办事处个数	个	1	1	4	1	1
户籍人口	万人	55	51	115	96	101
第二产业从业人员	人	58355	135618	191026	133494	118746
第三产业从业人员	人	50080	116275	183065	96881	161566
固定电话用户	户	63650	31183	43000	39789	13810
二、综合经济						
地区生产总值	万元	5467930	2578800	3677800	2626900	3022100
第一产业增加值	万元	431392	224300	477400	380684	293287
农业增加值	万元	192205	167854	278592	268902	209239
牧业增加值	万元	52917	48302	168381	97407	34003
第二产业增加值	万元	2550217	1456100	1511000	1031600	1396000
公共财政收入	万元	317559	126182	181226	136958	120318
各项税收	万元	244617	102557	151777	107335	104069
公共财政支出	万元	438782	296859	550569	434930	352200
居民储蓄存款余额	万元	2648953	1855993	3341745	2593426	2210372
年末金融机构各项贷款余额	万元	1680962	1606533	3491751	1609852	1488369
三、农业和工业						
农业机械总动力	万千瓦特	100	49	115	81	79
机收面积	公顷	52592	42740	73028	89410	105251
设施农业占地面积	公顷	260	1678	3966	4283	2110
棉花产量	吨		262	99	526	8
油料产量	吨	68626	65494	97452	99243	14425
规模以上工业企业单位数	个	356	238	230	314	272
四、教育、卫生和社会保障						
普通中学在校学生数	人	15150	22520	54336	39221	40601
中等职业教育学校在校学生数	人	573	3571	6950	4332	3868
小学在校学生数	人	13388	24970	77880	67830	82534
医疗卫生机构床位数	床	2234	2231	4807	3976	2826
各种社会福利收养性单位数	个	21	25	21	120	64
各种社会福利收养性单位床位数	床	4217	2900	2535	3890	4258

2017年县(市)社会经济主要指标

山东省

指　　标	单位	沂水县	兰陵县	费　县	平邑县	莒南县
一、基本情况						
行政区域面积	平方公里	2414	1724	1660	1823	1751
乡个数	个	1	1	2		
镇个数	个	15	15	9	13	15
街道办事处个数	个	2	1	1	1	1
户籍人口	万人	118	143	90	109	106
第二产业从业人员	人	174528	182587	168480	203205	154652
第三产业从业人员	人	163438	233184	113096	246394	96640
固定电话用户	户	19809	43800	20002	16271	39900
二、综合经济						
地区生产总值	万元	4003900	3819100	3024300	3104300	3361900
第一产业增加值	万元	376518	607091	349300	379164	395380
农业增加值	万元	263588	544394	290442	298139	248803
牧业增加值	万元	90516	38930	31998	63549	98811
第二产业增加值	万元	1709500	1345000	1366000	1281100	1441000
公共财政收入	万元	201216	142369	204581	103544	175206
各项税收	万元	154581	116961	172589	85384	146946
公共财政支出	万元	485939	452259	465155	366686	469717
居民储蓄存款余额	万元	3501477	2622300	2287929	2099429	2896355
年末金融机构各项贷款余额	万元	3111759	2199171	1658180	1584317	2420296
三、农业和工业						
农业机械总动力	万千瓦特	84	135	41	62	66
机收面积	公顷	101575	114732	78940	74605	88607
设施农业占地面积	公顷	1441	11926	1662	372	2805
棉花产量	吨	549	327	1149	113	72
油料产量	吨	100601	63764	87171	81807	134302
规模以上工业企业单位数	个	373	213	403	259	362
四、教育、卫生和社会保障						
普通中学在校学生数	人	46020	86931	36130	43880	42280
中等职业教育学校在校学生数	人	8825	5297	3391	3985	3298
小学在校学生数	人	69592	139940	72446	66905	57575
医疗卫生机构床位数	床	6928	6751	3970	4830	4022
各种社会福利收养性单位数	个	166	106	34	103	130
各种社会福利收养性单位床位数	床	4632	5707	1081	2678	4746

2017年县(市)社会经济主要指标

山东省

指　　标	单位	蒙阴县	临沭县	陵城区	宁津县	庆云县
一、基本情况						
行政区域面积	平方公里	1602	1010	1213	833	501
乡个数	个	1		1	1	3
镇个数	个	8	7	10	9	5
街道办事处个数	个	1	2	2	2	1
户籍人口	万人	58	67	60	51	34
第二产业从业人员	人	84166	135973	107532	120087	33668
第三产业从业人员	人	106326	64802	70354	74598	40754
固定电话用户	户	27973	17450	17506	16988	21785
二、综合经济						
地区生产总值	万元	1935000	2453300	2612052	2173955	1586987
第一产业增加值	万元	306027	207063	328352	271755	132387
农业增加值	万元	238132	116542	192979	168592	87908
牧业增加值	万元	37510	52782	108836	79934	39345
第二产业增加值	万元	694100	1169200	1178800	1091200	710300
公共财政收入	万元	105028	140002	118923	68800	62006
各项税收	万元	93843	112328	132014	50155	45785
公共财政支出	万元	373683	353615	239196	206380	180161
居民储蓄存款余额	万元	1549617	1783011	1572758	1924850	867012
年末金融机构各项贷款余额	万元	1197059	2170403	898940	844050	688682
三、农业和工业						
农业机械总动力	万千瓦特	47	77	141	177	54
机收面积	公顷	3533	87248	128233	88042	40694
设施农业占地面积	公顷	303	291	548	4382	244
棉花产量	吨	666		143	1572	469
油料产量	吨	37868	187927	61	2299	77
规模以上工业企业单位数	个	146	185	176	268	199
四、教育、卫生和社会保障						
普通中学在校学生数	人	22363	34199	18815	17111	17065
中等职业教育学校在校学生数	人	1297	9037	1638	1496	1134
小学在校学生数	人	39955	51361	34041	36486	30580
医疗卫生机构床位数	床	2647	1895	2539	2022	1247
各种社会福利收养性单位数	个	133	56	14	12	9
各种社会福利收养性单位床位数	床	4590	1780	740	1950	1370

2017年县(市)社会经济主要指标

山东省

指　　标	单位	临邑县	齐河县	平原县	夏津县	武城县
一、基本情况						
行政区域面积	平方公里	1016	1411	1047	882	751
乡个数	个	1	2	2	2	
镇个数	个	8	11	8	10	7
街道办事处个数	个	3	2	2	2	1
户籍人口	万人	55	64	48	55	40
第二产业从业人员	人	102558	124946	71228	72366	126947
第三产业从业人员	人	87475	141944	52500	54778	64711
固定电话用户	户	14600	46000	25300	17302	16913
二、综合经济						
地区生产总值	万元	2843011	4350991	2217046	2007021	1995011
第一产业增加值	万元	355411	404791	292043	260600	232011
农业增加值	万元	196457	258466	188476	151894	169778
牧业增加值	万元	133443	105594	80524	101914	46038
第二产业增加值	万元	1367500	2114400	1047101	987802	1014900
公共财政收入	万元	154927	292446	89197	80107	85322
各项税收	万元	222213	346259	112784	85651	59604
公共财政支出	万元	237604	356325	230020	237853	190976
居民储蓄存款余额	万元	1616302	1791142	1526919	1391760	1396266
年末金融机构各项贷款余额	万元	1038545	1631264	737229	917781	926551
三、农业和工业						
农业机械总动力	万千瓦特	138	172	113	69	73
机收面积	公顷	116154	163132	130545	89086	79333
设施农业占地面积	公顷	1257	2637	5926	824	322
棉花产量	吨	302	464	196	7324	3609
油料产量	吨	28	1968	368	2713	6770
规模以上工业企业单位数	个	281	395	203	266	333
四、教育、卫生和社会保障						
普通中学在校学生数	人	18653	28320	21881	32064	13266
中等职业教育学校在校学生数	人	1649	4311			5498
小学在校学生数	人	34025	31280	27621	44924	28526
医疗卫生机构床位数	床	2177	2140	1961	1582	1462
各种社会福利收养性单位数	个	11	15	13	9	8
各种社会福利收养性单位床位数	床	1242	1751	2327	1483	1230

2017年县(市)社会经济主要指标

山东省

指　　标	单位	乐陵市	禹城市	阳谷县	莘　县	茌平县
一、基本情况						
行政区域面积	平方公里	1173	992	1008	1388	1003
乡个数	个	3	1	1		1
镇个数	个	9	9	14	20	10
街道办事处个数	个	4	1	3	4	3
户籍人口	万人	72	54	83	110	57
第二产业从业人员	人	106308	114410	223668	143568	106807
第三产业从业人员	人	149809	112373	204766	140013	103426
固定电话用户	户	22510	70145	53600	19554	53073
二、综合经济						
地区生产总值	万元	2477055	2793965	3436918	3448513	4977967
第一产业增加值	万元	381755	353565	482218	536725	530967
农业增加值	万元	244569	218064	378076	425507	428259
牧业增加值	万元	113450	110953	92999	104083	83724
第二产业增加值	万元	1119400	1336800	1828800	1533788	3116200
公共财政收入	万元	105977	196320	139202	106428	316363
各项税收	万元	77166	207711	101500	74151	217394
公共财政支出	万元	293323	314606	348263	422102	378628
居民储蓄存款余额	万元	1666662	1566205	2480301	2457830	2143100
年末金融机构各项贷款余额	万元	1432635	1771142	1948255	1428737	2308300
三、农业和工业						
农业机械总动力	万千瓦特	80	109	115	170	114
机收面积	公顷	116062	84650	112218	130985	104333
设施农业占地面积	公顷	981	4617	5296	22517	9973
棉花产量	吨	1318	282	272	212	530
油料产量	吨	19	2437	3872	15425	7859
规模以上工业企业单位数	个	227	328	309	334	355
四、教育、卫生和社会保障						
普通中学在校学生数	人	29893	25756	32802	46921	26841
中等职业教育学校在校学生数	人	1599	3942	2106	4593	2139
小学在校学生数	人	47971	32601	57277	108462	41971
医疗卫生机构床位数	床	2024	2115	3350	3009	1717
各种社会福利收养性单位数	个	15	11	12	9	7
各种社会福利收养性单位床位数	床	2198	680	3703	1104	1730

2017年县(市)社会经济主要指标

山东省

指　　标	单位	东阿县	冠　县	高唐县	临清市	沾化区
一、基本情况						
行政区域面积	平方公里	727	1161	947	951	2218
乡个数	个	1	4			3
镇个数	个	7	11	9	12	7
街道办事处个数	个	2	3	3	4	2
户籍人口	万人	41	87	51	83	40
第二产业从业人员	人	74134	146712	83594	160249	45898
第三产业从业人员	人	71834	110912	74194	128136	63707
固定电话用户	户	50688	27015	14128	28046	12487
二、综合经济						
地区生产总值	万元	2153798	3055452	4152166	4223638	1838227
第一产业增加值	万元	218998	486252	399466	278438	381797
农业增加值	万元	149872	384145	315997	217489	175408
牧业增加值	万元	41173	90518	76253	40350	41621
第二产业增加值	万元	1082000	1458200	2649300	2381200	626750
公共财政收入	万元	137644	118489	155596	187099	108950
各项税收	万元	117128	85390	113274	134293	71737
公共财政支出	万元	241856	347944	287617	338392	227904
居民储蓄存款余额	万元	1384556	2089394	1592399	2791812	835181
年末金融机构各项贷款余额	万元	1235973	1854739	2062550	2272255	949340
三、农业和工业						
农业机械总动力	万千瓦特	76	120	88	88	55
机收面积	公顷	71923	111491	86111	93980	38328
设施农业占地面积	公顷	1471	6484	1075	1956	486
棉花产量	吨	754	416	2763	519	7968
油料产量	吨	358	5661	7838	838	982
规模以上工业企业单位数	个	150	293	427	442	99
四、教育、卫生和社会保障						
普通中学在校学生数	人	16858	21907	23165	36475	14753
中等职业教育学校在校学生数	人	481	3312	4590	1813	1694
小学在校学生数	人	9890	83024	38782	89904	18987
医疗卫生机构床位数	床	1481	2895	1618	3493	1501
各种社会福利收养性单位数	个	11	10	20	8	11
各种社会福利收养性单位床位数	床	2243	2390	2679	2171	1786

2017年县(市)社会经济主要指标

山东省

指　　标	单位	惠民县	阳信县	无棣县	博兴县	邹平县
一、基本情况						
行政区域面积	平方公里	1362	798	2090	900	1250
乡个数	个		1			
镇个数	个	12	7	10	9	11
街道办事处个数	个	3	2	2	3	5
户籍人口	万人	65	47	49	50	74
第二产业从业人员	人	140805	117150	115433	126092	209667
第三产业从业人员	人	127886	66822	99646	84565	126920
固定电话用户	户	10091	35000	17057	32494	106000
二、综合经济						
地区生产总值	万元	2164687	1551692	3030862	3418544	8983716
第一产业增加值	万元	425633	294683	457844	209723	309608
农业增加值	万元	298056	132795	168573	115987	194815
牧业增加值	万元	95875	136208	95697	43507	90149
第二产业增加值	万元	805516	534195	1467459	1716198	5281408
公共财政收入	万元	111017	102966	297926	546716	678387
各项税收	万元	92675	169786	247661	522384	538027
公共财政支出	万元	303901	258980	419097	351977	674468
居民储蓄存款余额	万元	1451506	975223	1312315	2355611	3059721
年末金融机构各项贷款余额	万元	1676270	1161052	1629253	3981979	7235645
三、农业和工业						
农业机械总动力	万千瓦特	74	68	66	67	88
机收面积	公顷	104850	73000	50467	71200	105514
设施农业占地面积	公顷	7989	2058	107	1348	1869
棉花产量	吨	3591	1262	8090	4461	992
油料产量	吨	8032		1671	12	596
规模以上工业企业单位数	个	223	98	137	240	201
四、教育、卫生和社会保障						
普通中学在校学生数	人	25765	25302	21617	25846	41316
中等职业教育学校在校学生数	人	2425	2981	3144	4552	7170
小学在校学生数	人	35233	31008	34090	28555	47665
医疗卫生机构床位数	床	2850	1591	1850	2893	3804
各种社会福利收养性单位数	个	32	8	13	16	214
各种社会福利收养性单位床位数	床	2463	3150	840	3446	10090

2017年县(市)社会经济主要指标

山东省

指　　标	单位	定陶区	曹　县	单　县	成武县	巨野县
一、基本情况						
行政区域面积	平方公里	846	1974	1670	998	1308
乡个数	个		2	2		
镇个数	个	10	20	16	11	15
街道办事处个数	个	2	5	4	2	2
户籍人口	万人	71	169	127	73	109
第二产业从业人员	人	75821	229424	189907	86245	157711
第三产业从业人员	人	126988	246621	160803	126658	215458
固定电话用户	户	18000	14408	19417	9439	14576
二、综合经济						
地区生产总值	万元	1757037	3578612	3267823	2023981	2956238
第一产业增加值	万元	249258	391570	400403	250598	304005
农业增加值	万元	180817	259971	292227	186894	228769
牧业增加值	万元	61291	86757	87809	48696	58131
第二产业增加值	万元	906686	1892757	1608684	1085331	1564838
公共财政收入	万元	87200	171601	128312	77639	237216
各项税收	万元	59686	118401	111232	51185	417239
公共财政支出	万元	321718	632098	588199	302726	424655
居民储蓄存款余额	万元	1561226	3129171	2641344	1873365	2810635
年末金融机构各项贷款余额	万元	1138577	1785658	1829328	976490	1944039
三、农业和工业						
农业机械总动力	万千瓦特	75	122	133	94	115
机收面积	公顷	90407	195325	145871	98457	114557
设施农业占地面积	公顷	2769	1589	3706	2846	794
棉花产量	吨	343	1361	13144	16203	30752
油料产量	吨	5228	27689	44406	1726	8031
规模以上工业企业单位数	个	244	737	400	244	308
四、教育、卫生和社会保障						
普通中学在校学生数	人	33135	82112	59763	32159	45361
中等职业教育学校在校学生数	人	2261	3500	3513	3101	3973
小学在校学生数	人	66763	166718	103031	79710	120637
医疗卫生机构床位数	床	1900	6896	6392	2251	4244
各种社会福利收养性单位数	个	14	22	21	12	22
各种社会福利收养性单位床位数	床	820	4249	6343	1720	2634

2017年县(市)社会经济主要指标

山东省、河南省

指　　标	单位	郓城县	鄄城县	东明县	中牟县	巩义市
一、基本情况						
行政区域面积	平方公里	1643	1032	1370	953	1043
乡个数	个	2	2	2	1	
镇个数	个	18	13	10	10	15
街道办事处个数	个	2	2	2	3	5
户籍人口	万人	128	92	87	55	84
第二产业从业人员	人	210450	98730	87129	42897	207560
第三产业从业人员	人	235425	98673	137852	93647	150727
固定电话用户	户	32862	6440	17829	68034	91300
二、综合经济						
地区生产总值	万元	3642651	1928967	3070143	3093792	7557943
第一产业增加值	万元	382387	267936	259088	250094	119429
农业增加值	万元	272294	182165	198680	150099	42916
牧业增加值	万元	87172	63140	36606	73888	68556
第二产业增加值	万元	1929399	952223	1793236	936548	4437017
公共财政收入	万元	238827	83825	190626	480166	423575
各项税收	万元	199952	61785	143507	316541	242634
公共财政支出	万元	577484	391452	511210	797660	651200
居民储蓄存款余额	万元	3467351	2200800	1870962	3651501	2733274
年末金融机构各项贷款余额	万元	1900011	1137600	1874540	3475444	2294073
三、农业和工业						
农业机械总动力	万千瓦特	104	79	78	65	50
机收面积	公顷	172561	106931	137560	46551	37200
设施农业占地面积	公顷	2469	967	2663	2134	400
棉花产量	吨	1123	853	3142	965	300
油料产量	吨	27466	30409	55365	47358	3718
规模以上工业企业单位数	个	537	398	211	124	553
四、教育、卫生和社会保障						
普通中学在校学生数	人	71619	48050	51859	38812	38237
中等职业教育学校在校学生数	人	3334	9105	4320	9815	3672
小学在校学生数	人	125517	84300	90759	73893	53246
医疗卫生机构床位数	床	5604	3220	3578	3344	3704
各种社会福利收养性单位数	个	25	16	28	12	24
各种社会福利收养性单位床位数	床	4678	3120	3002	516	2104

2017年县(市)社会经济主要指标

河南省

指　　标	单位	荥阳市	新密市	新郑市	登封市	祥符区
一、基本情况						
行政区域面积	平方公里	943	1001	714	1217	1251
乡个数	个	3	1	1	3	9
镇个数	个	9	12	9	10	6
街道办事处个数	个	2	4	3	3	
户籍人口	万人	70	89	62	73	82
第二产业从业人员	人	151146	168912	156269	69020	85607
第三产业从业人员	人	161892	248220	298351	35242	31620
固定电话用户	户	130100	76635	70000	61668	15803
二、综合经济						
地区生产总值	万元	6793950	7217734	10994437	6403962	2485935
第一产业增加值	万元	289968	207217	224663	181339	508597
农业增加值	万元	169409	113194	110955	87172	306044
牧业增加值	万元	97365	64082	108611	61256	194928
第二产业增加值	万元	3919990	3410079	6156198	3460185	881331
公共财政收入	万元	429063	320422	683887	250325	88022
各项税收	万元	312887	197010	466875	156783	47814
公共财政支出	万元	601376	536639	912301	525586	351116
居民储蓄存款余额	万元	2400082	3053073	3142507	2392965	1419937
年末金融机构各项贷款余额	万元	2323840	1857196	5128828	1613055	953061
三、农业和工业						
农业机械总动力	万千瓦特	76	91	60	72	153
机收面积	公顷	49455	47593	43493	49332	112074
设施农业占地面积	公顷	416	208	1876	100	481
棉花产量	吨	43	18	6	302	583
油料产量	吨	5687	7121	18423	5458	126519
规模以上工业企业单位数	个	445	489	295	348	150
四、教育、卫生和社会保障						
普通中学在校学生数	人	32610	47857	43933	69544	40684
中等职业教育学校在校学生数	人	6189	5228	30977	24119	6332
小学在校学生数	人	47230	68421	86959	84677	67258
医疗卫生机构床位数	床	2501	4983	4399	4465	1509
各种社会福利收养性单位数	个	8	26	24	22	1
各种社会福利收养性单位床位数	床	4258	4068	2118	2331	120

2017年县(市)社会经济主要指标

河南省

指　　标	单位	杞　县	通许县	尉氏县	兰考县	孟津县
一、基本情况						
行政区域面积	平方公里	1257	767	1297	1116	759
乡个数	个	13	6	7	8	
镇个数	个	8	5	10	5	10
街道办事处个数	个		1		3	
户籍人口	万人	123	69	102	86	48
第二产业从业人员	人	33599	29814	91771	220218	110402
第三产业从业人员	人	34672	19017	50456	157497	113878
固定电话用户	户	17766	9449	19572	17000	37818
二、综合经济						
地区生产总值	万元	3106350	2450435	3605072	2826221	2948898
第一产业增加值	万元	762876	462404	497815	391411	222664
农业增加值	万元	498208	343809	333706	209837	112199
牧业增加值	万元	254311	115709	145589	165909	88095
第二产业增加值	万元	1099854	980840	1909905	1198886	1622747
公共财政收入	万元	140016	81424	176087	174896	154218
各项税收	万元	91275	57363	122896	135360	83139
公共财政支出	万元	450166	322402	537966	582286	305341
居民储蓄存款余额	万元	1741827	1227436	1607429	1631458	1203656
年末金融机构各项贷款余额	万元	929771	733084	1176285	1498049	762196
三、农业和工业						
农业机械总动力	万千瓦特	159	76	118	72	43
机收面积	公顷	140050	82480	93471	103133	48415
设施农业占地面积	公顷	1653	459	278	2431	309
棉花产量	吨	2965	716	2050	1300	259
油料产量	吨	112915	40393	92160	62600	3677
规模以上工业企业单位数	个	200	192	287	240	284
四、教育、卫生和社会保障						
普通中学在校学生数	人	45167	25782	49295	36452	27317
中等职业教育学校在校学生数	人	1933	6788	2639	2876	5810
小学在校学生数	人	93099	57056	95354	77617	30559
医疗卫生机构床位数	床	2648	3022	2957	5507	1831
各种社会福利收养性单位数	个	33	14	19	17	14
各种社会福利收养性单位床位数	床	2672	775	1259	1387	899

2017年县(市)社会经济主要指标

河南省

指　　标	单位	新安县	栾川县	嵩　县	汝阳县	宜阳县
一、基本情况						
行政区域面积	平方公里	1164	2477	3007	1328	1617
乡个数	个		2	6	5	4
镇个数	个	11	12	10	8	12
街道办事处个数	个					
户籍人口	万人	54	35	64	53	71
第二产业从业人员	人	93121	75884	60689	63394	67402
第三产业从业人员	人	166488	96368	112849	78913	176768
固定电话用户	户	32054	26662	18442	34373	19259
二、综合经济						
地区生产总值	万元	4755198	1860343	1727625	1559784	2769795
第一产业增加值	万元	210604	132930	274142	133064	334872
农业增加值	万元	132821	94114	162329	78964	249742
牧业增加值	万元	41551	12598	56336	17070	79026
第二产业增加值	万元	2888361	1084487	620134	832631	1224903
公共财政收入	万元	222326	186154	74698	91594	115758
各项税收	万元	146333	158753	48234	70202	72281
公共财政支出	万元	332952	296423	320158	246128	331369
居民储蓄存款余额	万元	1264446	979288	1106403	912675	1160573
年末金融机构各项贷款余额	万元	1126460	800378	533229	672138	898040
三、农业和工业						
农业机械总动力	万千瓦特	48	29	60	43	64
机收面积	公顷	32467	7500	32285	29633	51200
设施农业占地面积	公顷	125	356	184	114	860
棉花产量	吨	176	7	142	143	890
油料产量	吨	3551	645	8164	9805	65146
规模以上工业企业单位数	个	244	58	40	71	138
四、教育、卫生和社会保障						
普通中学在校学生数	人	32179	19566	35587	32748	40000
中等职业教育学校在校学生数	人	15208	3463	7134	1562	2468
小学在校学生数	人	37906	29755	57549	51949	52728
医疗卫生机构床位数	床	2357	1979	2554	1843	3657
各种社会福利收养性单位数	个	15	17	19	16	19
各种社会福利收养性单位床位数	床	1730	1407	1525	1566	1570

2017年县(市)社会经济主要指标

河南省

指　　标	单位	洛宁县	伊川县	偃师市	宝丰县	叶　县
一、基本情况						
行政区域面积	平方公里	2304	1059	669	722	1346
乡个数	个	7	1		3	6
镇个数	个	11	12	9	9	9
街道办事处个数	个		2	4		3
户籍人口	万人	51	92	63	55	87
第二产业从业人员	人	83245	88958	174776	11790	11980
第三产业从业人员	人	48514	269076	140971	19290	24736
固定电话用户	户	21721	55802	41732	17144	17184
二、综合经济						
地区生产总值	万元	1895344	3743171	5085957	3142079	2083155
第一产业增加值	万元	259677	258259	197225	198596	406018
农业增加值	万元	179129	150471	96343	85086	211333
牧业增加值	万元	49907	100612	98706	104365	174346
第二产业增加值	万元	772875	1961861	2723023	1838542	978304
公共财政收入	万元	95801	201336	205806	100301	70098
各项税收	万元	59392	125718	124099	61362	42176
公共财政支出	万元	301070	398885	310377	274609	350041
居民储蓄存款余额	万元	841816	1582101	2378963	1293602	1561720
年末金融机构各项贷款余额	万元	489449	2497664	1382384	1287598	706532
三、农业和工业						
农业机械总动力	万千瓦特	48	75	90	45	67
机收面积	公顷	41132	55061	65820	43380	99260
设施农业占地面积	公顷	92	393	163	125	357
棉花产量	吨	37	360	52	150	31
油料产量	吨	4262	8420	1947	13104	34016
规模以上工业企业单位数	个	65	162	359	97	87
四、教育、卫生和社会保障						
普通中学在校学生数	人	26876	52499	28758	30758	39072
中等职业教育学校在校学生数	人	2014	2498	767	157	1953
小学在校学生数	人	39292	84967	38276	52376	72664
医疗卫生机构床位数	床	2151	3467	2433	2558	2757
各种社会福利收养性单位数	个	17	30	10	14	21
各种社会福利收养性单位床位数	床	1305	1822	1075	856	1143

2017年县(市)社会经济主要指标

河南省

指　　标	单位	鲁山县	郏　县	舞钢市	汝州市	安阳县
一、基本情况						
行政区域面积	平方公里	2409	737	641	1573	528
乡个数	个	13	5	3	2	2
镇个数	个	7	8	4	13	7
街道办事处个数	个	4	2	7	5	
户籍人口	万人	98	65	34	117	56
第二产业从业人员	人	14017	19973	27416	181654	108706
第三产业从业人员	人	23020	16796	15856	214939	72675
固定电话用户	户	23311	29045	29248	29663	25692
二、综合经济						
地区生产总值	万元	1700811	1775075	1289809	4306283	1041801
第一产业增加值	万元	281002	238639	121089	359703	168083
农业增加值	万元	177930	130043	43716	148248	129216
牧业增加值	万元	86524	98191	72060	184609	36200
第二产业增加值	万元	625245	994672	581365	1774301	347354
公共财政收入	万元	69535	80307	82110	300660	67369
各项税收	万元	46030	52444	54751	214012	41945
公共财政支出	万元	357279	244993	172761	601333	269379
居民储蓄存款余额	万元	1765642	1190321	1153351	2308448	973761
年末金融机构各项贷款余额	万元	701147	818871	964090	2067267	121411
三、农业和工业						
农业机械总动力	万千瓦特	36	37	29	153	53
机收面积	公顷	48315	44398	28385	92267	77047
设施农业占地面积	公顷	1316	142	345	577	468
棉花产量	吨		200	2	365	216
油料产量	吨	20403	19394	4574	18661	414
规模以上工业企业单位数	个	91	185	74	199	29
四、教育、卫生和社会保障						
普通中学在校学生数	人	55536	25237	15990	64463	29160
中等职业教育学校在校学生数	人	1683	533	2275	17012	4260
小学在校学生数	人	107275	61337	29856	122156	48435
医疗卫生机构床位数	床	2829	2280	1407	4398	959
各种社会福利收养性单位数	个	24	1	17	1	15
各种社会福利收养性单位床位数	床	1189	350	1058	100	1479

2017年县(市)社会经济主要指标

河南省

指 标	单位	汤阴县	滑 县	内黄县	林州市	浚 县
一、基本情况						
行政区域面积	平方公里	646	1814	1145	2062	966
乡个数	个	1	10	9	1	1
镇个数	个	9	12	8	15	6
街道办事处个数	个		1	1	4	4
户籍人口	万人	52	148	85	114	75
第二产业从业人员	人	154219	248771	170618	136171	20617
第三产业从业人员	人	95853	233261	169176	20374	14524
固定电话用户	户	43653	76978	56714	72307	45592
二、综合经济						
地区生产总值	万元	2086517	2472993	2236094	5515664	2106701
第一产业增加值	万元	244808	580809	581845	196911	286894
农业增加值	万元	177245	481524	479079	90137	141730
牧业增加值	万元	62992	96633	94374	101547	142185
第二产业增加值	万元	1152000	954677	949563	2872554	1252180
公共财政收入	万元	120104	106973	71122	200296	71478
各项税收	万元	89991	76075	51077	157699	46752
公共财政支出	万元	274212	583452	317134	445134	278114
居民储蓄存款余额	万元	1017027	2377331	1144227	3980115	1188377
年末金融机构各项贷款余额	万元	757944	1200664	572677	1671417	1161990
三、农业和工业						
农业机械总动力	万千瓦特	54	283	73	43	143
机收面积	公顷	65600	189665	115139	48700	105430
设施农业占地面积	公顷	608	14802	6414	20	509
棉花产量	吨	194	673	211	591	201
油料产量	吨	9171	114647	112105	4175	35708
规模以上工业企业单位数	个	152	227	127	246	109
四、教育、卫生和社会保障						
普通中学在校学生数	人	31850	72808	31790	62727	40341
中等职业教育学校在校学生数	人	2891	4731	1005	4929	2097
小学在校学生数	人	52412	154417	83916	108095	64646
医疗卫生机构床位数	床	1675	6681	2822	4160	2389
各种社会福利收养性单位数	个	15	22	18	23	7
各种社会福利收养性单位床位数	床	1699	1059	728	1851	1278

2017年县(市)社会经济主要指标

河南省

指　　标	单位	淇　县	新乡县	获嘉县	原阳县	延津县
一、基本情况						
行政区域面积	平方公里	581	393	474	1022	886
乡个数	个	1	1	2	8	7
镇个数	个	4	6	9	4	5
街道办事处个数	个	4			2	
户籍人口	万人	30	37	45	70	52
第二产业从业人员	人	36169	168573	121184	118492	85290
第三产业从业人员	人	12727	92868	102633	86638	77514
固定电话用户	户	27482	42447	45186	60660	41460
二、综合经济						
地区生产总值	万元	2405693	1847336	1099239	1142706	1400970
第一产业增加值	万元	190446	89644	141076	198901	225953
农业增加值	万元	46879	50487	91726	124893	169133
牧业增加值	万元	138894	37038	45675	67217	49651
第二产业增加值	万元	1837076	1205986	662675	580405	741033
公共财政收入	万元	94333	81937	42750	80090	82607
各项税收	万元	57725	67636	30232	48132	54419
公共财政支出	万元	222731	148241	189621	312218	219310
居民储蓄存款余额	万元	812179	1295226	912872	1064529	852786
年末金融机构各项贷款余额	万元	1462870	975121	321142	950700	309261
三、农业和工业						
农业机械总动力	万千瓦特	32	51	57	114	98
机收面积	公顷	40000	36777	47100	100667	97333
设施农业占地面积	公顷	62	63	86	1100	435
棉花产量	吨	38	52	71	316	4
油料产量	吨	889	7619	244	35639	131919
规模以上工业企业单位数	个	125	122	91	92	94
四、教育、卫生和社会保障						
普通中学在校学生数	人	17197	21084	25627	44141	35017
中等职业教育学校在校学生数	人	2771	1166	5494	2825	4560
小学在校学生数	人	25833	32191	39245	72674	50634
医疗卫生机构床位数	床	2011	1231	2785	2157	1911
各种社会福利收养性单位数	个	1	14	7	12	17
各种社会福利收养性单位床位数	床	50	1372	221	337	1858

2017年县(市)社会经济主要指标

河南省

指标	单位	封丘县	长垣县	卫辉市	辉县市	修武县
一、基本情况						
行政区域面积	平方公里	1226	1051	859	2007	611
乡个数	个	7	2	6	8	3
镇个数	个	12	11	7	12	5
街道办事处个数	个		5		2	
户籍人口	万人	84	98	54	89	27
第二产业从业人员	人	137953	176795	68775	174047	40970
第三产业从业人员	人	100199	56552	68149	136050	23900
固定电话用户	户	77403	58000	42581	81651	24540
二、综合经济						
地区生产总值	万元	1458734	3379772	1200381	3670726	1358581
第一产业增加值	万元	415023	340499	206306	401489	77719
农业增加值	万元	255801	257271	111677	209110	33214
牧业增加值	万元	140514	71448	90771	188692	42112
第二产业增加值	万元	640315	1699597	294017	2064105	738565
公共财政收入	万元	47814	210069	100096	242772	110911
各项税收	万元	34610	166230	70227	149945	68914
公共财政支出	万元	507774	489534	293631	378414	179030
居民储蓄存款余额	万元	1349534	3083868	1099223	2400308	714109
年末金融机构各项贷款余额	万元	321489	1942965	755109	1452879	684854
三、农业和工业						
农业机械总动力	万千瓦特	124	100	68	86	21
机收面积	公顷	112769	54030	61410	85000	27155
设施农业占地面积	公顷	110	533	950	581	81
棉花产量	吨	506	300	25	2	5
油料产量	吨	62486	32600	10726	22718	1175
规模以上工业企业单位数	个	107	152	60	178	107
四、教育、卫生和社会保障						
普通中学在校学生数	人	44958	62985	27709	47763	16544
中等职业教育学校在校学生数	人	960	8646	1641	4062	604
小学在校学生数	人	77169	95882	63278	99870	19131
医疗卫生机构床位数	床	3381	3953	5349	3143	1173
各种社会福利收养性单位数	个	24	18	28	17	8
各种社会福利收养性单位床位数	床	1597	1200	1106	1750	1091

2017年县(市)社会经济主要指标

河南省

指　　标	单位	博爱县	武陟县	温　县	沁阳市	孟州市
一、基本情况						
行政区域面积	平方公里	428	798	481	595	542
乡个数	个	2	7	2	3	1
镇个数	个	5	4	5	6	6
街道办事处个数	个	2	4	4	4	4
户籍人口	万人	40	73	46	49	38
第二产业从业人员	人	17067	263458	69785	151300	95126
第三产业从业人员	人	13851	148643	15234	92300	46442
固定电话用户	户	28021	37599	21415	28989	21068
二、综合经济						
地区生产总值	万元	2605347	3477803	2867290	4137097	3191977
第一产业增加值	万元	145089	350642	278702	192142	205427
农业增加值	万元	115074	201425	233642	138283	139291
牧业增加值	万元	26764	142472	43354	52812	63157
第二产业增加值	万元	1657451	2104137	1789596	2641428	2199949
公共财政收入	万元	80639	126568	74333	142100	136670
各项税收	万元	46840	81981	49073	82629	82140
公共财政支出	万元	166577	290198	193258	267699	217067
居民储蓄存款余额	万元	1055658	1414482	1002707	1334000	1034198
年末金融机构各项贷款余额	万元	777045	1028904	762249	971647	812024
三、农业和工业						
农业机械总动力	万千瓦特	19	125	36	40	34
机收面积	公顷	27774	90300	46520	45225	45378
设施农业占地面积	公顷	408	81	350	128	623
棉花产量	吨	20	80	37	35	81
油料产量	吨	1216	45994	17871	4477	42194
规模以上工业企业单位数	个	149	245	191	212	217
四、教育、卫生和社会保障						
普通中学在校学生数	人	19900	37647	25652	28758	14320
中等职业教育学校在校学生数	人	2648	4143	1860	4649	3967
小学在校学生数	人	31052	53269	29192	33517	20269
医疗卫生机构床位数	床	1846	2966	2187	1727	1995
各种社会福利收养性单位数	个	11	20	7	24	11
各种社会福利收养性单位床位数	床	695	986	429	1293	1000

2017年县(市)社会经济主要指标

河南省

指 标	单位	清丰县	南乐县	范 县	台前县	濮阳县
一、基本情况						
行政区域面积	平方公里	834	624	585	394	1382
乡个数	个	12	6	5	3	9
镇个数	个	5	6	7	6	11
街道办事处个数	个					
户籍人口	万人	75	58	60	42	125
第二产业从业人员	人	124299	9883	105395	70600	234687
第三产业从业人员	人	131010	20046	103975	86100	241190
固定电话用户	户	20793	12561	15050	18011	27529
二、综合经济						
地区生产总值	万元	2382097	1818428	2032425	1111347	4122981
第一产业增加值	万元	388211	298893	162541	92612	396975
农业增加值	万元	264013	163002	67098	42943	241182
牧业增加值	万元	113224	124933	84691	46495	144994
第二产业增加值	万元	1287199	956047	1287494	651742	2272929
公共财政收入	万元	66701	53843	62403	32947	108639
各项税收	万元	40863	36362	47866	23226	87189
公共财政支出	万元	396053	272619	333346	235072	532369
居民储蓄存款余额	万元	1156736	909928	1151047	839142	1823611
年末金融机构各项贷款余额	万元	576186	431028	458972	405141	1322991
三、农业和工业						
农业机械总动力	万千瓦特	72	64	58	35	124
机收面积	公顷	75527	67500	46733	33061	127500
设施农业占地面积	公顷	1989	10956	703	1560	7760
棉花产量	吨	9	27	120	240	1084
油料产量	吨	55381	18469	4918	2176	24062
规模以上工业企业单位数	个	158	119	143	142	215
四、教育、卫生和社会保障						
普通中学在校学生数	人	27969	22861	21806	22436	44982
中等职业教育学校在校学生数	人	1142	1368	761	2010	12484
小学在校学生数	人	62880	54265	48795	39721	101753
医疗卫生机构床位数	床	2663	1990	2370	1556	3714
各种社会福利收养性单位数	个	20	17	12	9	20
各种社会福利收养性单位床位数	床	2080	2043	550	300	3575

2017年县(市)社会经济主要指标

河南省

指　　标	单位	建安区	鄢陵县	襄城县	禹州市	长葛市
一、基本情况						
行政区域面积	平方公里	946	866	914	1469	650
乡个数	个	8	1	7	4	
镇个数	个	7	11	9	18	12
街道办事处个数	个	2			4	4
户籍人口	万人	88	73	91	133	78
第二产业从业人员	人			110913		239493
第三产业从业人员	人					204013
固定电话用户	户	23153	44200	33721	102800	47356
二、综合经济						
地区生产总值	万元	4108294	3028703	3431506	6453906	5919588
第一产业增加值	万元	233651	435013	317906	263983	233589
农业增加值	万元	165850	315955	186842	149098	107741
牧业增加值	万元	57109	98164	118633	106186	118491
第二产业增加值	万元	2537154	1523684	1668605	3800798	4361599
公共财政收入	万元	161718	108397	171801	187170	243283
各项税收	万元	104593	78624	131924	146884	197543
公共财政支出	万元	372467	298573	369330	552107	428806
居民储蓄存款余额	万元	1824289	1454958	2017658	3005440	2243674
年末金融机构各项贷款余额	万元	1815773	1285094	1745678	2167392	2007627
三、农业和工业						
农业机械总动力	万千瓦特	82	80	63	87	53
机收面积	公顷	88188	69221	90562	95943	91100
设施农业占地面积	公顷	102	147	1519	235	917
棉花产量	吨	434	53	178	47	3
油料产量	吨	23565	5155	9400	9026	9340
规模以上工业企业单位数	个	260	136	167	448	555
四、教育、卫生和社会保障						
普通中学在校学生数	人	25989	22289	48510	62942	41116
中等职业教育学校在校学生数	人	770	1284	6960	4906	3918
小学在校学生数	人	56521	58818	71872	107775	68158
医疗卫生机构床位数	床	2685	3426	2245	4289	2146
各种社会福利收养性单位数	个	21	23	19	42	24
各种社会福利收养性单位床位数	床	1750	1772	1396	3260	2356

2017年县(市)社会经济主要指标

河南省

指　　标	单位	郾城区	舞阳县	临颍县	陕州区	渑池县
一、基本情况						
行政区域面积	平方公里	413	776	821	1610	1421
乡个数	个		5	4	9	6
镇个数	个	8	9	11	4	6
街道办事处个数	个	1				
户籍人口	万人	51	60	73	34	36
第二产业从业人员	人	22322	30414	59122	34782	77679
第三产业从业人员	人	28883	21009	23815	35108	55455
固定电话用户	户	43525	16917	15166	21072	20944
二、综合经济						
地区生产总值	万元	2110066	1838398	2784053	2160226	2690407
第一产业增加值	万元	204227	263824	337693	197825	183207
农业增加值	万元	97300	165110	175647	148808	109569
牧业增加值	万元	103774	94851	158124	44705	68350
第二产业增加值	万元	1169294	989572	1829345	1135467	1767694
公共财政收入	万元	69575	107908	134705	159600	238118
各项税收	万元	49525	77029	104534	127845	182928
公共财政支出	万元	202574	306180	302779	252482	316668
居民储蓄存款余额	万元	1722778	1254184	1364152	940278	1040259
年末金融机构各项贷款余额	万元	2224311	323614	924184	1107467	751855
三、农业和工业						
农业机械总动力	万千瓦特	48	58	90	32	32
机收面积	公顷	44801	88454	86613	15973	32000
设施农业占地面积	公顷	163	221	275	206	72
棉花产量	吨	45	317	1796	39	76
油料产量	吨	2303	13370	2364	2266	14173
规模以上工业企业单位数	个	123	88	183	54	112
四、教育、卫生和社会保障						
普通中学在校学生数	人	35799	22373	38324	11938	20632
中等职业教育学校在校学生数	人	18263	1460	1023	2044	1523
小学在校学生数	人	41606	41872	51931	13803	31215
医疗卫生机构床位数	床	3268	2504	2484	1114	1751
各种社会福利收养性单位数	个	12	25	16	14	16
各种社会福利收养性单位床位数	床	1028	3707	3883	887	623

2017年县(市)社会经济主要指标

河南省

指　标	单位	卢氏县	义马市	灵宝市	南召县	方城县
一、基本情况						
行政区域面积	平方公里	4004	112	3011	2946	2542
乡个数	个	10		5	8	5
镇个数	个	9		10	8	10
街道办事处个数	个		7	2		2
户籍人口	万人	38	17	75	69	118
第二产业从业人员	人	19632	56655	68960	81524	33486
第三产业从业人员	人	39563	38826	56020	68738	41751
固定电话用户	户	20123	11381	37971	14032	13404
二、综合经济						
地区生产总值	万元	896433	1369734	5201403	1398619	2167696
第一产业增加值	万元	206767	11349	535594	184952	383925
农业增加值	万元	173790	5097	478989	106239	277508
牧业增加值	万元	21381	5880	47955	50442	93470
第二产业增加值	万元	289615	944290	3239647	679379	984798
公共财政收入	万元	63116	132600	218076	59085	94731
各项税收	万元	46231	73339	148342	34699	56836
公共财政支出	万元	300312	164779	414140	293738	438604
居民储蓄存款余额	万元	881124	717686	2306877	1064872	1479853
年末金融机构各项贷款余额	万元	578597	824221	1489210	696391	1017241
三、农业和工业						
农业机械总动力	万千瓦特	18	1	58	42	136
机收面积	公顷	4570	990	32120	29600	116355
设施农业占地面积	公顷	629	12	1238	693	2690
棉花产量	吨		2	609		750
油料产量	吨	781	353	7959	64929	265537
规模以上工业企业单位数	个	43	51	200	185	226
四、教育、卫生和社会保障						
普通中学在校学生数	人	14738	5007	31660	36518	61353
中等职业教育学校在校学生数	人	1963	55	2642	1308	2927
小学在校学生数	人	21070	10003	45038	69609	124996
医疗卫生机构床位数	床	1786	1230	2627	2200	3251
各种社会福利收养性单位数	个	20	6	30	20	38
各种社会福利收养性单位床位数	床	1710	660	2500	1534	8683

2017年县(市)社会经济主要指标

河南省

指　标	单位	西峡县	镇平县	内乡县	淅川县	社旗县
一、基本情况						
行政区域面积	平方公里	3454	1494	2301	2818	1152
乡个数	个	2	4	4	4	1
镇个数	个	14	15	12	11	13
街道办事处个数	个	3	3		2	2
户籍人口	万人	49	109	73	73	77
第二产业从业人员	人	82316	170700	116839	81168	21865
第三产业从业人员	人	116045	175000	99012	83098	22145
固定电话用户	户	35150	32390	16800	15000	42153
二、综合经济						
地区生产总值	万元	2520315	2591070	1941272	2142447	1694673
第一产业增加值	万元	283261	309151	362384	362286	357092
农业增加值	万元	199025	226210	207050	215888	240941
牧业增加值	万元	60560	71490	145787	124006	109750
第二产业增加值	万元	1437965	1279246	926418	1040586	745499
公共财政收入	万元	140877	86303	100100	85318	54637
各项税收	万元	102228	56670	67273	51336	34202
公共财政支出	万元	305477	392052	334416	442351	309496
居民储蓄存款余额	万元	1394000	2143564	1423229	1478553	886745
年末金融机构各项贷款余额	万元	1171900	1026560	1360324	1158079	662453
三、农业和工业						
农业机械总动力	万千瓦特	15	104	78	59	123
机收面积	公顷	24933	70000	54610	49440	95356
设施农业占地面积	公顷	16581	321	2055	1830	178
棉花产量	吨		331	593	276	1258
油料产量	吨	7518	78779	85295	94817	112390
规模以上工业企业单位数	个	264	238	171	141	173
四、教育、卫生和社会保障						
普通中学在校学生数	人	37517	53022	43804	52443	29457
中等职业教育学校在校学生数	人	5617	2961	2664	2073	3245
小学在校学生数	人	55478	106708	75848	63016	70687
医疗卫生机构床位数	床	2658	3340	2077	2375	1723
各种社会福利收养性单位数	个	32	27	40	18	15
各种社会福利收养性单位床位数	床	2340	1554	2243	3694	4281

2017年县(市)社会经济主要指标

河南省

指　　标	单位	唐河县	新野县	桐柏县	邓州市	民权县
一、基本情况						
行政区域面积	平方公里	2502	1062	1915	2360	1238
乡个数	个	7	5	3	4	6
镇个数	个	12	8	13	20	11
街道办事处个数	个	4	2		4	2
户籍人口	万人	147	85	50	179	101
第二产业从业人员	人	38472	121227	83001	177000	225689
第三产业从业人员	人	43116	84614	75269	269000	162356
固定电话用户	户	35000	5562	17418	65000	29314
二、综合经济						
地区生产总值	万元	3094090	2616641	1623169	4105408	2237751
第一产业增加值	万元	725823	449680	210221	994184	446157
农业增加值	万元	459220	277537	128672	652339	338007
牧业增加值	万元	256268	164030	55446	332380	90000
第二产业增加值	万元	1276463	1192868	822441	1474777	842684
公共财政收入	万元	85723	71366	92198	146366	89728
各项税收	万元	59624	41797	51822	99738	59362
公共财政支出	万元	545775	303169	267369	702017	396012
居民储蓄存款余额	万元	2238647	1714127	823626	2761351	1473413
年末金融机构各项贷款余额	万元	1011270	1106176	536715	1948032	1085522
三、农业和工业						
农业机械总动力	万千瓦特	246	168	85	193	95
机收面积	公顷	229917	79600	41473	235307	122360
设施农业占地面积	公顷	183	1098	757	2245	2166
棉花产量	吨	1438	461	72	1200	276
油料产量	吨	201153	157146	71471	301900	108297
规模以上工业企业单位数	个	216	210	165	165	163
四、教育、卫生和社会保障						
普通中学在校学生数	人	41116	40426	28510	94731	47459
中等职业教育学校在校学生数	人	5654	602	1890	7633	2479
小学在校学生数	人	136863	83113	51132	179292	74127
医疗卫生机构床位数	床	3159	2921	1429	7826	3375
各种社会福利收养性单位数	个	26	40	19	160	21
各种社会福利收养性单位床位数	床	1267	3950	762	4180	2485

2017年县(市)社会经济主要指标

河南省

指　　标	单位	睢　县	宁陵县	柘城县	虞城县	夏邑县
一、基本情况						
行政区域面积	平方公里	920	797	1042	1346	1486
乡个数	个	12	7	10	15	11
镇个数	个	8	7	10	10	13
街道办事处个数	个			2		
户籍人口	万人	92	72	110	136	131
第二产业从业人员	人	172708	85304	171116	282696	108682
第三产业从业人员	人	118297	42549	142366	176014	289326
固定电话用户	户	28624	24000	17500	48328	39131
二、综合经济						
地区生产总值	万元	1684355	1168881	2054189	2622273	2303927
第一产业增加值	万元	413580	251177	425222	453207	469505
农业增加值	万元	333530	196397	327157	355002	362980
牧业增加值	万元	71000	47000	89000	86105	93265
第二产业增加值	万元	658303	502279	762314	1068996	900032
公共财政收入	万元	64649	46688	71455	85654	72108
各项税收	万元	46304	32363	47223	60418	46056
公共财政支出	万元	369567	296006	407395	452227	482508
居民储蓄存款余额	万元	1476962	1016183	1674590	1987076	2222435
年末金融机构各项贷款余额	万元	598549	851057	619291	934659	758278
三、农业和工业						
农业机械总动力	万千瓦特	112	64	112	242	99
机收面积	公顷	118754	86227	101600	156013	145556
设施农业占地面积	公顷	358	855	65	10073	6896
棉花产量	吨	960	16	644	2471	198
油料产量	吨	63180	88968	4589	43460	16118
规模以上工业企业单位数	个	106	91	99	156	191
四、教育、卫生和社会保障						
普通中学在校学生数	人	46980	28852	51268	76526	50540
中等职业教育学校在校学生数	人	2960	1178	2643	4198	2772
小学在校学生数	人	67978	59383	71749	128842	91783
医疗卫生机构床位数	床	3664	2271	4488	4621	2650
各种社会福利收养性单位数	个	27	20	20	35	33
各种社会福利收养性单位床位数	床	2374	831	3250	5366	4520

2017年县(市)社会经济主要指标

河南省

指　　标	单位	永城市	罗山县	光山县	新　县	商城县
一、基本情况						
行政区域面积	平方公里	2012	2077	1835	1554	2117
乡个数	个	6	6	10	10	7
镇个数	个	23	11	7	5	10
街道办事处个数	个		3	2	1	2
户籍人口	万人	163	79	94	38	80
第二产业从业人员	人	295046	29581	93432	45676	125466
第三产业从业人员	人	368094	31087	169115	89618	106454
固定电话用户	户	45564	28801	46587	8000	15200
二、综合经济						
地区生产总值	万元	5091148	1866276	1824598	1276496	1805306
第一产业增加值	万元	594452	452023	497759	252366	407512
农业增加值	万元	408452	326475	370467	172261	257203
牧业增加值	万元	171921	81968	92646	32873	92102
第二产业增加值	万元	2471636	670384	633342	540117	736834
公共财政收入	万元	374266	54255	51332	50009	59735
各项税收	万元	262631	34459	36834	30262	37377
公共财政支出	万元	776369	321780	409536	234285	357700
居民储蓄存款余额	万元	3266903	1812362	1968311	959098	1679643
年末金融机构各项贷款余额	万元	2776414	744027	1024822	592790	737689
三、农业和工业						
农业机械总动力	万千瓦特	183	81	45	25	36
机收面积	公顷	192171	94587	68350	18297	38030
设施农业占地面积	公顷	7667	1351	2009	753	527
棉花产量	吨	200	67	79	22	49
油料产量	吨	4927	41655	46316	27119	40737
规模以上工业企业单位数	个	213	122	126	59	91
四、教育、卫生和社会保障						
普通中学在校学生数	人	81687	40865	65552	23964	48020
中等职业教育学校在校学生数	人	22890	5068	3106	6761	2206
小学在校学生数	人	157526	61704	64950	26430	58394
医疗卫生机构床位数	床	12651	2117	2473	803	1897
各种社会福利收养性单位数	个	54	52	30	18	25
各种社会福利收养性单位床位数	床	5037	4788	1510	1265	3114

2017年县(市)社会经济主要指标

河南省

指　标	单位	固始县	潢川县	淮滨县	息　县	扶沟县
一、基本情况						
行政区域面积	平方公里	2946	1635	1208	1835	1163
乡个数	个	12	8	10	12	6
镇个数	个	18	9	5	6	9
街道办事处个数	个	3	4	4	4	1
户籍人口	万人	177	90	82	113	79
第二产业从业人员	人	240612	82000	141300	123509	109000
第三产业从业人员	人	411734	141400	172059	158246	136000
固定电话用户	户	70083	43882	20740	18234	12000
二、综合经济						
地区生产总值	万元	3208195	2387354	1679062	2030381	1816551
第一产业增加值	万元	741083	487077	362431	459765	390729
农业增加值	万元	474566	299683	242479	345434	287920
牧业增加值	万元	221373	148775	93246	80687	94812
第二产业增加值	万元	1002300	848199	704807	808104	872573
公共财政收入	万元	117779	60769	55150	52086	68983
各项税收	万元	82141	40429	30109	32293	46307
公共财政支出	万元	746469	370281	409377	414689	337636
居民储蓄存款余额	万元	3584308	1769764	1405910	1945542	1594447
年末金融机构各项贷款余额	万元	1754000	2402186	700915	803894	600189
三、农业和工业						
农业机械总动力	万千瓦特	124	53	76	136	106
机收面积	公顷	204333	98000	103536	150322	107228
设施农业占地面积	公顷	2875	489	462	2210	10267
棉花产量	吨	276	38	186	371	861
油料产量	吨	120044	59079	59165	38833	47442
规模以上工业企业单位数	个	213	123	120	112	109
四、教育、卫生和社会保障						
普通中学在校学生数	人	104277	44038	47515	52768	47426
中等职业教育学校在校学生数	人	15312	2945	8790	2996	2558
小学在校学生数	人	126482	59706	59150	89476	51869
医疗卫生机构床位数	床	4314	1839	2029	2230	3744
各种社会福利收养性单位数	个	53	28	40	30	13
各种社会福利收养性单位床位数	床	1647	1212	1956	1890	1102

2017年县(市)社会经济主要指标

河南省

指　标	单位	西华县	商水县	沈丘县	郸城县	淮阳县
一、基本情况						
行政区域面积	平方公里	1194	1267	1082	1490	1335
乡个数	个	9	11	8	11	11
镇个数	个	8	9	12	8	7
街道办事处个数	个	4	3	2	3	1
户籍人口	万人	97	132	140	158	149
第二产业从业人员	人	120700	178100	239000	180700	200325
第三产业从业人员	人	204000	216900	178629	246000	196365
固定电话用户	户	20496	19900	59800	95068	37902
二、综合经济						
地区生产总值	万元	2286357	2401526	2553612	2396903	2157570
第一产业增加值	万元	532153	573415	443528	499421	459325
农业增加值	万元	371355	403984	278673	344367	281553
牧业增加值	万元	149951	155653	156223	142690	161998
第二产业增加值	万元	1059877	1010005	1138238	1153509	991323
公共财政收入	万元	70364	66542	127919	100988	80852
各项税收	万元	41300	46387	90156	62438	49058
公共财政支出	万元	417831	476772	520555	502761	525869
居民储蓄存款余额	万元	1729382	2057816	2288678	2206180	2198956
年末金融机构各项贷款余额	万元	560626	584621	1397993	643731	535161
三、农业和工业						
农业机械总动力	万千瓦特	104	92	102	166	98
机收面积	公顷	132856	159800	122741	138620	140062
设施农业占地面积	公顷	2614	823	1618	22365	2809
棉花产量	吨	2395	947	49	730	189
油料产量	吨	45681	55829	65006	33917	122977
规模以上工业企业单位数	个	128	181	126	141	132
四、教育、卫生和社会保障						
普通中学在校学生数	人	47365	74329	72673	97897	83304
中等职业教育学校在校学生数	人	3345	4906	3012	4411	1588
小学在校学生数	人	65723	97158	98420	119396	107628
医疗卫生机构床位数	床	2805	3076	3847	4030	3618
各种社会福利收养性单位数	个	17	25	29	23	19
各种社会福利收养性单位床位数	床	1100	3267	4836	3026	1817

2017年县(市)社会经济主要指标

河南省

指　　标	单位	太康县	鹿邑县	项城市	西平县	上蔡县
一、基本情况						
行政区域面积	平方公里	1755	1238	1086	1090	1529
乡个数	个	10	7		10	11
镇个数	个	13	13	15	6	11
街道办事处个数	个		4	6	3	4
户籍人口	万人	164	138	136	89	160
第二产业从业人员	人	185500	102365	255200	252694	339820
第三产业从业人员	人	195500	129965	199900	277437	311482
固定电话用户	户	10203	139300	78050	32300	30065
二、综合经济						
地区生产总值	万元	2517175	3053377	3053892	2227389	2228158
第一产业增加值	万元	547962	491713	442282	469369	409143
农业增加值	万元	350563	320241	307076	243472	232818
牧业增加值	万元	188072	162924	126930	220628	170121
第二产业增加值	万元	1053427	1389730	1408092	763491	895930
公共财政收入	万元	100523	125238	109669	82980	66626
各项税收	万元	66767	85268	77073	57353	41779
公共财政支出	万元	566016	537009	456163	366363	539453
居民储蓄存款余额	万元	2359785	1911800	2455385	1939349	2717987
年末金融机构各项贷款余额	万元	880655	1002600	761665	1038798	1037633
三、农业和工业						
农业机械总动力	万千瓦特	163	132	65	116	163
机收面积	公顷	182736	128676	132560	131548	152667
设施农业占地面积	公顷	1872	540	1299	240	8650
棉花产量	吨	1032	1210	460		257
油料产量	吨	31417	19032	44427	35304	92416
规模以上工业企业单位数	个	131	150	165	105	141
四、教育、卫生和社会保障						
普通中学在校学生数	人	83781	67183	77362	38251	61650
中等职业教育学校在校学生数	人	900	1700	3096	2118	3634
小学在校学生数	人	124569	95455	99376	50247	119356
医疗卫生机构床位数	床	6774	10336	4478	4469	4850
各种社会福利收养性单位数	个	23	23	26	26	29
各种社会福利收养性单位床位数	床	3078	3266	1982	1640	5310

2017年县(市)社会经济主要指标

河南省

指　　标	单位	平舆县	正阳县	确山县	泌阳县	汝南县
一、基本情况						
行政区域面积	平方公里	1282	1889	1644	2346	1504
乡个数	个	5	11		10	2
镇个数	个	11	7	10	9	12
街道办事处个数	个	3	2	3	3	4
户籍人口	万人	116	88	56	96	90
第二产业从业人员	人	221290	139775	107768	151886	179614
第三产业从业人员	人	123615	183395	93190	190598	128389
固定电话用户	户	12644	16800	11270	7689	24670
二、综合经济						
地区生产总值	万元	2132749	1741417	1679620	2215493	1938280
第一产业增加值	万元	377652	494786	316515	485029	461473
农业增加值	万元	219205	258739	167730	257351	236778
牧业增加值	万元	152845	226615	137407	213499	202535
第二产业增加值	万元	923472	500326	688044	905061	746091
公共财政收入	万元	80099	58366	83617	90039	70819
各项税收	万元	50498	32803	48434	64439	42582
公共财政支出	万元	405466	487399	284960	474275	375050
居民储蓄存款余额	万元	2060203	1807113	1544481	1556197	1755000
年末金融机构各项贷款余额	万元	875707	944327	690887	758336	743000
三、农业和工业						
农业机械总动力	万千瓦特	161	241	97	144	132
机收面积	公顷	118650	202972	53200	124500	124098
设施农业占地面积	公顷	1112	560	873	1786	793
棉花产量	吨	3		12	163	
油料产量	吨	63509	390546	158601	201706	235912
规模以上工业企业单位数	个	173	108	180	179	123
四、教育、卫生和社会保障						
普通中学在校学生数	人	48516	39635	37394	54641	25843
中等职业教育学校在校学生数	人	2092	3800	708	3358	2503
小学在校学生数	人	87788	78981	49152	86978	67440
医疗卫生机构床位数	床	3600	2947	2377	3836	2581
各种社会福利收养性单位数	个	32	24	23	22	30
各种社会福利收养性单位床位数	床	2512	2198	2445	1733	3523

2017年县(市)社会经济主要指标

河南省、湖北省

指　　标	单位	遂平县	新蔡县	济源市	阳新县	大冶市
一、基本情况						
行政区域面积	平方公里	1063	1447	1899	2794	1566
乡个数	个	3	9			1
镇个数	个	8	11	11	16	10
街道办事处个数	个	3	3	5		5
户籍人口	万人	57	125	72	110	98
第二产业从业人员	人	113351	219990	176609	243175	211863
第三产业从业人员	人	103340	174943	204556	241118	337091
固定电话用户	户	21185	18760	50700	52000	104328
二、综合经济						
地区生产总值	万元	2020390	1898294	6001207	2387415	5776762
第一产业增加值	万元	292573	455153	190902	498915	411662
农业增加值	万元	152090	258554	74857	199907	179484
牧业增加值	万元	134083	185041	91362	78944	95282
第二产业增加值	万元	917558	652100	3954413	985300	3933200
公共财政收入	万元	85325	69506	404054	150000	449573
各项税收	万元	57306	49745	332220	94860	538214
公共财政支出	万元	302615	509600	650095	559800	704773
居民储蓄存款余额	万元	1392966	2032710	2646021	1851485	2412100
年末金融机构各项贷款余额	万元	1089773	866006	2747208	1436400	3174600
三、农业和工业						
农业机械总动力	万千瓦特	105	135	72	62	52
机收面积	公顷	92478	141750	47556	63330	42710
设施农业占地面积	公顷	219	137	595	3176	2905
棉花产量	吨	19	400	246	2272	2188
油料产量	吨	42616	85500	1027	47946	50168
规模以上工业企业单位数	个	147	171	260	135	460
四、教育、卫生和社会保障						
普通中学在校学生数	人	16971	42435	39900	41911	35543
中等职业教育学校在校学生数	人	2059	1671	9774	2636	2360
小学在校学生数	人	47974	102098	53300	97763	71413
医疗卫生机构床位数	床	2718	4617	3180	3193	3469
各种社会福利收养性单位数	个	19	25	15	24	20
各种社会福利收养性单位床位数	床	1247	2357	1771	2145	1850

2017年县(市)社会经济主要指标

湖北省

指　　标	单位	郧阳区	郧西县	竹山县	竹溪县	房　县
一、基本情况						
行政区域面积	平方公里	3832	3509	3586	3310	5110
乡个数	个	3	7	8	4	8
镇个数	个	16	9	9	11	12
街道办事处个数	个				4	
户籍人口	万人	63	51	46	36	48
第二产业从业人员	人	84136	7852	74030	74001	16706
第三产业从业人员	人	52565	17198	60200	82900	26841
固定电话用户	户	18500	35191	6046	31000	42850
二、综合经济						
地区生产总值	万元	1136574	701085	968742	752915	881934
第一产业增加值	万元	262012	206452	270561	210999	293357
农业增加值	万元	155740	141665	184155	153961	174876
牧业增加值	万元	86446	47727	39489	43459	59280
第二产业增加值	万元	454749	203445	344831	336798	283890
公共财政收入	万元	93627	41626	85846	47617	57801
各项税收	万元	88981	28571	35851	28617	39757
公共财政支出	万元	395614	333610	355903	422773	392650
居民储蓄存款余额	万元	1194628	1273802	975547	836586	1077136
年末金融机构各项贷款余额	万元	966055	620795	873118	566252	809000
三、农业和工业						
农业机械总动力	万千瓦特	42	36	26	3	43
机收面积	公顷	26820	8970	941	9370	3240
设施农业占地面积	公顷	582	358	8623	1814	659
棉花产量	吨	61				
油料产量	吨	22497	17738	55877	27770	23193
规模以上工业企业单位数	个	169	26	41	37	48
四、教育、卫生和社会保障						
普通中学在校学生数	人	5886	11387	17059	13370	15808
中等职业教育学校在校学生数	人	5988	2908	1381	1142	610
小学在校学生数	人	29818	30103	28169	22400	26943
医疗卫生机构床位数	床	3283	2810	2582	2641	2765
各种社会福利收养性单位数	个	23	19	19	21	22
各种社会福利收养性单位床位数	床	2579	1930	2338	2532	1521

2017年县(市)社会经济主要指标

湖北省

指　　标	单位	丹江口市	夷陵区	远安县	兴山县	秭归县
一、基本情况						
行政区域面积	平方公里	3121	3420	1752	2317	2427
乡个数	个		2	1	2	4
镇个数	个	12	9	6	6	8
街道办事处个数	个	5	1			
户籍人口	万人	46	52	19	17	37
第二产业从业人员	人	91982	134386	43456	11533	57643
第三产业从业人员	人	87860	111106	57814	41168	68464
固定电话用户	户	54010	50100	28417	10282	21232
二、综合经济						
地区生产总值	万元	2234856	5514254	2072566	1106130	1220018
第一产业增加值	万元	282631	610154	192563	125278	259631
农业增加值	万元	121033	461471	144159	78712	191933
牧业增加值	万元	85051	125484	35767	38206	59912
第二产业增加值	万元	1132704	3264300	1311592	609867	436400
公共财政收入	万元	149238	260168	115372	74348	74200
各项税收	万元	84975	186359	87832	48828	45400
公共财政支出	万元	485865	458054	242524	256838	341200
居民储蓄存款余额	万元	1868468	2391422	785571	557980	1002300
年末金融机构各项贷款余额	万元	1870220	3124917	822249	1006855	1082300
三、农业和工业						
农业机械总动力	万千瓦特	24	34	25	16	17
机收面积	公顷	9095	15371	7490		2311
设施农业占地面积	公顷	1164	911	370	139	4
棉花产量	吨					
油料产量	吨	13072	23206	14898	8597	17561
规模以上工业企业单位数	个	192	228	99	22	81
四、教育、卫生和社会保障						
普通中学在校学生数	人	16207	16166	3146	4494	10438
中等职业教育学校在校学生数	人	3145		1682	909	2161
小学在校学生数	人	30515	20937	7793	6014	13185
医疗卫生机构床位数	床	3415	2482	1053	845	2866
各种社会福利收养性单位数	个	23	15	9	8	21
各种社会福利收养性单位床位数	床	2483	1716	666	540	2335

2017年县(市)社会经济主要指标

湖北省

指　　标	单位	长阳土家族自治县	五峰土家族自治县	宜都市	当阳市	枝江市
一、基本情况						
行政区域面积	平方公里	3436	2350	1357	2159	1345
乡个数	个	3	3	1		
镇个数	个	8	5	8	7	8
街道办事处个数	个			1	3	1
户籍人口	万人	39	20	39	47	48
第二产业从业人员	人	47699	13330	95411	96412	114304
第三产业从业人员	人	75661	17544	112351	78125	99893
固定电话用户	户	17300	14324	34870	38100	42067
二、综合经济						
地区生产总值	万元	1315074	636483	5709368	4839451	4826815
第一产业增加值	万元	369846	205687	447861	765024	761678
农业增加值	万元	244475	150483	293070	499532	471575
牧业增加值	万元	93614	37312	115629	161173	157041
第二产业增加值	万元	386400	205442	3496004	2634738	2457390
公共财政收入	万元	71304	32607	280001	175386	178068
各项税收	万元	43339	19643	214828	126713	153430
公共财政支出	万元	342966	259755	489473	393824	384048
居民储蓄存款余额	万元	1119973	531731	1638287	2011800	2064777
年末金融机构各项贷款余额	万元	1242381	444278	1366361	1630000	1653690
三、农业和工业						
农业机械总动力	万千瓦特	24	16	18	73	70
机收面积	公顷	923	1946	8637	80207	67000
设施农业占地面积	公顷	245	24	360	274	331
棉花产量	吨				1183	7536
油料产量	吨	15502	3380	22825	68057	47469
规模以上工业企业单位数	个	60	47	271	266	240
四、教育、卫生和社会保障						
普通中学在校学生数	人	10866	4314	9995	8915	11296
中等职业教育学校在校学生数	人	3116	826	2066	2354	1498
小学在校学生数	人	14104	7091	15301	18253	15645
医疗卫生机构床位数	床	1992	790	2386	2061	2684
各种社会福利收养性单位数	个	18	9	25	12	21
各种社会福利收养性单位床位数	床	1505	748	2573	1298	2020

2017年县(市)社会经济主要指标

湖北省

指　　标	单位	襄州区	南漳县	谷城县	保康县	老河口市
一、基本情况						
行政区域面积	平方公里	2467	3859	2553	3222	1052
乡个数	个			1	1	1
镇个数	个	12	10	9	10	7
街道办事处个数	个	4				2
户籍人口	万人	106	58	60	27	52
第二产业从业人员	人	151165	114390	96512	19825	120798
第三产业从业人员	人	206053	141740	93412	60431	126640
固定电话用户	户	57742	38069	49913	29578	31330
二、综合经济						
地区生产总值	万元	6314658	2463095	3440767	1150373	3430768
第一产业增加值	万元	938558	446541	361538	202506	435842
农业增加值	万元	520521	245566	203737	130645	267346
牧业增加值	万元	338991	167938	120554	54690	117141
第二产业增加值	万元	3305800	989451	2160598	542975	1846701
公共财政收入	万元	371591	133162	188629	100576	402026
各项税收	万元	254773	87571	109722	82048	161976
公共财政支出	万元	646848	397055	514882	318930	567215
居民储蓄存款余额	万元	1858322	1521525	1974605	699910	1566402
年末金融机构各项贷款余额	万元	1195390	1005641	1220725	634461	1397167
三、农业和工业						
农业机械总动力	万千瓦特	133	67	31	28	72
机收面积	公顷	175015	52717	44633	14033	55310
设施农业占地面积	公顷	611	168	396	283	106
棉花产量	吨	1900				2000
油料产量	吨	98377	15860	19881	15653	22700
规模以上工业企业单位数	个	232	89	166	99	195
四、教育、卫生和社会保障						
普通中学在校学生数	人	32395	16375	21131	7915	20245
中等职业教育学校在校学生数	人	1760	1224	1575	1137	276
小学在校学生数	人	59001	27154	35573	12771	35235
医疗卫生机构床位数	床	4065	2615	3435	1944	3410
各种社会福利收养性单位数	个	44	15	27	14	13
各种社会福利收养性单位床位数	床	5633	3573	3232	1387	2580

2017年县(市)社会经济主要指标

湖北省

指　　标	单位	枣阳市	宜城市	京山县	沙洋县	钟祥市
一、基本情况						
行政区域面积	平方公里	3276	2115	3520	2044	4488
乡个数	个					1
镇个数	个	12	8	14	13	15
街道办事处个数	个	3	2			1
户籍人口	万人	113	56	64	60	105
第二产业从业人员	人	241975	101322	153065	115575	168010
第三产业从业人员	人	265012	143212	125973	134875	250908
固定电话用户	户	65500	39000	52342	41721	46474
二、综合经济						
地区生产总值	万元	6059939	3283034	3597910	2788143	4681418
第一产业增加值	万元	921446	506463	564810	648443	725818
农业增加值	万元	525627	305794	282642	302833	390124
牧业增加值	万元	320463	151519	132031	132825	179030
第二产业增加值	万元	2880239	1948825	1963200	1166000	2537300
公共财政收入	万元	307419	267496	162230	114253	205690
各项税收	万元	185942	135265	104775	88682	123615
公共财政支出	万元	748736	586153	442469	376817	831728
居民储蓄存款余额	万元	3123069	1262344	2363296	1654978	3686042
年末金融机构各项贷款余额	万元	2096694	1249567	1640509	866341	1930422
三、农业和工业						
农业机械总动力	万千瓦特	155	78	108	110	165
机收面积	公顷	203339	56090	106582	128295	112059
设施农业占地面积	公顷	406	350	2409	1045	2620
棉花产量	吨	2200	4800	2545	979	2056
油料产量	吨	45048	65072	47307	108088	91568
规模以上工业企业单位数	个	286	163	327	208	327
四、教育、卫生和社会保障						
普通中学在校学生数	人	42420	18899	17440	12417	34208
中等职业教育学校在校学生数	人	3654		2565	1738	3881
小学在校学生数	人	70124	30567	24636	19041	46791
医疗卫生机构床位数	床	6340	3254	2979	2920	5010
各种社会福利收养性单位数	个	39	14	24	20	33
各种社会福利收养性单位床位数	床	4088	1821	3756	2062	5271

2017年县(市)社会经济主要指标

湖北省

指　　标	单位	孝昌县	大悟县	云梦县	应城市	安陆市
一、基本情况						
行政区域面积	平方公里	1191	1982	605	1103	1353
乡个数	个	4	3	3		4
镇个数	个	8	14	9	10	9
街道办事处个数	个				5	2
户籍人口	万人	67	66	58	66	62
第二产业从业人员	人	124836	109055	179098	168597	228915
第三产业从业人员	人	165401	92759	188191	177294	123538
固定电话用户	户	45501	119752	68777	44655	70378
二、综合经济						
地区生产总值	万元	1194888	1405192	2354698	2861968	2081814
第一产业增加值	万元	335372	366382	359347	480813	343834
农业增加值	万元	195124	214723	216999	218176	166888
牧业增加值	万元	82254	63895	85394	113431	131732
第二产业增加值	万元	413006	402129	1262904	1607893	894736
公共财政收入	万元	95618	98293	137485	167735	111129
各项税收	万元	77318	59224	140703	110529	122172
公共财政支出	万元	391917	425103	336255	403936	283112
居民储蓄存款余额	万元	1340207	1533298	1643145	1943973	1800714
年末金融机构各项贷款余额	万元	708452	908072	809320	1389165	1251748
三、农业和工业						
农业机械总动力	万千瓦特	34	25	27	38	33
机收面积	公顷	55119	8458	34442	38306	44796
设施农业占地面积	公顷	1177	1015	3712	11985	4872
棉花产量	吨	2447	544	2389	1147	984
油料产量	吨	37358	57028	21243	29733	18764
规模以上工业企业单位数	个	66	70	174	173	106
四、教育、卫生和社会保障						
普通中学在校学生数	人	21961	23500	17000	18124	20153
中等职业教育学校在校学生数	人	807	1100	1300	796	3614
小学在校学生数	人	31886	34604	27800	23930	27957
医疗卫生机构床位数	床	2070	3229	2397	3652	2704
各种社会福利收养性单位数	个	18	19	22	27	21
各种社会福利收养性单位床位数	床	2109	2134	4880	3993	2713

2017年县(市)社会经济主要指标

湖北省

指　　标	单位	汉川市	公安县	监利县	江陵县	石首市
一、基本情况						
行政区域面积	平方公里	1659	2257	3201	1049	1406
乡个数	个	6	2	3	2	1
镇个数	个	14	14	18	7	11
街道办事处个数	个	2				2
户籍人口	万人	109	100	156	39	63
第二产业从业人员	人	268260	178236	234440	84645	122830
第三产业从业人员	人	256882	148114	320531	42120	140204
固定电话用户	户	82600	53700	53900	43033	22894
二、综合经济						
地区生产总值	万元	5001231	2500895	2684284	836498	1702986
第一产业增加值	万元	637409	649490	1005166	242552	378378
农业增加值	万元	305897	389364	423672	157407	177851
牧业增加值	万元	157632	111159	134870	49534	73860
第二产业增加值	万元	2931061	1121500	843700	301800	704200
公共财政收入	万元	223239	123442	84532	40978	73761
各项税收	万元	304674	84706	56163	29042	87510
公共财政支出	万元	495427	446053	612886	276177	350230
居民储蓄存款余额	万元	2567852	2621692	2760485	944082	1920103
年末金融机构各项贷款余额	万元	2226721	1265607	1396573	646293	1010590
三、农业和工业						
农业机械总动力	万千瓦特	77	94	166	58	51
机收面积	公顷	83080	115600	185061	65060	63697
设施农业占地面积	公顷	3980	484	398	279	478
棉花产量	吨	3291	17679	9558	1174	6538
油料产量	吨	28107	96663	118236	50840	34992
规模以上工业企业单位数	个	436	142	120	76	109
四、教育、卫生和社会保障						
普通中学在校学生数	人	33248	28923	57846	11048	19516
中等职业教育学校在校学生数	人	3230	2268	556	958	1860
小学在校学生数	人	58163	38327	92715	16903	25844
医疗卫生机构床位数	床	4834	4358	4733	1584	2377
各种社会福利收养性单位数	个	35	22	26	14	41
各种社会福利收养性单位床位数	床	3181	6288	2548	1059	4519

2017年县(市)社会经济主要指标

湖北省

指　　标	单位	洪湖市	松滋市	团风县	红安县	罗田县
一、基本情况						
行政区域面积	平方公里	2444	2177	833	1846	2130
乡个数	个	1	2	2	1	2
镇个数	个	14	14	8	10	10
街道办事处个数	个	2			3	
户籍人口	万人	92	83	37	65	60
第二产业从业人员	人	173883	141192	58100	95467	167600
第三产业从业人员	人	133220	268986	32600	126788	146900
固定电话用户	户	49000	53828	14913	80556	73657
二、综合经济						
地区生产总值	万元	2445242	2693096	997840	1491279	1333338
第一产业增加值	万元	773593	423299	150040	232908	254168
农业增加值	万元	230654	204815	69520	132694	163443
牧业增加值	万元	57273	171048	33956	64196	61299
第二产业增加值	万元	808700	1338400	627200	737350	505439
公共财政收入	万元	89928	182200	57898	167073	74123
各项税收	万元	98740	214536	36641	109511	45439
公共财政支出	万元	430562	484963	246265	442167	363396
居民储蓄存款余额	万元	1902997	2596451	927390	1454288	1662102
年末金融机构各项贷款余额	万元	1217263	1443115	745669	1192022	869415
三、农业和工业						
农业机械总动力	万千瓦特	119	67	26	38	27
机收面积	公顷	121267	76860	26480	45620	29856
设施农业占地面积	公顷	423	474	110	1454	1427
棉花产量	吨	3505	8527	1800	1200	1100
油料产量	吨	85717	26451	14747	84080	33737
规模以上工业企业单位数	个	117	119	73	197	93
四、教育、卫生和社会保障						
普通中学在校学生数	人	27614	23991	9865	24645	18916
中等职业教育学校在校学生数	人	2399	2092	750	3020	3410
小学在校学生数	人	42746	32548	16240	32073	30899
医疗卫生机构床位数	床	2712	3298	1776	3470	3243
各种社会福利收养性单位数	个	24	22	15	15	17
各种社会福利收养性单位床位数	床	4320	3747	1167	1786	3062

2017年县(市)社会经济主要指标

湖北省

指　标	单位	英山县	浠水县	蕲春县	黄梅县	麻城市
一、基本情况						
行政区域面积	平方公里	1449	1949	2398	1701	3747
乡个数	个	3	1	1	4	1
镇个数	个	8	12	13	12	15
街道办事处个数	个			1		3
户籍人口	万人	41	101	101	99	116
第二产业从业人员	人	76388	221350	127800	159167	129869
第三产业从业人员	人	80568	235600	299200	198594	308126
固定电话用户	户	52453	97455	78721	87000	77267
二、综合经济						
地区生产总值	万元	956741	2328665	2281217	1997471	2925836
第一产业增加值	万元	322152	595574	472202	466572	556530
农业增加值	万元	269136	257515	214555	225329	294850
牧业增加值	万元	29887	168361	112056	97943	163013
第二产业增加值	万元	321728	816571	872767	831813	1187629
公共财政收入	万元	48998	98158	134050	114500	192825
各项税收	万元	31821	98895	87480	117123	192825
公共财政支出	万元	252800	466566	263869	472389	618158
居民储蓄存款余额	万元	1165134	2591662	3035443	2621000	2746164
年末金融机构各项贷款余额	万元	634951	1134288	1361528	1468000	2293434
三、农业和工业						
农业机械总动力	万千瓦特	34	48	38	56	41
机收面积	公顷	8834	69587	62253	79220	69378
设施农业占地面积	公顷	380	297	484	400	2771
棉花产量	吨	300	8600	3400	5900	4400
油料产量	吨	13221	62427	55975	54714	87714
规模以上工业企业单位数	个	74	137	128	169	284
四、教育、卫生和社会保障						
普通中学在校学生数	人	14918	34914	40502	43062	42204
中等职业教育学校在校学生数	人	3272	4320	3637	5454	5544
小学在校学生数	人	21511	53029	63245	62076	56763
医疗卫生机构床位数	床	2078	4090	3880	4200	4356
各种社会福利收养性单位数	个	10	28	135	50	40
各种社会福利收养性单位床位数	床	1856	3448	4285	2290	3743

2017年县(市)社会经济主要指标

湖北省

指　标	单位	武穴市	嘉鱼县	通城县	崇阳县	通山县
一、基本情况						
行政区域面积	平方公里	1246	1017	1141	1968	2680
乡个数	个			2	4	4
镇个数	个	8	8	9	8	8
街道办事处个数	个	4				
户籍人口	万人	82	37	53	51	48
第二产业从业人员	人	151062	52300	60200	48500	60800
第三产业从业人员	人	138103	103500	139600	137000	119500
固定电话用户	户	87200	33612	69552	37446	23675
二、综合经济						
地区生产总值	万元	2849198	2297928	1246943	1164340	1086686
第一产业增加值	万元	495097	421228	245543	261140	173186
农业增加值	万元	200447	288017	128058	131407	91016
牧业增加值	万元	168680	21728	83048	86743	37571
第二产业增加值	万元	1385635	1211700	504400	405900	353300
公共财政收入	万元	186189	106735	73784	74903	64000
各项税收	万元	182226	126939	44235	45653	39500
公共财政支出	万元	460590	282106	275126	285622	294878
居民储蓄存款余额	万元	2280500	874417	1174300	1087600	779900
年末金融机构各项贷款余额	万元	1340100	941264	706700	763817	830000
三、农业和工业						
农业机械总动力	万千瓦特	30	41	32	21	20
机收面积	公顷	77053	38206	28590	28996	11263
设施农业占地面积	公顷	404	694	102	356	269
棉花产量	吨	2500	228	167	1805	
油料产量	吨	45871	15932	13649	19775	9805
规模以上工业企业单位数	个	209	170	79	81	65
四、教育、卫生和社会保障						
普通中学在校学生数	人	33544	10168	12850	15061	21054
中等职业教育学校在校学生数	人	5269	665	785	2702	952
小学在校学生数	人	65871	15052	37365	39290	43985
医疗卫生机构床位数	床	3384	1431	2173	2301	1700
各种社会福利收养性单位数	个	16	16	15	16	15
各种社会福利收养性单位床位数	床	1706	1466	1482	1320	1873

2017年县(市)社会经济主要指标

湖北省

指　　标	单位	赤壁市	随　县	广水市	恩施市	利川市
一、基本情况						
行政区域面积	平方公里	1723	5543	2647	3967	4607
乡个数	个	1			8	5
镇个数	个	10	19	13	5	7
街道办事处个数	个	3		4	3	2
户籍人口	万人	53	93	92	82	91
第二产业从业人员	人	68500	124606	178264	104600	162705
第三产业从业人员	人	149300	128766	331045	157800	155682
固定电话用户	户	62000	33559	50800	40000	39000
二、综合经济						
地区生产总值	万元	3894726	2022353	2907649	2116782	1204579
第一产业增加值	万元	470226	649453	518110	293804	350884
农业增加值	万元	283032	393532	294804	181099	216283
牧业增加值	万元	49362	173898	138997	90199	107722
第二产业增加值	万元	1671300	900100	1416600	845283	330503
公共财政收入	万元	184917	80100	121410	211142	101717
各项税收	万元	138715	46000	79122	164230	71435
公共财政支出	万元	421300	394595	439599	616563	649165
居民储蓄存款余额	万元	1478000		2705200	1929101	1617190
年末金融机构各项贷款余额	万元	1346191	1022600	1072500	4056071	1475782
三、农业和工业						
农业机械总动力	万千瓦特	43	134	47	25	35
机收面积	公顷	51514	82712	50699	8600	27200
设施农业占地面积	公顷	575	760	919	811	561
棉花产量	吨	3460	1171	3044		
油料产量	吨	43528	32038	52618	20323	14367
规模以上工业企业单位数	个	202	252	206	91	61
四、教育、卫生和社会保障						
普通中学在校学生数	人	20719	21004	30773	43079	45111
中等职业教育学校在校学生数	人	3859	1699	4214	3468	3562
小学在校学生数	人	35844	41221	48491	52928	69733
医疗卫生机构床位数	床	2372	2571	3284	7223	4919
各种社会福利收养性单位数	个	18	35	35	31	16
各种社会福利收养性单位床位数	床	2080	3835	3864	2247	2030

2017年县(市)社会经济主要指标

湖北省

指 标	单位	建始县	巴东县	宣恩县	咸丰县	来凤县
一、基本情况						
行政区域面积	平方公里	2665	3352	2737	2523	1342
乡个数	个	3	2	4	4	2
镇个数	个	7	10	5	6	6
街道办事处个数	个					
户籍人口	万人	51	49	36	38	33
第二产业从业人员	人	78075	39352	21372	96000	56985
第三产业从业人员	人	79049	146317	125407	111800	68325
固定电话用户	户	27872	29317	14938	93480	20560
二、综合经济						
地区生产总值	万元	936599	1070889	679525	794235	694143
第一产业增加值	万元	209546	199273	172738	174128	139020
农业增加值	万元	129163	122831	106475	107332	85691
牧业增加值	万元	64331	61177	53031	53458	42679
第二产业增加值	万元	303308	432839	190924	238861	198939
公共财政收入	万元	57888	63818	35508	76377	38888
各项税收	万元	40074	46063	26789	31315	30158
公共财政支出	万元	393693	376604	299224	296120	254110
居民储蓄存款余额	万元	790472	878242	549715	724846	664608
年末金融机构各项贷款余额	万元	727215	653403	509832	573353	685671
三、农业和工业						
农业机械总动力	万千瓦特	32	34	27	29	20
机收面积	公顷	270	2898	4870		7230
设施农业占地面积	公顷	270	364	18	365	186
棉花产量	吨					
油料产量	吨	19101	25214	7836	18457	9604
规模以上工业企业单位数	个	65	44	56	70	57
四、教育、卫生和社会保障						
普通中学在校学生数	人	20644	22785	14201	18968	15915
中等职业教育学校在校学生数	人	2438	1694	1414	3895	1869
小学在校学生数	人	28662	27752	22023	24901	25269
医疗卫生机构床位数	床	3316	2179	1378	2141	1780
各种社会福利收养性单位数	个	16	15	11	13	14
各种社会福利收养性单位床位数	床	1511	2040	1165	1608	900

2017年县(市)社会经济主要指标

湖北省

指　　标	单位	鹤峰县	仙桃市	潜江市	天门市	神农架林区
一、基本情况						
行政区域面积	平方公里	2868	2538	2004	2622	3234
乡个数	个	4			1	2
镇个数	个	5	15	10	21	6
街道办事处个数	个		3	7	3	
户籍人口	万人	22	154	101	163	8
第二产业从业人员	人	30254	353000	214200	272819	8363
第三产业从业人员	人	62626	385800	247200	312719	23102
固定电话用户	户	13145	111300	74579	80000	11100
二、综合经济						
地区生产总值	万元	578098	7171791	6726614	5327909	253852
第一产业增加值	万元	119195	859241	742114	802009	21506
农业增加值	万元	73471	329783	342297	413307	13606
牧业增加值	万元	36593	124648	148747	155801	4333
第二产业增加值	万元	237219	3864600	3519700	2672300	90294
公共财政收入	万元	33577	308966	250864	269156	69237
各项税收	万元	24162	419550	164153	129026	54613
公共财政支出	万元	270568	789276	617601	740215	197606
居民储蓄存款余额	万元	499088	4477100	3973367	4732100	252863
年末金融机构各项贷款余额	万元	354499	2684500	2333549	1858352	202212
三、农业和工业						
农业机械总动力	万千瓦特	37	140	144	160	14
机收面积	公顷	6309	118263	92751	178557	
设施农业占地面积	公顷	27	473	142	2583	1702
棉花产量	吨		15559	2373	11656	
油料产量	吨	4903	118221	53695	101168	1092
规模以上工业企业单位数	个	61	410	285	289	12
四、教育、卫生和社会保障						
普通中学在校学生数	人	6118	53700	37898	55163	2442
中等职业教育学校在校学生数	人	1371	5500	4356	11336	89
小学在校学生数	人	10400	83800	50128	74992	3552
医疗卫生机构床位数	床	968	5306	4200	6059	500
各种社会福利收养性单位数	个	11	24	17	38	9
各种社会福利收养性单位床位数	床	1038	5010	2392	7168	538

2017年县(市)社会经济主要指标

湖南省

指　　标	单位	望城区	长沙县	浏阳市	宁乡市	株洲县
一、基本情况						
行政区域面积	平方公里	951	1756	4997	2912	1054
乡个数	个			2	4	
镇个数	个	5	13	26	21	8
街道办事处个数	个	10	5	4	4	
户籍人口	万人	57	79	148	142	35
第二产业从业人员	人	139865	222965	403506	288544	55790
第三产业从业人员	人	152412	259345	235307	293004	62400
固定电话用户	户	67987	176000	81083	71000	16330
二、综合经济						
地区生产总值	万元	6146670	14327354	13049854	10938539	1360154
第一产业增加值	万元	394516	629478	914237	991812	204070
农业增加值	万元	291820	480760	618019	677431	102298
牧业增加值	万元	64992	108519	154162	240791	65511
第二产业增加值	万元	4274188	9328982	8953818	7022199	693225
公共财政收入	万元	460654	885005	623580	440789	98532
各项税收	万元	669379	2119742	833373	551212	94829
公共财政支出	万元	806230	1611920	1160780	873865	262380
居民储蓄存款余额	万元	2608189	4966035	4430532	3873936	1176210
年末金融机构各项贷款余额	万元	4137015	9262000	5764059	5413495	762031
三、农业和工业						
农业机械总动力	万千瓦特	61	155	157	173	34
机收面积	公顷	54132	76100	106550	158951	19600
设施农业占地面积	公顷	24	2395	3984	2630	610
棉花产量	吨			111	116	590
油料产量	吨	11355	15752	52351	14090	6116
规模以上工业企业单位数	个	338	394	859	630	111
四、教育、卫生和社会保障						
普通中学在校学生数	人	25969	42375	68839	65098	10715
中等职业教育学校在校学生数	人	14347	17602	6413	9522	1778
小学在校学生数	人	43123	74759	103176	78596	13749
医疗卫生机构床位数	床	3546	5401	7953	7130	1418
各种社会福利收养性单位数	个	20	24	59	38	16
各种社会福利收养性单位床位数	床	2827	4055	7078	5323	925

2017年县(市)社会经济主要指标

湖南省

指　　标	单位	攸　县	茶陵县	炎陵县	醴陵市	湘潭县
一、基本情况						
行政区域面积	平方公里	2649	2496	2030	2157	2140
乡个数	个		2	5		3
镇个数	个	13	10	5	19	14
街道办事处个数	个	4	4		4	
户籍人口	万人	82	65	19	105	97
第二产业从业人员	人	115810	72400	34400	280700	126200
第三产业从业人员	人	194560	173300	43500	193800	136700
固定电话用户	户	66371	20256	20321	16635	256390
二、综合经济						
地区生产总值	万元	3785217	1707559	692665	6013943	3919895
第一产业增加值	万元	487740	284324	98762	499711	503393
农业增加值	万元	276474	153409	42607	259298	279842
牧业增加值	万元	134017	81207	14134	178098	148928
第二产业增加值	万元	1757997	575154	287694	3525655	2024242
公共财政收入	万元	198578	95781	77868	396939	200350
各项税收	万元	126549	94869	65404	287603	173373
公共财政支出	万元	470269	412987	194727	753158	496216
居民储蓄存款余额	万元	1977706	1636902	587080	2453001	3218000
年末金融机构各项贷款余额	万元	1259000	1070988	598056	1771613	2433000
三、农业和工业						
农业机械总动力	万千瓦特	102	76	19	98	145
机收面积	公顷	78627	26182	8935	67654	131341
设施农业占地面积	公顷	1688	1467	62	4339	257
棉花产量	吨	466	777	41	63	320
油料产量	吨	18429	17893	2860	11863	8013
规模以上工业企业单位数	个	264	162	101	588	230
四、教育、卫生和社会保障						
普通中学在校学生数	人	33445	25198	7302	36320	49001
中等职业教育学校在校学生数	人	2169	1756	451	8982	6899
小学在校学生数	人	48878	46947	12959	65148	46392
医疗卫生机构床位数	床	3665	2924	838	5705	3518
各种社会福利收养性单位数	个	22	21	15	56	52
各种社会福利收养性单位床位数	床	1839	135	1260	4450	2150

2017年县(市)社会经济主要指标

湖南省

指　　标	单位	湘乡市	韶山市	衡阳县	衡南县	衡山县
一、基本情况						
行政区域面积	平方公里	1967	247	2559	2614	935
乡个数	个	3	2	8	1	5
镇个数	个	15	2	17	21	7
街道办事处个数	个	4				
户籍人口	万人	93	12	124	110	45
第二产业从业人员	人	169908	16830	159973	182880	25700
第三产业从业人员	人	133005	12850	258553	296672	83300
固定电话用户	户	61022	27151	58300	49000	25100
二、综合经济						
地区生产总值	万元	3942552	848853	3328917	3230289	1614465
第一产业增加值	万元	490847	51070	557278	562658	263298
农业增加值	万元	261342	28588	261009	267030	111798
牧业增加值	万元	159284	16669	158524	156034	70941
第二产业增加值	万元	2035239	422071	1198717	1395498	463386
公共财政收入	万元	150206	46499	92863	97985	64143
各项税收	万元	146786	46829	103723	120881	64529
公共财政支出	万元	472000	120815	490570	538272	250054
居民储蓄存款余额	万元	2564765	499359	2778900	2569359	1125904
年末金融机构各项贷款余额	万元	1775295	566669	1130152	1165200	531777
三、农业和工业						
农业机械总动力	万千瓦特	105	16	78	96	40
机收面积	公顷	120021	11100	124563	91776	28660
设施农业占地面积	公顷	102	7	78	680	406
棉花产量	吨	63	8	4547	3578	526
油料产量	吨	13598	1539	68094	57010	14910
规模以上工业企业单位数	个	228	71	130	148	95
四、教育、卫生和社会保障						
普通中学在校学生数	人	35943	2686	58145	58016	19700
中等职业教育学校在校学生数	人	2540	579	6387	4114	3854
小学在校学生数	人	45662	5508	68724	63627	28679
医疗卫生机构床位数	床	4581	535	5232	4474	1646
各种社会福利收养性单位数	个	22	6	33	31	22
各种社会福利收养性单位床位数	床	5810	349	4775	2414	2244

2017年县(市)社会经济主要指标

湖南省

指　　标	单位	衡东县	祁东县	耒阳市	常宁市	邵东县
一、基本情况						
行政区域面积	平方公里	1927	1871	2648	2048	1778
乡个数	个	2	3	5	4	4
镇个数	个	15	17	19	14	18
街道办事处个数	个		4	6	3	3
户籍人口	万人	76	109	142	96	134
第二产业从业人员	人	110180	132510	191654	77765	185000
第三产业从业人员	人	200620	124392	324142	205848	130500
固定电话用户	户	161915	87300	95000	90400	95752
二、综合经济						
地区生产总值	万元	2787964	2719626	4220587	3110683	3815505
第一产业增加值	万元	381491	439978	465524	454183	460185
农业增加值	万元	182213	239479	234875	202246	359838
牧业增加值	万元	91216	113562	145107	121794	71593
第二产业增加值	万元	928547	990760	1365663	1105237	1787466
公共财政收入	万元	86914	76752	146294	95374	144398
各项税收	万元	85328	86720	153173	103424	174320
公共财政支出	万元	353293	501071	592719	545134	605660
居民储蓄存款余额	万元	1647334	2566900	2858300	2042700	3244336
年末金融机构各项贷款余额	万元	814924	943400	1598900	1328800	2231177
三、农业和工业						
农业机械总动力	万千瓦特	73	97	91	79	82
机收面积	公顷	54177	61631	79420	57690	50530
设施农业占地面积	公顷	1310	8	280	1265	1425
棉花产量	吨	645	960	812	1310	2
油料产量	吨	30632	36460	48654	34611	39259
规模以上工业企业单位数	个	110	124	127	91	380
四、教育、卫生和社会保障						
普通中学在校学生数	人	32612	55601	79321	49395	70663
中等职业教育学校在校学生数	人	2453	5907	6997	6162	9232
小学在校学生数	人	51953	68098	121587	72503	94640
医疗卫生机构床位数	床	2981	4764	5311	4047	4243
各种社会福利收养性单位数	个	23	43	36	32	35
各种社会福利收养性单位床位数	床	1398	2280	1344	1926	4712

2017年县(市)社会经济主要指标

湖南省

指　　标	单位	新邵县	邵阳县	隆回县	洞口县	绥宁县
一、基本情况						
行政区域面积	平方公里	1762	2001	2868	2179	2917
乡个数	个	2	8	5	8	9
镇个数	个	13	12	19	12	8
街道办事处个数	个				3	
户籍人口	万人	83	106	129	90	39
第二产业从业人员	人	123614	102600	97632	100987	27529
第三产业从业人员	人	120011	90934	161017	165941	44827
固定电话用户	户	19354	27288	36868	53796	25914
二、综合经济						
地区生产总值	万元	1321038	1420867	1685228	1583286	877354
第一产业增加值	万元	264632	319222	352676	448875	191755
农业增加值	万元	176888	207142	250129	316637	102702
牧业增加值	万元	73891	81821	80021	94037	60307
第二产业增加值	万元	486848	496529	444585	546633	381871
公共财政收入	万元	84067	67999	77475	64808	35994
各项税收	万元	71690	56635	85258	58264	34168
公共财政支出	万元	462212	532640	556579	476804	272350
居民储蓄存款余额	万元	1409801	1637296	2420000	1899440	825528
年末金融机构各项贷款余额	万元	847543	663240	958800	859803	383807
三、农业和工业						
农业机械总动力	万千瓦特	25	52	34	73	53
机收面积	公顷	15036	27012	3849	60450	16416
设施农业占地面积	公顷	1295	349	2015	440	158
棉花产量	吨				24	
油料产量	吨	12953	32558	12742	37518	5100
规模以上工业企业单位数	个	117	78	134	102	76
四、教育、卫生和社会保障						
普通中学在校学生数	人	44308	42116	69765	51389	16075
中等职业教育学校在校学生数	人	3310	3383	6954	9354	1382
小学在校学生数	人	58018	59207	112030	71593	26117
医疗卫生机构床位数	床	3103	3957	4488	2564	1824
各种社会福利收养性单位数	个	15	26	23	22	22
各种社会福利收养性单位床位数	床	875	1412	1282	794	659

2017年县(市)社会经济主要指标

湖南省

指　　标	单位	新宁县	城步苗族自治县	武冈市	岳阳县	华容县
一、基本情况						
行政区域面积	平方公里	2756	2588	1539	2810	1591
乡个数	个	8	6	3	2	2
镇个数	个	8	6	11	12	12
街道办事处个数	个			4		
户籍人口	万人	65	28	85	74	72
第二产业从业人员	人	81108	28039	102389	97559	93220
第三产业从业人员	人	145319	40718	172954	214778	148800
固定电话用户	户	36360	14072	54231	51947	63200
二、综合经济						
地区生产总值	万元	1002469	382389	1371055	2973222	3125071
第一产业增加值	万元	241949	89937	406553	445018	598544
农业增加值	万元	188677	47764	271469	225191	324226
牧业增加值	万元	38505	27591	114439	150851	103949
第二产业增加值	万元	245602	135015	272914	1374949	1362389
公共财政收入	万元	58405	30491	72739	56327	56415
各项税收	万元	47727	31054	66438	77562	66932
公共财政支出	万元	422848	249045	471945	364503	413959
居民储蓄存款余额	万元	1231869	525296	1714900	1086500	1674700
年末金融机构各项贷款余额	万元	717871	415661	851100	856800	974300
三、农业和工业						
农业机械总动力	万千瓦特	46	20	56	83	110
机收面积	公顷	12745	5320	51353	82533	188410
设施农业占地面积	公顷	183	239	512	3125	1456
棉花产量	吨				4633	16600
油料产量	吨	11222	4022	19479	29121	67278
规模以上工业企业单位数	个	66	27	75	142	115
四、教育、卫生和社会保障						
普通中学在校学生数	人	28319	11697	50127	26208	22895
中等职业教育学校在校学生数	人	2902	739	10338	6179	4580
小学在校学生数	人	51550	22673	62034	39283	30622
医疗卫生机构床位数	床	2894	1313	3515	3540	4464
各种社会福利收养性单位数	个	18	13	23	16	38
各种社会福利收养性单位床位数	床	998	507	1024	2242	1250

2017年县(市)社会经济主要指标

湖南省

指　标	单位	湘阴县	平江县	汨罗市	临湘市	安乡县
一、基本情况						
行政区域面积	平方公里	1541	4114	1670	1719	1086
乡个数	个	2	5	1		4
镇个数	个	12	19	17	10	8
街道办事处个数	个			1	3	
户籍人口	万人	71	112	76	54	54
第二产业从业人员	人	147576	56180	169498	53800	38785
第三产业从业人员	人	105631	184500	194434	70700	35352
固定电话用户	户	35428	176200	111262	17951	21500
二、综合经济						
地区生产总值	万元	3049185	2578479	4224500	2316029	1750396
第一产业增加值	万元	468237	396573	442633	265766	306373
农业增加值	万元	218804	212474	218769	134589	170529
牧业增加值	万元	95558	131500	161930	71712	57523
第二产业增加值	万元	1447497	1097751	2228429	1168606	554380
公共财政收入	万元	98063	73219	113017	51875	31951
各项税收	万元	100515	104821	161064	72520	45359
公共财政支出	万元	428067	630516	480945	337833	312457
居民储蓄存款余额	万元	1089239	1788433	1504622	1185298	1100249
年末金融机构各项贷款余额	万元	991945	1421945	1132472	942672	605615
三、农业和工业						
农业机械总动力	万千瓦特	108	93	71	75	60
机收面积	公顷	106333	52100	86000	36375	138000
设施农业占地面积	公顷	3815	2490	2672	123	293
棉花产量	吨	310	777	710	1991	8540
油料产量	吨	16732	25805	13621	20482	68772
规模以上工业企业单位数	个	124	152	213	139	81
四、教育、卫生和社会保障						
普通中学在校学生数	人	30289	52102	28821	24093	14515
中等职业教育学校在校学生数	人	4008	13047	10042	3731	4975
小学在校学生数	人	33860	76320	44727	34651	19738
医疗卫生机构床位数	床	3734	4585	3618	2851	3398
各种社会福利收养性单位数	个	27	45	34	19	23
各种社会福利收养性单位床位数	床	2248	2310	1757	1385	2950

2017年县(市)社会经济主要指标

湖南省

指　　标	单位	汉寿县	澧　县	临澧县	桃源县	石门县
一、基本情况						
行政区域面积	平方公里	2091	2075	1204	4442	3970
乡个数	个	3		2	4	4
镇个数	个	16	15	7	23	13
街道办事处个数	个	4	4	2	2	4
户籍人口	万人	82	92	45	97	67
第二产业从业人员	人	77200	135126	65410	65493	30945
第三产业从业人员	人	115600	121457	46080	119146	92635
固定电话用户	户	38700	97820	20136	58530	51600
二、综合经济						
地区生产总值	万元	2740519	3232011	1626429	3318452	2517601
第一产业增加值	万元	469413	440543	291739	700134	374765
农业增加值	万元	284023	268934	160170	446872	246247
牧业增加值	万元	106295	123562	102438	214236	107312
第二产业增加值	万元	855500	1063935	528957	1088148	936504
公共财政收入	万元	70693	101273	44630	114381	77585
各项税收	万元	85861	123570	68626	161798	112831
公共财政支出	万元	444613	455258	288617	553496	455060
居民储蓄存款余额	万元	1741700	2670000	1367969	2522500	1638650
年末金融机构各项贷款余额	万元	1129300	1306000	1122358	1466600	990491
三、农业和工业						
农业机械总动力	万千瓦特	107	89	37	99	69
机收面积	公顷	178960	111055	60024	146240	31556
设施农业占地面积	公顷	222	126	280	35	40
棉花产量	吨	3347	8984	3347	7239	1744
油料产量	吨	81684	87034	53650	109436	48403
规模以上工业企业单位数	个	118	111	116	121	124
四、教育、卫生和社会保障						
普通中学在校学生数	人	30265	30546	16429	34228	24525
中等职业教育学校在校学生数	人	10722	6109	2090	7814	3462
小学在校学生数	人	47835	44427	22816	49546	32678
医疗卫生机构床位数	床	4437	4600	1844	4908	3567
各种社会福利收养性单位数	个	2	30	20	45	40
各种社会福利收养性单位床位数	床	245	3933	3000	4567	2055

2017年县(市)社会经济主要指标

湖南省

指　　标	单位	津市市	慈利县	桑植县	南　县	桃江县
一、基本情况						
行政区域面积	平方公里	556	3492	3475	1327	2068
乡个数	个		10	11	1	3
镇个数	个	4	15	12	14	12
街道办事处个数	个	5				
户籍人口	万人	24	70	47	78	89
第二产业从业人员	人	36577	67450	53900	68345	135191
第三产业从业人员	人	30456	87180	74385	137865	160195
固定电话用户	户	17114	37231	12287	23578	36812
二、综合经济						
地区生产总值	万元	1434268	1821354	909230	2476705	2507741
第一产业增加值	万元	178411	269404	111364	561265	352190
农业增加值	万元	67304	179983	79471	335735	191678
牧业增加值	万元	63078	49975	13926	104576	114891
第二产业增加值	万元	661613	541725	175259	682608	1031336
公共财政收入	万元	43817	73719	34331	69663	68544
各项税收	万元	56923	92697	50924	66826	91577
公共财政支出	万元	210300	426350	333216	530206	430898
居民储蓄存款余额	万元	814000	1614800	792549	1682461	1865700
年末金融机构各项贷款余额	万元	450000	1289500	632845	894982	1164668
三、农业和工业						
农业机械总动力	万千瓦特	20	58	20	106	87
机收面积	公顷	25988	22170	4900	144600	66100
设施农业占地面积	公顷	93	234	75	2733	1195
棉花产量	吨	3610	650	3	9111	258
油料产量	吨	29919	41706	19995	76789	35139
规模以上工业企业单位数	个	110	91	32	116	171
四、教育、卫生和社会保障						
普通中学在校学生数	人	6027	26899	23142	21873	35236
中等职业教育学校在校学生数	人	799	4502	2124	2962	5277
小学在校学生数	人	9077	36775	33587	33277	47294
医疗卫生机构床位数	床	1227	3574	2371	3096	4132
各种社会福利收养性单位数	个	23	34	18	255	27
各种社会福利收养性单位床位数	床	2367	2007	429	3628	1765

2017年县(市)社会经济主要指标

湖南省

指　　标	单位	安化县	沅江市	桂阳县	宜章县	永兴县
一、基本情况						
行政区域面积	平方公里	4945	2129	2958	2118	1980
乡个数	个	5		2	5	4
镇个数	个	18	11	17	14	11
街道办事处个数	个		2	3		
户籍人口	万人	102	74	92	64	71
第二产业从业人员	人	95050	86815	126766	121600	121831
第三产业从业人员	人	123145	167288	127497	75200	147136
固定电话用户	户	50912	54827	35600	50600	18000
二、综合经济						
地区生产总值	万元	2144232	2855000	3557696	2192350	3258459
第一产业增加值	万元	368204	495912	403573	198235	251139
农业增加值	万元	208150	259580	246579	147166	163690
牧业增加值	万元	115622	89598	104357	39625	52547
第二产业增加值	万元	769116	1053810	1621025	860403	1447121
公共财政收入	万元	68867	64258	162989	80429	138395
各项税收	万元	118484	82978	145125	86661	139074
公共财政支出	万元	566006	427852	485500	357927	364567
居民储蓄存款余额	万元	2212242	1604419	1741177	1340285	1250141
年末金融机构各项贷款余额	万元	1102292	941552	1415600	999100	779262
三、农业和工业						
农业机械总动力	万千瓦特	82	103	63	91	30
机收面积	公顷	27733	81050	40400	26007	27191
设施农业占地面积	公顷	559	473	1470	336	463
棉花产量	吨		6375		19	48
油料产量	吨	37806	57996	16028	9502	18807
规模以上工业企业单位数	个	126	160	142	154	146
四、教育、卫生和社会保障						
普通中学在校学生数	人	37661	20566	46068	38255	33743
中等职业教育学校在校学生数	人	5216	3099	4109	2125	2980
小学在校学生数	人	61083	31536	71393	64132	57380
医疗卫生机构床位数	床	4753	4038	3758	3316	2940
各种社会福利收养性单位数	个	25	23	39	20	22
各种社会福利收养性单位床位数	床	1255	1707	4522	2542	1234

2017年县(市)社会经济主要指标

湖南省

指　　标	单位	嘉禾县	临武县	汝城县	桂东县	安仁县
一、基本情况						
行政区域面积	平方公里	699	1383	2401	1452	1462
乡个数	个	1	4	5	4	8
镇个数	个	9	9	9	7	5
街道办事处个数	个					
户籍人口	万人	44	39	42	21	47
第二产业从业人员	人	91665	65365	53579	22212	80765
第三产业从业人员	人	47550	61842	40758	35799	130525
固定电话用户	户	27800	34500	41900	17562	25746
二、综合经济						
地区生产总值	万元	1421201	1440839	614380	344382	896618
第一产业增加值	万元	167678	119792	120055	47113	176129
农业增加值	万元	92513	87115	82009	27939	125852
牧业增加值	万元	64090	24298	16582	12693	24488
第二产业增加值	万元	633915	703336	205877	81347	329609
公共财政收入	万元	68012	70879	41263	21589	34269
各项税收	万元	76736	74269	61605	31203	44723
公共财政支出	万元	231955	248932	289800	205169	255048
居民储蓄存款余额	万元	913673	960022	839659	553000	977740
年末金融机构各项贷款余额	万元	462160	584013	789688	323000	561895
三、农业和工业						
农业机械总动力	万千瓦特	42	36	48	13	24
机收面积	公顷	7824	26200	16845	660	46400
设施农业占地面积	公顷	320	37	308	112	120
棉花产量	吨					7
油料产量	吨	8419	6514	7326	2092	35087
规模以上工业企业单位数	个	124	55	49	13	48
四、教育、卫生和社会保障						
普通中学在校学生数	人	23123	28226	23640	9353	23748
中等职业教育学校在校学生数	人	1837	2938	2170	1930	2632
小学在校学生数	人	33892	41030	37381	13843	33888
医疗卫生机构床位数	床	2266	1807	1682	937	1991
各种社会福利收养性单位数	个	16	21	11	20	20
各种社会福利收养性单位床位数	床	762	1319	1995	1299	857

2017年县(市)社会经济主要指标

湖南省

指　　标	单位	资兴市	祁阳县	东安县	双牌县	道　县
一、基本情况						
行政区域面积	平方公里	2730	2538	2204	1726	2448
乡个数	个	2	3	2	5	4
镇个数	个	9	20	13	6	11
街道办事处个数	个	2	3			7
户籍人口	万人	38	106	64	18	80
第二产业从业人员	人	101245	114817	51700	28154	93879
第三产业从业人员	人	88535	114883	65300	44916	98672
固定电话用户	户	43200	11050	22167	5152	14700
二、综合经济						
地区生产总值	万元	3310297	2777777	1688323	586644	1820569
第一产业增加值	万元	235521	431745	312396	144247	358638
农业增加值	万元	129125	264789	191126	31487	220108
牧业增加值	万元	49018	56071	73091	21402	70766
第二产业增加值	万元	1981958	962326	598989	248787	479926
公共财政收入	万元	155955	104821	74935	36452	96680
各项税收	万元	150875	152491	74107	45933	107446
公共财政支出	万元	387195	500446	310818	176720	369619
居民储蓄存款余额	万元	1393105	2715018	1226419	391913	1346967
年末金融机构各项贷款余额	万元	926472	1322773	845301	302902	786000
三、农业和工业						
农业机械总动力	万千瓦特	35	86	68	20	56
机收面积	公顷	13401	32198	38169	9380	38500
设施农业占地面积	公顷	83	183	130	1	32
棉花产量	吨	10	579	345	263	148
油料产量	吨	7522	42148	10688	2228	15166
规模以上工业企业单位数	个	124	122	77	51	101
四、教育、卫生和社会保障						
普通中学在校学生数	人	15679	48917	25864	6997	42258
中等职业教育学校在校学生数	人	2427	11556	2115	836	10529
小学在校学生数	人	25111	73577	42380	11872	67361
医疗卫生机构床位数	床	2186	6484	2614	1198	3268
各种社会福利收养性单位数	个	18	512	131	5	152
各种社会福利收养性单位床位数	床	2440	6313	2858	854	2352

2017年县(市)社会经济主要指标

湖南省

指　　标	单位	江永县	宁远县	蓝山县	新田县	江华瑶族自治县
一、基本情况						
行政区域面积	平方公里	1629	2501	1798	1000	3234
乡个数	个	4	4	6	1	7
镇个数	个	6	12	8	11	9
街道办事处个数	个		4			
户籍人口	万人	28	89	42	45	53
第二产业从业人员	人	46149	63000	54299	35200	32900
第三产业从业人员	人	37982	183000	61530	71100	103800
固定电话用户	户	2723	30060	25152	13000	19241
二、综合经济						
地区生产总值	万元	634804	1496684	1081200	778951	1126840
第一产业增加值	万元	192156	271263	147687	166179	228086
农业增加值	万元	117433	140056	83626	100089	108916
牧业增加值	万元	52351	82925	30635	45933	39045
第二产业增加值	万元	182577	466017	398702	217540	325714
公共财政收入	万元	34671	112796	58237	41290	71275
各项税收	万元	36715	137904	66106	52879	93722
公共财政支出	万元	206218	470683	270471	246100	354780
居民储蓄存款余额	万元	657106	1439408	701270	675028	980867
年末金融机构各项贷款余额	万元	350418	1162994	643276	563644	1100383
三、农业和工业						
农业机械总动力	万千瓦特	24	110	35	43	43
机收面积	公顷	11700	37000	8100	10197	23369
设施农业占地面积	公顷	12	92	88	27	128
棉花产量	吨	15		445	247	148
油料产量	吨	16477	10325	14673	4218	11480
规模以上工业企业单位数	个	41	99	79	54	71
四、教育、卫生和社会保障						
普通中学在校学生数	人	14744	44785	19935	23878	24658
中等职业教育学校在校学生数	人	1570	4804	4827	7590	4406
小学在校学生数	人	26329	70636	34961	35559	46386
医疗卫生机构床位数	床	1569	4425	1815	2294	3040
各种社会福利收养性单位数	个	22	25	18	42	15
各种社会福利收养性单位床位数	床	910	2200	528	756	1000

2017年县(市)社会经济主要指标

湖南省

指　　标	单位	中方县	沅陵县	辰溪县	溆浦县	会同县
一、基本情况						
行政区域面积	平方公里	1515	5833	1987	3429	2259
乡个数	个	1	13	14	7	10
镇个数	个	11	8	9	18	8
街道办事处个数	个					
户籍人口	万人	29	70	53	94	37
第二产业从业人员	人	42150	84758	23000	149260	37188
第三产业从业人员	人	34210	98615	34000	156691	30247
固定电话用户	户	16102	29368	23700	48400	21945
二、综合经济						
地区生产总值	万元	1072351	1556827	1058903	1431460	720140
第一产业增加值	万元	130509	221660	165726	320437	120090
农业增加值	万元	70757	124484	101203	185067	57522
牧业增加值	万元	26435	38493	47355	82370	25322
第二产业增加值	万元	595571	826021	329876	378528	149884
公共财政收入	万元	38787	74584	50851	43222	32156
各项税收	万元	48210	102177	65172	64333	42443
公共财政支出	万元	204300	402314	317269	470113	242915
居民储蓄存款余额	万元	285620	1266945	921700	1804215	826772
年末金融机构各项贷款余额	万元	474316	639881	591500	961669	342896
三、农业和工业						
农业机械总动力	万千瓦特	27	43	31	68	32
机收面积	公顷	9050	10539	22550	28784	8124
设施农业占地面积	公顷	108	349	141	146	1248
棉花产量	吨	83	13	88	171	6
油料产量	吨	13308	22179	23934	27593	8539
规模以上工业企业单位数	个	99	47	38	86	26
四、教育、卫生和社会保障						
普通中学在校学生数	人	8864	24115	17799	37057	15478
中等职业教育学校在校学生数	人	1453	3144	779	4158	2167
小学在校学生数	人	15428	38360	31414	68906	24163
医疗卫生机构床位数	床	1009	3262	2255	5187	1864
各种社会福利收养性单位数	个	12	28	21	32	14
各种社会福利收养性单位床位数	床	370	1695	930	1562	555

2017年县(市)社会经济主要指标

湖南省

指　　标	单位	麻阳苗族自治县	新晃侗族自治县	芷江侗族自治县	靖州苗族侗族自治县	通道侗族自治县
一、基本情况						
行政区域面积	平方公里	1566	1502	2095	2208	2223
乡个数	个	10	2	9	5	2
镇个数	个	8	9	9	6	9
街道办事处个数	个					
户籍人口	万人	38	26	38	28	24
第二产业从业人员	人	14400	28617	15900	35968	15784
第三产业从业人员	人	77500	37280	80300	57427	29587
固定电话用户	户	10251	11953	14200	21778	10716
二、综合经济						
地区生产总值	万元	761057	519384	906923	799431	401270
第一产业增加值	万元	153839	77492	166300	119252	64826
农业增加值	万元	114240	31543	96095	65767	25729
牧业增加值	万元	31031	37737	47954	41255	12431
第二产业增加值	万元	236973	205463	328502	284038	126892
公共财政收入	万元	29011	29383	42471	26738	22607
各项税收	万元	40403	36441	48573	38452	32779
公共财政支出	万元	282600	232217	252523	228871	212650
居民储蓄存款余额	万元	686320	467249	878193	590888	440559
年末金融机构各项贷款余额	万元	561567	220588	449172	418915	278817
三、农业和工业						
农业机械总动力	万千瓦特	28	18	61	42	41
机收面积	公顷	6080	1812	22824	21210	4012
设施农业占地面积	公顷	486	46	369	130	40
棉花产量	吨	31		31		117
油料产量	吨	16871	4379	15839	8323	9913
规模以上工业企业单位数	个	30	33	45	36	34
四、教育、卫生和社会保障						
普通中学在校学生数	人	17205	11105	15488	11286	9626
中等职业教育学校在校学生数	人	1941	1025	4552	2897	1689
小学在校学生数	人	26667	18237	22829	18591	17139
医疗卫生机构床位数	床	2212	1881	1652	1188	961
各种社会福利收养性单位数	个	20	14	19	6	10
各种社会福利收养性单位床位数	床	1100	580	1811	237	418

2017年县(市)社会经济主要指标

湖南省

指　标	单位	洪江市	双峰县	新化县	冷水江市	涟源市
一、基本情况						
行政区域面积	平方公里	2283	1711	3620	438	1912
乡个数	个	15	3	7	1	2
镇个数	个	7	12	18	5	16
街道办事处个数	个	4		3	4	1
户籍人口	万人	50	90	151	37	114
第二产业从业人员	人	40718	76500	117536	79609	126200
第三产业从业人员	人	70850	144900	196883	51159	118800
固定电话用户	户	22585	48500	112153	21751	41875
二、综合经济						
地区生产总值	万元	1465393	2122106	2270321	2583981	2642749
第一产业增加值	万元	227172	459259	434849	89014	367258
农业增加值	万元	152051	279412	227585	37001	197891
牧业增加值	万元	43268	132755	147040	41726	133652
第二产业增加值	万元	547780	879633	763564	1479322	1157279
公共财政收入	万元	63729	63350	78544	111422	77439
各项税收	万元	88157	78385	95950	138735	90897
公共财政支出	万元	394816	458343	660704	289686	580058
居民储蓄存款余额	万元	1287559	2264500	2764313	1391482	1799951
年末金融机构各项贷款余额	万元	949426	1015500	1481620	1397645	1205997
三、农业和工业						
农业机械总动力	万千瓦特	36	118	91	24	86
机收面积	公顷	18817	67066	29860	2300	43120
设施农业占地面积	公顷	511	191	2	54	384
棉花产量	吨	13	320	203		27
油料产量	吨	10730	18208	14928	1877	12728
规模以上工业企业单位数	个	90	160	155	118	134
四、教育、卫生和社会保障						
普通中学在校学生数	人	16800	45795	66715	21282	45640
中等职业教育学校在校学生数	人	3775	4286	3686	7390	5143
小学在校学生数	人	24979	59561	120003	34942	64181
医疗卫生机构床位数	床	4504	3978	6040	2875	4702
各种社会福利收养性单位数	个	26	17	59	16	21
各种社会福利收养性单位床位数	床	1150	1222	1798	503	1404

2017年县(市)社会经济主要指标

湖南省

指　　标	单位	吉首市	泸溪县	凤凰县	花垣县	保靖县
一、基本情况						
行政区域面积	平方公里	1078	1566	1734	1109	1755
乡个数	个	1	4	4	3	2
镇个数	个	5	7	13	9	10
街道办事处个数	个	6				
户籍人口	万人	31	32	43	31	32
第二产业从业人员	人	33250	39800	22272	51968	18479
第三产业从业人员	人	118580	48940	99980	60814	55620
固定电话用户	户	45555	10200	16200	11000	9400
二、综合经济						
地区生产总值	万元	1534070	562760	777398	673729	520926
第一产业增加值	万元	69116	79927	85510	65270	81904
农业增加值	万元	53108	57103	64344	39410	62430
牧业增加值	万元	11356	16735	16282	20394	15968
第二产业增加值	万元	460380	271795	119365	363023	183770
公共财政收入	万元	82711	32102	80696	71938	26512
各项税收	万元	98276	39823	80866	91839	33135
公共财政支出	万元	334155	267518	361811	284897	240060
居民储蓄存款余额	万元	1796512	660232	844148	708544	551778
年末金融机构各项贷款余额	万元	2106292	405159	756300	581000	434867
三、农业和工业						
农业机械总动力	万千瓦特	25	20	21	22	19
机收面积	公顷	1200	7000	3000	1630	5870
设施农业占地面积	公顷	770	6	38	135	176
棉花产量	吨		92			
油料产量	吨	6616	11371	9741	5675	7626
规模以上工业企业单位数	个	71	26	15	28	26
四、教育、卫生和社会保障						
普通中学在校学生数	人	22684	15180	20004	15039	13048
中等职业教育学校在校学生数	人	12806	1809	1887	1865	1679
小学在校学生数	人	31490	20994	30608	26559	18550
医疗卫生机构床位数	床	5909	1257	1731	1767	1569
各种社会福利收养性单位数	个	16	18	18	18	19
各种社会福利收养性单位床位数	床	820	830	650	780	670

2017年县(市)社会经济主要指标

湖南省、广东省

指　　标	单位	古丈县	永顺县	龙山县	从化区	增城区
一、基本情况						
行政区域面积	平方公里	1286	3812	3130	1975	1616
乡个数	个		11	5		
镇个数	个	7	12	12	5	7
街道办事处个数	个			4	3	4
户籍人口	万人	14	56	61	63	92
第二产业从业人员	人	16102	51200	78825	119137	262078
第三产业从业人员	人	23864	97300	99954	115051	359003
固定电话用户	户	5000	16800	15500	52528	168400
二、综合经济						
地区生产总值	万元	250190	649822	786620	4001046	10689266
第一产业增加值	万元	48698	157186	179380	216929	457799
农业增加值	万元	35579	116554	142550	173060	390090
牧业增加值	万元	7255	28533	25899	30801	24506
第二产业增加值	万元	70419	160857	164625	1671272	4393624
公共财政收入	万元	21340	38853	51961	269187	834038
各项税收	万元	26273	52368	62674	563605	705757
公共财政支出	万元	164714	395815	375066	833980	1473522
居民储蓄存款余额	万元	311268	934000	1156785	2522279	7395232
年末金融机构各项贷款余额	万元	344631	848000	880039	3318160	11090361
三、农业和工业						
农业机械总动力	万千瓦特	11	45	26	16	22
机收面积	公顷	4522	16180	7965	20025	14080
设施农业占地面积	公顷	24	603	74	193	1099
棉花产量	吨	4				
油料产量	吨	3976	17185	12963	5033	2692
规模以上工业企业单位数	个	17	29	30	198	807
四、教育、卫生和社会保障						
普通中学在校学生数	人	5811	26496	27595	29240	48637
中等职业教育学校在校学生数	人	264	2037	2954	8423	7632
小学在校学生数	人	7973	37162	45435	44806	93974
医疗卫生机构床位数	床	693	3124	3102	2984	3227
各种社会福利收养性单位数	个	14	34	34	13	66
各种社会福利收养性单位床位数	床	902	1460	1585	799	3488

2017年县(市)社会经济主要指标

广东省

指　　标	单位	曲江区	始兴县	仁化县	翁源县	乳源瑶族自治县
一、基本情况						
行政区域面积	平方公里	1621	2174	2223	2175	2299
乡个数	个		1			
镇个数	个	9	9	10	7	9
街道办事处个数	个	1		1		
户籍人口	万人	31	26	24	42	23
第二产业从业人员	人	44775	24867	17272	29838	22614
第三产业从业人员	人	48742	25156	38793	44348	26063
固定电话用户	户	24988	16000	29900	31700	24689
二、综合经济						
地区生产总值	万元	1792694	846925	1089933	1021109	826542
第一产业增加值	万元	132316	183313	173073	220114	65750
农业增加值	万元	101881	133718	107537	172874	34280
牧业增加值	万元	15402	26717	24588	22891	9952
第二产业增加值	万元	1039168	318317	425857	302829	398150
公共财政收入	万元	85019	40023	53833	42372	56301
各项税收	万元	52460	27124	34988	28918	42566
公共财政支出	万元	218076	200849	207508	271273	268675
居民储蓄存款余额	万元	1074061	731378	657115	1052248	528748
年末金融机构各项贷款余额	万元	658606	408639	379769	538574	442683
三、农业和工业						
农业机械总动力	万千瓦特	20	21	12	22	9
机收面积	公顷	13776	12062	11860	16365	6945
设施农业占地面积	公顷	179	108	462	804	65
棉花产量	吨					
油料产量	吨	19792	12797	22373	18757	5542
规模以上工业企业单位数	个	56	58	59	62	64
四、教育、卫生和社会保障						
普通中学在校学生数	人	14880	11077	10439	16479	9491
中等职业教育学校在校学生数	人	1146	1504	798	1438	1049
小学在校学生数	人	24277	15908	16771	21472	16437
医疗卫生机构床位数	床	1469	986	739	1146	559
各种社会福利收养性单位数	个	12	10	12	10	7
各种社会福利收养性单位床位数	床	1072	560	345	747	226

2017年县(市)社会经济主要指标

广东省

指　　标	单位	新丰县	乐昌市	南雄市	斗门区	潮阳区
一、基本情况						
行政区域面积	平方公里	2015	2421	2326	699	678
乡个数	个					
镇个数	个	6	16	17	5	9
街道办事处个数	个	1	1	1	1	4
户籍人口	万人	27	53	49	37	183
第二产业从业人员	人	14993	25540	33454	138408	279053
第三产业从业人员	人	39566	56306	56164	92129	158291
固定电话用户	户	22500	53871	25600		210208
二、综合经济						
地区生产总值	万元	867147	1146562	1086427	3393406	4152340
第一产业增加值	万元	108202	217145	259954	332011	260008
农业增加值	万元	81921	163247	167138	50483	149013
牧业增加值	万元	12674	31372	50590	47270	15903
第二产业增加值	万元	401027	208275	209784	1804318	2696840
公共财政收入	万元	33000	59099	61168	262401	198857
各项税收	万元	21900	40009	38054	236135	107136
公共财政支出	万元	183500	322126	313994	411926	375926
居民储蓄存款余额	万元	567700	1210097	1048303		4130865
年末金融机构各项贷款余额	万元	440800	835168	568756		1928054
三、农业和工业						
农业机械总动力	万千瓦特	5	24	45	19	7
机收面积	公顷	6550	9390	39755		15700
设施农业占地面积	公顷	55	340	108	61	36
棉花产量	吨					
油料产量	吨	5086	13517	26665	501	328
规模以上工业企业单位数	个	67	37	101	216	421
四、教育、卫生和社会保障						
普通中学在校学生数	人	10967	22483	20781	13468	120488
中等职业教育学校在校学生数	人	1218	2039	997	2848	12694
小学在校学生数	人	16695	36176	26868	34119	161445
医疗卫生机构床位数	床	1042	2473	1389	2212	2520
各种社会福利收养性单位数	个	8	18	19	10	12
各种社会福利收养性单位床位数	床	286	1150	646	1621	453

2017年县(市)社会经济主要指标

广东省

指　标	单位	澄海区	南澳县	禅城区	南海区	顺德区
一、基本情况						
行政区域面积	平方公里	345	114	154	1074	807
乡个数	个					
镇个数	个	8	3	1	6	6
街道办事处个数	个	3		3	1	4
户籍人口	万人	79	8	66	141	139
第二产业从业人员	人	246867	3412	250300	957105	907985
第三产业从业人员	人	89375	11760	387844	565444	521384
固定电话用户	户	148296	15319	342700	614241	674642
二、综合经济						
地区生产总值	万元	4808038	192688	17504109	26678922	30589219
第一产业增加值	万元	364753	47936	2666	447008	440186
农业增加值	万元	240651	5879	895	273397	131548
牧业增加值	万元	46617	2610		15271	15215
第二产业增加值	万元	2675397	60555	7711388	14850837	17296541
公共财政收入	万元	210510	23119	1057995	2248715	2229893
各项税收	万元	128414	13352	2353320	1714450	4936578
公共财政支出	万元	428794	141804	1142637	2288536	2246913
居民储蓄存款余额	万元	4061612	235217	15274600	24739364	23986819
年末金融机构各项贷款余额	万元	2288907	231653	25309718	30431998	28930435
三、农业和工业						
农业机械总动力	万千瓦特	15	9		31	15
机收面积	公顷	5840				
设施农业占地面积	公顷	770			59	5
棉花产量	吨					
油料产量	吨	1507	116		151	8
规模以上工业企业单位数	个	368	4	622	2268	1726
四、教育、卫生和社会保障						
普通中学在校学生数	人	38048	2107	43965	122168	111822
中等职业教育学校在校学生数	人	3145	48	6677	27719	24472
小学在校学生数	人	72472	3358	76437	204502	181618
医疗卫生机构床位数	床	1441	137	11650	8654	10631
各种社会福利收养性单位数	个	3	1	17	13	22
各种社会福利收养性单位床位数	床	220	128	3674	3636	4870

2017年县(市)社会经济主要指标

广东省

指　　标	单位	三水区	高明区	新会区	台山市	开平市
一、基本情况						
行政区域面积	平方公里	828	938	1355	3288	1657
乡个数	个					
镇个数	个	5	3	10	16	13
街道办事处个数	个	2	1	1	1	2
户籍人口	万人	42	31	76	97	69
第二产业从业人员	人	204282	150852	240500	121023	187502
第三产业从业人员	人	118728	87023	124500	117282	101800
固定电话用户	户	108233	28097		180000	124500
二、综合经济						
地区生产总值	万元	11509091	8413139	5976240	3978586	3415674
第一产业增加值	万元	286155	160459	392540	649236	298189
农业增加值	万元	90269	48228	135453	231127	168179
牧业增加值	万元	103973	50009	60512	48218	93703
第二产业增加值	万元	8489350	6448444	3376662	2115751	1658345
公共财政收入	万元	543813	363672	519100	266888	233348
各项税收	万元	1365162	221987	318943	475928	163297
公共财政支出	万元	702361	338240	737191	505891	364704
居民储蓄存款余额	万元	4011897	2079054	614552	4124169	3980191
年末金融机构各项贷款余额	万元	5262929	2853905	471457	3651609	3138878
三、农业和工业						
农业机械总动力	万千瓦特	28	13	29	48	40
机收面积	公顷	355	5736	26142	59404	40773
设施农业占地面积	公顷	276	348	17		60
棉花产量	吨					
油料产量	吨	777	1651	794	11368	7274
规模以上工业企业单位数	个	851	462	449	198	287
四、教育、卫生和社会保障						
普通中学在校学生数	人	30143	17038	44618	35603	39762
中等职业教育学校在校学生数	人	5616	4555	9107	7093	4257
小学在校学生数	人	49090	31951	63754	50689	53729
医疗卫生机构床位数	床	2810	1886	4200	3760	2942
各种社会福利收养性单位数	个	239	7	12	21	16
各种社会福利收养性单位床位数	床	3069	720	1452	2533	1753

2017年县(市)社会经济主要指标

广东省

指　　标	单位	鹤山市	恩平市	遂溪县	徐闻县	廉江市
一、基本情况						
行政区域面积	平方公里	1083	1698	2132	1954	2867
乡个数	个				2	
镇个数	个	9	10	15	12	18
街道办事处个数	个	1	1		1	3
户籍人口	万人	38	50	110	78	182
第二产业从业人员	人	150307	38655	41453	19167	225081
第三产业从业人员	人	56273	57279	74525	66349	273926
固定电话用户	户	104050	66855	39325	48856	92236
二、综合经济						
地区生产总值	万元	3189488	1811135	2974640	1723554	5081397
第一产业增加值	万元	203270	187775	1070753	780168	1004172
农业增加值	万元	106991	105425	571689	618937	570033
牧业增加值	万元	60628	40369	148317	36603	175545
第二产业增加值	万元	1663087	569004	821873	125897	2372761
公共财政收入	万元	273888	105083	69316	44469	116928
各项税收	万元	189964	75622	40615	28237	230212
公共财政支出	万元	395802	269555	420123	375229	632400
居民储蓄存款余额	万元	2277488	1806288	1717048	1459314	2880187
年末金融机构各项贷款余额	万元	2933682	858208	871399	877654	1618489
三、农业和工业						
农业机械总动力	万千瓦特	18	16	78	115	70
机收面积	公顷	13616		32899	29412	64926
设施农业占地面积	公顷	200		31	301	421
棉花产量	吨					
油料产量	吨	2518	7053	49860	18901	44207
规模以上工业企业单位数	个	353	117	121	27	264
四、教育、卫生和社会保障						
普通中学在校学生数	人	22295	20337	41635	22194	77956
中等职业教育学校在校学生数	人	2786	1816	1833		2384
小学在校学生数	人	36748	33929	66470	61050	132441
医疗卫生机构床位数	床	1781	1657	3149	2378	4997
各种社会福利收养性单位数	个	11	13	1	89	307
各种社会福利收养性单位床位数	床	986	1560	150	2430	8210

2017年县(市)社会经济主要指标

广东省

指　　标	单位	雷州市	吴川市	电白区	高州市	化州市
一、基本情况						
行政区域面积	平方公里	3709	870	2128	3270	2357
乡个数	个					
镇个数	个	18	10	21	23	17
街道办事处个数	个	3	5	2	5	6
户籍人口	万人	182	121	193	183	176
第二产业从业人员	人	48269	98722	135619	135378	118308
第三产业从业人员	人	144204	88017	188655	152849	139833
固定电话用户	户	44051	71832	98400	114600	98412
二、综合经济						
地区生产总值	万元	2872708	2693838	6136922	5661186	4874707
第一产业增加值	万元	1103989	285059	1209491	1209224	1016617
农业增加值	万元	754295	113264	512138	860281	617802
牧业增加值	万元	76272	65396	225531	216287	233615
第二产业增加值	万元	289841	1218401	2438181	1870641	1563958
公共财政收入	万元	44909	67454	239385	173830	118650
各项税收	万元	29644	45699	159717	104599	71775
公共财政支出	万元	658737	476564	816240	720050	575744
居民储蓄存款余额	万元	2224779	1912288	3219107	3814385	2725194
年末金融机构各项贷款余额	万元	1257002	922353	1823347	1707198	1379502
三、农业和工业						
农业机械总动力	万千瓦特	105	23	58	48	45
机收面积	公顷	59983	21746	41298	42865	39955
设施农业占地面积	公顷	5176	24	190	180	35
棉花产量	吨					
油料产量	吨	49805	20969	45529	26791	33562
规模以上工业企业单位数	个	63	143	257	271	189
四、教育、卫生和社会保障						
普通中学在校学生数	人	77377	61307	110816	105427	104873
中等职业教育学校在校学生数	人	2425	2027	6636	8726	4786
小学在校学生数	人	125577	80336	144263	128218	146916
医疗卫生机构床位数	床	5437	3259	7446	7262	5336
各种社会福利收养性单位数	个	130	34	24	38	30
各种社会福利收养性单位床位数	床	2025	586	1331	2131	4290

2017年县(市)社会经济主要指标

广东省

指　　标	单位	信宜市	高要区	广宁县	怀集县	封开县
一、基本情况						
行政区域面积	平方公里	3102	2186	2455	3554	2723
乡个数	个				1	
镇个数	个	18	16	15	18	16
街道办事处个数	个	1	1			
户籍人口	万人	148	81	59	110	52
第二产业从业人员	人	97900	148704	40957	46567	28414
第三产业从业人员	人	119429	90260	48429	65454	64078
固定电话用户	户	146500	78775	68100	250921	34500
二、综合经济						
地区生产总值	万元	4525097	4067637	1466467	2470252	1517019
第一产业增加值	万元	978255	724732	386221	785780	431941
农业增加值	万元	645750	409921	170329	434400	281931
牧业增加值	万元	215277	100385	51596	96427	45035
第二产业增加值	万元	1323075	2170245	455049	608324	535234
公共财政收入	万元	101133	135275	44527	52831	42982
各项税收	万元	65136	94088	28319	34351	26284
公共财政支出	万元	583543	310376	234987	437388	220442
居民储蓄存款余额	万元	2710968	2449049	1043966	1002421	958148
年末金融机构各项贷款余额	万元	1448542	1662750	778387	603665	572458
三、农业和工业						
农业机械总动力	万千瓦特		49	14	89	14
机收面积	公顷	39748	39480	11872	29071	23613
设施农业占地面积	公顷	794	1	135	63	6461
棉花产量	吨					
油料产量	吨	17515	12071	6872	10783	18362
规模以上工业企业单位数	个	186	267	83	61	27
四、教育、卫生和社会保障						
普通中学在校学生数	人	84382	33531	19655	72344	27607
中等职业教育学校在校学生数	人	14221	573	2375	5040	2741
小学在校学生数	人	112340	60832	36838	87740	35039
医疗卫生机构床位数	床	5358	1973	1324	2823	965
各种社会福利收养性单位数	个	25	21	16	31	20
各种社会福利收养性单位床位数	床	2081	982	447	2821	817

2017年县(市)社会经济主要指标

广东省

指　　标	单位	德庆县	四会市	惠阳区	博罗县	惠东县
一、基本情况						
行政区域面积	平方公里	2003	1263	916	2855	3527
乡个数	个					
镇个数	个	12	10	6	15	13
街道办事处个数	个	1	4	3	2	2
户籍人口	万人	40	46	38	90	88
第二产业从业人员	人	20590	169995	226821	327723	246856
第三产业从业人员	人	27132	95869	126600	161562	185884
固定电话用户	户	39700	91458	73340	144873	173226
二、综合经济						
地区生产总值	万元	1453247	5839080	4870014	6803691	6521666
第一产业增加值	万元	300806	494727	156548	508609	505651
农业增加值	万元	213754	194106	141839	364697	369134
牧业增加值	万元	28015	160708	10710	107093	48101
第二产业增加值	万元	593217	3518132	2602289	3813680	3009811
公共财政收入	万元	53689	203750	483288	441089	379443
各项税收	万元	33400	157426	982821	272006	211033
公共财政支出	万元	264919	486969	607893	800729	730992
居民储蓄存款余额	万元	862194	2557226	3654666	3860274	2830632
年末金融机构各项贷款余额	万元	613000	3477130	4920326	3620443	2825739
三、农业和工业						
农业机械总动力	万千瓦特	16	24	9	45	35
机收面积	公顷	15939	13730	17367	20566	25663
设施农业占地面积	公顷			384		1177
棉花产量	吨					
油料产量	吨	7420	14657	6605	17729	14028
规模以上工业企业单位数	个	76	391	458	497	423
四、教育、卫生和社会保障						
普通中学在校学生数	人	19716	29105	58549	59780	38747
中等职业教育学校在校学生数	人	581	2856	4670	7578	2139
小学在校学生数	人	34705	53860	93131	120909	105933
医疗卫生机构床位数	床	1118	1656	2709	3860	3195
各种社会福利收养性单位数	个	13	15	3	19	21
各种社会福利收养性单位床位数	床	466	757	375	1708	1141

2017年县(市)社会经济主要指标

广东省

指　　标	单位	龙门县	梅县区	大埔县	丰顺县	五华县
一、基本情况						
行政区域面积	平方公里	2267	2483	2468	2710	3238
乡个数	个	1				
镇个数	个	7	17	14	16	16
街道办事处个数	个	2	1			
户籍人口	万人	36	61	57	75	152
第二产业从业人员	人	29301	46899	52865	69755	137120
第三产业从业人员	人	52444	106052	64721	60110	145481
固定电话用户	户	44291	51846	55108	75000	56824
二、综合经济						
地区生产总值	万元	1907678	1992867	854284	1031115	1461838
第一产业增加值	万元	253430	489383	200220	214719	290532
农业增加值	万元	232635	410047	159863	113686	186542
牧业增加值	万元	12762	51600	29838	67477	69356
第二产业增加值	万元	835363	716369	251394	405264	338676
公共财政收入	万元	93448	197317	97028	92103	81618
各项税收	万元	162049	338178	66648	65668	59639
公共财政支出	万元	361254	515465	359029	411702	673818
居民储蓄存款余额	万元	830295	2115244	1025724	1280313	1956445
年末金融机构各项贷款余额	万元	659737	1599142	724529	715944	1042150
三、农业和工业						
农业机械总动力	万千瓦特	14	16	12	13	34
机收面积	公顷	15990	20049	6953	9245	37582
设施农业占地面积	公顷	251	347	13	32	1216
棉花产量	吨					
油料产量	吨	5491	11353	1509	4770	7490
规模以上工业企业单位数	个	121	101	54	71	43
四、教育、卫生和社会保障						
普通中学在校学生数	人	14660	19918	20080	26323	69941
中等职业教育学校在校学生数	人	786	2738	2590	1392	2151
小学在校学生数	人	29510	41658	29403	42990	97203
医疗卫生机构床位数	床	1050	2822	1000	1743	3338
各种社会福利收养性单位数	个	15	20	16	17	17
各种社会福利收养性单位床位数	床	1183	720	2817	992	497

2017年县(市)社会经济主要指标

广东省

指　　标	单位	平远县	蕉岭县	兴宁市	海丰县	陆河县
一、基本情况						
行政区域面积	平方公里	1381	957	2075	1750	986
乡个数	个					
镇个数	个	12	8	17	16	8
街道办事处个数	个			3		
户籍人口	万人	27	24	119	86	35
第二产业从业人员	人	26135	28417	136322	151344	27427
第三产业从业人员	人	25382	36523	193315	119783	29175
固定电话用户	户	24249	28826	100019	97500	34700
二、综合经济						
地区生产总值	万元	816497	793846	1691850	3174918	635668
第一产业增加值	万元	117726	128132	413116	414087	120056
农业增加值	万元	79890	73333	311105	235593	82081
牧业增加值	万元	16286	27917	78035	31819	21873
第二产业增加值	万元	282335	227628	351378	1457291	156413
公共财政收入	万元	255503	87978	114809	76864	29753
各项税收	万元	59129	116626	91030	59687	18958
公共财政支出	万元	252728	239970	620180	526133	256561
居民储蓄存款余额	万元	585599	621570	2337554	1693507	518918
年末金融机构各项贷款余额	万元	411061	361891	1475543	1073894	298222
三、农业和工业						
农业机械总动力	万千瓦特	8	10	33	41	10
机收面积	公顷	5705	5102	38530	24474	7210
设施农业占地面积	公顷	20	160	70	482	860
棉花产量	吨					
油料产量	吨	2018	2582	4970	6439	3726
规模以上工业企业单位数	个	53	35	52	90	19
四、教育、卫生和社会保障						
普通中学在校学生数	人	9511	8695	42719	44416	19019
中等职业教育学校在校学生数	人	836	874	403	1777	1560
小学在校学生数	人	14850	112	66918	76623	23429
医疗卫生机构床位数	床	674	797	2356	3179	921
各种社会福利收养性单位数	个	12	13	29	21	9
各种社会福利收养性单位床位数	床	358	1352	2580	1290	476

2017年县(市)社会经济主要指标

广东省

指　　标	单位	陆丰市	紫金县	龙川县	连平县	和平县
一、基本情况						
行政区域面积	平方公里	1542	3635	3081	2275	2310
乡个数	个					
镇个数	个	17	18	24	13	17
街道办事处个数	个	3				
户籍人口	万人	190	86	99	41	56
第二产业从业人员	人	155612	90865	79764	40715	26488
第三产业从业人员	人	206021	107995	85458	49980	43786
固定电话用户	户	160100	140108	65003	28820	28873
二、综合经济						
地区生产总值	万元	2716639	1302918	1420540	966250	1112919
第一产业增加值	万元	576540	260744	252012	144023	167588
农业增加值	万元	301700	174086	138870	118943	96218
牧业增加值	万元	62725	30748	31040	14781	26067
第二产业增加值	万元	1184174	397702	368929	409627	464810
公共财政收入	万元	67399	83293	67100	66770	56413
各项税收	万元	40706	59451	119368	36074	41338
公共财政支出	万元	702914	476747	562700	285820	371814
居民储蓄存款余额	万元	1322573	1015100	1616400	726700	784162
年末金融机构各项贷款余额	万元	807021	747300	1218800	461914	715545
三、农业和工业						
农业机械总动力	万千瓦特	40	13	20	11	8
机收面积	公顷		19558	20665	8447	9825
设施农业占地面积	公顷	3629		261	1	29
棉花产量	吨					
油料产量	吨	19569	14909	11156	14931	7062
规模以上工业企业单位数	个	80	69	86	54	83
四、教育、卫生和社会保障						
普通中学在校学生数	人	82227	42685	42084	15827	21558
中等职业教育学校在校学生数	人	4419	3485	630	199	353
小学在校学生数	人	116496	63756	65356	30017	39635
医疗卫生机构床位数	床	2313	2250	3741	1255	1376
各种社会福利收养性单位数	个	19	22	27	14	14
各种社会福利收养性单位床位数	床	572	1441	230	515	569

2017年县(市)社会经济主要指标

广东省

指　　标	单位	东源县	阳东区	阳西县	阳春市	清新区
一、基本情况						
行政区域面积	平方公里	4009	1703	1435	4054	2353
乡个数	个	1				
镇个数	个	20	11	8	15	8
街道办事处个数	个				2	
户籍人口	万人	59	51	54	121	71
第二产业从业人员	人	38434	121960	80158	149862	136710
第三产业从业人员	人	40189	66296	81926	111521	82570
固定电话用户	户	35316	70485	53982	88482	33799
二、综合经济						
地区生产总值	万元	1137344	2804750	2234883	4017218	2710246
第一产业增加值	万元	172622	489155	547872	597391	417138
农业增加值	万元	110304	122340	105839	343302	242815
牧业增加值	万元	29148	63299	55034	180249	90758
第二产业增加值	万元	473806	1436149	755001	1290493	953573
公共财政收入	万元	88127	120607	68798	112807	132887
各项税收	万元	152386	81023	52519	74146	289977
公共财政支出	万元	402662	299272	291308	528747	419432
居民储蓄存款余额	万元	876766	1484196	943624	2333200	1535962
年末金融机构各项贷款余额	万元	1394861	1064601	809752	1659500	1935879
三、农业和工业						
农业机械总动力	万千瓦特		21	26	32	23
机收面积	公顷		19995	19844	41882	26440
设施农业占地面积	公顷		147	2887	3586	98
棉花产量	吨					
油料产量	吨	20943	10055	5034	25749	16275
规模以上工业企业单位数	个	102	183	63	127	124
四、教育、卫生和社会保障						
普通中学在校学生数	人	22417	24069	21376	37540	24308
中等职业教育学校在校学生数	人		1333	452	6487	5676
小学在校学生数	人	29859	45251	35642	85242	58818
医疗卫生机构床位数	床	1421	1929	1397	3091	4460
各种社会福利收养性单位数	个	19	12	9	18	15
各种社会福利收养性单位床位数	床	2787	910	641	1883	1627

2017年县(市)社会经济主要指标

广东省

指　　标	单位	佛冈县	阳山县	连山壮族瑶族自治县	连南瑶族自治县	英德市
一、基本情况						
行政区域面积	平方公里	1295	3330	1219	1241	5634
乡个数	个		1			
镇个数	个	6	12	7	7	23
街道办事处个数	个					1
户籍人口	万人	35	57	12	18	118
第二产业从业人员	人	46762	45652	4596	9095	78738
第三产业从业人员	人	47316	49513	11249	20281	151925
固定电话用户	户	28000	19451	7027	9972	53792
二、综合经济						
地区生产总值	万元	1263263	969952	318854	440830	2770166
第一产业增加值	万元	121719	317814	78741	89479	571356
农业增加值	万元	89817	226341	47851	58885	374430
牧业增加值	万元	13651	55829	12895	12799	81398
第二产业增加值	万元	587394	192346	85158	109056	922685
公共财政收入	万元	338245	44033	10010	12471	163487
各项税收	万元	57974	26744	5357	6737	102543
公共财政支出	万元	255691	216715	102201	162565	643299
居民储蓄存款余额	万元	924566	918847	229852	277808	2559026
年末金融机构各项贷款余额	万元	871265	582259	134577	164816	1839047
三、农业和工业						
农业机械总动力	万千瓦特	12	10	5	3	29
机收面积	公顷	10912	11775		2908	30921
设施农业占地面积	公顷	456	139	9	3	126
棉花产量	吨					
油料产量	吨	7036	18078	4814	9792	28540
规模以上工业企业单位数	个	91	19	2	7	113
四、教育、卫生和社会保障						
普通中学在校学生数	人	14784	14950	4384	7437	49473
中等职业教育学校在校学生数	人	537	1865	331	211	6683
小学在校学生数	人	31593	29543	8692	13657	81010
医疗卫生机构床位数	床	806	1291	352	448	3610
各种社会福利收养性单位数	个	7	14	1	8	16
各种社会福利收养性单位床位数	床	417	760	100	553	1266

2017年县(市)社会经济主要指标

广东省

指　　标	单位	连州市	潮安区	饶平县	揭东区	揭西县
一、基本情况						
行政区域面积	平方公里	2668	1088	1732	709	1347
乡个数	个	2				1
镇个数	个	10	16	21	11	15
街道办事处个数	个				2	1
户籍人口	万人	55	117	107	111	99
第二产业从业人员	人	61613	300442	162594	222939	182945
第三产业从业人员	人	60027	85885	92171	119424	160300
固定电话用户	户	25661	148522	98786	64000	98000
二、综合经济						
地区生产总值	万元	1461538	6132924	2593094	4705345	2505662
第一产业增加值	万元	368360	178672	440994	406970	374271
农业增加值	万元	286887	136166	226760	286869	230822
牧业增加值	万元	42342	23758	56024	40515	96139
第二产业增加值	万元	332696	3785517	1109500	3045622	1376479
公共财政收入	万元	62852	221844	76769	111284	46048
各项税收	万元	37955	103645	47018	67637	31569
公共财政支出	万元	260494	469223	452545	448605	403741
居民储蓄存款余额	万元	1203676	3394636	1110398	2650762	1769998
年末金融机构各项贷款余额	万元	1409808	1207826	776074	1676933	1056600
三、农业和工业						
农业机械总动力	万千瓦特	14		33	5	8
机收面积	公顷	16108		16813	10757	10550
设施农业占地面积	公顷	126	47	394		7
棉花产量	吨					
油料产量	吨	16496	1495	3745	6231	4164
规模以上工业企业单位数	个	38	666	121	491	115
四、教育、卫生和社会保障						
普通中学在校学生数	人	17023	52687	26126	48725	4242
中等职业教育学校在校学生数	人	4546	369	2049	3170	9207
小学在校学生数	人	32053	96143	58797	68041	53945
医疗卫生机构床位数	床	1791	1944	1305	3129	1691
各种社会福利收养性单位数	个	14	15	1	127	186
各种社会福利收养性单位床位数	床	635	580	30	5872	4693

2017年县(市)社会经济主要指标

广东省

指　　标	单位	惠来县	普宁市	云安区	新兴县	郁南县
一、基本情况						
行政区域面积	平方公里	1283	1620	1189	1522	1966
乡个数	个		1			
镇个数	个	15	17	7	12	15
街道办事处个数	个	1	7			
户籍人口	万人	148	247	34	49	54
第二产业从业人员	人	142614	289042	17702	88824	58005
第三产业从业人员	人	94485	254777	20707	52442	51443
固定电话用户	户	71115	228966	24234	114600	26800
二、综合经济						
地区生产总值	万元	2851837	7003921	822645	2661497	1159745
第一产业增加值	万元	593787	425202	120736	558556	290749
农业增加值	万元	380584	365696	74513	190389	202774
牧业增加值	万元	48676	34903	19720	280089	64718
第二产业增加值	万元	1579932	4539243	448285	1067577	319183
公共财政收入	万元	84421	214070	36019	175233	42538
各项税收	万元	30900	149298	16388	103835	21687
公共财政支出	万元	437381	822240	147451	454609	235240
居民储蓄存款余额	万元	1318090	5292228	418027	1728696	1070969
年末金融机构各项贷款余额	万元	846487	3387365	319287	1512472	774182
三、农业和工业						
农业机械总动力	万千瓦特	1	17	7	35	24
机收面积	公顷	440	16433	4838	16560	8672
设施农业占地面积	公顷	64	213		114	500
棉花产量	吨					
油料产量	吨	11016	4827	7517	11219	13977
规模以上工业企业单位数	个	243	536	121	213	138
四、教育、卫生和社会保障						
普通中学在校学生数	人	62532	149123	9568	22401	18503
中等职业教育学校在校学生数	人	8656	44314		1700	1864
小学在校学生数	人	104093	185371	18765	36479	34821
医疗卫生机构床位数	床	1856	6413	650	1720	1540
各种社会福利收养性单位数	个	54	428	7	15	16
各种社会福利收养性单位床位数	床	4856	8965	957	800	821

2017年县(市)社会经济主要指标

广东省、广西壮族自治区

指　　标	单位	罗定市	邕宁区	武鸣区	隆安县	马山县
一、基本情况						
行政区域面积	平方公里	2328	1231	3389	2306	2345
乡个数	个		1		4	4
镇个数	个	17	4	13	6	7
街道办事处个数	个	4				
户籍人口	万人	129	36	72	42	57
第二产业从业人员	人	250397	51278	82448	37352	70461
第三产业从业人员	人	147413	40659	130247	41925	39703
固定电话用户	户	118270	490			28011
二、综合经济						
地区生产总值	万元	2147724	908814	3531974	731840	551409
第一产业增加值	万元	440124	276546	811704	279486	202219
农业增加值	万元	205595	176267	553068	189338	100122
牧业增加值	万元	81232	80690	178194	57006	70866
第二产业增加值	万元	846600	227126	1623616	197709	103532
公共财政收入	万元	125000	29858	148758	49951	34226
各项税收	万元	75200	25474	234742	18609	27268
公共财政支出	万元	524824	235407	461180	259101	337584
居民储蓄存款余额	万元	2264433		1678445	780289	640502
年末金融机构各项贷款余额	万元	1931090		1736775	518139	477818
三、农业和工业						
农业机械总动力	万千瓦特	28	21	79	30	30
机收面积	公顷	29532	54670	86163	31194	28100
设施农业占地面积	公顷	38	187	471	5	118
棉花产量	吨			5		
油料产量	吨	18616	12854	42178	5189	2474
规模以上工业企业单位数	个	160	24	195	37	13
四、教育、卫生和社会保障						
普通中学在校学生数	人	62612	15246	28176	20119	23515
中等职业教育学校在校学生数	人	8519		10384	1874	239
小学在校学生数	人	103628	22575	41019	32148	37092
医疗卫生机构床位数	床	3378	1587	3851	1770	1726
各种社会福利收养性单位数	个	23	7	15	16	13
各种社会福利收养性单位床位数	床	832	448	648	421	506

2017年县(市)社会经济主要指标

广西壮族自治区

指标	单位	上林县	宾阳县	横县	柳江区	柳城县
一、基本情况						
行政区域面积	平方公里	1871	2298	3448	2537	2114
乡个数	个	4		3		2
镇个数	个	7	16	14	12	10
街道办事处个数	个					
户籍人口	万人	50	106	127	62	41
第二产业从业人员	人	29675	157024	136574	61493	34307
第三产业从业人员	人	29675	182430	134589	65174	47103
固定电话用户	户	14933	25773	29075	214035	15212
二、综合经济						
地区生产总值	万元	567492	2183924	3045838	2349202	1363600
第一产业增加值	万元	219899	502419	728680	406542	465754
农业增加值	万元	108985	311710	488878	292515	334290
牧业增加值	万元	78772	132306	167136	73375	87758
第二产业增加值	万元	107291	681795	1208939	1143256	448946
公共财政收入	万元	43108	184310	134252	93169	57965
各项税收	万元	34053	134037	134178	161384	39211
公共财政支出	万元	313817	481231	537099	279505	270975
居民储蓄存款余额	万元	763043	1683495	2036401	1294572	750648
年末金融机构各项贷款余额	万元	551956	1191999	1443034	1742249	603780
三、农业和工业						
农业机械总动力	万千瓦特	50	75	69	45	38
机收面积	公顷	26139	81704	86160	28438	44073
设施农业占地面积	公顷	30	469	465	216	337
棉花产量	吨		2			8
油料产量	吨	7480	19352	17865	4371	9713
规模以上工业企业单位数	个	16	64	100	113	37
四、教育、卫生和社会保障						
普通中学在校学生数	人	20455	51289	52854	19655	9459
中等职业教育学校在校学生数	人	3160	1808	5231	453	
小学在校学生数	人	30804	69278	85931	37676	22155
医疗卫生机构床位数	床	1714	3628	3632	1766	1696
各种社会福利收养性单位数	个	28	25	234	11	46
各种社会福利收养性单位床位数	床	485	1382	5396	450	540

2017年县(市)社会经济主要指标

广西壮族自治区

指　　标	单位	鹿寨县	融安县	融水苗族自治县	三江侗族自治县	临桂区
一、基本情况						
行政区域面积	平方公里	2975	2900	4638	2417	2247
乡个数	个	3	6	13	9	2
镇个数	个	6	6	7	6	9
街道办事处个数	个					
户籍人口	万人	41	33	52	40	55
第二产业从业人员	人	31842	37484	31004	47800	53791
第三产业从业人员	人	21136	52934	32453	23153	46693
固定电话用户	户	25837	10532	8861	9559	23100
二、综合经济						
地区生产总值	万元	1625023	743890	984166	518281	1780744
第一产业增加值	万元	346632	176407	159357	184249	406168
农业增加值	万元	215760	120508	85768	133161	255347
牧业增加值	万元	73598	29976	33895	26839	114067
第二产业增加值	万元	771678	281285	440623	99395	789543
公共财政收入	万元	62939	44960	70105	22098	307902
各项税收	万元	48509	35807	49384	33059	215706
公共财政支出	万元	265881	222541	351658	262403	353976
居民储蓄存款余额	万元	1057374	617241	886863	541008	
年末金融机构各项贷款余额	万元	1332045	490756	881770	478183	2443185
三、农业和工业						
农业机械总动力	万千瓦特	52	21	27	21	36
机收面积	公顷	55030	16375	16951	2476	47500
设施农业占地面积	公顷	258	69		137	555
棉花产量	吨	15	6		157	17
油料产量	吨	8709	2436	2088	1210	1254
规模以上工业企业单位数	个	66	36	37	9	80
四、教育、卫生和社会保障						
普通中学在校学生数	人	15797	13806	24711	18990	19860
中等职业教育学校在校学生数	人	2183	110	1618	794	
小学在校学生数	人	25479	17884	38195	34673	36427
医疗卫生机构床位数	床	1598	1722	1761	1172	1175
各种社会福利收养性单位数	个	30	29	25	135	68
各种社会福利收养性单位床位数	床	553	468	493	974	960

2017年县(市)社会经济主要指标

广西壮族自治区

指　　标	单位	阳朔县	灵川县	全州县	兴安县	永福县
一、基本情况						
行政区域面积	平方公里	1436	2302	3992	2307	2795
乡个数	个	3	5	3	4	3
镇个数	个	6	7	15	6	6
街道办事处个数	个		2			
户籍人口	万人	33	39	84	39	29
第二产业从业人员	人	40231	22566	77904	33936	12264
第三产业从业人员	人	48529	31942	62583	26302	13059
固定电话用户	户	15201	27000	19753	13028	8249
二、综合经济						
地区生产总值	万元	1282351	1324110	1710192	1364692	1331783
第一产业增加值	万元	270734	381286	518900	358009	288743
农业增加值	万元	222049	289622	375063	275755	199884
牧业增加值	万元	32906	60525	82524	50135	52556
第二产业增加值	万元	447816	466226	558681	510977	807188
公共财政收入	万元	68666	107536	49384	96495	44814
各项税收	万元	43122	101574	55538	127066	18370
公共财政支出	万元	199458	212977	395923	266465	198510
居民储蓄存款余额	万元	828493	1368960	1569926	1199335	565778
年末金融机构各项贷款余额	万元	639537	1563970	1165246	1375702	608712
三、农业和工业						
农业机械总动力	万千瓦特	30	49	58	51	29
机收面积	公顷	26701	38500	75000	39000	32000
设施农业占地面积	公顷	174	263	225	141	290
棉花产量	吨	61	14	51	8	5
油料产量	吨	7015	1849	13452	7079	2089
规模以上工业企业单位数	个	22	75	58	46	50
四、教育、卫生和社会保障						
普通中学在校学生数	人	12374	15748	34150	7294	10560
中等职业教育学校在校学生数	人	485	1168	2201	1509	735
小学在校学生数	人	19786	26169	53625	24681	18677
医疗卫生机构床位数	床	773	1343	1879	1845	875
各种社会福利收养性单位数	个	12	12	213	17	51
各种社会福利收养性单位床位数	床	276	504	2503	250	472

2017年县(市)社会经济主要指标

广西壮族自治区

指　　标	单位	灌阳县	龙胜各族自治县	资源县	平乐县	荔蒲县
一、基本情况						
行政区域面积	平方公里	1835	2538	1941	1893	1760
乡个数	个	3	5	4	4	3
镇个数	个	6	5	3	6	10
街道办事处个数	个		7			
户籍人口	万人	30	18	18	46	39
第二产业从业人员	人	33692	9273	13853	62266	70226
第三产业从业人员	人	19681	12347	23143	43964	33897
固定电话用户	户	15506	3500	5900	14000	30321
二、综合经济						
地区生产总值	万元	778809	666259	601189	1147400	1669382
第一产业增加值	万元	189435	120859	114920	454932	342114
农业增加值	万元	140707	87067	77323	376114	271269
牧业增加值	万元	31097	15169	12023	36924	51742
第二产业增加值	万元	379697	349289	293357	355989	767831
公共财政收入	万元	36789	45272	30092	39514	96291
各项税收	万元	24533	35187	21846	35443	63523
公共财政支出	万元	236959	197044	155757	237246	255703
居民储蓄存款余额	万元	650277	420089	465195	807603	963503
年末金融机构各项贷款余额	万元	478138	422522	464192	515109	1280822
三、农业和工业						
农业机械总动力	万千瓦特	30	28	24	49	44
机收面积	公顷	26700	10000	11520	42365	33391
设施农业占地面积	公顷	73	9	22	58	61
棉花产量	吨	9	19		8	2
油料产量	吨	3780	448	1429	15188	6607
规模以上工业企业单位数	个	29	24	29	39	58
四、教育、卫生和社会保障						
普通中学在校学生数	人	10526	6623	7729	18040	14994
中等职业教育学校在校学生数	人	1469	1289	920		1081
小学在校学生数	人	17903	10059	12879	31129	23655
医疗卫生机构床位数	床	978	565	508	1312	1413
各种社会福利收养性单位数	个	60	46	9	38	1
各种社会福利收养性单位床位数	床	421	408	134	503	72

2017年县(市)社会经济主要指标

广西壮族自治区

指　　标	单位	恭城瑶族自治县	苍梧县	藤　县	蒙山县	岑溪市
一、基本情况						
行政区域面积	平方公里	2139	2782	3946	1282	2828
乡个数	个	4		2	3	
镇个数	个	5	9	15	6	14
街道办事处个数	个	10				
户籍人口	万人	30	41	110	22	96
第二产业从业人员	人	27912	68460	108660	32070	181850
第三产业从业人员	人	22042	42500	164824	19853	86387
固定电话用户	户	13288	15979	28667	7539	28544
二、综合经济						
地区生产总值	万元	818974	415456	2706248	886224	3125570
第一产业增加值	万元	270692	160740	530711	129466	365664
农业增加值	万元	225304	96991	352393	74723	195789
牧业增加值	万元	29683	21286	65265	26868	78762
第二产业增加值	万元	291852	144290	1578094	491367	2102484
公共财政收入	万元	40240	33560	118817	31584	182135
各项税收	万元	32470	16682	120693	24235	130819
公共财政支出	万元	211562	117890	436450	163685	398000
居民储蓄存款余额	万元	563162	1188100	1570343	404461	1600714
年末金融机构各项贷款余额	万元	510514	1226200	1294683	371531	1483249
三、农业和工业						
农业机械总动力	万千瓦特	57	27	39	12	29
机收面积	公顷	25087	14856	34562	7471	17621
设施农业占地面积	公顷	32	27	18	15	33
棉花产量	吨	36				
油料产量	吨	14326	6632	11897	6007	9244
规模以上工业企业单位数	个	23	13	81	24	90
四、教育、卫生和社会保障						
普通中学在校学生数	人	12657	20751	57287	10805	55987
中等职业教育学校在校学生数	人	1002	2500	2463	1271	11495
小学在校学生数	人	21349	30402	89067	16001	85404
医疗卫生机构床位数	床	925	390	2741	766	3312
各种社会福利收养性单位数	个	1	5	26	6	18
各种社会福利收养性单位床位数	床	70	105	763	102	413

2017年县(市)社会经济主要指标

广西壮族自治区

指　　标	单位	合浦县	上思县	东兴市	灵山县	浦北县
一、基本情况						
行政区域面积	平方公里	2762	2814	590	3558	2526
乡个数	个	1	4			
镇个数	个	14	4	3	17	15
街道办事处个数	个				2	2
户籍人口	万人	109	25	15	166	94
第二产业从业人员	人	91452	20018	13994	255578	119684
第三产业从业人员	人	193274	53083	15807	176899	126522
固定电话用户	户	59599	7700	34461	98960	100000
二、综合经济						
地区生产总值	万元	2486280	808784	1039648	2849333	2230300
第一产业增加值	万元	932476	216054	187582	696240	413600
农业增加值	万元	254291	125834	25574	490202	266730
牧业增加值	万元	105304	17649	9179	120335	73471
第二产业增加值	万元	662309	359731	449829	1182922	1204500
公共财政收入	万元	68614	87795	105476	66892	86020
各项税收	万元	97282	68694	91464	83596	64787
公共财政支出	万元	483175	224588	244970	525146	384339
居民储蓄存款余额	万元	2058470	354927	1067436	1986569	1303500
年末金融机构各项贷款余额	万元	1301056	391831	945688	1134102	814900
三、农业和工业						
农业机械总动力	万千瓦特	76	30	11	63	49
机收面积	公顷	42197	9370	3953	71330	38936
设施农业占地面积	公顷	1120	29	61	380	361
棉花产量	吨				31	8
油料产量	吨	28023	1585	514	5164	8078
规模以上工业企业单位数	个	75	26	28	88	105
四、教育、卫生和社会保障						
普通中学在校学生数	人	58548	11473	10303	86441	47184
中等职业教育学校在校学生数	人	2286	1109	1288	9330	5662
小学在校学生数	人	79211	19413	22550	144332	73420
医疗卫生机构床位数	床	5080	911	457	4643	3328
各种社会福利收养性单位数	个	121	16	27	276	221
各种社会福利收养性单位床位数	床	1251	373	337	3665	11052

2017年县(市)社会经济主要指标

广西壮族自治区

指　　标	单位	平南县	桂平市	容　县	陆川县	博白县
一、基本情况						
行政区域面积	平方公里	2984	4071	2255	1551	3830
乡个数	个	3	5			
镇个数	个	18	21	15	14	28
街道办事处个数	个					
户籍人口	万人	152	202	87	110	188
第二产业从业人员	人	175035	235731	157710	171926	264125
第三产业从业人员	人	242098	336838	92339	136820	191425
固定电话用户	户	110520	52265	58108	47300	64342
二、综合经济						
地区生产总值	万元	2681731	3574288	2160968	2492621	2544496
第一产业增加值	万元	562707	669737	382426	334959	805083
农业增加值	万元	269804	360233	225114	160989	417489
牧业增加值	万元	146469	139934	92270	125160	260978
第二产业增加值	万元	1116304	1772209	1138324	1162067	797820
公共财政收入	万元	181238	101439	102398	113700	166036
各项税收	万元	137836	124613	104227	106523	77758
公共财政支出	万元	572451	685055	394261	491539	693231
居民储蓄存款余额	万元	2221941	3026121	1767487	1581898	2388282
年末金融机构各项贷款余额	万元	1732896	1989225	1277601	1050878	1739127
三、农业和工业						
农业机械总动力	万千瓦特	86	128	56	54	60
机收面积	公顷	60247	84359	34053	33089	74663
设施农业占地面积	公顷	1	88	136	270	451
棉花产量	吨		38			
油料产量	吨	29537	38688	3461	5515	15597
规模以上工业企业单位数	个	127	112	86	83	87
四、教育、卫生和社会保障						
普通中学在校学生数	人	76027	112168	51620	58586	101313
中等职业教育学校在校学生数	人	7572	6276	4331	750	3394
小学在校学生数	人	120301	166905	81609	92111	158605
医疗卫生机构床位数	床	4922	4819	2860	2727	3710
各种社会福利收养性单位数	个	167	222	77	76	68
各种社会福利收养性单位床位数	床	2571	2413	982	1374	3560

2017年县(市)社会经济主要指标

广西壮族自治区

指　　标	单位	兴业县	北流市	右江区	田阳县	田东县
一、基本情况						
行政区域面积	平方公里	1468	2472	3718	2373	2811
乡个数	个			3	1	1
镇个数	个	13	22	4	9	9
街道办事处个数	个		3	2		
户籍人口	万人	76	152	36	36	44
第二产业从业人员	人	154264	224338	35778	54904	45669
第三产业从业人员	人	69380	136771	103100	39753	78715
固定电话用户	户	26000	102997	38712	13909	16270
二、综合经济						
地区生产总值	万元	1628259	3240471	2872060	1750446	1600134
第一产业增加值	万元	367859	472358	292363	289508	292111
农业增加值	万元	139032	315427	206020	220809	212770
牧业增加值	万元	198629	96182	33467	32262	37607
第二产业增加值	万元	716302	1541844	1444657	1111199	947263
公共财政收入	万元	80494	248624	64086	82457	73230
各项税收	万元	50318	187989	45462	41892	43494
公共财政支出	万元	348930	493315	251298	304725	302717
居民储蓄存款余额	万元	1138400	2623840	1634441	674607	827006
年末金融机构各项贷款余额	万元	817100	2074967	2632327	884984	1046009
三、农业和工业						
农业机械总动力	万千瓦特	38	58	18	41	34
机收面积	公顷	43292	57085	25740	25560	34145
设施农业占地面积	公顷	751	181	56	86	119
棉花产量	吨	11				
油料产量	吨	6265	13320	1272	1472	1003
规模以上工业企业单位数	个	41	139	46	39	39
四、教育、卫生和社会保障						
普通中学在校学生数	人	32482	95741	38821	15047	15381
中等职业教育学校在校学生数	人	26	1784	16357	953	2137
小学在校学生数	人	52955	171458	32825	27488	34878
医疗卫生机构床位数	床	1551	3768	4493	1354	2286
各种社会福利收养性单位数	个	131	46	41	47	107
各种社会福利收养性单位床位数	床	1426	716	2114	653	1055

2017年县(市)社会经济主要指标

广西壮族自治区

指　　标	单位	平果县	德保县	那坡县	凌云县	乐业县
一、基本情况						
行政区域面积	平方公里	2457	2575	2223	2048	2633
乡个数	个	3	5	6	4	4
镇个数	个	9	7	3	4	4
街道办事处个数	个					
户籍人口	万人	52	37	22	22	18
第二产业从业人员	人	76529	27378	13003	15376	18023
第三产业从业人员	人	54497	27653	8964	21686	12050
固定电话用户	户	17918	11574	5691	5746	3217
二、综合经济						
地区生产总值	万元	2010726	996916	267893	342789	251798
第一产业增加值	万元	163163	107809	72703	85351	71170
农业增加值	万元	81312	71021	39979	51469	35549
牧业增加值	万元	49369	29751	20361	21909	12032
第二产业增加值	万元	1429617	671718	67769	142116	56026
公共财政收入	万元	164088	61375	22660	14248	12607
各项税收	万元	99850	40565	13492	9903	8314
公共财政支出	万元	374632	260970	233520	236464	188638
居民储蓄存款余额	万元	948913	438286	287141	324904	223985
年末金融机构各项贷款余额	万元	1367293	515166	231285	318571	237044
三、农业和工业						
农业机械总动力	万千瓦特	34	24	19	9	16
机收面积	公顷	19548	10906	5780	5088	4190
设施农业占地面积	公顷	42	44	10	18	11
棉花产量	吨					
油料产量	吨	844	1359	283	1045	2122
规模以上工业企业单位数	个	61	28	11	24	9
四、教育、卫生和社会保障						
普通中学在校学生数	人	28750	15561	7578	20726	11420
中等职业教育学校在校学生数	人	1391	926		2230	
小学在校学生数	人	39116	24448	16467	17510	15552
医疗卫生机构床位数	床	1884	1255	764	671	431
各种社会福利收养性单位数	个	167	12	31	11	9
各种社会福利收养性单位床位数	床	2780	890	480	267	230

2017年县(市)社会经济主要指标

广西壮族自治区

指　　标	单位	田林县	西林县	隆林各族自治县	靖西市	八步区
一、基本情况						
行政区域面积	平方公里	5524	2997	3518	3326	3714
乡个数	个	9	4	10	8	1
镇个数	个	5	4	6	11	12
街道办事处个数	个					3
户籍人口	万人	27	16	43	66	74
第二产业从业人员	人	31022	13509	21045	68389	68501
第三产业从业人员	人	27229	11499	38412	65121	110187
固定电话用户	户	6565	4931	7512	11000	40700
二、综合经济						
地区生产总值	万元	565246	252956	540189	2154823	1721655
第一产业增加值	万元	144672	101156	112715	159653	311469
农业增加值	万元	64198	52553	48944	108072	190667
牧业增加值	万元	27820	14487	28008	40781	54992
第二产业增加值	万元	231272	50136	207774	1622588	521489
公共财政收入	万元	22512	10919	33047	139618	52027
各项税收	万元	15623	7361	23730	90924	83457
公共财政支出	万元	239904	180021	291217	503913	334494
居民储蓄存款余额	万元	386827	200893	512054	831032	2216222
年末金融机构各项贷款余额	万元	448206	228253	506553	807169	2837509
三、农业和工业						
农业机械总动力	万千瓦特	23	18	29	34	33
机收面积	公顷	8340	5561	8080	22815	24865
设施农业占地面积	公顷	18	7	15	37	731
棉花产量	吨					6
油料产量	吨	732	1508	1599	1568	7911
规模以上工业企业单位数	个	40	8	20	29	47
四、教育、卫生和社会保障						
普通中学在校学生数	人	15925	10519	26151	29042	29401
中等职业教育学校在校学生数	人	668		2465	2694	
小学在校学生数	人	24128	15816	45290	46388	69278
医疗卫生机构床位数	床	1014	606	1297	1816	4157
各种社会福利收养性单位数	个	16	11	18	121	12
各种社会福利收养性单位床位数	床	269	360	681	1297	292

2017年县(市)社会经济主要指标

广西壮族自治区

指　　标	单位	昭平县	钟山县	富川瑶族自治县	金城江区	宜州区
一、基本情况						
行政区域面积	平方公里	3224	1472	1572	2346	3857
乡个数	个	3	2	3	4	7
镇个数	个	9	10	9	7	9
街道办事处个数	个				1	
户籍人口	万人	45	45	34	34	67
第二产业从业人员	人	29540	47709	24172	38629	29757
第三产业从业人员	人	32968	59692	34996	124641	80292
固定电话用户	户	28923	7293	8420	30090	17151
二、综合经济						
地区生产总值	万元	681738	989065	702930	1295798	1270200
第一产业增加值	万元	212894	172290	256899	134822	445809
农业增加值	万元	122730	97048	204536	80653	258614
牧业增加值	万元	32576	45206	40302	40348	149502
第二产业增加值	万元	186636	427528	221878	332472	255395
公共财政收入	万元	23150	31887	38916	71545	39925
各项税收	万元	31837	43575	25969	20699	26954
公共财政支出	万元	288527	252898	276000	187430	310665
居民储蓄存款余额	万元	593075	790265	641508	1246953	1252705
年末金融机构各项贷款余额	万元	494133	664284	550843	1591093	990270
三、农业和工业						
农业机械总动力	万千瓦特	25	26	19	28	49
机收面积	公顷	19498	19050	18920	10752	28495
设施农业占地面积	公顷	173	445	106	36	44
棉花产量	吨		8		33	28
油料产量	吨	1584	4582	11927	806	2078
规模以上工业企业单位数	个	14	43	20	28	41
四、教育、卫生和社会保障						
普通中学在校学生数	人	19838	20482	14513	13068	33981
中等职业教育学校在校学生数	人	1382	2327	1279	33791	2075
小学在校学生数	人	36363	39524	26970	30602	50603
医疗卫生机构床位数	床	1145	1461	1068	3580	4129
各种社会福利收养性单位数	个	161	1	7	15	18
各种社会福利收养性单位床位数	床	718	36	108	407	521

2017年县(市)社会经济主要指标

广西壮族自治区

指　　标	单位	南丹县	天峨县	凤山县	东兰县	罗城仫佬族自治县
一、基本情况						
行政区域面积	平方公里	3905	3184	1729	2437	2651
乡个数	个	3	7	6	8	4
镇个数	个	8	2	3	6	7
街道办事处个数	个					
户籍人口	万人	32	18	22	31	39
第二产业从业人员	人	16127	4718	10530	49309	16753
第三产业从业人员	人	11822	13864	18313	39698	54581
固定电话用户	户	12753	9168	6067	11538	9867
二、综合经济						
地区生产总值	万元	1115634	685382	228620	284016	464593
第一产业增加值	万元	119878	71846	58659	73305	164809
农业增加值	万元	70324	31394	23048	30675	65808
牧业增加值	万元	23359	12524	18321	29812	55962
第二产业增加值	万元	539529	437581	46052	58738	86828
公共财政收入	万元	50579	22771	9193	30666	18672
各项税收	万元	84807	16003	5817	9653	9906
公共财政支出	万元	257519	199066	196175	244383	293562
居民储蓄存款余额	万元	606555	262011	258278	405100	596130
年末金融机构各项贷款余额	万元	754800	400837	227762	403758	424405
三、农业和工业						
农业机械总动力	万千瓦特	26	21	26	29	23
机收面积	公顷	7401	4294	2410	6182	17099
设施农业占地面积	公顷	18	5	22		52
棉花产量	吨	3	32		10	48
油料产量	吨	2385	717	453	688	2560
规模以上工业企业单位数	个	11	7	4	5	15
四、教育、卫生和社会保障						
普通中学在校学生数	人	16450	13300	8038	11965	14792
中等职业教育学校在校学生数	人	1044	247	124	602	115
小学在校学生数	人	33388	16430	18967	24368	27346
医疗卫生机构床位数	床	1088	584	646	1014	1185
各种社会福利收养性单位数	个	15	11	35	17	54
各种社会福利收养性单位床位数	床	380	377	464	314	541

2017年县(市)社会经济主要指标

广西壮族自治区

指　　标	单位	环江毛南族自治县	巴马瑶族自治县	都安瑶族自治县	大化瑶族自治县	兴宾区
一、基本情况						
行政区域面积	平方公里	4553	1976	4088	2750	4403
乡个数	个	6	7	9	12	6
镇个数	个	6	3	10	4	14
街道办事处个数	个					4
户籍人口	万人	38	29	72	48	113
第二产业从业人员	人	34586	36036	73078	37591	60072
第三产业从业人员	人	27270	23083	54233	54213	74742
固定电话用户	户	91498	16563	42140	21466	40850
二、综合经济						
地区生产总值	万元	515327	429573	487373	562799	2936789
第一产业增加值	万元	186161	106328	134542	93559	655903
农业增加值	万元	73201	49971	56326	36777	481461
牧业增加值	万元	85397	29340	62281	36336	103266
第二产业增加值	万元	105696	121086	86505	239286	1020616
公共财政收入	万元	40116	32922	25867	62877	49741
各项税收	万元	28272	28245	40160	49824	30517
公共财政支出	万元	284141	245291	446687	322930	410280
居民储蓄存款余额	万元	590100	412932	696007	524407	1576681
年末金融机构各项贷款余额	万元	464237	314075	558192	481214	2716445
三、农业和工业						
农业机械总动力	万千瓦特	34	15	44	21	86
机收面积	公顷	13015	6396	12485	6200	84645
设施农业占地面积	公顷	27	23	1	1	1274
棉花产量	吨		1		39	1
油料产量	吨	537	1072	54	412	19589
规模以上工业企业单位数	个	22	13	16	6	81
四、教育、卫生和社会保障						
普通中学在校学生数	人	17369	12932	42849	27499	38214
中等职业教育学校在校学生数	人	578	77	2926	1121	
小学在校学生数	人	25827	30604	64176	44586	90307
医疗卫生机构床位数	床	912	711	1578	1690	2076
各种社会福利收养性单位数	个	23	8	6	17	44
各种社会福利收养性单位床位数	床	298	190	1966	473	1070

2017年县(市)社会经济主要指标

广西壮族自治区

指　　标	单位	忻城县	象州县	武宣县	金秀瑶族自治县	合山市
一、基本情况						
行政区域面积	平方公里	2541	1927	1704	2473	350
乡个数	个	6	3	1	7	
镇个数	个	6	8	9	3	3
街道办事处个数	个					
户籍人口	万人	43	37	45	16	14
第二产业从业人员	人	32180	18711	38734	16014	7521
第三产业从业人员	人	61468	32135	66896	10529	9748
固定电话用户	户	3582	20118	11095	18832	9368
二、综合经济						
地区生产总值	万元	638933	1145269	1192100	323851	330122
第一产业增加值	万元	210103	325333	274300	91622	43844
农业增加值	万元	95948	163135	182557	59543	28065
牧业增加值	万元	96393	115105	54375	14462	7378
第二产业增加值	万元	181419	548765	562800	65535	117194
公共财政收入	万元	28914	46356	48861	9222	17302
各项税收	万元	22727	12835	37019	12326	9613
公共财政支出	万元	250715	210500	258593	163779	138524
居民储蓄存款余额	万元	482862	595675	686700	273689	279278
年末金融机构各项贷款余额	万元	336327	506356	633900	293292	185057
三、农业和工业						
农业机械总动力	万千瓦特	22	36	34	11	8
机收面积	公顷	20940	34926	33790	9658	6067
设施农业占地面积	公顷	41	31	139	23	20
棉花产量	吨	13			2	
油料产量	吨	2710	3077	9068	1521	996
规模以上工业企业单位数	个	17	57	50	14	8
四、教育、卫生和社会保障						
普通中学在校学生数	人	14852	14811	20869	4278	4106
中等职业教育学校在校学生数	人	328	445	2112	458	851
小学在校学生数	人	26778	22270	32607	9863	8702
医疗卫生机构床位数	床	1862	1709	1683	825	449
各种社会福利收养性单位数	个	14	11	12	10	4
各种社会福利收养性单位床位数	床	489	345	509	348	200

2017年县(市)社会经济主要指标

广西壮族自治区

指　　标	单位	江洲区	扶绥县	宁明县	龙州县	大新县
一、基本情况						
行政区域面积	平方公里	2917	2841	3704	2311	2748
乡个数	个	2	3	6	7	9
镇个数	个	6	8	7	5	5
街道办事处个数	个	3				
户籍人口	万人	39	46	44	27	39
第二产业从业人员	人		49223	21119	24681	55968
第三产业从业人员	人		51887	47194	36551	32466
固定电话用户	户		10434	10787	11748	13722
二、综合经济						
地区生产总值	万元	1936176	1836920	1380516	1216076	1287297
第一产业增加值	万元	285620	471446	343751	271421	247016
农业增加值	万元	250458	404342	202450	217310	192962
牧业增加值	万元	10914	16385	19012	12780	35416
第二产业增加值	万元	924953	878267	622557	519511	615742
公共财政收入	万元	26097	96119	62059	47661	23680
各项税收	万元	51847	69100	54094	35633	35411
公共财政支出	万元	210179	345153	306252	257049	246366
居民储蓄存款余额	万元	818011	909478	697688	597139	687278
年末金融机构各项贷款余额	万元	1312169	741157	458894	600141	525969
三、农业和工业						
农业机械总动力	万千瓦特	45	42	36	27	60
机收面积	公顷	12098	17888	24097	12080	5012
设施农业占地面积	公顷		255	102	34	54
棉花产量	吨					161
油料产量	吨	2995	10029	3544	3117	1675
规模以上工业企业单位数	个	38	69	22	15	24
四、教育、卫生和社会保障						
普通中学在校学生数	人	10897	21777	13733	9824	14467
中等职业教育学校在校学生数	人		542	240	1231	420
小学在校学生数	人	27663	32084	31515	15025	22080
医疗卫生机构床位数	床	1458	1387	1191	1209	1182
各种社会福利收养性单位数	个	20	16	16	16	33
各种社会福利收养性单位床位数	床	192	280	631	445	865

2017年县(市)社会经济主要指标

广西壮族自治区、海南省

指　　标	单位	天等县	凭祥市	西沙群岛	南沙群岛	中沙群岛的岛礁及其海域
一、基本情况						
行政区域面积	平方公里	2165	645			
乡个数	个	7				
镇个数	个	6	4			
街道办事处个数	个					
户籍人口	万人	46	11			
第二产业从业人员	人	119271	19831			
第三产业从业人员	人	20712	22900			
固定电话用户	户	12185	17057			
二、综合经济						
地区生产总值	万元	618939	759826			
第一产业增加值	万元	137644	55612			
农业增加值	万元	83625	30179			
牧业增加值	万元	42297	6557			
第二产业增加值	万元	207147	220241			
公共财政收入	万元	22607	51261			
各项税收	万元	18006	21208			
公共财政支出	万元	245208	171023			
居民储蓄存款余额	万元	599327	642277			
年末金融机构各项贷款余额	万元	477066	367910			
三、农业和工业						
农业机械总动力	万千瓦特	44	6			
机收面积	公顷	26000	3205			
设施农业占地面积	公顷		5			
棉花产量	吨	26				
油料产量	吨	1844	650			
规模以上工业企业单位数	个	12	29			
四、教育、卫生和社会保障						
普通中学在校学生数	人	14607	5327			
中等职业教育学校在校学生数	人	928	827			
小学在校学生数	人	30096	10593			
医疗卫生机构床位数	床	1219	281			
各种社会福利收养性单位数	个	13	2			
各种社会福利收养性单位床位数	床	312	166			

2017年县(市)社会经济主要指标

海南省

指　　标	单位	五指山市	琼海市	文昌市	万宁市	东方市
一、基本情况						
行政区域面积	平方公里	1144	1710	2485	4444	2272
乡个数	个	3				2
镇个数	个	4	12	17	12	8
街道办事处个数	个					
户籍人口	万人	11	52	60	62	45
第二产业从业人员	人	2935	31233	34811	48500	15760
第三产业从业人员	人	26055	112422	115677	114500	53233
固定电话用户	户	18802	123470	83064	86500	48106
二、综合经济						
地区生产总值	万元	270247	2407198	2059831	2039000	1560301
第一产业增加值	万元	62479	796460	754516	624000	425537
农业增加值	万元	31407	472812	338677	342400	306405
牧业增加值	万元	14695	147191	163307	88100	54519
第二产业增加值	万元	57735	326132	487897	419000	657227
公共财政收入	万元	39025	167416	271091	162400	138091
各项税收	万元	41605	126855	106924	146000	105256
公共财政支出	万元	209780	468499	522428	506400	454887
居民储蓄存款余额	万元	366859	2275470	2116964	1412700	838026
年末金融机构各项贷款余额	万元	288278	1463519	1540274	1355000	742716
三、农业和工业						
农业机械总动力	万千瓦特	8	32	51	46	22
机收面积	公顷	2067	16966		6602	12096
设施农业占地面积	公顷	21		843	5253	5940
棉花产量	吨					
油料产量	吨	1288	2099	13209	3010	7343
规模以上工业企业单位数	个	4	10	17	10	12
四、教育、卫生和社会保障						
普通中学在校学生数	人	8020	30141	30161	26878	28834
中等职业教育学校在校学生数	人	4875	1390	1024	862	778
小学在校学生数	人	9685	44013	42801	45070	37975
医疗卫生机构床位数	床	1227	2186	1529	1707	1073
各种社会福利收养性单位数	个	4	17	19	8	15
各种社会福利收养性单位床位数	床	59	610	436	675	392

2017年县(市)社会经济主要指标

海南省

指　　标	单位	定安县	屯昌县	澄迈县	临高县	白沙黎族自治县
一、基本情况						
行政区域面积	平方公里	1197	1229	2076	1317	2117
乡个数	个					7
镇个数	个	10	8	11	10	4
街道办事处个数	个					
户籍人口	万人	34	31	56	50	20
第二产业从业人员	人	15609	14860	45392	25988	3463
第三产业从业人员	人	32465	49636	89221	76116	19580
固定电话用户	户	41257	26284	39045	41014	15480
二、综合经济						
地区生产总值	万元	902753	701859	2887394	1762334	471409
第一产业增加值	万元	325495	271058	750056	1122219	213341
农业增加值	万元	192721	151536	372203	158775	79216
牧业增加值	万元	107923	63093	147939	55392	37598
第二产业增加值	万元	131016	90208	1146290	109608	51664
公共财政收入	万元	42500	23411	618002	100460	16215
各项税收	万元	31400	36326	527757	38706	10781
公共财政支出	万元	294734	234763	656590	532170	315555
居民储蓄存款余额	万元	820200	587755	1166838	719850	377227
年末金融机构各项贷款余额	万元	437000	357467	1461437	462712	234889
三、农业和工业						
农业机械总动力	万千瓦特	16	9	37	54	13
机收面积	公顷	7104	8431	25920	8931	4133
设施农业占地面积	公顷	122	49	103	79	23
棉花产量	吨					
油料产量	吨	13166	5836	5241	2307	291
规模以上工业企业单位数	个	9	4	44	4	4
四、教育、卫生和社会保障						
普通中学在校学生数	人	13011	13514	21874	24838	9391
中等职业教育学校在校学生数	人	2632	445	1500	616	403
小学在校学生数	人	26732	24626	41702	39800	16835
医疗卫生机构床位数	床	770	1025	1758	1108	744
各种社会福利收养性单位数	个	13	8	9	8	9
各种社会福利收养性单位床位数	床	672	334	530	268	86

2017年县(市)社会经济主要指标

海南省

指标	单位	昌江黎族自治县	乐东黎族自治县	陵水黎族自治县	保亭黎族苗族自治县	琼中黎族苗族自治县
一、基本情况						
行政区域面积	平方公里	1620	2766	1128	1153	2705
乡个数	个	1		2	3	3
镇个数	个	7	11	9	6	7
街道办事处个数	个					
户籍人口	万人	25	54	38	17	22
第二产业从业人员	人	1147	16635	9992	3757	6081
第三产业从业人员	人	11112	69215	58852	26391	26784
固定电话用户	户	27000	51416	48000	16600	24638
二、综合经济						
地区生产总值	万元	1144444	1191733	1510063	450871	473458
第一产业增加值	万元	293386	693021	450774	171800	191772
农业增加值	万元	152979	565262	222287	117780	103884
牧业增加值	万元	30950	54884	54060	27608	30610
第二产业增加值	万元	505548	170580	291417	59576	70206
公共财政收入	万元	116117	80555	457441	49074	28156
各项税收	万元	57681	51500	411710	38226	16319
公共财政支出	万元	316736	470649	715689	217150	354736
居民储蓄存款余额	万元	574995	929138	993419	550000	550535
年末金融机构各项贷款余额	万元	461232	538717	1723084	352700	722015
三、农业和工业						
农业机械总动力	万千瓦特	18	73	28	7	30
机收面积	公顷	3258	13972	1098	42106	266
设施农业占地面积	公顷	2711	2432	69	4	30
棉花产量	吨					
油料产量	吨	1273	4690	2973	853	2401
规模以上工业企业单位数	个	9	3	1	2	7
四、教育、卫生和社会保障						
普通中学在校学生数	人	13088	28627	15988	7832	6262
中等职业教育学校在校学生数	人	982	642	730	172	76
小学在校学生数	人	19192	37275	32918	13861	17157
医疗卫生机构床位数	床	889	1594	952	590	1006
各种社会福利收养性单位数	个	12	10	9	7	9
各种社会福利收养性单位床位数	床	108	255	567	65	369

2017年县(市)社会经济主要指标

重庆市

指　　标	单位	綦江区	大足区	长寿区	江津区	合川区
一、基本情况						
行政区域面积	平方公里	2748	1436	1424	3219	2344
乡个数	个					
镇个数	个	25	21	12	25	23
街道办事处个数	个	5	6	7	4	7
户籍人口	万人	120	107	89	150	154
第二产业从业人员	人	300892	250245	160571	381218	233629
第三产业从业人员	人	187505	169038	121043	484470	220878
固定电话用户	户	175105	100000	108431	211000	135200
二、综合经济						
地区生产总值	万元	4785053	4315254	5098650	7571275	5951694
第一产业增加值	万元	584879	462706	463043	858167	743056
农业增加值	万元	416871	307776	267558	602884	507093
牧业增加值	万元	112009	102107	144394	192557	151865
第二产业增加值	万元	2447282	2503408	2804618	4571140	2971257
公共财政收入	万元	378466	376927	368059	700177	415264
各项税收	万元	232625	173719	277564	446961	275660
公共财政支出	万元	965678	890661	667767	1206716	935614
居民储蓄存款余额	万元	4039111	2318520	3237811	5917072	5507477
年末金融机构各项贷款余额	万元	4123738	2772816	2946960	4879171	3306716
三、农业和工业						
农业机械总动力	万千瓦特	45	64	41	44	83
机收面积	公顷	36000	29116	19370	40373	37100
设施农业占地面积	公顷	5533	4800	734	569	316
棉花产量	吨					
油料产量	吨	13769	42057	11764	17678	26139
规模以上工业企业单位数	个	326	381	249	434	375
四、教育、卫生和社会保障						
普通中学在校学生数	人	47234	44710	32678	62246	51404
中等职业教育学校在校学生数	人	3952	3669	4696	23608	7531
小学在校学生数	人	60979	77846	38026	85434	74662
医疗卫生机构床位数	床	4992	3161	4624	7755	6500
各种社会福利收养性单位数	个	51	28	23	52	62
各种社会福利收养性单位床位数	床	6218	2607	2336	5497	4729

2017年县(市)社会经济主要指标

重庆市

指　　标	单位	永川区	南川区	璧山区	铜梁区	潼南区
一、基本情况						
行政区域面积	平方公里	1576	2602	915	1340	1583
乡个数	个		2			
镇个数	个	16	29	9	23	20
街道办事处个数	个	7	3	6	5	2
户籍人口	万人	114	69	65	85	95
第二产业从业人员	人	227327	99308	114263	190449	90388
第三产业从业人员	人	208788	102832	119451	105681	142808
固定电话用户	户	185000	77100	94000	110300	76505
二、综合经济						
地区生产总值	万元	7044821	2333871	4795966	3818100	3339671
第一产业增加值	万元	571141	447882	272653	429900	540124
农业增加值	万元	372500	286638	155050	222900	400055
牧业增加值	万元	126531	118151	83981	149800	77716
第二产业增加值	万元	3977283	830102	3416375	2273100	1871368
公共财政收入	万元	482404	233071	558972	297000	214155
各项税收	万元	278412	117240	426625	193300	111295
公共财政支出	万元	1011821	600510	1538425	542200	694773
居民储蓄存款余额	万元	4129185	2042313	3047000	3169300	2334257
年末金融机构各项贷款余额	万元	4585766	2428510	3141000	3101000	1791186
三、农业和工业						
农业机械总动力	万千瓦特	33	67	32	6	64
机收面积	公顷	46667	17500	13258	23700	30535
设施农业占地面积	公顷	2050	2431	5400	3120	5178
棉花产量	吨					
油料产量	吨	23348	17254	6770	14282	49787
规模以上工业企业单位数	个	414	144	312	341	242
四、教育、卫生和社会保障						
普通中学在校学生数	人	52577	11241	27382	39201	35950
中等职业教育学校在校学生数	人	32607	4327	2413	12325	2102
小学在校学生数	人	88235	45902	40700	51341	47460
医疗卫生机构床位数	床	7706	3797	4716	4050	2877
各种社会福利收养性单位数	个	39	43	30	68	102
各种社会福利收养性单位床位数	床	4150	1250	4731	3326	3268

2017年县(市)社会经济主要指标

重庆市

指　　标	单位	荣昌区	开州区	梁平区	武隆区	城口县
一、基本情况						
行政区域面积	平方公里	1077	3967	1890	2889	3289
乡个数	个		7	2	13	13
镇个数	个	15	26	29	13	10
街道办事处个数	个	6	7	2		2
户籍人口	万人	85	170	93	41	25
第二产业从业人员	人	173403	282000	161053	48405	14921
第三产业从业人员	人	152483	273000	128450	68646	47821
固定电话用户	户	76400	149000	70800	40048	26264
二、综合经济						
地区生产总值	万元	4147947	3995929	2981012	1604925	487912
第一产业增加值	万元	505771	615100	424141	226998	87534
农业增加值	万元	335045	390738	271593	157202	44142
牧业增加值	万元	135544	155820	106875	48333	30967
第二产业增加值	万元	2638346	2035211	1624863	653085	233247
公共财政收入	万元	259166	246819	214568	149691	38518
各项税收	万元	143613	135160	116520	79611	24033
公共财政支出	万元	616713	919589	721830	510778	173442
居民储蓄存款余额	万元	2399139	4292180	2915297	1175286	516300
年末金融机构各项贷款余额	万元	2268840	2257107	1558231	1905442	593900
三、农业和工业						
农业机械总动力	万千瓦特	40	52	61	31	25
机收面积	公顷	21310	21200	32530	6600	
设施农业占地面积	公顷	3386	3560	2731	139	10
棉花产量	吨					
油料产量	吨	22921	35617	15616	9988	3517
规模以上工业企业单位数	个	338	127	130	29	12
四、教育、卫生和社会保障						
普通中学在校学生数	人	33512	86490	40984	18478	13098
中等职业教育学校在校学生数	人	4790	9389	5786	3523	1727
小学在校学生数	人	48604	120506	54929	26740	20815
医疗卫生机构床位数	床	4246	7337	3890	2248	986
各种社会福利收养性单位数	个	50	94	33	28	24
各种社会福利收养性单位床位数	床	2193	5451	2750	1646	860

2017年县(市)社会经济主要指标

重庆市

指　标	单位	丰都县	垫江县	忠　县	云阳县	奉节县
一、基本情况						
行政区域面积	平方公里	2901	1516	2187	3649	4087
乡个数	个	5	2	6	7	11
镇个数	个	23	22	19	31	18
街道办事处个数	个	2	2	4	4	3
户籍人口	万人	82	97	100	134	106
第二产业从业人员	人	82500	219167	119832	240145	119168
第三产业从业人员	人	123500	147603	266428	281954	182232
固定电话用户	户	65194	81329	71626	98500	69200
二、综合经济						
地区生产总值	万元	2065798	2767299	2713340	2351722	2490323
第一产业增加值	万元	334283	418180	400298	457804	404171
农业增加值	万元	205928	294587	275813	326157	310134
牧业增加值	万元	84597	90040	89741	89675	78392
第二产业增加值	万元	945743	1424812	1394763	1048653	997540
公共财政收入	万元	190400	194753	166606	168514	171985
各项税收	万元	102831	110001	87451	87155	86279
公共财政支出	万元	670617	640579	596168	795298	802318
居民储蓄存款余额	万元	2347643	2526923	3181152	2953872	1914400
年末金融机构各项贷款余额	万元	1485607	1946132	1827383	1626520	1950768
三、农业和工业						
农业机械总动力	万千瓦特	36	43	60	43	38
机收面积	公顷	12470	27807	12507	18654	5360
设施农业占地面积	公顷	127	232	10	138	283
棉花产量	吨					
油料产量	吨	19549	19772	33735	29493	27335
规模以上工业企业单位数	个	89	147	71	91	44
四、教育、卫生和社会保障						
普通中学在校学生数	人	47548	55355	45928	59699	48063
中等职业教育学校在校学生数	人	2993	4666	2524	7102	6847
小学在校学生数	人	47361	57670	65532	69206	58201
医疗卫生机构床位数	床	4368	4772	3486	5242	4473
各种社会福利收养性单位数	个	27	25	70	72	37
各种社会福利收养性单位床位数	床	1988	1549	5292	7206	3893

2017年县(市)社会经济主要指标

重庆市

指　　标	单位	巫山县	巫溪县	石柱土家族自治县	秀山土家族苗族自治县	酉阳土家族苗族自治县
一、基本情况						
行政区域面积	平方公里	2958	4030	3014	2453	5173
乡个数	个	13	12	13	6	23
镇个数	个	11	18	17	18	14
街道办事处个数	个	2	2	3	3	2
户籍人口	万人	64	54	56	67	85
第二产业从业人员	人	55096	77450	59240	82270	100475
第三产业从业人员	人	140666	68314	74630	106019	110090
固定电话用户	户	52260	48000	31109	49448	44045
二、综合经济						
地区生产总值	万元	1160732	871484	1622759	1619102	1403349
第一产业增加值	万元	234651	182844	250429	212406	286703
农业增加值	万元	149723	92796	137217	137288	157513
牧业增加值	万元	49428	63078	92642	50276	92289
第二产业增加值	万元	380396	325054	829276	778080	600544
公共财政收入	万元	113483	78096	133690	125972	120636
各项税收	万元	55089	39027	126752	79626	84514
公共财政支出	万元	535087	481638	506358	490508	653953
居民储蓄存款余额	万元	1201592	1592638	1455122	1225531	1470009
年末金融机构各项贷款余额	万元	1589896	737815	1292101	1721873	1404893
三、农业和工业						
农业机械总动力	万千瓦特	30	41	33	35	42
机收面积	公顷	1820	1765	3672	21506	2333
设施农业占地面积	公顷	441	53	64	538	1099
棉花产量	吨					
油料产量	吨	17166	11745	6628	33761	32248
规模以上工业企业单位数	个	21	17	51	65	26
四、教育、卫生和社会保障						
普通中学在校学生数	人	32923	25345	31708	28757	49848
中等职业教育学校在校学生数	人	3197	2922	3055	3922	3729
小学在校学生数	人	38603	33879	38299	44365	66978
医疗卫生机构床位数	床	2760	1622	3609	2675	2726
各种社会福利收养性单位数	个	40	30	49	38	22
各种社会福利收养性单位床位数	床	3980	915	1060	3238	902

2017年县(市)社会经济主要指标

重庆市、四川省

指　　标	单位	彭水苗族土家族自治县	新都区	温江区	双流区	郫都区
一、基本情况						
行政区域面积	平方公里	3903	496	276	1029	438
乡个数	个	18				
镇个数	个	18	10	6	18	13
街道办事处个数	个	3	3	4	7	1
户籍人口	万人	70	77	46	119	60
第二产业从业人员	人	41624	300300	91300	234074	190812
第三产业从业人员	人	75236	320389	174849	405186	148861
固定电话用户	户	54872	508017	244335	645200	186655
二、综合经济						
地区生产总值	万元	1408066	7226659	4879666	11156824	5250315
第一产业增加值	万元	266427	278771	187897	360419	235069
农业增加值	万元	171464	183040	181174	283597	226268
牧业增加值	万元	73792	89883	4028	62752	6589
第二产业增加值	万元	585693	4299471	2460799	5395041	3056012
公共财政收入	万元	140381	1049328	369055	933113	418810
各项税收	万元	84374	375025	284858	798748	279571
公共财政支出	万元	550302	676417	512119	1571490	640856
居民储蓄存款余额	万元	1348982	6000032	3956666	8424217	4579168
年末金融机构各项贷款余额	万元	1795684	4247908	4154207	8843271	4731282
三、农业和工业						
农业机械总动力	万千瓦特	40	28	17	31	24
机收面积	公顷	1330	28347	1389	24925	9673
设施农业占地面积	公顷	60	867	47	3285	555
棉花产量	吨					
油料产量	吨	29485	18736	640	30527	8961
规模以上工业企业单位数	个	37	340	213	321	344
四、教育、卫生和社会保障						
普通中学在校学生数	人	40534	37623	20024	54042	28909
中等职业教育学校在校学生数	人	4657	9962	15517	18234	15462
小学在校学生数	人	49542	76748	32030	79649	51973
医疗卫生机构床位数	床	2974	5880	5977	6631	4227
各种社会福利收养性单位数	个	32	13	8	30	9
各种社会福利收养性单位床位数	床	1802	1793	1046	4326	1246

2017年县(市)社会经济主要指标

四川省

指　　标	单位	金堂县	大邑县	蒲江县	新津县	都江堰市
一、基本情况						
行政区域面积	平方公里	1157	1284	580	330	1208
乡个数	个	2	3	4	1	1
镇个数	个	18	16	7	10	13
街道办事处个数	个	1	1	1	1	5
户籍人口	万人	90	52	27	32	63
第二产业从业人员	人	118300	142633	50204	71300	151342
第三产业从业人员	人	261500	142009	58143	77300	216656
固定电话用户	户	138960	117545	92860	84500	183208
二、综合经济						
地区生产总值	万元	3749932	2306715	1359525	3014416	3485014
第一产业增加值	万元	464107	352877	194273	176343	271677
农业增加值	万元	340511	154711	113536	96145	113823
牧业增加值	万元	103182	175628	75986	71081	109138
第二产业增加值	万元	1765791	1009743	701873	1789114	1275805
公共财政收入	万元	206729	250864	132344	221012	476144
各项税收	万元	236956	83482	49086	148277	184532
公共财政支出	万元	540133	328152	200816	339427	444045
居民储蓄存款余额	万元	2635084	2267419	1158554	1994229	3896261
年末金融机构各项贷款余额	万元	2482439	1442820	896312	2151284	2628874
三、农业和工业						
农业机械总动力	万千瓦特	23	26	16	17	24
机收面积	公顷	29568	24754	12667	14617	
设施农业占地面积	公顷	2946	929	65	685	1573
棉花产量	吨					
油料产量	吨	58991	10737	15301	10608	24818
规模以上工业企业单位数	个	217	135	105	162	99
四、教育、卫生和社会保障						
普通中学在校学生数	人	32914	16321	9304	11582	24003
中等职业教育学校在校学生数	人	19755	4846	1412	1228	2975
小学在校学生数	人	57654	23991	11473	15252	35241
医疗卫生机构床位数	床	6654	4077	1734	2326	6138
各种社会福利收养性单位数	个	20	16	8	15	11
各种社会福利收养性单位床位数	床	4299	4281	918	1720	1998

2017年县(市)社会经济主要指标

四川省

指　　标	单位	彭州市	邛崃市	崇州市	简阳市	荥　县
一、基本情况						
行政区域面积	平方公里	1421	1377	1090	2343	1605
乡个数	个		4	6	29	6
镇个数	个	19	18	18	25	21
街道办事处个数	个	1	2	1	11	
户籍人口	万人	80	66	66	207	68
第二产业从业人员	人	140000	133060	282800	353344	81293
第三产业从业人员	人	161300	178700	149600	627254	111570
固定电话用户	户	149940	97962	150000		80900
二、综合经济						
地区生产总值	万元	4125759	2643903	3003972	20797561	1951918
第一产业增加值	万元	512114	376877	361943	796912	453176
农业增加值	万元	338280	191330	205637	354160	273690
牧业增加值	万元	160942	154591	139995	397151	113455
第二产业增加值	万元	2382841	1262370	1487520	14645776	765482
公共财政收入	万元	272472	977995	205493	1739932	60372
各项税收	万元	1162485	121214	163121	1499965	43005
公共财政支出	万元	455714	469598	378592	2498954	426383
居民储蓄存款余额	万元	3858721	2577583	3423367	4325082	1910769
年末金融机构各项贷款余额	万元	2651341	1952675	1896385	34149709	1062463
三、农业和工业						
农业机械总动力	万千瓦特	40	37	42	55	37
机收面积	公顷	32826	37265	41550	42040	23760
设施农业占地面积	公顷	1458	737	1419	1536	4170
棉花产量	吨				85	
油料产量	吨	18777	26749	26398	98561	31106
规模以上工业企业单位数	个	165	151	166	491	91
四、教育、卫生和社会保障						
普通中学在校学生数	人	20931	21996	20362	83906	21106
中等职业教育学校在校学生数	人	5733	2843	1088	9834	2544
小学在校学生数	人	37734	25913	30227	116657	30846
医疗卫生机构床位数	床	5897	4121	5633	12065	3100
各种社会福利收养性单位数	个	21	21	50	72	29
各种社会福利收养性单位床位数	床	2213	2394	2873	4777	2944

2017年县(市)社会经济主要指标

四川省

指　　标	单位	富顺县	米易县	盐边县	泸　县	合江县
一、基本情况						
行政区域面积	平方公里	1342	2105	3289	1530	2415
乡个数	个	4	5	12		1
镇个数	个	22	7	4	19	26
街道办事处个数	个				1	
户籍人口	万人	108	22	21	107	90
第二产业从业人员	人	137074	18300	16500	189689	122974
第三产业从业人员	人	239447	26500	14400	149708	114875
固定电话用户	户	100600	40392	25398	88158	55915
二、综合经济						
地区生产总值	万元	2681627	1619149	1397688	3004463	1898644
第一产业增加值	万元	435526	141287	105517	493334	358159
农业增加值	万元	244136	106780	66071	293490	208646
牧业增加值	万元	128441	20594	29094	156685	115993
第二产业增加值	万元	1246219	969874	995147	1664816	735996
公共财政收入	万元	85191	92963	51488	149002	107676
各项税收	万元	60277	71946	45140	90913	58690
公共财政支出	万元	468987	180593	155346	529111	403757
居民储蓄存款余额	万元	2646366	579150	352509	2745780	2281000
年末金融机构各项贷款余额	万元	1551853	591588	518931	1363180	1285554
三、农业和工业						
农业机械总动力	万千瓦特	31	22	17	50	43
机收面积	公顷	22684	4352	3490	28133	21733
设施农业占地面积	公顷	2809	3529	104	2377	330
棉花产量	吨					
油料产量	吨	46518	1351	1757	34793	7229
规模以上工业企业单位数	个	115	45	32	128	83
四、教育、卫生和社会保障						
普通中学在校学生数	人	48793	10535	8633	65421	47011
中等职业教育学校在校学生数	人	5001	2613		12325	8991
小学在校学生数	人	63362	14041	14022	74029	71806
医疗卫生机构床位数	床	3900	989	821	4756	4558
各种社会福利收养性单位数	个	28	10	29	25	33
各种社会福利收养性单位床位数	床	5020	828	2008	6150	4723

2017年县(市)社会经济主要指标

四川省

指　　标	单位	叙永县	古蔺县	罗江区	中江县	广汉市
一、基本情况						
行政区域面积	平方公里	2974	3184	448	2200	549
乡个数	个	5	6		16	2
镇个数	个	20	20	10	29	16
街道办事处个数	个					
户籍人口	万人	73	88	25	140	60
第二产业从业人员	人	92300	115200	37363	176679	118947
第三产业从业人员	人	95400	102600	52000	283106	85593
固定电话用户	户	40951	52625	27418	132950	144272
二、综合经济						
地区生产总值	万元	1153604	1497833	1112968	3441269	4000895
第一产业增加值	万元	223050	223390	208870	828632	340041
农业增加值	万元	130844	135812	99486	380795	198573
牧业增加值	万元	67748	70140	97363	401628	126130
第二产业增加值	万元	463086	788671	548064	1288537	2048799
公共财政收入	万元	71048	163133	35272	100158	170283
各项税收	万元	48550	92805	48738	44128	104633
公共财政支出	万元	428615	463658	127883	471122	353901
居民储蓄存款余额	万元	1065201	867275	725910	3126195	3190042
年末金融机构各项贷款余额	万元	857662	1053740	521898	1262473	2842357
三、农业和工业						
农业机械总动力	万千瓦特	40	27	20	63	26
机收面积	公顷	11933	15400	14718	67335	45067
设施农业占地面积	公顷	218	59	559	1456	4500
棉花产量	吨				111	
油料产量	吨	9588	30701	47348	94705	39122
规模以上工业企业单位数	个	54	42	120	213	314
四、教育、卫生和社会保障						
普通中学在校学生数	人	39262	32785	7502	43228	17619
中等职业教育学校在校学生数	人	3139	6351	4536	7068	1909
小学在校学生数	人	57709	71544	11027	69817	25426
医疗卫生机构床位数	床	2373	2716	1053	4820	2299
各种社会福利收养性单位数	个	27	29	12	57	20
各种社会福利收养性单位床位数	床	2343	2970	1243	4598	1571

2017年县(市)社会经济主要指标

四川省

指　　标	单位	什邡市	绵竹市	安州区	三台县	盐亭县
一、基本情况						
行政区域面积	平方公里	820	1246	1181	2659	1645
乡个数	个		1	3	17	19
镇个数	个	14	20	15	46	14
街道办事处个数	个	2				2
户籍人口	万人	43	50	44	142	55
第二产业从业人员	人	96338	84000	74600	203800	70100
第三产业从业人员	人	75234	119000	87000	209700	93700
固定电话用户	户	77963	85121	76525	133787	48881
二、综合经济						
地区生产总值	万元	2846616	2607026	1320542	2456584	1038299
第一产业增加值	万元	290823	291719	296488	785700	370760
农业增加值	万元	202329	173688	179814	473332	220484
牧业增加值	万元	80041	100431	97665	260275	118628
第二产业增加值	万元	1425768	1334911	504116	678061	293345
公共财政收入	万元	161087	214234	56855	91967	33971
各项税收	万元	455333	201128	43661	47025	18378
公共财政支出	万元	286121	280085	215162	561578	330917
居民储蓄存款余额	万元	1872645	1824753	1351267	3144809	1355521
年末金融机构各项贷款余额	万元	1422913	1231114	1024627	1480231	674719
三、农业和工业						
农业机械总动力	万千瓦特	17	26	41	66	40
机收面积	公顷	27054	44000	36448	68239	32139
设施农业占地面积	公顷	878	733	2252	157	264
棉花产量	吨				16	16
油料产量	吨	14341	15416	39557	147718	49657
规模以上工业企业单位数	个	234	147	120	94	23
四、教育、卫生和社会保障						
普通中学在校学生数	人	12709	12860	14087	41600	13387
中等职业教育学校在校学生数	人	2548	1535	1356	5172	2237
小学在校学生数	人	17400	19388	21955	62837	19620
医疗卫生机构床位数	床	2956	4140	1927	7612	2754
各种社会福利收养性单位数	个	17	23	4	69	50
各种社会福利收养性单位床位数	床	2800	2985	1188	8381	5107

2017年县(市)社会经济主要指标

四川省

指　　标	单位	梓潼县	北川羌族自治县	平武县	江油市	旺苍县
一、基本情况						
行政区域面积	平方公里	1444	3083	5946	2720	2987
乡个数	个	19	13	16	10	17
镇个数	个	13	10	9	29	18
街道办事处个数	个				3	3
户籍人口	万人	38	24	18	87	45
第二产业从业人员	人	53900	37800	20200	179500	75807
第三产业从业人员	人	68500	43900	33300	175900	80812
固定电话用户	户	45504	34626	19997	187256	53763
二、综合经济						
地区生产总值	万元	1009265	501883	415275	3845967	1025647
第一产业增加值	万元	284024	108017	85096	457288	169968
农业增加值	万元	170252	53241	46652	279417	93389
牧业增加值	万元	93261	37201	24893	145462	65058
第二产业增加值	万元	337955	167642	162283	1489903	540820
公共财政收入	万元	24001	45065	26192	190670	44865
各项税收	万元	12662	32541	14685	95387	33607
公共财政支出	万元	223558	228138	179468	441746	324218
居民储蓄存款余额	万元	913537	717410	431804	3473250	1119246
年末金融机构各项贷款余额	万元	619613	1016434	621113	2242828	595238
三、农业和工业						
农业机械总动力	万千瓦特	36	9	10	71	31
机收面积	公顷	29870	734	466	40579	8110
设施农业占地面积	公顷	287	30	149	1018	216
棉花产量	吨	4				6
油料产量	吨	52382	8634	4980	58469	18870
规模以上工业企业单位数	个	45	39	33	235	76
四、教育、卫生和社会保障						
普通中学在校学生数	人	8967	8296	4872	26334	17657
中等职业教育学校在校学生数	人	1518	1846	743	6837	2207
小学在校学生数	人	14291	11448	6794	35456	22046
医疗卫生机构床位数	床	1497	1642	707	7407	2662
各种社会福利收养性单位数	个	18	7	10	32	16
各种社会福利收养性单位床位数	床	2290	1880	1070	3750	2070

2017年县(市)社会经济主要指标

四川省

指　　标	单位	青川县	剑阁县	苍溪县	蓬溪县	射洪县
一、基本情况						
行政区域面积	平方公里	3216	3203	2334	1251	1496
乡个数	个	25	34	15	13	10
镇个数	个	11	23	24	18	20
街道办事处个数	个					2
户籍人口	万人	23	66	76	69	97
第二产业从业人员	人	13713	49100	115776	81914	186344
第三产业从业人员	人	26397	101200	103000	86084	186800
固定电话用户	户	24179	57514	106753	36427	97695
二、综合经济						
地区生产总值	万元	357565	1101464	1396145	1475724	3604717
第一产业增加值	万元	78580	269804	309706	271717	448886
农业增加值	万元	39998	146031	151985	151827	241147
牧业增加值	万元	26622	113749	117940	87748	174152
第二产业增加值	万元	149811	419258	605328	652913	1895962
公共财政收入	万元	18816	44788	49128	50991	110360
各项税收	万元	9707	23102	33739	26538	73002
公共财政支出	万元	214680	378610	447499	384634	387498
居民储蓄存款余额	万元	531169	1378796	2092469	1459188	2711855
年末金融机构各项贷款余额	万元	593493	800515	1298370	951176	1826092
三、农业和工业						
农业机械总动力	万千瓦特	9	88	84	27	35
机收面积	公顷	3866	57532	44000	27052	26667
设施农业占地面积	公顷	426	559	1377	1302	1417
棉花产量	吨	3	47	8	3	2135
油料产量	吨	15224	115352	60188	47127	44694
规模以上工业企业单位数	个	41	60	48	67	116
四、教育、卫生和社会保障						
普通中学在校学生数	人	7083	19182	26445	17432	33029
中等职业教育学校在校学生数	人	947	4161	5166	2188	5739
小学在校学生数	人	9332	29529	39985	25726	53919
医疗卫生机构床位数	床	871	2952	3663	2643	4653
各种社会福利收养性单位数	个	10	40	19	28	40
各种社会福利收养性单位床位数	床	1770	2750	2497	4700	8100

2017年县(市)社会经济主要指标

四川省

指 标	单位	大英县	威远县	资中县	隆昌市	犍为县
一、基本情况						
行政区域面积	平方公里	703	1289	1735	794	1371
乡个数	个	2				18
镇个数	个	9	20	33	17	12
街道办事处个数	个				2	
户籍人口	万人	54	72	126	77	56
第二产业从业人员	人	83825	128284	177700	189900	93209
第三产业从业人员	人	79693	155050	172700	214500	121533
固定电话用户	户	33366	96851	134400	89755	62879
二、综合经济						
地区生产总值	万元	1596637	3319175	2566903	2659368	1596567
第一产业增加值	万元	253181	473615	636143	322943	275178
农业增加值	万元	137279	303648	370133	165430	142875
牧业增加值	万元	94233	122129	189040	109703	97359
第二产业增加值	万元	818009	2027587	981687	1482157	643298
公共财政收入	万元	63006	74396	88981	82090	59257
各项税收	万元	41027	52351	41893	60508	38213
公共财政支出	万元	227911	322111	486883	338170	298320
居民储蓄存款余额	万元	1252458	1929451	2883841	2206767	1499791
年末金融机构各项贷款余额	万元	1095679	1505649	1424224	1223629	1102158
三、农业和工业						
农业机械总动力	万千瓦特	22	35	37	35	35
机收面积	公顷	858	14933	36527	22000	11600
设施农业占地面积	公顷	772	5228	457	1366	202
棉花产量	吨	673				
油料产量	吨	29067	37279	49381	23235	12179
规模以上工业企业单位数	个	87	84	75	96	71
四、教育、卫生和社会保障						
普通中学在校学生数	人	16228	26799	48987	32652	17833
中等职业教育学校在校学生数	人	3317	3158	5063	1547	2702
小学在校学生数	人	27206	36993	62484	46087	25481
医疗卫生机构床位数	床	1958	3920	4484	3706	2203
各种社会福利收养性单位数	个	13	26	51	41	29
各种社会福利收养性单位床位数	床	1644	3366	5333	4174	4089

2017年县(市)社会经济主要指标

四川省

指　　标	单位	井研县	夹江县	沐川县	峨边彝族自治县	马边彝族自治县
一、基本情况						
行政区域面积	平方公里	840	745	1405	2382	2293
乡个数	个	17	11	12	13	15
镇个数	个	10	11	7	6	5
街道办事处个数	个					
户籍人口	万人	40	35	25	15	22
第二产业从业人员	人	47500	70561	18900	21417	9882
第三产业从业人员	人	81600	79500	60200	17658	26046
固定电话用户	户	38036	72020	27162	12929	18211
二、综合经济						
地区生产总值	万元	908139	1467050	589111	423839	375948
第一产业增加值	万元	218308	204280	138445	45840	83279
农业增加值	万元	76773	124280	75121	16312	51928
牧业增加值	万元	102371	60274	28839	22345	22804
第二产业增加值	万元	326566	648352	213671	203200	141089
公共财政收入	万元	53448	79913	30300	30124	37007
各项税收	万元	16322	33370	14808	29911	21366
公共财政支出	万元	171129	175975	211836	180870	220187
居民储蓄存款余额	万元	1167759	1657519	544617	367685	347336
年末金融机构各项贷款余额	万元	661333	900083	449305	678840	249221
三、农业和工业						
农业机械总动力	万千瓦特	32	46	14	12	6
机收面积	公顷	9415	13467	1062	739	380
设施农业占地面积	公顷	83	2038	15		15
棉花产量	吨					
油料产量	吨	14239	13747	6295	1709	2698
规模以上工业企业单位数	个	56	98	26	32	21
四、教育、卫生和社会保障						
普通中学在校学生数	人	11671	9096	9756	5203	11514
中等职业教育学校在校学生数	人	853	1265	1281	316	1014
小学在校学生数	人	17854	13043	15357	12166	23221
医疗卫生机构床位数	床	1550	2309	775	591	587
各种社会福利收养性单位数	个	14	11	23	5	5
各种社会福利收养性单位床位数	床	1920	1458	1398	556	682

2017年县(市)社会经济主要指标

四川省

指　　标	单位	峨眉山市	南部县	营山县	蓬安县	仪陇县
一、基本情况						
行政区域面积	平方公里	1181	2231	1635	1331	1791
乡个数	个	3	40	33	24	28
镇个数	个	15	31	20	15	29
街道办事处个数	个		2	1		
户籍人口	万人	43	126	91	68	108
第二产业从业人员	人	90500	136928	132855	57180	184700
第三产业从业人员	人	125100	252389	221836	158550	178400
固定电话用户	户	104938	113054	99056	53146	72163
二、综合经济						
地区生产总值	万元	2525358	3199192	1736097	1528284	1872877
第一产业增加值	万元	174849	587978	406596	384676	597265
农业增加值	万元	89849	279433	209509	200010	264003
牧业增加值	万元	74572	249009	185539	162530	301422
第二产业增加值	万元	1032598	1591371	675296	755200	559632
公共财政收入	万元	291902	89862	68339	54600	70955
各项税收	万元	92179	51260	40663	27084	36461
公共财政支出	万元	296095	508438	584733	382925	519570
居民储蓄存款余额	万元	2357190	2664199	2432333	1298909	2283541
年末金融机构各项贷款余额	万元	1902097	1378979	1190329	629363	1339008
三、农业和工业						
农业机械总动力	万千瓦特	32	47	35	34	42
机收面积	公顷	7082	8012	23951	6189	35399
设施农业占地面积	公顷	4034	600	3625	675	2985
棉花产量	吨		14			14
油料产量	吨	13026	72629	49259	45481	65120
规模以上工业企业单位数	个	80	112	54	71	60
四、教育、卫生和社会保障						
普通中学在校学生数	人	14544	47624	33711	24915	46777
中等职业教育学校在校学生数	人	6478	4133	1684	2689	3115
小学在校学生数	人	18479	57971	52006	35684	64925
医疗卫生机构床位数	床	3034	5677	4614	3162	3922
各种社会福利收养性单位数	个	5	66	60	88	60
各种社会福利收养性单位床位数	床	1847	4738	5050	4210	4511

2017年县(市)社会经济主要指标

四川省

指　　标	单位	西充县	阆中市	彭山区	仁寿县	洪雅县
一、基本情况						
行政区域面积	平方公里	1109	1875	467	2608	1898
乡个数	个	28	21	3	23	4
镇个数	个	16	25	8	37	11
街道办事处个数	个		4	2		
户籍人口	万人	61	84	33	154	35
第二产业从业人员	人	74442	120404	62067	247796	28500
第三产业从业人员	人	88389	232907	81799	263657	46700
固定电话用户	户	67096	109874	58730	171670	39456
二、综合经济						
地区生产总值	万元	1232075	2153303	1492427	3857873	1106409
第一产业增加值	万元	324758	462391	142070	766016	168367
农业增加值	万元	171736	257818	60017	419056	78057
牧业增加值	万元	137693	155139	61669	280258	69641
第二产业增加值	万元	472322	753172	781439	1659980	524254
公共财政收入	万元	60077	105376	156755	234200	90014
各项税收	万元	30719	63917	84413	128690	49575
公共财政支出	万元	349131	417526	253962	681873	212834
居民储蓄存款余额	万元	2046862	2405629	1459594	4382989	1309653
年末金融机构各项贷款余额	万元	966593	1656486	987914	2433048	895637
三、农业和工业						
农业机械总动力	万千瓦特	27	44	24	71	21
机收面积	公顷	30074	21125	18726	75813	11827
设施农业占地面积	公顷	2010	1301	223	5982	846
棉花产量	吨	117			42	
油料产量	吨	39822	44135	10461	40049	10861
规模以上工业企业单位数	个	84	72	115	163	43
四、教育、卫生和社会保障						
普通中学在校学生数	人	17904	28180	9348	57434	9980
中等职业教育学校在校学生数	人	2310	7059	1206	9547	2397
小学在校学生数	人	25866	49583	13659	69099	14950
医疗卫生机构床位数	床	2951	4767	1610	6767	1667
各种社会福利收养性单位数	个	45	62	18	63	12
各种社会福利收养性单位床位数	床	6125	4622	2182	10708	891

2017年县(市)社会经济主要指标

四川省

指　　标	单位	丹棱县	青神县	南溪区	宜宾县	江安县
一、基本情况						
行政区域面积	平方公里	449	387	704	2940	894
乡个数	个	2	3	5	3	3
镇个数	个	5	7	8	23	15
街道办事处个数	个			2		
户籍人口	万人	16	19	43	103	56
第二产业从业人员	人	37700	49800	75500	173100	78600
第三产业从业人员	人	29900	29600	82000	181000	83700
固定电话用户	户	34300	32065	48796	93792	52478
二、综合经济						
地区生产总值	万元	576813	745629	1300557	2624523	1425592
第一产业增加值	万元	110876	93745	232718	437968	242286
农业增加值	万元	64252	45704	144787	252118	137137
牧业增加值	万元	38405	37119	69033	151730	75747
第二产业增加值	万元	259607	329307	622542	1263952	734913
公共财政收入	万元	35850	48881	93013	190560	81048
各项税收	万元	20553	30138	40844	71684	54808
公共财政支出	万元	132366	139666	260174	425059	231990
居民储蓄存款余额	万元	652938	728793	914892	2126736	1141691
年末金融机构各项贷款余额	万元	292479	460424	964935	2158903	709257
三、农业和工业						
农业机械总动力	万千瓦特	22	17	22	59	21
机收面积	公顷	9567	9353	6867	5670	5193
设施农业占地面积	公顷	332	102	6315	418	303
棉花产量	吨					
油料产量	吨	7475	7353	10012	49844	10613
规模以上工业企业单位数	个	39	51	85	112	65
四、教育、卫生和社会保障						
普通中学在校学生数	人	4086	4963	21517	47360	22125
中等职业教育学校在校学生数	人	954	1920	5502	8940	3990
小学在校学生数	人	6957	6974	27969	64100	32643
医疗卫生机构床位数	床	702	1212	1896	5119	2722
各种社会福利收养性单位数	个	12	8	16	38	26
各种社会福利收养性单位床位数	床	859	1134	1505	3330	2786

2017年县(市)社会经济主要指标

四川省

指　　标	单位	长宁县	高　县	珙　县	筠连县	兴文县
一、基本情况						
行政区域面积	平方公里	996	1320	1145	1256	1380
乡个数	个	5	7	6	9	5
镇个数	个	13	12	11	9	10
街道办事处个数	个					
户籍人口	万人	47	53	44	45	49
第二产业从业人员	人	60979	65600	74700	56300	55400
第三产业从业人员	人	72160	81033	80200	64601	64303
固定电话用户	户	55800	51638	53147	43078	55803
二、综合经济						
地区生产总值	万元	1305335	1345502	1476028	1319556	981245
第一产业增加值	万元	252076	216153	188132	210904	202055
农业增加值	万元	118431	120366	89665	106698	109451
牧业增加值	万元	75082	79005	82459	90377	73905
第二产业增加值	万元	546659	722706	859707	732229	337463
公共财政收入	万元	61172	51666	75925	84532	72457
各项税收	万元	34300	28328	64941	24854	31119
公共财政支出	万元	247416	251585	237656	249233	286203
居民储蓄存款余额	万元	817112	910910	802746	589499	670948
年末金融机构各项贷款余额	万元	731857	575525	600808	500248	650028
三、农业和工业						
农业机械总动力	万千瓦特	29	21	24	15	21
机收面积	公顷	7200		2740	1333	5600
设施农业占地面积	公顷	367	230	734	184	359
棉花产量	吨					
油料产量	吨	17288	15463	12654	3905	6437
规模以上工业企业单位数	个	64	57	65	44	63
四、教育、卫生和社会保障						
普通中学在校学生数	人	18899	22336	16461	22589	28915
中等职业教育学校在校学生数	人	6089	3972	5127	3120	5728
小学在校学生数	人	30152	35259	31282	34699	36282
医疗卫生机构床位数	床	2237	1849	1956	1467	2744
各种社会福利收养性单位数	个	23	20	20	18	18
各种社会福利收养性单位床位数	床	3023	1100	1499	1094	2715

2017年县(市)社会经济主要指标

四川省

指　　标	单位	屏山县	岳池县	武胜县	邻水县	华蓥市
一、基本情况						
行政区域面积	平方公里	1504	1479	956	1907	464
乡个数	个	6	21	14	24	1
镇个数	个	9	22	17	21	9
街道办事处个数	个			34		3
户籍人口	万人	31	117	83	102	36
第二产业从业人员	人	33038	87100	67828	116000	51682
第三产业从业人员	人	47894	169682	136210	144600	60315
固定电话用户	户	28251	88571	62374	82953	45454
二、综合经济						
地区生产总值	万元	480615	2290546	2158541	2331393	1471849
第一产业增加值	万元	162516	408587	382098	388963	119368
农业增加值	万元	91246	222177	214401	224123	67495
牧业增加值	万元	53984	158250	139755	135773	41770
第二产业增加值	万元	159822	998949	985779	1040446	869464
公共财政收入	万元	70013	117648	115641	103612	73709
各项税收	万元	41119	68956	61004	55125	42741
公共财政支出	万元	194200	519818	393515	517822	239577
居民储蓄存款余额	万元	636885	2834254	2229482	2164527	1300319
年末金融机构各项贷款余额	万元	513576	1176662	1153712	1071447	827310
三、农业和工业						
农业机械总动力	万千瓦特	14	58	38	52	24
机收面积	公顷	1350	51000	68230	32115	8533
设施农业占地面积	公顷	257	1493	1105	1221	954
棉花产量	吨					
油料产量	吨	9742	23295	16646	27576	1766
规模以上工业企业单位数	个	47	77	93	100	100
四、教育、卫生和社会保障						
普通中学在校学生数	人	12408	43455	33038	49095	16042
中等职业教育学校在校学生数	人	3232	10049	6870	10400	2860
小学在校学生数	人	21503	58258	39183	57260	22960
医疗卫生机构床位数	床	1278	4037	3094	3172	1644
各种社会福利收养性单位数	个	14	47	38	45	21
各种社会福利收养性单位床位数	床	642	5933	4010	3363	2141

2017年县(市)社会经济主要指标

四川省

指　　标	单位	达川区	宣汉县	开江县	大竹县	渠　县
一、基本情况						
行政区域面积	平方公里	2255	4272	1032	2079	2018
乡个数	个	25	23	7	21	30
镇个数	个	29	31	13	27	30
街道办事处个数	个	2			3	
户籍人口	万人	119	130	59	110	136
第二产业从业人员	人	120300	87198	45200	179723	143800
第三产业从业人员	人	236100	293700	148200	194792	276200
固定电话用户	户	139385	108177	41839	94015	97959
二、综合经济						
地区生产总值	万元	2617840	2666464	1219970	3116293	2580379
第一产业增加值	万元	518919	615853	328984	592335	634319
农业增加值	万元	337683	399134	205172	367164	407656
牧业增加值	万元	143308	181555	102285	185882	189620
第二产业增加值	万元	882469	1057418	351401	1290566	866236
公共财政收入	万元	131332	170050	48977	200259	104652
各项税收	万元	79664	112210	24835	66504	43579
公共财政支出	万元	640636	678750	281207	522188	567216
居民储蓄存款余额	万元	2379492	2818449	1504626	3141028	3157030
年末金融机构各项贷款余额	万元	2027467	1424111	595212	1596966	1583703
三、农业和工业						
农业机械总动力	万千瓦特	47	57	31	39	43
机收面积	公顷	38613	36667	22879	35069	38015
设施农业占地面积	公顷	5377	2904	418	2073	3948
棉花产量	吨					
油料产量	吨	59023	90536	39778	45857	61982
规模以上工业企业单位数	个	107	47	54	112	86
四、教育、卫生和社会保障						
普通中学在校学生数	人	63177	64205	26148	50366	49772
中等职业教育学校在校学生数	人	12211	10957	2385	6012	5070
小学在校学生数	人	68305	96612	35023	74473	56983
医疗卫生机构床位数	床	6763	3692	2385	3813	4762
各种社会福利收养性单位数	个	41	51	28	46	57
各种社会福利收养性单位床位数	床	5775	6251	3718	5084	7219

2017年县(市)社会经济主要指标

四川省

指　标	单位	万源市	名山区	荥经县	汉源县	石棉县
一、基本情况						
行政区域面积	平方公里	4053	618	1777	2215	2679
乡个数	个	33	11	17	20	15
镇个数	个	19	9	4	10	1
街道办事处个数	个					1
户籍人口	万人	58	28	15	32	13
第二产业从业人员	人	36400	36900	48700	21860	11900
第三产业从业人员	人	137200	50900	25300	74271	29200
固定电话用户	户	55671	42089	22079	43309	22438
二、综合经济						
地区生产总值	万元	1363513	745827	716153	768546	829373
第一产业增加值	万元	303649	195896	66563	153010	59856
农业增加值	万元	200230	153185	38245	118029	43115
牧业增加值	万元	89450	39240	16332	29839	15703
第二产业增加值	万元	419803	306676	367502	352044	521039
公共财政收入	万元	39123	16503	22802	44257	94103
各项税收	万元	20158	12249	16275	93880	39720
公共财政支出	万元	338283	129379	129266	169550	126782
居民储蓄存款余额	万元	1183038	950928	554547	928731	413789
年末金融机构各项贷款余额	万元	926025	542640	365129	661397	587997
三、农业和工业						
农业机械总动力	万千瓦特	33	28	18	23	14
机收面积	公顷	3900	2384	2635	1200	467
设施农业占地面积	公顷	451	214	522	428	31
棉花产量	吨					
油料产量	吨	29143	4092	2850	721	1195
规模以上工业企业单位数	个	43	49	56	29	46
四、教育、卫生和社会保障						
普通中学在校学生数	人	27586	7969	6637	13422	5722
中等职业教育学校在校学生数	人	1827		624	1282	819
小学在校学生数	人	37253	15592	8999	18123	10574
医疗卫生机构床位数	床	2317	995	842	1396	1219
各种社会福利收养性单位数	个	43	27	6	3	5
各种社会福利收养性单位床位数	床	3414	1850	900	766	699

2017年县(市)社会经济主要指标

四川省

指　　标	单位	天全县	芦山县	宝兴县	通江县	南江县
一、基本情况						
行政区域面积	平方公里	2390	1191	3114	4124	3390
乡个数	个	13	4	6	25	25
镇个数	个	2	5	3	24	23
街道办事处个数	个					
户籍人口	万人	15	12	6	74	66
第二产业从业人员	人	29000	27000	11749	65000	116857
第三产业从业人员	人	33100	30900	9100	198000	137495
固定电话用户	户	22026	19594	8500	100800	58900
二、综合经济						
地区生产总值	万元	593876	399215	319784	1151146	1248081
第一产业增加值	万元	77134	57390	36838	207572	182353
农业增加值	万元	29528	31911	18558	122003	106109
牧业增加值	万元	29934	20432	12732	73521	65942
第二产业增加值	万元	297684	213371	184523	444228	730862
公共财政收入	万元	16880	15023	35647	77604	80310
各项税收	万元	13532	9811	14541	26257	42727
公共财政支出	万元	106881	83327	85553	440550	455108
居民储蓄存款余额	万元	492551	377745	196662	1451500	1626198
年末金融机构各项贷款余额	万元	549625	265095	234746	825200	1065319
三、农业和工业						
农业机械总动力	万千瓦特	12	16	9	30	42
机收面积	公顷		2453		21000	18360
设施农业占地面积	公顷	171	146	14	1716	555
棉花产量	吨					
油料产量	吨	2168	1569	264	40574	27830
规模以上工业企业单位数	个	31	47	38	48	57
四、教育、卫生和社会保障						
普通中学在校学生数	人	6844	5030	1753	37340	33393
中等职业教育学校在校学生数	人	895			4263	9622
小学在校学生数	人	10017	6298	2863	39452	34652
医疗卫生机构床位数	床	1183	484	285	4042	3142
各种社会福利收养性单位数	个	2	7	2	22	23
各种社会福利收养性单位床位数	床	400	1086	150	745	1596

2017年县(市)社会经济主要指标

四川省

指　　标	单位	平昌县	安岳县	乐至县	马尔康市	汶川县
一、基本情况						
行政区域面积	平方公里	2229	2690	1424	6626	4084
乡个数	个	14	37	8	10	4
镇个数	个	29	32	17	4	8
街道办事处个数	个	1				
户籍人口	万人	101	158	82	6	10
第二产业从业人员	人	103034	67300	46500	4100	10900
第三产业从业人员	人	154315	165400	122600	26000	24400
固定电话用户	户	56273	97749	41318	23466	20561
二、综合经济						
地区生产总值	万元	1455239	3277000	2097000	258259	575676
第一产业增加值	万元	229631	772259	336724	23743	37643
农业增加值	万元	110300	491585	144251	6409	16267
牧业增加值	万元	91891	232704	157940	15979	13913
第二产业增加值	万元	805769	1299127	954947	36109	379608
公共财政收入	万元	82693	130215	85936	20101	31566
各项税收	万元	44311	62423	54767	16223	24853
公共财政支出	万元	549466	486845	350727	129550	153933
居民储蓄存款余额	万元	1761495	3384317	2054620	272886	348806
年末金融机构各项贷款余额	万元	1184090	1521612	1000030	741342	294447
三、农业和工业						
农业机械总动力	万千瓦特	49	78	42	8	6
机收面积	公顷	20862	32503	26903		
设施农业占地面积	公顷	2463	374	161	16	11
棉花产量	吨		133			
油料产量	吨	47468	96133	73225	131	516
规模以上工业企业单位数	个	55	128	85	5	35
四、教育、卫生和社会保障						
普通中学在校学生数	人	44936	64255	23640	3567	6460
中等职业教育学校在校学生数	人	6546	7409	4283	1760	680
小学在校学生数	人	65430	88307	35381	3396	4998
医疗卫生机构床位数	床	5138	6191	3129	710	501
各种社会福利收养性单位数	个	21	72	50	3	2
各种社会福利收养性单位床位数	床	3608	7004	6794	336	344

2017年县(市)社会经济主要指标

四川省

指　　标	单位	理　县	茂　县	松潘县	九寨沟县	金川县
一、基本情况						
行政区域面积	平方公里	4318	3897	8341	5288	5355
乡个数	个	8	14	23	14	19
镇个数	个	5	7	2	3	3
街道办事处个数	个					
户籍人口	万人	4	11	8	7	7
第二产业从业人员	人	2600	9208	2352	3000	3000
第三产业从业人员	人	10500	28411	25800	25800	14600
固定电话用户	户	13397	21567	21663	24767	3800
二、综合经济						
地区生产总值	万元	245592	339394	197067	246750	129088
第一产业增加值	万元	19927	56337	37364	20526	30538
农业增加值	万元	12877	35740	16345	7693	9254
牧业增加值	万元	5955	18201	17921	9220	17798
第二产业增加值	万元	177650	214123	59100	78115	47120
公共财政收入	万元	11900	30917	169155	14240	6742
各项税收	万元	8122	37479	7035	9940	4461
公共财政支出	万元	98686	183423	164617	181487	128178
居民储蓄存款余额	万元	149125	309014	160432	241533	179068
年末金融机构各项贷款余额	万元	226867	262865	117413	408141	81262
三、农业和工业						
农业机械总动力	万千瓦特	5	5	6	8	6
机收面积	公顷					
设施农业占地面积	公顷		50	53	74	
棉花产量	吨					
油料产量	吨	17	620	127	174	140
规模以上工业企业单位数	个	14	17	4	4	2
四、教育、卫生和社会保障						
普通中学在校学生数	人	1442	4536	2425	3576	2161
中等职业教育学校在校学生数	人		1048			
小学在校学生数	人	2081	6880	4106	4665	3455
医疗卫生机构床位数	床	214	656	253	337	538
各种社会福利收养性单位数	个	1	6	3	3	4
各种社会福利收养性单位床位数	床	180	460	450	250	510

2017年县(市)社会经济主要指标

四川省

指　　标	单位	小金县	黑水县	壤塘县	阿坝县	若尔盖县
一、基本情况						
行政区域面积	平方公里	5565	4142	6640	10435	10326
乡个数	个	16	14	9	17	13
镇个数	个	5	3	3	2	4
街道办事处个数	个					
户籍人口	万人	8	6	5	8	8
第二产业从业人员	人	2688	1164	2300	3059	2216
第三产业从业人员	人	13700	8960	8100	12700	6012
固定电话用户	户	14410	8943	4504	10924	8817
二、综合经济						
地区生产总值	万元	154570	223918	82363	109522	174677
第一产业增加值	万元	31090	25487	26078	37690	77502
农业增加值	万元	13880	8143	4398	4091	2547
牧业增加值	万元	14501	13150	20360	33417	74288
第二产业增加值	万元	64742	158272	16946	21050	34268
公共财政收入	万元	8255	110987	2188	4102	6132
各项税收	万元	3727	5620	925	2774	2381
公共财政支出	万元	127897	110319	136475	165544	171310
居民储蓄存款余额	万元	196656	122488	58717	105365	115752
年末金融机构各项贷款余额	万元	200422	131678	23648	46088	111245
三、农业和工业						
农业机械总动力	万千瓦特	11	6	4	6	5
机收面积	公顷				1702	3550
设施农业占地面积	公顷	1			25	2
棉花产量	吨					
油料产量	吨	432		133	863	1045
规模以上工业企业单位数	个	8	10		1	4
四、教育、卫生和社会保障						
普通中学在校学生数	人	3679	1840	1454	2912	5510
中等职业教育学校在校学生数	人					
小学在校学生数	人	4699	3380	5178	8162	7769
医疗卫生机构床位数	床	487	178	238	531	361
各种社会福利收养性单位数	个	1	1	5	3	2
各种社会福利收养性单位床位数	床	360	228	633	340	270

2017年县(市)社会经济主要指标

四川省

指　　标	单位	红原县	康定市	泸定县	丹巴县	九龙县
一、基本情况						
行政区域面积	平方公里	8296	11486	2165	4656	6766
乡个数	个	6	14	5	12	16
镇个数	个	5	5	7	3	2
街道办事处个数	个		2			
户籍人口	万人	5	11	9	6	7
第二产业从业人员	人	1852	4149	4791	4680	3113
第三产业从业人员	人	9000	29831	11798	10492	6647
固定电话用户	户	8061	39326	11885	4991	27530
二、综合经济						
地区生产总值	万元	127155	697742	185446	153061	239342
第一产业增加值	万元	40519	51170	36315	36898	33499
农业增加值	万元	3885	28892	29432	24205	21380
牧业增加值	万元	36233	20880	6593	11863	9919
第二产业增加值	万元	36874	363191	71432	60999	151228
公共财政收入	万元	4661	32930	15961	12815	20380
各项税收	万元	2786	29487	11684	6419	20277
公共财政支出	万元	128676	195644	143336	132671	105770
居民储蓄存款余额	万元	71358	599874	341872	165222	101713
年末金融机构各项贷款余额	万元	51594	1544777	312089	351308	226274
三、农业和工业						
农业机械总动力	万千瓦特	1	12	4	10	8
机收面积	公顷		35190	67	74	787
设施农业占地面积	公顷	30	71	107	5	6
棉花产量	吨					
油料产量	吨		103	1225	695	164
规模以上工业企业单位数	个	9	15	7	5	13
四、教育、卫生和社会保障						
普通中学在校学生数	人	3062	8576	7073	3000	5039
中等职业教育学校在校学生数	人		2279	3709		
小学在校学生数	人	5080	10137	5974	4729	6671
医疗卫生机构床位数	床	242	1577	283	409	280
各种社会福利收养性单位数	个	4	5	3	3	1
各种社会福利收养性单位床位数	床	240	555	240	93	104

2017年县(市)社会经济主要指标

四川省

指　　标	单位	雅江县	道孚县	炉霍县	甘孜县	新龙县
一、基本情况						
行政区域面积	平方公里	7558	7053	4601	7303	8570
乡个数	个	13	18	13	19	16
镇个数	个	4	4	3	3	3
街道办事处个数	个					
户籍人口	万人	5	6	5	7	5
第二产业从业人员	人	920	830	136	606	1807
第三产业从业人员	人	6990	9500	2291	11320	4865
固定电话用户	户	4225	3389	958	4673	2146
二、综合经济						
地区生产总值	万元	120773	89213	67503	98853	94067
第一产业增加值	万元	27351	25679	25408	47806	37144
农业增加值	万元	13943	11285	6313	19517	11217
牧业增加值	万元	9853	12920	18399	27566	23994
第二产业增加值	万元	51759	16952	15250	11737	16739
公共财政收入	万元	22204	6979	5207	183667	5573
各项税收	万元	15020	4339	6133	3883	3075
公共财政支出	万元	129162	139137	126659	171909	136695
居民储蓄存款余额	万元	74061	65245	59715	111578	58162
年末金融机构各项贷款余额	万元	102927	22346	22320	34852	23498
三、农业和工业						
农业机械总动力	万千瓦特	9	8	4	7	6
机收面积	公顷	1266	3551	2721	5986	2000
设施农业占地面积	公顷	3	13	21	5	8
棉花产量	吨					
油料产量	吨	76	1570	351	1164	749
规模以上工业企业单位数	个	1		2	1	
四、教育、卫生和社会保障						
普通中学在校学生数	人	2428	1859	2199	3909	1083
中等职业教育学校在校学生数	人					
小学在校学生数	人	4769	6579	5562	6568	4570
医疗卫生机构床位数	床	264	259	180	296	133
各种社会福利收养性单位数	个	2	4	6	3	11
各种社会福利收养性单位床位数	床	36	350	271	100	248

2017年县(市)社会经济主要指标

四川省

指　　标	单位	德格县	白玉县	石渠县	色达县	理塘县
一、基本情况						
行政区域面积	平方公里	11025	10386	24944	9332	13997
乡个数	个	20	15	16	13	22
镇个数	个	6	2	6	4	2
街道办事处个数	个					
户籍人口	万人	9	6	10	6	7
第二产业从业人员	人	802	1182	660	813	527
第三产业从业人员	人	5931	3409	5817	3845	6807
固定电话用户	户	3615	1404	2930	2953	5200
二、综合经济						
地区生产总值	万元	85369	124518	91308	75841	116405
第一产业增加值	万元	36444	35871	44796	34921	41337
农业增加值	万元	9937	8372	12997	3955	8176
牧业增加值	万元	25041	25087	30256	30378	32126
第二产业增加值	万元	15107	60944	9848	10448	23533
公共财政收入	万元	5544	12109	4711	16850	9050
各项税收	万元	2892	9468	3204	6850	10662
公共财政支出	万元	173921	156474	241666	136783	186640
居民储蓄存款余额	万元	63122	61633	55842	132711	74648
年末金融机构各项贷款余额	万元	20019	45485	47711	18179	54264
三、农业和工业						
农业机械总动力	万千瓦特	1	5	2	1	8
机收面积	公顷	367	472	1804	334	1613
设施农业占地面积	公顷	2	5	3	9	57
棉花产量	吨					
油料产量	吨		335	213	13	678
规模以上工业企业单位数	个		1			
四、教育、卫生和社会保障						
普通中学在校学生数	人	1493	908	2239	1237	2343
中等职业教育学校在校学生数	人					
小学在校学生数	人	8878	5164	9559	4858	7718
医疗卫生机构床位数	床	213	455	178	469	153
各种社会福利收养性单位数	个	9	2	9	7	7
各种社会福利收养性单位床位数	床	365	160	78	828	223

2017年县(市)社会经济主要指标

四川省

指　　标	单位	巴塘县	乡城县	稻城县	得荣县	西昌市
一、基本情况						
行政区域面积	平方公里	7852	5016	7323	2916	2657
乡个数	个	16	9	10	9	29
镇个数	个	3	3	4	3	8
街道办事处个数	个				3	6
户籍人口	万人	5	3	3	3	67
第二产业从业人员	人	1700	935	726	610	84520
第三产业从业人员	人	10300	4876	6315	837	220021
固定电话用户	户	5580	3562	5562	1716	176325
二、综合经济						
地区生产总值	万元	122607	98358	73184	81420	4814381
第一产业增加值	万元	32403	23739	21481	20684	446273
农业增加值	万元	17392	12136	11297	10882	284801
牧业增加值	万元	13605	8264	8420	7314	129120
第二产业增加值	万元	52708	39640	18338	33404	1880623
公共财政收入	万元	10192	5195	11678	4408	410580
各项税收	万元	5052	4022	9445	2467	202797
公共财政支出	万元	121941	98788	115446	99153	665101
居民储蓄存款余额	万元	96211	52683	63314	50419	2900992
年末金融机构各项贷款余额	万元	70584	100333	79101	103563	3889365
三、农业和工业						
农业机械总动力	万千瓦特	2	5	7	6	66
机收面积	公顷	200	1590	150	133	23165
设施农业占地面积	公顷	8	54	18	2	3500
棉花产量	吨					
油料产量	吨	430	339	913	242	2275
规模以上工业企业单位数	个	3	3		2	66
四、教育、卫生和社会保障						
普通中学在校学生数	人	4087	1273	1206	1002	54844
中等职业教育学校在校学生数	人					13676
小学在校学生数	人	5381	2473	2748	2123	81788
医疗卫生机构床位数	床	291	154	250	93	5795
各种社会福利收养性单位数	个	2	2	1	4	11
各种社会福利收养性单位床位数	床	88	43	80	215	530

2017年县(市)社会经济主要指标

四川省

指　　标	单位	木里藏族自治县	盐源县	德昌县	会理县	会东县
一、基本情况						
行政区域面积	平方公里	13223	8412	2284	4518	3226
乡个数	个	25	21	3	11	7
镇个数	个	4	9	16	13	13
街道办事处个数	个				2	
户籍人口	万人	14	39	22	46	43
第二产业从业人员	人	7360	16417	12700	81647	31898
第三产业从业人员	人	45450	33889	40200	105775	39840
固定电话用户	户	5890	20298	28000	54000	29102
二、综合经济						
地区生产总值	万元	300678	813003	712141	2240402	1348329
第一产业增加值	万元	59853	225424	183527	426419	413832
农业增加值	万元	27045	149872	124363	279551	256530
牧业增加值	万元	27330	70511	47889	114974	120585
第二产业增加值	万元	138129	371368	272442	1189121	544552
公共财政收入	万元	59112	75738	50158	86530	94633
各项税收	万元	41977	55336	29480	64191	67315
公共财政支出	万元	227026	299328	172177	231699	248600
居民储蓄存款余额	万元	153189	354733	456149	985864	609855
年末金融机构各项贷款余额	万元	262567	241814	346440	740146	292096
三、农业和工业						
农业机械总动力	万千瓦特	10	46	26	62	34
机收面积	公顷		6720	6448	18472	6650
设施农业占地面积	公顷	582	266	344	258	307
棉花产量	吨					
油料产量	吨	121	265	745	2571	12436
规模以上工业企业单位数	个	5	23	32	51	20
四、教育、卫生和社会保障						
普通中学在校学生数	人	6867	21890	12615	21069	23874
中等职业教育学校在校学生数	人		3403	3924	3547	700
小学在校学生数	人	12340	38931	20990	29332	38855
医疗卫生机构床位数	床	602	1789	1282	1573	1740
各种社会福利收养性单位数	个	2	3	4	4	6
各种社会福利收养性单位床位数	床	260	750	653	236	990

2017年县(市)社会经济主要指标

四川省

指　　标	单位	宁南县	普格县	布拖县	金阳县	昭觉县
一、基本情况						
行政区域面积	平方公里	1672	1905	1686	1587	2702
乡个数	个	9	31	27	30	46
镇个数	个	16	3	3	4	1
街道办事处个数	个					
户籍人口	万人	20	21	21	21	33
第二产业从业人员	人	10376	6900	4625	5000	27925
第三产业从业人员	人	11528	20500	11074	16600	32030
固定电话用户	户	19730	6685	3680	5300	7511
二、综合经济						
地区生产总值	万元	584968	246528	240691	303348	277144
第一产业增加值	万元	175949	85320	76091	71970	106685
农业增加值	万元	90442	54096	39969	40094	51703
牧业增加值	万元	72424	26780	32150	26826	44390
第二产业增加值	万元	197807	59706	86576	145189	58601
公共财政收入	万元	54733	19598	10336	20688	12763
各项税收	万元	28629	9568	3415	15888	5359
公共财政支出	万元	153072	173368	171514	186063	234452
居民储蓄存款余额	万元	318643	163471	151707	125376	223219
年末金融机构各项贷款余额	万元	112091	87175	38412	75173	89792
三、农业和工业						
农业机械总动力	万千瓦特	11	11	4	8	16
机收面积	公顷	3349	1260			4450
设施农业占地面积	公顷	51	89	30	9	5
棉花产量	吨					
油料产量	吨	1030	221	107	202	
规模以上工业企业单位数	个	9	3	4	7	10
四、教育、卫生和社会保障						
普通中学在校学生数	人	10429	7292	5447	7563	12683
中等职业教育学校在校学生数	人	1449				
小学在校学生数	人	17304	30832	33655	29384	41379
医疗卫生机构床位数	床	1169	579	898	786	1488
各种社会福利收养性单位数	个	3	3	2	2	2
各种社会福利收养性单位床位数	床	313	86	534	968	633

2017年县(市)社会经济主要指标

四川省

指　　标	单位	喜德县	冕宁县	越西县	甘洛县	美姑县
一、基本情况						
行政区域面积	平方公里	2206	4422	2257	2156	2515
乡个数	个	17	22	28	21	35
镇个数	个	7	16	10	7	1
街道办事处个数	个	3	8			
户籍人口	万人	23	40	36	23	27
第二产业从业人员	人	18200	23538	31500	14276	2150
第三产业从业人员	人	45700	36842	62800	32845	9663
固定电话用户	户	6410	41000	27300	11623	8900
二、综合经济						
地区生产总值	万元	227778	1165760	366101	297592	245965
第一产业增加值	万元	73245	214260	122984	67331	96127
农业增加值	万元	33698	131128	70591	31937	34867
牧业增加值	万元	36368	71238	42924	33177	52784
第二产业增加值	万元	61258	609700	87708	105356	63837
公共财政收入	万元	19174	108342	23952	20056	8270
各项税收	万元	5526	49056	12037	13199	4213
公共财政支出	万元	192345	229919	215926	203747	196173
居民储蓄存款余额	万元	160735	556608	399502	260636	172064
年末金融机构各项贷款余额	万元	102017	386000	209083	106757	95318
三、农业和工业						
农业机械总动力	万千瓦特	7	15	9	8	5
机收面积	公顷	3580	12486	2057		
设施农业占地面积	公顷	70	223	40	103	3
棉花产量	吨					
油料产量	吨	166	2827	5021	1117	22
规模以上工业企业单位数	个	7	35	14	15	4
四、教育、卫生和社会保障						
普通中学在校学生数	人	9632	18772	13010	10274	9080
中等职业教育学校在校学生数	人	76	1704	666	1682	
小学在校学生数	人	28924	41885	48570	27110	39936
医疗卫生机构床位数	床	601	1279	840	989	865
各种社会福利收养性单位数	个	1	2	1	1	1
各种社会福利收养性单位床位数	床	303	498	1	470	90

2017年县(市)社会经济主要指标

四川省、贵州省

指　　标	单位	雷波县	开阳县	息烽县	修文县	清镇市
一、基本情况						
行政区域面积	平方公里	2840	2026	1037	1076	1387
乡个数	个	43	8	1	1	3
镇个数	个	5	8	9	9	6
街道办事处个数	个		2			
户籍人口	万人	28	45	27	32	53
第二产业从业人员	人	8004	60794	25152	35189	66600
第三产业从业人员	人	23661	48320	59463	57957	106100
固定电话用户	户	14668	22000	18000	209130	31300
二、综合经济						
地区生产总值	万元	624347	2350175	1866754	1874025	3143972
第一产业增加值	万元	119941	316695	184808	230103	257369
农业增加值	万元	74695	199869	123379	164397	172048
牧业增加值	万元	35852	112305	52928	64930	75587
第二产业增加值	万元	346835	1316855	908395	893086	1484747
公共财政收入	万元	78466	248994	79022	91164	161694
各项税收	万元	41560	196838	58022	69435	129281
公共财政支出	万元	299039	317598	259262	252119	357075
居民储蓄存款余额	万元	394301	761777	554499	559276	1132500
年末金融机构各项贷款余额	万元	147586	1104435	788989	1054796	2225800
三、农业和工业						
农业机械总动力	万千瓦特	15	47	22	27	34
机收面积	公顷		11666	1945	3161	1755
设施农业占地面积	公顷	49	961	198	121	418
棉花产量	吨					
油料产量	吨	1519	17259	6353	10139	15165
规模以上工业企业单位数	个	10	63	49	93	90
四、教育、卫生和社会保障						
普通中学在校学生数	人	13816	17373	12627	14178	28013
中等职业教育学校在校学生数	人		2449	1513	2897	14216
小学在校学生数	人	33120	25419	18752	23207	41022
医疗卫生机构床位数	床	1408	1790	1136	1176	1976
各种社会福利收养性单位数	个	2	86	9	73	11
各种社会福利收养性单位床位数	床	280	2164	1083	1298	1713

2017年县(市)社会经济主要指标

贵州省

指　　标	单位	六枝特区	水城县	盘州市	播州区	桐梓县
一、基本情况						
行政区域面积	平方公里	1799	3702	4056	2488	3208
乡个数	个	6	13	7	2	3
镇个数	个	9	13	14	17	20
街道办事处个数	个	3	4	6	5	2
户籍人口	万人	74	94	126	86	74
第二产业从业人员	人	45967	69915	222679	124689	86235
第三产业从业人员	人	191041	95349	232822	252915	168117
固定电话用户	户	11000	25000	79111	41119	14200
二、综合经济						
地区生产总值	万元	1842556	2582506	5784329	3133000	1595817
第一产业增加值	万元	350060	396012	539085	481500	335872
农业增加值	万元	236388	281841	329381	325300	211923
牧业增加值	万元	92167	101819	140301	107100	86995
第二产业增加值	万元	584453	1233935	3443057	1472700	626300
公共财政收入	万元	130103	215225	505252	190800	60618
各项税收	万元	99623	169106	769400	378900	42874
公共财政支出	万元	489455	638140	941608	511300	436326
居民储蓄存款余额	万元	881013		2161067	2417102	1186205
年末金融机构各项贷款余额	万元	1431298	2274300	2808025	2487460	1152044
三、农业和工业						
农业机械总动力	万千瓦特	42		75	55	
机收面积	公顷				9333	212
设施农业占地面积	公顷	33	956	335	767	15
棉花产量	吨					
油料产量	吨	17929	3668	17085	48709	13082
规模以上工业企业单位数	个	65	167	183	185	48
四、教育、卫生和社会保障						
普通中学在校学生数	人	44094	50904	68000	45465	38500
中等职业教育学校在校学生数	人	2934	6180	7641	8431	4260
小学在校学生数	人	67019	66678	76093	51950	51717
医疗卫生机构床位数	床	2707	2760	6444	4560	2009
各种社会福利收养性单位数	个	1	30	29	23	26
各种社会福利收养性单位床位数	床	80	1260	3154	2510	2672

2017年县(市)社会经济主要指标

贵州省

指　　标	单位	绥阳县	正安县	道真仡佬族苗族自治县	务川仡佬族苗族自治县	凤冈县
一、基本情况						
行政区域面积	平方公里	2546	2590	2156	2777	1885
乡个数	个	2	2	3	2	1
镇个数	个	13	16	11	11	13
街道办事处个数	个	6	1		3	
户籍人口	万人	57	66	35	48	45
第二产业从业人员	人	49994	107666	41003	31360	36485
第三产业从业人员	人	170391	230663	37098	107961	61023
固定电话用户	户	25638	11448	21469	12424	28687
二、综合经济						
地区生产总值	万元	1131045	1006400	651530	690705	773942
第一产业增加值	万元	347145	286400	222262	228513	249136
农业增加值	万元	245889	174610	141602	146504	154611
牧业增加值	万元	88770	74030	59880	61097	65459
第二产业增加值	万元	332600	222100	132800	153854	194103
公共财政收入	万元	62093	81209	44917	51392	29375
各项税收	万元	45684	107446	35102	38475	22880
公共财政支出	万元	325271	393955	250723	313456	295588
居民储蓄存款余额	万元	960926	918418	745540	726044	682593
年末金融机构各项贷款余额	万元	979655	1235935	580371	830949	778620
三、农业和工业						
农业机械总动力	万千瓦特	48	33	26	33	45
机收面积	公顷	6446		1073	158	2839
设施农业占地面积	公顷	2311	40	185	76	55
棉花产量	吨					
油料产量	吨	23759	18270	8203	12214	14160
规模以上工业企业单位数	个	91	79	58	29	55
四、教育、卫生和社会保障						
普通中学在校学生数	人	35034	31753	21750	20298	16493
中等职业教育学校在校学生数	人	2273	4054	3536	3373	4043
小学在校学生数	人	35260	38812	25822	31075	28367
医疗卫生机构床位数	床	1602	2839	1443	3135	1913
各种社会福利收养性单位数	个	16	20	15	16	14
各种社会福利收养性单位床位数	床	1750	3232	658	1476	970

2017年县(市)社会经济主要指标

贵州省

指　　标	单位	湄潭县	余庆县	习水县	赤水市	仁怀市
一、基本情况						
行政区域面积	平方公里	1845	1622	3128	1852	1788
乡个数	个		1	2	3	1
镇个数	个	12	8	20	11	14
街道办事处个数	个	3	1	4	3	5
户籍人口	万人	51	31	79	32	72
第二产业从业人员	人	64256	18516	93368	39872	116250
第三产业从业人员	人	120076	108142	159165	72319	133620
固定电话用户	户	16700	14680	13300	28000	36204
二、综合经济						
地区生产总值	万元	1046357	808635	1712031	1105252	6407678
第一产业增加值	万元	300162	198392	312684	182702	286978
农业增加值	万元	195044	134419	195385	82229	194173
牧业增加值	万元	78486	52843	105337	52268	79507
第二产业增加值	万元	273560	239200	789200	483800	4474500
公共财政收入	万元	46365	43073	85502	57991	449791
各项税收	万元	33573	26778	70374	45622	389002
公共财政支出	万元	312284	204369	469580	324849	615978
居民储蓄存款余额	万元	1056100	655731	1074012	949000	1708376
年末金融机构各项贷款余额	万元	1377500	871682	1670314	1175745	2700541
三、农业和工业						
农业机械总动力	万千瓦特		29	27	18	32
机收面积	公顷	7261	5437	3182		3200
设施农业占地面积	公顷	1043	147	1941	120	931
棉花产量	吨					
油料产量	吨	15688	12195	9181	740	12207
规模以上工业企业单位数	个	91	32	80	78	86
四、教育、卫生和社会保障						
普通中学在校学生数	人	28709	19501	41459	9755	41471
中等职业教育学校在校学生数	人	4709	3335	4718	3515	4580
小学在校学生数	人	32525	23464	56667	22052	50673
医疗卫生机构床位数	床	2180	1649	3217	2652	2662
各种社会福利收养性单位数	个	17	4	26	19	20
各种社会福利收养性单位床位数	床	1546	313	1716	3432	2335

2017年县(市)社会经济主要指标

贵州省

指　　标	单位	平坝区	普定县	镇宁布依族苗族自治县	关岭布依族苗族自治县	紫云苗族布依族自治县
一、基本情况						
行政区域面积	平方公里	999	1092	1717	1464	2284
乡个数	个	2	3	3	1	2
镇个数	个	7	6	8	9	8
街道办事处个数	个	2	3	4	3	2
户籍人口	万人	39	51	41	40	40
第二产业从业人员	人	50000	45909	38924	22044	27445
第三产业从业人员	人	66414	81209	59475	102993	35612
固定电话用户	户	35400	6745	10573	10089	9519
二、综合经济						
地区生产总值	万元	1311129	1130085	1015215	880500	644120
第一产业增加值	万元	190829	177685	184715	213100	216720
农业增加值	万元	119885	110197	113388	130687	125929
牧业增加值	万元	47544	48082	48910	60270	64103
第二产业增加值	万元	652600	441700	257300	189100	99800
公共财政收入	万元	118886	74274	54788	55187	68412
各项税收	万元	98514	55685	95866	25582	48608
公共财政支出	万元	394989	306832	297514	249887	289536
居民储蓄存款余额	万元	770479	500661	473796	439712	351489
年末金融机构各项贷款余额	万元	1332273	875293	964634	783264	605050
三、农业和工业						
农业机械总动力	万千瓦特	38	32	31	29	24
机收面积	公顷	6318	1579	2034	6337	3206
设施农业占地面积	公顷	497	30	50	113	326
棉花产量	吨					
油料产量	吨	13393	14744	14255	7914	17713
规模以上工业企业单位数	个	93	39	26	24	13
四、教育、卫生和社会保障						
普通中学在校学生数	人	18574	25732	16069	20672	20457
中等职业教育学校在校学生数	人	1687	3002	2985		677
小学在校学生数	人	31011	40902	30231	32232	33445
医疗卫生机构床位数	床	1096	1687	844	1115	1079
各种社会福利收养性单位数	个	9	12	14	13	11
各种社会福利收养性单位床位数	床	538	569	903	732	377

2017年县(市)社会经济主要指标

贵州省

指　　标	单位	七星关区	大方县	黔西县	金沙县	织金县
一、基本情况						
行政区域面积	平方公里	3411	3538	2554	2523	2868
乡个数	个	8	24	12	7	10
镇个数	个	27	10	15	14	16
街道办事处个数	个	10	4	4	4	6
户籍人口	万人	165	121	100	71	123
第二产业从业人员	人	120110	77184	107218	42367	121622
第三产业从业人员	人	291801	207226	302935	156288	156594
固定电话用户	户	73620	30675	20000	29558	30420
二、综合经济						
地区生产总值	万元	3769569	2266333	2176796	2534544	1951579
第一产业增加值	万元	706969	425633	364533	309244	386879
农业增加值	万元	485633	292276	251077	180880	253572
牧业增加值	万元	185351	112410	98041	87383	106477
第二产业增加值	万元	1183600	900406	901397	1374800	701000
公共财政收入	万元	255007	100350	106969	190036	239876
各项税收	万元	683303	62623	145899	341212	188800
公共财政支出	万元	697937	535688	559917	496991	569581
居民储蓄存款余额	万元	2545100	1306281	1061868	942496	1191620
年末金融机构各项贷款余额	万元	4113200	1272752	1671745	1370246	1846768
三、农业和工业						
农业机械总动力	万千瓦特	6	50	63	48	55
机收面积	公顷		2750	8400	1647	2020
设施农业占地面积	公顷	2408	1637	170	137	331
棉花产量	吨					
油料产量	吨	9023	8092	68440	28223	13966
规模以上工业企业单位数	个	90	56	64	91	71
四、教育、卫生和社会保障						
普通中学在校学生数	人	131661	66724	34669	40712	77926
中等职业教育学校在校学生数	人	3276	2819	2958	6389	2067
小学在校学生数	人	159799	100491	69376	62939	101227
医疗卫生机构床位数	床	14459	4638	3973	2620	4774
各种社会福利收养性单位数	个	41	37	26	20	31
各种社会福利收养性单位床位数	床	1687	2206	1310	1090	1530

2017年县(市)社会经济主要指标

贵州省

指　　标	单位	纳雍县	威宁彝族回族苗族自治县	赫章县	碧江区	万山区
一、基本情况						
行政区域面积	平方公里	2452	6299	3243	1009	840
乡个数	个	10	5	21	5	6
镇个数	个	13	30	6	3	1
街道办事处个数	个	3	4		5	3
户籍人口	万人	108	153	87	33	17
第二产业从业人员	人	82678	136367	35580	89748	9856
第三产业从业人员	人	119711	117703	184698	119274	29768
固定电话用户	户	10876	62100	17909	59528	3883
二、综合经济						
地区生产总值	万元	2110082	2507243	1440292	1595828	481963
第一产业增加值	万元	320882	816043	456000	140414	98512
农业增加值	万元	206549	560221	306746	88630	59134
牧业增加值	万元	87326	219383	120344	33320	24837
第二产业增加值	万元	1076400	630000	294729	623618	198757
公共财政收入	万元	86173	311206	128570	129135	83165
各项税收	万元	56179	80882	77048	101199	75259
公共财政支出	万元	481915	934374	432201	307826	220646
居民储蓄存款余额	万元	748970	970781	740077	1414980	
年末金融机构各项贷款余额	万元	1072822	1238663	772999	2620036	313971
三、农业和工业						
农业机械总动力	万千瓦特	47	95	38	33	
机收面积	公顷	933				
设施农业占地面积	公顷	147	3086	312	779	402
棉花产量	吨					
油料产量	吨	1244	710	606	19851	9875
规模以上工业企业单位数	个	81	73	58	80	57
四、教育、卫生和社会保障						
普通中学在校学生数	人	66890	151161	67104	41310	10351
中等职业教育学校在校学生数	人	1659	11191	3096	13742	2420
小学在校学生数	人	101636	171502	86145	36505	11561
医疗卫生机构床位数	床	3573	4406	3210	4611	973
各种社会福利收养性单位数	个	26	37	28	11	16
各种社会福利收养性单位床位数	床	1036	1558	759	517	433

2017年县(市)社会经济主要指标

贵州省

指　　标	单位	江口县	玉屏侗族自治县	石阡县	思南县	印江土家族苗族自治县
一、基本情况						
行政区域面积	平方公里	1877	517	2173	2231	1968
乡个数	个	2	1	10	8	1
镇个数	个	6	4	6	17	13
街道办事处个数	个	2	2	3		3
户籍人口	万人	25	16	42	68	47
第二产业从业人员	人	20722	23644	20778	82417	58914
第三产业从业人员	人	32691	32148	113414	131882	118247
固定电话用户	户	35688	7732	10949	13303	49392
二、综合经济						
地区生产总值	万元	560222	786285	790587	1300730	953723
第一产业增加值	万元	148622	96039	261653	349914	265415
农业增加值	万元	86423	57307	169603	212971	161211
牧业增加值	万元	40020	25977	67692	90821	70101
第二产业增加值	万元	140700	427168	115655	308498	177751
公共财政收入	万元	40078	96321	76926	51132	27939
各项税收	万元	35358	36911	66174	38112	49442
公共财政支出	万元	211384	266056	334280	494053	399089
居民储蓄存款余额	万元	381936	374534	567652	898371	664200
年末金融机构各项贷款余额	万元	605712	632387	801022	1141700	980403
三、农业和工业						
农业机械总动力	万千瓦特	8	29	35	36	30
机收面积	公顷	2106	2737	937		1836
设施农业占地面积	公顷	967	257	180	25	692
棉花产量	吨					
油料产量	吨	13358	16569	26870	33230	18844
规模以上工业企业单位数	个	34	85	46	84	54
四、教育、卫生和社会保障						
普通中学在校学生数	人	7971	8550	23857	51925	30703
中等职业教育学校在校学生数	人	1770	1309	1894	4859	1990
小学在校学生数	人	16443	12768	28072	45580	65093
医疗卫生机构床位数	床	1047	881	2005	2540	1989
各种社会福利收养性单位数	个	10	6	18	23	14
各种社会福利收养性单位床位数	床	810	314	1400	1125	1118

2017年县(市)社会经济主要指标

贵州省

指　　标	单位	德江县	沿河土家族自治县	松桃苗族自治县	兴义市	兴仁县
一、基本情况						
行政区域面积	平方公里	2070	2484	2859	2908	1778
乡个数	个	8	2	6	5	1
镇个数	个	11	17	17	17	11
街道办事处个数	个	2	3	5	8	4
户籍人口	万人	56	68	73	88	56
第二产业从业人员	人	38499	74388	62963	134759	45153
第三产业从业人员	人	95408	67737	71705	108197	80657
固定电话用户	户	17000	12606	24200	92232	7500
二、综合经济						
地区生产总值	万元	1072211	1032325	1274611	4166296	1519271
第一产业增加值	万元	267511	286595	282511	391010	286168
农业增加值	万元	163689	186114	169867	253111	195800
牧业增加值	万元	72080	74277	76190	94987	74533
第二产业增加值	万元	217000	197515	424000	1432581	484971
公共财政收入	万元	56325	47316	127150	709376	150016
各项税收	万元	48266	35614	105625	571002	103412
公共财政支出	万元	474360	476967	426911	704651	400048
居民储蓄存款余额	万元	667545	784335	891284	2602475	650249
年末金融机构各项贷款余额	万元	937355	798215	1086900	4693905	1204684
三、农业和工业						
农业机械总动力	万千瓦特	45	41	48	60	40
机收面积	公顷	1791	5475	9031	2008	550
设施农业占地面积	公顷	363	24	82	463	188
棉花产量	吨					
油料产量	吨	17862	16298	27410	20208	31207
规模以上工业企业单位数	个	69	31	69	142	85
四、教育、卫生和社会保障						
普通中学在校学生数	人	29224	49330	27414	88364	35224
中等职业教育学校在校学生数	人	4601	2240	3972	5002	6670
小学在校学生数	人	44689	56470	47097	88645	54168
医疗卫生机构床位数	床	3056	2231	2896	5021	1680
各种社会福利收养性单位数	个	16	20	27	29	16
各种社会福利收养性单位床位数	床	1054	1059	2179	685	412

2017年县(市)社会经济主要指标

贵州省

指　　标	单位	普安县	晴隆县	贞丰县	望谟县	册亨县
一、基本情况						
行政区域面积	平方公里	1454	1310	1509	3018	2597
乡个数	个	2	4	3	1	1
镇个数	个	8	8	9	11	9
街道办事处个数	个	2	2	2	3	2
户籍人口	万人	36	34	42	32	24
第二产业从业人员	人	23150	27030	32180	33138	16296
第三产业从业人员	人	18027	29066	78698	56186	15573
固定电话用户	户	6430	3625	6040	6900	2640
二、综合经济						
地区生产总值	万元	819423	754384	1228487	653737	518917
第一产业增加值	万元	184172	181817	270911	245427	192842
农业增加值	万元	121389	111543	180759	146499	104081
牧业增加值	万元	49309	49210	71983	67613	53699
第二产业增加值	万元	320778	230796	536085	71892	52605
公共财政收入	万元	84811	56246	188932	34044	56878
各项税收	万元	70021	63491	147333	62342	47558
公共财政支出	万元	294062	255658	380825	299172	237787
居民储蓄存款余额	万元	439900	363495	555100	272739	258103
年末金融机构各项贷款余额	万元	745900	417627	693300	574070	442566
三、农业和工业						
农业机械总动力	万千瓦特		23	28	42	25
机收面积	公顷	150			1133	
设施农业占地面积	公顷	103	222	56	8	11
棉花产量	吨				2	1
油料产量	吨	12860	10699	21328	9820	11409
规模以上工业企业单位数	个	42	26	47	22	19
四、教育、卫生和社会保障						
普通中学在校学生数	人	21363	12496	25770	22880	13783
中等职业教育学校在校学生数	人	3760	824	3239	670	727
小学在校学生数	人	28552	31965	38384	27820	20226
医疗卫生机构床位数	床	1315	867	1539	1055	583
各种社会福利收养性单位数	个	13	8	15	19	13
各种社会福利收养性单位床位数	床	358	258	303	965	400

2017年县(市)社会经济主要指标

贵州省

指　　标	单位	安龙县	凯里市	黄平县	施秉县	三穗县
一、基本情况						
行政区域面积	平方公里	2232	1570	1668	1532	1030
乡个数	个			3	3	2
镇个数	个	10	11	8	5	7
街道办事处个数	个	3	7		10	
户籍人口	万人	49	57	39	18	23
第二产业从业人员	人	62603	76383	37580	4839	15454
第三产业从业人员	人	152597	170742	79437	14888	57821
固定电话用户	户	18930	70200	12000	7471	6207
二、综合经济						
地区生产总值	万元	1187272	2310429	577064	379402	436029
第一产业增加值	万元	288479	156437	176172	90727	86663
农业增加值	万元	170843	103601	115140	59590	48767
牧业增加值	万元	78442	40096	43573	22618	24386
第二产业增加值	万元	345114	531476	65572	86012	98019
公共财政收入	万元	355387	241647	52384	18816	31294
各项税收	万元	77261	175191	38000	12932	18152
公共财政支出	万元	355387	486031	248276	149965	176620
居民储蓄存款余额	万元	744893	2172000	529373	312590	339029
年末金融机构各项贷款余额	万元	1063887	3678507	581479	383940	402527
三、农业和工业						
农业机械总动力	万千瓦特	40	29	30	18	28
机收面积	公顷	6670	860	5333	1804	2627
设施农业占地面积	公顷	1045	111	67	838	53
棉花产量	吨				9	
油料产量	吨	16863	7849	5530	6027	2313
规模以上工业企业单位数	个	56	58	15	6	31
四、教育、卫生和社会保障						
普通中学在校学生数	人	26725	51176	23642	9438	7904
中等职业教育学校在校学生数	人	4211	18041	3766	858	2742
小学在校学生数	人	38103	55495	24317	12728	18322
医疗卫生机构床位数	床	1679	6203	2030	185	1490
各种社会福利收养性单位数	个	12	6	1	1	7
各种社会福利收养性单位床位数	床	387	1140	100		250

2017年县(市)社会经济主要指标

贵州省

指　　标	单位	镇远县	岑巩县	天柱县	锦屏县	剑河县
一、基本情况						
行政区域面积	平方公里	1890	1490	2178	1619	2180
乡个数	个	4	2	2	8	1
镇个数	个	8	9	11	7	11
街道办事处个数	个			3		1
户籍人口	万人	28	24	41	23	27
第二产业从业人员	人	17247	10500	20201	22801	11979
第三产业从业人员	人	37700	58135	126034	28315	66026
固定电话用户	户	3854	5900	9740	8971	4528
二、综合经济						
地区生产总值	万元	676930	465137	790727	427176	444413
第一产业增加值	万元	131988	87937	175285	86669	116902
农业增加值	万元	76438	49446	100523	37059	47055
牧业增加值	万元	33703	27489	45800	21952	32702
第二产业增加值	万元	224120	134100	229381	125921	67838
公共财政收入	万元	58092	32553	55052	21836	34655
各项税收	万元	64203	42924	35761	16430	21528
公共财政支出	万元	192294	206696	280985	186567	228937
居民储蓄存款余额	万元	414574	366507	677106	426186	425368
年末金融机构各项贷款余额	万元	510042	468117	743594	414379	430677
三、农业和工业						
农业机械总动力	万千瓦特	18	21	11	18	15
机收面积	公顷	2799	2586	6108	5273	367
设施农业占地面积	公顷	18	58	12	159	
棉花产量	吨				75	149
油料产量	吨	8154	11659	19844	12966	4190
规模以上工业企业单位数	个	43	28	34	18	14
四、教育、卫生和社会保障						
普通中学在校学生数	人	9637	14893	11584	11786	15938
中等职业教育学校在校学生数	人	1341	2164	1411	1537	2309
小学在校学生数	人	19169	16894	27019	14977	21268
医疗卫生机构床位数	床	967	1558	1623	1073	1065
各种社会福利收养性单位数	个	7	7	9	9	5
各种社会福利收养性单位床位数	床	321	532	442	343	361

2017年县(市)社会经济主要指标

贵州省

指　　标	单位	台江县	黎平县	榕江县	从江县	雷山县
一、基本情况						
行政区域面积	平方公里	1078	4441	3296	3244	1204
乡个数	个	3	9	10	7	3
镇个数	个	4	14	9	12	5
街道办事处个数	个	2	2			
户籍人口	万人	17	56	38	37	16
第二产业从业人员	人	14430	30215	19668	17275	6314
第三产业从业人员	人	35451	30133	74512	59547	33683
固定电话用户	户	1660	10358	7970	5202	12867
二、综合经济						
地区生产总值	万元	338046	834161	631694	609073	318259
第一产业增加值	万元	72681	193654	173799	175350	74741
农业增加值	万元	32965	84001	84565	88524	46252
牧业增加值	万元	19207	48898	38710	39979	20707
第二产业增加值	万元	60038	139814	172712	152482	50711
公共财政收入	万元	23684	36416	75779	67363	22284
各项税收	万元	12921	47742	27776	52971	12016
公共财政支出	万元	165813	331356	264871	282955	157610
居民储蓄存款余额	万元	257737	736775	514280	371669	274828
年末金融机构各项贷款余额	万元	488593	860075	724327	427180	306311
三、农业和工业						
农业机械总动力	万千瓦特	11	27	18	19	17
机收面积	公顷	1360	15243	6600	645	
设施农业占地面积	公顷	139	31	88	515	5
棉花产量	吨	3	359	55	183	
油料产量	吨	2952	39996	8776	10515	763
规模以上工业企业单位数	个	18	32	18	16	4
四、教育、卫生和社会保障						
普通中学在校学生数	人	6685	26800	20378	20040	5885
中等职业教育学校在校学生数	人	2133	6078	953	4222	305
小学在校学生数	人	13702	38634	29089	29012	11646
医疗卫生机构床位数	床	613	2730	1303	1131	908
各种社会福利收养性单位数	个	40	21	14	17	2
各种社会福利收养性单位床位数	床	522	1140	674	1076	170

2017年县(市)社会经济主要指标

贵州省

指　　标	单位	麻江县	丹寨县	都匀市	福泉市	荔波县
一、基本情况						
行政区域面积	平方公里	957	942	2285	1692	2415
乡个数	个	1	2	1	1	2
镇个数	个	4	4	4	5	5
街道办事处个数	个	2		5	2	1
户籍人口	万人	17	18	50	34	18
第二产业从业人员	人	11521	9134	37815	34700	12632
第三产业从业人员	人	24151	49018	91098	46200	35238
固定电话用户	户	8566	3102	50031	14400	11530
二、综合经济						
地区生产总值	万元	327013	311534	2129958	1555346	563432
第一产业增加值	万元	84366	75304	169779	152346	97803
农业增加值	万元	53354	40391	118653	104702	52548
牧业增加值	万元	24921	20804	43614	39266	28088
第二产业增加值	万元	78158	69573	753425	696600	155924
公共财政收入	万元	23955	27479	189970	155030	36818
各项税收	万元	20447	18694	138284	92298	27654
公共财政支出	万元	144818	140895	392972	325187	208316
居民储蓄存款余额	万元	336225	257481	1962166	742318	423023
年末金融机构各项贷款余额	万元	403650	277511	3127025	1574980	655399
三、农业和工业						
农业机械总动力	万千瓦特	17	8	46	26	31
机收面积	公顷	262	2218	6800	5667	1505
设施农业占地面积	公顷	82	37	67	613	100
棉花产量	吨					146
油料产量	吨	5164	1591	10697	14312	6105
规模以上工业企业单位数	个	10	26	49	127	23
四、教育、卫生和社会保障						
普通中学在校学生数	人	8624	10811	27762	14064	10753
中等职业教育学校在校学生数	人	2098	2823	13265	2935	3231
小学在校学生数	人	11064	15023	31187	24700	13059
医疗卫生机构床位数	床	812	832	703	1525	993
各种社会福利收养性单位数	个	3	7	9	7	7
各种社会福利收养性单位床位数	床	125	431	875	288	1227

2017年县(市)社会经济主要指标

贵州省

指　　标	单位	贵定县	瓮安县	独山县	平塘县	罗甸县
一、基本情况						
行政区域面积	平方公里	1627	1963	2477	2805	3013
乡个数	个		1		1	1
镇个数	个	6	10	8	9	8
街道办事处个数	个	2	2		1	1
户籍人口	万人	30	49	35	33	36
第二产业从业人员	人	20172	40116	16601	23736	17862
第三产业从业人员	人	92107	50254	28102	29424	21295
固定电话用户	户	332161	12328	9804	8592	6682
二、综合经济						
地区生产总值	万元	887630	1299082	826307	641792	737245
第一产业增加值	万元	118562	251982	186291	204382	165563
农业增加值	万元	83830	166175	123375	143881	106657
牧业增加值	万元	30975	66136	49033	51089	43462
第二产业增加值	万元	396375	458800	249235	114946	254958
公共财政收入	万元	70122	231369	44971	68622	37669
各项税收	万元	49643	186110	36233	57559	80457
公共财政支出	万元	240850	347645	271738	236122	282247
居民储蓄存款余额	万元	531154	985506	727048	400302	389297
年末金融机构各项贷款余额	万元	697343	1469368	871446	853783	664888
三、农业和工业						
农业机械总动力	万千瓦特	23	42	25	28	26
机收面积	公顷	3500	7087	6040	4011	5073
设施农业占地面积	公顷	70	23	19	168	21
棉花产量	吨			41		
油料产量	吨	8844	18239	13285	9580	4072
规模以上工业企业单位数	个	67	89	89	39	30
四、教育、卫生和社会保障						
普通中学在校学生数	人	14131	25823	15422	13285	22131
中等职业教育学校在校学生数	人	3163	6359	1703	2696	5605
小学在校学生数	人	20124	36966	22315	23280	27841
医疗卫生机构床位数	床	1440	2700	1245	1206	1512
各种社会福利收养性单位数	个	4	8	9	7	9
各种社会福利收养性单位床位数	床	364	1050	1727	762	1715

2017年县(市)社会经济主要指标

贵州省、云南省

指　　标	单位	长顺县	龙里县	惠水县	三都水族自治县	呈贡区
一、基本情况						
行政区域面积	平方公里	1549	1520	2472	2376	510
乡个数	个	1				
镇个数	个	5	5	8	6	
街道办事处个数	个	1	1	2	1	10
户籍人口	万人	28	24	48	39	21
第二产业从业人员	人	12606	15165	37200	31731	21486
第三产业从业人员	人	23992	19732	49100	64498	57843
固定电话用户	户	7961	9675	17618	15408	55000
二、综合经济						
地区生产总值	万元	599126	894443	987023	672929	2271196
第一产业增加值	万元	136402	104885	243503	191420	51326
农业增加值	万元	88796	74516	163096	120358	41807
牧业增加值	万元	37717	28083	63851	48363	2553
第二产业增加值	万元	152572	553781	314516	106790	1182027
公共财政收入	万元	30725	224363	83929	36363	372022
各项税收	万元	20072	87950	120012	24133	340586
公共财政支出	万元	203456	275944	317995	259751	349810
居民储蓄存款余额	万元	299953	714173	560890	516884	2144707
年末金融机构各项贷款余额	万元	728155	1015586	824284	797715	2440124
三、农业和工业						
农业机械总动力	万千瓦特	24	19	34	20	5
机收面积	公顷	5580	2100	11200		
设施农业占地面积	公顷	86	88	340	1320	1761
棉花产量	吨				23	
油料产量	吨	7690	8263	7776	12445	13
规模以上工业企业单位数	个	59	140	109	36	119
四、教育、卫生和社会保障						
普通中学在校学生数	人	13826	11363	17942	25105	16619
中等职业教育学校在校学生数	人	2375	3827	3748	4605	
小学在校学生数	人	18405	18496	34505	35560	22689
医疗卫生机构床位数	床	1049	1153	1480	1085	872
各种社会福利收养性单位数	个	9	6	12	7	8
各种社会福利收养性单位床位数	床	1096	681	1050	706	346

2017年县(市)社会经济主要指标

云南省

指　　标	单位	晋宁区	富民县	宜良县	石林彝族自治县	嵩明县
一、基本情况						
行政区域面积	平方公里	1337	994	1914	1680	831
乡个数	个	2		2	1	
镇个数	个	4	5	4	3	3
街道办事处个数	个	2	2	2	3	1
户籍人口	万人	28	15	43	25	31
第二产业从业人员	人	35223	16072	63554	14793	40524
第三产业从业人员	人	63644	15840	69726	20460	48103
固定电话用户	户	14207	5458	18300	15587	13020
二、综合经济						
地区生产总值	万元	1271224	727090	1846715	859551	1179506
第一产业增加值	万元	224352	106933	491300	203280	159403
农业增加值	万元	179028	59112	292731	115318	110771
牧业增加值	万元	41516	39227	145154	65542	44347
第二产业增加值	万元	439803	370432	534866	230484	537976
公共财政收入	万元	205423	52866	78397	61688	108013
各项税收	万元	83495	39794	50290	47367	86271
公共财政支出	万元	359489	114036	200809	203490	255583
居民储蓄存款余额	万元	1171410	490170	1405093	631713	1090420
年末金融机构各项贷款余额	万元	879972	501501	921729	637307	857220
三、农业和工业						
农业机械总动力	万千瓦特	30	14	34	31	42
机收面积	公顷		80	6914	1816	7062
设施农业占地面积	公顷	5514	335	1485	906	801
棉花产量	吨					
油料产量	吨	1072	756	512	504	13
规模以上工业企业单位数	个	104	49	85	42	84
四、教育、卫生和社会保障						
普通中学在校学生数	人	12844	5478	22252	14088	16182
中等职业教育学校在校学生数	人	1834		8477	685	23864
小学在校学生数	人	19426	12934	28439	16594	22800
医疗卫生机构床位数	床	1918	891	2138	1598	1826
各种社会福利收养性单位数	个	5	1	3	4	3
各种社会福利收养性单位床位数	床	330	150	355	247	520

2017年县(市)社会经济主要指标

云南省

指　　标	单位	禄劝彝族苗族自治县	寻甸回族彝族自治县	安宁市	沾益区	马龙县
一、基本情况						
行政区域面积	平方公里	4240	3588	1301	2815	1614
乡个数	个	6	4		5	3
镇个数	个	9	9		2	2
街道办事处个数	个	1	3	9	4	5
户籍人口	万人	49	57	28	44	21
第二产业从业人员	人	48567	51700	56800	44012	5004
第三产业从业人员	人	32626	64747	78900	40228	8957
固定电话用户	户	7963	14400	35187	7752	6431
二、综合经济						
地区生产总值	万元	939990	898928	3176107	1914327	534895
第一产业增加值	万元	264181	236191	139732	392661	92762
农业增加值	万元	126135	108320	70412	138392	42776
牧业增加值	万元	119286	111474	63676	246349	44542
第二产业增加值	万元	239498	263518	1370387	714244	231322
公共财政收入	万元	96475	103437	288778	73814	88943
各项税收	万元	63245	45238	237463	59464	36189
公共财政支出	万元	387299	364236	362220	259648	190100
居民储蓄存款余额	万元	680227	935779	1920048	622890	388452
年末金融机构各项贷款余额	万元	949500	941529	3442050	748891	511842
三、农业和工业						
农业机械总动力	万千瓦特	42	32	26	40	23
机收面积	公顷	2597	7300	565	2000	3000
设施农业占地面积	公顷	134	958	1292	163	216
棉花产量	吨					
油料产量	吨	2698	3025	2773	745	2147
规模以上工业企业单位数	个	26	42	119	75	39
四、教育、卫生和社会保障						
普通中学在校学生数	人	15793	32951	17955	28813	13823
中等职业教育学校在校学生数	人	1038	483	10526	1140	931
小学在校学生数	人	26763	35984	22885	41422	13108
医疗卫生机构床位数	床	2052	2804	3935	1180	799
各种社会福利收养性单位数	个	5	1	4	11	6
各种社会福利收养性单位床位数	床	302	400	720	285	490

2017年县(市)社会经济主要指标

云南省

指　　标	单位	陆良县	师宗县	罗平县	富源县	会泽县
一、基本情况						
行政区域面积	平方公里	1989	2784	3015	3251	5884
乡个数	个	2	3	6	1	13
镇个数	个	7	4	4	9	7
街道办事处个数	个	2	3	3	2	3
户籍人口	万人	69	43	65	83	106
第二产业从业人员	人		22956	29048	83484	28324
第三产业从业人员	人		18690	38286	70667	183011
固定电话用户	户	14607	9441	13600	12000	25180
二、综合经济						
地区生产总值	万元	1672279	1176400	1694069	1489337	1802477
第一产业增加值	万元	564873	396470	424278	365025	410486
农业增加值	万元	251818	178113	222152	178653	136024
牧业增加值	万元	289825	165985	151810	173271	238758
第二产业增加值	万元	461093	340313	517447	506930	725377
公共财政收入	万元	151081	59045	78012	105063	119359
各项税收	万元	29027	42430	50068	85925	104104
公共财政支出	万元	344809	293000	355569	426695	559636
居民储蓄存款余额	万元	1150311	622488	826082	1031173	1067343
年末金融机构各项贷款余额	万元	1059000	679461	894999	1134316	1100638
三、农业和工业						
农业机械总动力	万千瓦特	51	33	40	26	28
机收面积	公顷	3833	2526	26667	1333	1610
设施农业占地面积	公顷	2263	14	73	112	1284
棉花产量	吨					
油料产量	吨	1928	31761	129020	14896	2082
规模以上工业企业单位数	个	60	43	42	104	31
四、教育、卫生和社会保障						
普通中学在校学生数	人	42091	27160	39759	54526	63943
中等职业教育学校在校学生数	人	498	2660	3318	505	2432
小学在校学生数	人	51942	42337	56929	73828	74914
医疗卫生机构床位数	床	2531	1920	3746	3195	6031
各种社会福利收养性单位数	个	7	6	5	12	27
各种社会福利收养性单位床位数	床	560	590	600	783	2371

2017年县(市)社会经济主要指标

云南省

指　　标	单位	宣威市	江川区	澄江县	通海县	华宁县
一、基本情况						
行政区域面积	平方公里	6053	850	773	740	1313
乡个数	个	7	2		3	1
镇个数	个	13	4	4	4	3
街道办事处个数	个	8	1	2	2	1
户籍人口	万人	155	28	15	29	21
第二产业从业人员	人	107836	36740	13517	21867	18305
第三产业从业人员	人	141095	33939	20101	23674	18300
固定电话用户	户	11230	8454	5899	11658	6077
二、综合经济						
地区生产总值	万元	2723013	908475	906677	1123831	872210
第一产业增加值	万元	588589	166846	110724	169925	186683
农业增加值	万元	217424	113795	89384	107799	139145
牧业增加值	万元	366568	40829	19348	57829	43589
第二产业增加值	万元	769780	305055	282476	421659	275342
公共财政收入	万元	130599	71026	190193	55790	42090
各项税收	万元	99506	36867	43224	30930	23517
公共财政支出	万元	772939	184023	274937	179971	160719
居民储蓄存款余额	万元	2238006	815736	571697	1090176	500720
年末金融机构各项贷款余额	万元	1597871	885169	571546	859732	497839
三、农业和工业						
农业机械总动力	万千瓦特	82	27	17	58	36
机收面积	公顷	1560	1173	1391	853	3101
设施农业占地面积	公顷	6067	460	76	456	34
棉花产量	吨					
油料产量	吨	318	7144	294	1054	2342
规模以上工业企业单位数	个	117	45	29	74	30
四、教育、卫生和社会保障						
普通中学在校学生数	人	98659	15133	8610	10933	11152
中等职业教育学校在校学生数	人	1638	1376	556	1242	762
小学在校学生数	人	121253	14979	10533	21587	13517
医疗卫生机构床位数	床	6533	799	699	1375	829
各种社会福利收养性单位数	个	12	7	6	6	5
各种社会福利收养性单位床位数	床	1433	442	359	208	461

2017年县(市)社会经济主要指标

云南省

指　　标	单位	易门县	峨山彝族自治县	新平彝族傣族自治县	元江哈尼族彝族傣族自治县	施甸县
一、基本情况						
行政区域面积	平方公里	1527	1972	4223	2858	2009
乡个数	个	4	3	6	5	8
镇个数	个	1	3	4	2	5
街道办事处个数	个	2	2	2	3	
户籍人口	万人	17	16	28	21	35
第二产业从业人员	人	21412	10390	15710	7236	22919
第三产业从业人员	人	18868	17958	35569	18254	21682
固定电话用户	户	5347	5884	7700	5935	7389
二、综合经济						
地区生产总值	万元	1003720	781660	1394402	815542	625244
第一产业增加值	万元	113111	118608	200685	197998	166116
农业增加值	万元	51696	69307	116359	162252	60117
牧业增加值	万元	57110	40626	71718	28221	82081
第二产业增加值	万元	542859	301418	539234	175886	184694
公共财政收入	万元	60765	43256	126701	48814	56354
各项税收	万元	57985	24942	89741	27518	68233
公共财政支出	万元	172171	155167	278800	188900	297158
居民储蓄存款余额	万元	535946	482165	654468	423049	588498
年末金融机构各项贷款余额	万元	593287	497644	835965	510233	548959
三、农业和工业						
农业机械总动力	万千瓦特	21	45	38	17	36
机收面积	公顷	2540	4463	3493	3159	5161
设施农业占地面积	公顷	130	851	218	89	261
棉花产量	吨					
油料产量	吨	2797	6243	1143	3339	2792
规模以上工业企业单位数	个	52	24	32	25	27
四、教育、卫生和社会保障						
普通中学在校学生数	人	8650	5450	9891	10701	16853
中等职业教育学校在校学生数	人	812	1136	1192	362	2722
小学在校学生数	人	8299	9088	17827	15726	22370
医疗卫生机构床位数	床	1021	838	1339	869	1796
各种社会福利收养性单位数	个	8	5	11	9	3
各种社会福利收养性单位床位数	床	290	200	768	265	300

2017年县(市)社会经济主要指标

云南省

指　　标	单位	龙陵县	昌宁县	腾冲市	昭阳区	鲁甸县
一、基本情况						
行政区域面积	平方公里	2884	3888	5845	2190	1484
乡个数	个	5	4	7	7	2
镇个数	个	5	9	11	10	10
街道办事处个数	个				3	
户籍人口	万人	30	35	68	93	47
第二产业从业人员	人	7277	18292	39627	136182	20367
第三产业从业人员	人	21666	27698	69970	156929	33788
固定电话用户	户	3945	10714	21273	113429	4613
二、综合经济						
地区生产总值	万元	763035	1036180	1768268	2553365	563512
第一产业增加值	万元	209775	343344	357276	279479	118097
农业增加值	万元	88623	195319	137312	197434	75083
牧业增加值	万元	80498	132822	144567	74198	35913
第二产业增加值	万元	317017	366966	654495	1260873	224169
公共财政收入	万元	58511	83528	169885	113840	66331
各项税收	万元	34581	64478	190416	89061	63233
公共财政支出	万元	296180	314466	551431	576641	349282
居民储蓄存款余额	万元	599107	541753	1811650	1819277	374794
年末金融机构各项贷款余额	万元	555236	649963	1951287	2633757	371555
三、农业和工业						
农业机械总动力	万千瓦特	25	52	61	43	27
机收面积	公顷	1873	10350	41051	5567	1515
设施农业占地面积	公顷	11	1324	160	23	92
棉花产量	吨					
油料产量	吨	712	5071	48993	118	948
规模以上工业企业单位数	个	38	47	53	32	17
四、教育、卫生和社会保障						
普通中学在校学生数	人	16410	13452	45138	67134	29121
中等职业教育学校在校学生数	人	3378	4058	6011	1841	432
小学在校学生数	人	25044	21479	54164	87820	46848
医疗卫生机构床位数	床	915	1763	2821	5960	1524
各种社会福利收养性单位数	个	8	2	14	3	5
各种社会福利收养性单位床位数	床	508	116	1090	650	351

2017年县(市)社会经济主要指标

云南省

指　　标	单位	巧家县	盐津县	大关县	永善县	绥江县
一、基本情况						
行政区域面积	平方公里	3197	2092	1721	2778	749
乡个数	个	4	4	1	7	
镇个数	个	12	6	8	8	5
街道办事处个数	个					
户籍人口	万人	62	40	29	48	17
第二产业从业人员	人	13375	48834	12873	32021	45997
第三产业从业人员	人	29962	47658	34886	46524	7996
固定电话用户	户	5489	5761	7420	5320	3776
二、综合经济						
地区生产总值	万元	620692	446544	326616	785249	226374
第一产业增加值	万元	227671	95989	70053	144135	42490
农业增加值	万元	108754	43094	24307	82614	12077
牧业增加值	万元	104981	40825	39496	54749	19631
第二产业增加值	万元	170231	178837	108460	421680	50010
公共财政收入	万元	38009	24644	11916	167568	30165
各项税收	万元	33082	9433	7817	47931	22227
公共财政支出	万元	341546	236789	216675	341988	154915
居民储蓄存款余额	万元	560840	422490	317835	655440	400917
年末金融机构各项贷款余额	万元	454367	266172	231286	443675	199597
三、农业和工业						
农业机械总动力	万千瓦特	23	18	16	19	8
机收面积	公顷		667		1000	
设施农业占地面积	公顷	50	69	143	31	50
棉花产量	吨					
油料产量	吨	1036	7829	528	6487	1249
规模以上工业企业单位数	个	8	8	7	6	5
四、教育、卫生和社会保障						
普通中学在校学生数	人	37207	18007	17138	30095	7962
中等职业教育学校在校学生数	人	1938	1525	765	410	1785
小学在校学生数	人	48748	28165	18373	36892	10739
医疗卫生机构床位数	床	1916	1455	1107	2184	815
各种社会福利收养性单位数	个	10	5	2	7	2
各种社会福利收养性单位床位数	床	1316	1130	470	640	420

2017年县(市)社会经济主要指标

云南省

指　　标	单位	镇雄县	彝良县	威信县	水富县	玉龙纳西族自治县
一、基本情况						
行政区域面积	平方公里	3696	2799	1400	440	6200
乡个数	个	7	5	3		9
镇个数	个	20	10	7	3	7
街道办事处个数	个	3			1	
户籍人口	万人	167	62	45	11	22
第二产业从业人员	人	109856	13825	32428	10944	1886
第三产业从业人员	人	172856	68054	41388	3650	19556
固定电话用户	户	15623	6417	4542	18700	7615
二、综合经济						
地区生产总值	万元	1131013	555850	360709	547978	576088
第一产业增加值	万元	261597	210292	73150	22090	105146
农业增加值	万元	114605	134500	33003	9895	50972
牧业增加值	万元	139610	64702	32838	7011	47042
第二产业增加值	万元	395909	167646	120136	376507	255085
公共财政收入	万元	116525	33231	29521	26329	55847
各项税收	万元	70748	25623	11839	20410	37248
公共财政支出	万元	813699	368903	261772	96399	278732
居民储蓄存款余额	万元	1272230	502949	572762	342978	384687
年末金融机构各项贷款余额	万元	1134798	474794	394292	542881	434905
三、农业和工业						
农业机械总动力	万千瓦特	37	20	8	5	20
机收面积	公顷		956		150	10756
设施农业占地面积	公顷	224	4	13	7	258
棉花产量	吨					
油料产量	吨	7193	5110	5242	707	4518
规模以上工业企业单位数	个	66	8	25	10	9
四、教育、卫生和社会保障						
普通中学在校学生数	人	121642	29837	19572	11529	8746
中等职业教育学校在校学生数	人	1457	3970	602		935
小学在校学生数	人	162779	56153	34838	8416	11618
医疗卫生机构床位数	床	5210	2106	1379	756	882
各种社会福利收养性单位数	个	4		9	3	5
各种社会福利收养性单位床位数	床	1059		191	314	442

2017年县(市)社会经济主要指标

云南省

指　　标	单位	永胜县	华坪县	宁蒗彝族自治县	思茅区	宁洱哈尼族彝族自治县
一、基本情况						
行政区域面积	平方公里	4925	2200	6025	4093	3670
乡个数	个	6	4	14	2	3
镇个数	个	9	4	1	5	6
街道办事处个数	个					
户籍人口	万人	41	16	28	23	19
第二产业从业人员	人	7885	2202	510	23700	13935
第三产业从业人员	人	10844	7797	10309	37510	35921
固定电话用户	户	6770	5591	3227	66330	15400
二、综合经济						
地区生产总值	万元	786748	380006	362937	1480743	528042
第一产业增加值	万元	175334	65221	82902	145933	116122
农业增加值	万元	93279	43322	34689	91534	53785
牧业增加值	万元	63961	17994	41983	27610	37396
第二产业增加值	万元	387641	179053	136169	588745	202155
公共财政收入	万元	33145	38403	24152	80266	55273
各项税收	万元	22301	19055	10034	59134	20464
公共财政支出	万元	326262	191611	286431	219288	196508
居民储蓄存款余额	万元	847845	617804	360791	1380418	423651
年末金融机构各项贷款余额	万元	630686	435332	348795	3242499	363555
三、农业和工业						
农业机械总动力	万千瓦特	40	15	7	17	26
机收面积	公顷	3627	4565	1200	850	781
设施农业占地面积	公顷	93	22	18	214	110
棉花产量	吨					
油料产量	吨	3541	1006	99	638	1840
规模以上工业企业单位数	个	26	29	10	36	17
四、教育、卫生和社会保障						
普通中学在校学生数	人	17217	7966	18616	19551	7181
中等职业教育学校在校学生数	人	736	44	390	15100	756
小学在校学生数	人	22966	10800	22308	27005	11387
医疗卫生机构床位数	床	1433	1111	782	3700	878
各种社会福利收养性单位数	个	3	5	3	8	4
各种社会福利收养性单位床位数	床	196	705	38	207	446

2017年县(市)社会经济主要指标

云南省

指　　标	单位	墨江哈尼族自治县	景东彝族自治县	景谷傣族彝族自治县	镇沅彝族哈尼族拉祜族自治县	江城哈尼族彝族自治县
一、基本情况						
行政区域面积	平方公里	5289	4532	7777	4148	3847
乡个数	个	3	3	4	1	2
镇个数	个	12	10	6	8	5
街道办事处个数	个			5		
户籍人口	万人	37	37	32	21	12
第二产业从业人员	人	3585	7610	6607	4800	9513
第三产业从业人员	人	10348	10710	10446	7185	5110
固定电话用户	户	8821	14128	11400	6125	5800
二、综合经济						
地区生产总值	万元	622858	685453	1000196	508947	282937
第一产业增加值	万元	156211	248914	292337	195170	91845
农业增加值	万元	82326	100452	118266	96165	57502
牧业增加值	万元	39920	71824	35271	46130	14812
第二产业增加值	万元	202834	205489	394988	157780	102806
公共财政收入	万元	35896	47316	58438	38566	18056
各项税收	万元	24957	22823	32321	18508	7459
公共财政支出	万元	267352	264791	269760	227191	154599
居民储蓄存款余额	万元	447250	558465	518687	368947	190196
年末金融机构各项贷款余额	万元	530089	496319	505136	382436	241523
三、农业和工业						
农业机械总动力	万千瓦特	28	35	29	32	18
机收面积	公顷	540	2817	5945	1306	366
设施农业占地面积	公顷	39	107	164	42	117
棉花产量	吨	6				
油料产量	吨	2726	2820	3283	2734	516
规模以上工业企业单位数	个	16	11	34	12	14
四、教育、卫生和社会保障						
普通中学在校学生数	人	13718	12129	14201	9590	5640
中等职业教育学校在校学生数	人	1019	3575	432	413	768
小学在校学生数	人	21834	23626	23373	14243	9242
医疗卫生机构床位数	床	1157	1272	927	513	507
各种社会福利收养性单位数	个	2	4	1	8	1
各种社会福利收养性单位床位数	床	300	270	180	360	60

2017年县(市)社会经济主要指标

云南省

指　　标	单位	孟连傣族拉祜族佤族自治县	澜沧拉祜族自治县	西盟佤族自治县	临翔区	凤庆县
一、基本情况						
行政区域面积	平方公里	1893	8807	1354	2557	3324
乡个数	个	2	15	2	7	5
镇个数	个	4	5	5	1	8
街道办事处个数	个				2	
户籍人口	万人	13	49	9	33	44
第二产业从业人员	人	4236	3534	1139	12104	3675
第三产业从业人员	人	5652	12223	3340	28507	11540
固定电话用户	户	3917	11000	2837	25849	14158
二、综合经济						
地区生产总值	万元	287741	724987	135375	1104532	1076174
第一产业增加值	万元	107294	205260	29991	164084	374524
农业增加值	万元	61598	120037	14283	90682	281411
牧业增加值	万元	15405	50552	5830	61735	81653
第二产业增加值	万元	59847	282214	30063	398056	337677
公共财政收入	万元	16722	54716	7777	70812	49200
各项税收	万元	10504	30446	4170	39858	25799
公共财政支出	万元	175639	451018	136245	295399	310811
居民储蓄存款余额	万元	492707	507395	97704	854875	462552
年末金融机构各项贷款余额	万元	328351	610744	144666	1966237	725189
三、农业和工业						
农业机械总动力	万千瓦特	17	37	14	17	27
机收面积	公顷	3000	5254	293	1384	20
设施农业占地面积	公顷	136	27	8	62	197
棉花产量	吨	2	1			
油料产量	吨	363	1813	175	12590	2193
规模以上工业企业单位数	个	6	15	4	34	27
四、教育、卫生和社会保障						
普通中学在校学生数	人	5057	17585	4165	27539	19853
中等职业教育学校在校学生数	人	594	846	521	15746	1741
小学在校学生数	人	12569	31829	6839	27391	30066
医疗卫生机构床位数	床	432	1706	261	3641	1361
各种社会福利收养性单位数	个	2	12	1	6	19
各种社会福利收养性单位床位数	床	88	832	76	306	765

2017年县(市)社会经济主要指标

云南省

指　　标	单位	云　县	永德县	镇康县	双江拉祜族佤族布朗族傣族自治县	耿马傣族佤族自治县
一、基本情况						
行政区域面积	平方公里	3659	3220	2529	2157	3728
乡个数	个	5	7	4	4	5
镇个数	个	7	3	3	2	4
街道办事处个数	个					
户籍人口	万人	44	36	18	18	29
第二产业从业人员	人	10163	3916	2021	2755	7040
第三产业从业人员	人	13654	11553	8162	7727	10253
固定电话用户	户	14057	9802	10024	8352	11889
二、综合经济						
地区生产总值	万元	1060214	618092	438455	424807	899277
第一产业增加值	万元	307246	167023	95189	109152	305427
农业增加值	万元	185205	117940	59080	66726	203007
牧业增加值	万元	112692	41119	24100	29641	54957
第二产业增加值	万元	422838	201494	145533	146998	282026
公共财政收入	万元	46330	31036	29203	30547	37942
各项税收	万元	18148	16018	13021	12212	18077
公共财政支出	万元	297160	225719	187955	199709	264568
居民储蓄存款余额	万元	563803	348077	299494	232832	232832
年末金融机构各项贷款余额	万元	509859	411327	315606	350413	334170
三、农业和工业						
农业机械总动力	万千瓦特	28	37	21	22	36
机收面积	公顷	320	2200	752	1531	5799
设施农业占地面积	公顷	27	107	56	126	196
棉花产量	吨					
油料产量	吨	2222	934	209	1726	1699
规模以上工业企业单位数	个	32	13	20	15	24
四、教育、卫生和社会保障						
普通中学在校学生数	人	19302	17144	9181	7215	12731
中等职业教育学校在校学生数	人	387	832	389	279	296
小学在校学生数	人	33813	27670	17572	12281	26484
医疗卫生机构床位数	床	1959	1358	946	674	1293
各种社会福利收养性单位数	个	8	13	2	8	7
各种社会福利收养性单位床位数	床	600	830	144	370	660

2017年县(市)社会经济主要指标

云南省

指　　标	单位	沧源佤族自治县	楚雄市	双柏县	牟定县	南华县
一、基本情况						
行政区域面积	平方公里	2446	4433	3888	1464	2343
乡个数	个	6	3	3	3	4
镇个数	个	4	12	5	4	6
街道办事处个数	个					
户籍人口	万人	17	53	15	20	24
第二产业从业人员	人	1211	76541	7352	28552	15184
第三产业从业人员	人	8774	193538	12599	37905	20175
固定电话用户	户	6617	55267	4985	6561	5417
二、综合经济						
地区生产总值	万元	419078	3583447	376156	493880	604933
第一产业增加值	万元	99795	264318	108057	122065	146274
农业增加值	万元	62202	125304	50919	72606	74577
牧业增加值	万元	27980	93969	42010	42029	54121
第二产业增加值	万元	143887	1844217	98230	181695	204343
公共财政收入	万元	27746	231877	30098	33678	47768
各项税收	万元	11469	140564	18616	19557	28368
公共财政支出	万元	210659	439299	180971	179149	195675
居民储蓄存款余额	万元	196907	1996614	302417	384120	448885
年末金融机构各项贷款余额	万元	241178	3314132	258741	325458	453362
三、农业和工业						
农业机械总动力	万千瓦特	13	67	39	14	20
机收面积	公顷	2919	7927	2518	7690	10020
设施农业占地面积	公顷	910	298	69	96	45
棉花产量	吨					
油料产量	吨	1199	11124	2557	8787	4934
规模以上工业企业单位数	个	9	88	25	28	26
四、教育、卫生和社会保障						
普通中学在校学生数	人	5822	40258	7415	8002	11924
中等职业教育学校在校学生数	人	1134	22901	611	701	210
小学在校学生数	人	13182	35639	8231	8965	14969
医疗卫生机构床位数	床	837	5955	611	1229	1004
各种社会福利收养性单位数	个	3	19	10	8	13
各种社会福利收养性单位床位数	床	124	959	812	575	524

2017年县(市)社会经济主要指标

云南省

指　　标	单位	姚安县	大姚县	永仁县	元谋县	武定县
一、基本情况						
行政区域面积	平方公里	1803	4146	2189	2026	3322
乡个数	个	3	4	4	7	4
镇个数	个	6	8	3	3	7
街道办事处个数	个					
户籍人口	万人	21	28	11	22	28
第二产业从业人员	人	26777	29367	8827	14647	28194
第三产业从业人员	人	31989	51298	21457	37070	41375
固定电话用户	户	4720	7284	5117	6872	6365
二、综合经济						
地区生产总值	万元	460120	727551	365175	602343	708788
第一产业增加值	万元	148604	191857	88625	161805	175790
农业增加值	万元	89859	70029	45143	116058	76476
牧业增加值	万元	44814	58379	37143	41093	92910
第二产业增加值	万元	94069	260609	104707	169170	217813
公共财政收入	万元	28821	49766	30743	31676	58106
各项税收	万元	18778	30708	18835	21441	33965
公共财政支出	万元	172727	231722	139460	180579	236617
居民储蓄存款余额	万元	401162	499579	239678	508895	510294
年末金融机构各项贷款余额	万元	273091	550069	255012	413065	557298
三、农业和工业						
农业机械总动力	万千瓦特	19	28	18	31	33
机收面积	公顷	5017	8875	4200	2588	11474
设施农业占地面积	公顷	187	34	150	773	168
棉花产量	吨					
油料产量	吨	7034	3290	2892	2098	4682
规模以上工业企业单位数	个	20	34	22	29	23
四、教育、卫生和社会保障						
普通中学在校学生数	人	7724	13974	4457	9409	13555
中等职业教育学校在校学生数	人	162	922	321	330	515
小学在校学生数	人	8842	15140	6186	13831	18414
医疗卫生机构床位数	床	1058	1269	579	1104	1395
各种社会福利收养性单位数	个	7	18	8	14	12
各种社会福利收养性单位床位数	床	665	1519	416	1290	1410

2017年县(市)社会经济主要指标

云南省

指　　标	单位	禄丰县	个旧市	开远市	蒙自市	弥勒市
一、基本情况						
行政区域面积	平方公里	3536	1587	1957	2228	4004
乡个数	个	3	2	3	4	2
镇个数	个	11	7	2	7	10
街道办事处个数	个		1	2		
户籍人口	万人	42	38	29	41	54
第二产业从业人员	人	60745	67853	41000	32939	10616
第三产业从业人员	人	62457	67149	90400	142371	20688
固定电话用户	户	11097	63800	75800	55090	15131
二、综合经济						
地区生产总值	万元	1418904	2434760	1858874	1909571	2876517
第一产业增加值	万元	302758	143093	185846	241901	294893
农业增加值	万元	164264	55067	93089	136065	133579
牧业增加值	万元	126559	74519	83080	94305	150887
第二产业增加值	万元	475827	1299046	679258	1000633	1799398
公共财政收入	万元	96096	120516	178875	187066	172183
各项税收	万元	60288	133550	54648	75951	94600
公共财政支出	万元	272341	374716	295381	349835	392146
居民储蓄存款余额	万元	1000342	1720250	1158613	1635082	1238962
年末金融机构各项贷款余额	万元	937436	2225185	1340383	3417928	1608997
三、农业和工业						
农业机械总动力	万千瓦特	42	30	40	45	54
机收面积	公顷	12843		978	1326	8162
设施农业占地面积	公顷	1240	191	1282	2111	1831
棉花产量	吨					
油料产量	吨	15783	1459	1450	2134	1522
规模以上工业企业单位数	个	39	47	60	33	44
四、教育、卫生和社会保障						
普通中学在校学生数	人	22637	19573	16688	22456	30362
中等职业教育学校在校学生数	人	2235	1347	640	5989	8034
小学在校学生数	人	25909	32850	24972	40909	41688
医疗卫生机构床位数	床	1838	3625	4872	2599	3414
各种社会福利收养性单位数	个	16	9	7	1	6
各种社会福利收养性单位床位数	床	1034	940	612	254	422

2017年县(市)社会经济主要指标

云南省

指　　标	单位	屏边苗族自治县	建水县	石屏县	泸西县	元阳县
一、基本情况						
行政区域面积	平方公里	1844	3782	3042	1674	2212
乡个数	个	3	6	2	3	11
镇个数	个	4	8	7	5	3
街道办事处个数	个					
户籍人口	万人	16	54	32	44	46
第二产业从业人员	人	3200	22492	22324	24601	34941
第三产业从业人员	人	13100	81080	41759	39331	82295
固定电话用户	户	4168	24683	8961	10932	4165
二、综合经济						
地区生产总值	万元	323054	1521322	689323	924164	497360
第一产业增加值	万元	69774	305605	243510	199370	137525
农业增加值	万元	24241	127558	94850	85155	57244
牧业增加值	万元	29287	165886	116360	105480	66133
第二产业增加值	万元	128501	622853	204205	343356	155585
公共财政收入	万元	15711	128260	51148	94536	28016
各项税收	万元	8684	81994	26895	48195	8926
公共财政支出	万元	146594	349848	258806	309957	255959
居民储蓄存款余额	万元	230142	1576205	861767	916985	363205
年末金融机构各项贷款余额	万元	207072	1144139	457023	831435	378557
三、农业和工业						
农业机械总动力	万千瓦特	5	51	32	52	8
机收面积	公顷		993	2031	12085	
设施农业占地面积	公顷		222	1080	818	
棉花产量	吨					
油料产量	吨	1004	1498	2125	13463	1582
规模以上工业企业单位数	个	15	23	27	41	10
四、教育、卫生和社会保障						
普通中学在校学生数	人	5664	39113	15806	26057	20402
中等职业教育学校在校学生数	人		400	869		366
小学在校学生数	人	11002	41146	24225	36479	41494
医疗卫生机构床位数	床	621	3423	1548	2611	896
各种社会福利收养性单位数	个	8	5	28	9	5
各种社会福利收养性单位床位数	床	167	462	346	645	576

2017年县(市)社会经济主要指标

云南省

指　　标	单位	红河县	金平苗族瑶族傣族自治县	绿春县	河口瑶族自治县	文山市
一、基本情况						
行政区域面积	平方公里	2029	3677	3097	1332	2959
乡个数	个	8	9	5	4	7
镇个数	个	5	4	4	2	7
街道办事处个数	个					3
户籍人口	万人	35	39	25	9	50
第二产业从业人员	人	5977	20300	5906	1547	7128
第三产业从业人员	人	24852	52900	17777	20758	51202
固定电话用户	户	2795	2800	8000	8759	51759
二、综合经济						
地区生产总值	万元	394125	532490	335256	514231	2253743
第一产业增加值	万元	121886	119215	86041	101646	183401
农业增加值	万元	51699	52313	32583	71961	127956
牧业增加值	万元	56935	43107	33978	18577	49017
第二产业增加值	万元	126656	263517	144321	116844	992850
公共财政收入	万元	25630	38008	21508	43894	200700
各项税收	万元	25630	10901	5133	11853	145896
公共财政支出	万元	213606	266511	207712	163882	540370
居民储蓄存款余额	万元	287885	378023	185153	380074	1928578
年末金融机构各项贷款余额	万元	194826	235030	192519	318778	3215079
三、农业和工业						
农业机械总动力	万千瓦特	7	16	6	4	29
机收面积	公顷					
设施农业占地面积	公顷	72	5		411	916
棉花产量	吨					
油料产量	吨	1861	1482	1703	310	11215
规模以上工业企业单位数	个	10	17	8	6	32
四、教育、卫生和社会保障						
普通中学在校学生数	人	16936	19205	10981	3829	35075
中等职业教育学校在校学生数	人	182	76	261	118	21271
小学在校学生数	人	36287	35766	20680	7738	51016
医疗卫生机构床位数	床	787	1656	1094	713	1845
各种社会福利收养性单位数	个	7	3	1	1	3
各种社会福利收养性单位床位数	床	835	360	60	314	750

2017年县(市)社会经济主要指标

云南省

指　　标	单位	砚山县	西畴县	麻栗坡县	马关县	丘北县
一、基本情况						
行政区域面积	平方公里	3822	1506	2334	2676	4997
乡个数	个	7	7	7	4	9
镇个数	个	4	2	4	9	3
街道办事处个数	个					
户籍人口	万人	53	26	30	39	56
第二产业从业人员	人	7547	7202	4750	4304	6523
第三产业从业人员	人	54022	46535	49666	42481	62403
固定电话用户	户	10029	8050	13384	6666	12483
二、综合经济						
地区生产总值	万元	1212455	362942	554698	811404	756667
第一产业增加值	万元	254148	100265	115715	186453	226766
农业增加值	万元	175081	56716	67410	120386	92288
牧业增加值	万元	72663	33117	39651	51601	117298
第二产业增加值	万元	384917	83919	196993	295293	190706
公共财政收入	万元	75166	20018	30777	60518	44100
各项税收	万元	52821	16525	22670	51844	34373
公共财政支出	万元	354304	255371	264769	321883	363081
居民储蓄存款余额	万元	696250	336282	433364	614933	512093
年末金融机构各项贷款余额	万元	678314	398793	410027	698082	573948
三、农业和工业						
农业机械总动力	万千瓦特	67	15	18	25	31
机收面积	公顷	16596		407	80	6943
设施农业占地面积	公顷	432	881	1	203	195
棉花产量	吨					
油料产量	吨	7694	1851	2589	6668	5397
规模以上工业企业单位数	个	51	4	10	20	24
四、教育、卫生和社会保障						
普通中学在校学生数	人	28144	11850	14135	17544	28469
中等职业教育学校在校学生数	人	1510	1007	1544	820	2558
小学在校学生数	人	49047	17307	20556	28023	50226
医疗卫生机构床位数	床	2137	873	955	1285	1755
各种社会福利收养性单位数	个	2	6	6	4	4
各种社会福利收养性单位床位数	床	179	616	354	200	85

2017年县(市)社会经济主要指标

云南省

指　　标	单位	广南县	富宁县	景洪市	勐海县	勐腊县
一、基本情况						
行政区域面积	平方公里	7810	5352	6959	5368	6861
乡个数	个	11	7	5	5	2
镇个数	个	7	6	5	6	8
街道办事处个数	个			1		
户籍人口	万人	91	46	43	33	25
第二产业从业人员	人	20152	11477	20046	10340	5146
第三产业从业人员	人	161867	73037	127828	28840	44664
固定电话用户	户	8981	8100	57670	29722	33800
二、综合经济						
地区生产总值	万元	1055319	834314	2082806	1006155	884043
第一产业增加值	万元	327113	217497	364106	267441	332376
农业增加值	万元	189042	127752	131479	197141	186541
牧业增加值	万元	114659	38191	25361	44000	26320
第二产业增加值	万元	296188	263332	596340	330078	139782
公共财政收入	万元	43200	30028	110294	49523	38631
各项税收	万元	35859	23786	76329	25535	24718
公共财政支出	万元	485404	340647	382265	299265	280813
居民储蓄存款余额	万元	893602	538305	2200500	632819	878171
年末金融机构各项贷款余额	万元	865428	633315	2335100	604472	789093
三、农业和工业						
农业机械总动力	万千瓦特	51	17	39	46	29
机收面积	公顷	1330	59	6150	23345	5473
设施农业占地面积	公顷	28	67	869	1879	250
棉花产量	吨					
油料产量	吨	21955	4562	305	579	350
规模以上工业企业单位数	个	18	19	45	26	13
四、教育、卫生和社会保障						
普通中学在校学生数	人	49049	28163	19401	10495	13254
中等职业教育学校在校学生数	人	1697	1329	3120	740	1368
小学在校学生数	人	97745	43516	40313	25532	26359
医疗卫生机构床位数	床	2827	2305	4596	1729	1330
各种社会福利收养性单位数	个	1	12	9	5	3
各种社会福利收养性单位床位数	床	206	441	620	328	284

2017年县(市)社会经济主要指标

云南省

指　标	单位	大理市	漾濞彝族自治县	祥云县	宾川县	弥渡县
一、基本情况						
行政区域面积	平方公里	1815	1860	2425	2627	1523
乡个数	个	1	5	2	2	2
镇个数	个	10	4	8	8	6
街道办事处个数	个	2				7
户籍人口	万人	63	11	48	37	33
第二产业从业人员	人	107423	3608	77235	14439	19994
第三产业从业人员	人	107820	6428	129080	32923	33277
固定电话用户	户	93640	3905	27905	9755	6655
二、综合经济						
地区生产总值	万元	3726943	238787	1386382	1011183	553359
第一产业增加值	万元	188375	72228	344849	423727	166169
农业增加值	万元	112503	58875	142512	348273	84940
牧业增加值	万元	65880	12943	175810	56014	64096
第二产业增加值	万元	1695074	84761	503138	194659	146435
公共财政收入	万元	316706	14814	88189	42496	37216
各项税收	万元	246146	8891	63330	30765	24753
公共财政支出	万元	515525	138484	329530	242381	228923
居民储蓄存款余额	万元	3487343	191850	982860	678433	565398
年末金融机构各项贷款余额	万元	6277492	197903	1149503	931279	469990
三、农业和工业						
农业机械总动力	万千瓦特	49	10	42	53	22
机收面积	公顷	8749	2500	6900	3213	8933
设施农业占地面积	公顷	29		353	733	159
棉花产量	吨					
油料产量	吨	1404	987	4237	5335	3966
规模以上工业企业单位数	个	75	19	39	28	21
四、教育、卫生和社会保障						
普通中学在校学生数	人	38446	3506	28882	17099	14296
中等职业教育学校在校学生数	人	15166	260	2925	1876	1392
小学在校学生数	人	42661	7705	28414	24456	17738
医疗卫生机构床位数	床	7696	406	2308	1707	1329
各种社会福利收养性单位数	个	7	3	7	4	6
各种社会福利收养性单位床位数	床	674	240	768	168	518

2017年县(市)社会经济主要指标

云南省

指　　标	单位	南涧彝族自治县	巍山彝族回族自治县	永平县	云龙县	洱源县
一、基本情况						
行政区域面积	平方公里	1732	2200	2884	4279	2614
乡个数	个	3	6	4	7	3
镇个数	个	5	4	3	4	6
街道办事处个数	个					
户籍人口	万人	23	32	19	21	30
第二产业从业人员	人	13997	41675	8746	10908	22944
第三产业从业人员	人	11370	29483	11165	10201	23473
固定电话用户	户	11000	6743	9922	6000	9053
二、综合经济						
地区生产总值	万元	524736	575288	414558	526909	635190
第一产业增加值	万元	133048	180525	142266	83226	193499
农业增加值	万元	90076	104045	112233	44653	126470
牧业增加值	万元	41604	58170	28295	33596	63899
第二产业增加值	万元	167434	179118	120675	255722	223603
公共财政收入	万元	30017	34207	22586	33909	34206
各项税收	万元	17760	39479	28222	45696	23266
公共财政支出	万元	203629	215038	173289	209199	245119
居民储蓄存款余额	万元	305536	444863	292558	306554	520980
年末金融机构各项贷款余额	万元	508705	434376	269176	350128	703144
三、农业和工业						
农业机械总动力	万千瓦特	11	22	12	15	24
机收面积	公顷	3627	8046	5322	1385	8447
设施农业占地面积	公顷	85	119	39	13	96
棉花产量	吨					
油料产量	吨	1402	4946	14344	518	3019
规模以上工业企业单位数	个	17	21	11	9	16
四、教育、卫生和社会保障						
普通中学在校学生数	人	13069	16620	6909	10141	15029
中等职业教育学校在校学生数	人	734	1121	467	1552	2609
小学在校学生数	人	15575	19124	12415	15257	19657
医疗卫生机构床位数	床	1105	1246	894	552	961
各种社会福利收养性单位数	个	8	5	1	6	3
各种社会福利收养性单位床位数	床	565	572	192	175	473

2017年县(市)社会经济主要指标

云南省

指　标	单位	剑川县	鹤庆县	瑞丽市	芒　市	梁河县
一、基本情况						
行政区域面积	平方公里	2250	2395	945	2901	1137
乡个数	个	3	2	3	6	6
镇个数	个	5	7	3	5	3
街道办事处个数	个				1	
户籍人口	万人	18	28	14	40	17
第二产业从业人员	人	18677	22051	13556	41246	6382
第三产业从业人员	人	14296	26872	87514	92302	13438
固定电话用户	户	5937	8076	26050	36171	5208
二、综合经济						
地区生产总值	万元	307860	630134	1035696	1041731	214605
第一产业增加值	万元	62380	121431	102381	231616	68990
农业增加值	万元	23661	44572	45150	143424	35028
牧业增加值	万元	33425	67991	43527	49204	16202
第二产业增加值	万元	136743	356191	227774	216445	37972
公共财政收入	万元	27277	55589	77233	60002	27136
各项税收	万元	16304	35833	48256	37149	8325
公共财政支出	万元	187265	229308	264424	284333	142130
居民储蓄存款余额	万元	52718	631441	1468592	1129003	323370
年末金融机构各项贷款余额	万元	253293	512712	1541262	1492830	184535
三、农业和工业						
农业机械总动力	万千瓦特	17	30	18	48	16
机收面积	公顷	6160	9733	6752	14446	3388
设施农业占地面积	公顷	23	4	67	299	54
棉花产量	吨					
油料产量	吨	11741	776	439	1654	994
规模以上工业企业单位数	个	13	25	25	31	5
四、教育、卫生和社会保障						
普通中学在校学生数	人	6708	14855	10438	16166	8007
中等职业教育学校在校学生数	人	930	1875	921	9358	332
小学在校学生数	人	12135	18373	18025	36023	10989
医疗卫生机构床位数	床	794	1353	1217	4131	661
各种社会福利收养性单位数	个	1	4	1	4	1
各种社会福利收养性单位床位数	床	128	370	250	550	122

2017年县(市)社会经济主要指标

云南省

指　　标	单位	盈江县	陇川县	泸水市	福贡县	贡山独龙族怒族自治县
一、基本情况						
行政区域面积	平方公里	4316	1873	2938	2745	4379
乡个数	个	7	5	3	6	3
镇个数	个	8	4	6	1	2
街道办事处个数	个					
户籍人口	万人	31	19	18	12	4
第二产业从业人员	人	30897	15858	16860	1955	1836
第三产业从业人员	人	66490	37714	15144	15948	6492
固定电话用户	户	11004	8890	28861	1561	2524
二、综合经济						
地区生产总值	万元	843921	437779	518647	150154	126352
第一产业增加值	万元	251419	161606	71896	31526	25214
农业增加值	万元	178270	105289	27799	12333	9925
牧业增加值	万元	44311	30846	31899	14309	7792
第二产业增加值	万元	312915	94093	174094	23460	27962
公共财政收入	万元	105870	50246	53236	7527	7525
各项税收	万元	30259	16317	19285	3810	3751
公共财政支出	万元	294009	190202	235727	152495	119576
居民储蓄存款余额	万元	534420	366266	380715	110965	79453
年末金融机构各项贷款余额	万元	703653	439995	580042	115326	87667
三、农业和工业						
农业机械总动力	万千瓦特	34	36	9	4	4
机收面积	公顷	15873	13202			
设施农业占地面积	公顷	133	98	37		8
棉花产量	吨					
油料产量	吨	1604	3216	286	458	125
规模以上工业企业单位数	个	37	12	12	2	3
四、教育、卫生和社会保障						
普通中学在校学生数	人	17046	9869	11146	4556	1313
中等职业教育学校在校学生数	人	1802	800	1423		
小学在校学生数	人	29329	17249	17048	9843	2780
医疗卫生机构床位数	床	1351	1156	1270	320	180
各种社会福利收养性单位数	个	4	5	3	2	2
各种社会福利收养性单位床位数	床	670	300	264	96	182

2017年县(市)社会经济主要指标

云南省、西藏自治区

指　　标	单位	兰坪白族普米族自治县	香格里拉市	德钦县	维西傈僳族自治县	堆龙德庆区
一、基本情况						
行政区域面积	平方公里	4372	11419	7291	4477	2413
乡个数	个	4	7	6	7	4
镇个数	个	4	4	2	3	2
街道办事处个数	个					
户籍人口	万人	22	15	6	16	5
第二产业从业人员	人	13616	15689	1598	5012	5498
第三产业从业人员	人	19550	23693	6568	6208	24056
固定电话用户	户	6200	26310	5116	4320	7921
二、综合经济						
地区生产总值	万元	592325	1205756	310867	469076	298483
第一产业增加值	万元	78748	44481	16797	57972	18200
农业增加值	万元	41341	23078	8152	24075	8665
牧业增加值	万元	26121	14419	5001	15345	8883
第二产业增加值	万元	224596	452819	129052	177980	248200
公共财政收入	万元	40018	48616	20311	20790	
各项税收	万元	34162	34653	9216	7478	
公共财政支出	万元	254696	423678	256413	286896	203024
居民储蓄存款余额	万元	351787	733445	123764	272635	189972
年末金融机构各项贷款余额	万元	482952	1736372	183910	366893	122473
三、农业和工业						
农业机械总动力	万千瓦特	11	31	5	20	22
机收面积	公顷		4072	130	2555	4000
设施农业占地面积	公顷	73	22	19	62	106
棉花产量	吨					
油料产量	吨	599	2585		1709	1441
规模以上工业企业单位数	个	2	17	1	4	11
四、教育、卫生和社会保障						
普通中学在校学生数	人	13174	5042	1437	5524	1660
中等职业教育学校在校学生数	人	327				
小学在校学生数	人	17924	11714	3488	11424	4349
医疗卫生机构床位数	床	930	246	219	242	66
各种社会福利收养性单位数	个	3	3	2	1	1
各种社会福利收养性单位床位数	床	252	420	20	62	203

2017年县(市)社会经济主要指标

西藏自治区

指　　标	单位	林周县	当雄县	尼木县	曲水县	达孜县
一、基本情况						
行政区域面积	平方公里	4464	10229	3297	1611	1373
乡个数	个	9	6	7	5	5
镇个数	个	1	2	1	1	1
街道办事处个数	个					
户籍人口	万人	6	5	3	4	3
第二产业从业人员	人	605	1563	2921	2820	3042
第三产业从业人员	人	1964	6605	5084	6040	6608
固定电话用户	户	304	800	325	1495	1690
二、综合经济						
地区生产总值	万元	180100	179700	75016	143000	161900
第一产业增加值	万元	30000	32100	12116	18000	17400
农业增加值	万元	11020	2135	4516	11547	10137
牧业增加值	万元	18921	29965	7561	5934	6994
第二产业增加值	万元	44500	97200	30500	105500	91500
公共财政收入	万元	10408	29900	14251	32622	67826
各项税收	万元	2764	15689	13420	31141	65904
公共财政支出	万元	114189	121700	90242	119094	165778
居民储蓄存款余额	万元	36688	28901	26692	54196	176165
年末金融机构各项贷款余额	万元	92987	166639	46198	68555	81248
三、农业和工业						
农业机械总动力	万千瓦特	18		8	15	37
机收面积	公顷	8203		918	3611	4141
设施农业占地面积	公顷	85			210	429
棉花产量	吨					
油料产量	吨	1817		726	1373	490
规模以上工业企业单位数	个	1	9		8	10
四、教育、卫生和社会保障						
普通中学在校学生数	人	2092	2017	1085	823	1030
中等职业教育学校在校学生数	人					
小学在校学生数	人	4177	5766	2995	2574	2202
医疗卫生机构床位数	床	75	73	70	42	72
各种社会福利收养性单位数	个	1	1	1	1	1
各种社会福利收养性单位床位数	床	248	119	99	30	120

2017年县(市)社会经济主要指标

西藏自治区

指　　标	单位	墨竹工卡县	桑珠孜区	南木林县	江孜县	定日县
一、基本情况						
行政区域面积	平方公里	5494	3738	8848	3849	13835
乡个数	个	8	10	16	18	11
镇个数	个	1		1	1	2
街道办事处个数	个		2			
户籍人口	万人	5	12	9	7	6
第二产业从业人员	人	3079	6673	4737	6450	2209
第三产业从业人员	人	9672	4336	8219	2442	9019
固定电话用户	户	2829	19236	1600	1200	800
二、综合经济						
地区生产总值	万元	306400	731016	106024	202463	97992
第一产业增加值	万元	30500	50542	36906	36474	19981
农业增加值	万元	10200	44737	22702	22301	11703
牧业增加值	万元	19700	5061	13362	13608	8166
第二产业增加值	万元	244900	297004	30603	38117	46090
公共财政收入	万元	38200	24737	3902	5007	9216
各项税收	万元	47000	18240	1892		2297
公共财政支出	万元	120814	186840	129127	118280	164546
居民储蓄存款余额	万元	147800	206365	28845	64140	19635
年末金融机构各项贷款余额	万元	380882	73800	79230	61060	51188
三、农业和工业						
农业机械总动力	万千瓦特	24	47	25	41	26
机收面积	公顷	4947	15713	2023	5800	4667
设施农业占地面积	公顷	16	240		48	1
棉花产量	吨					
油料产量	吨	1601	4571	2618	5953	1609
规模以上工业企业单位数	个	5	3			1
四、教育、卫生和社会保障						
普通中学在校学生数	人	1765	3913	3144	4395	2618
中等职业教育学校在校学生数	人					
小学在校学生数	人	4778	9272	8135	6062	6042
医疗卫生机构床位数	床		163	243	231	230
各种社会福利收养性单位数	个	1	1	1	1	1
各种社会福利收养性单位床位数	床	312	131	108	78	280

2017年县(市)社会经济主要指标

西藏自治区

指　　标	单位	萨迦县	拉孜县	昂仁县	谢通门县	白朗县
一、基本情况						
行政区域面积	平方公里	5749	4488	39600	14043	2806
乡个数	个	9	9	15	18	9
镇个数	个	2	2	2	1	2
街道办事处个数	个					
户籍人口	万人	5	6	6	5	5
第二产业从业人员	人	3229	2989	1517	2784	6016
第三产业从业人员	人	6190	12098	2984	3581	3963
固定电话用户	户	4338	1017	4878	1867	1300
二、综合经济						
地区生产总值	万元	109859	100157	86627	118281	98559
第一产业增加值	万元	21569	27909	20454	19244	26583
农业增加值	万元	14519	20196	7778	11797	20876
牧业增加值	万元	6512	7315	12671	7390	5444
第二产业增加值	万元	57804	27333	30769	56977	34985
公共财政收入	万元	8535	4877	4470	10273	2910
各项税收	万元	6661	2055	1672	16568	1500
公共财政支出	万元	109421	103033	99575	95040	78365
居民储蓄存款余额	万元	19154	31446	17750	22518	24217
年末金融机构各项贷款余额	万元	5465	105282	80493	57612	60703
三、农业和工业						
农业机械总动力	万千瓦特	31	16	16	35	22
机收面积	公顷	4822	5566	2067	2172	8408
设施农业占地面积	公顷	4	32	2		209
棉花产量	吨					
油料产量	吨	2906	4624	972	1130	2350
规模以上工业企业单位数	个			1	2	2
四、教育、卫生和社会保障						
普通中学在校学生数	人	1883	3944	2341	1911	1691
中等职业教育学校在校学生数	人					
小学在校学生数	人	4442	5447	5467	4246	4279
医疗卫生机构床位数	床	102	104	247	142	99
各种社会福利收养性单位数	个	2	1	1	1	1
各种社会福利收养性单位床位数	床	128	65	159	215	50

2017年县(市)社会经济主要指标

西藏自治区

指　　标	单位	仁布县	康马县	定结县	仲巴县	亚东县
一、基本情况						
行政区域面积	平方公里	2124	7453	5835	46143	4241
乡个数	个	8	8	7	12	5
镇个数	个	1	1	3	1	2
街道办事处个数	个					
户籍人口	万人	3	2	2	3	1
第二产业从业人员	人	6998	2940	1524	462	637
第三产业从业人员	人	2000	1143	920	1510	1694
固定电话用户	户	1821	6050	1995	2160	3102
二、综合经济						
地区生产总值	万元	58241	50643	41685	71414	67035
第一产业增加值	万元	11707	10335	8369	21553	8921
农业增加值	万元	6277	5119	4812	14	3343
牧业增加值	万元	5350	5141	3518	21539	4509
第二产业增加值	万元	25324	18277	14000	19779	23099
公共财政收入	万元	4357	2246	2100	4738	8723
各项税收	万元	2700	2201	1386	2889	6430
公共财政支出	万元	61380	115200	91355	123948	82432
居民储蓄存款余额	万元	26229	20588	14175	14910	40319
年末金融机构各项贷款余额	万元	37348	34805	35610	30280	30849
三、农业和工业						
农业机械总动力	万千瓦特	17	45	10	17	7
机收面积	公顷	1000	1959			
设施农业占地面积	公顷			4	1	9
棉花产量	吨					
油料产量	吨	1348	1050	671		49
规模以上工业企业单位数	个	1				
四、教育、卫生和社会保障						
普通中学在校学生数	人	1283	868	769	1104	360
中等职业教育学校在校学生数	人					
小学在校学生数	人	3095	2033	1888	2364	1048
医疗卫生机构床位数	床	86	79	60	159	60
各种社会福利收养性单位数	个	1	1	2	1	2
各种社会福利收养性单位床位数	床	55	48	77	116	50

2017年县(市)社会经济主要指标

西藏自治区

指　　标	单位	吉隆县	聂拉木县	萨嘎县	岗巴县	卡若区
一、基本情况						
行政区域面积	平方公里	9300	7864	12400	3939	10794
乡个数	个	4	5	7	4	12
镇个数	个	2	2	1	1	3
街道办事处个数	个					9
户籍人口	万人	2	2	2	1	12
第二产业从业人员	人	244	999	2290	633	3450
第三产业从业人员	人	668	1106	2454	273	2560
固定电话用户	户	679	288	1930	750	3380
二、综合经济						
地区生产总值	万元	68018	71044	41822	42094	523895
第一产业增加值	万元	8817	10186	7902	4955	33816
农业增加值	万元	3847	3736	1198	1154	12850
牧业增加值	万元	4942	266424	6704	3801	17584
第二产业增加值	万元	35547	21360	14520	7097	214650
公共财政收入	万元	3242	3603	2060		17409
各项税收	万元	1597	2356	793	897	11987
公共财政支出	万元	73137	106542	86227	70853	179363
居民储蓄存款余额	万元	23173	12030	16953	10838	111789
年末金融机构各项贷款余额	万元	25766	20269	34611	18826	54772
三、农业和工业						
农业机械总动力	万千瓦特	4	12	4	3	4
机收面积	公顷	71	338		304	1424
设施农业占地面积	公顷	5	8		1	8
棉花产量	吨					
油料产量	吨	849	500	51	305	316
规模以上工业企业单位数	个		1			3
四、教育、卫生和社会保障						
普通中学在校学生数	人	729	805	682	506	
中等职业教育学校在校学生数	人					
小学在校学生数	人	1545	1669	1686	960	11200
医疗卫生机构床位数	床	67	53	84	41	120
各种社会福利收养性单位数	个	1	1	3	2	5
各种社会福利收养性单位床位数	床	75	32	162	27	326

2017年县(市)社会经济主要指标

西藏自治区

指　　标	单位	江达县	贡觉县	类乌齐县	丁青县	察雅县
一、基本情况						
行政区域面积	平方公里	13159	6323	6358	12369	8251
乡个数	个	11	11	8	11	10
镇个数	个	2	1	2	2	3
街道办事处个数	个	1				
户籍人口	万人	9	6	6	10	6
第二产业从业人员	人	40	6822	1027	645	2726
第三产业从业人员	人	90	1230	3424	1505	7167
固定电话用户	户	4256	960	2000	2183	5032
二、综合经济						
地区生产总值	万元	229842	70951	94800	131469	114209
第一产业增加值	万元	89753	11301	20900	51576	18711
农业增加值	万元	56875	4230	9194	27855	8650
牧业增加值	万元	13001	7000	10448	23665	5789
第二产业增加值	万元	87562	18650	30700	31521	63348
公共财政收入	万元	11603	3980	6066	7669	5216
各项税收	万元	12304	2820	3352	2816	2609
公共财政支出	万元	65926	88500	63143	147300	115124
居民储蓄存款余额	万元		14297	48651	17963	38664
年末金融机构各项贷款余额	万元	150981	59042	37972	102438	46524
三、农业和工业						
农业机械总动力	万千瓦特	4	3	15	39	6
机收面积	公顷		1	1134	2131	
设施农业占地面积	公顷	39			11	60
棉花产量	吨					
油料产量	吨	426	322		1165	341
规模以上工业企业单位数	个	1				
四、教育、卫生和社会保障						
普通中学在校学生数	人	1580	899	2052	3082	1199
中等职业教育学校在校学生数	人					
小学在校学生数	人	7868	3950	5837	8764	5336
医疗卫生机构床位数	床	192	155	189	316	94
各种社会福利收养性单位数	个	1	1	3	1	2
各种社会福利收养性单位床位数	床	210	250	236	361	177

2017年县(市)社会经济主要指标

西藏自治区

指　　标	单位	八宿县	左贡县	芒康县	洛隆县	边坝县
一、基本情况						
行政区域面积	平方公里	8281	11840	11649	8060	8776
乡个数	个	10	7	14	7	9
镇个数	个	4	3	2	4	2
街道办事处个数	个					
户籍人口	万人	5	6	9	5	4
第二产业从业人员	人	4849	765	7394	696	1840
第三产业从业人员	人	6110	2100	5360	1241	3733
固定电话用户	户	1732	1200	6750	1984	2015
二、综合经济						
地区生产总值	万元	76826	102926	176996	99648	69139
第一产业增加值	万元	15530	21091	27498	22128	16347
农业增加值	万元	8900	8805	8490	9183	5700
牧业增加值	万元	6476	11193	16520	10731	10463
第二产业增加值	万元	23746	32744	79140	47860	26762
公共财政收入	万元	4953	4146	10013	11584	3354
各项税收	万元	6424	1996	5642	4200	2394
公共财政支出	万元	97143	92986	126839	107659	91084
居民储蓄存款余额	万元	30769	25614	31380	32160	15610
年末金融机构各项贷款余额	万元	44722	56477	937000	42020	42116
三、农业和工业						
农业机械总动力	万千瓦特	10	7	9	12	6
机收面积	公顷	1165	183	1073	2462	1312
设施农业占地面积	公顷	14	77	48	92	72
棉花产量	吨					
油料产量	吨	276	307	364	1060	713
规模以上工业企业单位数	个	1				
四、教育、卫生和社会保障						
普通中学在校学生数	人	1406	1198	3230	1854	1360
中等职业教育学校在校学生数	人				1888	
小学在校学生数	人	3977	4766	7568	5255	3892
医疗卫生机构床位数	床	101	120	181	210	181
各种社会福利收养性单位数	个	3	2	7	2	2
各种社会福利收养性单位床位数	床	115	224	65	140	236

2017年县(市)社会经济主要指标

西藏自治区

指　　标	单位	巴宜区	工布江达县	米林县	墨脱县	波密县
一、基本情况						
行政区域面积	平方公里	10238	12960	9495	31395	16748
乡个数	个	3	6	5	7	7
镇个数	个	4	3	3	1	3
街道办事处个数	个	1	1			
户籍人口	万人	5	3	2	1	3
第二产业从业人员	人	15986	700	134	64	4046
第三产业从业人员	人	32849	2635	1247	230	4966
固定电话用户	户	31661	2856	2488	3541	4417
二、综合经济						
地区生产总值	万元	652800	137600	148900	52376	195300
第一产业增加值	万元	16191	20140	12959	3676	23694
农业增加值	万元	7088	8606	6921	2213	14305
牧业增加值	万元	8854	11329	6014	1416	9268
第二产业增加值	万元	251700	45700	57800	28100	62700
公共财政收入	万元	24988	13300	12302	4561	6200
各项税收	万元	17850	11461	6853	1387	3411
公共财政支出	万元	94623	77310	87993	65687	82582
居民储蓄存款余额	万元	458700	53680	38006	26163	45003
年末金融机构各项贷款余额	万元	2421400	55700	1102574	23100	152044
三、农业和工业						
农业机械总动力	万千瓦特	16	29	16		18
机收面积	公顷	2025	1387	2473		3238
设施农业占地面积	公顷	365	12	17	10	47
棉花产量	吨					
油料产量	吨	771	627	341	48	1290
规模以上工业企业单位数	个	1				
四、教育、卫生和社会保障						
普通中学在校学生数	人	6546	1129	743	568	1447
中等职业教育学校在校学生数	人	1363				
小学在校学生数	人	5647	2977	2303	1161	3048
医疗卫生机构床位数	床	789	101	123	123	142
各种社会福利收养性单位数	个	1	1	1	1	1
各种社会福利收养性单位床位数	床	139	134	167	87	176

2017年县(市)社会经济主要指标

西藏自治区

指　　标	单位	察隅县	朗　县	乃东区	扎囊县	贡嘎县
一、基本情况						
行政区域面积	平方公里	31408	4106	2209	2142	2386
乡个数	个	3	3	5	3	4
镇个数	个	3	3	2	2	5
街道办事处个数	个					
户籍人口	万人	3	2	6	4	5
第二产业从业人员	人	1439	295	7131	8898	8236
第三产业从业人员	人	1343	1011	5076	3050	3772
固定电话用户	户	1138	1380		287	225
二、综合经济						
地区生产总值	万元	80491	65000	493694	119432	143118
第一产业增加值	万元	14491	10286	11118	6765	7547
农业增加值	万元	8607	4082	4655	3421	3385
牧业增加值	万元	5615	6156	5900	3114	4037
第二产业增加值	万元	33800	20400	115378	80722	74411
公共财政收入	万元	4826	6376	12500		6358
各项税收	万元	5368	4431	17000	4220	3611
公共财政支出	万元	83175	67011	84095	84766	93118
居民储蓄存款余额	万元	45297	31942	140823	55786	91282
年末金融机构各项贷款余额	万元	61549	109224	3934	195895	252551
三、农业和工业						
农业机械总动力	万千瓦特	8	4	17	20	14
机收面积	公顷		65	2932	1131	2928
设施农业占地面积	公顷	40	21	24	13	2
棉花产量	吨					
油料产量	吨	169	353	1103	1820	1409
规模以上工业企业单位数	个					
四、教育、卫生和社会保障						
普通中学在校学生数	人	1274	474	11390	1318	1728
中等职业教育学校在校学生数	人				8	
小学在校学生数	人	2289	1773		2432	3488
医疗卫生机构床位数	床	89	125	12	65	56
各种社会福利收养性单位数	个	1	1	1	1	1
各种社会福利收养性单位床位数	床	140	170	240	277	378

2017年县(市)社会经济主要指标

西藏自治区

指　　标	单位	桑日县	琼结县	曲松县	措美县	洛扎县
一、基本情况						
行政区域面积	平方公里	2634	1030	2070	4177	5031
乡个数	个	3	3	3	2	5
镇个数	个	1	1	2	2	2
街道办事处个数	个					
户籍人口	万人	2	2	2	2	2
第二产业从业人员	人	3388	3943	2571	2865	3627
第三产业从业人员	人	1233	1216	1795	1054	1085
固定电话用户	户	1400	950	1044	510	160
二、综合经济						
地区生产总值	万元	143753	37160	57491	56507	52853
第一产业增加值	万元	4780	2863	3523	2382	4657
农业增加值	万元	2432	1874	597	642	2311
牧业增加值	万元	2325	956	2925	1723	2308
第二产业增加值	万元	120271	17300	38310	39525	30161
公共财政收入	万元	10041	2862	6020	2346	3270
各项税收	万元	7426	830	4519	2107	2040
公共财政支出	万元	62165	56209	50846	53159	91301
居民储蓄存款余额	万元	24958	23335	30633	73761	
年末金融机构各项贷款余额	万元	86243	45067	38284	24629	44488
三、农业和工业						
农业机械总动力	万千瓦特	7	8	5	5	6
机收面积	公顷	1465	1477	589	642	16
设施农业占地面积	公顷	8	4	9	3	8
棉花产量	吨					
油料产量	吨	967	1034	943	379	885
规模以上工业企业单位数	个	4		3		
四、教育、卫生和社会保障						
普通中学在校学生数	人	674	573	572	413	803
中等职业教育学校在校学生数	人					
小学在校学生数	人	1183	1032	974	821	1271
医疗卫生机构床位数	床	62	30	40	38	85
各种社会福利收养性单位数	个	1	1	1	1	1
各种社会福利收养性单位床位数	床	220	136	192	92	106

2017年县(市)社会经济主要指标

西藏自治区

指　　标	单位	加查县	隆子县	错那县	浪卡子县	那曲县
一、基本情况						
行政区域面积	平方公里	4430	10102	35191	7970	16195
乡个数	个	5	9	9	8	9
镇个数	个	2	2	1	2	3
街道办事处个数	个					
户籍人口	万人	2	4	2	4	9
第二产业从业人员	人	2250	9259	1689	7419	
第三产业从业人员	人	2608	1801	1081	2740	
固定电话用户	户	3400	6700	110	450	
二、综合经济						
地区生产总值	万元	119613	109900	57613	73510	173489
第一产业增加值	万元	7510	6419	2510	4942	33347
农业增加值	万元	4912	2197	1054	515	
牧业增加值	万元	2485	4170	1428	4407	33347
第二产业增加值	万元	79847	80996	32048	35387	38404
公共财政收入	万元	6425	9072	3506	3567	5658
各项税收	万元	5987	14400	2602	1888	4349
公共财政支出	万元	60258	105609	93800	110811	151582
居民储蓄存款余额	万元	67126	52070	40542	27452	60031
年末金融机构各项贷款余额	万元	96585	39205	38645	64032	70814
三、农业和工业						
农业机械总动力	万千瓦特	7	14	3	14	5
机收面积	公顷	1040		45	713	
设施农业占地面积	公顷	34	13	4	17	
棉花产量	吨					
油料产量	吨	370	1060	410	602	
规模以上工业企业单位数	个	2	1			
四、教育、卫生和社会保障						
普通中学在校学生数	人	1008	1433	453	1618	3029
中等职业教育学校在校学生数	人					
小学在校学生数	人	1601	2511	796	3066	9026
医疗卫生机构床位数	床	68	85	56	53	51
各种社会福利收养性单位数	个	1	2	1	1	
各种社会福利收养性单位床位数	床	108	195	176	160	

2017年县(市)社会经济主要指标

西藏自治区

指　　标	单位	嘉黎县	比如县	聂荣县	安多县	申扎县
一、基本情况						
行政区域面积	平方公里	13069	11684	21400	100000	25250
乡个数	个	8	8	9	9	6
镇个数	个	2	2	1	4	2
街道办事处个数	个					
户籍人口	万人	4	8	4	4	2
第二产业从业人员	人	1910	593	423	3872	1411
第三产业从业人员	人	3044	4885	2286	3778	2011
固定电话用户	户	1516	1323	1049	1500	910
二、综合经济						
地区生产总值	万元	62684	92766	62195	84891	51472
第一产业增加值	万元	11056	25115	10539	14174	7936
农业增加值	万元	8189	19841	3904		
牧业增加值	万元	2859	5153	6635	14174	7936
第二产业增加值	万元	16910	21496	21874	19049	10664
公共财政收入	万元	7790			3665	2284
各项税收	万元	7333	2986	1405	2159	1710
公共财政支出	万元	89493	114076	52861	97257	74554
居民储蓄存款余额	万元	23095	56950	19230		18553
年末金融机构各项贷款余额	万元	36669	97323	39635	59222	32466
三、农业和工业						
农业机械总动力	万千瓦特		2			
机收面积	公顷	66				
设施农业占地面积	公顷					
棉花产量	吨					
油料产量	吨					
规模以上工业企业单位数	个					
四、教育、卫生和社会保障						
普通中学在校学生数	人	1308	3305	1644	1768	979
中等职业教育学校在校学生数	人					
小学在校学生数	人	4471	8617	2990	3670	2440
医疗卫生机构床位数	床	170	95	120	132	173
各种社会福利收养性单位数	个	1	1	1		
各种社会福利收养性单位床位数	床	99	264	200		

2017年县(市)社会经济主要指标

西藏自治区

指　　标	单位	索　县	班戈县	巴青县	尼玛县	双湖县
一、基本情况						
行政区域面积	平方公里	5631	2835	9811	72530	11637
乡个数	个	8	6	7	13	6
镇个数	个	2	4	3	1	1
街道办事处个数	个					
户籍人口	万人	5	4	6	3	1
第二产业从业人员	人		18	1276	684	90
第三产业从业人员	人	4302	1797	2799	4250	507
固定电话用户	户	212	13632	1800		
二、综合经济						
地区生产总值	万元	74681	68892	83499	69745	41919
第一产业增加值	万元	12675	17696	18106	13839	8717
农业增加值	万元	9368		10863	232	
牧业增加值	万元	3306	17696	7242	13607	8286
第二产业增加值	万元	18487	18338	15825	11587	9727
公共财政收入	万元	2710	2071	2384	2625	2523
各项税收	万元	1289	1526	2129	1888	1276
公共财政支出	万元	99821	84662	88787	87048	54532
居民储蓄存款余额	万元	32800	16425	31228	24946	20860
年末金融机构各项贷款余额	万元	55454	61034	45839	40847	27375
三、农业和工业						
农业机械总动力	万千瓦特	4	7			
机收面积	公顷					
设施农业占地面积	公顷					
棉花产量	吨					
油料产量	吨	34				
规模以上工业企业单位数	个					
四、教育、卫生和社会保障						
普通中学在校学生数	人	2080	1859	2307	1507	574
中等职业教育学校在校学生数	人					
小学在校学生数	人	6744	3753	5900	3025	1566
医疗卫生机构床位数	床	57	137	82	108	67
各种社会福利收养性单位数	个	5	1	1	1	
各种社会福利收养性单位床位数	床	62	16	202	56	

2017年县(市)社会经济主要指标

西藏自治区

指　　标	单位	普兰县	札达县	噶尔县	日土县	革吉县
一、基本情况						
行政区域面积	平方公里	13194	24684	18000	80030	46104
乡个数	个	2	6	4	4	4
镇个数	个	1	1	1	1	1
街道办事处个数	个					
户籍人口	万人	1	1	2	1	2
第二产业从业人员	人	519	14	966	831	465
第三产业从业人员	人	1003	348	2872	524	1080
固定电话用户	户	1853	1595	6960	306	365
二、综合经济						
地区生产总值	万元	29169	27207	32005	34441	40608
第一产业增加值	万元	4695	3466	6440	8619	11683
农业增加值	万元	1257	1018	552	485	206
牧业增加值	万元	3368	2388	5875	8132	11477
第二产业增加值	万元	7571	8270	10211	6617	10871
公共财政收入	万元	2703	2480	5724	2683	2191
各项税收	万元	909	1252	5534	2392	2033
公共财政支出	万元	58124	50577	58869	54568	55377
居民储蓄存款余额	万元	25536	24024	80896		
年末金融机构各项贷款余额	万元	20262	38932	21940		14913
三、农业和工业						
农业机械总动力	万千瓦特	1	186	3	5	1
机收面积	公顷	29	86			
设施农业占地面积	公顷	49			9	
棉花产量	吨					
油料产量	吨	169	27	31	25	
规模以上工业企业单位数	个			1		
四、教育、卫生和社会保障						
普通中学在校学生数	人	300	180		444	583
中等职业教育学校在校学生数	人					
小学在校学生数	人	848	480	1038	973	1849
医疗卫生机构床位数	床	60	45	336	76	34
各种社会福利收养性单位数	个	3	1	4	1	1
各种社会福利收养性单位床位数	床	36	18	314	54	120

2017年县(市)社会经济主要指标

西藏自治区、陕西省

指　　标	单位	改则县	措勤县	长安区	高陵区	鄠邑区
一、基本情况						
行政区域面积	平方公里	135616	22136	1588	294	1428
乡个数	个	6	4			
镇个数	个	1	1			12
街道办事处个数	个			25	7	1
户籍人口	万人	3	2	112	34	58
第二产业从业人员	人	1028	939	104907	47000	76989
第三产业从业人员	人	2431	816	200576	12750	68850
固定电话用户	户	7230	859	100901	48632	83600
二、综合经济						
地区生产总值	万元	59255	31618	7910300	3771000	1974112
第一产业增加值	万元	22987	8752	339487	326200	277412
农业增加值	万元	111		287696	214434	202708
牧业增加值	万元	22876	8752	40981	108842	63944
第二产业增加值	万元	8930	6362	4018600	2501300	827200
公共财政收入	万元	3108	2335	239837	117293	84803
各项税收	万元	2276	1619	184487	94857	151530
公共财政支出	万元	69721	60779	530795	253141	407011
居民储蓄存款余额	万元	24741	18626	5203763	1714098	2230000
年末金融机构各项贷款余额	万元	31559	31090	3092270	1179606	995400
三、农业和工业						
农业机械总动力	万千瓦特	7	4	35	21	44
机收面积	公顷			60377	26340	54599
设施农业占地面积	公顷	2		2122	1855	1290
棉花产量	吨					
油料产量	吨			2473		569
规模以上工业企业单位数	个			39	147	89
四、教育、卫生和社会保障						
普通中学在校学生数	人	1130	617	40702	10571	13972
中等职业教育学校在校学生数	人			3787	1402	1525
小学在校学生数	人	2884	1514	59971	20856	28852
医疗卫生机构床位数	床	136	92	5992	1999	3080
各种社会福利收养性单位数	个	1	6	32	5	6
各种社会福利收养性单位床位数	床	115	176	5163	408	1594

2017年县(市)社会经济主要指标

陕西省

指　　标	单位	蓝田县	周至县	耀州区	宜君县	陈仓区
一、基本情况						
行政区域面积	平方公里	2006	2969	1604	1532	2427
乡个数	个				1	
镇个数	个	18	19	8	6	15
街道办事处个数	个	1	1	6	1	3
户籍人口	万人	66	69	34	9	60
第二产业从业人员	人	55342	41137	41687	6688	119860
第三产业从业人员	人	100985	70782	52691	9445	110349
固定电话用户	户	37425	56387	141976	5930	21500
二、综合经济						
地区生产总值	万元	1434900	1342600	1459846	380470	1913821
第一产业增加值	万元	301500	339100	113186	64710	260421
农业增加值	万元	197766	263400	87379	55132	124678
牧业增加值	万元	86113	48450	23161	8355	124532
第二产业增加值	万元	391000	291500	869270	215400	1134600
公共财政收入	万元	28507	25043	55174	18504	32200
各项税收	万元	17989	15425	42188	13307	26900
公共财政支出	万元	357590	398852	330810	143011	181800
居民储蓄存款余额	万元	1344518	1374900	898740	180060	1735300
年末金融机构各项贷款余额	万元	416417	391300	586967	131195	929200
三、农业和工业						
农业机械总动力	万千瓦特	31	33		10	39
机收面积	公顷	27485	36173	1600	10370	34067
设施农业占地面积	公顷	300	166	196	69	968
棉花产量	吨	178				
油料产量	吨	2805	1262	5177	719	2191
规模以上工业企业单位数	个	42	51	183	16	77
四、教育、卫生和社会保障						
普通中学在校学生数	人	26684	28880	14062	2326	20622
中等职业教育学校在校学生数	人	1631	1317	66		8316
小学在校学生数	人	28001	33527	19708	4350	22227
医疗卫生机构床位数	床	1528	2185	2137	370	2630
各种社会福利收养性单位数	个	5	3	2	2	2
各种社会福利收养性单位床位数	床	575	600	362	460	435

2017年县(市)社会经济主要指标

陕西省

指标	单位	凤翔县	岐山县	扶风县	眉县	陇县
一、基本情况						
行政区域面积	平方公里	1179	856	705	858	2277
乡个数	个					
镇个数	个	12	9	7	7	10
街道办事处个数	个			1	1	
户籍人口	万人	53	47	45	33	27
第二产业从业人员	人	80106	81881	75210	63998	56461
第三产业从业人员	人	96803	63487	68072	36530	28501
固定电话用户	户	45000	31620	15000	37222	13422
二、综合经济						
地区生产总值	万元	2088459	1886295	1246521	1289155	848174
第一产业增加值	万元	253099	243056	212756	211393	186579
农业增加值	万元	157636	166893	135528	181743	86850
牧业增加值	万元	92159	70022	69772	27239	90045
第二产业增加值	万元	1230904	1111270	671641	693352	445673
公共财政收入	万元	47690	39255	47973	33169	33972
各项税收	万元	34257	27542	21196	19932	24037
公共财政支出	万元	197257	251873	222691	196631	183691
居民储蓄存款余额	万元	1306202	1652666	1260864	814521	691041
年末金融机构各项贷款余额	万元	697216	681000	593592	518380	261192
三、农业和工业						
农业机械总动力	万千瓦特	37	27	42	22	18
机收面积	公顷	39066	42350	46400	25330	15680
设施农业占地面积	公顷	1154	1413	115	616	154
棉花产量	吨		4	10		
油料产量	吨	2327	1309	684	514	2460
规模以上工业企业单位数	个	74	89	60	84	18
四、教育、卫生和社会保障						
普通中学在校学生数	人	17362	18533	18938	13357	12779
中等职业教育学校在校学生数	人	3195	1978	1901	5129	624
小学在校学生数	人	21170	20355	21648	18965	18414
医疗卫生机构床位数	床	1852	2147	1879	1685	1370
各种社会福利收养性单位数	个	3	17	3	5	2
各种社会福利收养性单位床位数	床	850	544	320	242	450

2017年县(市)社会经济主要指标

陕西省

指　　标	单位	千阳县	麟游县	凤　县	太白县	三原县
一、基本情况						
行政区域面积	平方公里	997	1704	3187	2698	577
乡个数	个					
镇个数	个	7	7	9	7	9
街道办事处个数	个				1	1
户籍人口	万人	13	9	9	5	42
第二产业从业人员	人	18896	10771	14135	5190	67361
第三产业从业人员	人	10621	8391	15277	6524	26031
固定电话用户	户	5513	1557	23360	5110	33280
二、综合经济						
地区生产总值	万元	543366	1065360	1801009	224474	2360884
第一产业增加值	万元	104669	72960	73993	64065	309069
农业增加值	万元	43729	26428	51443	51593	275075
牧业增加值	万元	50869	40224	11967	5720	32706
第二产业增加值	万元	312425	895700	1457515	91206	1451860
公共财政收入	万元	13338	87400	71543	10032	33034
各项税收	万元	4622	27453	62806	11261	35141
公共财政支出	万元	119431	117500	124808	96029	238264
居民储蓄存款余额	万元	352700	224807	344814	191392	1240079
年末金融机构各项贷款余额	万元	148600	183800	176159	114333	533700
三、农业和工业						
农业机械总动力	万千瓦特	15	10	9	3	35
机收面积	公顷	9060	7619	1617	273	42958
设施农业占地面积	公顷	663	141	35	19	1788
棉花产量	吨					
油料产量	吨	1194	2633	980	427	3863
规模以上工业企业单位数	个	25	8	53	9	149
四、教育、卫生和社会保障						
普通中学在校学生数	人	5528	3346	3823	1748	25696
中等职业教育学校在校学生数	人	871	1146	359	382	2639
小学在校学生数	人	6781	3810	4237	2344	25211
医疗卫生机构床位数	床	628	764	463	177	1739
各种社会福利收养性单位数	个	3	2	2	1	3
各种社会福利收养性单位床位数	床	315	230	559	208	103

2017年县(市)社会经济主要指标

陕西省

指　　标	单位	泾阳县	乾　县	礼泉县	永寿县	彬　县
一、基本情况						
行政区域面积	平方公里	570	1003	1012	889	1184
乡个数	个					
镇个数	个	8	15	11	6	8
街道办事处个数	个		1	1	1	1
户籍人口	万人	33	60	48	21	37
第二产业从业人员	人	50964	59752	36679	9218	30793
第三产业从业人员	人	47745	48571	35672	12195	27820
固定电话用户	户	16592	10433	62535	2800	11200
二、综合经济						
地区生产总值	万元	759592	1789429	1741725	731048	2136208
第一产业增加值	万元	312242	321138	546388	169458	190428
农业增加值	万元	254506	260280	514006	142338	174901
牧业增加值	万元	56564	56066	27939	23594	13383
第二产业增加值	万元	131940	806649	637606	313260	1576920
公共财政收入	万元	13743	32177	21396	8938	100056
各项税收	万元	10261	13534	15325	6914	87075
公共财政支出	万元	220301	280015	257975	164400	233126
居民储蓄存款余额	万元	1268900	1127496	1054446	404613	1159781
年末金融机构各项贷款余额	万元	477400	565148	572255	164721	1018513
三、农业和工业						
农业机械总动力	万千瓦特	29	38	39	24	13
机收面积	公顷	41867	59203	16425	15285	19846
设施农业占地面积	公顷	2498	124	238	5	207
棉花产量	吨					
油料产量	吨	2373	9386	5171	3487	11858
规模以上工业企业单位数	个	31	49	44	27	47
四、教育、卫生和社会保障						
普通中学在校学生数	人	10533	27682	23256	10188	9876
中等职业教育学校在校学生数	人	1329	4550		2031	3318
小学在校学生数	人	10321	32332	23415	12899	27382
医疗卫生机构床位数	床	888	2549	1896	880	1912
各种社会福利收养性单位数	个	2	1	1	1	2
各种社会福利收养性单位床位数	床	360	308	170	308	517

2017年县(市)社会经济主要指标

陕西省

指　　标	单位	长武县	旬邑县	淳化县	武功县	兴平市
一、基本情况						
行政区域面积	平方公里	568	1811	983	398	453
乡个数	个					
镇个数	个	7	9	7	7	7
街道办事处个数	个	1	1	1	1	5
户籍人口	万人	19	30	20	45	57
第二产业从业人员	人	18672	27872	20384	26676	79139
第三产业从业人员	人	20644	45617	20722	22882	82708
固定电话用户	户	7800	1709	4000	62476	32168
二、综合经济						
地区生产总值	万元	959213	1220181	747756	1408950	2411096
第一产业增加值	万元	166383	293471	261616	235259	249261
农业增加值	万元	136600	242725	204725	157713	180645
牧业增加值	万元	24810	46272	50988	74443	65115
第二产业增加值	万元	608490	709170	258980	719021	1361154
公共财政收入	万元	52743	24934	6669	26336	37050
各项税收	万元	45723	19772	3360	11297	29814
公共财政支出	万元	171679	203568	175098	225441	285083
居民储蓄存款余额	万元	539783	639568	384100	1109504	1793400
年末金融机构各项贷款余额	万元	272258	325365	202200	402009	763300
三、农业和工业						
农业机械总动力	万千瓦特	14	10		34	23
机收面积	公顷	7510	14532	17333	39952	35176
设施农业占地面积	公顷	265	69	145	438	2119
棉花产量	吨				8	
油料产量	吨	1546	2668	6243	2228	411
规模以上工业企业单位数	个	21	27	31	54	125
四、教育、卫生和社会保障						
普通中学在校学生数	人	6825	11561	6021	22215	26051
中等职业教育学校在校学生数	人	929	1935	920	2683	3655
小学在校学生数	人	10364	16099	7893	24916	34960
医疗卫生机构床位数	床	986	887	770	1548	2264
各种社会福利收养性单位数	个	4	4	3	2	3
各种社会福利收养性单位床位数	床	350	368	270	108	384

2017年县(市)社会经济主要指标

陕西省

指　　标	单位	华州区	潼关县	大荔县	合阳县	澄城县
一、基本情况						
行政区域面积	平方公里	1139	526	1776	1437	1121
乡个数	个					
镇个数	个	9	4	15	11	9
街道办事处个数	个	1	1	1	1	1
户籍人口	万人	34	15	73	45	39
第二产业从业人员	人	19609	14826	5896	19729	30171
第三产业从业人员	人	43629	14229	23185	30214	56276
固定电话用户	户	49000	26577	97000	35056	35131
二、综合经济						
地区生产总值	万元	949786	457678	1620400	924510	856941
第一产业增加值	万元	103510	37916	623800	197510	217238
农业增加值	万元	85103	25371	467200	149958	123237
牧业增加值	万元	15701	10557	115300	34422	90969
第二产业增加值	万元	570950	228672	364600	266200	239180
公共财政收入	万元	23600	21018	30300	33745	78818
各项税收	万元	20409	10176	18300	11482	20135
公共财政支出	万元	207170	138800	370000	285100	289858
居民储蓄存款余额	万元	954645	476638	1437000	988134	1222136
年末金融机构各项贷款余额	万元	540035	596624	723000	431033	553438
三、农业和工业						
农业机械总动力	万千瓦特	30	12	111	30	31
机收面积	公顷	27333	13333	85463	46200	49336
设施农业占地面积	公顷	2824	214	17781	2197	325
棉花产量	吨	996	622	348	2774	493
油料产量	吨	1308	7897	28860	5072	9005
规模以上工业企业单位数	个	30	16	54	33	18
四、教育、卫生和社会保障						
普通中学在校学生数	人	9754	5576	9829	18060	15936
中等职业教育学校在校学生数	人	223	133	793	3703	1556
小学在校学生数	人	15364	8591	35463	21409	17293
医疗卫生机构床位数	床	1098	776	3394	1818	1859
各种社会福利收养性单位数	个	3	8	11	7	9
各种社会福利收养性单位床位数	床	415	500	1753	325	825

2017年县(市)社会经济主要指标

陕西省

指　　标	单位	蒲城县	白水县	富平县	韩城市	华阴市
一、基本情况						
行政区域面积	平方公里	1584	978	1242	1621	817
乡个数	个					
镇个数	个	17	7	14	6	4
街道办事处个数	个	2	1	1	2	2
户籍人口	万人	79	29	80	40	25
第二产业从业人员	人	60247	7473	55613	96123	34371
第三产业从业人员	人	170968	35562	49049	125236	77430
固定电话用户	户	89401	28005	51100	69215	36871
二、综合经济						
地区生产总值	万元	1821171	722300	1444807	3490011	849559
第一产业增加值	万元	266933	256897	290307	156245	62375
农业增加值	万元	222277	219595	203323	129080	45966
牧业增加值	万元	40431	33672	71852	20771	11766
第二产业增加值	万元	821424	177703	581104	2502975	322611
公共财政收入	万元	57115	18970	48603	301452	22937
各项税收	万元	38397	13526	33633	411262	36594
公共财政支出	万元	419300	230500	458520	483984	186688
居民储蓄存款余额	万元	1874584	665100	1770965	2157770	815688
年末金融机构各项贷款余额	万元	1666158	357400	751832	1858865	758277
三、农业和工业						
农业机械总动力	万千瓦特	73	32	62	26	9
机收面积	公顷	77712	29700	82000	23200	13134
设施农业占地面积	公顷	11572	407	5126	1365	200
棉花产量	吨	8691		3	121	1100
油料产量	吨	4470	7874	978	1561	1245
规模以上工业企业单位数	个	54	35	47	112	32
四、教育、卫生和社会保障						
普通中学在校学生数	人	28239	11198	30014	19199	8415
中等职业教育学校在校学生数	人	1862	420	1996	3124	399
小学在校学生数	人	39246	14524	39291	21950	13183
医疗卫生机构床位数	床	3649	1096	3252	2312	1311
各种社会福利收养性单位数	个	6	1	8	2	3
各种社会福利收养性单位床位数	床	952	110	400	249	210

2017年县(市)社会经济主要指标

陕西省

指　　标	单位	安塞区	延长县	延川县	子长县	志丹县
一、基本情况						
行政区域面积	平方公里	2949	2368	1985	2396	3794
乡个数	个					
镇个数	个	8	7	7	8	7
街道办事处个数	个	3	1	1	1	1
户籍人口	万人	20	16	19	27	16
第二产业从业人员	人	10406	18416	14898	26108	10862
第三产业从业人员	人	27645	52744	11614	24717	20713
固定电话用户	户	17908	14310	13208	16900	14936
二、综合经济						
地区生产总值	万元	913009	459874	806451	971890	1332475
第一产业增加值	万元	82624	89259	77324	71440	55935
农业增加值	万元	72540	79171	64943	45563	40149
牧业增加值	万元	7121	8046	6989	21560	11149
第二产业增加值	万元	559868	205675	489469	602349	977779
公共财政收入	万元	95070	37034	49842	50076	178029
各项税收	万元	114512	10767	37836	41857	79990
公共财政支出	万元	234000	196096	196104	200066	211442
居民储蓄存款余额	万元	418516	259973	420976	502300	608500
年末金融机构各项贷款余额	万元	321417	173506	1286879	402400	505600
三、农业和工业						
农业机械总动力	万千瓦特	12	11	8	11	9
机收面积	公顷	4328	140	350	3100	1466
设施农业占地面积	公顷	3919	674	444	781	1161
棉花产量	吨		19	21		
油料产量	吨	216	893	1366	510	526
规模以上工业企业单位数	个	11	13	9	23	10
四、教育、卫生和社会保障						
普通中学在校学生数	人	6234	3850	5769	12130	6070
中等职业教育学校在校学生数	人	515	760	189	2310	1581
小学在校学生数	人	18191	7795	10523	19236	16536
医疗卫生机构床位数	床	694	892	764	1041	749
各种社会福利收养性单位数	个	8	5	9	5	1
各种社会福利收养性单位床位数	床	1000	892	911	829	300

2017年县(市)社会经济主要指标

陕西省

指　　标	单位	吴起县	甘泉县	富　县	洛川县	宜川县
一、基本情况						
行政区域面积	平方公里	3788	2272	4180	1792	2938
乡个数	个		2	1	1	2
镇个数	个	8	3	6	7	4
街道办事处个数	个	1	1	1	1	1
户籍人口	万人	15	9	16	22	12
第二产业从业人员	人	11800	6012	6114	16103	2016
第三产业从业人员	人	24142	11326	9952	22226	5973
固定电话用户	户	26579	10097	6023	30000	9730
二、综合经济						
地区生产总值	万元	1353442	233981	529125	1497830	303207
第一产业增加值	万元	48823	46178	138616	213094	117966
农业增加值	万元	27932	33384	129145	171435	109734
牧业增加值	万元	13960	10986	6756	39068	4819
第二产业增加值	万元	1049310	69554	194418	1016955	24249
公共财政收入	万元	192700	24353	23154	17180	25513
各项税收	万元	101699	7188	17062	7166	17745
公共财政支出	万元	243006	112724	155060	226749	148216
居民储蓄存款余额	万元	594463		358052	547056	327470
年末金融机构各项贷款余额	万元	328286		415463	412799	194609
三、农业和工业						
农业机械总动力	万千瓦特	14	6	11	26	18
机收面积	公顷	5870	2250	4880	6710	2860
设施农业占地面积	公顷	570	1304	559		298
棉花产量	吨					
油料产量	吨	2608	22	305	208	420
规模以上工业企业单位数	个	12	6	13	12	7
四、教育、卫生和社会保障						
普通中学在校学生数	人	7390	3580	6692	10733	3123
中等职业教育学校在校学生数	人	388	45	68	3387	1635
小学在校学生数	人	14129	7515	12444	18040	8212
医疗卫生机构床位数	床	644	419	596	718	578
各种社会福利收养性单位数	个	2	1	4	1	3
各种社会福利收养性单位床位数	床	518	95	614	260	512

2017年县(市)社会经济主要指标

陕西省

指　　标	单位	黄龙县	黄陵县	南郑区	城固县	洋　县
一、基本情况						
行政区域面积	平方公里	2747	2287	2809	2265	3206
乡个数	个	2				
镇个数	个	5	5	20	15	15
街道办事处个数	个		1	1	2	3
户籍人口	万人	5	13	56	54	45
第二产业从业人员	人	2707	17843	74836	28894	45729
第三产业从业人员	人	2795	5708	80350	88971	40730
固定电话用户	户	9891	18659	39563	45949	63000
二、综合经济						
地区生产总值	万元	154213	1198192	1924298	2467367	1208965
第一产业增加值	万元	50168	79954	244164	469339	255666
农业增加值	万元	33218	71253	146794	361617	166896
牧业增加值	万元	9380	6855	78379	87285	63029
第二产业增加值	万元	11600	829454	1111088	1291947	526501
公共财政收入	万元	10318	152807	318171	29122	55168
各项税收	万元	7484	157638	51661	21918	48879
公共财政支出	万元	103664	214950	346227	340164	306937
居民储蓄存款余额	万元	139786	612499	1684686	1721268	1311500
年末金融机构各项贷款余额	万元	75276	586252	790234	570242	738700
三、农业和工业						
农业机械总动力	万千瓦特	7	25	24	22	20
机收面积	公顷	6930	607	25067	19045	22888
设施农业占地面积	公顷	5	95	270	393	281
棉花产量	吨					195
油料产量	吨	2236	284	31687	21706	28460
规模以上工业企业单位数	个	1	24	75	66	47
四、教育、卫生和社会保障						
普通中学在校学生数	人	1658	4090	28926	24176	22602
中等职业教育学校在校学生数	人	60	1050	2817	2292	1782
小学在校学生数	人	2339	8724	29374	28602	24209
医疗卫生机构床位数	床	202	665	1941	2392	1791
各种社会福利收养性单位数	个	5	2	10	12	15
各种社会福利收养性单位床位数	床	466	86	950	1161	1058

2017年县(市)社会经济主要指标

陕西省

指　　标	单位	西乡县	勉　县	宁强县	略阳县	镇巴县
一、基本情况						
行政区域面积	平方公里	3253	2406	3260	2831	3437
乡个数	个					
镇个数	个	15	17	16	15	19
街道办事处个数	个	2	1	2	2	1
户籍人口	万人	42	41	33	18	28
第二产业从业人员	人	36334	38666	34200	20141	20804
第三产业从业人员	人	46503	79056	66585	45699	24016
固定电话用户	户	62127	48855	23980	19985	18000
二、综合经济						
地区生产总值	万元	1017273	1292662	832956	675400	785072
第一产业增加值	万元	203102	224060	198362	97777	173650
农业增加值	万元	122194	134032	114486	56513	102638
牧业增加值	万元	70503	80003	71115	33094	52822
第二产业增加值	万元	398296	611789	293082	269023	289439
公共财政收入	万元	24009	31621	12234	36203	11166
各项税收	万元	15821	25353	7401	29392	8092
公共财政支出	万元	256329	274556	227177	192519	241629
居民储蓄存款余额	万元	1162238	1553807	1074270	567752	485647
年末金融机构各项贷款余额	万元	644852	913711	367281	365016	197941
三、农业和工业						
农业机械总动力	万千瓦特	36	18	21	22	7
机收面积	公顷	12643	11267	1146	670	340
设施农业占地面积	公顷	205	1247	127	167	19
棉花产量	吨	4				
油料产量	吨	22322	30472	14057	5711	11288
规模以上工业企业单位数	个	67	58	48	25	31
四、教育、卫生和社会保障						
普通中学在校学生数	人	20274	20327	14916	5950	8331
中等职业教育学校在校学生数	人	831	524	673	583	1360
小学在校学生数	人	24492	16886	14893	7797	18216
医疗卫生机构床位数	床	1586	1906	1583	1019	1353
各种社会福利收养性单位数	个	10	4	71	9	8
各种社会福利收养性单位床位数	床	1050	996	1203	1300	1180

2017年县(市)社会经济主要指标

陕西省

指　　标	单位	留坝县	佛坪县	横山区	府谷县	靖边县
一、基本情况						
行政区域面积	平方公里	1965	1279	4333	3498	5088
乡个数	个					
镇个数	个	7	6	13	14	16
街道办事处个数	个	1	1	1		1
户籍人口	万人	4	3	38	25	37
第二产业从业人员	人	1489	2024	61020	48953	45692
第三产业从业人员	人	4139	6108	39744	73518	56471
固定电话用户	户	8716	1960	12500	32580	55879
二、综合经济						
地区生产总值	万元	156889	97980	1544556	4877776	3096346
第一产业增加值	万元	32793	13618	164042	89576	284792
农业增加值	万元	23835	9168	77770	46715	157997
牧业增加值	万元	6021	3025	78731	36818	114557
第二产业增加值	万元	43467	35794	882079	3509800	1991421
公共财政收入	万元	7095	7171	49563	229748	139911
各项税收	万元	5638	3608	17000	694628	96800
公共财政支出	万元	83583	80655	285500	364647	328200
居民储蓄存款余额	万元	28360	106670	750200	3073655	1253000
年末金融机构各项贷款余额	万元	85195	55202	486900	2681144	1319900
三、农业和工业						
农业机械总动力	万千瓦特	4	4	27	23	46
机收面积	公顷	230		7200		60031
设施农业占地面积	公顷	18		295	127	2344
棉花产量	吨				2	
油料产量	吨	977	428	1774	2912	16434
规模以上工业企业单位数	个	10	7	39	231	65
四、教育、卫生和社会保障						
普通中学在校学生数	人	1744	1156	12202	12499	21889
中等职业教育学校在校学生数	人			559	1052	1895
小学在校学生数	人	1834	1540	22419	20331	41383
医疗卫生机构床位数	床	218	195	1168	1275	1576
各种社会福利收养性单位数	个	1	1	2	3	5
各种社会福利收养性单位床位数	床	300	272	220	348	860

2017年县(市)社会经济主要指标

陕西省

指　　标	单位	定边县	绥德县	米脂县	佳　县	吴堡县
一、基本情况						
行政区域面积	平方公里	6920	1853	1212	2029	428
乡个数	个	4				
镇个数	个	14	15	8	12	5
街道办事处个数	个	1		1	1	1
户籍人口	万人	36	36	22	27	8
第二产业从业人员	人	18890	50074	24620	40343	13311
第三产业从业人员	人	34980	45191	20694	29052	11411
固定电话用户	户	24562	27683	20661	7114	8754
二、综合经济						
地区生产总值	万元	2553225	758700	479978	505100	208781
第一产业增加值	万元	200321	115768	72778	111300	33883
农业增加值	万元	126303	94574	55361	91691	28108
牧业增加值	万元	64857	17004	16071	15046	3927
第二产业增加值	万元	1583017	97283	159200	196800	80964
公共财政收入	万元	116212	12332	40189	9316	11879
各项税收	万元	93589	8842	8729	5341	10418
公共财政支出	万元	395335	323800	228513	234515	151524
居民储蓄存款余额	万元	1065815	837375	360500	292600	191233
年末金融机构各项贷款余额	万元	1235747	458087	286496	156200	155579
三、农业和工业						
农业机械总动力	万千瓦特	53	18	19	17	8
机收面积	公顷	119236			133	
设施农业占地面积	公顷	1352	532	22	64	146
棉花产量	吨					33
油料产量	吨	25050	22888	6273	2480	1598
规模以上工业企业单位数	个	24	18	12	24	13
四、教育、卫生和社会保障						
普通中学在校学生数	人	16751	13607	4321	3610	2895
中等职业教育学校在校学生数	人	1470	704	849		
小学在校学生数	人	24106	16622	9623	6154	4411
医疗卫生机构床位数	床	1730	3123	634	639	471
各种社会福利收养性单位数	个	3	8	4	7	1
各种社会福利收养性单位床位数	床	426	450	316	750	300

2017年县(市)社会经济主要指标

陕西省

指　　标	单位	清涧县	子洲县	神木市	汉阴县	石泉县
一、基本情况						
行政区域面积	平方公里	1881	2042	7635	1365	1516
乡个数	个		1			
镇个数	个	9	11	15	10	11
街道办事处个数	个	1	1			
户籍人口	万人	22	30	45	31	18
第二产业从业人员	人	17618	20446	77597	67113	20372
第三产业从业人员	人	13889	22882	54657	29635	32088
固定电话用户	户	15232	13460	41028	27685	23932
二、综合经济						
地区生产总值	万元	510900	624561	11161085	951915	809563
第一产业增加值	万元	131400	128961	191921	134402	72620
农业增加值	万元	113035	96812	108403	88124	39766
牧业增加值	万元	14130	27355	81047	32970	23929
第二产业增加值	万元	146500	281000	7779647	553542	526392
公共财政收入	万元	14016	11103	714512	17740	15104
各项税收	万元	9807	6352	591048	12255	25651
公共财政支出	万元	213050	267191	871336	207000	184729
居民储蓄存款余额	万元	321200	264772	5286902	695114	553443
年末金融机构各项贷款余额	万元	257100	256900	4084208	486745	450714
三、农业和工业						
农业机械总动力	万千瓦特	13	13	31	31	14
机收面积	公顷				6473	3700
设施农业占地面积	公顷	271	34	764	858	49
棉花产量	吨	73			15	
油料产量	吨	11038	8392	9406	30370	15520
规模以上工业企业单位数	个	35	19	217	81	73
四、教育、卫生和社会保障						
普通中学在校学生数	人	2707	5097	19720	15157	7571
中等职业教育学校在校学生数	人		669	4404	940	1501
小学在校学生数	人	4916	8612	45271	21310	10566
医疗卫生机构床位数	床	751	709	2638	1235	975
各种社会福利收养性单位数	个	3	6	11	18	13
各种社会福利收养性单位床位数	床	162	322	2221	1498	1440

2017年县(市)社会经济主要指标

陕西省

指　　标	单位	宁陕县	紫阳县	岚皋县	平利县	镇坪县
一、基本情况						
行政区域面积	平方公里	3678	2240	1957	2648	1502
乡个数	个					
镇个数	个	11	17	12	11	7
街道办事处个数	个				7	
户籍人口	万人	7	34	17	23	6
第二产业从业人员	人	9282	36304	25290	37344	4164
第三产业从业人员	人	10211	52039	30346	14862	7784
固定电话用户	户	4916	15290	17602	19234	1213
二、综合经济						
地区生产总值	万元	301596	907735	525540	875203	191934
第一产业增加值	万元	46024	118393	69781	109182	34170
农业增加值	万元	27677	89211	46773	73471	18239
牧业增加值	万元	6509	20472	17864	32640	10728
第二产业增加值	万元	166227	488599	298204	599185	77019
公共财政收入	万元	22865	12056	8388	32800	4700
各项税收	万元	6154	7610	5528	7542	2427
公共财政支出	万元	113223	265788	187182	202612	90509
居民储蓄存款余额	万元	208100	639969	407365	578300	123532
年末金融机构各项贷款余额	万元	108300	399830	366186	507200	125409
三、农业和工业						
农业机械总动力	万千瓦特	6	17	10	14	5
机收面积	公顷			120	2160	
设施农业占地面积	公顷	2	50	7	2568	13
棉花产量	吨					
油料产量	吨	884	12731	7987	11348	1504
规模以上工业企业单位数	个	18	52	37	78	23
四、教育、卫生和社会保障						
普通中学在校学生数	人	2930	15793	6973	8447	2734
中等职业教育学校在校学生数	人		1694	911	964	130
小学在校学生数	人	3981	22425	9953	12907	3870
医疗卫生机构床位数	床	359	1052	768	945	258
各种社会福利收养性单位数	个	5	22	15	22	4
各种社会福利收养性单位床位数	床	792	1441	1144	2370	400

2017年县(市)社会经济主要指标

陕西省

指　　标	单位	旬阳县	白河县	商州区	洛南县	丹凤县
一、基本情况						
行政区域面积	平方公里	3541	1453	2672	2830	2438
乡个数	个					
镇个数	个	21	11	14	14	11
街道办事处个数	个			4	2	1
户籍人口	万人	46	22	56	46	32
第二产业从业人员	人	54247	34740	67093	39089	44160
第三产业从业人员	人	70520	40266	49789	40860	30186
固定电话用户	户	26418	10539	75025	37120	9842
二、综合经济						
地区生产总值	万元	1598716	675129	1535104	1366970	972288
第一产业增加值	万元	135189	79097	142484	218820	112978
农业增加值	万元	80134	58761	114019	146270	59638
牧业增加值	万元	43649	16078	17080	58453	49079
第二产业增加值	万元	916173	405681	697050	792960	497290
公共财政收入	万元	40096	8912	69845	46178	31440
各项税收	万元	122533	5802	22555	29426	25269
公共财政支出	万元	329054	200616	313492	283434	230975
居民储蓄存款余额	万元	1115216	490898	2019933	1109024	822543
年末金融机构各项贷款余额	万元	958328	322336	1938286	540173	345420
三、农业和工业						
农业机械总动力	万千瓦特	31	16	10	19	5
机收面积	公顷	3992		1200	298	
设施农业占地面积	公顷	531	11	270	386	72
棉花产量	吨					
油料产量	吨	22325	7033	397	2989	1080
规模以上工业企业单位数	个	74	49	28	43	39
四、教育、卫生和社会保障						
普通中学在校学生数	人	18293	9791	23765	18785	7582
中等职业教育学校在校学生数	人	3062	975	1371	3018	375
小学在校学生数	人	23777	13546	31737	24521	19046
医疗卫生机构床位数	床	2724	762	4013	1789	1544
各种社会福利收养性单位数	个	20	84	14	12	9
各种社会福利收养性单位床位数	床	2260	1899	1402	928	962

2017年县(市)社会经济主要指标

陕西省、甘肃省

指　　标	单位	商南县	山阳县	镇安县	柞水县	永登县
一、基本情况						
行政区域面积	平方公里	2307	3535	3487	2332	5622
乡个数	个					4
镇个数	个	9	16	14	8	12
街道办事处个数	个	1	2	1	1	
户籍人口	万人	25	47	31	16	44
第二产业从业人员	人	15409	44135	27716	22939	36282
第三产业从业人员	人	54853	39091	88198	25816	81933
固定电话用户	户	26636	23100	15000	19310	27301
二、综合经济						
地区生产总值	万元	875438	1443456	1060020	749800	1045185
第一产业增加值	万元	122858	196460	123594	66200	89114
农业增加值	万元	67148	110197	84785	25980	58187
牧业增加值	万元	36508	79242	23248	29108	29745
第二产业增加值	万元	481600	843790	647900	461700	330791
公共财政收入	万元	28360	37013	33849	18552	49912
各项税收	万元	9721	27788	11425	8833	31930
公共财政支出	万元	220051	338560	248095	176416	241911
居民储蓄存款余额	万元	533010	1004794	677239	472792	967327
年末金融机构各项贷款余额	万元	350295	667155	396423	335975	1519873
三、农业和工业						
农业机械总动力	万千瓦特	8	12	13	7	34
机收面积	公顷	635	3166		300	21667
设施农业占地面积	公顷	351	437	101	5	1404
棉花产量	吨			2		
油料产量	吨	15172	3135	5203	323	7925
规模以上工业企业单位数	个	29	45	40	26	39
四、教育、卫生和社会保障						
普通中学在校学生数	人	11870	20356	17650	6106	18060
中等职业教育学校在校学生数	人	593	3626	1577	1630	54
小学在校学生数	人	15164	29012	16378	10965	21096
医疗卫生机构床位数	床	1336	2234	1596	617	1864
各种社会福利收养性单位数	个	13	14	12	15	7
各种社会福利收养性单位床位数	床	1400	1512	1080	258	170

2017年县(市)社会经济主要指标

甘肃省

指　　标	单位	皋兰县	榆中县	永昌县	靖远县	会宁县
一、基本情况						
行政区域面积	平方公里	2180	3302	5877	5792	6439
乡个数	个		12	1	5	4
镇个数	个	6	11	9	13	24
街道办事处个数	个					
户籍人口	万人	15	45	24	50	58
第二产业从业人员	人	9406	32984	26409	39935	23409
第三产业从业人员	人	19136	73587	54957	50272	66255
固定电话用户	户	8609	8650	20441	42500	35164
二、综合经济						
地区生产总值	万元	518346	980844	650614	698893	636324
第一产业增加值	万元	56150	100934	124593	231325	190040
农业增加值	万元	48509	83202	95741	174498	96100
牧业增加值	万元	6774	16327	27406	53427	90535
第二产业增加值	万元	241845	274105	168056	174344	149590
公共财政收入	万元	44649	64833	30781	31649	26546
各项税收	万元	34058	44392	20775	31207	15191
公共财政支出	万元	148873	377597	250264	311399	395111
居民储蓄存款余额	万元	682683	1548097	742437	713602	762084
年末金融机构各项贷款余额	万元	1054223	2347254	1015713	892472	778477
三、农业和工业						
农业机械总动力	万千瓦特	25	31	75	43	52
机收面积	公顷	5230	22133	43322	21619	30113
设施农业占地面积	公顷	1109	1401	681	9096	300
棉花产量	吨					
油料产量	吨	2302	5544	13243	11581	5130
规模以上工业企业单位数	个	34	26	54	11	27
四、教育、卫生和社会保障						
普通中学在校学生数	人	3740	19094	7107	24154	29755
中等职业教育学校在校学生数	人		1170	1540	2612	3988
小学在校学生数	人	6653	22007	11745	30299	29641
医疗卫生机构床位数	床	425	1789	686	993	2060
各种社会福利收养性单位数	个	7	3	2	5	10
各种社会福利收养性单位床位数	床	253	220	290	244	427

2017年县(市)社会经济主要指标

甘肃省

指　　标	单位	景泰县	清水县	秦安县	甘谷县	武山县
一、基本情况						
行政区域面积	平方公里	5483	2012	1599	1535	2011
乡个数	个	3	3		2	2
镇个数	个	8	15	17	13	13
街道办事处个数	个	7				
户籍人口	万人	24	33	59	64	47
第二产业从业人员	人	5855	12808	46641	79217	21541
第三产业从业人员	人	35695	30366	61232	66578	82903
固定电话用户	户	16400	16672	49100	32012	32821
二、综合经济						
地区生产总值	万元	504440	444228	526293	591672	520402
第一产业增加值	万元	120233	115682	133145	148508	158680
农业增加值	万元	78007	99382	127335	136034	140574
牧业增加值	万元	41535	16005	5595	11761	16677
第二产业增加值	万元	96723	53497	107167	162101	90232
公共财政收入	万元	42018	30563	78325	41121	20172
各项税收	万元	31006	18154	10905	16815	10060
公共财政支出	万元	219491	236468	339704	329483	261653
居民储蓄存款余额	万元	518346	460594	1098318	103251	735658
年末金融机构各项贷款余额	万元	657700	379372	870038	602185	518917
三、农业和工业						
农业机械总动力	万千瓦特	62	14	23	25	23
机收面积	公顷	23056	1066	5140	4412	14767
设施农业占地面积	公顷	453	696	1878	3561	4507
棉花产量	吨					
油料产量	吨	9938	21700	14283	17263	14074
规模以上工业企业单位数	个	34	10	15	20	17
四、教育、卫生和社会保障						
普通中学在校学生数	人	6512	11525	29449	31417	32135
中等职业教育学校在校学生数	人	1162		1327	3800	1830
小学在校学生数	人	11579	24359	31944	49888	37068
医疗卫生机构床位数	床	800	1088	1394	1823	1376
各种社会福利收养性单位数	个	5	11	3	4	17
各种社会福利收养性单位床位数	床	330	262	60	500	200

2017年县(市)社会经济主要指标

甘肃省

指　　标	单位	张家川回族自治区	凉州区	民勤县	古浪县	天祝藏族自治区
一、基本情况						
行政区域面积	平方公里	1312	4907	15835	5047	7150
乡个数	个	5	8		5	8
镇个数	个	10	29	18	14	11
街道办事处个数	个		8	1	1	
户籍人口	万人	34	104	27	39	21
第二产业从业人员	人	9544	104435	9070	30770	9816
第三产业从业人员	人	65571	149500	38281	38700	24728
固定电话用户	户	26859	107400	11679	22598	2153
二、综合经济						
地区生产总值	万元	274070	2722793	698434	455413	427568
第一产业增加值	万元	61354	583805	213036	137693	93035
农业增加值	万元	47277	325645	137146	96740	44894
牧业增加值	万元	13741	258083	56187	38034	47849
第二产业增加值	万元	29354	860828	195219	113186	110020
公共财政收入	万元	9402	123260	35372	29320	26806
各项税收	万元	4172	71617	12094	10313	13730
公共财政支出	万元	238010	636800	319062	374650	376765
居民储蓄存款余额	万元	508902	3710698	930893	666395	492687
年末金融机构各项贷款余额	万元	299647	4946057	1737965	735296	749155
三、农业和工业						
农业机械总动力	万千瓦特	16	128	170	53	20
机收面积	公顷	5310	38533	16200	8983	3534
设施农业占地面积	公顷	565	11724	3187	2270	3314
棉花产量	吨			774		
油料产量	吨	7256	18728	61678	20438	2427
规模以上工业企业单位数	个	9	142	40	26	45
四、教育、卫生和社会保障						
普通中学在校学生数	人	16677	51403	12255	20814	9656
中等职业教育学校在校学生数	人	1013	7167	3422	2678	403
小学在校学生数	人	24592	63374	8056	20731	10528
医疗卫生机构床位数	床	1320	6026	1468	1661	1239
各种社会福利收养性单位数	个	11	10	9	4	1
各种社会福利收养性单位床位数	床	269	985	2152	660	400

2017年县(市)社会经济主要指标

甘肃省

指　　标	单位	甘州区	肃南裕固族自治区	民乐县	临泽县	高台县
一、基本情况						
行政区域面积	平方公里	3661	23887	3687	2729	4347
乡个数	个	5	5			
镇个数	个	13	3	10	7	9
街道办事处个数	个	5				
户籍人口	万人	50	4	25	15	16
第二产业从业人员	人	33594	932	24635	13815	32669
第三产业从业人员	人	57290	3966	36640	26201	34132
固定电话用户	户	106200	3200	38000	24226	35360
二、综合经济						
地区生产总值	万元	1646975	208338	458959	484902	469490
第一产业增加值	万元	241859	51779	106210	126853	112904
农业增加值	万元	176270	10465	75868	73310	86466
牧业增加值	万元	62577	40451	28252	50010	24831
第二产业增加值	万元	384746	67026	138908	115767	131304
公共财政收入	万元	88368	23709	29245	59045	38724
各项税收	万元	40957	13778	24402	26294	24034
公共财政支出	万元	430160	173166	229309	202771	177484
居民储蓄存款余额	万元	2039246	95367	412007	448200	473920
年末金融机构各项贷款余额	万元	3269920	136587	679408	656577	615856
三、农业和工业						
农业机械总动力	万千瓦特	50	7	62	36	32
机收面积	公顷	36467	6180	49850	16171	21847
设施农业占地面积	公顷	2012	6	955	566	1902
棉花产量	吨				1	8
油料产量	吨	10503	85	15378	1446	1639
规模以上工业企业单位数	个	81	27	32	28	42
四、教育、卫生和社会保障						
普通中学在校学生数	人	40332	1055	17080	5817	6100
中等职业教育学校在校学生数	人	3470	299	2184	1383	1276
小学在校学生数	人	31696	1545	17328	7493	7096
医疗卫生机构床位数	床	3551	404	1517	905	1173
各种社会福利收养性单位数	个	19	1	4	4	4
各种社会福利收养性单位床位数	床	559	120	640	326	356

2017年县(市)社会经济主要指标

甘肃省

指　　标	单位	山丹县	崆峒区	泾川县	灵台县	崇信县
一、基本情况						
行政区域面积	平方公里	5402	1936	1409	2038	850
乡个数	个	2	11	3	4	2
镇个数	个	6	6	11	9	4
街道办事处个数	个		3	1		
户籍人口	万人	20	52	36	23	10
第二产业从业人员	人	21658	57169	19305	1232	13544
第三产业从业人员	人	57292	131182	42663	10615	14794
固定电话用户	户	24443	90005	12600	9102	7104
二、综合经济						
地区生产总值	万元	476508	1286773	409058	266823	260758
第一产业增加值	万元	91793	85707	100959	84264	60287
农业增加值	万元	65823	47072	81519	64917	39316
牧业增加值	万元	24376	36345	14945	18239	21509
第二产业增加值	万元	120564	305217	93919	51254	108147
公共财政收入	万元	25420	53106	18518	7511	29320
各项税收	万元	14540	38867	8437	4612	23432
公共财政支出	万元	210773	334985	221679	182642	119564
居民储蓄存款余额	万元	547743	1805600	776347	496471	275009
年末金融机构各项贷款余额	万元	733399	2406600	671175	429407	267942
三、农业和工业						
农业机械总动力	万千瓦特	33	35	16	16	5
机收面积	公顷	32404	21830	29867	27333	7899
设施农业占地面积	公顷	191	432	777	256	423
棉花产量	吨					
油料产量	吨	35576	10303	4323	14370	7546
规模以上工业企业单位数	个	26	56	9	6	10
四、教育、卫生和社会保障						
普通中学在校学生数	人	8533	31301	16109	10430	2850
中等职业教育学校在校学生数	人	1230	3166	4694	1635	927
小学在校学生数	人	11788	36941	16933	12722	6667
医疗卫生机构床位数	床	1439	4100	1252	970	612
各种社会福利收养性单位数	个	8	16	5	11	7
各种社会福利收养性单位床位数	床	219	126	393	426	189

2017年县(市)社会经济主要指标

甘肃省

指　　标	单位	华亭县	庄浪县	静宁县	肃州区	金塔县
一、基本情况						
行政区域面积	平方公里	1182	1553	2194	3386	16663
乡个数	个	3	8	11	1	4
镇个数	个	7	10	13	14	5
街道办事处个数	个		1		7	
户籍人口	万人	19	45	48	41	15
第二产业从业人员	人	26567	25798	29522	24916	14195
第三产业从业人员	人	19971	59016	67233	94066	24932
固定电话用户	户	15160	19000	40600	107300	16644
二、综合经济						
地区生产总值	万元	453808	393999	495228	1687479	675446
第一产业增加值	万元	52444	146589	193122	203341	163094
农业增加值	万元	36945	135720	177004	132036	122632
牧业增加值	万元	15269	11146	14886	66549	27920
第二产业增加值	万元	238763	57006	100895	433876	144659
公共财政收入	万元	70518	19011	22898	74873	24602
各项税收	万元	49621	8757	14436	45642	10919
公共财政支出	万元	167555	320581	337867	275362	167496
居民储蓄存款余额	万元	699793	720233	736638	2456386	391721
年末金融机构各项贷款余额	万元	706303	606440	837497	3587299	507828
三、农业和工业						
农业机械总动力	万千瓦特	7	36	24	71	47
机收面积	公顷	9093	9610	28000	16640	8307
设施农业占地面积	公顷	156	729	174	5741	1259
棉花产量	吨					2001
油料产量	吨	5438	6220	11018	4366	12796
规模以上工业企业单位数	个	17	11	9	44	32
四、教育、卫生和社会保障						
普通中学在校学生数	人	10622	28179	28511	18578	7837
中等职业教育学校在校学生数	人	1728	4885	3813	9458	1547
小学在校学生数	人	16106	35109	30640	26159	7316
医疗卫生机构床位数	床	1430	1812	2255	3413	687
各种社会福利收养性单位数	个	6	12	4	9	3
各种社会福利收养性单位床位数	床	77	435	217	1336	180

2017年县(市)社会经济主要指标

甘肃省

指　　标	单位	瓜州县	肃北蒙古族自治县	阿克塞哈萨克族自治县	玉门市	敦煌市
一、基本情况						
行政区域面积	平方公里	24130	66748	32374	13496	31200
乡个数	个	5	2	2	5	
镇个数	个	10	2	1	7	8
街道办事处个数	个				1	
户籍人口	万人	13	1	1	16	14
第二产业从业人员	人	14720	2055	353	34292	11973
第三产业从业人员	人	21411	2650	4567	46682	40696
固定电话用户	户	14000	3820	2720	21800	66951
二、综合经济						
地区生产总值	万元	690214	137707	85024	1310448	931291
第一产业增加值	万元	90676	5635	5575	94788	84538
农业增加值	万元	75181	1258	997	70964	66974
牧业增加值	万元	13388	4366	4290	21197	13245
第二产业增加值	万元	315544	60937	28300	729763	191927
公共财政收入	万元	32882	15505	7101	36957	50001
各项税收	万元	19494	6967	3801	26815	32742
公共财政支出	万元	160347	79798	52861	185086	166331
居民储蓄存款余额	万元	411016	66409	51902	474449	1348710
年末金融机构各项贷款余额	万元	1049505	67001	70414	843321	1351550
三、农业和工业						
农业机械总动力	万千瓦特	36	3	3	35	32
机收面积	公顷	26440	713	517	29180	3650
设施农业占地面积	公顷	467	6	15	1306	274
棉花产量	吨	16889			67	6395
油料产量	吨	17519	256		19547	2448
规模以上工业企业单位数	个	41	14	9	50	45
四、教育、卫生和社会保障						
普通中学在校学生数	人	7853	587	596	6812	8916
中等职业教育学校在校学生数	人	762			1872	1156
小学在校学生数	人	10431	640	798	9916	9212
医疗卫生机构床位数	床	698	170	82	755	980
各种社会福利收养性单位数	个	3	1	1	44	4
各种社会福利收养性单位床位数	床	310	50	50	410	259

2017年县(市)社会经济主要指标

甘肃省

指　　标	单位	西峰区	庆城县	环　县	华池县	合水县
一、基本情况						
行政区域面积	平方公里	996	2692	9236	3791	2933
乡个数	个	2	8	11	9	7
镇个数	个	5	7	9	6	5
街道办事处个数	个	3	2			
户籍人口	万人	39	29	36	14	18
第二产业从业人员	人	35479	13552	12641	4561	7706
第三产业从业人员	人	35053	30611	25976	9239	19025
固定电话用户	户	70972	24853	10987	10720	3995
二、综合经济						
地区生产总值	万元	2029988	582373	781697	650570	421128
第一产业增加值	万元	57152	64120	86088	34270	46901
农业增加值	万元	49269	55068	51306	26262	32881
牧业增加值	万元	6814	7242	33256	6537	11514
第二产业增加值	万元	1053255	310040	405954	470467	244003
公共财政收入	万元	72978	30880	336983	23200	21917
各项税收	万元	59942	17091	31331	10719	6667
公共财政支出	万元	267581	243548	329473	183998	171729
居民储蓄存款余额	万元	2453756	787500	577989	351738	486881
年末金融机构各项贷款余额	万元	3185134	828100	652856	250553	354369
三、农业和工业						
农业机械总动力	万千瓦特	23	15	23	14	14
机收面积	公顷	37725	27914	36167	17667	17128
设施农业占地面积	公顷	1170	1124	880	177	111
棉花产量	吨					
油料产量	吨	4230	9399	14218	5794	2003
规模以上工业企业单位数	个	26	24	11	8	8
四、教育、卫生和社会保障						
普通中学在校学生数	人	29599	11045	19254	6319	6429
中等职业教育学校在校学生数	人	6624	830	2373	812	1165
小学在校学生数	人	41556	17239	25340	10312	12141
医疗卫生机构床位数	床	4009	868	748	1268	768
各种社会福利收养性单位数	个	7	1	5	4	8
各种社会福利收养性单位床位数	床	198	192	186	190	282

2017年县(市)社会经济主要指标

甘肃省

指　　标	单位	正宁县	宁　县	镇原县	安定区	通渭县
一、基本情况						
行政区域面积	平方公里	1320	2653	3500	3639	2909
乡个数	个	2	4	10	7	4
镇个数	个	8	14	9	12	14
街道办事处个数	个				3	
户籍人口	万人	25	56	53	47	44
第二产业从业人员	人	6427	26084	30096	34282	46236
第三产业从业人员	人	41751	39675	68162	40107	44200
固定电话用户	户	21600	47523	36310	37980	9020
二、综合经济						
地区生产总值	万元	232698	552897	547778	767389	388883
第一产业增加值	万元	38371	78753	157485	97406	78817
农业增加值	万元	32729	58619	127920	76343	59708
牧业增加值	万元	4867	18904	28256	20135	17378
第二产业增加值	万元	16935	155549	139903	227352	52621
公共财政收入	万元	10483	30000	18678	38341	18015
各项税收	万元	5681	22300	28990	26739	9142
公共财政支出	万元	160716	285000	336018	351711	314150
居民储蓄存款余额	万元	599533	1020400	916847	1326700	523573
年末金融机构各项贷款余额	万元	274595	638700	582104	1746600	815544
三、农业和工业						
农业机械总动力	万千瓦特	17	25	21	37	25
机收面积	公顷	9215	40125	48133	34533	26200
设施农业占地面积	公顷	1733	854	526	516	111
棉花产量	吨					
油料产量	吨	1934	12403	28115	4999	11429
规模以上工业企业单位数	个	5	14	18	53	15
四、教育、卫生和社会保障						
普通中学在校学生数	人	10109	20233	28487	22883	23218
中等职业教育学校在校学生数	人	484	2251	1953	3702	1063
小学在校学生数	人	15385	31090	32975	23291	16725
医疗卫生机构床位数	床	587	1114	1622	2469	1450
各种社会福利收养性单位数	个	5	18	13	18	19
各种社会福利收养性单位床位数	床	184	223	588	178	683

2017年县(市)社会经济主要指标

甘肃省

指标	单位	陇西县	渭源县	临洮县	漳县	岷县
一、基本情况						
行政区域面积	平方公里	2409	2066	2855	2164	3574
乡个数	个	5	4	6	3	3
镇个数	个	12	12	12	10	15
街道办事处个数	个					
户籍人口	万人	52	35	55	21	49
第二产业从业人员	人	18405	16229	53708	19172	23738
第三产业从业人员	人	73878	33630	36767	33265	47182
固定电话用户	户	20343	8900	16500	4549	2080
二、综合经济						
地区生产总值	万元	614418	313988	621566	222939	343920
第一产业增加值	万元	102643	101924	93854	48724	81968
农业增加值	万元	83532	93726	63592	43650	72508
牧业增加值	万元	18855	7601	29973	4403	8497
第二产业增加值	万元	123673	43149	196408	46534	71831
公共财政收入	万元	47034	13932	34133	14181	19217
各项税收	万元	78949	5609	20198	7859	10698
公共财政支出	万元	320080	238445	336647	148900	279916
居民储蓄存款余额	万元	1002813	450390	1189289	287274	631840
年末金融机构各项贷款余额	万元	1721121	521275	1298109	251059	878710
三、农业和工业						
农业机械总动力	万千瓦特	32	15	35	13	17
机收面积	公顷	30000	22144	23330	5000	
设施农业占地面积	公顷	501	142	2853	927	61
棉花产量	吨					
油料产量	吨	8193	15174	1605	11674	3991
规模以上工业企业单位数	个	28	6	35	2	14
四、教育、卫生和社会保障						
普通中学在校学生数	人	27371	18723	25521	11718	18024
中等职业教育学校在校学生数	人	1599	1035	2360	935	2247
小学在校学生数	人	33457	18090	33890	14297	42113
医疗卫生机构床位数	床	3295	1536	2499	557	1835
各种社会福利收养性单位数	个	8	18	127	11	8
各种社会福利收养性单位床位数	床	257	1210	3031	220	72

2017年县(市)社会经济主要指标

甘肃省

指　　标	单位	武都区	成　县	文　县	宕昌县	康　县
一、基本情况						
行政区域面积	平方公里	4683	1677	5003	3331	2708
乡个数	个	15	3	6	14	7
镇个数	个	21	14	14	11	14
街道办事处个数	个	4				
户籍人口	万人	60	27	25	31	20
第二产业从业人员	人	73035	15379	12483	24723	8707
第三产业从业人员	人	136112	39487	33871	33262	23085
固定电话用户	户	17021	31965	29117	13000	12414
二、综合经济						
地区生产总值	万元	1093212	553625	249711	217716	195546
第一产业增加值	万元	166403	65614	50261	45003	44547
农业增加值	万元	120394	53500	40249	38352	36572
牧业增加值	万元	14635	7419	7898	4619	5492
第二产业增加值	万元	148384	199239	60336	32142	42095
公共财政收入	万元	50897	47416	21157	14726	14036
各项税收	万元	34778	33008	11617	8365	5737
公共财政支出	万元	388215	214964	211090	225088	168382
居民储蓄存款余额	万元	1183523	720897	426074	439681	338292
年末金融机构各项贷款余额	万元	2254417	640327	541498	414481	397095
三、农业和工业						
农业机械总动力	万千瓦特	36	21	30	10	14
机收面积	公顷	1902	12500	3800	1733	1340
设施农业占地面积	公顷	192	108	183	69	194
棉花产量	吨					
油料产量	吨	5150	9401	4519	3216	1766
规模以上工业企业单位数	个	16	9	16	6	6
四、教育、卫生和社会保障						
普通中学在校学生数	人	21186	8450	5201	15577	8242
中等职业教育学校在校学生数	人	5282	1954	1660	635	398
小学在校学生数	人	55324	15178	10366	21874	13313
医疗卫生机构床位数	床	3466	1122	772	1450	725
各种社会福利收养性单位数	个	12	10	3	4	
各种社会福利收养性单位床位数	床	62	80	15	27	

2017年县(市)社会经济主要指标

甘肃省

指　　标	单位	西和县	礼　县	徽　县	两当县	临夏市
一、基本情况						
行政区域面积	平方公里	1862	4300	2722	1409	89
乡个数	个	8	14	2	6	
镇个数	个	12	15	13	6	4
街道办事处个数	个					7
户籍人口	万人	45	54	22	5	27
第二产业从业人员	人	21916	23479	9055	1426	24600
第三产业从业人员	人	58053	71316	47245	6400	131788
固定电话用户	户	31172	38000	21000	6268	162608
二、综合经济						
地区生产总值	万元	294702	289902	455031	77765	687753
第一产业增加值	万元	51554	75341	90823	23658	16175
农业增加值	万元	39108	60853	73413	19556	6711
牧业增加值	万元	10544	11642	14900	2892	9046
第二产业增加值	万元	40023	30159	140624	9594	95029
公共财政收入	万元	15763	19605	28839	3791	112890
各项税收	万元	10630	6889	24137	6708	30581
公共财政支出	万元	272754	340186	183411	74369	257985
居民储蓄存款余额	万元	744278	814679	558000	144535	1461017
年末金融机构各项贷款余额	万元	539921	594037	614100	151458	1793402
三、农业和工业						
农业机械总动力	万千瓦特	21	31	25	8	3
机收面积	公顷	5599	5700	9093	570	
设施农业占地面积	公顷	171	1751	180	172	462
棉花产量	吨					
油料产量	吨	6700	15732	5161	781	29
规模以上工业企业单位数	个	7	6	12	3	5
四、教育、卫生和社会保障						
普通中学在校学生数	人	17597	18660	10603	2019	20570
中等职业教育学校在校学生数	人	3677		449		8251
小学在校学生数	人	34264	36796	15002	2338	25558
医疗卫生机构床位数	床	690	809	1035	196	2525
各种社会福利收养性单位数	个		17	3	4	5
各种社会福利收养性单位床位数	床		97	34	94	926

2017年县(市)社会经济主要指标

甘肃省

指　　标	单位	临夏县	康乐县	永靖县	广河县	和政县
一、基本情况						
行政区域面积	平方公里	1213	1083	1864	538	960
乡个数	个	16	10	7	3	4
镇个数	个	9	5	10	6	9
街道办事处个数	个					
户籍人口	万人	42	30	21	29	23
第二产业从业人员	人	38477	23753	28790	10574	40238
第三产业从业人员	人	66659	27837	29845	27778	33724
固定电话用户	户	29273	12000	27420	5931	10119
二、综合经济						
地区生产总值	万元	372846	209685	345700	221356	156328
第一产业增加值	万元	67390	42498	51664	29838	28944
农业增加值	万元	45701	31065	35326	22352	19921
牧业增加值	万元	20028	10277	13367	7308	8228
第二产业增加值	万元	59120	21870	133546	51762	30569
公共财政收入	万元	17121	11376	31327	13264	9110
各项税收	万元	8498	5557	52411	6034	4484
公共财政支出	万元	291744	204399	219884	188016	169028
居民储蓄存款余额	万元	443916	352193	558000	299273	
年末金融机构各项贷款余额	万元	358390	273944	717495	387310	249300
三、农业和工业						
农业机械总动力	万千瓦特	11	13	22	15	9
机收面积	公顷	8421	4001	3720		4000
设施农业占地面积	公顷	853	127	1519	154	
棉花产量	吨					
油料产量	吨	14030	8965	2084	1338	17590
规模以上工业企业单位数	个	9	1	12	3	3
四、教育、卫生和社会保障						
普通中学在校学生数	人	12209	13330	10836	9423	6919
中等职业教育学校在校学生数	人	285		310	378	112
小学在校学生数	人	29012	26833	12052	27522	18395
医疗卫生机构床位数	床	1353	1129	1181	943	375
各种社会福利收养性单位数	个	3	5	14	1	2
各种社会福利收养性单位床位数	床	328	390	148	110	168

2017年县(市)社会经济主要指标

甘肃省

指　　标	单位	东乡族自治县	积石山保安族东乡族撒拉族自治县	合作市	临潭县	卓尼县
一、基本情况						
行政区域面积	平方公里	1511	910	2091	1393	5139
乡个数	个	16	13	3	8	10
镇个数	个	8	4	3	8	5
街道办事处个数	个			4	7	
户籍人口	万人	36	27	9	16	11
第二产业从业人员	人	11533	9865	1610	2004	3571
第三产业从业人员	人	35778	39701	10520	20032	6374
固定电话用户	户	2920	19900	22561	8098	3430
二、综合经济						
地区生产总值	万元	188802	143722	396326	166424	152534
第一产业增加值	万元	47795	24624	26469	23282	42431
农业增加值	万元	9010	20202	4549	9680	9533
牧业增加值	万元	37875	3477	21808	13416	29654
第二产业增加值	万元	30124	8215	68515	14625	18461
公共财政收入	万元	8059	21895	15872	6898	11556
各项税收	万元	3289	6648	10349	2848	5674
公共财政支出	万元	292944	238117	187903	228483	205884
居民储蓄存款余额	万元	187810	171575	258550	243279	179766
年末金融机构各项贷款余额	万元	280581	296709	865304	346629	289455
三、农业和工业						
农业机械总动力	万千瓦特	21	6	4	14	8
机收面积	公顷	2830	1600		4500	750
设施农业占地面积	公顷	11	162		27	73
棉花产量	吨					
油料产量	吨	628	12620	2416	5420	2142
规模以上工业企业单位数	个	3		7	1	3
四、教育、卫生和社会保障						
普通中学在校学生数	人	10252	10975	8735	5236	6331
中等职业教育学校在校学生数	人				20	
小学在校学生数	人	32768	25382	9480	12120	10576
医疗卫生机构床位数	床	625	1017	628	400	470
各种社会福利收养性单位数	个	3	2	1	1	4
各种社会福利收养性单位床位数	床	345	49	42	40	35

2017年县(市)社会经济主要指标

甘肃省

指　　标	单位	舟曲县	迭部县	玛曲县	碌曲县	夏河县
一、基本情况						
行政区域面积	平方公里	3015	4709	9637	5299	6266
乡个数	个	12	6	4	2	5
镇个数	个	7	5	4	5	8
街道办事处个数	个					
户籍人口	万人	14	6	5	4	9
第二产业从业人员	人	10680	1273	1778	301	1268
第三产业从业人员	人	29294	13805	5754	3735	8081
固定电话用户	户	26232	2987	3550	1605	11260
二、综合经济						
地区生产总值	万元	156092	123064	166358	98464	162373
第一产业增加值	万元	41671	31633	71491	39328	55585
农业增加值	万元	23611	4638		497	3789
牧业增加值	万元	10206	17858	71196	37911	48121
第二产业增加值	万元	22045	26219	21042	11717	12222
公共财政收入	万元	8236	7779	11200	2116	14900
各项税收	万元	3774	3910	2956	1010	7240
公共财政支出	万元	225428	135471	177372	146650	201400
居民储蓄存款余额	万元	333758	136117	74762	59575	144200
年末金融机构各项贷款余额	万元	336849	214295	103505	82779	141000
三、农业和工业						
农业机械总动力	万千瓦特	13	3	221	1	3
机收面积	公顷	520			647	
设施农业占地面积	公顷	39	22	18		7
棉花产量	吨					
油料产量	吨	4413	921		281	3414
规模以上工业企业单位数	个	6	7	4	3	1
四、教育、卫生和社会保障						
普通中学在校学生数	人	9475	2435	2031	2704	4228
中等职业教育学校在校学生数	人	293				
小学在校学生数	人	11217	4662	5876	3560	7193
医疗卫生机构床位数	床	402	256	228	252	432
各种社会福利收养性单位数	个	4		1	2	3
各种社会福利收养性单位床位数	床	216		70	91	60

2017年县(市)社会经济主要指标

青海省

指　　标	单位	大通回族土族自治县	湟中县	湟源县	乐都区	平安区
一、基本情况						
行政区域面积	平方公里	3090	2600	1545	2500	769
乡个数	个	11	5	7	12	5
镇个数	个	9	10	2	7	3
街道办事处个数	个		1	8		
户籍人口	万人	47	48	13	27	13
第二产业从业人员	人	95921	29570	11853	38921	16686
第三产业从业人员	人	100794	14530	10904	27201	24444
固定电话用户	户	47540	47445	37863	32290	23936
二、综合经济						
地区生产总值	万元	936542	1539068	286724	916517	736950
第一产业增加值	万元	154632	184665	53844	124173	44711
农业增加值	万元	60060	101265	21905	75015	31747
牧业增加值	万元	92855	81552	30600	46730	10600
第二产业增加值	万元	536779	1125175	129757	408688	365935
公共财政收入	万元	46998	23094	15826	17113	23202
各项税收	万元	35123	18538	9821	12291	15092
公共财政支出	万元	423312	451360	205591	284635	197336
居民储蓄存款余额	万元	909299	784822	313321	730638	514723
年末金融机构各项贷款余额	万元	1048416	655141	315946	679728	1417147
三、农业和工业						
农业机械总动力	万千瓦特	47	64	16	21	8
机收面积	公顷	21120	28706	3285	5920	3200
设施农业占地面积	公顷	2616	877	158	2325	237
棉花产量	吨					
油料产量	吨	39721	40438	6885	6815	10035
规模以上工业企业单位数	个	37	47	15	26	16
四、教育、卫生和社会保障						
普通中学在校学生数	人	27369	27489	7232	16266	5330
中等职业教育学校在校学生数	人	5600	9306	1171	4512	
小学在校学生数	人	32970	33592	7014	16904	7769
医疗卫生机构床位数	床	1545	1498	493	1064	369
各种社会福利收养性单位数	个	10	1	9	4	2
各种社会福利收养性单位床位数	床	638	452	260	240	506

2017年县(市)社会经济主要指标

青海省

指　标	单位	民和回族土族自治县	互助土族自治县	化隆回族自治县	循化撒拉族自治县	门源回族自治县
一、基本情况						
行政区域面积	平方公里	1897	3424	2707	1815	6902
乡个数	个	14	11	11	6	8
镇个数	个	8	8	6	3	4
街道办事处个数	个					7
户籍人口	万人	44	40	30	16	16
第二产业从业人员	人	54721	51214	13481	16876	19601
第三产业从业人员	人	50034	121009	29796	22522	14071
固定电话用户	户	20865	37716	14147	2721	11372
二、综合经济						
地区生产总值	万元	877355	1063669	449006	317210	323978
第一产业增加值	万元	105807	192779	64131	46250	80139
农业增加值	万元	66715	122290	34371	25345	32040
牧业增加值	万元	34124	68479	26691	18876	47328
第二产业增加值	万元	491689	427217	233500	136672	95417
公共财政收入	万元	23500	33574	11464	9522	14288
各项税收	万元	16406	19911	6999	6151	8443
公共财政支出	万元	407671	385248	270707	202693	263460
居民储蓄存款余额	万元	565177	685982	267809	345589	245302
年末金融机构各项贷款余额	万元	388753	501814	263985	188880	252802
三、农业和工业						
农业机械总动力	万千瓦特	51	43	20	6	36
机收面积	公顷	4533	36390	3235	4500	39862
设施农业占地面积	公顷	223	564	180	1340	654
棉花产量	吨					
油料产量	吨	7711	62354	24043	5934	38805
规模以上工业企业单位数	个	17	20	9	14	12
四、教育、卫生和社会保障						
普通中学在校学生数	人	24120	21954	9474	6527	12085
中等职业教育学校在校学生数	人	4378	4612	1149	1207	1090
小学在校学生数	人	32077	23800	22853	15364	11782
医疗卫生机构床位数	床	1252	1310	532	728	672
各种社会福利收养性单位数	个	6	4	3	13	4
各种社会福利收养性单位床位数	床	417	454	320	167	160

2017年县(市)社会经济主要指标

青海省

指　　标	单位	祁连县	海晏县	刚察县	同仁县	尖扎县
一、基本情况						
行政区域面积	平方公里	14000	4853	8138	3275	1558
乡个数	个	4	4	3	9	6
镇个数	个	3	2	2	3	3
街道办事处个数	个			2	8	
户籍人口	万人	5	4	5	10	6
第二产业从业人员	人	702	1550	1013	4747	2800
第三产业从业人员	人	6812	4868	2120	7182	3600
固定电话用户	户	9970	13186	6429	8466	2050
二、综合经济						
地区生产总值	万元	156387	180079	168687	290743	192819
第一产业增加值	万元	51974	19539	46456	43992	21469
农业增加值	万元	2739	1862	5098	21450	6700
牧业增加值	万元	48042	17625	40573	22124	11903
第二产业增加值	万元	36831	50523	55482	56909	119600
公共财政收入	万元	8669	18516	9758	8945	10617
各项税收	万元	5838	10377	5636	5504	6083
公共财政支出	万元	206525	237936	158502	192160	157730
居民储蓄存款余额	万元	127153	139950	37045	268232	121259
年末金融机构各项贷款余额	万元	124787	228608	101778	187223	130200
三、农业和工业						
农业机械总动力	万千瓦特	5	4	3	6	9
机收面积	公顷	1358	2648	8814	912	1439
设施农业占地面积	公顷		7	2	35	62
棉花产量	吨					
油料产量	吨	867	1164	10296	2782	895
规模以上工业企业单位数	个	9	9	7	1	5
四、教育、卫生和社会保障						
普通中学在校学生数	人	2532	2523	1404	3887	3640
中等职业教育学校在校学生数	人		2417			
小学在校学生数	人	3865	2735	3994	9476	4927
医疗卫生机构床位数	床	198	495	252	133	350
各种社会福利收养性单位数	个	5	1	2	1	4
各种社会福利收养性单位床位数	床	111	120	110	100	466

2017年县(市)社会经济主要指标

青海省

指 标	单位	泽库县	河南蒙古族自治县	共和县	同德县	贵德县
一、基本情况						
行政区域面积	平方公里	6765	6700	17209	4653	3600
乡个数	个	4	4	7	3	3
镇个数	个	3	2	4	2	4
街道办事处个数	个		1	14	10	
户籍人口	万人	8	4	14	6	11
第二产业从业人员	人	680	829	3698	1501	10893
第三产业从业人员	人	2744	2933	8748	2379	11723
固定电话用户	户	248	1205	17671	4700	13500
二、综合经济						
地区生产总值	万元	157576	148993	679611	127455	270604
第一产业增加值	万元	72488	65585	83602	73183	31675
农业增加值	万元	5938	1371	6721	14263	15688
牧业增加值	万元	66228	64214	55990	57694	14619
第二产业增加值	万元	45096	44751	355869	24726	160671
公共财政收入	万元	2627	3865	21330	4756	23916
各项税收	万元	1055	1360	10769	3563	10668
公共财政支出	万元	161307	129315	230663	111751	187080
居民储蓄存款余额	万元	46733	66881	344798	68400	239294
年末金融机构各项贷款余额	万元	90998	59270	502908	99100	173726
三、农业和工业						
农业机械总动力	万千瓦特	2		19	7	11
机收面积	公顷	1703		21420	11603	3352
设施农业占地面积	公顷	4		49	22	134
棉花产量	吨					
油料产量	吨	1684		11585	3247	7208
规模以上工业企业单位数	个		4	35	1	4
四、教育、卫生和社会保障						
普通中学在校学生数	人	3681	2087	5151	2833	4215
中等职业教育学校在校学生数	人			2390		49
小学在校学生数	人	8369	3420	11528	5804	9112
医疗卫生机构床位数	床	269	301	318	568	968
各种社会福利收养性单位数	个	2	1	3	7	2
各种社会福利收养性单位床位数	床	140	100	109	336	185

2017年县(市)社会经济主要指标

青海省

指　　标	单位	兴海县	贵南县	玛沁县	班玛县	甘德县
一、基本情况						
行政区域面积	平方公里	12178	6650	13400	6139	7046
乡个数	个	4	3	6	8	6
镇个数	个	3	3	2	1	1
街道办事处个数	个		8			
户籍人口	万人	8	8	6	3	4
第二产业从业人员	人	1181	353	1424	84	18
第三产业从业人员	人	3521	8544	5846	1732	2588
固定电话用户	户	5566	6250	11622	1100	1393
二、综合经济						
地区生产总值	万元	218566	161933	148726	37626	31468
第一产业增加值	万元	75707	82031	19910	10146	9370
农业增加值	万元	18651	23803	3394	2364	2130
牧业增加值	万元	55992	56566	16103	7746	7240
第二产业增加值	万元	84686	35033	58421	13075	11935
公共财政收入	万元	13652	7576	5577	2107	3411
各项税收	万元	6878	3326	3932	477	3277
公共财政支出	万元	136964	154697	132056	90854	105016
居民储蓄存款余额	万元	114551	51100	102349	29687	36924
年末金融机构各项贷款余额	万元	115149	124200	21592	11290	16593
三、农业和工业						
农业机械总动力	万千瓦特	3	13		2	1
机收面积	公顷	2900	28842			
设施农业占地面积	公顷	15	19	5		
棉花产量	吨					
油料产量	吨	4225	9884			
规模以上工业企业单位数	个	7		1		
四、教育、卫生和社会保障						
普通中学在校学生数	人	2745	2760	2247	800	1059
中等职业教育学校在校学生数	人		160	596		249
小学在校学生数	人	8379	6879	5816	2554	3228
医疗卫生机构床位数	床	419	445	96	120	131
各种社会福利收养性单位数	个	4	2	6	7	7
各种社会福利收养性单位床位数	床	248	120	315	290	360

2017年县(市)社会经济主要指标

青海省

指　　标	单位	达日县	久治县	玛多县	玉树市	杂多县
一、基本情况						
行政区域面积	平方公里	14842	8757	26248	15411	35500
乡个数	个	9	5	2	6	7
镇个数	个	1	1	2	2	1
街道办事处个数	个				4	
户籍人口	万人	4	3	2	11	7
第二产业从业人员	人	14	89	234	343	152
第三产业从业人员	人	2467	1452	725	3575	1794
固定电话用户	户	1080	2200	1124	19820	2153
二、综合经济						
地区生产总值	万元	34070	42287	29559	231436	120021
第一产业增加值	万元	8702	11322	5859	53732	72496
农业增加值	万元	2107	2381		4556	41141
牧业增加值	万元	6595	8941	5859	42883	30508
第二产业增加值	万元	12917	14755	12031	111498	31549
公共财政收入	万元	2658	2884	1631	8964	1003
各项税收	万元	627	834	571	6271	810
公共财政支出	万元	105244	90801	160560	178547	130435
居民储蓄存款余额	万元	34042	37463	18439	397005	64876
年末金融机构各项贷款余额	万元	14065	13186	2279	155490	3467
三、农业和工业						
农业机械总动力	万千瓦特			1	4	1
机收面积	公顷				210	
设施农业占地面积	公顷				17	
棉花产量	吨					
油料产量	吨				10	
规模以上工业企业单位数	个		1			
四、教育、卫生和社会保障						
普通中学在校学生数	人	1065	1022	751	4706	2393
中等职业教育学校在校学生数	人		619			
小学在校学生数	人	4352	2440	1328	15229	9130
医疗卫生机构床位数	床	160	70	92	275	271
各种社会福利收养性单位数	个	4	5	3	23	11
各种社会福利收养性单位床位数	床	280	254	170	1171	345

2017年县(市)社会经济主要指标

青海省

指　　标	单位	称多县	治多县	囊谦县	曲麻莱县	格尔木市
一、基本情况						
行政区域面积	平方公里	14618	80642	12741	46636	119263
乡个数	个	2	5	9	5	2
镇个数	个	5	1	1	1	2
街道办事处个数	个					5
户籍人口	万人	6	4	10	3	14
第二产业从业人员	人	1380	56		1589	7542
第三产业从业人员	人	2460	3105	3249	2047	6783
固定电话用户	户	2370	2022	3700	3000	60451
二、综合经济						
地区生产总值	万元	86543	64321	91364	67823	3272383
第一产业增加值	万元	39873	38823	54662	36914	45783
农业增加值	万元	3120	3263	15475	3445	31648
牧业增加值	万元	36231	35499	38801	32877	11955
第二产业增加值	万元	30125	15695	21454	17320	2207857
公共财政收入	万元	1460	2197	1477	1409	140016
各项税收	万元	1549	647	743	723	606710
公共财政支出	万元	145915	111861	188284	95829	356229
居民储蓄存款余额	万元	42433	33965	65797	18974	1184017
年末金融机构各项贷款余额	万元	3869	8813	24205	3154	3186772
三、农业和工业						
农业机械总动力	万千瓦特	3		5	1	12
机收面积	公顷	1816		3800		289
设施农业占地面积	公顷	165		23	5	550
棉花产量	吨					
油料产量	吨	565		418		27
规模以上工业企业单位数	个					60
四、教育、卫生和社会保障						
普通中学在校学生数	人	1845	1649	3518	1062	12177
中等职业教育学校在校学生数	人					2900
小学在校学生数	人	6524	3470	9951	3142	18468
医疗卫生机构床位数	床	346	249	370	119	1508
各种社会福利收养性单位数	个	14	8	11	7	3
各种社会福利收养性单位床位数	床	791	569	105	240	120

2017年县(市)社会经济主要指标

青海省、宁夏回族自治区

指　　标	单位	德令哈市	乌兰县	都兰县	天峻县	永宁县
一、基本情况						
行政区域面积	平方公里	27700	12256	45270	25989	1194
乡个数	个	1		4	7	1
镇个数	个	3	4	4	3	5
街道办事处个数	个	3				1
户籍人口	万人	7	4	7	2	24
第二产业从业人员	人	5341	1968	904	1267	25407
第三产业从业人员	人	9952	3580	2666	2386	59502
固定电话用户	户	22740	9866	8970	5201	32380
二、综合经济						
地区生产总值	万元	692192	165324	337638	115940	1357597
第一产业增加值	万元	56854	36103	117075	33963	153728
农业增加值	万元	31927	12185	82443	1287	129601
牧业增加值	万元	19874	21967	30688	32573	19999
第二产业增加值	万元	324477	91862	135394	29924	701451
公共财政收入	万元	112867	28966	28589	74179	126633
各项税收	万元	89725	5290	13297	70727	50600
公共财政支出	万元	183596	120995	142232	119822	297528
居民储蓄存款余额	万元	436525	116943	145981	56733	889700
年末金融机构各项贷款余额	万元	1305658	148594	119331	120043	1254430
三、农业和工业						
农业机械总动力	万千瓦特	9	5	16	1	46
机收面积	公顷	5295	2420	15533		28862
设施农业占地面积	公顷	388	80	127	1	7356
棉花产量	吨					
油料产量	吨	619	285	5940		168
规模以上工业企业单位数	个	27	10	11	1	73
四、教育、卫生和社会保障						
普通中学在校学生数	人	4596	1701	3785	1101	17024
中等职业教育学校在校学生数	人	3348				1823
小学在校学生数	人	6310	2168	5972	2779	23583
医疗卫生机构床位数	床	640	150	380	137	440
各种社会福利收养性单位数	个	2	1	3	3	1
各种社会福利收养性单位床位数	床	114	34	150	115	120

2017年县(市)社会经济主要指标

宁夏回族自治区

指　　标	单位	贺兰县	灵武市	平罗县	盐池县	同心县
一、基本情况						
行政区域面积	平方公里	1531	3846	2634	8377	5667
乡个数	个	1	2	6	4	4
镇个数	个	4	6	7	4	7
街道办事处个数	个	1	1			
户籍人口	万人	24	25	32	17	38
第二产业从业人员	人	42130	63836	41825	14618	11526
第三产业从业人员	人	66531	72793	59458	14529	27192
固定电话用户	户	34936	39288	19515	16000	13520
二、综合经济						
地区生产总值	万元	1276024	4357319	1574694	855304	631775
第一产业增加值	万元	173748	103777	202744	63625	112513
农业增加值	万元	130156	65158	158186	26770	67478
牧业增加值	万元	25797	34682	27737	35226	44155
第二产业增加值	万元	629458	3754253	878584	516364	279305
公共财政收入	万元	110566	303082	80414	71860	23490
各项税收	万元	77531	250745	54132	49097	16730
公共财政支出	万元	328433	602329	323572	366215	528471
居民储蓄存款余额	万元	982300	1044100	958000	575400	587400
年末金融机构各项贷款余额	万元	1109749	2096083	1097838	621741	1001857
三、农业和工业						
农业机械总动力	万千瓦特	42	33	62	55	26
机收面积	公顷	26756	19066	47180	72004	
设施农业占地面积	公顷	4571	13861	3333	380	2197
棉花产量	吨					
油料产量	吨	905	1037	14875	1259	4632
规模以上工业企业单位数	个	110	140	94	46	54
四、教育、卫生和社会保障						
普通中学在校学生数	人	13483	14598	15651	8831	24582
中等职业教育学校在校学生数	人	2631	3520	3582	1641	635
小学在校学生数	人	21676	22832	20803	12071	39659
医疗卫生机构床位数	床	762	1418	1034	658	1172
各种社会福利收养性单位数	个	4	3	7	3	6
各种社会福利收养性单位床位数	床	656	858	1051	332	600

2017年县(市)社会经济主要指标

宁夏回族自治区

指　　标	单位	青铜峡市	西吉县	隆德县	泾源县	彭阳县
一、基本情况						
行政区域面积	平方公里	2438	4000	991	1443	3238
乡个数	个		15	10	4	8
镇个数	个	8	4	3	3	4
街道办事处个数	个	1				
户籍人口	万人	28	50	18	12	25
第二产业从业人员	人	39154	56488	14912	10043	17490
第三产业从业人员	人	46210	15573	16430	11415	21616
固定电话用户	户	37924	5038	2542	6231	5150
二、综合经济						
地区生产总值	万元	1506132	611893	250008	159652	497698
第一产业增加值	万元	178723	147835	52574	27240	127073
农业增加值	万元	123569	114457	31414	6982	81308
牧业增加值	万元	47756	31665	17292	14141	37811
第二产业增加值	万元	929257	145734	74769	51798	141530
公共财政收入	万元	79451	16817	10306	15077	24018
各项税收	万元	50125	11600	5813	10131	17939
公共财政支出	万元	290756	512188	288891	202097	362727
居民储蓄存款余额	万元	843200	491000	336300	218400	306600
年末金融机构各项贷款余额	万元	1470884	453527	243213	177123	321112
三、农业和工业						
农业机械总动力	万千瓦特	52	38	18	22	27
机收面积	公顷	33874	72266	13607	8143	31677
设施农业占地面积	公顷	4235	1540	1540	337	2132
棉花产量	吨					
油料产量	吨	23	13085	2038	912	4426
规模以上工业企业单位数	个	111	8	8	3	5
四、教育、卫生和社会保障						
普通中学在校学生数	人	14308	27894	9166	6199	12667
中等职业教育学校在校学生数	人	2907	3317	1069	451	1793
小学在校学生数	人	19304	36883	10616	9222	15453
医疗卫生机构床位数	床	950	934	909	306	1011
各种社会福利收养性单位数	个	2	6	8	5	6
各种社会福利收养性单位床位数	床	264	420	1056	320	538

2017年县(市)社会经济主要指标

宁夏回族自治区、新疆维吾尔自治区

指标	单位	中宁县	海原县	乌鲁木齐县	高昌区	鄯善县
一、基本情况						
行政区域面积	平方公里	4193	6378	4141	13651	39548
乡个数	个	6	12	3	4	5
镇个数	个	6	5	3	5	5
街道办事处个数	个				3	
户籍人口	万人	35	46	6	29	23
第二产业从业人员	人	70499	31004		14982	16350
第三产业从业人员	人	46391	63914		65369	12285
固定电话用户	户	28700	21246	9378	75000	72565
二、综合经济						
地区生产总值	万元	1499995	521423	231165	854603	1123135
第一产业增加值	万元	176764	116240	76123	205701	168288
农业增加值	万元	136046	83365	28329	182582	151284
牧业增加值	万元	36830	31630	45620	20620	14735
第二产业增加值	万元	829939	177894	49163	205848	624143
公共财政收入	万元	111488	22066	60015	80725	124765
各项税收	万元	75180	16108	32850	46360	64435
公共财政支出	万元	449771	519224	121350	276777	260997
居民储蓄存款余额	万元	897700	394300	374351	649393	673952
年末金融机构各项贷款余额	万元	1997102	467411	526214	947634	660958
三、农业和工业						
农业机械总动力	万千瓦特	30	35	6	23	22
机收面积	公顷	28568	42792	7114		
设施农业占地面积	公顷	387	1737	817	2333	3080
棉花产量	吨				3204	2389
油料产量	吨	751	12638	790	270	
规模以上工业企业单位数	个	48	5	8	49	41
四、教育、卫生和社会保障						
普通中学在校学生数	人	22315	25679	2151	14282	13639
中等职业教育学校在校学生数	人	2044	1461		3305	990
小学在校学生数	人	30689	41088	4305	29272	23228
医疗卫生机构床位数	床	1215	1388	75	1547	973
各种社会福利收养性单位数	个	4	2	1	1	1
各种社会福利收养性单位床位数	床	380	330	50	100	150

2017年县(市)社会经济主要指标

新疆维吾尔自治区

指　　标	单位	托克逊县	伊州区	巴里坤哈萨克自治区	伊吾县	昌吉市
一、基本情况						
行政区域面积	平方公里	16561	85587	36901	19519	8215
乡个数	个	3	12	7	4	2
镇个数	个	5	6	5	3	8
街道办事处个数	个		5			6
户籍人口	万人	12	43	11	2	38
第二产业从业人员	人	12108	45477	6706	4955	31285
第三产业从业人员	人	22226	54754	14959	6943	77845
固定电话用户	户	340	153800	11500	8644	137450
二、综合经济						
地区生产总值	万元	693810	3583670	631977	553288	3723049
第一产业增加值	万元	99513	253001	98337	52058	264980
农业增加值	万元	81808	178936	37388	22351	144843
牧业增加值	万元	16605	69501	59710	26478	111890
第二产业增加值	万元	445237	1721006	364824	416894	1792765
公共财政收入	万元	99726	380440	65586	41284	421080
各项税收	万元	77368	278313	32653	37093	218584
公共财政支出	万元	210243	590159	202880	121951	565714
居民储蓄存款余额	万元	245602	3020530	203815	70297	2691076
年末金融机构各项贷款余额	万元	511320	5450986	271256	70271	5080352
三、农业和工业						
农业机械总动力	万千瓦特		23	14	4	46
机收面积	公顷	261	19920	20511	3880	49348
设施农业占地面积	公顷	2656	1590	33	25	370
棉花产量	吨	6630	60980	441	31	61450
油料产量	吨	3252	398	305	54	6980
规模以上工业企业单位数	个	52	81	21	10	125
四、教育、卫生和社会保障						
普通中学在校学生数	人	3350	26959	3586	1263	31977
中等职业教育学校在校学生数	人	325	3903	8		9432
小学在校学生数	人	10337	28256	4979	1690	26582
医疗卫生机构床位数	床	611	2638	203	224	1978
各种社会福利收养性单位数	个	3	5	1	3	7
各种社会福利收养性单位床位数	床	437	772	410	280	811

2017年县(市)社会经济主要指标

新疆维吾尔自治区

指　　标	单位	阜康市	呼图壁县	玛纳斯县	奇台县	吉木萨尔县
一、基本情况						
行政区域面积	平方公里	8529	9721	11067	19300	8144
乡个数	个	3	1	4	6	3
镇个数	个	4	6	7	9	6
街道办事处个数	个	3				
户籍人口	万人	17	21	25	20	14
第二产业从业人员	人	33258	11092	16567	6663	16275
第三产业从业人员	人	38996	27301	6232	11718	15500
固定电话用户	户	47950	37400	38399	45175	28560
二、综合经济						
地区生产总值	万元	1687882	1480776	1695616	1425034	1619023
第一产业增加值	万元	275578	416230	505245	392132	139422
农业增加值	万元	140726	266511	375223	191435	95930
牧业增加值	万元	132517	143607	121924	196812	37782
第二产业增加值	万元	982738	553034	654241	589427	1212871
公共财政收入	万元	160132	98481	97482	85160	226142
各项税收	万元	127315	48782	47236	45859	26981
公共财政支出	万元	295727	261339	231032	279138	301783
居民储蓄存款余额	万元	744911	591526	590285	704575	435760
年末金融机构各项贷款余额	万元	1135116	798782	816449	1233571	117098
三、农业和工业						
农业机械总动力	万千瓦特	21	39	39	59	22
机收面积	公顷	36648	81431	59550	118863	48880
设施农业占地面积	公顷	833	177	86	194	3649
棉花产量	吨	8579	83567	115469		1312
油料产量	吨	13369	1311	1697	28953	7241
规模以上工业企业单位数	个	70	46	38	35	43
四、教育、卫生和社会保障						
普通中学在校学生数	人	7980	7844	6405	4708	4735
中等职业教育学校在校学生数	人	1716	495	439	2458	517
小学在校学生数	人	8720	10975	7684	12468	7133
医疗卫生机构床位数	床	718	855	679	1130	750
各种社会福利收养性单位数	个	1	4	1	9	5
各种社会福利收养性单位床位数	床	225	280	450	597	362

2017年县(市)社会经济主要指标

新疆维吾尔自治区

指　标	单位	木垒哈萨克自治县	博乐市	阿拉山口市	精河县	温泉县
一、基本情况						
行政区域面积	平方公里	20265	7990	1204	11187	5883
乡个数	个	7	2		1	3
镇个数	个	4	3	1	4	3
街道办事处个数	个		5	2		
户籍人口	万人	9	26		12	7
第二产业从业人员	人	3776	1982	9916	6645	
第三产业从业人员	人	11408	27875	1000	24039	
固定电话用户	户	12551	67182	4318	19658	9207
二、综合经济						
地区生产总值	万元	282063	1500218	600186	781058	241073
第一产业增加值	万元	102615	290576		237002	75923
农业增加值	万元	46222	215026		214880	50762
牧业增加值	万元	55132	72644		19239	24227
第二产业增加值	万元	55819	483694	166333	243088	48382
公共财政收入	万元	41766	107443	34321	47262	13929
各项税收	万元	37193	82407	37465	30436	8932
公共财政支出	万元	179556	311153	137504	255354	149576
居民储蓄存款余额	万元	258098	900602			
年末金融机构各项贷款余额	万元	362012	1433922	34100	580104	150267
三、农业和工业						
农业机械总动力	万千瓦特	18	29		33	14
机收面积	公顷	52613	58257		55103	41485
设施农业占地面积	公顷	39	153		52	2
棉花产量	吨		72919		145436	
油料产量	吨	9872	7997		127	10273
规模以上工业企业单位数	个	7	41	26	24	8
四、教育、卫生和社会保障						
普通中学在校学生数	人	2995	6734	820	5324	2087
中等职业教育学校在校学生数	人					
小学在校学生数	人	4747	15790	568	9734	3348
医疗卫生机构床位数	床	430	1840	100	518	236
各种社会福利收养性单位数	个	2	1		3	1
各种社会福利收养性单位床位数	床	200	184		388	91

2017年县(市)社会经济主要指标

新疆维吾尔自治区

指　　标	单位	库尔勒市	轮台县	尉犁县	若羌县	且末县
一、基本情况						
行政区域面积	平方公里	7267	14182	59192	202298	138645
乡个数	个	9	7	6	3	8
镇个数	个	3	4	2	5	4
街道办事处个数	个	7				
户籍人口	万人	47	12	11	3	7
第二产业从业人员	人	33280	7596	2728	9586	6200
第三产业从业人员	人	55600	13930	12855	7602	7490
固定电话用户	户	229943	16000	21899	15514	11331
二、综合经济						
地区生产总值	万元	5410389	588008	593949	543495	245825
第一产业增加值	万元	363136	232788	335213	128343	110231
农业增加值	万元	311610	196518	304225	116463	84005
牧业增加值	万元	48994	35584	28754	11400	24245
第二产业增加值	万元	3676613	92335	115699	315439	35045
公共财政收入	万元	344035	77976	26384	65980	27557
各项税收	万元	263390	65368	17160	61143	20253
公共财政支出	万元	603831	218347	173386	156682	145273
居民储蓄存款余额	万元	4103824	358946	313497	156856	180441
年末金融机构各项贷款余额	万元	4425094	554369	405877	340080	259748
三、农业和工业						
农业机械总动力	万千瓦特	57	25	46	8	15
机收面积	公顷	7276	9864	2700	1500	9207
设施农业占地面积	公顷	477	109	150	286	87
棉花产量	吨	164399	139022	171253	2967	20172
油料产量	吨	10	252	39	94	557
规模以上工业企业单位数	个	61	18	24	9	2
四、教育、卫生和社会保障						
普通中学在校学生数	人	29238	6161	3934	1667	3619
中等职业教育学校在校学生数	人	6789	392			
小学在校学生数	人	49418	15532	7127	2964	6157
医疗卫生机构床位数	床	4533	734	406	144	559
各种社会福利收养性单位数	个	14	8	4	2	1
各种社会福利收养性单位床位数	床	1300	273	312	146	143

2017年县(市)社会经济主要指标

新疆维吾尔自治区

指标	单位	焉耆回族自治县	和静县	和硕县	博湖县	阿克苏市
一、基本情况						
行政区域面积	平方公里	2571	34978	12753	3581	15033
乡个数	个	4	4	4	5	4
镇个数	个	4	8	3	2	2
街道办事处个数	个					7
户籍人口	万人	13	19	7	6	53
第二产业从业人员	人	9050	11865	1061	1672	17476
第三产业从业人员	人	25305	29284	12760	5254	50891
固定电话用户	户	36100	29784	13074	14631	85700
二、综合经济						
地区生产总值	万元	685106	787027	368669	291070	1749329
第一产业增加值	万元	164041	218951	201600	112114	205587
农业增加值	万元	103322	139240	166034	89236	160698
牧业增加值	万元	45818	74906	31043	16382	41545
第二产业增加值	万元	154261	271730	56556	54148	510085
公共财政收入	万元	35737	45674	18195	17461	193445
各项税收	万元	21702	35860	13635	10803	135295
公共财政支出	万元	186169	231475	136665	105762	447673
居民储蓄存款余额	万元	426082	442018	218791	187780	2779313
年末金融机构各项贷款余额	万元	395249	500758	189541	604871	3379542
三、农业和工业						
农业机械总动力	万千瓦特	31	25	23	19	28
机收面积	公顷	21680	22174	11865	9185	920
设施农业占地面积	公顷	93	595	1858	1749	2447
棉花产量	吨	478	106	12920	4746	121700
油料产量	吨	2978	2035	1486	1813	91
规模以上工业企业单位数	个	14	23	12	7	67
四、教育、卫生和社会保障						
普通中学在校学生数	人	5437	6776	2844	2274	31932
中等职业教育学校在校学生数	人	441	483			5980
小学在校学生数	人	10282	13266	4826	3810	58492
医疗卫生机构床位数	床	655	854	317	347	3588
各种社会福利收养性单位数	个	5	5	1	6	5
各种社会福利收养性单位床位数	床	600	540	101	385	138

2017年县(市)社会经济主要指标

新疆维吾尔自治区

指　　标	单位	温宿县	库车县	沙雅县	新和县	拜城县
一、基本情况						
行政区域面积	平方公里	14335	14603	31848	5820	19100
乡个数	个	5	6	4	5	10
镇个数	个	8	8	7	3	4
街道办事处个数	个		4			
户籍人口	万人	24	49	27	19	24
第二产业从业人员	人	2680	20287	4353	2983	5052
第三产业从业人员	人	13560	52741	24134	11363	14911
固定电话用户	户	13800	27995	6100	8803	4345
二、综合经济						
地区生产总值	万元	583861	1986866	547444	362168	645544
第一产业增加值	万元	211096	209096	159820	127045	123884
农业增加值	万元	172184	171597	136318	110670	85157
牧业增加值	万元	33006	35124	20498	13664	33177
第二产业增加值	万元	154097	1268122	136048	67925	345310
公共财政收入	万元	44517	338408	100138	45394	135341
各项税收	万元	39638	298975	89873	31021	123321
公共财政支出	万元	338848	661218	376511	251631	316301
居民储蓄存款余额	万元	519814	1042668	521835	291191	443322
年末金融机构各项贷款余额	万元	756886	990533	919484	413911	649704
三、农业和工业						
农业机械总动力	万千瓦特	48	42	38	24	44
机收面积	公顷	41685	37084	36332	33266	33192
设施农业占地面积	公顷	1030	889	999	808	966
棉花产量	吨	80626	226772	244400	133616	
油料产量	吨	996	306	1786	2286	8631
规模以上工业企业单位数	个	29	59	19	10	37
四、教育、卫生和社会保障						
普通中学在校学生数	人	14376	33748	19836	11295	14112
中等职业教育学校在校学生数	人	490	672	2529	1751	1447
小学在校学生数	人	24624	52016	28698	23270	23058
医疗卫生机构床位数	床	787	1984	1318	842	859
各种社会福利收养性单位数	个	6	8	4	6	7
各种社会福利收养性单位床位数	床	205	915	130	435	929

2017年县(市)社会经济主要指标

新疆维吾尔自治区

指　　标	单位	乌什县	阿瓦提县	柯坪县	阿图什市	阿克陶县
一、基本情况						
行政区域面积	平方公里	9082	13018	8912	16151	24046
乡个数	个	6	5	2	6	11
镇个数	个	3	3	3	1	2
街道办事处个数	个				3	
户籍人口	万人	23	27	6	28	23
第二产业从业人员	人	4215	3412	739	15456	11417
第三产业从业人员	人	13505	34319	872	20786	9300
固定电话用户	户	2300	9760	5920	19532	2800
二、综合经济						
地区生产总值	万元	281674	462331	103083	468536	309369
第一产业增加值	万元	87534	158774	23958	68603	65378
农业增加值	万元	73351	148104	17226	38850	43177
牧业增加值	万元	12376	10031	6296	27409	19985
第二产业增加值	万元	40127	103305	27201	121288	107899
公共财政收入	万元	12919	20593	8100	48680	33898
各项税收	万元	9612	12864	4490	26129	26261
公共财政支出	万元	311553	291962	114718	621377	401855
居民储蓄存款余额	万元	227386	384069	66893	516210	231825
年末金融机构各项贷款余额	万元	328796	519219	60969	538930	404995
三、农业和工业						
农业机械总动力	万千瓦特	30	38	5	13	29
机收面积	公顷	22405	117477	2230	11472	21081
设施农业占地面积	公顷	391	426	295	90	352
棉花产量	吨	174	181567	15567	9028	8427
油料产量	吨	2370	26		102	288
规模以上工业企业单位数	个	9	8	5	14	10
四、教育、卫生和社会保障						
普通中学在校学生数	人	14434	14397	3565	21531	15455
中等职业教育学校在校学生数	人	2552	1687	244	1485	998
小学在校学生数	人	24191	30660	6961	31331	26124
医疗卫生机构床位数	床	650	933	230	1901	1113
各种社会福利收养性单位数	个	14	3	5	2	1
各种社会福利收养性单位床位数	床	529	315	100	350	230

2017年县(市)社会经济主要指标

新疆维吾尔自治区

指　　标	单位	阿合奇县	乌恰县	喀什市	疏附县	疏勒县
一、基本情况						
行政区域面积	平方公里	12737	22000	1059	2708	2398
乡个数	个	5	9	9	6	12
镇个数	个	1	2	2	4	3
街道办事处个数	个			8	10	
户籍人口	万人	5	6	65	28	38
第二产业从业人员	人	1247	4823	51549	19250	14270
第三产业从业人员	人	6527	3912	152373	32510	26776
固定电话用户	户	1706	5136	101700	7615	7498
二、综合经济						
地区生产总值	万元	92796	251068	1618483	427390	598973
第一产业增加值	万元	10726	11174	79271	149591	244300
农业增加值	万元	2318	2849	39117	111550	136176
牧业增加值	万元	7773	8161	35717	44850	95688
第二产业增加值	万元	26673	141554	423811	82842	193301
公共财政收入	万元	9139	34477	209126	21704	34915
各项税收	万元	5131	31968	118082	10812	21412
公共财政支出	万元	158081	245774	657937	336127	423806
居民储蓄存款余额	万元	60887	77516	2187282	190100	389258
年末金融机构各项贷款余额	万元	85991	100041	2808880	182900	396310
三、农业和工业						
农业机械总动力	万千瓦特	3	3	15	47	55
机收面积	公顷	1606	1224		25000	25103
设施农业占地面积	公顷	399	300	269	226	860
棉花产量	吨			23217	9843	73713
油料产量	吨	235	71		276	
规模以上工业企业单位数	个	1	6	27	6	20
四、教育、卫生和社会保障						
普通中学在校学生数	人	2114	2136	38145	17116	24980
中等职业教育学校在校学生数	人	75	170	10664	1326	4574
小学在校学生数	人	4331	5604	86168	28360	40562
医疗卫生机构床位数	床	265	447	6515	924	1074
各种社会福利收养性单位数	个	1	2	10	8	4
各种社会福利收养性单位床位数	床	218	185	1287	135	1210

2017年县(市)社会经济主要指标

新疆维吾尔自治区

指　　标	单位	英吉沙县	泽普县	莎车县	叶城县	麦盖提县
一、基本情况						
行政区域面积	平方公里	3425	988	8957	28929	15200
乡个数	个	12	10	21	17	9
镇个数	个	2	2	8	3	1
街道办事处个数	个			1		
户籍人口	万人	31	23	90	55	24
第二产业从业人员	人	12216	13112	43972	43000	6217
第三产业从业人员	人	50145	27752	655510	27144	10123
固定电话用户	户	3750	11523	23096	5263	9097
二、综合经济						
地区生产总值	万元	530066	463456	1171342	860100	475307
第一产业增加值	万元	168555	165803	501979	374300	250845
农业增加值	万元	125410	130092	391742	108647	214694
牧业增加值	万元	36165	33327	89511	92164	24954
第二产业增加值	万元	152673	78621	158832	215800	73632
公共财政收入	万元	20739	24567	61893	48300	21991
各项税收	万元	10538	16796	28532	30400	11840
公共财政支出	力元	344469	258245	975570	649500	341983
居民储蓄存款余额	万元	170754	442463	860702	570000	335921
年末金融机构各项贷款余额	万元	179609	241079	840896	488800	358403
三、农业和工业						
农业机械总动力	万千瓦特	23	28	66	41	30
机收面积	公顷	18550	18777	33333	35240	17650
设施农业占地面积	公顷	1846	251	1211	1607	163
棉花产量	吨	24619	12223	93802	29798	85939
油料产量	吨	328		4409	5423	
规模以上工业企业单位数	个	15	10	14	35	7
四、教育、卫生和社会保障						
普通中学在校学生数	人	17955	14919	58312	49187	9340
中等职业教育学校在校学生数	人	3644	2086	11935		1707
小学在校学生数	人	36861	24029	120573	64997	27626
医疗卫生机构床位数	床	366	1497	2639	3096	705
各种社会福利收养性单位数	个	12	7	27	2	4
各种社会福利收养性单位床位数	床	943	570	3917	292	286

2017年县(市)社会经济主要指标

新疆维吾尔自治区

指　　标	单位	岳普湖县	伽师县	巴楚县	塔什库尔干塔吉克自治县	和田市
一、基本情况						
行政区域面积	平方公里	3327	6528	18300	25000	585
乡个数	个	5	9	8	10	6
镇个数	个	4	4	4	2	2
街道办事处个数	个					4
户籍人口	万人	18	45	38	4	40
第二产业从业人员	人	6587	6470	14080	1543	21682
第三产业从业人员	人	15101	12660	17093	3562	37912
固定电话用户	户	1237	5247	32864	782	66190
二、综合经济						
地区生产总值	万元	310304	574766	626421	130491	751106
第一产业增加值	万元	88037	235710	256651	15784	41150
农业增加值	万元	61725	165427	204787	2910	21674
牧业增加值	万元	23236	65016	50157	12874	18260
第二产业增加值	万元	140058	166438	128593	65286	137664
公共财政收入	万元	16592	26527	33607	16014	215587
各项税收	万元	8370	17134	18309	6119	59303
公共财政支出	万元	252302	502606	512952	373801	588546
居民储蓄存款余额	万元	185595	332538	462623	59280	1159500
年末金融机构各项贷款余额	万元	173785	311011	566060	34300	1148573
三、农业和工业						
农业机械总动力	万千瓦特	24	34	42	3	9
机收面积	公顷	12005	75600	16585		7419
设施农业占地面积	公顷	40	498	142		590
棉花产量	吨	67113	146832	143656	480	1130
油料产量	吨					121
规模以上工业企业单位数	个	8	13	14	1	11
四、教育、卫生和社会保障						
普通中学在校学生数	人	6626	27114	22113	2625	21442
中等职业教育学校在校学生数	人	1510	3694	1883	173	2149
小学在校学生数	人	17266	56785	44896	3751	53952
医疗卫生机构床位数	床	663	1065	1154	238	4752
各种社会福利收养性单位数	个	7	3	2	2	7
各种社会福利收养性单位床位数	床	740	1350	432	120	398

2017年县(市)社会经济主要指标

新疆维吾尔自治区

指　　标	单位	和田县	墨玉县	皮山县	洛浦县	策勒县
一、基本情况						
行政区域面积	平方公里	41080	25608	39464	14114	31592
乡个数	个	10	12	10	6	6
镇个数	个	2	4	6	3	2
街道办事处个数	个		3	1	1	1
户籍人口	万人	36	65	32	30	17
第二产业从业人员	人	3344	41232	11124	9766	4454
第三产业从业人员	人	22765	29888	7718	11948	12323
固定电话用户	户	33856	23000	4360	5280	6213
二、综合经济						
地区生产总值	万元	342565	450833	264475	284047	194932
第一产业增加值	万元	97697	185867	93554	70005	56800
农业增加值	万元	75286	152685	65909	47380	34853
牧业增加值	万元	21081	29499	25368	21395	18626
第二产业增加值	万元	74337	45218	29660	57384	30703
公共财政收入	万元	21525	43164	37673	27039	12180
各项税收	万元	11539	17650	11637	15317	7709
公共财政支出	万元	440426	672570	361049	446184	272493
居民储蓄存款余额	万元	52553	354882	217067	251319	131949
年末金融机构各项贷款余额	万元	227296	503821	319967	345918	193239
三、农业和工业						
农业机械总动力	万千瓦特	13	26	11	15	10
机收面积	公顷	16020	25341	8742	13301	824
设施农业占地面积	公顷	324	97	101	586	43
棉花产量	吨	8463	11370	6343	971	3439
油料产量	吨	784	1395	395	1657	2171
规模以上工业企业单位数	个	6	2	3	4	
四、教育、卫生和社会保障						
普通中学在校学生数	人	20680	36371	16980	9671	5706
中等职业教育学校在校学生数	人	1746	5423	3977	1182	667
小学在校学生数	人	42732	73151	31232	33596	16384
医疗卫生机构床位数	床	1262	3122	1242	1210	872
各种社会福利收养性单位数	个	10	12	15	11	6
各种社会福利收养性单位床位数	床	809	903	862	1102	299

2017年县(市)社会经济主要指标

新疆维吾尔自治区

指　　标	单位	于田县	民丰县	伊宁市	奎屯市	霍尔果斯市
一、基本情况						
行政区域面积	平方公里	39500	56703	761	1171	1909
乡个数	个	13	6	7	1	1
镇个数	个	2	1	2		
街道办事处个数	个	2	1	8	5	4
户籍人口	万人	29	4	56	16	6
第二产业从业人员	人	12502	557	37488	8682	1809
第三产业从业人员	人	6902	1270	112490	26863	18695
固定电话用户	户	11678	4712	104376	94265	7286
二、综合经济						
地区生产总值	万元	271064	103425	2220561	1265152	461171
第一产业增加值	万元	67982	18275	71429	69924	67806
农业增加值	万元	40990	8823	44239	50192	49684
牧业增加值	万元	32233	8939	25318	17387	16681
第二产业增加值	万元	50853	17232	479933	496331	166483
公共财政收入	万元	24758	10502	215757	123709	227658
各项税收	万元	10206	8452	183469	92421	205567
公共财政支出	万元	414486	132960	497043	256699	341756
居民储蓄存款余额	万元	219274	63069	2409231	1976599	84140
年末金融机构各项贷款余额	万元	281167	71243	5907953	2426621	130653
三、农业和工业						
农业机械总动力	万千瓦特	16	4	10	1	5
机收面积	公顷	12102	904	10201	11959	64314
设施农业占地面积	公顷	331	28	815		15
棉花产量	吨	8616	159		13177	300
油料产量	吨	1300	1	660	308	156
规模以上工业企业单位数	个	3		29	37	4
四、教育、卫生和社会保障						
普通中学在校学生数	人	15009	1702	41656	16495	1051
中等职业教育学校在校学生数	人	1884	281	9245	1342	
小学在校学生数	人	30401	3631	56679	11802	2764
医疗卫生机构床位数	床	1419	302	5067	2505	119
各种社会福利收养性单位数	个	11	2	8	6	1
各种社会福利收养性单位床位数	床	489	60	575	564	14

2017年县(市)社会经济主要指标

新疆维吾尔自治区

指　　标	单位	伊宁县	察布查尔锡伯自治县	霍城县	巩留县	新源县
一、基本情况						
行政区域面积	平方公里	6153	4469	3780	4327	7581
乡个数	个	12	10	4	2	2
镇个数	个	6	3	5	6	9
街道办事处个数	个					
户籍人口	万人	43	20	34	19	32
第二产业从业人员	人	16153	10076	22733	8098	20676
第三产业从业人员	人	15535	10633	28235	24186	29744
固定电话用户	户	38717	29215	39005	24497	45196
二、综合经济						
地区生产总值	万元	834596	534899	782399	450145	951805
第一产业增加值	万元	312367	250437	254466	148862	260827
农业增加值	万元	119524	156151	150587	65525	97570
牧业增加值	万元	183701	80221	99395	80524	137839
第二产业增加值	万元	248925	122471	202439	173355	403283
公共财政收入	万元	51111	26704	38062	21729	68482
各项税收	万元	38630	20404	30764	17031	54852
公共财政支出	万元	292334	253914	267665	199604	286554
居民储蓄存款余额	万元	348105	26132	592785	233176	500996
年末金融机构各项贷款余额	万元	856355	429582	472167	189768	504442
三、农业和工业						
农业机械总动力	万千瓦特	38	27	21	26	32
机收面积	公顷	80090	86564	37256	45951	63267
设施农业占地面积	公顷	186	540	298	177	278
棉花产量	吨		1130	545		
油料产量	吨	4686	18389	2943	9555	1395
规模以上工业企业单位数	个	26	12	11	10	15
四、教育、卫生和社会保障						
普通中学在校学生数	人	15103	8846	15680	10636	19981
中等职业教育学校在校学生数	人	1337	430	283		104
小学在校学生数	人	43114	15564	25466	19943	29903
医疗卫生机构床位数	床	2613	844	1023	872	1392
各种社会福利收养性单位数	个	4	5	6	1	13
各种社会福利收养性单位床位数	床	230	295	200	300	536

2017年县(市)社会经济主要指标

新疆维吾尔自治区

指　　标	单位	昭苏县	特克斯县	尼勒克县	塔城市	乌苏市
一、基本情况						
行政区域面积	平方公里	11128	8067	10130	4356	14394
乡个数	个	6	3	10	4	7
镇个数	个	4	5	1	2	10
街道办事处个数	个				3	3
户籍人口	万人	18	17	18	15	22
第二产业从业人员	人	6950	8898	12972	2635	6513
第三产业从业人员	人	20500	18211	28927	19576	29694
固定电话用户	户	19971	33418	22311	53000	33500
二、综合经济						
地区生产总值	万元	450511	281210	514695	804275	1300093
第一产业增加值	万元	181134	119745	188802	190050	458059
农业增加值	万元	98927	35245	47854	116707	357373
牧业增加值	万元	81342	84050	134185	70755	95280
第二产业增加值	万元	104685	40497	201164	147012	451532
公共财政收入	万元	15753	19855	34505	58230	151003
各项税收	万元	10425	14870	26434	56711	98320
公共财政支出	万元	257790	109913	226430	188735	347568
居民储蓄存款余额	万元	195912	167246	234541	611000	905949
年末金融机构各项贷款余额	万元	211127	186828	261178	936400	1010999
三、农业和工业						
农业机械总动力	万千瓦特	19	13	19	32	78
机收面积	公顷	56180	31227	35441	105466	120694
设施农业占地面积	公顷	42	477	170	1072	1589
棉花产量	吨					240868
油料产量	吨	60278	9400	5278	3321	2346
规模以上工业企业单位数	个	2	8	9	7	34
四、教育、卫生和社会保障						
普通中学在校学生数	人	8011	9620	8665	10271	12789
中等职业教育学校在校学生数	人	41	351	47	2140	2438
小学在校学生数	人	14717	17925	16920	10110	15494
医疗卫生机构床位数	床	701	747	788	954	1543
各种社会福利收养性单位数	个	1	1	3	3	4
各种社会福利收养性单位床位数	床	190	100	460	428	285

2017年县(市)社会经济主要指标

新疆维吾尔自治区

指　　标	单位	额敏县	沙湾县	托里县	裕民县	和布克赛尔蒙古族自治县
一、基本情况						
行政区域面积	平方公里	9532	13110	21300	6220	30600
乡个数	个	12	3	4	4	6
镇个数	个	6	9	3	2	2
街道办事处个数	个			10		
户籍人口	万人	16	20	9	5	5
第二产业从业人员	人	1836	19020	4170	825	2341
第三产业从业人员	人	13001	32420	7678	3752	6848
固定电话用户	户	35590	45122	10157	21100	12571
二、综合经济						
地区生产总值	万元	655900	1259868	361860	145508	276517
第一产业增加值	万元	191900	529630	78952	44744	46708
农业增加值	万元	117917	377293	28987	23815	18619
牧业增加值	万元	71792	138473	49100	20082	27809
第二产业增加值	万元	225000	327846	166600	29835	147747
公共财政收入	万元	46447	97953	21691	9308	79259
各项税收	万元	56382	51251	18652	5421	71165
公共财政支出	万元	236574	262603	171787	126840	151469
居民储蓄存款余额	万元	370914	704753	144416	117180	156906
年末金融机构各项贷款余额	万元	489832	719310	113243	106906	131739
三、农业和工业						
农业机械总动力	万千瓦特	33	68	13	16	5
机收面积	公顷	87001	156430	30176	37335	9530
设施农业占地面积	公顷	401	552	30	4	
棉花产量	吨		245381	693		7040
油料产量	吨	20200	1778	2817	8296	8887
规模以上工业企业单位数	个	10	46	13		10
四、教育、卫生和社会保障						
普通中学在校学生数	人	8610	13657	5908	2141	2481
中等职业教育学校在校学生数	人		910			60
小学在校学生数	人	12706	13527	8933	3879	4209
医疗卫生机构床位数	床	678	859	507	290	490
各种社会福利收养性单位数	个	1	6	1	1	2
各种社会福利收养性单位床位数	床	78	464	72	102	316

2017年县(市)社会经济主要指标

新疆维吾尔自治区

指　　标	单位	阿勒泰市	布尔津县	富蕴县	福海县	哈巴河县
一、基本情况						
行政区域面积	平方公里	11481	10345	32186	32035	8186
乡个数	个	6	3	5	3	4
镇个数	个	5	4	5	3	3
街道办事处个数	个	4				
户籍人口	万人	20	7	10	7	8
第二产业从业人员	人	5130	3684	4078	4778	6415
第三产业从业人员	人	21747	25996	7321	10556	10872
固定电话用户	户	97692	15700	18064	22318	16739
二、综合经济						
地区生产总值	万元	729358	217890	424795	247717	396118
第一产业增加值	万元	99838	36476	61332	100798	71983
农业增加值	万元	48871	17091	25513	64387	40442
牧业增加值	万元	47097	17724	34790	28813	28229
第二产业增加值	万元	135166	88853	210187	44648	225009
公共财政收入	万元	68432	36432	85700	34724	56716
各项税收	万元	49323	29805	65492	21601	40910
公共财政支出	万元	314675	182193	260269	191828	194365
居民储蓄存款余额	万元	704048	194723	238344	213653	136268
年末金融机构各项贷款余额	万元	1245999	264368	386614	316899	202564
三、农业和工业						
农业机械总动力	万千瓦特	20	11	12	17	15
机收面积	公顷	28342	28838		58622	43300
设施农业占地面积	公顷	86	3	5	27	6
棉花产量	吨					
油料产量	吨	18285	30056	14273	48588	35036
规模以上工业企业单位数	个	11	16	20	10	14
四、教育、卫生和社会保障						
普通中学在校学生数	人	9820	3797	5749	2187	5510
中等职业教育学校在校学生数	人	6640		220	365	
小学在校学生数	人	11909	6310	9809	5475	8184
医疗卫生机构床位数	床	1720	297	530	367	578
各种社会福利收养性单位数	个	1	6	3	2	1
各种社会福利收养性单位床位数	床	100	104	200	115	240

2017年县(市)社会经济主要指标

新疆维吾尔自治区

指　　标	单位	青河县	吉木乃县	石河子市	阿拉尔市	图木舒克市
一、基本情况						
行政区域面积	平方公里	15743	7146	460	6937	2003
乡个数	个	4	3		1	
镇个数	个	3	4	2	3	1
街道办事处个数	个			5	4	3
户籍人口	万人	7	4	43	26	16
第二产业从业人员	人	2961	1023	57675	54856	18499
第三产业从业人员	人	2814	10562	40117	84841	30783
固定电话用户	户	21000	11718	112255	43400	19029
二、综合经济						
地区生产总值	万元	164485	128125	3338601	2993351	829208
第一产业增加值	万元	43436	14644	106806	1210313	238434
农业增加值	万元	21875	6656	59948	1132368	215505
牧业增加值	万元	16643	7691	29342	60891	20041
第二产业增加值	万元	48183	60535	1903289	1165850	383663
公共财政收入	万元	22256	12030	440075	72283	33992
各项税收	万元	16348	7868	369856	52651	26128
公共财政支出	万元	196550	187171	511568	109392	55790
居民储蓄存款余额	万元	183495	86219	262145	918967	289076
年末金融机构各项贷款余额	万元	270632	124026	260637	1880361	420013
三、农业和工业						
农业机械总动力	万千瓦特	6	3	109	84	16
机收面积	公顷	16208	7299	9333	98881	46667
设施农业占地面积	公顷	83	29	547	731	241
棉花产量	吨			35868	333958	92414
油料产量	吨	12713	8480	888	2079	4915
规模以上工业企业单位数	个	9	5	102	167	47
四、教育、卫生和社会保障						
普通中学在校学生数	人	2420	1978	28901	23843	10500
中等职业教育学校在校学生数	人			11606	1746	677
小学在校学生数	人	6910	2742	21949	20400	21200
医疗卫生机构床位数	床	230	145	4016	2296	838
各种社会福利收养性单位数	个	4	1	17	9	4
各种社会福利收养性单位床位数	床	135	90	2980	564	330

2017年县(市)社会经济主要指标

新疆维吾尔自治区

指　标	单位	五家渠市	北屯市	铁门关市
一、基本情况				
行政区域面积	平方公里	740	911	563
乡个数	个		3	
镇个数	个	2		2
街道办事处个数	个	3	3	
户籍人口	万人	10	6	2
第二产业从业人员	人	21188	7356	2837
第三产业从业人员	人	34105	15629	6274
固定电话用户	户	30000	35249	6757
二、综合经济				
地区生产总值	万元	1624126	439051	180612
第一产业增加值	万元	74656	55493	96564
农业增加值	万元	53528	31894	76445
牧业增加值	万元	19331	15979	19690
第二产业增加值	万元	1153902	223404	59777
公共财政收入	万元	194707	26130	43099
各项税收	万元	183507	20495	11747
公共财政支出	万元	251296	39871	43099
居民储蓄存款余额	万元	758423	588051	38783
年末金融机构各项贷款余额	万元	1292171	843888	
三、农业和工业				
农业机械总动力	万千瓦特	6	15	11
机收面积	公顷	14349		12615
设施农业占地面积	公顷	210	1205	317
棉花产量	吨	18171		41639
油料产量	吨	8526	5433	15
规模以上工业企业单位数	个	44	29	13
四、教育、卫生和社会保障				
普通中学在校学生数	人	7154	5321	1177
中等职业教育学校在校学生数	人	1044	610	
小学在校学生数	人	6718	5401	1257
医疗卫生机构床位数	床	855	825	50
各种社会福利收养性单位数	个	4	4	1
各种社会福利收养性单位床位数	床	565	828	13

2

按公共财政收入分组县（市）资料

按公共财政收入分组的社会经济基本情况

指　　标	单位	公共财政收入(2017年)			
		1亿元以下	1亿元-5亿元	5亿元-10亿元	10亿元以上
一、基本情况					
县个数		128	654	530	767
行政区域面积	平方公里	1740569	3280667	1998953	1941296
乡个数	个	908	3440	2757	2665
镇个数	个	398	4333	5059	8498
街道办事处个数	个	65	416	639	2002
户籍人口	万人	935	18842	26928	56003
第二产业从业人员	人	544894	16920449	31630879	104436694
第三产业从业人员	人	954300	23115405	39692883	101066157
固定电话用户	户	555767	12830242	19107601	58752069
二、综合经济					
地区生产总值	万元	18102133	439003030	757067804	3149373146
第一产业增加值	万元	4298911	103287889	138345675	286879917
农业增加值	万元	1949447	65652799	82782604	165485527
牧业增加值	万元	2349274	27788926	38103542	68521418
第二产业增加值	万元	6085220	158825211	315196820	1580251440
公共财政收入	万元	685765	19577336	38177910	238315082
各项税收	万元	491748	16146844	31299439	238225981
公共财政支出	万元	15876430	150768758	164622226	419720314
居民储蓄存款余额	万元	13634680	394227512	609240059	1976736791
年末金融机构各项贷款余额	万元	12285991	331464189	481612541	2364607693
三、农业和工业					
农业机械总动力	万千瓦特	1271	19037	24098	43296
机收面积	公顷	400947	19473331	21498922	37158388
设施农业占地面积	公顷	5969	404205	470825	1910107
棉花产量	吨	15686	1681378	1370280	1875380
油料产量	吨	234637	5863333	10618033	14998607
规模以上工业企业单位数	个	495	19438	41481	187796
四、教育、卫生和社会保障					
普通中学在校学生数	人	350603	7942717	11913625	25859287
中等职业教育学校在校学生数	人	16150	819965	1323682	3665157
小学在校学生数	人	733108	12299579	18532029	39452701
医疗卫生机构床位数	床	32735	732643	1059490	2450545
各种社会福利收养性单位数	个	536	6636	9884	21358
各种社会福利收养性单位床位数	床	28155	511621	798822	2148354

公共财政收入达10亿元的县(市)分布

(2017年)

单位: 万元

省(区、市)	县(市)	公共财政收入	省(区、市)	县(市)	公共财政收入
北京市	大兴区	847148		襄垣县	139432
	怀柔区	379793		长子县	120070
	平谷区	296339		沁源县	110333
	密云区	330388		沁水县	127409
	延庆区	161608		阳城县	133918
天津市	宝坻区	645000		泽州县	152658
	宁河区	261892		高平市	147573
	静海区	695131		山阴县	114556
	蓟州区	253365		和顺县	109748
河北省	藁城区	365702		灵石县	160706
	鹿泉区	230078		介休市	129075
	栾城区	117618		河津市	310560
	正定县	222061		宁武县	169366
	平山县	123173		乡宁县	126229
	丰南区	397342		兴县	133309
	丰润区	238090		临县	150017
	曹妃甸区	670462		柳林县	240749
	滦县	172400		孝义市	209782
	滦南县	110058	内蒙古自治区	土默特左旗	184377
	乐亭县	137076		托克托县	205865
	迁西县	123918		和林格尔县	138724
	玉田县	102193		土默特右旗	132067
	遵化市	123618		霍林郭勒市	115734
	迁安市	405223		东胜区	416548
	昌黎县	106018		达拉特旗	130103
	永年区	127353		准格尔旗	673831
	涉县	117102		鄂托克旗	207542
	武安市	416046		乌审旗	356980
	邢台县	100549		伊金霍洛旗	630018
	沙河市	101280		海拉尔区	103632
	徐水区	135669		满洲里市	102155
	涿州市	261452		临河区	172804
	高碑店市	117625		集宁区	113907
	怀来县	154088		商都县	284251
	沧县	100168		锡林浩特市	196283
	肃宁县	103872		西乌珠穆沁旗	183959
	任丘市	320289	辽宁省	新民市	104326
	黄骅市	163726		普兰店区	165914
	河间市	103727		瓦房店市	511356
	固安县	413595		庄河市	261683
	永清县	145523		海城市	243410
	香河县	333338		东港市	131039
	大厂回族自治县	244200		凤城市	110890
	霸州市	235487		凌海市	100209
	三河市	542097		盖州市	227035
	定州市	200295		大石桥市	160613
	辛集市	146180		灯塔市	131230
山西省	长治县	152027		大洼区	311372

续表1

单位：万元

省(区、市)	县(市)	公共财政收入
吉林省	盘山县	127352
	绥中县	108488
	兴城市	111593
	九台区	269444
	农安县	142962
	榆树市	100400
	德惠市	107965
	磐石市	131305
	公主岭市	217805
	梅河口市	210539
	前郭尔罗斯蒙古族自治县	107457
	大安市	105995
	延吉市	261361
	敦化市	174047
	珲春市	188246
黑龙江省	呼兰区	145428
	双城区	179840
	肇东市	170409
上海市	奉贤区	1281111
	崇明区	1038911
江苏省	浦口区	1075364
	江宁区	2264606
	六合区	1084837
	溧水区	566618
	高淳区	281664
	锡山区	787894
	江阴市	2351560
	宜兴市	1111500
	铜山区	658201
	丰县	250000
	沛县	544611
	睢宁县	399165
	新沂市	474565
	邳州市	600510
	武进区	1637451
	金坛区	511918
	溧阳市	613778
	吴中区	1439304
	吴江区	1835198
	常熟市	1918107
	张家港市	2100088
	昆山市	3525088
	太仓市	1408616
	通州区	727483
	海安县	600135
	如东县	555588
	启东市	711282
	如皋市	713060
	海门市	725403
	赣榆区	231745
	东海县	211167
	灌云县	205658
	灌南县	218838
	淮安区	210945
	淮阴区	255730
	洪泽区	164593
	涟水县	192002
	盱眙县	183024
	金湖县	201828
	盐都区	345197
	大丰区	525006
	响水县	239012
	滨海县	273002
	阜宁县	261444
	射阳县	241800
	建湖县	263166
	东台市	540066
	邗江区	547483
	江都区	526565
	宝应县	275856
	仪征市	477947
	高邮市	326276
	丹徒区	220071
	丹阳市	610499
	扬中市	320046
	句容市	440011
	姜堰区	339591
	兴化市	360589
	靖江市	600913
	泰兴市	631126
	宿豫区	188019
	沭阳县	480018
	泗阳县	262089
	泗洪县	263386
浙江省	萧山区	2274820
	余杭区	2800053
	富阳区	637020
	临安区	433009
	桐庐县	278292
	淳安县	172688
	建德市	244007
	鄞州区	2416460
	奉化区	429354
	象山县	392698
	宁海县	554779
	余姚市	906480

续表2

单位：万元

省(区、市)	县(市)	公共财政收入	省(区、市)	县(市)	公共财政收入
	慈溪市	1573080		固镇县	167530
	永嘉县	315959		凤台县	243068
	平阳县	297950		寿县	160737
	苍南县	337222		当涂县	469437
	瑞安市	634679		含山县	164976
	乐清市	794030		和县	261009
	嘉善县	517178		濉溪县	335756
	海盐县	406520		义安区	149782
	海宁市	777242		怀宁县	194666
	平湖市	688688		潜山县	118920
	桐乡市	616900		宿松县	115639
	德清县	486632		桐城市	251168
	长兴县	494980		歙县	120445
	安吉县	395208		来安县	248172
	柯桥区	1140629		全椒县	244727
	上虞区	701094		定远县	146882
	新昌县	363600		凤阳县	273224
	诸暨市	770087		天长市	458603
	嵊州市	380222		明光市	164812
	武义县	242808		临泉县	200171
	浦江县	177883		太和县	402052
	兰溪市	241800		颍上县	302776
	义乌市	849995		界首市	310100
	东阳市	585778		萧县	167610
	永康市	523569		霍邱县	195425
	衢江区	136774		舒城县	210231
	龙游县	148161		涡阳县	208859
	江山市	166709		蒙城县	282766
	岱山县	155195		利辛县	200072
	三门县	167830		东至县	147629
	天台县	192068		郎溪县	173035
	仙居县	185250		广德县	375645
	温岭市	680900		泾县	130238
	临海市	542928		宁国市	449472
	玉环市	484919	福建省	闽侯县	710942
	青田县	168400		连江县	461308
	缙云县	130521		罗源县	127210
安徽省	长丰县	551412		闽清县	172620
	肥东县	565980		平潭县	296708
	肥西县	809244		福清市	1003125
	庐江县	307357		长乐市	650320
	巢湖市	309651		仙游县	320103
	芜湖县	425725		永安市	176108
	繁昌县	476157		惠安县	388887
	南陵县	283579		安溪县	265695
	无为县	358499		永春县	115875
	怀远县	291344		德化县	164542
	五河县	171893		石狮市	601069

续表3

单位：万元

省(区、市)	县(市)	公共财政收入	省(区、市)	县(市)	公共财政收入
	晋江市	2122345		永丰县	113906
	南安市	702869		泰和县	128546
	云霄县	113332		遂川县	100788
	漳浦县	292578		安福县	130652
	长泰县	200832		奉新县	238000
	东山县	176299		万载县	147258
	南靖县	117451		上高县	273633
	龙海市	876402		宜丰县	129231
	建阳区	161194		丰城市	497223
	邵武市	158383		樟树市	553384
	武夷山市	109307		高安市	401394
	建瓯市	118139		东乡区	158179
	长汀县	109125		南城县	152743
	上杭县	251308		黎川县	107560
	武平县	117336		崇仁县	112700
	霞浦县	122458		宜黄县	100006
	福安市	347640		金溪县	107441
	福鼎市	255315		广丰区	292161
江西省	新建区	650437		上饶县	234541
	南昌县	918952		玉山县	285321
	进贤县	156863		铅山县	149277
	浮梁县	146100		弋阳县	150320
	乐平市	403167		余干县	110720
	上栗县	160557		鄱阳县	180166
	芦溪县	106687		万年县	187812
	柴桑区	185588		婺源县	145100
	武宁县	187869		德兴市	294759
	修水县	238866	山东省	长清区	203567
	永修县	240121		章丘区	520832
	德安县	120513		平阴县	200661
	都昌县	148700		济阳县	206818
	湖口县	303800		商河县	100116
	彭泽县	153557		即墨区	1043467
	瑞昌市	300166		胶州市	965177
	共青城市	201815		平度市	542112
	庐山市	130578		莱西市	511215
	分宜县	315334		桓台县	352891
	余江县	127750		高青县	145775
	贵溪市	320350		沂源县	200034
	南康区	192400		滕州市	703568
	赣县区	153366		垦利区	227177
	信丰县	118073		利津县	137800
	龙南县	133561		广饶县	410311
	定南县	114400		龙口市	980017
	于都县	192961		莱阳市	181187
	瑞金市	123998		莱州市	582092
	吉安县	185208		蓬莱市	327418
	吉水县	100780		招远市	575000

续表4

单位：万元

省(区、市)	县(市)	公共财政收入	省(区、市)	县(市)	公共财政收入
	栖霞市	127401		临清市	187099
	海阳市	303766		沾化区	108950
	临朐县	163388		惠民县	111017
	昌乐县	240168		阳信县	102966
	青州市	465247		无棣县	297926
	诸城市	712168		博兴县	546716
	寿光市	903102		邹平县	678387
	安丘市	225004		曹县	171601
	高密市	491360		单县	128312
	昌邑市	307943		巨野县	237216
	兖州区	579720		郓城县	238827
	微山县	327336		东明县	190626
	鱼台县	100136	河南省	中牟县	480166
	金乡县	139676		巩义市	423575
	嘉祥县	167805		荥阳市	429063
	汶上县	136006		新密市	320422
	梁山县	146023		新郑市	683887
	曲阜市	253888		登封市	250325
	邹城市	751256		杞县	140016
	宁阳县	114918		尉氏县	176087
	东平县	114816		兰考县	174896
	新泰市	406370		孟津县	154218
	肥城市	403767		新安县	222326
	文登区	516866		栾川县	186154
	荣成市	719298		宜阳县	115758
	乳山市	317559		伊川县	201336
	五莲县	126182		偃师市	205806
	莒县	181226		宝丰县	100301
	沂南县	136958		汝州市	300660
	郯城县	120318		汤阴县	120104
	沂水县	201216		滑县	106973
	兰陵县	142369		林州市	200296
	费县	204581		长垣县	210069
	平邑县	103544		卫辉市	100096
	莒南县	175206		辉县市	242772
	蒙阴县	105028		修武县	110911
	临沭县	140002		武陟县	126568
	陵城区	118923		沁阳市	142100
	临邑县	154927		孟州市	136670
	齐河县	292446		濮阳县	108639
	乐陵市	105977		建安区	161718
	禹城市	196320		鄢陵县	108397
	阳谷县	139202		襄城县	171801
	莘县	106428		禹州市	187170
	茌平县	316363		长葛市	243283
	东阿县	137644		舞阳县	107908
	冠县	118489		临颍县	134705
	高唐县	155596		陕州区	159600

续表5 单位：万元

省(区、市)	县(市)	公共财政收入	省(区、市)	县(市)	公共财政收入
	渑池县	238118		仙桃市	308966
	义马市	132600		潜江市	250864
	灵宝市	218076		天门市	269156
	西峡县	140877	湖南省	望城区	460654
	内乡县	100100		长沙县	885005
	邓州市	146366		浏阳市	623580
	永城市	374266		宁乡市	440789
	固始县	117779		攸县	198578
	沈丘县	127919		醴陵市	396939
	郸城县	100988		湘潭县	200350
	太康县	100523		湘乡市	150206
	鹿邑县	125238		耒阳市	146294
	项城市	109669		邵东县	144398
	济源市	404054		汨罗市	113017
湖北省	阳新县	150000		澧县	101273
	大冶市	449573		桃源县	114381
	丹江口市	149238		桂阳县	162989
	夷陵区	260168		永兴县	138395
	远安县	115372		资兴市	155955
	宜都市	280001		祁阳县	104821
	当阳市	175386		宁远县	112796
	枝江市	178068		冷水江市	111422
	襄州区	371591	广东省	从化区	269187
	南漳县	133162		增城区	834038
	谷城县	188629		斗门区	262401
	保康县	100576		潮阳区	198857
	老河口市	402026		澄海区	210510
	枣阳市	307419		禅城区	1057995
	宜城市	267496		南海区	2248715
	京山县	162230		顺德区	2229893
	沙洋县	114253		三水区	543813
	钟祥市	205690		高明区	363672
	云梦县	137485		新会区	519100
	应城市	167735		台山市	266888
	安陆市	111129		开平市	233348
	汉川市	223239		鹤山市	273888
	公安县	123442		恩平市	105083
	松滋市	182200		廉江市	116928
	红安县	167073		电白区	239385
	蕲春县	134050		高州市	173830
	黄梅县	114500		化州市	118650
	麻城市	192825		信宜市	101133
	武穴市	186189		高要区	135275
	嘉鱼县	106735		四会市	203750
	赤壁市	184917		惠阳区	483288
	广水市	121410		博罗县	441089
	恩施市	211142		惠东县	379443
	利川市	101717		梅县区	197317

续表6　　单位：万元

省(区、市)	县(市)	公共财政收入
	平远县	255503
	兴宁市	114809
	阳东区	120607
	阳春市	112807
	清新区	132887
	佛冈县	338245
	英德市	163487
	潮安区	221844
	揭东区	111284
	普宁市	214070
	新兴县	175233
	罗定市	125000
广西壮族自治区	武鸣区	148758
	宾阳县	184310
	横县	134252
	临桂区	307902
	灵川县	107536
	藤县	118817
	岑溪市	182135
	东兴市	105476
	平南县	181238
	桂平市	101439
	容县	102398
	陆川县	113700
	博白县	166036
	北流市	248624
	平果县	164088
	靖西市	139618
海南省	琼海市	167416
	文昌市	271091
	万宁市	162400
	东方市	138091
	澄迈县	618002
	临高县	100460
	昌江黎族自治县	116117
	陵水黎族自治县	457441
重庆市	綦江区	378466
	大足区	376927
	长寿区	368059
	江津区	700177
	合川区	415264
	永川区	482404
	南川区	233071
	璧山区	558972
	铜梁区	297000
	潼南区	214155
	荣昌区	259166
	开州区	246819
	梁平区	214568
	武隆区	149691
	丰都县	190400
	垫江县	194753
	忠县	166606
	云阳县	168514
	奉节县	171985
	巫山县	113483
	石柱土家族自治县	133690
	秀山土家族苗族自治县	125972
	酉阳土家族苗族自治县	120636
	彭水苗族土家族自治县	140381
四川省	新都区	1049328
	温江区	369055
	双流区	933113
	郫都区	418810
	金堂县	206729
	大邑县	250864
	蒲江县	132344
	新津县	221012
	都江堰市	476144
	彭州市	272472
	邛崃市	977995
	崇州市	205493
	简阳市	1739932
	泸县	149002
	合江县	107676
	古蔺县	163133
	中江县	100158
	广汉市	170283
	什邡市	161087
	绵竹市	214234
	江油市	190670
	射洪县	110360
	峨眉山市	291902
	阆中市	105376
	彭山区	156755
	仁寿县	234200
	宜宾县	190560
	岳池县	117648
	武胜县	115641
	邻水县	103612
	达川区	131332
	宣汉县	170050
	大竹县	200259
	渠县	104652
	安岳县	130215
	松潘县	169155

续表7　　单位：万元

省(区、市)	县(市)	公共财政收入
	黑水县	110987
	甘孜县	183667
	西昌市	410580
	冕宁县	108342
贵州省	开阳县	248994
	清镇市	161694
	六枝特区	130103
	水城县	215225
	盘州市	505252
	播州区	190800
	仁怀市	449791
	平坝区	118886
	七星关区	255007
	大方县	100350
	黔西县	106969
	金沙县	190036
	织金县	239876
	威宁彝族回族苗族自治县	311206
	赫章县	128570
	碧江区	129135
	松桃苗族自治县	127150
	兴义市	709376
	兴仁县	150016
	贞丰县	188932
	安龙县	355387
	凯里市	241647
	都匀市	189970
	福泉市	155030
	瓮安县	231369
	龙里县	224363
云南省	呈贡区	372022
	晋宁区	205423
	嵩明县	108013
	寻甸回族彝族自治县	103437
	安宁市	288778
	陆良县	151081
	富源县	105063
	会泽县	119359
	宣威市	130599
	澄江县	190193
	新平彝族傣族自治县	126701
	腾冲市	169885
	昭阳区	113840
	永善县	167568
	镇雄县	116525
	楚雄市	231877
	个旧市	120516
	开远市	178875
	蒙自市	187066
	弥勒市	172183
	建水县	128260
	文山市	200700
	景洪市	110294
	大理市	316706
	盈江县	105870
陕西省	长安区	239837
	高陵区	117293
	彬县	100056
	韩城市	301452
	志丹县	178029
	吴起县	192700
	黄陵县	152807
	南郑区	318171
	府谷县	229748
	靖边县	139911
	定边县	116212
	神木市	714512
甘肃省	凉州区	123260
	环县	336983
	临夏市	112890
青海省	格尔木市	140016
	德令哈市	112867
宁夏回族自治区	永宁县	126633
	贺兰县	110566
	灵武市	303082
	中宁县	111488
新疆维吾尔自治区	鄯善县	124765
	伊州区	380440
	昌吉市	421080
	阜康市	160132
	吉木萨尔县	226142
	博乐市	107443
	库尔勒市	344035
	阿克苏市	193445
	库车县	338408
	沙雅县	100138
	拜城县	135341
	喀什市	209126
	和田市	215587
	伊宁市	215757
	奎屯市	123709
	霍尔果斯市	227658
	乌苏市	151003
	石河子市	440075
	五家渠市	194707

附录：主要指标解释

主要指标解释

行政区域土地面积 指辖区内的全部陆地面积和水域面积。包括耕地、荒山、荒地、山林、草原、滩涂、道路和建筑物占地等陆地面积，以及河流、湖泊、水库等水域面积。

乡个数 指本辖区内经省、自治区、直辖市人民政府批准成立的乡一级行政区划的数量。

镇个数 指本辖区内经省、自治区、直辖市人民政府批准成立的镇一级行政区划的数量。

户籍人口 指年末户籍在本行政区域内的人口数，即公安部门户籍人口。

第二产业从业人员 指主要从事采矿业，制造业，电力、煤气及水的生产和供应业，建筑业人员。

第三产业从业人员 指主要从事第一、二产业以外的其他行业人员。

固定电话用户 指在电信运营企业营业网点办理开户登记手续并已接入固定电话网上的全部电话用户。包括普通电话用户、公用电话用户、窄带综合业务数字网（N-ISDN）用户、智能网专用接入终端用户等。

地区生产总值 指按市场价格计算的一个地区所有常住单位在一定时期内生产活动的最终成果。

三次产业划分 根据《国民经济行业分类》（GB/T4754-2017），三次产业的划分标准：

第一产业指农、林、牧、渔业（不含农、林、牧、渔专业及辅助性活动业）。

第二产业指采矿业（不含开采专业及辅助活动），制造业（不含金属制品、机械和设备修理业），电力、热力、燃气及水生产和供应业，建筑业。

公共财政收入 包括国内增值税、营业税、企业所得税、个人所得税、资源税、城市维护建设税、房产税、印花税、城镇土地使用税、土地增值税、车船税、耕地占用税、契税、烟叶税、其他各项税收等税收收入和专项收入、行政事业性收费收入、罚没收入、国有资本经营收入、国有资源（资产）有偿使用收入、其他收入等非税收入。

各项税收 包括增值税、消费税、营业税、企业所得税、企业所得税退税、个人所得税、资源税、固定资产投资方向调节税、城市维护建设税、房产税、印花税、城镇土地使用税、土地增值税、车船税、耕地占用税、契税、烟叶税、其他税收收入。

公共财政支出 包括一般公共服务、国防、公共安全、教育、科学技术、文化体育与传媒、社会保障就业、医疗卫生、环境保护、城乡社区事务、农林水事务、交通运输等方面的支出。

居民储蓄存款余额 指城乡居民在某一时点上，在银行和其他金融机构的本（人民币）、外币储蓄存款总额。不包括居民的手存现金和工矿企业、部队、机关、团体等单位存款。

年末金融机构各项贷款余额 指年终时银行或其他信用机构根据必须归还的原则，按一定利率，为企业、个人等提供资金贷款的总额。

农业机械总动力 指全部农业机械动力的额定功率之和。农业机械是指用于种植业、畜牧业、渔业、农产品初加工、农用运输和农田基本建设等活动的机械及设备。

机收面积 指本年度内利用联合收割机或机动收割机等动力机械收获各种农作物的面积。它按收获面积计算，收获多少计算多少。

设施农业占地面积 设施农业是指以工厂化生产方式,建造人工设施,改变气候条件,提高农作物抵御自然灾害的能力,改良生物特性,使作物实现错季或反季节生产,达到农作物均衡生产的目的.包括温室、大棚和中小棚。设施占地面积指三类面积的总和。一是实际使用面积，指沿墙内侧的围绕面积；二是墙体面积，指设施的墙体等其他支撑体自身的占地面积；三是采光占用面积，指设施距遮光物体（其他设施、房屋等）的必要距离所占的面积。

棉花产量 按皮棉计算。3 公斤籽棉折 1 公斤皮棉。不包括木棉。

油料产量 指全部油料作物的生产量。包括花生、油菜籽、芝麻、向日葵籽、胡麻籽(亚麻籽)和其他油料。不包括大豆、木本油料和野生油料。花生以带壳干花生计算。

规模以上工业企业单位数 指年主营业务收入2000万元以上的工业法人企业个数。

普通中学在校学生数 指学年开学后，在普通中学学习具有学籍的学生总数，包括留级生，不包括复读生和补习生。

小学在校学生数 指学年开学后，在普通小学学习具有学籍的学生总数，包括留级生，不包括复读生和补习生。

医疗卫生机构床位数 指各级各类医院年底的固定实有床位（非编制床位），包括正规床、简易床、监护床、正在消毒和修理床位、因扩建或大修而停用的床位，不包括产科新生儿床、接产室待产床、库存床、观察床、临时加床和病人家属陪侍床。

各种社会福利收养性单位数 指提供食宿、不以盈利为目地的革命伤残军人休养院、复退军人慢性病疗养院、复退军人精神病院、光荣院、社会福利院、儿童福利院、精神病福利院、老年收养性机构（敬老院、养老院、老年公寓）等收养性的社会福利事业单位的总称。这些单位，分事业单位、企业和民办非企业3类。

各种社会福利收养性单位床位数 指收养性单位报告期末床位的实际收养能力。对于炕、通铺，以正常可容纳人员数量折算床位数。

2018

中国县域统计年鉴(乡镇卷)

CHINA STATISTICAL YEARBOOK (TOWNSHIP)

国家统计局农村社会经济调查司　编

中国统计出版社
China Statistics Press

图书在版编目 (CIP) 数据

中国县域统计年鉴．乡镇卷．2018 ／ 国家统计局农村社会经济调查司编．-- 北京 ：中国统计出版社，2019.5

ISBN 978-7-5037-8809-3

Ⅰ．①中… Ⅱ．①国… Ⅲ．①乡镇经济 - 经济统计 - 中国 - 2018 - 年鉴 Ⅳ．① F127-54

中国版本图书馆 CIP 数据核字 (2019) 第 072892 号

中国县域统计年鉴—2018（乡镇卷）

编　　者 / 国家统计局农村社会经济调查司
责任编辑 / 冯燕玲 杜珞维
封面设计 / 李雪燕
出版发行 / 中国统计出版社
通信地址 / 北京市丰台区西三环南路甲 6 号 邮政编码 /100073
电　　话 / 邮购 (010) 63376909 书店 (010) 68783171
网　　址 / http://www.zgtjcbs.com
印　　刷 / 河北鑫兆源印刷有限公司
经　　销 / 新华书店
开　　本 / 880×1230 毫米 1/16
字　　数 / 1334 千字
印　　张 / 42.25
版　　别 / 2019 年 5 月第 1 版
版　　次 / 2019 年 5 月第 1 次印刷
定　　价 / 550. 00 元（全套）

如有印装差错，由本社发行部调换。

《中国县域统计年鉴（乡镇卷）-2018》编辑委员会

编 者 说 明

一、《中国县域统计年鉴（乡镇卷）-2018》收录了2017年全国3万多个乡镇的行政区域面积、人口和工业等基本情况。

二、本年鉴的资料范围包括全国除香港特别行政区、澳门特别行政区和台湾省以外的所有乡镇，行政区划截止到2017年12月31日。

三、本资料含100多个新疆兵团团场。

四、全书主要内容包括两个部分：一是各地区主要指标居全国前1000位的乡镇；二是各地区乡镇基本情况。篇末另附主要指标解释。

五、本年鉴所列指标的计量单位均采用公制。

六、本年鉴的资料来自2017年乡（镇）社会经济统计年报。

七、本书空栏有如下情况：

（1）该项数据较小，不够规定单位。

（2）该项指标当年没有统计任务，所以无统计数据。

（3）该项指标未掌握确切数据。

（4）因统计指标口径不一致，数据不可比。

八、咨询服务电话：010-68782872。

编　者

2019年3月

目录

一、各地区主要指标居全国前 1000 位的乡镇

二、各地区乡镇基本情况

附录：主要指标解释

1

各地区主要指标居全国前1000位的乡镇

各地区户籍人口居全国前1000位的乡镇

单位：人

地区	代码	乡镇名称	数量
天津	120112100	津南区咸水沽镇	128736
	120117100	宁河区芦台镇	116201
	120118100	静海区静海镇	129103
河北	130123100	正定县正定镇	129756
	130131100	平山县平山镇	120847
	130133100	赵县赵州镇	119727
	130183100	晋州市晋州镇	132530
	130322100	昌黎县昌黎镇	119731
	130407100	肥乡县肥乡镇	90081
	130408100	永年县临洺关镇	160908
	130423100	临漳县临漳镇	104066
	130427100	磁县磁州镇	165140
	130434100	魏县魏城镇	132945
	130435100	曲周县曲周镇	90586
	130481100	武安市武安镇	108680
	130525100	隆尧县隆尧镇	99602
	130528100	宁晋县凤凰镇	120140
	130529100	巨鹿县巨鹿镇	90380
	130534100	清河县葛仙庄镇	134954
	130607100	满城区满城镇	111406
	130609100	徐水区安肃镇	134977
	130626100	定兴县定兴镇	99519
	130627100	唐县仁厚镇	90320
	130635100	蠡县蠡吾镇	102008
	130730100	怀来县沙城镇	101497
	130881100	平泉县平泉镇	100533
	130922100	青县清州镇	109605
	131022100	固安县固安镇	180970
	131023100	永清县永清镇	96267
	131024100	香河县淑阳镇	100211
	131026100	文安县文安镇	124256
	131081105	霸州市胜芳镇	98672
	131082109	三河市燕郊镇	334277
	131103100	冀州区冀州镇	90052
	131121100	枣强县枣强镇	105127
	131126100	故城县郑口镇	114494
	139002100	辛集市辛集镇	147811
山西	140121100	清徐县清源镇	103454
	140221100	阳高县龙泉镇	90768
	140224100	灵丘县武灵镇	101260
	140225100	浑源县永安镇	118906
	140321100	平定县冠山镇	104482
	140522100	阳城县凤城镇	129091
	140624100	怀仁县云中镇	112967
	140823100	闻喜县桐城镇	116086
	140824100	稷山县稷峰镇	126496
	141024100	洪洞县大槐树镇	154203
	141125100	柳林县柳林镇	93914
内蒙古	150429100	宁城县天义镇	109791
	150430100	敖汉旗新惠镇	113601
	150523100	开鲁县开鲁镇	108067
	150525100	奈曼旗大沁他拉镇	97114
	150526100	扎鲁特旗鲁北镇	99736
	150821100	五原县隆兴昌镇	91395
	150826100	杭锦后旗陕坝镇	106133
	152223100	扎赉特旗音德尔镇	114824
	152224100	突泉县突泉镇	105813
辽宁	210804100	鲅鱼圈区熊岳镇	94653
	211224100	昌图县昌图镇	126987
吉林	220122100	农安县农安镇	112320
	220221100	永吉县口前镇	92493
	220322100	梨树县梨树镇	108386
	220381106	公主岭市怀德镇	105600
	220421100	东丰县东丰镇	100062
	220523100	辉南县朝阳镇	116555
	220524100	柳河县柳河镇	111025
	220721100	前郭尔罗斯蒙古族自治县前郭尔罗斯镇	91415
	220722100	长岭县长岭镇	96749
	220821100	镇赉县镇赉镇	103379
	220822100	通榆县开通镇	102884
黑龙江	230103101	南岗区王岗镇	252273
	230125100	宾县宾州镇	123240
	230126100	巴彦县巴彦镇	95728
	230183100	尚志市尚志镇	118926
	230184100	五常市五常镇	133288
	230221100	龙江县龙江镇	129351
	230781100	铁力市铁力镇	102539
	231083100	海林市海林镇	125685
	231121100	嫩江县嫩江镇	105595
	231224101	庆安县庆安镇	96085
	231225100	明水县明水镇	89823
上海	310112101	闵行区莘庄镇	148809
	310112102	闵行区七宝镇	140008
	310112108	闵行区梅陇镇	129745
	310112114	闵行区浦江镇	104779
	310113102	宝山区大场镇	167747
	310113109	宝山区顾村镇	109027
	310114103	嘉定区安亭镇	95585
	310115103	浦东新区川沙新镇	158887
	310115104	浦东新区高桥镇	90864
	310115105	浦东新区北蔡镇	140146
	310115130	浦东新区三林镇	141751
	310115131	浦东新区惠南镇	120215
	310115132	浦东新区周浦镇	89967

续表 1 单位：人

地区	代码	乡镇名称	数量	地区	代码	乡镇名称	数量
	310115139	浦东新区祝桥镇	140032		320682105	如皋市白蒲镇	121652
	310120102	奉贤区奉城镇	90161		320682111	如皋市长江镇	138621
江苏	320206102	惠山区洛社镇	99105		320682113	如皋市江安镇	118523
	320281104	江阴市徐霞客镇	109644		320682116	如皋市搬经镇	136458
	320281107	江阴市华士镇	93578		320684108	海门市悦来镇	108179
	320281108	江阴市周庄镇	105990		320684415	海门市港新区	146080
	320282103	宜兴市徐舍镇	99241		320684416	海门市工业园区管理委员会	92305
	320282112	宜兴市丁蜀镇	148254		320707100	赣榆区青口镇	220179
	320321102	丰县首羡镇	95966		320707109	赣榆区班庄镇	102235
	320321105	丰县欢口镇	100155		320707110	赣榆区城头镇	92322
	320321111	丰县宋楼镇	94990		320707115	赣榆区沙河镇	125563
	320321113	丰县王沟镇	107068		320723100	灌云县伊山镇	160911
	320322108	沛县张庄镇	95361		320723102	灌云县杨集镇	121318
	320322109	沛县张寨镇	93484		320723107	灌云县龙苴镇	91592
	320322115	沛县安国镇	96378		320723108	灌云县下车镇	98356
	320324111	睢宁县邱集镇	113623		320723212	灌云县南岗乡	118241
	320324113	睢宁县姚集镇	99856		320724100	灌南县新安镇	184797
	320382103	邳州市官湖镇	116105		320724101	灌南县堆沟港镇	91100
	320382108	邳州市碾庄镇	94685		320804100	淮阴区王营镇	176783
	320382115	邳州市铁富镇	132150		320826100	涟水县涟城镇	180712
	320382123	邳州市赵墩镇	103780		320826101	涟水县高沟镇	102172
	320411100	新北区春江镇	128520		320831100	金湖县黎城镇	105921
	320412100	武进区湖塘镇	165818		320904100	大丰区大中镇	187053
	320481100	溧阳市溧城镇	187979		320904110	大丰区新丰镇	103275
	320506103	吴中区木渎镇	99891		320921102	响水县小尖镇	103816
	320509100	吴江区太湖新城镇	162460		320922103	滨海县正红镇	108408
	320509105	吴江区盛泽镇	137072		320922107	滨海县八滩镇	90643
	320509110	吴江区黎里镇	142873		320922109	滨海县滨淮镇	111875
	320571199	苏州工业园区直属镇	216709		320923109	阜宁县东沟镇	115139
	320581100	常熟市虞山镇	356934		320923110	阜宁县益林镇	94370
	320581102	常熟市海虞镇	89533		320924100	射阳县合德镇	192164
	320582100	张家港市杨舍镇	285185		320924106	射阳县海河镇	104611
	320582101	张家港市塘桥镇	92801		320925108	建湖县上冈镇	148106
	320582102	张家港市金港镇	169848		320981110	东台市富安镇	90920
	320582103	张家港市锦丰镇	114629		320981122	东台市东台镇	220066
	320583100	昆山市玉山镇	246965		321012100	江都区仙女镇	140032
	320612103	通州区东社镇	91672		321012101	江都区小纪镇	90489
	320612104	通州区三余镇	122326		321012118	江都区大桥镇	136064
	320612114	通州区平潮镇	123039		321023100	宝应县安宜镇	119153
	320621100	海安县海安镇	282790		321081100	仪征市真州镇	189520
	320621101	海安县城东镇	149413		321084115	高邮市临泽镇	92674
	320621102	海安县曲塘镇	92914		321281123	兴化市戴南镇	96525
	320623104	如东县大豫镇	98389		321282103	靖江市斜桥镇	89827
	320623105	如东县掘港镇	200660		321283100	泰兴市黄桥镇	193308
	320681100	启东市汇龙镇	249974		321283123	泰兴市滨江镇	90044
	320681106	启东市南阳镇	100831		321302150	宿城区洋河镇	114256
	320681110	启东市吕四港镇	169501		321323100	泗阳县众兴镇	296172

续表 2

单位：人

地区	代码	乡镇名称	数量
	321324100	泗洪县青阳镇	236577
浙江	330106109	西湖区三墩镇	120539
	330109113	萧山区瓜沥镇	163567
	330282107	慈溪市观海卫镇	122939
	330282121	慈溪市周巷镇	114399
	330326100	平阳县昆阳镇	119511
	330326101	平阳县鳌江镇	195765
	330326102	平阳县水头镇	124537
	330327100	苍南县灵溪镇	288987
	330327101	苍南县龙港镇	378666
	330327104	苍南县钱库镇	133669
	330327107	苍南县金乡镇	90357
	330328100	文成县大峃镇	102280
	330381101	瑞安市塘下镇	176003
	330381116	瑞安市马屿镇	119837
	330381120	瑞安市陶山镇	100097
	330382101	乐清市大荆镇	107039
	330382108	乐清市虹桥镇	107733
	330382114	乐清市柳市镇	227929
	330382115	乐清市北白象镇	114354
	330481101	海宁市许村镇	114428
	330483107	桐乡市崇福镇	101978
	330503100	南浔区南浔镇	130096
	330604113	上虞区崧厦镇	104262
	330783123	东阳市横店镇	91844
	330824115	开化县华埠镇	107390
	331004106	路桥区金清镇	106232
	331022107	三门县浦坝港镇	107275
	331023105	天台县平桥镇	112534
	331081100	温岭市泽国镇	128557
	331081101	温岭市大溪镇	132820
	331081102	温岭市松门镇	93625
	331081103	温岭市箬横镇	147274
	331081104	温岭市新河镇	122332
	331082106	临海市白水洋镇	104670
	331082112	临海市杜桥镇	219621
	331082114	临海市桃渚镇	98247
安徽	340121100	长丰县水湖镇	105592
	340122100	肥东县店埠镇	166462
	340123100	肥西县上派镇	163304
	340123103	肥西县官亭镇	90166
	340123106	肥西县花岗镇	105792
	340124100	庐江县庐城镇	168086
	340124110	庐江县白湖镇	100660
	340124114	庐江县泥河镇	95074
	340207101	鸠江区沈巷镇	130797
	340221100	芜湖县湾沚镇	113695
	340223100	南陵县籍山镇	137143
	340223101	南陵县许镇镇	110349
	340223102	南陵县弋江镇	105137
	340225100	无为县无城镇	183558
	340321101	怀远县包集镇	92678
	340321104	怀远县常坟镇	105275
	340321106	怀远县双桥集镇	94926
	340321110	怀远县白莲坡镇	89444
	340321113	怀远县荆山镇	155736
	340322100	五河县城关镇	108923
	340323100	固镇县城关镇	128124
	340422100	寿县寿春镇	124980
	340506100	博望区博望镇	92307
	340521100	当涂县姑孰镇	104149
	340522100	含山县环峰镇	99592
	340523100	和县历阳镇	139208
	340604102	烈山区古饶镇	95327
	340621100	濉溪县濉溪镇	93838
	340621103	濉溪县五沟镇	108254
	340621104	濉溪县临涣镇	97493
	340621105	濉溪县双堆集镇	108216
	340621106	濉溪县铁佛镇	135694
	340621107	濉溪县南坪镇	103768
	340621108	濉溪县百善镇	114649
	340621109	濉溪县孙町镇	109172
	340621110	濉溪县四铺镇	89650
	340722100	枞阳县枞阳镇	96679
	340722102	枞阳县汤沟镇	92140
	340824100	潜山县梅城镇	97380
	340826100	宿松县孚玉镇	93418
	340827100	望江县华阳镇	118581
	341122100	来安县新安镇	104436
	341124100	全椒县襄河镇	123450
	341125100	定远县定城镇	153814
	341125101	定远县炉桥镇	107506
	341126100	凤阳县府城镇	118479
	341204100	颍泉区伍明镇	125267
	341204101	颍泉区宁老庄镇	115977
	341204102	颍泉区闻集镇	136559
	341204103	颍泉区行流镇	108590
	341221101	临泉县杨桥镇	112903
	341221102	临泉县同城镇	128060
	341221104	临泉县老集镇	92326
	341221105	临泉县滑集镇	143818
	341221109	临泉县宋集镇	143252
	341221113	临泉县韦寨镇	92637
	341221122	临泉县高塘镇	89888

续表 3　　　　单位：人

地区	代码	乡镇名称	数量	地区	代码	乡镇名称	数量
	341222100	太和县城关镇	160656		350322100	仙游县枫亭镇	115792
	341222117	太和县坟台镇	90351		350322101	仙游县榜头镇	167421
	341225120	阜南县鹿城镇	145890		350322103	仙游县度尾镇	92721
	341226100	颍上县慎城镇	172962		350322106	仙游县盖尾镇	105211
	341226101	颍上县谢桥镇	89781		350322108	仙游县大济镇	96658
	341226104	颍上县江口镇	92455		350521100	惠安县螺城镇	100601
	341321100	砀山县砀城镇	147497		350521109	惠安县涂寨镇	93087
	341321106	砀山县玄庙镇	95587		350524102	安溪县湖头镇	92482
	341322100	萧县龙城镇	146146		350524206	安溪县长坑乡	92459
	341323100	灵璧县灵城镇	116864		350582101	晋江市安海镇	124730
	341324100	泗县泗城镇	98802		350582102	晋江市磁灶镇	101563
	341324103	泗县草沟镇	89562		350582104	晋江市东石镇	108061
	341522100	霍邱县城关镇	122068		350583113	南安市洪濑镇	89770
	341523100	舒城县城关镇	176383		350583118	南安市官桥镇	110046
	341524100	金寨县梅山镇	119808		350583119	南安市水头镇	119836
	341602115	谯城区双沟镇	93968		350623100	漳浦县绥安镇	115661
	341621121	涡阳县牌坊镇	91022		350627100	南靖县山城镇	94607
	341622100	蒙城县城关镇	99639		350628100	平和县小溪镇	96289
	341622101	蒙城县双涧镇	92528		350681102	龙海市角美镇	131177
	341622110	蒙城县立仓镇	119570	江西	360111104	青山湖区湖坊镇	92666
	341622111	蒙城县楚村镇	105325		360111180	青山湖区蛟桥镇	165435
	341622112	蒙城县乐土镇	109679		360112100	新建区长堎镇	102249
	341622202	蒙城县小辛集乡	89496		360121100	南昌县莲塘镇	123841
	341623100	利辛县城关镇	162073		360121101	南昌县向塘镇	117569
	341623101	利辛县阚疃镇	105036		360121105	南昌县蒋巷镇	92248
	341623114	利辛县胡集镇	94523		360121191	南昌县昌东镇	126965
	341623118	利辛县望疃镇	110299		360124100	进贤县民和镇	175533
	341821100	郎溪县建平镇	127539		360281101	乐平市乐港镇	92235
	341822100	广德县桃州镇	122044		360281103	乐平市众埠镇	100469
	341823100	泾县泾川镇	95798		360428100	都昌县都昌镇	108543
福建	350102100	鼓楼区洪山镇	92168		360502190	渝水区水西镇	119469
	350111100	晋安区鼓山镇	112599		360702102	章贡区水南镇	92925
	350181106	福清市龙田镇	138819		360703100	南康区唐江镇	106238
	350181107	福清市江镜镇	97189		360722100	信丰县嘉定镇	163517
	350181111	福清市三山镇	125033		360727100	龙南县龙南镇	90425
	350181116	福清市江阴镇	89537		360730100	宁都县梅江镇	160890
	350213102	翔安区马巷镇	105986		360731100	于都县贡江镇	207388
	350213104	翔安区新店镇	120472		360732100	兴国县潋江镇	116521
	350302101	城厢区华亭镇	113034		360733100	会昌县文武坝镇	93537
	350304101	荔城区黄石镇	176587		360735100	石城县琴江镇	102692
	350304102	荔城区新度镇	106946		360781100	瑞金市象湖镇	150928
	350304103	荔城区北高镇	119953		360821100	吉安县敦厚镇	102771
	350305100	秀屿区笏石镇	135492		360822100	吉水县文峰镇	142225
	350305101	秀屿区东庄镇	95006		360825100	永丰县恩江镇	96523
	350305104	秀屿区东峤镇	131466		360826100	泰和县澄江镇	126134
	350305105	秀屿区埭头镇	146992		360827100	遂川县泉江镇	128182
	350305106	秀屿区平海镇	105665		360830100	永新县禾川镇	100519

续表 4

单位：人

地区	代码	乡镇名称	数量	地区	代码	乡镇名称	数量
	361002100	临川区上顿渡镇	127988		370982105	新泰市羊流镇	105238
	361003100	东乡县孝岗镇	125063		370982117	新泰市汶南镇	108173
	361021100	南城县建昌镇	98364		371302105	兰山区义堂镇	121390
	361023100	南丰县琴城镇	91323		371302109	兰山区方城镇	105986
	361024100	崇仁县巴山镇	100165		371321109	沂南县大庄镇	94348
	361123100	玉山县冰溪镇	108449		371322101	郯城县马头镇	91492
	361127100	余干县玉亭镇	132921		371322102	郯城县重坊镇	106405
	361127102	余干县黄金埠镇	93274		371322103	郯城县李庄镇	108958
	361128104	鄱阳县油墩街镇	104915		371323103	沂水县许家湖镇	97402
	361128110	鄱阳县古县渡镇	105117		371324101	兰陵县大仲村镇	93091
山东	370114100	章丘市刁镇	123886		371324102	兰陵县兰陵镇	129712
	370215100	即墨市田横镇	137959		371324103	兰陵县长城镇	114992
	370215104	即墨市移风店镇	93983		371324108	兰陵县向城镇	123892
	370283105	平度市南村镇	134328		371324112	兰陵县庄坞镇	96389
	370283122	平度市旧店镇	104499		371324116	兰陵县金岭镇	102676
	370303100	张店区马尚镇	101413		371324117	兰陵县芦柞镇	90090
	370403106	薛城区常庄镇	95534		371325105	费县探沂镇	102455
	370481103	滕州市大坞镇	90179		371325107	费县梁邱镇	98613
	370481104	滕州市滨湖镇	117660		371329108	临沭县青云镇	98852
	370481106	滕州市西岗镇	116125		371502101	东昌府区沙镇镇	101821
	370481107	滕州市姜屯镇	89736		371702100	牡丹区沙土镇	105124
	370481116	滕州市东郭镇	125834		371702108	牡丹区马岭岗镇	100561
	370523101	广饶县大王镇	94973		371703102	定陶区冉固镇	91020
	370683101	莱州市沙河镇	98953		371721103	曹县青固集镇	104698
	370724103	临朐县冶源镇	109362		371721107	曹县古营集镇	94116
	370724107	临朐县辛寨镇	126103		371721110	曹县苏集镇	91687
	370724116	临朐县蒋峪镇	92763		371722102	单县黄岗镇	89771
	370725107	昌乐县乔官镇	89796	河南	410181113	巩义市回郭镇	93313
	370725108	昌乐县唐吾镇	105152		410182103	荥阳市广武镇	108566
	370725110	昌乐县红河镇	91654		410323100	新安县城关镇	99967
	370725116	昌乐县营丘镇	95534		410423214	鲁山县马楼乡	96104
	370781115	青州市谭坊镇	100410		410482104	汝州市小屯镇	101689
	370782102	诸城市贾悦镇	109776		410522101	安阳县水冶镇	151732
	370782114	诸城市林家村镇	95926		410527100	内黄县城关镇	107045
	370783109	寿光市侯镇	100565		410581102	林州市临淇镇	107942
	370783112	寿光市稻田镇	99313		410581104	林州市横水镇	91445
	370784100	安丘市景芝镇	135586		410581107	林州市姚村镇	99159
	370784103	安丘市凌河镇	105706		410581200	林州市城郊乡	100587
	370785103	高密市夏庄镇	96742		410621104	浚县新镇镇	92722
	370826102	微山县欢城镇	97756		410721103	新乡县七里营镇	103023
	370829104	嘉祥县疃里镇	103434		411025205	襄城县范湖乡	90950
	370830101	汶上县南站镇	92242		411104100	召陵区召陵镇	90457
	370832104	梁山县拳铺镇	129650		411303104	卧龙区蒲山镇	102289
	370883102	邹城市城前镇	92726		411322102	方城县博望镇	106093
	370883104	邹城市北宿镇	97444		411322105	方城县赵河镇	117813
	370883107	邹城市太平镇	122726		411326104	淅川县厚坡镇	106945
	370921109	宁阳县磁窑镇	116067		411328101	唐河县源潭镇	107958

续表 5　　　　单位：人

地区	代码	乡镇名称	数量	地区	代码	乡镇名称	数量
	411328108	唐河县桐寨铺镇	92645		420921100	孝昌县花园镇	110406
	411381104	邓州市穰东镇	90108		420922100	大悟县城关镇	111169
	411381107	邓州市构林镇	97146		420923100	云梦县城关镇	99137
	411381305	邓州市裴营乡	111264		421022100	公安县埠河镇	95789
	411421104	民权县程庄镇	96512		421022101	公安县斗湖堤镇	136239
	411426100	夏邑县城关镇	89685		421023100	监利县容城镇	126479
	411481100	永城市演集镇	122200		421023101	监利县朱河镇	99930
	411481107	永城市薛湖镇	94933		421023102	监利县新沟镇	97983
	411503101	平桥区明港镇	115950		421023113	监利县尺八镇	89591
	411623104	商水县固墙镇	93595		421023200	监利县红城乡	122292
	411624100	沈丘县槐店回族镇	121800		421087100	松滋市新江口镇	117826
	411625106	郸城县钱店镇	89660		421121100	团风县团风镇	89469
	411626100	淮阳县城关回族镇	133775		421122100	红安县城关镇	101560
	411626105	淮阳县安岭镇	97880		421123100	罗田县凤山镇	123654
	411626202	淮阳县冯塘乡	97753		421124100	英山县温泉镇	109936
	411626205	淮阳县大连乡	90728		421125100	浠水县清泉镇	216619
	411627100	太康县城关回族镇	98975		421125101	浠水县巴河镇	125655
	411627104	太康县朱口镇	97821		421125104	浠水县团陂镇	108548
	411627105	太康县马头镇	92560		421125105	浠水县关口镇	90085
	411627109	太康县马厂镇	91060		421126100	蕲春县漕河镇	165352
	411681101	项城市孙店镇	94892		421126102	蕲春县蕲州镇	95152
	411681103	项城市贾岭镇	95351		421126105	蕲春县横车镇	98105
	411722108	上蔡县东洪镇	90497		421126107	蕲春县刘河镇	97013
湖北	420222107	阳新县白沙镇	102985		421127100	黄梅县黄梅镇	154177
	420222110	阳新县龙港镇	123569		421127101	黄梅县孔垄镇	107990
	420281104	大冶市还地桥镇	97639		421127102	黄梅县小池镇	109859
	420304117	郧阳区郧县城关镇	104962		421127108	黄梅县蔡山镇	102567
	420528101	长阳土家族自治县龙舟坪镇	92647		421181103	麻城市白果镇	91475
	420602100	襄城区欧庙镇	89632		421182100	武穴市梅川镇	143121
	420606101	樊城区太平店镇	113658		421221103	嘉鱼县鱼岳镇	99702
	420606171	樊城区高新区米庄镇	94851		421222100	通城县隽水镇	125018
	420607107	襄州区双沟镇	97895		421223100	崇阳县天城镇	119636
	420607111	襄州区东津镇	119857		421224100	通山县通羊镇	111976
	420624100	南漳县城关镇	149601		421303187	曾都区淅河镇	127694
	420624101	南漳县武安镇	111970		421321109	随县唐县镇	97963
	420624102	南漳县九集镇	108743		422802102	利川市汪营镇	99387
	420625100	谷城县城关镇	112599		422822100	建始县业州镇	112748
	420625101	谷城县石花镇	127976		422827100	来凤县翔凤镇	102907
	420683101	枣阳市七方镇	105930		429004105	仙桃市长埫口镇	119519
	420683103	枣阳市太平镇	100958		429004106	仙桃市西流河镇	100894
	420683109	枣阳市吴店镇	90569		429004108	仙桃市杨林尾镇	93896
	420821100	京山县新市镇	138824		429004109	仙桃市彭场镇	99634
	420881103	钟祥市胡集镇	132978		429006107	天门市岳口镇	119914
	420881108	钟祥市石牌镇	91804	**湖南**	430181110	浏阳市大瑶镇	93653
	420881109	钟祥市旧口镇	103751		430182109	宁乡县灰汤镇	101828
	420881110	钟祥市柴湖镇	112457		430221100	株洲县渌口镇	100103
	420902104	孝南区肖港镇	102463		430321100	湘潭县易俗河镇	129885

续表 6

单位：人

地区	代码	乡镇名称	数量	地区	代码	乡镇名称	数量
	430321107	湘潭县花石镇	94510		431224100	溆浦县卢峰镇	166559
	430421100	衡阳县西渡镇	179095		431226106	麻阳苗族自治县高村镇	115056
	430422100	衡南县云集镇	140369		431228100	芷江侗族自治县芷江镇	111954
	430422111	衡南县三塘镇	94307		431229100	靖州苗族侗族自治县渠阳镇	119948
	430423100	衡山县开云镇	90463		431281101	洪江市黔城镇	90089
	430424100	衡东县洣水镇	91009		431281102	洪江市安江镇	91342
	430424104	衡东县吴集镇	95199		431321100	双峰县永丰镇	101445
	430521107	邵东县灵官殿镇	93649		431322100	新化县上梅镇	136988
	430522100	新邵县酿溪镇	95491		431382105	涟源市桥头河镇	112528
	430523100	邵阳县塘渡口镇	183416		433124109	花垣县花垣镇	105662
	430523111	邵阳县五峰铺镇	102479		433125109	保靖县迁陵镇	97786
	430524100	隆回县桃洪镇	183256		433127116	永顺县灵溪镇	133120
	430525103	洞口县高沙镇	118106	广东	440111103	白云区人和镇	97460
	430525104	洞口县竹市镇	90239		440111107	白云区太和镇	101540
	430525105	洞口县石江镇	90543		440111108	白云区钟落潭镇	141187
	430525106	洞口县黄桥镇	102032		440111113	白云区江高镇	127390
	430528100	新宁县金石镇	162486		440112101	黄埔区九龙镇	93258
	430621100	岳阳县荣家湾镇	144995		440114105	花都区花东镇	124306
	430623120	华容县章华镇	153483		440117111	从化区太平镇	95542
	430624100	湘阴县文星镇	188102		440117113	从化区鳌头镇	148967
	430626100	平江县汉昌镇	90859		440118101	增城区新塘镇	120010
	430721100	安乡县深柳镇	138995		440118102	增城区石滩镇	117806
	430724100	临澧县安福镇	95130		440205100	曲江区马坝镇	113559
	430725100	桃源县漳江镇	153884		440229100	翁源县龙仙镇	124387
	430821100	慈利县零阳镇	134002		440403106	斗门区白蕉镇	99737
	430902107	资阳区新桥河镇	91576		440403107	斗门区井岸镇	106656
	430921125	南县南洲镇	134249		440513100	潮阳区海门镇	130205
	430922112	桃江县桃花江镇	150598		440513101	潮阳区河溪镇	93972
	430922113	桃江县灰山港镇	130282		440513102	潮阳区和平镇	191851
	430923119	安化县大福镇	98302		440513103	潮阳区西胪镇	198359
	430923121	安化县东坪镇	135028		440513104	潮阳区关埠镇	139374
	430981112	沅江市南大膳镇	102680		440513106	潮阳区谷饶镇	181355
	430981114	沅江市草尾镇	90429		440513107	潮阳区贵屿镇	170561
	431021106	桂阳县流峰镇	93400		440513108	潮阳区铜盂镇	140479
	431021109	桂阳县春陵江镇	99070		440513110	潮阳区金灶镇	153515
	431022111	宜章县玉溪镇	90773		440514101	潮南区井都镇	101581
	431023101	永兴县马田镇	98446		440514103	潮南区成田镇	101492
	431023108	永兴县便江镇	113988		440514104	潮南区司马浦镇	142156
	431024100	嘉禾县珠泉镇	108106		440514105	潮南区陈店镇	125200
	431028106	安仁县永乐江镇	142756		440514106	潮南区两英镇	217514
	431122100	东安县白牙市镇	129112		440514107	潮南区仙城镇	125994
	431124102	道县寿雁镇	103700		440514108	潮南区胪岗镇	167653
	431127100	蓝山县塔峰镇	151253		440514112	潮南区陇田镇	150414
	431128100	新田县龙泉镇	118623		440515102	澄海区莲下镇	118296
	431129100	江华瑶族自治县沱江镇	125211		440604100	禅城区南庄镇	94366
	431222115	沅陵县沅陵镇	174565		440605121	南海区九江镇	109634
	431223100	辰溪县辰阳镇	96458		440605122	南海区西樵镇	165140

续表 7　　单位：人

地区	代码	乡镇名称	数量	地区	代码	乡镇名称	数量
	440605123	南海区丹灶镇	102973		440904115	电白区霞洞镇	107477
	440605124	南海区狮山镇	313847		440904116	电白区观珠镇	113915
	440605125	南海区大沥镇	281057		440904123	电白区水东镇	129424
	440605126	南海区里水镇	148701		440904126	电白区林头镇	149895
	440606101	顺德区陈村镇	89697		440904127	电白区电城镇	179375
	440606102	顺德区北滘镇	143250		440981127	高州市石鼓镇	128345
	440606103	顺德区乐从镇	121287		440981128	高州市东岸镇	97713
	440606104	顺德区龙江镇	109179		440981129	高州市长坡镇	94576
	440606105	顺德区杏坛镇	139401		440982102	化州市杨梅镇	91484
	440606106	顺德区均安镇	93946		440982112	化州市合江镇	112258
	440705104	新会区双水镇	91811		440982113	化州市那务镇	96828
	440804100	坡头区南三镇	98581		440982116	化州市平定镇	117183
	440811100	麻章区麻章镇	91948		440982120	化州市中垌镇	118220
	440811101	麻章区太平镇	112331		440983113	信宜市怀乡镇	92931
	440823100	遂溪县遂城镇	223569		440983124	信宜市朱砂镇	99256
	440823101	遂溪县黄略镇	113012		440983125	信宜市北界镇	98074
	440823106	遂溪县杨柑镇	100708		441223109	广宁县南街镇	118673
	440823107	遂溪县城月镇	110118		441224100	怀集县怀城镇	156794
	440881104	廉江市河唇镇	109418		441224107	怀集县梁村镇	90294
	440881106	廉江市良垌镇	142628		441224108	怀集县大岗镇	90031
	440881107	廉江市横山镇	134338		441224110	怀集县冷坑镇	134353
	440881108	廉江市安铺镇	132873		441225111	封开县南丰镇	102855
	440881109	廉江市营仔镇	106325		441322110	博罗县罗阳镇	159227
	440881110	廉江市青平镇	109696		441323113	惠东县多祝镇	106432
	440881113	廉江市石岭镇	134766		441422100	大埔县湖寮镇	94912
	440881117	廉江市塘蓬镇	104504		441423127	丰顺县汤坑镇	146568
	440882100	雷州市白沙镇	96392		441423128	丰顺县留隍镇	102678
	440882102	雷州市客路镇	143527		441424130	五华县华城镇	127235
	440882103	雷州市杨家镇	89930		441424134	五华县水寨镇	166088
	440882106	雷州市纪家镇	116786		441424135	五华县河东镇	153078
	440882108	雷州市南兴镇	118701		441424138	五华县横陂镇	116507
	440882110	雷州市东里镇	98047		441424139	五华县安流镇	161570
	440882112	雷州市龙门镇	92153		441424140	五华县棉洋镇	114415
	440882114	雷州市北和镇	91922		441424141	五华县龙村镇	110997
	440882115	雷州市乌石镇	93140		441521101	海丰县梅陇镇	106307
	440882117	雷州市附城镇	139633		441521115	海丰县海城镇	153869
	440883101	吴川市长岐镇	91895		441521120	海丰县城东镇	119935
	440883102	吴川市覃巴镇	91486		441581101	陆丰市甲子镇	133825
	440883104	吴川市振文镇	138298		441581102	陆丰市碣石镇	254307
	440883106	吴川市吴阳镇	106176		441581103	陆丰市湖东镇	118256
	440883107	吴川市塘缀镇	153905		441581107	陆丰市南塘镇	165561
	440883109	吴川市黄坡镇	179811		441581112	陆丰市甲东镇	99297
	440902104	茂南区鳌头镇	93246		441581118	陆丰市甲西镇	155235
	440902108	电白区羊角镇	162905		441621100	紫金县紫城镇	168187
	440904100	电白区马踏镇	92016		441622100	龙川县老隆镇	161831
	440904101	电白区岭门镇	90847		441624100	和平县阳明镇	106059
	440904102	电白区坡心镇	96798		441702103	江城区平冈镇	104689

续表 8　　单位：人

地区	代码	乡镇名称	数量	地区	代码	乡镇名称	数量
	441702105	江城区闸坡镇	99540		445281111	普宁市下架山镇	110596
	441721100	阳西县织箦镇	136234		445281119	普宁市里湖镇	114844
	441721104	阳西县溪头镇	93524		445281121	普宁市梅塘镇	145861
	441781105	阳春市春湾镇	105897		445321100	新兴县新城镇	105284
	441802103	清城区源潭镇	97569		445381100	罗定市罗镜镇	104736
	441803112	清新区龙颈镇	121010		445381104	罗定市罗平镇	91836
	441803113	清新区禾云镇	117796	广西	450109100	邕宁区蒲庙镇	148308
	441803117	清新区浸潭镇	113721		450109101	邕宁区那楼镇	96026
	441803118	清新区石潭镇	93771		450110100	武鸣区城厢镇	111008
	441821100	佛冈县石角镇	122317		450124102	马山县林圩镇	99708
	441823119	阳山县阳城镇	119024		450124105	马山县周鹿镇	97445
	441881137	英德市东华镇	112799		450126100	宾阳县宾州镇	230967
	441882100	连州市连州镇	142462		450126101	宾阳县黎塘镇	121723
	441900121	东莞市虎门镇	139980		450127100	横县横州镇	173166
	441900122	东莞市厚街镇	108538		450127101	横县百合镇	110050
	442000100	中山市小榄镇	178116		450127103	横县南乡镇	98851
	442000101	中山市黄圃镇	91835		450127108	横县六景镇	98816
	445103103	潮安区凤塘镇	90421		450127112	横县陶圩镇	93534
	445103104	潮安区浮洋镇	108550		450127113	横县校椅镇	108561
	445103108	潮安区彩塘镇	117956		450206100	柳江区拉堡镇	144321
	445103109	潮安区东凤镇	96298		450223100	鹿寨县鹿寨镇	118744
	445103110	潮安区庵埠镇	136506		450224100	融安县长安镇	99394
	445103121	潮安区枫溪镇	115129		450225100	融水苗族自治县融水镇	92188
	445122100	饶平县黄冈镇	197987		450312100	临桂区临桂镇	149883
	445122117	饶平县钱东镇	98393		450323100	灵川县灵川镇	96667
	445202101	榕城区渔湖镇	119244		450324100	全州县全州镇	122318
	445202102	榕城区炮台镇	131768		450325100	兴安县兴安镇	93828
	445202103	榕城区地都镇	108411		450330100	平乐县平乐镇	100136
	445203102	揭东区云路镇	90217		450406100	龙圩区龙圩镇	93557
	445203104	揭东区锡场镇	123312		450422100	藤县藤州镇	170198
	445203105	揭东区新亨镇	121151		450422111	藤县蒙江镇	93087
	445203106	揭东区玉湖镇	117286		450422113	藤县太平镇	114359
	445203110	揭东区白塔镇	106789		450481100	岑溪市岑城镇	165313
	445222110	揭西县棉湖镇	106272		450481103	岑溪市南渡镇	89662
	445224100	惠来县惠城镇	185291		450521100	合浦县廉州镇	183413
	445224103	惠来县仙庵镇	102237		450521102	合浦县西场镇	100071
	445224107	惠来县神泉镇	107113		450521106	合浦县公馆镇	141141
	445224108	惠来县东陇镇	111262		450521107	合浦县白沙镇	120506
	445224110	惠来县隆江镇	181253		450703101	钦北区平吉镇	96527
	445224114	惠来县葵潭镇	130212		450703103	钦北区小董镇	97289
	445281103	普宁市大坝镇	115442		450703104	钦北区板城镇	101194
	445281104	普宁市洪阳镇	171279		450703108	钦北区大直镇	94973
	445281105	普宁市南溪镇	125711		450703109	钦北区大寺镇	95825
	445281107	普宁市麒麟镇	133973		450721101	灵山县新圩镇	117350
	445281108	普宁市南径镇	153507		450721108	灵山县檀圩镇	116462
	445281109	普宁市占陇镇	195038		450721109	灵山县那隆镇	126987
	445281110	普宁市军埠镇	130545		450721111	灵山县陆屋镇	116043

续表 9　　单位：人

地区	代码	乡镇名称	数量	地区	代码	乡镇名称	数量
	450721112	灵山县旧州镇	119588		460203198	吉阳区吉阳镇	154733
	450721113	灵山县太平镇	133876		460204198	天涯区天涯镇	218801
	450721117	灵山县伯劳镇	101233		460205198	崖州区崖城镇	101288
	450722109	浦北县龙门镇	100800		460400100	儋州市那大镇	178066
	450722111	浦北县寨圩镇	95743		469002100	琼海市嘉积镇	142299
	450802101	港北区大圩镇	104634		469005100	文昌市文城镇	136991
	450802102	港北区庆丰镇	100842		469006100	万宁市万城镇	157547
	450803100	港南区桥圩镇	114835		469007100	东方市八所镇	174804
	450803101	港南区木格镇	109137		469021100	定安县定城镇	94852
	450821100	平南县平南镇	177960		469023100	澄迈县金江镇	163477
	450821104	平南县大新镇	92110		469024100	临高县临城镇	135831
	450821105	平南县大安镇	122691		469028100	陵水黎族自治县椰林镇	107751
	450821109	平南县镇隆镇	94307	**重庆**	500101144	万州区分水镇	97527
	450821113	平南县丹竹镇	113774		500107110	九龙坡区西彭镇	103262
	450821114	平南县官成镇	108482		500111100	大足区龙水镇	117282
	450821115	平南县思旺镇	106841		500116105	江津区石蟆镇	101013
	450881107	桂平市麻垌镇	106397		500116108	江津区白沙镇	134786
	450881116	桂平市石龙镇	90181		500117120	合川区钱塘镇	91742
	450881117	桂平市蒙圩镇	92453		500154117	开州区临江镇	104275
	450881118	桂平市西山镇	174803		500235128	云阳县南溪镇	112427
	450881119	桂平市南木镇	130515		500235131	云阳县江口镇	109106
	450881120	桂平市江口镇	114103	**四川**	510114103	新都区新繁镇	95726
	450881121	桂平市金田镇	90936		510321100	荣县旭阳镇	157390
	450902105	玉州区茂林镇	103999		510322100	富顺县富世镇	149390
	450903107	福绵区福绵镇	93605		510521107	泸县玄滩镇	89444
	450903109	福绵区樟木镇	94597		510522100	合江县合江镇	111594
	450921100	容县容州镇	158991		510524100	叙永县叙永镇	108447
	450921105	容县黎村镇	97262		510525100	古蔺县古蔺镇	124818
	450922101	陆川县温泉镇	154896		510681100	广汉市雒城镇	122268
	450922103	陆川县马坡镇	106026		510722101	三台县潼川镇	125456
	450922108	陆川县乌石镇	137824		510781101	江油市太平镇	97539
	450922109	陆川县良田镇	98514		510781102	江油市三合镇	109709
	450923100	博白县博白镇	223597		510824100	苍溪县陵江镇	124869
	450923114	博白县东平镇	129301		510923100	大英县蓬莱镇	144763
	450923118	博白县凤山镇	91873		511024100	威远县严陵镇	160597
	450923120	博白县文地镇	103740		511025100	资中县重龙镇	96665
	450923127	博白县龙潭镇	103236		511025116	资中县水南镇	94687
	450981112	北流市六麻镇	106655		511181100	峨眉山市绥山镇	113029
	451102106	八步区桂岭镇	99672		511323115	蓬安县相如镇	111856
	451103103	平桂区沙田镇	108535		511324101	仪陇县新政镇	92812
	451122100	钟山县钟山镇	98698		511421123	仁寿县文林镇	157689
	451203100	宜州市庆远镇	156413		511524100	长宁县长宁镇	91170
	451225100	罗城仫佬族自治县东门镇	100986		511526101	珙县巡场镇	114293
	451229100	大化瑶族自治县大化镇	103052		511527100	筠连县筠连镇	106761
	451302101	兴宾区凤凰镇	94294		511528100	兴文县古宋镇	98286
	451321100	忻城县城关镇	92505		511621100	岳池县九龙镇	176249
海南	460108101	美兰区灵山镇	93885		511622100	武胜县沿口镇	124509

续表 10　　　　单位：人

地区	代码	乡镇名称	数量	地区	代码	乡镇名称	数量
	511623100	邻水县鼎屏镇	92398		530922101	云县爱华镇	92950
	511722100	宣汉县东乡镇	157402		530926103	耿马傣族佤族自治县孟定镇	95318
	511722107	宣汉县南坝镇	101386		532301101	楚雄市鹿城镇	173832
	511723100	开江县新宁镇	95208		532325101	姚安县栋川镇	93544
	511725100	渠县渠江镇	126409		532326101	大姚县金碧镇	99269
	511921100	通江县诺江镇	110151		532503101	蒙自市文澜镇	183995
	512021100	安岳县岳阳镇	123415		532504101	弥勒市弥阳镇	150579
	512022100	乐至县天池镇	106031		532524101	建水县临安镇	160675
贵州	520103100	云岩区黔灵镇	113132		532525101	石屏县异龙镇	97877
	520281117	盘县柏果镇	97644		532527101	泸西县中枢镇	124926
	520281126	盘县鸡场坪镇	96683		532622102	砚山县平远镇	94173
	520323100	绥阳县洋川镇	90907		532627101	广南县莲城镇	114283
	520382117	仁怀市茅台镇	111649		532801103	景洪市勐龙镇	105924
	522728108	罗甸县边阳镇	91527		532901101	大理市下关镇	195237
云南	530115100	晋宁县晋城镇	98123		532923101	祥云县祥城镇	119133
	530322102	陆良县板桥镇	95494		532923103	祥云县云南驿镇	100755
	530322103	陆良县三岔河镇	126263		532924101	宾川县金牛镇	102745
	530322104	陆良县马街镇	116914	陕西	610323100	岐山县凤鸣镇	99920
	530325106	富源县大河镇	94076		610323101	岐山县蔡家坡镇	146369
	530325108	富源县富村镇	105219		610324001	扶风县城关街道办事处	93084
	530326103	会泽县迤车镇	93720		610881100	神木县神木镇	162924
	530326106	会泽县者海镇	101846		610902107	汉滨区恒口镇	164020
	530381106	宣威市倘塘镇	93925	甘肃	620421103	靖远县乌兰镇	90269
	530502101	隆阳区板桥镇	102571		620522100	秦安县兴国镇	89573
	530581101	腾冲市腾越镇	122474		620523100	甘谷县大像山镇	106500
	530622101	巧家县白鹤滩镇	111776		620523102	甘谷县新兴镇	114637
	530625101	永善县溪洛渡镇	100461		621122100	陇西县巩昌镇	129332
	530627102	镇雄县泼机镇	128838		621124100	临洮县洮阳镇	105865
	530628101	彝良县角奎镇	120720	青海	630121100	大通回族土族自治县桥头镇	122143
	530629101	威信县扎西镇	132396	新疆	653126100	叶城县喀格勒克镇	92160

各地区公共财政收入居全国前1000位的乡镇

单位：万元

地区	代码	乡镇名称	数量
北京	110105021	朝阳区南磨房地区办事处	27752
	110105022	朝阳区高碑店地区办事处	24990
	110105023	朝阳区将台地区办事处	41178
	110105028	朝阳区十八里店地区办事处	79100
	110105029	朝阳区平房地区办事处	24983
	110105032	朝阳区来广营地区办事处	123090
	110105033	朝阳区常营地区办事处	28861
	110105035	朝阳区管庄地区办事处	111488
	110105036	朝阳区金盏地区办事处	70327
	110105037	朝阳区孙河地区办事处	31688
	110105038	朝阳区崔各庄地区办事处	68283
	110105039	朝阳区东坝地区办事处	24557
	110105040	朝阳区黑庄户地区办事处	38523
	110105042	朝阳区王四营地区办事处	85624
	110106017	丰台区卢沟桥地区办事处	28384
	110106018	丰台区花乡地区办事处	34462
	110106019	丰台区南苑地区办事处	45695
	110106100	丰台区长辛店镇	37864
	110106101	丰台区王佐镇	90155
	110108023	海淀区万柳地区办事处	320836
	110108024	海淀区东升地区办事处	50413
	110108026	海淀区温泉地区办事处	117791
	110108027	海淀区四季青地区办事处	120338
	110108028	海淀区西北旺地区办事处	86534
	110108029	海淀区苏家坨地区办事处	50766
	110108030	海淀区上庄地区办事处	31907
	110109006	门头沟区永定地区办事处	32501
	110109007	门头沟区龙泉地区办事处	30593
	110109106	门头沟区斋堂镇	32828
	110111101	房山区阎村镇	23561
	110111103	房山区窦店镇	23586
	110111105	房山区长阳镇	73939
	110112005	通州区永顺地区办事处	74775
	110112006	通州区梨园地区办事处	61960
	110112104	通州区宋庄镇	143138
	110112105	通州区张家湾镇	24807
	110112106	通州区漷县镇	28340
	110112109	通州区马驹桥镇	36947
	110112110	通州区西集镇	27433
	110112114	通州区台湖镇	34288
	110112119	通州区潞城镇	50148
	110113003	顺义区仁和地区办事处	57416
	110113004	顺义区后沙峪地区办事处	28761
	110113005	顺义区天竺地区办事处	50491
	110113006	顺义区杨镇地区办事处	29177
	110113007	顺义区牛栏山地区办事处	59219
	110113008	顺义区南法信地区办事处	25878
	110113009	顺义区马坡地区办事处	49141
	110113101	顺义区高丽营镇	29200
	110113104	顺义区李桥镇	54653
	110113112	顺义区木林镇	27614
	110113116	顺义区赵全营镇	83226
	110114002	昌平区南口地区办事处	28507
	110114003	昌平区马池口地区办事处	32737
	110114007	昌平区东小口地区办事处	46258
	110114110	昌平区小汤山镇	32578
	110114113	昌平区百善镇	30169
	110114115	昌平区北七家镇	24701
	110114118	昌平区流村镇	30257
	110114119	昌平区十三陵镇	33691
	110115004	大兴区亦庄地区办事处	53724
	110115005	大兴区黄村地区办事处	57112
	110115007	大兴区西红门地区办事处	60931
	110115103	大兴区青云店镇	78646
	110115105	大兴区安定镇	51534
	110115108	大兴区庞各庄镇	27858
	110115110	大兴区魏善庄镇	33715
	110116103	怀柔区杨宋镇	28403
天津	120111100	西青区中北镇	73729
	120111101	西青区杨柳青镇	110982
	120111103	西青区张家窝镇	42900
	120111104	西青区精武镇	31205
	120111105	西青区大寺镇	151715
	120111106	西青区王稳庄镇	29885
	120112100	津南区咸水沽镇	29775
	120112101	津南区葛沽镇	82800
	120112102	津南区小站镇	60142
	120112103	津南区双港镇	24144
	120112107	津南区八里台镇	26564
	120113100	北辰区天穆镇	40684
	120113101	北辰区北仓镇	27088
	120113102	北辰区双街镇	53985
	120114101	武清区梅厂镇	29340
	120114123	武清区高村镇	24270
	120115119	宝坻区牛道口镇	25864
	120116158	滨海新区中塘镇	26975
	120118100	静海区静海镇	29638
	120118108	静海区大邱庄镇	84473
河北	130110101	鹿泉区铜冶镇	25000
	130207103	丰南区小集镇	46765

续表 1　　　　单位：万元

地区	代码	乡镇名称	数量	地区	代码	乡镇名称	数量
	130207113	丰南区丰南镇	79279		210804100	鲅鱼圈区熊岳镇	51487
	130208118	丰润区银城铺镇	33320		211004101	宏伟区曙光镇	99695
	130223104	滦县茨榆坨镇	26284	吉林	220103171	宽城区合隆镇	26880
	130227107	迁西县三屯营镇	25963		220171100	长春经济技术开发区兴隆山镇	148761
	130283104	迁安市赵店子镇	34261		220273100	吉林中国新加坡食品区岔路河镇	33941
	130283111	迁安市木厂口镇	84442		220502120	东昌区通化经济开发区(特殊乡镇)	74550
	130304101	北戴河区戴河镇	30537		220521120	通化县聚鑫经济开发区管理委员会(特殊乡镇)	27343
	130424100	成安县成安镇	35954	黑龙江	230125100	宾县宾州镇	27120
	130481100	武安市武安镇	91746		231083100	海林市海林镇	46196
	130481102	武安市午汲镇	39887	上海	310112101	闵行区莘庄镇	201634
	130481103	武安市磁山镇	117464		310112102	闵行区七宝镇	385539
	130481200	武安市上团城乡	39320		310112103	闵行区颛桥镇	148000
	130528100	宁晋县凤凰镇	49962		310112106	闵行区华漕镇	79463
	130672103	保定白沟新城白沟镇	29079		310112107	闵行区虹桥镇	146130
	130826100	丰宁满族自治县大阁镇	25143		310112108	闵行区梅陇镇	149509
	130881100	平泉县平泉镇	27185		310112110	闵行区吴泾镇	255879
	130922100	青县清州镇	27979		310112112	闵行区马桥镇	132063
	130923100	东光县东光镇	46550		310112114	闵行区浦江镇	181300
	130924100	海兴县苏基镇	31598		310113101	宝山区罗店镇	103523
	130925100	盐山县盐山镇	30088		310113102	宝山区大场镇	93387
	130926100	肃宁县肃宁镇	78226		310113103	宝山区杨行镇	89345
	130983100	黄骅市黄骅镇	88236		310113104	宝山区月浦镇	109470
	131022100	固安县固安镇	378700		310113106	宝山区罗泾镇	40198
	131023100	永清县永清镇	29665		310113109	宝山区顾村镇	81484
	131024100	香河县淑阳镇	134920		310113111	宝山区高境镇	39349
	131024104	香河县安平镇	50703		310113112	宝山区庙行镇	31182
	131081105	霸州市胜芳镇	36243		310113113	宝山区淞南镇	33487
	131082100	三河市泃阳镇	27669		310114102	嘉定区南翔镇	252006
	131082109	三河市燕郊镇	439237		310114103	嘉定区安亭镇	348646
	131103100	冀州区冀州镇	33544		310114106	嘉定区马陆镇	241682
山西	140121100	清徐县清源镇	24055		310114109	嘉定区徐行镇	63767
	140211200	南郊区口泉乡	63946		310114114	嘉定区外冈镇	82382
	140321100	平定县冠山镇	31095		310114118	嘉定区江桥镇	96225
	140424103	屯留县余吾镇	29468		310115103	浦东新区川沙新镇	104139
	140624100	怀仁县云中镇	25000		310115104	浦东新区高桥镇	81492
内蒙古	150123101	和林格尔县盛乐镇	26010		310115105	浦东新区北蔡镇	82000
	150207103	九原区麻池镇	37772		310115110	浦东新区合庆镇	37769
	150271102	包头稀土高新技术产业开发区万水泉镇	24553		310115114	浦东新区唐镇	83529
	150302101	海勃湾区千里山镇	49783		310115117	浦东新区曹路镇	292645
	150624101	鄂托克旗棋盘井镇	33843		310115120	浦东新区金桥镇	69577
	152571101	乌拉盖管委会巴音胡硕镇	32388		310115121	浦东新区高行镇	57003
	152921110	阿拉善左旗巴彦浩特镇	30433		310115123	浦东新区高东镇	53267
	152971100	阿拉善经济开发区乌斯太镇	26208		310115125	浦东新区张江镇	44198
辽宁	210311103	千山区大屯镇	23044		310115130	浦东新区三林镇	155416
	210381107	海城市牌楼镇	35639		310115131	浦东新区惠南镇	61486

续表 2　　单位：万元

地区	代码	乡镇名称	数量	地区	代码	乡镇名称	数量
	310115132	浦东新区周浦镇	86567		310120123	奉贤区海湾镇	26802
	310115133	浦东新区新场镇	31829		310151101	崇明区城桥镇	30000
	310115134	浦东新区大团镇	26690		310151104	崇明区庙镇	28038
	310115136	浦东新区康桥镇	69807		310151116	崇明区长兴镇	127044
	310115137	浦东新区航头镇	50642		310151202	崇明区横沙乡	94257
	310115139	浦东新区祝桥镇	85000	江苏	320117101	溧水区白马镇	24100
	310115141	浦东新区宣桥镇	29433		320117104	溧水区石湫镇	28018
	310115142	浦东新区书院镇	49403		320117105	溧水区洪蓝镇	24780
	310115143	浦东新区万祥镇	36078		320205102	锡山区羊尖镇	51700
	310115144	浦东新区老港镇	28799		320205103	锡山区鹅湖镇	32469
	310116101	金山区朱泾镇	66072		320205105	锡山区锡北镇	42892
	310116102	金山区枫泾镇	86330		320205106	锡山区东港镇	102130
	310116103	金山区张堰镇	37784		320206102	惠山区洛社镇	147632
	310116104	金山区亭林镇	59516		320206103	惠山区阳山镇	32348
	310116105	金山区吕巷镇	110757		320211101	滨湖区胡埭镇	78000
	310116107	金山区廊下镇	27782		320281100	江阴市璜土镇	69251
	310116109	金山区金山卫镇	49242		320281102	江阴市月城镇	33861
	310116112	金山区漕泾镇	41100		320281103	江阴市青阳镇	36511
	310116113	金山区山阳镇	81339		320281104	江阴市徐霞客镇	69860
	310117102	松江区泗泾镇	66905		320281107	江阴市华士镇	140263
	310117103	松江区佘山镇	134146		320281108	江阴市周庄镇	122125
	310117104	松江区车墩镇	231977		320281109	江阴市新桥镇	175982
	310117105	松江区新桥镇	90240		320281110	江阴市长泾镇	34696
	310117106	松江区洞泾镇	35430		320281111	江阴市顾山镇	62700
	310117107	松江区九亭镇	84757		320281112	江阴市祝塘镇	71897
	310117109	松江区泖港镇	54046		320282100	宜兴市张渚镇	23200
	310117116	松江区石湖荡镇	54686		320282103	宜兴市徐舍镇	25747
	310117117	松江区新浜镇	31299		320282104	宜兴市官林镇	76047
	310117120	松江区叶榭镇	26446		320282107	宜兴市和桥镇	33015
	310117121	松江区小昆山镇	47111		320282108	宜兴市高塍镇	55899
	310118102	青浦区朱家角镇	85498		320282109	宜兴市万石镇	27285
	310118103	青浦区练塘镇	74365		320282110	宜兴市周铁镇	30894
	310118104	青浦区金泽镇	43038		320282112	宜兴市丁蜀镇	124032
	310118105	青浦区赵巷镇	102458		320305102	贾汪区青山泉镇	26125
	310118106	青浦区徐泾镇	210554		320312106	铜山区柳新镇	44663
	310118107	青浦区华新镇	111636		320312116	铜山区利国镇	42378
	310118109	青浦区重固镇	80646		320322101	沛县龙固镇	25840
	310118110	青浦区白鹤镇	51321		320322110	沛县敬安镇	25632
	310120101	奉贤区南桥镇	95765		320322115	沛县安国镇	24762
	310120102	奉贤区奉城镇	55586		320324105	睢宁县李集镇	23344
	310120104	奉贤区庄行镇	48371		320382103	邳州市官湖镇	64000
	310120106	奉贤区金汇镇	86453		320382108	邳州市碾庄镇	27548
	310120109	奉贤区四团镇	33819		320382115	邳州市铁富镇	38750
	310120111	奉贤区青村镇	77955		320402109	天宁区郑陆镇	68600
	310120118	奉贤区柘林镇	56169		320404116	钟楼区邹区镇	44100

续表 3 单位：万元

地区	代码	乡镇名称	数量	地区	代码	乡镇名称	数量
	320411100	新北区春江镇	178400		320581106	常熟市支塘镇	39005
	320411101	新北区孟河镇	34552		320581107	常熟市董浜镇	23273
	320411102	新北区新桥镇	46249		320581110	常熟市辛庄镇	60603
	320411103	新北区薛家镇	123182		320581111	常熟市尚湖镇	49834
	320411104	新北区罗溪镇	55677		320582100	张家港市杨舍镇	595791
	320411105	新北区西夏墅镇	30614		320582101	张家港市塘桥镇	93514
	320412100	武进区湖塘镇	133373		320582102	张家港市金港镇	551764
	320412102	武进区牛塘镇	47359		320582103	张家港市锦丰镇	324367
	320412103	武进区洛阳镇	39432		320582104	张家港市乐余镇	38189
	320412104	武进区遥观镇	85343		320582105	张家港市凤凰镇	95784
	320412105	武进区横林镇	42991		320582106	张家港市南丰镇	100989
	320412106	武进区横山桥镇	48758		320582107	张家港市大新镇	26894
	320412110	武进区雪堰镇	51093		320583100	昆山市玉山镇	808734
	320412113	武进区前黄镇	25819		320583101	昆山市巴城镇	184472
	320412114	武进区礼嘉镇	23047		320583102	昆山市周市镇	268218
	320412120	武进区湟里镇	40731		320583103	昆山市陆家镇	146148
	320413100	金坛区金城镇	37477		320583104	昆山市花桥镇	380038
	320413106	金坛区直溪镇	26463		320583105	昆山市淀山湖镇	107041
	320481100	溧阳市溧城镇	53426		320583106	昆山市张浦镇	221545
	320481106	溧阳市天目湖镇	57625		320583107	昆山市周庄镇	29959
	320481109	溧阳市上兴镇	27602		320583108	昆山市千灯镇	190581
	320481116	溧阳市社渚镇	24780		320583109	昆山市锦溪镇	70964
	320505100	虎丘区浒墅关镇	103096		320585100	太仓市城厢镇	94680
	320505101	虎丘区通安镇	40316		320585101	太仓市沙溪镇	73431
	320506100	吴中区甪直镇	115583		320585102	太仓市浏河镇	56800
	320506103	吴中区木渎镇	226406		320585103	太仓市浮桥镇	285600
	320506104	吴中区胥口镇	103053		320585104	太仓市璜泾镇	26604
	320506107	吴中区东山镇	25171		320585105	太仓市双凤镇	36821
	320506110	吴中区临湖镇	36145		320612114	通州区平潮镇	29975
	320507100	相城区望亭镇	52896		320612117	通州区兴仁镇	32837
	320507102	相城区黄埭镇	130941		320612120	通州区川姜镇	32971
	320507105	相城区渭塘镇	71039		320621100	海安县海安镇	180153
	320507109	相城区阳澄湖镇	37632		320621101	海安县城东镇	131669
	320509100	吴江区太湖新城镇	329337		320621102	海安县曲塘镇	38869
	320509104	吴江区平望镇	92699		320623101	如东县洋口镇	84154
	320509105	吴江区盛泽镇	325400		320623102	如东县苴镇	56885
	320509107	吴江区七都镇	57298		320623103	如东县长沙镇	69165
	320509108	吴江区震泽镇	72728		320623104	如东县大豫镇	29806
	320509109	吴江区桃源镇	71500		320623105	如东县掘港镇	91756
	320509110	吴江区黎里镇	247216		320623113	如东县河口镇	25876
	320581100	常熟市虞山镇	455712		320681100	启东市汇龙镇	99229
	320581101	常熟市梅李镇	80028		320681110	启东市吕四港镇	38642
	320581102	常熟市海虞镇	99764		320681405	启东市海工船舶工业园	29468
	320581104	常熟市古里镇	75126		320682111	如皋市长江镇	140014
	320581105	常熟市沙家浜镇	70470		320684106	海门市常乐镇	31693

续表 4　　单位：万元

地区	代码	乡镇名称	数量	地区	代码	乡镇名称	数量
	320684108	海门市悦来镇	42975		330109120	萧山区党湾镇	32943
	320684415	海门市港新区	24030		330110102	余杭区塘栖镇	67600
	320684416	海门市工业园区管理委员会	35565		330110109	余杭区径山镇	31325
	320707100	赣榆区青口镇	23595		330110110	余杭区瓶窑镇	76780
	320707101	赣榆区柘汪镇	47311		330111115	富阳区新登镇	33762
	320723103	灌云县燕尾港镇	33726		330203100	海曙区高桥镇	85384
	320804100	淮阴区王营镇	39702		330203101	海曙区横街镇	28169
	320831100	金湖县黎城镇	25393		330203102	海曙区集士港镇	35971
	320904100	大丰区大中镇	103345		330203103	海曙区古林镇	91095
	320923110	阜宁县益林镇	24934		330205103	江北区慈城镇	192739
	320924100	射阳县合德镇	28586		330212103	鄞州区东钱湖镇	105897
	320981107	东台市梁垛镇	26101		330212104	鄞州区东吴镇	47561
	320981121	东台市弶港镇	42303		330212105	鄞州区五乡镇	96636
	320981122	东台市东台镇	80003		330212106	鄞州区邱隘镇	73223
	321002401	广陵区扬州市生态科技新城杭集镇	27689		330212108	鄞州区云龙镇	77072
	321003111	邗江区西湖镇	32500		330212109	鄞州区横溪镇	34717
	321012100	江都区仙女镇	102616		330212110	鄞州区姜山镇	102600
	321012118	江都区大桥镇	39049		330213100	奉化市溪口镇	39577
	321023100	宝应县安宜镇	52143		330213104	奉化市莼湖镇	51744
	321081100	仪征市真州镇	31000		330225101	象山县石浦镇	55984
	321084116	高邮市送桥镇	28181		330225102	象山县西周镇	127780
	321181100	丹阳市司徒镇	37447		330226108	宁海县黄坛镇	51762
	321181108	丹阳市界牌镇	24672		330226111	宁海县西店镇	50673
	321181113	丹阳市丹北镇	92581		330281100	余姚市临山镇	37666
	321182101	扬中市新坝镇	77432		330281101	余姚市黄家埠镇	30348
	321182102	扬中市油坊镇	25893		330281102	余姚市小曹娥镇	39048
	321183102	句容市下蜀镇	37906		330281103	余姚市泗门镇	98643
	321183109	句容市宝华镇	100725		330281106	余姚市马渚镇	60810
	321202100	海陵区九龙镇	32688		330281113	余姚市陆埠镇	37379
	321203100	高港区永安洲镇	50795		330282107	慈溪市观海卫镇	172171
	321281123	兴化市戴南镇	66772		330282109	慈溪市桥头镇	23462
	321281124	兴化市张郭镇	28661		330282111	慈溪市逍林镇	24648
	321283100	泰兴市黄桥镇	51958		330282114	慈溪市横河镇	47598
	321283114	泰兴市姚王镇	28787		330282118	慈溪市庵东镇	54413
	321283123	泰兴市滨江镇	155338		330282120	慈溪市长河镇	23244
	321283124	泰兴市虹桥镇	48652		330282121	慈溪市周巷镇	160446
	321302150	宿城区洋河镇	27638		330282123	慈溪市龙山镇	73880
	321323100	泗阳县众兴镇	32599		330324102	永嘉县桥头镇	26300
浙江	330109101	萧山区河上镇	25000		330326101	平阳县鳌江镇	167816
	330109105	萧山区临浦镇	49551		330327100	苍南县灵溪镇	238367
	330109106	萧山区义桥镇	52265		330327101	苍南县龙港镇	71609
	330109107	萧山区所前镇	35503		330329100	泰顺县罗阳镇	35660
	330109108	萧山区衙前镇	87983		330381101	瑞安市塘下镇	77685
	330109113	萧山区瓜沥镇	210842		330381116	瑞安市马屿镇	50582
	330109115	萧山区益农镇	35607		330382108	乐清市虹桥镇	54208

续表 5

单位：万元

地区	代码	乡镇名称	数量	地区	代码	乡镇名称	数量
	330382114	乐清市柳市镇	179902		330522112	长兴县煤山镇	92905
	330382115	乐清市北白象镇	91028		330523105	安吉县孝丰镇	23975
	330402100	南湖区凤桥镇	44737		330602105	越城区马山镇	56802
	330402101	南湖区余新镇	69136		330603005	柯桥区齐贤街道	90161
	330402105	南湖区大桥镇	204918		330603101	柯桥区钱清镇	64462
	330411101	秀洲区王江泾镇	81242		330603104	柯桥区马鞍镇	314688
	330411103	秀洲区油车港镇	31900		330603105	柯桥区平水镇	24408
	330411104	秀洲区新塍镇	37077		330603110	柯桥区杨汛桥镇	29963
	330411105	秀洲区王店镇	110063		330604106	上虞区丰惠镇	24500
	330411106	秀洲区洪合镇	28723		330604113	上虞区崧厦镇	45565
	330421102	嘉善县大云镇	36536		330604114	上虞区沥海镇	76499
	330421103	嘉善县西塘镇	54932		330681101	诸暨市大唐镇	75143
	330421111	嘉善县姚庄镇	76148		330681103	诸暨市次坞镇	25276
	330421112	嘉善县天凝镇	39095		330681104	诸暨市店口镇	174007
	330424101	海盐县沈荡镇	24882		330681108	诸暨市山下湖镇	24305
	330481101	海宁市许村镇	34915		330681109	诸暨市枫桥镇	52323
	330481103	海宁市长安镇	70259		330681113	诸暨市草塔镇	38425
	330481108	海宁市黄湾镇	31757		330681114	诸暨市王家井镇	29280
	330481110	海宁市盐官镇	24317		330681115	诸暨市牌头镇	29729
	330481112	海宁市袁花镇	31671		330683100	嵊州市甘霖镇	56896
	330482101	平湖市乍浦镇	187358		330702103	婺城区白龙桥镇	27843
	330482102	平湖市新埭镇	55259		330703101	金东区孝顺镇	31617
	330482103	平湖市新仓镇	51900		330723102	武义县桐琴镇	49858
	330482108	平湖市独山港镇	116174		330782100	义乌市佛堂镇	45100
	330483100	桐乡市乌镇镇	40839		330782104	义乌市上溪镇	25448
	330483101	桐乡市濮院镇	37342		330782105	义乌市苏溪镇	32097
	330483105	桐乡市洲泉镇	50435		330783108	东阳市歌山镇	23328
	330483107	桐乡市崇福镇	38631		330783118	东阳市南马镇	35399
	330502100	吴兴区织里镇	148450		330783123	东阳市横店镇	390015
	330502101	吴兴区八里店镇	167004		330803112	衢江区廿里镇	23630
	330502104	吴兴区埭溪镇	47890		330881121	江山市贺村镇	23967
	330502105	吴兴区东林镇	27866		330902100	定海区金塘镇	54056
	330503100	南浔区南浔镇	156011		330902104	定海区白泉镇	30362
	330503101	南浔区双林镇	62665		330903100	普陀区六横镇	84338
	330503102	南浔区练市镇	28997		330921100	岱山县高亭镇	24415
	330503105	南浔区菱湖镇	30027		331004106	路桥区金清镇	42487
	330503106	南浔区和孚镇	40350		331023105	天台县平桥镇	34105
	330521101	德清县乾元镇	52843		331081100	温岭市泽国镇	50020
	330521102	德清县新市镇	48422		331081101	温岭市大溪镇	47643
	330521104	德清县钟管镇	70380		331081103	温岭市箬横镇	24379
	330521110	德清县雷甸镇	23599		331082112	临海市杜桥镇	87212
	330522102	长兴县李家巷镇	54208		331083101	玉环县清港镇	30599
	330522103	长兴县夹浦镇	33261		331083102	玉环县楚门镇	54785
	330522110	长兴县和平镇	63922	**安徽**	340121100	长丰县水湖镇	26615
	330522111	长兴县泗安镇	23800		340121104	长丰县岗集镇	48400

续表 6　　单位：万元

地区	代码	乡镇名称	数量	地区	代码	乡镇名称	数量
	340123100	肥西县上派镇	71058		341881100	宁国市港口镇	32831
	340123108	肥西县桃花镇	131600	福建	350102100	鼓楼区洪山镇	53559
	340124100	庐江县庐城镇	95035		350104101	仓山区城门镇	37768
	340221100	芜湖县湾沚镇	44783		350104102	仓山区盖山镇	63450
	340221101	芜湖县六郎镇	35370		350104103	仓山区建新镇	48281
	340221102	芜湖县陶辛镇	24513		350111100	晋安区鼓山镇	49240
	340222100	繁昌县繁阳镇	46289		350111101	晋安区新店镇	26040
	340222101	繁昌县荻港镇	44639		350111102	晋安区岳峰镇	45084
	340222102	繁昌县孙村镇	60848		350121102	闽侯县南屿镇	95753
	340222104	繁昌县新港镇	26126		350121105	闽侯县青口镇	54239
	340223100	南陵县籍山镇	28716		350121107	闽侯县上街镇	63897
	340223102	南陵县弋江镇	23485		350121108	闽侯县荆溪镇	31900
	340225100	无为县无城镇	61800		350124107	闽清县塔庄镇	56000
	340225112	无为县泥汊镇	23650		350181111	福清市三山镇	32700
	340225118	无为县高沟镇	23414		350182105	长乐市江田镇	24853
	340304101	禹会区马城镇	35469		350182111	长乐市金峰镇	28196
	340304200	禹会区长青乡	26602		350211103	集美区后溪镇	29312
	340321100	怀远县榴城镇	24133		350213102	翔安区马巷镇	221014
	340321113	怀远县荆山镇	50076		350213103	翔安区新圩镇	26179
	340323100	固镇县城关镇	64500		350213111	翔安区内厝镇	27548
	340506100	博望区博望镇	38000		350302101	城厢区华亭镇	33483
	340521110	当涂县年陡镇	49028		350304100	荔城区西天尾镇	85839
	340522104	含山县林头镇	28116		350304101	荔城区黄石镇	36177
	340523100	和县历阳镇	47882		350322100	仙游县枫亭镇	30944
	340523107	和县乌江镇	48125		350322104	仙游县鲤南镇	35749
	340523109	和县石杨镇	26966		350521100	惠安县螺城镇	30893
	340621101	濉溪县韩村镇	25000		350521101	惠安县螺阳镇	31143
	340822100	怀宁县高河镇	23851		350521103	惠安县紫山镇	26930
	340825100	太湖县晋熙镇	24824		350524100	安溪县凤城镇	37638
	340826100	宿松县孚玉镇	29451		350524102	安溪县湖头镇	41146
	341004100	徽州区岩寺镇	28145		350524105	安溪县城厢镇	45707
	341021100	歙县徽城镇	51813		350526100	德化县浔中镇	25357
	341122103	来安县汊河镇	94997		350526101	德化县龙浔镇	24503
	341124100	全椒县襄河镇	40541		350581100	石狮市灵秀镇	73581
	341124107	全椒县十字镇	27411		350581101	石狮市宝盖镇	103526
	341181100	天长市铜城镇	43255		350581102	石狮市蚶江镇	53932
	341222100	太和县城关镇	81700		350581103	石狮市祥芝镇	23380
	341222108	太和县肖口镇	43050		350581104	石狮市鸿山镇	43567
	341282100	界首市光武镇	45903		350582101	晋江市安海镇	161845
	341282105	界首市田营镇	104300		350582102	晋江市磁灶镇	66537
	341502109	金安区三十铺镇	44000		350582103	晋江市陈埭镇	267278
	341523106	舒城县杭埠镇	31296		350582104	晋江市东石镇	80761
	341602107	谯城区十八里镇	46100		350582105	晋江市深沪镇	159972
	341721100	东至县尧渡镇	25700		350582106	晋江市金井镇	93067
	341721102	东至县大渡口镇	25397		350582107	晋江市池店镇	266423
	341821100	郎溪县建平镇	35604		350582109	晋江市内坑镇	47411
	341822104	广德县新杭镇	70313		350582110	晋江市龙湖镇	83558
	341823100	泾县泾川镇	43987		350582112	晋江市英林镇	63500

续表 7　　单位：万元

地区	代码	乡镇名称	数量	地区	代码	乡镇名称	数量
	350582113	晋江市紫帽镇	25372		360827100	遂川县泉江镇	31151
	350583100	南安市省新镇	27878		360827101	遂川县雩田镇	23413
	350583101	南安市仑苍镇	32214		360829100	安福县平都镇	50153
	350583113	南安市洪濑镇	23578		360981126	丰城市曲江镇	52738
	350583117	南安市霞美镇	50112		360982100	樟树市临江镇	29998
	350583118	南安市官桥镇	47453		360982106	樟树市阁山镇	24100
	350583119	南安市水头镇	100050		360982202	樟树市洋湖乡	23301
	350602100	芗城区浦南镇	23512		361121104	上饶县茶亭镇	31043
	350603100	龙文区蓝田镇	23958		361123100	玉山县冰溪镇	32526
	350603101	龙文区步文镇	34917		361123107	玉山县岩瑞镇	25000
	350623100	漳浦县绥安镇	119920		361127102	余干县黄金埠镇	32319
	350625100	长泰县武安镇	41695		361129100	万年县陈营镇	40315
	350626100	东山县西埔镇	48065		361181107	德兴市泗洲镇	61339
	350626104	东山县陈城镇	29715		361181190	德兴市花桥镇	23135
	350626106	东山县铜陵镇	41335	山东	370114100	章丘市刁镇	72137
	350627100	南靖县山城镇	93404		370126107	商河县玉皇庙镇	28318
	350629100	华安县华丰镇	33012		370211100	黄岛区王台镇	26215
	350629101	华安县丰山镇	23218		370211103	黄岛区泊里镇	80321
	350681100	龙海市石码镇	63730		370215105	即墨市蓝村镇	23265
	350681102	龙海市角美镇	330508		370215106	即墨市大信镇	23760
	350681106	龙海市港尾镇	48350		370281100	胶州市胶莱镇	31523
	350681109	龙海市榜山镇	26854		370281102	胶州市李哥庄镇	40603
江西	360111104	青山湖区湖坊镇	33349		370281110	胶州市胶西镇	32265
	360111105	青山湖区塘山镇	41187		370283105	平度市南村镇	47710
	360111180	青山湖区蛟桥镇	101532		370285101	莱西市姜山镇	66356
	360112100	新建区长埈镇	60284		370303100	张店区马尚镇	53616
	360121100	南昌县莲塘镇	43650		370303101	张店区南定镇	33990
	360121101	南昌县向塘镇	28008		370303107	张店区房镇镇	25599
	360121191	南昌县昌东镇	45191		370304102	博山区域城镇	33611
	360121192	南昌县麻丘镇	32421		370304103	博山区白塔镇	23442
	360203100	珠山区竟成镇	45808		370305107	临淄区金岭镇	23502
	360302100	安源区安源镇	34086		370305109	临淄区凤凰镇	44401
	360322101	上栗县上栗镇	23330		370305111	临淄区金山镇	136895
	360323101	芦溪县芦溪镇	38384		370306100	周村区北郊镇	26090
	360402102	濂溪区新港镇	26386		370321105	桓台县马桥镇	82981
	360402103	濂溪区莲花镇	23798		370321109	桓台县唐山镇	52368
	360481100	瑞昌市码头镇	55073		370321110	桓台县果里镇	67704
	360482100	共青城市甘露镇	32000		370481105	滕州市级索镇	36787
	360521100	分宜县分宜镇	43100		370481106	滕州市西岗镇	77488
	360521103	分宜县双林镇	25137		370523101	广饶县大王镇	112021
	360622103	余江县中童镇	23097		370523102	广饶县稻庄镇	37856
	360802102	吉州区长塘镇	25166		370681110	龙口市诸由观镇	53940
	360822100	吉水县文峰镇	25083		370683101	莱州市沙河镇	73664
	360825100	永丰县恩江镇	35676		370685101	招远市辛庄镇	106867
	360825105	永丰县藤田镇	23241		370783109	寿光市侯镇	87013

续表 8

单位：万元

地区	代码	乡镇名称	数量	地区	代码	乡镇名称	数量
	370783115	寿光市羊口镇	128083		410106100	上街区峡窝镇	24500
	370784100	安丘市景芝镇	63410		410122105	中牟县白沙镇	23122
	370785103	高密市夏庄镇	33451		410122110	中牟县大孟镇	46307
	370786112	昌邑市下营镇	26119		410122112	中牟县刘集镇	45490
	370811109	任城区石桥镇	60730		410181103	巩义市竹林镇	29273
	370812101	兖州区大安镇	29509		410181113	巩义市回郭镇	42581
	370812105	兖州区新兖镇	181659		410182102	荥阳市豫龙镇	41421
	370827104	鱼台县张黄镇	31647		410182110	荥阳市贾峪镇	49759
	370829104	嘉祥县疃里镇	23927		410183113	新密市曲梁镇	31383
	370830101	汶上县南站镇	28461		410184102	新郑市辛店镇	30479
	370831104	泗水县金庄镇	31269		410184106	新郑市薛店镇	34961
	370881103	曲阜市陵城镇	25018		410184107	新郑市孟庄镇	23094
	370883104	邹城市北宿镇	79791		410184109	新郑市龙湖镇	194129
	370883105	邹城市中心店镇	66347		410327105	宜阳县香鹿山镇	23453
	370883106	邹城市唐村镇	40882		410522101	安阳县水冶镇	39986
	370883107	邹城市太平镇	115931		410522102	安阳县铜冶镇	40611
	370911106	岱岳区满庄镇	38753		410523100	汤阴县城关镇	30135
	370921109	宁阳县磁窑镇	28869		410523105	汤阴县白营镇	24638
	370982102	新泰市小协镇	24303		410523107	汤阴县韩庄镇	26111
	370982103	新泰市翟镇	23213		410773203	新乡市平原城乡一体化示范区祝楼乡	32624
	370982107	新泰市西张庄镇	31745		410781105	卫辉市唐庄镇	36300
	370983106	肥城市石横镇	92096		410782104	辉县市孟庄镇	60160
	371002100	环翠区张村镇	64380		410782112	辉县市冀屯镇	28530
	371002101	环翠区羊亭镇	27873		411003102	许昌县尚集镇	88183
	371002102	环翠区温泉镇	26090		411082106	长葛市大周镇	51720
	371073107	威海临港经济技术开发区草庙子镇	48420		411122102	临颍县杜曲镇	27996
	371082101	荣成市俚岛镇	25968		411503101	平桥区明港镇	30650
	371082102	荣成市成山镇	35210		419001103	济源市承留镇	26129
	371122104	莒县夏庄镇	34676	湖北	420222100	阳新县兴国镇	28990
	371202101	莱城区羊里镇	24780		420222101	阳新县富池镇	46408
	371202106	莱城区雪野镇	23464		420222103	阳新县韦源口镇	24588
	371302103	兰山区半程镇	40173		420281102	大冶市灵乡镇	43843
	371302105	兰山区义堂镇	53268		420281104	大冶市还地桥镇	56560
	371323103	沂水县许家湖镇	59029		420281108	大冶市陈贵镇	41716
	371325105	费县探沂镇	73160		420304111	郧阳区茶店镇	48967
	371471108	德州经济技术开发区袁桥镇	28418		420304117	郧阳区郧县城关镇	29319
	371482101	禹城市房寺镇	56488		420381103	丹江口市六里坪镇	51849
	371502110	东昌府区顾官屯镇	43011		420503201	伍家岗区伍家乡	32770
	371623105	无棣县马山子镇	150197		420506107	夷陵区龙泉镇	36251
	371626101	邹平县长山镇	36678		420506108	夷陵区鸦鹊岭镇	28277
	371626102	邹平县魏桥镇	49549		420581104	宜都市枝城镇	39667
	371626108	邹平县焦桥镇	27095		420607103	襄州区伙牌镇	29000
	371626109	邹平县韩店镇	71838		420624100	南漳县城关镇	39901
	371724101	巨野县龙固镇	50276		420625100	谷城县城关镇	64559
河南	410104201	管城回族区南曹乡	25461		420625101	谷城县石花镇	44328

续表 9　　　　单位：万元

地区	代码	乡镇名称	数量	地区	代码	乡镇名称	数量
	420683109	枣阳市吴店镇	43218		440403106	斗门区白蕉镇	42824
	420703101	华容区葛店镇	192280		440403107	斗门区井岸镇	25896
	420703102	华容区庙岭镇	24113		440404100	金湾区三灶镇	51348
	420881103	钟祥市胡集镇	84083		440404101	金湾区南水镇	182024
	420923100	云梦县城关镇	38190		440404103	金湾区红旗镇	49012
	420984104	汉川市沉湖镇	38267		440404104	金湾区平沙镇	42522
	420984111	汉川市新河镇	46957		440604100	禅城区南庄镇	101625
	421022101	公安县斗湖堤镇	35863		440605121	南海区九江镇	174732
	421087100	松滋市新江口镇	87809		440605122	南海区西樵镇	164059
	421087102	松滋市八宝镇	75363		440605123	南海区丹灶镇	293675
	421126100	蕲春县漕河镇	33778		440605124	南海区狮山镇	606690
	421127102	黄梅县小池镇	64008		440605125	南海区大沥镇	219589
	421182003	武穴市田镇街道办事处	50800		440605126	南海区里水镇	358000
	421221101	嘉鱼县高铁岭镇	25003		440606101	顺德区陈村镇	28294
	421221103	嘉鱼县鱼岳镇	37569		440606102	顺德区北滘镇	193398
	421223100	崇阳县天城镇	47341		440606103	顺德区乐从镇	73595
湖南	430181110	浏阳市大瑶镇	27700		440606104	顺德区龙江镇	91705
	430181117	浏阳市永安镇	95221		440606105	顺德区杏坛镇	174311
	430624100	湘阴县文星镇	31585		440606106	顺德区均安镇	62799
	431222112	沅陵县七甲坪镇	76208		440607103	三水区乐平镇	72539
	431224104	溆浦县龙潭镇	23131		440608107	高明区明城镇	40034
	433125109	保靖县迁陵镇	30756		440608108	高明区更合镇	70806
广东	440111107	白云区太和镇	38236		440703101	蓬江区棠下镇	50670
	440111108	白云区钟落潭镇	26180		440703103	蓬江区杜阮镇	28055
	440111113	白云区江高镇	33816		440705104	新会区双水镇	43808
	440112101	黄埔区九龙镇	65008		440783117	开平市水口镇	35294
	440113102	番禺区南村镇	55042		440784106	鹤山市共和镇	25600
	440113104	番禺区化龙镇	30000		440904123	电白区水东镇	45375
	440113105	番禺区石楼镇	45221		440904127	电白区电城镇	29297
	440113118	番禺区沙湾镇	38895		441424134	五华县水寨镇	79296
	440113120	番禺区石基镇	41139		441424138	五华县横陂镇	25792
	440114105	花都区花东镇	126720		441581102	陆丰市碣石镇	26488
	440114109	花都区狮岭镇	29707		441621109	紫金县临江镇	28365
	440115100	南沙区万顷沙镇	35450		441702105	江城区闸坡镇	36238
	440115102	南沙区黄阁镇	43469		441803102	清新区太和镇	24076
	440115103	南沙区东涌镇	119954		441900101	东莞市石碣镇	96937
	440115104	南沙区大岗镇	91391		441900102	东莞市石龙镇	87550
	440115105	南沙区榄核镇	78217		441900103	东莞市茶山镇	89241
	440118101	增城区新塘镇	128527		441900104	东莞市石排镇	71868
	440118102	增城区石滩镇	37578		441900105	东莞市企石镇	63494
	440118103	增城区中新镇	25135		441900106	东莞市横沥镇	125179
	440229100	翁源县龙仙镇	27922		441900107	东莞市桥头镇	83839
	440402100	香洲区唐家湾镇	312564		441900108	东莞市谢岗镇	83192
	440402104	香洲区横琴镇	1243800		441900109	东莞市东坑镇	76720
	440403105	斗门区乾务镇	26037		441900110	东莞市常平镇	244817

续表 10　　　　单位：万元

地区	代码	乡镇名称	数量	地区	代码	乡镇名称	数量
	441900111	东莞市寮步镇	209369		469002100	琼海市嘉积镇	28088
	441900112	东莞市樟木头镇	131635		469005100	文昌市文城镇	42876
	441900113	东莞市大朗镇	172447		469023100	澄迈县金江镇	63333
	441900114	东莞市黄江镇	136434		469025103	白沙黎族自治县打安镇	23502
	441900115	东莞市清溪镇	116737		469028100	陵水黎族自治县椰林镇	28167
	441900116	东莞市塘厦镇	258825		469028103	陵水黎族自治县英州镇	33353
	441900117	东莞市凤岗镇	110633		469029100	保亭黎族苗族自治县保城镇	37319
	441900118	东莞市大岭山镇	93952	重庆	500112131	渝北区龙兴镇	316577
	441900119	东莞市长安镇	325983		500154113	开州区九龙山镇	29787
	441900121	东莞市虎门镇	197844	四川	510112102	龙泉驿区洛带镇	45700
	441900122	东莞市厚街镇	178125		510112104	龙泉驿区西河镇	51157
	441900123	东莞市沙田镇	130833		510112109	龙泉驿区柏合镇	74452
	441900124	东莞市道滘镇	98973		510114103	新都区新繁镇	23413
	441900125	东莞市洪梅镇	51901		510116122	双流区万安镇	66337
	441900126	东莞市麻涌镇	120072		510321100	荣县旭阳镇	23264
	441900127	东莞市望牛墩镇	90459		510422201	盐边县新九乡	25255
	441900128	东莞市中堂镇	58071		511902105	巴州区曾口镇	27919
	441900129	东莞市高埗镇	75571	贵州	520281126	盘县鸡场坪镇	35784
	442000100	中山市小榄镇	136873		520382117	仁怀市茅台镇	89658
	442000101	中山市黄圃镇	187900		520622101	玉屏侗族自治县大龙镇	27540
	442000102	中山市民众镇	65484		522301109	兴义市威舍镇	29018
	442000103	中山市东凤镇	86140		522328101	安龙县龙广镇	31927
	442000104	中山市东升镇	154547		522328102	安龙县德卧镇	30122
	442000105	中山市古镇镇	103847		522328106	安龙县普坪镇	23097
	442000106	中山市沙溪镇	75532	云南	530427102	新平彝族傣族自治县戛洒镇	43838
	442000107	中山市坦洲镇	76735		530721205	玉龙纳西族自治县黎明傈僳族乡	254365
	442000108	中山市港口镇	99552		532301102	楚雄市东瓜镇	66370
	442000109	中山市三角镇	49589		532504101	弥勒市弥阳镇	25392
	442000110	中山市横栏镇	59471		532622101	砚山县江那镇	30141
	442000111	中山市南头镇	84781		532823101	勐腊县勐腊镇	29317
	442000113	中山市南朗镇	91632		532901101	大理市下关镇	42730
	442000114	中山市三乡镇	98450		532901105	大理市海东镇	39510
	442000115	中山市板芙镇	71745		533103101	芒市芒市镇	43520
	442000116	中山市大涌镇	48528	西藏	542526205	改则县察布乡	23910
	445103108	潮安区彩塘镇	39359	陕西	610323101	岐山县蔡家坡镇	23530
	445103121	潮安区枫溪镇	27468		610822100	府谷县府谷镇	49864
广西	450206109	柳江区穿山镇	29508		610822105	府谷县新民镇	27116
	450223100	鹿寨县鹿寨镇	52247		610822108	府谷县大昌汗镇	40373
	450224100	融安县长安镇	28240		610822111	府谷县老高川镇	35649
	450312100	临桂区临桂镇	34670		610881100	神木县神木镇	128609
	450323100	灵川县灵川镇	30044		610881101	神木县高家堡镇	44627
	450521100	合浦县廉州镇	48160		610881102	神木县店塔镇	68294
	450881118	桂平市西山镇	54626		610881103	神木县孙家岔镇	79620
	450902105	玉州区茂林镇	42507		610881104	神木县大柳塔镇	98863
	450923100	博白县博白镇	34600		610881106	神木县中鸡镇	30160
	451221101	南丹县大厂镇	25892		610881110	神木县大保当镇	58607
海南	460400100	儋州市那大镇	27970		610881114	神木县锦界镇	69280

2

各地区乡镇基本情况

各地区乡镇基本情况

（北京市）

单位：公顷、人、个

名　　称	行政区域面积	常住人口	#城镇建成区	企业个数	企业从业人员	工业企业个数	#规模以上
北京市							
朝阳区南磨房地区办事处	943	130857	130857	4727	61982	46	6
朝阳区高碑店地区办事处	1508	111305	78911	4707	21845	99	7
朝阳区将台地区办事处	1145	50091	40316	2156	24526	63	6
朝阳区太阳宫地区办事处	578	89373	89373	2010	18964	12	2
朝阳区小红门地区办事处	1207	66648	34445	2248	5586	122	6
朝阳区十八里店地区办事处	2523	146185	30451	5220	20663	260	12
朝阳区平房地区办事处	1518	122790		1978	20710	106	4
朝阳区东风地区办事处	738	73926	55712	1366	20235		
朝阳区来广营地区办事处	2093	176446		5894	16388	51	9
朝阳区常营地区办事处	930	128091	128091	2430	9308	13	2
朝阳区三间房地区办事处	875	102511	94478	3580	16202	57	4
朝阳区管庄地区办事处	1015	119951		2801	11235	63	10
朝阳区金盏地区办事处	5000	80245		2087	8232	274	17
朝阳区孙河地区办事处	3520	16679		1237	4970	91	9
朝阳区崔各庄地区办事处	3174	94748		2005	12379	118	6
朝阳区东坝地区办事处	2460	89646		1603	10460	133	5
朝阳区黑庄户地区办事处	2450	50613		1468	10584	214	12
朝阳区豆各庄地区办事处	1416	34192	34192	732	3794	85	5
朝阳区王四营地区办事处	1930	62483	22981	3102	21168	81	4
丰台区卢沟桥地区办事处	5662	91974	91974	7083	99061	168	2
丰台区花乡地区办事处	4989	111582	111582	5947	50985	152	16
丰台区南苑地区办事处	5679	47547	47547	3752	30615	219	3
丰台区长辛店镇	6176	37454	8412	1414	10269	266	5
丰台区王佐镇	6362	48581	31965	595	7817	144	3
海淀区万柳地区办事处	479	8325	763	581	3742	7	
海淀区东升地区办事处	828	63083	39415	1869	32555	46	6
海淀区温泉地区办事处	3323	61297	42160	1511	13234	175	12
海淀区四季青地区办事处	4083	168348	39690	4385	89612	149	15
海淀区西北旺地区办事处	5102	148666	46379	3019	59149	349	38
海淀区苏家坨地区办事处	8451	58750	25000	1066	7574	228	7
海淀区上庄地区办事处	3845	63973	18451	814	5724	105	6
门头沟区王平地区办事处	4592	6358	1562	28	160		
门头沟区永定地区办事处	6548	51676	51676	5	229		
门头沟区龙泉地区办事处	3080	47494	47494	18	406	4	
门头沟区潭柘寺镇	7983	8199	4195	2	18	1	1
门头沟区军庄镇	3347	15190	10579	4	466	2	
门头沟区雁翅镇	26320	5079	630	4	371		
门头沟区斋堂镇	38217	10914	2443				
门头沟区清水镇	33514	6776	1947	8	71	1	
门头沟区妙峰山镇	11261	9554	1890	20	339	8	
房山区良乡地区办事处	2590	17982	1331	34	2636	20	4
房山区周口店地区办事处	11983	38590	10442	730	7860	89	7
房山区琉璃河地区办事处	10742	66034	23335	1413	15589	227	13
房山区阎村镇	4851	55534	22427	1635	8178	105	14
房山区窦店镇	6534	87121	47941	1560	14537	310	23
房山区石楼镇	4229	30172	4401	21	1454	17	6
房山区长阳镇	9133	139321	62641	746	18081	130	16
房山区河北镇	6787	23010	7242	33	2410	5	
房山区长沟镇	3811	27048	8785	88	9330	49	2

续表 1　　　　(北京市)　　　　单位：公顷、人、个

名　　称	行政区域面　积	常住人口	#城镇建成区	企业个数	企　业从业人员	工业企业个　数	#规模以上
房山区大石窝镇	9155	35908	10905	328	5056	170	1
房山区张坊镇	11940	19884	3361	372	2923	38	
房山区十渡镇	19215	9860	1542	12	1366	3	
房山区青龙湖镇	9585	46040	8877	352	8921	141	5
房山区韩村河镇	10081	39496	5556	127	10100	76	
房山区霞云岭乡	21046	6769	263	2	69		
房山区南窖乡	4016	3379	357	40	87		
房山区佛子庄乡	14973	7252	12	1	20		
房山区大安山乡	6229	9281	970				
房山区史家营乡	10987	9297	960	60	2100		
房山区蒲洼乡	9585	1990	1185				
通州区永顺地区办事处	3947	225445	225445	499	5439	8	7
通州区梨园地区办事处	2460	213232	213232	1300	21000	34	7
通州区宋庄镇	11520	116747	36601	3088	41386	744	40
通州区张家湾镇	10543	103112	3305	790	21521	538	50
通州区漷县镇	11360	69821	22215	1033	19579	343	44
通州区马驹桥镇	8200	127605	37120	1010	45597	610	55
通州区西集镇	9140	48304	3127	669	8164	34	23
通州区台湖镇	8130	92263	11119	2096	23208	416	67
通州区永乐店镇	10500	45390	7383	462	5544	155	24
通州区潞城镇	7086	70743	1596	1039	18840	234	33
通州区于家务回族乡	6570	29831		232	7906	45	28
顺义区仁和地区办事处	4296	34943	9657	467	19128	187	29
顺义区后沙峪地区办事处	2684	36279	7767	510	9510	100	5
顺义区天竺地区办事处	1324	33860	715	750	21350	12	3
顺义区杨镇地区办事处	9600	61262	25703	1193	79420	632	20
顺义区牛栏山地区办事处	3140	38863	19456	425	17265	155	25
顺义区南法信地区办事处	2069	35122	13847	4062	25892	85	13
顺义区马坡地区办事处	1200	22547	7700	572	20806	172	17
顺义区高丽营镇	6110	44291	3703	548	22330	268	23
顺义区李桥镇	7500	76324	4360	1286	12150	281	16
顺义区李遂镇	4000	20120	3750	377	6550	137	13
顺义区南彩镇	5774	58701	5800	451	11252	215	22
顺义区北务镇	3200	12753	2319	184	2763	50	5
顺义区大孙各庄镇	7460	25875	2210	161	3809	76	8
顺义区张镇	5345	22669	1517	110	1120	48	5
顺义区龙湾屯镇	5702	14424	3434	118	2755	64	
顺义区木林镇	8336	32637	3664	391	6148	109	8
顺义区北小营镇	5580	42805	11032	262	13084	102	17
顺义区北石槽镇	3250	14891	2006	370	4180	206	4
顺义区赵全营镇	6445	31522	6835	1399	16500	294	16
昌平区南口地区办事处	20100	71000	47218	486	29915	159	18
昌平区马池口地区办事处	6167	85000	11375	200	7843	97	23
昌平区沙河地区办事处	5470	159000	10165	285	50589	159	33
昌平区东小口地区办事处	1730	104000	297	428	5072	13	3
昌平区阳坊镇	4058	24000	10528	207	4066	108	11
昌平区小汤山镇	7018	64000	20235	169	7966	73	8
昌平区南邵镇	3519	42000	1585	206	3936	42	12
昌平区崔村镇	6285	20000	1674	87	2493	10	8
昌平区百善镇	3519	26363	4264	58	4216	21	13
昌平区北七家镇	5665	330000	330000	408	6090	145	14

续表 2 (北京市) 单位：公顷、人、个

名　称	行政区域面积	常住人口	#城镇建成区	企业个数	企业从业人员	工业企业个数	#规模以上
昌平区兴寿镇	7503	32000	3531	313	5340	78	8
昌平区流村镇	26936	19273	196	29	1947	10	6
昌平区十三陵镇	15730	28220	1263	215	8670	5	
昌平区延寿镇	12760	10000	935	8	66	4	1
大兴区亦庄地区办事处	1818	58274	3058	895	15363	95	10
大兴区黄村地区办事处	6537	128412	9097	320	4500	120	41
大兴区旧宫地区办事处	2940	128840	22056	3180	53718	237	25
大兴区西红门地区办事处	2854	135761	83425	3970	27833	705	34
大兴区瀛海地区办事处	3238	68879	6946	238	11162	192	24
大兴区青云店镇	7030	68479	9339	1253	27810	580	19
大兴区采育镇	7155	33541	12500	387	9533	21	21
大兴区安定镇	7780	30824	5249	91	1993	60	13
大兴区礼贤镇	9383	40261	7331	142	2325	32	2
大兴区榆垡镇	13414	44899	21564	419	7584	154	15
大兴区庞各庄镇	10940	65966	21119	137	7192	111	13
大兴区北臧村镇	4740	23621	5660	660	6399	195	3
大兴区魏善庄镇	8133	42355	5463	253	9082	85	16
大兴区长子营镇	5971	32287	3951	519	5080	148	18
怀柔区怀柔地区办事处	5720	30398	5709	357	3538	60	5
怀柔区雁栖地区办事处	15321	28646	10614	42	385	16	16
怀柔区庙城地区办事处	3196	27689	5790	93	3720	39	17
怀柔区北房镇	5466	26110	12066	410	4256	79	20
怀柔区杨宋镇	4792	24899	11307	84	4546	49	15
怀柔区桥梓镇	10877	21099	4674	40	854	27	2
怀柔区怀北镇	10435	19852	11860	63	3111	12	2
怀柔区汤河口镇	22439	8720	3890				
怀柔区渤海镇	15181	13924	6135	11	235	4	1
怀柔区九渡河镇	17831	14712	1960	4	48	3	
怀柔区琉璃庙镇	20630	5048	867	3	15	1	
怀柔区宝山镇	24925	7939	965	2	12	2	
怀柔区长哨营满族乡	24155	6465	737	10	1735	1	
怀柔区喇叭沟门满族乡	30177	5168	537				
平谷区渔阳地区办事处	1909	53655	39829	407	10000	41	5
平谷区峪口地区办事处	6405	28627	6775	1234	6800	112	4
平谷区马坊地区办事处	3745	22467	11320	924	5490	89	22
平谷区金海湖地区办事处	13292	29993	5209	175	1120	18	1
平谷区东高村镇	5591	29638	8422	98	1235	38	8
平谷区山东庄镇	4400	17700	3995	390	4100	60	4
平谷区南独乐河镇	6953	21385	4484	102	3114	38	3
平谷区大华山镇	9676	17414	3917	20	150	5	
平谷区夏各庄镇	6066	24920	8450	1505	7456	26	3
平谷区马昌营镇	2862	16245	3817	53	1737	20	5
平谷区王辛庄镇	6700	29809	3351	640	6300	28	1
平谷区大兴庄镇	2473	18215	2044	65	3120	30	3
平谷区刘家店镇	3576	7605	1060	22	418	5	1
平谷区镇罗营镇	8038	9033	1414	1362	1900	3	
平谷区黄松峪乡	6100	5405	1783	4	400	1	
平谷区熊儿寨乡	5891	3198	923	190	1303	1	
密云区密云镇	1370	17202	3624	109	3850	77	6
密云区溪翁庄镇	8790	18647	9252	129	5381	26	5
密云区西田各庄镇	12964	34801	8396	183	5912	87	1

续表 3　　（北京市、天津市）　　单位：公顷、人、个

名　　称	行政区域面积	常住人口	#城镇建成区	企业个数	企业从业人员	工业企业个数	#规模以上
密云区十里堡镇	3080	26056	13806	425	7330	155	5
密云区河南寨镇	6670	25147	4604	147	6030	56	6
密云区巨各庄镇	10780	24309	4327	170	2489	77	5
密云区穆家峪镇	10200	30566	4995	195	4760	114	3
密云区太师屯镇	20200	27638	9497	100	2052	20	7
密云区高岭镇	12243	17651	1740	9	602	4	2
密云区不老屯镇	19320	15167	1284	9	619	6	1
密云区冯家峪镇	21425	4635	311	55	920	22	3
密云区古北口镇	8410	7340	2427	38	3069	18	
密云区大城子镇	14400	13265	2210	4	242	3	
密云区东邵渠镇	10885	10946	2625	31	678	13	4
密云区北庄镇	8425	7325	2347	30	433	3	1
密云区新城子镇	15702	7282	1077	38	850	16	
密云区石城镇	25280	4593	902	24	576	5	
延庆区延庆镇	4393	38711	27074	917	6560	282	6
延庆区康庄镇	10067	29707	11273	186	3197	49	17
延庆区八达岭镇	9960	8007	4042	15	1172	4	2
延庆区永宁镇	14651	24086	12419	35	517	4	
延庆区旧县镇	10758	19193	4966	15	408	7	
延庆区张山营镇	26284	20901	320	8	766	3	
延庆区四海镇	11614	4802	371	3	21	3	
延庆区千家店镇	36345	8563	1053	4	385	1	
延庆区沈家营镇	3102	11457	1113	2	547	2	1
延庆区大榆树镇	6057	15082	967	6	260	4	2
延庆区井庄镇	12675	9791	797	9	89	7	1
延庆区大庄科乡	12634	5063	297	2	10		
延庆区刘斌堡乡	12202	5601	1900	16	100	1	
延庆区香营乡	12031	6495	960	3	118	1	
延庆区珍珠泉乡	14347	3188	558	7	167	1	
天津市							
西青区中北镇	3976	145252	2209	4563	62896	832	75
西青区杨柳青镇	6517	161247	110177	1354	25600	594	47
西青区辛口镇	6279	52739	11610	201	3818	185	25
西青区张家窝镇	6271	94404	94404	1813	34259	458	48
西青区精武镇	6873	104524	18760	2701	5398	736	31
西青区大寺镇	8914	111882	12162	3100	43000	290	46
西青区王稳庄镇	12010	50086	29666	1076	19194	464	52
津南区咸水沽镇	6039	176985	176985	3205	35713	286	24
津南区葛沽镇	4410	69774	69774	2622	26868	130	32
津南区小站镇	6380	68217	68217	1836	17760	679	58
津南区双港镇	3016	121444	121444	3780	25020	193	23
津南区辛庄镇	2848	39292	39292	3222	22550	670	35
津南区双桥河镇	2730	31076	31076	939	19125	359	12
津南区八里台镇	10600	62136	62136	1797	28743	612	65
津南区北闸口镇	3814	36916	10052	1763	17500	425	40
北辰区天穆镇	2516	117679	3317	2760	30450	295	43
北辰区北仓镇	3247	59068		2639	5951	473	21
北辰区双街镇	4221	40555	40555	1800	9478	415	29
北辰区双口镇	5595	42396		1885	17872	1327	54
北辰区青光镇	2650	40771		528	7420	173	19
北辰区宜兴埠镇	2290	46658	2577	2206	34267	432	66

续表 4　　　　　　　　　　　　　　（天津市）　　　　　　　　　　　　　　单位：公顷、人、个

名　　称	行政区域面　　积	常住人口	#城镇建成区	企业个数	企　　业从业人员	工业企业个　　数	#规模以上
北辰区小淀镇	4300	30827	15656	1003	9762	470	38
北辰区大张庄镇	9815	33843	12654	1706	2647	352	25
北辰区西堤头镇	8965	40626	7688	810	7360	500	37
武清区梅厂镇	7071	37119	8315	231	14100	210	18
武清区大碱厂镇	3524	20638	4884	265	3442	179	13
武清区崔黄口镇	9000	51908	4731	672	13652	407	25
武清区大良镇	7730	42020	6848	295	2980	180	9
武清区下伍旗镇	5000	24507	3840	236	2886	176	2
武清区南蔡村镇	8000	45418	4846	120	10016	96	26
武清区大孟庄镇	4658	24145	2512	41	3199	40	5
武清区泗村店镇	5260	18148	4257	30	1890	23	3
武清区河西务镇	7095	44799	13449	1157	8481	51	16
武清区城关镇	5600	26187	6345	24	521	20	3
武清区东马圈镇	3700	15763	15763	73	8876	66	4
武清区黄花店镇	5317	25077	5867	1794	18985	235	5
武清区石各庄镇	4500	23199	8798	107	4179	93	6
武清区王庆坨镇	5200	45310	28795	421	14000	351	51
武清区汊沽港镇	5856	40565	40565	1500	6580	262	14
武清区河北屯镇	4613	29483	3560	141	3650	110	5
武清区上马台镇	6708	24618	13769	224	14492	212	10
武清区大王古庄镇	4808	24696	9160	2293	14195	263	39
武清区陈咀镇	6127	31613	5544	830	5835	110	14
武清区豆张庄镇	6100	24204	688	75	3577	29	14
武清区曹子里镇	5600	21524	4263	1938	6099	402	16
武清区大黄堡镇	9600	17411	2522	24	2806	16	2
武清区高村镇	4149	20440	2482	178	1088	3	
武清区白古屯镇	5170	21617	1392	520	12150	37	1
宝坻区大口屯镇	8807	48108	8811	264	2673	94	21
宝坻区王卜庄镇	7240	33038	6338	415	2075	375	7
宝坻区方家庄镇	4600	29251	3331	458	12800	89	3
宝坻区林亭口镇	10180	30574	6969	110	9862	110	6
宝坻区八门城镇	11036	24755	3112	460	5670	103	6
宝坻区大钟庄镇	9900	33332	2182	207	8873	95	7
宝坻区新安镇	5672	31446	3056	452	8560	365	9
宝坻区霍各庄镇	3800	30576	3349	325	3529	40	4
宝坻区新开口镇	4050	26319	5003	1141	16219	155	6
宝坻区大唐庄镇	5980	13552	2712	177	1352	45	4
宝坻区牛道口镇	6900	50129	2417	167	4433	147	15
宝坻区史各庄镇	3900	27057	1410	44	1540	37	3
宝坻区郝各庄镇	4500	19529	410	333	1670	48	1
宝坻区牛家牌镇	6369	16042	16042	828	14721	41	5
宝坻区尔王庄镇	7500	13348	1348	217	1180	10	2
宝坻区黄庄镇	10240	11366	3635	29	840	29	6
滨海新区新城镇	3101	21867	8996	638	6215	157	4
滨海新区杨家泊镇	6017	17823	3592	276	1400	7	3
滨海新区太平镇	17493	34561	20106	240	3800	110	12
滨海新区小王庄镇	10550	22162	19000	610	8000	176	7
滨海新区中塘镇	9700	58735	21353	2001	42974	736	58
宁河区芦台镇	6286	152321	3552	902	33650	298	22
宁河区宁河镇	8319	22345	697	302	1650	26	15
宁河区苗庄镇	6230	16533	776	248	2241	27	2

续表 5　　　　(天津市)　　　　单位：公顷、人、个

名　　称	行政区域面积	常住人口	#城镇建成区	企业个数	企业从业人员	工业企业个数	#规模以上
宁河区丰台镇	8562	24621	1960	198	393	143	10
宁河区岳龙镇	6568	15226	2118	57	1688	43	15
宁河区板桥镇	4709	9308	1117	120	1260	20	1
宁河区潘庄镇	11415	28518	5324	534	6531	102	4
宁河区造甲城镇	10506	28309	8728	125	5810	95	5
宁河区七里海镇	5934	26375	3405	448	5526	94	8
宁河区大北涧沽镇	2548	14511	2650	543	5902	346	23
宁河区东棘坨镇	16410	28249	409	139	1950	39	5
宁河区北淮淀镇	6570	22293	11725	295	3880	37	
宁河区俵口镇	4571	20162	1859	286	2250	68	1
宁河区廉庄子镇	4552	16727	759	110	2006	46	4
静海区静海镇	8027	44677	44677	378	13281	205	35
静海区唐官屯镇	11310	45067	14596	465	4360	265	13
静海区独流镇	6440	34413	22311	330	2300	220	7
静海区王口镇	7724	34498	18549	294	7980	180	19
静海区台头镇	5660	25571	18854	110	4200	86	5
静海区子牙镇	7416	37643	12052	846	10437	384	5
静海区陈官屯镇	9250	30900	6415	321	5623	230	5
静海区中旺镇	11840	34524	3758	684	6767	156	11
静海区大邱庄镇	11900	85137	2364	2730	30717	650	108
静海区蔡公庄镇	6530	22226	2490	204	7200	185	38
静海区梁头镇	8486	23910	4660	410	5885	286	21
静海区团泊镇	2860	13252	13252	60	2192	37	14
静海区双塘镇	4410	15037	5473	180	5850	170	52
静海区大丰堆镇	5570	17096	4471	127	2247	115	29
静海区沿庄镇	9870	36191	4400	242	5693	172	12
静海区西翟庄镇	5590	14039	1760	52	1920	45	13
静海区良王庄乡	5330	19718		245	1992	244	10
静海区杨成庄乡	6751	28735		170	7504	150	14
蓟州区渔阳镇	7902	41340	15193	1790	12290	359	3
蓟州区洇溜镇	2816	26602	1259	297	4312	41	1
蓟州区官庄镇	8300	34284	3566	420	5016	75	4
蓟州区马伸桥镇	4542	35335	6886	132	1350	105	2
蓟州区下营镇	14521	20575	5173	30	235	10	1
蓟州区邦均镇	3468	32337	16898	471	2750	3	3
蓟州区别山镇	8375	36378	2520	655	9728	67	4
蓟州区尤古庄镇	4993	26692	4639	34	200	20	2
蓟州区上仓镇	4694	32271	4700	333	1665	78	3
蓟州区下仓镇	8513	44059	5825	134	3738	99	1
蓟州区罗庄子镇	9452	12542	1091	122	805	7	1
蓟州区白涧镇	4331	20034	4525	127	1821	20	
蓟州区五百户镇	4386	2898		3	60		
蓟州区侯家营镇	5626	38193	7536	352	1840	30	1
蓟州区桑梓镇	6878	47648	6198	391	4000	96	4
蓟州区东施古镇	2748	17088	1220	27	750	25	2
蓟州区下窝头镇	4512	29369	1803	156	2723	49	
蓟州区杨津庄镇	7211	37741	3737	36	2643	34	
蓟州区出头岭镇	3811	36212	1141	511	3278	139	2
蓟州区西龙虎峪镇	4322	26907	3468	245	2600	45	1
蓟州区穿芳峪镇	4959	16083	2042	20	620	10	1
蓟州区东二营镇	2842	18473	2864	101	510	9	

续表 6　(天津市、河北省)　单位：公顷、人、个

名　称	行政区域面积	常住人口	#城镇建成区	企业个数	企业从业人员	工业企业个数	#规模以上
蓟州区许家台镇	4179	12379	3581	26	439	3	
蓟州区礼明庄镇	3618	24743	1065	247	2565	247	1
蓟州区东赵各庄镇	2940	22687	573	22	400	20	
蓟州区孙各庄乡	2566	6887		10	120		
河北省							
长安区西兆通镇	3000	45886	9610	182	2831	135	4
长安区南村镇	2114	43965	43965	614	5686	80	
长安区高营镇	1600	45359	45359	89	1717	16	2
长安区桃园镇	1936	35842	35842	690	5268	11	
新华区大郭镇	1847	61085	61085	54	594	29	
新华区西三庄乡	1450	49898		141	3655	4	
新华区杜北乡	2610	28842					
井陉矿区贾庄镇	3455	25400	25400	53	3250	53	16
井陉矿区凤山镇	1930	13950	2368	21	601	21	11
井陉矿区横涧乡	1512	12861		147	1890	47	10
裕华区方村镇	1600	39761		123	6255	79	1
藁城区廉州镇	8628	78955	18022	1211	18415	415	30
藁城区兴安镇	6479	54861	10439	898	9053	280	34
藁城区贾市庄镇	5700	50971	10871	694	6333	190	19
藁城区南营镇	5256	48278	9979	315	14750	283	2
藁城区梅花镇	7445	63623	4918	2637	19301	236	28
藁城区岗上镇	4547	37584	3092	1137	5792	701	22
藁城区南董镇	4875	46589	3457	471	13455	362	35
藁城区张家庄镇	4740	59753	6585	337	16300	210	32
藁城区南孟镇	3974	44726	4016	53	3977	34	25
藁城区增村镇	5737	66401	5601	602	4904	334	13
藁城区常安镇	6630	58217	5034	1156	30124	638	31
藁城区西关镇	4982	39555	5357	146	4132	43	17
藁城区九门回族乡	4660	47496		539	7272	539	25
鹿泉区获鹿镇	5402	69098	23572	185	6299	105	18
鹿泉区铜冶镇	7701	69927	14171	600	8000	200	33
鹿泉区寺家庄镇	4120	43572	16284	201	6621	97	23
鹿泉区上庄镇	4981	38967	32712	556	2785	104	21
鹿泉区李村镇	6457	38357	4795	89	3723	61	11
鹿泉区宜安镇	5807	30087	2793	39	4752	31	11
鹿泉区黄壁庄镇	4503	18690	91	63	385	15	2
鹿泉区大河镇	6097	46659	7734	265	11350	92	11
鹿泉区山尹村镇	2464	13745	5840	145	1880	45	17
鹿泉区石井乡	4552	13365		51	2238	22	3
鹿泉区白鹿泉乡	4188	10709		3	95	1	
鹿泉区上寨乡	3606	10540		53	312	9	
栾城区栾城镇	5172	87522	74050	3552	29185	240	32
栾城区冶河镇	4327	50285	30197	1863	17350	162	20
栾城区窦妪镇	5783	51635	18483	965	7825	170	43
栾城区楼底镇	3042	49832	48032	1819	21878	252	25
栾城区南高乡	3675	26130		320	14450	95	16
栾城区柳林屯乡	4816	42240		810	9060	81	16
栾城区西营乡	5746	46463		1102	10605	50	12
井陉县微水镇	9945	75274	50477	672	8531	126	6
井陉县上安镇	5766	21760	4632	186	12311	89	12
井陉县天长镇	9983	37424	6736	149	1230	31	4

续表 7　　(河北省)　　单位：公顷、人、个

名　称	行政区域面　积	常住人口	#城镇建成区	企业个数	企　业从业人员	工业企业个　数	#规模以上
井陉县秀林镇	5728	25071	14365	191	3657	27	1
井陉县南峪镇	8049	12662	3431	42	3758	17	6
井陉县威州镇	7781	26425	7555	85	3920	52	8
井陉县小作镇	7579	17690	7890	1315	7166	45	
井陉县南障城镇	10302	10462	2130	269	4641	12	1
井陉县苍岩山镇	11964	8363	861	52	478	2	
井陉县测鱼镇	16793	13773	3368	41	296	5	
井陉县吴家窑乡	4760	12153		64	450	21	2
井陉县北正乡	1840	8924		70	1065	25	1
井陉县于家乡	3433	6674		20	260	8	3
井陉县孙庄乡	5303	15272		42	360	5	1
井陉县南陉乡	4624	7310		24	150	10	
井陉县辛庄乡	16293	8854		40	1100	12	
井陉县南王庄乡	7880	9739		129	645	18	
正定县正定镇	8447	87102	20560	621	38653	365	36
正定县新城铺镇	3600	36727	11203	541	6251	414	17
正定县新安镇	4102	40922	5512	360	5702	318	11
正定县南牛乡	4000	47891		360	3450	320	29
正定县南楼乡	8500	50591		94	545	94	5
正定县西平乐乡	2300	20630		115	1900	70	5
正定县北早现乡	3797	42356		491	4720	380	16
正定县曲阳桥乡	6400	52714		400	7460	320	10
行唐县龙州镇	4017	44613	43200	2313	11565	43	5
行唐县南桥镇	6126	30319	10348	22	420	14	3
行唐县上碑镇	2542	15139	5815	18	345	7	2
行唐县口头镇	14631	21899	4567	1347	7895	47	3
行唐县独羊岗乡	6111	38995		25	390	15	5
行唐县安香乡	4287	25786		17	1923	17	9
行唐县只里乡	6251	41464		37	498	23	13
行唐县市同乡	2814	27083		58	622	23	11
行唐县翟营乡	7154	35502		31	198	12	4
行唐县城寨乡	6000	20839		6	156	2	1
行唐县上方乡	4964	20234		5	1152	3	1
行唐县玉亭乡	6163	20839		6	65	2	1
行唐县北河乡	4217	6871		13	150	3	1
行唐县上闫庄乡	5847	5260		6	220	6	1
行唐县九口子乡	13122	14671		12	1600	10	4
灵寿县灵寿镇	4501	62902	62902	791	8313	199	13
灵寿县青同镇	5634	27740	27740	88	1820	56	4
灵寿县塔上镇	4557	11626	1977	35	180	12	
灵寿县陈庄镇	16080	21450	9058	43	486	10	
灵寿县慈峪镇	9518	32690	11337	187	1770	72	4
灵寿县岔头镇	8315	13987	2856	34	546	28	1
灵寿县三圣院乡	3024	43249		201	3612	81	11
灵寿县北洼乡	3312	21395		140	3206	67	4
灵寿县牛城乡	3881	24793		4	446	2	
灵寿县狗台乡	4478	23172		20	400	20	4
灵寿县南寨乡	2471	15436		68	1422	43	5
灵寿县南燕川乡	7114	13600		82	666	56	6
灵寿县北谭庄乡	3834	10401		21	415	21	3
灵寿县寨头乡	10796	10905		21	389	15	2

续表 8 (河北省) 单位：公顷、人、个

名　　称	行政区域面　　积	常住人口	#城镇建成区	企业个数	企　　业从业人员	工业企业个　　数	#规模以上
灵寿县南营乡	13945	8100		35	240	5	
高邑县高邑镇	3791	52650	14359	576	12030	292	15
高邑县大营镇	4634	33589	2510	440	8040	90	11
高邑县富村镇	5440	37869	3785	900	16000	156	21
高邑县万城镇	4996	43421	3473	90	5050	60	13
高邑县中韩乡	3376	24680		121	2300	41	3
深泽县深泽镇	2814	52664	47270	297	11480	260	20
深泽县铁杆镇	7324	39530	2250	140	3712	100	7
深泽县赵八镇	3598	35661	3418	257	6319	195	16
深泽县白庄乡	5770	43998		67	435	55	7
深泽县留村乡	3831	34710		69	1328	48	2
深泽县桥头乡	6263	48505		149	8798	110	30
赞皇县赞皇镇	6280	78117	64312	1648	22471	277	12
赞皇县院头镇	10710	18859	3984	198	3384	91	4
赞皇县南邢郭镇	5166	24775	4131	318	5093	167	24
赞皇县嶂石岩镇	9642	5893	465	42	394	4	
赞皇县西龙门乡	4354	24383		419	6911	219	7
赞皇县南清河乡	4808	20490		276	1557	119	5
赞皇县西阳泽乡	7513	24288		148	1536	48	1
赞皇县土门乡	4740	12297		135	1103	46	5
赞皇县黄北坪乡	9808	11418		63	540	14	
赞皇县许亭乡	14999	18487		375	4846	30	1
赞皇县张楞乡	5684	14146		85	1350	14	2
无极县无极镇	5700	48765	29768	1008	5420	231	13
无极县七汲镇	5400	43894	2746	29	481	27	3
无极县张段固镇	5100	44381	4818	261	10418	239	36
无极县北苏镇	5728	58412	19850	291	5960	220	11
无极县郭庄镇	4300	44230	5408	635	7982	215	3
无极县大陈镇	4200	33179	3759	72	458	24	2
无极县高头回族乡	3200	36125		80	654	45	2
无极县郝庄乡	5500	54021		490	3805	272	24
无极县东侯坊乡	5600	51743		367	5020	256	9
无极县里城道乡	4600	44261		70	1560	62	6
无极县南流乡	3000	26513		21	230	12	1
平山县平山镇	19988	136735	116837	740	10800	118	10
平山县东回舍镇	7835	35583	19176	159	5160	68	8
平山县温塘镇	9820	22622	6347	180	4600	24	
平山县南甸镇	6346	24166	12776	63	12500	19	3
平山县岗南镇	9642	30038	6635	46	490	10	1
平山县古月镇	13135	16078	4359	23	115	7	
平山县下槐镇	13775	14740	1707	19	102	3	
平山县孟家庄镇	10827	3843	688	29	310	3	
平山县小觉镇	17987	16664	1135	23	142	6	1
平山县蛟潭庄镇	14943	4773	1396	47	320	11	
平山县西柏坡镇	2523	4575	1361	30	282	2	
平山县下口镇	12075	4671	2104	28	320	8	
平山县西大吾乡	3919	20757		18	96		
平山县上三汲乡	4258	19862		6	47	3	
平山县两河乡	4070	19579		46	626	4	
平山县东王坡乡	12849	21394		9	51	1	
平山县苏家庄乡	5874	7449		10	55	4	

续表 9　　　　（河北省）　　　　单位：公顷、人、个

名　　称	行政区域面　　积	常住人口	#城镇建成区	企业个数	企　　业从业人员	工业企业个　　数	#规模以上
平山县宅北乡	10122	10260		21	114	10	
平山县北冶乡	20857	15257		14	89	3	
平山县上观音堂乡	11119	3012		3	18	2	
平山县杨家桥乡	13497	6037		6	502	3	
平山县营里乡	23469	7136					
平山县合河口乡	15870	3755		11	92	2	
元氏县槐阳镇	5200	61025	16385	1762	9583	105	8
元氏县殷村镇	3946	31858	11521	103	1258	41	2
元氏县南佐镇	4039	17432	6324	149	1500	87	2
元氏县宋曹镇	3674	35433	5342	159	2096	56	1
元氏县南因镇	3896	37522	7334	187	3700	40	9
元氏县姬村镇	4154	29268	3337	185	5095	85	5
元氏县北褚镇	4822	23922	1890	110	3989	18	1
元氏县马村镇	4250	35617	4166	313	4449	289	17
元氏县东张乡	4536	40453		213	3045	171	3
元氏县赵同乡	3820	29417		78	520	27	1
元氏县苏村乡	3656	15713		20	135	5	
元氏县苏阳乡	4805	25103		55	3215	20	3
元氏县北正乡	5764	12033	12033	26	156		
元氏县前仙乡	4379	9917		31	366	3	
元氏县黑水河乡	5837	14363		51	480	11	
赵县赵州镇	7827	115237	60114	2863	37483	469	41
赵县范庄镇	8968	73038	7258	1504	19593	140	8
赵县北王里镇	6210	49302	5160	503	13266	26	5
赵县新寨店镇	4721	32077	3276	1075	19322	80	27
赵县韩村镇	6442	51851	6209	745	8846	82	6
赵县南柏舍镇	5825	41362	3925	1167	16278	83	2
赵县沙河店镇	4677	35197	6127	515	4226	18	
赵县前大章乡	5946	46155		1341	9952	33	3
赵县谢庄乡	7671	76704		1527	16181	91	3
赵县高村乡	5718	41628		899	6864	29	3
赵县王西章乡	3395	28710		418	7217	75	8
石家庄高新技术产业开发区宋营镇	2615	99097	99097	72	3120	49	5
石家庄高新技术产业开发区郄马镇	2503	32354	32354	102	573	63	9
石家庄循环化工园区丘头镇	5421	69452	7205	738	28147	205	31
晋州市晋州镇	8897	127712	43855	1250	40794	393	72
晋州市总十庄镇	6441	53207	35674	415	9191	205	20
晋州市营里镇	4626	36783	4315	219	10654	95	24
晋州市桃园镇	7686	58797	3473	352	6355	167	13
晋州市东卓宿镇	5408	46525	4380	510	13300	380	21
晋州市马于镇	5966	42026	3504	320	5412	100	25
晋州市小樵镇	6388	62031	8975	256	7500	165	16
晋州市槐树镇	6947	60183	9872	247	7011	247	28
晋州市东里庄镇	6225	49562	3977	309	11558	97	30
晋州市周家庄乡	1625	17765		35	3060	31	1
新乐市化皮镇	3095	22689	4785	117	843	8	1
新乐市承安镇	7932	80074	5217	434	25132	42	24
新乐市正莫镇	4101	23735	5588	132	4319	32	6
新乐市南大岳镇	2069	22742	3927	330	2407	127	3
新乐市杜固镇	3152	32835	4673	758	4156	398	12
新乐市邯邰镇	8356	71201	14526	371	3992	12	12

续表 10　　(河北省)　　单位：公顷、人、个

名　　称	行政区域面积	常住人口	#城镇建成区	企业个数	企业从业人员	工业企业个数	#规模以上
新乐市东王镇	3830	29691	3024	72	895	11	3
新乐市马头铺镇	4542	45217	2528	172	6740	57	28
新乐市协神乡	4719	41605		230	2134	51	17
新乐市木村乡	2748	21883		327	4377	43	17
新乐市彭家庄回族乡	2969	20693		95	1655	95	10
路南区稻地镇	5020	31211	14006	270	5200	85	10
路南区女织寨乡	3200	27112	18745	1685	8692	85	9
路北区韩城镇	5560	53880	19692	196	3791	118	11
路北区果园乡	4000	68108		1313	5305	28	2
古冶区范各庄镇	6380	56363	22300	102	24408	39	12
古冶区卑家店镇	5767	32483	8130	112	6755	78	17
古冶区王辇庄乡	5914	24604		883	5460	165	2
古冶区习家套乡	1818	14129		70	1082	40	7
古冶区大庄坨乡	1745	17587		50	3486	39	3
开平区开平镇	6570	55340	1216	2231	10155	305	12
开平区栗园镇	3370	29870	5970	95	3954	72	6
开平区郑庄子镇	2264	19837	3490	143	6568	99	12
开平区双桥镇	3170	15932	3560	102	1838	66	
开平区洼里镇	3200	16174	1796	45	2006	45	4
开平区越河镇	5643	46938	16298	524	9302	140	10
丰南区小集镇	7733	34548	7374	331	17134	67	18
丰南区黄各庄镇	6856	48982	26542	447	19407	130	14
丰南区西葛镇	4810	24385	15516	102	7171	77	8
丰南区大新庄镇	13200	56107	5572	162	2675	85	5
丰南区钱营镇	11467	38830	15667	210	10514	60	4
丰南区唐坊镇	4871	16812	2209	57	1993	40	10
丰南区王兰庄镇	8650	38831	8187	202	3306	56	8
丰南区柳树鄺镇	10906	29983	6404	64	758	42	4
丰南区黑沿子镇	10729	22317	12075	260	2510	59	10
丰南区丰南镇	7417	84736	68859	216	26296	143	53
丰南区大齐各庄镇	3986	13038	3462	62	4281	41	8
丰南区岔河镇	4229	27361	4375	140	2620	26	4
丰南区南孙庄乡	9418	20710		162	998	24	4
丰南区东田庄乡	7288	13443		22	825	20	5
丰南区尖字沽乡	4565	13654		37	1175	30	5
丰润区丰润镇	9520	80985	20824	3049	15985	616	31
丰润区任各庄镇	4986	29116	3949	138	4206	73	5
丰润区左家坞镇	8370	34432	2310	78	1123	44	2
丰润区泉河头镇	5380	27315	1566	20	3679	20	2
丰润区王官营镇	9710	39114	8560	28	3010	16	1
丰润区火石营镇	13080	29303	6040	17	160	17	
丰润区新军屯镇	4970	35556	7790	98	2006	72	13
丰润区小张各庄镇	2230	16181	3259	56	2299	29	5
丰润区丰登坞镇	6817	41565	14230	163	5483	60	6
丰润区李钊庄镇	6370	24008	3912	118	2780	106	7
丰润区白官屯镇	6600	45970	9050	245	10560	145	11
丰润区石各庄镇	4510	24440	2926	60	2422	57	5
丰润区沙流河镇	5630	36438	14547	1475	9112	722	3
丰润区七树庄镇	2670	18071	2467	120	5071	45	8
丰润区杨官林镇	4899	24021	2422	98	3152	48	4

续表 11 （河北省） 单位：公顷、人、个

名 称	行政区域面积	常住人口	#城镇建成区	企业个数	企业从业人员	工业企业个数	#规模以上
丰润区银城铺镇	5100	33778	89	413	13029	181	30
丰润区常庄镇	2640	18631	5427	216	1960	111	5
丰润区姜家营乡	2977	15473		115	4347	15	2
丰润区欢喜庄乡	3600	15618		66	3025	66	11
丰润区刘家营乡	2700	13266		80	3612	29	4
曹妃甸区唐海镇	5928	54594	38117	957	5425	202	3
曹妃甸区滨海镇	12400	25480	13948	83	3167	20	2
曹妃甸区柳赞镇	5490	13702	8626	85	1708	19	5
曹妃甸区八农场	8213	24415		182	2249	54	10
曹妃甸区九农场	6432	15388	1271	65	359	7	1
滦县东安各庄镇	11673	65661	8791	281	6253	91	12
滦县雷庄镇	7743	34673	4638	215	2350	27	14
滦县茨榆坨镇	6125	26217	6426	182	2340	4	4
滦县榛子镇	9588	56781	25570	312	3127	60	6
滦县杨柳庄镇	8299	23142	2476	223	1205	12	6
滦县油榨镇	8194	45304	5323	58	752	20	
滦县古马镇	6965	31256	4189	127	762	10	
滦县小马庄镇	8562	35492	1372	128	645	8	
滦县九百户镇	8036	32890	4652	122	763	75	3
滦县王店子镇	5912	26578	1470	128	703	8	2
滦南县倴城镇	9631	60023	40718	617	12308	85	21
滦南县宋道口镇	8744	50083	16272	148	10056	89	21
滦南县长凝镇	5368	29163	9582	195	8135	85	9
滦南县胡各庄镇	6752	32449	11638	66	12000	21	1
滦南县坨里镇	3756	14552	5200	3	130	3	
滦南县姚王庄镇	2659	15329	4520	6	140	6	
滦南县司各庄镇	11947	38942	6681	35	506	9	1
滦南县安各庄镇	6985	24369	4537	15	858	9	2
滦南县扒齿港镇	11601	34886	8581	108	2960	29	5
滦南县程庄镇	9193	44660	10804	12	890	10	1
滦南县青坨营镇	8694	28589	3652	11	280	11	2
滦南县柏各庄镇	9670	44955	44955	67	887	22	5
滦南县南堡镇	2614	15235	7646	22	1730	7	
滦南县方各庄镇	5342	29318	7223	40	486	27	1
滦南县东黄坨镇	5120	15556	4909	14	422	10	1
滦南县马城镇	3066	16957	5481	13	80	13	
乐亭县乐亭镇	7654	38956		277	2450	37	10
乐亭县汤家河镇	7450	22557	4104	117	1280	21	5
乐亭县胡家坨镇	5097	17935	5720	51	612	12	4
乐亭县闫各庄镇	6780	27651	5795	41	510	16	7
乐亭县马头营镇	6002	19272	6171	42	394	12	3
乐亭县新寨镇	3981	21031	9513	39	1035	14	3
乐亭县汀流河镇	4936	23061	10512	80	5238	32	4
乐亭县姜各庄镇	22636	41195	11302	182	1947	40	7
乐亭县毛庄镇	7544	26703	10613	50	1623	18	5
乐亭县中堡镇	8166	26958	5796	40	962	14	5
乐亭县庞各庄乡	3868	14743		35	682	13	4
乐亭县大相各庄乡	3888	15695		77	1122	13	3
乐亭县古河乡	6243	15433		42	922	21	4
迁西县兴城镇	12700	51365	42084	112	5009	71	11

续表 12　　（河北省）　　单位：公顷、人、个

名　　称	行政区域面　　积	常住人口	#城镇建成区	企业个数	企　　业从业人员	工业企业个　　数	#规模以上
迁西县金厂峪镇	8600	16834	7681	97	2736	70	1
迁西县洒河桥镇	7900	18062	12092	186	3880	75	2
迁西县太平寨镇	11200	35180	13991	116	1240	71	
迁西县罗家屯镇	6900	24455	11962	39	728	30	1
迁西县东荒峪镇	7000	14555	4236	48	412	43	1
迁西县新集镇	9700	27029	11174	58	4328	24	4
迁西县三屯营镇	11100	29605	18476	270	7351	67	9
迁西县滦阳镇	10400	19760	7078	42	3501	32	5
迁西县白庙子乡	6500	17913		39	706	24	6
迁西县上营乡	8600	12589		71	998	15	1
迁西县汉儿庄乡	11400	21674		125	1980	27	4
迁西县渔户寨乡	5800	11117		32	831	22	
迁西县旧城乡	4800	9923		23	1021	23	1
迁西县尹庄乡	7500	19326		30	235	24	1
迁西县东莲花院乡	6000	11613		9	72		
迁西县新庄子乡	6200	12140		24	225	16	1
玉田县玉田镇	8033	67800	51958	1925	35254	220	27
玉田县亮甲店镇	7470	33102	6898	122	2812	40	8
玉田县鸦鸿桥镇	6260	64891	51132	484	5335	145	15
玉田县窝洛沽镇	7770	50942	23297	185	5104	108	15
玉田县石臼窝镇	10340	30356	7753	80	2706	63	5
玉田县虹桥镇	5490	29750	14945	106	4144	67	7
玉田县散水头镇	5100	23892	5072	86	2479	40	4
玉田县林南仓镇	2900	24000	23878	156	6055	70	9
玉田县林西镇	6460	29410	4387	64	2275	29	5
玉田县杨家板桥镇	6560	27840	7157	69	905	43	2
玉田县彩亭桥镇	2750	17225	9672	170	4159	76	11
玉田县孤树镇	4470	23374	16016	116	3996	66	12
玉田县大安镇镇	5700	28450	8000	73	1380	17	2
玉田县唐自头镇	5620	18549	3831	47	800	15	1
玉田县郭家屯镇	8390	31100	6040	92	2495	37	6
玉田县杨家套镇	4850	23872	2506	147	3614	52	7
玉田县林头屯乡	3800	20876		41	552	13	2
玉田县潮洛窝乡	6020	20820		56	1531	38	3
玉田县陈家铺乡	3730	14349		70	3572	24	6
玉田县郭家桥乡	4200	16084		41	1362	16	1
唐山市芦台经济技术开发区海北镇	8600	28230	1956	243	11768	171	28
唐山市汉沽管理区汉丰镇	8950	24404	7675	81	1985	11	2
唐山高新技术产业开发区老庄子镇	3817	28262	2952	52	607	22	1
唐山海港经济开发区王滩镇	18415	50855	1708	69	550	18	4
遵化市遵化镇	3131	51409	51204	1478	16625	103	5
遵化市堡子店镇	6750	36540	16290	186	9566	78	11
遵化市马兰峪镇	5205	23705	9086	121	7793	49	5
遵化市平安城镇	9570	50001	6002	177	1933	21	1
遵化市东新庄镇	6310	30622	8280	159	10793	30	5
遵化市新店子镇	9497	42826	4002	232	1895	76	15
遵化市党峪镇	8155	28920	4380	104	2230	44	11
遵化市地北头镇	6358	18941	8267	78	2085	45	1
遵化市东旧寨镇	7553	22455	5497	63	8083	16	3
遵化市铁厂镇	7613	17454	8071	26	163	3	

续表 13　　(河北省)　　单位：公顷、人、个

名　　称	行政区域面积	常住人口	#城镇建成区	企业个数	企业从业人员	工业企业个数	#规模以上
遵化市苏家洼镇	6126	30152	8975	258	10309	88	10
遵化市建明镇	7240	30603	16630	135	15428	50	8
遵化市石门镇	7268	32971	12416	193	9450	75	7
遵化市西留村乡	2920	25987		159	3793	69	9
遵化市崔家庄乡	2950	19710		101	5275	52	7
遵化市兴旺寨乡	6450	20933		78	4216	48	7
遵化市西下营满族乡	3396	11762		49	395	22	2
遵化市汤泉满族乡	2432	8659		51	3953	19	1
遵化市东陵满族乡	7021	21699		75	9517	17	
遵化市刘备寨乡	6053	20760		68	341	3	1
遵化市团瓢庄乡	4439	25158		133	1936	49	1
遵化市娘娘庄乡	7409	21413		14	198	14	5
遵化市西三里乡	2304	17983		516	2820	38	5
遵化市侯家寨乡	5853	13718		15	513	6	3
遵化市小厂乡	9286	15759		71	8475	26	4
迁安市夏官营镇	7181	32518	10941	87	4392	75	6
迁安市杨各庄镇	7601	37663	2936	146	4271	39	3
迁安市建昌营镇	8993	43656	23125	243	3880	50	5
迁安市赵店子镇	3943	20312	3312	101	13688	38	5
迁安市野鸡坨镇	7527	38654	14405	312	5471	45	6
迁安市大崔庄镇	6612	25146	3927	35	2383	28	4
迁安市蔡园镇	5571	26076	15160	213	8025	50	14
迁安市马兰庄镇	4916	22369	15705	208	4620	32	18
迁安市沙河驿镇	4077	27234	9972	231	16233	54	11
迁安市木厂口镇	5879	23239	10314	216	22491	61	4
迁安市扣庄乡	7126	43546		91	2396	27	9
迁安市彭店子乡	4055	22028		22	1257	22	5
迁安市上射雁庄乡	4434	24632		48	3048	33	7
迁安市闫家店乡	4239	24702		138	6894	31	1
迁安市五重安乡	6771	26309		84	1044	27	5
迁安市大五里乡	5050	18036		114	2061	41	2
迁安市太平庄乡	6508	15869		122	1978	38	6
海港区东港镇	1832	15087	812	118	1416	78	3
海港区海港镇	1287	11902	11902	74	5358	1	1
海港区西港镇	2900	21498		184	3281	90	
海港区海阳镇	2537	20139		185	1810	70	1
海港区北港镇	5400	18136	1833	152	1020	56	
海港区杜庄镇	9257	34788	5628	270	5397	71	12
海港区石门寨镇	17734	45355	7981	1775	9757	121	5
海港区驻操营镇	23408	16757	3611	251	1838	5	
山海关区第一关镇	2200	15305	1323	41	1715	38	5
山海关区石河镇	11278	20355	878	544	1632	115	6
山海关区孟姜镇	3514	17212	838	66	230	37	
北戴河区海滨镇	917	14654	14654	14	426	3	
北戴河区戴河镇	3714	44773	28558	786	9755	126	5
北戴河区牛头崖镇	3955	26911	9504	140	1224	13	
抚宁区抚宁镇	19655	79828	13654	1650	22104	212	10
抚宁区留守营镇	8970	49258	14152	310	13200	160	10
抚宁区榆关镇	13504	35798	4476	1195	13624	68	6
抚宁区台营镇	15864	41623	5913	7	42	1	1

续表 14　　(河北省)　　单位：公顷、人、个

名　　称	行政区域面　积	常住人口	#城镇建成区	企业个数	企　业从业人员	工业企业个　数	#规模以上
抚宁区大新寨镇	21357	35546	3485	60	310	5	
抚宁区茶棚乡	11384	34187		24	765	24	1
抚宁区深河乡	3736	7347		56	1211	17	
青龙满族自治县青龙镇	36100	82520	81950	52	3065	20	6
青龙满族自治县祖山镇	31500	21278	11268	69	925	28	3
青龙满族自治县木头凳镇	18600	27840	7148	12	65	9	
青龙满族自治县双山子镇	10400	21237	5500	24	860	12	
青龙满族自治县马圈子镇	18900	22892	6990	102	603	82	2
青龙满族自治县肖营子镇	13400	33176	6090	165	2720	66	1
青龙满族自治县大巫岚镇	16500	21044	7180	198	19320	14	2
青龙满族自治县土门子镇	12000	25736	3324	31	160	8	
青龙满族自治县八道河镇	17200	26915	6950	45	873	22	
青龙满族自治县隔河头镇	16600	25173	2177	14	658	5	
青龙满族自治县娄杖子镇	11000	23121	3123	70	1420	9	1
青龙满族自治县凤凰山乡	7800	9902		10	54	4	
青龙满族自治县龙王庙乡	12100	15986		15	145	4	
青龙满族自治县三星口乡	10400	12423		23	842	2	
青龙满族自治县干沟乡	8800	7715		13	268	3	
青龙满族自治县大石岭乡	11500	11255		16	92	8	
青龙满族自治县官场乡	18400	10105		22	192	2	
青龙满族自治县茨榆山乡	11000	16671		18	450	8	
青龙满族自治县平方子乡	7915	9840		12	62	5	
青龙满族自治县安子岭乡	14000	13846		25	460	12	
青龙满族自治县朱杖子乡	6400	12176		20	120	4	1
青龙满族自治县草碾乡	8500	8246		23	510	2	
青龙满族自治县七道河乡	6100	7502		20	180	3	
青龙满族自治县三拨子乡	8400	10325		2	20	2	
青龙满族自治县凉水河乡	11500	19254		52	980	10	1
昌黎县昌黎镇	8713	119731	89993	591	3685	200	4
昌黎县靖安镇	9027	42318	12692	34	12991	34	4
昌黎县安山镇	8290	46810	6589	198	3850	160	2
昌黎县龙家店镇	8260	43315	8313	131	5432	35	3
昌黎县泥井镇	7301	26218	5006	110	1440	82	1
昌黎县大蒲河镇	3500	11883	1802	49	521	2	2
昌黎县新集镇	9112	30265	1125	18	426	11	
昌黎县刘台庄镇	5897	23328	3122	33	300	2	2
昌黎县茹荷镇	4602	16345	1905	8	486	2	1
昌黎县朱各庄镇	5830	32051	7218	149	10738	54	8
昌黎县荒佃庄镇	7122	29375	6794	110	1695	23	
昌黎县团林乡	1312	7156		95	575	9	
昌黎县葛条港乡	4170	21768		36	3920	31	1
昌黎县马坨店乡	10159	36899		276	1620	29	
昌黎县两山乡	5046	19688		46	1350	39	2
昌黎县十里铺乡	3367	13310		336	1810	87	
卢龙县卢龙镇	10645	73421	41932	715	13900	44	3
卢龙县潘庄镇	8294	23143	3174	85	1560	48	
卢龙县燕河营镇	10756	32105	7528	81	1841	21	
卢龙县双望镇	7921	28405	6791	86	1192	37	1
卢龙县刘田各庄镇	11095	42992	8393	116	1870	39	1
卢龙县石门镇	8850	43556	21079	258	14949	51	3

续表 15　　（河北省）　　单位：公顷、人、个

名　称	行政区域面　积	常住人口	#城镇建成区	企业个数	企　业从业人员	工业企业个　数	#规模以上
卢龙县木井镇	6875	40510	7764	95	1679	40	1
卢龙县陈官屯镇	7409	24330	2307	297	6170	47	
卢龙县蛤泊镇	5183	25941	6892	120	2252	42	2
卢龙县下寨乡	4035	15658		107	2020	40	
卢龙县刘家营乡	6194	14716		73	1780	29	4
卢龙县印庄乡	7102	27655		70	1006	23	
秦皇岛市经济技术开发区渤海乡	2100	9641		198	1153	36	
邯山区北张庄镇	3600	33437	3152	957	11445	120	2
邯山区河沙镇镇	4814	43835	5826	142	832	81	1
邯山区南堡乡	5846	83607		2587	5055	240	3
邯山区代召乡	4300	39031		56	3130	26	12
丛台区黄粱梦镇	5819	54125	54125	191	5500	9	1
丛台区苏曹乡	800	51825		9	1292		
丛台区三陵乡	5579	28576		92	880	42	2
丛台区南吕固乡	2617	33059		150	800	35	2
丛台区兼庄乡	2414	73889		70	3280	2	
复兴区户村镇	4012	30892	11265	226	7950	53	7
复兴区彭家寨乡	1054	44879		454	9212	81	3
复兴区康庄乡	6014	26910		72	8021	53	3
峰峰矿区临水镇	1061	32570	28901	173	4040	27	1
峰峰矿区峰峰镇	4308	76981	53701	224	18316	76	5
峰峰矿区新坡镇	2415	29150	13828	87	3296	21	7
峰峰矿区大社镇	4113	42571	21843	7	3069	7	7
峰峰矿区和村镇	5249	52549	34289	168	5212	58	6
峰峰矿区义井镇	5686	47359	26175	118	7012	70	9
峰峰矿区彭城镇	3335	55853	49710	451	12523	91	12
峰峰矿区界城镇	2716	25337	12210	45	3210	33	8
峰峰矿区大峪镇	2013	18203	6738	89	2428	31	10
峰峰矿区西固义乡	2043	13207		40	1050	13	2
肥乡县肥乡镇	8058	81749	70494	1590	8651	120	10
肥乡县天台山镇	5928	41957	12179	339	1700	16	1
肥乡县辛安镇镇	4505	36815	6738	364	1935	56	23
肥乡县大寺上镇	4539	32884	8093	333	1850	22	6
肥乡县毛演堡乡	5462	40501		223	1312	32	3
肥乡县元固乡	5569	43146		360	1810	27	3
肥乡县屯庄营乡	5338	30548		392	1978	13	4
肥乡县东漳堡乡	5352	32913	8695	365	1588	8	2
肥乡县旧店乡	5499	29807		333	1672	14	3
永年县临洺关镇	8129	163403	78866	631	30635	357	66
永年县大北汪镇	4003	39445	19254	150	1187	12	1
永年县张西堡镇	5037	48551	10197	18	591	16	2
永年县广府镇	4115	45438	27064	181	6331	42	3
永年县永合会镇	7696	36175	3660	90	2150	40	2
永年县刘营镇	3215	52458	13885	542	6082	221	18
永年县西苏乡	4572	61398	4571	83	1524	64	8
永年县界河店乡	3192	30215		133	4922	97	25
永年县刘汉乡	4603	43886		177	3118	115	9
永年县正西乡	4331	36822		6	52	6	1
永年县讲武乡	3841	44707	6470	35	384	24	
永年县曲陌乡	3656	38239		25	433	7	

续表 16 （河北省） 单位：公顷、人、个

名　称	行政区域面积	常住人口	#城镇建成区	企业个数	企业从业人员	工业企业个数	#规模以上
永年县辛庄堡乡	4390	41001		3	59		
永年县小龙马乡	4101	51210		120	1687	20	2
永年县东杨庄乡	3228	42071	8755	863	5532	94	1
永年县西河庄乡	4539	33501		27	411	8	2
永年县西阳城乡	2798	25293		495	4365	75	1
临漳县临漳镇	5201	96400	24412	1420	49720	485	36
临漳县南东坊镇	2714	26638	26638	32	416	8	1
临漳县孙陶集镇	7316	50425	4522	10	102	4	
临漳县柳园镇	7092	59042	7721	97	1012	94	1
临漳县称勾集镇	5835	43817	3664	657	8687	15	
临漳县狄邱乡	3664	31548		332	3248		
临漳县张村集乡	7595	53792		320	3600	290	1
临漳县西羊羔乡	3059	24653		30	159	30	
临漳县香菜营乡	4880	33407		121	750	113	
临漳县杜村集乡	5449	41225		67	1128	16	1
临漳县章里集乡	4196	37402		155	2100	29	14
临漳县习文乡	5847	36720		50	840	50	
临漳县砖寨营乡	5639	36728		65	420	65	2
临漳县柏鹤集乡	4939	41303		152	1695	140	
成安县成安镇	4856	104346	103648	1402	32297	249	36
成安县商城镇	7215	76143	54250	347	11035	191	17
成安县漳河店镇	5065	35631	9965	102	1911	33	1
成安县李家疃镇	4908	37361	15760	72	1374	7	
成安县辛义乡	5638	33924		100	1746	42	2
成安县柏寺营乡	3365	23739		83	1260	12	1
成安县道东堡乡	6475	37534		186	5740	55	4
成安县北乡义乡	6425	28789		102	1451	13	
成安县长巷乡	4194	15571		153	4016	106	22
大名县大名镇	4607	79510	79510	1838	25971	146	27
大名县杨桥镇	6297	55396	32476	144	2639	31	1
大名县万堤镇	4906	33858	14476	179	2231	36	3
大名县龙王庙镇	5043	62338	44647	219	2855	35	2
大名县束馆镇	5364	42082	18789	64	1449	13	1
大名县金滩镇	6065	52099	27012	169	2518	45	3
大名县沙圪塔镇	5859	35629	11460	92	1085	14	
大名县大街镇	6386	40967	13464	170	2547	50	8
大名县王村乡	4832	34002		86	2531	18	
大名县铺上乡	4597	27052		150	2976	34	6
大名县黄金堤乡	5406	34260		103	1981	13	2
大名县旧治乡	5850	50738		448	7247	125	19
大名县西未庄乡	4344	34965		397	3832	35	1
大名县孙甘店乡	5736	32345		204	2648	42	4
大名县西付集乡	5440	34268		89	1890	15	6
大名县埝头乡	6348	42221		164	2213	33	2
大名县北峰乡	5002	28140		42	616	26	
大名县张铁集乡	6264	34221		129	2506	43	6
大名县红庙乡	4999	29915		43	1075	14	2
大名县营镇回族乡	1971	13112		65	1212	8	1
涉县河南店镇	7503	36050	7952	135	12600	21	1
涉县索堡镇	9578	25600	4780	45	235	20	5

续表 17　　（河北省）　　单位：公顷、人、个

名　称	行政区域面积	常住人口	#城镇建成区	企业个数	企业从业人员	工业企业个数	#规模以上
涉县西戍镇	4162	15627	6984	121	2096	45	6
涉县井店镇	10836	46509	34922	162	13000	72	19
涉县更乐镇	6613	25636	18787	200	19138	43	5
涉县固新镇	15435	25372	15826	65	335	14	
涉县西达镇	9440	17665	9358	15	164	10	
涉县偏城镇	13900	13032	2900	35	210	1	1
涉县神头乡	6172	14336		58	1420	15	5
涉县辽城乡	11192	15540		24	250	4	2
涉县偏店乡	4352	15476		42	653	25	2
涉县龙虎乡	7633	20012		45	807	13	1
涉县木井乡	6031	14578		63	10184	19	4
涉县关防乡	10503	11555		43	218	3	1
涉县合漳乡	11118	20894		39	358	24	5
涉县鹿头乡	10544	13609		1	25	1	
磁县磁州镇	10430	176844	155771	2265	28533	218	12
磁县讲武城镇	7452	45702	8878	283	3456	25	3
磁县岳城镇	9531	36164	13528	190	2053	24	11
磁县观台镇	4105	28226	13133	125	7437	13	5
磁县白土镇	6675	25578	9149	77	484	7	
磁县黄沙镇	2082	18330	9628	106	6451	7	2
磁县路村营乡	3852	23622		180	17644	23	3
磁县时村营乡	4592	26092		155	3782	29	13
磁县陶泉乡	9688	13719		60	1235	4	1
磁县都党乡	3804	13781		67	1632	8	2
磁县北贾璧乡	7295	26417		50	1440	4	
邱县新马头镇	11952	48768	21948	1321	31020	61	48
邱县邱城镇	5843	33658	7768	150	1927	22	6
邱县梁二庄镇	6253	30635	4975	190	3488	55	4
邱县香城固镇	6099	32489	1720	274	1750	15	
邱县南辛店乡	5284	24956		15	2394	15	
邱县古城营乡	6964	27395		140	2950	62	9
邱县陈村回族乡	1124	6108		9	445	6	1
鸡泽县鸡泽镇	7266	64912	50292	339	14824	263	25
鸡泽县小寨镇	6258	47161	16482	191	6812	96	13
鸡泽县双塔镇	3564	42078	19680	128	7635	81	2
鸡泽县曹庄镇	4770	38914	1232	122	2610	95	
鸡泽县浮图店乡	4691	60861		93	611	5	2
鸡泽县吴官营乡	4280	32597		107	3660	46	
鸡泽县风正乡	2768	28115		109	9990	59	17
广平县广平镇	4962	68865	27903	1235	15678	120	28
广平县平固店镇	5306	36492	5770	21	850	17	4
广平县胜营镇	4691	45580	5911	1221	11250	13	5
广平县南阳堡镇	3151	27088	4030	923	8231	10	
广平县十里铺乡	4510	45032		17	342	10	3
广平县南韩村乡	4897	31240		125	2500	7	3
广平县东张孟乡	3843	25003		142	723	5	4
馆陶县馆陶镇	4825	74130	49421	500	8500	160	19
馆陶县房寨镇	4401	26419	9562	4	32	4	
馆陶县柴堡镇	7447	45280	11860	125	5400	35	5
馆陶县魏僧寨镇	5598	34797	16530	119	5254	115	17

续表 18 （河北省） 单位：公顷、人、个

名　　称	行政区域面积	常住人口	#城镇建成区	企业个数	企业从业人员	工业企业个数	#规模以上
馆陶县寿山寺乡	6160	40957		44	2872	42	17
馆陶县王桥乡	5470	35156		106	2814	15	4
馆陶县南徐村乡	4269	29300		49	1125	18	
馆陶县路桥乡	7226	33347		37	950		
魏县魏城镇	6491	185547	39069	343	17240	279	24
魏县德政镇	2365	28303	6008	69	3012	67	19
魏县北皋镇	6471	60709	9925	342	3510	288	4
魏县双井镇	4879	47079	8784	238	3866	4	4
魏县牙里镇	4814	51967	8796	1668	8344	23	
魏县车往镇	4470	35924	8230	1120	10720	414	4
魏县回隆镇	4301	45450	15800	40	610	1	1
魏县张二庄镇	6114	53102	19358	2535	13435	470	6
魏县东代固镇	2629	33796	12611	1213	6100	135	
魏县院堡镇	2083	16735	4598	168	3210	13	3
魏县棘针寨乡	2792	21952		45	350	5	3
魏县沙口集乡	6165	33666		210	1200	150	2
魏县野胡拐乡	2618	15151		38	570	6	1
魏县仕望集乡	2381	19209		26	236		
魏县前大磨乡	3712	22497		650	3775	1	
魏县南双庙乡	4179	29373	3687	372	3202	149	
魏县大辛庄乡	4576	26723		25	196	5	
魏县大马村乡	2250	16040		131	1429	129	3
魏县边马乡	5095	38166		180	1925	167	
魏县北台头乡	2687	14411		183	3568	128	1
魏县泊口乡	4270	30033		95	730	1	1
曲周县曲周镇	7366	53868	53808	1697	19361	184	11
曲周县安寨镇	8738	64439	10350	229	3720	93	4
曲周县侯村镇	9891	62184	6439	1598	12780	155	5
曲周县河南疃镇	7440	47983	7835	1921	14606	211	11
曲周县第四疃镇	8457	42503	11396	1298	9182	137	15
曲周县白寨镇	6553	56788	46580	1129	15162	49	7
曲周县槐桥乡	5713	28910		145	810	117	3
曲周县南里岳乡	5291	34360		1436	13211	632	3
曲周县大河道乡	3620	25573		684	6200	112	4
曲周县依庄乡	4599	29192		64	1521	56	1
邯郸经济技术开发区尚璧镇	2919	35986	35986	60	395	10	
邯郸经济技术开发区南沿村镇	4000	53263	23148	901	5900	28	3
邯郸经济技术开发区小西堡乡	4518	32407		693	5890	8	
邯郸经济技术开发区姚寨乡	5358	39573		65	2980	37	3
邯郸冀南新区高臾镇	5270	40205	10459	4	106	1	
邯郸冀南新区西光禄镇	5263	27508	8251	1092	7665	957	
邯郸冀南新区林坛镇	6428	35018	30811	800	4500	80	2
邯郸冀南新区马头镇	1800	42285	6602	395	4590	146	
邯郸冀南新区辛庄营乡	1539	24028		320	4690	68	
邯郸冀南新区花官营乡	3449	38255		32	228	15	1
邯郸冀南新区台城乡	3052	28758		136	14560	28	2
邯郸冀南新区南城乡	5508	22892		121	1236	14	2
武安市武安镇	4150	172738	109874	8255	84944	61	6
武安市康二城镇	7000	34725	5642	15	350	12	1
武安市午汲镇	7200	43687	3916	2596	34455	131	9

续表 19 (河北省) 单位：公顷、人、个

名称	行政区域面积	常住人口	#城镇建成区	企业个数	企业从业人员	工业企业个数	#规模以上
武安市磁山镇	5354	33350	12540	207	19603	86	9
武安市伯延镇	4300	21688	8300	31	5824	19	
武安市淑村镇	6405	26173	3219	125	5369	96	1
武安市大同镇	7400	47165	4185	85	4570	47	12
武安市邑城镇	6620	35581	7629	157	5120	48	
武安市矿山镇	9966	47025	2338	268	1665	2	1
武安市贺进镇	10900	26000	6530	855	7100	12	1
武安市阳邑镇	10700	47641	11250	94	9653	30	6
武安市徘徊镇	10361	30291	3059	56	1689	43	2
武安市冶陶镇	7500	23520	5763	30	2200	23	5
武安市上团城乡	5130	35839		366	30200	120	8
武安市北安庄乡	3200	16884		100	2577	69	4
武安市北安乐乡	5000	33371		41	1380	41	4
武安市西土山乡	7396	63197		108	8178	103	3
武安市西寺庄乡	6750	38512		51	862	12	3
武安市活水乡	20990	23370		116	4050	10	
武安市石洞乡	7100	22850		108	3556	59	3
武安市管陶乡	18800	18270		360	4795	18	
武安市马家庄乡	8370	18023		9	46	1	
邢台市桥东区东郭村镇	1307	19266	19266	14	456	6	
邢台经济开发区祝村镇	4827	43416	4365	62	1063	11	
邢台市桥东区大梁庄乡	898	16284		13	428		
邢台市桥西区南大郭镇	2500	31644	31401	276	1728		
邢台市桥西区李村镇	6500	38394	28736	1	450	1	1
邢台县晏家屯镇	4831	25221	2455	125	6685	28	15
邢台县南石门镇	10238	46446	25513	526	19910	38	9
邢台县羊范镇	7817	27806	8807	114	2115	89	9
邢台县皇寺镇	15500	33336	6994	25	400		
邢台县会宁镇	10400	38468	8705	37	2044	33	5
邢台县西黄村镇	14000	19868	6168	78	398	24	1
邢台县路罗镇	14600	16258	3128	500	3000	70	
邢台县将军墓镇	12515	14149	3924	40	270	2	
邢台县浆水镇	16300	28747	9572	4	2364	1	1
邢台县宋家庄镇	16200	17648	6457	27	3020	2	2
邢台县太子井乡	6500	10931		8	51	4	1
邢台县龙泉寺乡	15200	11494		11	117	9	
邢台县北小庄乡	11400	6184		6	130	4	
邢台县城计头乡	8900	9319		22	590	13	
邢台县白岸乡	12100	8885		13	451	1	
邢台县冀家村乡	8200	9003		33	280	18	
临城县临城镇	12900	69445	42355	150	1800	115	28
临城县东镇镇	5296	25890	14810	178	4860	141	12
临城县西竖镇	8867	17986	4378	130	3000	96	1
临城县郝庄镇	9482	15671	3650	126	1780	126	
临城县黑城乡	10271	25186		80	2618	80	1
临城县鸭鸽营乡	9071	27586		233	3226	213	
临城县石城乡	7333	10844		103	520	103	
临城县赵庄乡	16369	17981		150	4400	150	2
内丘县内丘镇	6520	92224	43200	420	4400	405	7
内丘县大孟村镇	7650	31209	11143	107	2992	21	5

续表 20　　(河北省)　　单位：公顷、人、个

名　称	行政区域面　积	常住人口	#城镇建成区	企业个数	企　业从业人员	工业企业个　数	#规模以上
内丘县金店镇	9920	55532	7220	164	3215	38	13
内丘县官庄镇	4830	26151	4935	140	2820	25	6
内丘县柳林镇	9160	19885	4168	12	390	7	
内丘县五郭店乡	7998	24647		75	1800	68	2
内丘县南赛乡	9645	9271		22	286	1	1
内丘县獐獏乡	5660	5321		10	50		
内丘县侯家庄乡	17390	10906		2	42		
柏乡县柏乡镇	5030	51566	28527	125	7882	69	20
柏乡县固城店镇	5238	38954	5364	50	1446	50	4
柏乡县西汪镇	3660	31700	3960	61	2663	60	6
柏乡县王家庄乡	3320	18883		30	2973	30	6
柏乡县龙华乡	5460	35774		40	1591	40	6
柏乡县内步乡	3290	18996		21	1050	21	2
隆尧县隆尧镇	8151	76595	76595	198	2237	86	14
隆尧县魏家庄镇	4114	34157	15193	69	5918	56	11
隆尧县尹村镇	6690	51004	6012	21	6193	20	2
隆尧县山口镇	5466	36878	3572	28	6082	24	3
隆尧县莲子镇镇	7512	44736	10155	138	26566	132	20
隆尧县固城镇	6434	46579	7230	78	5650	55	12
隆尧县北楼乡	3794	34165		15	1800	15	1
隆尧县东良乡	6895	54946		12	1810	11	2
隆尧县双碑乡	3668	32350		27	2975	15	1
隆尧县牛家桥乡	4993	27135		17	1328	15	1
隆尧县千户营乡	7797	36848		10	2150	8	
隆尧县大张庄乡	6788	37100		12	1830	9	1
任县任城镇	5600	56394	45260	56	3266	42	26
任县邢家湾镇	5300	36374	9800	200	4001	193	12
任县辛店镇	3500	34897	12005	195	1528	132	1
任县天口镇	6296	49021	6607	158	2560	155	6
任县西固城乡	6300	49436		14	263	14	
任县永福庄乡	4900	31083		85	600	40	1
任县大屯乡	6800	52587		29	341	1	1
任县骆庄乡	4000	28773		13	304	13	
南和县和阳镇	4514	73640	61640	586	26150	77	4
南和县贾宋镇	6768	47230	18615	44	780	40	2
南和县郝桥镇	6110	53441	53441	1	5		
南和县东三召乡	5800	39511		80	610	18	1
南和县阎里乡	4515	31307		9	233	8	1
南和县河郭乡	4461	31586		119	4083	94	20
南和县史召乡	3800	31577		35	1122	35	1
南和县三思乡	4267	27641		42	1500	14	4
宁晋县凤凰镇	9263	87368	37043	174	31240	86	40
宁晋县河渠镇	7960	63100	4870	776	10800	82	11
宁晋县北河庄镇	5996	52800	9680	697	6285	85	5
宁晋县耿庄桥镇	13312	61003	5712	132	17672	132	9
宁晋县东汪镇	5860	35788	15072	136	18885	82	15
宁晋县贾家口镇	8616	48444	4595	162	4872	161	41
宁晋县四芝兰镇	8586	55405	7298	1080	6157	66	8
宁晋县大陆村镇	6637	47574	25785	965	11774	144	17
宁晋县苏家庄镇	8667	59260	9401	972	13326	203	26

续表 21　　(河北省)　　单位：公顷、人、个

名　称	行政区域面积	常住人口	#城镇建成区	企业个数	企业从业人员	工业企业个数	#规模以上
宁晋县换马店镇	5572	41391	4598	532	3847	63	4
宁晋县唐邱镇	6015	47290	2100	68	641	21	7
宁晋县侯口乡	5826	23221		131	2480	128	21
宁晋县纪昌庄乡	5931	23293		15	853	15	3
宁晋县北鱼乡	2061	9816		112	1138		
邢台市大曹庄管理区徐家河乡	3913	23470		25	3000	25	11
邢台市大曹庄管理区大曹庄乡	2040	18409		41	3800	38	10
巨鹿县巨鹿镇	8336	121833	112910	328	14497	294	36
巨鹿县王虎寨镇	4721	24424	7310	1025	5687	137	8
巨鹿县西郭城镇	3718	14356	7690	132	5564	131	8
巨鹿县官亭镇	6390	33860	14190	162	4256	126	7
巨鹿县阎疃镇	6352	26910	10110	28	433	6	2
巨鹿县小吕寨镇	3759	23697	17652	39	237	27	4
巨鹿县苏家营镇	7989	33797	2105	42	279	27	
巨鹿县堤村乡	7310	37680		42	405	37	
巨鹿县张王疃乡	7456	37879		16	252	16	1
巨鹿县观寨乡	6640	32327		28	274	19	
新河县新河镇	5706	64832	19980	632	5860	582	31
新河县寻寨镇	5456	25501	4806	84	1360	75	1
新河县白神首乡	4135	16095		48	480	48	2
新河县荆家庄乡	6664	20633		110	3188	110	4
新河县西流乡	6689	24597		365	4069	192	1
新河县仁让里乡	7665	20294		50	1448	44	1
广宗县广宗镇	6480	78059	10134	694	13273	171	37
广宗县冯家寨镇	6813	39364	2117	446	9272	154	13
广宗县北塘疃镇	9219	46170	2248	134	2417	22	4
广宗县核桃园镇	6793	28805	2013	22	1291	8	2
广宗县葫芦乡	4199	21644		65	856	8	
广宗县大平台乡	7309	37064		121	1629	17	
广宗县件只乡	4890	24191		39	504	3	
广宗县东召乡	3669	17751		28	393	7	
平乡县丰州镇	4360	34772	34772	305	4250	172	4
平乡县平乡镇	5270	37905	14369	75	1944	72	6
平乡县河古庙镇	6370	51095	20190	289	1191	288	36
平乡县节固乡	5730	38674		284	3556	235	7
平乡县油召乡	6550	39404		192	9904	123	2
平乡县田付村乡	4940	28062		65	2145	63	1
平乡县寻召乡	5290	31002		66	1714	66	1
威县洺州镇	6836	95010	48860	834	11860	792	2
威县梨园屯镇	5311	30151	19211	142	4200	118	14
威县章台镇	6143	36361	2996	40	923	28	2
威县侯贯镇	7039	34111	4985	625	4012	340	7
威县七级镇	6054	32260	8770	32	902	30	5
威县贺营镇	6363	34214	6266	45	1250	25	1
威县方家营镇	5006	28583	9850	375	4450	28	1
威县常庄镇	5394	26130	796	229	10863	168	14
威县第什营镇	7943	34741	4715	71	1635	36	5
威县枣园乡	5436	33057		126	2087	102	2
威县固献乡	6351	35281		94	4688	94	2
威县贺钊乡	6843	33185		232	1275	27	1

续表 22 （河北省） 单位：公顷、人、个

名　　称	行政区域面　积	常住人口	#城镇建成区	企业个数	企　业从业人员	工业企业个　数	#规模以上
威县张家营乡	5206	22740		60	420	45	1
威县常屯乡	7336	31551		266	1535	92	6
威县高公庄乡	5704	24890		283	2510	45	1
威县赵村乡	5796	23188	5470	62	878	42	
清河县葛仙庄镇	12698	142495	67001	775	9812	620	42
清河县连庄镇	8220	63851	12751	360	2341	136	20
清河县油坊镇	7150	59065	9381	79	1680	72	6
清河县谢炉镇	7021	57255	9387	463	3262	136	8
清河县王官庄镇	7200	62186	16640	550	15900	488	28
清河县坝营镇	7771	47415	8139	122	865	98	6
临西县临西镇	3350	54213	32516	918	5631	8	3
临西县河西镇	5300	38479	19950	1230	15100	925	3
临西县下堡寺镇	6000	32463	4023	31	400	20	2
临西县尖冢镇	6000	41146	7338	512	2612	135	2
临西县老官寨镇	7400	35317	4450	135	810	28	6
临西县吕寨镇	5610	29538	2454	405	2430	370	9
临西县东枣园乡	4400	22947		103	2120	20	2
临西县摇鞍镇乡	7700	36815		328	6824	307	1
临西县大刘庄乡	6500	33426		510	2640	495	5
邢台经济开发区东汪镇	2080	30900	29924	120	1756	120	6
邢台经济开发区王快镇	2860	39816	10188	342	6200	312	16
邢台经济开发区沙河城镇	2985	19680	8177	45	5011	17	
邢台经济开发区留村镇	6930	51400	5000	12	850	12	1
南宫市苏村镇	5060	21507	9841	18	146	13	3
南宫市大高村镇	4620	21014	6503	307	2337	13	2
南宫市垂杨镇	7760	42004	11941	213	4524	139	5
南宫市明化镇	6950	32514	5941	930	9401	29	5
南宫市段芦头镇	9290	51121	14358	787	9423	156	13
南宫市紫冢镇	8550	39423	6023	1591	11898	68	10
南宫市大村乡	5870	28307		161	1084	7	1
南宫市南便村乡	6080	34218		15	592	11	3
南宫市大屯乡	5640	22613		161	931	28	2
南宫市王道寨乡	5800	25741		30	982	25	1
南宫市薛吴村乡	6680	29941		549	5221	18	7
沙河市新城镇	5244	40288	9246	216	2489	107	4
沙河市白塔镇	8400	42975	28778	150	9000	41	6
沙河市十里亭镇	6330	28517	9980	70	2059	60	4
沙河市綦村镇	10842	28553	7751	40	1930	40	2
沙河市册井乡	6066	24814		36	1240	20	
沙河市刘石岗乡	7550	23051		6	50	6	
沙河市柴关乡	8310	15449		32	415	10	
沙河市蝉房乡	15230	15928		2	56	2	
竞秀区颉庄乡	1140	20153		809	4311	213	9
竞秀区富昌乡	1416	24516		1010	9100	235	11
竞秀区韩村乡	550	59974		135	3692	132	1
竞秀区南奇乡	2272	23049		90	4123	90	10
竞秀区江城乡	4289	40403		257	9200	197	12
莲池区韩庄乡	2180	25050		56	2795	2	
莲池区东金庄乡	1530	21505		198	3940	168	4
莲池区百楼乡	2461	25050		341	2166	30	

续表 23　　（河北省）　　单位：公顷、人、个

名　　称	行政区域面　积	常住人口	#城镇建成区	企业个数	企　业从业人员	工业企业个　　数	#规模以上
莲池区杨庄乡	1272	14354		35	700	10	1
莲池区南大园乡	1722	28582		1500	62932	94	12
莲池区焦庄乡	2980	33460		73	2000	33	12
莲池区五尧乡	2779	29896		1186	6002	111	11
满城区满城镇	8799	104810	75154	1411	30000	200	11
满城区大册营镇	4740	36496	2807	231	8506	216	28
满城区神星镇	7300	42337	42337	126	3355	91	7
满城区南韩村镇	5933	42620	5480	295	6698	239	18
满城区方顺桥镇	5198	45092	6942	443	3770	275	14
满城区于家庄乡	2947	22763		310	4100	85	7
满城区要庄乡	2816	25242		31	2810	28	5
满城区白龙乡	4750	18043		124	930	122	
满城区石井乡	5924	22381		311	16520	109	2
满城区坨南乡	6667	15552		16	335	12	
满城区刘家台乡	7862	4985		31	176	3	
清苑区清苑镇	4690	40665	38826	952	12200	181	18
清苑区冉庄镇	6440	37824	3838	150	2000	8	
清苑区阳城镇	6563	39178	5888	26	1560		
清苑区魏村镇	4529	39027	18666	406	5175	35	5
清苑区温仁镇	6709	51270	9304	106	2563	98	7
清苑区张登镇	5538	40332	11710	320	5230	98	
清苑区大庄镇	2900	23660	6315	619	3423	399	5
清苑区臧村镇	4069	32098	7100	124	995	65	
清苑区望亭镇	4212	42203	6429	519	7213	138	5
清苑区白团乡	5051	37484		35	245	2	1
清苑区北店乡	4502	26628		174	1560	159	4
清苑区石桥乡	6635	46002		84	3046	32	6
清苑区李庄乡	4860	27581		12	300	10	
清苑区北王力乡	4499	28505		8	565	8	
清苑区东吕乡	5909	47330		467	4037	297	5
清苑区何桥乡	3938	25585		260	3500	7	6
清苑区孙村乡	2200	18368		98	1698	12	2
清苑区阎庄乡	2233	20969		316	1990	23	1
徐水区安肃镇	8154	133932	63105	1455	11131	352	18
徐水区崔庄镇	7036	74401	30495	196	1626	57	4
徐水区大因镇	5744	53630	17679	641	5560	40	2
徐水区遂城镇	6791	50428	24112	242	11006	141	7
徐水区高林村镇	6577	43825	5100	198	3965	126	7
徐水区大王店镇	7271	52310	8361	155	10045	59	6
徐水区漕河镇	5287	34623	951	83	612	70	
徐水区东史端镇	4236	37058	37058	40	1552	37	4
徐水区留村镇	3733	28101	5100	102	4310	77	7
徐水区正村镇	3589	25968	3973	20	132	18	
徐水区户木乡	3589	24589		70	360	19	
徐水区瀑河乡	3358	14621		17	660	17	
徐水区东釜山乡	3813	13919		160	813	7	
徐水区义联庄乡	3122	8609		14	150	8	
涞水县涞水镇	4432	38634	4460	45	1750	34	7
涞水县永阳镇	6486	29502	1860	80	905	28	4
涞水县义安镇	5336	29920	1930	181	3530	25	5

续表 24　　(河北省)　　单位：公顷、人、个

名　　称	行政区域面　　积	常住人口	#城镇建成区	企业个数	企　　业从业人员	工业企业个　　数	#规模以上
涞水县石亭镇	7357	38170	4699	27	860	20	1
涞水县赵各庄镇	25311	22253	2905	7	145	5	
涞水县九龙镇	22419	16248	2010	14	80	10	1
涞水县三坡镇	21837	13195	1725	14	208	5	1
涞水县一渡镇	4798	10092	752	12	179	6	3
涞水县明义镇	3331	20700	1505	35	210	3	1
涞水县王村镇	3444	21232	1560	75	1025	16	1
涞水县娄村满族镇	16206	28822	2600	40	270	6	
涞水县东文山乡	3200	16821		16	527	12	3
涞水县其中口乡	17678	6205		3	35		
涞水县龙门乡	21307	10487		3	31	1	
涞水县胡家庄乡	2520	15128		3	47	1	1
阜平县阜平镇	29440	53521	32154	430	3356	145	4
阜平县龙泉关镇	14872	7200	2080	47	360	28	
阜平县平阳镇	18726	25619	1560	45	354	9	1
阜平县城南庄镇	27580	17678	3182	310	2370	40	1
阜平县天生桥镇	16483	10650	1614	20	150	3	
阜平县王林口镇	10550	19545	5600	78	589	25	1
阜平县台峪乡	11367	7446		38	261	34	
阜平县大台乡	17714	11451		10	130	1	1
阜平县史家寨乡	26380	7915		21	160	9	
阜平县砂窝乡	23169	10131		88	860	70	
阜平县吴王口乡	20423	3754		11	85	11	
阜平县夏庄乡	16942	4920		6	50	4	
阜平县北果元乡	15947	22188		237	1670	207	
定兴县定兴镇	6587	128570	123500	1964	48600	198	43
定兴县固城镇	6724	46408	24093	71	2385	71	11
定兴县贤寓镇	6722	41490	7299	46	1180	25	1
定兴县北河镇	3329	21005	7021	80	1025	25	
定兴县天宫寺镇	4258	33736	10285	71	425	9	
定兴县小朱庄镇	4486	28960	8998	26	826	26	1
定兴县姚村镇	3091	18699	11480	7	553	7	1
定兴县东落堡乡	3921	25000		19	401	19	2
定兴县高里乡	8242	43985		7	320	7	2
定兴县张家庄乡	2823	15616		127	1350		
定兴县肖村乡	3751	19942		12	480	6	
定兴县柳卓乡	3156	19913		8	2200	8	3
定兴县杨村乡	3856	24135		36	435	8	
定兴县北田乡	4879	30832		10	281	5	2
定兴县北南蔡乡	2815	17041		10	242	4	
定兴县李郁庄乡	2777	15100		24	300	1	1
唐县仁厚镇	5000	42039	34790	3033	26100	251	
唐县王京镇	4600	54410	3688	90	6200	65	9
唐县高昌镇	5500	36110	3650	92	580	87	
唐县北罗镇	4100	57177	3389	233	2064	193	4
唐县白合镇	11000	30939	3352	75	2400	50	10
唐县军城镇	9700	21888	2612	80	430	45	2
唐县川里镇	10100	8217	1170	80	400	35	
唐县长古城镇	4310	42078	3146	287	14303	216	8
唐县罗庄镇	5400	37221	2362	40	626		

续表 25　　(河北省)　　单位：公顷、人、个

名　称	行政区域面积	常住人口	#城镇建成区	企业个数	企业从业人员	工业企业个数	#规模以上
唐县都亭乡	3400	24394		334	6268	42	2
唐县南店头乡	1780	24747		704	6907	1	1
唐县北店头乡	7910	29351		134	1519	88	
唐县雹水乡	2900	17222		106	1422	103	
唐县大洋乡	5100	22086		28	320		
唐县迷城乡	5200	12159		61	5750	46	2
唐县齐家佐乡	11600	24456		96	1126	60	
唐县羊角乡	9200	9800		7	35	7	
唐县石门乡	9215	8987		8	120		
唐县黄石口乡	11800	16804		22	114	6	
唐县倒马关乡	10300	4344		6	256	2	
高阳县庞口镇	8611	46128	7598	366	8594	189	11
高阳县西演镇	7197	46353	6010	425	8437	366	10
高阳县邢家南镇	5050	37705	15683	385	13313	293	22
高阳县晋庄镇	5406	33410	1979	314	10569	241	17
高阳县蒲口乡	5250	20080		204	4133	156	6
高阳县小王果庄乡	4396	23271		268	7456	205	11
高阳县龙化乡	5345	24235		244	2459	192	2
高阳县庞家佐乡	4273	18942		105	3032	82	13
容城县容城镇	7590	78212	27315	393	18007	373	23
容城县小里镇	3500	28794	14690	354	4065	220	9
容城县南张镇	5380	43306	10660	164	6963	97	3
容城县大河镇	3200	23064	2587	430	18700	360	4
容城县晾马台镇	3380	27242	4896	568	3917	521	10
容城县八于乡	2920	20524		58	730	48	3
容城县贾光乡	2380	25683		110	2100	75	
容城县平王乡	3050	25206		61	1600	61	4
涞源县涞源镇	18100	46376	1538	1270	7800	90	8
涞源县银坊镇	23200	14610	1830	20	170	18	1
涞源县走马驿镇	15700	18597	1260	196	982	39	1
涞源县水堡镇	15300	8040	1056	299	2701	50	1
涞源县王安镇	14600	15652	2169	75	895	31	
涞源县杨家庄镇	11500	9748	4456	51	1378	32	3
涞源县白石山镇	15700	19154	2139	480	2400	75	
涞源县南屯镇	7100	10222	1225	168	1296	41	
涞源县南马庄乡	13500	8860					
涞源县北石佛乡	14900	17858		50	550	9	
涞源县金家井乡	17700	14725		13	450	3	1
涞源县留家庄乡	13800	6660		20	160		
涞源县上庄乡	19300	13087		100	535	10	
涞源县东团堡乡	19400	15763		25	320	20	
涞源县塔崖驿乡	7500	6501		1	35	1	
涞源县乌龙沟乡	7500	6126					
涞源县烟煤洞乡	7440	5164					
望都县望都镇	3980	56541	30800	300	1690	260	5
望都县固店镇	4994	28519	2431	64	4288	48	3
望都县贾村镇	4016	28632	2273				
望都县中韩庄镇	6610	27135	1292	205	1822	155	3
望都县寺庄乡	4883	29846		17	867	5	1
望都县赵庄乡	3413	25534		256	3000	156	9

续表 26 （河北省） 单位：公顷、人、个

名称	行政区域面积	常住人口	#城镇建成区	企业个数	企业从业人员	工业企业个数	#规模以上
望都县黑堡乡	3822	27384		23	781	6	2
望都县高岭乡	4031	24778		480	7047	2	2
安新县安新镇	7138	48862	15459	239	7386	140	13
安新县大王镇	7300	28617	2875	1410	9200	447	1
安新县三台镇	5600	60150	8896	1540	85371	1351	14
安新县端村镇	7200	44240	2056	110	1320	33	2
安新县赵北口镇	2260	19579	11762	18	113	4	1
安新县同口镇	8800	35511	11690	40	1268	36	2
安新县刘李庄镇	6200	52865	3509	49	1500	8	
安新县安州镇	7481	40512	400	22	590	20	6
安新县老河头镇	6090	46050	6892	270	8965	157	24
安新县圈头乡	4500	24208		418	3000	18	
安新县寨里乡	5796	34506		216	15360	130	
安新县芦庄乡	4100	21186		75	1800	75	6
易县易州镇	8060	49397	13701	181	1120	30	14
易县梁格庄镇	14500	30854	2069	36	416	32	1
易县西陵镇	8000	16597	1187	67	590	1	
易县裴山镇	8100	36622	1885	7	641	7	7
易县塘湖镇	7333	45768	4300	2	120	2	2
易县狼牙山镇	14667	16971	1260	43	968	3	
易县良岗镇	16700	12161	1900	18	122	15	
易县紫荆关镇	26300	20214	990	22	250	11	1
易县高村镇	9800	35780	1060	70	1458	53	10
易县桥头乡	5440	27180		48	356	10	3
易县白马乡	5940	15694		182	964	15	2
易县流井乡	10800	17217		1	25	1	1
易县高陌乡	6450	50099		6	190	5	
易县大龙华乡	7500	12848		2	20		
易县安格庄乡	10300	11549		6	92	1	
易县凌云册乡	6620	32060		15	270	10	6
易县西山北乡	9345	22347		29	192	28	
易县尉都乡	4050	16275		76	390	6	
易县独乐乡	3700	10520		4	26	4	1
易县七峪乡	5100	2686					
易县富岗乡	10600	5985		28	152		
易县坡仓乡	7200	5746		2	81		
易县牛岗乡	8379	5295		3	24	3	
易县桥家河乡	7310	3750		3	60	3	2
易县甘河净乡	6200	1531		1	25	1	1
易县蔡家峪乡	7200	2504					
易县南城司乡	17800	14108		5	120	2	
曲阳县恒州镇	5361	54372	42015	738	4230	360	1
曲阳县灵山镇	12120	71765	14650	2126	10640	40	3
曲阳县燕赵镇	4709	45177	5900	132	720	93	
曲阳县羊平镇	4846	46522	4730	151	812	135	2
曲阳县文德镇	4362	47650	7601	135	1530	132	1
曲阳县晓林镇	6283	37983	37983	265	3588	265	
曲阳县路庄子乡	3108	17340		82	2272	80	
曲阳县下河乡	5659	25976		15	302	15	
曲阳县庄窠乡	2865	11284		13	124	10	

续表 27 （河北省） 单位：公顷、人、个

名称	行政区域面积	常住人口	#城镇建成区	企业个数	企业从业人员	工业企业个数	#规模以上
曲阳县孝墓乡	6802	25625	25625	46	235	3	1
曲阳县东旺乡	6210	31884		56	382	53	
曲阳县邸村乡	2545	26255	4563	658	4071	402	
曲阳县产德乡	8372	32500		80	650	65	
曲阳县齐村乡	7754	15767		4	90	3	
曲阳县党城乡	5723	24121		287	2745	234	
曲阳县郎家庄乡	9598	23249		5	60		
曲阳县范家庄乡	5039	7207		14	113		
曲阳县北台乡	6221	10983		49	270	45	
蠡县蠡吾镇	9940	101845	46835	1865	19108	152	14
蠡县留史镇	5964	57217	16823	336	4826	239	9
蠡县大百尺镇	7422	54047	9623	108	5032	73	10
蠡县辛兴镇	6229	51755	9856	1680	13560	405	15
蠡县北郭丹镇	2565	23540	12080	45	7800	45	5
蠡县万安镇	2952	28554	9481	45	2800	12	2
蠡县桑园镇	3689	29034	20621	710	4985	538	4
蠡县南庄镇	6930	39253	5825	165	2548	56	1
蠡县大曲堤镇	2865	24190	5916	82	1996	20	1
蠡县鲍墟镇	5828	38473	38473	18	490	18	2
蠡县小陈乡	2958	24311		68	2272	50	5
蠡县林堡乡	2725	24000		68	2135	56	3
蠡县北埝头乡	5173	21722		8	160	8	
顺平县蒲阳镇	6473	56600	33250	160	3498	142	11
顺平县高于铺镇	6729	54731	23448	183	4534	178	15
顺平县腰山镇	5224	37501	2730	47	1601	36	3
顺平县蒲上镇	5901	32465	9261	92	4156	81	11
顺平县神南镇	9450	8452	6852	9	81	1	
顺平县白云乡	5907	29290		112	2822	14	1
顺平县河口乡	5837	16831		1	58	1	
顺平县安阳乡	9095	19809		198	1965	2	
顺平县台鱼乡	5450	18481		72	1684	12	1
顺平县大悲乡	10821	20910		8	109	7	
博野县博野镇	7828	72578	17614	357	9693	141	15
博野县小店镇	3065	29341	4726	81	920	57	3
博野县程委镇	7143	43819	2236	198	8578	130	2
博野县东墟镇	2895	25918	3630	96	1036	51	10
博野县北杨镇	2813	28201	4441	85	564	28	
博野县城东镇	4074	23260	3458	201	1362	9	1
博野县南小王乡	5272	36666		128	4240	102	7
雄县雄州镇	9018	78649	78649	121	1420	59	39
雄县昝岗镇	4503	37180	37180	162	1200	100	14
雄县大营镇	6137	39302	39302	52	950	52	3
雄县龙湾镇	8074	53892	53892	462	6021	222	23
雄县朱各庄镇	5116	41700	16000	71	3300	28	17
雄县米家务镇	5769	39872	8425	327	6530	180	12
雄县北沙口乡	3741	24374		654	6759	75	6
雄县双堂乡	4109	23550		16	475	14	1
雄县张岗乡	4879	33430		57	350	23	1
保定高新技术产业开发区贤台乡	2867	22811		52	969	31	3
保定高新技术产业开发区大马坊乡	1935	19515		11	295	10	1

续表 28　　(河北省)　　单位：公顷、人、个

名　　称	行政区域面积	常住人口	#城镇建成区	企业个数	企业从业人员	工业企业个数	#规模以上
保定白沟新城白沟镇	5434	153168	153168	6564	32825	1562	72
涿州市松林店镇	7154	48796	20053	1120	23000	280	17
涿州市码头镇	5932	34136	1870	830	9106	215	1
涿州市东城坊镇	10063	35713	2420	138	2700	53	4
涿州市高官庄镇	4259	23656	2450	50	1320	46	
涿州市东仙坡镇	4485	28624	5186	1170	7533	68	1
涿州市百尺竿镇	5658	34005	955	299	3091	139	2
涿州市义和庄镇	8120	33033	4292	33	570	27	4
涿州市刁窝镇	6660	31013	7930	339	1922	159	1
涿州市林家屯镇	5042	30470		433	4418	64	1
涿州市豆庄镇	6381	32797		340	1735	300	1
涿州市孙庄乡	2987	14101		65	878	21	1
安国市伍仁桥镇	3480	31094	3952	15	750	7	7
安国市石佛镇	5495	32951	4237	224	4511	55	5
安国市郑章镇	5500	37230	4097	45	720	18	4
安国市大五女镇	3900	23945	1957	85	450	13	
安国市西佛落镇	3150	21530	2830	88	4306	16	5
安国市西安国城镇	3500	28709	3285	20	380	10	
安国市明官店乡	4700	32292		23	605	2	2
安国市南娄底乡	3952	35541		19	300	9	2
安国市北段村乡	4700	23897		14	400	9	1
高碑店市方官镇	6400	42449	5127	284	3460	155	4
高碑店市新城镇	7000	45762	8480	255	1307	15	1
高碑店市泗庄镇	5600	35103	9141	117	919	45	2
高碑店市辛立庄镇	6030	36025	5613	130	950	19	
高碑店市东马营镇	4000	28367	13515	108	1478	45	1
高碑店市辛桥镇	7200	31842	1518	72	686	32	
高碑店市肖官营镇	4400	21876	1678	20	683	13	2
高碑店市张六庄镇	6200	37127	4057	39	474	39	1
高碑店市梁家营乡	2900	29898		237	1998	45	
桥东区姚家庄镇	4622	15785	2645	184	2348	86	6
宣化区大仓盖镇	11100	21277	2973	246	1236	124	1
宣化区东望山乡	18680	16216		23	860	23	
桥西区东窑子镇	10610	27135	13896	53	1210	50	
宣化区庞家堡镇	12718	17113	10561	209	1680	46	
宣化区深井镇	33440	15874	3508	30	267	25	3
宣化区崞村镇	27193	19818	1271	156	1147	16	
宣化区洋河南镇	13060	55795	39800	284	4335	79	2
宣化区贾家营镇	19472	17075	2380	108	2850	108	6
宣化区顾家营镇	4831	14298	2661	89	1633	29	2
宣化区赵川镇	17619	32715	8925	98	1252	60	3
宣化区河子西乡	4900	16911		74	1989	37	2
宣化区春光乡	3700	15473		85	498	8	3
宣化区侯家庙乡	5899	13359		374	1872	52	
宣化区李家堡乡	10140	7612		53	1217	53	2
宣化区王家湾乡	23374	1850		2	15	1	
宣化区塔儿村乡	18480	4858		6	160	5	
宣化区江家屯乡	10900	23978		55	450	17	3
下花园区花园乡	5470	10200		91	846	16	3
下花园区辛庄子乡	6937	4800		122	1640	12	2

续表 29　　(河北省)　　单位：公顷、人、个

名　　称	行政区域面积	常住人口	#城镇建成区	企业个数	企业从业人员	工业企业个数	#规模以上
下花园区定方水乡	10460	5265		30	821	3	3
下花园区段家堡乡	6420	1802		3	19	1	
万全区孔家庄镇	6540	38182	17896	365	8276	104	7
万全区万全镇	7126	13686	11615	82	906	20	3
万全区洗马林镇	13858	4338	2394	17	410	2	
万全区郭磊庄镇	5852	21800	3900	110	750	6	3
万全区膳房堡乡	17695	9600		23	600	10	1
万全区北新屯乡	18663	4111		22	516		
万全区宣平堡乡	7269	24276		222	4440	188	25
万全区高庙堡乡	13400	9714		93	610	5	1
万全区旧堡乡	6424	10772		21	970	10	
万全区安家堡乡	10138	21512		51	785	38	3
万全区北沙城乡	6484	16138		9	45		
崇礼区西湾子镇	22440	44891	37484	959	13516	51	2
崇礼区高家营镇	34693	25642	9085	256	3170	86	2
崇礼区四台嘴乡	37252	8327		125	5150	33	4
崇礼区红旗营乡	17676	2922		42	514	11	
崇礼区石窑子乡	14399	2404		29	273		
崇礼区驿马图乡	33653	2593		31	472	2	
崇礼区石嘴子乡	29904	6259		102	985	21	
崇礼区狮子沟乡	12032	3225		38	210	3	1
崇礼区清三营乡	13889	2833					
崇礼区白旗乡	15628	4137		60	603		
张北县张北镇	14177	141800	141800	1315	15147	107	19
张北县公会镇	26033	7626	2226	2	50	2	2
张北县二台镇	31870	19908	4256	144	1308	7	1
张北县大囫囵镇	27782	11508	770	2	105	2	2
张北县小二台镇	20147	8354	899	6	38		
张北县油篓沟镇	23307	12685	800	96	576		
张北县大河镇	22234	10945	375	6	70	4	
张北县台路沟乡	17212	6124		13	95	12	
张北县馒头营乡	19451	8135	401	57	412	2	
张北县二泉井乡	23282	8819					
张北县单晶河乡	16126	2972		16	96		
张北县海流图乡	28432	9828		2	72		
张北县两面井乡	20283	9028					
张北县大西湾乡	21626	6896					
张北县郝家营乡	16229	8578		102	786	6	
张北县白庙滩乡	21007	7023					
张北县战海乡	17721	6582		4	71		
张北县三号乡	19871	10998		1	140	1	1
康保县康保镇	32903	45247	41106	493	10924	65	11
康保县张纪镇	25918	8146	1542	9	325	2	
康保县土城子镇	19200	7072	1894	3	25		
康保县邓油坊镇	14467	4650	2230				
康保县李家地镇	15000	5241	1196	12	82		
康保县照阳河镇	23404	7435	342	1	47	1	1
康保县屯垦镇	41157	7737	1265	8	60	2	2
康保县闫油坊乡	23300	4391		1	42	1	1
康保县丹清河乡	20301	7320		1	26	1	

续表 30　　(河北省)　　单位：公顷、人、个

名　　称	行政区域面　　积	常住人口	#城镇建成区	企业个数	企　　业从业人员	工业企业个　　数	#规模以上
康保县哈咇嘎乡	16770	6701		58	348	1	1
康保县二号卜乡	18790	6594					
康保县芦家营乡	15949	4879					
康保县忠义乡	10543	5908		35	250		
康保县处长地乡	14346	5512					
康保县满德堂乡	29666	8810		20	189	10	
沽源县平定堡镇	38000	35001	27521	5	25	4	
沽源县小厂镇	22000	8778	1260				
沽源县黄盖淖镇	17800	10345	2965	5	31	2	
沽源县九连城镇	32200	12141	1510	17	202	5	1
沽源县高山堡乡	17700	4627		3	150	3	
沽源县小河子乡	34400	8454		1	30	1	
沽源县二道渠乡	21800	9049	1050	16	96	6	
沽源县大二号回族乡	5700	3029					
沽源县闪电河乡	22700	9510		1	6	1	
沽源县长梁乡	23000	6700		1	44		
沽源县丰源店乡	28288	9220					
沽源县西辛营乡	21300	9081		8	308	4	1
沽源县莲花滩乡	21900	3221					
沽源县白土窑乡	28700	9451					
尚义县南壕堑镇	24828	57627	57627	40	1240	14	3
尚义县大青沟镇	18187	18592	7902	75	401	2	
尚义县八道沟镇	20015	9228	1250	11	390	4	1
尚义县红土梁镇	29324	5872	3478	66	923	5	2
尚义县小蒜沟镇	37284	4106	1781	4	25	2	2
尚义县三工地镇	10792	7985	1077	3	6		
尚义县满井镇	16490	3726	235				
尚义县大营盘乡	25748	8933		1	63	1	1
尚义县大苏计乡	13854	7527		8	46	5	
尚义县石井乡	13100	6398		2	20	2	2
尚义县七甲乡	7259	5866		6	190	5	
尚义县套里庄乡	11461	2711		4	23	1	1
尚义县甲石河乡	14324	3645		2	63	1	
尚义县下马圈乡	14587	1845					
蔚县蔚州镇	3764	97208	97208	1360	8037	15	4
蔚县代王城镇	6910	29557	7029	8	506	7	2
蔚县西合营镇	14045	53050	26785	93	615	11	
蔚县吉家庄镇	13500	21027	4860	4	130	4	2
蔚县白乐镇	6462	19676	7569	5	27	1	
蔚县暖泉镇	6326	16109	7989	63	380	2	
蔚县南留庄镇	7137	25225	8177	823	5330	14	1
蔚县北水泉镇	10425	9445	4430	28	209	3	
蔚县桃花镇	16220	20547	11720	4	25		
蔚县阳眷镇	13670	7652	3617	1	6		
蔚县宋家庄镇	39620	21632	1879	479	2398	8	4
蔚县下宫村乡	25335	20318		5	230		
蔚县南杨庄乡	12319	13854		50	920		
蔚县柏树乡	23706	10620		6	36	1	1
蔚县常宁乡	5881	8177		4	80	1	
蔚县涌泉庄乡	7900	21521		30	152	2	1

续表 31 （河北省） 单位：公顷、人、个

名　　称	行政区域面积	常住人口	#城镇建成区	企业个数	企业从业人员	工业企业个数	#规模以上
蔚县杨庄窠乡	11810	13388		18	927	2	
蔚县南岭庄乡	7300	10990		107	1023		
蔚县陈家洼乡	9692	7280					
蔚县黄梅乡	7683	9257		26	135	3	
蔚县白草村乡	12198	5378		28	530	1	
蔚县草沟堡乡	46510	8568		8	45		
阳原县西城镇	10460	89367	70155	984	4981	122	12
阳原县东城镇	16742	16164	7684	17	185	7	2
阳原县化稍营镇	9412	23999	9881	40	1880	9	2
阳原县揣骨疃镇	28100	20036	5527	26	636	10	1
阳原县东井集镇	12800	24462	6512	11	90	3	
阳原县要家庄乡	10660	12680		27	315	5	
阳原县东坊城堡乡	11500	6001		13	185	2	
阳原县井儿沟乡	12620	8711		4	335	3	1
阳原县三马坊乡	7770	8804		4	361		
阳原县高墙乡	17962	13518		12	168	8	
阳原县大田洼乡	8050	3197					
阳原县辛堡乡	11640	10849		63	370	1	
阳原县马圈堡乡	10880	6532		2	30	2	
阳原县浮图讲乡	15330	9524		14	352	7	2
怀安县柴沟堡镇	16383	69725	69725	733	6549	27	4
怀安县左卫镇	27178	39658	12458	49	1579	48	2
怀安县头百户镇	8381	11041	2120	18	270	4	
怀安县怀安城镇	20487	23042	10508	26	1178	16	3
怀安县渡口堡乡	20237	16353					
怀安县第六屯乡	8361	9559		28	1035	3	
怀安县西湾堡乡	11706	4823					
怀安县西沙城乡	8500	6377		2	42	2	1
怀安县太平庄乡	16877	5859					
怀安县王虎屯乡	17383	8521		26	185		
怀安县第三堡乡	13771	12214					
怀来县沙城镇	5902	142577	142577	1268	21457	136	13
怀来县北辛堡镇	7056	16479	2495	42	992	1	
怀来县新保安镇	6686	17900	9388	170	3541	5	5
怀来县东花园镇	13616	17412	2584	950	2420	29	7
怀来县官厅镇	17800	10184	2224	268	1340	35	
怀来县桑园镇	12133	22173	3288	268	920	10	
怀来县存瑞镇	15125	24110	2440	456	3850	25	
怀来县土木镇	9354	23926	1022	938	4693	14	4
怀来县大黄庄镇	4617	14798	7727	304	1521	49	
怀来县西八里镇	3658	21056	4100	744	3720	40	
怀来县小南辛堡镇	17236	15636	1653	116	653	23	1
怀来县狼山乡	5473	11777		20	100	2	
怀来县鸡鸣驿乡	4200	8159		113	1038		
怀来县东八里乡	2530	10372		283	1415	5	2
怀来县瑞云观乡	11830	4440		36	314	15	
怀来县孙庄子乡	11136	3124					
怀来县王家楼回族乡	13200	5777		122	309	4	
涿鹿县涿鹿镇	7544	71445	42779	1538	12290	55	15
涿鹿县张家堡镇	6737	18196	3502	128	4840	47	

续表 32 (河北省) 单位：公顷、人、个

名　　称	行政区域面　　积	常住人口	#城镇建成区	企业个数	企　　业从业人员	工业企业个　　数	#规模以上
涿鹿县武家沟镇	23939	10181	878	13	128		
涿鹿县五堡镇	6597	23064	1980	78	390	5	
涿鹿县保岱镇	10386	24703	1089	69	566	4	
涿鹿县矾山镇	15204	15777	4500	144	1105	48	5
涿鹿县大堡镇	25492	16088	3142	16	58	1	
涿鹿县河东镇	31385	11081	3274	35	423	14	
涿鹿县东小庄镇	6074	28325	18408	10	120	3	
涿鹿县辉耀镇	22932	9887	1310	12	70	5	
涿鹿县大河南镇	23081	10152	2954	5	52		
涿鹿县温泉屯镇	7314	11536	2418	17	85	2	
涿鹿县蟒石口镇	29561	9745	2225	82	450		
涿鹿县栾庄乡	13944	15154		3	15	2	
涿鹿县黑山寺乡	6929	9011		28	315		
涿鹿县卧佛寺乡	24289	8282		19	360	3	
涿鹿县谢家堡乡	17586	5571		7	47		
赤城县赤城镇	24861	77416	70417	725	9785	62	5
赤城县田家窑镇	18797	15180	3156	67	921	38	3
赤城县龙关镇	28395	31347	19428	95	1369	65	6
赤城县雕鹗镇	35372	11058	2434	30	170	5	
赤城县独石口镇	21725	4166	1370	2	40	1	
赤城县白草镇	24395	7283	1458	25	131	2	
赤城县龙门所镇	23543	9762	2838	42	541	3	
赤城县后城镇	36980	16825	4144	36	205		
赤城县东卯镇	44245	15471	733	18	450	11	
赤城县炮梁乡	15567	6242		46	2560	14	8
赤城县大海陀乡	26413	6916		7	654	7	1
赤城县镇宁堡乡	32983	7003		15	584	7	1
赤城县马营乡	31522	5142		8	59		
赤城县云州乡	52055	10513		10	300	5	
赤城县三道川乡	21335	5860		9	142		
赤城县东万口乡	28359	10690		7	104	2	1
赤城县茨营子乡	24203	6806		10	173	3	
赤城县样田乡	19159	4858		8	140	3	3
张家口市高新技术产业开发区老鸦庄镇	2950	36522	7353	197	18025	22	17
张家口市高新技术产业开发区沈家屯镇	4500	28729	2031	61	1348	38	7
张家口市高新技术产业开发区姚家房镇	3658	29857	8145	43	4138	33	9
宣化区沙岭子镇	3266	27053	27053	163	2557	13	1
张家口市察北管理区沙沟镇	9628	3195	1601	11	120	9	8
张家口市察北管理区宇宙营乡	9734	1910					
双桥区水泉沟镇	4128	20896	1710	1366	6830	78	1
双桥区狮子沟镇	3038	19000	2836	528	19392	35	
双桥区牛圈子沟镇	6200	46463	22793	798	10246	54	3
双桥区大石庙镇	8230	33515	10842	245	4120	33	
双桥区双峰寺镇	12513	25839	11200	140	2012	23	2
双滦区双塔山镇	8856	19364	19364	199	4728	87	3
双滦区滦河镇	1525	39526	39526	484	20387	132	11
双滦区大庙镇	9436	12728	1889	220	1140	27	2
双滦区偏桥子镇	5253	9200	1469	20	353	11	
双滦区陈栅子乡	8795	14939		8	845		
双滦区西地满族乡	11309	21021	4800	47	282	7	3

续表 33　　　　　　　　　　　　（河北省）　　　　　　　　　　　　单位：公顷、人、个

名　　称	行政区域面　　积	常住人口	#城镇建成区	企业个数	企　　业从业人员	工业企业个　　数	#规模以上
鹰手营子矿区鹰手营子镇	3283	7896	7896	50	12102	37	3
鹰手营子矿区北马圈子镇	2510	10383	2231	812	4365	19	8
鹰手营子矿区寿王坟镇	6037	11658	10452	26	150	25	5
鹰手营子矿区汪家庄镇	2260	7981	900	30	1756	8	1
承德县下板城镇	25364	99683	91226	1245	27305	173	13
承德县甲山镇	17116	22391	12835	189	15725	92	8
承德县六沟镇	18040	32541	6834	142	2123	26	2
承德县三沟镇	18033	20557	10328	128	4292	25	2
承德县头沟镇	18513	23323	6779	160	6573	33	8
承德县高寺台镇	13364	13188	7948	118	4722	52	8
承德县鞍匠镇	18693	14359	2638	81	445	21	
承德县三家镇	30329	18280	1530	108	541	21	1
承德县磴上镇	24997	13215	960	78	598	12	1
承德县上谷镇	12472	16447	2682	45	1131	11	2
承德县新杖子镇	10030	10338	1815	68	489	6	2
承德县石灰窑镇	12868	17583	2577	66	441	10	
承德县东小白旗乡	11693	7592		35	190		
承德县刘杖子乡	17587	8446		53	282	6	
承德县孟家院乡	10147	9090		62	710	15	3
承德县大营子乡	17358	7620		55	890	6	
承德县八家乡	13741	7636		45	235	10	1
承德县满杖子乡	11028	7546		40	210	2	
承德县五道河乡	15857	7403		52	480	6	
承德县岔沟乡	18367	11603		71	1150	13	2
承德县岗子满族乡	8120	7096		45	228	10	
承德县两家满族乡	10098	8286		52	265	8	
承德县仓子乡	10991	8809		68	386	10	
兴隆县兴隆镇	19200	69746	60336	652	7250	86	9
兴隆县半壁山镇	13100	22135	6216	35	845	27	1
兴隆县挂兰峪镇	18800	12985	3362	41	683	14	
兴隆县青松岭镇	18100	14713	1730	33	445	20	3
兴隆县六道河镇	17600	18330	3320	47	2739	18	1
兴隆县平安堡镇	11200	15151	6141	40	4045	25	3
兴隆县北营房镇	13200	12075	1394	40	2400	40	2
兴隆县孤山子镇	7500	12020	3827	56	648	26	3
兴隆县蓝旗营镇	9800	15218	3129	16	610	9	1
兴隆县雾灵山镇	27700	13095	4250	22	389	17	1
兴隆县李家营镇	15200	11408	2699	16	726	14	2
兴隆县大杖子镇	23900	18166	2037	26	491	24	1
兴隆县三道河镇	11800	16902	669	13	104	3	
兴隆县南天门满族乡	11300	7553		9	250	5	2
兴隆县八卦岭满族乡	10200	15262		8	136	8	
兴隆县陡子峪乡	7600	6673		5	451	5	1
兴隆县上石洞乡	13000	3226		1	5	1	
兴隆县蘑菇峪乡	33500	15928		32	785	32	1
兴隆县安子岭乡	7800	5276		6	168	4	2
兴隆县大水泉乡	21800	14247		3	53	2	
滦平县滦平镇	14165	20122	8070	245	9020	31	4
滦平县长山峪镇	20084	16942	3207	109	1138	8	
滦平县红旗镇	13531	13111	5825	75	2101	20	7

续表 34 (河北省) 单位：公顷、人、个

名　　称	行政区域面积	常住人口	#城镇建成区	企业个数	企业从业人员	工业企业个数	#规模以上
滦平县金沟屯镇	21025	16259	8911	65	1196	28	6
滦平县虎什哈镇	24224	17984	4577	95	1336	22	
滦平县巴克什营镇	18445	17087	7551	91	1067	18	2
滦平县张百湾镇	21751	21205	4205	184	3660	55	11
滦平县付营子镇	21102	14849	1674	85	803	20	1
滦平县大屯满族镇	15843	15963	1452	142	2289	36	5
滦平县平坊满族乡	6753	4963		12	80	7	
滦平县安纯沟门满族乡	15703	9559		35	293	6	
滦平县小营满族乡	12869	11755		125	3505	37	15
滦平县西沟满族乡	15255	5571		29	508	7	
滦平县邓厂满族乡	7386	1879		7	36	3	
滦平县五道营子满族乡	12370	3214		19	261	5	
滦平县马营子满族乡	13872	6167		39	338	13	
滦平县付家店满族乡	7928	3614		23	507	6	2
滦平县火斗山乡	15815	10700		28	386	7	1
滦平县两间房乡	9680	6839		40	200		
滦平县涝洼乡	9225	4787		22	114	4	
隆化县隆化镇	28958	109452	98763	206	5416	121	14
隆化县韩麻营镇	21671	15690	5573	28	3810	19	11
隆化县中关镇	8297	7980	4250	20	754	17	9
隆化县七家镇	14610	8967	4614	137	795	1	
隆化县汤头沟镇	26401	21700	5010	37	1014	7	2
隆化县张三营镇	14281	20366	9725	25	132	2	
隆化县唐三营镇	27822	22352	4820	5	82	3	1
隆化县蓝旗镇	26526	17264	3650	16	483	10	4
隆化县步古沟镇	27254	12643	3095	15	190	4	1
隆化县郭家屯镇	70271	17485	7999	56	1462	6	
隆化县荒地乡	28563	12258		10	60	2	
隆化县章吉营乡	15628	11105		98	1162	2	
隆化县茅荆坝乡	30568	8756		8	145		
隆化县尹家营满族乡	8994	7590		2	20		
隆化县庙子沟蒙古族满族乡	9825	6149		4	192		
隆化县偏坡营满族乡	17903	8233		16	325	1	
隆化县山湾乡	19097	9040		5	255	5	
隆化县八达营蒙古族乡	18879	10169		8	56	1	
隆化县太平庄满族乡	17131	7486		2	360	1	
隆化县旧屯满族乡	17405	3323		10	90	4	
隆化县西阿超满族蒙古族乡	18969	7547		10	210	3	
隆化县白虎沟满族蒙古族乡	9409	6083		3	20	1	
隆化县碱房乡	20397	6065		4	352	2	1
隆化县韩家店乡	28286	11030		4	58		
隆化县湾沟门乡	20203	7947		3	24	3	
丰宁满族自治县大阁镇	38035	39865	39865	591	3067	251	15
丰宁满族自治县大滩镇	53177	20890	2895	160	1301	5	
丰宁满族自治县鱼儿山镇	31427	11082	1316	18	552	8	
丰宁满族自治县土城镇	34300	16278	1721	10	52	6	1
丰宁满族自治县黄旗镇	32191	13650	2978	11	110	5	
丰宁满族自治县凤山镇	36262	35013	8852	94	470	26	2
丰宁满族自治县波罗诺镇	16098	12205	3263	16	580	10	1
丰宁满族自治县黑山咀镇	27587	19525	5427	74	1226	14	6

续表 35　　(河北省)　　单位：公顷、人、个

名　称	行政区域面积	常住人口	#城镇建成区	企业个数	企业从业人员	工业企业个数	#规模以上
丰宁满族自治县天桥镇	8110	8469	8469	15	450	3	
丰宁满族自治县胡麻营镇	27891	16008	2284	216	2817	7	4
丰宁满族自治县万胜永乡	26613	3673		5	163	4	4
丰宁满族自治县四岔口乡	56667	5095		204	1893	1	1
丰宁满族自治县苏家店乡	48260	4350		18	125	6	
丰宁满族自治县外沟门乡	53075	5735		86	534	1	
丰宁满族自治县草原乡	13567	4312		6	175	3	
丰宁满族自治县窟窿山乡	27458	3460		445	503		
丰宁满族自治县小坝子乡	30975	3740		37	325	8	
丰宁满族自治县五道营乡	36369	8534		48	256	8	1
丰宁满族自治县南关蒙古族乡	35370	18251		12	370	11	2
丰宁满族自治县选将营乡	33140	14239		20	322	4	
丰宁满族自治县西官营乡	26050	11358		7	40	4	
丰宁满族自治县干营乡	13233	6305		18	275	7	2
丰宁满族自治县北头营乡	19855	7373		8	110	4	
丰宁满族自治县石人沟乡	34741	17071		100	900	8	
丰宁满族自治县汤河乡	37455	6765		246	1348	4	
丰宁满族自治县杨木栅子乡	18905	5480		5	40	4	
宽城满族自治县宽城镇	17253	81386	78830	1267	22098	104	8
宽城满族自治县龙须门镇	18620	18260	6017	228	3886	68	11
宽城满族自治县峪耳崖镇	14149	25001	10226	131	8494	62	7
宽城满族自治县板城镇	16061	20008	8826	145	11552	51	3
宽城满族自治县汤道河镇	23126	17133	5207	83	1551	21	1
宽城满族自治县桲椤台镇	8091	7923	4931	47	1802	16	1
宽城满族自治县碾子峪镇	7849	13734	2848	82	5348	36	4
宽城满族自治县亮甲台镇	6710	6995	2247	32	5579	11	1
宽城满族自治县化皮溜子镇	5855	11256	4251	39	509	6	1
宽城满族自治县东大地镇	4844	10573	2524	27	1143	15	1
宽城满族自治县塌山乡	8307	4555		28	392	2	
宽城满族自治县孟子岭乡	9682	10054		32	486	8	
宽城满族自治县独石沟乡	4968	1077		11	88	1	
宽城满族自治县铧尖乡	6274	6411		31	1210	17	1
宽城满族自治县东黄花川乡	4422	5263		22	1095	9	
宽城满族自治县苇子沟乡	9592	6141		23	283	8	
宽城满族自治县大字沟门乡	7250	4463		23	263	4	
宽城满族自治县大石柱子乡	9732	5982		26	241	6	
围场满族蒙古族自治县围场镇	18779	108713	57861	599	10970	161	12
围场满族蒙古族自治县四合永镇	15269	28956	17303	240	4733	80	8
围场满族蒙古族自治县克勒沟镇	16804	14735	14735	34	1461	8	
围场满族蒙古族自治县棋盘山镇	27519	20949	3580	96	1927	4	1
围场满族蒙古族自治县半截塔镇	20782	8715	3462	96	1504	5	2
围场满族蒙古族自治县朝阳地镇	16277	12764	2200	9	147	3	
围场满族蒙古族自治县朝阳湾镇	18271	13923	1080	17	270	5	1
围场满族蒙古族自治县腰站镇	20940	20172	1460	75	2202	29	2
围场满族蒙古族自治县龙头山镇	14856	8059	2499	108	2115	4	1
围场满族蒙古族自治县新拨镇	27274	13421	1612	39	2288	1	
围场满族蒙古族自治县御道口镇	24240	3985	570	45	230	9	
围场满族蒙古族自治县道坝子乡	19333	6701		39	1344	5	1
围场满族蒙古族自治县黄土坎乡	24507	9688		10	156	8	
围场满族蒙古族自治县四道沟乡	10901	5529		17	512	1	

续表 36　　(河北省)　　单位：公顷、人、个

名　称	行政区域面积	常住人口	#城镇建成区	企业个数	企业从业人员	工业企业个数	#规模以上
围场满族蒙古族自治县兰旗卡伦乡	20216	8607		4	29	1	
围场满族蒙古族自治县银窝沟乡	20732	11480		37	966	6	
围场满族蒙古族自治县新地乡	18052	15810		78	1246	5	
围场满族蒙古族自治县广发永乡	13261	7621		67	2000	6	1
围场满族蒙古族自治县育太和乡	9412	5158		82	892	3	
围场满族蒙古族自治县郭家湾乡	18381	7592		128	794	2	1
围场满族蒙古族自治县杨家湾乡	16764	7269		79	674	6	
围场满族蒙古族自治县大唤起乡	12405	6444		90	1101	2	
围场满族蒙古族自治县哈里哈乡	23345	6964		52	1174	5	
围场满族蒙古族自治县张家湾乡	12878	3681		38	674	4	
围场满族蒙古族自治县宝元栈乡	16984	6479		25	697	3	
围场满族蒙古族自治县山湾子乡	22960	7365		2	49	2	1
围场满族蒙古族自治县三义永乡	24527	6304		12	750	2	
围场满族蒙古族自治县姜家店乡	24420	5478		38	1813	6	1
围场满族蒙古族自治县下伙房乡	17644	5491		15	361	1	
围场满族蒙古族自治县燕格柏乡	29631	3383		72	579	4	
围场满族蒙古族自治县牌楼乡	15169	5652		32	525	6	
围场满族蒙古族自治县城子乡	29561	7148	1517	34	929	4	
围场满族蒙古族自治县老窝铺乡	27611	2388		8	881		
围场满族蒙古族自治县石桌子乡	16041	3885		4	78	3	
围场满族蒙古族自治县大头山乡	17791	6908		60	804	4	
围场满族蒙古族自治县南山嘴乡	17476	2954		14	241	4	
围场满族蒙古族自治县西龙头乡	23736	3147		10	426	4	
承德高新技术产业开发区冯营子镇	8333	71129	59104	1523	20987	134	20
承德高新技术产业开发区上板城镇	19627	40183	14201	173	2730	81	9
平泉县平泉镇	22386	147028	93038	765	12479	175	26
平泉县黄土梁子镇	15340	16337	6140	50	1053	9	1
平泉县榆树林子镇	29872	22830	5094	93	2300	4	1
平泉县杨树岭镇	20476	26163	5961	68	2770	35	4
平泉县七沟镇	28119	23935	5052	58	2053	24	5
平泉县小寺沟镇	15067	22100	5120	75	1840	19	4
平泉县党坝镇	22243	23991	5693	62	1457	22	2
平泉县卧龙镇	23023	41430	5177	392	7412	81	17
平泉县南五十家子镇	9140	17813	4921	72	3725	20	2
平泉县北五十家子镇	11556	10502	4415	40	2156	14	4
平泉县桲椤树镇	13833	15273	4740	23	1620	8	1
平泉县柳溪镇	22811	9181	2959	45	1211	4	1
平泉县平房满族蒙古族镇	12536	14911	3306	24	512	6	
平泉县王土房乡	12803	5379		23	737	8	1
平泉县七家岱满族乡	11424	5772		31	480	10	
平泉县茅兰沟满族蒙古族乡	16997	11563		28	557	5	
平泉县台头山乡	19015	14989		35	692	1	
平泉县松树台乡	15460	12108		40	495	5	
平泉县道虎沟乡	7310	11491		26	381	6	
沧州市新华区小赵庄乡	4904	37901		955	31830	204	12
运河区小王庄镇	4243	34460	34460	120	1920	60	4
运河区南陈屯乡	4305	41465		1862	10600	130	6
沧县旧州镇	8200	21010	10280	135	7150	54	13
沧县兴济镇	11400	49136	15190	375	6283	142	11
沧县杜生镇	5800	40590	10950	720	6120	275	18

续表 37 （河北省） 单位：公顷、人、个

名称	行政区域面积	常住人口	#城镇建成区	企业个数	企业从业人员	工业企业个数	#规模以上
沧县崔尔庄镇	11800	52335	6860	323	23798	210	13
沧县薛官屯乡	9300	23815		435	4787	197	8
沧县捷地回族乡	4300	30045		48	1117	45	2
沧县张官屯乡	7900	41366		158	8430	122	12
沧县李天木回族乡	9000	36774		685	9085	217	10
沧县风化店乡	13000	36240		138	5150	70	10
沧县姚官屯乡	7000	36779		394	2890	94	6
沧县杜林回族乡	7800	44827		142	3385	45	6
沧县汪家铺乡	8700	32381		116	2210	48	9
沧县刘家庙乡	6500	26017		8	160	5	1
沧县仵龙堂乡	6900	29560		80	2600	75	14
沧县大官厅乡	8500	41720		345	4908	102	13
沧县高川乡	6500	35377		70	2500	70	6
沧县黄递铺乡	4600	24231		29	774	24	4
沧县大褚村回族乡	5500	26808		21	560	16	2
沧县纸房头乡	8800	39689		161	3724	112	35
青县清州镇	11000	110086	105900	1380	35645	1026	29
青县金牛镇	14300	42962	11160	300	13550	200	18
青县新兴镇	8800	38586	12320	28	940	28	3
青县流河镇	11000	36045	10100	300	1600	41	5
青县木门店镇	7800	31180	8126	55	2170	55	6
青县马厂镇	12686	45543	3764	1030	17941	1028	41
青县盘古镇	7200	29871	2310	135	8400	92	6
青县上伍乡	6000	22294		134	6750	80	8
青县曹寺乡	12600	41606		80	3781	80	1
青县陈嘴乡	4000	17949		96	3220	96	5
东光县东光镇	7149	74252	64515	318	6095	295	55
东光县连镇镇	8789	42589	15401	334	2985	330	11
东光县找王镇	5705	29454	8922	340	2850	70	7
东光县秦村镇	7191	28130	3870	130	752	85	6
东光县灯明寺镇	8048	30099	7200	53	530	36	3
东光县南霞口镇	9067	40633	14240	433	6359	183	9
东光县大单镇	8607	48684	3501	196	5203	67	9
东光县龙王李镇	7851	38013	17845	118	4439	97	1
东光县于桥乡	8524	34248		121	2850	121	13
海兴县苏基镇	10900	44917	37364	111	7671	71	9
海兴县辛集镇	4800	21750	9300	21	335	18	2
海兴县高湾镇	7920	28323	5863	62	998	62	3
海兴县赵毛陶乡	13920	36661		48	1860	45	5
海兴县香坊乡	6520	18547		46	2700	45	3
海兴县小山乡	13100	24268		51	941	51	3
海兴县张会亭乡	6340	29712		22	365	22	2
盐山县盐山镇	9640	59477	46390	1550	22368	431	69
盐山县望树镇	5380	31841	3106	109	1011	65	
盐山县庆云镇	5600	47078	5510	500	8900	300	3
盐山县韩集镇	5270	37600	4320	55	1550	23	4
盐山县千童镇	3810	26396	7892	61	551	7	
盐山县圣佛镇	7770	45899	12376	746	6580	201	1
盐山县边务乡	9070	30195		189	5726	143	20
盐山县小营乡	5900	29900					

续表 38　　(河北省)　　单位：公顷、人、个

名　　称	行政区域面　　积	常住人口	#城镇建成区	企业个数	企　　业从业人员	工业企业个　　数	#规模以上
盐山县杨集乡	8810	29316		72	652		
盐山县孟店乡	8520	42831		96	3600	96	
盐山县常庄乡	3280	19986		30	460	23	
盐山县小庄乡	6470	32895		27	445	12	
肃宁县肃宁镇	4972	82034	73394	359	20565	86	16
肃宁县梁家村镇	8146	47293	16384	140	3832	138	4
肃宁县窝北镇	6083	34970	13254	112	2600	50	1
肃宁县尚村镇	5453	37784	21456	559	14356	554	42
肃宁县万里镇	5595	36358	14923	173	3023	51	5
肃宁县师素镇	6776	35315	6242	70	2500	70	6
肃宁县河北留善寺乡	5127	31392		152	2877	65	5
肃宁县付家佐乡	5067	29044		139	1490	139	1
肃宁县邵庄乡	4403	23104		101	4727	101	7
南皮县南皮镇	6524	64736	52917	698	15156	683	23
南皮县冯家口镇	10095	45012	4796	902	8994	577	19
南皮县寨子镇	8571	56977	8729	108	3057	71	1
南皮县鲍官屯镇	9104	35115	5386	65	1630	37	8
南皮县王寺镇	9069	39461	7396	109	3350	83	6
南皮县乌马营镇	9657	27110	2031	320	4620	316	20
南皮县大浪淀乡	9981	25991		96	2163	79	3
南皮县刘八里乡	5716	28748		208	6130	192	17
南皮县潞灌乡	9854	48999		213	2780	171	5
吴桥县桑园镇	4542	50790	50790	900	33748	628	15
吴桥县铁城镇	7189	39559	4000	218	2170	145	3
吴桥县于集镇	6065	20310	2268	173	4352	147	5
吴桥县梁集镇	5262	20901	4465	136	2901	30	2
吴桥县安陵镇	6771	21372	11074	162	3129	61	3
吴桥县曹家洼乡	5142	21596	3789	260	3500	160	7
吴桥县宋门乡	6420	24219	2977	470	3021	432	9
吴桥县杨家寺乡	5125	19296	2039	142	3485	106	1
吴桥县沟店铺乡	6028	23252	2232	206	5921	59	4
吴桥县何庄乡	5671	22895	3985	89	3589	78	1
献县乐寿镇	9900	103085	12280	180	9660	92	11
献县淮镇镇	7200	45000	19621	122	30200	89	23
献县郭庄镇	5800	33240	11542	195	6885	151	31
献县河城街镇	8300	46605	27274	387	29260	268	24
献县韩村镇	11100	42017	16700	135	6700	115	17
献县陌南镇	8400	32936	8933	33	8235	25	6
献县陈庄镇	8600	26295	7300	78	5600	62	15
献县徐留高乡	4900	20572		82	9002	82	7
献县商林乡	5100	20623		52	4220	16	10
献县段村乡	6900	20031		95	5120	93	9
献县张村乡	6700	18750		74	4230	45	5
献县临河乡	5400	23120		196	3908	20	9
献县小平王乡	4900	13793		215	3000	38	6
献县十五级乡	6500	19759		60	6900	48	6
献县垒头乡	4800	18195		90	5500	40	6
献县南河头乡	3700	19355		96	12650	85	23
献县西城乡	5800	20969		44	2285	27	6
献县本斋回族乡	3000	13044		56	4360	13	11

续表 39 （河北省） 单位：公顷、人、个

名称	行政区域面积	常住人口	#城镇建成区	企业个数	企业从业人员	工业企业个数	#规模以上
孟村回族自治县孟村镇	7600	40366	39954	1310	8257	507	26
孟村回族自治县新县镇	6400	32058	7908	515	4419	78	4
孟村回族自治县辛店镇	4100	29918	13087	1916	16548	1087	49
孟村回族自治县高寨镇	6100	24009	8045	436	3656	253	9
孟村回族自治县宋庄子乡	5500	32631		599	3210	75	5
孟村回族自治县牛进庄乡	8300	34251		448	2915	155	11
沧州渤海新区新村回族乡	8300	12268		320	5000	20	16
泊头市泊镇	5780	46240	34375	695	20585	593	27
泊头市交河镇	7904	42508	31620	960	8860	940	23
泊头市齐桥镇	10392	47654	5310	385	8077	295	9
泊头市寺门村镇	8158	31801	2900	187	6250	158	14
泊头市郝村镇	9278	36612	5095	275	3650	160	23
泊头市富镇镇	7818	33707	12040	185	7231	185	15
泊头市文庙镇	8466	39735	2526	255	2900	183	13
泊头市洼里王镇	7044	40738	5110	450	2650	110	7
泊头市王武庄乡	6942	30354		120	2180	90	26
泊头市营子乡	9412	42333		74	1900	60	12
泊头市四营乡	7548	29696		170	5410	132	21
泊头市西辛店乡	9629	38281		16	368	14	1
任丘市出岸镇	5400	36088	8535	168	6260	150	9
任丘市石门桥镇	5990	43735	12463	395	3420	225	25
任丘市吕公堡镇	5170	41235	11844	551	4856	210	18
任丘市长丰镇	7860	50597	11845	410	15800	256	21
任丘市鄚州镇	5820	26288	8435	709	5380	492	9
任丘市苟各庄镇	6208	29017	11817	65	12786	50	8
任丘市梁召镇	7390	43910	14008	945	7850	350	15
任丘市辛中驿镇	5880	41250	17000	1800	17000	156	16
任丘市麻家坞镇	7230	37903	6122	230	4452	196	33
任丘市议论堡乡	7178	40831		410	7950	175	8
任丘市青塔乡	5260	30237		38	1267	38	9
任丘市北辛庄乡	4140	32131		585	9660	105	20
任丘市七间房乡	5220	26902		92	2476	58	11
任丘市北汉乡	5120	29613		182	2944	165	15
任丘市于村乡	8292	39929		233	3239	122	13
黄骅市黄骅镇	12931	49216	36186	6672	45183	1219	16
黄骅市南排河镇	7194	52827	14816	321	4610	140	5
黄骅市吕桥镇	15000	39718	10562	497	21686	137	7
黄骅市旧城镇	14311	40286	15398	898	20376	886	9
黄骅市羊二庄回族乡	22079	45465		380	6630	184	8
黄骅市常郭乡	16573	36251		1015	15802	802	9
黄骅市滕庄子乡	19351	43216		436	9290	251	13
黄骅市官庄乡	9182	32459		604	7485	99	3
黄骅市齐家务乡	16069	44080		933	8462	549	8
黄骅市羊三木回族乡	5506	9385		428	3572	52	7
河间市米各庄镇	8769	58085	23647	235	5670	216	18
河间市景和镇	6505	26041	13602	40	1890	36	10
河间市卧佛堂镇	8093	56314	15742	928	9457	43	7
河间市束城镇	9182	54189	21195	540	6788	520	28
河间市留古寺镇	6058	29443	9810	650	8800	139	18
河间市沙河桥镇	7759	45906	15431	142	2760	85	23

续表 40 （河北省） 单位：公顷、人、个

名　称	行政区域面　积	常住人口	#城镇建成区	企业个数	企　业从业人员	工业企业个　数	#规模以上
河间市诗经村镇	10202	52859	4230	427	6780	133	11
河间市故仙乡	8556	32325		857	4410	53	12
河间市黎民居乡	10453	37424		56	2894	49	14
河间市兴村乡	8774	60362		184	2650	84	8
河间市沙洼乡	5624	33959		351	9006	118	14
河间市西九吉乡	5050	29017		55	1425	18	2
河间市北石槽乡	4235	20199		112	1135	81	12
河间市时村乡	5525	23386		90	1863	41	8
河间市行别营乡	6320	37258		558	3030	137	15
河间市尊祖庄乡	7584	33741		156	8523	115	17
河间市龙华店乡	5050	24254		190	4250	16	3
河间市果子洼回族乡	2711	24109		191	10725	47	4
安次区落垡镇	5966	19933	2173	27	622	24	2
安次区码头镇	10508	41680	5548	65	1000	50	1
安次区葛渔城镇	8045	39076	13861	62	828	44	2
安次区东沽港镇	6443	38080	11816	65	4674	29	4
安次区杨税务乡	9206	39983		86	12150	40	17
安次区仇庄乡	7258	27456		64	2565	50	5
安次区调河头乡	6198	22387		16	781	14	2
安次区北史家务乡	3139	43380		45	1160	15	2
广阳区南尖塔镇	2626	31469	1530	563	16282	5	5
广阳区万庄镇	8842	41216	1490	96	875	3	3
广阳区九州镇	13301	59592	3196	60	1998	8	6
广阳区北旺乡	4331	33551		350	2720	13	9
固安县固安镇	16614	199374	35487	341	49568	319	50
固安县宫村镇	7360	37012	6383	978	5866	74	11
固安县柳泉镇	8686	45780	7577	109	2465	57	4
固安县牛驼镇	6988	41245	10309	221	3496	42	2
固安县马庄镇	5338	31595	10316	41	1102	15	2
固安县东湾乡	7475	40752		218	1171	39	2
固安县彭村乡	4616	26249		96	997	23	2
固安县渠沟乡	4980	31344		38	2267	25	3
固安县礼让店乡	3570	20763		56	1688	48	2
永清县永清镇	17620	112574	69263	629	11287	309	31
永清县韩村镇	9060	28185	28185	50	610	42	1
永清县后奕镇	5210	26119	5500	34	545	17	2
永清县别古庄镇	9950	29464	29464	193	6700	106	4
永清县里澜城镇	6793	27984	6509	80	723	72	10
永清县管家务回族乡	2947	11964		29	432	23	1
永清县曹家务乡	9057	27329		48	625	36	4
永清县龙虎庄乡	5251	27795		7	694	7	2
永清县刘街乡	5500	30480		146	1500	101	10
永清县三圣口乡	5952	29394		63	400	55	1
香河县淑阳镇	5233	134065	80430	1409	78468	122	22
香河县蒋辛屯镇	3288	16251	4480	60	3267	39	2
香河县渠口镇	6475	47545	5740	246	13552	122	23
香河县安头屯镇	4583	26030	4585	132	7260	27	6
香河县安平镇	3352	20748	12005	576	31702	87	38
香河县刘宋镇	6289	33548	4575	122	7381	17	9
香河县五百户镇	6199	37690	4515	158	8712	37	11

续表 41　　(河北省)　　单位：公顷、人、个

名　称	行政区域面积	常住人口	#城镇建成区	企业个数	企业从业人员	工业企业个数	#规模以上
香河县钱旺镇	3651	23802	2275	180	7440	56	13
香河县钳屯镇	3421	21337	3045	211	10466	62	12
大城县平舒镇	6796	70745	8975	409	9875	150	14
大城县旺村镇	14564	45638	4708	569	10456	188	30
大城县大尚屯镇	13146	80362	4355	1234	12278	185	7
大城县南赵扶镇	10705	48205	4511	1500	17505	100	3
大城县留各庄镇	7907	47532	6223	785	10645	151	15
大城县权村镇	6359	41256	5388	631	8547	145	6
大城县里坦镇	5994	26869	4153	452	7561	88	3
大城县广安镇	6856	43897	4856	641	4200	154	5
大城县北位乡	7310	48663		470	7373	53	1
大城县臧屯乡	10069	50123		529	6609	105	3
文安县文安镇	13316	76691	26573	608	4987	596	10
文安县新镇镇	4815	32274	21017	1345	11362	1275	19
文安县苏桥镇	8253	32453	8124	991	6681	309	3
文安县大柳河镇	10499	35029	4791	210	4100	164	13
文安县左各庄镇	4280	27394	18579	1080	16643	1000	15
文安县滩里镇	6522	29849	12210	780	5157	480	15
文安县史各庄镇	3628	21123	2815	435	5399	373	6
文安县赵各庄镇	7168	51366	22961	605	4291	325	5
文安县兴隆宫镇	5462	31005	17299	339	3390	119	4
文安县大留镇镇	7083	35470	2210	579	4835	487	9
文安县孙氏镇	14392	60480	6075	1182	7470	1095	1
文安县德归镇	10487	23184	4367	357	4327	320	2
文安县大围河回族满族乡	6198	29592		432	7543	321	7
大厂回族自治县大厂镇	4133	29560	12010	798	5800	798	11
大厂回族自治县夏垫镇	4118	35120	19938	291	6061	179	2
大厂回族自治县祁各庄镇	4752	35567	7403	271	2368	91	8
大厂回族自治县邵府镇	2218	12472	2425	39	1659	10	1
大厂回族自治县陈府镇	2376	11256	593	79	1549	58	2
霸州市霸州镇	7670	87831	22820	394	4366	150	14
霸州市南孟镇	5196	37219	13245	187	3557	130	10
霸州市信安镇	4158	30251	30251	160	7123	130	15
霸州市堂二里镇	4638	35595	15144	250	5811	150	21
霸州市煎茶铺镇	7420	43800	11010	1200	19600	185	14
霸州市胜芳镇	9701	126672	95000	300	20000	260	30
霸州市杨芬港镇	8528	41023	11414	397	12261	285	10
霸州市岔河集乡	4859	52684		430	5400	65	11
霸州市康仙庄乡	7854	50038		2318	18690	201	7
霸州市东杨庄乡	3021	23594		1501	15601	170	5
霸州市王庄子乡	5146	40460		1420	9000	235	10
霸州市东段乡	6367	47703		1285	8040	914	33
三河市泃阳镇	6000	59487	33253	1081	33408	167	13
三河市李旗庄镇	4800	25348	4077	312	14079	144	31
三河市杨庄镇	4800	27739	5237	178	5042	118	7
三河市皇庄镇	6500	45040	6942	245	4618	116	4
三河市新集镇	6300	47506	6849	264	2356	58	4
三河市段甲岭镇	6200	21541	9003	107	1476	24	2
三河市黄土庄镇	6200	35917	7539	292	3136	129	11
三河市高楼镇	7800	37939	6596	129	5601	65	8

续表 42　　(河北省)　　单位：公顷、人、个

名　　称	行政区域面积	常住人口	#城镇建成区	企业个数	企业从业人员	工业企业个数	#规模以上
三河市齐心庄镇	4400	24501	4669	155	3433	50	3
三河市燕郊镇	10800	363809	186866	5721	112947	804	88
桃城区郑家河沿镇	10843	42946	3943	504	2550	501	4
桃城区赵家圈镇	11400	34658	5428	257	3845	120	20
桃城区邓庄镇	9995	28152	4476	166	1155	135	6
桃城区何家庄乡	1091	27018		46	2889	23	6
冀州区冀州镇	13416	171828	169828	445	61868	378	41
冀州区官道李镇	6408	13969	2953	332	2587	6	2
冀州区南午村镇	11646	25618	4430	1206	6156	40	11
冀州区周村镇	7709	17593	5202	135	2220	25	6
冀州区码头李镇	9310	22161	5188	367	2710	40	5
冀州区西王镇	7377	21422	4466	74	3743	59	8
冀州区门家庄乡	6186	14202		371	1981	11	1
冀州区徐家庄乡	8123	19654		28	140	28	2
冀州区北漳淮乡	5878	13620		25	1312	21	6
冀州区小寨乡	11703	20168		38	3181	26	7
枣强县枣强镇	19200	124716	67221	168	11410	147	24
枣强县恩察镇	3700	14438	2358	10	153	8	
枣强县大营镇	13600	79139	46554	1823	11826	1431	72
枣强县嘉会镇	3200	12717	3167	195	2490	13	1
枣强县马屯镇	11400	30580	6259	11	441	9	1
枣强县肖张镇	3400	14000	5500	20	415	17	
枣强县张秀屯镇	9300	30723	1356	44	920	32	7
枣强县新屯镇	7254	33783	2420	160	1850	150	15
枣强县王均乡	6410	18762		11	100	2	
枣强县唐林乡	6900	19197		7	194	1	1
枣强县王常乡	6000	18562		14	397	7	2
武邑县武邑镇	12997	109465	80217	191	9119	180	23
武邑县清凉店镇	8982	25867	11351	206	2075	39	5
武邑县审坡镇	10531	31245	11515	42	913	35	1
武邑县赵桥镇	9767	28681	6401	18	781	14	1
武邑县韩庄镇	10522	32048	6619	25	1371	13	
武邑县肖桥头镇	7397	22834	5569	125	2379	72	16
武邑县龙店乡	7477	23269		16	356	6	1
武邑县圈头乡	5922	18345		48	318	4	
武邑县大紫塔乡	6410	17809		8	3759	5	2
武强县武强镇	9603	87896	57180	228	2815	186	28
武强县街关镇	7536	28535	5195	161	3704	46	11
武强县周窝镇	5309	21114	8878	384	9878	115	14
武强县豆村乡	6237	26384		228	1422	66	11
武强县北代乡	8086	24618		318	3125	112	7
武强县孙庄乡	7511	27753		70	1831	58	12
饶阳县饶阳镇	10358	87124	30729	708	3778	121	15
饶阳县大尹村镇	4613	21145	7897	275	5305	14	2
饶阳县五公镇	6457	36542	11813	302	5455	101	14
饶阳县大官亭镇	8255	37979	23401	389	2126	33	9
饶阳县王同岳乡	6213	26217		694	8328	164	22
饶阳县留楚乡	13813	44684		184	1736	42	8
饶阳县东里满乡	7521	30917		296	2490	28	10
安平县安平镇	8195	110513	65854	4347	33916	1598	18

续表 43　　(河北省)　　单位：公顷、人、个

名　　称	行政区域面　　积	常住人口	#城镇建成区	企业个数	企　　业从业人员	工业企业个　　数	#规模以上
安平县马店镇	8145	51271	9479	920	8280	266	4
安平县南王庄镇	6159	34085	7121	504	3009	147	5
安平县大子文镇	5623	25225	8317	638	3749	187	9
安平县东黄城镇	5113	29240	3851	1350	6839	646	12
安平县大何庄乡	5911	31251		443	2251	92	1
安平县程油子乡	5940	29953		579	2941	124	2
安平县西两洼乡	4431	21671		826	4883	303	4
故城县郑口镇	12070	112296	71816	308	8524	298	12
故城县夏庄镇	8041	41498	3404	89	9300	80	9
故城县青罕镇	4960	29568	5013	160	1706	93	5
故城县故城镇	5280	27523	6443	86	1292	45	4
故城县武官寨镇	7657	39863	2171	72	1080	63	9
故城县饶阳店镇	8424	34512	5892	286	3296	196	17
故城县军屯镇	3049	17465	2370	25	450	22	4
故城县建国镇	6722	48760	18427	49	1352	48	9
故城县西半屯镇	8111	40267	2734	67	2345	9	2
故城县辛庄乡	7150	20366		18	216	10	2
故城县里老乡	5264	19988		32	1360	32	2
故城县房庄乡	9989	27387		40	2749	30	7
故城县三朗乡	7417	23084		45	1513	40	5
景县景州镇	8956	102293	75850	360	11400	328	36
景县龙华镇	7850	62219	18512	397	5541	75	22
景县广川镇	8055	32948	5732	136	6357	102	24
景县王瞳镇	6355	29375	3969	14	125	5	1
景县洚河流镇	6281	28420	1562	217	1682	57	6
景县安陵镇	5698	22453	6445	25	1253	12	4
景县杜桥镇	8992	34574	6416	54	1638	54	7
景县王谦寺镇	7568	24581	2921	32	1075	31	5
景县北留智镇	7706	28735	6991	308	3843	14	2
景县留智庙镇	8254	40857	14542	39	4205	37	8
景县刘集乡	7309	20616		11	320	11	1
景县连镇乡	5959	18995		18	1023	10	1
景县梁集乡	8200	30752		13	809	11	1
景县温城乡	6337	17914		42	1179	39	4
景县后留名府乡	7489	27627		23	1265	23	5
景县青兰乡	7771	22663		15	520	12	
阜城县阜城镇	8680	94483	6694	610	9816	180	21
阜城县古城镇	9032	41114	7183	221	3051	215	9
阜城县码头镇	10060	36715	4275	216	3026	214	9
阜城县霞口镇	6804	29637	6698	216	3368	213	12
阜城县崔家庙镇	9211	40801	12984	522	3185	238	12
阜城县漫河乡	6780	24852		153	2489	153	9
阜城县建桥乡	4134	13997		119	1683	119	5
阜城县蒋坊乡	5287	22886		135	1765	126	7
阜城县大白乡	4432	18113		88	740	51	2
阜城县王集乡	5106	20971		98	1540	98	1
衡水经济开发区大麻森乡	7170	29412		523	10237	121	1
衡水滨湖新区魏家屯镇	4174	21306	3223	498	3682	398	1
衡水滨湖新区彭杜村乡	9500	38006		498	6526	490	10
深州市唐奉镇	8373	41753	7184	206	6701	145	7

续表 44 (河北省) 单位：公顷、人、个

名　称	行政区域面积	常住人口	#城镇建成区	企业个数	企业从业人员	工业企业个数	#规模以上
深州市深州镇	8301	103360	70268	1705	10970	125	8
深州市辰时镇	9776	42606	2215	99	2108	22	4
深州市榆科镇	7334	24685	12229	63	1026	24	4
深州市魏家桥镇	7782	23001	4181	19	310	15	4
深州市大堤镇	6743	23052	2800	5	491	5	2
深州市前磨头镇	6223	20477	7718	281	4105	58	9
深州市王家井镇	8740	27628	7794	695	6930	47	10
深州市护驾迟镇	7413	21108	2963	12	665	12	3
深州市大屯镇	8193	19677	3271	23	2972	13	1
深州市高古庄镇	6973	17662	4350	21	650	21	4
深州市兵曹乡	6215	31361		24	1069	18	5
深州市穆村乡	4216	21387		31	580	13	2
深州市东安庄乡	7200	39932		45	1450	23	3
深州市北溪村乡	7004	22429		29	2621	19	3
深州市大冯营乡	8090	26210		6	700	6	2
深州市乔屯乡	5943	17300		92	470	9	2
定州市留早镇	8687	42485	10613	234	2155	3	1
定州市清风店镇	5356	45844	15640	152	3700	30	4
定州市庞村镇	4662	46241	12560	138	1710	105	8
定州市砖路镇	5596	48148	5660	368	6372	16	5
定州市明月店镇	4137	47418	10356	80	1324	50	10
定州市叮咛店镇	8316	49018	5013	237	3561	57	19
定州市东亭镇	4918	30818	9073	81	486	10	3
定州市大辛庄镇	4173	28798	4460	180	1200	7	
定州市东旺镇	4425	28799	7280	37	206	15	4
定州市高蓬镇	5615	43276	9286	301	3401	64	26
定州市邢邑镇	4839	28348	9000	73	500	5	2
定州市李亲顾镇	4972	49749	49749	173	4334	99	36
定州市子位镇	6096	41204	7140	16	108	5	1
定州市开元镇	4500	49047	8362	86	680	52	9
定州市周村镇	5036	47366	5865	192	1155	91	14
定州市息冢镇	5544	33111	5814	43	816	26	9
定州市东留春乡	4962	25706		65	378	7	1
定州市号头庄回族乡	5406	32774		2	130	1	1
定州市杨家庄乡	3600	27778		13	75	2	
定州市大鹿庄乡	6023	33776					
定州市西城乡	3488	19049		41	220	4	1
辛集市辛集镇	7554	122947	122947	2126	29948	1710	31
辛集市旧城镇	5516	44132	4388	277	3165	106	7
辛集市张古庄镇	4608	31140	4525	75	725	60	6
辛集市位伯镇	5155	40286	18230	161	3426	92	13
辛集市新垒头镇	4006	29632	6334	131	7860	130	13
辛集市新城镇	5555	21423	10367	28	3802	28	18
辛集市南智邱镇	7896	35259	9127	259	8739	34	11
辛集市王口镇	10367	39600	8415	144	1021	44	3
辛集市天宫营乡	5352	28727		70	6253	40	13
辛集市前营乡	5923	31977		27	1630	27	
辛集市马庄乡	7483	25930		939	14716	161	1
辛集市和睦井乡	6711	33752		155	4267	33	10
辛集市田家庄乡	8541	53056		182	5598	181	23
辛集市中里厢乡	4232	23693		170	2547	96	2
辛集市小辛庄乡	3907	23328		69	6547	69	5

续表 45　　（山西省）　　单位：公顷、人、个

名　称	行政区域面积	常住人口	#城镇建成区	企业个数	企业从业人员	工业企业个数	#规模以上
山西省							
小店区北格镇	6755	43768	4089	82	8386	80	10
小店区西温庄乡	4358	35500		100	650	33	6
小店区刘家堡乡	4587	36919		53	1015	45	3
迎泽区郝庄镇	8508	79249	7806	37	2167		
杏花岭区中涧河乡	4444	50548		135	5015	75	5
杏花岭区小返乡	5564	8140		31	1066	29	2
尖草坪区向阳镇	2940	17732	9185	45	400	40	1
尖草坪区阳曲镇	3200	15864	15864	103	650	34	2
尖草坪区马头水乡	5043	765					
尖草坪区柏板乡	2556	12456		30	295	25	
尖草坪区西焉乡	2000	5157		23	627	15	2
万柏林区王封乡	10360	8410					
晋源区金胜镇	4453	39556	3055	132	3600	115	4
晋源区晋祠镇	7462	38832	6941	107	998	101	1
晋源区姚村镇	5639	27489	3989	57	325	53	7
清徐县清源镇	8010	113769	3994	127	9942	96	16
清徐县徐沟镇	8441	48000	26710	77	4550	45	8
清徐县东于镇	9592	29737	7345	117	8600	77	14
清徐县孟封镇	7582	31738	5916	72	2776	68	6
清徐县马峪乡	9975	20450		82	2085	14	2
清徐县柳杜乡	3835	19965		21	692	21	3
清徐县西谷乡	3509	19388		27	656	22	3
清徐县王答乡	4451	28125		126	7800	112	3
清徐县集义乡	5365	26533		40	457	9	2
阳曲县黄寨镇	8366	20692	18380	51	1522	45	9
阳曲县大盂镇	10108	12792	2152	6	621	1	1
阳曲县东黄水镇	13138	12203	1558	9	820	9	3
阳曲县泥屯镇	29832	16890	2521	28	480	28	
阳曲县中心镇建设管理办公室	819	42876					
阳曲县高村乡	11304	11050		19	1055	9	4
阳曲县侯村乡	8821	9234		10	314	9	2
阳曲县凌井店乡	18301	8350		5	68	5	
阳曲县西凌井乡	35631	569					
阳曲县北小店乡	18628	2368					
阳曲县杨兴乡	41667	1836		4	210		
娄烦县娄烦镇	15900	38544	28441	37	5360	4	
娄烦县静游镇	13200	19184	3608	3	4124	3	
娄烦县杜交曲镇	15800	3002	3002	18	140	1	1
娄烦县庙湾乡	15100	5190		1	12	1	
娄烦县马家庄乡	17900	10916		6	36	6	1
娄烦县盖家庄乡	11700	5984		7	180	1	1
娄烦县米峪镇乡	21200	6745					
娄烦县天池店乡	16800	8000		7	42	7	
古交市河口镇	20147	13500	5390	147	2000	19	
古交市镇城底镇	5063	9293	1252	16	2320	11	1
古交市马兰镇	11456	21955	1220	208	4300	22	2
古交市阁上乡	16473	350					

续表 46　　　　（山西省）　　　　单位：公顷、人、个

名　　称	行政区域面　　积	常住人口	#城镇建成区	企业个数	企　　业从业人员	工业企业个　　数	#规模以上
古交市加乐泉乡	12185	2209		50	652	30	
古交市梭峪乡	4240	14921		21	281	21	
古交市岔口乡	17554	4481		12	170	9	
古交市常安乡	9753	3039		4	21	4	
古交市原相乡	10625	2257		19	500	14	
古交市邢家社乡	26191	7404		93	465	5	
南郊区古店镇	8312	10396	5445	53	2458	4	4
南郊区高山镇	15651	10099	1801	6	728	4	
南郊区云冈镇	12250	20146		305	1738	5	
南郊区口泉乡	21033	45853		44	1625	32	2
南郊区新旺乡	4951	31440	31440	63	4666	7	1
南郊区水泊寺乡	9423	65419		189	3547	41	3
南郊区马军营乡	11000	45000		580	19000	90	
南郊区西韩岭乡	10175	28050		152	2473	38	1
南郊区平旺乡	3610	23989		25	974	12	1
南郊区鸦儿崖乡	8200	4519		5	134	3	
新荣区新荣镇	10300	38652	23841	19	453	9	
新荣区破鲁堡乡	9000	7178		4	22	2	
新荣区郭家窑乡	14740	3791		5	65	4	
新荣区花元屯乡	22035	9900	2574	62	1760	26	3
新荣区西村乡	16223	7961		12	470	11	3
新荣区上深涧乡	8589	8206		8	72	1	
新荣区堡子湾乡	17887	7843		24	510	17	3
阳高县龙泉镇	17680	109687	4715	312	8650	7	5
阳高县罗文皂镇	16074	29535	5980	55	478		
阳高县大白登镇	10905	16289	2383	16	350	6	
阳高县王官屯镇	20143	14388	890	50	1850	30	6
阳高县古城镇	15218	12593	1540	11	75		
阳高县东小村镇	10581	9012	1600	26	248		
阳高县友宰镇	14101	7865	1832	2	28	1	1
阳高县长城乡	13474	4275		14	162	2	1
阳高县北徐屯乡	6897	15283		19	121	1	1
阳高县狮子屯乡	11709	14632					
阳高县下深井乡	15991	17225					
阳高县马家皂乡	7998	14384		13	80		
阳高县鳌石乡	7056	10975		2	15		
天镇县玉泉镇	7583	60100	52280	225	2012	17	3
天镇县谷前堡镇	8531	24178	5309	60	830	15	2
天镇县米薪关镇	19470	16212	1275	10	71	4	1
天镇县逯家湾镇	21692	13641	1120	27	210	4	1
天镇县新平堡镇	18700	9581	2300	8	89	1	
天镇县卅里铺乡	11673	22037		37	412	5	1
天镇县南河堡乡	8874	21951		17	123	2	
天镇县贾家屯乡	12943	9380		5	65	1	1
天镇县赵家沟乡	12016	6708		2	18	1	
天镇县南高崖乡	21844	7129		6	98	2	1
天镇县张西河乡	8521	9248		18	183	15	
广灵县壶泉镇	7929	65280	65280	535	4751	34	
广灵县南村镇	27273	20800	3800	60	365	17	
广灵县一斗泉乡	11598	9678					

续表 47　　（山西省）　　单位：公顷、人、个

名　称	行政区域面　积	常住人口	#城镇建成区	企业个数	企　业从业人员	工业企业个　数	#规模以上
广灵县蕉山乡	8930	16587		36	2672	19	
广灵县加斗乡	11380	18038		34	180	4	
广灵县宜兴乡	12104	11239		55	295	55	
广灵县作疃乡	9834	19507		18	1050	8	
广灵县梁庄乡	18820	11188		11	268		
广灵县望狐乡	18090	4126					
灵丘县武灵镇	23300	110511	45296	276	5123	177	13
灵丘县东河南镇	24700	32202	7260				
灵丘县上寨镇	30164	17208	4600	16	131	13	
灵丘县落水河乡	28225	22595		95	475	13	
灵丘县史庄乡	14072	4857					
灵丘县赵北乡	28300	7985		4	80	3	1
灵丘县石家田乡	18203	6157		20	200	8	1
灵丘县柳科乡	20300	4147		20	400	11	
灵丘县白崖台乡	19032	3938		16	80	6	
灵丘县红石塄乡	14851	3234					
灵丘县下关乡	26601	5825		14	392	5	1
灵丘县独峪乡	27110	6217		3	500		
浑源县永安镇	9155	123205	91358	376	8513	6	4
浑源县西坊城镇	5619	10600	2900	12	227	1	
浑源县蔡村镇	5968	9536	2580	13	98	3	
浑源县沙圪坨镇	17778	13565	1656	15	290	3	1
浑源县王庄堡镇	18950	13180	4438	18	233	2	
浑源县大磁窑镇	4317	3625	1746	12	130	2	
浑源县东坊城乡	11960	21227		106	1481	32	3
浑源县裴村乡	8870	12675		7	100	3	
浑源县驼峰乡	8452	7511		12	75	10	
浑源县西留村乡	8472	8751		5	65	3	
浑源县下韩村乡	2815	9840		30	460	17	
浑源县南榆林乡	11294	6418		8	72	1	
浑源县吴城乡	10113	5596		10	90	2	
浑源县黄花滩乡	10669	4384		4	485	4	1
浑源县大仁庄乡	11871	1762		7	65	2	
浑源县千佛岭乡	19341	16188		6	266	6	
浑源县官儿乡	19537	9400		6	39	3	
浑源县青磁窑乡	11570	6510		8	60	4	
左云县云兴镇	13407	42313	37112	167	1017	20	
左云县鹊儿山镇	5432	5191	2065	10	2599	10	2
左云县店湾镇	10518	3879	945	65	1580	14	9
左云县管家堡乡	12092	4231		9	1278	5	
左云县张家场乡	19044	7826		27	1846	15	
左云县三屯乡	23690	5890					
左云县马道头乡	14587	5391		35	1210	3	1
左云县小京庄乡	23030	5351		38	444	33	1
左云县水窑乡	7898	2470					
大同县西坪镇	12419	29193	13400	12	240	7	1
大同县倍加造镇	6690	19967	5940	45	1483	26	2
大同县周士庄镇	14501	15134	9645	75	1766	56	8
大同县吉家庄乡	18913	6213		1	20	1	
大同县峰峪乡	17317	4850		1	32		

续表 48　　(山西省)　　单位：公顷、人、个

名　称	行政区域面积	常住人口	#城镇建成区	企业个数	企业从业人员	工业企业个数	#规模以上
大同县杜庄乡	14359	11963		15	251	9	
大同县党留庄乡	7432	12422		16	1087	15	4
大同县瓜园乡	12802	6842	679	5	51	3	
大同县巨乐乡	13947	7069		5	29	1	
大同县许堡乡	27236	9487		6	112	3	
阳泉市郊区义井镇	4111	33266	7618	365	6250	45	2
阳泉市矿区县区直属镇	659	53961	1500	14	6063		
阳泉市郊区荫营镇	10330	60658	26579	450	4700	148	6
阳泉市郊区河底镇	10304	30331	7943	62	1200	52	1
阳泉市郊区平坦镇	10592	12714	2800	103	2083	24	3
阳泉市郊区西南舁乡	5799	11566		78	2180	73	2
阳泉市郊区杨家庄乡	2598	8921		52	2200	27	3
阳泉市郊区李家庄乡	1622	13291		129	2659	15	1
阳泉市郊区旧街乡	8638	5954		108	2997	13	4
平定县冠山镇	8712	156562	54231	972	15850	97	20
平定县冶西镇	14116	11093	2299	50	508	31	4
平定县锁簧镇	5344	29115	3389	49	3680	40	4
平定县张庄镇	16194	31436	3085	22	2987	21	8
平定县东回镇	23898	18864	2015	3	68	2	
平定县柏井镇	11712	14671	4001	49	590	10	
平定县娘子关镇	15099	11446	1536	118	720	11	
平定县巨城镇	15708	20902	1890	41	350	34	1
平定县石门口乡	9072	16409		48	1150	48	6
平定县岔口乡	19119	10946		45	156	39	2
盂县秀水镇	5418	119964	98796	495	5890	36	3
盂县孙家庄镇	9278	24059	13395	51	5600	31	4
盂县路家村镇	9377	19703	4380	50	6200	35	5
盂县南娄镇	17985	30470	9703	92	8745	65	10
盂县牛村镇	6938	19155	5302	38	300	30	2
盂县苌池镇	22595	22635	5107	23	1060	15	1
盂县上社镇	37637	14239	2310	24	120	22	
盂县西烟镇	30986	18691	5257	27	356	1	1
盂县仙人乡	20475	11001		99	958	14	
盂县北下庄乡	12433	9490		13	80	5	
盂县下社乡	13298	7665		15	110		
盂县梁家寨乡	24409	7906		41	310		
盂县西潘乡	24340	7639		7	49	5	
盂县东梁乡	16271	10181		1	11	1	1
长治市郊区老顶山镇	5130	32417	8600	180	1680	60	1
长治市郊区堠北庄镇	4409	41129	3300	320	5100	65	5
长治市郊区大辛庄镇	2842	25955	5043	46	2496	30	6
长治市郊区马厂镇	4150	32564	4380	145	4496	65	5
长治市郊区黄碾镇	4381	29532	2610	33	2310	15	4
长治市郊区西白兔乡	2657	8768		46	2850	40	10
长治县韩店镇	4300	72210	35041	84	4720	67	4
长治县苏店镇	4411	39162	7980	50	3400	7	3
长治县荫城镇	6800	42456	4900	150	1200	51	16
长治县西火镇	4147	24592	6695	37	1850	12	5
长治县八义镇	4651	24229	3600	150	2500	20	5
长治县贾掌镇	2900	15669	5115	51	264	11	

续表 49　　（山西省）　　单位：公顷、人、个

名　称	行政区域面积	常住人口	#城镇建成区	企业个数	企业从业人员	工业企业个数	#规模以上
长治县郝家庄乡	3600	28800		221	4765	48	
长治县西池乡	4101	24376		18	658	9	2
长治县北呈乡	3400	22322		12	615	11	
长治县东和乡	2997	20143	3210	109	868	28	2
长治县南宋乡	4511	17527	3090	24	3020	11	6
襄垣县古韩镇	10755	25345	4800	27	2520	22	8
襄垣县王桥镇	8791	33797	17694	60	2756	24	3
襄垣县侯堡镇	7958	47674	36439	31	1670	23	3
襄垣县夏店镇	14382	20036	1589	32	4095	15	5
襄垣县虒亭镇	12512	14319	1172	40	739	13	1
襄垣县西营镇	5756	8765	3744	6	112		
襄垣县王村镇	13794	12175	1074	10	135	1	
襄垣县下良镇	17343	10256	856	24	2549	19	4
襄垣县善福乡	3865	9446		4	260	4	
襄垣县北底乡	6968	7380		12	428	11	
襄垣县上马乡	9715	6539					
屯留县麟绛镇	6035	53377	43300	30	2133	20	3
屯留县上村镇	5912	22730	2783	27	441	26	1
屯留县渔泽镇	2680	26000	4500	90	3950	50	8
屯留县余吾镇	6646	20985	4600	22	3350	21	3
屯留县吾元镇	16288	16116	480	2	15		
屯留县张店镇	28830	20968	2000	2	25		
屯留县丰宜镇	4890	9474	2310	13	85	1	
屯留县李高乡	5950	16652		14	1430	5	
屯留县路村乡	6337	33100		41	2600	41	5
屯留县河神庙乡	8385	17645					
屯留县西贾乡	5235	13393					
平顺县青羊镇	16100	21482	19634	173	1686	13	3
平顺县龙溪镇	9000	12470	3100	23	420	10	3
平顺县石城镇	17800	12117	1712	13	180	7	
平顺县苗庄镇	3400	8036	1694	7	136	7	
平顺县杏城镇	19100	10574	1698	26	1735	26	4
平顺县西沟乡	7900	6532	1500	12	310	6	
平顺县东寺头乡	23200	6977		8	52	7	
平顺县虹梯关乡	15600	5707					
平顺县阳高乡	13100	8402		12	488	11	1
平顺县北耽车乡	18400	7332		6	163	5	1
平顺县中五井乡	5600	6783					
平顺县北社乡	5800	13917		15	382	15	
黎城县黎侯镇	13060	59710	42019	5	2000	3	3
黎城县东阳关镇	14040	15880	1978	8	72		
黎城县上遥镇	26260	16467	1434	49	236	27	
黎城县西井镇	23348	25893	3926	16	118	10	
黎城县黄崖洞镇	12350	14492	1590	36	1350	8	1
黎城县西仵乡	2590	7231		32	6984	27	6
黎城县停河铺乡	3260	11501		180	980	21	
黎城县程家山乡	5990	6508		2	80	1	
黎城县洪井乡	9195	7455		8	140	4	
壶关县龙泉镇	6073	43592	21600	51	4102	46	5
壶关县百尺镇	7942	33657	2900	16	500		

续表 50　　(山西省)　　单位：公顷、人、个

名　称	行政区域面积	常住人口	#城镇建成区	企业个数	企业从业人员	工业企业个数	#规模以上
壶关县店上镇	9744	29168	4995	11	450		
壶关县晋庄镇	10214	27287	1791	8	98	8	
壶关县树掌镇	9933	11249	2321	4	51	4	
壶关县集店乡	5702	27455		13	100	5	
壶关县黄山乡	5545	27529		4	305	2	2
壶关县东井岭乡	7825	17847		4	50	3	
壶关县石坡乡	13217	12661		7	42		
壶关县五龙山乡	4108	9668		7	162	6	1
壶关县鹅屋乡	10325	5916					
壶关县桥上乡	8421	8660		17	86		
长子县丹朱镇	7150	77381	44003	1025	5143	53	2
长子县鲍店镇	4950	25229	6019	280	3623	14	2
长子县石哲镇	32600	28890	2936	2	66	1	
长子县大堡头镇	7650	39121	3096	30	326	16	4
长子县慈林镇	6300	28900	1200	33	7600	29	6
长子县色头镇	4600	17174	2320	16	3200	14	5
长子县南漳镇	3100	26123	3310	80	519	11	4
长子县岚水乡	4550	16170	1945	15	245	15	2
长子县碾张乡	7800	15816	1252	28	430	6	
长子县常张乡	5550	16250	400	6	106	6	
长子县南陈乡	12300	18940	4580	9	53	7	
长子县宋村乡	6350	36563	2050	54	998	25	1
武乡县丰州镇	16240	42389	41345	37	2755	9	2
武乡县洪水镇	20360	23345	7320	8	160	4	4
武乡县蟠龙镇	19650	18106	3698	27	1106	7	3
武乡县监漳镇	4840	10348	1670	7	117	7	
武乡县故城镇	15320	17480	3048	9	230	5	
武乡县墨镫乡	5490	6234		15	2195	5	5
武乡县韩北乡	11880	12335		9	1450	9	1
武乡县大有乡	9570	12958		2	30	1	
武乡县贾豁乡	9280	11072		2	12		
武乡县故县乡	4250	4811		5	45		
武乡县上司乡	5710	8490		2	30		
武乡县石北乡	7610	6082		3	66	2	
武乡县涌泉乡	7900	8489					
武乡县分水岭乡	22900	6389		7	87		
沁县定昌镇	7400	54239	54239	135	2575	51	2
沁县郭村镇	7900	11845	1682	77	495	17	
沁县故县镇	15000	13527	2695	38	248	8	
沁县新店镇	12400	14458	1274	92	695	7	
沁县漳源镇	12600	14220	1530	30	396	7	
沁县册村镇	12700	13998	1704	80	943	11	1
沁县段柳乡	8200	15683		131	1144	10	
沁县松村乡	9900	10961	1880	19	835	4	1
沁县次村乡	6600	3211		13	180	3	
沁县牛寺乡	12500	6815	407	28	153	7	
沁县南里乡	5400	8269	904	28	205	7	
沁县南泉乡	9200	2250	377	28	181	11	
沁县杨安乡	9900	3139	376	16	104	2	
沁源县沁河镇	19567	49536	28568	26	1530	21	

续表 51　　（山西省）　　单位：公顷、人、个

名　　称	行政区域面积	常住人口	#城镇建成区	企业个数	企业从业人员	工业企业个数	#规模以上
沁源县郭道镇	26550	14265	6918	126	1458	15	2
沁源县灵空山镇	14910	8104	1490	10	3100	10	5
沁源县王和镇	16860	14520	4010	20	7740	9	3
沁源县李元镇	12210	7062	2831	86	6500	16	7
沁源县中峪乡	12043	4035		5	30		
沁源县法中乡	23000	7990		6	350	1	
沁源县交口乡	22093	6610		23	223	9	
沁源县聪子峪乡	7862	6271		76	3916	11	3
沁源县韩洪乡	26300	8639		3	55	3	
沁源县官滩乡	15140	2854		3	50		
沁源县景凤乡	12100	2495		4	30		
沁源县赤石桥乡	19200	5351		29	271	2	
沁源县王陶乡	29340	11537		43	3328	35	1
潞城市店上镇	8411	30725	9285	470	11135	221	15
潞城市微子镇	7749	18545	4510	25	780	21	2
潞城市辛安泉镇	8704	13221	1336	20	100	2	
潞城市翟店镇	4948	22928	2892	46	1358	44	3
潞城市合室乡	8842	5954		10	158	8	1
潞城市黄牛蹄乡	5661	12200		7	56		
潞城市史回乡	4555	19768		37	3521	37	3
城区北石店镇	3980	94266	94266	520	3150	115	5
沁水县龙港镇	38975	68909	48469	1570	11510	310	4
沁水县中村镇	24368	14200	9218	16	2700	14	4
沁水县郑庄镇	37853	17025	1875	150	1214	21	2
沁水县端氏镇	24728	25101	9282	38	1278	16	8
沁水县嘉峰镇	8187	24168	3400	368	8990	162	15
沁水县郑村镇	9264	16628	3016	74	852	54	4
沁水县柿庄镇	24122	8670	985	11	419	1	1
沁水县樊村河乡	11713	1997					
沁水县土沃乡	14865	5965		7	234	6	1
沁水县张村乡	7919	3708		19	381	2	2
沁水县苏庄乡	11188	2077		2	11		
沁水县胡底乡	9150	10435		7	90	6	
沁水县固县乡	16858	6938		19	198	1	
沁水县十里乡	26631	8079		3	30	2	
阳城县凤城镇	18442	177293	104580	1580	33600	160	19
阳城县北留镇	8181	38420	12616	1360	10402	67	8
阳城县润城镇	7281	31126	14298	741	5730	148	6
阳城县町店镇	6149	13698	6620	93	2720	54	8
阳城县芹池镇	13800	15189	6930	282	1032	14	6
阳城县次营镇	6075	11770	3323	300	2980	22	
阳城县横河镇	18730	3229	3229				
阳城县河北镇	19542	12205	3885	49	572	3	
阳城县蟒河镇	16564	17675	5280	12	766	11	2
阳城县东冶镇	25932	21398	3140	36	1850	19	1
阳城县白桑乡	5459	14198	1731	58	1125	21	4
阳城县寺头乡	7275	7890		25	373	7	1
阳城县西河乡	3583	10158	5364	414	2980	31	2
阳城县演礼乡	3809	13033	2514	189	1768	8	1
阳城县固隆乡	4055	7111		12	810	4	2

续表 52　　(山西省)　　单位：公顷、人、个

名称	行政区域面积	常住人口	#城镇建成区	企业个数	企业从业人员	工业企业个数	#规模以上
阳城县董封乡	19402	4145		8	350	1	
阳城县驾岭乡	7473	4923		3	110	2	
陵川县崇文镇	14200	77916	48751	185	1310	29	3
陵川县礼义镇	8600	29077	10252	283	5026	56	3
陵川县附城镇	19000	31236	5456	25	1680	2	
陵川县西河底镇	8700	19660	2480	6	185	5	
陵川县平城镇	5180	25441	9325	9	2745	7	3
陵川县杨村镇	3100	16328	2560	12	550	3	1
陵川县潞城镇	14400	13858	2544	3	29		
陵川县夺火乡	24560	3864		3	200	3	
陵川县马圪当乡	23600	5010		1	3		
陵川县古郊乡	23080	8121		1	5		
陵川县六泉乡	23790	12037		3	36		
陵川县秦家庄乡	6890	13056		5	360	5	1
泽州县南村镇	8825	46750	12440	234	9222	97	13
泽州县下村镇	9486	38393	9890	58	4686	36	5
泽州县大东沟镇	9600	28093	11250	40	220	15	
泽州县周村镇	6843	24199	7062	275	8519	43	2
泽州县犁川镇	4021	16133	4782	135	680	10	
泽州县晋庙铺镇	15000	17299	2056	6	320	6	
泽州县金村镇	21714	52016	5681	103	7852	71	4
泽州县高都镇	11911	38112	9236	334	12907	42	
泽州县巴公镇	11216	50960	17900	1123	36755	85	14
泽州县大阳镇	5258	23634	11266	24	1331	22	
泽州县山河镇	22205	15020	1804	5	20	1	
泽州县大箕镇	13190	19407	2068	8	108	5	
泽州县柳树口镇	33644	8598	1024	9	190	9	
泽州县北义城镇	7173	27363	1628	56	1005	56	1
泽州县川底乡	6997	20666		614	11253	130	6
泽州县李寨乡	7702	9938		49	281	2	
泽州县南岭乡	7702	3126		15	154	1	
高平市米山镇	7162	35257	6010	114	3316	63	5
高平市三甲镇	4130	24564	4212	149	8168	94	7
高平市神农镇	5087	23473	3890	58	1041	42	1
高平市陈区镇	6314	30371	2302	78	392	60	2
高平市北诗镇	7654	29416	3599	76	2842	22	
高平市河西镇	9957	43164	8992	118	9788	83	6
高平市马村镇	6890	30257	7330	459	9967	159	10
高平市野川镇	8922	20376	3556	45	3268	13	2
高平市寺庄镇	13703	39711	5711	94	9948	64	6
高平市建宁乡	3309	18296		41	1751	12	2
高平市石末乡	4775	15677		11	259	9	1
高平市原村乡	7550	18129		49	6897	31	4
高平市永录乡	3062	10713		16	1502	7	1
朔城区神头镇	15929	30464	2012	106	1370	11	4
朔城区利民镇	26332	7181	1263	21	48		
朔城区下团堡乡	11823	21800	1538	127	3719	17	7
朔城区小平易乡	6778	22842	1573	90	850	6	2
朔城区滋润乡	13623	11037		15	78		
朔城区福善庄乡	8735	11356		14	90		

续表 53　　(山西省)　　单位：公顷、人、个

名　称	行政区域面积	常住人口	#城镇建成区	企业个数	企业从业人员	工业企业个数	#规模以上
朔城区南榆林乡	19854	7111		7	39	1	
朔城区贾庄乡	9451	12568	3420	25	255	2	1
朔城区沙塄河乡	20182	9931		21	110	1	1
朔城区窑子头乡	13462	9619		31	372	4	
朔城区张蔡庄乡	18679	5513		9	50	4	
平鲁区井坪镇	17752	99202	98562	407	5321	18	7
平鲁区凤凰城镇	18049	3157	2800	2	13		
平鲁区白堂乡	10656	7636	606	496	5118	18	8
平鲁区陶村乡	8482	10520		6	2321	6	6
平鲁区下水头乡	31063	8860		5	16		
平鲁区双碾乡	19872	2933		13	30		
平鲁区阻虎乡	17713	2316		1	130	1	1
平鲁区高石庄乡	22746	3020					
平鲁区西水界乡	20969	3249					
平鲁区下面高乡	20574	13477		2	576	2	2
平鲁区下木角乡	16558	3194					
平鲁区向阳堡乡	17587	8887		76	1800	6	1
平鲁区榆岭乡	9272	6426		5	2150	2	1
山阴县玉井镇	16848	11151	2144	136	2830	4	4
山阴县北周庄镇	16798	18404	5924	73	1762	65	15
山阴县古城镇	16681	13839	4257	19	1059	2	2
山阴县岱岳镇	13625	23212	23212	2	291	2	2
山阴县吴马营乡	10684	3008		1	3		
山阴县马营乡	12236	7701		32	260	25	9
山阴县下喇叭乡	13411	2190					
山阴县合盛堡乡	9310	10828		6	78	4	1
山阴县安荣乡	9000	11810		6	380	6	4
山阴县薛圐圙乡	12771	8189		31	560	2	2
山阴县后所乡	11515	12087					
山阴县张家庄乡	8923	7337		22	110		
山阴县马营庄乡	13279	10108		3	27	1	1
应县金城镇	9823	28616	26975	182	36670	16	10
应县南河种镇	15171	31395	9336	14	6500	14	
应县下社镇	5317	20488	1650	15	85	3	
应县镇子梁乡	7499	15317					
应县义井乡	16065	14914	1803	1	6		
应县藏寨乡	18239	18009		136	750	93	8
应县大黄巍乡	9598	8870		14	178	11	
应县杏寨乡	9571	14739					
应县下马峪乡	11538	10014					
应县南泉乡	14364	11777		2	43		
应县大临河乡	18097	24293		1	95	1	1
应县白马石乡	32832	6075					
右玉县新城镇	14227	23501		748	17829	47	5
右玉县右卫镇	24048	5425	3800	65	585	4	
右玉县威远镇	25806	6012	1234	72	653	1	
右玉县元堡子镇	14450	7906	834	81	5073	20	7
右玉县牛心堡乡	19410	2934		22	213	1	1
右玉县白头里乡	15673	2431		35	576	3	1
右玉县高家堡乡	22864	5771		30	340	3	

续表 54　　（山西省）　　单位：公顷、人、个

名　　称	行政区域面　　积	常住人口	#城镇建成区	企业个数	企　　业从业人员	工业企业个　　数	#规模以上
右玉县丁家窑乡	15519	1990		7	36	1	1
右玉县杨千河乡	16800	3338		19	144	1	1
右玉县李达窑乡	24952	4019		18	107		
怀仁县云中镇	15926	157863	143125	1315	27786	136	16
怀仁县吴家窑镇	3794	9625	4982	9	3445	4	2
怀仁县金沙滩镇	18347	19182	3870	85	4237	63	23
怀仁县毛家皂镇	13107	14530	1822	169	1218	6	2
怀仁县何家堡乡	7554	20072		62	2574	17	4
怀仁县新家园乡	14414	45334		138	18680	98	12
怀仁县亲和乡	12628	26624		68	910	14	6
怀仁县海北头乡	11013	17318		25	1227	12	9
怀仁县马辛庄乡	12720	5013		4	20		
怀仁县河头乡	13899	6765					
榆次区乌金山镇	15924	32639	3842	176	3100	76	13
榆次区东阳镇	5789	28389	4458	4	610	4	
榆次区什贴镇	11893	15926	2270	15	362	7	2
榆次区长凝镇	32807	11620	1960	36	500	14	1
榆次区北田镇	10204	23210	3782	23	660	23	1
榆次区修文镇	7468	33012	1442	60	1020	30	
榆次区郭家堡乡	5590	51715		478	12580	254	10
榆次区张庆乡	7798	32676		67	2990	67	5
榆次区庄子乡	15957	17044		37	680	12	
榆次区东赵乡	9089	14732		43	1695	18	2
榆社县箕城镇	30766	31353	7200	168	3214	40	3
榆社县云簇镇	13026	13033	7200	39	200	2	
榆社县郝北镇	13713	10855	1699	28	421	10	
榆社县社城镇	32497	5109	820	24	121	1	
榆社县河峪乡	22058	11245		6	50	2	
榆社县北寨乡	20399	4779					
榆社县西马乡	20039	8546		6	60	3	
榆社县岚峪乡	7393	4131					
榆社县讲堂乡	10116	2546	2076				
左权县辽阳镇	17358	20209	1205	52	1716	50	3
左权县桐峪镇	15582	9950	3885	11	875	10	3
左权县麻田镇	22519	21494	3900	17	358	9	
左权县芹泉镇	18072	15571	2179	12	189	12	
左权县拐儿镇	23300	10312	2001	6	98	6	
左权县寒王乡	16682	14166		16	2455	11	5
左权县石匣乡	43379	11829		13	315	13	
左权县龙泉乡	17667	7650		15	2099	8	4
左权县粟城乡	16250	6709		10	182	8	1
左权县羊角乡	10157	5862		8	110	8	
和顺县义兴镇	38400	26008	22200				
和顺县李阳镇	15200	11368	1830	106	2354	5	
和顺县松烟镇	28400	14227	1946	2	75	1	
和顺县青城镇	18900	6143	6143				
和顺县横岭镇	26400	2650	329				
和顺县喂马乡	11000	4229		4	2318		
和顺县平松乡	17900	5522	518	10	670	1	
和顺县牛川乡	7700	3162		3	486	2	1

续表 55　　　　（山西省）　　　　单位：公顷、人、个

名　称	行政区域面积	常住人口	#城镇建成区	企业个数	企业从业人员	工业企业个数	#规模以上
和顺县马坊乡	43000	4122		1	7		
和顺县阳光占乡	18100	2507		2	122	2	
昔阳县乐平镇	19626	43200	11046	195	4000	92	6
昔阳县皋落镇	18803	10017	2616	11	476	6	
昔阳县冶头镇	12767	10538	1710	6	85	6	
昔阳县沾尚镇	25923	6867	758	5	200	1	1
昔阳县大寨镇	18531	33636	1100	84	2270	32	1
昔阳县李家庄乡	3999	15138		16	360	7	1
昔阳县界都乡	12976	8767		4	728	2	1
昔阳县三都乡	7045	5073		2	620	1	1
昔阳县赵壁乡	25000	21443		12	70	3	
昔阳县孔氏乡	20162	9062		34	170	1	
昔阳县闫庄乡	10539	6628		2	38		
昔阳县西寨乡	19980	1719					
寿阳县朝阳镇	17700	34268	32541	510	5379	310	5
寿阳县南燕竹镇	15000	16468	1869	340	1744	7	5
寿阳县宗艾镇	6700	11273	4122	26	910	16	1
寿阳县平头镇	20000	18211	3561	74	1210	27	
寿阳县松塔镇	31300	6329	932	41	643	3	1
寿阳县西洛镇	20700	10950	343	36	278	3	
寿阳县尹灵芝镇	21800	10748	957	10	230	4	
寿阳县平舒乡	11000	14104		15	560	15	5
寿阳县解愁乡	10800	9194		36	690	16	3
寿阳县温家庄乡	6600	6227		56	2189	29	1
寿阳县景尚乡	9500	5863		17	349		
寿阳县上湖乡	10400	3406					
寿阳县羊头崖乡	21100	8850					
寿阳县马首乡	8400	4886		10	160	10	
太谷县明星镇	1807	12655	1138	327	2126	17	5
太谷县胡村镇	7094	45869	7416	104	23000	87	23
太谷县范村镇	29933	14359	4432	10	280	9	
太谷县侯城乡	18686	27561		248	5890	95	3
太谷县北汪乡	6300	21296		5	70	5	3
太谷县水秀乡	3855	19362		70	2412	25	4
太谷县阳邑乡	21441	19058		42	1084	37	7
太谷县小白乡	7518	17310		13	1215	10	5
太谷县任村乡	4688	16362		10	596	9	1
祁县昭馀镇	2733	30609	30609	1080	7104	120	7
祁县东观镇	9057	46551	15300	1227	8923	60	8
祁县古县镇	13728	29062	2100	149	4533	20	
祁县贾令镇	5924	26435	3980	251	1255	11	1
祁县城赵镇	7401	37185	4987	596	4695	106	
祁县来远镇	27540	2683	160	3	16		
祁县西六支乡	2849	21708		23	4303	21	2
祁县峪口乡	13244	9823					
平遥县古陶镇	2748	65423	65423	46	5381	28	7
平遥县段村镇	6220	31316	5334	158	1630	7	4
平遥县东泉镇	13996	15690	3990	3	22		
平遥县洪善镇	7524	36210	2410	27	1655	18	3
平遥县宁固镇	8100	31855	2675	6	556	6	3

续表 56　　　　（山西省）　　　　单位：公顷、人、个

名　　称	行政区域面　　积	常住人口	#城镇建成区	企业个数	企　　业从业人员	工业企业个　　数	#规模以上
平遥县南政乡	5743	45785		120	2180	52	7
平遥县中都乡	5244	36871		35	2900	35	11
平遥县岳壁乡	7591	52270		67	2200	67	2
平遥县卜宜乡	9579	31087		140	1362	12	2
平遥县孟山乡	23221	1450		50	120		
平遥县朱坑乡	18466	25816		204	4926	19	5
平遥县襄垣乡	6551	22128		158	800	4	1
平遥县杜家庄乡	4472	17328					
平遥县香乐乡	6813	21089		26	152	3	2
灵石县翠峰镇	20323	43503	37658	432	8930	98	
灵石县静升镇	5643	30968	30968	345	5950	26	5
灵石县两渡镇	9901	15115	10000	215	15165	65	20
灵石县夏门镇	9386	15227	4956	36	2867	30	
灵石县南关镇	25909	24201	12153	56	3000	45	28
灵石县段纯镇	8327	17611	4020	56	7120	25	
灵石县马和乡	8574	9656		190	1070	12	3
灵石县英武乡	5519	5025		8	527	7	7
灵石县王禹乡	5542	6893		6	660	5	3
灵石县坛镇乡	5903	4032		7	982	4	4
灵石县梁家焉乡	8652	4181					
灵石县交口乡	6136	7608		11	2500	11	6
介休市义安镇	8603	59043	8040	65	12941	45	36
介休市张兰镇	9984	43348	12654	36	5010	29	4
介休市连福镇	9068	29926	2530	267	6482	35	9
介休市洪山镇	2690	11427	5350	12	351	5	5
介休市龙凤镇	5568	12000	3700	82	410	50	
介休市绵山镇	10395	31323	2374	475	4935	39	10
介休市义棠镇	7767	30834	5019	109	6002	32	6
介休市城关乡	2338	26324		66	2600	37	3
介休市宋古乡	3970	38250		49	715	24	2
介休市三佳乡	1759	20121		27	488	22	5
盐湖区解州镇	20465	52340	10280	30	7704	20	8
盐湖区龙居镇	9014	38703		214	5965	11	1
盐湖区北相镇	6274	32551		148	8904	104	
盐湖区泓芝驿镇	3835	14215	1998	106	851	2	
盐湖区三路里镇	5689	12908		39	520	32	
盐湖区陶村镇	5284	31880		142	7434	38	4
盐湖区东郭镇	5699	13620		51	300	6	
盐湖区席张乡	6950	13656		12	119	3	
盐湖区金井乡	5977	25241		3	21	3	
盐湖区王范乡	4337	17817		62	1745	8	
盐湖区冯村乡	5512	20549		70	955	50	
盐湖区上郭乡	6941	20684		105	550		
盐湖区上王乡	4109	6434	1460	55	482	1	
临猗县猗氏镇	8036	35425	35425	591	2955	155	25
临猗县嵋阳镇	6762	25688	3950	83	920	43	2
临猗县临晋镇	9000	43164	13932	81	1573	51	1
临猗县七级镇	7273	29590	2600	20	230	7	1
临猗县东张镇	7721	33414	4572	26	471	4	
临猗县孙吉镇	15840	46520	6270	64	890	18	2

续表 57　　（山西省）　　单位：公顷、人、个

名　　称	行政区域面　积	常住人口	#城镇建成区	企业个数	企　业从业人员	工业企业个　数	#规模以上
临猗县三管镇	4939	19133	2452	21	412	3	1
临猗县牛杜镇	7550	31107	5270	122	1110	54	2
临猗县耽子镇	11890	35607	845	73	1612	25	3
临猗县楚侯乡	6413	28331		83	1397	36	4
临猗县庙上乡	7600	32102		19	246	14	
临猗县角杯乡	11126	38092		40	365	5	
临猗县北辛乡	7500	30773		66	572	7	
临猗县北景乡	17632	64047		114	1586	36	3
万荣县解店镇	7828	39675	17610	185	8510	17	10
万荣县通化镇	5136	29762	8656	218	1090	36	
万荣县汉薛镇	9110	24890	10480	10	110		
万荣县荣河镇	13432	44285	15002	181	1650	38	12
万荣县万泉乡	4560	15640		80	560		
万荣县里望乡	5151	24983		11	175	6	
万荣县西村乡	5023	14763		110	1600	11	
万荣县南张乡	6419	30150		10	168		
万荣县高村乡	8990	31833		205	2000	15	
万荣县皇甫乡	8226	23207		6	80	4	
万荣县贾村乡	6502	25584		4	246		
万荣县王显乡	6994	29365		7	96		
万荣县光华乡	8309	35599					
万荣县裴庄乡	9744	26634		12	450	2	1
闻喜县桐城镇	13662	122935	54069	830	29920	102	9
闻喜县郭家庄镇	12141	32519	1446	43	4650	35	5
闻喜县畖底镇	7698	28530	3800	45	3400	18	
闻喜县薛店镇	4017	13429	1322	8	450	5	
闻喜县东镇镇	7822	45600	17716	81	8305	60	3
闻喜县礼元镇	8199	30690	2213	138	1135	43	6
闻喜县河底镇	12326	36750	2995	16	1140	10	
闻喜县神柏乡	3610	10450		29	3650	28	2
闻喜县阳隅乡	5227	13045		3	165	3	
闻喜县侯村乡	4696	19855		60	3200	18	1
闻喜县裴社乡	8389	17990		8	2030	7	2
闻喜县后宫乡	11710	18477					
闻喜县石门乡	17292	7840		7	260	6	
稷山县稷峰镇	15035	125796	86904	439	2436	105	6
稷山县西社镇	10260	28565	5275	97	2895	37	7
稷山县化峪镇	11313	38916	6089	62	412	7	1
稷山县翟店镇	6000	39780	13853	198	9800	185	4
稷山县清河镇	7090	32801	5340	91	2250	91	1
稷山县蔡村乡	5300	30268		8	238	2	
稷山县太阳乡	10600	51673		65	2685	61	
新绛县龙兴镇	7251	44448	5104	56	2792	33	10
新绛县三泉镇	7466	42387	6308	24	3195	23	12
新绛县泽掌镇	8267	28241	4642	28	892	28	1
新绛县北张镇	6111	23453	3247	123	1782	42	
新绛县古交镇	5814	39308	5321	31	2900	31	2
新绛县万安镇	4517	19946	4963	73	499	64	
新绛县阳王镇	6600	24109	3340	11	108	11	
新绛县泉掌镇	2922	14329	1533				

续表 58　　　　(山西省)　　　　单位：公顷、人、个

名　称	行政区域面积	常住人口	#城镇建成区	企业个数	企业从业人员	工业企业个数	#规模以上
新绛县横桥乡	10336	48556	672	54	5212	42	4
绛县古绛镇	13995	74046	38021	107	3146	89	10
绛县横水镇	7993	36242	6603	39	558	31	
绛县陈村镇	9721	9971	4210	6	450	2	1
绛县卫庄镇	13906	12870	1894	23	490	3	2
绛县么里镇	15246	8326	4830	8	1098	3	1
绛县南樊镇	5666	23767	6050	14	399	14	
绛县安峪镇	7288	26212	1878	27	2230	26	1
绛县大交镇	8201	25356	3270	27	1630	10	2
绛县郝庄乡	4954	19727		1	150		
绛县冷口乡	9322	4850		7	115	7	
垣曲县新城镇	9800	78388	73526	237	13545	121	9
垣曲县历山镇	39200	12789	2946				
垣曲县古城镇	11900	24536	9528	25	145	5	1
垣曲县王茅镇	5500	10121	10121	24	492	8	1
垣曲县毛家湾镇	19300	7122	7122	7	162		
垣曲县蒲掌乡	16700	15066		12	304	10	1
垣曲县英言乡	8400	15500		70	1000	41	
垣曲县解峪乡	21500	5250		5	39	4	
垣曲县华峰乡	6200	21576		14	265	12	
垣曲县长直乡	9800	12498		53	1540	23	1
垣曲县皋落乡	13700	14954					
夏县瑶峰镇	19740	87102	52913	127	8692	55	7
夏县庙前镇	11930	26750	7230	43	390	21	1
夏县裴介镇	6056	53357	3941	52	787	30	1
夏县水头镇	8903	38516	7768	39	1937	28	6
夏县埝掌镇	5295	12165	4197	5	80	1	
夏县泗交镇	38258	8752	850	27	207	9	
夏县尉郭乡	3157	25056		29	318	12	1
夏县禹王乡	5378	32068		27	352	18	1
夏县胡张乡	8380	36410		20	3580	20	2
夏县南大里乡	6488	17845		27	650	11	1
夏县祁家河乡	21177	7877		4	33	3	
平陆县圣人涧镇	25015	51895	51895	213	3856	66	13
平陆县常乐镇	15884	40766	1790	17	718	15	
平陆县张店镇	9964	14740	3835	10	189	6	1
平陆县张村镇	8778	21196	1511	13	121	6	
平陆县曹川镇	16601	19299	19280	30	457	12	2
平陆县三门镇	10064	8480	810	35	700	1	1
平陆县洪池乡	4600	14001	13747	9	117		
平陆县杜马乡	8049	11558	190	18	238		
平陆县部官乡	7205	15079	1217	18	453	10	
平陆县坡底乡	11210	8354	780	11	151		
芮城县古魏镇	12340	84600	54300	410	18000	98	14
芮城县风陵渡镇	18850	72325	8052	265	4326	215	2
芮城县陌南镇	14460	42600	11360	256	1395	50	
芮城县西陌镇	8550	20428	2010	3	53	3	
芮城县永乐镇	7445	21496	2375	175	1500	51	
芮城县大王镇	12620	25510	1982	310	2000	96	
芮城县阳城镇	16163	32196	8530	91	800	12	2

续表 59　　　　（山西省）　　　　单位：公顷、人、个

名　称	行政区域面积	常住人口	#城镇建成区	企业个数	企业从业人员	工业企业个数	#规模以上
芮城县东垆乡	7009	19937		1	15		
芮城县南卫乡	9345	31949		23	115	11	
芮城县学张乡	10378	23501					
永济市虞乡镇	16706	37101	3920	50	620	23	
永济市卿头镇	13089	48182	4383	74	4530	35	4
永济市开张镇	11015	40585	4230	58	1455	5	
永济市栲栳镇	14340	48052	4213	284	3567	48	2
永济市蒲州镇	17660	40366	2530	40	225	10	
永济市韩阳镇	8936	23889	680	35	265		
永济市张营镇	9344	30562	3290	35	507	25	
河津市樊村镇	6000	48881	10450	72	1547	69	14
河津市僧楼镇	7542	53823	23145	66	5696	63	10
河津市小梁乡	5307	30187	30187	9	440	9	
河津市柴家乡	4545	31056	2975	12	119	12	2
河津市赵家庄乡	5588	33081	2000	45	4000	31	11
河津市下化乡	8299	17960	2415	7	770	7	1
河津市阳村乡	10123	22692	5045	10	2498	9	4
忻府区播明镇	4200	20257	6752	625	12322	59	7
忻府区奇村镇	18745	26764	11981	92	1876	10	1
忻府区三交镇	38200	5732	205	3	66	3	
忻府区庄磨镇	12000	9251	1600	28	350	12	1
忻府区豆罗镇	13200	16453	2056	360	2356	16	2
忻府区董村镇	8000	21290	6500	62	1185	30	1
忻府区曹张乡	4692	16860		20	230	4	1
忻府区高城乡	5700	15208		72	360	11	1
忻府区秦城乡	5800	24252		44	1710	17	
忻府区解原乡	8703	26101	12050	72	4547	50	1
忻府区合索乡	13099	17000		26	210	4	
忻府区阳坡乡	27333	1453					
忻府区兰村乡	11844	15978		404	5306	28	10
忻府区紫岩乡	4422	13098		11	305	9	
忻府区西张乡	5776	11841		9	600	4	
忻府区东楼乡	2560	18163	1492	41	839	11	
忻府区北义井乡	3261	14223		115	3410	16	1
定襄县晋昌镇	3594	32527	12410	768	9800	200	12
定襄县河边镇	23120	24619	9654	136	859	80	5
定襄县宏道镇	6263	25407	8445	80	1980	18	1
定襄县杨芳乡	3593	15728		84	2670	42	2
定襄县南王乡	18920	23195		63	1561	57	1
定襄县蒋村乡	8367	14815		174	2144	170	2
定襄县神山乡	3399	13352		195	9800	195	8
定襄县季庄乡	6500	18438		35	1540	22	3
定襄县受禄乡	11026	18251		152	990		
五台县台城镇	8755	26350	24626	72	620	1	1
五台县耿镇镇	21833	13229	3300				
五台县豆村镇	32699	23682	5725	6	670	3	3
五台县白家庄镇	8271	10775	2060	23	310	1	1
五台县东冶镇	9914	32408	21600	120	612	56	1
五台县沟南乡	11341	17449		24	220	1	1
五台县东雷乡	14470	8361		7	176	6	1

续表 60 （山西省） 单位：公顷、人、个

名　　称	行政区域面　　积	常住人口	#城镇建成区	企业个数	企　　业从业人员	工业企业个　　数	#规模以上
五台县高洪口乡	11508	4566		6	45	2	
五台县门限石乡	23031	8510					
五台县陈家庄乡	28473	10566		28	950	21	
五台县建安乡	6432	13939		19	145	19	1
五台县神西乡	5240	6287		12	72	6	1
五台县蒋坊乡	11168	7544		5	120	5	
五台县灵境乡	13100	917					
五台县阳白乡	19269	20622		7	120	1	1
五台县茹村乡	16673	29888		7	410	6	2
代县上馆镇	8641	83483	76188	665	5998	66	4
代县阳明堡镇	11490	19214	6462	24	520	8	
代县峨口镇	4025	20877	15000	12	235	6	
代县聂营镇	19207	11288		29	2581	29	
代县枣林镇	11640	17333	814	28	1500	28	4
代县滩上镇	28870	2893	481	15	443	10	4
代县新高乡	21506	17247		106	1990	40	15
代县峪口乡	10220	15762		7	220	5	
代县上磨坊乡	21282	10918		16	390	15	
代县胡峪乡	18362	3471		28	252	14	1
代县雁门关乡	18187	5751		43	752	27	5
繁峙县繁城镇	17026	59577	45354	870	3590	38	15
繁峙县砂河镇	22680	47911	28917	400	4005	14	4
繁峙县大营镇	14060	22022	3959	13	70	3	3
繁峙县下茹越乡	10149	8218		21	1400	16	6
繁峙县杏园乡	11624	20562		52	306	45	2
繁峙县光裕堡乡	10023	9396		7	700	7	7
繁峙县集义庄乡	7585	11875		24	600	3	3
繁峙县东山乡	27544	18365		85	1058	8	3
繁峙县金山铺乡	16241	11832		6	1840	6	1
繁峙县柏家庄乡	11238	4136		36	180	2	
繁峙县横涧乡	15752	11157		8	390	8	
繁峙县神堂堡乡	42093	7136		6	126	6	6
繁峙县岩头乡	31241	7799		42	1600	18	18
宁武县凤凰镇	19500	15300	4800	130	1500	52	6
宁武县阳方口镇	9500	12488	3686	85	1411	20	2
宁武县东寨镇	18400	13243	4155	14	734	2	
宁武县石家庄镇	5692	3440	316	1	45		
宁武县薛家洼乡	15600	2643					
宁武县余庄乡	16320	2734					
宁武县涔山乡	26400	1251					
宁武县化北屯乡	14820	10000		3	55	1	
宁武县西马坊乡	13000	3767					
宁武县新堡乡	11000	2193					
宁武县迭台寺乡	10900	1882					
宁武县圪廖乡	6900	1344	1344	3	16		
宁武县怀道乡	13800	4627					
宁武县东马坊乡	10700	3758					
静乐县鹅城镇	12642	57945	51030	425	5493	43	3
静乐县杜家村镇	17283	6986	2400	70	1100	21	3
静乐县康家会镇	16056	3266	638	11	60	5	1

续表 61　　（山西省）　　单位：公顷、人、个

名　称	行政区域面积	常住人口	#城镇建成区	企业个数	企业从业人员	工业企业个数	#规模以上
静乐县丰润镇	10692	5433	1860	16	81	2	
静乐县堂尔上乡	10959	2315		1	11	1	1
静乐县中庄乡	8384	2302		8	114	4	
静乐县双路乡	14560	6178		8	47	1	1
静乐县段家寨乡	11152	10904		14	72	6	
静乐县辛村乡	12754	2045		17	174	5	
静乐县王村乡	15849	5882		25	180	8	1
静乐县神峪沟乡	16272	8804		9	55	3	
静乐县娘子神乡	16350	7530		26	140	26	2
静乐县娑婆乡	16806	2061		89	453		
静乐县赤泥洼乡	26048	9817		12	104	11	1
神池县龙泉镇	10972	9800	8642	26	225	26	
神池县义井镇	12360	7847	2160				
神池县八角镇	21230	7978	1814				
神池县东湖乡	11983	5648					
神池县太平庄乡	11621	4818					
神池县虎北乡	10666	3698					
神池县贺职乡	16445	7899					
神池县长畛乡	18260	2727					
神池县烈堡乡	12800	2384					
神池县大严备乡	14700	4100					
五寨县砚城镇	3544	44980	44980	904	5700	27	3
五寨县小河头镇	7842	4993	1493	8	115		
五寨县三岔镇	18845	12351	4642	3	215	1	1
五寨县前所乡	20352	10928	9114	2	148	2	2
五寨县李家坪乡	8336	3930		2	40	2	
五寨县孙家坪乡	11488	7862	1123	20	180	2	2
五寨县梁家坪乡	5949	3834		6	54		
五寨县胡会乡	9013	6932		3	92	1	1
五寨县新寨乡	6499	6165		1	45		
五寨县韩家楼乡	14432	4888		9	246	2	1
五寨县东秀庄乡	13960	7153					
五寨县杏岭子乡	18502	4011					
岢岚县岚漪镇	22200	36549	35890	72	600	43	6
岢岚县三井镇	11304	4841	1925	9	55	8	1
岢岚县神堂坪乡	14103	4457		5	68		
岢岚县高家会乡	12750	6154		25	130	24	1
岢岚县李家沟乡	13500	1011					
岢岚县水峪贯乡	22010	1718					
岢岚县西豹峪乡	15561	1206					
岢岚县温泉乡	11568	1879					
岢岚县阳坪乡	19988	1087		3	163	3	1
岢岚县大涧乡	12981	1713		4	25	1	
岢岚县宋家沟乡	25300	2610		13	620	4	2
岢岚县王家岔乡	8561	705					
河曲县文笔镇	5877	102521	81819	38	5105	17	9
河曲县楼子营镇	5680	6009		3	295	1	
河曲县刘家塔镇	12931	5255	1095	3	507	3	3
河曲县巡镇镇	8557	8115		7	1352	2	2
河曲县鹿固乡	8547	2768		1	616	1	1

续表 62　　（山西省）　　单位：公顷、人、个

名　　称	行政区域面　积	常住人口	#城镇建成区	企业个数	企　业从业人员	工业企业个　数	#规模以上
河曲县前川乡	11605	1836	1836				
河曲县单寨乡	14860	2463		1	66	1	1
河曲县土沟乡	9829	1602		3	94	1	1
河曲县旧县乡	5606	2890		5	1578	5	5
河曲县沙坪乡	8757	2033		1	187	1	1
河曲县社梁乡	8938	4034					
河曲县沙泉乡	20222	3726		1	120		
河曲县赵家沟乡	10313	823					
保德县东关镇	4600	29560	17600	2	45	1	1
保德县义门镇	8895	19106	3230	126	3865	32	4
保德县桥头镇	9790	16068	6044	111	3800	37	7
保德县杨家湾镇	6660	6476	1283	1	14	1	
保德县腰庄乡	5466	7194		3	85	3	
保德县韩家川乡	5800	4934		7	432	6	
保德县林遮峪乡	4731	4320		3	186	1	1
保德县冯家川乡	4710	5033		1	134		
保德县土崖塔乡	5006	5175					
保德县孙家沟乡	12023	7029		5	1500	2	
保德县窑洼乡	9810	4545		24	312	10	1
保德县窑圪台乡	6000	4790		18	350	8	
保德县南河沟乡	16365	11632					
偏关县新关镇	17958	15286	14160	268	1341	65	
偏关县天峰坪镇	6533	8557	587	20	266	7	
偏关县老营镇	21429	6187	1504	12	515	4	2
偏关县万家寨镇	20955	7307	640	22	840	3	1
偏关县窑头乡	14949	12580		37	420	9	
偏关县楼沟乡	27981	7777		14	245	3	1
偏关县尚峪乡	15005	5379		3	17	1	
偏关县南堡子乡	13174	2777		3	48	1	1
偏关县水泉乡	12985	3900		10	60	2	
偏关县陈家营乡	16993	7112		25	228	5	
五台山风景名胜区台怀镇	18667	7803	4800	49	620		
五台山风景名胜区金岗库乡	9667	2295					
五台山风景名胜区石咀乡	14729	4814		4	120	1	
原平市东社镇	20527	23062	2802	43	279	8	
原平市苏龙口镇	22783	12871	950	188	1300	37	4
原平市崞阳镇	15320	24395	7082	879	7013	107	7
原平市大牛店镇	18129	18069	2111	155	2658	25	1
原平市闫庄镇	11100	22010	3450	6	62	1	
原平市长梁沟镇	19315	5824	501	50	1200	11	
原平市轩岗镇	21613	45728	43064	1175	9350	26	4
原平市新原乡	7400	55049	37318	800	9200	200	6
原平市南白乡	6894	7958		11	78	3	
原平市子干乡	8800	15045		274	1370	8	
原平市中阳乡	12100	10003		83	445	24	
原平市沿沟乡	13300	18321		326	1680	14	
原平市大林乡	10255	14517		231	1550	40	
原平市西镇乡	10800	29408	1712	519	3967	206	4
原平市解村乡	6712	13001	868	56	2403	54	4
原平市王家庄乡	5156	13287		170	1326	21	1

续表 63　　（山西省）　　单位：公顷、人、个

名称	行政区域面积	常住人口	#城镇建成区	企业个数	企业从业人员	工业企业个数	#规模以上
原平市楼板寨乡	15250	5827		65	400	3	
原平市段家堡乡	19835	17930		225	2017	21	2
尧都区屯里镇	2151	20832	2059	6	56	3	2
尧都区乔李镇	3330	20368	4982	6	390	6	2
尧都区大阳镇	11565	28585	4267	98	2645	14	2
尧都区县底镇	8730	31383	2487	10	70	4	
尧都区刘村镇	7012	52263	6203	69	461	16	
尧都区金殿镇	9590	72682	3586	710	3620	11	7
尧都区吴村镇	4180	25382	3090	19	310	7	1
尧都区土门镇	12988	30603	3468	11	380	7	2
尧都区魏村镇	2949	11360	2530	7	180	7	1
尧都区尧庙镇	3130	29609	3355	69	810	60	4
尧都区段店乡	5050	43286	32795	31	275	6	1
尧都区贾得乡	8968	60112	4598	53	324	9	2
尧都区贺家庄乡	6431	5100					
尧都区一平垣乡	13400	14320		5	42	5	2
尧都区枕头乡	16101	19650		6	570	3	
尧都区河底乡	11898	9496		4	45	1	
曲沃县乐昌镇	3919	63764	60395	636	6786	345	10
曲沃县史村镇	8596	42256	1627	568	3476	50	3
曲沃县曲村镇	4520	24186	4974	10	244	7	
曲沃县高显镇	7020	26816	6830	70	7670	55	10
曲沃县里村镇	4700	17502	2035	15	204	6	
曲沃县北董乡	8915	35054	1301	35	266	23	
曲沃县杨谈乡	6060	21865	1026	72	1323	57	1
翼城县唐兴镇	5534	97256	80200	368	2596	42	6
翼城县南梁镇	12813	42714	3550	34	1400	28	5
翼城县里砦镇	8411	29431	3800	41	310	33	
翼城县隆化镇	18221	30518	3056	7	1250	1	1
翼城县桥上镇	6579	7632	1380	1	420	1	1
翼城县西阎镇	24200	4058	712	9	301	5	2
翼城县中卫乡	14035	33332		60	1025	50	1
翼城县南唐乡	5376	26988		23	330	23	
翼城县王庄乡	12633	32654	3216	82	2128	75	4
翼城县浇底乡	9250	5237		1	5		
襄汾县新城镇	9954	105482	52385	399	4913	51	2
襄汾县赵康镇	7952	36420	5353	18	350	8	
襄汾县汾城镇	12885	56221	8481	18	750	16	2
襄汾县南贾镇	8870	34186	4313	15	230		
襄汾县古城镇	8728	48647	7000	59	2223	37	5
襄汾县襄陵镇	6926	40583	9982	45	3000	41	
襄汾县邓庄镇	7602	44177	8530	59	6060	40	7
襄汾县陶寺乡	7742	21205		44	2740	43	3
襄汾县永固乡	5073	23678		8	1700	8	3
襄汾县景毛乡	4359	16326		78	3695	47	2
襄汾县西贾乡	5889	23900		3	80	3	
襄汾县南辛店乡	9152	44171		32	1655	32	1
襄汾县大邓乡	7989	16873		28	573	28	4
洪洞县大槐树镇	9453	114011	69980	1040	90500	40	3
洪洞县甘亭镇	5353	36162	9150	77	5300	43	5

续表 64　　(山西省)　　单位：公顷、人、个

名称	行政区域面积	常住人口	#城镇建成区	企业个数	企业从业人员	工业企业个数	#规模以上
洪洞县曲亭镇	13138	47995	6782	41	2695	40	
洪洞县苏堡镇	11500	24769	5007	23	203	11	1
洪洞县广胜寺镇	5760	52869	17980	24	7600	5	3
洪洞县明姜镇	10864	51938	7801	104	545	33	
洪洞县赵城镇	8841	79437	15294	81	13050	71	19
洪洞县万安镇	15500	68196	7180	29	1800	15	3
洪洞县刘家垣镇	11363	28814	4350	67	1130	23	3
洪洞县淹底乡	9600	39112		5	60		
洪洞县兴唐寺乡	8200	16061		27	55	1	
洪洞县堤村乡	10241	53671		44	3065	26	7
洪洞县辛村乡	7500	62453		43	1500	13	3
洪洞县龙马乡	5800	24881		5	20	3	
洪洞县山头乡	8099	7516		7	750	5	1
洪洞县左木乡	9002	7322		10	40	3	
古县岳阳镇	21013	31905	23681	158	2955	21	4
古县北平镇	12158	12924	1597	57	430	19	3
古县古阳镇	13701	11086	1520	116	420	8	6
古县旧县镇	12453	10300	2113	7	244	5	
古县石壁乡	14528	5988		6	93		
古县永乐乡	12938	5603		26	154	5	
古县南垣乡	15125	8805		29	145	2	
安泽县府城镇	32004	29870	17421	13	197	5	
安泽县和川镇	31277	11436	4439	3	45	2	
安泽县唐城镇	17645	11018	4146	11	6100	10	10
安泽县冀氏镇	28546	9199	3462	1	6		
安泽县马必乡	35311	6127					
安泽县杜村乡	22117	5565					
安泽县良马乡	29010	5326					
浮山县天坛镇	9873	23400	23400				
浮山县响水河镇	8831	15215	3950	29	260	10	2
浮山县张庄乡	9026	15880		20	500	17	2
浮山县东张乡	5578	10597		32	550	31	
浮山县槐埝乡	6622	4586		11	253	8	
浮山县北王乡	11942	9381		3	20		
浮山县北韩乡	7915	3784		3	15		
浮山县米家垣乡	11204	2330		1	5	1	
浮山县寨圪塔乡	21706	3998		3	15	3	
吉县吉昌镇	14488	23097	23097	203	1625	31	1
吉县屯里镇	64311	12322	1310	63	1946	2	2
吉县壶口镇	10294	2998	2998	44	1030	1	1
吉县车城乡	20554	8646		70	1355	12	1
吉县文城乡	17922	8946		7	40		
吉县东城乡	8397	7726		8	41		
吉县柏山寺乡	18649	12940	12940				
吉县中垛乡	23354	15309					
乡宁县昌宁镇	23138	69984	33715	91	1964	26	1
乡宁县光华镇	13782	22164	7880	18	790	15	7
乡宁县台头镇	10311	9955	5525	30	2790	23	8
乡宁县管头镇	24814	18182	1752	36	3300	23	6
乡宁县西坡镇	7936	14667	5000	9	3900	8	3

续表 65 （山西省） 单位：公顷、人、个

名　　称	行政区域面　　积	常住人口	#城镇建成区	企业个数	企　　业从业人员	工业企业个　　数	#规模以上
乡宁县双鹤乡	17317	25884		6	32	6	
乡宁县关王庙乡	34112	23450		2	38		
乡宁县尉庄乡	23133	16154		8	45	6	
乡宁县西交口乡	24150	11981		2	468	1	1
乡宁县枣岭乡	23791	29819		25	1900	11	3
大宁县昕水镇	17382	20996	17685	18	355	1	1
大宁县曲峨镇	22998	7902	1085				
大宁县三多乡	22042	7810					
大宁县太德乡	7257	3515					
大宁县徐家垛乡	15979	5558					
大宁县太古乡	10662	3920					
隰县龙泉镇	10884	34592	30373	12	160	6	
隰县午城镇	15134	10434	3078	1	8	1	
隰县黄土镇	22533	12648	3602	5	38	5	
隰县阳头升乡	23266	7980		3	16		
隰县寨子乡	10800	8304		5	26		
隰县陡坡乡	10333	4639					
隰县下李乡	21822	9971		10	85	10	
隰县城南乡	20200	16968	6171	1	19	1	
永和县芝河镇	26808	23085	14548	42	506	12	1
永和县桑壁镇	18340	5701	1386	1	16	1	
永和县阁底乡	15759	10655					
永和县南庄乡	10270	5387					
永和县打石腰乡	11120	5330					
永和县坡头乡	20408	4724		2	22	2	
永和县交口乡	18733	5820					
蒲县蒲城镇	26510	10380	10132	33	50	3	
蒲县薛关镇	14024	8854	2719	43	50	9	
蒲县黑龙关镇	21865	16164	1838	132	2564	58	6
蒲县克城镇	20217	15466	1748	3	139	3	3
蒲县山中乡	19067	4061		9	37	2	1
蒲县古县乡	9661	5411		14	72	2	
蒲县红道乡	15095	4124		3	81	2	
蒲县乔家湾乡	12242	9801	1076	71	3652	62	9
蒲县太林乡	12778	7210		35	5400	16	6
汾西县永安镇	14537	23638	12450	56	730	47	4
汾西县对竹镇	10646	11685	1545	14	85	12	
汾西县勍香镇	13383	17029	4206	14	150	13	
汾西县和平镇	8028	9355	2156	17	87	11	
汾西县僧念镇	9389	5120	3600	27	186	21	2
汾西县佃坪乡	13021	8136		11	63	11	
汾西县团柏乡	5442	12325	1590	20	112	15	1
汾西县邢家要乡	8764	4370		7	38	7	
侯马市新田乡	3956	38491	38491	423	6024	226	2
侯马市高村乡	3060	17197		46	2085	1	1
侯马市凤城乡	3460	18889		180	5200	27	2
霍州市白龙镇	5230	18493	9005	190	5139	17	3
霍州市辛置镇	5390	55617	14025	20	3052	5	5
霍州市大张镇	4070	35836	8326	108	910	1	1
霍州市李曹镇	20395	27163	1701	21	452	1	

续表 66　　（山西省）　　单位：公顷、人、个

名　　称	行政区域面积	常住人口		企业个数	企业从业人员	工业企业个数	
			#城镇建成区				#规模以上
霍州市陶唐峪乡	8935	17833		24	312	7	
霍州市三教乡	15170	19833		2	125		
霍州市师庄乡	8973	10136		3	254	3	
离石区吴城镇	42328	6928	1159	1	18		
离石区信义镇	27919	15872	1899	7	436	5	2
离石区红眼川乡	2080	5520	30	2	950	2	1
离石区枣林乡	9600	7362	1900	9	551	5	
离石区坪头乡	7307	4266		4	940	1	1
文水县凤城镇	14954	79993	15730	148	5600	62	7
文水县开栅镇	37686	33129	10117	292	4560	25	2
文水县南庄镇	3930	21866	4098	18	404	17	1
文水县南安镇	6499	34475	4980	83	2720	60	2
文水县刘胡兰镇	8087	42614	2777	330	4164	120	6
文水县下曲镇	9450	42774	5600	63	732	62	
文水县孝义镇	3895	29408	4856	48	2800	36	6
文水县南武乡	3072	19940	3299	45	2560	33	2
文水县西城乡	3378	27318	8100	52	810	33	3
文水县北张乡	4128	28846	4520	5	270	5	
文水县马西乡	8686	10320	10320	43	474	43	1
文水县西槽头乡	3094	14177	1205	25	907	6	1
交城县天宁镇	5937	75762	3780	210	5166	113	14
交城县夏家营镇	5481	36769	5748	114	6565	111	21
交城县西营镇	2737	28411	7661	170	2800	115	
交城县水峪贯镇	23559	13500	2392	54	1083	35	1
交城县西社镇	10898	11462	2135	22	1820	15	
交城县庞泉沟镇	25362	2148	235	2	117		
交城县洪相乡	8622	24625	3287	112	3950	96	4
交城县岭底乡	17919	9289	620	13	70	3	1
交城县东坡底乡	36777	6410	810				
交城县会立乡	44781	4805	809				
兴县蔚汾镇	21898	85075	25599	764	25349	40	6
兴县魏家滩镇	23665	18100	3280	75	4000	2	2
兴县瓦塘镇	16511	8744	2392	43	1000	4	1
兴县康宁镇	19404	21653	4300	55	580	10	1
兴县高家村镇	12222	12627	8090	20	260	3	
兴县罗峪口镇	18280	3842	445	6	40		
兴县蔡家会镇	16396	11206	2599	9	50		
兴县交楼申乡	16800	6013		16	439	2	
兴县恶虎滩乡	9225	4491		26	218	3	
兴县东会乡	11430	6937		11	210		
兴县固贤乡	16678	6134		12	600	7	1
兴县奥家湾乡	13998	15704		75	1775	32	2
兴县蔡家崖乡	16653	16905		90	452	4	3
兴县贺家会乡	17007	6925		8	42		
兴县孟家坪乡	21269	6950		13	70		
兴县赵家坪乡	14675	7556		3	25	2	
兴县圪垯上乡	15093	7881		3	20		
临县临泉镇	14212	87130	55745	352	3600	2	1
临县白文镇	25829	34579	9124	21	120	7	
临县城庄镇	23582	27591	3341	18	290	4	

续表 67　　（山西省）　　单位：公顷、人、个

名　　称	行政区域面积	常住人口	#城镇建成区	企业个数	企业从业人员	工业企业个数	#规模以上
临县兔坂镇	21878	18995	2786	4	70	2	1
临县克虎镇	8835	12145	2163	5	34	1	1
临县三交镇	12238	56899	4980	23	635	14	2
临县湍水头镇	6402	18146	1995	11	950	2	2
临县林家坪镇	8666	26751	2760	40	1210	5	3
临县招贤镇	3203	15508	3034	7	842	7	2
临县碛口镇	10878	30511	1452	6	40	3	1
临县刘家会镇	12205	32162	2400	5	50	1	
临县丛罗峪镇	7723	16706	1796				
临县曲峪镇	12743	27737	860	2	37	2	2
临县木瓜坪乡	9522	14948	1004	37	245	14	1
临县安业乡	5364	23321	3839	9	241	7	1
临县玉坪乡	13087	18644	968				
临县青凉寺乡	16042	17142	1906				
临县石白头乡	13516	22008	808	56	297		
临县雷家碛乡	20269	18222	720	51	270	2	
临县八堡乡	12686	12647	755	1	68	1	1
临县大禹乡	12632	41558	1877	6	1836	6	1
临县车赶乡	5861	15003	1190				
临县安家庄乡	9994	19190	1685	2	20	2	
柳林县柳林镇	10550	97780	40145	43	5100	20	7
柳林县穆村镇	3582	31698	19865	16	7690	5	3
柳林县薛村镇	8860	18428	7020	11	230	4	2
柳林县庄上镇	8350	16627	14068	4	4100	4	4
柳林县留誉镇	15365	13061	1100				
柳林县三交镇	10692	9374	3000				
柳林县成家庄镇	7699	14500	1282	64	4600	6	6
柳林县孟门镇	7364	18708	1268	48	1502	2	2
柳林县李家湾乡	5572	15140	2437	11	130	5	2
柳林县贾家垣乡	7282	14640	1880	7	500	7	2
柳林县陈家湾乡	12829	23908	1962	6	8500	5	5
柳林县金家庄乡	8487	12304	2800	5	1806	5	1
柳林县高家沟乡	10926	7897	1896				
柳林县石西乡	5500	6788	3570	2	14	2	
柳林县王家沟乡	8678	15434	5400	14	25260	9	9
石楼县灵泉镇	31807	54681	27357	267	3426	46	2
石楼县罗村镇	27738	11845	1340	76	130	5	
石楼县义牒镇	23132	5895	3245	23	465	5	
石楼县小蒜镇	20322	11512	2460	5	40	1	
石楼县龙交乡	15961	7640	650	4	60	3	
石楼县和合乡	17706	8541	180	5	28	1	
石楼县前山乡	18536	6681	50				
石楼县曹家垣乡	7584	4991	1073	2	13	2	
石楼县裴沟乡	10705	9319	646	5	149	2	
岚县东村镇	7422	59450	41240	35	1138	6	3
岚县岚城镇	10928	11200	3058	1	6		
岚县普明镇	15449	23276	4938	22	1900	13	7
岚县界河口镇	12957	6150	1198	3	16	1	
岚县土峪乡	3970	6591	1626				
岚县上明乡	11524	15580	1626				

续表 68　　（山西省）　　单位：公顷、人、个

名　　称	行政区域面　积	常住人口	#城镇建成区	企业个数	企　业从业人员	工业企业个　数	#规模以上
岚县王狮乡	18885	11822	2118	4	21		
岚县梁家庄乡	15862	14038	945	26	1772	18	2
岚县顺会乡	13799	10539	1123	4	21	2	
岚县河口乡	14534	5974	623				
岚县社科乡	11068	18066	950	9	1544	9	2
岚县大蛇头乡	14874	4716	1300				
方山县圪洞镇	21222	44567	17295	140	1798	105	
方山县马坊镇	36843	17845	3210	48	276	9	4
方山县峪口镇	16037	25371	7404	24	345	6	6
方山县大武镇	15730	33065	6900	74	6277	33	4
方山县北武当镇	23139	6933	937	2	80	1	1
方山县积翠乡	15910	9011	1466				
方山县麻地会乡	14100	10165	723	4	240	4	1
中阳县宁乡镇	12212	53517	37514	28	8643	14	7
中阳县金罗镇	19792	39019	5673	45	2049	9	9
中阳县枝柯镇	24857	9787	1503	55	2012	27	7
中阳县武家庄镇	18395	6142	1855	2	985	2	1
中阳县暖泉镇	18297	10750	3389	4	350	4	1
中阳县下枣林乡	16260	10536	1510	4	1840	4	1
中阳县车鸣峪乡	34049	2664	381				
交口县水头镇	26129	16551	5000	16	325	2	2
交口县康城镇	21441	15246	1900	41	1530	10	1
交口县双池镇	8867	26673	6166	101	960	9	9
交口县桃红坡镇	28700	16210	1984	57	2448	28	5
交口县石口乡	15985	10175	1282	81	408	5	1
交口县回龙乡	10798	16852	3767	56	3291	3	3
交口县温泉乡	14862	7528	1521	66	825	15	3
孝义市兑镇镇	6442	40230	25713	56	22340	14	11
孝义市阳泉曲镇	7454	20009	12846	59	8321	42	15
孝义市下堡镇	6811	17432	7171	34	184	28	1
孝义市西辛庄镇	7294	15606	3104	40	1569	36	6
孝义市高阳镇	4656	42100	21473	21	6359	18	8
孝义市梧桐镇	3554	29545	24372	98	13625	73	37
孝义市柱濮镇	6570	4674	212	26	3128	4	1
孝义市大孝堡乡	5317	31252		228	2775	40	16
孝义市下栅乡	6221	13421		54	5984	54	11
孝义市驿马乡	7764	4502		9	3508	7	6
孝义市南阳乡	6263	3523		51	352	45	7
孝义市杜村乡	5773	2796		18	336	15	5
汾阳市贾家庄镇	4844	23098	2770	92	1109	5	2
汾阳市杏花村镇	8538	36252	19492	406	17922	69	3
汾阳市冀村镇	6268	35546	15354	95	1055	28	
汾阳市肖家庄镇	5658	33178	5753	78	2208	23	2
汾阳市演武镇	5809	25669	3980	76	775	30	
汾阳市三泉镇	8297	32162	7389	108	3540	65	3
汾阳市石庄镇	8724	5542	1929	8	44	3	
汾阳市杨家庄镇	13976	10180	1130	25	980	10	2
汾阳市峪道河镇	30255	22207	3360	34	1455	18	1
汾阳市西河乡	1090	48200	48200	127	988	8	
汾阳市阳城乡	7464	39852	3674	131	2200	39	3
汾阳市栗家庄乡	13064	22324	2980	160	2426	45	5

续表 69 （内蒙古自治区） 单位：公顷、人、个

名 称	行政区域面积	常住人口	#城镇建成区	企业个数	企业从业人员	工业企业个数	#规模以上
内蒙古自治区							
新城区保合少镇	50130	16998	2840	51	530		
回民区攸攸板镇	17500	171342	171342	1389	14872	59	
玉泉区小黑河镇	12469	39812	39260	316	5520	16	
赛罕区榆林镇	24300	16230	1496	38	586	2	
赛罕区黄合少镇	34500	37430	8569	77	1714	5	3
赛罕区金河镇	20505	18091	3426	149	2411	23	
土默特左旗察素齐镇	61468	87317	82487	378	8972	69	4
土默特左旗毕克齐镇	57968	32438	14450	115	2730	43	3
土默特左旗善岱镇	20668	40745	2973	60	712	8	
土默特左旗台阁牧镇	11110	35671	34854	417	9897	215	25
土默特左旗白庙子镇	23553	36474	5197	132	3133	19	
土默特左旗沙尔沁镇	19560	18729		48	980		
土默特左旗敕勒川镇	46945	39801	19332	78	902	5	
土默特左旗北什轴乡	20576	28818		65	926	8	
土默特左旗塔布赛乡	14647	23335		43	593	2	
托克托县双河镇	24901	93647	78941	134	8300	35	9
托克托县新营子镇	38319	48523	4983	284	9246	37	27
托克托县五申镇	22566	22139	2165	133	3264	42	2
托克托县伍什家镇	23710	13665	1644	11	216	2	2
托克托县古城镇	31304	25160	1525	450	3800	15	
和林格尔县城关镇	57923	50401	49064	41	667	30	5
和林格尔县盛乐镇	40217	26719	4309	263	1575	186	
和林格尔县新店子镇	53755	11090	819	3	78		
和林格尔县舍必崖乡	44861	22295		80	660		
和林格尔县大红城乡	58175	12798					
和林格尔县羊群沟乡	38285	2297		9	90	1	1
和林格尔县黑老夭乡	22469	3278					
和林格尔县巧什营乡	13998	12783	2500	63	315	1	
清水河县城关镇	49787	29813	29813	304	1882	23	4
清水河县宏河镇	26246	8935	890	2	1700		
清水河县喇嘛湾镇	21766	11000	11000	90	685	8	4
清水河县老牛湾镇	30985	4432	130	10	85	4	
清水河县窑沟乡	23769	8715		22	600	15	
清水河县北堡乡	50096	4468		5	45	1	
清水河县韭菜庄乡	50128	4738	223				
清水河县五良太乡	29023	4099		4	176		
武川县可镇	26619	42933	37530	628	3991	31	1
武川县哈乐镇	57770	7870	1720	45	869	7	1
武川县西乌兰不浪镇	59344	10240	1288	41	681	9	4
武川县大青山乡	48160	4415		55	300	14	
武川县上秃亥乡	49840	18197		49	315	12	1
武川县得胜沟乡	48012	4326		4	14		
武川县二份子乡	72390	4612		40	246	12	1
武川县哈拉合少乡	81851	7095		30	152	14	
武川县耗赖山乡	24248	4612		31	552	6	
东河区河东镇	3489	47815	47815	105	2617	61	1
东河区沙尔沁镇	37100	49651	49651	45	628	33	
昆都仑区昆河镇	1530	143622	143622	25	3171	8	8

续表 70　　（内蒙古自治区）　　单位：公顷、人、个

名　称	行政区域面积	常住人口	#城镇建成区	企业个数	企业从业人员	工业企业个数	#规模以上
昆都仑区卜尔汉图镇	19579	26127	26127	31	4664	24	24
包头市青山区青福镇	4285	80670	80670	1031	8310	93	
包头市青山区兴胜镇	16866	39845	39845	129	2956	129	
石拐区五当召镇	15760	3908	593	182	7344	31	2
石拐区吉忽伦图苏木	31500	2682		22	315	12	
九原区麻池镇	4650	20308	6781	153	3870	94	7
九原区哈林格尔镇	16377	23014	4005	229	2310	36	3
九原区哈业胡同镇	21400	20088	3725	94	478	3	
九原区阿嘎如泰苏木	18862	1464	371	46	1428	28	3
土默特右旗萨拉齐镇	10700	120730	110260	1290	6680	31	10
土默特右旗双龙镇	24801	25270	2834	148	888	7	
土默特右旗美岱召镇	26700	23299	2941	76	1910	26	1
土默特右旗沟门镇	18800	25272	20200	253	4570	72	1
土默特右旗将军尧镇	39900	25124	1936	150	1559	9	1
土默特右旗海子乡	24900	28597		89	923	32	1
土默特右旗明沙淖乡	25000	22383		75	920	55	2
土默特右旗苏波盖乡	15200	22007		32	860	20	1
固阳县金山镇	157800	67611	6193	565	4132	21	10
固阳县西斗铺镇	89000	19361	1011	166	862	77	2
固阳县下湿壕镇	62600	22052	853	164	1104	77	2
固阳县银号镇	59000	15321	1128	140	1532	60	3
固阳县怀朔镇	75700	25328	1233	157	1230	28	5
固阳县兴顺西镇	58400	19827	1504	168	1074	42	
达尔罕茂明安联合旗满都拉镇	183489	1080	338	1	53	1	1
达尔罕茂明安联合旗希拉穆仁镇	71123	1050	1010	5	25	4	1
达尔罕茂明安联合旗百灵庙镇	62700	41498	36116	31	280	28	7
达尔罕茂明安联合旗石宝镇	64188	15750	3353	13	2116	13	7
达尔罕茂明安联合旗乌克忽洞镇	63961	14453	1357	2	10	2	
达尔罕茂明安联合旗明安镇	232673	2109	100	24	2649	24	17
达尔罕茂明安联合旗巴音花镇	306417	2304	52	8	40	8	1
达尔罕茂明安联合旗达尔罕苏木乡	208216	1569		3	15	3	
达尔罕茂明安联合旗查干哈达苏木	217672	883		5	25	5	
达尔罕茂明安联合旗巴音敖包苏木	230131	2833		8	333	8	5
达尔罕茂明安联合旗西河乡	63024	6565		5	74	5	1
达尔罕茂明安联合旗小文公乡	44635	6681		4	20	4	
包头稀土高新技术产业开发区万水泉镇	10922	24699	7592	781	10882	159	25
海勃湾区千里山镇	16642	21221	21221	469	13316	126	17
海南区公乌素镇	5406	15805	15805	218	8256	35	29
海南区拉僧庙镇	8708	5013	3120	157	3120	96	3
海南区巴音陶亥镇	56155	8636	2365	199	1864	18	2
乌达区乌兰淖尔镇	7822	1941	1941	28	475	2	
红山区红庙子镇	2600	19607		267	1420	10	
红山区文钟镇	31333	34328		58	2766	22	1
元宝山区风水沟镇	12860	12939	6540	20	320	4	
元宝山区元宝山镇	31404	42964		157	11440	41	7
元宝山区美丽河镇	8364	19160	7159	54	1100	37	
元宝山区平庄镇	22049	68418		266	6691	50	4
元宝山区五家镇	4423	11268	4539	21	529	10	3
元宝山区小五家乡	14044	4990	900	7	75		
松山区穆家营子镇	22700	96586	29340	64	910	29	8

续表 71　　　　　　　　　　（内蒙古自治区）　　　　　　　　　　单位：公顷、人、个

名　　称	行政区域面积	常住人口	#城镇建成区	企业个数	企业从业人员	工业企业个数	#规模以上
松山区初头朗镇	48900	26711	8615	15	1085	9	1
松山区大庙镇	45600	25394	2878	6	117	2	
松山区王府镇	28800	22694	7259	20	5200	20	3
松山区老府镇	59966	24182	3842	3	46	3	
松山区哈拉道口镇	31167	26883	3345	4	42	1	
松山区上官地镇	33000	15349	1227	16	398	6	2
松山区安庆镇	29100	23503	2605	54	4760	43	4
松山区太平地镇	31477	39222	653	1125	6400	6	1
松山区当铺地满族乡	38600	38692		10	450	9	9
松山区夏家店乡	36800	24535		85	3452	58	4
松山区城子乡	35700	23412		13	521	13	1
松山区大夫营子乡	69700	14339	1300	17	680	8	2
松山区岗子乡	46600	11723		6	96	6	3
阿鲁科尔沁旗天山镇	53260	27168	2310	165	992	44	6
阿鲁科尔沁旗天山口镇	49000	28550	1150	37	525	8	
阿鲁科尔沁旗双胜镇	32110	21092	1930	9	1161	8	3
阿鲁科尔沁旗坤都镇	146211	8814	742	9	81	1	
阿鲁科尔沁旗巴彦花镇	50620	21369	1087	13	70	3	
阿鲁科尔沁旗绍根镇	209990	18720	1065	18	1324	16	
阿鲁科尔沁旗扎嘎斯台镇	139940	8329	330	5	310	3	
阿鲁科尔沁旗新民乡	31300	11406		12	905	4	1
阿鲁科尔沁旗先锋乡	27000	13525		3	266	3	1
阿鲁科尔沁旗罕苏木苏木	79850	6146					
阿鲁科尔沁旗赛汉塔拉苏木	90520	5205		1	280	1	1
阿鲁科尔沁旗巴拉奇如德苏木	108081	11319		5	78		
阿鲁科尔沁旗乌兰哈达乡	19690	11594		6	37		
阿鲁科尔沁旗巴彦温都尔苏木	414180	12976		2	189	2	2
巴林左旗林东镇	83449	57095		53	5921	30	9
巴林左旗隆昌镇	83404	43362	2809	60	335	3	
巴林左旗十三敖包镇	49515	29035	1669	99	1552	12	3
巴林左旗碧流台镇	76914	47621	2650	13	107	13	
巴林左旗富河镇	83712	23629	780	1	650	1	1
巴林左旗白音勿拉镇	87349	10620	945	38	3129	6	6
巴林左旗哈拉哈达镇	32020	15715	3315	7	168	1	1
巴林左旗查干哈达苏木	37059	6334		1	12		
巴林左旗乌兰达坝苏木	46225	4441		2	434	2	2
巴林左旗三山乡	30677	12405		3	142	1	1
巴林左旗花加拉嘎乡	32751	14258		2	12		
巴林右旗大板镇	190600	74900	58890	957	13753	148	11
巴林右旗索博日嘎镇	140200	16983	2005	36	206	12	
巴林右旗宝日勿苏镇	116500	16833	1232	46	210	5	
巴林右旗查干诺尔镇	96400	15202	769	33	162	4	
巴林右旗巴彦琥硕镇	43100	4625	1554	16	76	5	
巴林右旗西拉沐沦苏木	127100	13387		89	353	7	
巴林右旗巴彦塔拉苏木	83200	5689		73	703	10	2
巴林右旗幸福之路苏木	96500	7377		59	1376	9	2
巴林右旗查干沐沦苏木	90100	7113		36	180	6	1
林西县林西镇	16700	18061	6994	167	4580	41	25
林西县新城子镇	61300	12522	1280	36	385	36	
林西县新林镇	51600	7305	2306	42	342	12	

续表 72　　　　(内蒙古自治区)　　　　单位：公顷、人、个

名　　称	行政区域面　积	常住人口	#城镇建成区	企业个数	企　业从业人员	工业企业个　数	#规模以上
林西县五十家子镇	66200	18027	3795	1	12	1	
林西县官地镇	40800	18446	3804	43	375	4	
林西县大井镇	24200	11870	1758	22	2724	5	3
林西县统部镇	55100	16408	3400	15	1260	13	
林西县大营子乡	46800	14234		36	240	30	
林西县十二吐乡	26300	8643		6	823	2	1
克什克腾旗经棚镇	186500	19116	11356	4	260	3	3
克什克腾旗宇宙地镇	68400	15419	1761	3	631	3	3
克什克腾旗土城子镇	98600	17283	1692	2	72	2	1
克什克腾旗同兴镇	128500	12190	1533	7	3500	4	4
克什克腾旗万合永镇	184500	18452	297	6	42		
克什克腾旗芝瑞镇	231300	15597	589	8	190	7	7
克什克腾旗达来诺日镇	154200	5921	1211	4	20		
克什克腾旗新开地乡	34000	12704					
克什克腾旗红山子乡	135700	6407					
克什克腾旗达日罕乌拉苏木	223400	6130		5	864	3	3
克什克腾旗巴彦查干苏木	331100	7209		8	1854	4	4
克什克腾旗浩来呼热苏木	164000	2878					
克什克腾旗乌兰布统苏木	120000	3950		10	150		
翁牛特旗乌丹镇	186842	38198		113	4012	15	2
翁牛特旗乌敦套海镇	54373	30891	5279	28	969	25	
翁牛特旗五分地镇	65185	25665	3404	4	122	4	
翁牛特旗桥头镇	74898	30469	1235	95	5462	38	2
翁牛特旗广德公镇	65359	23288	1189	14	998	8	2
翁牛特旗梧桐花镇	83069	32113	2620	95	3050	54	6
翁牛特旗海拉苏镇	65621	10398	4216	13	65	4	
翁牛特旗亿合公镇	98128	35047	2410	139	1021	81	1
翁牛特旗解放营子乡	47612	17814		12	152	9	
翁牛特旗阿什罕苏木	95363	5804					
翁牛特旗新苏莫苏木	95930	27834	27834	4	80	2	
翁牛特旗白音套海苏木	62497	17670		5	30	3	
翁牛特旗毛山东乡	52589	14107		16	305	7	
翁牛特旗格日僧苏木	96726	7263	2245	13	66		
喀喇沁旗锦山镇	32495	74299	64335	516	8241	77	3
喀喇沁旗美林镇	55100	22305	1945	126	875	16	
喀喇沁旗王爷府镇	50900	28317	1321	156	1273	25	
喀喇沁旗小牛群镇	39800	22234	1661	154	1228	18	2
喀喇沁旗牛家营子镇	34291	41838	4301	383	3853	73	3
喀喇沁旗乃林镇	13932	29747	5126	267	2439	21	1
喀喇沁旗西桥镇	24200	22803	4651	142	1203	18	
喀喇沁旗十家满族乡	34100	20347		201	2626	71	3
喀喇沁旗南台子乡	17800	10388		25	232	12	
宁城县天义镇	18800	80233	59960	393	2752	50	21
宁城县小城子镇	31800	30146	6890	83	415	5	1
宁城县大城子镇	38400	34364	5897	22	1718	15	2
宁城县八里罕镇	37300	38340	5376	168	1058	57	4
宁城县黑里河镇	53100	26065	1587	20	1258	13	4
宁城县甸子镇	26700	40254	1992	550	3600	20	3
宁城县大双庙镇	17200	27619	2648	15	695	1	
宁城县汐子镇	34200	49510	1955	181	4321	33	10

续表 73　　　　（内蒙古自治区）　　　　单位：公顷、人、个

名　　称	行政区域面积	常住人口	#城镇建成区	企业个数	企业从业人员	工业企业个数	#规模以上
宁城县大明镇	17400	38417	1670	35	765	14	1
宁城县忙农镇	29200	37030	592	24	971	24	4
宁城县五化镇	25000	23485	2357	19	1050	19	6
宁城县三座店镇	21600	28295	3000	85	430	2	1
宁城县必斯营子镇	27200	26457	2175	15	933	6	3
宁城县一肯中乡	22400	35723	1110	10	815	4	
宁城县存金沟乡	30200	16835	1245	14	336	5	2
敖汉旗新惠镇	85835	142758	50276	570	6018	88	11
敖汉旗四家子镇	42574	31616	4391	72	550	33	2
敖汉旗长胜镇	36777	32249	5683	29	683	12	
敖汉旗贝子府镇	70876	40275	8154	68	610	57	1
敖汉旗四道湾子镇	37175	26095	8280	134	3200	5	2
敖汉旗下洼镇	45676	30380	4775	98	1200	5	1
敖汉旗金厂沟梁镇	35002	26788	14666	69	3496	18	1
敖汉旗兴隆洼镇	54654	28203	6780	107	965	11	2
敖汉旗黄羊洼镇	57537	25432	4204	12	85	3	
敖汉旗牛古吐乡	70500	36334		36	350	18	1
敖汉旗木头营子乡	57888	27908		70	408	9	
敖汉旗古鲁板蒿乡	55421	31837		258	1623	1	
敖汉旗丰收乡	40500	21819		12	656	9	
敖汉旗玛尼罕乡	45504	11748		98	536	12	1
敖汉旗萨力巴乡	37756	12566		37	246	9	
敖汉旗敖润苏莫苏木	38400	4592		54	237		
科尔沁区大林镇	55290	75314	18360	433	5048	40	
科尔沁区钱家店镇	29538	45372	5891	267	3506	19	
科尔沁区余粮堡镇	18708	33856	7696	233	2740	50	
科尔沁区木里图镇	19877	39030	11700	238	3991	75	7
科尔沁区丰田镇	19428	27687	2603	200	2222	9	
科尔沁区清河镇	22421	34590	3062	14	725	7	
科尔沁区育新镇	15485	28809	2422	89	1487	37	2
科尔沁区庆和镇	25459	22861	3630	151	1305	6	
科尔沁区敖力布皋镇	22417	22626	1539	138	1548	2	
科尔沁区莫力庙苏木	39506	17408		181	2098	3	
科尔沁左翼中旗保康镇	38395	28288	27158	204	4484	58	2
科尔沁左翼中旗宝龙山镇	100546	47806	24320	249	11088	90	4
科尔沁左翼中旗舍伯吐镇	66351	43940	22247	170	4075	36	1
科尔沁左翼中旗巴彦塔拉镇	57926	32641	4410	44	847	12	
科尔沁左翼中旗门达镇	17835	18668	2164	18	831	5	
科尔沁左翼中旗架玛吐镇	48178	36392	2300	68	1126		
科尔沁左翼中旗腰林毛都镇	61024	30293	3981	36	473	9	
科尔沁左翼中旗希伯花镇	56399	25637	3127	32	1017	12	
科尔沁左翼中旗花吐古拉镇	41855	20969	2645	65	1497	17	
科尔沁左翼中旗代力吉镇	61243	19477	1910	23	1038	13	4
科尔沁左翼中旗努日木镇	23995	17218	1280	24	403	7	
科尔沁左翼中旗花胡硕苏木乡	75372	15344	3620	14	331	4	
科尔沁左翼中旗协代苏木乡	34013	19667	1020	19	288	10	
科尔沁左翼中旗白兴吐苏木乡	42136	16907	462	12	326	2	
科尔沁左翼中旗图布信苏木乡	39335	22398		25	524	7	
科尔沁左翼中旗敖包苏木	18138	14166	1312	33	865	12	
科尔沁左翼中旗胜利乡	23401	19470	850	14	280	6	

续表 74　　　　(内蒙古自治区)　　　　单位：公顷、人、个

名　称	行政区域面　积	常住人口	#城镇建成区	企业个数	企　业从业人员	工业企业个　数	#规模以上
科尔沁左翼后旗甘旗卡镇	173804	81011	51448	907	12570	177	11
科尔沁左翼后旗吉尔嘎朗镇	71937	21871	3712	48	351	9	
科尔沁左翼后旗金宝屯镇	59042	28712	13620	100	1239	25	3
科尔沁左翼后旗常胜镇	55448	24501	4055	19	260	4	
科尔沁左翼后旗查日苏镇	67578	31201	1793	76	4457	14	
科尔沁左翼后旗双胜镇	21919	32173	1074	16	112	2	
科尔沁左翼后旗阿古拉镇	91376	15093	991	15	78	4	
科尔沁左翼后旗朝鲁吐镇	70490	10227	1280	8	54	2	
科尔沁左翼后旗努古斯台镇	60595	9585	1311	29	245	14	2
科尔沁左翼后旗海鲁吐镇	77942	21135	1590	19	129	2	1
科尔沁左翼后旗阿都沁苏木	81150	17391	229	15	92		
科尔沁左翼后旗茂道吐苏木	84039	11687	1530	17	86	5	
科尔沁左翼后旗巴嘎塔拉苏木	84040	13304	1379	39	266	14	
科尔沁左翼后旗散都苏木	45255	16980	728	17	192	3	
科尔沁左翼后旗巴彦毛都苏木	49255	5798	635	2	10		
开鲁县开鲁镇	69831	126375	72816	861	24096	131	16
开鲁县大榆树镇	13171	22109	2219	20	137	3	
开鲁县黑龙坝镇	16055	20190	2710	6	170	3	
开鲁县麦新镇	22170	31532	4246	139	708		
开鲁县义和塔拉镇	60182	27818	2704	20	124	3	1
开鲁县建华镇	72331	25937	2573	39	1088	10	2
开鲁县小街基镇	80295	45793	9823	153	827	2	2
开鲁县东风镇	38726	19530	1670	50	307	17	
开鲁县吉日嘎郎吐镇	22052	15707	1350	19	150	2	
开鲁县东来镇	17091	17039	6915	42	1731	4	
库伦旗库伦镇	126033	38351	8045	20	520	16	
库伦旗扣河子镇	40698	22273	2300	21	560	14	
库伦旗白音花镇	34399	14002	650	2	50	1	
库伦旗六家子镇	42079	17258	2103	10	114	3	
库伦旗额勒顺镇	98723	11233	1376	4	80		
库伦旗茫汗苏木	76418	10206	1000				
库伦旗先进苏木	19417	11105	980	2	28	1	
库伦旗水泉乡	32020	12166	1668	5	230	5	
奈曼旗大沁他拉镇	110046	91713	12100	210	6700	160	24
奈曼旗八仙筒镇	96800	58573	9646	74	850	14	2
奈曼旗青龙山镇	46917	28273	4356	60	356	17	2
奈曼旗新镇	86604	38955	1976	38	264	38	
奈曼旗治安镇	35333	16982	2060	37	202	17	
奈曼旗东明镇	71809	51020	8465	7	120	7	
奈曼旗沙日浩来镇	38232	16119	2008	10	79	6	
奈曼旗义隆永镇	28095	18321	1670	11	200	8	
奈曼旗固日班花苏木	81333	14646	570	2	25	2	
奈曼旗白音他拉苏木	47284	13967	2538	44	546	11	
奈曼旗明仁苏木	54130	27182	2140	8	40	4	
奈曼旗黄花塔拉苏木	34000	15130	2576	9	54		
奈曼旗土城子乡	20770	13141	1788	1	18	1	
奈曼旗苇莲苏乡	42475	14576	1488				
扎鲁特旗鲁北镇	137404	138720	98484	185	4232	27	9
扎鲁特旗黄花山镇	1131	6409	6409	24	136		
扎鲁特旗嘎亥图镇	141052	17420	2875	2	22	1	

续表 75　　　　（内蒙古自治区）　　　　单位：公顷、人、个

名　称	行政区域面积	常住人口	#城镇建成区	企业个数	企业从业人员	工业企业个数	#规模以上
扎鲁特旗巨日合镇	64810	16944	1339	8	456	8	
扎鲁特旗巴雅尔图胡硕镇	147679	6238	1797	2	92		
扎鲁特旗香山镇	45565	18227	2143				
扎鲁特旗阿日昆都楞镇	242343	5688	821	46	1670	45	13
扎鲁特旗巴彦塔拉苏木乡	61386	11998	922	2	193	2	
扎鲁特旗乌力吉木仁苏木乡	102463	9319	1829	1	19		
扎鲁特旗道老杜苏木乡	156801	10912	1077				
扎鲁特旗格日朝鲁苏木乡	200008	14522	2578	3	135	3	
扎鲁特旗前德门苏木	39851	7092	1497				
扎鲁特旗乌兰哈达苏木	87053	4773	1476				
扎鲁特旗查布嘎图苏木	90065	6626	839	1	9	1	
扎鲁特旗乌额格其苏木	41073	12179	2090	5	20	4	
通辽经济技术开发区辽河镇	24003	35587	2786	432	8459	162	18
霍林郭勒市达来胡硕苏木	30914	11918	11918	208	6024	32	12
东胜区泊尔江海子镇	91800	6571	1933	41	785	8	
东胜区罕台镇	52600	20975	18526	82	9528	55	10
东胜区铜川镇	54600	9640	3233	57	4967	15	15
达拉特旗树林召镇	112560	71234	3320	358	2794	27	27
达拉特旗吉格斯太镇	50812	7550	2700	8	700		
达拉特旗白泥井镇	24200	12300	2152	39	2800		
达拉特旗王爱召镇	64070	23818	1275	167	1132		
达拉特旗昭君镇	124980	12062	3998	20	1500	12	5
达拉特旗恩格贝镇	124292	12837	665	1	10		
达拉特旗中和西镇	88174	6648	969	58	348		
达拉特旗展旦召苏木乡	103348	16235		201	1352	38	4
准格尔旗薛家湾镇	98391	22350	1873	83	35000	55	
准格尔旗沙圪堵镇	158853	70076	57323	48	11985	21	21
准格尔旗大路镇	73390	7669	1088	18	8820	18	8
准格尔旗纳日松镇	83800	11220	1260	201	13472	86	31
准格尔旗龙口镇	31850	24373	988	180	10717	35	5
准格尔旗准格尔召镇	47950	13485	13485	36	1712	26	14
准格尔旗暖水乡	63900	4130		68	455	4	3
准格尔旗十二连城乡	69885	14033	1311	268	1864		
准格尔旗布尔陶亥苏木乡	66960	4239					
鄂托克前旗敖勒召其镇	166271	43309	34846	1214	10985	138	5
鄂托克前旗上海庙镇	387121	14925	4690	312	6019	63	6
鄂托克前旗城川镇	241802	16315	2256	250	1419	67	
鄂托克前旗昂素镇	429567	7575	1099	141	783	36	1
鄂托克旗乌兰镇	322444	42010	36252	140	2256	113	6
鄂托克旗棋盘井镇	355782	53102	50315	356	28532	294	21
鄂托克旗蒙西镇	198538	19210	9250	188	9850	126	15
鄂托克旗木凯淖尔镇	249700	8150	8120	21	410	14	1
鄂托克旗苏米图苏木乡	262737	3987		15	249	13	
鄂托克旗阿尔巴斯苏木乡	640000	10350		15	390	14	2
杭锦旗锡尼镇	310900	61135	58339	333	2966	120	8
杭锦旗巴拉贡镇	185900	11132	4693	68	2100	40	2
杭锦旗吉日嘎朗图镇	274700	8762	1510	20	105	8	
杭锦旗独贵特拉镇	460371	18555	2630	110	720	85	10
杭锦旗呼和木独镇	122640	5889	1927	17	210	6	
杭锦旗伊和乌素苏木乡	559000	8995	1768	32	460	18	2

续表 76　　　　(内蒙古自治区)　　　　单位：公顷、人、个

名　称	行政区域面积	常住人口	#城镇建成区	企业个数	企业从业人员	工业企业个数	#规模以上
乌审旗嘎鲁图镇	230940	68826	62009	1698	8490	29	3
乌审旗乌审召镇	195620	10668	9328	10	2240	10	10
乌审旗图克镇	151600	13412	591	83	468	13	2
乌审旗乌兰陶勒盖镇	138900	6629	906	30	1650	16	8
乌审旗无定河镇	135340	26206	3889	24	7861	9	5
乌审旗苏力德苏木	315000	8759	1	23	129	5	2
伊金霍洛旗阿勒腾席热镇	30670	86931	76383	1358	19802	42	3
伊金霍洛旗札萨克镇	99600	21017	6800	255	7381	40	1
伊金霍洛旗乌兰木伦镇	72600	48952	48952	417	32619	61	14
伊金霍洛旗纳林陶亥镇	76280	24765	5100	170	12688	30	30
伊金霍洛旗苏布尔嘎镇	95190	6324	1498	283	2084	10	
伊金霍洛旗红庆河镇	101850	14310	2563	148	2624	8	
伊金霍洛旗伊金霍洛镇	67130	7101	5703	198	1706	31	
海拉尔区哈克镇	96100	11815	1948				
海拉尔区奋斗镇	13972	39645	35199				
扎赉诺尔区灵泉镇	10351	7303	7303				
阿荣旗那吉镇	3738	87148	78418	925	8452	146	6
阿荣旗六合镇	41029	16824	1132	54	406	1	
阿荣旗亚东镇	54085	25594	7987	127	1380	2	
阿荣旗霍尔奇镇	80478	26826	4341	39	527	11	1
阿荣旗向阳峪镇	52900	20035	1119	73	485	18	1
阿荣旗三岔河镇	60610	21314	3102	72	646	4	
阿荣旗复兴镇	54079	15708	2061	49	402	16	
阿荣旗兴安镇	33183	12128	818	48	280	5	
阿荣旗得力其尔鄂温克民族乡	37171	9732		14	72		
阿荣旗查巴奇鄂温克民族乡	76952	9227		57	285	2	
阿荣旗音河达斡尔鄂温克民族乡	35195	8852		55	450	30	
阿荣旗新发朝鲜民族乡	15222	8830		66	331	17	1
莫力达瓦达斡尔族自治旗尼尔基镇	45853	83892	71102	792	11862	99	3
莫力达瓦达斡尔族自治旗红彦镇	116606	11980	3561	59	441		
莫力达瓦达斡尔族自治旗宝山镇	51833	18232	3500	15	167		
莫力达瓦达斡尔族自治旗哈达阳镇	29810	5534	793	14	90		
莫力达瓦达斡尔族自治旗阿尔拉镇	35427	6571	1210	9	51		
莫力达瓦达斡尔族自治旗汉古尔河镇	28203	14563	2041	13	70		
莫力达瓦达斡尔族自治旗西瓦尔图镇	73980	23889	4075	16	112	4	
莫力达瓦达斡尔族自治旗腾克镇	146200	11338	2070	14	99	1	
莫力达瓦达斡尔族自治旗奎勒河镇	51112	12251	1230	9	55		
莫力达瓦达斡尔族自治旗塔温敖宝镇	126753	26252	1587	34	225		
莫力达瓦达斡尔族自治旗巴彦鄂温克民族乡	42188	12167		9	60		
莫力达瓦达斡尔族自治旗库如奇乡	38295	4975		6	36		
莫力达瓦达斡尔族自治旗杜拉尔鄂温克民族乡	52948	7745		8	46		
鄂伦春自治旗阿里河镇	454140	35642	35642	242	7437	30	1
鄂伦春自治旗大杨树镇	101600	60738	56828	494	4680	34	1
鄂伦春自治旗甘河镇	356300	22117	22117	38	1476	10	1
鄂伦春自治旗吉文镇	230000	13560	13362	27	1505	7	1
鄂伦春自治旗诺敏镇	782500	15540	15540	51	554	5	
鄂伦春自治旗乌鲁布铁镇	380650	12359	2966	30	3047	7	
鄂伦春自治旗宜里镇	329000	12414	4685	39	1555	2	
鄂伦春自治旗克一河镇	616441	11106	9690	23	1232	9	
鄂伦春自治旗古里乡	1978169	4592		13	717	1	

续表 77　　　　　　　　　　（内蒙古自治区）　　　　　　　　　　单位：公顷、人、个

名　称	行政区域面积	常住人口	#城镇建成区	企业个数	企业从业人员	工业企业个数	#规模以上
鄂伦春自治旗托扎敏乡	240000	1827		6	30		
鄂温克族自治旗巴彦托海镇	50600	25276	25276	543	6029	117	6
鄂温克族自治旗大雁镇	28200	50538	50538	287	8382	31	2
鄂温克族自治旗伊敏河镇	20960	20725	20725	206	7269	16	1
鄂温克族自治旗红花尔基镇	25270	3892	3892	30	1274	3	1
鄂温克族自治旗巴彦查岗苏木	92900	1662					
鄂温克族自治旗锡尼河西苏木	288660	3581		22	439	3	
鄂温克族自治旗锡尼河东苏木	586670	3679		33	734	7	2
鄂温克族自治旗巴彦塔拉达斡尔民族乡	41930	1700		28	152	5	
鄂温克族自治旗伊敏苏木	427700	3064		16	116	3	
鄂温克族自治旗辉苏木	302810	4078		23	172	1	
陈巴尔虎旗巴彦库仁镇	72000	24446	21999	520	12654	73	6
陈巴尔虎旗宝日希勒镇	61300	13912	10312	198	5962	22	3
陈巴尔虎旗呼和诺尔镇	457900	4162	1633	32	253	6	
陈巴尔虎旗西乌珠尔苏木	119600	2016		2	150		
陈巴尔虎旗鄂温克民族苏木	603700	2601		16	86	4	
陈巴尔虎旗东乌珠尔苏木	198000	2393		20	102	1	
陈巴尔虎旗巴彦哈达苏木	288000	6900		60	482	10	2
新巴尔虎左旗嵯岗镇	394800	6432	1480	3	110		
新巴尔虎左旗阿木古郎镇	173900	16792	16792				
新巴尔虎左旗新宝力格苏木	359900	4047					
新巴尔虎左旗乌布尔宝力格苏木	584400	4402					
新巴尔虎左旗罕达盖苏木	141333	1278					
新巴尔虎左旗吉布胡郎图苏木	186400	2101					
新巴尔虎左旗甘珠尔苏木	314000	3373					
新巴尔虎右旗阿拉坦额莫勒镇	319943	22050	17573	374	4519	34	7
新巴尔虎右旗阿日哈沙特镇	264191	1691		14	70	4	2
新巴尔虎右旗呼伦镇	286836	1283	180	32	166	11	1
新巴尔虎右旗贝尔苏木	184833	1749		9	82	2	
新巴尔虎右旗克尔伦苏木	582672	4578		11	55	4	1
新巴尔虎右旗达赉苏木	372034	1500		4	20	1	1
新巴尔虎右旗宝格德乌拉苏木	473439	1450		2	10		
满洲里市新开河镇	18409	7000	7000				
牙克石市免渡河镇	412650	21472	17307	125	1623	12	4
牙克石市博克图镇	398800	19406	10482	43	551		
牙克石市绰河源镇	222200	8260	6512	30	2768	6	
牙克石市乌尔其汉镇	384800	28831	28831	30	1652	4	1
牙克石市库都尔镇	316380	14061	7986	82	5670	7	1
牙克石市图里河镇	367819	14954	14821	22	4323	13	2
牙克石市乌奴耳镇	222950	6608	6608	4	89	1	
牙克石市塔尔气镇	102900	13755	13755	14	301	13	
牙克石市伊图里河镇	113700	9109	9109	37	204	18	
牙克石市牧原镇	45852	9040	9037	222	1130	38	4
扎兰屯市蘑菇气镇	70796	32078	6819	14	368	3	
扎兰屯市卧牛河镇	139454	23224	3286	16	226	10	2
扎兰屯市成吉思汗镇	88070	34205	16003	20	186	3	2
扎兰屯市大河湾镇	34396	23782	2088	20	100		
扎兰屯市浩饶山镇	55540	3705	2450				
扎兰屯市柴河镇	549772	2712	1980	128	650		
扎兰屯市中和镇	101230	41280	2912	6	86	5	1

续表 78　　(内蒙古自治区)　　单位：公顷、人、个

名　　称	行政区域面　　积	常住人口	#城镇建成区	企业个数	企　　业从业人员	工业企业个　　数	#规模以上
扎兰屯市哈多河镇	40969	9493	2768				
扎兰屯市达斡尔民族乡	42326	9528		4	150	3	
扎兰屯市鄂伦春民族乡	200556	10255		34	261		
扎兰屯市萨马街鄂温克民族乡	192382	6849		32	281	6	
扎兰屯市洼堤乡	71402	6889		1	8	1	
额尔古纳市黑山头镇	94200	1910	1910	8	40	5	1
额尔古纳市莫尔道嘎镇	938400	14572	14532	55	3600	7	
额尔古纳市恩和哈达镇	582500	3	3				
额尔古纳市三河回族乡	352800	9502		80	3363	4	2
额尔古纳市恩和俄罗斯族民族乡	208911	2339		34	642	2	
额尔古纳市蒙兀室韦苏木	146500	1228	1228	29	550	2	
额尔古纳市奇乾乡	251800	28	28				
根河市金河镇	767	10820	10820	30	2437		
根河市阿龙山镇	762	11310	11310	35	2510	7	
根河市满归镇	390295	9536	9536	5	2110	1	
根河市得耳布尔镇	770	12339	12339	6	2211	2	2
根河市敖鲁古雅乡	176720	331		13	110	9	
临河区狼山镇	26919	20144	2537	25	598	15	2
临河区新华镇	42961	37121	2731	2	15	2	
临河区干召庙镇	31340	32824	2025	44	501	21	4
临河区乌兰图克镇	29665	14667	1945	4	83	1	1
临河区双河镇	27528	19894	1490	8	58	8	
临河区城关镇	11767	22835	654	44	618	21	2
临河区白脑包镇	29649	20372	1403	9	65	9	
临河区曙光乡	4000	27895		288	1440	26	6
临河区八一乡	13230	19852		119	11707	113	34
五原县隆兴昌镇	41253	117486	96543	256	1309	35	22
五原县塔尔湖镇	42847	32369	9642	30	242		
五原县套海镇	33100	22985	8021	28	956	16	1
五原县新公中镇	24539	23809	2164	6	30		
五原县天吉太镇	23682	10241	895	3	15	1	
五原县胜丰镇	26969	14892	885	6	118	6	
五原县银定图镇	19985	13045	851	2	12		
五原县复兴镇	15100	11642	4091	12	62	12	
五原县和胜乡	13414	8911		3	75	3	
磴口县巴彦高勒镇	36888	52650	44800	160	14530	52	10
磴口县隆盛合镇	19161	12651	3772	65	372	3	
磴口县渡口镇	12399	5342	640				
磴口县补隆淖镇	7209	7252	612	3	738	3	3
磴口县沙金套海苏木	210921	7614		75	846	12	
乌拉特前旗乌拉山镇	34240	130358	117280	213	3716	20	4
乌拉特前旗白彦花镇	67220	7615	3140	22	270	15	4
乌拉特前旗先锋镇	48800	34795	893	11	304	11	10
乌拉特前旗新安镇	48783	32054	1465	4	106	3	1
乌拉特前旗西小召镇	46450	18035	1430	12	70		
乌拉特前旗大佘太镇	94000	24928	5166	64	469	12	
乌拉特前旗明安镇	74180	16583	1811	4	80	4	1
乌拉特前旗小佘太镇	63500	4267	2284	2	218	2	1
乌拉特前旗苏独仑镇	38500	9424	2157	1	26		
乌拉特前旗额尔登布拉格苏木	83200	2990		8	160	8	8

续表 79　　（内蒙古自治区）　　单位：公顷、人、个

名　　称	行政区域面积	常住人口	#城镇建成区	企业个数	企业从业人员	工业企业个数	#规模以上
乌拉特前旗沙德格苏木	71100	1603		37	685	19	15
乌拉特中旗海流图镇	6385	43382	43382	492	6498	13	2
乌拉特中旗乌加河镇	42730	22010	1420	27	194	3	
乌拉特中旗德岭山镇	85974	27202	2179	74	2106	20	7
乌拉特中旗石哈河镇	183137	8026	900	43	422	4	2
乌拉特中旗甘其毛都镇	435565	4171	3100	104	1182	8	3
乌拉特中旗温更镇	181921	1764	245	9	417	4	2
乌拉特中旗呼鲁斯太苏木	195649	2652		14	72	2	
乌拉特中旗川井苏木	187994	997		8	306	7	5
乌拉特中旗巴音乌兰苏木	672789	4673		5	56	2	2
乌拉特中旗新忽热苏木	268098	3674		12	914	5	1
乌拉特后旗巴音宝力格镇	99370	33699	21026	456	4642	95	10
乌拉特后旗呼和温都尔镇	152954	10020	5953	109	3264	53	14
乌拉特后旗潮格温都尔镇	618184	4850	1980	30	230	20	11
乌拉特后旗获各琦苏木	876179	4802		18	1850	11	3
乌拉特后旗巴音前达门苏木	617147	1009					
乌拉特后旗乌盖苏木	87528	3223		10	116		
杭锦后旗陕坝镇	19855	130734	63531	818	16894	113	9
杭锦后旗头道桥镇	19731	10623	425	141	852	11	
杭锦后旗二道桥镇	24024	26002	502	108	1201	19	1
杭锦后旗三道桥镇	12055	15032	2532	21	253	13	
杭锦后旗蛮会镇	19931	18104	580	100	1800	6	
杭锦后旗团结镇	17279	13680	361	70	702	1	
杭锦后旗双庙镇	19432	9378	1013	7	113	5	1
杭锦后旗沙海镇	16574	16123	543	72	521	6	
杭锦后旗蒙海镇	12298	11930	250	50	680	12	2
集宁区白海子镇	25600	14516	8230	86	3010	42	4
集宁区马莲渠乡	16955	7536	1390	68	3795	23	5
卓资县卓资山镇	37879	52610	43585	70	2257	33	6
卓资县旗下营镇	32267	18765	9258	26	4965	17	2
卓资县十八台镇	44880	15890	588	6	145	2	1
卓资县巴音锡勒镇	36500	9356	785	9	225	5	2
卓资县梨花镇	38479	11006	475	6	108	3	
卓资县大榆树乡	52516	12138		5	187	4	1
卓资县红召乡	41800	3650		4	135	2	
卓资县复兴乡	27520	7875		3	21	1	
化德县长顺镇	40675	84523	61702				
化德县朝阳镇	53462	14108	1324				
化德县七号镇	44006	6725	1139				
化德县德包图乡	39475	6075	835	3	66		
化德县公腊胡洞乡	39057	5142	401	4	20		
化德县白音特拉乡	36739	7432	1397				
商都县七台镇	28372	97030	97030	294	9794	85	16
商都县十八顷镇	43656	9646	536	13	207	5	3
商都县大黑沙土镇	41793	13086	1018	7	28		
商都县西井子镇	49399	10859	441	9	600	6	
商都县屯垦队镇	58081	13597	1331	14	93	7	4
商都县小海子镇	45204	18172	946	16	659	7	1
商都县大库伦乡	52482	5585		1	4	1	
商都县卯都乡	28134	3833		6	56	3	

续表 80　　　　（内蒙古自治区）　　　　单位：公顷、人、个

名　称	行政区域面积	常住人口	#城镇建成区	企业个数	企业从业人员	工业企业个数	#规模以上
商都县玻璃忽镜乡	44242	6672		10	160	5	1
商都县三大顷乡	36986	4233		23	417	23	
兴和县城关镇	43146	82853	47830	285	3507	24	20
兴和县张皋镇	26395	7896	7700				
兴和县赛乌素镇	46984	15596	1627	7	294	7	2
兴和县鄂尔栋镇	44970	11057	152	1	17		
兴和县店子镇	46000	14355	1870				
兴和县大库联乡	43700	20230	1105	28	140		
兴和县民族团结乡	38300	14244					
兴和县大同夭乡	34400	6962					
兴和县五股泉乡	27600	8763					
凉城县鸿茅镇	19950	67540	40336	215	4500	32	7
凉城县六苏木镇	58513	19254	1430	2	733	1	1
凉城县麦胡图镇	22806	15835	1728	5	464		
凉城县永兴镇	36170	6087	118	19	255	10	
凉城县蛮汉镇	60306	15630	560				
凉城县岱海镇	18605	7952	193	18	103		
凉城县天成乡	52923	9057	240	7	175	7	
察哈尔右翼前旗土贵乌拉镇	33499	54518	34289	359	12500	71	21
察哈尔右翼前旗平地泉镇	15627	14210	10586	389	6256	72	6
察哈尔右翼前旗玫瑰营镇	39425	18193	1511	66	2482	4	1
察哈尔右翼前旗巴音塔拉镇	25603	11152	732	106	2011	4	
察哈尔右翼前旗黄旗海镇	3850	6565	381	65	1704	27	2
察哈尔右翼前旗乌拉哈乌拉乡	22361	5072		47	1604	8	
察哈尔右翼前旗黄茂营乡	34290	6369		23	1105	2	
察哈尔右翼前旗三岔口乡	37361	6316		83	1620	18	3
察哈尔右翼前旗老圈沟乡	24106	2516		6	98	3	1
察哈尔右翼中旗科布尔镇	28536	33100	32912	200	1005	5	2
察哈尔右翼中旗铁沙盖镇	29489	15142	1635	15	88	3	
察哈尔右翼中旗黄羊城镇	39913	13982	383	20	156	7	1
察哈尔右翼中旗广益隆镇	53806	7015	735	9	46	2	
察哈尔右翼中旗乌素图镇	15480	6552	2153	7	47	1	
察哈尔右翼中旗大滩乡	63769	5500		7	40		
察哈尔右翼中旗宏盘乡	49908	12719	12719	6	31	5	
察哈尔右翼中旗巴音乡	13057	4231		24	62	1	
察哈尔右翼中旗库联苏木	39429	1395		7	430	3	2
察哈尔右翼中旗乌兰哈页苏木	43194	8256		9	120	3	2
察哈尔右翼中旗土城子乡	20000	4930		2	80	1	
察哈尔右翼后旗白音察干镇	58780	69788	39582	49	24439	41	8
察哈尔右翼后旗土牧尔台镇	56000	16819	8265	18	1450		
察哈尔右翼后旗红格尔图镇	21600	9687	2749	16	800	2	2
察哈尔右翼后旗贲红镇	40120	10460	1189	31	178	2	
察哈尔右翼后旗大六号镇	21700	6122	1041	2	20		
察哈尔右翼后旗当郎忽洞苏木	44800	5892		2	4		
察哈尔右翼后旗乌兰哈达苏木	65300	6560		4	190		
察哈尔右翼后旗锡勒乡	82700	4091		9	109	4	4
四子王旗乌兰花镇	36902	58684	58684	371	1982	55	16
四子王旗吉生太镇	103385	14656	1200	31	510	4	4
四子王旗库伦图镇	44900	7421	443				
四子王旗供济堂镇	52100	6335	1330				

续表 81　　(内蒙古自治区)　　单位：公顷、人、个

名　称	行政区域面积	常住人口	#城镇建成区	企业个数	企业从业人员	工业企业个数	#规模以上
四子王旗白音朝克图镇	294120	2582	522	8	531	8	3
四子王旗红格尔苏木	304650	2284		10	50	2	1
四子王旗江岸苏木	442800	1393		11	196	8	4
四子王旗查干补力格苏木	283107	2239		7	114	7	5
四子王旗脑木更苏木	431348	960					
四子王旗东八号乡	45174	7764		5	156	5	2
四子王旗忽鸡图乡	67300	6590					
四子王旗大黑河乡	32317	11986		5	52	2	2
四子王旗巴音敖包苏木	295330	1056		4	20		
丰镇市隆盛庄镇	42107	23880	3458	90	520		
丰镇市黑土台镇	25831	8856	398	42	260	2	
丰镇市红砂坝镇	36283	7000	700	22	450	1	1
丰镇市巨宝庄镇	29913	22931	2258	101	1999	19	3
丰镇市三义泉镇	36400	8000	180				
丰镇市浑源窑乡	29984	3003		20	105	4	
丰镇市元山子乡	31570	8841					
丰镇市官屯堡乡	30196	15000		38	190	3	
乌兰浩特市乌兰哈达镇	36078	16740	1440	129	2589		
乌兰浩特市葛根庙镇	59900	26144	523	7	50		
乌兰浩特市太本站镇	110400	4126	2650	5	45		
乌兰浩特市义勒力特镇	17163	15677	1630	93	515	7	
阿尔山市天池镇	373477	4092	588	15	75		
阿尔山市白狼镇	74453	2516	1153	4	91	3	
阿尔山市五岔沟镇	80868	7697	5235	2	1554		
阿尔山市明水河镇	201200	6981	2594				
科尔沁右翼前旗科尔沁镇	19800	18600	1600	345	7859	7	7
科尔沁右翼前旗索伦镇	95923	18423	8977	25	287	6	3
科尔沁右翼前旗德佰斯镇	125185	29245	4023	12	90	1	1
科尔沁右翼前旗大石寨镇	87300	28763	8760	151	455	1	1
科尔沁右翼前旗归流河镇	68200	27262	4046	39	200	1	1
科尔沁右翼前旗居力很镇	22080	21593	4770	16	351	9	
科尔沁右翼前旗察尔森镇	73200	18049	2503	14	175	1	
科尔沁右翼前旗额尔格图镇	70639	20114	2508	30	320	3	2
科尔沁右翼前旗俄体镇	40596	19020	2568	11	256	2	
科尔沁右翼前旗满族屯乡	271735	4634	510	2	318	2	2
科尔沁右翼前旗乌兰毛都苏木	209600	4456	2610	82	465	2	1
科尔沁右翼前旗阿力得尔苏木乡	126580	30431	4023	13	90	3	1
科尔沁右翼前旗巴拉格歹乡	92030	38683	8900	34	350		
科尔沁右翼前旗桃合木苏木	112800	4745	1256	22	120		
科尔沁右翼中旗巴彦呼舒镇	103962	96587	78155	355	1895	64	29
科尔沁右翼中旗巴仁哲里木镇	249070	13271	872	10	53	2	
科尔沁右翼中旗吐列毛都镇	140231	24878	3326	8	40	3	
科尔沁右翼中旗杜尔基镇	118534	17820	1760	3	142		
科尔沁右翼中旗高力板镇	96708	25678	4654	15	85	2	1
科尔沁右翼中旗好腰苏木镇	70266	8924	989	11	157	1	1
科尔沁右翼中旗代钦塔拉苏木	88418	9128	1223	6	60	3	
科尔沁右翼中旗新佳木苏木	114315	14876		6	32		
科尔沁右翼中旗哈日诺尔苏木	118567	4102		14	660	12	1
科尔沁右翼中旗额木庭高勒苏木	49320	16113	1032	6	89	5	1
科尔沁右翼中旗巴彦茫哈苏木	73747	8923		2	13	1	

续表 82　　(内蒙古自治区)　　单位：公顷、人、个

名　　称	行政区域面　积	常住人口	#城镇建成区	企业个数	企　业从业人员	工业企业个　数	#规模以上
科尔沁右翼中旗巴彦淖尔苏木	52710	8500	1559	5	20		
扎赉特旗音德尔镇	102000	92270	80850	360	6520		
扎赉特旗新林镇	72100	30410	5625	150	860		
扎赉特旗巴彦高勒镇	141300	40710	3820	25	537	5	
扎赉特旗胡尔勒镇	66700	12699	3200	18	305		
扎赉特旗阿尔本格勒镇	131800	15420	3507	18	280		
扎赉特旗巴达尔胡镇	83000	18290	3560	22	640		
扎赉特旗图牧吉镇	88000	11471	3345	11	135		
扎赉特旗好力保镇	50817	23593	1655	54	725	7	4
扎赉特旗巴彦乌兰苏木	200616	17846	1940	17	340		
扎赉特旗宝力根花苏木	53827	10647					
扎赉特旗阿拉达尔吐苏木	96000	10480	2658	8	46		
扎赉特旗巴彦扎拉嘎乡	35800	18980	18865	23	190		
扎赉特旗努文木仁乡	35600	9996		18	196		
突泉县突泉镇	53642	99100	62777	415	2560	5	5
突泉县六户镇	74567	31087	5345	10	310	1	1
突泉县东杜尔基镇	33362	17517	2309	19	118		
突泉县永安镇	39367	20272	20272	15	195		
突泉县水泉镇	62125	15726	1895	22	152		
突泉县宝石镇	99078	18018	2714	64	340	2	
突泉县学田乡	36708	14572		2	12		
突泉县九龙乡	21557	11890		3	550	3	1
突泉县太平乡	59289	17059		1	380	1	1
二连浩特市格日勒敖都苏木	401333	1973		15	130	7	
锡林浩特市阿尔善宝拉格镇	209838	1531	320	8	50	2	1
锡林浩特市宝力根苏木	325502	2612		38	1596	23	5
锡林浩特市朝克乌拉苏木	181614	2752		4	24	4	2
锡林浩特市巴彦锡勒办事处乡	342750	5179		25	369	6	
锡林浩特市巴彦宝拉格苏木	151675	1520		1	5	1	
阿巴嘎旗别力古台镇	474031	18542	15496				
阿巴嘎旗洪格尔高勒镇	301048	3249	327				
阿巴嘎旗查干淖尔镇	409360	4823	498				
阿巴嘎旗那仁宝拉格苏木	442121	2881	212				
阿巴嘎旗伊和高勒苏木	335482	1997	87				
阿巴嘎旗吉尔嘎郎图苏木	282618	1574	83				
阿巴嘎旗巴彦图嘎苏木	504351	2473	293				
苏尼特左旗满都拉图镇	568546	19092	16594	344	1923	25	11
苏尼特左旗查干敖包镇	393891	1252	73	1	80	1	1
苏尼特左旗巴彦淖尔镇	609626	5014	169				
苏尼特左旗巴彦乌拉苏木	427065	2301	30				
苏尼特左旗赛罕高毕苏木	469011	991	55	1	120	1	1
苏尼特左旗洪格尔苏木	572683	1643	83				
苏尼特左旗达来苏木	383195	1847	40				
苏尼特右旗赛汉塔拉镇	330717	35885		510	4253	207	40
苏尼特右旗朱日和镇	274070	8807	1986	218	3150	34	14
苏尼特右旗乌日根塔拉镇	372940	6041		90	1002	6	2
苏尼特右旗桑宝拉格苏木	345250	2509					
苏尼特右旗额仁淖尔苏木	451270	1759					
苏尼特右旗赛罕乌力吉苏木	266360	2522					
苏尼特右旗阿其图乌拉苏木	193400	2075	16	3	18		

续表 83　　（内蒙古自治区）　　单位：公顷、人、个

名　　称	行政区域面积	常住人口	#城镇建成区	企业个数	企业从业人员	工业企业个数	#规模以上
东乌珠穆沁旗乌里雅斯太镇	545900	41324	37095	149	1701	125	20
东乌珠穆沁旗道特淖尔镇	308800	4494					
东乌珠穆沁旗嘎达布其镇	360530	3326	30				
东乌珠穆沁旗满都胡宝拉格镇	480900	2900	1200	2	960	2	2
东乌珠穆沁旗额吉淖尔镇	403050	4163	643	3	537	2	2
东乌珠穆沁旗呼热图淖尔苏木	565950	6620	311	11	570		
东乌珠穆沁旗萨麦苏木	772700	3869	144	2	142	2	
东乌珠穆沁旗嘎海乐苏木	518730	3662	205	3	520	3	
东乌珠穆沁旗阿拉坦合力苏木	253069	2926	434	2	399	2	2
西乌珠穆沁旗巴拉嘎尔高勒镇	20200	38232	38232	148	4187	125	10
西乌珠穆沁旗巴彦花镇	531217	23379	1650	30	7496	10	10
西乌珠穆沁旗吉仁高勒镇	420982	5572	703	12	550		
西乌珠穆沁旗浩勒图高勒镇	382331	6588	305	1	31	1	1
西乌珠穆沁旗高日罕镇	156651	3148	528	2	75	2	1
西乌珠穆沁旗巴彦胡舒苏木	374748	4523					
西乌珠穆沁旗乌兰哈拉嘎苏木	324975	5500		1	35	1	1
太仆寺旗宝昌镇	25102	47610	41396	404	12460	65	16
太仆寺旗千斤沟镇	57121	20235	1825	4	86	2	2
太仆寺旗红旗镇	66306	14726	1484	4	84	2	2
太仆寺旗骆驼山镇	56113	9246	2326	1	6		
太仆寺旗永丰镇	38643	9064	1493	15	439		
太仆寺旗幸福乡	18902	7440					
太仆寺旗贡宝拉格苏木	77634	2358		1	42		
镶黄旗新宝拉格镇	2966	15275	15275				
镶黄旗巴彦塔拉镇	176667	3036	156				
镶黄旗翁贡乌拉苏木	164694	2782					
镶黄旗宝格达音高勒苏木	170306	3846					
正镶白旗明安图镇	104237	22360	22360	298	1797	21	15
正镶白旗星耀镇	38783	16566	1090				
正镶白旗伊和淖尔苏木	173913	4422		7	57	2	2
正镶白旗乌兰查布苏木	179115	4864		3	26	1	1
正镶白旗宝拉根陶海苏木	129261	4288		14	258	6	6
正蓝旗上都镇	172652	35214	32630				
正蓝旗桑根达来镇	167734	7475	2538	29	198		
正蓝旗哈毕日嘎镇	39980	6831	1322	23	124		
正蓝旗宝绍代苏木	122777	4348					
正蓝旗那日图苏木	91212	3299	30				
正蓝旗赛音呼都嘎苏木	207774	4835	119	2	11		
正蓝旗扎格斯台苏木	129143	3163	95	1	8		
多伦县大北沟镇	44056	9360	227	38	630	6	
多伦县多伦诺尔镇	53988	71528	60172	862	12712	116	6
多伦县大河口乡	109271	7438		39	516	16	
多伦县蔡木山乡	124143	8512		2	494	2	1
多伦县西干沟乡	54910	6030		38	576	8	
乌拉盖管委会巴音胡硕镇	77968	21093	19893	467	2450	55	8
阿拉善左旗温都尔勒图镇	331900	2217	179	2	85	1	
阿拉善左旗巴润别立镇	318500	6746	701	20	562	14	6
阿拉善左旗巴彦浩特镇	547800	4887	120	25	263	20	5
阿拉善左旗嘉尔嘎勒赛汉镇	291454	7602	1936	122	695	16	5
阿拉善左旗吉兰泰镇	1238600	16410	11003	54	2732	48	1

续表 84　　(内蒙古自治区、辽宁省)　　单位：公顷、人、个

名　　称	行政区域面积	常住人口	#城镇建成区	企业个数	企业从业人员	工业企业个数	#规模以上
阿拉善左旗宗别立镇	202100	7162	200	30	3200	30	8
阿拉善左旗敖伦布拉格镇	479100	3430	660	12	350	7	
阿拉善左旗腾格里额里斯镇	268800	3243	498	24	1432	18	11
阿拉善左旗巴彦木仁苏木乡	263400	2040					
阿拉善左旗乌力吉苏木乡	770700	675		5	30	2	
阿拉善左旗巴彦诺日公苏木乡	1221500	3005		12	294	12	1
阿拉善左旗额尔克哈什哈苏木乡	807060	711		1	25	1	
阿拉善左旗银根苏木	657300	898					
阿拉善左旗超格图呼热苏木	420600	661		2	157	1	1
阿拉善右旗巴丹吉林镇	664000	15045	13294	221	6034	51	3
阿拉善右旗雅布赖镇	1171760	4361	3275	30	1975	17	5
阿拉善右旗阿拉腾敖包镇	360000	1421	484	14	126	11	1
阿拉善右旗曼德拉苏木	570000	1554		11	541	7	
阿拉善右旗阿拉腾朝格苏木	1900000	1756		10	143	8	1
阿拉善右旗巴音高勒苏木	350000	1019		14	275	7	1
阿拉善右旗塔木素布拉格苏木	2432700	912		10	170	4	
额济纳旗达来呼布镇	4900	23668	23668	290	2961	76	
额济纳旗东风镇	3408800	1299	31	10	91	2	
额济纳旗哈日布日格德音乌拉镇	1800000	660	430	22	386	22	2
额济纳旗赛汉陶来苏木	2452700	727		13	792	12	4
额济纳旗马鬃山苏木	1500000	111		2	67		
额济纳旗苏泊淖尔苏木	447400	2464		105	663	5	
额济纳旗巴彦陶来苏木	445400	2119		5	183	2	
额济纳旗温图高勒苏木	1401400	357		1	330		
阿拉善经济开发区乌斯太镇	180900	25390	25390	756	18266	144	32
辽宁省							
辽中区茨榆坨街道办事处	10500	77525	49827	621	12420	48	10
辽中区于家房镇	6995	21236	8655	119	760	11	1
辽中区朱家房镇	10622	27112	4140	90	540	21	
辽中区冷子堡镇	12900	27953	6719	130	1910	46	3
辽中区刘二堡镇	8649	17634	4250	116	1252	48	14
辽中区新民屯镇	5983	18838	4989	95	1860	85	6
辽中区满都户镇	8845	18927	11056	19	200	8	
辽中区杨士岗镇	5300	15122	10088	87	728	28	1
辽中区肖寨门镇	13597	41964	7225	42	6271	31	23
辽中区长滩镇	6364	21010	2980	116	642	102	
辽中区四方台镇	6171	18592	7154	100	2079	29	1
辽中区六间房镇	9903	21184	1951	50	983	27	1
辽中区养士堡镇	8081	15464	3878	48	1030	10	10
辽中区潘家堡镇	6400	15512	13528	48	1304	20	3
辽中区老大房镇	8326	12666	1511	15	245	12	1
辽中区大黑岗子镇	8600	14154	1194	98	640	10	
辽中区牛心坨镇	11380	20399	2847	5	130	1	1
康平县小城子镇	16240	17860	2795				
康平县张强镇	14642	24264	2230	2	200	2	2
康平县方家屯镇	10100	17750	3866	19	250	1	
康平县郝官屯镇	13255	18730	1384	112	1428	17	1
康平县二牛所口镇	16117	21766	1916	22	861	5	2
康平县北四家子乡	14200	16747		89	452	2	
康平县两家子乡	11800	13108		2	33	2	

续表 85 （辽宁省） 单位：公顷、人、个

名　　称	行政区域面积	常住人口	#城镇建成区	企业个数	企业从业人员	工业企业个数	#规模以上
康平县海洲窝堡乡	13655	13660					
康平县沙金台蒙古族满族乡	14459	18389		45	648	6	1
康平县柳树屯蒙古族满族乡	10500	15103		11	56	5	
康平县西关屯蒙古族满族乡	8866	14860		3	35	3	1
康平县东升满族蒙古族乡	12270	18115		34	181	3	
法库县大孤家子镇	10366	20900	4970	480	2500	115	2
法库县三面船镇	12400	18850	5265	39	280	6	1
法库县秀水河子镇	20400	29931	2365	431	2182	11	
法库县叶茂台镇	16751	23186	5200	48	550	38	17
法库县登仕堡子镇	9500	15248	1930	16	530	7	
法库县柏家沟镇	10632	19566	4413	32	1010	5	2
法库县丁家房镇	13200	18207	3512	61	1136	9	
法库县孟家镇	9160	13980	854	47	1300	12	4
法库县十间房镇	11579	14970	1818	10	124	8	
法库县冯贝堡镇	8917	15110	1993	420	4210	22	13
法库县依牛堡子镇	13000	20728	1505	100	1915	95	8
法库县包家屯镇	17500	24954	3921	60	2935	25	
法库县慈恩寺乡	9996	16506		18	300	10	
法库县和平乡	6899	9451		402	1456	2	1
法库县四家子蒙古族乡	9550	14240		29	270	9	1
法库县双台子乡	11256	18363		35	1455	11	1
法库县卧牛石乡	12362	19857		35	1455	7	
新民市大红旗镇	12398	21804	1815	4	51	3	
新民市梁山镇	20520	24780	3025	46	350	2	
新民市公主屯镇	19379	42980	3960	272	1757	15	
新民市兴隆镇	14000	25151	3000	99	5331	91	5
新民市前当堡镇	9428	23296	8055	160	4653	130	3
新民市大民屯镇	11217	32533	10175	71	2500	31	
新民市大柳屯镇	22943	27173	1890	49	950	2	
新民市兴隆堡镇	15089	61802	38122	74	4550	54	3
新民市胡台镇	9999	33346	4568	566	20144	485	26
新民市法哈牛镇	10808	32087	6999	330	5560	209	8
新民市柳河沟镇	19501	22354	1854	11	64	7	2
新民市高台子镇	9922	13691	1867	21	170	19	7
新民市张家屯镇	7822	14763	1260	75	3600	60	3
新民市罗家房镇	13013	26469	2650	46	386	31	
新民市三道岗子镇	10831	20403	1844	45	1676	36	3
新民市东蛇山子镇	11793	23821	2194	62	703	17	
新民市陶家屯镇	5090	9796	1518	5	385	4	
新民市周坨子镇	13340	15679	1347	81	406	1	
新民市金五台子镇	13252	17327		8	732	5	1
新民市新农镇	10650	13125	1788	22	212	5	
新民市红旗乡	9600	12018		3	20	1	
新民市卢家屯乡	11618	14220		3	90	2	
新民市姚堡乡	13725	16945		15	154	4	
新民市于家窝堡乡	10970	10545		13	105	2	
普兰店区安波街道	30459	41371	8185	397	4270	35	
普兰店区双塔镇	15614	32804	2907	270	2000	140	2
普兰店区四平镇	10179	21819	2414	194	1260	14	1
长海县大长山岛镇	4051	35126	33206	1230	6360	58	1

续表 86　　　　(辽宁省)　　　　单位：公顷、人、个

名　　称	行政区域面　　积	常住人口	#城镇建成区	企业个数	企　业从业人员	工业企业个　　数	#规模以上
长海县獐子岛镇	1582	12250	11142	79	3709	9	3
长海县广鹿岛镇	3770	13220	4562	179	2578	17	1
长海县小长山镇	2757	16135	6634	253	5200	19	1
长海县海洋镇	2044	7629	4027	18	1229	5	1
瓦房店市复州城镇	13201	52200	20380	321	10338	110	9
瓦房店市松树镇	13154	31721	10278	50	430	20	1
瓦房店市得利寺镇	8900	23594	6980	80	6580	60	1
瓦房店市万家岭镇	13300	20939	2475	203	2339	7	
瓦房店市许屯镇	14740	32650	10278	35	3762	7	2
瓦房店市永宁镇	13640	37861	2876	203	5122	76	1
瓦房店市谢屯镇	20454	40940		687	3750	185	3
瓦房店市老虎屯镇	10795	23926	7163	42	5820	22	3
瓦房店市红沿河镇	13900	18031	3159	138	3280	47	1
瓦房店市李官镇	11172	21360	2565	133	1962	12	4
瓦房店市仙浴湾镇	8246	13299	3158	315	2350	45	1
瓦房店市元台镇	15000	42000	10700	291	1500	101	2
瓦房店市瓦窝镇	9700	20000	5500	98	4000	58	1
瓦房店市赵屯乡	14720	34482		288	3025	21	4
瓦房店市土城乡	9600	23611		26	460	5	1
瓦房店市阎店乡	11300	24501		80	1928	9	2
瓦房店市西杨乡	11180	30318		162	3040	24	2
瓦房店市驼山乡	13300	22210		37	1850	15	1
瓦房店市三台满族乡	13000	23228		57	1966	44	1
瓦房店市泡崖乡	13490	17910	1450	262	3240	43	4
瓦房店市杨家满族乡	10941	22998		217	1928	23	3
庄河市青堆镇	19330	50188	13846	273	5542	147	19
庄河市徐岭镇	9746	30936	5871	2888	18788	804	9
庄河市黑岛镇	13650	32358	6785	1131	10255	42	11
庄河市栗子房镇	22202	53605	16498	771	11430	342	10
庄河市大营镇	13934	20740	1270	266	2950	62	6
庄河市塔岭镇	21600	22691	3804	534	3030	13	
庄河市仙人洞镇	32613	32140	426	741	3705	33	
庄河市蓉花山镇	21277	32284	8846	71	1730	70	1
庄河市长岭镇	15341	26553	5044	110	3694	11	6
庄河市荷花山镇	15312	11356	2743	59	1527	5	5
庄河市城山镇	19760	32911	3258	852	9482	447	6
庄河市光明山镇	23821	49180	1928	795	7835	319	9
庄河市大郑镇	24300	55650	15240	1611	18118	647	7
庄河市吴炉镇	17371	34369	3604	383	4612	156	5
庄河市王家镇	967	6307	5600	372	3335	3	3
庄河市鞍子山乡	28584	45003		654	5759	88	5
庄河市太平岭满族乡	10470	21410		585	3975	207	4
庄河市步云山乡	21259	18592		328	1860	111	2
庄河市桂云花满族乡	21413	18232		607	3617	170	1
庄河市兰店乡	8817	21240		576	9179	171	9
庄河市石城乡	3749	9501		46	1550	33	2
千山区唐家房镇	7380	18820	8455	583	2916	54	3
千山区大屯镇	10543	32610	10610	865	8105	248	10
千山区甘泉镇	5397	20539	5710	269	2750	102	1
台安县西佛镇	11514	24322	5439	30	600	20	2

续表 87　　　　（辽宁省）　　　　单位：公顷、人、个

名　称	行政区域面积	常住人口	#城镇建成区	企业个数	企业从业人员	工业企业个数	#规模以上
台安县新开河镇	14036	37041	2300	37	966	28	3
台安县黄沙坨镇	11530	36472	7312	45	670	24	3
台安县高力房镇	11159	34652	12442	225	5400	38	4
台安县桑林镇	18766	27859	5807	62	920	16	
台安县富家镇	8498	17584	3632	22	250	19	
台安县达牛镇	9900	27782	5142	484	2861	34	1
台安县韭菜台镇	5800	14056	3576	11	174	11	
台安县新台镇	13822	15369	4588	48	360	16	4
台安县桓洞镇	9733	17310	2619	11	208	2	
岫岩满族自治县三家子镇	21700	15848	2298	102	961	100	1
岫岩满族自治县石庙子镇	20100	17150	2514	55	280	35	1
岫岩满族自治县黄花甸镇	17300	23869	8503	102	572	16	1
岫岩满族自治县大营子镇	36000	20786	3031	80	1050	13	3
岫岩满族自治县苏子沟镇	16861	14287	1138	29	640	16	3
岫岩满族自治县偏岭镇	24600	28015	8390	234	4786	173	16
岫岩满族自治县哈达碑镇	30600	30932	2825	48	1055	18	1
岫岩满族自治县新甸镇	12300	22227	3393	14	1650	5	2
岫岩满族自治县洋河镇	20600	15820	5755	88	623	26	
岫岩满族自治县杨家堡镇	15147	10704	4118	66	685	25	
岫岩满族自治县清凉山镇	21700	15718	2571	9	178	6	
岫岩满族自治县石灰窑镇	23073	21424	2854	35	240	9	1
岫岩满族自治县前营子镇	19151	14277	976	18	768	16	1
岫岩满族自治县龙潭镇	19891	16190	2591	21	171	18	1
岫岩满族自治县牧牛镇	22000	16111	3197	24	355	14	
岫岩满族自治县药山镇	15100	12534	2780	20	380	17	1
岫岩满族自治县大房身镇	18133	13822	3120	113	2845	33	7
岫岩满族自治县朝阳镇	20600	14863	2206	47	615	8	
岫岩满族自治县红旗营子乡	19196	13324		27	175	17	
岫岩满族自治县岭沟乡	11800	8826		5	60		
岫岩满族自治县哨子河乡	13682	8428		220	1155	7	
海城市孤山镇	20360	22712	2730	20	101	15	1
海城市岔沟镇	14100	23627	3682	55	340	8	
海城市接文镇	17070	23050	4481	200	1105	8	
海城市析木镇	14027	31120	6240	148	12340	26	3
海城市马风镇	16540	35153	4826	155	1865	40	8
海城市牌楼镇	10398	40569	26090	370	26800	231	49
海城市八里镇	8490	33129	5459	379	4574	105	10
海城市毛祁镇	6470	20687	8218	237	7836	115	6
海城市英落镇	16180	41165	10950	213	16245	125	10
海城市感王镇	9318	44571	9616	450	7028	248	8
海城市西柳镇	6480	67138	27178	522	25466	135	21
海城市中小镇	5160	23892	7549	68	1827	64	5
海城市王石镇	16020	40665	15406	206	3567	86	8
海城市南台镇	9360	68158	18027	430	22145	139	14
海城市腾鳌镇	12670	72691	34008	780	37077	415	69
海城市耿庄镇	11360	39496	9340	78	1764	29	11
海城市牛庄镇	4990	35713	27469	329	3121	66	2
海城市西四镇	9280	29698	2199	15	743	8	3
海城市望台镇	7520	25083	1613	133	5491	20	4
海城市温香镇	13980	39799	3120	22	130	5	

续表 88　　(辽宁省)　　单位：公顷、人、个

名　称	行政区域面　积	常住人口	#城镇建成区	企业个数	企　业从业人员	工业企业个　数	#规模以上
海城市高坨镇	5930	20288	3200	39	920	16	2
新抚区千金乡	6200	17902		115	1601	55	
东洲区章党镇	22200	15501	2391	23	1015	17	1
东洲区哈达镇	20170	20287	2800	123	1476	23	1
东洲区碾盘乡	8555	18686		130	1985	126	3
东洲区兰山乡	3305	5762	3521	78	1332	48	10
望花区塔峪镇	5277	18557	4967	1017	5090	188	2
望花区拉古满族乡	10413	15347		135	1650	66	5
顺城区前甸镇	11938	40035	3152	345	4923	216	3
顺城区河北乡	7804	20259		311	2451	101	7
顺城区会元乡	10500	14450		781	3525	301	3
抚顺县石文镇	15100	23929	3130	256	1287	5	2
抚顺县后安镇	36830	16820	1885	13	1673	3	1
抚顺县上马镇	28910	20318	1302	168	952	23	1
抚顺县救兵镇	26550	23555	1631	230	1249	165	7
抚顺县马圈子乡	14145	4851		72	360	8	1
抚顺县峡河乡	12580	9064		108	558	1	
抚顺县海浪乡	12000	12097		101	707	12	3
抚顺县汤图满族乡	18580	7640		221	1120	9	1
新宾满族自治县新宾镇	37340	65974	46408	162	3077	33	3
新宾满族自治县旺清门镇	23092	10080	4355	89	1041	23	
新宾满族自治县永陵镇	52631	44799	21872	564	6100	201	1
新宾满族自治县平顶山镇	34953	18929	2020	52	630	8	
新宾满族自治县大四平镇	26488	19286	3725	12	3500	12	2
新宾满族自治县苇子峪镇	40571	14200	3414	142	1254	67	1
新宾满族自治县木奇镇	43977	16403	1336	116	580	9	
新宾满族自治县上夹河镇	26718	15084	5470	2	23	1	
新宾满族自治县南杂木镇	9565	19944	18606	131	2400	11	11
新宾满族自治县红升乡	12659	6684		14	95	7	
新宾满族自治县响水河乡	14163	7521	2641	86	1087	6	
新宾满族自治县红庙子乡	32391	10685		68	528	2	
新宾满族自治县北四平乡	24774	8011		106	772	11	1
新宾满族自治县榆树乡	32617	11895	2040	422	2907	76	4
新宾满族自治县下夹河乡	16607	9565		11	335		
清原满族自治县清原镇	30042	100232	77857	512	3072	32	6
清原满族自治县红透山镇	20033	26446	14624	99	1653	31	
清原满族自治县草市镇	15226	12675	4026	153	901	9	
清原满族自治县英额门镇	27960	14686	3824	262	1501	17	1
清原满族自治县南口前镇	33440	22362	3802	129	712	13	
清原满族自治县南山城镇	42688	27688	4321	24	189	8	2
清原满族自治县湾甸子镇	35895	12029	3887	108	1100	42	
清原满族自治县大孤家镇	20600	19146	3900	105	540	7	
清原满族自治县夏家堡镇	45238	27956	3220	31	226	21	1
清原满族自治县北三家镇	27261	13127	2458	132	695	20	3
清原满族自治县土口子乡	28063	12232	2658	27	187	12	
清原满族自治县敖家堡乡	17187	8270	785	50	382	19	2
清原满族自治县大苏河乡	27530	9108	2356	195	975	6	1
清原满族自治县枸乃甸乡	20884	6728	6649	53	325	5	
本溪满族自治县小市镇	56224	34126	3961	71	6100	55	2
本溪满族自治县草河掌镇	37454	10037	410	69	480	1	

续表 89　　（辽宁省）　　单位：公顷、人、个

名　称	行政区域面　积	常住人口	#城镇建成区	企业个数	企　业从业人员	工业企业个　数	#规模以上
本溪满族自治县草河城镇	20517	11602	841	21	608	17	
本溪满族自治县草河口镇	19714	21856	12399	18	422	16	1
本溪满族自治县连山关镇	20337	12986	1860	30	151	6	1
本溪满族自治县清河城镇	33281	11223	1713	18	94	3	
本溪满族自治县田师傅镇	13668	28333	2683	43	4800	9	4
本溪满族自治县南甸镇	12984	12579	3750	20	712	16	4
本溪满族自治县碱厂镇	27622	25162	8287	35	990	11	1
本溪满族自治县高官镇	42997	21762	850	60	3000	50	9
本溪满族自治县东营房乡	41035	11352		13	120	7	
桓仁满族自治县桓仁镇	30280	38435	12404	51	973	38	3
桓仁满族自治县普乐堡镇	30700	13461	2832	18	330	16	
桓仁满族自治县二棚甸子镇	33447	20150	12993	457	2665	19	1
桓仁满族自治县沙尖子镇	28966	14321	3013	154	772	3	1
桓仁满族自治县五里甸子镇	22447	10330	2787	6	49	3	
桓仁满族自治县八里甸子镇	37900	15925	4424	130	987	41	1
桓仁满族自治县华来镇	59991	40894	6135	743	3716	30	1
桓仁满族自治县古城镇	31200	25402	2936	44	256	17	
桓仁满族自治县雅河朝鲜族乡	21200	15600		24	420	12	1
桓仁满族自治县向阳乡	20809	8432		92	610	6	
桓仁满族自治县黑沟乡	21560	10532		102	532	27	1
桓仁满族自治县北甸子乡	12100	6139		19	196	15	
元宝区金山镇	7781	33428	23377	185	13000	75	20
振兴区浪头镇	3314	23280	4215	59	1889	51	4
振兴区安民镇	2009	11908	3645	92	3106	65	
振兴区汤池镇	8460	25103	6502	552	4503	164	7
振安区同兴镇	7440	21611	8200	546	5149	152	9
振安区五龙背镇	10511	29602	15000	204	2010	50	5
振安区楼房镇	11323	16224	3187	45	2320	17	4
振安区九连城镇	5500	22544	4250	84	1809	51	6
振安区汤山城镇	22630	19732	3346	156	2059	22	3
宽甸满族自治县宽甸镇	3584	97259	53641	134	3654	47	7
宽甸满族自治县灌水镇	40750	28142	7563	52	950	5	2
宽甸满族自治县硼海镇	25800	12763	1854	74	550	8	4
宽甸满族自治县红石镇	44295	18823	3478	159	803	50	1
宽甸满族自治县毛甸子镇	32485	14641	1822	7	115	4	1
宽甸满族自治县长甸镇	40910	27472	1712	29	570	15	7
宽甸满族自治县永甸镇	29592	23521	6693	71	550	35	
宽甸满族自治县太平哨镇	34987	19384	1024	39	462	3	
宽甸满族自治县青山沟镇	26670	10730	4310	122	440	4	
宽甸满族自治县牛毛坞镇	30070	14873	2339	99	400	17	
宽甸满族自治县大川头镇	27798	9714	900	24	250	8	
宽甸满族自治县青椅山镇	20502	12807	1621	22	140	18	1
宽甸满族自治县杨木川镇	24900	11939	1412	200	1000	3	
宽甸满族自治县虎山镇	21200	12566	1156	34	310	12	1
宽甸满族自治县振江镇	29672	10415	965	19	1020	12	1
宽甸满族自治县步达远镇	31800	15792	2893	23	155	7	
宽甸满族自治县大西岔镇	34597	12690	662	65	326	28	
宽甸满族自治县八河川镇	19666	9589	790	20	103	4	
宽甸满族自治县双山子镇	28120	13559	1863	14	153	2	
宽甸满族自治县石湖沟乡	19490	25765		71	905	68	6

续表 90 (辽宁省) 单位：公顷、人、个

名　称	行政区域面　积	常住人口	#城镇建成区	企业个数	企　业从业人员	工业企业个　数	#规模以上
宽甸满族自治县古楼子乡	13300	8409		6	272	5	1
宽甸满族自治县下露河朝鲜族乡	26984	10145		10	60		
东港市孤山镇	19817	65324	22690	282	3458	51	8
东港市前阳镇	11763	60684	23622	540	18476	332	35
东港市长安镇	17800	13097	1008	11	202	10	
东港市十字街镇	11980	24136	3355	38	910	30	4
东港市长山镇	15049	42179	17345	82	2875	56	3
东港市北井子镇	12335	28633	8799	36	2610	16	3
东港市椅圈镇	14493	33645	4213	45	1395	32	2
东港市黄土坎镇	10396	21881	6267	53	1217	38	1
东港市马家店镇	13218	26120	4186	50	335	24	1
东港市龙王庙镇	8157	18277	2475	22	187	20	1
东港市小甸子镇	11926	22664	2628	12	625	10	
东港市菩萨庙镇	8599	24137	2708	21	1256	20	3
东港市黑沟镇	15564	12120	1395	15	167	8	
东港市新农镇	11366	14185	2115	23	420	19	2
东港市合隆满族乡	9911	17920	1372	17	240	14	
凤城市宝山镇	31944	19878	978	42	613	42	2
凤城市白旗镇	18033	11890	2025	14	245	12	
凤城市沙里寨镇	19000	13397	1766	80	423	7	1
凤城市红旗镇	26300	19854	2106	28	368	22	1
凤城市蓝旗镇	16035	17066	3628	17	600	14	1
凤城市边门镇	38598	26734	3511	72	1300	55	2
凤城市东汤镇	32705	24048	1560	46	831	12	
凤城市石城镇	40917	20842	4520	22	252	13	
凤城市大兴镇	20923	9065	1908	8	80	3	1
凤城市爱阳镇	36513	32116	11080	90	2010	35	
凤城市赛马镇	41383	31205	8631	33	1425	30	2
凤城市弟兄山镇	20522	13825	2627	24	252	21	1
凤城市鸡冠山镇	43800	20687	2050	100	760	70	2
凤城市刘家河镇	35590	21269	5059	35	1560	25	5
凤城市通远堡镇	18000	27489	10680	150	3600	127	3
凤城市四门子镇	26970	15319	3289	45	900	38	
凤城市青城子镇	23810	29502	11900	130	7800	115	11
凤城市大堡蒙古族乡	26620	22231		15	503	12	1
黑山县芳山镇	14494	28373	3285	102	510	5	2
黑山县白厂门镇	9426	14683	1579	28	312	1	
黑山县常兴镇	11748	23048	3760	94	558	22	1
黑山县姜屯镇	9221	20327	1621	14	80	12	
黑山县励家镇	10234	22351	4270	60	350	25	4
黑山县绕阳河镇	12391	24326	2463	26	352	10	2
黑山县半拉门镇	11938	19197	6434	68	1109	17	1
黑山县无梁殿镇	12344	21462	2200	67	535	4	2
黑山县胡家镇	10747	21675	3640	42	470	23	
黑山县新立屯镇	6925	21967	14846	138	1610	42	1
黑山县八道壕镇	9038	37008	15905	235	3500	38	3
黑山县四家子镇	13321	18899	1435	18	1300	6	1
黑山县新兴镇	16116	15040	1300	17	87	12	
黑山县太和镇	11541	22036	2834	82	412	53	4
黑山县镇安镇	11865	32102	5	128	1621	7	3

续表 91　　　　（辽宁省）　　　　单位：公顷、人、个

名称	行政区域面积	常住人口	#城镇建成区	企业个数	企业从业人员	工业企业个数	#规模以上
黑山县英城子乡	11564	17796		17	156	9	2
黑山县段家乡	8178	22088		96	3678	2	1
黑山县大兴乡	6367	9529		18	197	11	3
黑山县薛屯乡	10110	17269		16	80	5	
义县刘龙台镇	9602	7543	1876	11	95	3	
义县七里河镇	14975	32006	3681	212	4655	98	11
义县大榆树堡镇	20384	32979	2247	26	500	26	
义县稍户营子镇	14330	26310	4552	16	231	1	
义县九道岭镇	16003	33410	1500	30	2700	11	4
义县高台子镇	18090	22834	1724	36	326	18	5
义县瓦子峪镇	23454	28000	2128	8	40	8	1
义县头台镇	12389	11182	1171	70	1230	37	4
义县前杨镇	10260	23270	2352	18	178	18	1
义县张家堡镇	15768	26121	3585	32	175	4	
义县头道河镇	18042	14091	1654	15	721	10	
义县留龙沟镇	16571	10090	1388	15	210	3	2
义县聚粮屯镇	9165	19523	1200	10	130	4	
义县地藏寺乡	11574	7658		12	180	9	3
义县大定堡乡	10923	7430		3	35	3	1
义县白庙子乡	15634	17146		2	15	1	
凌海市石山镇	8774	23405	3699	119	812	78	1
凌海市余积镇	9912	23759	1698	8	90	5	1
凌海市双羊镇	9780	26208	4339	2310	12517	241	9
凌海市班吉塔镇	12243	13841	1795	28	315	12	1
凌海市沈家台镇	18447	19079	1761	31	485	15	2
凌海市三台子镇	15002	39350	1163	75	750	20	2
凌海市右卫镇	8120	16593	2598	960	4800	8	1
凌海市阎家镇	7665	12854	1725	37	1468	2	
凌海市新庄子镇	13951	25440	2098	82	1800	36	5
凌海市翠岩镇	13247	16572	760	165	1300	4	1
凌海市安屯镇	8362	10158	2342	23	980	15	2
凌海市大业镇	8974	22426	2680	76	997	42	3
凌海市建业镇	15679	27080	1651	120	656	17	
凌海市温滴楼镇	16743	18765	3061	23	370	7	2
凌海市白台子镇	17555	26656	1380	237	1365	180	1
凌海市板石沟乡	10236	7438					
凌海市谢屯乡	5678	14476		65	4102	27	2
北镇市沟帮子街道办事处	2927	44055	5570	162	23430	83	10
北镇市大市镇	11290	11384	3721	16	185	5	
北镇市罗罗堡镇	17950	20854	2300	61	305	3	3
北镇市常兴店镇	7500	22589	4370	42	245	7	
北镇市正安镇	10415	27102	4970	40	600	17	
北镇市闾阳镇	7978	29386	4943	36	212	16	2
北镇市中安镇	22755	73698	3790	59	570	27	
北镇市廖屯镇	10134	34708	3076	67	3828	22	4
北镇市赵屯镇	6722	24212	2589	34	1800	25	1
北镇市青堆子镇	6666	20744	7070	56	2800	16	1
北镇市高山子镇	6009	21478	4600	37	189	4	1
北镇市吴家镇	5887	11762	2589	21	105	3	1
北镇市鲍家乡	5780	12210		11	240	7	

续表 92 （辽宁省） 单位：公顷、人、个

名　称	行政区域面　积	常住人口	#城镇建成区	企业个数	企　业从业人员	工业企业个　数	#规模以上
北镇市大屯乡	4874	15445		7	186	6	
北镇市柳家乡	6024	11146		25	360	9	
鲅鱼圈区熊岳镇	5555	141036	120000	5962	36148	708	8
鲅鱼圈区芦屯镇	10212	53517	8513	2982	33201	1252	15
鲅鱼圈区红旗满族镇	3644	30781	7360	990	5670	104	5
老边区路南镇	5400	34526	3605	452	8525	357	15
老边区柳树镇	6400	19909	3976	97	2920	96	11
老边区边城镇	5000	18207	322	179	2900	155	13
盖州市高屯镇	12559	17857	2425	36	912	8	1
盖州市沙岗镇	5656	21948	21948	529	4975	181	2
盖州市九寨镇	11400	37293	12000	77	3064	20	
盖州市万福镇	22364	34877	7133	1396	6988	14	
盖州市卧龙泉镇	18443	17121	2753	185	2074	4	1
盖州市青石岭镇	8248	26457	26457	296	3008	166	7
盖州市暖泉镇	10468	13913	1424	179	1152	15	
盖州市榜式堡镇	15600	18570	3436	536	5201	20	10
盖州市团甸镇	5320	10683	554	16	132	10	
盖州市双台镇	8758	18678	12900	425	2501	61	1
盖州市杨运镇	23259	24343	2680	172	1406	61	
盖州市徐屯镇	10623	20095	2540	174	7700	112	
盖州市什字街镇	28800	31286	1145	6	320	5	
盖州市矿洞沟镇	26000	21046	2068	36	280	11	
盖州市陈屯镇	7580	21045	2678	141	1620	39	
盖州市梁屯镇	21939	27533	2807	78	630	28	
盖州市小石棚乡	14300	9957		57	285	47	
盖州市果园乡	298	1033	1033	19	261	9	
盖州市二台乡	2027	8206		14	70		
大石桥市水源镇	11600	35417	2088	176	6816	41	5
大石桥市沟沿镇	8700	34700	1666	135	1300	46	6
大石桥市石佛镇	5851	22283	4004	30	1056	29	2
大石桥市高坎镇	15300	45135	2051	102	1632	36	4
大石桥市旗口镇	12321	51916	8890	140	3566	56	12
大石桥市虎庄镇	8700	29767	7117	59	1088	42	9
大石桥市官屯镇	9180	32150	3522	286	1725	183	27
大石桥市博洛铺镇	6545	28808	7680	71	2146	70	13
大石桥市永安镇	4930	25100	5020	130	4200	65	15
大石桥市汤池镇	13117	41002	6739	36	610	8	4
大石桥市建一镇	15000	16098	1718	24	387	8	2
大石桥市黄土岭镇	19900	25271	1245	32	285	9	1
大石桥市周家镇	11400	20152	2880	40	360	39	
阜新市海州区韩家店镇	3809	16736		50	1367	46	2
新邱区长营子镇	11718	23197	4782	920	3856	120	2
太平区水泉镇	5878	18307	1648	347	2016	97	5
清河门区河西镇	3718	11517	2429	142	1125	5	
清河门区乌龙坝镇	4850	12135	1574	20	1126	7	1
细河区四合镇	5730	12864	3051	350	4807	45	6
阜新蒙古族自治县阜新镇	28093	32388	1863	27	1105	20	
阜新蒙古族自治县东梁镇	11451	25119	4215	6	350	3	1
阜新蒙古族自治县佛寺镇	11868	12268	1225	207	1460	17	
阜新蒙古族自治县伊吗图镇	9240	25807	2443	33	4801	23	15

续表 93　　（辽宁省）　　单位：公顷、人、个

名　　称	行政区域面积	常住人口	#城镇建成区	企业个数	企业从业人员	工业企业个数	#规模以上
阜新蒙古族自治县旧庙镇	32400	25826	2012	13	530	7	
阜新蒙古族自治县务欢池镇	21167	29216	4954	20	230	4	1
阜新蒙古族自治县建设镇	19264	22883	1944	566	5760	52	1
阜新蒙古族自治县大巴镇	20200	23716	4005	6	3134	6	
阜新蒙古族自治县泡子镇	19892	27103	6000	61	604	9	
阜新蒙古族自治县十家子镇	11619	21977	2435	76	670	27	7
阜新蒙古族自治县王府镇	15885	25003	3318	123	1100	120	1
阜新蒙古族自治县于寺镇	22350	15251	1597	492	1837	54	
阜新蒙古族自治县富荣镇	14710	19900	1580	82	720	6	
阜新蒙古族自治县新民镇	14837	17030	2513	20	805	14	1
阜新蒙古族自治县福兴地镇	26246	17458	2332	25	543	12	2
阜新蒙古族自治县平安地镇	29443	19487	3119	8	165	7	1
阜新蒙古族自治县沙拉镇	14289	16236	1222	29	1122	19	
阜新蒙古族自治县大固本镇	15558	24410	2215	8	320	6	
阜新蒙古族自治县大五家子镇	25700	19029	1870	518	3139	140	
阜新蒙古族自治县大板镇	13643	11512	2127	13	127	6	
阜新蒙古族自治县招束沟镇	18114	16558	1568	3	65	3	
阜新蒙古族自治县八家子镇	18591	12939	2980	7	50	7	
阜新蒙古族自治县蜘蛛山镇	18000	20414	228	73	380	55	
阜新蒙古族自治县塔营子镇	11292	10482	2118	16	80	2	
阜新蒙古族自治县扎兰营子镇	21333	15416	3669	2	60	2	
阜新蒙古族自治县七家子镇	17785	12498	790	8	150	4	1
阜新蒙古族自治县红帽子镇	17283	13891	965	8	85	3	
阜新蒙古族自治县紫都台镇	18444	11642	2204	3	40	3	3
阜新蒙古族自治县化石戈镇	22770	14690	2210	50	910	4	
阜新蒙古族自治县哈达户稍镇	16740	13570	1648	5	70	5	
阜新蒙古族自治县老河土镇	14667	18039	3252	207	1600	30	5
阜新蒙古族自治县太平镇	16998	11809	1586	19	550	7	
阜新蒙古族自治县卧凤沟乡	8006	13588		1	10	1	
阜新蒙古族自治县苍土乡	8304	13662		6	144	6	
阜新蒙古族自治县国华乡	13333	9957		158	366	43	
彰武县彰武镇	5470	78115	72250	4632	28160	215	3
彰武县哈尔套镇	17400	23916	6274	60	311	8	
彰武县章古台镇	26000	12279	1023	183	920	8	2
彰武县五峰镇	19100	19891	2220	7	278	5	2
彰武县冯家镇	14400	17707	3698	242	1412	74	3
彰武县后新秋镇	18200	19142	2205	577	2890	120	4
彰武县东六家子镇	11500	15300	3380	79	460	26	1
彰武县阿尔乡镇	14700	5885	120	15	1330	12	3
彰武县前福兴地镇	12656	8029	2546	20	110	6	
彰武县双庙镇	14697	13458	1680	32	230	5	
彰武县大四家子镇	11100	11554	2540	9	176	5	
彰武县苇子沟镇	12962	14737	1729	12	929	8	2
彰武县兴隆山镇	7264	9431	1721	24	2300	13	2
彰武县满堂红镇	19400	12582	2310	18	298	7	2
彰武县四合城镇	18267	12441	1552	30	156	11	1
彰武县大冷蒙古族镇	25900	18395	2385	241	800	61	1
彰武县两家子镇	16228	15242	1856	272	2220	62	
彰武县平安镇	11600	12603	419	5	25	1	
彰武县四堡子镇	22333	13569	1572	39	195	12	

续表 94　　(辽宁省)　　单位：公顷、人、个

名　　称	行政区域面　积	常住人口		企业个数	企　业从业人员	工业企业个　数	
			#城镇建成区				#规模以上
彰武县西六家子蒙古族满族镇	13841	16430	2594	76	393	22	
彰武县大德镇	12500	9897	2099	67	363	6	
彰武县兴隆堡镇	14200	16337	1664	8	51	4	
彰武县二道河子蒙古族乡	9300	12999		5	25	2	
彰武县丰田乡	15300	9511		218	1700	2	
文圣区小屯镇	12737	30942	12564	110	1500	56	5
文圣区罗大台镇	7366	28812	2985	479	3480	132	6
宏伟区曙光镇	8996	31708	5394	620	26499	174	14
宏伟区兰家镇	4177	16977	5350	114	812	52	1
弓长岭区汤河镇	15270	14891	1305	395	3002	52	
弓长岭区安平乡	14494	17777		80	430	40	4
太子河区祁家镇	4250	27234		684	5780	193	7
太子河区沙岭镇	10200	40318	6235	43	462	18	1
太子河区王家镇	6992	18294	5744	432	4624	290	
太子河区东宁卫乡	2235	12422		420	4880	113	4
辽阳县首山镇	5066	80488	50412	436	5580	108	18
辽阳县刘二堡镇	12500	68028	30800	2965	19659	1269	7
辽阳县小北河镇	13400	41862	5115	273	5020	270	
辽阳县黄泥洼镇	10500	30216	5068	113	1948	40	3
辽阳县唐马寨镇	13600	35380	3649	605	4192	105	
辽阳县穆家镇	11500	31842	6210	62	3019	43	2
辽阳县柳壕镇	10350	24185	3429	25	1326	12	
辽阳县河栏镇	42130	20450	2147	110	618	21	
辽阳县隆昌镇	12250	13088	2011	41	210	1	
辽阳县八会镇	17550	14160	1485	65	2210	16	
辽阳县寒岭镇	18900	17539	2758	126	1018	17	3
辽阳县兴隆镇	5301	22368	8750	503	3571	78	12
辽阳县下达河乡	14700	8362		256	660	45	
辽阳县吉洞峪满族乡	27700	17405		418	2190	23	1
辽阳县甜水满族乡	31400	18023		260	1822	62	
灯塔市佟二堡镇	9528	52434	23500	963	25657	400	5
灯塔市铧子镇	11703	47869	13968	1983	9002	82	8
灯塔市张台子镇	4114	19061	2850	36	2336	11	3
灯塔市西大窑镇	8930	23621	2962	214	2651	30	5
灯塔市沈旦堡镇	8819	28620		63	488	4	2
灯塔市西马峰镇	7938	34442	3612	195	2260	34	2
灯塔市柳条寨镇	9627	30267	2040	13	2230	9	1
灯塔市柳河子镇	11731	17835	2135	10	368	5	3
灯塔市大河南镇	5811	20605	2544	689	3461	146	2
灯塔市五星镇	10969	43200	1410	24	144	8	
灯塔市鸡冠山乡	14820	6733		19	960	6	1
双台子区统一镇	3926	10523	489	24	144	18	
双台子区陆家镇	3450	10898	1339	841	4297	152	4
大洼区田庄台镇	3600	18600	3600	151	1820	32	1
大洼区东风镇	10993	20024	4209	517	3580	65	14
大洼区新开镇	6700	16633	1079	72	980	64	9
大洼区清水镇	6868	18094	6870	620	4678	80	10
大洼区新兴镇	6703	22358	8824	145	986	40	6
大洼区西安镇	8559	25829	3730	123	615	8	1
大洼区新立镇	7600	20671	5805	211	3954	35	11

续表 95　　(辽宁省)　　单位：公顷、人、个

名　　称	行政区域面　　积	常住人口	#城镇建成区	企业个数	企　　业从业人员	工业企业个　　数	#规模以上
大洼区唐家镇	10950	21710	3153	69	1230	30	11
大洼区平安镇	7281	15790	1988	26	980	14	5
大洼区赵圈河镇	17200	7632	2577	30	530	1	
盘山县高升街道	15890	29258	4520	362	3500	53	8
盘山县沙岭镇	12976	36150	11944	348	2445	94	6
盘山县胡家镇	16971	27220	4902	210	1050	12	2
盘山县石新镇	9467	15027	6052	180	1360	11	
盘山县东郭镇	65462	17174	6286	110	3752	12	3
盘山县羊圈子镇	24607	18203	4927	30	2917	9	2
盘山县古城子镇	7169	16409	2840	85	3414	45	6
盘山县坝墙子镇	6706	18912	3642	58	1890	38	5
盘山县陈家镇	8750	11996	3756	115	1101	19	5
盘山县甜水镇	8636	14471	7000	32	2100	26	5
盘山县吴家镇	4084	11067	1860	202	3820	79	2
银州区龙山乡	4000	25162		32	580	24	
清河区张相镇	11275	17293	17293	140	2061	49	6
清河区杨木林子镇	19940	18282	3906	139	1680	39	1
清河区聂家满族乡	13189	8604		55	330		
铁岭县新台子镇	11144	28855	5830	284	4490	87	17
铁岭县阿吉镇	12063	22723	1480	55	333	53	2
铁岭县平顶堡镇	8386	18041	3762	27	417	22	4
铁岭县大甸子镇	27714	21639	4215	9	130	7	
铁岭县凡河镇	17334	60379	34060	215	1950	91	2
铁岭县腰堡镇	12217	23533	9260	316	4960	280	9
铁岭县镇西堡镇	14524	25640	2790	56	1132	38	2
铁岭县蔡牛镇	14337	31456	600	552	1600	152	1
铁岭县李千户镇	29130	38098	2620	53	281	25	3
铁岭县熊官屯镇	14746	18415	4586	32	270	29	2
铁岭县横道河子镇	12888	12964	2300	28	366	28	
铁岭县双井子镇	12900	23932	1725	63	1489	8	4
铁岭县鸡冠山乡	19536	11236		70	1140	6	
铁岭县白旗寨满族乡	16692	12014		40	201		
西丰县西丰镇	12930	82522	62773	28	580	9	9
西丰县平岗镇	7930	14242	1980	278	1448	2	
西丰县郜家店镇	23202	26062	1300	23	692	15	4
西丰县凉泉镇	12412	12214	4436	14	110	9	2
西丰县振兴镇	16141	16635	16635	17	120	8	1
西丰县安民镇	17571	17362	2000	24	527	24	5
西丰县天德镇	15689	22076	1965	3	40	3	1
西丰县房木镇	22667	23197	3594	2	20	2	
西丰县柏榆镇	14592	14957	2100	1	30		
西丰县陶然镇	10160	11236	412	18	240	11	1
西丰县钓鱼镇	11635	7641	659	15	80	4	
西丰县更刻镇	7485	10300	2885	30	750	15	2
西丰县德兴满族乡	10636	9197		54	580	3	2
西丰县明德满族乡	11017	9960		3	45	2	
西丰县成平满族乡	14836	12179		6	90	2	
西丰县和隆满族乡	26500	15009		1	10		
西丰县营厂满族乡	17930	10030					
西丰县金星满族乡	13359	11991		7	165	4	

续表 96　　(辽宁省)　　单位：公顷、人、个

名　　称	行政区域面　　积	常住人口	#城镇建成区	企业个数	企　　业从业人员	工业企业个　　数	#规模以上
昌图县昌图镇	19800	152290		3031	16091	34	9
昌图县老城镇	11200	36353	14725	1689	10755	21	1
昌图县八面城镇	13740	59102	33922	74	2702	27	9
昌图县三江口镇	18785	27354	27354	64	493	14	
昌图县金家镇	10600	27917	2540	26	280	1	1
昌图县宝力镇	15300	37961	11955	225	1400	8	
昌图县泉头镇	14064	21369	5510	8	197	6	1
昌图县双庙子镇	8432	12829	4840	480	2405	5	
昌图县亮中桥镇	15700	27235	3867	52	780	15	
昌图县马仲河镇	8711	15078	1750	7	350	5	1
昌图县毛家店镇	18630	33546	1951	73	510	12	
昌图县老四平镇	8200	20574	2844	20	324	18	3
昌图县大洼镇	12950	22031	3602	7	290	3	
昌图县头道镇	10495	15781	1821	35	650	25	
昌图县鴜鹭树镇	14062	20893		303	1536	16	1
昌图县傅家镇	21100	26455		111	1083	77	
昌图县四合镇	9400	16801	4813	20	102	8	
昌图县朝阳镇	10700	16229	1385	21	196	11	
昌图县古榆树镇	20412	32606	32606	110	563	11	
昌图县七家子镇	12460	16724	16724	107	595	32	
昌图县东嘎镇	10000	18905	908	241	1205	1	
昌图县四面城镇	11333	20915	2201	14	352	9	
昌图县前双井镇	13100	22911	1600	4	33	3	
昌图县通江口镇	12800	28136	1552	162	1023	5	
昌图县大四家子镇	10440	20240	2843	9	72	2	
昌图县曲家店镇	13700	22441	628	26	230	12	
昌图县十八家子镇	9600	18545	1643	133	667	8	
昌图县太平镇	10038	13703	808	83	676	4	3
昌图县下二台镇	13730	14380	690	80	440	3	
昌图县平安堡镇	10500	15669		54	106	4	
昌图县大兴镇	8000	16773	1250	5	179	2	1
昌图县后窑镇	8900	16807	2372	9	60	4	
昌图县长发镇	8170	12940		5	25	1	
调兵山市晓明镇	6098	26209	10907	24	2350	10	2
调兵山市大明镇	5888	27003	25685	365	4615	24	3
调兵山市晓南镇	10539	25897	7526	180	2365	70	7
开原市威远堡镇	17678	20418	4018	10	904	10	1
开原市庆云堡镇	16951	35784	9127	26	2471	26	6
开原市中固镇	12668	25995	9129	11	516	8	2
开原市八棵树镇	22593	24060	24060	12	105	10	
开原市金沟子镇	11295	24831	6910	13	181	13	
开原市八宝镇	10785	27507	9979	31	794	31	4
开原市业民镇	9734	18500	2381	24	1205	23	3
开原市莲花镇	17973	13264	2518				
开原市靠山镇	19457	19616	2076	27	140	18	
开原市马家寨镇	10775	12064	2670	23	138	1	
开原市下肥镇	14304	14538	5098	2	30	2	
开原市松山镇	23500	19296	2004	4	28	4	
开原市城东镇	8553	15715	1320	22	400	22	
开原市李家台镇	19922	15137	2096	10	145	10	

续表 97　　（辽宁省）　　单位：公顷、人、个

名　　称	行政区域面　　积	常住人口	#城镇建成区	企业个数	企　　业从业人员	工业企业个　　数	#规模以上
开原市上肥地满族镇	13812	9023	1350	2	30	2	
开原市黄旗寨满族镇	22095	14298	3083	5	160	3	
开原市林丰满族乡	14196	7208					
双塔区桃花吐镇	11195	17964	2380	257	3818	46	6
双塔区他拉皋镇	7419	21619	21619	362	1822	98	5
双塔区孙家湾镇	17426	16251	1893	103	477	3	
双塔区长宝营子乡	6870	6824		17	180	12	2
龙城区七道泉子镇	4099	18476	5660	197	983	88	3
龙城区西大营子镇	6334	25435	5500	90	912	39	3
龙城区召都巴镇	8795	19939	3822	59	854	23	2
龙城区大平房镇	11000	23717	6658	13	210	6	
龙城区联合镇	16438	18896	1803	24	256	17	
龙城区边杖子镇	13000	17399	2305	46	371	10	1
朝阳县波罗赤镇	10876	18560	3379	48	264	7	
朝阳县木头城子镇	12997	28355	4331	70	708	3	
朝阳县二十家子镇	20927	35068	6730	115	690	11	2
朝阳县羊山镇	19153	37313	3750	34	190	6	
朝阳县六家子镇	11881	27643	3695	47	675	20	
朝阳县瓦房子镇	10780	18721	6540	113	1235	49	1
朝阳县大庙镇	17291	19461	2643	216	1356	41	10
朝阳县古山子镇	22571	18516	1882	70	2236	16	3
朝阳县南双庙镇	17184	29324	3216	40	252	2	
朝阳县台子镇	19561	19658	2365	58	306	23	
朝阳县清风岭镇	8980	15386	2836	34	171	2	
朝阳县胜利镇	29670	37525	2148	40	243	1	
朝阳县七道岭镇	21093	28450	2181	18	95	5	1
朝阳县杨树湾镇	10705	8289	2743	53	650	5	
朝阳县西五家子乡	12014	11956		2	35	2	
朝阳县北沟门子乡	10049	7109		12	69	5	
朝阳县东大道乡	12830	13436		5	325	5	1
朝阳县乌兰河硕蒙古族乡	6586	9040		23	116	4	
朝阳县东大屯乡	11281	15327		19	110	4	1
朝阳县松岭门蒙古族乡	8022	10370		4	300	3	3
朝阳县根德营子乡	12974	15673		28	218	5	
朝阳县西营子乡	9609	11359		20	158	3	
朝阳县北四家子乡	13794	24769		38	196	4	
朝阳县王营子乡	10793	12511		18	95	3	
朝阳县黑牛营子乡	7995	17570		5	39	1	
朝阳县尚志乡	5798	11690		22	118	21	
建平县朱碌科镇	16814	23498	9650	93	2003	49	3
建平县建平镇	29048	21347	2768	57	466	9	2
建平县黑水镇	17485	22286	11482	32	625	13	
建平县喀喇沁镇	18775	18785	3806	45	450	18	
建平县北二十家子镇	16790	14504	2650	28	143	2	
建平县沙海镇	27739	29267	5890	120	3276	78	8
建平县哈拉道口镇	14800	12655	6922	25	170	9	
建平县榆树林子镇	25300	31510	3885	124	2085	10	1
建平县老官地镇	16103	8357	2421	3	41		
建平县深井镇	16387	15236	2050	68	1975	44	2
建平县奎德素镇	21951	19925	2465	20	533	3	

续表 98　　　　(辽宁省)　　　　单位：公顷、人、个

名　称	行政区域面积	常住人口	#城镇建成区	企业个数	企业从业人员	工业企业个数	#规模以上
建平县小塘镇	17806	16893	2072	38	312	11	2
建平县马场镇	20736	15432	2030	22	174		
建平县昌隆镇	14844	14193	2732	29	174		
建平县张家营子镇	21988	15511	1947	43	812	6	
建平县青峰山镇	17509	13875	1782	73	1089	71	9
建平县太平庄镇	15229	18735	3595	12	65	2	
建平县青松岭乡	15526	10262		29	161	18	
建平县杨树岭乡	11397	8194		14	80	2	1
建平县罗福沟乡	18691	10119		13	68		
建平县烧锅营子乡	16972	6584		13	65	4	
建平县白山乡	13871	14339		26	485	13	
建平县三家蒙古族乡	16000	27947		39	733	15	1
建平县义成功乡	14840	7116		33	488	6	
喀喇沁左翼蒙古族自治县南公营子镇	12162	23725	3118	35	468	16	
喀喇沁左翼蒙古族自治县山嘴子镇	9871	17946	1645	47	332	6	
喀喇沁左翼蒙古族自治县公营子镇	16926	31358	6611	244	4491	126	9
喀喇沁左翼蒙古族自治县白塔子镇	11804	23258	4522	45	541	17	
喀喇沁左翼蒙古族自治县中三家镇	16979	14701	3219	94	3216	68	8
喀喇沁左翼蒙古族自治县老爷庙镇	14363	22180	2582	11	285	11	
喀喇沁左翼蒙古族自治县六官营子镇	13382	12440	2333	28	146	24	
喀喇沁左翼蒙古族自治县平房子镇	13189	25265	2558	15	380	11	
喀喇沁左翼蒙古族自治县十二德堡镇	10651	17353	1556	5	256	5	1
喀喇沁左翼蒙古族自治县羊角沟镇	16234	17003	2484	37	191	13	1
喀喇沁左翼蒙古族自治县兴隆庄镇	6845	14690	2486	20	360	18	
喀喇沁左翼蒙古族自治县甘招镇	7998	13813	2490	38	205	15	1
喀喇沁左翼蒙古族自治县东哨镇	8120	12661	2238	8	320	8	
喀喇沁左翼蒙古族自治县水泉镇	7358	15864	4135	77	390	14	1
喀喇沁左翼蒙古族自治县尤杖子乡	6235	9601		9	583	6	
喀喇沁左翼蒙古族自治县草场乡	6163	7745		8	118	7	1
喀喇沁左翼蒙古族自治县坤都营子乡	6716	11200		36	720	9	
喀喇沁左翼蒙古族自治县大营子乡	12080	8142		44	386	28	1
喀喇沁左翼蒙古族自治县卧虎沟乡	10177	8275		13	128	12	1
北票市西官营镇	20190	24561	3504	41	317	40	
北票市大板镇	13212	6447	1880	40	204	7	
北票市上园镇	23930	14043	2100	63	370	2	
北票市宝国老镇	23444	22758	5420	36	1845	34	4
北票市黑城子镇	14795	17034	2705	181	920	9	1
北票市五间房镇	10649	32493	1885	265	1926	43	6
北票市台吉镇	4896	14324	2270	71	462	20	1
北票市东官营镇	16772	20761	5014	561	2805	34	6
北票市龙潭镇	20141	15229	1685	14	175	13	4
北票市北塔镇	15313	14493	1604	370	1850	35	
北票市蒙古营镇	14722	14363	2386	339	1161	3	
北票市大三家镇	9942	13519	3710	114	1200	21	
北票市长皋乡	20375	10112		14	193	9	1
北票市常河营乡	18172	6728		4	96	4	
北票市小塔子乡	14247	9185		30	202	6	1
北票市马友营蒙古族乡	20700	13330		5	95	5	
北票市泉巨永乡	16332	12653		12	113	12	
北票市哈尔脑乡	14388	14877		13	130	4	

续表 99　　　　（辽宁省）　　　　单位：公顷、人、个

名　　称	行政区域面　　积	常住人口	#城镇建成区	企业个数	企　　业从业人员	工业企业个　　数	#规模以上
北票市南八家子乡	11521	8232		2	28	2	
北票市章吉营乡	13984	9454		1	7	1	
北票市三宝营乡	9865	7022		1	5	1	
北票市巴图营乡	15879	12199		1	5		
北票市台吉营乡	16017	12487		111	271	3	2
北票市娄家店乡	17442	13988		18	421	18	1
北票市北四家乡	17285	9682		10	920	5	5
北票市凉水河蒙古族乡	10159	6407		31	234	5	
北票市三宝乡	14036	18339		10	359	7	1
凌源市万元店镇	9135	13893	835	76	2023	25	1
凌源市宋杖子镇	17432	32628	1340	21	980	18	
凌源市三十家子镇	19488	35062	8754	158	2119	21	
凌源市杨杖子镇	3298	5366	3100	8	220	6	1
凌源市刀尔登镇	22891	23995	5600	52	452	15	4
凌源市松岭子镇	16556	20347	2710	87	436	12	
凌源市四官营子镇	15146	22575	2085	45	550	17	1
凌源市沟门子镇	16504	25903	1200	25	165	21	
凌源市小城子镇	7570	15344	1860	297	2523	23	2
凌源市四合当镇	21631	35457	2622	15	350	11	1
凌源市乌兰白镇	9108	8818	1109	28	730	15	
凌源市瓦房店镇	10145	13912	2003	92	487	24	
凌源市大河北镇	17615	15782	1004	52	560	12	
凌源市牛营子镇	14138	19437	1424	16	730	13	
凌源市三道河子镇	17053	17724	2900	35	302	9	1
凌源市大王杖子乡	10461	12842		22	252	5	
凌源市刘杖子乡	8138	10360		4	20	3	
凌源市前进乡	8143	6955		2	65		
凌源市北炉乡	10475	16104		13	71	8	1
凌源市三家子蒙古族乡	23416	36055		81	590	11	1
凌源市佛爷洞乡	10950	12875		1	13		
凌源市河坎子乡	13852	11408		2	225	2	1
连山区钢屯镇	14815	32716	8009	120	1970	9	
连山区寺儿堡镇	10487	24800	1850	36	680	32	3
连山区新台门蒙古族镇	16500	20104	2704	37	564	8	
连山区沙河营乡	12772	21120		31	1522	31	5
连山区孤竹营子乡	5639	5818		18	195	7	
连山区白马石乡	7900	7200		11	140		
连山区山神庙子乡	13148	13022		22	975	20	
连山区塔山乡	14694	26080		136	2533	104	6
连山区杨郊乡	10100	8913		42	340	42	2
龙港区双树乡	3420	11834		153	640	28	1
南票区缸窑岭镇	12587	17902	2234	215	1546	8	2
南票区暖池塘镇	12530	17544	1778	12	400	6	
南票区高桥镇	5571	24795	12970	49	2970	34	1
南票区虹螺岘镇	8959	33078	11934	1739	17406	31	4
南票区金星镇	6354	29341	6152	280	13400	40	
南票区台集屯镇	8073	14510	2011	30	200	28	
南票区沙锅屯乡	9700	12455		30	420	30	3
南票区黄土坎乡	8649	14406		35	175	12	
南票区大兴乡	10415	21409		16	234	16	3

续表 100　　(辽宁省)　　单位：公顷、人、个

名　称	行政区域面积	常住人口	#城镇建成区	企业个数	企业从业人员	工业企业个数	#规模以上
南票区张相公屯乡	8662	12632		4	53	2	2
绥中县绥中镇	1993	85799	85799	41	205	3	1
绥中县西甸子镇	8507	23780	6220	26	820	24	3
绥中县宽帮满族镇	15787	25294	1480	16	180	10	
绥中县大王庙满族镇	19992	30034	308	4	370	4	1
绥中县万家镇	6756	25112	3400	8	65	1	1
绥中县前所镇	6840	23479	3998	243	2099	23	1
绥中县高岭镇	13247	26445	3854	34	720	22	
绥中县前卫镇	12300	24975	9780	11	140	6	
绥中县荒地满族镇	8634	26425	2840	8	84	7	
绥中县塔山屯镇	7338	30421	3500	170	1200	20	
绥中县高台镇	11331	29871	1253	35	450	4	
绥中县王宝镇	6630	19827	1900	24	550	7	
绥中县沙河镇	14169	31970	2700	25	502	10	2
绥中县小庄子镇	8545	34742	1760	21	234	10	
绥中县西平坡满族乡	11092	16446		10	100	3	
绥中县葛家满族乡	10569	13529	395	16	290	1	
绥中县高甸子满族乡	11147	18620		64	435	16	1
绥中县范家满族乡	12920	15284	1250	8	110	5	
绥中县明水满族乡	11319	12652		8	61	5	
绥中县秋子沟乡	7767	11227		20	160	1	
绥中县加碑岩乡	22608	17517		2	350	2	
绥中县永安堡乡	22382	7958		1	12		
绥中县李家堡乡	11709	19472		28	1057		
绥中县网户满族乡	7122	21550		109	1310	44	
绥中县城郊乡	2684	22127		320	2572	40	2
建昌县建昌镇	1126	75791	75791	430	17018	25	2
建昌县八家子镇	9300	14261	6295	13	2715	6	3
建昌县喇嘛洞镇	10900	24959	5010	85	987		
建昌县药王庙镇	21700	26047	2213	4	331	4	4
建昌县汤神庙镇	11700	30628	1581	3	150		
建昌县玲珑塔镇	12400	21258	1465	13	105	5	
建昌县大屯镇	16900	18956	2100	3	559	2	1
建昌县牤牛营子乡	16740	36898		8	290	6	
建昌县素珠营子乡	12830	20569		6	120	1	
建昌县石佛乡	11400	16498		16	81		
建昌县王宝营子乡	11300	18293		3	24		
建昌县老大杖子乡	17000	21736		12	165	10	2
建昌县要路沟乡	10901	23837		2	56		
建昌县魏家岭乡	10000	10010		1	20		
建昌县西碱厂乡	7900	16216		5	30		
建昌县头道营子乡	5500	10248		20	164		
建昌县新开岭乡	9900	15714		24	789	4	
建昌县贺杖子乡	6200	4541		6	30		
建昌县养马甸子乡	13500	16348		5	50		
建昌县和尚房子乡	19400	24535		1	8		
建昌县杨树湾子乡	11600	14513		20	220		
建昌县黑山科乡	8100	14847		1	16		
建昌县雷家店乡	13600	15848		8	80	7	
建昌县小德营子乡	9800	15486		6	220	5	

续表 101　　(辽宁省、吉林省)　　单位：公顷、人、个

名　称	行政区域面　积	常住人口	#城镇建成区	企业个数	企　业从业人员	工业企业个　数	#规模以上
建昌县二道湾子蒙古族乡	8900	22433		1	10		
建昌县巴什罕乡	10400	23093		26	135		
建昌县娘娘庙乡	7200	12837		20	180	2	
建昌县谷杖子乡	13300	15471		25	330	17	3
兴城市曹庄镇	6439	26876	2239	175	875	57	
兴城市沙后所满族镇	11343	38962	13566	191	3560	128	3
兴城市东辛庄满族镇	7359	26563	9605	71	2148	3	2
兴城市郭家满族镇	11900	9075	2075	90	215	9	
兴城市红崖子镇	15010	26186	2750	287	905	137	7
兴城市徐大堡镇	8163	14266	675	109	1003	41	1
兴城市高家岭满族镇	8400	14415	1826	112	1748	72	1
兴城市羊安满族乡	6833	20166		137	1407	131	4
兴城市元台子满族乡	11150	17093		142	1360	62	1
兴城市白塔满族乡	6810	11804		42	480	29	1
兴城市望海满族乡	8140	19312		30	312	24	1
兴城市刘台子满族乡	4020	12583		4	45	2	
兴城市大寨满族乡	7840	15811		41	205	4	
兴城市南大山满族乡	13000	20986		10	55	5	
兴城市围屏满族乡	11246	12151		27	350	13	1
兴城市碱厂满族乡	16120	10687		85	920	9	1
兴城市三道沟满族乡	16990	14670		93	985	8	
兴城市旧门满族乡	8340	9402		21	730	7	1
兴城市药王满族乡	13840	14924		1	50	1	1
吉林省							
南关区幸福乡	2100	62359	48610	536	3360	1	1
宽城区兰家镇	10394	36768	6920	996	23200	353	18
宽城区米沙子镇	30554	42174	4616	114	28221	98	35
宽城区万宝镇	13741	35672	2941	40	475	18	7
宽城区合隆镇	19489	98769	38528	532	16799	469	109
朝阳区乐山镇	13400	25512	1921	97	1145	27	3
朝阳区永春镇	5721	17148	4968	112	853	13	1
二道区英俊镇	5458	20260	5924	263	4867	145	33
二道区劝农山镇	12180	19769	2093	169	845	27	1
二道区泉眼镇	12485	17415	1445	247	1978	11	1
二道区四家乡	11323	13470		72	380	7	
绿园区合心镇	8202	13744	9744	483	27500	53	1
绿园区西新镇	3580	12305	4002	367	13768	123	27
绿园区城西镇	3920	52309	18109	255	4325	151	24
双阳区齐家镇	27741	48980	4147	120	3558	51	2
双阳区太平镇	32600	41211	2098	175	5023	66	
双阳区鹿乡镇	27226	41406	2188	448	11710	73	3
双阳区双营子回族乡	6274	16619		360	8568	84	24
九台区龙嘉街道办事处	13513	31015	5692	152	3583	64	11
九台区其塔木镇	21232	44985	7896	18	130	8	8
九台区上河湾镇	25064	55265	4553	110	6670	44	3
九台区胡家回族乡	16895	17028		79	7526	1	
九台区莽卡满族乡	15300	23139		11	176	3	
农安县农安镇	57900	133400	133400	163	4232	108	30
农安县伏龙泉镇	30300	78428	23645	384	22422	170	15
农安县哈拉海镇	43500	69300	9800	190	4000	35	2

续表 102　　(吉林省)　　单位：公顷、人、个

名　　称	行政区域面　　积	常住人口	#城镇建成区	企业个数	企　　业从业人员	工业企业个　　数	#规模以上
农安县靠山镇	9700	24700	3634	23	315	18	1
农安县开安镇	31100	55989	2274	282	36012	179	6
农安县烧锅镇	13400	32549	8845	132	9116	89	4
农安县高家店镇	16400	28872	3482	27	1320	26	3
农安县华家镇	24409	44085	3986	58	315	28	12
农安县三盛玉镇	29200	36157	3000	30	256	30	
农安县巴吉垒镇	40800	48683	5620	17	190	2	1
农安县三岗镇	19300	26772	3952	12	155	5	1
农安县前岗乡	25100	41315		113	752	42	5
农安县龙王乡	23000	22315		90	540	4	1
农安县万顺乡	24401	34315		310	5680	71	
农安县杨树林乡	27900	35009		92	4100	15	2
农安县永安乡	18800	22657		72	1130	22	2
农安县青山口乡	15856	32158		79	602	8	2
农安县黄鱼圈乡	15100	29437		30	728	30	
农安县新农乡	18400	32069		147	3000	18	1
农安县万金塔乡	16400	36969		24	189	4	
农安县小城子乡	18200	28657		14	1036	11	1
长春经济技术开发区兴隆山镇	6130	40198	17398	1834	12596	191	20
长春净月高新技术产业开发区新立城镇	5200	46194	18725	650	35500	48	16
长春净月高新技术产业开发区新湖镇	11300	18037	2115	17	425	13	4
长春净月高新技术产业开发区玉潭镇	14300	14792	5501	71	1635	19	3
长春高新技术产业开发区奋进乡	8518	18854		99	1490	48	
长春高新技术产业开发区双德乡	2512	93556		7554	103492	376	85
长春汽车经济技术开发区(特殊镇)	10930	38245		612	29455	427	73
榆树市五棵树镇	22367	61872	24302	2510	12900	342	25
榆树市弓棚镇	23489	56582	9120	642	3540	275	1
榆树市闵家镇	13880	32288	6713	177	5294	176	
榆树市大坡镇	12010	33576	5603	112	2683	110	7
榆树市黑林镇	24513	44251	5011	360	7860	258	2
榆树市土桥镇	37983	57765	3500	139	9088	108	1
榆树市新立镇	25149	41690	12340	236	2015	162	4
榆树市大岭镇	28316	49331	5910	920	8013	395	2
榆树市于家镇	29403	63824	7418	420	14147	216	3
榆树市泗河镇	15283	27158	4321	147	1345	125	1
榆树市八号镇	24943	49722	3565	516	3120	470	1
榆树市刘家镇	13722	27507	3339	138	13345	132	3
榆树市秀水镇	21519	45184	4080	246	3168	201	3
榆树市保寿镇	15674	32059	5256	1182	7143	18	5
榆树市新庄镇	18615	35814	1129	176	2162	156	4
榆树市育民乡	15117	23560		440	2880	158	
榆树市红星乡	15623	30472		369	1978	367	1
榆树市太安乡	12749	25321		126	936	88	2
榆树市先峰乡	12366	25577		392	1998	392	
榆树市青山乡	13052	29905		198	1450	196	1
榆树市延和朝鲜族乡	2000	912		1	11	1	1
榆树市恩育乡	13478	28379		140	705	137	2
榆树市城发乡	21425	42113		90	3550	20	2
榆树市环城乡	26567	60850		250	6120	146	13
德惠市大青嘴镇	16579	38809	5189	11	443	9	1

续表 103　　　　（吉林省）　　　　单位：公顷、人、个

名　　称	行政区域面积	常住人口	#城镇建成区	企业个数	企业从业人员	工业企业个数	#规模以上
德惠市郭家镇	19700	39469	2258	130	3152	8	1
德惠市松花江镇	16509	42735	878	226	3653	40	10
德惠市达家沟镇	15951	32866	4245	14	1343	14	1
德惠市大房身镇	27210	63812	3573	178	2500	17	7
德惠市岔路口镇	22100	48973	1732	58	3326	46	11
德惠市朱城子镇	15219	28361	3458	25	4525	15	10
德惠市布海镇	20137	39397	1635	22	989	18	8
德惠市天台镇	18753	36947	1641	69	1912	26	7
德惠市菜园子镇	16326	51208	2587	11	1392	8	3
德惠市同太乡	25250	50153		214	9470	11	5
德惠市边岗乡	18003	41912		10	238	7	5
德惠市五台乡	15400	36310		182	2098	20	5
德惠市朝阳乡	14899	36763		26	2678	20	15
昌邑区孤店子镇	7140	20056	3000	60	2200	34	13
昌邑区桦皮厂镇	17722	40098	7323	41	799	8	3
昌邑区左家镇	23273	25980	8090	48	1490	16	4
昌邑区两家子满族乡	15568	17510		28	523	3	1
昌邑区土城子满族朝鲜族乡	9208	13626		51	2852	11	5
龙潭区乌拉街镇	18800	48671	21000	39	250	9	7
龙潭区缸窑镇	28803	31067	11173	37	612	29	5
龙潭区江密峰镇	31318	32134	3896	14	137	4	2
龙潭区大口钦镇	13753	19255	2780	47	1796	35	8
龙潭区金珠镇	11600	21000	15000	23	2800		
龙潭区江北乡	10600	21240	4606	146	4230	18	12
船营区大绥河镇	14960	14268	4395	112	667	11	2
船营区搜登站镇	29740	39571	4966	36	432	17	1
船营区越北镇	3910	29430	15220	173	865	135	19
船营区欢喜乡	9099	20616		150	1111	79	6
丰满区旺起镇	52588	17191	4215	7	96	3	1
丰满区江南乡	18543	31068		235	9695	42	18
丰满区前二道乡	11305	19020		154	1202	23	5
丰满区小白山乡	13244	15764		123	2558	45	14
永吉县口前镇	31570	141772	118360	320	4925	37	4
永吉县双河镇	31668	16154	16154	24	439	7	
永吉县西阳镇	42236	21370	594	23	1052	4	4
永吉县北大湖镇	45261	28337	9201	52	739	5	2
永吉县一拉溪镇	33962	39100	1430	19	1600	8	4
永吉县万昌镇	15702	35084	4250	892	5096	242	10
永吉县永吉经济开发区(特殊乡镇)	6394	11530		268	2309	95	29
永吉县金家乡	15400	14710		9	140	3	2
永吉县黄榆乡	15734	17510	2370	12	230		
吉林中国新加坡食品区岔路河镇	21600	37444	15520	385	3962	48	10
蛟河市新站镇	56793	25456	15280	14	215	7	5
蛟河市天岗镇	49238	30505	9456	160	1672	75	24
蛟河市白石山镇	57351	30963	19828	28	460	10	1
蛟河市漂河镇	107567	28969	3910	29	331	9	3
蛟河市黄松甸镇	58531	11432	3825	23	432	18	5
蛟河市天北镇	40992	19463	2335	22	220	5	5
蛟河市松江镇	58563	18034	3687	20	123	7	
蛟河市庆岭镇	42032	15464	2895	7	105	4	4

续表 104　　(吉林省)　　单位：公顷、人、个

名　称	行政区域面积	常住人口	#城镇建成区	企业个数	企业从业人员	工业企业个数	#规模以上
蛟河市乌林朝鲜族乡	22783	11370		35	610	20	6
蛟河市前进乡	59681	12657		5	39	2	1
桦甸市夹皮沟镇	104773	23964	15979	105	6457	36	21
桦甸市二道甸子镇	82587	27210	5363	151	3350	23	7
桦甸市红石砬子镇	129209	41746	20112	221	2272	30	19
桦甸市八道河子镇	62410	32759	5317	189	2014	28	5
桦甸市常山镇	49111	19139	2752	110	1264	22	9
桦甸市金沙镇	60690	25077	3123	28	140	7	7
桦甸市桦郊乡	70743	42918		239	3413	58	12
桦甸市横道河子乡	32331	15331		12	1085	7	2
桦甸市公吉乡	51887	26450		176	2750	35	17
舒兰市法特镇	14543	31635	7658	32	2411	15	6
舒兰市白旗镇	14450	27364	8236	195	2326	44	6
舒兰市溪河镇	17089	30394	3254	61	1102	34	5
舒兰市朝阳镇	12192	14055	1303	56	331	8	1
舒兰市小城镇	47388	17875	5025	13	1536	10	
舒兰市上营镇	32048	26936	3142	38	5714	32	10
舒兰市水曲柳镇	20261	17881	2521	22	1239	17	8
舒兰市平安镇	15905	28854	6673	57	2625	56	12
舒兰市金马镇	15479	13217	2236	42	780	12	7
舒兰市开原镇	44220	23864	3698	21	1245	15	3
舒兰市莲花乡	7179	12313		18	535	12	2
舒兰市亮甲山乡	13417	14642		11	125	9	2
舒兰市新安乡	82583	14326		9	221	8	1
舒兰市七里乡	26607	18279		17	85	7	4
舒兰市天德乡	21688	28238		18	1098	10	5
磐石市烟筒山镇	49380	53480	17050	144	6710	53	13
磐石市红旗岭镇	16365	30538	17372	53	4095	25	7
磐石市明城镇	26427	44546	25637	126	7935	56	23
磐石市石嘴镇	24298	24318	6837	62	558	33	5
磐石市驿马镇	20493	12783	2134	16	208	4	2
磐石市牛心镇	24042	23857	1991	14	785	9	7
磐石市呼兰镇	28884	27214	3919	26	396	15	9
磐石市吉昌镇	35933	33590	4231	49	724	24	2
磐石市松山镇	26866	11342	1700	6	124	3	3
磐石市黑石镇	23329	19861	4465	5	100	1	
磐石市朝阳山镇	24613	17082	2478	35	1211	28	3
磐石市富太镇	19361	17674	1952	25	125	17	2
磐石市取柴河镇	28325	11669	4286	20	151	12	4
磐石市宝山乡	24175	25861		35	318	16	3
四平市铁西区平西乡	14167	40345		34	4160	30	30
四平市铁东区山门镇	18170	22033	12360	58	1120	38	14
四平市铁东区石岭镇	34000	36872	16558	50	1650	12	1
四平市铁东区叶赫满族镇	26500	24716	4597	35	500	4	
四平市铁东区四平经济开发区(特殊乡镇)	5750	13305	13305	358	6324	167	13
四平市铁东区城东乡	4354	11959		174	8700	74	17
梨树县梨树镇	18296	149850	99656	376	2800	280	5
梨树县郭家店镇	17622	68120	37037	150	1900	74	6
梨树县榆树台镇	18952	40117	8103	71	402	34	
梨树县孤家子镇	17276	56019	21335	59	1819	22	3

续表 105　　（吉林省）　　单位：公顷、人、个

名　　称	行政区域面　积	常住人口	#城镇建成区	企业个数	企　业从业人员	工业企业个　数	#规模以上
梨树县小城子镇	18485	38760	7400	28	1800	7	2
梨树县喇嘛甸镇	12319	30905	1200	48	240	2	
梨树县蔡家镇	12016	26230	2513	1	85	1	1
梨树县刘家馆子镇	25333	24896	4280	4	36	2	
梨树县十家堡镇	21333	33060	2935	172	6830	49	8
梨树县孟家岭镇	16398	16730	3010	120	1250	89	1
梨树县万发镇	20310	39130	1785	9	820	5	2
梨树县东河镇	12754	24540	1220	8	180	2	
梨树县沈洋镇	16459	23900	1320	2	132	2	
梨树县林海镇	30680	32547	4180	76	600	5	2
梨树县小宽镇	9662	20069	3052	20	984	12	2
梨树县白山乡	11200	27760		3	40		
梨树县泉眼岭乡	9542	19551		20	348	2	
梨树县胜利乡	12414	22064		4	62	4	1
梨树县四棵树乡	14458	26410		7	160	3	
梨树县双河乡	11766	23387		7	96		
梨树县金山乡	12400	20072		164	1004	5	
伊通满族自治县伊通镇	22295	44517		23	426	21	13
伊通满族自治县二道镇	15435	15830	1440	8	180	4	
伊通满族自治县伊丹镇	14994	23037	3030	20	713	3	3
伊通满族自治县马鞍镇	14675	25061	1398	15	1133	3	1
伊通满族自治县景台镇	24403	29811	4268	30	160	6	
伊通满族自治县靠山镇	14411	22432	3669	21	268	1	
伊通满族自治县大孤山镇	21520	35512	7040	32	200	20	3
伊通满族自治县小孤山镇	12690	21000	4000	25	362	2	
伊通满族自治县营城子镇	26590	30175	3103	56	1260	4	2
伊通满族自治县西苇镇	12927	11818	979	7	250		
伊通满族自治县河源镇	24453	18696	3986	8	378	1	
伊通满族自治县黄岭子镇	12664	16987	907	8	135	5	
伊通满族自治县新兴乡	6505	12681		7	268	4	3
伊通满族自治县莫里青乡	9874	12989		5	58	1	
伊通满族自治县三道乡	9684	17885		1	10		
公主岭市二十家子镇	11453	18850	6276	42	310	24	
公主岭市黑林子镇	24656	45834	3460	12	70	2	
公主岭市陶家屯镇	11962	30410	1820	3	187	3	3
公主岭市范家屯镇	17434	91969	67989	452	25398	147	70
公主岭市响水镇	14450	41289	2980	26	910	14	4
公主岭市大岭镇	14737	33631	2115	80	1200	80	10
公主岭市怀德镇	43900	90837	9612	25	3864	24	11
公主岭市双城堡镇	37793	66885	4870	130	1368	47	
公主岭市双龙镇	12230	20492	2152	25	286	1	1
公主岭市杨大城子镇	24598	48520	7497	4	60	2	1
公主岭市毛城子镇	16499	22169	1601	5	234	4	
公主岭市玻璃城子镇	24888	28658	2912				
公主岭市朝阳坡镇	12879	27964	2315	69	765	6	
公主岭市大榆树镇	11560	22155	1027	4	128	4	2
公主岭市秦家屯镇	19449	51445	8411	134	3009	25	2
公主岭市八屋镇	13761	28538	1924	17	2000	12	1
公主岭市十屋镇	16400	27025	2876	30	256	14	
公主岭市桑树台镇	13596	23987	3473	26	264	14	

续表 106　　(吉林省)　　单位：公顷、人、个

名　　称	行政区域面　积	常住人口	#城镇建成区	企业个数	企　业从业人员	工业企业个　数	#规模以上
公主岭市龙山乡	14630	13391					
公主岭市永发乡	13580	22125		114	1093		
双辽市茂林镇	46800	38158	4435	257	1462	8	1
双辽市双山镇	35508	27251	4760	3	102	2	2
双辽市卧虎镇	28744	26655	4680	8	268	7	1
双辽市服先镇	29272	27397	3092	23	425	20	1
双辽市王奔镇	12230	21900	3530	28	150	21	
双辽市玻璃山镇	10600	6102	1818	5	88	1	
双辽市兴隆镇	15500	12358	1460	2	68		
双辽市东明镇	10133	17987	2621	132	727	2	2
双辽市那木乡	21021	19670		8	210	1	
双辽市柳条乡	15800	16600		4	340	4	4
双辽市新立乡	6600	13884		3	396	2	2
双辽市永加乡	17000	10046		26	235	8	
龙山区寿山镇	15400	34116	1550	980	10650	65	14
龙山区县级直管村级单位(特殊镇)	2183	219391		235	12560	75	30
龙山区工农乡	3400	15742		60	1305	57	13
辽源市西安区灯塔镇	16425	26987		86	5510	80	9
辽源市西安区县级直管村级单位(特殊镇)	1575	129049		196	15113	73	34
东丰县东丰镇	16377	102449	85647	143	17502	111	11
东丰县大阳镇	29660	40262	3540	23	430	20	2
东丰县横道河镇	28958	27254	8502	310	3460	276	3
东丰县那丹伯镇	15153	17960	2071	34	785	12	2
东丰县猴石镇	12693	14219	2252	45	226	18	
东丰县杨木林镇	13527	15360	3570	27	410	27	
东丰县小四平镇	21437	19282	1762	149	3518	40	1
东丰县黄河镇	20477	22110	1890	23	139	15	1
东丰县拉拉河镇	10321	13623	1500	31	782	15	6
东丰县沙河镇	16609	13298	2925	270	1510	32	3
东丰县南屯基镇	16753	24292	592	414	3450	84	5
东丰县大兴镇	10228	11131	1101	8	280	8	2
东丰县三合满族朝鲜族乡	15454	25409		124	7178	78	26
东丰县二龙山乡	24505	26717		34	328	34	4
东辽县白泉镇	15036	61014	28374	86	5239	68	26
东辽县渭津镇	19203	28720	7057	45	2141	27	8
东辽县安石镇	20470	28159	2813	26	870	9	5
东辽县辽河源镇	40110	34341	3114	8	1054	7	7
东辽县泉太镇	9564	16295	3396	6	140	4	1
东辽县建安镇	17691	26773	3060	32	796	28	2
东辽县安恕镇	20910	26594	2000	72	1639	19	8
东辽县平岗镇	9134	21037	7494	13	761	9	3
东辽县云顶镇	11104	18450	2612	6	658	6	2
东辽县凌云乡	15583	17053		5	496	5	4
东辽县甲山乡	9110	13054		5	237	5	1
东辽县足民乡	16500	16483		2	15	2	
东辽县金洲乡	12880	14336		23	192	4	
东昌区金厂镇	17083	14069	11409	112	1518	110	11
东昌区通化经济开发区(特殊乡镇)	1560	8775	8775	406	7623	127	28
东昌区环通乡	8340	12754		66	1410	53	6
东昌区江东乡	9193	9652		48	751	28	3

续表 107　　(吉林省)　　单位：公顷、人、个

名　　称	行政区域面　　积	常住人口	#城镇建成区	企业个数	企　　业从业人员	工业企业个　　数	#规模以上
二道江区鸭园镇	16477	16504	4972	58	736	13	3
二道江区铁厂镇	5400	16800	12916	110	1975	105	1
二道江区五道江镇	4920	18761	8049	110	2761	48	4
二道江区二道江乡	9369	6137		140	1880	75	9
通化县快大茂镇	25761	16035	4723	478	4968	391	12
通化县二密镇	32268	25330	12850	422	2890	120	14
通化县果松镇	36260	12607	5480	140	3800	44	3
通化县石湖镇	28280	3173	2304	7	178	7	1
通化县大安镇	17580	7079	1450	31	1005	26	9
通化县光华镇	33310	8861	4209	13	266	7	2
通化县兴林镇	25369	4327	1875	3	60	3	1
通化县英额布镇	18515	7807	1928	5	230	4	1
通化县三棵榆树镇	22919	11357	3824	55	482	50	2
通化县西江镇	14260	12763	1404	8	200	8	3
通化县聚鑫经济开发区管理委员会(特殊乡镇)	11800	10514		152	5060	97	37
通化县富江乡	14290	7786		5	96	5	1
通化县四棚乡	27530	6726		1	20	1	
通化县东来乡	17422	4846		3	60	1	
通化县大泉源满族朝鲜族乡	33896	19986		20	821	20	3
通化县金斗朝鲜族满族乡	10509	5662		4	300	3	2
辉南县朝阳镇	18490	125670	90725	232	6356	73	8
辉南县辉南镇	22229	38935	27821	223	6538	112	2
辉南县样子哨镇	24936	25118	4980	123	3902	60	4
辉南县杉松岗镇	12637	20445	12350	4	520	3	1
辉南县石道河镇	33749	15127	3440	18	576	16	1
辉南县辉发城镇	15819	20830	1805	17	1587	6	2
辉南县抚民镇	34571	19119	7340	45	403	39	
辉南县金川镇	31191	12183	2927	34	522	8	2
辉南县团林镇	8838	12706	2452	36	735	12	
辉南县庆阳镇	12176	12685	1027	41	1049	41	5
辉南县楼街朝鲜族乡	11996	21369	2627	69	500	37	
柳河县柳河镇	32289	106972	1487	395	8359	92	42
柳河县三源浦朝鲜族镇	38542	18072	7790	20	1325	20	9
柳河县五道沟镇	18619	17136	1203	3	86	2	2
柳河县驼腰岭镇	12834	13552	4475	19	1100	4	4
柳河县孤山子镇	27096	22356	5420	25	266	9	
柳河县圣水河子镇	22873	23760	2670	12	235	12	1
柳河县罗通山镇	12442	12899	2677	19	212	5	
柳河县安口镇	25754	19247	3894	4	285	2	
柳河县向阳镇	26656	16564	1423	4	124	4	4
柳河县红石镇	14279	9814	1262	6	150	6	
柳河县凉水河子镇	57789	15705	5827	4	142	4	2
柳河县亨通镇	10991	12086	2320	3	50	3	3
柳河县柳南乡	15064	11826		1	6	1	
柳河县时家店乡	11093	10480		14	190	5	5
柳河县姜家店朝鲜族乡	8258	5255		16	150	7	7
梅河口市山城镇	15060	55182	28241	15	270	11	8
梅河口市红梅镇	9044	39494	30723	41	7830	27	7
梅河口市海龙镇	14596	32617	13418	57	3212	33	18
梅河口市新合镇	14869	23666	3260	11	208	8	3

续表 108　　　　　　　　　　（吉林省）　　　　　　　　　　单位：公顷、人、个

名　　称	行政区域面　　积	常住人口	#城镇建成区	企业个数	企　业从业人员	工业企业个　　数	#规模以上
梅河口市曙光镇	8166	14475	3012	56	1200	26	11
梅河口市中和镇	6475	14767	1662	15	890	5	2
梅河口市黑山头镇	4583	11466	2633	51	3820	43	15
梅河口市水道镇	8616	10580	865	26	1310	5	2
梅河口市进化镇	9222	11679	1889	9	103	8	5
梅河口市一座营镇	7800	11716	1785	15	232	4	2
梅河口市康大营镇	10197	12984	1459	10	546	8	7
梅河口市牛心顶镇	18333	23823	3861	35	810	16	5
梅河口市杏岭镇	15971	24536	1272	12	158	4	4
梅河口市湾龙镇	11180	19500	2500	16	288	12	8
梅河口市兴华镇	11242	12730	1728	3	243		
梅河口市双兴镇	11556	15140	1716	9	375	7	3
梅河口市李炉乡	6626	12011		12	669	12	10
梅河口市小杨满族朝鲜族乡	18047	13251		15	543	15	2
梅河口市吉乐乡	9363	6362		7	332	7	2
集安市青石镇	30640	7082	969	11	351	7	1
集安市榆林镇	28452	10815	3112	12	557	12	2
集安市花甸镇	15549	10079	3266	32	419	32	1
集安市头道镇	33102	22073	4684	41	770	39	2
集安市清河镇	50474	22043	8029	79	1410	79	1
集安市台上镇	42186	13356	943	31	630	31	
集安市财源镇	17372	14236	2446	20	2368	20	1
集安市大路镇	25363	7796	1165	18	603	11	2
集安市太王镇	33864	8101		15	249	11	
集安市麻线乡	29299	9009		36	871	33	4
集安市凉水朝鲜族乡	17336	5441		6	70	2	1
浑江区七道江镇	26024	22632	5653	125	2550	80	8
浑江区六道江镇	15487	20511	4123	76	7690	25	15
浑江区红土崖镇	34800	13219	2726	30	232	5	1
浑江区三道沟镇	42662	3515	1015	5	312	5	2
江源区湾沟镇	30300	20948	13058	57	3000	54	4
江源区松树镇	20800	21486	10168	186	5336	70	7
江源区砟子镇	3570	20153	6482	13	1423	8	5
江源区石人镇	20130	31309	14605	89	2650	56	15
江源区大阳岔镇	18100	2426	1430	22	920	17	3
江源区大石人镇	6700	9690	2106	6	238	5	2
抚松县抚松镇	16063	64037	58692	1123	9158	24	21
抚松县松江河镇	21141	72555	67832	1281	15162	49	14
抚松县泉阳镇	58988	27386	26753	282	10720	23	9
抚松县露水河镇	85558	26591	23292	208	5368	33	16
抚松县仙人桥镇	34178	10995	10995	17	850	13	2
抚松县万良镇	21255	20254	12310	410	3080	46	14
抚松县新屯子镇	13943	4986	2923	45	501	4	2
抚松县东岗镇	99950	8344	6542	87	1200	19	1
抚松县漫江镇	129935	2946	1986	22	198	2	
抚松县北岗镇	39806	9797	8760	109	1195	10	2
抚松县兴参镇	23791	9922	5688	44	245	5	1
抚松县长白山保护开发区管委会池西区(特殊乡镇)	73900	17756		290	4450	15	2
抚松县长白山保护开发区管委会池南区(特殊乡镇)	24000	1264		1	163		
抚松县兴隆乡	14264	8513		10	128	6	1

续表 109 (吉林省) 单位：公顷、人、个

名称	行政区域面积	常住人口	#城镇建成区	企业个数	企业从业人员	工业企业个数	#规模以上
抚松县抽水乡	13678	4390		33	174	2	1
抚松县沿江乡	39729	3234		42	638	4	1
靖宇县靖宇镇	16580	59663	59663	91	456	25	23
靖宇县三道湖镇	54500	13689	1174	67	518	31	28
靖宇县龙泉镇	18140	7874	1621	14	2323	10	4
靖宇县那尔轰镇	39230	8661	2473	12	60	4	
靖宇县花园口镇	52380	12397	1146	13	360	13	3
靖宇县景山镇	54186	8411	4200	109	1109	14	3
靖宇县赤松镇	27550	6871	1568	5	37	5	1
靖宇县蒙江乡	46700	8864		20	160	13	13
长白朝鲜族自治县长白镇	2512	31250	27684	59	2135	45	8
长白朝鲜族自治县八道沟镇	11002	7138	5238	13	682	13	9
长白朝鲜族自治县十四道沟镇	30496	3408	2232	1	45	1	
长白朝鲜族自治县马鹿沟镇	94320	8316	2988	56	927	56	12
长白朝鲜族自治县宝泉山镇	4833	5247	1275	3	139	3	1
长白朝鲜族自治县新房子镇	56880	2796	1740	5	195	4	3
长白朝鲜族自治县十二道沟镇	30207	5335	3081	13	140	13	
长白朝鲜族自治县金华乡	9400	1216		5	142	2	
临江市桦树镇	74651	15220	8876	65	1536	19	2
临江市六道沟镇	53521	16539	4089	75	4021	38	14
临江市苇沙河镇	25665	4226	1520	50	1316	10	2
临江市花山镇	23081	5890	2634	63	418	25	5
临江市闹枝镇	25313	4509	1267	41	1008	12	1
临江市四道沟镇	28997	7056	892	11	512	11	2
临江市蚂蚁河乡	50022	5070		34	1120	10	
宁江区大洼镇	40360	42820	4480	12	880	8	3
宁江区善友镇	14946	19553	3120	3	141	1	1
宁江区毛都站镇	14230	22194	5010	10	795	5	5
宁江区哈达山镇	30593	27635	2157				
宁江区新城乡	14458	31250		249	12532	249	47
宁江区伯都乡	23324	26010		36	220	3	1
前郭尔罗斯蒙古族自治县前郭尔罗斯镇	3935	120625	120625	945	31321	49	
前郭尔罗斯蒙古族自治县长山镇	18106	53146	33698	228	7615	27	6
前郭尔罗斯蒙古族自治县海渤日戈镇	52526	19845	8655	3	22		
前郭尔罗斯蒙古族自治县乌兰图嘎镇	39000	21878	5642	58	1027	26	7
前郭尔罗斯蒙古族自治县查干花镇	44740	18762	6003	2	40	1	1
前郭尔罗斯蒙古族自治县王府站镇	31800	23580	8830	317	1850	9	5
前郭尔罗斯蒙古族自治县八郎镇	22228	24915	2157	18	176	9	9
前郭尔罗斯蒙古族自治县哈拉毛都镇	13988	15864	2603	65	950	16	1
前郭尔罗斯蒙古族自治县查干湖镇	43654	23113	351	19	323	10	
前郭尔罗斯蒙古族自治县宝甸乡	15832	10468		1	6	1	
前郭尔罗斯蒙古族自治县平凤乡	67000	25111		80	2187	6	5
前郭尔罗斯蒙古族自治县达里巴乡	10995	11300		14	136	14	7
前郭尔罗斯蒙古族自治县吉拉吐乡	8097	13722		6	241	6	4
前郭尔罗斯蒙古族自治县白依拉嘎乡	16150	19635		30	1862	22	12
前郭尔罗斯蒙古族自治县洪泉乡	23329	16800		5	110	2	
前郭尔罗斯蒙古族自治县额如乡	18304	15550		16	280	3	
前郭尔罗斯蒙古族自治县套浩太乡	15486	12752		70	2500	15	5
前郭尔罗斯蒙古族自治县长龙乡	25198	16168		6	156	6	1
前郭尔罗斯蒙古族自治县乌兰塔拉乡	30000	16179		4	3908	4	3

续表 110 (吉林省) 单位：公顷、人、个

名称	行政区域面积	常住人口	#城镇建成区	企业个数	企业从业人员	工业企业个数	#规模以上
前郭尔罗斯蒙古族自治县东三家子乡	25000	11882		2	13	2	
前郭尔罗斯蒙古族自治县浩特芒哈乡	22110	15598		70	350	4	
前郭尔罗斯蒙古族自治县乌兰敖都乡	29248	7967		7	461	4	
前郭尔罗斯蒙古族自治县吉林前郭经济开发区(特殊乡镇)	3963	11134		217	14607	140	38
长岭县长岭镇	45466	108550	57700	810	26112	79	10
长岭县太平川镇	44295	37046	30182	140	8050	57	21
长岭县巨宝镇	19931	31852	3780	17	820	3	2
长岭县太平山镇	17516	22426	5150	13	356	3	3
长岭县前七号镇	35004	32196	2682	14	925	13	2
长岭县新安镇	34810	39830	6430	6	120	5	1
长岭县三青山镇	22306	33334	4196	45	1286	5	3
长岭县大兴镇	44306	29121	2010	20	135	3	2
长岭县北正镇	40732	16964	3325	8	298	6	1
长岭县流水镇	27700	35420	2456	14	386	2	2
长岭县永久镇	11957	20176	2120	22	225	19	2
长岭县利发盛镇	12891	16038	1940	6	140	6	1
长岭县长岭经济开发区(特殊乡镇)	5290	10306		141	723	49	42
长岭县集体乡	11698	17614		28	1862	6	6
长岭县光明乡	17156	18399		2	57	2	
长岭县三县堡乡	14567	21170		12	362	2	2
长岭县海青乡	10298	12196		16	469		
长岭县前进乡	12802	17849		9	87		
长岭县东岭乡	12709	16358		12	365	12	
长岭县腰坨子乡	22149	16899		18	120	2	1
长岭县八十八乡	27980	11543		19	241	5	5
长岭县三团乡	35222	12053					
长岭县三十号乡	22362	9824		5	121	2	1
乾安县乾安镇	14934	92975	80122	782	28796	32	32
乾安县大布苏镇	39943	20864	3971	62	580	14	11
乾安县水字镇	27026	12957	1560	20	620	18	18
乾安县让字镇	30742	21998	4018	11	325	7	3
乾安县所字镇	45551	20840	1652	4	630	3	3
乾安县安字镇	40873	20256	1958	4	447	2	2
乾安县余字乡	38948	18563		5	124	1	
乾安县道字乡	34168	13333		2	43	2	2
乾安县严字乡	27345	14126		7	860	5	5
乾安县赞字乡	23807	15313		20	1318	13	10
吉林松原经济开发区兴原乡	11000	36419		469	5932	106	33
扶余市三岔河镇	17445	32830	2305	68	2102	16	3
扶余市长春岭镇	25080	45470	9575	69	707	8	
扶余市五家站镇	23260	35822	19330	20	215	8	
扶余市陶赖昭镇	29643	44012	5410	49	4687	21	14
扶余市蔡家沟镇	19800	34854	5260	45	3100	26	7
扶余市弓棚子镇	26927	37472	4886	65	8160	41	20
扶余市三井子镇	38400	39337	8298	62	1336	12	2
扶余市增盛镇	34500	34467	4660	26	460	4	
扶余市新万发镇	26000	28711	3091	20	354	6	
扶余市大林子镇	18200	17878	3482	27	256	7	1
扶余市新源镇	8200	15134	1828	18	175	8	
扶余市得胜镇	31572	39329	2419	34	381	1	

续表 111　　(吉林省)　　单位：公顷、人、个

名　称	行政区域面积	常住人口	#城镇建成区	企业个数	企业从业人员	工业企业个数	#规模以上
扶余市三骏满族蒙古族锡伯族乡	29642	40085		35	986	3	1
扶余市永平乡	22911	25540		30	688	5	1
扶余市新站乡	21300	22441		12	290	4	2
扶余市更新乡	17700	22356		16	155	3	
扶余市肖家乡	24240	40236		43	672	17	2
洮北区平安镇	11147	20267	3535	3	57	2	1
洮北区青山镇	16300	10912	670	1	40	1	
洮北区林海镇	9670	8848	1350	58	420	6	5
洮北区洮河镇	13868	15050	1344	10	369		
洮北区平台镇	17330	16899	4315	3	255	3	2
洮北区到保镇	21379	12880	2066	5	100	4	
洮北区岭下镇	17186	23509	5877	72	1221	6	1
洮北区东风乡	9300	30644		6	230	4	
洮北区三合乡	8750	10695					
洮北区东胜乡	16450	22113	17200	2	50		
洮北区金祥乡	12591	15836		8	66	3	
洮北区德顺蒙古族乡	38800	19622		2	30	2	1
镇赉县镇赉镇	35660	103200	81230	490	7890	110	35
镇赉县坦途镇	32000	28966	9893	46	442	28	1
镇赉县东屏镇	38304	10461	2673	12	96	3	
镇赉县大屯镇	39000	21205	6419	14	145	8	1
镇赉县沿江镇	35000	6800	1697	2	46	2	1
镇赉县五棵树镇	28112	13095	2155	37	237	11	1
镇赉县黑鱼泡镇	58400	18900	332	7	92	4	4
镇赉县哈吐气蒙古族乡	15580	4373		2	38		
镇赉县莫莫格蒙古族乡	52700	11030		22	240	13	2
镇赉县建平乡	61267	20859		4	91	4	2
镇赉县嘎什根乡	27787	19687		39	627	24	5
通榆县开通镇	52908	102110	61205	186	960	32	17
通榆县瞻榆镇	67400	30300	8048	3	40		
通榆县双岗镇	32100	9615	575	1	6	1	
通榆县兴隆山镇	70520	18583	3625	6	56	5	
通榆县边昭镇	35000	13980	2800	1	57	1	
通榆县鸿兴镇	35172	11397	2220	7	45		
通榆县新华镇	56296	22011	4020	3	55	1	
通榆县乌兰花镇	53296	18405	4670				
通榆县新发乡	38000	9010					
通榆县新兴乡	19880	7445					
通榆县向海蒙古族乡	117457	23663		1	65		
通榆县包拉温都蒙古族乡	15670	4461					
通榆县团结乡	58426	14300					
通榆县十花道乡	44534	10283		1	12		
通榆县八面乡	41889	13750		2	40		
通榆县苏公坨乡	30664	10658					
洮南市瓦房镇	24700	20364	3301	56	396	3	
洮南市万宝镇	23400	27023	12540	12	65	1	
洮南市黑水镇	32860	15710	4760	18	102	4	1
洮南市那金镇	26003	14942	1164	9	74	2	
洮南市安定镇	46372	18919	1628	13	86	1	
洮南市福顺镇	28500	34470	5376	13	99	1	1

续表 112　　(吉林省)　　单位：公顷、人、个

名称	行政区域面积	常住人口	#城镇建成区	企业个数	企业从业人员	工业企业个数	#规模以上
洮南市胡力吐蒙古族乡	14608	8381		3	23	1	
洮南市万宝乡	9300	8043		2	76	2	
洮南市聚宝乡	26600	9959		2	15	1	
洮南市东升乡	18304	9629		4	25	1	
洮南市野马乡	18002	9000		3	32	1	
洮南市永茂乡	29256	14668		10	136	1	
洮南市蛟流河乡	28000	12890		9	48	1	
洮南市大通乡	36400	11376		11	100	5	3
洮南市二龙乡	33000	15510		18	203	1	1
洮南市呼和车力蒙古族乡	26281	6800		2	20		
大安市月亮泡镇	20586	12635	3402	3	20		
大安市安广镇	15420	44653	31711	32	998	8	8
大安市丰收镇	13282	8204	986				
大安市新平安镇	35600	10760	1740				
大安市两家子镇	39367	13980	1635	16	1680	11	5
大安市舍力镇	41300	28056	7050	26	485	3	3
大安市大岗子镇	36066	6824	1243	1	150	1	1
大安市叉干镇	32400	7927	1989				
大安市龙沼镇	39400	11669	1891	3	29		
大安市太山镇	19954	15352	749	2	185	2	2
大安市四棵树乡	20500	15945		11	1235	4	4
大安市联合乡	14909	13087		5	723	5	5
大安市大赉乡	7680	9390		1	145	1	1
大安市红岗子乡	11281	7369		4	62	1	1
大安市海坨乡	44748	9530		9	121	9	
大安市新艾里蒙古族乡	8824	3248					
大安市烧锅镇乡	25758	12574					
大安市乐胜乡	34592	18602		1	36	1	1
延吉市小营镇	15553	23451	2408	278	1608	189	4
延吉市依兰镇	61500	23351	3425	401	3771	21	8
延吉市三道湾镇	55960	5983	1568	34	606	2	2
延吉市朝阳川镇	37687	44913	24107	280	6125	35	25
图们市月晴镇	23865	2301	175	24	1000	5	3
图们市石岘镇	25797	8943	4210	94	3827	17	13
图们市长安镇	26509	4933	1775	27	1130	8	1
图们市凉水镇	37074	3994	3236	24	1128	10	4
敦化市大石头镇	32592	41834	36873	72	1401	62	9
敦化市黄泥河镇	16106	18394	12600	191	2640	40	7
敦化市官地镇	62311	32267	11860	353	1950	19	2
敦化市沙河沿镇	28166	14505	2600	26	889	17	
敦化市秋梨沟镇	9684	5327	2938	11	251	6	2
敦化市额穆镇	16911	9568	2442	4	230	2	1
敦化市贤儒镇	17250	11843	2911	400	2135	5	
敦化市大蒲柴河镇	7440	10190	3506	3	164	3	1
敦化市雁鸣湖镇	15447	9006	3079	138	754	3	2
敦化市江源镇	11501	7608	2031	7	428	7	1
敦化市江南镇	33365	28938	680	1941	9828	351	6
敦化市大桥乡	13103	7257		16	389	11	2
敦化市黑石乡	19142	8426		126	784	4	
敦化市青沟子乡	8100	4018					

续表 113　　（吉林省、黑龙江省）　　单位：公顷、人、个

名　称	行政区域面积	常住人口	#城镇建成区	企业个数	企业从业人员	工业企业个数	#规模以上
敦化市翰章乡	16321	9508		488	2450	9	3
敦化市红石乡	10861	4667		9	340	9	
珲春市春化镇	208200	5400	1452				
珲春市敬信镇	34246	2756	907	2	16		
珲春市板石镇	13392	5542	1302	42	1187	34	1
珲春市英安镇	65635	27112	385	82	1184	79	19
珲春市马川子乡	8300	6478		24	198	8	8
珲春市杨泡满族乡	22675	2579		15	245	1	1
珲春市三家子满族乡	5962	6271		7	164	2	2
珲春市密江乡	40900	551		7	156	2	1
珲春市哈达门乡	110000	6261		7	226	2	2
龙井市开山屯镇	19975	10630	9057	31	340	20	
龙井市老头沟镇	58195	24606	4815	12	211	8	4
龙井市三合镇	32489	1550	680	1	20	1	
龙井市东盛涌镇	24729	5481	896	99	664	9	
龙井市智新镇	36636	7387	1005	62	372	9	4
龙井市德新乡	12039	4336		1	46	1	1
龙井市白金乡	31910	680					
和龙市八家子镇	7405	3832	1836	70	395	11	2
和龙市福洞镇	19234	4521	3447	85	747	4	3
和龙市头道镇	51430	8750	3023	132	1754	35	4
和龙市西城镇	109576	6736	3217	45	381	10	
和龙市南坪镇	68891	1620	796	51	368	4	2
和龙市东城镇	14899	1960	196	38	270	4	2
和龙市崇善镇	61618	932	564	23	158	2	
和龙市龙城镇	172611	14721	2018	108	1127	23	1
汪清县汪清镇	25861	9841	8736	19	320	16	4
汪清县大兴沟镇	90915	11193	1390	19	1182	12	6
汪清县天桥岭镇	135490	8810	2360	19	964	12	3
汪清县罗子沟镇	149073	18137	5174	88	1440	5	1
汪清县百草沟镇	58402	9523	3854	92	481	6	2
汪清县春阳镇	92500	9393	6098	9	71	7	1
汪清县复兴镇	132073	5367	1482	2	20	2	
汪清县东光镇	125599	9809	1150	91	1025	20	3
汪清县鸡冠乡	81824	5921		1	11	1	
安图县明月镇	89498	64914	59800	36	345	19	15
安图县松江镇	137866	29316	14950	30	310	22	2
安图县二道白河镇	60946	5979		19	591	15	7
安图县两江镇	42906	12757	4730	17	230	16	3
安图县石门镇	32229	6719	2533	12	112	8	2
安图县万宝镇	75783	7986	3824	11	120	9	1
安图县亮兵镇	33170	6444	2550	9	122	1	1
安图县长白山保护开发区管委会池北区(特殊乡镇)	137749	46594	46594	377	4700	58	5
安图县新合乡	87687	5063		4	152	4	4
安图县永庆乡	46585	8260		7	95	6	
黑龙江省							
道里区太平镇	16200	28500	6068	191	595	12	1
道里区新发镇	11200	41803	41803	600	4012	165	9
道里区新农镇	10400	31670	2796	73	410	69	8
道里区榆树镇	5530	20748	2150	169	950	153	8

续表 114　　　　(黑龙江省)　　　　单位：公顷、人、个

名　　称	行政区域面　　积	常住人口	#城镇建成区	企业个数	企　　业从业人员	工业企业个　　数	#规模以上
南岗区王岗镇	5701	204453	204453	266	7800	137	5
南岗区红旗满族乡	5605	19648	2520	210	1800	68	7
道外区永源镇	16013	38563	38563	66	625	35	4
道外区巨源镇	21000	22619	22619	10	160		
道外区团结镇	7670	27169	27169	190	2300	184	
道外区民主镇	13200	28316	28316	132	2300	90	2
平房区平房镇	2275	13183	4506	132	3610	103	13
松北区对青山镇	19039	33052	8453	70	2012	18	3
松北区乐业镇	19600	31249	1473	135	2526	22	2
香坊区成高子镇	6720	34877	16398	228	1150	35	7
香坊区幸福镇	6750	26533	1890	600	8200	415	28
香坊区朝阳镇	5400	21475	21475	576	24370	512	11
香坊区向阳镇	6740	14150	14150	210	2900	85	6
呼兰区二八镇	11700	18446	3362	42	223	35	
呼兰区石人镇	12700	19062	2324	34	180	1	
呼兰区白奎镇	13200	20312		68	342		
呼兰区方台镇	15343	23526	3565	33	264	27	
呼兰区莲花镇	13900	15758	2078	212	1080	199	
呼兰区大用镇	10698	25000	2300	88	500	78	2
呼兰区利业镇	7431	18647	18647	43	2150	15	
呼兰区杨林乡	17000	27458		129	1425	118	1
呼兰区许卜乡	17900	18413	1281	102	1200	98	
呼兰区孟家乡	17333	34320	2755	68	550	20	1
阿城区料甸街道办事处	19200	35645	2310	46	236	21	
阿城区平山镇	18800	21996	14487	120	1088	46	1
阿城区松峰山镇	36468	10334	1720	50	650	47	1
阿城区红星镇	15148	10917	1234	18	150	10	
阿城区金龙山镇	20043	11640	2535	45	450	35	
双城区五家街道办事处	11610	28477	4143	146	1163	20	
双城区周家街道办事处	10174	33617	15520	1012	9077	305	8
双城区韩甸镇	17077	35705	4890	135	750	59	
双城区单城镇	11890	25731	1623	9	1013	9	
双城区东官镇	10760	22736	2273	130	1241	18	
双城区农丰满族锡伯族镇	13035	18547	3164	86	1840	70	
双城区杏山镇	15938	25422	2766	14	561	10	
双城区西官镇	15600	32480	3100	50	426	8	
双城区联兴满族镇	9200	17661		15	786	15	
双城区永胜镇	13456	20007	2009	30	654	16	
双城区朝阳镇	17985	38145	2528	133	980	113	
双城区金城乡	13690	21573		55	327	22	2
双城区青岭满族乡	9773	12726	1372	96	488	90	1
双城区临江乡	15382	16127		41	498	23	
双城区水泉乡	12000	21040		105	869	40	
双城区乐群满族乡	8825	15181	3226	76	510	54	
双城区万隆乡	19269	30494	1571	203	1207	169	
双城区希勤满族乡	12600	19022		30	650	21	1
双城区同心满族乡	9530	18685	3200	76	475	25	7
依兰县依兰镇	10506	87673	62554	112	3920	105	3
依兰县达连河镇	63767	55997	19802	1231	7989	65	4
依兰县江湾镇	57501	28274	1980	254	1652	12	

续表 115 （黑龙江省） 单位：公顷、人、个

名　称	行政区域面积	常住人口	#城镇建成区	企业个数	企业从业人员	工业企业个数	#规模以上
依兰县三道岗镇	60100	37864	2581	303	1571	8	2
依兰县道台桥镇	43066	38485	2385	432	2956	97	
依兰县宏克利镇	39000	18425	972	25	725	10	
依兰县团山子乡	36776	22141	813	28	1229	28	1
依兰县愚公乡	50377	31253	762	89	1051	9	
依兰县迎兰朝鲜族乡	100800	19881	1095	29	920	29	
方正县方正镇	4885	53481	53481	531	3618	80	5
方正县会发镇	46848	23320	3225	113	1667	39	4
方正县大罗密镇	11251	9389	4231	84	592	41	3
方正县得莫利镇	19493	8290	3200	45	490	23	4
方正县天门乡	35699	18409	3410	52	760	14	5
方正县松南乡	12489	11340	1109	38	1590	15	3
方正县德善乡	36927	10203	3020	120	1250	23	6
方正县宝兴乡	17556	14322	3101	31	397	29	7
宾县宾州镇	34706	126188	108162	1272	17232	87	10
宾县居仁镇	12964	25812	18892	30	198	14	1
宾县宾西镇	20784	61023	29787	262	3014	143	36
宾县糖坊镇	21158	31894	4560	8	406	5	
宾县宾安镇	15716	31901	6950	9	215	7	
宾县新甸镇	20461	26418	6255	44	425	3	
宾县胜利镇	34460	27494	7476	2	118	2	1
宾县宁远镇	45035	38946	5060	6	60		
宾县摆渡镇	25836	15582	1820	4	21		
宾县平坊镇	23587	27855	2097	1	106	1	1
宾县满井镇	17672	24593	1598	15	98	5	2
宾县常安镇	24853	37226	3725	8	135	1	
宾县永和乡	8586	15834	12400				
宾县鸟河乡	17603	21851	1050				
宾县民和乡	15877	29057	803	7	37	1	
宾县经建乡	13587	22059	860	1	30		
宾县三宝乡	31434	28733	2608	10	62	8	3
巴彦县巴彦镇	12525	104427	69540	212	4840	52	10
巴彦县兴隆镇	18091	77531	69740	223	4290	69	9
巴彦县西集镇	15412	32473	9350	127	956	28	3
巴彦县洼兴镇	21037	32656	9200	69	438	4	1
巴彦县龙泉镇	14914	25701	4715	31	212	2	
巴彦县巴彦港镇	10426	22945	1781	51	411	11	
巴彦县龙庙镇	20439	33267	2300	30	394	3	1
巴彦县万发镇	14758	23423	5682	39	410	7	
巴彦县天增镇	23037	37754	2200	27	140	4	
巴彦县黑山镇	28514	17137	1500	25	182	1	
巴彦县松花江乡	18475	29096	1512	46	930	8	1
巴彦县富江乡	12620	18027	138	31	213	8	2
巴彦县华山乡	14887	20524	1560	30	200	8	1
巴彦县丰乐乡	18880	31350	1820	32	265	11	
巴彦县德祥乡	20429	31893	786	37	462	3	1
巴彦县红光乡	18623	21698	965	60	736	6	1
巴彦县山后乡	15348	12907	550	18	118	2	
巴彦县镇东乡	12418	18915	1628	5	30	1	
木兰县木兰镇	13188	13199	13199	708	21376	118	10

续表 116　　(黑龙江省)　　单位：公顷、人、个

名　　称	行政区域面　　积	常住人口	#城镇建成区	企业个数	企　　业从业人员	工业企业个　　数	#规模以上
木兰县东兴镇	55146	29244	29244	112	3377	16	1
木兰县大贵镇	39352	18231	18231	95	2921	17	1
木兰县利东镇	13019	10572	10572	59	1068	9	1
木兰县柳河镇	37950	24534	24534	109	2419	24	3
木兰县新民镇	21188	23456	23456	81	1752	16	3
木兰县建国乡	28062	13142	13142	64	1951	14	1
木兰县吉兴乡	17019	15099	15099	60	1413	11	1
通河县通河镇	20275	58947	45569	214	1963	178	13
通河县乌鸦泡镇	10566	14385	3268	59	1725	41	3
通河县清河镇	20565	19726	3198	154	3466	149	1
通河县浓河镇	26964	25635	5578	137	2248	131	3
通河县凤山镇	24006	10564	441	79	2129	57	
通河县祥顺镇	46402	19968	1538	113	1992	108	4
通河县富林镇	23581	14723	1310	106	680	106	
通河县三站乡	19735	10071	951	51	1136	49	2
延寿县延寿镇	36300	80460	60129	101	4397	73	29
延寿县六团镇	45000	18286		72	442	12	2
延寿县中和镇	13000	12216	8247	90	2715	16	2
延寿县加信镇	15000	17870	4011	87	1051	18	8
延寿县延河镇	23000	17160		64	690	8	3
延寿县安山乡	25000	17431		91	790	17	4
延寿县寿山乡	39500	12516		64	434	4	
延寿县玉河乡	49000	21507		59	355	8	1
延寿县青川乡	36000	15850		72	447	3	
尚志市尚志镇	16743	121032	110952	1228	6750	418	37
尚志市一面坡镇	21163	26083	16200	69	3633	29	5
尚志市苇河镇	39888	41758	15256	305	4580	87	15
尚志市亚布力镇	31325	39039	26442	375	4363	192	11
尚志市帽儿山镇	64315	30529	16542	460	2305	80	5
尚志市亮河镇	16420	18628	5124	6	92	6	1
尚志市庆阳镇	15236	15492	1846	32	161	17	5
尚志市石头河子镇	11009	10218	10108	8	285	1	1
尚志市元宝镇	45780	20500	5926	120	1572	47	9
尚志市黑龙宫镇	42155	14339	4643	34	360	8	2
尚志市长寿乡	36147	25212	2703	45	385	14	5
尚志市乌吉密乡	50676	18081	3350	71	640	25	2
尚志市鱼池乡	8928	5449	1960	35	200	5	5
尚志市珍珠山乡	4526	13342	500	16	470	14	3
尚志市老街基乡	48272	15446	6874	148	1219	24	2
尚志市马延乡	23400	14946		21	313	6	1
尚志市河东乡	12196	7179	410	74	812	17	5
五常市五常镇	8700	216161	211350	713	17246	280	73
五常市拉林满族镇	14774	42000	23240	88	1580	28	6
五常市山河镇	16010	43747	18927	43	1400	26	8
五常市小山子镇	55748	33582	13913	271	1512	35	9
五常市安家镇	11300	21582	4045	316	2504	41	8
五常市牛家满族镇	18887	26776	7897	184	7652	127	38
五常市杜家镇	14993	22880	5330	21	460	21	18
五常市背荫河镇	13099	17927	7813	483	4658	24	6
五常市冲河镇	84658	21250	7285	26	190	10	2

续表 117 （黑龙江省） 单位：公顷、人、个

名称	行政区域面积	常住人口	#城镇建成区	企业个数	企业从业人员	工业企业个数	#规模以上
五常市沙河子镇	22332	28196	8465	37	347	14	3
五常市向阳镇	36100	24711	2189	83	985	31	8
五常市龙凤山镇	43295	35461	7870	142	715	47	7
五常市兴盛乡	17600	20602	1350	18	240	18	3
五常市志广乡	25600	21996	1475	19	135	17	3
五常市卫国乡	9895	13418	1060	150	960	22	7
五常市常堡乡	12340	16055	1980	210	1109	16	4
五常市民意乡	18663	20343	534	191	1128	13	4
五常市红旗满族乡	20900	30200	2702	208	1150	6	
五常市八家子乡	22450	24599	1830	2	11	2	
五常市民乐朝鲜族乡	3808	7764	3077	91	890	30	10
五常市营城子满族乡	11200	21469	5452	241	1450	11	3
五常市长山乡	20400	38393	761	19	172	12	3
五常市兴隆乡	20800	28990	4025	480	2850	8	2
五常市二河乡	31710	16071	2473	40	212	10	1
铁锋区扎龙镇	56460	35527	3557	189	2340	151	11
昂昂溪区水师营满族镇	19900	10231	3600	21	215	16	
昂昂溪区榆树屯镇	49900	33746	9810	134	1376	45	4
富拉尔基区长青乡	16300	26753		12	78		
富拉尔基区杜尔门沁达斡尔族乡	10000	11600		4	45	3	
梅里斯达斡尔族区雅尔塞镇	18100	17566	4025	14	210	3	3
梅里斯达斡尔族区卧牛吐达斡尔族镇	47300	10134	2366	4	45		
梅里斯达斡尔族区达呼店镇	53800	31216	1940	1	22	1	1
梅里斯达斡尔族区共和镇	19600	18793	2100	17	425	1	1
梅里斯达斡尔族区梅里斯镇	42500	38690	283	39	1094	5	1
梅里斯达斡尔族区莽格吐达斡尔族乡	26500	7496	714	3	15		
龙江县龙江镇	28987	146829	146829	94	2710	77	
龙江县景星镇	56025	51636	9320	300	1650	11	2
龙江县龙兴镇	62533	35887	6430	8	155	5	
龙江县山泉镇	70635	40282	2311	115	605	6	
龙江县七棵树镇	47998	39791	2422	50	260	49	
龙江县杏山镇	67495	31523	3400	29	160	5	1
龙江县白山镇	27454	25580	1958	62	312	7	2
龙江县头站镇	39093	22872	1687	36	205	3	1
龙江县黑岗乡	25168	17852	3962	86	653	2	1
龙江县广厚乡	26260	19200	3070	135	714	6	2
龙江县华民乡	29011	25123	2020				
龙江县哈拉海乡	26900	14540	1792	8	114		
龙江县鲁河乡	23600	18000	1500	159	800	55	1
龙江县济沁河乡	32029	16784	1585	42	218	1	
依安县依安镇	3541	60998	59432	384	3630	38	16
依安县依龙镇	56313	24857	3675	22	271	6	
依安县双阳镇	17967	11256	5654	4	20	2	
依安县三兴镇	22484	13483	3607	60	195	18	
依安县中心镇	35520	21468	3720	22	220	2	
依安县新兴镇	47706	24495	3504	9	394	1	
依安县富饶乡	31121	14177	1078	3	25		
依安县解放乡	13397	10893	276	21	105	4	
依安县阳春乡	15352	10618	2000	22	200	7	
依安县新发乡	21209	11701	1637	12	93	2	

续表 118　　(黑龙江省)　　单位：公顷、人、个

名　称	行政区域面积	常住人口	#城镇建成区	企业个数	企业从业人员	工业企业个数	#规模以上
依安县太东乡	17215	12465	1240	10	350	5	1
依安县上游乡	16766	8927	164	7	70	1	1
依安县红星乡	15407	13280	378	14	231	4	
依安县先锋乡	20882	9454	1600	5	27		
依安县新屯乡	19385	12726	2130	14	231		
泰来县泰来镇	25299	80805	61929	4586	22937	16	6
泰来县平洋镇	22000	15715	3780	10	75	2	
泰来县汤池镇	41300	16590	3653	41	523	9	
泰来县江桥镇	26537	20473	6020	22	245	10	1
泰来县塔子城镇	13194	15832	4639	3	130	3	
泰来县大兴镇	66845	31006	4455	9	97	5	1
泰来县和平镇	48866	31748	3318	92	614	10	
泰来县克利镇	37899	44382	2240	25	304	25	4
泰来县胜利蒙古族乡	31020	14278	1194	2	37	2	
泰来县宁姜蒙古族乡	41344	14323	1151	6	70	2	
甘南县甘南镇	41760	83281	70650	183	1211	49	12
甘南县兴十四镇	26000	24020	10965	21	1798	15	4
甘南县平阳镇	11840	16793	4687	12	65	4	2
甘南县东阳镇	34960	30846	3514	40	431	6	1
甘南县巨宝镇	38040	16458	5421	41	267	1	1
甘南县长山乡	39730	30393	1465	3	18	1	
甘南县中兴乡	49290	26756	1986				
甘南县兴隆乡	31530	10284	939	45	255	10	1
甘南县宝山乡	62920	28249	3139	11	65	4	
甘南县查哈阳乡	19870	14676	2654	5	43	1	
富裕县富裕镇	6697	81270	74500	128	10680	77	16
富裕县富路镇	52141	28283	6590	14	285	7	
富裕县富海镇	24067	9530	782	26	106	9	
富裕县二道湾镇	26667	17120	412	3	410	1	
富裕县龙安桥镇	20980	9230	2869	1	52	1	
富裕县塔哈镇	47485	18360	3245	31	268	12	5
富裕县繁荣乡	29300	17997	3750	17	118	5	
富裕县绍文乡	23733	12997	1100	33	180	3	
富裕县忠厚乡	16700	6021	739	1	30	1	1
富裕县友谊乡	66777	23071	330	6	55	6	
克山县克山镇	2415	66050	378	249	2203	30	10
克山县北兴镇	20740	16290	4676	33	306	15	
克山县西城镇	18875	15357	2979	31	420	15	
克山县古城镇	21165	14756	5367	28	787	20	1
克山县北联镇	22572	12015	2091	32	366	19	
克山县西河镇	20860	13775	1269	27	266	19	
克山县双河镇	28224	20413	1833	27	589	10	1
克山县河南乡	21082	18749	918	19	201	12	
克山县河北乡	29429	14589	1563	27	597	17	
克山县古北乡	15945	12977	1203	17	266	11	
克山县西联乡	16679	9324	978	13	260	8	
克山县发展乡	15790	12303	1719	15	212	7	
克山县西建乡	16711	11320	1806	21	523	16	
克山县向华乡	38131	16327	2298	16	245	8	1
克山县曙光乡	17488	14021	1263	20	210	9	

续表 119　　　　　　　　　　（黑龙江省）　　　　　　　　　　单位：公顷、人、个

名　称	行政区域面积	常住人口	#城镇建成区	企业个数	企业从业人员	工业企业个数	#规模以上
克东县克东镇	6667	74516	69474	79	18610	65	12
克东县宝泉镇	35700	25005	8255	25	500	25	2
克东县乾丰镇	19436	11991	1200	2	70	2	
克东县玉岗镇	57000	12120	1200	5	70		
克东县蒲峪路镇	18900	13313	180	1	10		
克东县润津乡	32500	11204	255				
克东县昌盛乡	23400	11197	299				
拜泉县拜泉镇	15500	106167	80136	345	4640	49	12
拜泉县三道镇	34100	28157	2349	13	91	5	
拜泉县兴农镇	30700	29325	1931	6	48	3	1
拜泉县长春镇	27200	28908	3009	3	30		
拜泉县龙泉镇	26300	25337	4435	8	66	1	
拜泉县国富镇	22800	19009	715	8	56	3	
拜泉县富强镇	20100	17150	2750	10	105	5	
拜泉县新生乡	23100	22387	630	9	95	2	
拜泉县兴国乡	17300	14273	375	3	30		
拜泉县上升乡	20200	14009	261	5	37	2	
拜泉县兴华乡	19100	14598	644	8	46	2	
拜泉县大众乡	18400	18615	203	3	28	1	
拜泉县丰产乡	31000	24678	901	14	70	4	
拜泉县永勤乡	16500	11746	169	8	82	2	
拜泉县爱农乡	23400	20353	610	6	38	1	
拜泉县时中乡	14200	12850	193	7	36		
讷河市拉哈镇	8360	22982	22982	449	3199	118	6
讷河市二克浅镇	45193	42911	4950	13	128	10	1
讷河市学田镇	44566	21107	3345	12	145	7	
讷河市龙河镇	43565	19174	2123	5	180		
讷河市讷南镇	35796	21789	386	26	1196	18	2
讷河市六合镇	36358	19142	2240	28	310	20	1
讷河市长发镇	18975	10723	10723	11	58	11	
讷河市通南镇	32861	22387	2745	23	255	23	1
讷河市同义镇	26540	16909	1500	57	1375	47	1
讷河市九井镇	31520	22580	806	37	190	20	
讷河市老莱镇	45391	29531	7008	17	264	13	
讷河市孔国乡	34572	21784	1754	17	973	16	2
讷河市和盛乡	21728	12891	12891	37	210	7	
讷河市同心乡	25280	8850	1324	30	170	15	
讷河市兴旺鄂温克族乡	37401	22208	1207	217	1825	38	
鸡冠区红星乡	7000	17919	3600	230	1600	186	
鸡冠区西郊乡	4630	13878	12589	67	831	30	3
恒山区红旗乡	43249	22358	380	25	850	20	
恒山区柳毛乡	13600	13644	1455	18	660	5	1
滴道区滴道河乡	7500	15416	3270	32	1650	16	2
滴道区兰岭乡	22100	13179	2300	40	320	40	
梨树区镇直辖地域	21162	8174					
城子河区长青乡	9700	5060	1350	36	200	18	1
城子河区永丰乡	7800	12225	12225	15	210	13	
麻山区镇直辖地域	30699	13890	13890	7	203	7	2
鸡东县鸡东镇	13172	20790	20790	60	3016	42	5
鸡东县平阳镇	59233	21807	6780	35	1560	15	

续表 120　　　　（黑龙江省）　　　　单位：公顷、人、个

名　称	行政区域面积	常住人口	#城镇建成区	企业个数	企业从业人员	工业企业个数	#规模以上
鸡东县向阳镇	37216	16015	4500	96	501	18	
鸡东县哈达镇	15600	20910	650	34	2450	12	3
鸡东县永安镇	13293	16737	7801	96	485	30	
鸡东县永和镇	45062	13852	1120	12	130	12	
鸡东县东海镇	32623	22950	986	39	215	30	
鸡东县兴农镇	9737	12564	2670	47	1100	17	1
鸡东县鸡林乡	5033	4500	953	7	55	4	
鸡东县明德乡	6050	5500	900	9	160	1	
鸡东县下亮子乡	17100	11784	2656	110	560	69	
虎林市虎林镇	12440	12109	8106	46	330	41	1
虎林市东方红镇	4657	3817	1621	82	866	32	3
虎林市迎春镇	1451	4706	4159	39	337	7	
虎林市虎头镇	53764	10133	2760	19	141	1	
虎林市杨岗镇	49221	11329	1424	18	123	7	
虎林市东诚镇	13997	10067	545	31	196	5	
虎林市宝东镇	15145	11309	3000	27	600	15	6
虎林市新乐乡	16273	7418	928	7	75	3	1
虎林市伟光乡	11955	6015	753	8	51	4	
虎林市珍宝岛乡	32179	3364	401	4	104		
虎林市阿北乡	29846	4441	565	4	23	1	
密山市密山镇	16500	17679	17679	32	310	2	2
密山市连珠山镇	21000	16547	1230	10	205	5	5
密山市当壁镇	22500	11709	2091	8	40	2	1
密山市知一镇	20200	8326	3120	4	162	1	1
密山市黑台镇	28200	14310	7400	4	23	2	2
密山市兴凯镇	47600	11703	2345	12	203	1	1
密山市裴德镇	83500	17444	1521	5	102	3	3
密山市白鱼湾镇	65600	17073	850				
密山市柳毛乡	19700	10270	2017				
密山市杨木乡	25200	18345	2095	8	50	8	
密山市兴凯湖乡	19900	9437	9437	10	88	10	
密山市承紫河乡	12800	7227	985	1	34	1	1
密山市二人班乡	21100	19852	1125	8	193	3	
密山市太平乡	21300	15060	513	2	200		
密山市和平乡	19100	12742	1561	2	16	2	1
密山市富源乡	64734	17863	17863				
兴安区红旗镇	22500	11425	2640				
东山区新华镇	21000	12159	3966	28	846	25	4
东山区蔬园乡	40000	19083	720	13	1456	12	3
东山区东方红乡	50000	13361	1752	30	826	30	6
萝北县凤翔镇	3247	55834	53692	43	3380	36	
萝北县鹤北镇	9367	8048	549	8	20	8	
萝北县名山镇	8270	2341	678	1	58	1	
萝北县团结镇	33280	13533	1402	11	56	11	
萝北县肇兴镇	14200	9267	4511				
萝北县云山镇	3569	2604	852				
萝北县东明朝鲜族乡	4913	541	480	17	90	8	
萝北县太平沟乡	4276	1998	742				
绥滨县绥滨镇	25140	56980	44560	5	80	5	
绥滨县绥东镇	27196	13396	6392	1	18	1	

续表 121　　　　(黑龙江省)　　　　单位：公顷、人、个

名　　称	行政区域面　积	常住人口	#城镇建成区	企业个数	企　业从业人员	工业企业个　数	#规模以上
绥滨县忠仁镇	32364	19230	1633	3	15		
绥滨县连生乡	18579	13560	1378				
绥滨县北岗乡	15956	9796	969	1	18	1	
绥滨县富强乡	23793	3395	1338				
绥滨县北山乡	7254	3580	3580				
绥滨县福兴乡	10425	4513	1950				
绥滨县新富乡	5967	3556	1863				
尖山区安邦乡	6678	18503	18503	26	154	16	2
岭东区长胜乡	2108	3110	3110	5	30		
四方台区太保镇	12222	16107	2951	30	173	6	
宝山区七星镇	2300	1943	578	12	82		
集贤县福利镇	12514	24241	4020	42	1380	12	
集贤县集贤镇	20800	20831	6088	480	4566	93	3
集贤县升昌镇	18370	15309	3933	44	975	21	1
集贤县丰乐镇	13259	22905	2255	2	14		
集贤县太平镇	10754	14011	14011	2	12		
集贤县腰屯乡	20800	12750	1997	117	815	5	
集贤县兴安乡	18623	22479	6310	1	5		
集贤县永安乡	34571	16760	2880	7	1210	7	
友谊县友谊镇	10991	44960	44960	519	2928	15	14
宝清县宝清镇	28026	30595	26000	13	82	1	1
宝清县七星泡镇	30745	51846	7530	24	1350	14	5
宝清县青原镇	29522	20218	2920	3	16	3	
宝清县夹信子镇	17800	11667	1457	18	241	6	
宝清县龙头镇	82494	5706	890	8	183	8	
宝清县小城子镇	35643	15136	2860	10	55	8	4
宝清县朝阳乡	46266	10567	1940	5	65	5	
宝清县万金山乡	15352	11268	1681	20	425	18	
宝清县尖山子乡	179463	7746	1530	10	80	1	
宝清县七星河乡	33797	10354	3660	8	68	8	
饶河县饶河镇	7680	3397	1636	251	1300	40	1
饶河县小佳河镇	47750	9526	5150	68	470	22	
饶河县西丰镇	44390	7306	2546	59	736	20	
饶河县五林洞镇	155400	984	984	9	59	5	
饶河县西林子乡	31000	2496		13	249	13	
饶河县四排乡	5200	1600	1600				
饶河县大佳河乡	33360	3243	78	13	73		
饶河县山里乡	19300	3200	3200	22	130	2	
饶河县大通河乡	27140	3020		35	240	29	
龙凤区龙凤镇	22517	42161	9939	400	2005	186	1
让胡路区喇嘛甸镇	29500	64510	6250	210	8650	110	3
红岗区杏树岗镇	45000	38160	38160	523	5066	97	3
大同区大同镇	11060	18699	8416	40	232	30	1
大同区高台子镇	24162	25180	3850	67	356	5	
大同区太阳升镇	14847	12370	1800	25	630	9	1
大同区林源镇	36996	16126	8000	79	1264	12	2
大同区祝三乡	28189	21659	883	10	920	10	2
大同区老山头乡	21862	16220	2190	15	1100	14	2
大同区八井子乡	25804	21417	1049	13	430	9	2
大同区双榆树乡	41659	15462	784	12	94	12	

续表 122　　(黑龙江省)　　单位：公顷、人、个

名　　称	行政区域面积	常住人口	#城镇建成区	企业个数	企业从业人员	工业企业个数	#规模以上
肇州县肇州镇	18821	28566	2762	32	210	4	2
肇州县永乐镇	18625	21167	5523	41	227	8	1
肇州县丰乐镇	13700	30448	12850	60	332	25	14
肇州县朝阳沟镇	15331	26318	3010	70	366	8	1
肇州县兴城镇	33365	35912	4927	143	730	48	20
肇州县二井镇	22524	34187	2400	50	261	5	1
肇州县双发乡	15246	18201	2440	28	152	7	1
肇州县托古村乡	18547	17396	4710	41	270	8	2
肇州县朝阳村乡	12772	18781	2508	34	380	3	1
肇州县永胜村乡	13123	17202	2428	40	225	5	
肇州县榆树乡	17767	18380	2501	25	390	7	1
肇州县新福乡	34352	26495	2435	58	302	8	1
肇源县肇源镇	21589	20631	11246	6	275	5	4
肇源县三站镇	18182	26731	6895	3	136	3	3
肇源县二站镇	30661	36580	36580	7	139	5	2
肇源县茂兴镇	21294	17016	5574	5	160	3	
肇源县古龙镇	37310	30577	3742	18	290	1	1
肇源县新站镇	33859	53978	15891	53	790	47	5
肇源县头台镇	28889	19916	6795				
肇源县古恰镇	27095	24499	4942	10	320	9	
肇源县福兴乡	10518	13550	3722	5	90	2	2
肇源县薄荷台乡	17272	15194	3762	2	24	2	
肇源县和平乡	16806	13347	3801	3	185	2	1
肇源县超等乡	24708	9550	3817	2	23	1	
肇源县民意乡	13249	12500	3709	2	45	2	2
肇源县义顺乡	26934	14768	3722	39	716	37	37
肇源县浩德乡	15269	6297	3818	4	86	1	1
肇源县大兴乡	22071	12600	3781	3	17	3	1
林甸县林甸镇	15211	18021	3652	122	1825	81	3
林甸县红旗镇	29472	21122	3540	68	350	10	
林甸县花园镇	48877	31546	2783	15	171	3	1
林甸县四季青镇	60240	22400	420	30	186	8	
林甸县鹤鸣湖镇	45889	23227	1500	20	155	17	
林甸县东兴乡	45660	19965	1131	39	291	15	1
林甸县宏伟乡	13498	13238	996	9	78	9	
林甸县四合乡	43646	21078	2120	77	1235	4	
杜尔伯特蒙古族自治县泰康镇	16254	64520	64520	389	2155	36	7
杜尔伯特蒙古族自治县胡吉吐莫镇	42230	8257	4359	32	192	4	
杜尔伯特蒙古族自治县烟筒屯镇	65655	14804	5045	37	189	2	
杜尔伯特蒙古族自治县他拉哈镇	56744	18851	3666	49	300	3	1
杜尔伯特蒙古族自治县连环湖镇	56900	12430	2883	23	138	4	4
杜尔伯特蒙古族自治县一心乡	76548	16146		50	383	7	7
杜尔伯特蒙古族自治县克尔台乡	48112	9906		37	217	2	
杜尔伯特蒙古族自治县敖林西伯乡	112711	16067		18	90	1	
杜尔伯特蒙古族自治县巴彦查干乡	45958	15032		22	112	2	1
杜尔伯特蒙古族自治县腰新乡	46342	20289		25	175	5	
杜尔伯特蒙古族自治县江湾乡	37946	7526		26	136	2	2
南岔区晨明镇	26641	7935	7935				
南岔区浩良河镇	3177	12902	12902	14	972	2	
南岔区迎春乡	2695	6360	6360				

续表 123　　（黑龙江省）　　单位：公顷、人、个

名　　称	行政区域面　积	常住人口	#城镇建成区	企业个数	企　业从业人员	工业企业个　数	#规模以上
嘉荫县朝阳镇	7729	24606	20547	103	2302	18	3
嘉荫县乌云镇	32809	8415	3331	7	90	4	
嘉荫县乌拉嘎镇	98429	3206	1631	3	809	3	1
嘉荫县保兴镇	121212	6389	1827	11	235	9	
嘉荫县常胜乡	46021	2519	879				
嘉荫县向阳乡	58589	8004	3480	12	90	4	
嘉荫县沪嘉乡	103425	2240	1231	2	54	2	
嘉荫县红光乡	49999	2897	850	12	125	3	
嘉荫县青山乡	94316	1628	247	4	21	1	
铁力市铁力镇	4067	91310	91310	280	5305	116	22
铁力市双丰镇	17638	35879	25367	214	1276	47	4
铁力市桃山镇	10472	28052	14474	110	681	75	12
铁力市朗乡镇	277200	31678	30976	104	620	36	
铁力市年丰乡	14210	6541	817	18	101	10	
铁力市王杨乡	18850	10934	1405	43	216	24	
东风区建国镇	8100	11983	3250	35	180	15	4
东风区松江乡	6136	31298		112	915	90	8
佳木斯市郊区大来镇	17601	18194	2708	104	520	9	
佳木斯市郊区敖其镇	9003	11335	3270	124	630	15	1
佳木斯市郊区望江镇	15500	14992	1601	196	985	24	8
佳木斯市郊区长发镇	14002	15192	4310	120	610	12	
佳木斯市郊区莲江口镇	10901	15805	9196	235	1180	18	3
佳木斯市郊区长青乡	4503	37066		617	3100	192	14
佳木斯市郊区沿江乡	6501	19123		301	1700	82	2
佳木斯市郊区西格木乡	12585	13146	1310	22	272	12	2
佳木斯市郊区平安乡	20200	18429		132	670	10	1
佳木斯市郊区四丰乡	18600	7547		127	650	14	1
佳木斯市郊区群胜乡	18602	6598		81	410	13	
桦南县驼腰子镇	14649	13499	6130	17	212		
桦南县石头河子镇	31684	11533	744	43	230		
桦南县桦南镇	28932	26626	26352	17	370		
桦南县土龙山镇	47300	60790	1596				
桦南县孟家岗镇	61584	18856	4418	10	588	10	
桦南县闫家镇	24807	17609	2138				
桦南县金沙乡	27934	12548	71	45	1010		
桦南县梨树乡	26398	37031	2161	25	285	3	
桦南县明义乡	32906	16092	14510	19	320	12	
桦南县大八浪乡	30779	28106	1806	2	20		
桦川县横头山镇	31410	11650	2841	16	95	2	
桦川县苏家店镇	14250	15434	4021	32	200	8	
桦川县悦来镇	19600	64523	42734	138	695	50	30
桦川县新城镇	26376	19725	5659	46	290	13	
桦川县四马架镇	16403	13419	918	37	188	6	1
桦川县东河乡	20366	4939	2608	44	225	4	1
桦川县梨丰乡	25272	9877	2200	60	303	5	1
桦川县创业乡	13400	11689	2608	75	380	6	6
桦川县星火乡	3353	618	162	29	174	26	3
汤原县香兰镇	13240	18364	8110	30	761	4	
汤原县鹤立镇	8301	13991	12207	61	2681	59	3
汤原县竹帘镇	11025	8164	1120				

续表 124　　（黑龙江省）　　单位：公顷、人、个

名　称	行政区域面积	常住人口	#城镇建成区	企业个数	企业从业人员	工业企业个数	#规模以上
汤原县汤原镇	55201	17415	6389	9	396	7	
汤原县汤旺乡	5512	3465		3	46	3	
汤原县胜利乡	10710	10521					
汤原县吉祥乡	15123	11902		2	67	2	
汤原县振兴乡	18011	7127		7	68		
汤原县太平川乡	41507	11367					
汤原县永发乡	16502	14582		2	165	2	
同江市同江镇	6322	3714	3714	6	54	6	1
同江市乐业镇	17017	9701	2023	7	67	6	
同江市三村镇	26460	11346	1750	6	135	6	
同江市临江镇	16561	5388	1168	19	96	3	
同江市向阳镇	18272	8032	1239	37	850	28	9
同江市青河镇	29213	8178	563	19	130	4	1
同江市街津口乡	25319	3675		26	140	4	2
同江市八岔乡	17156	2835					
同江市金川乡	23397	3382					
同江市银川乡	22181	2481					
富锦市长安镇	33519	19127	1374	6	130	4	
富锦市砚山镇	27692	17200	1858	6	263	4	
富锦市头林镇	49857	15002	2140	13	75	9	
富锦市兴隆岗镇	67104	14200	2980	10	58		
富锦市宏胜镇	45150	12030	1844	9	34	2	
富锦市向阳川镇	58425	30852	5642	2	42	1	
富锦市二龙山镇	61129	31759	5642	7	235	4	2
富锦市上街基镇	37080	25049	1798	6	105	2	2
富锦市锦山镇	63142	35195	4353	18	386	3	1
富锦市大榆树镇	40767	31200	934	6	181	2	2
抚远市抚远镇	17607	36878	35490	183	7064		
抚远市寒葱沟镇	32300	4941	2573	12	133		
抚远市浓桥镇	30750	5132	2411	2	110	2	
抚远市乌苏镇	28873	1705	289				
抚远市通江乡	61307	2729	456				
抚远市浓江乡	21780	2174	511	7	52		
抚远市海青乡	122262	4923	283				
抚远市别拉洪乡	10835	2310	987				
抚远市鸭南乡	45856	3421	1821				
新兴区红旗镇	9500	13706	2640	22	4037	22	5
新兴区长兴乡	26267	19521	2640	3	4037		
桃山区万宝河镇	5935	5280	4809	4	73	4	
茄子河区茄子河镇	4508	23602	6900	79	403	10	4
茄子河区宏伟镇	93560	25480	8460	65	1126	32	1
茄子河区铁山乡	27000	16760	16760	12	300	12	
茄子河区中心河乡	18610	13234	6120	108	2360	54	6
勃利县勃利镇	19400	29742	17310	31	450	3	
勃利县小五站镇	38253	16996	5900	191	960	5	1
勃利县大四站镇	53400	25360	4960	22	110	3	
勃利县双河镇	27500	20131	6670	3	29	2	2
勃利县倭肯镇	10567	12790	5329	11	56	11	
勃利县青山乡	15000	14833	2020	18	150	2	
勃利县永恒乡	26977	16648	721	88	440	2	

续表 125　　（黑龙江省）　　单位：公顷、人、个

名　　称	行政区域面积	常住人口	#城镇建成区	企业个数	企业从业人员	工业企业个数	#规模以上
勃利县抢垦乡	8860	11556	2340	6	150		
勃利县杏树朝鲜族乡	10512	12850	3970	15	210	8	
勃利县吉兴朝鲜族满族乡	10900	14280	1783				
东安区兴隆镇	32900	32165		125	4064	103	11
阳明区铁岭镇	28550	40854	28922	159	4207	152	8
阳明区桦林镇	7120	11542	7214	37	750	32	
阳明区磨刀石镇	48300	20298	12500	24	1295	21	3
阳明区五林镇	49669	36812	9106	9	280	3	
爱民区三道关镇	34800	26300	1926	209	5870	150	19
牡丹江市西安区温春镇	29900	54524	17323	398	4164	86	
牡丹江市西安区海南朝鲜族乡	10900	10216	2045	20	750	13	
林口县林口镇	19097	91418	80445	27	311	25	25
林口县古城镇	72563	26022	10927	14	105	3	
林口县刁翎镇	67500	28001	10871	8	135	5	
林口县朱家镇	37193	20120	9523	1	8		
林口县柳树镇	49557	28756	4790	10	310		
林口县三道通镇	119895	17807	4011	1	25	1	
林口县龙爪镇	90305	33658	4290	3	42		
林口县莲花镇	42098	10025	313	43	215		
林口县奎山乡	32500	26537	3540	6	30	1	
林口县青山乡	67636	18131	1928	1	80	1	1
林口县建堂乡	70299	20283	5460	1	51	1	
绥芬河市绥芬河镇	9022	74909	74909	207	2110	40	6
绥芬河市阜宁镇	33214	27562	10234	177	2045	137	11
海林市海林镇	88500	113122	105159	2479	12395	276	36
海林市长汀镇	119620	24910	5740	29	700	29	4
海林市横道镇	79400	10800	7303	55	1300	18	1
海林市山市镇	70010	19846	12445	42	340	12	
海林市柴河镇	80100	21234	6232	8	284	8	
海林市二道镇	155000	12100	1002	9	132	2	
海林市新安朝鲜族镇	13100	11242	1510	18	158	12	
海林市三道镇	206700	8590	1387	2	26		
宁安市宁安镇	15835	29497		251	2063	21	7
宁安市东京城镇	17583	41026	21840	168	1015	77	10
宁安市渤海镇	50632	30955	5864	59	1780	13	6
宁安市石岩镇	19713	29795	3821	6	545	6	3
宁安市沙兰镇	100686	24670	5605	5	48	5	1
宁安市海浪镇	39944	28564	3471	8	48	8	3
宁安市兰岗镇	7901	13584	1539	8	690	8	
宁安市镜泊镇	34787	16785	2294	1	8		
宁安市江南朝鲜族满族乡	44741	21894	340	5	152	5	
宁安市卧龙朝鲜族乡	22856	17426	3874	6	48	1	
宁安市马河乡	15487	17656	1688	1	235	1	
宁安市三陵乡	20983	21053	1216	31	256	2	
穆棱市八面通镇	19000	62919	53598	674	12710	62	7
穆棱市穆棱镇	114100	39026	29162	199	3920	70	5
穆棱市下城子镇	39100	29564	21038	292	2460	109	11
穆棱市马桥河镇	56000	24989	13400	78	860	20	4
穆棱市兴源镇	59700	13039	10840	38	830	8	2
穆棱市福录乡	107900	13266	2470	15	163	2	

续表 126 （黑龙江省） 单位：公顷、人、个

名　　称	行政区域面　　积	常住人口	#城镇建成区	企业个数	企　　业从业人员	工业企业个　　数	#规模以上
穆棱市河西乡	86000	14977	8340	35	2350	20	5
穆棱市共和乡	135100	6376	2455	58	452	4	
东宁市东宁镇	48756	76496	67050	246	1230	115	2
东宁市三岔口镇	23786	17115	3805	43	488	11	2
东宁市大肚川镇	61302	21212	2089	42	2895	35	4
东宁市老黑山镇	15613	12366	3570	21	1263	7	5
东宁市道河镇	36092	16250	2140	4	187	4	1
东宁市绥阳镇	43599	31150	24455	105	3200	95	9
爱辉区西岗子镇	74480	10893	5064	4	160	4	1
爱辉区爱辉镇	18638	7215	1835	40	240	6	
爱辉区罕达汽镇	401809	8025	3456	6	1115	4	2
爱辉区幸福乡	19220	15024	15024	27	180	27	
爱辉区四嘉子乡	22500	3901	946	21	131	9	
爱辉区坤河乡	5169	2647	416				
爱辉区上马厂乡	84900	3985	1040	13	270	13	1
爱辉区张地营子乡	120399	4100	862				
爱辉区西峰山乡	67871	2549	1001	7	35	4	
爱辉区新生乡	171320	829	404	3	19		
爱辉区二站乡	250700	2906	730	4	20		
嫩江县嫩江镇	27932	140199	105421	12	62	10	1
嫩江县伊拉哈镇	21475	26314	1339	7	36	7	
嫩江县双山镇	12744	5685	1287	2	14	2	
嫩江县多宝山镇	320000	15035	8385	421	2300	33	2
嫩江县海江镇	54641	29712	4893	18	199	9	
嫩江县前进镇	23306	12081	1402	21	145	12	
嫩江县长福镇	35656	11425	602	12	162	5	
嫩江县科洛镇	203220	15559	2395	32	280	1	
嫩江县临江乡	45800	17325		17	350	14	3
嫩江县联兴乡	125200	12701		12	150	5	
嫩江县白云乡	123450	11909		24	130	11	
嫩江县塔溪乡	176030	7065	1606	8	53	2	
嫩江县霍龙门乡	179130	11858		39	200	6	
嫩江县长江乡	55200	4797		1	142		
逊克县奇克镇	41944	12054	1875	55	530	1	
逊克县逊河镇	48929	10434	3410				
逊克县克林镇	373380	3541	339	6	434	2	2
逊克县干岔子乡	21244	6832	2110	47	394	7	
逊克县松树沟乡	118000	5068	1290	1	16		
逊克县车陆乡	49220	7427	1320	36	191	2	
逊克县新鄂乡	353574	2167	745	11	100	1	1
逊克县新兴乡	34327	1154	515	16	97	1	1
逊克县宝山乡	133113	3813	645	7	50	1	
孙吴县孙吴镇	21620	6133	1755	10	50	9	
孙吴县辰清镇	17534	3523	1061	11	55	11	
孙吴县西兴乡	24060	6600	778	9	57	9	
孙吴县沿江满族乡	27822	7455	1245	18	93	18	
孙吴县腰屯乡	24071	5550	938	8	42	8	
孙吴县卧牛河乡	24627	2796	463	5	37	5	
孙吴县群山乡	25855	2286	535	3	17	3	
孙吴县奋斗乡	8770	3710	901	5	32	5	

续表 127　　（黑龙江省）　　单位：公顷、人、个

名　　称	行政区域面积	常住人口	#城镇建成区	企业个数	企业从业人员	工业企业个数	#规模以上
孙吴县红旗乡	14817	1040	355	6	30	4	
孙吴县正阳山乡	35777	5595	858	15	240	8	
孙吴县清溪乡	26333	2272	605	1	7	1	
北安市通北镇	13185	39139	39139	125	625	30	3
北安市赵光镇	121543	26800	14460	14	190	4	1
北安市石泉镇	40603	14318	2690	8	40	4	
北安市二井镇	42907	9272	521	7	40	7	
北安市城郊乡	18834	16088	16088	4	288	4	
北安市东胜乡	114613	8445	910	3	86	1	
北安市杨家乡	32090	4982	516	5	26	3	
北安市主星乡	5800	1809	162	1	6	1	
五大连池市龙镇	20498	26984	18474	160	800	15	2
五大连池市和平镇	20208	21963	402	8	132	8	
五大连池市五大连池镇	8000	17476	17476	60	1072	17	3
五大连池市双泉镇	20828	12271	3213	25	1250	6	1
五大连池市新发镇	15155	12434	214	23	116		
五大连池市团结镇	22378	19821	812	57	285	42	
五大连池市兴隆乡	9463	8358	830	125	628	4	
五大连池市建设乡	12466	15218	1062	28	142	8	
五大连池市太平乡	15295	17282	910	35	182	4	
五大连池市兴安乡	42545	3289	117				
五大连池市朝阳乡	17255	7245	485	9	57	4	
北林区宝山镇	13670	21796	4952	31	510	15	
北林区绥胜镇	9930	19709	3265	22	308	18	
北林区西长发镇	19100	40012	7112	40	505	24	
北林区永安镇	13230	17563	8074	10	213	6	
北林区太平川镇	15060	24921	1796	12	156	7	1
北林区秦家镇	12380	30240	5250	45	1352	38	2
北林区双河镇	10750	18811	4029	17	843	9	7
北林区三河镇	12180	27794	2556	10	306	6	
北林区四方台镇	18140	34694	6574	19	1006	15	
北林区津河镇	8950	15720	2214	24	210	17	
北林区张维镇	16000	28836	3045	43	1126	40	1
北林区东津镇	14700	23685	3150	7	810	7	
北林区东富镇	16010	24973	5239	54	1558	47	26
北林区兴福镇	17170	34631	1768	32	427	2	
北林区红旗乡	9980	17150	2098	11	170	1	
北林区连岗乡	15470	25263		5	26	1	
北林区新华乡	16470	29322	1601	27	356	23	8
北林区三井乡	15190	14406		5	125		
北林区五营乡	9210	14500		30	150	2	
北林区兴和乡	2010	319	319	2	104	2	
望奎县望奎镇	5664	18479	2016	6	1005	6	1
望奎县通江镇	16548	26074	5060				
望奎县卫星镇	18696	30965	3715	5	32		
望奎县海丰镇	16891	16459	2300				
望奎县莲花镇	13515	16195	4200				
望奎县惠七镇	14690	23355	2660	3	80	1	1
望奎县先锋镇	22633	34146	2200	4	90	3	1
望奎县火箭镇	25387	31269	6350				

续表 128　　(黑龙江省)　　单位：公顷、人、个

名　称	行政区域面　积	常住人口	#城镇建成区	企业个数	企　业从业人员	工业企业个　数	#规模以上
望奎县东郊镇	10805	12965	1680	3	100		
望奎县灯塔镇	16680	24531	547	3	20		
望奎县灵山满族乡	9298	9081		3	80		
望奎县后三乡	9541	14297					
望奎县东升乡	9905	8245					
望奎县恭六乡	13055	11957					
望奎县厢白满族乡	14685	15890	5080				
兰西县兰西镇	10869	34501	8363	101	5052	61	10
兰西县榆林镇	17485	44803	11428	120	1022	34	3
兰西县临江镇	20068	30708	4494	85	741	8	
兰西县平山镇	20239	21236	4356	48	297	15	1
兰西县红光镇	13736	19449	2710	80	441	26	1
兰西县远大镇	29213	39406	1219	31	190	11	1
兰西县康荣镇	13733	29241	720	115	1909	26	3
兰西县燎原乡	17784	20948		54	442	2	
兰西县北安乡	13471	20424		83	788	10	
兰西县长江乡	16387	19030		64	612	24	
兰西县兰河乡	19690	29851		113	1827	26	1
兰西县红星乡	10149	16349		89	1385	21	1
兰西县长岗乡	14686	17613		91	731	14	
兰西县星火乡	12201	15478		63	548	11	
兰西县奋斗乡	15278	20393		65	617	11	
青冈县青冈镇	6038	12000	1798	6	30		
青冈县中和镇	14221	23312	11141	5	82	4	1
青冈县祯祥镇	29187	40265	7317	22	796	6	
青冈县兴华镇	18877	15151	5405	4	52	3	
青冈县永丰镇	14325	12940	3104	29	201	4	
青冈县芦河镇	12816	18678	3017	9	72	4	1
青冈县民政镇	17205	24185	628	4	20	2	
青冈县柞岗镇	18810	33034	3256	5	312	5	3
青冈县劳动镇	24266	17782	595	5	88	5	
青冈县迎春镇	12944	13912	2482	18	91	2	
青冈县德胜镇	23150	31980	1972	4	38	3	
青冈县建设乡	17141	19760		3	15		
青冈县新村乡	21475	11460		2	10	2	
青冈县昌盛乡	13967	15361					
青冈县连丰乡	14279	18201		3	121	3	
庆安县庆安镇	13495	116028	1139	65	356	39	24
庆安县民乐镇	11604	13210	928	22	72	4	
庆安县大罗镇	14043	17618	1368	23	128	7	
庆安县平安镇	9791	9752	878	22	123	6	
庆安县勤劳镇	13471	10425	1587	5	96	5	
庆安县久胜镇	13100	14105	1586	7	56	3	1
庆安县同乐镇	14737	13103	1538	3	170	1	1
庆安县新胜镇	22220	24001	1207	13	387	6	1
庆安县建民乡	13162	13286		5	51	1	
庆安县巨宝山乡	10400	10820		5	34		
庆安县丰收乡	17355	14950		42	350		
庆安县发展乡	20584	10995	668	11	62	1	1
庆安县致富乡	12572	9291		12	205	9	

续表 129　　（黑龙江省）　　单位：公顷、人、个

名　称	行政区域面积	常住人口	#城镇建成区	企业个数	企业从业人员	工业企业个数	#规模以上
庆安县欢胜乡	9734	14264		4	110	4	
明水县明水镇	17115	19986	3758	46	330	38	
明水县兴仁镇	11610	13002	2297	20	165	20	
明水县永兴镇	18293	15833	4889	4	55	1	
明水县崇德镇	23030	11541	3379	26	141	21	
明水县通达镇	34959	22631	6330	32	236	32	
明水县双兴镇	22900	23190	1806	30	301	29	
明水县永久乡	12351	13978		35	183	27	
明水县树人乡	11304	11932	19	23	180	22	
明水县光荣乡	12060	11663	994	5	50	1	
明水县繁荣乡	10950	10010	755	24	153	21	1
明水县通泉乡	14689	13652	21	25	360	23	2
明水县育林乡	27357	11726	608	25	174	22	
绥棱县上集镇	11200	17400	3500	2	66	1	1
绥棱县四海店镇	12000	6238	1332	9	46		
绥棱县双岔河镇	18886	14296	1250	1	8		
绥棱县阁山镇	12902	15007	1810	6	30		
绥棱县长山镇	24424	19697	3160				
绥棱县靠山乡	12000	11855		20	130		
绥棱县后头乡	10000	11686		20	170		
绥棱县克音河乡	13804	10143		6	42		
绥棱县绥中乡	9960	8930					
绥棱县泥尔河乡	12073	19780	1062	8	50		
安达市安达镇	9600	15902	203	89	3502	39	3
安达市任民镇	21040	15800	8521	31	213	25	2
安达市万宝山镇	28596	22679	2261	112	2806	45	8
安达市昌德镇	35333	17650	1462	45	589	45	2
安达市升平镇	23080	17817	3014	4	240	3	2
安达市羊草镇	25591	27053	736	26	690	8	
安达市老虎岗镇	31286	23472	1231	5	70	3	1
安达市中本镇	12239	10227	1806	56	526	31	3
安达市太平庄镇	34400	9185	389	59	1300	42	5
安达市吉兴岗镇	28270	25170	4080	27	448	12	2
安达市火石山乡	18840	11320	610	20	650	17	2
安达市卧里屯乡	26000	15996	8120	42	570	40	3
安达市青肯泡乡	17457	15028		66	1115	40	4
安达市先源乡	34365	10383		85	996	25	4
肇东市肇东镇	26299	31986	3232	182	7823	172	25
肇东市昌五镇	13900	37100	18700	112	3187	107	3
肇东市宋站镇	24751	27153	14595	486	4150	68	4
肇东市五站镇	23481	60002	11812	174	1060	123	5
肇东市尚家镇	31000	21580	6360	5	82	5	1
肇东市姜家镇	12361	24530	5980	17	340	12	
肇东市里木店镇	10841	22461	4815	6	81	2	1
肇东市四站镇	11800	24802	10520	22	360	12	2
肇东市涝洲镇	18533	35240	3982	26	658	14	1
肇东市五里明镇	18487	37711	6335	30	150	25	
肇东市黎明镇	20371	35146	1786	17	164	7	2
肇东市西八里镇	24636	23802	954	1	62	1	
肇东市太平乡	12627	18307		51	750	34	1

续表 130　　（黑龙江省）　　单位：公顷、人、个

名　　称	行政区域面　　积	常住人口	#城镇建成区	企业个数	企　　业从业人员	工业企业个　　数	#规模以上
肇东市海城乡	12991	21574		40	398	27	1
肇东市向阳乡	17640	22800		15	927	6	1
肇东市洪河乡	13681	23120		70	751	52	
肇东市跃进乡	15132	24635		46	259	35	
肇东市德昌乡	21213	30964		17	226	7	
肇东市宣化乡	52793	21842		4	36		
肇东市安民乡	18861	24955		22	670	3	
肇东市明久乡	15086	22162		32	167	18	1
海伦市海伦镇	1580	4188	3828	17	240	9	2
海伦市海北镇	27793	36591	5930	45	269	23	2
海伦市伦河镇	19677	29421	12084	57	286	5	
海伦市共合镇	17416	24928	4527	1	9	1	
海伦市海兴镇	15853	22951	3514	41	210	16	
海伦市祥富镇	14280	17005	3812	23	119	2	
海伦市东风镇	21082	19802	610	10	312	4	2
海伦市百祥镇	13616	14821	812	6	65		
海伦市向荣镇	13137	17987	2422	15	105	4	
海伦市永富镇	24436	24854	939	10	101	2	
海伦市长发镇	10255	14315	651	41	385	19	
海伦市联发镇	15458	14528	1607	6	31	3	
海伦市前进镇	19450	22160	2130	5	245	4	1
海伦市东林乡	22896	21820	943	9	106	5	
海伦市海南乡	13875	16521	682	15	319	9	
海伦市共荣乡	15596	15988	2388	12	60	1	
海伦市乐业乡	10930	13020	810	17	365	2	
海伦市福民乡	11198	14631	180	10	60	1	
海伦市丰山乡	14760	20044	1082	10	51	2	
海伦市永和乡	18081	17595	2078	15	92	2	1
海伦市爱民乡	17887	20701	683	28	420	11	
海伦市扎音河乡	15688	18890	1259	12	65	1	
海伦市双录乡	15032	19017	1462	8	115	4	
加格达奇区加北乡	45800	7015		16	143	4	
加格达奇区白桦乡	105300	6103					
松岭区小扬气镇	262780	15476	15476	7	125	6	1
松岭区劲松镇	747847	3599	3599				
松岭区古源镇	669551	1478	1478				
新林区新林镇	263757	16408	16408	66	374	3	1
新林区翠岗镇	159933	2562	2562	5	25	5	
新林区塔源镇	127708	1471	1471				
新林区大乌苏镇	82150	1279	1279	2	16	1	
新林区塔尔根镇	60956	445	445				
新林区碧洲镇	88691	569	569				
新林区宏图镇	87099	531	531				
呼中区呼中镇	459188	18610	18610	12	330	12	
呼中区碧水镇	184646	3490	3490	1	431		
呼中区呼源镇	230997	4900	4900	6	302		
呼中区宏伟镇	62257	839	839	1	292		
呼玛县呼玛镇	243749	21557	16040	15	301	8	1
呼玛县韩家园镇	497011	2030	1865				
呼玛县三卡乡	179189	5418	5418				

续表 131　　(黑龙江省、上海市)　　单位: 公顷、人、个

名　　称	行政区域面　　积	常住人口	#城镇建成区	企业个数	企　　业从业人员	工业企业个　　数	#规模以上
呼玛县金山乡	80344	1357	1357				
呼玛县兴华乡	75395	1486	98				
呼玛县鸥浦乡	140446	1675	1291				
呼玛县白银纳鄂伦春族民族乡	51437	1739	1052				
呼玛县北疆乡	152786	1455	1455				
塔河县塔河镇	140777	41623	40032	156	6534	24	2
塔河县瓦拉干镇	284689	2313	1054				
塔河县盘古镇	421339	2254	1732	1	5		
塔河县古驿镇	52367	1143	1143				
塔河县十八站鄂伦春族民族乡	157151	2858	2545				
塔河县依西肯乡	189146	1120	802	4	80	2	
塔河县开库康乡	160866	883	883	1	5		
漠河县西林吉镇	1419	28762	28762	175	3400	30	5
漠河县图强镇	590	6847	6847	92	3213	2	1
漠河县阿木尔镇	106143	11909	11909	27	4291	4	1
漠河县兴安镇	198568	1716	1716	2	7		
漠河县北极镇	279832	2310	2310	5	167		
漠河县古莲镇	71753	1750	1750	8	87	1	
上海市							
闵行区莘庄镇	1950	296013	296013	8083	121245	244	54
闵行区七宝镇	1962	277003	277003	225	39023	67	27
闵行区颛桥镇	2097	195874	195874	2013	23619	383	95
闵行区华漕镇	2820	160753	160753	230	14830	160	61
闵行区虹桥镇	1108	157142	157142	767	93926	79	31
闵行区梅陇镇	2807	309127	309127	6596	87523	1216	125
闵行区吴泾镇	3760	127401	127401	1201	43021	300	42
闵行区马桥镇	3363	113929	77213	1435	86690	174	62
闵行区浦江镇	7851	243856	243856	4757	162522	1041	102
宝山区罗店镇	4090	159404	131718	2186	44437	542	64
宝山区大场镇	2722	360206	360206	4024	87508	413	23
宝山区杨行镇	3791	204020	204020	5630	88450	329	58
宝山区月浦镇	4437	149044	146715	1925	42346	342	48
宝山区罗泾镇	4800	65689	43863	5430	43440	452	96
宝山区顾村镇	4166	302199	302199	855	30404	722	60
宝山区高境镇	710	140124	140124	1499	14542	59	5
宝山区庙行镇	589	103229	103229	1389	16103	307	8
宝山区淞南镇	1365	121123	121123	1757	38059	51	9
嘉定区南翔镇	3327	189846	189846	3492	163556	1273	86
嘉定区安亭镇	8934	263328	263328	3692	157113	1790	234
嘉定区马陆镇	5716	198728	198728	3294	162463	1581	248
嘉定区徐行镇	3995	82079	82079	2675	59536	1086	115
嘉定区华亭镇	3954	38905	38905	3310	23762	635	66
嘉定区外冈镇	5091	84174	84174	975	50716	836	140
嘉定区江桥镇	4232	276477	276477	2776	118292	1054	97
浦东新区川沙新镇	9670	295822	133257	1200	26405	255	127
浦东新区高桥镇	3873	177875	89242	5095	111446	65	32
浦东新区北蔡镇	2371	294051	63000	1750	14000	230	34
浦东新区合庆镇	4186	122892	41030	205	26043	184	96
浦东新区唐镇	3232	149681	87574	121	7536	78	28
浦东新区曹路镇	4659	179419	83564	269	20142	189	56

续表 132　　（上海市）　　单位：公顷、人、个

名　　称	行政区域面积	常住人口	#城镇建成区	企业个数	企业从业人员	工业企业个数	#规模以上
浦东新区金桥镇	2528	75796	31515	36	3966	10	10
浦东新区高行镇	2285	129540	129540	109	5446	63	25
浦东新区高东镇	3516	104605	64761	1281	27409	88	28
浦东新区张江镇	4296	204231	204231	63	4749	38	21
浦东新区三林镇	3419	294948	232713	1260	188274	50	13
浦东新区惠南镇	6578	294927	164888	2572	23416	369	14
浦东新区周浦镇	4323	222762	163726	7912	115570	437	57
浦东新区新场镇	5345	103244	103244	1911	41453	878	60
浦东新区大团镇	5057	66071	9335	859	4295	369	15
浦东新区康桥镇	4125	293695	218262	4409	186638	283	63
浦东新区航头镇	5999	163001	80948	2345	63333	483	53
浦东新区祝桥镇	16019	241138	88919	4747	105685	695	87
浦东新区泥城镇	6150	87482	46759	420	31020	220	17
浦东新区宣桥镇	4600	50010		358	15000	300	34
浦东新区书院镇	6691	56978	22253	320	7504	103	22
浦东新区万祥镇	2314	30694	7980	375	8910	118	23
浦东新区老港镇	6667	40360	4339	341	12730	209	39
浦东新区南汇新城镇	15200	72991	72991	393	31120	51	10
金山区朱泾镇	7566	122743	98385	1045	20019	506	63
金山区枫泾镇	9170	86400	36273	977	56024	511	108
金山区张堰镇	3493	40357	8015	472	18302	256	48
金山区亭林镇	7912	99500	24802	1005	33396	592	78
金山区吕巷镇	5947	49228	19615	788	22436	392	49
金山区廊下镇	4687	30180	12640	270	9824	26	26
金山区金山卫镇	5506	84420	57725	960	18548	22	22
金山区漕泾镇	5692	36462	8953	643	16533	281	35
金山区山阳镇	4386	117968	20359	3976	63831	63	63
松江区泗泾镇	2348	180339	180339	2373	102002	888	87
松江区佘山镇	6631	72961	19812	625	14936	600	75
松江区车墩镇	4530	171023	26027	5674	152416	984	117
松江区新桥镇	3586	192139	192139	4150	77180	1122	150
松江区洞泾镇	2451	75674	75674	4062	60930	912	53
松江区九亭镇	2454	150800	150800	3182	32541	334	116
松江区泖港镇	5762	38551	5835	2385	36953	366	44
松江区石湖荡镇	4418	49800	5063	735	28486	209	60
松江区新浜镇	4475	32792	7500	240	8000	100	40
松江区叶榭镇	7254	74557	22516	1012	29635	562	37
松江区小昆山镇	4870	53329	53329	7345	47790	640	67
青浦区朱家角镇	13685	95536	23283	114	14502	56	56
青浦区练塘镇	9389	62585	7019	490	10290	50	50
青浦区金泽镇	10842	53629	10252	39	11742	27	27
青浦区赵巷镇	4044	119947	17103	70	5647	26	26
青浦区徐泾镇	3854	162023	156435	1598	96542	48	48
青浦区华新镇	4760	194484	64338	769	36989	116	116
青浦区重固镇	2402	56249	24299	151	5130	15	15
青浦区白鹤镇	5874	92218	19582	250	10216	82	82
奉贤区南桥镇	4996	259574	166050	4008	90260	102	102
奉贤区奉城镇	10991	148886	48807	1995	46379	131	131
奉贤区庄行镇	7000	64459	19962	9946	61573	87	87
奉贤区金汇镇	7172	122811	25528	11823	88032	98	98

续表 133 （上海市、江苏省） 单位：公顷、人、个

名称	行政区域面积	常住人口	#城镇建成区	企业个数	企业从业人员	工业企业个数	#规模以上
奉贤区四团镇	7292	78730	52855	981	32330	51	51
奉贤区青村镇	7316	98014	29245	1535	36936	115	115
奉贤区柘林镇	9905	84918	33656	1036	43019	91	91
奉贤区海湾镇	10426	29504	29504	142	6482	12	12
崇明区城桥镇	5752	116344	97256	1899	49200	39	9
崇明区堡镇	6130	60274	15737	2516	12580	185	9
崇明区新河镇	6196	46900	10586	573	6303	72	6
崇明区庙镇	9551	50351	4329	135	9328	104	3
崇明区竖新镇	5886	41005	2237	215	5426	163	7
崇明区向化镇	5378	27611	7570	86	3705	56	4
崇明区三星镇	6817	35310	1713	35	575	23	2
崇明区港沿镇	7492	49703	1510	140	3454	101	5
崇明区中兴镇	5150	30814	2748	72	4250	26	7
崇明区陈家镇	8231	62395	22580	190	11365	67	6
崇明区绿华镇	3745	8701	662	23	450	15	2
崇明区港西镇	4573	27597	1478	55	737	42	1
崇明区建设镇	4240	27036	3016	112	4480	72	3
崇明区新海镇	10504	10888	2350	52	2550	36	3
崇明区东平镇	11970	15142	7818	173	6057	49	8
崇明区长兴镇	8296	107810	17389	182	20550	14	8
崇明区新村乡	2489	11601	783	15	1944	9	4
崇明区横沙乡	5174	33212		12	334	3	1
江苏省							
六合区竹镇镇	21104	59838	27441	168	5466	72	9
溧水区白马镇	14588	39859	14964	997	15224	274	28
溧水区东屏镇	10300	35573	12192	896	20127	226	42
溧水区石湫镇	11705	51751	10071	866	16302	411	37
溧水区洪蓝镇	10899	48719	21831	1067	15092	320	41
溧水区晶桥镇	14260	36733	8082	576	16628	135	17
溧水区和凤镇	19000	50412	6043	165	14760	90	34
高淳区阳江镇	13113	71182	18172	214	29850	118	24
高淳区砖墙镇	7585	35867	5110	273	11582	199	17
高淳区漆桥镇	5363	26881	1524	254	11369	77	32
高淳区固城镇	9556	41463	11146	356	10826	215	25
高淳区东坝镇	10423	43208	24486	483	17593	341	35
高淳区桠溪镇	15106	60301	29696	602	24765	283	30
锡山区羊尖镇	5046	56203	18841	1058	44719	812	48
锡山区鹅湖镇	5457	74378	24659	1277	26125	608	60
锡山区锡北镇	6238	98469	23427	2212	24482	1023	81
锡山区东港镇	8505	135800	42000	1840	56500	1379	126
惠山区洛社镇	7742	171726	34879	6359	51803	1801	203
惠山区阳山镇	4212	57190	13214	986	14409	783	60
滨湖区胡埭镇	3608	65802	23600	1735	33200	1528	83
江阴市璜土镇	6449	112653	14759	2929	47950	1176	86
江阴市月城镇	3853	51595	26732	1252	16205	760	54
江阴市青阳镇	6757	99875	43072	2328	37726	1335	84
江阴市徐霞客镇	11017	153788	38935	2769	59379	1912	142
江阴市华士镇	7456	158132	54848	2498	89155	1473	107
江阴市周庄镇	7596	150809	60731	2055	81276	1522	120
江阴市新桥镇	2000	54518	43873	600	50324	220	30

续表 134　　(江苏省)　　单位：公顷、人、个

名　　称	行政区域面　积	常住人口	#城镇建成区	企业个数	企　业从业人员	工业企业个　数	#规模以上
江阴市长泾镇	5330	90753	26037	3572	41723	583	68
江阴市顾山镇	4971	85864	37842	1749	33642	830	81
江阴市祝塘镇	5959	133974	61850	2025	66170	1479	138
宜兴市张渚镇	18894	86941	26442	1650	38865	501	34
宜兴市西渚镇	6661	27707	4827	531	5011	195	13
宜兴市太华镇	9157	25143	5971	291	13450	220	16
宜兴市徐舍镇	17991	100271	19780	2144	20876	611	45
宜兴市官林镇	12400	91677	38923	2402	34160	1196	113
宜兴市杨巷镇	8625	43689	12019	642	9750	148	18
宜兴市新建镇	4436	25708	10452	608	9126	301	30
宜兴市和桥镇	10134	81080	37096	2293	23896	1246	69
宜兴市高塍镇	11267	63698	41312	3272	21125	2041	58
宜兴市万石镇	4382	32658	13824	1813	24181	1087	55
宜兴市周铁镇	7135	60943	17863	1436	29651	681	49
宜兴市丁蜀镇	19218	202946	98613	5546	61258	2545	97
宜兴市湖父镇	9802	23521	8600	699	59956	185	16
贾汪区青山泉镇	6647	47652	33105	264	24166	155	50
贾汪区紫庄镇	6668	61668	20157	279	8858	167	12
贾汪区塔山镇	9468	74181	22213	219	6778	135	11
贾汪区汴塘镇	10080	54381	8935	255	4055	149	4
贾汪区江庄镇	7496	34102	4510	260	6780	20	7
铜山区何桥镇	7400	50487	6945	92	7195	29	6
铜山区黄集镇	8340	62184	20134	212	3325	92	5
铜山区马坡镇	6900	44460	9536	272	9192	196	12
铜山区郑集镇	6710	48033	25868	248	20743	107	18
铜山区柳新镇	9606	76047	25421	968	21066	268	42
铜山区刘集镇	8360	63577	11830	812	13095	735	15
铜山区大彭镇	7600	65957	33710	380	8100	250	17
铜山区汉王镇	6393	40622	6115	520	11968	99	1
铜山区棠张镇	8060	54675	17500	573	14668	498	28
铜山区张集镇	14800	93148	7602	1321	28004	1007	25
铜山区房村镇	13600	76187	9692	827	8611	405	5
铜山区伊庄镇	8565	45180	7553	290	4165	80	10
铜山区单集镇	13210	59511	13990	396	6225	251	4
铜山区利国镇	7769	58624	30792	2180	25139	1305	26
铜山区大许镇	12917	81604	39826	671	20125	452	10
铜山区茅村镇	8324	65742	37852	850	18650	215	27
铜山区柳泉镇	10520	64563	16300	620	24080	482	21
丰县首羡镇	12232	92431	12209	1731	31452	838	21
丰县顺河镇	9404	55576	20453	2419	30320	779	14
丰县常店镇	8187	62783	11390	825	20530	370	21
丰县欢口镇	10751	103940	58300	1936	26950	1620	22
丰县师寨镇	8518	63855	14893	1311	22851	573	19
丰县华山镇	10100	75526	49162	2842	29120	1857	33
丰县梁寨镇	8680	59032	30372	1192	14293	492	21
丰县范楼镇	11610	83896	11809	1198	18065	792	17
丰县宋楼镇	12214	89906	11466	2365	32240	1780	21
丰县大沙河镇	8631	61852	32771	841	14231	728	14
丰县王沟镇	12621	90530	17611	1632	15678	1058	17
丰县赵庄镇	9100	62930	40665	1269	27371	795	15

续表 135 （江苏省） 单位：公顷、人、个

名　　称	行政区域面　　积	常住人口	#城镇建成区	企业个数	企　　业从业人员	工业企业个　　数	#规模以上
沛县龙固镇	5302	60126	43662	685	18815	529	53
沛县杨屯镇	5165	59678	31221	1061	24714	669	65
沛县胡寨镇	4594	37296	6824	698	10094	448	9
沛县魏庙镇	6014	53654	25996	737	21197	392	14
沛县五段镇	4977	40814	7591	812	6994	621	20
沛县张庄镇	11200	86320	41250	686	16135	136	20
沛县张寨镇	10634	79983	9974	273	5021	138	7
沛县敬安镇	9600	61872	43286	1623	20378	725	30
沛县河口镇	8257	51095	5865	968	10597	503	11
沛县栖山镇	8951	51774	6805	925	10962	635	9
沛县鹿楼镇	12540	72605	14614	702	15698	146	26
沛县朱寨镇	7900	60868	12891	1301	14173	875	16
沛县安国镇	10294	83804	43140	134	7270	97	30
睢宁县王集镇	13152	72564	19006	163	16205	90	6
睢宁县双沟镇	9530	59336	59236	507	4202	73	22
睢宁县岚山镇	12837	73046	28927	215	6457	136	11
睢宁县李集镇	6298	51853	25017	463	14028	242	16
睢宁县桃园镇	9489	68213	17932	182	11243	156	11
睢宁县官山镇	12528	76084	7124	221	4065	141	8
睢宁县高作镇	4171	35751	18264	162	4752	86	3
睢宁县沙集镇	6518	59885	21206	3470	33880	527	23
睢宁县凌城镇	9365	73164	26298	180	10995	115	16
睢宁县邱集镇	14079	97886	26625	235	3575	166	9
睢宁县古邳镇	10666	64373	35126	496	8452	232	8
睢宁县姚集镇	16780	88224	23506	363	6135	202	7
睢宁县魏集镇	13000	75311	13379	957	8067	362	10
睢宁县梁集镇	12134	62115	8874	197	6696	97	4
睢宁县庆安镇	11571	57240	17892	162	30800	110	15
徐州经济技术开发区徐庄镇	13259	73277	28215	302	5812	75	5
新沂市瓦窑镇	6203	37192	18091	1020	9174	284	27
新沂市港头镇	6810	38920	11225	546	8810	106	27
新沂市合沟镇	6734	60487	6493	673	6433	167	40
新沂市草桥镇	10122	67016	35208	933	25866	248	24
新沂市窑湾镇	11636	52252	29516	1283	21733	221	20
新沂市棋盘镇	15770	69151	32176	809	10022	248	34
新沂市马陵山镇	9528	52672	28717	784	10023	127	23
新沂市新店镇	11199	44528	9100	793	4875	94	20
新沂市邵店镇	5849	38031	10128	690	5431	73	21
新沂市时集镇	13887	54730	10689	2238	19280	169	31
新沂市高流镇	12189	59193	21456	1139	10874	98	35
新沂市阿湖镇	12527	61836	18500	1050	13865	415	24
新沂市双塘镇	9484	36859	8165	808	17645	272	34
邳州市邳城镇	9028	80483	34123	18	2753	12	10
邳州市官湖镇	8888	110153	45625	1540	33626	1100	93
邳州市四户镇	8156	47985	10401	171	2988	70	15
邳州市宿羊山镇	9013	77365	12415	461	11652	302	25
邳州市八义集镇	10562	76915	8772	2221	20918	697	10
邳州市土山镇	7015	48639	26972	247	11083	185	14
邳州市碾庄镇	12088	95274	45442	1745	23585	328	33
邳州市港上镇	6470	65112	23268	46	1372	21	6

续表 136 (江苏省) 单位：公顷、人、个

名　　称	行政区域面积	常住人口	#城镇建成区	企业个数	企业从业人员	工业企业个数	#规模以上
邳州市邹庄镇	7036	57630	8659	107	4620	61	8
邳州市占城镇	8900	44611	2511	96	2757	66	2
邳州市新河镇	11800	57623	8416	286	5716	42	9
邳州市八路镇	6700	43329	11863	227	26328	154	4
邳州市铁富镇	12447	122560	83980	1025	26760	140	20
邳州市岔河镇	7088	36821	9282	353	4921	232	16
邳州市陈楼镇	4341	50502	8517	1411	15522	746	26
邳州市邢楼镇	9684	57617	4160	348	10150	259	4
邳州市戴庄镇	6845	55426	5621	220	4011	6	4
邳州市车辐山镇	9488	60559	8425	541	13672	270	11
邳州市燕子埠镇	7700	35674	3721	124	1724	104	9
邳州市赵墩镇	12081	100286	10354	186	14537	134	25
邳州市议堂镇	5442	35930	7715	261	7887	231	20
天宁区郑陆镇	8893	108952	30512	1425	39635	1121	186
钟楼区邹区镇	6615	100026	56014	1245	31186	657	66
新北区春江镇	15210	165145	60332	3416	73298	2281	250
新北区孟河镇	8866	112694	50735	2052	44283	1875	129
新北区新桥镇	2714	62310	52348	441	13963	337	51
新北区薛家镇	3737	86798	60487	2543	39665	1049	134
新北区罗溪镇	5379	54467	18944	2200	35214	1184	113
新北区西夏墅镇	5196	52203	15696	1800	16510	1450	70
新北区奔牛镇	5631	64909	22357	771	25440	378	56
武进区湖塘镇	8406	397402	397402	8046	183959	3251	127
武进区牛塘镇	3460	96519	36744	3307	29768	736	71
武进区洛阳镇	5577	83281	23694	2083	41780	1877	90
武进区遥观镇	4468	105446	26345	2274	48027	1935	122
武进区横林镇	4668	103401	37178	1480	39988	1205	177
武进区横山桥镇	5840	96818	25860	3103	57891	2123	155
武进区雪堰镇	10438	101458	12375	2385	28763	1775	107
武进区前黄镇	10240	83772	9674	1242	20918	892	98
武进区礼嘉镇	5823	85977	9235	2660	30668	2018	82
武进区嘉泽镇	10632	87485	19287	825	32468	210	23
武进区湟里镇	8715	77799	14741	1375	23657	558	65
金坛区金城镇	9280	60758	5845	1709	36459	1096	81
金坛区儒林镇	10500	30205	5976	202	9129	162	33
金坛区直溪镇	10652	55917	8421	559	30146	366	37
金坛区朱林镇	7699	37853	9811	381	12930	272	31
金坛区薛埠镇	13263	52436	20385	625	39389	316	31
金坛区指前镇	10514	54485	9498	279	7951	119	39
溧阳市溧城镇	7551	229927	131575	2263	53110	984	30
溧阳市埭头镇	4369	25261	14523	245	8724	192	42
溧阳市上黄镇	4760	25979	16060	407	5701	210	23
溧阳市戴埠镇	14265	46380	15483	492	11426	412	36
溧阳市天目湖镇	23897	77912	14554	935	25161	320	44
溧阳市别桥镇	11265	67543	12568	546	25468	347	34
溧阳市上兴镇	24560	73269	5062	396	19554	145	31
溧阳市竹箦镇	18360	66245	16412	457	13125	382	35
溧阳市南渡镇	12450	75834	12612	325	19685	281	29
溧阳市社渚镇	20700	73832	16960	548	16032	189	31
虎丘区浒墅关镇	3000	62873	49297	1103	36117	791	86

续表 137　　(江苏省)　　单位：公顷、人、个

名　　称	行政区域面　积	常住人口	#城镇建成区	企业个数	企　业从业人员	工业企业个　数	#规模以上
虎丘区通安镇	3698	81009	52441	2024	28299	509	41
虎丘区东渚镇	2002	37742	2449	201	6100	110	4
吴中区甪直镇	12081	135891	48734	4695	67587	2899	128
吴中区木渎镇	6228	293652	160528	10538	130265	2039	90
吴中区胥口镇	3650	89270	23952	3062	55863	2685	133
吴中区东山镇	9600	58019	25970	689	14636	434	31
吴中区光福镇	6156	48458	17474	886	16827	475	19
吴中区金庭镇	8342	45655	3398	475	6759	49	7
吴中区临湖镇	5430	89427	31882	1475	46732	892	63
相城区望亭镇	4406	62896	22021	3252	40828	1698	61
相城区黄埭镇	5600	141556	75186	2048	65875	1804	154
相城区渭塘镇	3936	85866	35907	2501	38572	1612	98
相城区阳澄湖镇	6284	62048	14182	935	35578	898	61
吴江区太湖新城镇	19872	272833	186220	12726	112865	2635	92
吴江区平望镇	13565	129173	64351	3658	86296	1094	115
吴江区盛泽镇	14774	198271	145691	16729	144721	3053	292
吴江区七都镇	8620	82880	20374	967	32080	742	91
吴江区震泽镇	9561	89952	40721	2030	46300	1400	72
吴江区桃源镇	9060	79462	19360	1516	46365	985	95
吴江区黎里镇	25800	177603	97557	5997	109188	4737	285
苏州工业园区直属镇	8067	209484	209484	2881	302926	1194	381
常熟市虞山镇	18900	573000	429940	8400	288864	2115	204
常熟市梅李镇	8084	109892	49318	1196	44305	786	91
常熟市海虞镇	10997	129965	47216	2186	48276	1047	121
常熟市古里镇	9646	107312	40307	2347	61392	1471	116
常熟市沙家浜镇	7024	57789	32879	785	38167	594	59
常熟市支塘镇	12896	85946	27570	2107	32602	1120	94
常熟市董浜镇	6261	62227	9269	938	28720	589	62
常熟市辛庄镇	10426	106399	24648	1683	50617	1231	104
常熟市尚湖镇	11250	125066	22066	1615	44425	1095	95
张家港市杨舍镇	15309	417369	316505	9923	224797	3650	289
张家港市塘桥镇	9427	155360	145320	2201	82136	1563	124
张家港市金港镇	13161	306759	146615	14788	190235	2509	311
张家港市锦丰镇	11434	182100	118227	5586	97599	1600	85
张家港市乐余镇	7861	97538	40850	1560	30482	1080	65
张家港市凤凰镇	7879	121845	54072	2195	50520	1658	128
张家港市南丰镇	6246	80827	25448	896	39053	644	40
张家港市大新镇	4048	71146	21895	788	22472	661	35
昆山市玉山镇	11800	471275	329092	8236	245845	2374	280
昆山市巴城镇	15700	104963	76284	4558	58525	1456	179
昆山市周市镇	7943	145818	72610	4047	96921	3107	198
昆山市陆家镇	3546	96271	81587	2405	62524	876	87
昆山市花桥镇	5009	128038	127942	8266	113778	1097	66
昆山市淀山湖镇	6584	62927	45963	1544	38452	701	116
昆山市张浦镇	10904	137279	68842	7752	110384	4281	246
昆山市周庄镇	3605	31730	15817	1074	14358	570	16
昆山市千灯镇	7853	169586	93546	4688	85887	2851	209
昆山市锦溪镇	9069	51811	28566	1425	61164	715	75
太仓市城厢镇	5295	152096	113982	6276	57618	880	98
太仓市沙溪镇	13240	144166	44698	3510	78439	2432	142

续表 138　　(江苏省)　　单位：公顷、人、个

名　称	行政区域面积	常住人口	#城镇建成区	企业个数	企业从业人员	工业企业个数	#规模以上
太仓市浏河镇	6459	99069	31616	1330	35460	861	99
太仓市浮桥镇	14444	136558	26150	3456	85109	1503	150
太仓市璜泾镇	8355	81327	19089	1839	36854	1560	175
太仓市双凤镇	6250	56908	12837	1102	21037	998	84
南通市通州区西亭镇	6921	49133	4113	629	11667	281	21
南通市通州区二甲镇	6602	58556	14279	562	24753	265	37
南通市通州区东社镇	11508	82069	4592	672	20957	276	29
南通市通州区三余镇	36801	93957	56059	782	30326	447	15
南通市通州区十总镇	13317	70631	16006	601	12880	255	22
南通市通州区石港镇	11015	61756	22654	805	34256	367	52
南通市通州区刘桥镇	10728	69577	9026	657	33656	369	41
南通市通州区平潮镇	10960	114320	33466	1969	77392	1009	85
南通市通州区五接镇	8065	41569	6433	480	15492	226	22
南通市通州区兴仁镇	7756	82546	38169	1650	32920	817	78
南通市通州区张芝山镇	4982	68941	29478	920	16300	566	34
南通市通州区川姜镇	4986	107300	41450	2415	33259	1125	88
海安县海安镇	21434	254784	185380	3602	232080	1727	303
海安县城东镇	17093	136816	116052	4838	85837	2765	260
海安县曲塘镇	11894	84533	11707	2290	24430	1676	92
海安县李堡镇	9453	75917	33621	1635	23689	737	56
海安县角斜镇	14622	63898	13513	856	8578	545	56
海安县大公镇	10450	58651	11328	2058	20713	925	41
海安县雅周镇	8330	55108	18674	1685	18642	655	36
海安县白甸镇	5305	28741	6996	372	7539	270	38
海安县南莫镇	7420	45508	13170	912	14402	813	38
海安县墩头镇	11556	59002	12547	475	10565	281	47
如东县栟茶镇	9570	51342	22032	237	13576	172	17
如东县洋口镇	13710	76590	7650	978	19225	210	110
如东县苴镇	11786	46204	17490	1241	32906	293	83
如东县长沙镇	10184	37077	5030	398	9564	135	15
如东县大豫镇	19547	80917	12642	206	14800	171	29
如东县掘港镇	23926	216820	163632	3008	160500	2150	109
如东县马塘镇	14083	71912	15590	4303	44255	335	42
如东县丰利镇	14037	78250	22103	1358	10224	631	18
如东县曹埠镇	9236	46086	6380	1336	21817	1032	37
如东县岔河镇	14163	69340	31823	4032	41792	1756	66
如东县双甸镇	11233	68262	13829	687	23158	466	66
如东县新店镇	8069	36291	1628	604	15423	199	44
如东县河口镇	11610	57048	12946	436	18352	151	37
如东县袁庄镇	9919	55004	6802	475	21795	325	17
启东市汇龙镇	10419	233980	176310	5680	221390	1168	64
启东市惠萍镇	7500	51771	17628	1785	14281	820	5
启东市东海镇	8540	51554	7566	341	7589	247	7
启东市南阳镇	12680	84295	23584	1089	19977	960	11
启东市海复镇	7380	51082	13015	914	8624	427	2
启东市合作镇	8870	58979	13715	300	5209	200	7
启东市王鲍镇	12600	69110	19770	2342	25548	552	24
启东市吕四港镇	15280	142474	49720	2980	30930	2480	110
启东市海工船舶工业园	10666	76754	18302	2839	28121	1166	29
如皋市东陈镇	11232	70905	3357	612	16532	354	39

续表 139　　(江苏省)　　单位：公顷、人、个

名　称	行政区域面积	常住人口	#城镇建成区	企业个数	企业从业人员	工业企业个数	#规模以上
如皋市丁堰镇	7053	46163	27224	474	13350	269	43
如皋市白蒲镇	14489	107517	56940	841	25350	517	47
如皋市下原镇	7076	58272	23761	379	18467	227	41
如皋市九华镇	6961	61522	11900	592	23082	292	43
如皋市石庄镇	8506	73979	13801	654	14058	297	42
如皋市长江镇	12236	121042	113150	1529	57298	789	155
如皋市吴窑镇	6436	57059	4860	392	28529	141	25
如皋市江安镇	11836	104042	40685	702	18360	451	53
如皋市搬经镇	17485	120793	30205	758	29056	420	78
如皋市磨头镇	10315	71530	27678	526	16480	259	48
海门市常乐镇	9813	68101	29921	481	40892	208	33
海门市悦来镇	14144	98489	22483	2468	149062	898	51
海门市四甲镇	9683	83328	26107	1902	25189	1192	28
海门市余东镇	6830	55422	20704	384	11080	189	36
海门市正余镇	7636	52889	28572	320	30288	289	45
海门市海永镇	800	4690	1727	38	1042	11	1
海门市港新区	16542	126201	59440	1556	43741	485	76
海门市工业园区管理委员会	9978	125818	41591	2545	55125	1473	111
连云区前三岛乡	40	2					
连云港市海州区锦屏镇	5214	30596	6246	186	4125	116	4
连云港市海州区新坝镇	6946	30179	28551	95	1520	29	1
连云港市海州区板浦镇	8064	71682	33672	726	7052	312	3
连云港市海州区浦南镇	10850	55811	6375	130	4287	76	9
赣榆区青口镇	8729	193724	144429	2925	23512	246	38
赣榆区柘汪镇	7230	55660	9561	401	16737	345	37
赣榆区石桥镇	7869	61998	11219	245	4850	158	34
赣榆区金山镇	6690	47899	13320	225	5847	74	41
赣榆区黑林镇	8262	41776	9496	64	2310	27	7
赣榆区厉庄镇	6257	36473	9856	86	3156	62	20
赣榆区海头镇	7900	76950	32650	415	14860	358	42
赣榆区塔山镇	10484	57698	14312	59	1999	34	21
赣榆区赣马镇	7618	84051	8896	585	10320	180	30
赣榆区班庄镇	17561	100826	21266	503	10707	354	31
赣榆区城头镇	11485	85474	18756	485	11402	392	33
赣榆区城西镇	4530	40065	12897	324	6692	182	12
赣榆区宋庄镇	3420	34444	8003	184	2463	119	4
赣榆区沙河镇	13252	98214	37467	451	13760	127	21
赣榆区墩尚镇	12854	70216	24993	443	9128	256	45
东海县白塔埠镇	10329	61030	21791	136	6169	73	21
东海县黄川镇	9438	66582	10560	376	7260	197	18
东海县石梁河镇	10395	64352	16849	324	8462	203	23
东海县青湖镇	9432	59502	15011	195	6199	88	23
东海县温泉镇	10271	48012	4152	436	6216	231	11
东海县双店镇	11700	47667	5348	125	3456	90	8
东海县桃林镇	16978	69143	30591	525	6854	38	20
东海县洪庄镇	6719	32583	5816	84	3535	60	9
东海县安峰镇	13417	70183	15988	681	15206	452	22
东海县房山镇	14972	75689	11423	526	15652	126	31
东海县平明镇	15787	66233	17206	435	4258	329	27
东海县驼峰乡	10462	61092	9543	721	8136	426	27

续表 140　　(江苏省)　　单位：公顷、人、个

名　　称	行政区域面　　积	常住人口	#城镇建成区	企业个数	企　　业从业人员	工业企业个　　数	#规模以上
东海县李埝乡	7009	36128	5502	209	1905	182	17
东海县山左口乡	8906	46585	3511	128	3348	86	17
东海县石湖乡	7226	32978	3955	150	3469	119	14
东海县曲阳乡	7495	38855	6936	690	6750	475	18
东海县张湾乡	9500	32150	4450	49	1946	41	11
灌云县伊山镇	8233	160742	129572	2289	16992	645	11
灌云县杨集镇	15449	115720	6119	130	6365	67	13
灌云县燕尾港镇	2580	13726	12312	106	4139	84	84
灌云县同兴镇	10606	80126	8693	560	14920	482	7
灌云县四队镇	8827	54789	9997	279	2972	217	3
灌云县圩丰镇	6901	42276	9822	198	2422	160	14
灌云县龙苴镇	12801	84173	8052	673	9732	551	12
灌云县下车镇	10368	99205	12666	541	11926	463	21
灌云县图河镇	10821	41585	7315	210	1902	168	7
灌云县东王集镇	9197	70554	3072	491	4976	201	13
灌云县小伊乡	8425	65176	7569	217	8611	35	9
灌云县南岗乡	13372	110667	12891	351	8078	311	13
灌南县新安镇	14327	173608	94550	226	54465	131	22
灌南县堆沟港镇	14082	86839	20549	443	19633	152	34
灌南县田楼镇	11144	78150	10033	228	6254	127	14
灌南县北陈集镇	5526	38140	4913	42	651	25	3
灌南县张店镇	5918	33172	2870	40	1985	31	8
灌南县三口镇	8702	53871	6231	129	4497	83	9
灌南县孟兴庄镇	7809	49031	7016	123	3506	48	13
灌南县汤沟镇	3260	28316	11211	87	2853	77	5
灌南县百禄镇	10516	58948	8657	192	8856	79	15
灌南县新集镇	12738	66132	6793	280	6365	156	20
灌南县李集乡	8819	65283	8980	135	4580	105	24
淮安区平桥镇	4600	36578	6705	884	9653	445	11
淮安区上河镇	3375	22501	4952	137	9985	87	8
淮安区马甸镇	3400	27439	4112	152	9557	126	12
淮安区朱桥镇	5158	45087	9463	258	7331	185	19
淮安区溪河镇	4308	24335	9155	89	7050	26	12
淮安区施河镇	5775	37863	18524	486	14308	346	31
淮安区车桥镇	6400	62578	37823	706	16712	427	10
淮安区泾口镇	5600	36616	9088	50	1315	33	11
淮安区流均镇	8860	47229	8389	552	5072	211	4
淮安区博里镇	7191	48946	6248	715	9895	410	10
淮安区仇桥镇	7447	44070	4218	658	9012	356	9
淮安区复兴镇	6454	37859	6175	31	1329	25	8
淮安区苏嘴镇	5987	41574	7500	30	2798	17	9
淮安区钦工镇	4121	30098	6805	57	2490	32	8
淮安区顺河镇	7756	38195	3448	610	7530	341	8
淮安区季桥镇	5320	34589	5971	821	14867	693	14
淮安区席桥镇	2011	14883	3972	63	4987	20	16
淮安区林集镇	3856	18084	2215	629	6821	462	8
淮安区南闸镇	3457	31008	3398	521	4996	185	5
淮安区建淮乡	3476	34012	15646	768	11756	553	17
淮安区茭陵乡	3546	28429	3755	436	5289	168	5
淮安区宋集乡	5722	43712	4189	368	6201	157	11

续表 141　　(江苏省)　　单位：公顷、人、个

名　　称	行政区域面　积	常住人口	#城镇建成区	企业个数	企　业从业人员	工业企业个　数	#规模以上
淮安区三堡乡	3708	18937	2309	75	2582	60	10
淮阴区王营镇	5008	257934	212629	2312	30668	875	27
淮阴区赵集镇	9825	38062	3882	388	5963	135	30
淮阴区吴城镇	5375	32894	5733	142	3147	91	3
淮阴区南陈集镇	9327	65428	18818	58	8028	45	11
淮阴区码头镇	4200	30391	4665	362	5625	134	10
淮阴区王兴镇	6710	31942	7741	305	7300	80	3
淮阴区棉花庄镇	6209	40879	6521	962	10302	426	7
淮阴区丁集镇	4030	32656	6520	408	9792	30	13
淮阴区五里镇	5310	27991	6977	85	3902	13	9
淮阴区徐溜镇	5833	31445	4963	321	7682	82	16
淮阴区渔沟镇	9910	54588	10524	194	5926	173	17
淮阴区吴集镇	5697	32717	3982	62	964	34	14
淮阴区西宋集镇	7510	46617	8624	492	5729	349	7
淮阴区三树镇	7968	36857	5782	74	1802	36	3
淮阴区韩桥乡	5400	31496	7047	188	1974	29	13
淮阴区新渡乡	4650	30904	4329	149	1503	59	5
淮阴区老张集乡	5088	26016	6527	56	6119	43	14
淮阴区凌桥乡	6856	29025	3741	27	1287	17	7
淮阴区袁集乡	3940	26991	4565	78	5326	26	8
淮阴区刘老庄乡	5301	28702	6920	81	650	27	9
淮阴区古寨乡	3885	21428	4563	39	1432	31	7
清江浦区和平镇	7268	32335	1522	521	13742	134	10
清江浦区武墩镇	4078	21901	4638	262	6892	131	17
清江浦区盐河镇	3283	20544	6718	747	5992	123	10
清江浦区黄码乡	1821	19819	2387	229	6329	167	5
洪泽区蒋坝镇	346	8770	4997	87	2860	78	13
洪泽区岔河镇	19968	59764	19805	433	19368	309	26
洪泽区西顺河镇	1900	8840	2552	81	2200	28	9
洪泽区老子山镇	30000	13423	6292	69	1532	25	17
洪泽区三河镇	6825	45479	12263	114	6312	71	50
洪泽区东双沟镇	9862	61092	12743	331	12914	324	28
涟水县涟城镇	5600	170930	143001	1058	67815	145	38
涟水县高沟镇	10907	83450	39218	619	48716	112	32
涟水县唐集镇	6506	24452	5848	185	1559	35	9
涟水县保滩镇	4250	25129	3056	44	4623	33	20
涟水县大东镇	5668	26712	3990	89	2935	46	8
涟水县五港镇	11218	45040	5800	260	4900	220	9
涟水县梁岔镇	6943	37641	11821	220	3043	120	8
涟水县石湖镇	8484	45165	12258	157	2535	89	5
涟水县朱码镇	11846	69653	9051	493	17785	147	41
涟水县岔庙镇	8330	35185	2241	192	8842	95	13
涟水县东胡集镇	11234	57756	2856	126	1750	36	8
涟水县南集镇	5692	21895	8204	105	2897	52	10
涟水县义兴镇	4441	18215	6635	206	2685	53	9
涟水县成集镇	7727	44683	5186	385	4096	276	13
涟水县红窑镇	11314	56112	6614	261	5151	147	14
涟水县陈师镇	10100	53736	2149	112	4923	49	17
涟水县前进镇	5103	20536	3128	51	996	40	7
涟水县徐集乡	7234	35351	3212	432	5515	216	13

续表 142 (江苏省) 单位：公顷、人、个

名　　称	行政区域面积	常住人口	#城镇建成区	企业个数	企业从业人员	工业企业个数	#规模以上
涟水县黄营乡	9940	39120	1728	305	4210	250	10
盱眙县马坝镇	18181	99720	93676	757	16167	455	35
盱眙县官滩镇	13345	38645	17866	175	8025	123	42
盱眙县旧铺镇	13933	34842	5304	608	5846	304	19
盱眙县桂五镇	14820	34152	10159	135	2316	41	12
盱眙县管镇镇	6750	30151	15968	95	1589	58	11
盱眙县河桥镇	17080	29935	15124	265	5327	168	14
盱眙县鲍集镇	13200	54635	6630	42	5873	18	17
盱眙县黄花塘镇	12983	29946	8678	198	4063	81	19
盱眙县明祖陵镇	13500	33289	3113	174	5013	89	8
盱眙县铁佛镇	10800	27581	1359	199	3476	59	12
盱眙县淮河镇	8715	30151	6358	65	865	29	7
盱眙县仇集镇	16550	21524	7427	50	1503	17	8
盱眙县观音寺镇	11656	26245	7215	95	752	89	12
盱眙县天泉湖镇	15215	34157	5106	184	4286	59	17
盱眙县维桥乡	6477	20086	4328	96	2543	21	11
盱眙县穆店乡	9673	24826	6411	39	3136	19	11
盱眙县兴隆乡	10100	23278	23278	105	1635	27	13
金湖县黎城镇	6600	156558	119282	2656	25971	645	45
金湖县金南镇	10201	31750	5138	471	4511	316	20
金湖县闵桥镇	6791	19895	10188	1141	8709	735	18
金湖县塔集镇	9767	22556	4295	514	6257	296	17
金湖县前锋镇	7915	23104	4147	192	4239	137	21
金湖县吕良镇	7480	16045	3753	485	5565	287	16
金湖县陈桥镇	5486	22490	1356	224	10526	123	20
金湖县金北镇	7737	17491	3668	586	7125	282	25
金湖县戴楼镇	7596	20471	1489	558	5381	217	30
金湖县银涂镇	13307	38901	6563	1652	14492	803	57
淮安经济技术开发区范集镇	4054	11499	3400	20	1400	15	1
淮安经济技术开发区钵池乡	380	6320	6320	475	2310	8	5
淮安经济技术开发区徐杨乡	1892	43650	43650	707	33850	54	35
淮安经济技术开发区南马厂乡	3168	30013	5714	302	5982	44	17
亭湖区南洋镇	12942	67812	19671	776	14561	590	22
亭湖区新兴镇	9257	60623	18627	439	8764	258	20
亭湖区便仓镇	7197	32020	8054	359	9925	90	14
亭湖区盐东镇	12218	52533	14132	395	10650	166	27
亭湖区黄尖镇	7056	36817	14405	215	6580	210	6
盐都区大纵湖镇	9303	44300	23321	400	15562	336	28
盐都区楼王镇	12723	46443	12750	225	24100	155	13
盐都区学富镇	7124	39614	8216	195	5539	109	16
盐都区尚庄镇	7475	40725	30725	138	4174	87	9
盐都区秦南镇	11492	76223	52310	685	18479	421	26
盐都区龙冈镇	9339	73672	37561	749	30120	501	36
盐都区郭猛镇	6242	29725	22489	588	10748	472	24
盐都区大冈镇	10142	47035	20388	548	12373	357	31
大丰区大中镇	20012	217934	150102	2178	51845	699	63
大丰区草堰镇	9589	38918	14031	273	10334	104	13
大丰区白驹镇	11300	38509	9693	455	10600	170	22
大丰区刘庄镇	9638	41685	16650	553	6748	393	16
大丰区西团镇	8800	26835	14482	868	14985	623	46

续表 143　　(江苏省)　　单位：公顷、人、个

名　　称	行政区域面　　积	常住人口	#城镇建成区	企业个数	企　　业从业人员	工业企业个　　数	#规模以上
大丰区小海镇	12380	40451	8286	277	5120	202	12
大丰区大桥镇	10254	28747	7983	88	2326	47	7
大丰区草庙镇	12279	24682	13136	395	6993	255	10
大丰区万盈镇	14256	46411	11176	510	13522	300	15
大丰区南阳镇	9352	34817	12914	362	5972	218	16
大丰区新丰镇	27621	110558	49224	2652	25963	642	29
大丰区三龙镇	15300	53600	20410	209	4409	60	8
响水县响水镇	5121	103296	96589	2108	25073	235	19
响水县陈家港镇	8518	59213	29251	389	4712	26	4
响水县小尖镇	18841	98002	17924	384	12783	229	24
响水县黄圩镇	6418	23224	8997	119	4310	63	8
响水县大有镇	10862	44783	11803	609	10194	385	12
响水县双港镇	10372	57963	57963	323	6392	239	13
响水县南河镇	11674	49425	13325	367	4107	267	3
响水县运河镇	13130	66139	12471	584	17734	223	10
滨海县五汛镇	14963	74478	18173	840	9152	545	2
滨海县蔡桥镇	9199	41253	11639	158	2830	19	3
滨海县正红镇	14500	90678	22345	645	5842	316	6
滨海县通榆镇	5600	37625	11052	242	5578	115	6
滨海县界牌镇	12194	59341	7451	141	7836	43	5
滨海县八巨镇	6902	39793	14201	47	649	35	12
滨海县八滩镇	11185	72000	46750	399	11180	241	16
滨海县滨淮镇	20132	87459	25834	683	13085	508	26
滨海县天场镇	8194	36288	7265	108	5128	77	1
滨海县陈涛镇	11091	55974	5839	369	3156	263	7
滨海县滨海港镇	14000	42253	40253	25	512	15	5
阜宁县沟墩镇	11520	59115	34825	274	22600	248	13
阜宁县陈良镇	6752	31579	7092	135	5089	121	3
阜宁县三灶镇	9120	50473	14286	77	4566	62	2
阜宁县郭墅镇(澳洋工业园)	7071	47850	19741	305	9373	254	42
阜宁县新沟镇	7740	44349	6780	383	6902	275	11
阜宁县陈集镇	8727	46697	19502	137	4112	130	4
阜宁县羊寨镇	9420	37954	12542	288	7415	215	2
阜宁县芦蒲镇	8673	37105	5846	106	1315	87	4
阜宁县板湖镇	6901	34127	12832	445	3565	410	10
阜宁县东沟镇	16968	84616	17625	448	21089	368	23
阜宁县益林镇	10918	116240	58342	856	26478	542	31
阜宁县古河镇	8979	58842	15682	341	5124	297	7
阜宁县罗桥镇	8871	52303	12245	284	2883	210	8
射阳县合德镇	20367	205243	191558	913	53450	456	48
射阳县临海镇	18628	68435	21950	94	5770	65	25
射阳县千秋镇	15746	52272	4806	53	2565	12	7
射阳县四明镇	17457	72205	14656	143	2360	129	8
射阳县海河镇	24243	87265	11640	193	6658	150	19
射阳县海通镇	7333	30731	11405	265	4555	75	19
射阳县兴桥镇	12914	46882	11022	65	4678	52	11
射阳县新坍镇	9875	42712	3760	47	1360	45	9
射阳县长荡镇	9591	35436	3100	110	3791	40	8
射阳县盘湾镇	9600	36958	2847	92	3985	80	22
射阳县特庸镇	10248	39702	8450	139	3913	48	11

续表 144　　(江苏省)　　单位：公顷、人、个

名称	行政区域面积	常住人口	#城镇建成区	企业个数	企业从业人员	工业企业个数	#规模以上
射阳县洋马镇	9600	31841	11035	381	3850	153	13
射阳县黄沙港镇	2185	21012	5893	70	1865	64	13
建湖县建阳镇	9623	43021	26104	628	11498	412	31
建湖县九龙口镇	7480	32431	10351	493	5567	263	15
建湖县恒济镇	8008	28675	16076	399	12541	310	16
建湖县颜单镇	8974	23519	4685	116	3518	53	15
建湖县沿河镇	8181	27014	12486	132	4281	62	10
建湖县芦沟镇	8586	42331	9796	112	5515	44	16
建湖县庆丰镇	9400	57361	29405	270	12382	205	42
建湖县上冈镇	23127	151193	57013	917	16918	679	46
建湖县冈西镇	6811	27273	12713	289	15348	186	17
建湖县宝塔镇	5078	24889	10103	85	2876	27	10
建湖县高作镇	7010	36198	13172	225	14559	182	23
盐城经济技术开发区步凤镇	12790	52507	10505	105	7710	79	13
东台市溱东镇	7574	36895	24321	832	20354	748	38
东台市时堰镇	10226	50018	38028	842	23273	753	35
东台市五烈镇	13428	73526	23881	331	6730	275	33
东台市梁垛镇	13217	76867	7926	341	9223	267	30
东台市安丰镇	7128	50948	36948	560	14420	340	29
东台市南沈灶镇	10323	52653	8229	466	10035	430	10
东台市富安镇	16999	86113	43218	333	6911	218	50
东台市唐洋镇	10744	44004	14986	313	2837	53	15
东台市新街镇	10289	38157	6402	160	3492	136	14
东台市许河镇	10691	45133	6010	187	5976	149	8
东台市三仓镇	15726	61706	42579	410	10160	288	14
东台市头灶镇	20675	75151	35667	1127	16298	860	37
东台市弶港镇	26392	46135	15436	63	2244	34	9
东台市东台镇	29671	217043	161239	2745	57189	1812	77
广陵区李典镇	7045	44025	16801	785	17400	548	30
广陵区沙头镇	5600	37029	7369	516	17019	370	34
广陵区头桥镇	6421	46480	8900	836	11831	681	45
广陵区湾头镇	850	24998	12799	330	12180	206	2
广陵区汤汪乡	1030	24696		102	5545	33	5
广陵区扬州市生态科技新城杭集镇	4026	40210	24163	1305	24883	1009	42
广陵区扬州市生态科技新城泰安镇	4100	23740	10908	296	13345	241	26
邗江区公道镇	10646	38527	9710	325	19156	232	27
邗江区方巷镇	8936	43581	3581	356	19362	295	32
邗江区槐泗镇	6000	39877	8046	978	38516	550	35
邗江区瓜洲镇	1602	17327	9528	81	2420	65	7
邗江区杨寿镇	4048	24689	24689	1289	10440	314	28
邗江区杨庙镇	3102	23557	7531	312	6975	242	17
邗江区西湖镇	2706	37997	23220	994	24868	388	30
邗江区双桥乡	639	81926		1949	27270	90	4
邗江区平山乡	1120	16763		245	13000	98	2
邗江区城北乡	1800	27123		362	9012	1	1
江都区仙女镇	14158	140646	63497	4016	50721	2336	147
江都区小纪镇	17823	92135	45105	1408	28760	1282	50
江都区武坚镇	8558	48812	23993	610	18086	548	31
江都区樊川镇	11611	63135	23500	1278	18500	719	36
江都区真武镇	7602	48990	15980	451	24760	324	33

续表 145　　(江苏省)　　单位：公顷、人、个

名　称	行政区域面积	常住人口	#城镇建成区	企业个数	企业从业人员	工业企业个数	#规模以上
江都区宜陵镇	5986	51032	30102	963	16207	773	45
江都区丁沟镇	10232	62451	12235	1002	25699	312	25
江都区郭村镇	10450	78241	23891	590	23827	469	28
江都区邵伯镇	12700	76640	28240	800	38620	570	43
江都区丁伙镇	8020	44579	25000	1080	23000	1014	35
江都区大桥镇	15566	149082	53982	5402	59326	929	69
江都区吴桥镇	5596	51202	11601	473	13907	436	22
江都区浦头镇	4315	44857	7437	2395	30000	755	19
宝应县安宜镇	14135	243870	98000	2308	62703	1991	82
宝应县氾水镇	17200	94791	28881	1987	57176	1719	32
宝应县夏集镇	12500	48693	9990	631	11091	589	24
宝应县柳堡镇	11740	46169	13111	619	15360	591	26
宝应县射阳湖镇	19650	64527	13310	1211	15810	1069	20
宝应县广洋湖镇	9155	21890	2425	698	8532	134	18
宝应县鲁垛镇	6158	25149	8038	255	7615	231	14
宝应县小官庄镇	4600	28888	9125	425	7311	385	28
宝应县望直港镇	9000	63241	20753	315	15135	264	39
宝应县曹甸镇	10000	64701	34646	1680	25436	258	25
宝应县西安丰镇	5864	31216	7423	310	17014	299	13
宝应县山阳镇	12277	51920	5440	322	11145	290	35
宝应县黄塍镇	4200	22356	8594	228	15202	183	18
宝应县泾河镇	8412	50540	9273	498	5809	472	14
扬州经济技术开发区施桥镇	3099	38126	16018	443	20910	285	20
扬州经济技术开发区八里镇	2326	22989	22798	174	16472	88	23
扬州经济技术开发区朴席镇	4301	31644	1556	115	2219	62	6
仪征市真州镇	6317	226500	226500	2354	48620	732	63
仪征市新集镇	6389	45542	6317	305	19778	258	27
仪征市新城镇	5616	34344	2219	159	9421	138	21
仪征市马集镇	6573	30886	8000	410	22454	373	27
仪征市刘集镇	9065	45918	11523	267	14677	206	32
仪征市陈集镇	8155	37267	8074	439	10565	391	23
仪征市大仪镇	10866	49106	15036	668	24096	424	36
仪征市月塘镇	14800	55598	10865	456	10927	392	25
仪征市青山镇	4603	26528	16326	123	3854	83	10
高邮市龙虬镇	7600	34118	4981	189	10015	152	19
高邮市汤庄镇	14582	58232	18198	958	19223	385	43
高邮市卸甲镇	17016	80924	17395	702	25690	595	28
高邮市三垛镇	18688	77637	30128	1076	18564	1015	30
高邮市甘垛镇	14972	54394	8416	381	22551	145	16
高邮市界首镇	8580	32716	17580	223	10135	203	10
高邮市周山镇	6202	28960	3008	295	5497	274	7
高邮市临泽镇	19940	95898	29755	613	18847	481	32
高邮市送桥镇	15300	70028	23456	1196	32685	1025	109
高邮市菱塘回族乡	5392	23829		498	11749	408	52
丹徒区高桥镇	4280	18906	6478	534	9348	485	17
丹徒区辛丰镇	7942	50248	18476	994	20892	870	32
丹徒区谷阳镇	5068	31023	8216	811	20875	750	48
丹徒区上党镇	11372	48956	14481	1124	15364	864	28
丹徒区宝堰镇	4092	23400	9722	171	5164	118	10
丹徒区世业镇	5275	14338	3841	62	2012	8	

续表 146　　(江苏省)　　单位：公顷、人、个

名　　称	行政区域面积	常住人口	#城镇建成区	企业个数	企业从业人员	工业企业个数	#规模以上
镇江新区姚桥镇	5691	30121	5885	622	18820	546	54
镇江新区大路镇	3606	25168	24564	376	6500	310	42
镇江新区丁岗镇	3536	76127	54621	381	7836	284	51
丹阳市司徒镇	9165	47301	4668	1187	35765	608	78
丹阳市延陵镇	11552	71892	23014	526	42368	493	40
丹阳市珥陵镇	8367	49129	12360	746	16100	534	15
丹阳市导墅镇	8060	49978	5337	662	15210	535	28
丹阳市皇塘镇	8044	59128	21523	1184	27184	702	49
丹阳市吕城镇	6801	56781	27538	1116	23116	662	138
丹阳市陵口镇	6440	43020	7496	461	19724	332	27
丹阳市访仙镇	7380	51572	16475	470	25870	465	31
丹阳市界牌镇	2363	49759	43860	1379	26102	1105	78
丹阳市丹北镇	11491	111122	61145	2786	71210	1955	113
扬中市新坝镇	4920	52302	15620	1443	38236	980	79
扬中市油坊镇	4593	43102	20533	423	15987	375	73
扬中市八桥镇	3458	35043	9425	736	12843	525	48
扬中市西来桥镇	1950	18362	5279	281	6238	196	23
句容市下蜀镇	9644	46172	6735	305	27150	142	28
句容市白兔镇	11550	34961	8596	361	17512	266	14
句容市边城镇	10900	35462	8699	398	11293	319	49
句容市茅山镇	8100	28859	6732	226	5640	77	17
句容市后白镇	14328	61783	30625	452	26394	285	79
句容市郭庄镇	11700	52230	17472	671	18832	358	52
句容市天王镇	13154	61569	26371	540	15094	446	12
句容市宝华镇	12740	36804	10240	426	29451	185	39
海陵区九龙镇	2680	24561	11561	589	16390	519	53
海陵区罡杨镇	3400	24068	8801	357	9203	249	24
海陵区苏陈镇	4580	45609	9260	708	17376	484	34
高港区永安洲镇	5291	34850	16030	1016	15713	312	56
高港区白马镇	2322	19500	7401	761	6432	274	16
高港区胡庄镇	5382	36490	17684	547	6981	161	10
高港区大泗镇	3678	27260	10089	402	8495	166	12
姜堰区溱潼镇	3861	34055	12039	321	6780	172	17
姜堰区蒋垛镇	6505	44822	17590	315	5200	280	17
姜堰区顾高镇	3820	27090	9408	356	5989	145	14
姜堰区大伦镇	5521	37861	8442	513	7735	261	16
姜堰区张甸镇	9360	76138	35282	628	15008	514	13
姜堰区梁徐镇	6663	50057	8493	400	17598	323	18
姜堰区桥头镇	3799	24673	6610	246	4286	104	16
姜堰区淤溪镇	7168	39601	10318	233	6385	187	17
姜堰区白米镇	5487	43994	11046	562	14136	457	33
姜堰区娄庄镇	6792	45377	12892	882	26465	870	35
姜堰区沈高镇	5673	39782	15183	703	14768	402	37
姜堰区兴泰镇	3691	23687	6108	273	6345	209	19
姜堰区俞垛镇	7965	41150	14320	307	6050	292	19
姜堰区华港镇	6977	41105	12260	390	8812	300	19
泰州医药高新技术产业开发区野徐镇	2267	24267	4726	248	8577	215	12
兴化市戴窑镇	9600	64394	28860	198	9885	112	35
兴化市合陈镇	9928	51095	20021	715	5984	568	5
兴化市永丰镇	7802	50597	5800	467	5126	456	1

续表 147　　(江苏省)　　单位：公顷、人、个

名　称	行政区域面　积	常住人口	#城镇建成区	企业个数	企　业从业人员	工业企业个　数	#规模以上
兴化市新垛镇	4908	24310	2079	160	3250	135	2
兴化市安丰镇	9900	82514	33879	1044	18343	841	19
兴化市海南镇	7163	22203	3595	59	3854	50	6
兴化市钓鱼镇	7487	40423	4384	78	2289	73	3
兴化市大邹镇	4669	25318	9000	196	2128	168	2
兴化市沙沟镇	7003	25898	9103	236	1882	14	2
兴化市中堡镇	8320	29492	8056	138	2098	119	2
兴化市李中镇	8100	32593	3862	72	1410	69	3
兴化市西郊镇	7024	28647	6691	323	4310	278	5
兴化市垛田镇	5955	43516	6913	536	11091	415	14
兴化市竹泓镇	6486	38575	15534	410	5547	373	4
兴化市沈沦镇	4959	21410	8031	142	3017	106	5
兴化市大垛镇	7363	35621	16923	395	5897	363	16
兴化市荻垛镇	7240	42059	11374	244	5134	234	16
兴化市陶庄镇	8841	43640	7046	328	4362	322	6
兴化市昌荣镇	6183	30396	9021	253	2854	69	4
兴化市茅山镇	4304	25891	10200	125	2310	89	14
兴化市周庄镇	9100	57185	28913	416	13019	249	26
兴化市陈堡镇	8057	43120	10841	295	11620	182	22
兴化市戴南镇	10770	128082	66526	1982	72812	1091	158
兴化市张郭镇	8440	52021	11863	541	16614	398	77
兴化市大营镇	5081	19125	1510	187	2951	64	1
兴化市下圩镇	4917	18191	1348	58	1013	19	1
兴化市西鲍镇	10788	57593	6025	156	8518	112	14
兴化市老圩乡	5243	22235	5942	212	3239	195	3
兴化市周奋乡	5730	25057	2452	40	843	39	
兴化市缸顾乡	4633	22025	3145	147	1701	137	3
兴化市林湖乡	6638	26168	6251	190	2049	141	7
靖江市新桥镇	6135	61503	26822	1159	20592	982	73
靖江市东兴镇	4683	36169	5578	728	10487	575	19
靖江市斜桥镇	10788	95938	28907	587	10645	398	25
靖江市西来镇	4666	48295	11996	382	20148	343	33
靖江市季市镇	4163	46912	12331	583	15132	428	25
靖江市孤山镇	4799	40994	9455	809	8255	414	19
靖江市生祠镇	7019	47663	12728	886	8710	668	29
靖江市马桥镇	5031	36662	10121	679	11121	410	27
泰兴市黄桥镇	17595	196055	66979	2181	59711	1424	81
泰兴市分界镇	7113	58663	7320	660	9124	601	7
泰兴市古溪镇	7606	58722	12958	318	20149	292	45
泰兴市元竹镇	4749	39164	7341	592	9514	555	18
泰兴市珊瑚镇	4926	50848	8666	530	12305	460	25
泰兴市广陵镇	5866	55257	9587	538	7242	316	16
泰兴市曲霞镇	3531	32601	9033	485	7360	412	19
泰兴市张桥镇	6146	57175	11281	589	10980	561	22
泰兴市河失镇	6441	55553	10557	451	10956	141	24
泰兴市新街镇	7206	59749	12843	591	13463	411	29
泰兴市姚王镇	5792	53911	18926	1076	18702	922	53
泰兴市宣堡镇	3227	31243	13812	615	13105	524	18
泰兴市滨江镇	9837	88483	50419	1471	68383	1226	140
泰兴市虹桥镇	8825	79235	32977	1482	43126	1075	71

续表 148　　(江苏省)　　单位：公顷、人、个

名　称	行政区域面　积	常住人口	#城镇建成区	企业个数	企　业从业人员	工业企业个　数	#规模以上
泰兴市根思乡	5890	50696	8026	545	6580	470	19
宿城区双庄镇	4178	76953	35139	491	17185	45	3
宿城区耿车镇	3501	35158	12819	786	12663	581	8
宿城区埠子镇	4401	46028	18920	265	13550	120	24
宿城区龙河镇	6641	59215	18700	217	5000	105	11
宿城区洋北镇	4400	29891	4530	285	6031	125	14
宿城区中扬镇	14515	52825	26221	265	4960	120	5
宿城区陈集镇	6867	51680	4210	142	4505	125	7
宿城区蔡集镇	4433	42849	15403	213	8782	128	8
宿城区王官集镇	6270	46186	15103	608	8503	85	11
宿城区洋河镇	8998	112301	57608	531	41946	245	16
宿城区仓集镇	4800	45845	16320	320	6188	150	5
宿城区郑楼镇	6086	42992	6648	58	1605	9	1
宿城区罗圩乡	4379	36130	7480	410	8916	17	2
宿城区屠园乡	6298	35300	8350	67	2621	48	5
宿豫区仰化镇	5233	28529	11960	302	2467	236	4
宿豫区大兴镇	5826	51426	25522	842	6876	40	11
宿豫区丁嘴镇	4764	31800	6950	223	3800	159	5
宿豫区来龙镇	7271	43444	14932	178	2312	114	9
宿豫区陆集镇	3909	25385	7256	145	2656	78	7
宿豫区关庙镇	7954	38930	7426	135	1620	35	13
宿豫区侍岭镇	5815	31116	6858	262	3910	27	7
宿豫区新庄镇	5371	21753	6095	715	8042	40	9
宿豫区晓店镇	14546	49815	31624	266	5950	28	5
宿豫区皂河镇	26409	46011	11072	39	1203	39	1
宿豫区黄墩镇	5125	24690	3180	112	1410	50	2
宿豫区曹集乡	4687	26856	12886	252	6469	43	12
宿豫区保安乡	4561	21266	6635	163	4950	78	7
宿豫区井头乡	4013	22916	3281	56	5900	38	3
沭阳县陇集镇	4688	20360	8465	185	4160	65	10
沭阳县胡集镇	6868	47106	17345	416	7014	196	20
沭阳县钱集镇	4945	27106	13364	148	2862	71	9
沭阳县塘沟镇	5795	36281	18368	186	8736	84	8
沭阳县马厂镇	8436	67648	23432	61	6334	54	26
沭阳县沂涛镇	9458	61687	7422	290	5951	191	10
沭阳县庙头镇	5800	43125	5052	60	8335	55	9
沭阳县韩山镇	6529	34204	12273	605	5854	482	6
沭阳县华冲镇	5455	44889	25561	1174	13768	831	34
沭阳县桑墟镇	5400	48968	5674	798	25842	374	59
沭阳县悦来镇	8847	45521	3521	280	2348	112	10
沭阳县刘集镇	7200	36504	9848	251	2742	191	14
沭阳县李恒镇	6490	34081	12011	142	3135	40	12
沭阳县扎下镇	5530	48796	6243	332	19303	206	38
沭阳县颜集镇	9968	57039	9618	666	6922	6	1
沭阳县潼阳镇	9968	45807	15862	841	15382	632	14
沭阳县龙庙镇	4960	41369	13119	118	3583	108	20
沭阳县高墟镇	6115	32599	12055	668	9542	367	13
沭阳县耿圩镇	7044	38056	9610	298	8100	122	5
沭阳县汤涧镇	5510	36217	5452	238	4263	76	8
沭阳县新河镇	4952	36292	8304	367	5403	22	5

续表 149　　（江苏省）　　单位：公顷、人、个

名称	行政区域面积	常住人口	#城镇建成区	企业个数	企业从业人员	工业企业个数	#规模以上
沭阳县贤官镇	5029	48001	14642	1021	22815	603	44
沭阳县吴集镇	7305	35602	11254	114	4200	46	10
沭阳县湖东镇	6343	33520	2192	270	4980	28	11
沭阳县青伊湖镇	5000	33855	5672	436	11953	316	22
沭阳县北丁集乡	3877	22366	7628	313	3605	120	8
沭阳县周集乡	4531	27702	7682	51	856	25	4
沭阳县东小店乡	5105	27987	7937	236	1987	39	14
沭阳县张圩乡	3902	21347	5143	32	2648	27	3
沭阳县茆圩乡	7124	38862	11133	68	2955	40	11
沭阳县西圩乡	4671	24158	6323	391	4820	112	9
沭阳县万匹乡	3500	29515	6549	319	9443	225	20
沭阳县官墩乡	5800	30339	3695	343	4823	103	10
泗阳县众兴镇	26200	303802	195216	1633	77240	440	39
泗阳县爱园镇	6501	45021	17223	220	4890	50	3
泗阳县王集镇	8531	61091	45211	273	13066	92	15
泗阳县裴圩镇	7686	50421	22296	62	23652	42	5
泗阳县新袁镇	5359	35101	21846	157	8257	68	7
泗阳县李口镇	6565	42762	13879	82	3471	78	9
泗阳县临河镇	5875	37881	15475	262	19475	119	27
泗阳县穿城镇	5436	30350	11210	171	7911	55	3
泗阳县张家圩镇	5764	31558	9179	141	7499	49	8
泗阳县高渡镇	5271	28514	12692	153	6427	38	4
泗阳县卢集镇	8040	33278	12375	201	7865	132	4
泗阳县庄圩乡	4876	31872	9323	47	588	25	4
泗阳县里仁乡	4152	29406	11712	118	4549	34	11
泗阳县三庄乡	6589	33532	9486	152	5225	66	2
泗阳县南刘集乡	5850	29862	16899	148	6045	72	7
泗阳县八集乡	4500	21098	7719	87	4418	71	1
泗洪县青阳镇	25322	294517	181059	4305	64807	315	40
泗洪县双沟镇	7429	37589	24475	401	19014	82	32
泗洪县上塘镇	13299	37920	7208	386	4866	92	2
泗洪县魏营镇	10315	26396	22173	115	3916	83	9
泗洪县临淮镇	2309	12433	5501	38	635	20	1
泗洪县半城镇	8300	11239	9125	176	2582	62	1
泗洪县孙园镇	9516	35701	9021	242	2690	162	25
泗洪县梅花镇	9350	34275	9980	59	1920	32	17
泗洪县归仁镇	11459	46875	21230	148	5790	120	16
泗洪县金锁镇	8069	34744	12520	256	7235	201	18
泗洪县朱湖镇	7370	21795	11528	180	6758	152	13
泗洪县界集镇	9060	32513	11420	258	3350	57	7
泗洪县太平镇	7251	26693	13217	139	2314	41	8
泗洪县龙集镇	8741	27895	11086	62	3920	31	5
泗洪县四河乡	6169	19904	6562	202	2405	41	8
泗洪县峰山乡	5684	17041	4468	89	1941	49	14
泗洪县天岗湖乡	8918	23334	3752	190	4535	120	2
泗洪县车门乡	8436	23917	6724	135	3512	63	10
泗洪县瑶沟乡	6935	19872	6227	257	3855	136	17
泗洪县石集乡	8980	17515	13325	200	3352	23	7
泗洪县城头乡	7817	14408	9643	170	3260	96	4
泗洪县陈圩乡	8820	25378	12658	273	21897	10	4

续表 150　　(江苏省、浙江省)　　单位：公顷、人、个

名　　称	行政区域面　　积	常住人口	#城镇建成区	企业个数	企　业从业人员	工业企业个　　数	#规模以上
泗洪县曹庙乡	9185	26362	7877	25	5244	21	5
宿迁经济技术开发区三棵树乡	3757	39408	21408	135	18069	25	4
宿迁经济技术开发区南蔡乡	3974	35843	6843	132	1083	23	2
浙江省							
西湖区三墩镇	3758	310475	310475	9943	79232	725	10
西湖区双浦镇	8181	71144	51879	1506	58106	273	18
萧山区楼塔镇	4763	28175	9584	398	8714	348	24
萧山区河上镇	6396	27959	5494	690	10010	372	34
萧山区戴村镇	6287	41831	7314	1364	9850	608	35
萧山区浦阳镇	4449	52981	7175	1075	21440	1068	47
萧山区进化镇	8710	48516	3785	938	17063	545	30
萧山区临浦镇	4248	88103	21333	1500	18100	938	79
萧山区义桥镇	5800	47398	12618	105	28022	81	81
萧山区所前镇	4340	66124	21512	1418	26183	862	63
萧山区衙前镇	1980	42238	42238	1575	34997	630	75
萧山区瓜沥镇	12692	254872	133675	4950	80931	2000	214
萧山区益农镇	4650	47275	2388	291	9520	280	23
萧山区党湾镇	3273	54917	54917	618	29852	256	39
余杭区塘栖镇	5426	122686	93327	2642	40453	1070	75
余杭区径山镇	15708	36438	4072	1086	11740	297	27
余杭区瓶窑镇	12900	77887	47121	2487	40787	926	84
余杭区鸬鸟镇	7200	12170	2069	210	1847	49	1
余杭区百丈镇	6000	12431	1820	312	4772	151	12
余杭区黄湖镇	5850	19059	8216	168	13580	128	13
富阳区万市镇	15514	21777	4355	472	4203	168	3
富阳区洞桥镇	14760	18247	2731	468	5428	205	8
富阳区渌渚镇	8319	16408	4396	237	3359	93	12
富阳区永昌镇	4954	11930	4256	209	3535	117	12
富阳区里山镇	2540	9763	2843	220	2170	56	10
富阳区常绿镇	4930	9394	3480	104	1598	34	1
富阳区场口镇	5840	38674	6526	726	9316	422	38
富阳区常安镇	6385	15396	2341	398	4311	88	8
富阳区龙门镇	2720	6325	6325	155	1385	47	4
富阳区新登镇	17990	111598	75726	1674	29115	703	58
富阳区胥口镇	6800	18521	3262	233	5489	93	10
富阳区大源镇	10500	38086	26329	1077	25325	487	40
富阳区灵桥镇	5594	27523	11820	853	12911	421	55
富阳区新桐乡	4700	10626	3710	157	2735	43	6
富阳区上官乡	2710	8318		220	3112	159	2
富阳区环山乡	3870	12563		302	6359	44	5
富阳区湖源乡	12780	6610		295	1611	209	4
富阳区春建乡	4470	9279		301	1780	48	5
富阳区渔山乡	3679	13394		229	2012	87	6
临安市高虹镇	11180	21416	12529	448	15587	141	42
临安市太湖源镇	24040	31590	3567	532	6564	302	42
临安市於潜镇	26120	49051	21530	581	19005	380	22
临安市太阳镇	20520	23841	6325	356	3890	350	18
临安市潜川镇	17550	20552	3343	234	3599	110	14
临安市昌化镇	23170	23138	11541	665	6580	265	13
临安市河桥镇	18880	13237	2330	139	1863	36	6

续表 151　　　　(浙江省)　　　　单位：公顷、人、个

名　　称	行政区域面　　积	常住人口	#城镇建成区	企业个数	企　　业从业人员	工业企业个　　数	#规模以上
临安市湍口镇	20650	11877	3379	81	835	11	
临安市清凉峰镇	28860	27521	3053	1258	3637	325	19
临安市岛石镇	13910	25996	2305	398	2150	285	3
临安市板桥镇	13860	27036	3335	591	6891	367	38
临安市天目山镇	24180	36137	1834	392	5527	185	26
临安市龙岗镇	26120	21769	6214	458	3747	443	30
桐庐县富春江镇	19508	26307	12687	632	11598	334	41
桐庐县横村镇	12070	50581	16980	1626	24785	1033	64
桐庐县分水镇	29991	74032	43435	1624	26649	651	40
桐庐县瑶琳镇	21700	31218	7090	563	2895	436	15
桐庐县百江镇	23348	14399	3272	202	2435	199	4
桐庐县江南镇	8166	45471	10084	746	7812	450	34
桐庐县莪山畲族乡	2873	8570		184	3503	97	5
桐庐县钟山乡	10779	15750		150	2050	70	2
桐庐县新合乡	7367	4982		125	1566	50	5
桐庐县合村乡	12230	8992		85	552	15	
淳安县千岛湖镇	35600	108631	106308	3793	74562	354	57
淳安县文昌镇	22100	13114	3380	221	3104	74	9
淳安县石林镇	14400	4802	880	105	1395	26	
淳安县临岐镇	22200	19720	4815	331	2799	54	7
淳安县威坪镇	30100	44246	4360	366	3956	66	7
淳安县姜家镇	20600	21359	4021	261	2489	55	8
淳安县梓桐镇	15600	18099	1642	141	2323	38	2
淳安县汾口镇	23700	48373	9857	359	4731	48	10
淳安县中洲镇	16600	17938	2032	94	1236	32	1
淳安县大墅镇	16300	13631	4562	187	2391	39	6
淳安县枫树岭镇	30800	17543	795	178	2473	51	6
淳安县里商乡	27600	10770		114	720	11	
淳安县金峰乡	15000	5016		63	379	8	1
淳安县富文乡	15100	6384		89	733	8	
淳安县左口乡	17500	10708		126	758	14	
淳安县屏门乡	16350	11322		73	705	19	
淳安县瑶山乡	12800	9445		98	1249	35	
淳安县王阜乡	16800	17610		79	632	32	
淳安县宋村乡	8500	5759		59	379	12	
淳安县鸠坑乡	10390	7304		70	557	19	
淳安县浪川乡	10900	18429		109	1155	21	2
淳安县界首乡	12100	8467		110	717	12	
淳安县安阳乡	14600	11213		124	1033	22	2
建德市莲花镇	8742	10386	2208	26	300	20	4
建德市乾潭镇	38600	45176	4675	548	10182	511	97
建德市梅城镇	15490	42475	21615	873	12200	562	45
建德市杨村桥镇	13320	19620	3740	292	3100	170	15
建德市下涯镇	15840	26458	5468	268	5420	95	19
建德市大洋镇	24126	31003	1850	136	2177	39	7
建德市三都镇	18318	20501	2460	155	4510	106	16
建德市寿昌镇	14575	46772	9232	610	6768	168	23
建德市航头镇	15780	29263	505	155	2205	35	12
建德市大慈岩镇	9310	16157	1800	154	2869	61	26
建德市大同镇	16667	45217	2978	355	5129	136	19

续表 152　　(浙江省)　　单位：公顷、人、个

名　　称	行政区域面　　积	常住人口	#城镇建成区	企业个数	企　　业从业人员	工业企业个　　数	#规模以上
建德市李家镇	10500	13756	2943	159	2235	63	11
建德市钦堂乡	5700	6245		68	2101	65	16
海曙区高桥镇	5239	145321	96850	2812	66152	2295	109
海曙区横街镇	12170	40948	18000	1580	20761	1426	56
海曙区集士港镇	4900	80750	46658	3219	68111	2159	141
海曙区古林镇	4480	79022	16522	2911	64021	1852	135
海曙区洞桥镇	3250	37287	12956	1035	23147	812	77
海曙区鄞江镇	6443	33060	16832	851	20691	265	32
海曙区章水镇	14600	19974	6402	478	4402	342	9
海曙区龙观乡	7300	12950		213	4910	204	9
江北区慈城镇	10230	100889	59425	1577	34401	867	61
镇海区澥浦镇	2930	41201	23671	1327	37561	971	38
镇海区九龙湖镇	6530	37356	4143	1149	35124	786	61
鄞州区瞻岐镇	9400	35065	12171	457	6479	322	18
鄞州区咸祥镇	5763	30976	15176	520	9892	372	18
鄞州区塘溪镇	7884	37900	11325	2113	18005	1400	29
鄞州区东钱湖镇	12988	59189	37114	1298	28969	762	56
鄞州区东吴镇	7140	25715	10353	582	18589	445	76
鄞州区五乡镇	4800	68143	63719	2285	43682	1306	144
鄞州区邱隘镇	2231	107805	107805	1441	31011	1072	33
鄞州区云龙镇	3282	81968	12025	1318	33844	993	110
鄞州区横溪镇	8446	35885	21355	905	15545	640	63
鄞州区姜山镇	8776	135712	36649	3288	76318	2316	190
奉化市溪口镇	36814	88298	42294	1427	41795	694	48
奉化市尚田镇	15464	34655	9200	862	20306	542	45
奉化市莼湖镇	14532	61502	14178	1111	22611	624	55
奉化市裘村镇	8953	25931	8763	271	10023	146	15
奉化市大堰镇	12919	13861	1815	139	1633	62	2
奉化市松岙镇	5175	13885	8787	170	5040	75	7
象山县石浦镇	12610	100802	69302	1014	15210	480	48
象山县西周镇	15500	47358	34232	916	21384	587	50
象山县鹤浦镇	10200	25647	11770	290	4270	102	9
象山县贤庠镇	6682	25411	12480	435	7120	242	30
象山县墙头镇	8700	19003	3491	230	4315	135	11
象山县泗洲头镇	8400	14585	2065	98	3500	70	16
象山县定塘镇	6066	28927	1489	188	2621	94	5
象山县涂茨镇	6201	15978	2140	145	4513	78	5
象山县大徐镇	5581	16502	3576	500	10152	251	36
象山县新桥镇	12600	23232	3218	362	3750	81	17
象山县东陈乡	5700	23066		520	6534	298	39
象山县晓塘乡	4550	18092		178	2301	141	16
象山县黄避岙乡	4350	10738		71	1951	54	10
象山县茅洋乡	4800	9873		101	4899	87	17
象山县高塘岛乡	5800	18035		148	1589	57	6
宁海县长街镇	27220	53602	13399	386	9244	201	14
宁海县力洋镇	14740	32273	15880	156	4956	140	13
宁海县一市镇	10800	15630	3533	141	2281	52	11
宁海县岔路镇	10800	22199	8503	251	5371	169	19
宁海县前童镇	6870	25907	5440	244	4410	168	15
宁海县桑洲镇	5870	16680	1646	85	1607	33	4

续表 153　　（浙江省）　　单位：公顷、人、个

名　称	行政区域面积	常住人口	#城镇建成区	企业个数	企业从业人员	工业企业个数	#规模以上
宁海县黄坛镇	18780	22854	13852	316	10200	240	20
宁海县大佳何镇	7560	15784	9117	315	5032	242	10
宁海县强蛟镇	6528	16142	4910	419	8598	324	25
宁海县西店镇	10230	84780	55289	1722	45569	1147	93
宁海县深甽镇	17280	27046	8856	403	9279	282	34
宁海县胡陈乡	9690	17391		128	1619	41	2
宁海县茶院乡	7840	16864		146	2002	89	10
宁海县越溪乡	8990	19456		122	2728	75	4
余姚市临山镇	4970	58858	39809	629	19017	550	65
余姚市黄家埠镇	4108	40514	7089	450	22142	358	55
余姚市小曹娥镇	3340	40400	40400	668	17610	408	41
余姚市泗门镇	6630	112035	112035	3751	45126	3390	136
余姚市马渚镇	6584	61594	61594	1568	35463	1235	78
余姚市牟山镇	3850	20524	7600	568	7800	458	28
余姚市丈亭镇	5540	37786	22282	890	19846	706	56
余姚市三七市镇	6853	31285	16821	960	13226	916	37
余姚市河姆渡镇	6502	20833	20833	650	9285	502	32
余姚市大隐镇	3079	11537	5515	241	5212	204	10
余姚市陆埠镇	11870	59704	36845	1123	19390	969	46
余姚市梁弄镇	9448	29041	15585	571	11560	266	7
余姚市大岚镇	6347	11268	668	58	6400	40	3
余姚市四明山镇	18649	10543	982	56	1395	36	3
余姚市鹿亭乡	7045	8226		137	1764	85	3
慈溪市掌起镇	6830	55979	41931	1121	26427	872	83
慈溪市观海卫镇	14600	146434	98843	3957	87934	2862	120
慈溪市附海镇	2120	42978	26045	1580	21059	1078	53
慈溪市桥头镇	4390	54734	7058	911	13358	608	30
慈溪市匡堰镇	4200	38768	6325	800	15172	511	19
慈溪市逍林镇	2602	67121	67121	1247	26212	832	41
慈溪市新浦镇	5300	65107	59261	1407	32451	965	59
慈溪市胜山镇	2320	47218	20513	1056	18745	892	33
慈溪市横河镇	8450	69775	51627	2379	50286	1696	85
慈溪市崇寿镇	2000	40590	12310	991	27060	491	47
慈溪市庵东镇	17130	83839	19756	692	25405	660	63
慈溪市长河镇	2730	64807	51299	1030	21632	699	56
慈溪市周巷镇	8258	181785	141024	2458	115896	1553	129
慈溪市龙山镇	14086	127579	97762	1727	45281	1653	124
鹿城区藤桥镇	10105	60268	7885	1078	22054	755	62
鹿城区山福镇	6050	30086	925	222	5161	201	13
瓯海区泽雅镇	14540	29895	15184	405	8950	180	18
洞头区大门镇	3526	16834	16834	267	3256	77	3
洞头区鹿西乡	1020	5234		48	290	14	
永嘉县桥头镇	9056	72696	72696	975	16510	693	38
永嘉县桥下镇	15228	71017	66026	2246	17935	1381	43
永嘉县大若岩镇	9200	16525	1750	94	620	5	
永嘉县碧莲镇	17279	21376	7203	81	883	33	1
永嘉县巽宅镇	18085	13848	2700	109	1423	19	
永嘉县岩头镇	22070	45178	11574	225	1621	39	1
永嘉县枫林镇	7360	25463	6104	94	481	12	
永嘉县岩坦镇	44060	29871	987	130	700	20	

续表 154　　(浙江省)　　单位：公顷、人、个

名　　称	行政区域面　　积	常住人口	#城镇建成区	企业个数	企　　业从业人员	工业企业个　　数	#规模以上
永嘉县沙头镇	18045	42399	4079	224	3169	95	11
永嘉县鹤盛镇	17392	24135	5896	96	660	10	
永嘉县金溪镇	8630	20534	5834	63	507	18	2
永嘉县云岭乡	9441	5318		35	232	8	
永嘉县茗岙乡	4250	7526		44	315	9	
永嘉县溪下乡	10947	1657					
永嘉县界坑乡	8027	5628		5	25	4	
平阳县昆阳镇	8990	136782	74042	2862	38512	742	34
平阳县鳌江镇	16900	237011	181260	3395	50925	1091	73
平阳县水头镇	9650	133123	56748	2405	35500	667	53
平阳县萧江镇	3680	70182	20437	1223	21054	622	73
平阳县腾蛟镇	8010	52354	15885	918	12160	319	16
平阳县山门镇	3640	28272	4455	295	2425	30	1
平阳县顺溪镇	8390	7317	2875	28	316		
平阳县南雁镇	4350	16648	8224	106	1954	29	5
平阳县万全镇	5362	67008	67008	1426	23512	845	91
平阳县海西镇	3279	34875	7082	439	2817	100	2
平阳县南麂镇	1110	1280	120	450	820		
平阳县麻步镇	4300	38854	10853	428	4708	169	15
平阳县凤卧镇	3640	17108	4144	55	485	23	3
平阳县怀溪镇	6280	9712	4560	58	1119	12	
平阳县青街畲族乡	2180	5350	2027	19	198	4	
平阳县闹村乡	4577	14091	4310	38	554	10	1
苍南县灵溪镇	17140	329594	329594	8032	118851	978	93
苍南县龙港镇	17210	421393	234889	8788	80491	5359	174
苍南县宜山镇	1290	51192	25592	1849	12752	622	28
苍南县钱库镇	6286	126865	69661	1433	13692	1013	29
苍南县金乡镇	5249	76846	29807	1641	16107	904	36
苍南县藻溪镇	7830	35326	4236	524	3678	215	2
苍南县桥墩镇	12940	52021	11344	497	6984	19	3
苍南县矾山镇	9206	36668	15009	398	13540	41	1
苍南县赤溪镇	8572	28976	6720	98	802	42	
苍南县马站镇	6893	33483	15513	357	2746	34	
苍南县望里镇	3280	37507	6214	630	4622	521	3
苍南县炎亭镇	1579	9426	4668	90	798	36	
苍南县大渔镇	1762	9755	2725	122	1275	33	
苍南县莒溪镇	5446	10015	1537	34	435	8	
苍南县南宋镇	2188	12715	2865	45	4591	16	1
苍南县霞关镇	3211	17790	2642	125	658	18	
苍南县沿浦镇	3641	18340	5103	163	815	12	1
苍南县凤阳畲族乡	2100	2875		7	122		
苍南县岱岭畲族乡	2032	4765		1	26		
文成县大峃镇	12530	86090	58993	925	16415	92	5
文成县百丈漈镇	4355	9849	2364	114	1598	53	5
文成县南田镇	16200	25058	6155	197	1355	30	1
文成县西坑畲族镇	4500	6904	6465	59	789	24	1
文成县黄坦镇	19545	15420	7187	129	1323	54	
文成县珊溪镇	12408	24429	12371	145	2218	63	2
文成县巨屿镇	5600	11583	11583	84	1749	59	7
文成县玉壶镇	18211	18653	6231	140	786	26	

续表 155　　(浙江省)　　单位：公顷、人、个

名　称	行政区域面　积	常住人口	#城镇建成区	企业个数	企　业从业人员	工业企业个　数	#规模以上
文成县峃口镇	2837	4871	1299	29	198	5	
文成县周壤镇	3100	7762	925	10	190	7	2
文成县铜铃山镇	15538	3735	860	70	648	8	
文成县二源镇	4400	5562	1016	23	142	8	
文成县周山畲族乡	1400	2006		5	35	4	
文成县桂山乡	2650	2563	2563	4	25	4	
文成县双桂乡	1750	3366		6	49	2	
文成县平和乡	2200	2889		12	136	2	
文成县公阳乡	2000	2165		7	96	7	
泰顺县罗阳镇	43031	94856	67442	1425	53630	212	12
泰顺县司前畲族镇	19603	14836	13236	115	6171	35	2
泰顺县百丈镇	10773	3250	437	79	399	7	
泰顺县筱村镇	11458	16810	8331	101	1350	26	
泰顺县泗溪镇	11935	22418	8099	110	820	27	
泰顺县彭溪镇	9268	18004	5345	140	2686	72	9
泰顺县雅阳镇	10154	21528	10059	153	3512	44	
泰顺县仕阳镇	8282	24089	9865	193	1303	127	
泰顺县三魁镇	6776	22807	9121	172	979	34	
泰顺县竹里畲族乡	4709	2072		21	172	3	
瑞安市塘下镇	10875	328495	50385	7915	108032	5201	276
瑞安市马屿镇	15365	131096	54178	938	11097	410	24
瑞安市陶山镇	10253	93444	11983	678	13880	377	42
瑞安市湖岭镇	15415	62138	7590	342	4685	176	5
瑞安市高楼镇	24993	36541	9408	232	1610	71	2
瑞安市桐浦镇	4850	32365	3550	383	4506	230	8
瑞安市林川镇	6911	12750	840	136	2532	89	3
瑞安市曹村镇	3652	21717	3937	245	1312	59	4
瑞安市平阳坑镇	2720	6636	2906	84	1420	29	3
瑞安市芳庄乡	4388	6748		1	45		
瑞安市北麂乡	493	635		9	67		
乐清市大荆镇	13515	92988	8721	574	8572	176	4
乐清市仙溪镇	9850	22611	9556	75	771	27	
乐清市雁荡镇	10338	52624	31200	367	7912	37	3
乐清市芙蓉镇	8826	37440	4126	429	7373	220	10
乐清市清江镇	4940	36530	3418	403	8026	270	16
乐清市虹桥镇	5734	127762	77295	2979	65587	1747	102
乐清市淡溪镇	8544	52678	16565	746	10928	353	25
乐清市柳市镇	9200	280572	161453	15506	159201	11389	343
乐清市北白象镇	6004	178335	77801	3959	65358	2935	140
乐清市湖雾镇	2730	15291	5183	91	1435	51	2
乐清市南塘镇	1818	20693	8700	405	4200	280	16
乐清市南岳镇	2541	22641	13568	40	3567	32	5
乐清市蒲岐镇	3363	38782	14769	420	10927	238	20
乐清市磐石镇	1473	18525	18525	423	7974	314	28
乐清市智仁乡	4071	12623		30	319	16	
乐清市龙西乡	4180	5235		38	307	9	
乐清市岭底乡	6487	10851		44	431	9	
南湖区凤桥镇	8039	63085	41230	1268	23697	800	56
南湖区余新镇	4778	38069	24978	1608	29455	1065	78
南湖区新丰镇	6292	71941	18960	1227	20935	565	65

续表 156　　(浙江省)　　单位：公顷、人、个

名　称	行政区域面积	常住人口	#城镇建成区	企业个数	企业从业人员	工业企业个数	#规模以上
南湖区大桥镇	9820	77075	38558	3213	58318	765	115
秀洲区王江泾镇	12039	90663	69684	962	32062	850	138
秀洲区油车港镇	6331	85043	21132	965	16218	366	42
秀洲区新塍镇	13317	101612	34250	1148	21664	640	72
秀洲区王店镇	11587	114184	32995	1685	25009	630	62
秀洲区洪合镇	5491	88888	39445	908	13176	317	37
嘉善县大云镇	2873	23643	13586	860	20643	384	59
嘉善县西塘镇	8287	91135	61097	2288	24755	1755	49
嘉善县干窑镇	3708	38247	14543	910	17207	652	57
嘉善县陶庄镇	4582	27607	9630	558	7765	293	44
嘉善县姚庄镇	7449	62964	54850	1369	45136	652	104
嘉善县天凝镇	7571	59752	24200	5705	31740	630	94
海盐县沈荡镇	6603	34794	14980	770	13568	415	33
海盐县百步镇	5924	39972	39972	1277	16932	793	66
海盐县于城镇	4296	25300	14866	515	10737	323	44
海盐县澉浦镇	11540	30986	8721	499	9146	291	31
海盐县通元镇	6913	43628	4175	930	10815	475	53
海宁市许村镇	9116	117255	63016	2031	30677	1252	146
海宁市长安镇	9190	138000	96680	2331	62766	1264	182
海宁市周王庙镇	5384	50552	35926	812	16000	450	54
海宁市丁桥镇	6062	44657	19988	921	16620	571	73
海宁市斜桥镇	6451	75234	62661	1453	30790	768	76
海宁市黄湾镇	8670	59847	32509	830	22429	489	98
海宁市盐官镇	5599	55704	11989	1292	23641	775	60
海宁市袁花镇	7749	69924	28382	1489	23723	934	93
平湖市乍浦镇	6416	99500	67494	2002	34402	526	81
平湖市新埭镇	7612	69029	25767	1508	32509	941	84
平湖市新仓镇	5716	43134	22125	1084	24021	577	60
平湖市广陈镇	5584	41706	11437	695	11393	361	43
平湖市林埭镇	4623	35184	13604	759	12667	428	39
平湖市独山港镇	10243	104309	27563	1915	46891	1237	110
桐乡市乌镇镇	11093	103800	36700	1644	31439	535	95
桐乡市濮院镇	6047	81250	59880	3270	32783	705	107
桐乡市屠甸镇	4128	33568	19193	578	11885	359	66
桐乡市石门镇	6325	53240	3423	1203	20530	485	73
桐乡市河山镇	3912	29680	11712	436	12913	244	62
桐乡市洲泉镇	7332	66174	5862	994	46454	862	137
桐乡市大麻镇	3278	41205	4950	786	8380	470	71
桐乡市崇福镇	10008	142439	103977	2751	70387	1557	164
吴兴区织里镇	13503	292528	292528	12726	71199	7123	115
吴兴区八里店镇	12170	75293	26876	2503	50435	1073	60
吴兴区妙西镇	10600	16058	6416	178	3551	107	12
吴兴区埭溪镇	17360	34918	22750	525	16200	155	40
吴兴区东林镇	7820	33120	5920	384	7850	271	23
吴兴区道场乡	6150	22227	248	3988	80	16	
南浔区南浔镇	14087	211066	85000	2171	61829	1410	203
南浔区双林镇	9960	88479	26200	858	18508	568	80
南浔区练市镇	12257	92177	52181	1078	21560	642	83
南浔区善琏镇	4990	25567	4636	293	6412	225	31
南浔区旧馆镇	3135	31103	11059	461	7526	335	35

续表 157　　（浙江省）　　单位：公顷、人、个

名　称	行政区域面积	常住人口	#城镇建成区	企业个数	企业从业人员	工业企业个数	#规模以上
南浔区菱湖镇	10680	65527	22805	348	8325	338	72
南浔区和孚镇	9700	54197	8858	619	11985	476	63
南浔区千金镇	4324	23338	4920	229	3300	225	7
南浔区石淙镇	2500	13970	513	135	2828	129	15
德清县武康街道	5900	102534		3200	48500		
德清县乾元镇	6690	58820	32478	746	17932	382	75
德清县新市镇	9200	74140	68600	644	6587	586	107
德清县洛舍镇	4987	21428	3304	437	6628	393	35
德清县钟管镇	7800	46816	15755	672	14414	650	74
德清县雷甸镇	5400	47135	3718	660	23823	644	79
德清县禹越镇	3900	33646	5265	439	10683	295	54
德清县新安镇	5700	33694	2165	632	10112	397	56
德清县莫干山镇	19025	30488	2956	242	4626	61	1
长兴县洪桥镇	7303	53511	12561	697	10087	318	48
长兴县李家巷镇	5310	28702	11721	610	15369	357	58
长兴县夹浦镇	6557	30894	13200	783	12478	456	117
长兴县林城镇	13592	55650	7720	501	7516	305	31
长兴县虹星桥镇	7206	36200	6426	205	5705	204	42
长兴县小浦镇	9650	32365	3246	341	6449	138	24
长兴县和平镇	18042	57125	12588	565	14378	253	44
长兴县泗安镇	23496	76549	42727	837	18414	233	41
长兴县煤山镇	20604	56483	16608	650	16784	388	70
长兴县水口乡	7976	19575		249	3787	101	37
长兴县吕山乡	3957	21791		241	4011	98	17
安吉县鄣吴镇	4955	10862	4050	90	1222	39	
安吉县杭垓镇	26700	32865	5356	342	7993	63	5
安吉县孝丰镇	19100	50865	24585	585	11683	318	37
安吉县报福镇	15123	17862	4567	173	2079	75	5
安吉县章村镇	8920	13506	2650	50	870	47	
安吉县天荒坪镇	11363	23292	6630	363	6522	226	23
安吉县梅溪镇	19484	60992	21485	508	11236	295	60
安吉县天子湖镇	23264	48891	16158	534	28835	349	49
安吉县溪龙乡	3230	8655		220	4600	52	10
安吉县上墅乡	7550	13987	2644	248	3475	168	11
安吉县山川乡	4672	5363		97	606	17	1
越城区皋埠镇	6000	71078	22740	468	13225	423	53
越城区马山镇	4400	81054	18968	1658	59124	725	103
越城区孙端镇	3130	34406	8298	455	13723	335	23
越城区富盛镇	7390	22700	19852	364	40900	197	8
越城区陶堰镇	2514	23620	23620	449	7336	197	19
柯桥区齐贤街道	4152	69103	22614	5328	72514	1347	245
柯桥区钱清镇	5450	157221	89062	4517	86437	1985	158
柯桥区马鞍镇	11030	126316	126316	1705	126790	1075	227
柯桥区平水镇	17322	51373	15889	922	14268	329	39
柯桥区王坛镇	13790	31848	4374	456	3412	93	9
柯桥区稽东镇	11140	29285	5492	165	35824	65	9
柯桥区杨汛桥镇	3780	67250	56285	935	94521	576	45
柯桥区漓渚镇	3660	22350	7533	959	10144	595	31
柯桥区夏履镇	5100	22590	2560	712	15603	634	44
上虞区长塘镇	3730	13399	2955	142	1835	78	6

续表 158 (浙江省) 单位：公顷、人、个

名　　称	行政区域面积	常住人口	#城镇建成区	企业个数	企业从业人员	工业企业个数	#规模以上
上虞区上浦镇	8520	24059	5497	450	4300	430	22
上虞区汤浦镇	6200	16650	8451	669	12300	627	38
上虞区章镇镇	14000	43319	11132	347	12109	196	23
上虞区下管镇	4800	11631	4061	75	620	62	1
上虞区丰惠镇	11800	48852	21039	948	22420	812	34
上虞区永和镇	3120	17163	4861	1021	9526	377	9
上虞区驿亭镇	5039	21035	5854	435	6851	251	29
上虞区谢塘镇	2440	24787	8015	343	8391	223	15
上虞区盖北镇	1680	39368	4980	313	3215	73	11
上虞区崧厦镇	8780	118550	84132	2850	45852	2582	66
上虞区沥海镇	5700	56279	11703	673	16523	302	39
上虞区岭南乡	5800	9420		43	238	5	
上虞区陈溪乡	4200	7558		27	305	13	
上虞区丁宅乡	4270	10047		56	1265	32	3
新昌县澄潭镇	4330	18744	2085	943	5462	305	17
新昌县梅渚镇	3558	14738	2273	264	10920	193	25
新昌县回山镇	6270	16761	3535	206	1150	160	
新昌县大市聚镇	10860	27116	7310	874	8666	665	20
新昌县小将镇	14500	14200	2506	80	834	71	3
新昌县沙溪镇	11830	11065	2980	155	1550	45	7
新昌县镜岭镇	10037	17845	3130	557	3523	82	6
新昌县儒岙镇	13219	24790	6962	1935	13958	955	25
新昌县城南乡	7700	19955		165	1000	156	3
新昌县东茗乡	4800	9098	9098	35	1307	10	2
新昌县双彩乡	3550	11873		470	2351	326	
新昌县新林乡	4100	5023		16	307	16	
新昌县巧英乡	7120	8104		32	1783	17	5
诸暨市大唐镇	5380	58755	36517	3529	41058	1614	154
诸暨市应店街镇	11790	44727	11662	599	6125	374	37
诸暨市次坞镇	9720	39648	9501	1036	15262	696	47
诸暨市店口镇	10490	140117	117121	4026	72409	1947	185
诸暨市阮市镇	7040	40426	6201	973	14785	760	82
诸暨市直埠镇	5830	27551	3015	496	6608	309	10
诸暨市江藻镇	4700	26740	4428	406	5677	166	24
诸暨市山下湖镇	4260	28731	2960	667	7390	280	29
诸暨市枫桥镇	16664	77200	26952	1732	32300	814	88
诸暨市赵家镇	9644	30754	30754	309	3351	91	14
诸暨市马剑镇	11800	15407	2788	122	995	35	4
诸暨市五泄镇	3940	15023	5235	364	3234	301	19
诸暨市草塔镇	8400	44418	20575	1185	15802	761	80
诸暨市王家井镇	5250	34343	2385	458	25325	238	23
诸暨市牌头镇	8800	48886	14658	1156	37776	656	63
诸暨市同山镇	5500	17120	7260	165	1350	54	6
诸暨市安华镇	6183	37684	5344	851	10212	528	38
诸暨市街亭镇	7901	22890	5784	254	11810	72	16
诸暨市璜山镇	13169	33630	13136	479	11859	256	23
诸暨市陈宅镇	7789	16066	4547	227	2216	126	6
诸暨市岭北镇	5972	12789	3772	139	846	83	2
诸暨市浬浦镇	5700	19477	5664	214	9172	106	9
诸暨市东白湖镇	19840	31767	3805	186	1902	61	9

续表 159　　(浙江省)　　单位：公顷、人、个

名　称	行政区域面积	常住人口	#城镇建成区	企业个数	企业从业人员	工业企业个数	#规模以上
诸暨市东和乡	6432	13459		120	1280	41	6
嵊州市甘霖镇	15682	91736	40583	1392	28694	1164	71
嵊州市长乐镇	21440	62128	25128	786	19013	584	32
嵊州市崇仁镇	17610	73145	21769	538	9985	395	30
嵊州市黄泽镇	9764	47835	12361	1510	16800	1206	41
嵊州市三界镇	15831	59682	8650	630	6250	295	30
嵊州市石璜镇	6387	20888	8901	160	4043	137	9
嵊州市谷来镇	10501	24237	3425	69	1395	34	1
嵊州市仙岩镇	7453	10084	1175	108	2987	44	20
嵊州市金庭镇	7458	19966	4178	192	2825	112	4
嵊州市北漳镇	8742	12384	3250	92	628	22	2
嵊州市下王镇	8505	10680	1672	483	947	133	
嵊州市贵门乡	6061	9371		17	156	2	
嵊州市里南乡	8942	11475		13	86	6	
嵊州市竹溪乡	2839	3889		8	189	7	
嵊州市雅璜乡	2837	3157		4	26	2	
嵊州市王院乡	3101	4870		9	95		
嵊州市通源乡	4289	4893		15	103	12	
婺城区罗店镇	7200	22381	3126	381	6843	80	3
婺城区雅畈镇	7590	23022	6506	263	3076	121	7
婺城区安地镇	13040	13304	3830	63	815	12	
婺城区白龙桥镇	9140	90695	30838	1023	25999	471	73
婺城区琅琊镇	9800	19338	4658	225	2230	210	2
婺城区蒋堂镇	5550	24912	6210	276	2281	275	8
婺城区汤溪镇	13596	45265	10850	908	5873	203	39
婺城区罗埠镇	4580	32630	5175	226	4895	98	16
婺城区洋埠镇	1815	14765	280	147	5100	55	15
婺城区乾西乡	2400	24291		341	5945	137	15
婺城区竹马乡	1958	11597		120	3200	70	10
婺城区长山乡	6280	11851	3188	48	613	46	1
婺城区箬阳乡	6280	1464		11	104	2	
婺城区沙畈乡	18037	7978		30	485	16	
婺城区塔石乡	10970	4084		24	183	14	
婺城区岭上乡	3330	5021	5021	48	335	25	
婺城区莘畈乡	7304	2927		32	540	27	
婺城区苏孟乡	4400	23975	23975	195	7958	50	2
金东区孝顺镇	12883	76460	30746	2560	32910	1801	110
金东区傅村镇	3534	59148	44561	920	18210	872	46
金东区曹宅镇	9062	41771	17461	542	10210	265	31
金东区澧浦镇	9702	39750	7150	240	2800	106	11
金东区岭下镇	5858	16821	6548	183	4143	105	21
金东区江东镇	3482	14022	4993	190	6877	126	19
金东区塘雅镇	5308	31913	3495	151	2653	82	10
金东区赤松镇	5735	31218	9045	561	11642	141	15
金东区源东乡	4680	16547		70	352	57	
武义县柳城畲族镇	17230	22805	12370	283	3358	138	1
武义县履坦镇	5070	14722	6455	252	6583	174	19
武义县桐琴镇	4690	68511	57186	1215	44290	710	87
武义县泉溪镇	8726	39434	12958	776	19165	587	63
武义县新宅镇	17980	10982	1032	59	459	16	

续表 160　　(浙江省)　　单位：公顷、人、个

名　　称	行政区域面　积	常住人口	#城镇建成区	企业个数	企　业从业人员	工业企业个　数	#规模以上
武义县王宅镇	10170	24065	6760	461	7120	164	16
武义县桃溪镇	10560	12111	3143	46	735	8	
武义县茭道镇	5790	15400	4950	285	4820	169	16
武义县大田乡	4770	8821		47	850	22	
武义县白姆乡	10354	8754		40	830	16	1
武义县俞源乡	6460	8509		67	3290	25	1
武义县坦洪乡	3403	4267		19	106	1	
武义县西联乡	12230	4754		47	2535	7	
武义县三港乡	4336	2607		4	44	3	
武义县大溪口乡	7530	1776		5	26	3	
浦江县黄宅镇	6644	72057	16615	795	17211	615	42
浦江县白马镇	5918	22335	13823	704	96323	549	14
浦江县郑家坞镇	2496	11140	7168	373	4006	341	20
浦江县郑宅镇	4109	28785	8870	436	16200	402	11
浦江县岩头镇	4909	35610	4498	267	3398	179	1
浦江县檀溪镇	10768	8548	2066	65	970	13	
浦江县杭坪镇	9792	13040	2932	65	810	27	
浦江县大畈乡	9001	5129		30	300	22	
浦江县中余乡	4440	8907		131	1792	128	
浦江县前吴乡	6345	10585		56	877	20	
浦江县花桥乡	4834	4715		15	241	5	
浦江县虞宅乡	5695	7983		100	2448	63	
磐安县安文镇	13706	42983	38266	741	3945	301	11
磐安县新渥镇	5300	17774	6625	165	1682	115	8
磐安县尖山镇	3980	13350	6970	366	4630	240	28
磐安县仁川镇	10700	8311	3396	62	1011	48	4
磐安县大盘镇	7100	6798	3978	70	861	53	
磐安县方前镇	12600	6600	1059	97	2345	35	10
磐安县玉山镇	6204	13796	3535	106	701	19	4
磐安县尚湖镇	10800	16590	3505	104	8402	62	6
磐安县冷水镇	4100	8540	1750	91	1795	43	6
磐安县深泽乡	4410	14003		382	3700	280	5
磐安县双峰乡	4050	5228		18	165	17	
磐安县双溪乡	5600	6702		48	654	28	
磐安县窈川乡	4200	2702		33	650	33	
磐安县盘峰乡	3820	3009		28	176	1	
磐安县高二乡	5100	1053		6	130		
磐安县维新乡	5061	1839		28	307	28	2
磐安县胡宅乡	3753	9876		70	1440	12	
磐安县万苍乡	3741	8371		45	548	32	
磐安县九和乡	5600	2228		7	36		
兰溪市游埠镇	6530	36120	12511	281	6589	170	35
兰溪市诸葛镇	4855	26592	7878	100	3650	63	9
兰溪市黄店镇	13531	29789	3054	232	5513	76	9
兰溪市香溪镇	7707	29465	5906	210	4042	124	12
兰溪市马涧镇	15900	48123	8011	347	2426	156	12
兰溪市梅江镇	12540	37985	4358	235	5135	164	20
兰溪市横溪镇	8260	25275	13769	191	6237	137	18
兰溪市灵洞乡	6713	20849		165	6632	75	24
兰溪市水亭畲族乡	4580	18826		128	3100	43	12

续表 161　　(浙江省)　　单位：公顷、人、个

名　　称	行政区域面　　积	常住人口	#城镇建成区	企业个数	企　　业从业人员	工业企业个　　数	#规模以上
兰溪市柏社乡	12120	21991		133	1445	65	2
义乌市佛堂镇	13410	121388	78262	2526	50911	1002	113
义乌市赤岸镇	14998	35022	9330	431	7842	162	21
义乌市义亭镇	5400	71385	24325	1245	10849	592	57
义乌市上溪镇	10280	73300	41588	1364	20210	704	45
义乌市苏溪镇	10910	82344	53778	2914	43342	949	66
义乌市大陈镇	13600	57791	34989	857	25587	353	53
东阳市巍山镇	15271	52877	23683	411	21246	251	46
东阳市虎鹿镇	12461	21960	2891	120	1596	53	4
东阳市歌山镇	6318	30032	13153	395	10412	221	32
东阳市佐村镇	14947	12686	1902	87	3677	16	3
东阳市东阳江镇	14425	13865	6537	112	11326	29	3
东阳市湖溪镇	8620	34149	7297	256	6062	213	26
东阳市马宅镇	11991	22217	1695	125	1292	103	5
东阳市千祥镇	10218	42551	9248	337	4388	259	15
东阳市南马镇	10700	91050	47237	831	35971	536	52
东阳市画水镇	11654	44800	16300	438	10100	235	22
东阳市横店镇	11634	177314	122011	2102	122156	835	71
东阳市三单乡	8352	6963		34	486		
永康市石柱镇	6671	40943	7058	1379	11058	929	27
永康市前仓镇	8026	26791	5402	673	4667	461	13
永康市舟山镇	7590	22795	3311	133	670	115	
永康市古山镇	4554	89361	54812	1666	23779	1210	49
永康市方岩镇	6713	33085	14628	719	6391	470	13
永康市龙山镇	5661	42820	24646	1399	15844	723	41
永康市西溪镇	8250	30213	9748	541	5665	390	16
永康市象珠镇	8578	52998	16207	790	9682	783	27
永康市唐先镇	8599	40429	8229	658	5685	463	13
永康市花街镇	11206	43442	8920	645	12325	530	22
永康市芝英镇	5667	72669	29994	2027	24118	1465	56
柯城区石梁镇	11959	29545	7968	71	532	68	1
柯城区航埠镇	6640	53692	20002	272	4820	101	15
柯城区黄家乡	3100	18253		260	1500	45	
柯城区七里乡	6020	3019		4	40	1	
柯城区九华乡	8117	19182		12	420	7	
柯城区沟溪乡	4450	16278		50	599	3	
柯城区华墅乡	4453	15310		10	120	6	
柯城区姜家山乡	1446	11982		25	485	12	
柯城区万田乡	2510	16571		104	1141	23	2
柯城区石室乡	4260	24531		137	3126	45	2
衢江区上方镇	15750	29975	3656	28	2916	22	1
衢江区峡川镇	6380	12376	3777	11	362	10	2
衢江区莲花镇	7220	36809	1828	462	2685	5	1
衢江区全旺镇	9330	20707	3486	85	915	20	
衢江区大洲镇	14600	14664	4226	90	1519	48	4
衢江区后溪镇	6360	25613	2920	47	635	14	1
衢江区廿里镇	6130	35304	8386	315	5427	81	15
衢江区湖南镇	13750	9740	2050	25	130	18	
衢江区高家镇	14127	53335	7151	335	1721	162	5
衢江区杜泽镇	10690	29414	5700	158	6350	25	1

续表 162　　　　(浙江省)　　　　单位：公顷、人、个

名　称	行政区域面积	常住人口	#城镇建成区	企业个数	企业从业人员	工业企业个数	#规模以上
衢江区灰坪乡	5200	3660					
衢江区太真乡	5020	5086		22	165	12	
衢江区双桥乡	3930	2651		9	60	9	
衢江区周家乡	3900	14791		1	17	1	
衢江区云溪乡	4620	23170		93	1382	26	1
衢江区举村乡	7903	2433		9	27	2	
衢江区岭洋乡	15600	3116		6	230	6	
衢江区黄坛口乡	14650	9037		52	372	14	
常山县白石镇	4620	7711	3588	94	1512	32	2
常山县招贤镇	6980	26012	3467	353	2124	50	4
常山县青石镇	7870	26221	1060	370	5546	121	8
常山县球川镇	12950	23376	14508	181	3570	62	8
常山县辉埠镇	12710	26189	9633	510	10963	210	44
常山县芳村镇	14870	15500	6424	142	1085	43	1
常山县何家乡	5690	9120		85	732	26	1
常山县同弓乡	3850	9566		89	1048	19	
常山县大桥头乡	4990	8617		71	845	28	
常山县新昌乡	11060	9561		34	257	5	
常山县东案乡	6880	9655		73	565	18	
开化县桐村镇	12320	10428	2012	40	890	29	3
开化县杨林镇	13910	10290	225	59	412	21	
开化县苏庄镇	23335	17062	2998	23	277	9	
开化县齐溪镇	12820	4669	412	22	223	15	
开化县村头镇	7202	8530	2236	37	556	12	3
开化县华埠镇	43250	124639	81291	1469	47289	389	53
开化县马金镇	18554	31006	16339	190	2425	62	2
开化县池淮镇	23090	27081	6200	51	3150	45	6
开化县中村乡	9750	7469		11	60	4	
开化县长虹乡	13807	8518	8518	27	194	18	
开化县何田乡	10424	5683	810	55	100	16	
开化县林山乡	16560	9405		19	101	10	
开化县音坑乡	9960	17380		403	2940	173	2
开化县大溪边乡	8849	5653		7	250	5	
龙游县湖镇镇	10164	52505	33000	407	11395	157	26
龙游县小南海镇	8416	30575	3260	166	3220	58	8
龙游县詹家镇	5589	26630	8056	133	1100	16	1
龙游县溪口镇	11300	21783	14304	115	2374	62	5
龙游县横山镇	8892	28434	2247	122	2047	40	2
龙游县塔石镇	8120	40628	3743	119	2195	19	
龙游县罗家乡	5800	8572		41	302	5	
龙游县庙下乡	8092	9001		26	278	11	
龙游县石佛乡	6790	10726		40	870	12	3
龙游县社阳乡	9600	8710		14	86	7	
龙游县大街乡	4480	5404		3	27	2	
龙游县沐尘畲族乡	8070	11020		30	202	12	
龙游县模环乡	7730	30815		350	14527	152	35
江山市四都镇	4276	13148	7500	86	2283	45	8
江山市坛石镇	12395	27680	10168	101	1109	28	
江山市大桥镇	8052	14716	252	57	1185	9	1
江山市新塘边镇	4788	21595	6312	80	4100	52	4

续表 163　　　　（浙江省）　　　　单位：公顷、人、个

名　称	行政区域面积	常住人口	#城镇建成区	企业个数	企业从业人员	工业企业个数	#规模以上
江山市廿八都镇	18694	9732	3689	24	132	3	
江山市长台镇	6238	17500	4287	87	4283	41	3
江山市上余镇	14276	33213	14767	416	2579	252	51
江山市凤林镇	8986	38173	9615	106	1353	33	4
江山市峡口镇	20482	40806	16696	185	2311	74	13
江山市石门镇	9561	27774	7439	137	2089	38	
江山市贺村镇	13064	90952	45081	713	18492	406	73
江山市大陈乡	3071	7229		30	180	9	
江山市碗窑乡	9815	13649		64	1728	16	1
江山市保安乡	7549	4941		30	203	3	
江山市塘源口乡	10534	7297		35	205	8	
江山市张村乡	27492	7521		31	306	11	
定海区金塘镇	9034	49252	41087	908	10280	678	19
定海区白泉镇	8150	47835	15000	456	15948	157	13
定海区干览镇	2350	12360	3439	123	5160	105	16
舟山市普陀区六横镇	11880	76881	43258	1135	21083	669	18
舟山市普陀区虾峙镇	2290	13541	6328	177	4853	167	2
舟山市普陀区桃花镇	4170	12562	2601	36	202	18	1
舟山市普陀区东极镇	1170	2000	1500	26	134	1	
舟山市普陀区普陀山镇	1250	10318	8897	241	7837	1	
岱山县高亭镇	5080	82053	82053	532	11822	192	21
岱山县东沙镇	2300	17165	9190	483	10113	195	14
岱山县岱东镇	2290	12909	5103	182	4312	40	2
岱山县岱西镇	3140	10516	1674	66	1819	43	5
岱山县长涂镇	6428	11004	6116	201	9845	57	2
岱山县衢山镇	7360	58021	29622	582	6355	122	7
岱山县秀山乡	2300	10124		171	6827	93	5
嵊泗县菜园镇	3300	38563	27802	578	10503	54	4
嵊泗县嵊山镇	713	7535	7243	85	607	17	4
嵊泗县洋山镇	2100	10710	10327	90	1428	6	
嵊泗县五龙乡	680	3129		10	86	5	
嵊泗县黄龙乡	626	6621		5	134	5	3
嵊泗县枸杞乡	662	7814		26	315	17	3
嵊泗县花鸟乡	400	540					
椒江区大陈镇	1763	2020	1316	69	500	1	1
黄岩区宁溪镇	8912	37838	7282	170	2073	133	9
黄岩区北洋镇	11254	23365	4433	257	3532	142	15
黄岩区头陀镇	5841	37346	8132	338	3984	208	16
黄岩区院桥镇	7980	80635	40603	1126	20334	405	34
黄岩区沙埠镇	4407	24934	5794	398	4481	248	14
黄岩区屿头乡	9888	9587		46	447	32	
黄岩区上郑乡	9382	7707		28	254	13	
黄岩区富山乡	5386	6505		19	88	1	
黄岩区茅畲乡	3032	12454		60	513	34	
黄岩区上垟乡	6444	10982		40	851	10	
黄岩区平田乡	4033	6857		11	84	2	
路桥区新桥镇	1380	28761	9635	532	10556	329	29
路桥区横街镇	1493	33743	12256	853	15742	610	32
路桥区金清镇	8140	119543	45889	1960	38506	1267	75
路桥区蓬街镇	4520	76292	9080	1076	18946	879	32

续表 164　　　　(浙江省)　　　　单位：公顷、人、个

名　　称	行政区域面　积	常住人口	#城镇建成区	企业个数	企　业从业人员	工业企业个　数	#规模以上
三门县珠岙镇	8341	40950	8303	215	6500	133	24
三门县亭旁镇	13319	31587	11146	201	2201	103	3
三门县健跳镇	17202	51134	14004	460	9164	162	8
三门县横渡镇	11370	9690	1184	44	233	8	
三门县浦坝港镇	25320	83614	21105	1047	19860	343	64
三门县花桥镇	8305	20813	6711	94	502	16	
三门县蛇蟠乡	2321	3372		29	342		
天台县白鹤镇	14334	55735	7392	587	5411	160	12
天台县石梁镇	17020	8363	670	85	692	24	
天台县街头镇	14273	26704	2813	153	1934	52	1
天台县平桥镇	17692	71890	48867	1013	16405	360	25
天台县坦头镇	8186	37571	10945	1620	12500	578	10
天台县三合镇	5922	24032	7634	442	4253	189	11
天台县洪畴镇	3758	14158	7763	160	2054	78	13
天台县三州乡	4450	6624		34	176	15	
天台县龙溪乡	7590	2899		32	364		
天台县雷峰乡	8260	6931		40	251	7	
天台县南屏乡	5285	3756		47	301	6	
天台县泳溪乡	7018	6226		92	558		
仙居县横溪镇	21100	50459	24156	301	3798	116	6
仙居县埠头镇	6966	12657	2969	118	1451	49	
仙居县白塔镇	10702	29133	10401	292	4161	137	12
仙居县田市镇	9258	19421	13560	117	1624	56	6
仙居县官路镇	7999	17233	8772	171	3239	108	2
仙居县下各镇	8950	48852	12107	318	6310	228	15
仙居县朱溪镇	18252	11215	2316	25	204	15	
仙居县安岭乡	4865	4917		8	87	5	
仙居县溪港乡	6274	4628		12	96		
仙居县湫山乡	13008	9868		37	412	17	1
仙居县淡竹乡	21078	3980		20	175	2	
仙居县皤滩乡	7020	7849		49	601	31	
仙居县上张乡	10284	5834		31	418	11	
仙居县步路乡	7240	7610		52	648	27	1
仙居县广度乡	7936	2915		18	91	5	1
仙居县大战乡	5905	9343		46	1046	31	2
仙居县双庙乡	6091	6079		18	368	15	
温岭市泽国镇	6328	217829	148150	3788	64936	1948	153
温岭市大溪镇	12950	133767	42751	3689	49606	2643	145
温岭市松门镇	8270	101312	60227	1577	23992	811	70
温岭市箬横镇	11790	146987	46450	1748	22639	1203	58
温岭市新河镇	7140	118427	32807	1665	20995	985	41
温岭市石塘镇	2820	68807	62679	638	18941	312	52
温岭市滨海镇	6170	74107	14662	636	8992	360	28
温岭市温峤镇	7750	71129	22843	1367	21088	819	58
温岭市城南镇	10910	70882	15778	615	7907	328	31
温岭市石桥头镇	2840	25567	8974	233	2543	105	8
温岭市坞根镇	3470	25380	8120	230	2625	108	12
临海市汛桥镇	5300	19907	9860	212	8690	109	10
临海市东塍镇	16500	62544	30164	695	15075	524	40
临海市汇溪镇	5700	12574	1420	72	2109	41	1

续表 165　　　　　　　　　　　　(浙江省)　　　　　　　　　　　　单位：公顷、人、个

名　　称	行政区域面积	常住人口	#城镇建成区	企业个数	企业从业人员	工业企业个数	#规模以上
临海市小芝镇	9000	36488	4612	207	2169	82	3
临海市河头镇	10000	31409	4795	126	1625	39	1
临海市白水洋镇	21700	74125	14560	268	5427	142	16
临海市括苍镇	15600	40156	12856	165	4278	115	6
临海市永丰镇	15610	48986	3703	215	2790	122	7
临海市尤溪镇	13600	20557	4157	107	5901	54	3
临海市涌泉镇	11200	49260	10944	373	7008	165	18
临海市沿江镇	8816	47107	4332	408	7417	282	35
临海市杜桥镇	18600	205496	61784	2949	77628	1237	101
临海市上盘镇	9900	56243	28916	412	14732	163	30
临海市桃渚镇	12900	94736	14965	460	3213	103	
玉环县清港镇	5421	82856	27280	1612	26969	1178	96
玉环县楚门镇	3543	118359	89587	2120	35415	1337	120
玉环县干江镇	2996	23976	5326	461	6605	334	19
玉环县沙门镇	4954	31753	7825	594	14825	407	70
玉环县芦浦镇	1946	45097	10384	814	17536	563	45
玉环县龙溪镇	2415	26338	11403	729	12604	591	45
玉环县鸡山乡	1051	2468		22	197	6	
玉环县海山乡	2608	4238		30	262	6	
莲都区碧湖镇	21599	49357	12963	517	11253	253	33
莲都区大港头镇	9088	10529	2522	75	821	37	2
莲都区老竹畲族镇	8163	9216	1876	77	477	8	
莲都区雅溪镇	15764	7799	890	35	337	12	
莲都区太平乡	10557	10870		36	395	20	1
莲都区仙渡乡	6414	4418		11	1760	5	
莲都区峰源乡	15114	1939		38	538	23	
莲都区丽新畲族乡	7899	5414		29	226	13	
莲都区黄村乡	10347	4980		18	521	6	
青田县温溪镇	5800	67467	42317	772	38214	403	62
青田县东源镇	8600	11450	4255	212	2342	76	22
青田县高湖镇	8900	13601	9998	152	1500	31	11
青田县船寮镇	16600	30027	9078	388	5295	132	17
青田县海口镇	11200	13625	3507	151	788	28	3
青田县腊口镇	9311	19686	13123	172	3673	87	11
青田县北山镇	24480	2140	1230	108	550	10	
青田县山口镇	3830	8259	7789	189	1886	102	8
青田县仁庄镇	9300	4687	2828	120	763	6	
青田县万山乡	2700	430					
青田县黄垟乡	4606	1680		60	403	10	7
青田县季宅乡	7500	6772		3	47	3	
青田县高市乡	5200	3910		60	310		
青田县海溪乡	3300	5886		58	305	4	
青田县章村乡	9900	12495		102	520	2	
青田县祯旺乡	8400	2566		46	235	2	
青田县祯埠乡	12800	7812		91	2820	80	1
青田县舒桥乡	7400	8587		102	515	1	
青田县巨浦乡	9900	3631		58	410	5	
青田县万阜乡	7530	3770		30	278	3	
青田县方山乡	4017	3285		65	330		
青田县汤垟乡	7900	1265		6	38	1	

续表 166　　　　(浙江省)　　　　单位：公顷、人、个

名　　称	行政区域面　　积	常住人口	#城镇建成区	企业个数	企　　业从业人员	工业企业个　　数	#规模以上
青田县贵岙乡	5886	1855		9	132	9	
青田县小舟山乡	2400	1336		58	300		
青田县吴坑乡	3600	2700		78	400	6	
青田县仁宫乡	9130	6287		1	11		
青田县章旦乡	3736	3577		46	230	1	
青田县阜山乡	11700	6800		60	302	6	
青田县石溪乡	2960	2472		92	487	12	1
缙云县壶镇镇	22800	86080	78610	1729	20077	969	64
缙云县新建镇	17360	47705	19218	315	4224	137	13
缙云县舒洪镇	6520	15493	10042	139	2993	57	3
缙云县大洋镇	16450	10012	3866	14	72	3	
缙云县东渡镇	12810	33275	8077	283	3711	138	15
缙云县东方镇	8100	17735	4455	162	1636	93	11
缙云县大源镇	8880	13404	3057	18	262	10	
缙云县七里乡	6140	10595		100	1092	37	
缙云县前路乡	4450	4914		27	140	8	
缙云县三溪乡	4270	5056		23	140	7	
缙云县溶江乡	5000	6667		34	239	8	
缙云县双溪口乡	3500	5638		34	617	8	
缙云县胡源乡	4450	7901		12	170	6	
缙云县方溪乡	3300	3932		4	21	1	
缙云县石笕乡	5340	4355		4	30	1	
遂昌县新路湾镇	13600	9135	1357	49	517	16	
遂昌县北界镇	8300	5536	1520	54	340	14	1
遂昌县金竹镇	14000	8776	2456	37	445	14	
遂昌县大柘镇	12300	14118	7554	117	680	63	
遂昌县石练镇	10954	13394	2501	83	1385	38	
遂昌县王村口镇	16500	6513	1366	30	222	17	
遂昌县黄沙腰镇	16900	4111	499	33	185	11	
遂昌县三仁畲族乡	7900	8358		39	320	17	
遂昌县濂竹乡	5500	1914		13	882	2	2
遂昌县应村乡	8300	7718		21	273	10	
遂昌县高坪乡	4800	4076		29	245	3	
遂昌县湖山乡	18700	9416		57	801	18	1
遂昌县蔡源乡	5600	1589		21	155	6	
遂昌县焦滩乡	8500	1998		23	169	14	
遂昌县龙洋乡	14800	2891		22	120	5	
遂昌县柘岱口乡	16900	4767		42	248	12	1
遂昌县西畈乡	13500	1964		11	59	8	
遂昌县垵口乡	16300	4120		38	259	19	
松阳县古市镇	3607	21155	14093	286	2690	74	9
松阳县玉岩镇	14271	9286	1374	105	531	11	
松阳县象溪镇	10820	11000	1095	240	1760	167	5
松阳县大东坝镇	20188	12256	562	61	632	23	2
松阳县新兴镇	13406	15469	1135	59	753	24	5
松阳县叶村乡	3806	5056		80	1192	29	
松阳县斋坛乡	2657	6479		40	230	17	
松阳县三都乡	6216	2473		12	156	5	
松阳县竹源乡	5879	5426		6	57	1	
松阳县四都乡	4252	2077		5	35		

续表 167　　（浙江省）　　单位：公顷、人、个

名　　称	行政区域面积	常住人口	#城镇建成区	企业个数	企业从业人员	工业企业个数	#规模以上
松阳县赤寿乡	4245	11206		103	1520	72	7
松阳县樟溪乡	2329	9876		16	125	8	
松阳县枫坪乡	9978	5554		10	50	4	
松阳县板桥畲族乡	2632	2654		8	178	5	1
松阳县裕溪乡	6901	4219		10	223	6	1
松阳县安民乡	8203	1611		13	65	4	
云和县崇头镇	22320	7436	1003	114	571	44	2
云和县石塘镇	17890	8974	675	105	5620	54	1
云和县紧水滩镇	14760	2239	407	69	1564	14	
云和县雾溪畲族乡	3291	706		25	35	17	
云和县安溪畲族乡	3367	1640		28	141	2	
云和县赤石乡	12154	1623		4	31		
庆元县黄田镇	12580	12274	1465	46	1367	32	7
庆元县竹口镇	17190	12028	6830	86	3736	39	12
庆元县荷地镇	10270	2940	796	6	32	1	
庆元县左溪镇	14120	816	321	6	113	5	1
庆元县贤良镇	7590	433	144	6	61	4	
庆元县百山祖镇	19026	1736	75	15	109	8	1
庆元县岭头乡	12050	1768		6	34	3	
庆元县五大堡乡	16300	3562		11	79	9	
庆元县淤上乡	5780	7302		32	539	20	1
庆元县安南乡	7800	5518		25	631	20	1
庆元县张村乡	6620	783		5	95	3	1
庆元县隆宫乡	6790	4472		30	598	25	1
庆元县举水乡	8180	1429		2	18	2	
庆元县江根乡	5820	1013					
庆元县龙溪乡	4020	390		9	105	7	
庆元县官塘乡	5590	510		1	6	1	
景宁畲族自治县渤海镇	11113	1205	106				
景宁畲族自治县东坑镇	16192	3900	3900	48	812	19	1
景宁畲族自治县英川镇	12726	2363	213	17	148	10	1
景宁畲族自治县沙湾镇	12726	4819	2890	29	236	8	
景宁畲族自治县大均乡	8266	2425		7	42	6	
景宁畲族自治县澄照乡	8490	4732		30	190	19	
景宁畲族自治县梅岐乡	6895	631		11	89	9	
景宁畲族自治县郑坑乡	3404	1849		6	29	3	
景宁畲族自治县大漈乡	5433	2755		14	125	5	
景宁畲族自治县景南乡	7834	1360		18	213	7	
景宁畲族自治县雁溪乡	3956	468		6	132	3	
景宁畲族自治县鸬鹚乡	6091	2153		16	80	8	
景宁畲族自治县梧桐乡	6416	2570		6	51	6	
景宁畲族自治县标溪乡	4956	1135		14	113	9	
景宁畲族自治县毛垟乡	5692	1635		5	50	3	
景宁畲族自治县秋炉乡	5362	716		4	78	2	
景宁畲族自治县大地乡	9432	810		5	26	3	
景宁畲族自治县家地乡	4787	407	125	6	45	1	
景宁畲族自治县九龙乡	20923	2100		4	77	4	
龙泉市八都镇	14068	24520	10250	123	1350	56	2
龙泉市上垟镇	15739	13033	3217	58	789	26	2
龙泉市小梅镇	10246	8012	2463	55	418	24	2

续表 168　　(浙江省、安徽省)　　单位：公顷、人、个

名　　称	行政区域面　　积	常住人口	#城镇建成区	企业个数	企　　业从业人员	工业企业个　　数	#规模以上
龙泉市查田镇	12222	14872	2449	76	1245	50	3
龙泉市安仁镇	20441	18477	6020	126	2810	57	8
龙泉市锦溪镇	16321	7599	4015	30	805	13	1
龙泉市住龙镇	27121	4282	2083	33	170	15	
龙泉市屏南镇	26806	1889	239	13	121	6	
龙泉市兰巨乡	15397	12098		84	560	24	2
龙泉市宝溪乡	15692	4093		40	303	5	
龙泉市竹垟畲族乡	10408	7072		21	150	10	
龙泉市道太乡	34919	5212		34	170	9	
龙泉市岩樟乡	10100	1009		5	40		
龙泉市城北乡	22391	3995		23	125	10	
龙泉市龙南乡	20990	3248		27	485	10	
安徽省							
瑶海区大兴镇	1560	65365	65365	238	4512	21	11
庐阳区大杨镇	3610	99875	69806	2861	20000	159	17
庐阳区三十岗乡	363	11354	1426	94	658		
蜀山区井岗镇	1980	132411	106851	3506	17865	28	7
蜀山区南岗镇	4020	6838	6838	275	12700	96	19
蜀山区小庙镇	20343	74259	27535	876	13140	146	17
包河区淝河镇	2650	80433	38500	122	5238	52	31
包河区大圩镇	3792	25615	25615	35	4356	21	6
长丰县水湖镇	12110	112147	62158	1053	52630	88	21
长丰县庄墓镇	4127	18806	7485	86	5305	38	4
长丰县杨庙镇	9868	40127	10186	162	1823	34	14
长丰县吴山镇	12630	31326	15112	121	4510	76	33
长丰县岗集镇	15668	54476	19400	447	25000	381	66
长丰县双墩镇	21844	126443	85728	412	4113	97	9
长丰县下塘镇	22877	76256	12871	518	9657	123	24
长丰县朱巷镇	10564	33517	12210	283	1477	192	
长丰县陶楼镇	10019	26871	2256	145	924	12	1
长丰县罗塘乡	13477	49862		221	4620	31	6
长丰县义井乡	9539	37678		13	376	5	
长丰县造甲乡	10805	26566		121	705	16	
长丰县左店乡	7583	21188		19	401	3	2
长丰县杜集乡	19336	43176		13	265	3	1
肥东县店埠镇	14780	236845	236845	1396	20980	198	32
肥东县撮镇镇	11310	95712	36925	1132	25943	511	104
肥东县梁园镇	16169	51255	12095	476	3752	72	8
肥东县桥头集镇	11731	53511	3634	135	753	21	8
肥东县长临河镇	15668	33436	7250	211	1960	15	2
肥东县石塘镇	12540	55006	13578	81	1849	56	7
肥东县古城镇	18313	38645	1381	106	1230	9	2
肥东县八斗镇	17932	40783	5450	410	3228	1	1
肥东县元疃镇	9050	15100	4100	65	2650	31	6
肥东县白龙镇	20270	48735	1350	45	1350	24	2
肥东县包公镇	13430	35813	4807	7	257	5	3
肥东县陈集镇	8384	17893	2357	5	127		
肥东县众兴乡	5340	16784		108	1732	52	4
肥东县张集乡	7200	17578		28	356	4	
肥东县马湖乡	8201	18950		11	300	6	1

续表 169　　(安徽省)　　单位：公顷、人、个

名　称	行政区域面积	常住人口	#城镇建成区	企业个数	企业从业人员	工业企业个数	#规模以上
肥东县响导乡	9260	17623	1256	95	682	1	1
肥东县杨店乡	9200	23352		104	521	5	
肥东县牌坊回族满族乡	8651	29536	1468	230	3420	55	1
肥西县上派镇	12100	275865	251360	5950	46125	391	5
肥西县三河镇	7877	56629	37685	370	13885	81	14
肥西县官亭镇	23700	87713	13885	134	4388	56	14
肥西县山南镇	20850	60025	60025	202	4723	11	5
肥西县花岗镇	20818	95620	26698	560	15360	261	39
肥西县紫蓬镇	7942	27984	19709	243	9537	185	44
肥西县桃花镇	4100	123381	13510	1350	49031	260	52
肥西县丰乐镇	11500	45726	9916	211	1244	49	7
肥西县高店乡	10400	35850		77	485	5	3
肥西县铭传乡	13427	32976		54	1025	7	1
肥西县柿树岗乡	13692	36542		265	3389	15	1
肥西县严店乡	7325	38894		654	3497	116	12
庐江县庐城镇	16731	236189	174327	3507	55816	317	24
庐江县冶父山镇	15447	38233	3695	351	7111	124	20
庐江县万山镇	9435	36173	7570	278	5851	78	14
庐江县汤池镇	9190	33642	13986	360	8057	65	11
庐江县郭河镇	12072	45812	8605	187	3004	65	13
庐江县金牛镇	6742	27620	8420	112	2631	48	10
庐江县石头镇	7667	31752	10236	150	3498	59	14
庐江县同大镇	11777	44849	5433	226	3676	108	23
庐江县白山镇	9998	46098	12886	179	3982	45	5
庐江县盛桥镇	12832	57728	21050	175	2136	41	5
庐江县白湖镇	31456	75637	12923	361	9283	162	19
庐江县龙桥镇	10501	44880	13586	187	4127	49	3
庐江县矾山镇	12824	44673	13583	217	4123	92	6
庐江县罗河镇	11868	55314	8046	138	15175	40	8
庐江县泥河镇	18610	75568	30010	329	6199	116	18
庐江县乐桥镇	12873	52405	11837	182	2385	61	6
庐江县柯坦镇	13668	54165	9308	242	3524	66	7
合肥经济技术开发区高刘镇	18585	85053	21543	103	1725	35	4
巢湖市栏杆集镇	12391	35098	8920	155	2820	62	1
巢湖市苏湾镇	14778	25743	10021	78	390	18	1
巢湖市柘皋镇	14977	64386	12457	174	3988	52	9
巢湖市银屏镇	8800	36844	3340	201	2830	55	8
巢湖市夏阁镇	18427	56354	8605	121	2104	76	9
巢湖市中垾镇	6697	34539	7246	121	2975	75	21
巢湖市散兵镇	11926	27366	12627	171	2995	33	5
巢湖市烔炀镇	15953	62111	26000	155	5900	120	13
巢湖市黄麓镇	8340	44132	6458	80	8900	30	6
巢湖市槐林镇	16500	75874	41877	358	22675	205	33
巢湖市坝镇镇	6400	28760	11845	153	1275	44	6
巢湖市庙岗乡	10351	26082		62	1760	15	2
鸠江区沈巷镇	23800	100635	38802	508	2773	134	16
鸠江区二坝镇	11400	59415	59415	79	1437	18	10
鸠江区汤沟镇	10399	53812	53812	131	3123	51	10
鸠江区白茆镇	12285	55603	55603	279	2549	31	5
三山区峨桥镇	10500	52399	12000	220	10020	46	6

续表 170 (安徽省) 单位：公顷、人、个

名　称	行政区域面积	常住人口	#城镇建成区	企业个数	企业从业人员	工业企业个数	#规模以上
芜湖县湾沚镇	21949	146129	124208	1533	8672	271	17
芜湖县六郎镇	11105	97483	97483	767	14525	287	49
芜湖县陶辛镇	8540	49786	2178	358	12511	106	13
芜湖县红杨镇	14676	45966	45966	423	4524	58	2
芜湖县花桥镇	10133	36325	36325	339	1704	45	5
繁昌县繁阳镇	10905	94125	64010	917	12451	108	21
繁昌县荻港镇	8770	37294	13832	152	13102	61	27
繁昌县孙村镇	15400	55510	33022	732	26326	397	125
繁昌县平铺镇	9327	24453	1849	89	2023	22	7
繁昌县新港镇	3282	20542	20542	132	6625	48	17
繁昌县峨山镇	7600	19829	398	110	3255	50	26
南陵县籍山镇	17210	140179	63339	1725	41194	222	26
南陵县许镇镇	17754	79812	34685	678	13093	186	43
南陵县弋江镇	15910	95914	34818	364	10458	123	39
南陵县三里镇	17236	37938	17037	258	3817	72	21
南陵县何湾镇	21713	38267	9319	138	2412	28	11
南陵县工山镇	18010	48716	1440	185	3986	55	14
南陵县烟墩镇	10390	17825	2364	34	253	16	6
南陵县家发镇	8180	28914	4618	212	5483	82	22
无为县无城镇	11924	229351	229351	1723	29291	205	34
无为县襄安镇	7727	49435	25098	59	837	33	8
无为县陡沟镇	13511	59871	9324	352	5945	63	6
无为县石涧镇	15865	78954	18890	123	5365	115	18
无为县严桥镇	17330	59742	8431	158	1231	29	10
无为县开城镇	11000	59480	6248	205	1568	22	6
无为县蜀山镇	12557	61076	9152	132	45846	45	6
无为县牛埠镇	15900	52678	8401	141	2115	55	9
无为县刘渡镇	7780	36571	3700	68	521	3	3
无为县姚沟镇	6684	33836	14977	316	3326	49	35
无为县泥汊镇	12349	55676	16351	255	9015	198	26
无为县福渡镇	6681	36201	29495	30	2185	25	7
无为县泉塘镇	11200	52536	5000	143	2473	65	6
无为县赫店镇	6155	26831	26831	89	473	19	8
无为县红庙镇	8404	41930	3607	43	2235	30	4
无为县高沟镇	7083	58657	53575	231	18526	205	73
无为县鹤毛镇	7026	20110	20110	8	134	4	2
无为县十里墩镇	5647	32724	1146	73	510	56	10
无为县昆山镇	10785	25989	2013	105	528	3	3
无为县洪巷镇	8420	40097	836	43	2275	30	5
龙子湖区长淮卫镇	5000	49785	3275	70	1005	40	4
龙子湖区李楼乡	5236	29439		8	85	8	2
蚌山区燕山乡	6039	37684		185	3260	80	20
蚌山区雪华乡	655	9152					
禹会区秦集镇	7789	63706	63706	462	5544	70	11
禹会区马城镇	11568	61868	2100	537	14066	122	20
淮上区小蚌埠镇	3531	54214	41210	359	4820	26	7
淮上区吴小街镇	3362	26172	9569	865	10053	55	6
淮上区曹老集镇	9732	47610	13258	152	2358	9	4
淮上区梅桥镇	5961	47088	5619	123	1527	21	2
淮上区沫河口镇	16367	79977	7614	387	4600	16	6

续表 171　　　　(安徽省)　　　　单位：公顷、人、个

名　称	行政区域面积	常住人口	#城镇建成区	企业个数	企业从业人员	工业企业个数	#规模以上
怀远县榴城镇	7583	112079	62102	1327	19302	231	23
怀远县包集镇	17495	83135	35725	131	1769	37	4
怀远县龙亢镇	10440	58152	6492	132	2094	41	4
怀远县河溜镇	13473	67605	6512	116	2135	11	3
怀远县常坟镇	13382	93480	28106	223	5139	95	14
怀远县双桥集镇	13252	57675	1696	90	1808	22	3
怀远县魏庄镇	10336	47780	5600	94	1797	25	1
怀远县万福镇	12130	53244	4338	78	606	18	
怀远县唐集镇	15496	58475	11320	106	2345	40	9
怀远县白莲坡镇	13889	63296	5486	201	3966	104	27
怀远县褚集镇	9428	50324	6336	44	1117	10	1
怀远县古城镇	10849	50042	3690	101	2457	31	5
怀远县荆山镇	11566	156255	106541	1174	25374	192	38
怀远县淝南镇	10610	46968	5214	80	1742	15	2
怀远县陈集镇	9764	40856	10240	42	879	10	1
怀远县淝河乡	15445	63712		90	1599	27	
怀远县徐圩乡	11458	52053		45	800	14	1
怀远县兰桥乡	7947	38089		79	1673	26	2
五河县城关镇	7878	121663	90264	1281	22624	64	7
五河县新集镇	10308	44211	21563	136	690	7	2
五河县小溪镇	9889	22312	4266	59	1749	46	8
五河县双忠庙镇	14384	57779	9489	110	553	32	5
五河县小圩镇	10970	38945	4813	148	786	7	3
五河县东刘集镇	17274	58804	3175	152	980	7	1
五河县头铺镇	9742	55278	10689	41	590	16	3
五河县大新镇	5515	25090	6100	82	450	8	2
五河县武桥镇	7719	25104	8456	46	3488	34	2
五河县朱顶镇	10900	38091	6602	154	2662	14	3
五河县浍南镇	16691	50758	4680	37	673	18	4
五河县申集镇	12355	43420	3074	105	1172	11	2
五河县沱湖乡	2276	11956		10	210	5	
五河县临北回族乡	5983	23187		187	1667	116	1
固镇县城关镇	13143	111920	102235	708	7562	532	34
固镇县王庄镇	10840	35204	7898	86	3565	16	8
固镇县新马桥镇	13431	60231	6858	56	2100	32	17
固镇县连城镇	9023	37978	5021	194	975	115	10
固镇县刘集镇	16450	61122	7357	75	2135	51	14
固镇县任桥镇	12778	51314	26546	16	1031	9	5
固镇县湖沟镇	13973	56984	8995	60	4651	44	4
固镇县濠城镇	7878	30194	1416	11	366	4	3
固镇县石湖乡	8406	29122		41	901	27	10
固镇县杨庙乡	15412	62073		28	867	18	9
固镇县仲兴乡	14666	47247		112	1987	29	9
大通区上窑镇	6440	32181	31745	203	2320	62	8
大通区洛河镇	2234	17740	17740	184	5160	17	1
大通区九龙岗镇	3350	30470	18226	710	7810	195	19
大通区孔店乡	14800	44320		219	1877	47	4
田家庵区舜耕镇	4730	67610	2715	795	7546	40	
田家庵区安成镇	3990	35233	1523	372	3715	86	20
田家庵区曹庵镇	5670	37651	13135	192	1376	44	3

续表 172　　(安徽省)　　单位：公顷、人、个

名　称	行政区域面　积	常住人口	#城镇建成区	企业个数	企　业从业人员	工业企业个　数	#规模以上
田家庵区三和镇	6800	104962	104962	157	3874	47	2
田家庵区史院乡	3700	21980		24	210	1	1
谢家集区望峰岗镇	2600	47174	35000	227	1135	51	4
谢家集区李郢孜镇	2350	38564	31146	226	4550	104	13
谢家集区唐山镇	3998	42813	24680	185	4812	55	13
谢家集区杨公镇	6844	25645	2293	40	325	11	6
谢家集区孙庙乡	5952	16334		12	431	4	2
谢家集区孤堆回族乡	4665	12243		6	130	4	3
八公山区八公山镇	2700	12364	12364	192	3845	135	6
八公山区山王镇	4400	53118	32042	73	7938	42	7
潘集区高皇镇	7463	37060	17336	44	2150	24	6
潘集区平圩镇	5238	39586	23119	32	2416	24	6
潘集区泥河镇	5030	41572	16829	78	3295	52	7
潘集区潘集镇	6238	39314	25580	141	744	15	2
潘集区芦集镇	7106	53263	23423	21	377	9	7
潘集区架河镇	4316	27883	1781	25	460	10	4
潘集区夹沟镇	5646	31194	7892	24	120	8	2
潘集区祁集镇	3400	21805	8382	85	1286	10	3
潘集区贺疃镇	6693	32360	3821	106	580	6	3
潘集区古沟回族乡	4126	30682		31	586	25	9
凤台县城关镇	1947	110789	110789	501	59142	12	2
凤台县新集镇	6695	65098	26324	358	2851	232	15
凤台县朱马店镇	6828	43870	11202	1054	5350	15	10
凤台县岳张集镇	6265	56787	9786	284	1705	69	9
凤台县顾桥镇	4400	30528	8976	218	2668	58	13
凤台县毛集镇	6700	45409	35962	499	3500	111	23
凤台县夏集镇	3991	24901	14322	197	1365	62	23
凤台县桂集镇	6643	44632	16556	216	7599	41	10
凤台县焦岗湖镇	9432	33725	10841	157	866	29	5
凤台县凤凰镇	6125	42138	12735	398	2014	39	10
凤台县杨村镇	5217	32393	7465	74	372	24	6
凤台县丁集镇	4450	33793	3793	36	925	27	6
凤台县刘集镇	7076	40514	3138	297	28010	149	14
凤台县大兴集镇	4666	30199		29	382	16	6
凤台县古店乡	5497	32561		145	730	38	7
凤台县钱庙乡	6018	37120		220	4560	185	9
凤台县尚塘乡	6297	34882		203	1206	23	7
凤台县关店乡	4431	30053		81	502	45	8
八公山区李冲回族乡	2250	15673		146	1783	49	3
寿县寿春镇	8439	115876	88720	546	8860	16	5
寿县双桥镇	11479	47267	4812	76	780	28	3
寿县涧沟镇	7640	42284	6563	18	640	4	1
寿县丰庄镇	7710	43393	2807	19	412	5	3
寿县正阳关镇	10281	46201	14501	122	2560	32	3
寿县迎河镇	11100	61215	8893	105	530	19	3
寿县板桥镇	10772	45126	7219	16	3071	12	3
寿县安丰塘镇	9373	40193	2131	119	2350	2	1
寿县堰口镇	14040	47223	43202	53	1222	15	9
寿县保义镇	13600	49868	13085	72	686	19	8
寿县隐贤镇	9024	42917	12574	217	4381	172	3

续表 173　　(安徽省)　　单位：公顷、人、个

名　　称	行政区域面　　积	常住人口	#城镇建成区	企业个数	企　　业从业人员	工业企业个　　数	#规模以上
寿县安丰镇	19413	62898	34207	122	1860	33	10
寿县众兴镇	11157	43467	3829	52	1500	18	4
寿县茶庵镇	10062	24113	3548	16	890	9	2
寿县三觉镇	16631	49648	12966	146	2662	66	4
寿县炎刘镇	19012	56750	9978	16	852	6	2
寿县刘岗镇	15818	38733	1617	47	896	10	4
寿县双庙集镇	9201	22911	4356	24	146	8	2
寿县小甸镇	18022	66714	4356	21	536	5	2
寿县瓦埠镇	6697	20795	4163	44	1362	6	2
寿县大顺镇	10500	27833	4824	30	1086	10	2
寿县窑口镇	9746	29693	3125	64	868	17	5
寿县八公山乡	3215	14445		44	599	5	2
寿县张李乡	8171	29908		14	360	12	3
寿县陶店回族乡	3777	7025		5	110	2	
花山区濮塘镇	5800	12363	9982	294	1836	31	2
雨山区向山镇	5400	56809	45299	331	12314	245	20
雨山区佳山乡	5600	71755		1135	2938	122	5
博望区博望镇	13300	86839	42680	4509	27054	865	77
博望区丹阳镇	12700	54483	19963	310	7813	210	42
博望区新市镇	7240	41862	1762	296	18966	138	26
当涂县姑孰镇	11394	150680	116957	2484	14056	242	35
当涂县黄池镇	8350	45299	13572	135	9063	119	28
当涂县乌溪镇	4700	24532	5674	153	4300	51	13
当涂县石桥镇	8930	49082	4158	219	14821	122	25
当涂县塘南镇	6302	33601	4215	112	3876	35	3
当涂县护河镇	6400	22489	1808	182	2300	46	15
当涂县太白镇	8400	43106	8866	804	19455	295	53
当涂县年陡镇	8950	40356	3956	824	7573	285	33
当涂县湖阳镇	16817	29081	4100	126	1532	18	3
当涂县大陇镇	5980	32651	2826	92	2208	46	6
当涂县江心乡	5685	19386		126	631	28	3
含山县环峰镇	18070	99380	43582	180	3581	93	21
含山县运漕镇	6856	41409	8871	95	3585	19	12
含山县铜闸镇	7276	30661	7121	75	2107	31	17
含山县陶厂镇	10900	41203	4573	42	1882	30	10
含山县林头镇	15154	65203	22759	185	12360	153	55
含山县清溪镇	12190	47212	9066	118	3450	78	27
含山县仙踪镇	17426	60447	5644	187	2066	21	8
含山县昭关镇	8400	22728	2670	16	780	6	4
和县历阳镇	18179	137166	84127	1747	38020	276	56
和县白桥镇	12875	42618	12451	116	1367	55	6
和县姥桥镇	11828	61557	16935	731	4944	63	16
和县功桥镇	12734	42045	3875	70	386	13	1
和县西埠镇	16758	40077	12948	200	3570	103	16
和县香泉镇	14121	32107	13072	217	2507	77	11
和县乌江镇	15094	61302	26012	350	9753	173	46
和县善厚镇	13791	29089	8545	115	1140	23	4
和县石杨镇	16480	31736	9144	210	3635	73	5
杜集区朔里镇	5006	34063	5789	215	3959	143	43
杜集区石台镇	5132	30918	5168	228	3342	109	17

续表 174　　　　(安徽省)　　　　单位：公顷、人、个

名　　称	行政区域面积	常住人口	#城镇建成区	企业个数	企业从业人员	工业企业个数	#规模以上
杜集区段圆镇	4130	32076	4262	85	2310	75	33
相山区渠沟镇	5917	53350	5320	260	6850	20	7
烈山区烈山镇	7939	75600	75600	1699	41290	33	12
烈山区宋町镇	10100	51078	4957	93	26937	74	24
烈山区古饶镇	15473	93840	3127	584	5456	87	8
濉溪县濉溪镇	6500	105925	71509	5408	27214	345	40
濉溪县韩村镇	12082	69163	20476	448	3572	121	26
濉溪县刘桥镇	8419	62526	21713	162	11232	112	35
濉溪县五沟镇	18876	108254	20357	72	4380	56	4
濉溪县临涣镇	16738	94588	27390	398	4862	172	14
濉溪县双堆集镇	25348	106466	5498	36	938	8	
濉溪县铁佛镇	22314	128339	6136	186	1315	48	4
濉溪县南坪镇	22529	101877	15102	46	2480	22	7
濉溪县百善镇	25225	111668	7355	246	8825	64	38
濉溪县孙町镇	20498	104114	6871	259	2013	99	9
濉溪县四铺镇	19653	83199	19855	18	2916	9	6
铜官区西湖镇	4480	34240	13148	266	8133	61	10
铜官区虚镇	337	11582	8872	151	1407	13	3
义安区五松镇	1570	40293	40293	215	3467	139	7
义安区顺安镇	13500	57305	15725	248	11776	145	12
义安区钟鸣镇	15450	36549	8217	158	9790	92	12
义安区天门镇	16600	39026	1382	225	6592	156	9
义安区东联镇	5600	22985	8614	191	3308	22	5
义安区西联镇	9260	33864	1497	79	1053	24	8
义安区老洲乡	4200	8146		30	160	7	
义安区胥坝乡	8600	20986		26	756	16	
铜陵市郊区铜山镇	3440	12470	7550	72	237	23	3
铜陵市郊区大通镇	7020	22660	13215	641	5765	46	4
铜陵市郊区郊区虚镇	13291	8180		46	2602	9	2
铜陵市郊区灰河乡	1920	4628		55	525	15	3
枞阳县枞阳镇	9058	97804	58987	452	7523	32	14
枞阳县欧山镇	8760	35581	2476	152	1364	62	6
枞阳县汤沟镇	11218	66760	14500	315	1589	68	4
枞阳县老洲镇	8376	63637	15187	387	9683	23	11
枞阳县陈瑶湖镇	13166	35421	7625	75	2615	67	18
枞阳县周潭镇	7980	39201	6716	109	922	48	10
枞阳县横埠镇	11251	62450	28829	233	3872	66	9
枞阳县项铺镇	3601	21278	3843	35	624	30	9
枞阳县钱桥镇	8909	38695	3367	48	1865	18	11
枞阳县麒麟镇	9230	33392	4432	49	421	21	5
枞阳县义津镇	13247	41123	16188	24	4576	12	6
枞阳县浮山镇	4215	18832	3410	21	843	7	5
枞阳县会宫镇	7621	38288	2957	83	1294	34	16
枞阳县官埠桥镇	10431	32169	4321	55	821	29	15
枞阳县钱铺镇	6741	21800	4119	43	1729	15	12
枞阳县金社镇	6267	38957	38957	157	1180	42	10
枞阳县白湖镇	6200	30878	3487	22	450	12	11
枞阳县铁铜乡	1230	7242		1	5	1	
枞阳县凤仪乡	2330	2475					
枞阳县长沙乡	1750	5272	5195	21	110		

续表 175　　(安徽省)　　单位：公顷、人、个

名　　称	行政区域面　积	常住人口	#城镇建成区	企业个数	企　业从业人员	工业企业个　　数	#规模以上
枞阳县白梅乡	4417	13298	752	17	158	3	2
枞阳县雨坛乡	8713	21086		15	613	5	4
迎江区龙狮桥乡	1157	48089	48089	210	2533	55	2
迎江区长风乡	7248	22875	22152	33	392	28	4
迎江区新洲乡	5404	2481		7	86	7	1
大观区海口镇	5577	45123	11438	128	2237	14	5
大观区十里铺乡	3000	7380	7380	115	875	25	16
大观区山口乡	5313	11170		61	1134	15	3
宜秀区大龙山镇	5338	49010	6379	68	1896	45	6
宜秀区杨桥镇	10000	22187	11642	86	4826	27	6
宜秀区罗岭镇	10200	18809	8305	70	2035	51	11
宜秀区白泽湖乡	6823	25607		110	2400	69	13
宜秀区五横乡	5330	11103		56	335	2	1
怀宁县高河镇	9768	77679	74405	2493	14953	128	23
怀宁县石牌镇	9170	99822	99822	428	5136	102	18
怀宁县月山镇	7007	30258	14358	343	8998	261	17
怀宁县马庙镇	8516	49122	29317	302	7211	226	33
怀宁县金拱镇	6150	31629	5380	259	3183	140	13
怀宁县茶岭镇	6338	32957	10970	217	1736	106	14
怀宁县公岭镇	5688	19215	13162	78	9560	44	7
怀宁县黄墩镇	5730	34775	34775	63	1321	33	11
怀宁县三桥镇	5560	16021	4100	71	2514	15	6
怀宁县小市镇	5223	21145	5216	128	1956	68	5
怀宁县黄龙镇	2860	14321	1176	27	587	21	5
怀宁县平山镇	7600	33532	1963	178	14022	91	9
怀宁县腊树镇	9255	31734	4301	58	1137	32	5
怀宁县洪铺镇	8482	36328	8856	45	350	12	5
怀宁县江镇镇	8179	35015	3734	75	493	15	5
怀宁县凉亭乡	6426	23668	1402	37	1927	14	5
怀宁县石镜乡	4887	19128		129	5815	69	10
怀宁县秀山乡	4194	14329	1156	17	355	9	6
怀宁县清河乡	4530	21645	3202	26	1036	21	7
怀宁县雷埠乡	5958	18127	1235	47	441	5	5
潜山县梅城镇	10444	140717	83734	413	21491	102	12
潜山县源潭镇	16535	85412	25620	1523	25612	469	55
潜山县余井镇	14372	53414	4560	155	2420	105	10
潜山县王河镇	9661	46547	1310	59	421	7	3
潜山县黄铺镇	15064	48936	13767	156	1908	29	11
潜山县槎水镇	17600	29862	5820	150	860	49	4
潜山县水吼镇	21450	21986	448	35	573	17	4
潜山县官庄镇	18800	25618	2806	109	805	91	2
潜山县黄泥镇	3063	14150	3876	71	380	10	1
潜山县黄柏镇	6174	13276	906	23	396	2	1
潜山县天柱山镇	7100	11269	1082	20	170	3	1
潜山县塔畈乡	10335	21520		24	126	5	1
潜山县油坝乡	3186	12648		80	400	4	
潜山县龙潭乡	9308	9701	9701	21	168	14	1
潜山县痘姆乡	4185	18401		152	1880	20	3
潜山县五庙乡	3999	9082		9	180	2	1
太湖县晋熙镇	16792	104127	78512	432	12530	89	22

续表 176　　(安徽省)　　单位：公顷、人、个

名　称	行政区域面积	常住人口	#城镇建成区	企业个数	企业从业人员	工业企业个数	#规模以上
太湖县徐桥镇	10300	45347	8060	132	1125	66	15
太湖县新仓镇	16800	67619	6134	180	9608	135	16
太湖县小池镇	12492	39655	15284	202	4300	26	14
太湖县寺前镇	17200	28222	3829	113	567	33	2
太湖县天华镇	16749	30209	500	173	1321	88	5
太湖县牛镇镇	16300	25087	4252	315	2612	35	4
太湖县弥陀镇	15150	38985	16271	262	2202	125	5
太湖县北中镇	18200	36566	785	136	1172	73	5
太湖县百里镇	9600	18937	4000	33	620	8	3
太湖县大石乡	11411	26892		222	2442	17	9
太湖县城西乡	9016	25109		53	674	20	7
太湖县江塘乡	10100	36694		91	2465	15	2
太湖县汤泉乡	12400	15133		20	118	11	
太湖县刘畈乡	11700	21045		48	356	6	5
宿松县孚玉镇	7696	142577	103544	654	13356	188	89
宿松县复兴镇	7231	43612	10631	37	438	16	6
宿松县汇口镇	10600	39629	11181	151	1582	38	7
宿松县许岭镇	9800	42346	13051	62	560	3	3
宿松县下仓镇	12870	35479	1000	12	307	5	3
宿松县二郎镇	5800	26310	3012	96	690	12	2
宿松县破凉镇	8446	46228	13025	150	2900	50	8
宿松县凉亭镇	8698	39887	12135	63	4670	36	2
宿松县长铺镇	8441	28501	4802	119	1352	50	9
宿松县高岭乡	4280	23268		15	455	11	2
宿松县程岭乡	7448	25690		52	290	2	2
宿松县九姑乡	4882	20757		40	412	14	4
宿松县千岭乡	9147	38721		86	660	21	2
宿松县洲头乡	9380	42856		100	5610	86	7
宿松县佐坝乡	20194	53520		231	6080	79	8
宿松县北浴乡	4973	13767		38	386	18	2
宿松县陈汉乡	9400	24986		12	296	6	3
宿松县隘口乡	6383	18432		75	380	9	4
宿松县柳坪乡	3502	10731		29	301	3	3
宿松县趾凤乡	4604	12125		11	165	1	1
宿松县河塌乡	6451	28530		22	254	8	2
宿松县五里乡	5110	29197		145	2145	35	8
望江县华阳镇	14324	115097	84600	1092	41500	145	18
望江县杨湾镇	8347	30831	3564	26	350	16	1
望江县漳湖镇	9401	25462	466	139	1382	20	2
望江县赛口镇	6887	34423	1698	176	1796	26	5
望江县高士镇	14625	78983	21945	175	7385	113	11
望江县鸦滩镇	15564	68748	23131	274	3126	146	10
望江县长岭镇	18285	65798	17758	263	6899	165	18
望江县太慈镇	14376	70260	4372	62	3850	40	8
望江县凉泉乡	13852	38891	3196	148	3715	38	7
望江县雷池乡	15718	52495		125	776	35	9
岳西县天堂镇	4213	58152	58152	171	20875	137	27
岳西县店前镇	18300	26312	8136	145	1949	105	2
岳西县来榜镇	13478	21833	7193	86	1663	51	8
岳西县菖蒲镇	14000	17222	3781	79	1426	46	6

续表 177　　(安徽省)　　单位：公顷、人、个

名　　称	行政区域面　积	常住人口	#城镇建成区	企业个数	企　业从业人员	工业企业个　数	#规模以上
岳西县头陀镇	12300	9699	560	74	688	65	2
岳西县白帽镇	13510	19797	2027	116	975	20	3
岳西县温泉镇	8600	38962	13889	118	4516	96	5
岳西县响肠镇	6437	19831	1400	90	538	45	4
岳西县河图镇	17200	10902	2380	98	504	43	1
岳西县五河镇	13100	11204	2389	42	2128	37	
岳西县主簿镇	9900	7045	3674	58	783	37	1
岳西县冶溪镇	10600	19213	4473	59	790	18	2
岳西县黄尾镇	10300	7293	1406	110	306	23	
岳西县中关镇	7700	15727	1448	135	3672	28	
岳西县毛尖山乡	9600	13222	891	21	898	20	2
岳西县莲云乡	4500	21276	10000	143	5500	84	43
岳西县青天乡	11700	9860	1680	128	346	23	1
岳西县包家乡	12300	5621	1201	29	284	14	
岳西县古坊乡	4700	8726	3356	1	17		
岳西县田头乡	9100	8824	450	125	462	5	1
岳西县石关乡	9600	12647	1896	17	135	16	
岳西县姚河乡	7700	7558	1206	28	510	21	3
岳西县和平乡	10200	9150	1020	31	350	30	
岳西县巍岭乡	4140	3056	453	12	86	10	
安庆经济开发区老峰镇	4800	28234	19526	3	40		
桐城市孔城镇	14684	80200	11352	540	7430	145	6
桐城市吕亭镇	16392	62995	26989	207	35854	162	20
桐城市范岗镇	13567	62869	18780	1510	20330	840	43
桐城市新渡镇	11694	67101	19150	1378	18038	838	57
桐城市双港镇	10071	53992	25800	1681	21867	457	33
桐城市大关镇	16892	61756	13224	178	2810	126	26
桐城市青草镇	17000	68114	5302	291	2619	191	12
桐城市金神镇	13200	50912	21443	533	15711	266	42
桐城市嬉子湖镇	13458	16533	3015	67	615	28	1
桐城市唐湾镇	7500	10354	478	15	1447	12	3
桐城市黄甲镇	9440	10185	289	3	78	1	1
桐城市鲟鱼镇	281	883	883	2	398	1	1
屯溪区屯光镇	3300	24102	4658	372	3015	39	5
屯溪区阳湖镇	2162	54994	54994	765	15300	28	8
屯溪区黎阳镇	2289	14234	10421	217	5141	47	7
屯溪区新潭镇	6500	28977	18950	190	2795	63	6
屯溪区奕棋镇	3020	10716	5900	125	1600	75	18
黄山区甘棠镇	9527	52160	33703	1168	16695	95	24
黄山区仙源镇	4358	8520	3421	101	560	21	2
黄山区汤口镇	16536	15160	6342	213	2368	21	
黄山区谭家桥镇	15719	8049	1697	83	458	21	
黄山区太平湖镇	14704	7943	2753	32	871	6	1
黄山区焦村镇	25649	10158	3104	57	793	15	
黄山区耿城镇	12231	7833	2950	78	860	33	3
黄山区三口镇	5674	7439	4734	41	224	8	2
黄山区乌石镇	24794	10900	1965	62	770	16	1
黄山区新明乡	13903	5600		93	823	12	
黄山区龙门乡	11132	3600		35	176		
黄山区新华乡	6090	4458		23	225	17	

续表 178　　(安徽省)　　单位：公顷、人、个

名　　称	行政区域面　　积	常住人口	#城镇建成区	企业个数	企　　业从业人员	工业企业个　　数	#规模以上
黄山区新丰乡	5844	4380		21	376	12	2
黄山区永丰乡	8548	4580		3	127	3	1
徽州区岩寺镇	5989	24545	14762	485	25123	102	36
徽州区西溪南镇	4780	14177	4050	273	1365	63	10
徽州区潜口镇	3903	13666	5317	51	602	15	4
徽州区呈坎镇	8271	9210	3075	42	665	34	7
徽州区虚镇	1069	32017					
徽州区洽舍乡	3152	1755		88	1350	47	7
徽州区杨村乡	5497	3265		52	1563	47	5
徽州区富溪乡	9282	5061		112	1107	65	9
歙县徽城镇	6472	157835	90852	1132	34716	192	39
歙县深渡镇	9405	21678	5616	34	725	24	12
歙县北岸镇	9259	20381	10717	105	1230	35	11
歙县富堨镇	5606	16643	3700	220	2605	50	13
歙县郑村镇	3895	13851	10654	192	2982	62	21
歙县桂林镇	14183	26539	1000	195	4828	72	25
歙县许村镇	6856	8760	2500	4	100	4	4
歙县溪头镇	12155	16124	3490	46	1523	8	8
歙县杞梓里镇	16325	18162	3294	44	110	6	2
歙县霞坑镇	9506	10551	4185	15	145	6	1
歙县岔口镇	9435	16442	7902	11	269	9	1
歙县街口镇	6132	10553	543				
歙县王村镇	8730	24106	6215	559	8880	40	4
歙县雄村镇	4438	8751	1516	8	384	6	3
歙县三阳镇	13032	14298	6200	61	183	10	2
歙县坑口乡	4296	10874		4	119	3	3
歙县上丰乡	6915	12177		10	55		
歙县昌溪乡	2062	2754		16	198	7	2
歙县武阳乡	4153	7205		17	520	1	1
歙县金川乡	5231	9530		5	25	2	
歙县小川乡	6831	8166		9	130	2	1
歙县新溪口乡	4307	4465		5	26	3	
歙县璜田乡	8454	20053		8	41	1	1
歙县长陔乡	9947	13634		8	98	3	
歙县森村乡	7094	12980		1	15		
歙县绍濂乡	9700	10142		15	133	4	
歙县石门乡	3603	3015		1	3		
歙县狮石乡	4798	1010		2	55		
休宁县海阳镇	13104	58188	26687	316	12481	99	33
休宁县齐云山镇	10797	10682	1146	50	515	20	
休宁县万安镇	6439	17576	3670	65	1968	31	5
休宁县五城镇	18204	22424	11200	56	540	26	3
休宁县东临溪镇	11992	19214	7982	53	757	33	4
休宁县蓝田镇	14811	9765	2239	8	130	6	
休宁县溪口镇	22400	21309	2017	133	1346	45	6
休宁县流口镇	6727	4135	707	3	28	2	
休宁县汪村镇	16769	6892	1651	30	157	12	
休宁县商山镇	9489	16523	1345	36	1126	34	14
休宁县山斗乡	5124	3482		6	114	4	
休宁县岭南乡	7976	2960		11	186	4	1

续表 179　　(安徽省)　　单位：公顷、人、个

名　称	行政区域面　积	常住人口	#城镇建成区	企业个数	企　业从业人员	工业企业个　数	#规模以上
休宁县渭桥乡	10705	12588		18	116	4	
休宁县板桥乡	8063	4648		14	98	3	
休宁县陈霞乡	9482	9414		8	51	4	
休宁县鹤城乡	13218	7820		35	291	1	1
休宁县源芳乡	5333	4776		16	135	5	
休宁县榆村乡	5880	10539		15	133	7	1
休宁县龙田乡	9026	2776		12	60	3	
休宁县璜尖乡	3905	2483		8	41	5	
休宁县白际乡	3842	1623		18	105	2	
黟县碧阳镇	11834	41834	21465	252	5430	189	30
黟县宏村镇	18895	17354	5693	217	793	17	
黟县渔亭镇	7249	8269	4126	28	455	24	8
黟县西递镇	7605	5795	1399	10	860	4	3
黟县柯村镇	8743	5333	1199	35	246	9	2
黟县美溪乡	6794	2819		4	126	3	3
黟县宏潭乡	12465	4012		9	122	7	2
黟县洪星乡	11965	3187		7	319	7	6
祁门县祁山镇	22708	68138	2584	854	8372	149	37
祁门县小路口镇	9506	4945	974	20	150	10	2
祁门县金字牌镇	13327	10949	2036	39	875	27	2
祁门县平里镇	9360	6728	3892	8	48	4	
祁门县历口镇	18594	13460	4260	29	240	20	2
祁门县闪里镇	13679	8082	1231	11	77	4	
祁门县安凌镇	20975	13500	1724	14	179	7	2
祁门县凫峰镇	11766	7800	2300	5	69	2	1
祁门县塔坊镇	8017	5076	1394	17	225	13	3
祁门县新安镇	12505	7375	2046	15	100	10	
祁门县大坦乡	7888	3735		2	16	2	
祁门县柏溪乡	6933	4705		14	243	7	3
祁门县祁红乡	11968	4133		13	190	10	
祁门县溶口乡	8395	4493		3	25	1	
祁门县芦溪乡	11550	4855		14	127	12	1
祁门县渚口乡	10732	6168		18	128	5	1
祁门县古溪乡	10638	4149		7	48	5	
祁门县箬坑乡	12958	7050		7	86	5	
南谯区乌衣镇	14450	59800	24920	76	3892	46	18
南谯区沙河镇	10388	19873	19873	55	2500	31	18
南谯区章广镇	20950	22846	9846	4	112	1	1
南谯区黄泥岗镇	8470	24556	7696	20	1153	20	4
南谯区珠龙镇	11800	12749	6024	6	78	4	1
南谯区大柳镇	13178	8197	5880	29	950	12	4
南谯区腰铺镇	8970	45926	19907	234	7266	225	19
南谯区施集镇	23520	21477	1575	108	1713	34	5
来安县新安镇	13991	99491	65429	433	21296	97	19
来安县半塔镇	28511	65592	31263	163	8492	81	11
来安县水口镇	18869	52121	26273	288	2279	81	8
来安县汊河镇	11677	38974	21683	274	11426	188	68
来安县大英镇	4779	14870	6673	63	575	21	3
来安县雷官镇	9104	22240	6718	83	800	32	
来安县施官镇	14140	37347	6536	60	685	35	7

续表 180　　(安徽省)　　单位：公顷、人、个

名　称	行政区域面积	常住人口	#城镇建成区	企业个数	企业从业人员	工业企业个数	#规模以上
来安县舜山镇	13338	28305	10041	29	371	13	
来安县三城乡	6916	17484		32	898	20	2
来安县独山乡	7518	16522		79	350	1	1
来安县张山乡	9761	18238		126	2580	41	4
来安县杨郢乡	11259	16597		9	154	3	2
全椒县襄河镇	12345	170519	151287	1110	76251	356	25
全椒县古河镇	10500	39731	15523	140	4500	83	11
全椒县大墅镇	15838	45955	4815	52	2886	26	1
全椒县二郎口镇	17797	49309	8324	94	2095	56	11
全椒县武岗镇	9972	21065	3745	72	4510	48	8
全椒县马厂镇	18056	39665	3569	63	2162	19	1
全椒县石沛镇	19699	28307	2238	59	1021	39	1
全椒县十字镇	18330	33450	8141	261	3814	211	10
全椒县西王镇	14300	21850	4268	50	638	2	
全椒县六镇镇	20082	44598	3955	186	4619	39	4
定远县定城镇	27700	167316	118857	1135	11735	176	8
定远县炉桥镇	17880	96854	50987	485	7241	445	8
定远县永康镇	19200	60387	12519	237	4171	48	6
定远县吴圩镇	21260	54933	3900	122	612	4	4
定远县朱湾镇	7149	15783	3109	12	67	5	1
定远县张桥镇	18420	51689	10680	1167	5835	169	8
定远县藕塘镇	19345	27144	14144	412	3298	37	3
定远县池河镇	22917	30342	17013	24	1062	19	6
定远县连江镇	10685	24702	5943	28	922	9	2
定远县界牌集镇	11985	22012	4912	59	296	5	2
定远县仓镇	11648	22481	2237	6	212	5	2
定远县三和集镇	13590	34196	7224	29	1330	13	5
定远县西卅店镇	16900	34210	2692	28	1440	15	4
定远县桑涧镇	14927	38865	5612	46	539	11	3
定远县蒋集镇	9605	20813	2590	17	194	4	
定远县大桥镇	8255	20772	2891	39	217	7	2
定远县严桥乡	9048	21796		9	290	6	5
定远县拂晓乡	11137	16658		21	379	7	1
定远县能仁乡	5400	24805		12	401	9	1
定远县七里塘乡	9672	29376		4	102	3	2
定远县二龙回族乡	4140	12686		3	77	2	
定远县范岗乡	9385	15026		19	303	12	3
凤阳县府城镇	17472	110235	64756	304	29136	62	4
凤阳县临淮镇	2965	46323	17058	278	2816	73	22
凤阳县武店镇	11530	67539	17856	75	1350	68	6
凤阳县西泉镇	7420	45906	5803	61	1689	54	4
凤阳县官塘镇	7830	39670	745	2	265	1	
凤阳县刘府镇	21729	72386	13159	268	17364	169	14
凤阳县大庙镇	16416	46016	5291	273	7369	271	30
凤阳县殷涧镇	20480	21136	4248	19	257	14	
凤阳县总铺镇	17643	38753	5231	30	498	3	2
凤阳县红心镇	15867	22076	5260	5	201	5	1
凤阳县板桥镇	14405	53611	7036	88	562	16	4
凤阳县大溪河镇	8943	25452	4657	5	155	2	2
凤阳县小溪河镇	20548	39325	7278	43	2043	36	3

续表 181　　　　（安徽省）　　　　单位：公顷、人、个

名　　称	行政区域面积	常住人口	#城镇建成区	企业个数	企业从业人员	工业企业个数	#规模以上
凤阳县枣巷镇	7307	27691	1140	4	68	2	
凤阳县黄湾乡	4172	21462		8	156	8	
天长市铜城镇	22280	73251	45773	1589	32500	735	59
天长市汊涧镇	16055	50425	28643	199	17053	171	27
天长市秦栏镇	11220	62829	43732	532	18094	491	57
天长市大通镇	15398	42094	11894	102	8072	102	7
天长市杨村镇	15167	45281	7005	316	5963	236	25
天长市石梁镇	10901	32306	12925	360	5890	189	16
天长市金集镇	9668	38843	4175	220	6751	179	15
天长市永丰镇	8390	25603	9524	264	5595	245	34
天长市仁和集镇	12650	39510	10872	425	11820	297	32
天长市冶山镇	9630	35182	9512	127	8178	126	25
天长市郑集镇	6425	19708	4078	138	6175	63	6
天长市张铺镇	13810	32651	4137	63	5823	58	5
天长市新街镇	8543	26654	4768	112	5862	65	10
天长市万寿镇	5658	13140	2330	72	4807	72	11
明光市张八岭镇	25326	27895	20957	83	1107	35	2
明光市三界镇	12862	11216	3651	43	416	13	1
明光市管店镇	7352	12172	9198	53	718	21	1
明光市自来桥镇	20566	24156	5195	55	876	12	2
明光市涧溪镇	18893	43959	6486	120	2016	56	4
明光市石坝镇	23868	37970	11100	121	783	28	1
明光市苏巷镇	10234	19604	7853	67	1123	24	4
明光市桥头镇	14376	20877	6706	74	705	18	5
明光市女山湖镇	25347	39378	25380	36	1020	19	2
明光市古沛镇	10795	26419	6470	27	243	6	
明光市潘村镇	19300	61122	18146	65	2463	6	
明光市柳巷镇	5992	24813	2265	25	134	2	
明光市泊岗乡	2703	10257		12	190	2	1
颍州区王店镇	6899	68972	12324	394	12416	134	7
颍州区程集镇	4860	48443	14952	80	2162	35	6
颍州区三合镇	3299	41489	39694	315	2143	168	8
颍州区西湖镇	3600	27482	4561	64	1088	14	5
颍州区九龙镇	4819	42971	4311	32	867	18	3
颍州区三十里铺镇	4380	49361	5966	76	754	10	
颍州区三塔集镇	8015	73257	7920	183	1329	11	7
颍州区马寨乡	5200	45498		49	914	7	4
颍东区口孜镇	8183	79179	79179	3	75	2	1
颍东区插花镇	11008	86160	10956	407	20006	36	8
颍东区袁寨镇	5390	60470	9428	52	404	9	2
颍东区枣庄镇	7070	45932	2189	23	405	13	3
颍东区老庙镇	5880	44310	7200	46	335	6	1
颍东区正午镇	6450	43501	3825	24	279	10	1
颍东区杨楼孜镇	4070	37628	6561	43	912	30	2
颍东区新乌江镇	6400	46627	6168	39	1590	16	3
颍东区冉庙乡	5550	38035	2865	1085	8425	355	3
颍泉区伍明镇	14062	125267	16820	197	2849	57	3
颍泉区宁老庄镇	11720	96866	13000	227	3211	57	5
颍泉区闻集镇	14310	126583	13416	366	6594	118	15
颍泉区行流镇	10980	105382	6756	152	5736	96	6

续表 182 （安徽省） 单位：公顷、人、个

名　称	行政区域面　积	常住人口	#城镇建成区	企业个数	企　业从业人员	工业企业个　数	#规模以上
临泉县杨桥镇	9480	76461	12845	33	975	27	11
临泉县同城镇	9769	120984	17982	123	1980	54	11
临泉县谭棚镇	6400	64030	6986	68	386	8	4
临泉县老集镇	7947	65993	7846	304	1956	103	2
临泉县滑集镇	12427	107738	8506	185	950	85	5
临泉县吕寨镇	5600	51471	5317	12	96	6	1
临泉县单桥镇	5060	52132	1985	16	632	12	4
临泉县长官镇	7472	81032	10829	16	540	12	4
临泉县张新镇	5260	51319	3768	61	396	9	1
临泉县艾亭镇	7526	76928	6680	106	1138	58	1
临泉县陈集镇	7420	53723	4341	34	521	18	2
临泉县韦寨镇	6857	83217	7862	534	3573	67	4
临泉县迎仙镇	6421	70172	9160	35	546	9	1
临泉县瓦店镇	5989	68042	11546	15	582	12	1
临泉县姜寨镇	5670	72232	8642	35	985	32	5
临泉县庙岔镇	5480	65637	5320	129	1930	16	4
临泉县黄岭镇	6300	70658	2756	166	989	15	1
临泉县白庙镇	4400	50684	4277	82	1634	18	1
临泉县关庙镇	7200	43750	1365	59	469	7	1
临泉县高塘镇	7615	67402	2080	134	771	25	3
临泉县土陂乡	6876	52661		12	468	6	1
临泉县陶老乡	5214	35688		12	245	5	
太和县城关镇	5600	252924	162975	2790	19580	273	93
太和县旧县镇	6280	55762	17305	192	3379	23	2
太和县税镇镇	4368	42659	5536	52	2687	35	20
太和县皮条孙镇	3106	26861	8570	59	2210	49	17
太和县原墙镇	6831	61198	8200	120	1350	3	
太和县倪邱镇	6886	53885	5866	65	1245	13	9
太和县李兴镇	7017	66145	14000	75	5400	30	4
太和县大新镇	6551	49371	6522	48	2469	21	7
太和县肖口镇	6091	54723	6391	187	5432	65	12
太和县关集镇	6607	43697	1304	7	147	2	
太和县三塔镇	8937	66833	8436	38	1687	36	
太和县双浮镇	5500	45964	6006	30	624	10	3
太和县蔡庙镇	3616	28801	2971	23	1512	20	
太和县三堂镇	6593	46717	6312	79	1047	53	4
太和县苗老集镇	6696	47962	5261	118	3681	24	2
太和县赵庙镇	6497	52774	6204	47	1027	21	3
太和县宫集镇	5879	38308	6120	22	408	12	
太和县坟台镇	11700	81746	18730	41	1295	18	3
太和县洪山镇	7500	62475	7280	58	580	15	
太和县清浅镇	4873	41481	5096	16	155	2	1
太和县五星镇	5160	43111	4216	108	2315	95	16
太和县高庙镇	2547	19245	2338	80	972	33	4
太和县桑营镇	5840	31323	5683	69	592	18	1
太和县大庙集镇	5055	48637	11347	18	516	14	4
太和县阮桥镇	6658	44205	2632	7	85	3	
太和县双庙镇	5321	48295	8500	3	67	1	1
太和县胡总镇	3747	21330	582	29	805		
太和县郭庙镇	6900	48923	4230	49	285	10	3

续表 183　　(安徽省)　　单位：公顷、人、个

名　　称	行政区域面　积	常住人口	#城镇建成区	企业个数	企　业从业人员	工业企业个　数	#规模以上
太和县二郎镇	4800	29279	4297	12	359	11	
太和县马集镇	5481	31020	5000	107	7215	105	49
太和县赵集乡	5979	43126		23	1254	20	3
阜南县方集镇	4043	31939	8312	26	310	20	3
阜南县中岗镇	5450	35679	10139	25	2090	24	16
阜南县柴集镇	8264	58272	4560	156	789	143	2
阜南县新村镇	6214	58792	13435	21	235	17	
阜南县朱寨镇	8014	70191	7720	28	249	15	2
阜南县柳沟镇	4576	41851	8748	20	510	5	1
阜南县赵集镇	5960	44480	3410	22	562	11	2
阜南县田集镇	6618	63789	5123	130	1456	26	5
阜南县苗集镇	6948	60930	4500	26	750	18	5
阜南县黄岗镇	6627	57837	10500	46	6856	46	29
阜南县焦陂镇	6770	62950	5582	25	1510	17	2
阜南县张寨镇	7766	48359	48359	9	856	8	2
阜南县王堰镇	7168	55703	3326	23	360	12	2
阜南县地城镇	4991	40713	8507	28	528	19	4
阜南县洪河桥镇	8407	62375	1673	95	1134	75	5
阜南县王家坝镇	3299	19731	3569	28	569	3	
阜南县王化镇	5987	42104	6984	9	266	6	1
阜南县曹集镇	5208	35968	35738	82	2465	28	7
阜南县鹿城镇	8782	232501	83982	610	19010	67	9
阜南县会龙镇	5450	43880	4661	96	1836	38	6
阜南县王店孜乡	6187	51842	2726	28	515	16	1
阜南县许堂乡	7115	64650		27	656	7	3
阜南县段郢乡	7862	68791	3560	1086	6650	11	1
阜南县公桥乡	6708	48032		16	110	8	1
阜南县龙王乡	4315	34347		44	1124	21	2
阜南县于集乡	4620	31381		25	736	15	
阜南县老观乡	5350	35876		75	515	33	
阜南县郜台乡	7782	58256		33	2233	29	7
颍上县慎城镇	10880	202925	180697	2247	76416	409	103
颍上县谢桥镇	10594	91900	16890	353	2118	149	10
颍上县南照镇	6300	46778	20150	81	13152	68	12
颍上县杨湖镇	5634	54868	7239	26	653	8	1
颍上县江口镇	7480	79591	5163	52	1123	5	1
颍上县润河镇	7800	65670	10182	7	420	5	1
颍上县新集镇	5114	36965	6844	5	195	2	1
颍上县六十铺镇	8250	36956	13117	43	712	13	9
颍上县耿棚镇	8452	81112	8052	110	858	20	9
颍上县半岗镇	7100	40709	19300	97	788	29	9
颍上县王岗镇	7730	42075	9770	54	885	13	3
颍上县夏桥镇	7901	48484	3436	55	1400	44	6
颍上县江店孜镇	7550	50767	7896	27	675	11	5
颍上县陈桥镇	6446	40251	5216	36	1021	15	5
颍上县黄桥镇	7100	45023	9891	195	1700	25	7
颍上县八里河镇	7915	58136	5915	40	1285	14	3
颍上县迪沟镇	5880	41019	2024	66	2683	37	2
颍上县西三十铺镇	5121	38276	5620	6	608	4	4
颍上县红星镇	5133	36074	18267	25	261	4	2

续表 184　　　　(安徽省)　　　　单位：公顷、人、个

名　　称	行政区域面积	常住人口	#城镇建成区	企业个数	企业从业人员	工业企业个数	#规模以上
颍上县十八里铺镇	5739	44691	8136	167	1942	52	4
颍上县鲁口镇	5900	26234	5317	40	2670	4	
颍上县古城镇	5592	41241	3928	88	6640	47	4
颍上县建颍乡	8100	67166		57	1303	19	3
颍上县五十铺乡	6250	39633		46	915	26	6
颍上县盛堂乡	5291	38387		7	118	6	2
颍上县关屯乡	5900	29100		40	800	10	1
颍上县垂岗乡	2670	19604		28	239	10	1
颍上县赛涧回族乡	4852	22966		3	115	1	1
颍上县刘集乡	7250	58297		36	481	15	4
颍上县黄坝乡	5400	36589					
阜阳合肥现代产业园区袁集镇	4193	45311	4987	60	1242	54	
界首市光武镇	4640	60377	14921	142	9122	139	67
界首市泉阳镇	5052	39438	18120	98	3126	18	3
界首市芦村镇	3504	28778	3726	14	241	4	
界首市新马集镇	3960	34765	3487	28	585	15	7
界首市大黄镇	3360	39897	10892	31	2626	28	11
界首市田营镇	2900	32630	4985	37	10246	29	18
界首市陶庙镇	5602	49950	6661	47	1695	46	9
界首市王集镇	5244	48676	4670	10	312	7	3
界首市砖集镇	4100	39391	2000	18	750	13	
界首市顾集镇	4544	36593	4499	51	260		
界首市代桥镇	3447	28646	3518	2	78		
界首市舒庄镇	3389	31427	3664	10	106	6	
界首市邴集乡	3374	29802	29802	9	60	3	
界首市靳寨乡	2100	24236	2653	59	1538	40	19
界首市任寨乡	2920	24708		13	92	6	
埇桥区符离镇	14011	95378	41596	453	12319	179	59
埇桥区芦岭镇	13000	73219	48237	183	4648	93	10
埇桥区朱仙庄镇	12800	71286	31987	103	2928	96	56
埇桥区褚兰镇	13042	48579	4248	165	3512	31	9
埇桥区曹村镇	14094	54335	13024	295	9263	52	33
埇桥区夹沟镇	17800	64357	8932	229	1918	33	16
埇桥区栏杆镇	13700	74010	5930	238	2025	37	4
埇桥区时村镇	12100	48989	11856	178	1587	42	8
埇桥区永安镇	11967	57224	5338	218	2567	32	9
埇桥区灰古镇	6700	33689	4425	275	4188	38	6
埇桥区大店镇	17100	58595	20285	511	2881	46	7
埇桥区大泽乡镇	11940	60026	7217	77	4121	67	7
埇桥区桃园镇	9000	39297	11420	89	3700	82	18
埇桥区蕲县镇	10100	79637	79637	451	25148	208	18
埇桥区大营镇	9642	44450	9557	138	2505	13	5
埇桥区杨庄乡	7685	35564		46	682	26	11
埇桥区支河乡	7391	36976		63	3325	56	8
埇桥区解集乡	12912	58627		107	668	15	3
埇桥区桃沟乡	6257	36203		14	256	8	5
埇桥区顺河乡	8200	43725	7588	238	3896	197	24
埇桥区永镇乡	8700	30624		137	1562	11	4
埇桥区西二铺乡	3700	21305		43	1369	33	5
埇桥区北杨寨乡	10200	56317		261	2152	42	1

续表 185　　　　　　　　　　　　(安徽省)　　　　　　　　　　　　单位：公顷、人、个

名　　称	行政区域面积	常住人口	#城镇建成区	企业个数	企业从业人员	工业企业个数	#规模以上
宿州马鞍山现代产业园区苗安乡	9430	29147		62	317	25	1
宿州马鞍山现代产业园区蒿沟乡	5100	29832		39	1390	7	2
砀山县砀城镇	10762	196288	156921	2106	28382	425	24
砀山县赵屯镇	7494	56114	5141	192	1124	16	9
砀山县李庄镇	5800	51055	7680	280	5944	61	1
砀山县唐寨镇	9505	75341	4650	305	1555	79	9
砀山县葛集镇	8502	57256	5978	30	330	7	5
砀山县周寨镇	12000	73627	4226	223	11855	178	16
砀山县玄庙镇	14650	93766	3816	336	4700	125	7
砀山县官庄坝镇	7982	52829	498	220	1973	41	17
砀山县曹庄镇	5395	33834	4730	145	1352	43	5
砀山县关帝庙镇	8310	55059	6714	274	4662	38	12
砀山县朱楼镇	5306	41886	6252	85	2136	5	5
砀山县良梨镇	6783	56011	5865	227	10495	35	5
砀山县程庄镇	7100	60226	1230	132	1438	42	1
萧县龙城镇	10500	146146	113809	3726	25150	339	10
萧县黄口镇	9200	102500	30090	142	16430	22	10
萧县杨楼镇	10500	73544	18100	39	1108	30	7
萧县闫集镇	6684	25360	2453	48	342	10	3
萧县新庄镇	11400	72867	4618	23	296	13	4
萧县刘套镇	6900	40321	6124	98	866	33	2
萧县马井镇	9000	74331	5491	61	330	33	5
萧县大屯镇	8632	56223	8790	58	1009	28	4
萧县赵庄镇	8342	43160	7709	105	2800	21	4
萧县杜楼镇	9925	67633	9228	148	3706	58	8
萧县丁里镇	4195	39574	6662	96	2235	51	5
萧县王寨镇	10360	59619	5320	8	119	6	6
萧县祖楼镇	5320	42550	1677	38	1488	6	5
萧县青龙集镇	3598	23809	5421	9	127	5	3
萧县张庄寨镇	11371	77440	9477	258	1800	35	10
萧县永堌镇	6100	23465	4328	48	2475	36	15
萧县白土镇	5856	27611	4285	17	225	9	4
萧县官桥镇	5997	19949	1610	36	210	22	6
萧县圣泉乡	12100	72040	4968	83	2920	20	7
萧县酒店乡	8400	60299	4696	36	813	32	2
萧县孙圩子乡	7200	42103		23	562	16	9
萧县庄里乡	8700	29180	17465	1	5		
萧县石林乡	3330	21420		5	63	3	2
灵璧县灵城镇	10975	112854	76318	3334	61458	139	12
灵璧县韦集镇	13650	42112	7425	51	530	26	4
灵璧县黄湾镇	13686	50910	4230	136	685	21	1
灵璧县娄庄镇	22867	79944	5134	34	2235	19	9
灵璧县杨疃镇	15700	77471	11971	121	3031	22	6
灵璧县尹集镇	10895	77529	17008	42	3120	12	7
灵璧县浍沟镇	7950	48918	8344	115	908	18	4
灵璧县游集镇	8121	49120	4500	65	1570	37	9
灵璧县下楼镇	12936	68922	10231	52	1460	36	16
灵璧县朝阳镇	13769	74202	17315	57	2124	35	6
灵璧县渔沟镇	11314	63167	11448	173	1269	29	15
灵璧县高楼镇	9023	69227	9843	73	4120	26	3

续表 186　　(安徽省)　　单位：公顷、人、个

名　　称	行政区域面积	常住人口	#城镇建成区	企业个数	企业从业人员	工业企业个数	#规模以上
灵璧县冯庙镇	10905	79718	20067	173	2973	26	12
灵璧县向阳乡	11495	42636		37	4877	14	3
灵璧县朱集乡	7508	36433		19	288	14	6
灵璧县大路乡	5356	39961		32	562	23	3
灵璧县大庙乡	6488	44445	7243	203	2835	32	7
灵璧县禅堂乡	9531	43682		244	6715	21	5
灵璧县虞姬乡	8278	46774		230	3800	95	11
泗县泗城镇	8250	97165	78047	974	12678	96	19
泗县墩集镇	9466	29786	3214	4	62	3	
泗县丁湖镇	14700	59970	6988	8	235	3	3
泗县草沟镇	16000	89103	14206	90	2050	51	8
泗县长沟镇	12851	50198	5115	28	1528	23	13
泗县黄圩镇	9286	64871	5500	137	6230	82	18
泗县大庄镇	9781	66878	10716	98	3054	42	15
泗县山头镇	9324	70459	4850	140	1355	107	5
泗县刘圩镇	8250	51384	12500	17	1520	13	11
泗县黑塔镇	19290	83552	3319	415	2152	155	3
泗县草庙镇	6638	19516	4485	70	352	2	2
泗县屏山镇	18317	67165	21587	10	289	8	4
泗县大路口乡	8218	45178		54	2673	38	8
泗县大杨乡	7407	42620		8	300	7	1
泗县瓦坊乡	10276	58374		20	120	12	4
金安区木厂镇	5830	37752	37752	51	741	23	2
金安区马头镇	5228	35805	4010	19	525	15	3
金安区东桥镇	10425	39183	4500	17	405	10	2
金安区张店镇	14400	50336	50336	34	180	2	2
金安区毛坦厂镇	6286	53368	45000	16	690	2	2
金安区东河口镇	16050	33002	3366	62	1450	6	1
金安区双河镇	8950	30723	6931	112	2600	27	5
金安区施桥镇	11600	55016	55016	56	1090	4	
金安区孙岗镇	13600	50942	7204	62	4368	30	6
金安区三十铺镇	12211	76135	38758	465	8594	163	48
金安区椿树镇	10800	28595	3425	45	842	6	3
金安区城北乡	7280	32555	6618	397	7658	110	20
金安区翁墩乡	6067	24492	2656	54	1860	45	1
金安区淠东乡	4100	25326		14	134	6	
金安区中店乡	9125	30046		2	310		
金安区横塘岗乡	8795	19835	3200	6	120	1	
金安区先生店乡	5022	24733		48	968	21	6
裕安区苏埠镇	6800	69217	21515	598	15030	97	11
裕安区韩摆渡镇	4980	39717	5486	40	378	15	
裕安区新安镇	7400	72101	7300	86	1808	28	12
裕安区顺河镇	10150	36038	36038	45	665	16	5
裕安区独山镇	18600	68789	59680	83	462	17	2
裕安区石婆店镇	15230	34896	3068	47	535	9	
裕安区城南镇	6500	69885	64028	389	2600	23	9
裕安区丁集镇	9950	48960	12270	161	810	25	2
裕安区固镇镇	8900	32202	4197	119	2304		
裕安区徐集镇	6331	29374	29374	208	1545	27	2
裕安区分路口镇	11348	50863	14921	85	5328	28	12

续表 187 （安徽省） 单位：公顷、人、个

名称	行政区域面积	常住人口	#城镇建成区	企业个数	企业从业人员	工业企业个数	#规模以上
裕安区江家店镇	11927	38325	38325	78	503	18	4
裕安区单王乡	9100	37728		27	310	24	
裕安区青山乡	12410	43119	8471	36	215	15	4
裕安区石板冲乡	5144	22143	22143	24	142	3	
裕安区西河口乡	13386	20983		23	256	6	3
裕安区平桥乡	5000	75160		358	7125	116	20
裕安区罗集乡	11333	26851	26851	5	432	1	1
裕安区狮子岗乡	11960	24949	9826	43	357	17	4
叶集区叶集镇镇区办事处	3330	71813		389	13562	105	38
叶集区三元镇	8900	20376	768	51	1567	21	3
霍邱县洪集镇	10266	34060	5360	26	1320	3	1
霍邱县姚李镇	14419	80015	80005	153	4100	95	10
叶集区孙岗乡	12800	42256		106	10056	56	29
霍邱县城关镇	5584	111771	102368	1836	59365	52	15
霍邱县河口镇	4941	21781	4785	40	412	23	2
霍邱县周集镇	10220	69333	16992	1299	16787	196	8
霍邱县临水镇	8811	65807	21000	220	2270	41	5
霍邱县新店镇	12951	64432	11363	52	3243	17	5
霍邱县石店镇	12054	57055	12350	139	5635	45	9
霍邱县马店镇	7811	28499	14010	167	2382	22	6
霍邱县孟集镇	14654	50498	4785	309	1821	21	3
霍邱县花园镇	10494	39063	4092	139	3298	68	2
霍邱县扈胡镇	16009	48194	9871	169	5012	59	7
霍邱县长集镇	7174	28143	6641	232	6566	25	4
霍邱县乌龙镇	10488	37638	6481	18	152	8	3
霍邱县高塘镇	12800	50148	12116	466	3700	162	3
霍邱县龙潭镇	8394	35215	4932	40	867	26	6
霍邱县岔路镇	8277	18732	4700	44	452	8	2
霍邱县冯井镇	9956	43971	4103	251	2941	23	2
霍邱县众兴集镇	9800	38685	3765	36	1000	11	4
霍邱县夏店镇	8736	29982	1861	399	2068	182	3
霍邱县曹庙镇	7762	21162	3641	132	1256	53	3
霍邱县范桥镇	6830	25790	8720	145	5625	63	4
霍邱县潘集镇	10670	56044	4388	151	1832	27	3
霍邱县彭塔乡	9208	37564		326	2832	12	3
霍邱县王截流乡	7915	40681		8	86	4	1
霍邱县临淮岗乡	12325	49357		146	9954	6	1
霍邱县城西湖乡	9066	50704		56	1265	14	6
霍邱县宋店乡	10821	40278		96	628	12	3
霍邱县三流乡	10200	28497		27	357		
霍邱县邵岗乡	8083	28611		105	525	2	2
霍邱县白莲乡	9420	33797		16	82	1	1
霍邱县冯瓴乡	9928	45272		23	235	1	1
舒城县城关镇	11170	173014	133538	968	41473	239	36
舒城县晓天镇	31069	21000	6340	102	650	34	
舒城县桃溪镇	5780	21395	3100	121	3680	20	3
舒城县万佛湖镇	11006	37818	13214	120	1714	42	
舒城县千人桥镇	7618	39350	15234	76	2100	35	6
舒城县百神庙镇	6644	30172	3820	58	6450	30	1
舒城县杭埠镇	8000	51905	14978	226	13982	106	29

续表 188　　(安徽省)　　单位：公顷、人、个

名　　称	行政区域面　　积	常住人口	#城镇建成区	企业个数	企　　业从业人员	工业企业个　　数	#规模以上
舒城县舒茶镇	7480	26170	3564	34	1783	12	2
舒城县南港镇	12626	39854	12491	152	3395	78	6
舒城县干汊河镇	8057	44048	5915	133	8159	88	6
舒城县张母桥镇	6250	21816	4800	24	524	20	3
舒城县五显镇	9811	23925	1785	118	2527	41	2
舒城县山七镇	13430	15965	1780	16	525	6	
舒城县河棚镇	7278	20570	3860	54	500	15	
舒城县汤池镇	15800	46365	3879	145	2453	16	1
舒城县春秋乡	6970	18890		18	165	5	
舒城县柏林乡	8990	41038		54	2043	37	3
舒城县棠树乡	7823	27086		67	3527	22	2
舒城县阙店乡	6050	22963		10	160	1	
舒城县高峰乡	8338	26975		52	436	30	
舒城县庐镇乡	13000	17277		35	850	23	
金寨县梅山镇	28061	128210	66205	1350	14586	88	3
金寨县麻埠镇	13479	14961	3585	536	4527	235	3
金寨县青山镇	16440	20954	5339	224	1728	6	3
金寨县燕子河镇	30940	32147	4085	49	846	13	2
金寨县天堂寨镇	21436	17240	3512	426	2215		
金寨县古碑镇	22159	42216	15120	47	1200	38	2
金寨县吴家店镇	21639	26279	8034	513	2625	29	
金寨县斑竹园镇	14810	23535	5911	228	3850	14	2
金寨县汤家汇镇	26850	35379	12100	238	1200	2	1
金寨县南溪镇	20500	46825	3483	40	850	21	3
金寨县双河镇	11200	20637	7500	200	1200	20	2
金寨县白塔畈镇	11400	37475	3641	73	6520	9	1
金寨县张冲乡	10200	11274		200	465	58	1
金寨县油坊店乡	19800	27765	27765	62	311	45	2
金寨县长岭乡	12943	15908	500	19	200	5	1
金寨县槐树湾乡	11935	20234	1616	7	43	1	
金寨县花石乡	9566	11783	4020	7	262	2	1
金寨县沙河乡	16250	14900	2000	40	210		
金寨县桃岭乡	12069	20373	4126	11	68	10	1
金寨县果子园乡	8430	10208	5000	12	200	6	2
金寨县关庙乡	16780	7654		18	146	8	1
金寨县全军乡	10800	8573		35	1450	3	2
金寨县铁冲乡	10400	12007	12007	26	130	1	
霍山县衡山镇	9301	77093	70836	896	8355	158	28
霍山县佛子岭镇	12700	14588	5410	52	1825	15	1
霍山县下符桥镇	7020	15631	1750	50	1003	17	3
霍山县但家庙镇	7200	12782	2001	51	1981	20	5
霍山县与儿街镇	16000	30932	3567	176	3961	43	10
霍山县黑石渡镇	10473	19787	5936	85	2663	40	7
霍山县诸佛庵镇	17940	26982	10759	113	6015	64	12
霍山县落儿岭镇	6130	7500	1020	109	1064	42	8
霍山县磨子潭镇	18173	10682	2823	53	628	20	1
霍山县大化坪镇	23090	18625	2860	102	650	60	3
霍山县漫水河镇	16900	16651	1570	11	80		
霍山县上土市镇	10440	13764	2110	49	750	10	
霍山县单龙寺镇	13693	11870	360	15	82	1	

续表 189　　　　(安徽省)　　　　单位：公顷、人、个

名　　称	行政区域面　　积	常住人口	#城镇建成区	企业个数	企　　业从业人员	工业企业个　　数	#规模以上
霍山县东西溪乡	9830	9276		22	165	8	
霍山县太平畈乡	8660	11765		2	135	1	1
霍山县太阳乡	10600	6858		29	185		
谯城区古井镇	11254	77434	67434	218	16561	175	28
谯城区芦庙镇	6909	40975	3580	72	496	9	
谯城区华佗镇	4181	45326	3580	29	1266	23	4
谯城区魏岗镇	6313	55730	4000	45	2800	45	13
谯城区牛集镇	10663	61253	6800	260	4820	42	
谯城区颜集镇	8370	55249	3850	15	562	15	5
谯城区五马镇	7300	35986	4960	32	1860	22	6
谯城区十八里镇	8530	62595	4150	108	27300	22	5
谯城区谯东镇	5900	62965	7210	153	780	7	1
谯城区十九里镇	3175	37677	14020	394	9650	165	21
谯城区沙土镇	10100	54339	4660	220	1200	12	
谯城区观堂镇	8500	70025	7300	37	2000	20	2
谯城区大杨镇	11950	80123	7621	56	2360	39	6
谯城区城父镇	7200	63688	6472	47	1135	20	2
谯城区十河镇	11500	67644	8607	65	3806	29	9
谯城区双沟镇	18000	100801	17520	190	2500	95	6
谯城区淝河镇	8900	43120	6987	230	1262	4	3
谯城区古城镇	8900	53059	14518	20	650	16	2
谯城区龙杨镇	9420	66066	4260	38	196	13	
谯城区立德镇	8703	51949	4652	21	412	20	
谯城区张店乡	5400	42920	3512	55	6785	48	5
谯城区赵桥乡	10273	56294	1922	58	620	4	2
涡阳县西阳镇	6159	35344	12296	550	3980	42	8
涡阳县涡南镇	9850	62339	4042	312	920	140	5
涡阳县楚店镇	7700	52234	14696	126	1665	79	13
涡阳县高公镇	5770	34055	8881	248	1485	45	4
涡阳县高炉镇	12483	72397	18365	145	3987	122	17
涡阳县曹市镇	13056	72655	13768	332	3703	86	4
涡阳县青町镇	13830	77018	8216	156	2394	135	9
涡阳县石弓镇	7987	56925	6582	452	3582	125	8
涡阳县龙山镇	11027	60769	9562	98	513	32	10
涡阳县义门镇	7954	76916	15256	268	2568	128	9
涡阳县新兴镇	12008	63631	4729	185	2775	148	6
涡阳县临湖镇	10188	52934	22105	45	1883	10	7
涡阳县丹城镇	10463	66039	6320	165	3236	132	6
涡阳县马店集镇	8473	44536	2056	52	1458	32	3
涡阳县花沟镇	8333	54736	5242	245	4310	35	8
涡阳县店集镇	5065	40878	3384	76	3860	29	7
涡阳县陈大镇	6888	60341	3464	29	2085	28	8
涡阳县牌坊镇	15411	86066	4822	101	2648	50	12
涡阳县公吉寺镇	6610	56642	4015	79	1520	61	7
涡阳县标里镇	9090	58670	5980	82	2560	45	2
蒙城县城关镇	1370	113974	113974	1012	5816	36	7
蒙城县双涧镇	14400	91884	17676	805	9660	212	17
蒙城县小涧镇	10654	68426	6000	297	2005	116	3
蒙城县坛城镇	13110	76143	5471	1843	10068	1347	12
蒙城县许疃镇	12800	67974	23455	315	5182	65	6

续表 190　　(安徽省)　　单位：公顷、人、个

名　　称	行政区域面　　积	常住人口	#城镇建成区	企业个数	企　　业从业人员	工业企业个　　数	#规模以上
蒙城县板桥集镇	13730	78512	8371	2392	15379	96	14
蒙城县马集镇	10340	74683	7943	458	2520	78	10
蒙城县岳坊镇	9859	58744	13860	315	10550	238	6
蒙城县立仓镇	20201	105899	2950	153	1012	24	3
蒙城县楚村镇	17200	91324	6754	264	3548	136	6
蒙城县乐土镇	18331	96057	6990	275	5862	41	11
蒙城县三义镇	11700	69708	6188	204	1395	11	
蒙城县篱笆镇	10300	64260	4820	88	460	17	4
蒙城县王集乡	13800	71743	8361	550	2761	7	5
蒙城县小辛集乡	12767	72485	6168	89	1426	52	4
利辛县城关镇	12247	258901	172035	3237	40877	321	16
利辛县阚疃镇	11870	88673	34512	147	1572	36	8
利辛县张村镇	9640	61363	31312	161	1523	45	7
利辛县江集镇	9636	63858	8088	257	2056	31	2
利辛县旧城镇	6820	55003	7865	43	315	35	1
利辛县西潘楼镇	7294	51650	12466	147	2750	46	11
利辛县孙集镇	6500	42097	7762	105	945	28	1
利辛县汝集镇	10035	55946	6125	62	925	15	2
利辛县巩店镇	9840	73839	4633	208	3620	28	5
利辛县王人镇	7728	59810	10977	35	1475	29	5
利辛县王市镇	7114	49978	6750	60	355	6	3
利辛县永兴镇	6663	47080	5060	279	1196	16	2
利辛县马店孜镇	8876	73447	9723	42	886	16	3
利辛县大李集镇	5367	53993	5210	42	410	15	1
利辛县胡集镇	11180	70520	13126	159	1523	9	4
利辛县展沟镇	5411	25002	3152	28	420	10	3
利辛县程家集镇	8720	47724	3307	218	1091	36	8
利辛县中疃镇	9831	60308	4850	763	4516	49	5
利辛县望疃镇	15994	89226	8085	28	858	23	3
利辛县城北镇	6686	48905	5331	74	721	30	9
利辛县纪王场乡	7199	47561		11	151	11	2
利辛县孙庙乡	6450	50261	4085	28	640	12	
利辛县新张集乡	7030	47086	5188	134	985	27	4
贵池区殷汇镇	17095	43820	13820	220	3740	24	2
贵池区牛头山镇	11300	40930	21804	80	510	57	2
贵池区涓桥镇	15912	33087	1380	243	3980	82	13
贵池区梅街镇	26400	20400	2458	171	1578	48	11
贵池区梅村镇	24670	23693	3950	185	4954	181	5
贵池区唐田镇	13772	20388	4890	160	1680	20	5
贵池区牌楼镇	10646	23207	1600	35	1150	26	5
贵池区乌沙镇	9067	46156	6101	156	4152	126	6
贵池区棠溪镇	25100	10193	1527	35	920	25	8
东至县尧渡镇	41763	108759	63016	1315	17852	173	19
东至县东流镇	13057	31689	14192	250	4730	51	21
东至县大渡口镇	10017	73456	14488	220	12362	165	29
东至县胜利镇	13058	50690	16604	50	2000	35	13
东至县张溪镇	25490	59654	2855	31	1568	9	7
东至县洋湖镇	17966	32813	6320	99	565	26	7
东至县葛公镇	25149	15349	4000	22	490	12	5
东至县香隅镇	22703	31106	21356	73	1644	45	4

续表 191 （安徽省） 单位：公顷、人、个

名　　称	行政区域面　　积	常住人口	#城镇建成区	企业个数	企　　业从业人员	工业企业个　　数	#规模以上
东至县官港镇	24363	23726	2866	109	550	20	1
东至县昭潭镇	16393	20200	11877	110	3000	12	3
东至县泥溪镇	18330	23536	5969	74	1887	41	3
东至县花园乡	24975	10934	1378	25	462	18	3
东至县木塔乡	24024	13450	2710	45	502	31	5
东至县青山乡	10260	16724	4800	58	2700	30	7
石台县仁里镇	18900	32497	13969	360	2729	94	9
石台县七都镇	34500	15533	3460	44	296	35	1
石台县仙寓镇	23900	13970	1830	71	730	20	1
石台县丁香镇	11280	6835	2671	48	736	18	2
石台县小河镇	13400	20091	2610	36	750	17	5
石台县横渡镇	17400	9312	1758	5	84		
石台县大演乡	14400	6744	510	39	315	16	1
石台县矶滩乡	9670	4022	510	105	560		
青阳县蓉城镇	11931	89028	89028	856	5623	201	4
青阳县木镇镇	10831	18375	3541	172	5049	123	24
青阳县庙前镇	5882	20794	20794	138	5832	19	1
青阳县陵阳镇	21385	21617	6540	142	2020	69	4
青阳县新河镇	11135	14426	3782	89	2451	55	22
青阳县丁桥镇	9420	15464	1476	92	2960	70	22
青阳县朱备镇	7000	8824	1694	101	693	3	1
青阳县杨田镇	10800	19351	826	69	682	61	4
青阳县九华镇	1310	4700	4700	59	920		
青阳县西华镇	11770	11023	275	61	1147	48	24
青阳县乔木乡	5461	9252		54	1176	34	9
青阳县杜村乡	8403	19469		26	376	12	3
青阳县九华乡	4903	12965	3576	39	1408	11	
宣州区水阳镇	15195	90086	27208	207	7245	60	11
宣州区狸桥镇	22800	62677	11824	295	7022	208	20
宣州区沈村镇	11599	36273	5769	45	1053	23	5
宣州区古泉镇	8545	23873	3134	104	1992	57	4
宣州区洪林镇	14103	34185	7121	49	1598	27	13
宣州区寒亭镇	8248	17160	5056	79	1950	48	12
宣州区文昌镇	3740	17822	4252	18	4730	12	4
宣州区孙埠镇	11440	51613	16132	107	6875	81	17
宣州区杨柳镇	15746	27184	6240	40	824	36	4
宣州区水东镇	10842	33733	9098	199	4869	65	10
宣州区新田镇	9640	14483	3650	63	560	16	3
宣州区周王镇	10780	12229	3200	33	648	26	2
宣州区溪口镇	18857	22405	4418	23	608	10	3
宣州区朱桥乡	5847	20688		26	481	22	4
宣州区养贤乡	11843	42716		108	1309	21	4
宣州区五星乡	4464	21910		25	725	19	1
宣州区黄渡乡	14800	28233		54	1206	33	10
郎溪县建平镇	18423	148540	92105	807	15781	32	11
郎溪县十字镇	18927	42171	14328	236	5960	134	35
郎溪县新发镇	8670	27051	9360	206	3031	93	20
郎溪县涛城镇	10109	19112	10121	201	2059	91	20
郎溪县梅渚镇	7297	29805	5000	120	3800	85	48
郎溪县毕桥镇	5976	19436	3286	55	863	42	3

续表 192　　(安徽省)　　单位：公顷、人、个

名　称	行政区域面积	常住人口	#城镇建成区	企业个数	企业从业人员	工业企业个数	#规模以上
郎溪县飞鲤镇	13500	35980	1013	91	1057	52	3
郎溪县凌笪乡	14500	28899		25	980	12	6
郎溪县姚村乡	10493	18312		35	521	20	1
广德县桃州镇	22400	185134	114317	3342	21434	350	15
广德县柏垫镇	25200	42407	1682	145	1998	120	7
广德县誓节镇	34200	76532	72460	216	2531	75	39
广德县邱村镇	32800	65356	23267	298	12548	236	37
广德县新杭镇	32300	70775	70775	450	25403	294	57
广德县杨滩镇	27500	47771	4446	174	2586	68	11
广德县卢村乡	21400	42973		18	653	1	1
广德县东亭乡	9800	21343		73	5327	64	11
广德县四合乡	10900	22190		55	4648	26	12
泾县泾川镇	25595	116582	94923	1123	25825	368	64
泾县茂林镇	23300	20439	2549	131	1834	19	9
泾县榔桥镇	34421	27955	3705	131	2199	55	8
泾县桃花潭镇	25247	29012	2720	261	3745	70	4
泾县琴溪镇	9312	17213	1350	98	1826	43	10
泾县蔡村镇	13636	13125	2071	82	1257	16	5
泾县云岭镇	19223	32481	1392	186	1149	168	23
泾县黄村镇	14956	23400	23400	102	1021	9	4
泾县丁家桥镇	5748	14016	4755	146	5201	103	11
泾县汀溪乡	16733	11640		91	637	4	4
泾县昌桥乡	16977	30236		96	894	34	7
绩溪县华阳镇	8700	48377	32952	288	7378	138	13
绩溪县临溪镇	9600	12595	1484	43	1359	36	8
绩溪县长安镇	12200	23521	1229	49	523	31	1
绩溪县上庄镇	7900	14975	7203	39	3287	26	2
绩溪县扬溪镇	8900	12683	1210	26	450	22	1
绩溪县伏岭镇	18300	14593	2088	32	302	15	1
绩溪县金沙镇	10800	7936	2038	13	135	7	2
绩溪县瀛洲镇	8308	6576	6576	16	508	12	2
绩溪县板桥头乡	13000	13782	3224	14	240	10	1
绩溪县家朋乡	8700	10938		16	121	13	1
绩溪县荆州乡	5234	6967	2890				
旌德县旌阳镇	10485	47949	47949	258	3680	118	19
旌德县蔡家桥镇	11875	9152	9152	238	1382	25	3
旌德县三溪镇	7008	13083	7662	55	352	27	4
旌德县庙首镇	9410	12009	4120	54	300	9	1
旌德县白地镇	9578	9835	3596	126	855	30	4
旌德县俞村镇	10783	12120	3270	11	168	11	2
旌德县兴隆镇	8440	5075	556	27	208	14	1
旌德县孙村镇	8360	9537	2556	38	860	30	3
旌德县版书镇	8460	11232	3256	68	2433	34	6
旌德县云乐乡	8070	3852	960	7	227	6	2
宁国市港口镇	9710	30463	4017	126	5294	68	31
宁国市梅林镇	18550	20995	1237	103	2896	97	26
宁国市中溪镇	20400	22626	22626	266	7500	210	35
宁国市宁墩镇	12320	13154	12599	55	3288	30	15
宁国市仙霞镇	12881	18778	3910	28	1060	10	5
宁国市甲路镇	20100	12523	12523	61	487	25	2

续表 193　　　　（安徽省、福建省）　　　　单位：公顷、人、个

名　称	行政区域面积	常住人口	#城镇建成区	企业个数	企业从业人员	工业企业个数	#规模以上
宁国市胡乐镇	18500	9917	9143	47	256	35	2
宁国市霞西镇	20400	21506	2860	9	349	8	
宁国市云梯畲族乡	5110	5125		11	273	10	
宁国市南极乡	11950	10635		42	937	28	5
宁国市万家乡	14587	10627	1652	102	588	9	
宁国市青龙乡	15140	12289	12289	65	350	8	2
宁国市方塘乡	26700	13393		25	200	10	1
福建省							
福州市鼓楼区洪山镇	1260	105058	105058	1350	87750	61	17
仓山区仓山镇	580	21240	21240	882	15683	78	23
仓山区城门镇	5400	102653	102653	2673	41057	499	73
仓山区盖山镇	3600	144234	129925	2769	63778	310	40
仓山区建新镇	2500	93526	93526	2053	53253	250	5
仓山区螺洲镇	641	16350	16350	385	4630	95	17
马尾区马尾镇	5363	47869	47869	5560	55780	651	40
马尾区亭江镇	10566	21500	6266	1001	15829	110	46
马尾区琅岐镇	8828	61164	61164	729	28441	40	
晋安区鼓山镇	5000	249600	249600	540	11300	420	80
晋安区新店镇	4700	197595	197595	1742	24611	217	43
晋安区岳峰镇	1130	64458	64458	172	21541	25	6
晋安区宦溪镇	13300	12915	1640	46	2576	17	11
晋安区寿山乡	15846	8793		76	6132	10	5
晋安区日溪乡	12434	5647	5647	22	547		
闽侯县白沙镇	17500	34917	14032	218	9885	90	13
闽侯县南屿镇	16434	89641	89641	305	8459	303	33
闽侯县尚干镇	500	18875	2766	75	4312	46	10
闽侯县祥谦镇	8940	62620	4196	616	9049	221	29
闽侯县青口镇	12700	85865	5586	505	39837	206	68
闽侯县南通镇	11200	48350	4581	321	14141	202	8
闽侯县上街镇	13916	85437	4372	2230	46117	451	10
闽侯县荆溪镇	13100	48073	6206	878	20600	318	48
闽侯县竹岐乡	22400	23969	20000	812	13923	376	16
闽侯县鸿尾乡	14864	36327		87	14135	78	23
闽侯县洋里乡	15100	23608		51	1852	13	3
闽侯县大湖乡	28200	11010		26	400	17	2
闽侯县廷坪乡	21700	10232		8	48	5	
闽侯县小箬乡	4600	10750					
连江县凤城镇	710	85988	85988	651	4280	2	2
连江县敖江镇	4154	53427	8073	155	21908	150	29
连江县东岱镇	2436	24058	11003	22	1532	3	3
连江县琯头镇	6400	35629	15301	172	1039	59	15
连江县晓澳镇	2190	32953	11098	1000	7248	59	8
连江县东湖镇	4389	18347	4501	48	3017	32	13
连江县丹阳镇	10909	27067	5594	129	1092	50	2
连江县长龙镇	4414	11371	2471	32	464	29	1
连江县透堡镇	2560	11095	6835	28	1514	12	2
连江县马鼻镇	3811	36816	16362	115	592	51	1
连江县官坂镇	3648	25201	8501	6	33	5	5
连江县筱埕镇	3400	25587	4603	72	1395	7	7
连江县黄岐镇	1384	23517	15933	176	1023	4	4

续表 194 （福建省） 单位：公顷、人、个

名称	行政区域面积	常住人口	#城镇建成区	企业个数	企业从业人员	工业企业个数	#规模以上
连江县苔菉镇	771	28601	5732	79	552	6	6
连江县浦口镇	4172	31017	14361	80	799	3	3
连江县坑园镇	2419	24917	4861	51	1566	15	5
连江县潘渡乡	14286	24675		320	6312	2	2
连江县江南乡	7040	26781		135	894	86	3
连江县蓼沿乡	15914	24553		30	1350	5	1
连江县安凯乡	2950	17639		19	1635	3	3
连江县下宫乡	3380	15286		80	986	15	4
连江县小沧畲族乡	5840	3348		6	47	3	
罗源县凤山镇	3276	81360	5171	708	19235	53	11
罗源县松山镇	11725	29741	1523	288	4805	40	1
罗源县起步镇	7268	22412	3028	79	4765	48	9
罗源县中房镇	13210	9910	4422	81	904	38	2
罗源县飞竹镇	12107	7248	2148	24	415	15	3
罗源县鉴江镇	6720	7320	4903	9	232	5	3
罗源县白塔乡	7143	8796		15	285	4	3
罗源县洪洋乡	7046	9878		27	287	9	1
罗源县西兰乡	7838	10125		94	2568	11	2
罗源县霍口畲族乡	19756	8475		48	328	5	
罗源县碧里乡	10008	15739		68	1725	13	1
闽清县梅城镇	1200	41949	2976	336	5280	59	7
闽清县梅溪镇	13482	28421	1520	105	2037	43	6
闽清县白樟镇	9100	15789	2103	116	3200	73	26
闽清县金沙镇	16500	13236	3253	75	1386	47	5
闽清县白中镇	4300	19987	5732	143	7850	55	23
闽清县池园镇	10200	24693	24500	188	15840	133	14
闽清县坂东镇	6100	42300	7051	368	8982	66	5
闽清县塔庄镇	7200	19393	1835	85	2765	46	1
闽清县省璜镇	10200	11532	3138	40	313	23	
闽清县雄江镇	11100	5759	1551	18	578	10	2
闽清县东桥镇	18734	16450	1780	166	1369	39	3
闽清县云龙乡	4400	10962	10962	247	3465	41	14
闽清县上莲乡	11666	11820		35	532	35	1
闽清县三溪乡	4600	6688		22	168	12	
闽清县桔林乡	10800	3491		109	1281	12	
闽清县下祝乡	8858	12078	1356	25	225	5	1
永泰县樟城镇	504	37580	6176	1076	8635	117	2
永泰县嵩口镇	24680	19817	9298	90	707	89	1
永泰县梧桐镇	17192	38040	1681	6	125	1	1
永泰县葛岭镇	23743	16749	10008	22	345	10	4
永泰县城峰镇	7870	38987	8647	542	4678	125	9
永泰县清凉镇	10502	9805	1783	61	1402	28	2
永泰县长庆镇	16059	10298	2586	31	342	30	5
永泰县同安镇	13609	17200	1310	70	2332	65	1
永泰县大洋镇	10479	23784	3918	28	6932	8	1
永泰县塘前乡	8943	3428		13	889	13	6
永泰县富泉乡	6379	4468		9	430	8	1
永泰县岭路乡	11480	7750		12	500	3	
永泰县赤锡乡	10240	9298	9298	35	693	5	3
永泰县洑口乡	13300	7559		97	897	47	1

续表 195　　(福建省)　　单位：公顷、人、个

名　　称	行政区域面　　积	常住人口	#城镇建成区	企业个数	企　　业从业人员	工业企业个　　数	#规模以上
永泰县盖洋乡	11338	5500		23	130	11	
永泰县东洋乡	4960	4211		26	453	26	1
永泰县霞拔乡	5946	8508		4	750	3	
永泰县盘谷乡	2627	9894		9	1670	1	1
永泰县红星乡	4615	4010		17	6686	1	1
永泰县白云乡	10111	7820		2	210		
永泰县丹云乡	5786	2198		4	102	1	
平潭县潭城镇	1300	143756	142100	2670	23490	20	4
平潭县苏澳镇	1672	40125	2995	14	2052	9	2
平潭县流水镇	4200	44921	5771	57	2162	36	2
平潭县澳前镇	2897	50680	2256	43	218	8	
平潭县北厝镇	4540	22038	1232	5	1875	1	1
平潭县平原镇	2368	14889	1413	47	368	3	
平潭县敖东镇	2314	36326	1110	4	66	1	
平潭县白青乡	924	12101		3	18		
平潭县屿头乡	990	17615					
平潭县大练乡	1270	3096		2	13	2	
平潭县芦洋乡	3086	4676		30	532		
平潭县中楼乡	2489	25506		178	890	35	1
平潭县东庠乡	480	4522					
平潭县岚城乡	3500	27256		26	1865	8	
平潭县南海乡	1090	6798					
福清市海口镇	5264	58215	30522	462	37050	72	20
福清市城头镇	7701	61821	20493	315	9880	78	39
福清市南岭镇	3400	1968	365				
福清市龙田镇	11765	140550	68875	972	23202	113	23
福清市江镜镇	5816	90461	19680	1541	23160	385	2
福清市港头镇	5105	69222	30928	248	3421	40	3
福清市高山镇	4508	73968	17946	510	3821	31	3
福清市沙埔镇	5492	51002	3340	130	2132	16	2
福清市三山镇	15246	123966	10524	755	13680	368	4
福清市东瀚镇	7000	39740	8273	128	1300	20	
福清市渔溪镇	11530	52062	14828	476	8288	121	16
福清市上迳镇	5277	33720	5775	150	2700	12	12
福清市新厝镇	7365	22350	5259	42	3250	32	15
福清市江阴镇	13875	82342	14891	513	26753	93	29
福清市东张镇	12850	33111	12137	24	628	11	2
福清市镜洋镇	8345	27113	11580	305	11895	120	41
福清市一都镇	11078	12280	2815	5	40		
长乐市首占镇	3258	28238	28238	33	880	5	3
长乐市玉田镇	5470	35339	9805	43	482	12	5
长乐市松下镇	5500	25728	9080	262	8353	223	38
长乐市江田镇	8850	63572	15980	268	13750	157	20
长乐市古槐镇	5319	46041	15089	416	6359	176	19
长乐市文武砂镇	3204	23098	2678	207	6000	55	18
长乐市鹤上镇	3662	43310	15384	188	9220	171	24
长乐市湖南镇	3200	34573	4696	150	11642	70	32
长乐市金峰镇	3000	70330	70330	786	22330	362	66
长乐市文岭镇	3300	31944	4294	246	8568	164	26
长乐市梅花镇	1600	13318	13318	42	1610	28	8

续表 196 （福建省） 单位：公顷、人、个

名　　称	行政区域面积	常住人口	#城镇建成区	企业个数	企业从业人员	工业企业个数	#规模以上
长乐市潭头镇	4200	43434	8283	128	4593	98	31
长乐市罗联乡	2053	7056		71	617	9	2
长乐市猴屿乡	2200	2298		46	632		
集美区灌口镇	7020	135785	49875	3006	64328	992	118
集美区后溪镇	4400	57620	56620	2130	26600	519	48
同安区莲花镇	18210	38096	9233	615	3800	203	11
同安区新民镇	5268	116364	89016	3756	42928	2357	206
同安区洪塘镇	3570	41987	2260	858	7760	300	44
同安区西柯镇	3984	72719	62522	3311	44012	1963	69
同安区汀溪镇	12947	19571	2871	508	1991	75	4
同安区五显镇	7496	46507	3574	637	5411	228	13
翔安区马巷镇	6687	247400	32825	3200	91745	711	50
翔安区新圩镇	7984	46475	5934	230	5794	181	17
翔安区新店镇	11829	117608	10606	4830	72016	267	5
翔安区内厝镇	6994	45210	4837	273	7105	208	18
城厢区常太镇	19021	23098	1985	168	843	12	
城厢区华亭镇	12895	99731	22915	3358	22117	2967	94
城厢区灵川镇	6643	48510	11484	389	5089	258	29
城厢区东海镇	4586	49768	28623	246	7781	157	28
涵江区三江口镇	2383	63235	4262	479	43110	202	53
涵江区白塘镇	1818	50482	3184	606	29350	244	31
涵江区国欢镇	1590	49131	2283	792	27423	272	37
涵江区梧塘镇	3034	44381	6101	390	25400	201	52
涵江区江口镇	7497	89464	12060	318	13418	259	83
涵江区萩芦镇	8570	20790	4623	132	874	18	5
涵江区白沙镇	7457	12195	2415	117	598	12	
涵江区庄边镇	16628	11772	2030	74	1015	3	
涵江区新县镇	13203	10150	2780	6	30	5	
涵江区大洋乡	11671	8892		68	368	3	
荔城区西天尾镇	6135	53441	24400	1143	11550	208	74
荔城区黄石镇	6152	154035	29556	2042	52358	780	71
荔城区新度镇	5846	103625	103625	1466	58260	280	27
荔城区北高镇	7117	79145	11492	936	41855	98	18
秀屿区笏石镇	6867	114234	46845	1278	42505	312	40
秀屿区东庄镇	6200	48210	32621	28	165	20	10
秀屿区忠门镇	3150	19800	15410	632	4952	15	2
秀屿区东埔镇	2600	23124	4652	64	1624	10	3
秀屿区东峤镇	8185	123104	21537	887	18356	793	156
秀屿区埭头镇	10554	140625	13144	392	2618	69	14
秀屿区平海镇	6977	88012	8345	142	1905	63	15
秀屿区南日镇	5800	55102	4965	152	1510	119	9
秀屿区湄洲镇	1378	34116	4294	30	1595	10	
秀屿区山亭镇	4385	38453	16741	160	5736	12	
秀屿区月塘镇	3600	28433	9415	25	2733	11	11
仙游县枫亭镇	9412	98896	76886	211	22156	147	56
仙游县榜头镇	13311	134844	87031	1206	19901	362	116
仙游县郊尾镇	6024	66918	14282	372	9512	82	22
仙游县度尾镇	11480	64044	18412	516	5264	76	10
仙游县鲤南镇	4282	67860	43847	1217	17403	122	34
仙游县赖店镇	8008	52971	27412	336	7126	48	11

续表 197　　　　（福建省）　　　　单位：公顷、人、个

名　称	行政区域面积	常住人口	#城镇建成区	企业个数	企业从业人员	工业企业个数	#规模以上
仙游县盖尾镇	7026	67789	4352	261	15874	53	9
仙游县园庄镇	8252	35925	4320	99	1101	11	1
仙游县大济镇	11544	67186	27937	352	5028	47	11
仙游县龙华镇	6047	45145	21036	171	3546	36	7
仙游县钟山镇	13461	13600	1250	172	2738	6	1
仙游县游洋镇	17903	17316	2963	98	986	13	
仙游县西苑乡	30626	6605		52	900	17	1
仙游县石苍乡	13837	3426		1	5	1	
仙游县社硎乡	7750	2250		5	25	5	1
仙游县书峰乡	3938	6756		50	1000	1	
仙游县菜溪乡	7903	5100		30	390	3	
梅列区陈大镇	17764	11889	4730	107	2100	55	27
梅列区洋溪镇	6795	9306	6335	45	650	25	17
三元区莘口镇	23687	14620	3270	104	3794	98	31
三元区岩前镇	27443	21435	4951	51	1400	48	20
三元区城东乡	7310	7043		51	755	13	6
三元区中村乡	19586	14961		17	480	2	2
明溪县雪峰镇	1600	29310	28325	654	5714	48	4
明溪县盖洋镇	34032	12384	3635	57	1617	53	9
明溪县胡坊镇	22731	7421	2147	77	1465	72	12
明溪县瀚仙镇	14635	11339	1864	67	2911	56	8
明溪县城关乡	13105	12452	1922	35	716	32	12
明溪县沙溪乡	14102	6789	1822	65	1321	15	11
明溪县夏阳乡	35987	8247	1581	164	1053	158	9
明溪县枫溪乡	12132	3654	1823	38	1078	11	6
明溪县夏坊乡	23120	6394	1707	19	779	12	9
清流县龙津镇	22100	38712	21561	1142	9613	112	21
清流县嵩溪镇	18700	14021	7559	121	3488	33	16
清流县嵩口镇	22700	14991	4089	135	2214	32	17
清流县灵地镇	12619	9808	2638	93	531	19	5
清流县长校镇	13190	11477	2974	48	3120	4	4
清流县赖坊镇	10882	8768	1855	81	956	10	6
清流县温郊乡	14000	3595	2154	47	505	13	7
清流县林畲乡	10283	6404		72	890	7	5
清流县田源乡	10106	4963	1852	38	401	12	9
清流县沙芜乡	13300	5141		75	654	13	4
清流县余朋乡	17281	6156	1193	56	824	18	6
清流县李家乡	7671	8082		100	565	20	4
清流县里田乡	7800	4529	4529	45	240	7	2
宁化县翠江镇	2465	63837	63837	623	5345	65	35
宁化县泉上镇	20200	16720	7366	161	1635	121	6
宁化县湖村镇	16876	13698	7913	63	2670	32	15
宁化县石壁镇	13826	27443	6171	93	1026	89	5
宁化县曹坊镇	20109	14736	4078	29	173	22	7
宁化县安远镇	28037	25374	3261	59	589	23	6
宁化县淮土镇	10836	19457	4548	148	986	55	2
宁化县安乐镇	18606	14028	2084	21	353	15	9
宁化县水茜镇	23886	19485	3015	18	967	17	5
宁化县城郊乡	20400	19827	2348	519	3610	41	16
宁化县城南乡	8344	8892	3115	34	2996	30	6

续表 198　　(福建省)　　单位：公顷、人、个

名　　称	行政区域面　　积	常住人口	#城镇建成区	企业个数	企　　业从业人员	工业企业个　　数	#规模以上
宁化县济村乡	15007	12896	2163	18	92	14	5
宁化县方田乡	10335	5656	1979	17	379	14	3
宁化县治平畲族乡	13700	8953	1761	53	1498	46	8
宁化县中沙乡	11560	9932	3101	40	685	19	7
宁化县河龙乡	6439	6692	2086	28	471	13	4
大田县均溪镇	14038	65413	55645	641	3450	415	27
大田县石牌镇	12952	18371	4064	166	2887	61	10
大田县上京镇	15297	20014	6457	48	2563	45	16
大田县广平镇	17158	38147	9683	125	3552	62	15
大田县桃源镇	18333	11355	5528	79	1315	39	9
大田县太华镇	24555	32682	3642	93	2689	56	15
大田县建设镇	6859	23087	4199	191	2954	95	18
大田县奇韬镇	7074	15611	5062	65	1455	46	6
大田县华兴镇	875	7168	7168	10	3254	9	6
大田县吴山镇	8355	8441	2354	615	3078	304	5
大田县屏山乡	10634	7018		375	1965	81	3
大田县济阳乡	6642	6637	3079	37	223	22	5
大田县武陵乡	8030	9745		49	536	43	6
大田县谢洋乡	11612	6063		54	282	25	2
大田县文江乡	11272	14129		76	926	13	5
大田县梅山乡	19267	17691		193	1563	165	2
大田县湖美乡	13847	12183		15	161		
大田县前坪乡	4586	5683		50	1550	35	16
尤溪县城关镇	12082	70894	70894	346	9241	197	23
尤溪县梅仙镇	23945	26240	12014	287	3152	202	4
尤溪县西滨镇	25251	21201	13985	125	3750	67	17
尤溪县洋中镇	33888	24623	13190	139	6850	135	21
尤溪县新阳镇	27411	35231	12923	86	2088	64	5
尤溪县管前镇	17614	17513	4983	27	383	23	4
尤溪县西城镇	34667	44856	20438	582	12580	146	52
尤溪县尤溪口镇	210	577	577	7	350	7	2
尤溪县坂面镇	41152	27247	11304	107	3576	77	13
尤溪县联合镇	10314	15208	8848	61	2907	23	1
尤溪县汤川乡	30386	11317		66	1235	31	1
尤溪县溪尾乡	16254	8749		89	1386	22	5
尤溪县中仙乡	37515	25943		163	1868	26	3
尤溪县台溪乡	23463	22464		93	2053	68	4
尤溪县八字桥乡	7885	8937		10	212	3	1
沙县青州镇	13959	11603	3186	163	3423	43	19
沙县夏茂镇	25136	27649	12406	106	1362	12	5
沙县高砂镇	16090	18052	2503	52	1720	29	13
沙县高桥镇	21095	10072	4532	97	1531	18	7
沙县富口镇	22609	11076	3511	54	641	34	7
沙县大洛镇	11700	9240	1457	27	305	23	1
沙县南霞乡	12212	12062		114	1031	10	
沙县南阳乡	6490	10087		18	150	2	
沙县郑湖乡	11009	6692		72	485	72	
沙县湖源乡	3518	5063		18	187	6	1
将乐县古镛镇	16777	40022	24713	864	13620	88	67
将乐县万安镇	14449	9608	5070	33	673	21	11

续表 199　　　　（福建省）　　　　单位：公顷、人、个

名　称	行政区域面积	常住人口	#城镇建成区	企业个数	企业从业人员	工业企业个数	#规模以上
将乐县高唐镇	25556	9354	5562	41	824	27	10
将乐县白莲镇	29361	9747	6016	41	467	23	6
将乐县黄潭镇	29397	10125	3177	42	988	31	10
将乐县水南镇	2540	24785	24785	123	4957	23	12
将乐县光明乡	17296	7126	2918	62	727	8	2
将乐县漠源乡	12693	4788	1081	19	205	19	1
将乐县南口乡	19054	10656	5024	43	1952	31	10
将乐县万全乡	19625	6375	356	9	95	2	1
将乐县安仁乡	11588	6873	2881	19	252	14	2
将乐县大源乡	12144	7724	3589	14	192	9	2
将乐县余坊乡	13629	4884	2872	8	169	8	4
泰宁县杉城镇	22937	50363	33461	239	2330	142	27
泰宁县朱口镇	21614	18402	10319	141	1501	130	14
泰宁县新桥乡	10776	5482	2853	105	588	104	6
泰宁县上青乡	8905	5963	2588	44	294	41	2
泰宁县大田乡	14182	6035	1584	83	460	73	7
泰宁县梅口乡	16458	4382	1688	43	230	23	4
泰宁县下渠乡	12690	7008	1381	71	496	36	8
泰宁县开善乡	14017	6199	1835	81	463	81	5
泰宁县大龙乡	31302	8388	1620	76	570	53	10
建宁县濉溪镇	21000	32602	31280	365	3500	316	24
建宁县里心镇	26000	19032	6458	60	1245	48	18
建宁县溪口镇	22200	22330	3881	148	7480	84	20
建宁县均口镇	30163	16003	5310	121	1622	70	14
建宁县伊家乡	11703	9263		133	827	93	4
建宁县黄坊乡	21500	8936		39	335	39	6
建宁县溪源乡	14300	5895		139	792	139	10
建宁县客坊乡	11000	7012		78	404	46	
建宁县黄埠乡	13400	10635		24	430	16	4
永安市西洋镇	33687	16166	6812	136	4352	72	11
永安市贡川镇	13697	8881	4472	66	2482	51	24
永安市安砂镇	29474	18082	3255	107	2463	56	13
永安市小陶镇	41983	25416	9350	273	4380	172	19
永安市大湖镇	19064	17589	4311	199	4862	56	26
永安市曹远镇	19875	24594	7083	158	9254	134	36
永安市洪田镇	34295	16632	3617	34	5371	30	17
永安市槐南镇	12686	17672	4736	38	584	24	11
永安市上坪乡	16024	5444		63	1540	50	9
永安市罗坊乡	23229	4249		31	378	23	3
永安市青水乡	25751	18577		391	1968	33	5
洛江区罗溪镇	10849	49026	19268	225	5321	42	3
洛江区马甲镇	11572	64167	11468	1686	15036	221	14
洛江区河市镇	8559	38233	7690	727	8480	347	44
洛江区虹山乡	2256	13818		93	470	12	
泉港区南埔镇	4475	62354	6705	53	6990	39	18
泉港区界山镇	4220	45334	6188	64	1547	49	11
泉港区后龙镇	2150	39892	6513	43	2982	7	5
泉港区峰尾镇	1443	46223	23238	25	1208	15	4
泉港区前黄镇	3330	36464	13362	168	9965	56	26
泉港区涂岭镇	13384	45719	14525	23	3147	17	14

续表 200 （福建省） 单位：公顷、人、个

名称	行政区域面积	常住人口	#城镇建成区	企业个数	企业从业人员	工业企业个数	#规模以上
惠安县螺城镇	2750	107074	104260	2969	29578	1123	14
惠安县螺阳镇	4900	102950	27589	2362	25830	272	66
惠安县黄塘镇	6980	45001	4039	898	6837	260	23
惠安县紫山镇	8840	32187	2672	292	2143	149	8
惠安县洛阳镇	5170	62440	13508	246	23013	195	49
惠安县东园镇	4100	57957	6639	439	16763	393	60
惠安县张坂镇	7800	77281	13591	1054	12312	133	21
惠安县崇武镇	1960	110272	110272	1290	15420	364	89
惠安县山霞镇	3450	46746	14025	506	5437	225	24
惠安县涂寨镇	5049	90798	10550	630	7968	360	15
惠安县东岭镇	3050	66111	6120	532	5563	22	22
惠安县东桥镇	3100	64981	5570	341	5269	185	10
惠安县净峰镇	3123	55742	908	343	3175	21	4
惠安县小岞镇	740	29087	3739	133	1099	67	5
惠安县辋川镇	5000	64502	15880	359	3861	215	24
惠安县百崎回族乡	1670	25430		563	23700	497	32
安溪县凤城镇	1326	137324	137324	2530	19830	609	31
安溪县蓬莱镇	12286	40080	27400	471	2178	160	2
安溪县湖头镇	10003	103653	62258	540	6318	190	9
安溪县官桥镇	10543	69717	56650	942	9309	455	12
安溪县剑斗镇	12141	27772	10381	227	1752	76	4
安溪县城厢镇	10720	118476	60133	4776	27215	1682	76
安溪县金谷镇	10160	47366	12503	251	1141	75	1
安溪县龙门镇	15633	58643	11612	497	4538	271	18
安溪县虎邱镇	16177	36783	29880	467	5051	171	11
安溪县芦田镇	9100	6647	1168	118	815	29	1
安溪县感德镇	22178	61258	58954	471	3905	99	10
安溪县魁斗镇	5580	20888	8356	186	920	86	8
安溪县西坪镇	14550	46799	7881	682	4540	290	21
安溪县参内乡	4994	28443		594	4013	156	6
安溪县白濑乡	4516	10002		71	458	14	3
安溪县湖上乡	4904	22392		110	890	34	2
安溪县尚卿乡	11642	33929		2020	7381	1001	20
安溪县大坪乡	7865	13454		183	2457	59	6
安溪县龙涓乡	37292	54272		518	4519	101	1
安溪县长坑乡	19216	45087		342	2795	88	4
安溪县蓝田乡	9977	20309		148	1092	28	2
安溪县祥华乡	25834	33910		312	2540	74	3
安溪县桃舟乡	12826	10080		178	1553	23	1
安溪县福田乡	16265	6704		94	1044	20	2
永春县桃城镇	7200	101265	101265	1895	21168	123	31
永春县五里街镇	4300	48608	32608	425	17954	45	20
永春县一都镇	19100	15821	3930	196	1223	35	8
永春县下洋镇	11150	13521	3300	185	2600	102	15
永春县蓬壶镇	8130	70521	41723	283	10095	169	15
永春县达埔镇	12100	70529	28905	420	2810	284	16
永春县吾峰镇	3303	12326	3156	71	591	9	4
永春县石鼓镇	4924	31123	13542	238	2932	45	13
永春县岵山镇	5400	22476	12821	191	1225	23	6
永春县东平镇	4300	20414	3070	139	1415	22	17

续表 201　　　　　　　　　　　　（福建省）　　　　　　　　　　单位：公顷、人、个

名　　称	行政区域面　积	常住人口	#城镇建成区	企业个数	企　业从业人员	工业企业个　数	#规模以上
永春县湖洋镇	13295	37924	6921	82	15714	56	3
永春县坑仔口镇	7500	19811	7482	41	4330	20	12
永春县玉斗镇	5746	16158	5241	98	620	28	8
永春县锦斗镇	4000	13342	3105	87	1399	22	5
永春县东关镇	6086	12768	4761	87	3563	25	7
永春县桂洋镇	7800	14866	7359	73	675	23	2
永春县苏坑镇	3071	16381	7138	175	1771	44	8
永春县仙夹镇	3414	9523	5865	22	912	16	1
永春县横口乡	6257	6396		30	1567	26	2
永春县呈祥乡	1930	7611		38	259	19	1
永春县介福乡	3300	11185		153	1352	123	9
永春县外山乡	3530	4026		13	106	9	
德化县浔中镇	6770	92608	88896	3763	54636	1823	46
德化县龙浔镇	4040	123782	59526	3822	55986	2120	57
德化县三班镇	5600	40863	12350	853	9076	560	5
德化县龙门滩镇	21555	3827	1010	69	723	33	2
德化县雷峰镇	16989	4890	2156	55	712	49	1
德化县南埕镇	24105	2987	1355	19	243	15	
德化县水口镇	26030	4955	2987	32	792	28	1
德化县赤水镇	9418	3620	702	15	273	9	
德化县上涌镇	14010	7033	3356	68	565	23	
德化县葛坑镇	12734	5365	3635	13	1785	12	1
德化县盖德镇	9240	5479	2429	53	1065	38	4
德化县美湖镇	9345	7940	3951	17	1546	15	4
德化县杨梅乡	11160	1897		15	445	13	
德化县汤头乡	12510	2270		16	146	15	1
德化县桂阳乡	12290	1922		18	185	16	
德化县国宝乡	6110	2747		19	395	13	
德化县大铭乡	7640	1218		8	241	3	
德化县春美乡	13211	3120		18	165	13	
石狮市灵秀镇	1627	135125	135125	5171	31705	1014	66
石狮市宝盖镇	2600	71512	71512	918	54012	674	68
石狮市蚶江镇	3847	88507	23694	257	26138	231	62
石狮市祥芝镇	1579	54735	19345	365	22800	280	37
石狮市鸿山镇	1588	51582	10121	482	15447	204	37
石狮市锦尚镇	1450	40721	25010	461	19919	294	35
石狮市永宁镇	2860	61329	23210	276	9340	130	39
晋江市安海镇	5403	161301	73000	3228	24386	1363	95
晋江市磁灶镇	6600	101360	70665	1500	15000	678	93
晋江市陈埭镇	3767	190227	33569	3018	22539	2853	219
晋江市东石镇	6483	152814	20544	825	40693	642	135
晋江市深沪镇	3326	107018	58044	1485	55107	836	134
晋江市金井镇	5667	75210	32835	592	32620	365	107
晋江市池店镇	2549	151721	151721	4078	55206	1127	76
晋江市内坑镇	4752	81888	25832	665	20906	466	76
晋江市龙湖镇	6355	152827	28951	1875	81130	858	124
晋江市永和镇	5002	73444	20440	1690	41250	500	61
晋江市英林镇	2993	102070	14500	625	36600	480	74
晋江市紫帽镇	2042	16651	16651	28	3643	18	7
晋江市西滨镇	210	11301	11301	84	9674	83	27

续表 202　　(福建省)　　单位：公顷、人、个

名称	行政区域面积	常住人口	#城镇建成区	企业个数	企业从业人员	工业企业个数	#规模以上
南安市省新镇	5812	51629	39556	1108	21086	522	46
南安市仑苍镇	4400	105620	42100	1096	46263	983	35
南安市东田镇	14000	45370	8117	630	12856	143	2
南安市英都镇	8567	53454	30714	539	15136	489	20
南安市翔云镇	6900	26377	8725	13	68	4	
南安市金淘镇	10405	78971	26556	398	36503	389	7
南安市诗山镇	9411	73459	24418	989	32176	521	25
南安市蓬华镇	4400	18179	18179	67	3012	62	
南安市码头镇	9772	61237	27168	96	2430	49	17
南安市九都镇	10200	14205	3401	35	5987	35	3
南安市乐峰镇	6768	33078	18439	225	6225	58	4
南安市罗东镇	6405	60423	31435	225	5689	156	10
南安市梅山镇	5900	64173	55956	920	20652	902	30
南安市洪濑镇	8700	104121	74156	1357	35058	1058	33
南安市洪梅镇	4852	51213	1625	195	7852	26	3
南安市康美镇	6495	55028	20055	558	20851	495	38
南安市丰州镇	5476	44180	29950	933	7760	545	15
南安市霞美镇	5600	81993	50252	786	30897	733	53
南安市官桥镇	14100	114490	114490	2045	39520	1532	101
南安市水头镇	12700	206770	145530	1872	62820	1443	140
南安市石井镇	8300	106543	51424	1361	28581	1067	113
南安市眉山乡	5264	15732	5642	51	4324	28	
南安市向阳乡	6840	14030		42	915	18	
芗城区浦南镇	6400	27908	2425	244	18165	41	6
芗城区天宝镇	4423	46102	10412	120	1100	60	9
芗城区芝山镇	1290	68712	33815	1592	47352	607	92
芗城区石亭镇	4755	57380	2681	1208	17480	518	46
龙文区蓝田镇	2363	51738	9398	1321	30800	67	6
龙文区步文镇	1732	55660	26534	2866	71650	61	
龙文区朝阳镇	4211	45648	9825	759	17863	203	30
龙文区郭坑镇	3503	17550	2510	278	6850	98	11
云霄县云陵镇	1523	69857	67043	747	6418	118	17
云霄县陈岱镇	6757	35723	14249	158	2176	59	13
云霄县东厦镇	12813	50615	4602	193	3710	56	15
云霄县莆美镇	3887	77773	40028	1260	13133	133	17
云霄县列屿镇	5465	23157	12455	114	1181	37	8
云霄县火田镇	19110	53344	2725	168	2144	55	13
云霄县下河乡	13734	38163	2039	135	2558	79	13
云霄县马铺乡	16597	28365	4861	119	1151	34	18
云霄县和平乡	8244	12736	5370	88	899	13	10
漳浦县绥安镇	11733	139878	79877	4746	52869	757	89
漳浦县旧镇镇	11618	71583	20123	345	6466	145	19
漳浦县佛昙镇	8035	57754	18174	559	7512	98	5
漳浦县赤湖镇	9212	55896	23380	515	6237	290	36
漳浦县杜浔镇	15547	101043	26748	465	3687	118	3
漳浦县霞美镇	9801	55271	10889	285	1928	39	2
漳浦县官浔镇	7712	18553	8892	223	2130	20	1
漳浦县石榴镇	19895	40185	7150	250	2974	73	6
漳浦县盘陀镇	10634	29174	7007	231	2153	82	4
漳浦县长桥镇	12685	13053	3789	355	5211	128	15

续表 203　　(福建省)　　单位：公顷、人、个

名　称	行政区域面积	常住人口	#城镇建成区	企业个数	企业从业人员	工业企业个数	#规模以上
漳浦县前亭镇	8703	29674	6412	241	1801	9	2
漳浦县马坪镇	5265	13752	9528	149	964	34	
漳浦县深土镇	6948	48606	15781	403	3421	121	5
漳浦县六鳌镇	4588	29587	11871	189	1289	65	8
漳浦县沙西镇	11935	43379	14665	388	2379	63	1
漳浦县古雷镇	6693	18	18				
漳浦县大南坂镇	4951	8853	4042	298	8123	188	28
漳浦县南浦乡	4194	8405		78	639	21	
漳浦县赤岭畲族乡	9931	11872	946	117	1206	31	1
漳浦县湖西畲族乡	7908	20905		132	1430	57	3
漳浦县赤土乡	9473	18060		148	912	28	8
诏安县南诏镇	928	75381	75381	761	7901	80	8
诏安县四都镇	10326	58432	10025	171	5080	38	15
诏安县梅岭镇	3614	34456	3768	108	1162	34	15
诏安县桥东镇	10535	64430	15888	136	1957	40	11
诏安县深桥镇	6775	69268	32486	249	3450	83	7
诏安县太平镇	14878	49415	2324	115	1950	30	9
诏安县霞葛镇	8052	37556	4796	40	529	7	3
诏安县官陂镇	14920	48654	15475	64	683	6	3
诏安县秀篆镇	13807	40875	19855	33	268	7	5
诏安县西潭镇	6636	45738	2932	94	1125	24	7
诏安县金星乡	8039	20109		99	1987	30	16
诏安县白洋乡	5354	28476		113	1237	59	7
诏安县建设乡	4713	12322		71	1052	9	4
诏安县红星乡	12965	15081		83	1305	14	5
诏安县梅洲乡	4938	19672		57	1385	16	3
长泰县武安镇	4630	49894	28569	1267	20978	273	40
长泰县岩溪镇	20350	42937	9692	411	8536	190	18
长泰县陈巷镇	12725	33207	5549	372	7106	152	16
长泰县枋洋镇	11885	18426	9495	169	1359	81	
长泰县坂里乡	11607	12233		91	1101	42	1
东山县西埔镇	5143	51837	24511	1087	35862	190	36
东山县樟塘镇	2785	15234	4935	114	4643	41	5
东山县康美镇	2792	29531	15454	327	10986	73	22
东山县杏陈镇	3838	25227	7651	103	2189	43	4
东山县陈城镇	6259	35760	5494	282	5426	56	11
东山县前楼镇	3436	12812	1822	72	1315	9	1
东山县铜陵镇	637	52657	52657	471	9836	140	19
南靖县山城镇	23351	105895	69807	1895	22988	305	30
南靖县丰田镇	4968	10635	10151	210	9481	138	38
南靖县靖城镇	13479	73407	63212	221	6320	91	65
南靖县龙山镇	30503	31080	11842	669	16182	93	30
南靖县金山镇	23423	34017	24130	159	5469	103	30
南靖县和溪镇	17604	19007	5375	310	1551	63	9
南靖县奎洋镇	16107	8670	1723	256	1378	15	13
南靖县梅林镇	10904	10610	1409	138	1256	12	3
南靖县书洋镇	18163	23009	8980	210	1700	35	4
南靖县船场镇	20490	21219	9314	324	2268	23	12
南靖县南坑镇	16677	11022	1683	26	231	19	7
平和县小溪镇	13719	88946	88946	2376	21325	158	18

续表 204 (福建省) 单位：公顷、人、个

名称	行政区域面积	常住人口	#城镇建成区	企业个数	企业从业人员	工业企业个数	#规模以上
平和县山格镇	17772	43865	14079	75	400	56	16
平和县文峰镇	18134	13498	4167	174	1012	83	14
平和县南胜镇	12717	28755	12852	212	1272	14	4
平和县坂仔镇	13367	44911	15893	178	1205	16	3
平和县安厚镇	10084	55833	7146	209	1252	4	3
平和县大溪镇	13926	40163	39862	122	769	20	3
平和县霞寨镇	20414	45012	15012	35	532	6	3
平和县九峰镇	20354	35051	12195	291	3352	33	8
平和县芦溪镇	30740	31715	26741	118	1568	8	2
平和县五寨乡	9178	18755		175	1362	18	4
平和县国强乡	14408	22528		198	1053	11	2
平和县崎岭乡	12799	18413		61	1121	7	4
平和县长乐乡	6000	8425		55	283	4	1
平和县秀峰乡	8742	13485		35	183	3	
华安县华丰镇	16741	48262	31132	1672	15741	516	18
华安县丰山镇	6402	21586	8219	368	4418	165	15
华安县沙建镇	23117	27091	8686	235	5523	182	13
华安县新圩镇	21442	11336	2410	98	1332	37	15
华安县高安镇	10302	9716	5810	75	525	30	7
华安县仙都镇	13761	28328	11669	258	6131	173	16
华安县高车乡	7483	6465		79	3582	39	12
华安县马坑乡	11645	4751		23	910	15	7
华安县湖林乡	16868	8465		63	336	49	9
龙海市石码镇	443	64398	64398	986	15062	100	2
龙海市海澄镇	7037	73055	14500	883	25250	375	60
龙海市角美镇	15098	166485	57527	1483	61215	806	159
龙海市白水镇	7223	36243	5725	133	5320	43	13
龙海市浮宫镇	7792	56036	10856	730	5580	151	23
龙海市程溪镇	23877	39294	5153	409	6168	120	15
龙海市港尾镇	11589	52231	6031	595	30050	181	37
龙海市九湖镇	9072	62349	2689	825	14222	285	35
龙海市颜厝镇	5060	62135	62135	5518	33285	313	15
龙海市榜山镇	6266	87503	21167	1105	32869	401	34
龙海市紫泥镇	7635	64866	6093	358	3015	127	14
龙海市东园镇	3353	42319	4620	48	1056	8	2
龙海市东泗乡	5805	21651	2080	38	1298	2	
龙海市隆教畲族乡	7880	26307		123	970	27	6
延平区来舟镇	6677	5592	4736	155	2068	56	4
延平区樟湖镇	19901	17990	7340	207	2139	47	
延平区夏道镇	15149	36781	11307	312	4503	105	12
延平区西芹镇	25030	32381	7435	373	4523	119	3
延平区峡阳镇	17670	23284	10950	194	1762	61	3
延平区南山镇	19654	16240	13065	264	2042	87	5
延平区大横镇	19371	14652	2685	239	3026	77	4
延平区王台镇	21962	20011	20011	213	2123	69	4
延平区太平镇	23042	16065	2610	178	1620	61	1
延平区塔前镇	14679	17235	1115	88	650	30	1
延平区茫荡镇	20773	13891	1381	210	2350	73	3
延平区洋后镇	11446	5769	3420	87	798	26	
延平区炉下镇	8970	13059	3152	153	1723	54	7

续表 205　　(福建省)　　单位：公顷、人、个

名　　称	行政区域面积	常住人口	#城镇建成区	企业个数	企业从业人员	工业企业个数	#规模以上
延平区巨口乡	14065	2621		62	521	14	
延平区赤门乡	10691	7378		59	726	14	
建阳区将口镇	19397	17716	4340	256	2770	121	11
建阳区徐市镇	28134	21823	5426	114	1786	70	6
建阳区莒口镇	36186	25250	3590	159	2388	130	12
建阳区麻沙镇	46241	29119	9958	448	4125	341	14
建阳区黄坑镇	38265	12781	3035	183	3054	126	15
建阳区水吉镇	27830	21015	12492	274	2852	268	13
建阳区漳墩镇	29827	19135	1903	109	2811	71	2
建阳区小湖镇	24038	16316	3833	133	1537	57	7
建阳区崇雒乡	12646	10162		65	797	48	4
建阳区书坊乡	21754	8919		102	1231	32	8
建阳区回龙乡	20176	12080		62	2182	54	6
顺昌县建西镇	13000	12896	2602	91	1856	37	4
顺昌县洋口镇	13900	13122	3698	156	2517	63	7
顺昌县元坑镇	17100	9938	3151	108	2518	48	9
顺昌县埔上镇	20315	15948	4632	136	3895	39	10
顺昌县大历镇	8840	5776	2461	71	1211	15	1
顺昌县大干镇	20300	15298	3612	184	2348	37	3
顺昌县仁寿镇	17074	12142	4122	71	792	16	2
顺昌县郑坊镇	13200	7376	1550	74	2635	28	6
顺昌县洋墩乡	12900	7793		51	1132	18	2
顺昌县岚下乡	20700	14287		51	1037	16	3
顺昌县高阳乡	23000	14083		88	956	25	3
浦城县富岭镇	39775	21003	3940	70	752	18	3
浦城县石陂镇	28061	22869	5826	78	468	22	4
浦城县临江镇	11434	12654	5362	52	1148	17	5
浦城县仙阳镇	23924	23462	9159	162	6243	86	38
浦城县水北街镇	34412	19100	3823	28	387	9	3
浦城县永兴镇	20790	12176	5236	16	223	10	1
浦城县忠信镇	41961	17485	4680	60	1285	22	4
浦城县莲塘镇	15441	32985	26850	131	2112	29	5
浦城县九牧镇	15529	8988	2709	34	906	16	4
浦城县万安乡	8019	12856		17	1401	10	3
浦城县古楼乡	20752	9653		22	523	8	3
浦城县山下乡	11043	7734		5	185	5	1
浦城县枫溪乡	5454	4934		14	754	9	
浦城县濠村乡	12827	6582		20	270	7	
浦城县管厝乡	22198	9447		38	298	9	1
浦城县盘亭乡	11479	13978		20	260	13	1
浦城县官路乡	10178	7634		35	795	9	1
光泽县杭川镇	478	51788	51788	840	9435	158	8
光泽县寨里镇	72410	16234	992	79	974	47	3
光泽县止马镇	16001	11358	3207	48	420	15	
光泽县鸾凤乡	30024	19031		203	17909	113	15
光泽县崇仁乡	13118	10931		93	2269	62	7
光泽县李坊乡	19615	6374		24	274	8	
光泽县华桥乡	30486	17768		35	434	12	1
光泽县司前乡	41894	13258		40	568	24	1
松溪县郑墩镇	17350	21050	5190	186	2530	76	11

续表 206　　(福建省)　　单位：公顷、人、个

名　称	行政区域面　积	常住人口	#城镇建成区	企业个数	企　业从业人员	工业企业个　数	#规模以上
松溪县渭田镇	17950	27350	5165	138	1155	71	2
松溪县河东乡	5290	15511		200	1943	45	15
松溪县茶平乡	8420	11480		180	1200	63	7
松溪县旧县乡	13700	16639		143	1213	72	7
松溪县溪东乡	8220	10930		67	840	17	2
松溪县花桥乡	16520	12995		68	430	26	1
松溪县祖墩乡	9650	10889		69	1230	17	
政和县东平镇	21598	27175	7394	272	4387	40	11
政和县石屯镇	14510	25245	10826	437	9678	170	45
政和县铁山镇	13716	18123	2378	224	3768	75	14
政和县镇前镇	24248	18920	4102	117	1023	10	1
政和县星溪乡	20377	16723		200	8759	45	14
政和县外屯乡	14996	8623		55	368	3	
政和县杨源乡	23582	9311		47	245	5	
政和县澄源乡	26660	18263		84	623	9	3
政和县岭腰乡	11977	5878		67	660	14	3
邵武市城郊镇	18163	16655	1689	442	14256	271	72
邵武市水北镇	50397	15715	63	126	4956	44	12
邵武市下沙镇	9261	7185	1397	67	4068	38	10
邵武市卫闽镇	10594	6787	1231	33	869	12	6
邵武市沿山镇	25655	10974	1250	29	1564	18	6
邵武市拿口镇	34769	20388	9156	71	5698	37	12
邵武市洪墩镇	14149	10796	2831	68	2449	34	11
邵武市大埠岗镇	19376	13528	3826	28	639	14	3
邵武市和平镇	13406	8694	3185	47	981	14	3
邵武市肖家坊镇	10549	6300	6300	27	251	1	1
邵武市大竹镇	13525	5133	1689	33	170	7	3
邵武市吴家塘镇	11753	7251	2125	121	1590	85	19
邵武市桂林乡	15480	9719		27	351	6	
邵武市张厝乡	13362	2095		25	226	15	1
邵武市金坑乡	13129	3168		10	95	5	
武夷山市星村镇	67977	23799	6274	532	3682	240	5
武夷山市兴田镇	33311	23985	4510	371	4641	158	25
武夷山市五夫镇	17740	10689	4062	57	587	15	
武夷山市上梅乡	23199	13216		48	365	20	
武夷山市吴屯乡	24421	18842		81	1123	36	2
武夷山市岚谷乡	28570	16356		39	632	18	
武夷山市洋庄乡	48115	11213		138	1721	59	4
建瓯市徐墩镇	35187	26238	8904	125	4230	100	17
建瓯市吉阳镇	19921	25633	10784	52	1564	46	10
建瓯市房道镇	24475	30173	7177	9	1420	9	9
建瓯市南雅镇	39800	38412	7851	79	2414	72	12
建瓯市迪口镇	37200	22760	4173	33	3258	29	7
建瓯市小桥镇	29787	37600	6690	61	2700	61	10
建瓯市玉山镇	32447	17628	4885	82	2516	66	9
建瓯市东游镇	42052	28693	7897	58	1886	36	14
建瓯市东峰镇	30260	30220	12223	35	5480	18	18
建瓯市小松镇	23933	28862	2770	22	602	6	6
建瓯市顺阳乡	17200	7565		22	589	12	4
建瓯市水源乡	29920	16833		30	2000	18	2

续表 207　　　　（福建省）　　　　单位：公顷、人、个

名　称	行政区域面积	常住人口	#城镇建成区	企业个数	企业从业人员	工业企业个数	#规模以上
建瓯市川石乡	27400	20720		132	796	26	4
建瓯市龙村乡	20800	15033		56	1683	49	10
新罗区红坊镇	9240	26883	7973	27	325	23	21
新罗区适中镇	29910	37548	26981	2216	12356	162	22
新罗区雁石镇	30988	24582	4352	70	5014	50	32
新罗区白沙镇	40484	28631	10152	62	1368	32	23
新罗区万安镇	35910	5537	1564	44	567	25	9
新罗区大池镇	11411	11200	1930	237	1185	53	10
新罗区小池镇	10185	11128	8315	114	1029	39	4
新罗区江山镇	24167	9902	4562	55	351	25	2
新罗区岩山镇	10306	3474	1021	28	2115	24	11
新罗区苏坂镇	10864	6689	542	23	1084	12	7
龙岩市永定区坎市镇	6795	24586	17136	219	4125	41	13
龙岩市永定区下洋镇	20781	27391	11830	176	5891	48	4
龙岩市永定区湖雷镇	16649	18136	6035	35	465	13	3
龙岩市永定区高陂镇	13478	41377	29091	427	5145	68	43
龙岩市永定区抚市镇	14656	24996	10712	185	1105	40	9
龙岩市永定区湖坑镇	10138	11859	6502	75	645	8	1
龙岩市永定区培丰镇	11507	35314	5146	130	1186	11	7
龙岩市永定区龙潭镇	8170	11672	4722	51	3456	17	11
龙岩市永定区峰市镇	7494	3570	1987	10	355	6	3
龙岩市永定区城郊镇	10696	10876	4677	18	360	4	3
龙岩市永定区仙师镇	15142	11233	7533	15	273	5	1
龙岩市永定区虎岗镇	12600	15435	3800	96	1715	9	1
龙岩市永定区西溪乡	3530	3184		45	502	14	3
龙岩市永定区金砂乡	5130	6647		13	695	8	2
龙岩市永定区洪山乡	13952	7995		38	395	35	13
龙岩市永定区湖山乡	12460	5012		22	150	15	
龙岩市永定区岐岭乡	8519	6806		23	175	8	3
龙岩市永定区古竹乡	5458	7544		4	26	2	1
龙岩市永定区堂堡乡	7514	6629		58	378	1	1
龙岩市永定区合溪乡	10850	6175		53	264	29	1
龙岩市永定区大溪乡	6287	6426		8	160	1	1
龙岩市永定区陈东乡	7520	6198		7	146	7	
龙岩市永定区高头乡	2593	4261		8	60	3	1
长汀县汀州镇	2900	152681	152681	248	24230	113	
长汀县大同镇	18340	43960	21850	1070	8710	47	20
长汀县古城镇	23600	12925	8930	1365	6986	37	4
长汀县新桥镇	13340	15645	3055	47	413	1	
长汀县馆前镇	16610	7350	2708	11	250		
长汀县童坊镇	24500	13990	3032				
长汀县河田镇	31580	52242	8678	103	1413	26	7
长汀县南山镇	22600	16839	3212	39	196	6	
长汀县濯田镇	34862	40741	8103	31	462	14	
长汀县四都镇	34030	6730	6730	59	300	16	
长汀县涂坊镇	16700	15870	5327	5	110	2	1
长汀县策武镇	15670	13950	6654	311	5323	291	13
长汀县三洲镇	3900	7420	2928	25	290	9	
长汀县铁长乡	7540	3200		2	15	2	
长汀县庵杰乡	6250	3950		24	180	4	

续表 208　　(福建省)　　单位：公顷、人、个

名　称	行政区域面　积	常住人口	#城镇建成区	企业个数	企　业从业人员	工业企业个　数	#规模以上
长汀县宣成乡	9200	6475					
长汀县红山乡	20600	3546		3	45	3	
长汀县羊牯乡	6760	3150		5	96	2	1
上杭县临江镇	168	38796	1245	104	39296	20	2
上杭县临城镇	19578	86526	1582	186	3401	93	42
上杭县中都镇	14727	11756	1493	32	478	11	2
上杭县蓝溪镇	7699	11427	8915	63	710	12	2
上杭县稔田镇	14077	14052	8025	46	663	27	2
上杭县白砂镇	19100	17849	9668	22	138	22	2
上杭县古田镇	22631	19848	3341	375	3886	211	4
上杭县才溪镇	11537	19367	15512	53	11820	12	
上杭县南阳镇	22085	35534	9006	153	28107	29	7
上杭县蛟洋镇	23125	23451	9245	260	13241	72	17
上杭县旧县镇	16273	29360	2524	23	1413	19	2
上杭县湖洋镇	12237	16992	4863	42	1131	31	4
上杭县溪口镇	15984	8759	1986	39	1123	33	2
上杭县太拔镇	12241	10548	3561	51	652	11	3
上杭县通贤镇	6971	14185	5620	89	1102		
上杭县下都镇	10305	7718	2784	22	922	10	2
上杭县茶地镇	7976	5169	1642	19	300	18	
上杭县庐丰畲族乡	13130	16321	3212	13	246	8	1
上杭县泮境乡	5236	3100		42	250	31	
上杭县步云乡	14162	3262		73	2003	23	1
上杭县官庄畲族乡	11995	19263		89	571	39	3
上杭县珊瑚乡	4262	6385		6	172	5	
武平县平川镇	3330	61978	61978	214	19916	64	19
武平县中山镇	19100	11247	11247	128	2785	38	7
武平县岩前镇	18500	30698	6415	732	9345	106	17
武平县十方镇	15615	21456	18024	165	6956	57	19
武平县中堡镇	17661	18725	8096	65	1823	33	3
武平县桃溪镇	16972	11570	2663	92	503	39	9
武平县城厢镇	16300	26628	6849	235	6988	103	20
武平县东留镇	31500	16848	1931	234	1322	31	7
武平县武东镇	13769	17760	4926	507	9872	36	8
武平县万安镇	10894	10491	10491	98	816	21	2
武平县永平镇	25600	13659	4510	72	820	31	5
武平县象洞镇	13796	11681	11681	68	835	13	6
武平县民主乡	10961	2280		19	628	15	4
武平县下坝乡	9261	3261		13	120	12	1
武平县中赤乡	11300	6288		15	460	15	1
武平县湘店乡	10400	6160		9	98	4	2
武平县大禾乡	18800	6691		23	430	16	4
连城县莲峰镇	3630	44845	44845	941	12350	63	13
连城县北团镇	12402	15436	15436	68	698	17	8
连城县姑田镇	30719	20561	13750	62	3498	33	6
连城县朋口镇	21145	34971	12765	305	5895	49	21
连城县莒溪镇	35930	15485	7610	66	3190	60	12
连城县新泉镇	18539	25115	11758	65	3120	42	5
连城县庙前镇	17060	28997	8066	122	2986	80	18
连城县文亨镇	23642	27301	4359	158	3052	38	11

续表 209　　　　(福建省)　　　　单位：公顷、人、个

名　　称	行政区域面　　积	常住人口	#城镇建成区	企业个数	企　　业从业人员	工业企业个　　数	#规模以上
连城县四堡镇	6344	13832	3140	60	1520	6	
连城县林坊镇	5120	8322	1455	104	2466	16	8
连城县揭乐乡	8660	7459		98	2630	8	2
连城县塘前乡	10200	4183		26	471	12	2
连城县隔川乡	3080	8107		82	980	19	6
连城县罗坊乡	8280	6473		75	2289	5	1
连城县曲溪乡	15469	5191		23	160	14	1
连城县赖源乡	27480	4951		54	981	24	
连城县宣和乡	10080	10014		130	3800	33	4
漳平市新桥镇	49227	22215	3775	36	1123	19	9
漳平市双洋镇	27230	9152	4037	36	575	35	9
漳平市永福镇	53550	37095	18350	78	1584	40	5
漳平市溪南镇	26000	14787	2295	75	1528	36	10
漳平市和平镇	8300	10477	3786	42	3547	32	10
漳平市拱桥镇	10600	5013	815	27	793	25	4
漳平市象湖镇	17000	8621	2589	53	1525	43	5
漳平市赤水镇	18400	6868	3118	33	851	14	6
漳平市西园镇	7600	11815	7830	21	1965	18	7
漳平市南洋镇	9718	6091	2060	21	1063	17	2
漳平市芦芝镇	13300	12239	1398	308	2268	29	13
漳平市官田乡	16750	5186		148	2382	123	9
漳平市吾祠乡	11274	4311		29	203	10	4
漳平市灵地乡	11200	5480	1183	14	742	14	4
蕉城区城南镇	4205	42095	30406	1507	7535	71	8
蕉城区漳湾镇	6161	62250	7062	287	51300	55	10
蕉城区七都镇	7546	32440	12165	195	1240	31	6
蕉城区八都镇	10169	20034	3860	154	889	17	1
蕉城区九都镇	9160	8777	1150	104	689	11	1
蕉城区霍童镇	17863	26211	14463	235	1859	26	3
蕉城区赤溪镇	12360	14121	7612	152	2194	12	3
蕉城区洋中镇	16640	14035	3893	196	1913	19	2
蕉城区飞鸾镇	8964	16621	10508	171	9138	22	11
蕉城区三都镇	16200	30800	2487	166	950	13	
蕉城区虎贝镇	15328	12732	3682	128	1263	37	1
蕉城区金涵畲族乡	6478	34868		540	38562	95	9
蕉城区洪口乡	10296	5072		28	196	3	1
蕉城区石后乡	5910	9093		84	639	12	
霞浦县长春镇	20323	41943	8501	152	1522	47	8
霞浦县牙城镇	11596	25786	16925	195	1792	116	21
霞浦县溪南镇	15100	39667	13338	153	3947	126	6
霞浦县沙江镇	14338	32820	4918	302	1982	156	7
霞浦县下浒镇	10268	27250	20777	118	2033	96	5
霞浦县三沙镇	7141	36520	33620	181	2213	79	11
霞浦县盐田畲族乡	15829	19755		149	1067	66	10
霞浦县水门畲族乡	14959	10302		40	436	33	3
霞浦县崇儒畲族乡	14207	10780		50	288	29	7
霞浦县柏洋乡	17289	10676		16	830	16	2
霞浦县北壁乡	7160	13118		28	402	11	2
霞浦县海岛乡	3178	6652		31	234	13	4
古田县平湖镇	14685	31499	9160	124	1089	72	10

续表 210　　　　(福建省)　　　　单位：公顷、人、个

名　　称	行政区域面　　积	常住人口	#城镇建成区	企业个数	企　　业从业人员	工业企业个　　数	#规模以上
古田县大桥镇	20200	29302	10234	163	1657	61	9
古田县黄田镇	21200	25863	11164	118	2300	57	12
古田县鹤塘镇	26068	33293	16182	183	5223	59	23
古田县杉洋镇	25896	25744	6687	67	1132	52	7
古田县凤都镇	16427	19495	8207	67	702	27	5
古田县水口镇	12188	8760	3021	40	708	21	5
古田县大甲镇	11114	12924	4172	86	690	30	12
古田县吉巷乡	20144	26096		104	1156	44	9
古田县泮洋乡	14533	7250		35	175	15	1
古田县凤埔乡	19581	12472		68	1339	30	4
古田县卓洋乡	9461	14454		45	358	27	2
屏南县古峰镇	2554	50238	50238	1155	11327	91	18
屏南县双溪镇	18143	9430	3293	58	950	8	1
屏南县黛溪镇	18342	14513	1334	81	836	32	5
屏南县长桥镇	15879	11427	2969	85	988	35	7
屏南县屏城乡	14001	7251		108	889	50	12
屏南县棠口乡	16366	13088		130	1490	33	7
屏南县甘棠乡	12062	8648		65	661	14	1
屏南县熙岭乡	10318	8119		51	420	7	2
屏南县路下乡	14939	6393		85	771	53	6
屏南县寿山乡	10137	4414		33	487	11	
屏南县岭下乡	15865	7479		59	760	9	1
寿宁县鳌阳镇	4932	63875	63875	357	2414	42	5
寿宁县斜滩镇	15738	15604	9312	241	1730	70	5
寿宁县南阳镇	12627	19600	13452	48	302	32	9
寿宁县武曲镇	6160	7838	3376	35	895	30	10
寿宁县犀溪镇	13345	12136	5732	41	1852	38	15
寿宁县平溪镇	13981	14749	5124	59	548	26	4
寿宁县凤阳镇	8468	9306	5945	39	368	14	4
寿宁县清源镇	8120	10085	10085	49	310	38	8
寿宁县大安乡	11270	6569		58	881	9	1
寿宁县坑底乡	19771	8189		32	180	22	3
寿宁县竹管垅乡	4126	3869		27	302	26	4
寿宁县芹洋乡	8809	7890		43	236	36	3
寿宁县托溪乡	12110	4489		56	524	24	2
寿宁县下党乡	6497	2119		24	138	5	2
周宁县狮城镇	5793	46905	46905	521	8315	146	15
周宁县咸村镇	15877	16391	9945	154	2757	77	6
周宁县浦源镇	10600	11965	5300	83	1772	46	5
周宁县七步镇	11781	8712	2014	68	3607	22	5
周宁县李墩镇	8691	9287	4133	57	1245	15	8
周宁县纯池镇	19917	8404	8404	51	769	10	3
周宁县泗桥乡	10010	7039		31	508	7	1
周宁县礼门乡	12976	7879		78	467	34	1
周宁县玛坑乡	7481	5446	5446	55	418	47	1
柘荣县双城镇	1183	43812	18000	1096	6210	246	14
柘荣县富溪镇	4861	9633	2174	45	411	15	2
柘荣县城郊乡	7112	14656		284	2432	69	15
柘荣县乍洋乡	7896	6022		91	457	85	6
柘荣县东源乡	11597	13687		89	4837	35	7

续表 211　　　　（福建省、江西省）　　　　单位：公顷、人、个

名　　称	行政区域面　积	常住人口	#城镇建成区	企业个数	企　业从业人员	工业企业个　数	#规模以上
柘荣县黄柏乡	7465	5416		68	1600	7	5
柘荣县宅中乡	3542	3576		30	475	7	6
柘荣县楮坪乡	4852	5208		34	413	34	6
柘荣县英山乡	5259	3378		9	633	5	3
福安市赛岐镇	7723	54342	20468	228	9685	174	17
福安市穆阳镇	1156	15921	15921	187	1492	59	6
福安市上白石镇	7460	13067	4620	18	1351	2	1
福安市潭头镇	14764	25364	4018	23	603	15	1
福安市社口镇	9262	15884	2522	230	9279	68	6
福安市晓阳镇	8949	6850	4109	19	360	15	2
福安市溪潭镇	11689	21062	3223	190	2136	65	5
福安市甘棠镇	9088	36812	18948	656	7868	115	19
福安市下白石镇	11724	31878	15250	280	5560	66	7
福安市溪尾镇	6256	10779	3519	8	118	4	
福安市溪柄镇	12084	23200	7685	143	1793	54	6
福安市湾坞镇	11629	30057	7138	177	12956	41	13
福安市城阳镇	15332	42659	29367	1466	19317	710	79
福安市坂中畲族乡	6646	31978		346	6675	292	20
福安市范坑乡	10344	14251		27	307	1	1
福安市穆云畲族乡	12117	17106		25	384	21	2
福安市康厝畲族乡	9945	20313		174	1016	40	2
福安市松罗乡	8714	11341		119	1290	23	1
福鼎市贯岭镇	8032	15660	5863	286	8755	152	26
福鼎市前岐镇	9912	39472	23210	130	758	9	9
福鼎市沙埕镇	4171	25595	9576	13	169	8	2
福鼎市店下镇	14704	44961	10216	177	14863	69	42
福鼎市太姥山镇	11908	69429	36090	253	9682	82	20
福鼎市磻溪镇	22021	18232	3801	103	3023	65	3
福鼎市白琳镇	13120	34812	13834	292	1810	287	36
福鼎市点头镇	11874	35011	23600	396	2769	136	15
福鼎市管阳镇	19648	33158	8641	60	1463	57	3
福鼎市嵛山镇	2683	3883	446	125	630	4	
福鼎市硖门畲族乡	5849	11398		69	1697	31	7
福鼎市叠石乡	7680	12206		19	186	18	
福鼎市佳阳乡	7153	11049		32	254	5	1
江西省							
东湖区扬子洲镇	1940	29289		58	792	21	
南昌市西湖区桃花镇	1800	49231	49231	1393	16498	5	1
青云谱区青云谱镇	1953	53171	53171	550	7250	40	3
湾里区招贤镇	5946	16043	2156	68	496	42	1
湾里区梅岭镇	3870	9102	1896	28	369	13	
湾里区罗亭镇	3574	8227	860	32	542	7	
湾里区太平镇	4739	10801	1658	34	450	2	2
青山湖区京东镇	780	78285	78285	1663	24312	46	21
青山湖区罗家镇	4600	59479	12315	946	25132	247	50
青山湖区湖坊镇	750	175638	175638	1854	46362	165	41
青山湖区塘山镇	1920	86040	86040	1927	34636	104	27
青山湖区蛟桥镇	6800	182688	182688	3113	90545	486	123
新建区长堎镇	2400	250344	250344	4598	29747	1356	20
新建区望城镇	5600	27504	20215	125	1150	70	4

续表 212　　(江西省)　　单位：公顷、人、个

名　　称	行政区域面　　积	常住人口	#城镇建成区	企业个数	企　　业从业人员	工业企业个　　数	#规模以上
新建区生米镇	12000	54451	5042	18	1080	8	
新建区西山镇	12780	42535	10065	40	1725	21	3
新建区石岗镇	13220	47735	10024	216	5815	47	
新建区松湖镇	8890	31221	3180	308	1862	82	
新建区樵舍镇	10103	36354	8549	188	1730	39	4
新建区乐化镇	5469	23405	2950	257	5233	157	13
新建区溪霞镇	7840	31047	1457	48	496		
新建区象山镇	8005	19877	6720	78	752	1	
新建区石埠镇	7309	47184	1417	48	370	10	
新建区联圩镇	10699	34329	1745	92	471	15	
新建区流湖镇	12468	44500	7816	265	1962	92	
新建区厚田乡	7700	16972		50	356	26	1
新建区金桥乡	4230	19605		36	229	25	
新建区铁河乡	5130	6987		71	368	3	
新建区大塘坪乡	9394	17349		399	2500	126	
新建区昌邑乡	5590	19604		15	233	10	
新建区南矶乡	30000	4727					
南昌县莲塘镇	2371	237565	237565	2193	71283	150	4
南昌县向塘镇	15517	87015	76513	439	17958	148	13
南昌县三江镇	3257	30870	11917	66	1403	15	1
南昌县塘南镇	13031	51991	8126	317	3916	35	4
南昌县幽兰镇	10410	52030	5826	197	4123	31	5
南昌县蒋巷镇	26611	91615	11052	316	6150	111	11
南昌县武阳镇	5984	48050	4984	150	4123	100	9
南昌县冈上镇	9822	42703	2075	274	2750	48	3
南昌县广福镇	6281	33902	5353	101	1460	28	2
南昌县昌东镇	13200	126501	35614	874	25687	22	22
南昌县麻丘镇	6523	53260	26597	165	3955	3	3
南昌县泾口乡	12204	58140		20	1208	16	1
南昌县南新乡	12507	59755		65	2620	18	2
南昌县塔城乡	9179	33032		150	1213	12	1
南昌县黄马乡	7880	33952		83	981	19	2
南昌县富山乡	4328	24302		61	2450	26	2
南昌县东新乡	3512	175479		284	9094	42	1
南昌县八一乡	4121	40677		342	8677	137	8
安义县龙津镇	3409	68593	63591	215	6712	40	14
安义县万埠镇	5308	20762	3778	63	3520	35	11
安义县石鼻镇	10150	27552	2681	42	2785	25	15
安义县鼎湖镇	4681	35820	3951	29	1980	21	21
安义县长埠镇	4670	15521	452	31	1128	28	10
安义县东阳镇	9626	16800	1956	35	3320	19	18
安义县黄洲镇	6355	13890	1593	17	925	11	9
安义县乔乐乡	5098	12945		14	856	10	5
安义县长均乡	5419	11613		58	220	53	7
安义县新民乡	11726	10816		52	852	16	4
进贤县民和镇	15041	199817	161182	936	28496	182	10
进贤县李渡镇	4558	60243	22580	467	22232	129	14
进贤县温圳镇	5653	48375	12772	229	7286	132	10
进贤县文港镇	5453	42619	25360	108	18750	101	7
进贤县梅庄镇	8349	41656	9105	17	482	16	

续表 213　　　　（江西省）　　　　单位：公顷、人、个

名　称	行政区域面　积	常住人口	#城镇建成区	企业个数	企　业从业人员	工业企业个　数	#规模以上
进贤县张公镇	5053	31236	2457	57	3618	41	9
进贤县罗溪镇	5396	31762	3210	25	240	7	1
进贤县架桥镇	5208	30522	4469	211	2964	148	1
进贤县前坊镇	8718	20816	6392	343	1728	341	1
进贤县三里乡	18677	27050		129	2120	106	
进贤县二塘乡	5865	15471		47	712	47	
进贤县钟陵乡	13170	21205		17	360	17	
进贤县池溪乡	9679	18998		15	1301	12	3
进贤县南台乡	6867	13968		5	154	4	
进贤县三阳集乡	5227	29629		68	2250	5	
进贤县七里乡	6528	33158		98	920	90	1
进贤县下埠集乡	11948	28354		123	1227	98	2
进贤县衙前乡	7510	13779		56	715	6	1
进贤县白圩乡	10934	29999		33	906	27	4
进贤县长山晏乡	5732	20330		102	8449	97	12
进贤县泉岭乡	5109	26939		292	3432	223	4
昌江区鲇鱼山镇	14000	38121	13442	240	7213	232	7
昌江区丽阳镇	6867	16650	5103	139	1556	29	5
昌江区荷塘乡	6300	4962		11	1126	7	2
昌江区吕蒙乡	2790	13429		224	1796	13	2
珠山区竟成镇	6107	44908	14446	260	29622	223	12
浮梁县浮梁镇	10100	32126	26105	341	14012	223	8
浮梁县鹅湖镇	18720	28120	4435	145	1406	54	1
浮梁县经公桥镇	21730	16341	6311	79	2712	12	1
浮梁县蛟潭镇	36350	24801	5113	104	1185	101	1
浮梁县湘湖镇	24260	24237	6869	743	8519	662	15
浮梁县瑶里镇	20320	13705	2865	42	723	23	
浮梁县洪源镇	7980	17197	7012	335	5078	215	6
浮梁县寿安镇	12410	18023	3726	112	3344	99	3
浮梁县三龙镇	10520	11963	5205	113	6615	73	6
浮梁县峙滩镇	20050	14415	1736	103	2366	15	
浮梁县王港乡	9150	10364		36	388	25	
浮梁县庄湾乡	11800	12689		26	1651	22	
浮梁县黄坛乡	20400	12086	1682	14	254	7	
浮梁县兴田乡	17410	8968	1235	22	2625	6	1
浮梁县江村乡	13810	10851	1682	88	633	66	1
浮梁县勒功乡	10730	7427		7	879	7	1
浮梁县西湖乡	16900	9805		23	350	23	1
浮梁县罗家桥乡	2430	11423	3886	83	1268	72	10
乐平市镇桥镇	10200	45085	12067	187	1005	176	2
乐平市乐港镇	10970	79516	25870	397	17220	274	3
乐平市涌山镇	18500	47693	32331	301	8264	211	9
乐平市众埠镇	35546	99966	24285	79	562	32	2
乐平市接渡镇	8499	75220	24670	73	7360	63	1
乐平市洪岩镇	11740	17991	9246	41	683	28	2
乐平市礼林镇	16331	50813	12179	175	993	139	15
乐平市后港镇	8470	51014	9124	18	436	13	1
乐平市塔前镇	8639	34462	15922	1064	18728	163	6
乐平市双田镇	11400	36818	10152	33	680	18	1
乐平市临港镇	11700	24864	10064	38	1384	14	3

续表 214　　(江西省)　　单位：公顷、人、个

名　称	行政区域面积	常住人口	#城镇建成区	企业个数	企业从业人员	工业企业个数	#规模以上
乐平市高家镇	11300	23487	4226	25	377	18	1
乐平市名口镇	11140	22482	7420	16	612	13	1
乐平市涌口镇	4267	30670	4887	114	1481	106	5
乐平市十里岗镇	8135	18085	6947	39	789	35	1
乐平市鸬鹚乡	8200	24463		57	480	47	4
安源区安源镇	2524	39349	39349	1227	20873	97	13
安源区高坑镇	6900	44680	44680	722	9899	172	28
安源区五陂镇	1903	12437	12437	503	4306	49	3
安源区青山镇	4330	46439		691	14435	128	21
湘东区湘东镇	6403	72631	9882	592	11056	145	35
湘东区荷尧镇	5354	31701	11309	208	5411	55	11
湘东区老关镇	5264	32433	4935	195	5431	76	11
湘东区腊市镇	4003	28963	16024	125	3178	46	10
湘东区下埠镇	5688	38605	8277	447	20478	238	36
湘东区排上镇	8044	36707	1485	167	3674	32	4
湘东区东桥镇	13079	29500	9439	142	3092	32	3
湘东区麻山镇	9146	37914	3893	261	5710	62	7
湘东区广寒寨乡	9814	6681		100	3065	16	3
湘东区白竺乡	18397	14353		114	2453	35	1
莲花县琴亭镇	7688	78015	43486	548	9187	44	11
莲花县路口镇	5379	12653	1389	59	588	11	2
莲花县良坊镇	12055	29471	1689	106	1444	27	5
莲花县升坊镇	4882	14305	1013	432	13098	164	9
莲花县坊楼镇	11723	18033	2510	107	2392	41	6
莲花县闪石乡	5721	11635		52	838	12	3
莲花县湖上乡	4506	11556		77	947	15	2
莲花县三板桥乡	3197	10455		73	1046	16	4
莲花县神泉乡	11592	16621		68	808	19	5
莲花县六市乡	10996	6695		130	1909	14	4
莲花县高洲乡	10693	12451		74	768	21	1
莲花县荷塘乡	13714	12608		131	1528	26	6
莲花县南岭乡	5055	10007		108	1646	21	4
上栗县上栗镇	5981	67795	23935	229	10327	175	24
上栗县桐木镇	10950	73520	6879	205	9362	178	15
上栗县金山镇	9714	69513	2852	239	16994	202	13
上栗县福田镇	5592	50458	3016	113	20277	68	50
上栗县彭高镇	4509	30374	896	126	19433	96	51
上栗县赤山镇	8920	55548	16192	136	11607	120	24
上栗县鸡冠山乡	5766	32647		207	5500	93	8
上栗县长平乡	9420	43282		129	8250	65	6
上栗县东源乡	6949	43172		206	5358	53	8
上栗县杨岐乡	6945	29012		109	3380	50	8
芦溪县芦溪镇	10348	64228	34964	1086	28560	272	36
芦溪县宣风镇	10038	36082	2653	289	7513	103	17
芦溪县上埠镇	7616	34067	11792	223	11218	141	32
芦溪县南坑镇	12364	34249	1820	183	6278	101	18
芦溪县银河镇	7941	38461	4016	146	5180	31	13
芦溪县源南乡	3443	15529		88	3750	33	12
芦溪县长丰乡	5711	2035		58	872	21	2
芦溪县张佳坊乡	8034	9782		78	786	13	2

续表 215　　(江西省)　　单位：公顷、人、个

名　　称	行政区域面　积	常住人口	#城镇建成区	企业个数	企　业从业人员	工业企业个　数	#规模以上
芦溪县新泉乡	16478	23304		144	2560	32	4
芦溪县万龙山乡	14145	10064		29	436	26	2
濂溪区姑塘镇	4950	20590	4550	52	1712	28	13
濂溪区威家镇	3760	7898	4221	129	1456	6	2
濂溪区新港镇	6800	28324	11252	73	369	47	21
濂溪区莲花镇	4200	31097	16004	470	18201	220	34
濂溪区赛阳镇	2890	7666	7666	61	315	11	4
濂溪区虞家河乡	3334	13028		130	1120	38	5
濂溪区高垅乡	4000	11980		31	1050	8	3
九江县沙河街镇	2078	52331	46432	18	2436	8	7
九江县马回岭镇	10000	19250	19250	98	3540	50	3
九江县江洲镇	8375	34651	6316	25	2106	18	3
九江县城子镇	4691	14238	546	40	716	30	4
九江县港口街镇	6228	38031	2410	368	1850	36	2
九江县新合镇	4313	12867	4481	23	365	13	4
九江县狮子镇	5255	17452	6256	44	302	13	4
九江县永安乡	4658	28590		14	631	3	
九江县涌泉乡	4962	18935		22	934	18	2
九江县新塘乡	7760	13625		29	1680	12	3
九江县城门乡	5160	22720		56	6739	47	2
九江县岷山乡	12171	30637		65	975	34	9
武宁县新宁镇	29966	23021	4692	99	3679	36	3
武宁县泉口镇	14460	18142	819	28	264	5	1
武宁县鲁溪镇	16339	19947	11408	140	3368	30	2
武宁县船滩镇	23437	29402	4766	106	660	25	
武宁县澧溪镇	29159	20942	2195	61	2804	10	1
武宁县罗坪镇	26989	16102	2435	37	191	4	1
武宁县石门楼镇	15083	17073	1617	50	560	8	3
武宁县宋溪镇	29970	10712	811	160	1850	15	2
武宁县大洞乡	11168	6820		5	80	1	
武宁县横路乡	14688	21093		5	102	1	1
武宁县官莲乡	12453	16280		38	415	22	
武宁县巾口乡	8977	8194		7	135	4	
武宁县东林乡	9306	8332		5	108	3	3
武宁县上汤乡	11718	4856		18	91	13	1
武宁县甫田乡	20292	12695		53	320	5	3
武宁县清江乡	12307	10742		38	897	22	1
武宁县石渡乡	18239	12923		60	543	49	10
武宁县杨洲乡	17723	6261		20	375	5	
武宁县罗溪乡	21365	14766		12	232	4	2
修水县义宁镇	8060	110324	108730	206	22065	61	
修水县白岭镇	7970	34789	5115	13	3550	10	6
修水县全丰镇	10120	32845	3958	30	261	13	1
修水县古市镇	12450	40350	8200	64	430	52	
修水县大桥镇	12520	37463	14520	38	358	18	2
修水县渣津镇	14410	72450	32000	244	12100	50	9
修水县马坳镇	34820	43251	3900	40	380	30	
修水县杭口镇	5470	18824	3693	20	188	18	2
修水县港口镇	14400	23430	3940	17	112	5	1
修水县溪口镇	18850	34757	4588	83	452	20	1

续表 216　　　　(江西省)　　　　单位：公顷、人、个

名　　称	行政区域面积	常住人口	#城镇建成区	企业个数	企业从业人员	工业企业个数	#规模以上
修水县西港镇	5080	22854	2588	50	340	4	
修水县山口镇	17800	21641	2630	15	1840	3	1
修水县黄沙镇	20420	19044	3000	9	140		
修水县黄港镇	32960	20221	3872	31	445	26	
修水县何市镇	16230	25400	3750	5	120	1	
修水县上奉镇	12170	16026	4311	40	612		
修水县四都镇	13080	29830	3160	65	460	36	2
修水县太阳升镇	10360	29815	3950	50	2765	32	
修水县宁州镇	15190	20416	4550	30	2835	16	
修水县路口乡	3910	16312		8	43		
修水县黄龙乡	6281	18125		10	382	10	
修水县上衫乡	7710	14425		5	219	1	
修水县余段乡	3710	4206		1	12		
修水县水源乡	4350	14032		9	512		
修水县石坳乡	4690	16419		13	65	10	2
修水县东港乡	15170	11856		5	126		
修水县上杭乡	5860	15052		18	480	13	1
修水县新湾乡	12890	11480					
修水县布甲乡	10400	8502		20	328	9	
修水县漫江乡	9870	10046		17	330	17	2
修水县复原乡	13920	4912					
修水县竹坪乡	5960	9652		15	76		
修水县征村乡	18710	15319		17	112	17	
修水县庙岭乡	12450	6876		18	370	10	
修水县黄坳乡	17540	13927		18	598		
修水县大椿乡	14590	18880		43	520	13	
永修县涂埠镇	2644	75935	58689	382	2997	110	5
永修县吴城镇	35605	15200	2984	17	492	9	2
永修县三溪桥镇	12600	13361	2200	15	182	5	1
永修县虬津镇	5939	18102	4200	15	1355	8	3
永修县艾城镇	6710	30230	5845	86	7864	78	47
永修县滩溪镇	3116	17093	1232	33	310	22	
永修县白槎镇	5116	11148	1446	54	376	5	2
永修县梅棠镇	7800	14269	1899	5	35	1	1
永修县燕坊镇	4700	10558	1092	86	950	11	2
永修县马口镇	5059	22001	1602	5	355	3	
永修县柘林镇	1500	8296	1533	20	118	7	
永修县三角乡	6839	22683		3	42	3	
永修县九合乡	5049	23030		90	476		
永修县立新乡	7822	26674		40	299	22	
永修县江上乡	10500	10338	2787	17	349	15	3
德安县蒲亭镇	2700	64425	49830	242	13450	15	6
德安县聂桥镇	5412	8590	1985	70	1420	35	4
德安县车桥镇	12600	10479	638	25	320	1	1
德安县丰林镇	6400	13405	3491	24	1350	22	10
德安县吴山镇	12600	12486	3250	50	965	32	10
德安县宝塔乡	9620	11099		5	98	2	1
德安县河东乡	3300	14768		39	3059	27	11
德安县高塘乡	3100	6750		3	180	2	2
德安县林泉乡	7400	6557		27	256	18	6

续表 217　(江西省)　单位：公顷、人、个

名　称	行政区域面　积	常住人口	#城镇建成区	企业个数	企　业从业人员	工业企业个　数	#规模以上
德安县磨溪乡	10400	6738		44	1730	15	8
德安县爱民乡	4274	6695		5	240	3	1
德安县邹桥乡	7100	6970		3	21	1	
德安县塘山乡	2700	1773		6	344	4	4
都昌县都昌镇	6910	121952	116812	326	16652	44	18
都昌县周溪镇	5107	48502	1423	600	6000	60	
都昌县三汊港镇	3985	28817	4705	63	481	24	
都昌县中馆镇	5130	19584	4990	135	1480	20	3
都昌县大沙镇	5248	33150	3730	40	620	4	
都昌县万户镇	3710	29208	1327	24	1241	12	
都昌县南峰镇	3500	16550	3220	24	310	4	
都昌县土塘镇	12592	59590	1259	42	256	16	1
都昌县大港镇	14300	26142	1294	79	534	8	
都昌县蔡岭镇	11700	39029	5380	303	1660	59	6
都昌县徐埠镇	9300	31134	6217	10	520	5	
都昌县左里镇	6760	21421	4869	140	1356	5	
都昌县和合乡	3410	23715		9	50		
都昌县阳峰乡	4938	29862		7	1628	3	
都昌县西源乡	2760	25316		10	148		
都昌县芗溪乡	4104	25192		38	500		
都昌县狮山乡	4830	20800		13	362		
都昌县鸣山乡	6849	24515		7	201		
都昌县春桥乡	4825	16782		26	650	7	
都昌县苏山乡	7133	20198		49	3215	48	12
都昌县多宝乡	6681	19006		38	358	28	
都昌县汪墩乡	17190	42152		20	380	1	
都昌县北山乡	5617	25485		31	168		
都昌县大树乡	5067	30094					
湖口县双钟镇	3570	71614	66979	248	24982	60	45
湖口县流泗镇	6200	29882	1887	120	1200	24	4
湖口县马影镇	3662	22674	3460	83	2626	25	7
湖口县武山镇	5068	11815	2050	20	1045	17	2
湖口县城山镇	8795	17551	4362	35	1645	8	4
湖口县均桥镇	6079	26456	3599	193	1205	29	7
湖口县大垅乡	3155	14466		7	196	7	4
湖口县凰村乡	2768	18540		69	707	35	4
湖口县张青乡	3245	18429		10	11547	10	2
湖口县付垅乡	4138	10585		23	400	8	4
湖口县舜德乡	9255	17037		10	360	4	4
湖口县流芳乡	3800	10058		79	2124	17	8
彭泽县龙城镇	8000	85762	63240	275	15632	158	62
彭泽县棉船镇	10620	38136	5200	380	4620	14	3
彭泽县马垱镇	12900	31377	9310	38	528	11	7
彭泽县芙蓉墩镇	14574	34329	5312	360	2340	26	13
彭泽县定山镇	3819	18520	4273	105	2630	38	16
彭泽县天红镇	12150	16473	4296	48	857	16	6
彭泽县杨梓镇	23353	30952	3698	25	680	10	3
彭泽县东升镇	10960	13390	3104	36	340	8	5
彭泽县瀼溪镇	8770	9309	2136	3	389	3	3
彭泽县黄花镇	6400	22301	2235	42	1082	30	7

续表 218 (江西省) 单位：公顷、人、个

名 称	行政区域面积	常住人口	#城镇建成区	企业个数	企业从业人员	工业企业个数	#规模以上
彭泽县太平关乡	7110	18090		13	96	6	2
彭泽县黄岭乡	11860	17935		45	700	23	1
彭泽县浩山乡	15670	14950		136	1302	26	1
瑞昌市码头镇	7145	53487	37039	413	16062	192	21
瑞昌市白杨镇	5966	18711	2897	182	1921	52	5
瑞昌市南义镇	14278	17039	2632	11	165	4	1
瑞昌市横港镇	11483	17714	2407	31	375	2	
瑞昌市范镇	11621	26390	2379	42	309	30	
瑞昌市肇陈镇	5301	9341	1671	6	87		
瑞昌市高丰镇	7935	16956	1462	80	540	65	2
瑞昌市夏畈镇	4312	12570	5986	15	983	12	5
瑞昌市乐园乡	8979	8800		60	610	30	
瑞昌市洪一乡	9927	12392					
瑞昌市花园乡	10165	15181		18	1185	9	
瑞昌市洪下乡	6036	9584		8	310	6	2
瑞昌市武蛟乡	3176	9666		11	610	5	1
瑞昌市横立山乡	5530	6615					
瑞昌市黄金乡	3592	8603		17	395	15	8
瑞昌市南阳乡	6396	11160		6	68	2	1
共青城市甘露镇	4900	16000	15915	151	30050	130	94
共青城市江益镇	9200	15665	2324	17	4603	11	
共青城市金湖乡	3014	9432		22	1200	22	2
共青城市苏家垱乡	11200	27461		34	283	17	5
共青城市泽泉乡	4694	15606		50	400	10	3
庐山市南康镇	6400	39650	39650	1221	10098	201	6
庐山市白鹿镇	10800	28050	1656	186	2400	126	10
庐山市温泉镇	16540	31077	5856	56	3580	17	8
庐山市星子镇	4543	21871	1879	103	1023	30	4
庐山市华林镇	4490	26000	2216	46	520	24	2
庐山市蛟塘镇	6100	23632	1206	170	850	5	1
庐山市横塘镇	4320	20125	1992	320	8994	220	8
庐山市牯岭镇	10415	21367	14800	392	8260		
庐山市海会镇	1136	11205	700	15	85	3	
庐山市蓼南乡	11339	20848		10	521	5	5
渝水区水北镇	13123	21574	1919	17	5081	9	1
渝水区下村镇	15400	45973	11023	226	3721	66	9
渝水区良山镇	17600	16993	2423	50	2943	28	10
渝水区罗坊镇	27000	58503	18280	856	5020	8	1
渝水区姚圩镇	7100	15299	7235	168	1361	16	
渝水区珠珊镇	6382	29010	289	48	2571	37	9
渝水区河下镇	10800	23267	17742	60	1330	23	3
渝水区观巢镇	7668	20725	4260	18	295	12	2
渝水区欧里镇	6720	16031	2205	139	1982	75	6
渝水区水西镇	24300	100697	39150	57	6975	35	8
渝水区鹄山乡	4550	10195		65	428	56	4
渝水区人和乡	7200	11890		39	700	27	5
渝水区界水乡	6300	12779		27	731	1	
渝水区南安乡	12900	9200		149	745	97	
渝水区新溪乡	4400	9431		19	601	4	1
渝水区九龙山乡	7400	8356		25	1025	16	4

续表 219　　　　　　　　　　（江西省）　　　　　　　　　　单位：公顷、人、个

名　　称	行政区域面　积	常住人口	#城镇建成区	企业个数	企　业从业人员	工业企业个　数	#规模以上
分宜县分宜镇	15600	95634	82455	119	6980	54	5
分宜县杨桥镇	14478	17820	13212	173	2890	17	
分宜县湖泽镇	7000	15416	8791	17	913	15	5
分宜县双林镇	10070	29012	12600	62	560	12	4
分宜县钤山镇	42060	30478	6788	30	8230	26	10
分宜县洋江镇	8811	15889	2830	15	450	13	
分宜县凤阳镇	10038	22669	3310	237	1300	16	
分宜县洞村乡	6700	7958		31	442	20	
分宜县高岚乡	7618	17981		5	80	5	1
分宜县操场乡	8984	17848		16	201	16	
月湖区童家镇	5319	24971	1687	23	631	23	2
月湖区夏埠乡	1760	22582		16	472		
余江县邓埠镇	4800	87111	67224	325	12321		
余江县锦江镇	12100	55597	12985	96	3325	74	11
余江县潢溪镇	4600	40117	3512	24	1013	19	8
余江县中童镇	6700	29182	4193	68	7047	56	12
余江县马荃镇	10600	28793	3178	17	217	4	
余江县画桥镇	10500	16696	2280	24	320	2	
余江县春涛镇	10600	39880	550	35	300	11	
余江县平定乡	5600	22323	469	17	292		
余江县杨溪乡	6680	17430	462	20	395		
余江县洪湖乡	510	10098		5	100		
余江县黄庄乡	6300	13000	1248	10	60	1	
余江县刘家站乡	4800	13788	13788	30	6004	7	
贵溪市泗沥镇	14800	34165	1750	130	855	15	3
贵溪市河潭镇	12000	28788	1468	43	1246	34	
贵溪市周坊镇	20600	31510	3816	32	402	12	
贵溪市鸿塘镇	12000	32806	4022	18	142	15	
贵溪市志光镇	7800	22809	1850	63	315	4	
贵溪市流口镇	6900	22000	1410	39	935	35	1
贵溪市罗河镇	13101	52320	3769	65	332	34	
贵溪市金屯镇	10295	13399	2356	26	152	13	
贵溪市塘湾镇	18000	23531	12500	54	290	9	
贵溪市文坊镇	22460	26790	11254	84	430	36	
贵溪市冷水镇	15800	4678	1499	13	748	11	2
贵溪市滨江镇	11610	38520	1420	175	1156	123	4
贵溪市天禄镇	11670	25701	1658	33	200	10	
贵溪市雷溪镇	4400	20100	1410	28	1710	20	
贵溪市龙虎山镇	13600	22890	617	89	1532	18	2
贵溪市上清镇	8636	15116	8830	197	1026		
贵溪市白田乡	8856	18371		9	138	6	
贵溪市彭湾乡	6500	13052		5	1490	2	
贵溪市樟坪畲族乡	12200	3930		12	87	7	
贵溪市耳口乡	18400	10580		25	238	20	1
章贡区沙石镇	13620	43643	2992	156	3451	47	5
章贡区水东镇	2486	29115	2140	157	4658	51	13
章贡区水南镇	2050	81351	5700	2758	17420	2	
章贡区湖边镇	5198	27297	7725	281	4550	38	5
章贡区沙河镇	6450	55048	2862	192	3032	89	87
章贡区水西镇	11020	35706	2580	213	12321	53	19

续表 220　　（江西省）　　单位：公顷、人、个

名　　称	行政区域面积	常住人口	#城镇建成区	企业个数	企业从业人员	工业企业个数	#规模以上
章贡区蟠龙镇	4320	61223	5711	1411	23123	277	65
章贡区潭口镇	5800	51670	46410	509	3009	24	
章贡区潭东镇	5789	41576	6720	358	12896	58	7
南康区唐江镇	9600	99123	29182	385	7885	258	21
南康区凤岗镇	6300	45871	5658	31	1530	20	
南康区龙岭镇	8408	62850	25600	2180	65200	798	212
南康区龙回镇	13750	37986	5496	178	2598	68	9
南康区镜坝镇	3180	33219	2241	723	13338	695	119
南康区横市镇	12220	20773	16505	19	652	8	
南康区浮石乡	9878	23771		36	575	13	
南康区赤土畲族乡	17100	46315		285	2695	215	3
南康区横寨乡	3100	18985		127	1400	31	4
南康区朱坊乡	9900	41846		95	1120	42	12
南康区太窝乡	3652	19772		203	3968	95	17
南康区三江乡	3800	29915		63	698	8	
南康区龙华乡	10700	49145		114	916	21	3
南康区十八塘乡	13294	28333		69	613	4	
南康区麻双乡	12350	25716		113	917		
南康区大坪乡	10700	23512	3212	26	372	5	
南康区坪市乡	10300	19133		12	120		
南康区隆木乡	9600	18020		64	1056	44	
赣县梅林镇	2638	103922	103922	1334	20334	198	106
赣县王母渡镇	30682	44887	4578	18	159		
赣县沙地镇	27739	32565	2604	51	460	8	
赣县江口镇	12075	37716	4317	53	447	30	
赣县田村镇	22221	50069	5479	48	244	20	
赣县南塘镇	15981	50356	5461	59	711	12	
赣县茅店镇	12283	31072	3296	107	944	27	
赣县吉埠镇	12705	27850	2887	54	511	13	
赣县五云镇	13413	21049	2053	43	260	5	
赣县湖江镇	27531	40605	3874	23	197		
赣县储潭镇	8838	18000	1916	45	306	19	
赣县韩坊镇	28191	39216	4140	29	189	10	
赣县阳埠乡	15956	22477		9	99		
赣县大埠乡	23567	17189		34	382	7	
赣县长洛乡	14340	9705		9	107	1	
赣县大田乡	10437	14828		14	162		
赣县石芫乡	7404	17187		9	113		
赣县三溪乡	5290	14928		14	169		
赣县白鹭乡	7655	16909		25	253	11	
信丰县嘉定镇	27370	255141	136875	815	19082	788	54
信丰县大塘埠镇	20800	67632	31878	313	1533	145	1
信丰县古陂镇	30370	33389	4855	13	638	11	
信丰县大桥镇	9420	22095	4999	87	1806	35	
信丰县新田镇	24200	27669	6310	119	670	10	
信丰县安西镇	22570	49241	6480	69	429	12	
信丰县小江镇	24200	40259	6040	128	1610	26	2
信丰县铁石口镇	9299	40887	5863	48	2567	39	4
信丰县大阿镇	9596	46880	9205	36	6256	25	
信丰县油山镇	15361	21617	3894	6	3727	6	

续表 221 （江西省） 单位：公顷、人、个

名　称	行政区域面积	常住人口	#城镇建成区	企业个数	企业从业人员	工业企业个数	#规模以上
信丰县小河镇	10500	44382	3933	11	857	9	
信丰县西牛镇	23497	61566	6185	771	5515	596	35
信丰县正平镇	16448	64657	4876	113	852	13	
信丰县虎山乡	20059	20940		46	2242	46	
信丰县崇仙乡	15448	22231		63	531	55	
信丰县万隆乡	11531	28445		60	310	8	
大余县南安镇	13036	83558	64028	1319	6955	1002	62
大余县新城镇	15977	62467	17968	324	1620	288	2
大余县樟斗镇	8719	10228	2843	30	206	8	2
大余县池江镇	11921	38806	1278	178	890	80	1
大余县青龙镇	11055	32590	7248	144	783	95	
大余县左拔镇	9976	6177	2653	36	180	27	1
大余县黄龙镇	9145	18225	2185	138	716	113	
大余县吉村镇	20531	15325	4566	154	800	111	
大余县浮江乡	14357	8526		85	425	60	6
大余县河洞乡	8575	3055		31	160	20	
大余县内良乡	10700	7886		33	173	32	
上犹县东山镇	17016	71571	53610	301	5365	165	3
上犹县陡水镇	4103	4332	1729	12	1598	11	2
上犹县社溪镇	12872	30268	4368	35	641	8	
上犹县营前镇	6846	29161	8125	40	797	25	2
上犹县黄埠镇	7553	16925	6166	201	5583	199	31
上犹县寺下镇	9390	12503	1824	8	126	5	
上犹县梅水乡	9739	14592		10	151	5	
上犹县油石乡	8845	17914		44	865	28	2
上犹县安和乡	6784	8882		8	145	3	
上犹县双溪乡	12399	10761		6	202	6	
上犹县水岩乡	13915	20416		15	261	12	
上犹县平富乡	8759	10169		13	121	4	
上犹县五指峰乡	23842	7131		19	356	16	
上犹县紫阳乡	12108	10588		16	297	12	
崇义县横水镇	34410	56556	42509	617	6495	93	21
崇义县扬眉镇	7690	14742	3220	47	532	6	
崇义县过埠镇	8435	15282	1208	68	673	22	5
崇义县铅厂镇	16806	10350	960	19	269	8	
崇义县长龙镇	13566	11827	2200	301	1647	9	3
崇义县关田镇	16285	8885	1360	41	500	31	2
崇义县龙勾乡	6727	14084		35	259	5	1
崇义县杰坝乡	12020	7726		8	85		
崇义县金坑乡	11625	6945		17	123	6	
崇义县思顺乡	21559	12369		6	150	3	
崇义县麟潭乡	9325	7178		13	76	4	1
崇义县上堡乡	14967	11425		33	310	10	
崇义县聂都乡	15643	8044		49	413	37	
崇义县文英乡	10496	7056		28	117	15	
崇义县乐洞乡	5838	2541		20	191	15	1
崇义县丰州乡	15588	9601		46	335	38	1
安远县欣山镇	18300	93443	70448	1312	36700	147	20
安远县孔田镇	10110	31612	5465	32	180	4	2
安远县版石镇	13500	29930	5223	45	1135	15	9

续表 222　　(江西省)　　单位：公顷、人、个

名　称	行政区域面积	常住人口	#城镇建成区	企业个数	企业从业人员	工业企业个数	#规模以上
安远县天心镇	20800	38423	3600	86	2010	9	
安远县龙布镇	13100	29920	2720	49	695	4	3
安远县鹤子镇	13500	15487	11780	5	146	3	2
安远县三百山镇	11660	13830	3879	14	105	2	
安远县车头镇	20168	19387	9402	4	30		
安远县镇岗乡	11500	11650	5565	15	275	3	1
安远县凤山乡	9700	9856	5428	48	392	1	
安远县新龙乡	19000	12229	5513				
安远县蔡坊乡	9600	4786	3154	1	45	1	
安远县重石乡	6810	11113	8673				
安远县长沙乡	7600	11450	5223				
安远县浮槎乡	7800	14599	9914				
安远县双芫乡	10000	8196	3459	40	240		
安远县塘村乡	11501	8107	4091	8	45		
安远县高云山乡	20350	7908	2986				
龙南县龙南镇	14822	94523	29876	1960	40110	149	31
龙南县武当镇	7880	13248	1276	35	268	11	1
龙南县杨村镇	16241	49608	7205	8	437	7	1
龙南县汶龙镇	8417	20261	4667	6	881	5	2
龙南县程龙镇	11477	9070	1600	10	420	5	
龙南县关西镇	8040	6480	2558	8	40	1	
龙南县里仁镇	14575	21680	4035	136	6811	92	6
龙南县渡江镇	7780	19118	4225	12	360	12	
龙南县九连山镇	20063	4659	1972	36	382	3	
龙南县桃江乡	8817	21242		46	1482	12	3
龙南县东江乡	4760	13428		192	3341	184	69
龙南县临塘乡	11046	17724		9	193	9	
龙南县南亨乡	9720	14320	921	12	219	12	1
龙南县夹湖乡	10106	13274		5	160	5	1
定南县历市镇	25548	80921	28268	639	7254	275	39
定南县岿美山镇	13083	13441	5802	69	1582	66	1
定南县老城镇	8904	16651	3371	55	2231	41	1
定南县天九镇	15598	17657	10684	65	1751	65	2
定南县龙塘镇	15025	18496	3520	34	852	34	
定南县岭北镇	33714	18715	5159	118	1652	118	3
定南县鹅公镇	20242	28615	8015	69	1335	69	
全南县城厢镇	8224	55382	41675	416	2912	82	1
全南县大吉山镇	10425	21783	11635	48	1678	27	2
全南县陂头镇	31215	20212	4713	71	526	33	1
全南县金龙镇	20489	31680	6594	183	6520	86	3
全南县南迳镇	22740	17358	2480	88	2300	25	
全南县龙源坝镇	29174	11265	2013	36	854	25	2
全南县中寨乡	9896	13000		27	356	1	
全南县社迳乡	10875	12174		31	266	11	1
全南县龙下乡	10428	5933		17	203	2	2
宁都县梅江镇	20721	188061	129958	990	41246	448	93
宁都县青塘镇	17823	36544	4610	46	1411	39	1
宁都县长胜镇	18875	55171	5573	54	1340	29	1
宁都县黄陂镇	20871	35352	4649	30	773	17	
宁都县固村镇	28892	38033	4618	44	251	21	

续表 223 （江西省） 单位：公顷、人、个

名称	行政区域面积	常住人口	#城镇建成区	企业个数	企业从业人员	工业企业个数	#规模以上
宁都县赖村镇	17916	51976	3869	41	614	17	
宁都县石上镇	18372	28030	3266	50	898	27	2
宁都县东山坝镇	17367	24493	3955	17	299	8	
宁都县洛口镇	31250	30435	4313	22	738	16	1
宁都县小布镇	15349	14825	3316	17	243	13	
宁都县黄石镇	8022	38341	4295	39	631	29	
宁都县田头镇	7252	36748	4461	41	648	29	
宁都县竹笮乡	9092	28394		24	826	17	1
宁都县对坊乡	14307	26629		35	435	9	
宁都县固厚乡	13701	23087		56	343	15	
宁都县田埠乡	16673	24376		15	204	14	
宁都县会同乡	17521	29071		25	231	8	
宁都县湛田乡	18713	16222		13	205	9	
宁都县安福乡	8813	10394		11	304	8	1
宁都县东韶乡	27835	20005		23	376	9	
宁都县肖田乡	22196	10066		15	169	14	
宁都县钓峰乡	8809	10783		5	78	3	
宁都县大沽乡	16759	14633		10	211	9	
宁都县蔡江乡	8487	13570		8	115	3	
于都县贡江镇	15760	180166	143906	1222	42215	652	95
于都县铁山垅镇	6703	14196	5402	40	1988	14	1
于都县盘古山镇	15781	21495	6545	57	1846	23	2
于都县禾丰镇	14114	60030	5523	35	1536	25	2
于都县祁禄山镇	17031	12066	5192	18	702	16	1
于都县梓山镇	16766	57774	4394	46	1710	43	1
于都县银坑镇	19117	67068	5558	109	1630	26	1
于都县岭背镇	14729	52514	5960	110	1761	22	1
于都县罗坳镇	16130	47713	6218	102	2848	48	3
于都县罗江乡	11807	31700		8	262	5	
于都县小溪乡	15688	25248		16	560	12	
于都县利村乡	12912	29209		22	659	15	
于都县新陂乡	4952	19722		26	588	15	
于都县靖石乡	15647	28488		22	576	11	2
于都县黄麟乡	17442	31043		28	862	18	
于都县沙心乡	5390	7969		9	129	1	
于都县宽田乡	15090	38447		57	864	17	
于都县葛坳乡	19152	54460		28	983	20	2
于都县桥头乡	3404	14544		9	362	8	
于都县马安乡	4747	19276		10	280	7	
于都县仙下乡	14419	54711		45	772	22	
于都县车溪乡	7061	31434		14	202	5	
于都县段屋乡	5390	23102		13	411	10	
兴国县潋江镇	5035	138439	106850	510	18580	323	77
兴国县江背镇	13244	27132	1510	48	133	2	1
兴国县古龙冈镇	19889	33326	4598	10	56		
兴国县梅窖镇	8542	29019	1920	75	1356	13	2
兴国县高兴镇	23502	45252	7562	192	973	20	1
兴国县良村镇	18702	24866	3221	53	278		
兴国县龙口镇	6964	22611	2168	45	248	2	2
兴国县兴江乡	15424	28684		1	197	1	1

续表 224　　(江西省)　　单位：公顷、人、个

名　称	行政区域面　积	常住人口	#城镇建成区	企业个数	企　业从业人员	工业企业个　数	#规模以上
兴国县樟木乡	7242	10814		17	168	6	1
兴国县东村乡	7927	18919		32	253		
兴国县兴莲乡	10432	18555		2	10		
兴国县杰村乡	11291	20534		62	521	10	
兴国县社富乡	16055	38001					
兴国县埠头乡	9088	40683		196	2684	104	5
兴国县永丰乡	16020	35802		122	732		
兴国县隆坪乡	5571	13829		48	615	2	1
兴国县均村乡	19409	45752	4753	83	257		
兴国县茶园乡	12599	19696		9	120	7	
兴国县崇贤乡	19860	27168		68	365		
兴国县枫边乡	14471	15342		93	483		
兴国县南坑乡	12817	10301		10	48	6	
兴国县城岗乡	14586	24321		54	3800	13	1
兴国县方太乡	9396	15262		10	182	1	
兴国县鼎龙乡	13101	29000		101	562	6	
兴国县长冈乡	10361	42495		384	2196	8	2
会昌县文武坝镇	18184	96714	43075	245	9826	209	31
会昌县筠门岭镇	28487	41353	13457	37	1784	30	12
会昌县西江镇	19640	57741	10512	27	913	17	3
会昌县周田镇	24473	55028	9123	31	360	20	1
会昌县麻州镇	11972	31062	7268	52	1350	45	15
会昌县庄口镇	15260	25032	4791	19	300	5	2
会昌县清溪乡	9189	3613		4	369	4	1
会昌县右水乡	12704	13745		3	20		
会昌县高排乡	10168	11786		4	25	3	
会昌县晓龙乡	13142	14550		1	135	1	1
会昌县珠兰乡	13196	17661		8	119	6	1
会昌县洞头乡	15140	8023					
会昌县中村乡	10192	6597		5	256	3	1
会昌县站塘乡	10368	14882					
会昌县永隆乡	12003	5617		11	58	7	
会昌县富城乡	23527	11961					
会昌县小密乡	8443	17865		28	138	6	3
会昌县庄埠乡	4987	8272		8	53	2	
会昌县白鹅乡	9386	16519		16	639	16	3
寻乌县长宁镇	1868	92461	91436	318	1680	248	11
寻乌县晨光镇	18321	28701		47	386	40	
寻乌县留车镇	23088	34075	3836	113	2221	101	3
寻乌县南桥镇	14352	29233	6129	196	2249	102	4
寻乌县吉潭镇	24972	27993	3497	56	1836	55	1
寻乌县澄江镇	18071	35309	5309	40	250	8	2
寻乌县桂竹帽镇	23297	12696	2789	40	298	34	1
寻乌县文峰乡	26250	24312		75	375	68	24
寻乌县三标乡	21238	13423		51	1056		
寻乌县菖蒲乡	8011	9633		27	135	21	
寻乌县龙廷乡	7704	6579		28	374		
寻乌县丹溪乡	16379	18723		226	1019	226	5
寻乌县项山乡	7466	7843		36	490	36	
寻乌县水源乡	11276	15371		98	897		

续表 225　　(江西省)　　单位：公顷、人、个

名　称	行政区域面积	常住人口	#城镇建成区	企业个数	企业从业人员	工业企业个数	#规模以上
寻乌县罗珊乡	12863	10057					
石城县琴江镇	27473	87703	83712	1817	27095	394	44
石城县小松镇	16780	31742	6521	127	3266	12	2
石城县屏山镇	11962	32169	12684	98	2410	20	2
石城县横江镇	29621	40429	5642	116	2687	15	
石城县高田镇	24232	21982	7812	83	3050	10	
石城县木兰乡	9312	10768		33	281	4	
石城县丰山乡	11926	15593		27	304	4	
石城县大由乡	12416	20094		48	891	6	
石城县龙岗乡	7342	10495		46	1641	2	1
石城县珠坑乡	5676	15457		52	1201	8	
瑞金市象湖镇	3683	170510	170510	2151	29906	280	5
瑞金市瑞林镇	19625	35990	6439	17	42	3	2
瑞金市壬田镇	16110	38057	12972	172	1430	11	
瑞金市九堡镇	21209	58968	9191	108	1350	13	
瑞金市沙洲坝镇	7998	26042	13404	240	1982	2	2
瑞金市谢坊镇	13308	38885	8530	142	1192	30	2
瑞金市武阳镇	15562	35271	8261	113	1042	11	
瑞金市叶坪乡	15078	50391		227	1981	28	
瑞金市丁陂乡	5244	8018		18	150	9	
瑞金市大柏地乡	15584	12822		23	286	2	
瑞金市岗面乡	15102	16025		9	72		
瑞金市日东乡	18177	19044		48	422	5	
瑞金市万田乡	9633	14927		21	550	4	
瑞金市黄柏乡	10683	41174		146	1260	17	1
瑞金市云石山乡	11420	43815		138	865	28	
瑞金市泽覃乡	24379	13384		105	869	10	
瑞金市拔英乡	21048	11158		25	210	4	
吉州区兴桥镇	13359	24077	8092	13	397	10	3
吉州区樟山镇	6247	20957	9998	1	14		
吉州区长塘镇	10706	35035	20789	345	1912	145	3
吉州区曲濑镇	6261	18072	1414	64	527	26	3
青原区天玉镇	4922	16652	7051	118	3540	48	
青原区值夏镇	4900	34992	16130	74	441	8	
青原区新圩镇	4900	19078	3291	54	435	11	
青原区富滩镇	18980	25108	3566	109	1804	12	
青原区富田镇	21600	34121	4660	73	1542	17	1
青原区文陂镇	5100	14912	3100	43	1002	6	
青原区东固畲族少数民族乡	24300	14911		99	1384	37	2
吉安县敦厚镇	8900	109515	85290	538	22540	186	87
吉安县永阳镇	7300	28932	6054	156	1164	82	1
吉安县天河镇	15600	13587	1274	22	2897	14	4
吉安县横江镇	6900	21085	1550	27	580	27	1
吉安县固江镇	11100	17189	1986	38	455	31	1
吉安县万福镇	10300	37743	1712	129	2113	97	
吉安县永和镇	3310	25410	3835	5	136	3	
吉安县桐坪镇	13200	35768	836	78	2425	52	
吉安县凤凰镇	5800	21516	3142	176	4865	75	32
吉安县油田镇	22700	24625	3413	115	2346	7	1
吉安县敖城镇	23200	16476	935	40	1322	36	2

续表 226　　(江西省)　　单位：公顷、人、个

名　　称	行政区域面　　积	常住人口	#城镇建成区	企业个数	企　业从业人员	工业企业个　　数	#规模以上
吉安县梅塘镇	13000	24718	3216	30	192	6	
吉安县浬田镇	13700	18031	1558	31	556	9	
吉安县北源乡	5500	18957		6	138		
吉安县大冲乡	9000	13465	7589	26	316	18	
吉安县登龙乡	6900	17469		31	350	31	
吉安县安塘乡	8100	9658		31	1715	26	3
吉安县官田乡	14800	13694		125	1970	92	1
吉安县指阳乡	10500	9545		30	150	22	
吉水县文峰镇	21737	135509	125473	1256	24615	905	24
吉水县阜田镇	13830	33622	9032	69	2470	68	1
吉水县盘谷镇	9320	27760	11633	21	297	6	
吉水县枫江镇	9350	30860	6101	100	845	64	
吉水县黄桥镇	8870	26516	6613	37	1291	37	3
吉水县金滩镇	15861	34545	3810	162	11774	131	27
吉水县八都镇	18630	40129	27513	296	6240	196	3
吉水县双村镇	9470	12637	2786	50	732	40	
吉水县醪桥镇	12930	21066	613	52	791	48	
吉水县螺田镇	19900	15061	2801	80	1489	70	
吉水县白沙镇	17730	20354	5600	120	680	78	
吉水县白水镇	10280	11317	5029	65	857	47	
吉水县丁江镇	12980	13982	4635	27	240	20	
吉水县乌江镇	15620	24637	3970	77	913	73	7
吉水县水南镇	34120	28636	5352	58	932	49	
吉水县尚贤乡	4815	19047		9	275	5	
吉水县水田乡	7960	8127		7	212	4	
吉水县冠山乡	7570	9635		38	191	37	
峡江县水边镇	18607	49720	23935	456	7960	93	14
峡江县马埠镇	17053	13923	1856	50	1622	40	4
峡江县巴邱镇	13338	33310	26956	53	2982	47	8
峡江县仁和镇	14796	13135	2860	14	812	13	2
峡江县砚溪镇	11996	12560	823	36	247	25	4
峡江县罗田镇	15098	16797	1290	31	672	19	3
峡江县桐林乡	9605	7194		26	531	6	3
峡江县福民乡	10072	9002		41	1060	15	5
峡江县戈坪乡	7811	7243		20	1050	11	4
峡江县金江乡	9915	8592		68	1258	45	4
峡江县金坪民族乡	1056	3188		22	524	8	1
新干县金川镇	13811	91183	67603	1526	18145	507	13
新干县三湖镇	4782	37197	3892	21	1208	14	2
新干县大洋洲镇	7854	26745	4011	61	4932	61	6
新干县七琴镇	11863	34512	6654	64	1369	48	7
新干县麦斜镇	13473	20346	3841	90	1381	63	4
新干县界埠镇	11344	25963	1035	109	753	92	9
新干县溧江镇	10001	19606	1150	22	939	14	8
新干县桃溪乡	13657	14433		24	417	15	5
新干县城上乡	8819	15204		59	1006	32	6
新干县潭丘乡	10341	18750		68	570	32	6
新干县神政桥乡	7674	9897		37	1621	20	6
新干县沂江乡	5224	12827		35	2224	35	7
新干县荷蒲乡	3992	17877		31	157	23	6

续表 227　　　　(江西省)　　　　单位：公顷、人、个

名　　称	行政区域面积	常住人口	#城镇建成区	企业个数	企业从业人员	工业企业个数	#规模以上
永丰县恩江镇	7858	97536	89956	631	9327	370	32
永丰县坑田镇	13921	17486	3963	75	3159	58	18
永丰县沿陂镇	15497	20995	3342	63	826	35	3
永丰县古县镇	23779	21338	2711	47	625	25	3
永丰县瑶田镇	8941	21454	2795	53	1009	37	2
永丰县藤田镇	9913	39213	20991	143	1509	91	5
永丰县石马镇	21742	35879	6185	115	1684	84	10
永丰县沙溪镇	21573	23088	3161	96	1031	59	6
永丰县佐龙乡	14547	37990		98	2017	36	6
永丰县八江乡	6996	10536		64	1800	46	7
永丰县潭城乡	10367	14882		24	755	8	2
永丰县鹿冈乡	15911	10499		26	518	16	3
永丰县七都乡	14890	12465		31	419	17	4
永丰县陶唐乡	7416	12741		33	971	21	7
永丰县中村乡	10773	6481		27	415	17	2
永丰县上溪乡	9588	5189		19	567	9	3
永丰县潭头乡	11606	8556		31	576	22	3
永丰县三坊乡	8666	6001		9	131	6	
永丰县上固乡	8278	7412		19	413	13	4
永丰县君埠乡	12239	11519		26	342	16	3
永丰县龙冈畲族乡	13955	12097		25	537	13	2
泰和县澄江镇	13046	173025	173025	426	8900	255	80
泰和县碧溪镇	16490	15052	2920	19	220	9	
泰和县桥头镇	24790	14680	2302	81	524	9	
泰和县禾市镇	13765	20329	5288	20	310	15	
泰和县螺溪镇	8075	30112	3256	115	1252	10	1
泰和县苏溪镇	9987	20568	3742	85	1230	62	1
泰和县马市镇	13584	31120	7190	86	1251	4	1
泰和县塘洲镇	12983	31796	7425	75	908	50	3
泰和县冠朝镇	16002	23473	5506	65	570	25	
泰和县沙村镇	8094	16925	3358	82	1025	18	1
泰和县老营盘镇	8500	4140	405	12	163	5	
泰和县小龙镇	7984	5819	3705	14	260	10	1
泰和县灌溪镇	16932	22320	1957	54	582	12	
泰和县苑前镇	11136	25910	7898	55	650	13	
泰和县万合镇	16892	48173	2480	96	1766	70	1
泰和县沿溪镇	9687	23122	2995	80	1300	56	
泰和县石山乡	6053	12585		14	238	10	
泰和县南溪乡	4687	12819		4	48	2	
泰和县上模乡	10190	8391		12	143	9	
泰和县水槎乡	17195	10353		11	143	8	
泰和县上圯乡	9196	9041		22	271	12	
泰和县中龙乡	9838	5396		16	304	10	
遂川县泉江镇	18790	121496	121496	1201	24964	168	45
遂川县雩田镇	22262	60751	26411	213	7015	148	24
遂川县碧洲镇	11520	12271	6072	65	1930	13	1
遂川县草林镇	13710	37555	15285	43	948	12	1
遂川县堆子前镇	10366	21630	9063	10	410	4	1
遂川县左安镇	15744	35539	11032	36	551	17	
遂川县高坪镇	11165	15647	4115	44	230	17	

续表 228　　(江西省)　　单位：公顷、人、个

名　称	行政区域面积	常住人口	#城镇建成区	企业个数	企业从业人员	工业企业个数	#规模以上
遂川县大汾镇	30055	36720	11041	58	515	45	1
遂川县衙前镇	16610	11832	4352	35	728	12	1
遂川县禾源镇	10690	24557	4631	55	438	12	
遂川县汤湖镇	9954	17638	5186	51	1850	15	2
遂川县枚江镇	6912	23154	3096	65	1264	30	2
遂川县珠田乡	8960	25985		60	872	18	
遂川县巾石乡	14950	26138		55	518	18	1
遂川县大坑乡	15750	16230		10	160	2	
遂川县双桥乡	9422	7449		22	537	8	
遂川县新江乡	18800	11255		25	350	14	1
遂川县五斗江乡	22760	13400		32	423	11	1
遂川县西溪乡	6740	17296		21	202	7	
遂川县南江乡	4675	11896		20	540	7	
遂川县黄坑乡	7580	19626		17	320	8	
遂川县戴家埔乡	15400	13638		35	951	21	1
遂川县营盘圩乡	7094	5108		21	253	8	2
万安县芙蓉镇	12107	60242	45368	846	15948	90	10
万安县五丰镇	22713	22893	8253	130	4216	81	62
万安县枧头镇	23945	23250	1700	82	822	29	
万安县窑头镇	12793	30826	3997	80	400	17	
万安县百嘉镇	9969	19144	2123	61	732	2	
万安县高陂镇	13138	15235	3020	64	655	4	
万安县潞田镇	14490	14982	1544	71	781	32	
万安县沙坪镇	12874	13063	450	45	1056	12	
万安县夏造镇	10756	12065	1851	42	462	11	
万安县罗塘乡	6383	15220	1000	42	2346	8	
万安县弹前乡	11561	10214	1690	48	240	2	
万安县武术乡	11924	3680	420	25	220	6	
万安县宝山乡	13755	12413	128	55	440		
万安县涧田乡	12228	13678	405	11	58	3	
万安县顺峰乡	4454	9910	442	22	65		
万安县韶口乡	13642	17474	862	59	862	7	
安福县平都镇	7747	112069	85845	1206	19905	159	4
安福县浒坑镇	4051	9255	7675	45	1359	7	1
安福县洲湖镇	18783	36289	12256	98	1442	15	
安福县横龙镇	13826	19968	9888	125	3139	45	5
安福县洋溪镇	8951	17097	3575	64	912	12	
安福县严田镇	24725	25432	5665	87	2251	24	
安福县枫田镇	12883	23226	5058	312	23190	158	47
安福县竹江乡	8309	10671		48	885	7	
安福县瓜畲乡	9221	10842		155	5361	92	28
安福县钱山乡	26230	10208		60	850	24	
安福县赤谷乡	9075	7081		45	1135	10	3
安福县山庄乡	23987	18230		67	1698	15	2
安福县洋门乡	9063	21006		48	1698	1	
安福县金田乡	15257	18132		58	1091	8	1
安福县彭坊乡	16015	5559		30	1550	6	
安福县泰山乡	21827	12799		85	1635	23	
安福县寮塘乡	18738	23033		85	2630	20	3
安福县甘洛乡	6620	9748		38	1075	4	

续表 229　　(江西省)　　单位：公顷、人、个

名　　称	行政区域面积	常住人口	#城镇建成区	企业个数	企业从业人员	工业企业个数	#规模以上
安福县章庄乡	24023	6312		46	1056	15	
永新县禾川镇	4671	93981	72284	150	2629	79	10
永新县石桥镇	9663	25044	1483				
永新县龙源口镇	18117	23113	3324				
永新县浬田镇	15784	40611	2885	60	300	1	
永新县龙门镇	10735	18544	700	8	98	1	
永新县沙市镇	7909	17203	2730				
永新县文竹镇	4311	20511	4421	12	108	7	1
永新县埠前镇	4726	19841	1628	23	1216	6	
永新县怀忠镇	7958	20608	1556	1	33		
永新县高桥楼镇	10080	14513	4220	10	659	10	
永新县坳南乡	12289	6991					
永新县曲白乡	11969	7980					
永新县才丰乡	8415	12614		5	23	3	
永新县烟阁乡	5899	9337		3	145	1	
永新县在中乡	4916	12398		3	6		
永新县三湾乡	21277	5306		15	100	4	
永新县台岭乡	4531	10123					
永新县龙田乡	8925	18301		3	58		
永新县高溪乡	12000	19024					
永新县莲洲乡	4609	15672					
永新县高市乡	3884	10186		3	16		
永新县象形乡	15680	25602		2	52		
永新县芦溪乡	9509	20697					
井冈山市厦坪镇	2911	9916	4093	66	2458	15	4
井冈山市龙市镇	3057	23344	23344	112	6915	41	9
井冈山市古城镇	5970	13218	2943	39	2452	18	3
井冈山市新城镇	6134	6455	1800	9	268	1	1
井冈山市大陇镇	6714	3148	465	20	230	9	
井冈山市茨坪镇	474	11153	11153	339	5792	3	
井冈山市拿山镇	7027	13395	450	77	1542	11	
井冈山市黄坳乡	7829	6603		48	982	8	
井冈山市下七乡	7909	7513		35	568	9	1
井冈山市长坪乡	5033	1723		29	342	13	
井冈山市坳里乡	3463	3689		9	58	1	
井冈山市鹅岭乡	5342	4545		4	105	3	
井冈山市柏露乡	4652	2476		15	103	6	
井冈山市茅坪乡	4120	3133		5	210	3	
井冈山市葛田乡	4661	4477		20	246	9	1
井冈山市荷花乡	2928	2071		9	110	1	
井冈山市睦村乡	3759	7283		21	269	6	
井冈山市东上乡	10836	7339		29	1842	13	2
袁州区彬江镇	13700	48725	24000	20	610	9	1
袁州区西村镇	14990	55790	18100	160	2762	65	4
袁州区金瑞镇	10800	39046	6620	38	850	5	5
袁州区三阳镇	7960	44179	12093	56	2978	39	12
袁州区慈化镇	20360	83250	15738	217	29468	136	6
袁州区天台镇	18400	48213	19010	60	1960	34	
袁州区洪塘镇	16930	45632	14126	95	872	11	3
袁州区渥江镇	4000	15534	2793	26	340	17	3

续表 230　　(江西省)　　单位：公顷、人、个

名　　称	行政区域面积	常住人口	#城镇建成区	企业个数	企业从业人员	工业企业个数	#规模以上
袁州区新坊镇	15901	23048	2697	64	1520	46	10
袁州区寨下镇	11800	39638	2420	44	1120	24	
袁州区芦村镇	5400	25314	4806	129	3831	10	2
袁州区湖田镇	8720	38214	5128	75	720	26	3
袁州区新田镇	8800	33243	4930	25	605	19	2
袁州区南庙镇	7900	18648	4555	62	405	20	4
袁州区竹亭镇	5439	19246	856	42	451	6	
袁州区水江镇	6400	22874	1943	36	730	7	2
袁州区辽市镇	9600	24120	12900	15	283	4	
袁州区洪江镇	17100	13611	1980	18	220	10	
袁州区楠木乡	7340	18120	680	16	500	5	2
袁州区柏木乡	7300	21057		15	2496	7	4
袁州区飞剑潭乡	8670	18430		12	300	4	
奉新县冯川镇	2461	80812	72626	1296	47909	146	4
奉新县赤岸镇	19306	34945	4853	56	598	42	
奉新县赤田镇	12812	25729	4045	29	796	25	
奉新县宋埠镇	7952	7290	1270	43	495	19	4
奉新县干洲镇	12946	30991	3046	34	672	8	4
奉新县澡下镇	14767	12292	1583	17	307	16	
奉新县会埠镇	22198	18996	5269	54	1562	44	
奉新县罗市镇	12883	10731	3698	29	2480	16	
奉新县上富镇	14297	15035	6022	62	1821	30	3
奉新县甘坊镇	6813	4713	3017	33	407	28	
奉新县仰山乡	8402	6730		16	99	11	
奉新县澡溪乡	7314	8685		17	90	14	
奉新县柳溪乡	8255	3420		4	275	3	
万载县株潭镇	9081	61428	27683	141	8375	139	5
万载县黄茅镇	13736	52058	2439	112	9020	98	13
万载县潭埠镇	9680	43860	8945	144	8100	98	12
万载县双桥镇	13236	35908	7570	80	4558	79	9
万载县高村镇	20429	14145	2150	81	1625	81	2
万载县罗城镇	15541	21057	3625	495	4360	495	1
万载县三兴镇	10790	28633	1826	432	10486	121	3
万载县高城镇	11677	35253	2402	131	3765	131	4
万载县白良镇	7375	21325	1387	60	4612	60	3
万载县鹅峰乡	7122	21855		93	4122	93	10
万载县马步乡	6251	28806		150	3612	122	6
万载县赤兴乡	7832	12613		110	3186	110	2
万载县岭东乡	4615	13110		21	2314	21	2
万载县白水乡	5928	10285		36	2100	36	1
万载县仙源乡	14884	10806		27	1100	27	1
万载县茭湖乡	8742	10265		18	2754	18	3
上高县田心镇	17300	40127	2508	163	8620	106	13
上高县徐家渡镇	13702	30669	4064	168	8317	148	8
上高县锦江镇	7860	34449	5866	241	20833	85	7
上高县泗溪镇	16589	41803	8357	403	6978	365	19
上高县翰堂镇	9328	18736	7580	410	4013	47	7
上高县南港镇	11727	13480	1480	81	1333	74	3
上高县敖山镇	3802	8870	3281	112	2318	62	14
上高县新界埠镇	10724	18671	3910	29	1873	19	7

续表 231 （江西省） 单位：公顷、人、个

名　　称	行政区域面　　积	常住人口	#城镇建成区	企业个数	企　　业从业人员	工业企业个　　数	#规模以上
上高县蒙山镇	9450	15012	340	161	7082	152	15
上高县芦洲乡	7839	13865		271	4533	251	10
上高县塔下乡	4840	10810		395	3668	208	8
上高县镇渡乡	5319	9303		41	3885	35	8
上高县野市乡	8684	7806		203	4479	181	9
上高县墨山乡	826	6896		41	2687	29	4
宜丰县新昌镇	13393	78166	65721	396	20765	316	7
宜丰县澄塘镇	18000	21010	3764	13	130	5	3
宜丰县棠浦镇	11500	21804	2269	143	2214	29	4
宜丰县新庄镇	8662	15844	2931	99	6890	99	9
宜丰县潭山镇	15850	14355	9447	22	3013	21	5
宜丰县芳溪镇	20000	22153	7623	34	2100	23	7
宜丰县石市镇	15315	30981	5633	25	798	11	5
宜丰县黄岗镇	13479	10282	1665	89	911	24	1
宜丰县花桥乡	12500	11893		214	1589	198	10
宜丰县同安乡	9188	7620		130	2963	27	6
宜丰县天宝乡	14300	14716		445	4219	157	6
宜丰县桥西乡	14550	17125	4125	99	2127	40	4
靖安县双溪镇	3790	41609	5248	119	4508	8	4
靖安县仁首镇	11885	24780	4829	63	1020	59	3
靖安县宝峰镇	19650	7388	4012	104	690	8	6
靖安县高湖镇	15642	11475	978	55	2652	25	3
靖安县璪都镇	12010	5545	1950	45	1293	12	4
靖安县香田乡	6200	13497		83	2386	69	10
靖安县水口乡	18400	11413		43	1050	41	6
靖安县中源乡	15900	11458		28	1750	25	3
靖安县罗湾乡	19500	11189		99	2875	64	4
靖安县三爪仑乡	11815	2472		25	140	5	
靖安县雷公尖乡	2960	3387		15	831	7	3
铜鼓县永宁镇	9189	37331	29715	44	1195	32	2
铜鼓县温泉镇	15693	18029	1279	25	498	25	6
铜鼓县棋坪镇	23747	12036	3500	37	1760	10	
铜鼓县排埠镇	12947	11444	2573	12	681	12	2
铜鼓县三都镇	21235	14825	1967	67	1103	49	5
铜鼓县大塅镇	21225	17635	9213	15	1516	13	1
铜鼓县高桥乡	14635	5897	904	6	380	4	2
铜鼓县港口乡	12419	2700	2300	13	321	6	2
铜鼓县带溪乡	6908	8852	8850	15	280	3	2
丰城市白土镇	9187	44628	6941	139	4798	31	1
丰城市袁渡镇	10236	42940	3099	73	3860	25	2
丰城市张巷镇	10124	53410	5620	24	1865	9	3
丰城市杜市镇	9572	21121	3006	28	2112	19	2
丰城市淘沙镇	17660	34862	2105	20	5443	7	
丰城市秀市镇	24845	35378	4268	126	3244	55	1
丰城市洛市镇	12292	37133	1865	81	9286	48	6
丰城市铁路镇	13054	40641	4624	647	4982	25	3
丰城市丽村镇	9607	21119	3530	18	126	6	3
丰城市董家镇	11276	22289	2256	20	1855	12	2
丰城市隍城镇	8497	27482	9442	18	210	12	
丰城市小港镇	8520	60806	15812	48	475	27	2

续表 232　　(江西省)　　单位：公顷、人、个

名　　称	行政区域面　积	常住人口	#城镇建成区	企业个数	企　业从业人员	工业企业个　数	#规模以上
丰城市石滩镇	6088	29716	5859	21	425	20	
丰城市桥东镇	11173	37858	4492	39	1538	20	7
丰城市荣塘镇	9346	62152	6412	66	2910	51	3
丰城市拖船镇	6770	51258	8124	42	3128	31	14
丰城市泉港镇	10046	35492	4806	24	723	23	18
丰城市梅林镇	9054	32480	6580	286	2012	74	3
丰城市曲江镇	10853	65889	16472	96	3394	62	11
丰城市上塘镇	4485	96835	58375	48	6895	38	7
丰城市筱塘乡	3860	25901		11	985	9	1
丰城市段潭乡	5093	21076		2	32		
丰城市蕉坑乡	6157	12314		2	31	2	
丰城市石江乡	8176	9129		4	139		
丰城市荷湖乡	12047	28479		26	1543	8	
丰城市湖塘乡	7110	16659		10	489	8	4
丰城市同田乡	10248	36025		23	790	18	1
樟树市临江镇	8479	39870	28861	418	4210	42	13
樟树市永泰镇	2703	15910	3530	33	791	23	9
樟树市黄土岗镇	5378	19450	3890	122	3927	62	4
樟树市经楼镇	8162	16958	4041	198	1038	93	5
樟树市昌傅镇	6910	18436	5033	29	1042	25	5
樟树市店下镇	13997	15279	3839	51	1233	42	9
樟树市阁山镇	6986	19293	2958	219	2896	126	9
樟树市刘公庙镇	8409	15810	4300	39	710	32	4
樟树市观上镇	5949	22635	2041	303	4278	38	18
樟树市义成镇	8610	19299	1382	42	2195	36	3
樟树市中洲乡	5443	11049		18	1673	16	4
樟树市洲上乡	4713	27635		17	380	16	6
樟树市洋湖乡	5754	30268		85	2126	67	11
樟树市吴城乡	13039	22290		33	588	30	5
高安市蓝坊镇	7263	39260	16882	98	8978	75	10
高安市荷岭镇	7707	22790	1105	139	5136	38	5
高安市黄沙岗镇	7546	34552	9850	753	6823	187	6
高安市新街镇	13093	40943	4953	693	9265	86	14
高安市八景镇	9679	42703	25830	709	7852	28	14
高安市独城镇	10530	34102	5643	507	10470	125	12
高安市太阳镇	10600	18854	2623	88	5883	49	5
高安市建山镇	11245	33133	16729	490	5866	119	12
高安市田南镇	9889	11308	3835	480	11780	90	7
高安市相城镇	12971	23671	3760	231	2960	82	4
高安市灰埠镇	12153	38717	16573	129	5102	37	7
高安市石脑镇	10793	44428	23643	247	11082	112	20
高安市龙潭镇	9191	30433	14576	594	5867	61	7
高安市杨圩镇	14587	39394	5295	127	7289	34	13
高安市村前镇	15045	26523	7120	454	6420	112	4
高安市伍桥镇	12744	17873	1421	32	3480	13	5
高安市祥符镇	11578	28701	7528	311	6230	37	6
高安市大城镇	13880	29099	5724	51	2453	45	5
高安市华林山镇	13770	13015	2216	74	4587	67	6
高安市上湖乡	4048	28337		450	5340	73	7
高安市汪家圩乡	9367	13359		182	2856	23	2

续表 233　　　　　　　　　　　　　（江西省）　　　　　　　　　　　　　单位：公顷、人、个

名　　称	行政区域面积	常住人口	#城镇建成区	企业个数	企业从业人员	工业企业个数	#规模以上
临川区上顿渡镇	6760	148791	78675	259	3776	141	2
临川区温泉镇	5563	36188	3321	99	4192	80	6
临川区高坪镇	12320	36690	9942	312	3744	192	
临川区秋溪镇	5890	26706	1343	21	235	1	
临川区荣山镇	12020	24056	3526	16	430	10	
临川区龙溪镇	10681	21357	5072	35	286	2	2
临川区大岗镇	12000	29217	4737	102	13330	42	2
临川区云山镇	9800	40595	6905	185	1324	69	1
临川区唱凯镇	4690	51111	20246	156	2207	36	2
临川区罗针镇	4560	50542	6731	9	139	5	
临川区罗湖镇	8850	57864	8526	328	12586	248	4
临川区太阳镇	4440	25492	4172	186	3166	55	1
临川区东馆镇	8090	21748	2517	72	1237	8	
临川区腾桥镇	12850	27699	3641	10	1130	1	1
临川区青泥镇	5700	27145	6122	190	1209	190	
临川区孝桥镇	2860	23535	1017	53	1255	46	3
临川区抚北镇	1300	12844	3955	76	1457	40	2
临川区崇岗镇	8364	29047	2245	116	4702	37	5
临川区展坪乡	6800	21430		75	2361	66	1
临川区连城乡	4070	19906		66	4362	46	2
临川区桐源乡	10600	26656		131	1157	73	5
临川区湖南乡	7740	49125		76	2144	66	
临川区七里岗乡	4400	23117		78	1766	69	1
临川区嵩湖乡	7200	17272		35	1249	31	1
临川区鹏田乡	6500	14166	2329	49	713	41	
临川区茅排乡	5090	5893		21	593	19	2
临川区河埠乡	8010	12621		15	230	1	1
东乡县孝岗镇	11597	129903	86000	2949	24800	1734	102
东乡县小璜镇	14458	36335	4367	124	2013	17	1
东乡县圩上桥镇	7217	21845	989	143	1269	17	
东乡县马圩镇	7489	43484	4675	76	1130	17	
东乡县詹圩镇	9102	31686	3295	84	430	11	
东乡县岗上积镇	6100	21216	7368	118	1058	33	
东乡县杨桥殿镇	15300	34614	3650	128	1690	16	
东乡县黎圩镇	7929	14359	2907	73	365	7	1
东乡县王桥镇	7457	15192	721	50	230	17	
东乡县珀玕乡	4939	19870	4255	50	290	7	
东乡县邓家乡	8857	21867	2960	130	1412	35	3
东乡县虎圩乡	7078	15735	3295	97	1098	29	1
东乡县瑶圩乡	6656	10274	486	44	960	4	
南城县建昌镇	12473	114335	95478	1264	26411	161	
南城县株良镇	18933	36959	12445	215	4393	187	10
南城县上唐镇	17620	27706	8152	54	2312	42	
南城县里塔镇	15440	16706	5150	92	2354	35	
南城县洪门镇	20209	10636	1752	41	1798	41	1
南城县沙洲镇	9913	13987	5119	203	2301	87	1
南城县龙湖镇	23754	17686	3925	46	1885	26	1
南城县新丰街镇	5625	10334	2834	26	756	18	3
南城县万坊镇	15533	21494	2573	82	816	58	
南城县徐家镇	11871	21041	3482	71	1387	66	3

续表 234 （江西省） 单位：公顷、人、个

名 称	行政区域面积	常住人口		企业个数	企业从业人员	工业企业个数	
			#城镇建成区				#规模以上
南城县天井源乡	7558	17930	2020	43	1228	36	1
南城县浔溪乡	10055	6291	1668	34	712	33	
黎川县日峰镇	18893	94105	69956	630	25936	304	45
黎川县宏村镇	10750	9766	3706	12	552	7	
黎川县洵口镇	11866	8556	4660	10	480	5	
黎川县熊村镇	12859	12145	3160	10	489	7	
黎川县龙安镇	14970	10928	2976	21	532	7	
黎川县德胜镇	10092	12870	8546	13	503	8	
黎川县华山镇	8452	2613	710	1	78		
黎川县潭溪乡	8608	16087		15	676	5	
黎川县湖坊乡	8238	6358		9	414	3	
黎川县荷源乡	8415	5809		11	528	2	
黎川县厚村乡	6009	5183		15	396	3	
黎川县社苹乡	7603	6108		9	436	3	
黎川县樟溪乡	10800	5035		7	355	2	
黎川县西城乡	10740	5925		9	419	1	
黎川县中田乡	12378	8574		9	429	4	
南丰县琴城镇	6713	93561	63327	141	10427	112	37
南丰县太和镇	19880	22926	3950	3	153	1	
南丰县白舍镇	35039	36974	8416	10	220	10	
南丰县市山镇	21878	39226	8073	18	1210	3	2
南丰县洽湾镇	10379	17605	1267	9	87	8	
南丰县桑田镇	10471	15891	2269	1	16		
南丰县紫霄镇	27690	10992	500	5	120		
南丰县三溪乡	12615	10104	998	18	368		
南丰县东坪乡	9566	6649					
南丰县莱溪乡	8432	18474					
南丰县太源乡	11391	10151		1	10	1	
南丰县傅坊乡	16431	13691		1	25		
崇仁县巴山镇	14300	97183	84992	620	8060	495	72
崇仁县相山镇	26100	21937	3689	62	2043	38	
崇仁县航埠镇	5400	27451	3135	24	136	12	
崇仁县孙坊镇	6000	28237	1650	34	210	24	
崇仁县河上镇	13300	26360	2510	22	202	18	
崇仁县礼陂镇	9530	13970	718	36	1260	27	1
崇仁县马安镇	12900	19527	1250	16	160	10	
崇仁县石庄乡	7900	12335	650	30	368	28	
崇仁县六家桥乡	8600	20490	876	218	1595	60	
崇仁县白路乡	2100	19235	643	5	99	5	
崇仁县三山乡	8250	13250	689	17	322	11	
崇仁县白陂乡	6200	13640	640	7	85	7	2
崇仁县桃源乡	14950	16668	635	18	465	16	
崇仁县许坊乡	8400	13125	620	47	1010	19	
崇仁县郭圩乡	8150	15595	650	19	740	12	2
乐安县鳌溪镇	20155	83400	61362	465	2562	310	
乐安县公溪镇	14540	20218	2945	28	408	14	1
乐安县山砀镇	13106	23695	3145	22	569	4	
乐安县龚坊镇	15707	21961	3166	13	152	5	
乐安县戴坊镇	25493	37212	5427	35	2395	14	
乐安县牛田镇	13487	22497	3243	112	1680	21	

续表 235　　　　(江西省)　　　　单位：公顷、人、个

名　　称	行政区域面　　积	常住人口	#城镇建成区	企业个数	企　　业从业人员	工业企业个　　数	#规模以上
乐安县万崇镇	9720	14929	990	5	43	3	
乐安县增田镇	13507	20300	1683	20	170	16	1
乐安县招携镇	25847	22389	3978	59	322	40	
乐安县湖溪乡	11927	10677	964	8	140	6	
乐安县罗陂乡	6300	17020	573	4	55	4	
乐安县湖坪乡	9473	18324	680	25	520	15	
乐安县南村乡	13587	16852	3176	13	342	9	
乐安县谷岗乡	16112	13545	451	14	198	14	
乐安县金竹畲族乡	24240	10679	1568	13	256	13	
乐安县大马头乡	8050	6140	1325	17	230	4	
宜黄县凤冈镇	23400	70599	50181	732	10112	72	1
宜黄县棠阴镇	18376	16362	6380	76	662	14	
宜黄县黄陂镇	27017	24807	10726	84	1070	40	1
宜黄县东陂镇	15200	11713	3348	41	373	14	
宜黄县梨溪镇	14492	16825	6190	52	700	12	1
宜黄县二都镇	17174	15296	4000	45	729	24	
宜黄县中港镇	20480	14837	4737	57	697	27	
宜黄县桃陂镇	8237	11894	512	33	252	6	
宜黄县新丰乡	13492	6829	1760	12	60	2	
宜黄县神岗乡	16549	8490	68	51	436	17	
宜黄县圳口乡	11642	11065		48	348	13	
宜黄县南源乡	8214	6239		20	215	8	
金溪县秀谷镇	17900	89527	68211	436	12305	389	40
金溪县浒湾镇	7060	26529	9460	28	315	16	2
金溪县双塘镇	7000	11390	2643	20	949	11	
金溪县何源镇	12200	13497	2810	23	616	16	
金溪县合市镇	12065	20255	5513	26	246	12	
金溪县琅琚镇	13650	30990	1787	182	1520	14	1
金溪县左坊镇	13210	21852	3831	242	2052	22	2
金溪县对桥镇	10646	18025	8780	14	452	5	1
金溪县黄通乡	10279	10615	2160	2	16		
金溪县陆坊乡	9000	11946	2160	27	622	22	3
金溪县陈坊积乡	3600	11329	1610	18	1362	18	
金溪县琉璃乡	9198	19052	2612	17	1650	3	3
金溪县石门乡	9420	10512	1698	3	95	2	
资溪县鹤城镇	15311	35084	30162	357	7068	34	9
资溪县马头山镇	23380	9187	2462	107	1105	19	1
资溪县高阜镇	16428	11841	3152	66	1186	16	2
资溪县嵩市镇	12382	7319	2148	11	151	1	1
资溪县乌石镇	14156	13194	2405	10	98	7	
资溪县高田乡	12992	11745		13	152	7	2
资溪县石峡乡	8150	4781	420	5	82	5	
广昌县盱江镇	31227	77490	45071	895	8765	185	1
广昌县头陂镇	19720	21800	5727	43	223	14	1
广昌县赤水镇	12810	19722	4925	22	647	7	1
广昌县驿前镇	19662	22158	7364	29	103	6	
广昌县甘竹镇	11655	24075	3462	38	370	13	
广昌县塘坊镇	15544	17259	5753	18	108	8	
广昌县千善乡	6717	6213		14	32	2	
广昌县水南圩乡	6281	6006		17	85	9	

续表 236　　(江西省)　　单位：公顷、人、个

名　　称	行政区域面　　积	常住人口	#城镇建成区	企业个数	企　　业从业人员	工业企业个　　数	#规模以上
广昌县长桥乡	7181	5964		15	145	7	1
广昌县杨溪乡	7012	4460		7	38		
广昌县尖峰乡	16040	18216		24	80	6	
信州区沙溪镇	7600	46824	15554	126	3131	43	15
信州区朝阳镇	6700	43106	4850	93	2102	32	14
信州区秦峰镇	5830	32736	3819	36	1697	11	2
广丰区五都镇	7267	60068	52014	160	8354	73	8
广丰区洋口镇	6729	66338	14956	236	20435	132	16
广丰区横山镇	6972	35901	31159	68	2002	23	2
广丰区桐畈镇	8004	42102	13231	50	1080	31	9
广丰区湖丰镇	3350	21325	8521	68	4683	55	15
广丰区大南镇	4657	17050	2650	58	1458	28	12
广丰区排山镇	5961	29513	5482	36	1132	20	14
广丰区毛村镇	4047	18719	6295	52	560	3	2
广丰区枧底镇	2533	18618	4676	32	593	22	10
广丰区泉波镇	5804	17654	3424	25	3321	17	5
广丰区壶峤镇	4513	20578	4593	25	692	10	10
广丰区霞峰镇	2738	37002	7723	58	8354	21	14
广丰区吴村镇	7003	36526	11230	59	2226	22	7
广丰区沙田镇	4742	34008	8020	21	1020	15	6
广丰区铜钹山镇	29806	23901	4285	69	703	21	1
广丰区东阳乡	8678	23683		32	3214	25	6
广丰区嵩峰乡	8576	17033	4307	33	1057	13	6
广丰区少阳乡	2197	21682		136	2200	20	5
上饶县田墩镇	9024	61002	7995	291	16580	116	1
上饶县上泸镇	6416	20446	13950	6	540	1	1
上饶县华坛山镇	20304	21830	5178	62	2823	3	
上饶县茶亭镇	8845	32858	13680	158	3689	100	32
上饶县皂头镇	4217	34752	17150	42	2578	27	2
上饶县四十八镇	6041	22162	10100	136	816	132	1
上饶县枫岭头镇	8306	34264	10604	116	4860	80	6
上饶县煌固镇	11466	53172	8670	11	320	10	1
上饶县花厅镇	7996	31962	5262	23	1962	11	1
上饶县五府山镇	30969	21904	7960	53	1320	31	
上饶县郑坊镇	6720	28789	11114	4	40	4	1
上饶县望仙乡	9732	17884		12	76	8	
上饶县石人乡	5998	35090		16	328	9	
上饶县清水乡	10072	29127		30	430	4	
上饶县石狮乡	3914	24733		35	1906	27	2
上饶县湖村乡	17667	37450		35	872	28	2
上饶县尊桥乡	6889	32228		40	856	1	
上饶县应家乡	5831	27672		30	2152	7	1
上饶县黄沙岭乡	5753	25480		15	450	12	
上饶县铁山乡	15091	12932		9	642	7	
上饶县董团乡	12700	47701		20	300	20	
玉山县冰溪镇	3960	111864	96662	189	2654	132	14
玉山县临湖镇	9600	34200	13000	20	200	13	9
玉山县必姆镇	9330	33690	33690	12	563	10	10
玉山县横街镇	12400	36012	5542	42	1995	39	11
玉山县文成镇	5230	34383	1796	35	216	19	13

续表 237　　(江西省)　　单位：公顷、人、个

名　称	行政区域面积	常住人口	#城镇建成区	企业个数	企业从业人员	工业企业个数	#规模以上
玉山县下镇镇	8126	48298	4312	36	812	7	7
玉山县岩瑞镇	12910	55950	1889	85	5915	37	10
玉山县双明镇	13700	27515	5120	31	2315	27	9
玉山县紫湖镇	14814	19710	4421	72	1365	71	15
玉山县仙岩镇	6360	26336	10000	32	810	19	8
玉山县樟村镇	10200	31805	10769	83	4341	52	12
玉山县南山乡	9200	11165		11	1700	8	8
玉山县怀玉乡	13400	24582	124	12	420	8	2
玉山县下塘乡	6090	21295		49	2356	49	10
玉山县四股桥乡	7500	31060		35	856	12	12
玉山县六都乡	13710	49828		30	980	18	8
玉山县三清乡	9100	7321		93	870	1	
铅山县河口镇	5749	67930	50340	343	9620	45	5
铅山县永平镇	14700	47586	38300	90	2520	62	6
铅山县石塘镇	5589	18012	5863	8	385	6	1
铅山县鹅湖镇	10600	42547	5083	51	1206	51	1
铅山县湖坊镇	11630	28463	12300	15	1200	14	2
铅山县武夷山镇	45573	24558	4570	49	789	35	4
铅山县汪二镇	14966	25065	5496	32	1348	16	3
铅山县陈坊乡	10939	10533		21	482	21	6
铅山县虹桥乡	7200	20620		9	648	9	1
铅山县新滩乡	9860	33840		13	460	4	
铅山县葛仙山乡	20300	35295		28	1580	13	7
铅山县稼轩乡	8200	21118		4	198	4	2
铅山县英将乡	8900	12420		19	470	19	1
铅山县紫溪乡	7600	14178		6	57	6	
铅山县太源畲族乡	7850	2102		10	225	1	
铅山县天柱山乡	18721	6025		10	210	10	3
铅山县篁碧畲族乡	8100	3675		9	251	8	1
横峰县岑阳镇	5034	13342	4778	13	360	7	7
横峰县葛源镇	20232	25305	11062	128	4885	106	6
横峰县姚家乡	4506	14789		6	220	2	1
横峰县莲荷乡	8646	20937		12	722	7	3
横峰县司铺乡	4600	13040		36	210	25	
横峰县港边乡	3960	15753		10	560	2	2
横峰县龙门畈乡	7900	28298		172	4140	140	3
横峰县青板乡	6904	14436		12	598	6	
弋阳县曹溪镇	16232	23157	5215	14	1196	14	8
弋阳县漆工镇	21259	30688	8140	58	1688	58	6
弋阳县樟树墩镇	5844	13587	1538	15	904	7	6
弋阳县南岩镇	12118	39872	23321	46	4120	26	7
弋阳县朱坑镇	8342	22190	2980	28	728	23	5
弋阳县圭峰镇	16682	26542	1135	16	635	16	4
弋阳县叠山镇	10244	10714	3422	11	487	11	3
弋阳县港口镇	11343	14079	3520	16	465	5	2
弋阳县弋江镇	1164	44317	38006	45	1358	28	8
弋阳县中畈乡	15313	35192		39	575	35	4
弋阳县葛溪乡	7863	20262		37	1389	32	6
弋阳县湾里乡	6288	15290		19	498	15	8
弋阳县清湖乡	5292	15375		28	1123	18	5

续表 238　　(江西省)　　单位：公顷、人、个

名　　称	行政区域面积	常住人口	#城镇建成区	企业个数	企业从业人员	工业企业个数	#规模以上
弋阳县旭光乡	5756	6850		9	1812	8	7
余干县玉亭镇	5600	152956	126920	1589	11562	210	9
余干县瑞洪镇	26900	65064	7390	125	1240	8	2
余干县黄金埠镇	15639	80369	37433	190	7831	71	45
余干县古埠镇	11973	63560	5055	108	8082	53	5
余干县乌泥镇	1900	10620	5813	15	390	6	3
余干县石口镇	8448	41649	8213	62	2620	9	
余干县杨埠镇	7380	29732	4630	21	298	10	
余干县九龙镇	9900	26752	7010	39	1323	24	
余干县社赓镇	14759	35680	16000	19	209	1	
余干县康山乡	2343	10623		10	114		
余干县东塘乡	3507	17892		13	266	1	
余干县大塘乡	27800	9800		13	65	3	
余干县鹭鸶港乡	3262	28113		26	2789	1	1
余干县三塘乡	13200	69473		81	605	11	
余干县洪家嘴乡	7255	79582		167	1278	12	1
余干县白马桥乡	6200	39560		63	2698	19	4
余干县江埠乡	7830	47052		31	823	5	
余干县枫港乡	8800	43768		34	2071	15	
余干县大溪乡	9600	32351		45	1050	6	1
余干县梅港乡	14733	57482		23	238	7	1
鄱阳县鄱阳镇	7450	106849	56778	135	3255		
鄱阳县谢家滩镇	23000	57230	8351	199	2300	189	
鄱阳县石门街镇	9670	26446	11571	50	260	23	
鄱阳县四十里街镇	6580	40028	4000	6	1560	1	
鄱阳县油墩街镇	15600	86371	37850	515	2575	22	
鄱阳县田畈街镇	23650	74096	31606	400	4011	55	15
鄱阳县金盘岭镇	20170	38266	4200	50	700	22	1
鄱阳县高家岭镇	9600	36500	5574	22	510	6	
鄱阳县凰岗镇	25400	81400	27560	36	510	26	1
鄱阳县双港镇	27802	84873	9000	67	730	52	
鄱阳县古县渡镇	19970	93038	11085	25	210	6	
鄱阳县饶丰镇	12500	44989	6615	22	180	3	1
鄱阳县乐丰镇	7960	27562	10485	39	815	15	1
鄱阳县饶埠镇	5890	38164	10078	74	890	46	
鄱阳县侯家岗乡	27150	31905		515	4800	112	1
鄱阳县莲花山乡	12500	7850		3	580	3	
鄱阳县响水滩乡	18000	39599		6	164	3	
鄱阳县枧田街乡	23360	22670		22	1560	15	1
鄱阳县柘港乡	13930	42879		26	380	24	
鄱阳县鸦鹊湖乡	4000	10998		2	2800	2	
鄱阳县银宝湖乡	8260	24052		4	174	2	
鄱阳县游城乡	19324	46012		77	2901	70	
鄱阳县珠湖乡	10498	30616		37	360	36	
鄱阳县白沙洲乡	10050	7683					
鄱阳县团林乡	6186	31123		15	152	2	
鄱阳县昌洲乡	2380	33640		6	60	2	
鄱阳县三庙前乡	6635	64348		17	653		
鄱阳县莲湖乡	25100	58106		15	150	2	
鄱阳县芦田乡	12800	49362					

续表 239　　　　(江西省、山东省)　　　　单位：公顷、人、个

名　　称	行政区域面　　积	常住人口	#城镇建成区	企业个数	企　　业从业人员	工业企业个　　数	#规模以上
万年县陈营镇	9040	113250	83439	2301	24694	248	10
万年县石镇镇	11245	40851	14136	930	8470	738	10
万年县青云镇	8733	25664	13542	74	3164	56	9
万年县梓埠镇	9000	38165	8123	65	2104	29	8
万年县大源镇	9563	21613	5250	168	1642	150	8
万年县裴梅镇	15260	29213	2139	48	3675	22	5
万年县湖云乡	6496	24721		73	7523	32	7
万年县齐埠乡	7280	27620		85	563	67	6
万年县汪家乡	6964	20535		58	1286	18	6
万年县上坊乡	11424	25540		46	1850	28	8
万年县苏桥乡	14974	43390		48	975	24	5
万年县珠田乡	6017	10298		17	231	13	3
婺源县紫阳镇	31543	46295	8326	241	3692	188	26
婺源县清华镇	13108	16592	9580	82	735	48	1
婺源县秋口镇	22552	22674	2561	165	1559	75	1
婺源县江湾镇	29401	30842	5832	83	1628	58	1
婺源县思口镇	12070	14674	1308	43	264	1	
婺源县赋春镇	31155	30765	7789	864	8216	781	1
婺源县镇头镇	9001	9502	1737	86	1235	75	
婺源县太白镇	18464	15641	3115	111	1228	12	2
婺源县中云镇	23352	26218	6870	48	1529	45	
婺源县许村镇	21703	20747	1670	17	496	11	
婺源县溪头乡	11859	11354		116	1410	116	
婺源县段莘乡	17234	11393		37	389	2	2
婺源县浙源乡	10064	13810		2	7400	2	1
婺源县沱川乡	8555	7630		22	158	5	1
婺源县大鄣山乡	20881	21350		69	1960	66	1
婺源县珍珠山乡	12396	10359		3	188	3	
德兴市绕二镇	27300	32923	6266	47	1514	43	4
德兴市海口镇	15200	12835	5626	14	725	10	7
德兴市新岗山镇	24800	26767	7799	52	1797	34	13
德兴市泗洲镇	14200	16272	8858	835	6347	783	20
德兴市花桥镇	15700	19229	10736	54	3924	50	12
德兴市黄柏乡	14825	32096		57	8750	46	7
德兴市万村乡	12441	13685		50	653	42	5
德兴市张村乡	14851	25517		14	252	9	4
德兴市昄大乡	13700	9432		10	606	8	1
德兴市李宅乡	12800	10693		28	285	17	1
德兴市龙头山乡	22500	9519	9519	36	659	14	6
山东省							
历城区柳埠街道办事处	17089	60457	16685	135	2089	38	3
历城区唐王镇	6390	59341	19690	541	13867	284	6
历城区西营镇	13137	33049	19000	22	780	12	4
长清区归德街道办事处	14144	74373	28851	201	12365	125	32
长清区万德街道办事处	23100	69267	29899	330	7736	85	16
长清区孝里镇	13220	48406	22957	61	1589	49	12
长清区马山镇	8840	31321	4679	83	665	61	10
长清区双泉镇	9984	27344	9888	66	1897	52	6
章丘市普集街道办事处	11262	56574	27765	453	10700	435	36
章丘市刁镇	16468	123814	56082	1354	28776	511	62

续表 240　　（山东省）　　单位：公顷、人、个

名　称	行政区域面积	常住人口	#城镇建成区	企业个数	企业从业人员	工业企业个数	#规模以上
章丘市垛庄镇	12950	30325	4130	3	43	2	1
章丘市黄河镇	12119	52558	5610	34	1001	10	9
平阴县东阿镇	8189	34273	7255	105	1706	85	15
平阴县孝直镇	12615	59846	22211	191	10115	107	23
平阴县孔村镇	9966	36669	31118	164	14186	70	26
平阴县洪范池镇	9562	21675	4372	5	188	4	2
平阴县玫瑰镇	9848	37868	5632	337	4413	105	24
平阴县安城镇	11271	36802	9418	106	3944	88	26
济阳县崔寨街道办事处	8636	49376	16124	351	9367	43	27
济阳县垛石镇	18265	69973	14336	513	4738	72	12
济阳县曲堤镇	15314	67231	23722	557	9685	89	17
济阳县仁风镇	12698	56701	4893	391	3607	33	7
济阳县新市镇	10191	34343	7993	328	6921	51	10
商河县殷巷镇	12278	56658	5542	26	650	16	9
商河县怀仁镇	5934	30644	10157	49	2358	25	12
商河县龙桑寺镇	9261	44150	10890	84	1165	66	6
商河县郑路镇	12719	66303	5814	264	4266	43	13
商河县贾庄镇	10909	55049	25702	168	6939	93	20
商河县玉皇庙镇	15346	64968	28178	356	14265	223	58
商河县白桥镇	8422	46850	5000	312	2130	170	8
商河县孙集镇	10589	48247	4333	60	2220	40	14
商河县韩庙镇	6819	30282	7812	48	756	34	12
商河县沙河镇	8738	39936	2792	90	1304	26	3
商河县张坊镇	3756	21617	1533	26	752	18	5
黄岛区王台镇	13653	71720	19935	2105	19953	1151	54
黄岛区张家楼镇	13718	45127	11913	427	6982	220	12
黄岛区琅琊镇	10220	40459	7970	962	11200	120	18
黄岛区泊里镇	17012	114573	58920	977	48990	271	36
黄岛区大场镇	11695	49106	10063	173	2013	64	11
黄岛区大村镇	21300	56151	10320	79	2706	49	9
黄岛区六汪镇	18220	49137	11543	121	3598	83	5
黄岛区海青镇	10201	41292	8553	340	3692	33	8
黄岛区宝山镇	12031	30052	3060	130	3530	30	1
黄岛区藏南镇	8830	30296	5287	235	11496	45	12
即墨市田横镇	33691	128978	21364	556	8309	85	6
即墨市金口镇	19405	71979	12479	173	14705	162	18
即墨市灵山镇	18900	77268	24146	423	24857	260	38
即墨市段泊岚镇	16699	61514	13925	404	20985	236	12
即墨市移风店镇	18784	92091	10410	268	2660	91	3
即墨市蓝村镇	10223	93487	13956	1460	37536	527	46
即墨市大信镇	13099	66645	18297	667	29820	596	49
胶州市胶莱镇	14945	73145	68836	674	22526	537	89
胶州市李哥庄镇	7580	72811	33100	1940	55200	939	48
胶州市铺集镇	12167	63833	56523	192	3628	115	39
胶州市里岔镇	15764	65557	8030	268	7825	260	23
胶州市胶西镇	17086	88266	20410	740	18650	680	53
胶州市洋河镇	12955	56455	4266	225	3367	175	35
平度市古岘镇	8107	46027	11601	73	530	47	2
平度市仁兆镇	11874	67163	6143	88	12821	84	17
平度市南村镇	31167	128850	19993	2285	38912	1054	67

续表 241　　（山东省）　　单位：公顷、人、个

名　称	行政区域面　积	常住人口	#城镇建成区	企业个数	企　业从业人员	工业企业个　数	#规模以上
平度市蓼兰镇	23805	83257	18845	469	7310	200	21
平度市崔家集镇	21370	79010	4052	87	4661	65	9
平度市明村镇	24681	82515	56569	214	18000	208	21
平度市田庄镇	21106	65866	20598	537	6500	208	25
平度市新河镇	18919	69697	11092	398	14600	363	41
平度市店子镇	14052	50885	21373	174	6100	169	6
平度市大泽山镇	15058	60236	57277	470	2500	440	5
平度市旧店镇	40021	102687	16230	202	2650	56	3
平度市云山镇	15436	52116	22228	134	1543	50	7
莱西市姜山镇	21723	101426	53986	532	33412	469	86
莱西市夏格庄镇	10836	33603	5331	142	6874	55	16
莱西市院上镇	17215	77124	13964	430	13476	315	19
莱西市日庄镇	9941	44769	6325	212	5204	87	16
莱西市南墅镇	15930	38148	1864	112	4900	63	15
莱西市河头店镇	11570	40772	2450	70	356	45	7
莱西市店埠镇	10548	56626	6790	215	3500	187	17
莱西市马连庄镇	14273	43728	5454	113	1892	51	8
淄川区昆仑镇	10073	90306	71107	1861	42216	1203	107
淄川区岭子镇	7628	33578	18290	303	45771	145	27
淄川区西河镇	12937	46023	18506	325	13256	201	7
淄川区龙泉镇	4092	41468	33175	301	10368	233	43
淄川区寨里镇	11744	54354	14956	292	10223	251	27
淄川区罗村镇	6395	55125	47477	565	24014	317	68
淄川区洪山镇	3118	57114	49976	659	9708	204	45
淄川区双杨镇	5291	77262	33735	386	14652	203	38
淄川区太河镇	27025	44861	3635	110	1010	55	1
张店区马尚镇	2477	130755	128213	3012	36724	8	5
张店区南定镇	2666	90101	84571	556	52252	254	46
张店区沣水镇	4229	30888	21179	369	17023	195	33
张店区傅家镇	3282	71639	68349	657	17752	160	30
张店区中埠镇	2041	35202	23264	37	8211	33	26
张店区房镇镇	3840	39180	35723	1065	23176	232	53
博山区域城镇	11739	68615	37238	1450	46500	1152	97
博山区白塔镇	3192	54436	36918	1537	22467	1056	45
博山区八陡镇	3976	36798	29110	392	20172	305	54
博山区石马镇	6168	24625	16170	84	2385	70	11
博山区源泉镇	8088	29146	8885	220	4250	189	26
博山区池上镇	15599	19565	2820	50	1300	36	3
博山区博山镇	13493	32819	4685	80	3261	55	6
临淄区齐都镇	5277	45976	18725	645	6914	119	24
临淄区皇城镇	8742	50149	5729	360	9416	78	23
临淄区敬仲镇	6058	34871	2722	186	1843	121	24
临淄区朱台镇	7450	50195	13545	562	15456	278	48
临淄区金岭镇	1870	12370	11544	398	10311	108	39
临淄区凤凰镇	10334	78201	32583	996	26935	301	66
临淄区金山镇	11878	82001	42299	875	25112	248	98
周村区北郊镇	5622	44967	13017	1037	20233	729	71
周村区南郊镇	5711	40732	17106	1411	20893	575	57
周村区王村镇	5860	50622	22080	457	25421	321	75
周村区萌水镇	4863	32603	8141	327	5747	241	38

续表 242　　(山东省)　　单位：公顷、人、个

名　　称	行政区域面　积	常住人口	#城镇建成区	企业个数	企　业从业人员	工业企业个　数	#规模以上
周村区商家镇	4192	23621	2016	189	5692	167	5
桓台县起凤镇	5539	52881	45303	142	5694	114	37
桓台县田庄镇	5099	41925	14355	190	18524	61	18
桓台县荆家镇	5590	37108	14211	41	3051	30	14
桓台县马桥镇	7912	59741	48165	157	25642	123	15
桓台县新城镇	4453	31049	7886	113	9421	93	32
桓台县唐山镇	7022	52043	23851	328	23982	151	42
桓台县果里镇	8645	76412	36046	473	38720	278	88
高青县青城镇	7721	33735	21165	252	6525	75	15
高青县高城镇	12646	42550	15740	545	6039	82	21
高青县黑里寨镇	9461	41971	3742	192	2938	33	8
高青县唐坊镇	9665	31340	6846	107	4320	33	13
高青县常家镇	9031	35048	20872	326	20872	76	43
高青县花沟镇	11729	44682	2842	298	6718	66	10
高青县木李镇	7299	31186	4532	26	520	10	3
沂源县鲁村镇	20225	62991	13813	147	5007	140	15
沂源县东里镇	13218	52848	17214	140	8334	44	9
沂源县悦庄镇	16524	59437	18826	133	10897	98	26
沂源县西里镇	12632	45178	3641	158	3753	53	3
沂源县大张庄镇	19295	37339	4592	69	1247	15	3
沂源县中庄镇	10651	29821	5668	24	650	18	4
沂源县张家坡镇	9320	26132	6122	54	3728	23	3
沂源县燕崖镇	12641	29762	3481	30	1517	14	5
沂源县石桥镇	11268	26620	5786	163	5590	49	11
沂源县南鲁山镇	20637	38297	16035	286	17236	93	18
枣庄市市中区税郭镇	6928	42764	28030	278	15900	138	24
枣庄市市中区孟庄镇	5893	29560	11280	85	9827	80	26
枣庄市市中区齐村镇	8977	75135	40188	535	13852	124	13
枣庄市市中区永安镇	5556	65671	27568	785	28352	265	22
枣庄市市中区西王庄镇	5168	47469	12420	251	10963	81	21
薛城区沙沟镇	8483	51055	20154	171	2455	54	16
薛城区周营镇	8619	52044	17738	115	1605	35	10
薛城区邹坞镇	5897	45197	23407	117	5764	85	26
薛城区陶庄镇	6409	80474	52580	367	4202	136	32
薛城区常庄镇	5614	73392	49269	412	5215	50	19
峄城区古邵镇	12920	67196	16102	359	10770	211	35
峄城区阴平镇	10002	56162	23188	373	13175	289	35
峄城区底阁镇	7435	46218	11352	395	11886	332	21
峄城区榴园镇	12296	60827	26960	403	6951	171	23
峄城区峨山镇	12060	60123	13500	260	18000	170	27
台儿庄区邳庄镇	5351	26751	5120	218	3082	32	10
台儿庄区张山子镇	11388	44107	3331	235	3083	55	15
台儿庄区泥沟镇	11214	66532	4880	295	4306	54	25
台儿庄区涧头集镇	12572	63249	8417	358	5012	312	20
台儿庄区马兰屯镇	10970	71744	29391	460	9010	132	27
山亭区店子镇	6557	32346	10921	73	1326	61	9
山亭区西集镇	6607	34242	16420	381	3880	74	12
山亭区桑村镇	7798	48191	34382	479	10822	147	21
山亭区北庄镇	13894	42401	37481	117	5020	63	11
山亭区城头镇	4841	45826	23613	378	8320	232	26

续表 243　　　　（山东省）　　　　单位：公顷、人、个

名　称	行政区域面　积	常住人口	#城镇建成区	企业个数	企　业从业人员	工业企业个　数	#规模以上
山亭区徐庄镇	17897	53381	13465	376	9675	28	11
山亭区水泉镇	10548	45405	8001	187	2916	41	9
山亭区冯卯镇	9359	52903	17556	223	2305	114	12
山亭区凫城镇	10790	29743	9900	121	1470	59	7
滕州市东沙河镇	5289	59205	19754	554	14898	61	15
滕州市洪绪镇	3792	36182	18475	1352	50783	257	24
滕州市南沙河镇	4620	48265	26862	815	23294	161	26
滕州市大坞镇	10186	84867	23316	861	17226	64	14
滕州市滨湖镇	14412	109126	14312	952	22279	78	11
滕州市级索镇	7888	79569	19201	872	24848	105	27
滕州市西岗镇	7986	141747	99532	1146	41887	265	24
滕州市姜屯镇	8461	85249	30312	1165	26330	146	19
滕州市鲍沟镇	7439	78382	40826	955	34439	134	26
滕州市张汪镇	8547	84186	16285	842	19665	145	17
滕州市官桥镇	6339	65131	17862	683	18517	125	22
滕州市柴胡店镇	5762	40440	4598	456	14362	114	11
滕州市羊庄镇	11830	78249	12436	689	14421	55	7
滕州市木石镇	6693	52066	23270	1128	37446	132	24
滕州市界河镇	8232	69875	17230	1051	41048	79	19
滕州市龙阳镇	7877	70356	11980	734	13347	83	13
滕州市东郭镇	14666	110640	28928	807	14192	77	13
东营区牛庄镇	11387	41056	21212	93	5126	40	10
东营区六户镇	33066	17943	4968	83	755	23	3
东营区史口镇	7834	38686	4315	232	9236	55	7
东营区龙居镇	10693	35070	3857	77	1823	36	7
河口区义和镇	13061	22861	6293	51	2667	22	11
河口区仙河镇	67222	45109	44883	333	9882	55	16
河口区孤岛镇	16336	40083	38267	207	10896	52	12
河口区新户镇	73082	25932	3571	261	4358	55	20
垦利区胜坨镇	18161	79579	16622	519	30306	145	51
垦利区郝家镇	6077	18263	3800	282	6702	107	20
垦利区永安镇	32472	22215	6500	75	2165	40	32
垦利区黄河口镇	131712	21423	6954	32	358	13	2
垦利区董集镇	6767	21534	3918	223	3674	98	16
利津县北宋镇	10259	34921	2056	103	1352	36	5
利津县盐窝镇	24393	72673	8563	547	6325	75	26
利津县陈庄镇	22693	57635	33758	238	10892	63	21
利津县汀罗镇	20455	31266	5656	75	533	30	7
利津县明集乡	11746	17500		23	1212	13	1
利津县刁口乡	24120	1131		27	1230	13	6
广饶县大王镇	11829	108342	36185	1254	63519	315	77
广饶县稻庄镇	11387	79384	23008	512	23171	215	53
广饶县李鹊镇	6650	36424	6294	223	7321	61	14
广饶县大码头镇	13048	49294	12375	113	1131	47	11
广饶县花官镇	11675	42404	5883	199	7213	70	22
广饶县陈官镇	10528	24413	755	47	2452	28	12
福山区高疃镇	8541	23840	2670	226	3398	106	1
福山区张格庄镇	7327	18949	3112	185	3300	51	2
福山区回里镇	10325	30877	4024	208	3396	30	8
牟平区观水镇	22799	52033	2831	180	968	41	2

续表 244　　（山东省）　　单位：公顷、人、个

名　称	行政区域面积	常住人口	#城镇建成区	企业个数	企业从业人员	工业企业个数	#规模以上
牟平区龙泉镇	10619	26177	1610	136	834	17	2
牟平区玉林店镇	7011	11720	950	115	1340	31	1
牟平区水道镇	19350	28772	2453	195	1586	43	5
牟平区高陵镇	15727	31267	2101	121	1146	35	4
牟平区王格庄镇	12684	19303	1467	102	858	35	3
牟平区昆嵛镇	13677	12488	501	8	1045	7	
牟平区莒格庄镇	9778	15327	641	73	609	14	1
长岛县砣矶镇	851	3153	209	78	1095	26	
长岛县北长山乡	1146	3915		48	162	9	
长岛县黑山乡	1009	1279		73	228	20	
长岛县大钦岛乡	676	3468		13	106	12	
长岛县小钦岛乡	131	739		3	39	3	
长岛县南隍城乡	188	1085		12	68		
长岛县北隍城乡	279	1791		32	160	8	
龙口市黄山馆镇	2789	10933	7822	24	3820	23	5
龙口市北马镇	8802	55407	12863	380	11400	210	24
龙口市芦头镇	4067	35955	4350	260	7900	212	25
龙口市下丁家镇	5905	14487	4063	22	998	14	5
龙口市七甲镇	8015	23650	1735	46	4152	41	11
龙口市石良镇	12759	56002	5012	572	7366	126	28
龙口市兰高镇	6194	35685	8915	105	6200	95	11
龙口市诸由观镇	10116	54462	22412	180	35062	173	25
莱阳市沐浴店镇	18843	57585	4210	54	2030	45	10
莱阳市团旺镇	15945	64260	25210	359	23120	259	12
莱阳市穴坊镇	13097	57834	18188	163	2533	24	5
莱阳市羊郡镇	8255	29702	6840	108	2068	52	5
莱阳市姜疃镇	11337	47257	13618	228	15129	111	10
莱阳市万第镇	15803	53771	4258	37	3890	30	12
莱阳市照旺庄镇	10066	49103	2648	689	5628	259	11
莱阳市谭格庄镇	15782	49503	1317	298	2493	6	6
莱阳市河洛镇	5926	23521	4058	237	3331	99	10
莱阳市吕格庄镇	5989	27353	2512	115	2470	89	6
莱阳市高格庄镇	6089	28900	2200	13	500	4	2
莱阳市大夼镇	7386	26444	3162	86	2395	84	4
莱阳市山前店镇	8921	25475	2635	29	435	10	5
莱州市沙河镇	14219	102540	14206	6135	65206	1213	29
莱州市朱桥镇	15019	61551	15252	239	10821	132	15
莱州市郭家店镇	23993	49936	4538	98	3021	55	3
莱州市金城镇	7887	32260	3223	227	4253	69	9
莱州市平里店镇	7542	38937	8523	261	3501	124	9
莱州市驿道镇	18007	43008	3757	108	1397	31	3
莱州市程郭镇	13393	58968	15003	205	4246	160	14
莱州市虎头崖镇	11840	43447	6132	341	11312	296	16
莱州市柞村镇	14759	40323	10210	559	15852	475	31
莱州市夏邱镇	6401	37712	19521	818	17377	516	25
莱州市土山镇	21604	50971	12996	532	14556	352	25
蓬莱市刘家沟镇	5549	19356	8296	532	6024	155	19
蓬莱市潮水镇	12863	42103	8185	693	4055	96	15
蓬莱市大柳行镇	9563	23264	2425	270	2548	143	17
蓬莱市小门家镇	11357	35036	2462	242	3355	53	9

续表 245　　　　(山东省)　　　　单位：公顷、人、个

名　　称	行政区域面　　积	常住人口		企业个数	企　　业从业人员	工业企业个　　数	
			#城镇建成区				#规模以上
蓬莱市大辛店镇	25516	62265	7410	420	12852	106	25
蓬莱市村里集镇	17309	41354	3649	171	3655	32	5
蓬莱市北沟镇	15556	68510	57600	706	17852	573	49
招远市辛庄镇	11334	29416	6133	197	9462	102	23
招远市蚕庄镇	12040	24910	4984	502	9045	90	29
招远市金岭镇	11528	33468	6282	764	8601	127	22
招远市毕郭镇	10705	26688	6841	88	3064	30	3
招远市玲珑镇	7743	27207	14560	287	11540	88	24
招远市张星镇	16070	52974	9345	879	18604	785	28
招远市夏甸镇	19059	34807	3432	486	6691	24	4
招远市阜山镇	19582	44940	4115	511	7154	45	14
招远市齐山镇	14948	34985	4116	375	3079	47	7
栖霞市观里镇	9725	30741	2988	23	1475	22	7
栖霞市蛇窝泊镇	20165	53028	10816	37	3687	32	14
栖霞市唐家泊镇	13961	24865	2376	343	8000	41	5
栖霞市桃村镇	27647	83244	20039	568	26989	251	34
栖霞市亭口镇	15121	30812	2295	28	781	8	5
栖霞市臧家庄镇	16268	49057	7494	90	3510	70	10
栖霞市寺口镇	9290	21036	4402	74	602	21	6
栖霞市苏家店镇	13642	32134	5233	58	1718	39	5
栖霞市杨础镇	8673	23116	2862	24	285	23	5
栖霞市西城镇	9010	17921	1423	58	470	49	15
栖霞市官道镇	11350	27906	1542	44	1843	13	8
栖霞市庙后镇	8527	18723	2166	50	933	49	8
海阳市留格庄镇	12921	42017	4017	158	1689	35	3
海阳市盘石店镇	13572	23141	3365	22	935	15	3
海阳市郭城镇	16595	36186	4982	55	5896	34	6
海阳市徐家店镇	15541	46081	22033	327	6159	127	8
海阳市发城镇	14323	37180	2684	37	1102	22	8
海阳市小纪镇	16974	43096	3892	71	17035	39	10
海阳市行村镇	15818	51337	8706	446	7764	346	12
海阳市辛安镇	14403	51299	8254	90	12800	80	8
海阳市二十里店镇	10262	31868	1602	196	1764	146	2
海阳市朱吴镇	19789	39400	1900	196	1764	12	4
临朐县五井镇	19221	58669	18697	105	3649	80	15
临朐县冶源镇	15615	93342	59531	441	23412	372	26
临朐县寺头镇	25574	59462	17263	150	4120	120	8
临朐县九山镇	25398	48116	20084	45	1034	8	
临朐县辛寨镇	22174	117525	71113	475	15151	255	25
临朐县山旺镇	16725	68156	13784	462	7316	124	18
临朐县柳山镇	9717	38604	11570	18	612	15	5
临朐县蒋峪镇	26102	81756	31669	80	1801	57	6
昌乐县乔官镇	18875	83558	23059	805	17516	391	12
昌乐县唐吾镇	21880	91350	30796	264	9065	153	18
昌乐县红河镇	19433	83751	26790	435	39795	257	17
昌乐县营丘镇	21730	94577	10318	265	16220	243	31
青州市弥河镇	8370	54672	23208	478	13012	238	39
青州市王坟镇	22180	46480	5240	185	2200	170	24
青州市庙子镇	20314	35363	7900	82	2100	77	19
青州市邵庄镇	16480	68721	35970	425	23600	367	51

续表 246　　(山东省)　　单位：公顷、人、个

名　　称	行政区域面积	常住人口	#城镇建成区	企业个数	企业从业人员	工业企业个数	#规模以上
青州市高柳镇	9545	56962	9040	337	6008	124	24
青州市何官镇	11483	73320	15920	321	2600	60	20
青州市东夏镇	7404	51237	13646	256	5388	205	20
青州市谭坊镇	15990	98728	23243	510	4133	120	26
诸城市枳沟镇	8717	42411	13820	438	8712	83	11
诸城市贾悦镇	28409	93918	12255	134	14124	88	23
诸城市石桥子镇	16941	56571	6615	569	5467	83	14
诸城市相州镇	12013	63674	11845	449	15004	159	34
诸城市昌城镇	11835	67745	46712	335	29465	192	25
诸城市百尺河镇	12525	48521	13923	341	5456	82	18
诸城市辛兴镇	8080	42112	15776	125	11588	85	38
诸城市林家村镇	32129	86915	6453	132	4572	112	25
诸城市皇华镇	22131	70239	15070	249	12586	152	20
诸城市桃林镇	13459	34289	29300	168	2640	38	13
寿光市化龙镇	8775	52230	24548	661	5288	163	28
寿光市营里镇	19149	58448	27561	437	5366	93	22
寿光市台头镇	9769	55320	24760	972	13205	807	57
寿光市田柳镇	10691	65081	20949	405	3985	58	29
寿光市上口镇	8079	68723	34178	819	18870	182	23
寿光市侯镇	21312	99961	49487	733	17994	215	51
寿光市纪台镇	8436	55182	18450	694	9763	60	7
寿光市稻田镇	13874	99321	22450	1328	10656	180	23
寿光市羊口镇	35201	58830	19848	789	29355	271	54
安丘市景芝镇	20199	127733	35125	357	24276	205	39
安丘市凌河镇	17129	97889	8712	198	8868	108	26
安丘市官庄镇	12493	46567	7884	219	3662	33	18
安丘市大盛镇	7536	32143	10595	152	2441	30	7
安丘市石埠子镇	15698	57725	5997	122	5562	23	15
安丘市石堆镇	6626	36400	7966	64	2315	28	9
安丘市柘山镇	14183	28180	4814	21	595	13	3
安丘市辉渠镇	20010	50648	12398	116	1150	12	3
安丘市吾山镇	11393	26857	14035	81	3952	48	14
安丘市金冢子镇	8259	38770	4742	43	1890	28	9
高密市柏城镇	14937	73667	13790	239	14217	152	46
高密市夏庄镇	17153	92064	48978	601	126925	544	92
高密市姜庄镇	17281	93086	44545	466	36045	424	71
高密市大牟家镇	17278	45189	10118	650	6395	30	8
高密市阚家镇	13671	72768	15018	242	3818	181	22
高密市井沟镇	13547	67024	4921	486	5693	375	31
高密市柴沟镇	20925	81259	16543	218	14775	133	26
昌邑市柳疃镇	32466	48780	24413	546	30515	366	49
昌邑市龙池镇	18243	24607	10061	508	7780	462	20
昌邑市卜庄镇	14311	52819	10914	276	7541	178	13
昌邑市饮马镇	16610	84375	46071	746	11049	375	38
昌邑市北孟镇	17521	71548	27068	488	14263	271	28
昌邑市下营镇	21759	22113	6455	150	5124	90	26
任城区长沟镇	6849	60680	17963	195	9420	142	13
任城区石桥镇	7570	49464	9270	415	8755	61	1
任城区喻屯镇	14477	80703	80703	337	4935	52	7
兖州区大安镇	7556	46853	25600	365	9185	216	50

续表 247 （山东省） 单位：公顷、人、个

名　称	行政区域面积	常住人口	#城镇建成区	企业个数	企业从业人员	工业企业个数	#规模以上
兖州区新驿镇	6682	45983	28760	141	12602	76	26
兖州区颜店镇	9832	65047	14721	258	6230	110	30
兖州区新兖镇	10144	88638	56529	771	50997	220	64
兖州区漕河镇	4764	31374	5014	125	4017	93	21
兖州区小孟镇	5421	37512	11510	115	3972	72	21
微山县韩庄镇	16020	58904	25502	381	6612	100	9
微山县欢城镇	10303	86284	53280	587	14070	213	16
微山县南阳镇	16627	25174	14596	115	11316	35	2
微山县鲁桥镇	18871	45572	13212	163	3620	56	7
微山县留庄镇	13247	51792	27487	421	6296	58	10
微山县两城镇	13405	61918	16647	465	2736	121	9
微山县马坡镇	7224	54624	7640	31	1320	28	6
微山县赵庙镇	3286	13843	8975	190	4668	54	11
微山县张楼镇	6918	14455	8842	181	3215	45	11
微山县微山岛镇	5331	12383	7178	226	1613	8	2
微山县西平镇	2045	8692	8692	150	1600	58	13
微山县高楼乡	39044	16874		123	1157	23	2
鱼台县清河镇	7823	44081	9891	195	2987	125	14
鱼台县鱼城镇	5354	39250	12860	318	8516	158	9
鱼台县王鲁镇	3854	30465	3235	108	3060	94	9
鱼台县张黄镇	9813	56227	33642	275	12276	142	21
鱼台县王庙镇	9581	58002	3884	387	5346	94	9
鱼台县李阁镇	7370	35512	2215	124	1482	54	10
鱼台县唐马镇	4108	30900	8876	99	2219	82	8
鱼台县老砦镇	4792	28167	18988	96	1547	81	11
鱼台县罗屯镇	5288	28173	3645	82	1264	51	2
金乡县羊山镇	7202	51440	24796	165	2365	56	11
金乡县胡集镇	9243	59110	21457	167	8280	69	23
金乡县霄云镇	7381	46391	19146	233	2864	68	13
金乡县鸡黍镇	9058	63423	18204	598	12609	74	15
金乡县司马镇	5262	32067	10897	37	1403	25	9
金乡县马庙镇	9711	55221	27716	252	10119	70	12
金乡县化雨镇	7284	44283	24226	78	2142	38	11
金乡县卜集镇	8032	43027	11417	416	2399	44	6
金乡县兴隆镇	5530	36337	5233	108	1908	30	5
嘉祥县纸坊镇	9196	80647	13200	236	9058	189	14
嘉祥县梁宝寺镇	9707	57950	29785	470	3889	130	10
嘉祥县疃里镇	9300	101329	28174	460	13520	423	45
嘉祥县马村镇	4993	44694	9527	340	3232	97	17
嘉祥县金屯镇	9286	63689	11732	531	5064	85	12
嘉祥县大张楼镇	7291	39588	12259	282	2683	73	17
嘉祥县马集镇	4486	40158	7117	124	2704	71	8
嘉祥县孟姑集镇	4570	40216	11247	282	2597	54	8
嘉祥县老僧堂镇	6038	40368	12474	368	3266	51	13
嘉祥县仲山镇	8021	61016	10127	326	2773	46	9
嘉祥县满硐镇	4056	31956	10222	277	2350	41	6
嘉祥县黄垓镇	3787	34520	11050	562	4058	96	6
汶上县南站镇	9556	81321	25670	1041	66135	201	28
汶上县南旺镇	5956	55565	17985	284	5474	78	8
汶上县次丘镇	8675	60523	10155	295	5380	90	17

续表 248　　　　（山东省）　　　　单位：公顷、人、个

名　称	行政区域面积	常住人口	#城镇建成区	企业个数	企业从业人员	工业企业个数	#规模以上
汶上县寅寺镇	5273	45952	20560	361	3950	77	16
汶上县郭楼镇	5876	38555	12197	136	3672	89	11
汶上县康驿镇	8683	74962	27020	182	5475	50	16
汶上县苑庄镇	5038	30469	13110	220	8360	46	6
汶上县义桥镇	6709	39766	10692	324	10992	46	7
汶上县郭仓镇	4298	34056	17039	374	3318	24	16
汶上县白石镇	7837	39321	11027	917	8293	526	29
汶上县杨店镇	5291	34321	12372	253	11978	39	11
汶上县刘楼镇	4121	33625	13361	200	3805	48	8
汶上县军屯乡	5191	22797		185	3126	16	6
泗水县泉林镇	11183	71016	17302	187	4423	126	12
泗水县星村镇	9660	50800	11810	193	3612	16	11
泗水县柘沟镇	6577	35052	22850	541	11641	471	18
泗水县金庄镇	9970	45966	5233	139	5328	121	26
泗水县苗馆镇	11406	40464	7012	299	4500	49	14
泗水县中册镇	6784	34095	8380	81	3100	63	13
泗水县杨柳镇	5716	36165	4233	44	3560	38	14
泗水县泗张镇	13946	35662	5024	36	465	18	12
泗水县圣水峪镇	13307	36992	3380	65	5480	50	14
泗水县高峪镇	8289	36955	6178	65	1121	42	16
泗水县华村镇	5077	18922	2902	49	431	37	13
梁山县小路口镇	6917	45764	4992	98	3842	43	7
梁山县韩岗镇	8224	56719	9435	492	7193	219	22
梁山县拳铺镇	14505	117484	51541	421	16873	356	44
梁山县杨营镇	6183	48260	26172	613	5935	179	23
梁山县韩垓镇	7771	60515	22141	133	9232	124	17
梁山县馆驿镇	9572	51184	4395	478	5913	81	9
梁山县小安山镇	10922	54506	6345	54	6070	40	10
梁山县寿张集镇	4211	38630	10002	281	8300	145	10
梁山县黑虎庙镇	4219	30340	4850	336	7430	165	11
梁山县马营镇	5110	36187	7187	67	1480	37	12
梁山县赵固堆乡	3944	30599		78	3710	68	9
梁山县大路口乡	4371	32199		76	4960	65	9
曲阜市吴村镇	7744	38533	9168	146	5820	70	12
曲阜市姚村镇	7220	49817	31526	110	3850	87	26
曲阜市陵城镇	7559	82709	46011	403	8102	168	22
曲阜市尼山镇	10109	50908	8171	137	1686	32	3
曲阜市王庄镇	7622	45956	18023	305	6506	170	13
曲阜市息陬镇	5565	50098	32458	536	3207	312	18
曲阜市石门山镇	8525	38825	8496	216	9525	84	10
曲阜市防山镇	8307	42505	6595	253	15862	79	19
邹城市香城镇	17606	72354	11113	331	2740	23	17
邹城市城前镇	19100	73718	9372	440	3564	32	10
邹城市大束镇	14634	76063	12408	593	5066	35	16
邹城市北宿镇	8573	102991	66412	1429	42880	267	76
邹城市中心店镇	9023	82984	31816	893	14899	105	44
邹城市唐村镇	3657	39345	21986	635	5325	65	20
邹城市太平镇	13057	93863	37371	764	21578	153	65
邹城市石墙镇	14404	72349	17936	283	2323	45	11
邹城市峄山镇	9766	48926	9543	612	4912	29	21

续表 249　　（山东省）　　单位：公顷、人、个

名　称	行政区域面积	常住人口	#城镇建成区	企业个数	企业从业人员	工业企业个数	#规模以上
邹城市看庄镇	7312	32463	3057	295	2361	25	10
邹城市张庄镇	17265	63255	13500	462	3742	34	11
邹城市田黄镇	10537	36573	4693	182	1460	22	9
邹城市郭里镇	8814	43802	8097	299	2565	25	7
泰山区省庄镇	6347	58991	14030	480	7235	289	10
泰山区邱家店镇	5535	51477	6135	566	24960	45	7
泰山区大津口乡	6574	15706		77	785	3	
岱岳区山口镇	5779	53101	35181	261	9654	161	11
岱岳区祝阳镇	8712	51611	6165	35	4436	31	4
岱岳区范镇	6868	53866	37798	88	4828	43	11
岱岳区角峪镇	6370	32205	6921	115	650	35	1
岱岳区徂徕镇	13315	54693	18112	94	1447	28	5
岱岳区满庄镇	11131	80650	71222	1485	34210	351	57
岱岳区夏张镇	11674	60764	22670	92	7985	77	4
岱岳区道朗镇	10536	32579	16849	182	9729	83	2
岱岳区黄前镇	10440	33230	5006	47	652	42	2
岱岳区大汶口镇	9073	71078	38660	346	18235	264	9
岱岳区马庄镇	5724	49951	23679	246	1898	105	4
岱岳区房村镇	9473	56573	17755	43	2332	35	3
岱岳区良庄镇	13681	69721	12441	35	625	10	2
岱岳区下港镇	15475	41202	2610	21	250	6	1
岱岳区化马湾乡	9982	36703	9300	26	399	7	1
宁阳县泗店镇	5606	42180	15118	97	3895	80	16
宁阳县东疏镇	8398	55890	13631	148	4592	98	23
宁阳县伏山镇	8432	55624	14207	182	17935	77	30
宁阳县堽城镇	11830	76414	17056	420	27612	216	31
宁阳县蒋集镇	6500	37167	13150	80	2300	43	16
宁阳县磁窑镇	15872	100415	60305	774	24181	311	48
宁阳县华丰镇	10809	80219	43647	334	8014	152	18
宁阳县葛石镇	13225	51164	14021	68	6233	45	14
宁阳县东庄镇	9965	51844	11026	158	5010	92	14
宁阳县鹤山镇	9811	45814	9658	109	3815	90	15
宁阳县乡饮乡	6787	33278		50	2398	45	14
东平县沙河站镇	6622	57136	8765	100	3291	82	13
东平县老湖镇	11290	56142	38967	235	2125	154	8
东平县银山镇	10451	66399	40156	338	4871	210	15
东平县斑鸠店镇	7611	47894	12697	201	3015	102	13
东平县接山镇	14937	62712	28077	162	3015	152	22
东平县大羊镇	8286	33398	12501	50	1321	31	6
东平县梯门镇	8976	34618	7277	86	2998	59	12
东平县新湖镇	10481	53496	11126	85	1316	52	4
东平县戴庙镇	9290	39850	7505	108	2085	72	8
东平县商老庄乡	8688	30319		104	2049	58	8
东平县旧县乡	7091	26084		94	2026	87	15
新泰市东都镇	6339	65068	60136	443	4873	142	15
新泰市小协镇	3907	47579	41577	320	20126	131	15
新泰市翟镇	6436	75995	48328	538	25184	167	22
新泰市泉沟镇	9183	47773	21340	367	3822	61	7
新泰市羊流镇	17222	95803	55009	532	14922	196	31
新泰市果都镇	4829	38027	18590	191	9060	100	10

续表 250　　(山东省)　　单位：公顷、人、个

名　　称	行政区域面　　积	常住人口	#城镇建成区	企业个数	企　　业从业人员	工业企业个　　数	#规模以上
新泰市西张庄镇	4296	48227	33200	242	13421	160	20
新泰市天宝镇	14742	79384	27262	142	2996	36	2
新泰市楼德镇	9384	78453	53326	185	4458	112	14
新泰市禹村镇	8919	51090	19986	46	2805	43	
新泰市宫里镇	8513	60391	25216	158	7679	75	18
新泰市谷里镇	9480	47446	25037	319	7236	98	14
新泰市石莱镇	16314	64517	12653	308	3520	33	1
新泰市放城镇	6896	31733	15185	125	1125	30	
新泰市刘杜镇	5158	31083	14174	189	2030	28	2
新泰市汶南镇	18522	98754	58542	1003	25342	275	21
新泰市龙廷镇	15216	56148	24641	380	2218	70	3
新泰市岳家庄乡	6810	39490	1952	186	980	26	
肥城市潮泉镇	5288	20677	2011	48	1692	42	10
肥城市桃园镇	10096	54645	10799	165	3459	30	14
肥城市王庄镇	9360	50832	16042	127	5800	83	12
肥城市湖屯镇	8492	63847	30966	307	12008	80	25
肥城市石横镇	9451	100435	68825	411	34560	183	40
肥城市安临站镇	13100	51999	16360	50	2140	27	19
肥城市孙伯镇	7097	22123	8024	34	8562	18	10
肥城市安驾庄镇	13457	80823	15101	92	8233	35	19
肥城市汶阳镇	7950	70353	47390	245	5022	91	20
肥城市边院镇	11099	77910	37018	496	7126	99	20
环翠区张村镇	4904	91121	87949	850	51100	507	36
环翠区羊亭镇	7035	29975	3426	486	15332	392	34
环翠区温泉镇	6659	35636	17637	494	15033	193	17
文登区文登营镇	11062	25138	5417	162	9143	60	12
文登区大水泊镇	11534	34493	15512	93	3512	47	23
文登区张家产镇	7837	21285	5856	85	7215	35	23
文登区高村镇	9667	27695	12542	194	6475	86	21
文登区泽库镇	9123	20963	5593	212	11263	83	23
文登区侯家镇	6343	19097	4841	112	3271	26	10
文登区宋村镇	13800	40653	17815	69	6981	55	21
文登区泽头镇	11463	31812	5088	96	3979	64	20
文登区小观镇	12600	40243	17767	181	6371	20	12
文登区葛家镇	18528	49982	32055	488	15588	93	31
文登区米山镇	8895	21314	3895	148	7134	79	26
文登区界石镇	18800	25845	5672	210	10240	82	25
威海火炬高技术产业开发区初村镇	8342	15632	7925	240	3426	168	20
威海经济技术开发区崮山镇	4900	17666	2425	379	6985	203	20
威海经济技术开发区泊于镇	7300	24150	2134	40	1983	24	12
威海经济技术开发区桥头镇	11124	27550	4167	278	3210	54	16
威海临港经济技术开发区草庙子镇	8249	20837	12902	801	20337	229	46
威海临港经济技术开发区汪疃镇	10251	24956	5302	314	3521	114	6
威海临港经济技术开发区苘山镇	11118	40953	22828	523	13083	252	25
荣成市俚岛镇	10614	36115	24715	310	17725	150	34
荣成市成山镇	12258	42570	19620	365	24000	220	29
荣成市埠柳镇	9581	19312	1076	41	2491	26	9
荣成市港西镇	4913	17070	3196	89	11023	70	39
荣成市夏庄镇	5033	11434	1687	36	3760	34	16
荣成市崖西镇	8401	19013	5797	136	2409	16	7

续表 251 （山东省） 单位：公顷、人、个

名称	行政区域面积	常住人口	#城镇建成区	企业个数	企业从业人员	工业企业个数	#规模以上
荣成市荫子镇	4763	12502	4260	48	7610	25	15
荣成市滕家镇	8403	25785	8340	89	3014	25	12
荣成市大疃镇	7072	15867	2678	50	1280	29	7
荣成市上庄镇	8493	23517	2927	87	586	30	9
荣成市虎山镇	11525	38655	17885	263	18949	96	29
荣成市人和镇	12068	62373	16673	554	15863	189	38
乳山市夏村镇	9990	37169	7210	88	2418	22	16
乳山市乳山口镇	8921	25976	8354	818	10920	357	161
乳山市海阳所镇	9869	28348	16425	128	2229	44	18
乳山市白沙滩镇	11998	38342	9338	101	10340	91	17
乳山市大孤山镇	9598	25999	2896	52	1567	45	9
乳山市南黄镇	8933	23455	5830	41	1733	35	6
乳山市冯家镇	13576	28081	6519	67	1423	32	6
乳山市下初镇	12631	27725	7663	85	6024	33	7
乳山市午极镇	10999	23841	7450	35	523	33	6
乳山市育黎镇	11009	28740	4204	35	1025	27	6
乳山市崖子镇	18705	35333	5796	57	3000	49	9
乳山市诸往镇	15302	33891	4896	47	2571	45	8
乳山市乳山寨镇	13592	31457	7580	55	703	42	11
乳山市徐家镇	6929	16749	5012	74	1197	56	10
东港区河山镇	6700	26088	10000	98	1800	53	11
东港区后村镇	12500	58806	13137	71	7812	57	4
东港区西湖镇	8175	33293	1979	103	4988	28	1
东港区陈疃镇	7800	28430	2472	154	770	16	1
东港区南湖镇	17260	65804	7940	623	4002	107	10
东港区二庄镇	19289	64750	6160	202	4040	15	2
岚山区碑廓镇	9267	47410	26959	135	8320	61	4
岚山区虎山镇	10564	62280	14067	82	22438	70	22
岚山区巨峰镇	16095	77452	22298	306	4609	224	10
岚山区高兴镇	6439	34299	6060	210	2201	90	8
岚山区黄墩镇	15328	46026	8310	19	256	2	2
岚山区中楼镇	13132	55026	10934	501	6582	298	9
岚山区前三岛乡	948	4136		48	1280	6	2
五莲县街头镇	23068	53817	28961	315	11236	263	35
五莲县潮河镇	10212	55800	43000	658	24000	265	35
五莲县许孟镇	14817	53899	22045	92	2031	66	20
五莲县于里镇	12818	39961	12500	148	2722	113	21
五莲县汪湖镇	8421	21568	5598	83	619	22	7
五莲县叩官镇	11622	25362	3633	39	518	9	6
五莲县中至镇	9902	23809	3902	82	1350	34	9
五莲县高泽镇	12326	33986	8321	130	7442	125	26
五莲县松柏镇	8364	16671	5526	67	3238	33	11
五莲县石场乡	8137	18535		69	381	11	5
五莲县户部乡	10207	18587		21	350	15	6
莒县招贤镇	10722	66647	30914	52	3285	40	8
莒县阎庄镇	4187	34897	7891	105	4521	35	7
莒县夏庄镇	11662	62951	32603	301	9540	64	11
莒县刘官庄镇	8104	71446	22984	384	12980	301	33
莒县峤山镇	9657	58649	9900	106	1378	11	5
莒县小店镇	11840	51196	5681	68	1460	65	6

续表 252 （山东省） 单位：公顷、人、个

名　　称	行政区域面　积	常住人口	#城镇建成区	企业个数	企　业从业人员	工业企业个　数	#规模以上
莒县龙山镇	10861	40866	17266	162	1733	124	5
莒县东莞镇	10509	32641	8760	41	996	38	7
莒县长岭镇	5739	39365	7542	85	7236	61	8
莒县安庄镇	8164	29857	5389	29	573	23	6
莒县棋山镇	19855	53275	6202	468	2876	262	4
莒县洛河镇	7250	42795	7221	196	13154	68	14
莒县寨里河镇	7188	33838	7152	63	3024	32	3
莒县桑园镇	12672	51231	7251	116	7812	22	3
莒县果庄镇	6485	31246	8175	221	5848	33	2
莒县库山乡	10694	23983		86	1420	22	3
日照国际海洋城涛雒镇	11200	73913	28030	814	5230	143	15
莱城区口镇	13797	79850	40750	656	26583	432	70
莱城区羊里镇	7566	61287	25300	594	14600	340	32
莱城区方下镇	6762	53278	12335	420	7760	308	28
莱城区牛泉镇	14309	72351	22350	160	4305	106	24
莱城区苗山镇	21394	56498	5396	107	3821	48	14
莱城区雪野镇	20506	49950	16982	509	13440	24	4
莱城区大王庄镇	16118	40588	15479	34	1435	25	5
莱城区寨里镇	6960	54339	20361	137	2560	110	17
莱城区杨庄镇	5883	44244	5866	460	19399	368	24
莱城区茶业口镇	17400	34695	4590	9	574	2	2
莱城区和庄镇	8618	23456	5245	137	1185	81	14
钢城区颜庄镇	7175	59625	24563	204	3500	160	36
钢城区辛庄镇	16703	46461	6711	342	8280	86	8
兰山区白沙埠镇	7163	77236	21035	388	12875	281	47
兰山区枣园镇	6341	80817	10229	404	18103	226	56
兰山区半程镇	9563	75698	23996	493	32461	446	56
兰山区义堂镇	10143	145650	83964	2089	109060	1978	243
兰山区李官镇	8330	52845	9835	65	5506	50	16
兰山区方城镇	11922	105986	22300	470	45765	202	34
兰山区汪沟镇	10860	60124	17516	215	5053	89	23
罗庄区沂堂镇	7586	51302	17017	176	1530	171	12
罗庄区褚墩镇	7200	57523	20207	91	3120	37	16
罗庄区黄山镇	5318	50457	13085	108	3805	105	23
莱芜市河东区汤河镇	5226	59050	10206	195	4120	156	23
莱芜市河东区八湖镇	8714	71009	8522	580	11585	45	21
莱芜市河东区郑旺镇	8145	67710	11899	130	3756	86	28
沂南县岸堤镇	14349	37681	13598	42	1977	28	7
沂南县孙祖镇	15213	37190	13021	89	4931	80	16
沂南县双堠镇	15502	45793	9196	134	4859	118	12
沂南县青驼镇	13853	69113	27895	86	4237	80	29
沂南县张庄镇	11447	49561	24720	121	2860	55	18
沂南县砖埠镇	6948	39085	10375	35	2581	23	10
沂南县大庄镇	15951	96186	33166	454	24210	215	45
沂南县辛集镇	8999	59733	16029	330	5022	82	23
沂南县蒲汪镇	9777	58413	11563	52	1795	27	14
沂南县湖头镇	8884	47890	5963	198	2866	126	11
沂南县苏村镇	6788	55864	18258	123	3682	51	16
沂南县铜井镇	11867	64831	13929	332	6930	86	16
沂南县依汶镇	12409	44962	5219	175	3010	32	12

续表 253　　　　（山东省）　　　　单位：公顷、人、个

名　称	行政区域面积	常住人口	#城镇建成区	企业个数	企业从业人员	工业企业个数	#规模以上
沂南县马牧池乡	9186	28898		42	1192	36	7
郯城县马头镇	8549	68321	39260	365	37680	338	60
郯城县重坊镇	8225	94724	9455	321	3125	150	17
郯城县李庄镇	14152	104721	27503	418	25117	240	52
郯城县杨集镇	8127	48603	10193	11	2161	10	10
郯城县港上镇	4011	45494	26232	82	2876	75	11
郯城县高峰头镇	7043	47280	9910	30	1286	23	17
郯城县庙山镇	7166	48187	3195	48	1935	42	15
郯城县红花镇	12121	69609	12703	277	2710	202	14
郯城县胜利镇	5567	48256	10926	80	2465	48	17
郯城县花园乡	7422	46155		55	1269	19	9
郯城县归昌乡	5962	39422		68	2690	56	13
郯城县泉源乡	11593	63231		28	538	13	7
沂水县马站镇	13427	61243	44708	304	3028	124	18
沂水县高桥镇	11630	61761	2310	126	8526	83	13
沂水县许家湖镇	14528	72326	38917	1215	8088	417	47
沂水县黄山铺镇	9446	47760	17890	256	4904	91	16
沂水县诸葛镇	21282	64102	19898	153	6264	48	18
沂水县崔家峪镇	9409	20305	6482	15	317	10	5
沂水县四十里堡镇	12045	61483	16130	562	6890	80	21
沂水县杨庄镇	15897	56980	13805	216	1840	90	15
沂水县夏蔚镇	15027	47845	10950	44	2314	22	7
沂水县沙沟镇	21031	50898	11156	72	3346	63	13
沂水县高庄镇	13164	44892	15230	138	2531	36	7
沂水县院东头镇	16669	62596	4313	54	2499	48	9
沂水县富官庄镇	13335	33331	4850	155	1980	72	9
沂水县道托镇	8965	37027	4120	183	1335	68	19
沂水县泉庄镇	9756	27968	4521	64	2682	44	11
沂水县圈里乡	11006	31084		72	885	34	6
兰陵县大仲村镇	15129	84271	36683	216	3862	117	8
兰陵县兰陵镇	14160	107436	40379	198	11215	144	13
兰陵县长城镇	12565	98939	23868	69	678	49	6
兰陵县磨山镇	7954	66126	23740	125	2940	95	7
兰陵县神山镇	6706	58249	27003	251	7318	170	23
兰陵县车辋镇	12742	43465	9672	72	827	26	5
兰陵县尚岩镇	8317	41640	13460	73	5260	46	11
兰陵县向城镇	10889	99121	36881	290	9901	96	8
兰陵县新兴镇	6867	39916	10012	285	2872	82	3
兰陵县南桥镇	8520	52175	16674	58	1815	27	7
兰陵县庄坞镇	8872	94234	38246	77	14010	76	11
兰陵县鲁城镇	8791	42694	16506	174	871	172	18
兰陵县矿坑镇	8493	35736	11836	206	3240	193	29
兰陵县金岭镇	12465	99360	12042	155	4669	122	29
兰陵县芦柞镇	9567	81846	20242	68	1632	48	1
兰陵县下村乡	12141	38044	2492	57	296	30	
费县上冶镇	7329	61783	26536	413	15493	189	38
费县薛庄镇	21608	72213	12058	190	14245	184	26
费县探沂镇	16255	105711	22154	3902	78856	3068	129
费县朱田镇	15560	55905	10715	363	3692	277	8
费县梁邱镇	19233	89787	34423	366	4236	355	6

续表 254　　（山东省）　　单位：公顷、人、个

名　称	行政区域面　积	常住人口	#城镇建成区	企业个数	企　业从业人员	工业企业个　数	#规模以上
费县新庄镇	11801	54201	11542	132	725	116	8
费县马庄镇	14249	57437	3894	1145	5954	1082	31
费县胡阳镇	6587	44385	3411	568	8098	462	15
费县石井镇	10195	32521	3537	50	433	4	1
费县大田庄乡	9645	21051	4497	9	542	6	3
费县南张庄乡	7419	39248	5304	320	5480	233	15
平邑县仲村镇	11489	84349	51300	387	4464	121	14
平邑县武台镇	7920	37123	10201	140	3640	62	6
平邑县保太镇	10904	75821	13608	71	5726	45	9
平邑县柏林镇	13576	58942	5862	20	560	8	3
平邑县卞桥镇	7692	51862	10591	109	8288	90	30
平邑县地方镇	14314	81757	48310	198	36042	111	38
平邑县铜石镇	15724	68975	5684	269	2120	83	15
平邑县温水镇	6701	58083	18624	332	7214	27	20
平邑县流峪镇	10448	48804	5796	310	5702	12	10
平邑县郑城镇	16096	63856	16545	138	4687	30	18
平邑县白彦镇	19042	73595	14720	183	3860	66	7
平邑县临涧镇	12085	44395	7338	70	895	38	14
平邑县丰阳镇	9598	38050	6428	45	2045	15	6
莒南县大店镇	13157	74209	55351	286	9438	218	25
莒南县坊前镇	18292	74175	21912	230	5578	84	24
莒南县板泉镇	10119	77577	24600	151	6012	82	20
莒南县洙边镇	12102	51792	9562	95	3175	83	17
莒南县文疃镇	11435	45415	12956	42	1968	20	13
莒南县石莲子镇	11954	62782	9440	93	3842	41	11
莒南县岭泉镇	6161	40159	3600	86	1925	75	14
莒南县筵宾镇	7589	36785	13458	86	1065	32	8
莒南县涝坡镇	15113	54017	6742	135	1485	92	12
莒南县道口镇	5254	31805	5585	57	3060	39	9
莒南县相沟镇	10768	37893	7955	116	874	23	10
蒙阴县常路镇	7512	33400	5747	127	2280	45	18
蒙阴县岱崮镇	18552	47841	8462	126	2780	47	7
蒙阴县坦埠镇	8081	31526	5373	56	2206	35	12
蒙阴县垛庄镇	26620	73204	13794	295	8508	246	13
蒙阴县高都镇	9046	32732	6126	164	3482	86	15
蒙阴县野店镇	19365	34809	4076	30	1296	22	3
蒙阴县桃墟镇	17071	45919	8826	134	1415	15	4
蒙阴县联城镇	16108	47610	4882	29	1921	20	10
蒙阴县旧寨乡	12179	40917		28	1216	15	5
临沭县蛟龙镇	7640	47434	7620	56	2004	48	11
临沭县大兴镇	11802	64467	17018	97	4921	62	8
临沭县石门镇	12966	53300	7715	92	6186	49	13
临沭县曹庄镇	7816	42535	9347	57	410	29	9
临沭县青云镇	16144	97428	38210	155	2236	122	26
临沭县玉山镇	15661	80790	4490	103	4110	57	18
临沭县店头镇	8406	49483	8262	94	3326	80	22
临沂高新技术产业开发区马厂湖镇	7323	54983	25990	453	19500	180	64
临沂临港经济开发区坪上镇	11565	70542	27288	456	12325	106	28
临沂临港经济开发区团林镇	7932	42791	6829	135	1683	66	18
临沂临港经济开发区壮岗镇	9307	52480	20391	48	2428	36	13

续表 255　　（山东省）　　单位：公顷、人、个

名　　称	行政区域面　积	常住人口	#城镇建成区	企业个数	企　业从业人员	工业企业个　数	#规模以上
临沂临港经济开发区朱芦镇	7555	34810	34810	164	1920	139	13
德城区二屯镇	4100	23486	10269	230	5798	80	5
德城区黄河涯镇	10536	62508	19760	250	5659	58	4
陵城区郑家寨镇	11851	44092	5945	37	1160	27	4
陵城区糜镇	9962	47849	29617	170	9120	152	10
陵城区宋家镇	10717	40655	5836	35	2723	26	5
陵城区徽王庄镇	10629	42633	18063	104	7247	66	11
陵城区神头镇	11482	60910	4356	63	2530	22	2
陵城区滋镇	7417	36754	4523	130	3100	60	4
陵城区前孙镇	8127	29039	3977	39	3122	26	4
陵城区边临镇	7061	31750	20236	96	7069	76	15
陵城区义渡口镇	6841	34547	8124	37	2890	32	8
陵城区丁庄镇	6979	19913	6531	135	1853	120	11
陵城区于集乡	5630	20970	9945	40	3000	30	6
宁津县柴胡店镇	11181	54789	2816	152	2148	134	27
宁津县长官镇	6482	43147	6402	165	7822	95	20
宁津县杜集镇	10164	50157	4102	34	623	25	5
宁津县保店镇	9045	35230	2176	284	4293	63	14
宁津县大柳镇	5547	28172	1628	57	765	52	15
宁津县大曹镇	8250	31808	1809	129	2113	73	17
宁津县相衙镇	5141	20585	925	127	1424	50	12
宁津县时集镇	5310	28396	910	228	5936	162	32
宁津县张大庄镇	5167	37594	2260	237	8630	150	29
宁津县刘营伍乡	3880	21935	1698	35	548	30	8
庆云县庆云镇	5648	42955	12921	268	6400	254	30
庆云县常家镇	9176	53605	2000	254	4862	228	22
庆云县尚堂镇	10538	63343	30780	255	8000	225	23
庆云县崔口镇	3438	16120	4930	150	3257	121	23
庆云县东辛店镇	4286	27907	4204	142	1925	118	18
庆云县严务乡	5953	23862	3480	115	1560	105	8
庆云县中丁乡	4009	22318	1276	151	4839	88	10
庆云县徐园子乡	3433	19350	1219	132	1321	82	18
临邑县临邑镇	8889	49560	1913	132	4200	115	16
临邑县临南镇	11243	44096	22689	29	1023	18	15
临邑县德平镇	12395	58898	35620	148	1528	102	12
临邑县林子镇	6413	26571	16089	26	966	15	10
临邑县兴隆镇	10276	43575	12500	60	1975	28	19
临邑县孟寺镇	12362	44404	3846	65	1979	42	18
临邑县翟家镇	5178	28609	4900	22	2375	22	6
临邑县理合务镇	5655	27156	4793	19	2115	16	7
临邑县宿安乡	5977	27498	3581	23	2179	23	7
齐河县表白寺镇	7089	24620	20194	85	3120	75	15
齐河县焦庙镇	10778	41985	18027	116	5706	61	20
齐河县赵官镇	6716	33183	16865	93	13073	37	21
齐河县祝阿镇	11535	48528	22195	260	2775	68	16
齐河县仁里集镇	12533	49320	15844	62	3412	41	8
齐河县潘店镇	13791	52557	37639	130	8329	89	32
齐河县胡官屯镇	10983	37049	11851	90	3056	42	20
齐河县宣章屯镇	6404	21222	9715	55	2950	42	19
齐河县马集镇	6650	29487	14035	58	3427	43	15

续表 256　　(山东省)　　单位：公顷、人、个

名　称	行政区域面积	常住人口	#城镇建成区	企业个数	企业从业人员	工业企业个数	#规模以上
齐河县华店镇	10100	38403	20940	176	5320	108	37
齐河县刘桥镇	8813	36561	11682	55	2115	41	13
齐河县安头乡	7449	22042	8804	48	2063	29	13
齐河县大黄乡	6647	27115	8919	65	3812	47	18
平原县王凤楼镇	12786	48610	10650	166	1805	107	16
平原县前曹镇	15110	53102	8882	141	5125	116	16
平原县恩城镇	10510	57275	22026	650	13328	101	22
平原县王庙镇	11700	37240	6740	153	2640	142	11
平原县王杲铺镇	7264	34610	6510	47	1699	32	9
平原县张华镇	6020	23295	3697	148	3486	112	15
平原县腰站镇	6133	26330	3809	95	2295	76	15
平原县王打卦镇	3800	25242	3534	44	712	42	7
平原县坊子乡	6207	23852	3570	145	3352	110	7
平原县三唐乡	7300	22148	1528	33	3271	27	7
夏津县南城镇	5659	38947	9081	243	3402	124	51
夏津县苏留庄镇	11990	49816	15982	82	4964	61	10
夏津县新盛店镇	12031	53472	9200	52	3050	30	9
夏津县雷集镇	9043	40458	7460	123	4460	31	5
夏津县郑保屯镇	4733	23689	10956	105	5215	68	14
夏津县白马湖镇	6633	32001	8568	62	947	42	10
夏津县东李官屯镇	5250	30223	8835	30	925	15	8
夏津县宋楼镇	4135	30902	11108	125	5209	65	43
夏津县香赵庄镇	3678	26219	21659	83	3259	52	28
夏津县双庙镇	4049	24987	16256	132	3915	59	11
夏津县渡口驿乡	4148	20748	7230	11	665	8	4
夏津县田庄乡	3895	17097	6035	33	1580	26	9
武城县武城镇	13225	56147	22488	550	17150	190	21
武城县老城镇	9561	63880	38102	866	17620	537	77
武城县鲁权屯镇	16321	73885	55622	1616	25891	1326	135
武城县郝王庄镇	5344	20477	6196	194	2137	35	8
武城县甲马营镇	7395	36382	14019	331	5780	138	39
武城县四女寺镇	10235	40116	10815	279	6375	76	20
武城县李家户镇	6683	31882	9240	316	6382	60	10
德州经济技术开发区赵虎镇	10252	43910	1702	75	864	40	5
德州经济技术开发区抬头寺镇	5048	28638	21765	255	2960	119	19
德州经济技术开发区袁桥镇	5089	24702	13586	365	6583	151	41
乐陵市杨安镇	8996	48561	31824	180	5920	175	38
乐陵市朱集镇	8867	58008	27596	18	3150	16	10
乐陵市黄夹镇	12327	66673	25335	51	5006	32	10
乐陵市丁坞镇	8191	37878	16112	35	1272	23	4
乐陵市花园镇	8896	45935	20615	17	1005	16	4
乐陵市郑店镇	14339	51882	19448	141	2638	131	6
乐陵市化楼镇	8546	39086	14236	19	1850	15	7
乐陵市孔镇	11154	48063	13386	10	642	8	4
乐陵市铁营镇	7424	27185	7848	60	3555	50	11
乐陵市西段乡	4093	24556	7935	15	1365	10	4
乐陵市大孙乡	3930	18498	1834	20	1240	18	3
乐陵市寨头堡乡	4165	25151	3901	25	1652	22	5
禹城市伦镇	11446	37151	13357	95	3812	67	29
禹城市房寺镇	14594	74330	36732	126	6930	59	30

续表 257　　　　（山东省）　　　　单位：公顷、人、个

名　　称	行政区域面　　积	常住人口	#城镇建成区	企业个数	企　　业从业人员	工业企业个　　数	#规模以上
禹城市张庄镇	5321	21139	5832	69	2548	35	20
禹城市辛店镇	9348	34955	16797	73	2997	35	21
禹城市安仁镇	6649	29623	5605	56	1980	30	26
禹城市辛寨镇	9344	40641	7142	58	3680	36	30
禹城市梁家镇	9456	37886	4218	74	4565	53	32
禹城市十里望镇	5738	32665	15008	170	6381	112	46
禹城市莒镇	5527	24349	4628	60	1485	45	18
禹城市李屯乡	4233	22242	4209	58	1871	45	19
东昌府区侯营镇	7674	48778	14400	312	2804	270	12
东昌府区沙镇镇	13192	98298	27995	188	7160	157	18
东昌府区堂邑镇	6141	38562	16387	89	3462	76	9
东昌府区梁水镇	14388	72954	11206	140	1420	140	14
东昌府区斗虎屯镇	8327	45218	2769	36	4572	23	11
东昌府区郑家镇	6793	63696	36300	2210	31000	2200	22
东昌府区张炉集镇	5067	37289	3210	715	6810	385	20
东昌府区于集镇	6955	39861	6392	61	1546	29	3
东昌府区许营镇	6471	37350	2600	43	3550	37	5
东昌府区朱老庄镇	6459	39937	1820	18	480	11	4
东昌府区顾官屯镇	7239	41356	9368	65	7986	46	14
东昌府区广平乡	6143	31859	7181	146	2710	62	10
东昌府区韩集乡	5487	28276	1798	16	690	12	4
阳谷县阎楼镇	6610	45148	11046	342	10245	128	23
阳谷县阿城镇	11483	59573	11230	125	2035	95	22
阳谷县七级镇	7339	39114	7174	45	2157	27	19
阳谷县安乐镇	6674	41206	14321	113	16122	75	21
阳谷县定水镇	5838	29613	2774	107	5876	82	16
阳谷县石佛镇	5777	39446	23752	92	2900	45	14
阳谷县李台镇	3178	35418	6141	64	1911	44	6
阳谷县寿张镇	5811	63385	23944	123	3872	103	16
阳谷县十五里园镇	4902	44649	4170	46	905	40	11
阳谷县张秋镇	5334	46962	11435	186	7246	86	20
阳谷县郭店屯镇	5492	27986	4856	76	1489	39	15
阳谷县西湖镇	7113	39514	18642	223	10477	106	23
阳谷县高庙王镇	6140	38950	3421	56	4600	45	10
阳谷县金斗营镇	2268	27265	7510	58	1860	32	10
阳谷县大布乡	5725	30680	6126	125	2260	85	15
莘县张鲁镇	8276	47662	21300	52	1349	49	14
莘县朝城镇	7118	49899	32708	236	8232	93	18
莘县观城镇	6537	36774	9119	43	4586	35	11
莘县古城镇	6722	50094	14633	69	2415	29	15
莘县大张家镇	5740	37055	15002	134	2567	121	29
莘县古云镇	4922	47601	31968	150	5640	139	41
莘县十八里铺镇	8029	37927	20422	208	4996	92	11
莘县燕店镇	4652	38032	11716	68	1693	24	11
莘县董杜庄镇	5104	31799	9558	123	2102	32	8
莘县王奉镇	8703	47192	12685	62	2063	32	5
莘县樱桃园镇	7060	56486	19808	25	650	18	10
莘县河店镇	4555	35538	11562	117	1065	81	19
莘县妹冢镇	6768	52139	15952	118	2369	94	13
莘县魏庄镇	6568	42687	9276	42	736	22	8

续表 258　　　　(山东省)　　　　单位：公顷、人、个

名　　称	行政区域面　　积	常住人口	#城镇建成区	企业个数	企　　业从业人员	工业企业个　　数	#规模以上
莘县张寨镇	5919	48110	11508	148	4254	86	16
莘县大王寨镇	7145	35705	9278	88	2515	77	7
莘县徐庄镇	4781	28002	8983	68	1986	61	10
莘县王庄集镇	5563	41605	9542	49	810	34	11
莘县柿子园镇	5115	30899	8544	64	1337	46	8
莘县俎店镇	4104	23865	3185	102	2927	36	5
茌平县乐平铺镇	12599	52556	19016	210	4693	71	30
茌平县冯官屯镇	10363	45822	28420	208	13028	146	36
茌平县菜屯镇	5888	27118	3150	948	14052	746	31
茌平县博平镇	8724	53505	27320	141	6321	113	27
茌平县杜郎口镇	7357	31637	7726	47	16035	39	32
茌平县韩屯镇	7112	33593	6041	73	3751	29	17
茌平县胡屯镇	4954	29050	4828	122	15662	115	36
茌平县肖庄镇	5625	25699	7985	52	1780	48	13
茌平县贾寨镇	5620	25811	6156	31	1761	19	9
茌平县洪官屯镇	4569	24686	4747	49	790	40	21
茌平县杨官屯乡	3654	17418	3032	72	2800	42	11
东阿县刘集镇	11956	61870	2265	86	4563	58	10
东阿县牛角店镇	10850	47382	24572	36	860	29	11
东阿县大桥镇	5074	19987	7358	55	4312	40	12
东阿县高集镇	7150	24897	3150	23	1380	23	9
东阿县姜楼镇	5500	29511	21039	297	9642	204	15
东阿县姚寨镇	8345	32871	3145	38	800	12	9
东阿县鱼山镇	6451	27023	2845	46	2613	32	
东阿县陈集乡	4591	20552	5157	132	3715	89	11
冠县贾镇	6371	41472	4873	313	2527	174	11
冠县桑阿镇	11198	63421	4933	172	6233	85	20
冠县柳林镇	7010	49921	27088	196	8531	129	24
冠县清水镇	5362	37261	6165	379	14265	317	24
冠县东古城镇	11350	79655	13227	120	5890	110	13
冠县北馆陶镇	5136	34068	10702	159	2021	102	22
冠县店子镇	4260	33615	10713	112	2437	97	16
冠县定远寨镇	6289	37145	6055	264	4218	185	15
冠县辛集镇	8186	45958	9268	148	2062	106	10
冠县梁堂镇	5455	34808	13181	107	6089	38	13
冠县范寨镇	5932	34225	2593	95	7356	67	20
冠县斜店乡	5601	36001	3696	58	1871	42	6
冠县甘官屯乡	5943	44655	8986	272	3132	175	15
冠县兰沃乡	5387	33808	11978	90	4751	90	16
冠县万善乡	5883	32239	8578	55	3285	47	9
高唐县梁村镇	9548	39978	4033	142	3189	40	30
高唐县尹集镇	8119	34286	8857	50	4000	35	20
高唐县清平镇	10672	44151	24936	112	4365	106	42
高唐县固河镇	9385	36445	3520	166	2780	130	13
高唐县三十里铺镇	5853	24319	11207	378	8320	287	57
高唐县琉璃寺镇	7936	37697	8810	160	1517	60	16
高唐县赵寨子镇	7535	34739	2749	115	5744	89	32
高唐县姜店镇	8173	42341	8740	120	6289	76	34
高唐县杨屯镇	10430	48000	5620	139	2300	38	19
临清市松林镇	5096	32317	5725	272	11000	95	15

续表 259　　（山东省）　　单位：公顷、人、个

名　　称	行政区域面　积	常住人口	#城镇建成区	企业个数	企　业从业人员	工业企业个　数	#规模以上
临清市老赵庄镇	5592	43100	5100	295	12346	120	27
临清市康庄镇	9738	73747	23000	198	3100	177	38
临清市魏湾镇	5557	24923	3950	47	600	40	13
临清市刘垓子镇	5712	29299	4495	60	2000	46	6
临清市八岔路镇	4856	30766	3650	318	10557	67	21
临清市潘庄镇	4483	30752	5795	250	22000	234	42
临清市烟店镇	5205	82137	48802	801	12848	369	45
临清市唐园镇	5372	25671	4890	393	4190	116	31
临清市金郝庄镇	8556	51610	15105	305	4120	290	58
临清市戴湾镇	6770	30126	4000	46	530	33	8
临清市尚店镇	4860	28411	2300	87	1800	53	9
滨城区三河湖镇	9916	39917	4674	44	1328	29	2
滨城区杨柳雪镇	10108	42636	12810	84	2141	75	12
滨城区秦皇台乡	12806	21007	1452	159	3317	47	7
沾化区下洼镇	15116	49002	25642	124	2460	30	1
沾化区古城镇	7359	23807	5120	139	2085	13	1
沾化区冯家镇	25768	54796	26364	287	2207	32	5
沾化区泊头镇	10740	29876	2622	49	1647	37	3
沾化区大高镇	10380	36589	8778	56	1020	29	4
沾化区黄升镇	6153	21554	4951	126	1355	33	1
沾化区滨海镇	58974	10454	3906	154	5726	54	9
沾化区下河乡	8670	12267	12267	152	1086	3	
沾化区利国乡	10023	10309	1450	12	916	6	1
沾化区海防办事处乡	41356	247		12	171	5	
惠民县石庙镇	13601	60312	6709	95	2705	30	11
惠民县桑落墅镇	6619	23977	4741	55	3797	39	16
惠民县淄角镇	7013	30697	8129	112	3365	49	12
惠民县胡集镇	13700	60120	22964	196	14976	169	10
惠民县李庄镇	10102	55174	35469	378	21159	317	28
惠民县麻店镇	7746	29812	3858	49	3378	23	7
惠民县魏集镇	5336	27753	8119	86	2583	43	8
惠民县清河镇	6803	33259	13236	55	1740	36	16
惠民县姜楼镇	13278	57850	19361	266	17465	245	31
惠民县辛店镇	14636	50162	24196	267	18269	137	17
惠民县大年陈镇	8350	33535	6918	71	3661	47	7
惠民县皂户李镇	8200	30125	4283	255	3975	26	8
阳信县商店镇	9261	44389	9476	506	8349	437	12
阳信县温店镇	7856	37858	9845	487	7412	435	6
阳信县河流镇	6232	40056	32055	842	9919	278	14
阳信县翟王镇	6695	38819	7505	511	4156	438	9
阳信县流坡坞镇	7156	37229	6720	370	3598	351	5
阳信县水落坡镇	13080	51001	30096	392	18569	291	5
阳信县劳店镇	9552	43194	25774	530	4812	483	22
阳信县洋湖乡	10009	53817		536	18632	48	7
无棣县水湾镇	14267	48788	19963	128	2560	42	9
无棣县碣石山镇	7108	23962	10320	162	1920	35	3
无棣县小泊头镇	10817	36591	14755	150	2407	89	4
无棣县埕口镇	33731	26831	18920	156	2358	30	6
无棣县马山子镇	51576	37400	10532	842	13858	80	14
无棣县车王镇	14800	44663	21028	301	5288	101	8

续表 260 （山东省） 单位：公顷、人、个

名　　称	行政区域面积	常住人口	#城镇建成区	企业个数	企业从业人员	工业企业个数	#规模以上
无棣县柳堡镇	25773	33441	15285	127	1909	41	7
无棣县佘家镇	12398	32082	8463	60	1612	27	2
无棣县信阳镇	4840	31088	18422	316	4599	155	9
无棣县西小王镇	18712	19548	6202	146	1920	69	5
博兴县曹王镇	5295	39972	10864	125	8300	85	6
博兴县兴福镇	5137	62960	38520	1660	45000	863	55
博兴县陈户镇	7641	37837	26397	51	720	38	2
博兴县湖滨镇	6594	45537	23401	1029	12584	402	21
博兴县店子镇	8592	45468	9753	568	9546	232	47
博兴县吕艺镇	11373	41943	1208	113	3621	28	9
博兴县纯化镇	8508	23640	1900	154	2050	8	2
博兴县庞家镇	7075	26141	939	64	3127	54	3
博兴县乔庄镇	12990	32123	7122	15	412	5	
邹平县长山镇	10642	72627	33570	864	16660	346	32
邹平县魏桥镇	14677	100146	72287	560	20830	111	6
邹平县临池镇	5157	28870	8348	414	8053	187	8
邹平县焦桥镇	8211	36889	14250	278	10396	98	16
邹平县韩店镇	8573	51036	40967	688	20078	126	16
邹平县孙镇镇	9887	34324	9683	282	1850	203	10
邹平县九户镇	9100	38717	6222	222	1112	54	2
邹平县青阳镇	4943	37670	30298	338	11726	219	8
邹平县明集镇	6867	40751	27331	707	12660	325	11
邹平县台子镇	8758	29734	7832	175	2574	45	8
邹平县码头镇	11410	45263	6111	235	8526	167	9
牡丹区沙土镇	12964	101636	29105	173	4458	158	41
牡丹区吴店镇	5730	59163	11845	125	3350	52	22
牡丹区王浩屯镇	7673	59604	18033	19	1853	14	7
牡丹区黄堽镇	8231	82886	9258	121	4758	33	21
牡丹区都司镇	4211	37288	5640	85	2752	43	14
牡丹区高庄镇	8446	63918	8597	105	3257	35	9
牡丹区小留镇	6034	58248	9640	71	625	23	6
牡丹区李村镇	10828	68369	9763	186	2968	29	13
牡丹区马岭岗镇	11238	93652	17461	113	4817	68	21
牡丹区安兴镇	6016	46124	5069	95	4658	45	10
牡丹区大黄集镇	5785	47890	5760	78	3600	39	20
牡丹区胡集镇	4624	36092	14765	55	3354	48	16
定陶区陈集镇	7890	65669	28500	103	10000	55	50
定陶区冉固镇	12614	88749	23720	135	5167	93	21
定陶区张湾镇	6323	55721	12988	75	1580	36	24
定陶区黄店镇	10300	76950	3292	157	5940	103	22
定陶区孟海镇	6301	45994	14300	160	5260	28	16
定陶区马集镇	6970	45120	3664	68	2040	37	17
定陶区仿山镇	7568	59670	4280	47	3215	34	20
定陶区半堤镇	6363	35678	4010	85	1536	46	13
定陶区杜堂镇	4750	27019	5240	30	1592	24	12
定陶区南王店镇	5340	27588	2800	38	915	24	13
曹县庄寨镇	6434	85684	24179	2259	50120	1792	90
曹县普连集镇	7531	63017	3431	175	8650	155	43
曹县青固集镇	14096	101494	35339	96	4932	71	37
曹县桃源集镇	8044	74982	6718	235	8791	115	49

续表 261　　（山东省）　　单位：公顷、人、个

名　　称	行政区域面　　积	常住人口	#城镇建成区	企业个数	企　　业从业人员	工业企业个　　数	#规模以上
曹县韩集镇	7644	60173	2617	145	2835	55	22
曹县砖庙镇	5967	30982	3860	36	2496	25	12
曹县古营集镇	11756	91251	9485	176	15850	155	24
曹县魏湾镇	11416	70171	8072	461	9521	331	36
曹县侯集回族镇	5752	38512	12120	42	2200	28	19
曹县苏集镇	11734	70248	6990	149	3910	110	15
曹县孙老家镇	5978	43310	10320	120	3510	52	14
曹县阎店楼镇	7552	50933	4655	62	2100	52	12
曹县梁堤头镇	6833	42311	5893	251	4661	39	23
曹县安才楼镇	9442	68072	5428	134	4288	90	13
曹县邵庄镇	8221	51427	3954	90	1425	70	22
曹县王集镇	4796	31462	3524	89	4430	69	22
曹县青岗集镇	9341	52191	5500	112	6122	41	12
曹县常乐集镇	6149	57052	3896	21	613	14	9
曹县大集镇	4521	46360	12590	536	6500	65	13
曹县仵楼镇	6004	31986	6443	134	2206	28	9
曹县楼庄乡	4494	32150		72	3215	34	20
曹县朱洪庙乡	5404	31432		65	1520	32	9
单县郭村镇	9750	62077	5633	86	3298	42	21
单县黄岗镇	12103	77655	10450	230	28872	56	19
单县终兴镇	12122	63782	4985	160	15619	78	15
单县高韦庄镇	6337	42865	3865	45	2863	35	15
单县徐寨镇	9873	50831	5402	33	1866	23	13
单县蔡堂镇	8443	40453	4302	30	1863	15	15
单县朱集镇	5376	30218	1426	49	462	35	13
单县李新庄镇	6847	41164	10520	66	2684	36	13
单县浮岗镇	11401	59401	10147	84	4552	27	13
单县莱河镇	6744	53264	2726	83	6354	56	26
单县时楼镇	6450	39596	4896	67	4968	39	12
单县杨楼镇	8674	55821	4969	106	2548	77	18
单县张集镇	7885	38080	2862	82	4658	72	18
单县龙王庙镇	8599	50260	8069	47	4650	29	15
单县谢集镇	8061	53439	10936	160	3362	52	14
单县李田楼镇	8565	38952	8426	21	3265	17	16
单县高老家乡	9717	64230		67	6890	57	13
单县曹庄乡	5397	28330		25	2200	20	14
成武县大田集镇	10709	75682	25948	327	6482	210	27
成武县天宫庙镇	7957	39476	13217	198	5399	85	17
成武县汶上集镇	11080	73986	30580	274	8082	118	18
成武县南鲁集镇	6320	42502	12602	157	1380	56	23
成武县伯乐集镇	7800	57688	10602	518	5878	67	9
成武县苟村集镇	6156	35345	15674	43	1022	24	20
成武县白浮图镇	7516	44813	11400	34	2430	28	14
成武县孙寺镇	8875	56449	15262	479	8894	379	17
成武县九女集镇	10878	68362	14539	812	10186	715	18
成武县党集镇	6293	36548	15909	119	1450	103	18
成武县张楼镇	6295	36380	9199	45	1396	24	15
巨野县龙固镇	8147	63682	26849	2132	19188	99	26
巨野县大义镇	10877	63252	23531	226	1808	64	13
巨野县柳林镇	10335	51998	16341	220	1760	60	21

续表 262 （山东省） 单位：公顷、人、个

名　　称	行政区域面积	常住人口	#城镇建成区	企业个数	企业从业人员	工业企业个数	#规模以上
巨野县章缝镇	6084	38144	15114	154	1232	45	19
巨野县大谢集镇	7491	57434	24231	902	7216	38	11
巨野县独山镇	9475	56639	17541	409	3272	47	13
巨野县麒麟镇	10147	58046	15533	138	1104	72	13
巨野县核桃园镇	3813	27817	3856	118	944	43	10
巨野县田庄镇	7732	44130	21341	200	1600	87	20
巨野县太平镇	7310	43878	15341	1027	8216	246	24
巨野县万丰镇	8912	60944	5969	1498	11984	57	23
巨野县陶庙镇	5745	37243	8439	61	488	25	8
巨野县董官屯镇	10818	51043	8312	236	3162	71	17
巨野县田桥镇	6152	37926	15683	607	4856	92	14
巨野县营里镇	6240	32336	5678	140	1520	57	14
郓城县黄安镇	7802	60656	13417	315	9756	274	26
郓城县杨庄集镇	9409	55604	11298	1057	20246	49	34
郓城县侯咽集镇	10516	65586	11035	135	4200	98	11
郓城县武安镇	9028	59629	10652	220	8258	105	28
郓城县郭屯镇	5648	34087	8037	56	2856	45	14
郓城县丁里长镇	5371	42791	11824	1016	8130	75	29
郓城县玉皇庙镇	8707	53249	6145	124	5447	108	14
郓城县程屯镇	8956	52685	5800	678	5425	38	14
郓城县随官屯镇	9100	53021	22134	712	5700	118	26
郓城县张营镇	7843	55891	12907	202	12521	121	30
郓城县潘渡镇	7932	55335	8870	95	4319	80	19
郓城县双桥镇	9567	55870	7408	116	3611	106	23
郓城县南赵楼镇	5829	35435	11128	88	6628	77	25
郓城县黄堆集镇	5705	38117	12240	159	9135	87	31
郓城县唐庙镇	7555	48803	7572	135	3450	123	26
郓城县李集镇	8952	49852	1768	129	5152	39	11
郓城县黄集镇	7605	49818	850	94	5414	77	24
郓城县张鲁集镇	7018	42020	4332	52	4231	52	12
郓城县水堡乡	3750	25356	3332	32	3929	9	7
郓城县陈坡乡	4986	27732	6786	35	3753	27	10
鄄城县什集镇	7924	50365	7270	133	7982	98	24
鄄城县红船镇	5434	37519	10505	42	1632	30	13
鄄城县旧城镇	10056	63846	16750	40	1225	22	11
鄄城县闫什镇	6798	60030	2030	180	23850	123	24
鄄城县箕山镇	7312	53048	3300	302	21530	179	24
鄄城县李进士堂镇	4049	18617	9783	38	960	23	5
鄄城县董口镇	9615	60361	18375	118	5430	57	21
鄄城县临濮镇	5827	43696	9310	32	3150	26	17
鄄城县彭楼镇	7274	50264	15364	75	4135	56	18
鄄城县凤凰镇	4169	37414	7832	49	2989	35	26
鄄城县郑营镇	5322	40232	18957	136	4806	102	43
鄄城县大埝镇	4366	31268	1650	60	2900	38	23
鄄城县引马镇	4454	36157	1402	44	1957	25	20
鄄城县左营乡	7570	49396	5642	32	8650	17	17
鄄城县富春乡	4725	39920		78	6000	63	38
东明县东明集镇	11397	64467	22210	388	4323	26	14
东明县刘楼镇	8817	50392	18146	85	1847	26	15
东明县陆圈镇	11681	74261	23351	141	9536	96	26

续表 263　　（山东省、河南省）　　单位：公顷、人、个

名　称	行政区域面积	常住人口	#城镇建成区	企业个数	企业从业人员	工业企业个数	#规模以上
东明县马头镇	9274	36816	542	91	3400	85	25
东明县三春集镇	8224	37892	13656	45	1217	32	8
东明县大屯镇	8307	44890	17200	93	4200	76	33
东明县武胜桥镇	7474	46397	26060	142	9600	40	18
东明县菜园集镇	9571	50482	26649	367	3420	125	25
东明县沙窝镇	14727	65685	14641	85	2860	42	14
东明县小井镇	10289	55413	5760	62	1062	33	6
东明县长兴集乡	10026	66370		68	1980	44	12
东明县焦园乡	12112	52097		58	675	11	8
菏泽高新技术开发区吕陵镇	7410	57900	5100	120	1120	58	9
河南省							
二七区马寨镇	3040	60579	9760	314	19800	279	81
二七区侯寨乡	23680	38185		272	3859	110	100
管城回族区南曹乡	5000	48235	8690	360	9365	15	2
管城回族区圃田乡	666	7690	5600	44	225	1	1
上街区峡窝镇	4475	30206	30206	1375	19600	1040	41
惠济区花园口镇	5385	25441	12622	130	2133	13	4
惠济区古荥镇	7767	38693	13988	284	10500	45	1
中牟县韩寺镇	5107	40433	5454	98	1044	1	1
中牟县官渡镇	12192	69713	4628	330	6350	40	12
中牟县狼城岗镇	11779	37860	3648	169	1180	4	3
中牟县万滩镇	6815	20581	20012	109	1325	1	1
中牟县白沙镇	4490	79682	29430	680	16360	120	10
中牟县郑庵镇	5060	28872	5860	267	16080	43	7
中牟县黄店镇	5468	29536	3094	106	2682	15	2
中牟县大孟镇	10760	53380	10235	228	12860	25	5
中牟县刘集镇	3022	21869	21869	150	7800	6	6
中牟县雁鸣湖镇	10042	30824	15560	185	8045	7	
中牟县姚家镇	8421	33096	6140	225	7790	110	36
中牟县刁家乡	8709	41234	1750	93	1756	1	1
郑州经济技术开发区九龙镇	2903	18270	18270	83	18000	74	32
郑州高新技术产业开发区石佛镇	627	98118	98118	1469	34641	76	6
郑州高新技术产业开发区沟赵乡	3600	57218	20691	624	14450	245	27
郑州航空港经济综合实验区张庄镇	3722	80783		5	120	2	2
郑州航空港经济综合实验区八岗镇	2449	14708	3125	15	106	2	1
郑州航空港经济综合实验区三官庙镇	4809	36892		157	785	85	
郑州航空港经济综合实验区八千乡	3515	29955	5704	189	4120	17	3
郑州航空港经济综合实验区龙王乡	2988	30025		2	50		
巩义市米河镇	5267	46361	30216	986	12331	178	50
巩义市新中镇	5290	19031	19031	62	1763	41	17
巩义市小关镇	5639	32590	17000	150	2536	136	24
巩义市竹林镇	1814	16270	12574	64	3593	32	15
巩义市大峪沟镇	9326	36376	14358	352	9104	132	27
巩义市河洛镇	12942	35965	6589	53	4056	38	19
巩义市站街镇	2707	38950	4680	260	27860	245	36
巩义市康店镇	10915	49240	28642	171	9275	100	26
巩义市北山口镇	5600	35762	12920	414	6693	275	36
巩义市西村镇	7361	64837	12595	523	22723	192	24
巩义市芝田镇	3962	46275	10402	215	5171	164	24
巩义市回郭镇	4708	116586	69701	884	42471	297	100

续表 264　　(河南省)　　单位：公顷、人、个

名称	行政区域面积	常住人口	#城镇建成区	企业个数	企业从业人员	工业企业个数	#规模以上
巩义市鲁庄镇	8958	67273	7451	3178	15978	1193	20
巩义市夹津口镇	5223	25763	10944	225	5934	202	8
巩义市涉村镇	9476	44152	13119	158	4150	75	12
荥阳市乔楼镇	6895	40259	17465	500	13000	220	36
荥阳市豫龙镇	6488	52777	52777	1326	61573	1115	69
荥阳市广武镇	16605	88256	47961	1865	31469	1136	20
荥阳市王村镇	9103	55542	5200	469	10281	370	29
荥阳市汜水镇	5820	23365	3215	1425	11400	1360	19
荥阳市高山镇	6150	27166	8863	1291	12465	1253	35
荥阳市刘河镇	5685	22960	9173	359	7032	305	10
荥阳市崔庙镇	8323	38216	19408	2533	39547	1243	34
荥阳市贾峪镇	8207	42178	33850	1152	23981	1013	50
荥阳市城关乡	5178	42638		826	12358	774	46
荥阳市高村乡	9862	49430		690	12860	204	29
荥阳市金寨回族乡	550	4648		87	684	78	11
新密市城关镇	2998	30304	12637	167	4974	127	19
新密市米村镇	5907	36943	7337	96	2786	63	26
新密市牛店镇	7899	51037	19701	151	6039	89	10
新密市平陌镇	5805	37798	6578	214	2278	82	23
新密市超化镇	7860	66763	34017	268	25347	235	64
新密市苟堂镇	8930	48064	13301	128	15539	120	41
新密市大隗镇	5880	54966	30950	135	15238	105	51
新密市刘寨镇	6616	47956	20040	104	18849	87	45
新密市白寨镇	9200	62224	8785	150	3324	117	14
新密市岳村镇	6247	37264	21969	336	23597	115	25
新密市来集镇	6300	51210	31607	226	19793	168	68
新密市曲梁镇	10200	75334	25689	273	39733	193	66
新密市袁庄乡	5871	25159		85	4012	44	13
新郑市新村镇	7113	36268	23206	570	8963	251	32
新郑市辛店镇	8600	69368	29520	422	32746	168	32
新郑市观音寺镇	6308	42384	9853	71	7101	54	14
新郑市梨河镇	4255	35900	11782	307	25032	247	33
新郑市和庄镇	3752	29380	20310	227	16980	190	42
新郑市薛店镇	5600	40970	19888	475	26730	388	47
新郑市孟庄镇	6600	46146	12675	428	12270	110	10
新郑市郭店镇	7754	63046	8628	370	41530	311	30
新郑市龙湖镇	9600	122819	58236	1153	23547	589	33
新郑市城关乡	4004	26495	9185	193	5482	122	12
登封市大金店镇	11444	58253	13791	513	18561	498	35
登封市颍阳镇	8918	52333	17708	21	3325	16	11
登封市卢店镇	3856	27861	17250	306	8165	212	31
登封市告成镇	7282	51519	29000	88	11351	51	34
登封市阳城区镇	1170	12206	1145	65	6375	59	42
登封市大冶镇	9860	80228	76508	1440	35702	1158	71
登封市宣化镇	6707	22799	10300	76	8180	42	11
登封市徐庄镇	7244	29020	14321	32	8679	27	16
登封市东华镇	8271	58110	9980	279	10850	235	24
登封市唐庄镇	11326	40332	17153	132	4336	101	14
登封市白坪乡	4350	13642	824	154	2835	123	8
登封市君召乡	10086	38858	8162	20	3220	14	11

续表 265　　(河南省)　　单位：公顷、人、个

名　　称	行政区域面　积	常住人口	#城镇建成区	企业个数	企　业从业人员	工业企业个　数	#规模以上
登封市石道乡	10270	43197	5600	38	347	28	13
金明区杏花营镇	6441	23156	5989	218	4865	105	27
龙亭区北郊乡	3400	53927		189	6511	157	8
龙亭区柳园口乡	5300	38601		5	205	1	1
金明区西郊乡	3791	72208	46145	966	29875	78	20
金明区水稻乡	8493	34347		130	4252	28	9
顺河回族区东郊乡	4070	49558		577	11374	98	22
顺河回族区土柏岗乡	2956	23188		175	2503	109	3
禹王台区南郊乡	2100	23215		58	1690	46	4
禹王台区汪屯乡	3303	23631	23631	64	16237	53	35
祥符区城关镇	1234	45295	42839	1430	7593	88	37
祥符区陈留镇	6837	65811	18540	458	2849	436	8
祥符区仇楼镇	7460	60158	3798	251	3568	233	5
祥符区八里湾镇	8388	60922	6013	243	4025	21	5
祥符区曲兴镇	6514	38462	8168	592	6029	204	7
祥符区朱仙镇	7026	38627	11206	240	1520	88	9
祥符区半坡店乡	9003	58898		84	3164	20	4
祥符区罗王乡	8274	59034		177	4470	147	9
祥符区刘店乡	6395	44370	7360	59	3927	52	4
祥符区袁坊乡	7837	46544		95	8250	86	4
祥符区杜良乡	10204	68972		87	876	42	5
祥符区兴隆乡	5724	47636		298	7662	98	8
祥符区西姜寨乡	13156	69756		75	2469	62	9
祥符区万隆乡	14739	62028		94	2362	91	7
祥符区范村乡	12450	43858		89	6972	79	5
杞县城关镇	1903	61356	22319	3626	26815	66	21
杞县五里河镇	6258	57201	3251	346	6545	93	15
杞县付集镇	7097	59942	15640	88	5460	37	1
杞县于镇镇	7434	59862	14862	121	3335	42	8
杞县高阳镇	7092	64960	13610	320	3532	60	7
杞县葛岗镇	7832	62256	4611	726	4122	28	8
杞县阳堌镇	6299	53179	11873	238	5432	54	9
杞县邢口镇	5543	54356	6780	208	1456	51	6
杞县裴村店乡	7922	56468		200	1400	66	15
杞县宗店乡	4696	27122		256	8179	88	16
杞县板木乡	5743	31469	6079	118	5768	49	7
杞县竹林乡	4532	32434		112	2120	38	3
杞县官庄乡	5812	39376		85	2367	43	7
杞县湖岗乡	4576	43952		199	3841	43	13
杞县苏木乡	4989	42096		72	1592	47	5
杞县沙沃乡	4559	40980	10329	297	1500	12	6
杞县平城乡	7777	69099	5520	180	3250	75	8
杞县泥沟乡	6463	55399		65	440	65	6
杞县柿园乡	7300	69057		112	3580	60	6
杞县西寨乡	6600	41072	5168	159	986	52	3
杞县城郊乡	3331	33383		500	3500	39	28
通许县竖岗镇	6432	52704	12450	89	3266	32	7
通许县玉皇庙镇	7500	63557	15121	95	1450	24	9
通许县四所楼镇	7300	68716	12182	65	4738	40	10
通许县朱砂镇	9200	71030	13450	133	5210	66	10

续表 266 (河南省) 单位：公顷、人、个

名　　称	行政区域面积	常住人口	#城镇建成区	企业个数	企业从业人员	工业企业个数	#规模以上
通许县长智镇	6309	51255	7490	63	922	18	13
通许县冯庄乡	5540	37759	7016	106	1025	37	14
通许县孙营乡	7364	39207		32	1204	16	7
通许县大岗李乡	7223	53346		28	665	18	8
通许县邸阁乡	5400	46579		34	1345	14	14
通许县练城乡	5161	40780		57	3496	31	8
通许县厉庄乡	5300	40356		120	3520	45	13
尉氏县城关镇	1646	63457	63457	8192	327179	2014	27
尉氏县洧川镇	6570	62182	24638	590	14963	255	23
尉氏县朱曲镇	5900	30752	20493	149	6120	141	24
尉氏县蔡庄镇	6539	59423	23486	365	11920	338	18
尉氏县永兴镇	10603	76821	12500	870	7619	203	18
尉氏县张市镇	7393	45711	17000	169	8627	112	9
尉氏县十八里镇	8021	67604	32095	245	3370	216	10
尉氏县水坡镇	8401	55103	8824	122	4164	56	12
尉氏县大营镇	9719	59272	4031	127	11200	91	50
尉氏县庄头镇	11622	58751	10240	306	11045	256	18
尉氏县邢庄乡	8830	59425		167	6347	24	12
尉氏县大马乡	9009	45885		156	5682	40	16
尉氏县岗李乡	9754	65114		172	7988	58	25
尉氏县门楼任乡	6104	43226		323	6095	306	15
尉氏县大桥乡	6505	58196		380	13500	189	28
尉氏县南曹乡	8452	61470		237	1836	196	18
尉氏县小陈乡	4578	30688		84	3616	60	14
兰考县固阳镇	6658	53186	37883	657	11826	265	21
兰考县南彰镇	7464	51825	51825	306	10692	192	19
兰考县考城镇	12543	48835	35000	469	9679	215	4
兰考县红庙镇	6373	39058	15496	168	8688	108	11
兰考县谷营镇	10950	61113	58820	312	9225	287	20
兰考县三义寨乡	8724	40862		141	4412	97	12
兰考县坝头乡	7745	27377	10026	228	3899	183	22
兰考县小宋乡	7429	54625		252	7400	172	9
兰考县孟寨乡	3708	24686		231	14600	189	15
兰考县许河乡	4275	21634		302	9988	172	8
兰考县葡萄架乡	4992	22978		208	4111	107	5
兰考县闫楼乡	3804	26422		291	8167	243	12
兰考县仪封乡	11872	39196		145	5806	131	3
瀍河回族区瀍河回族乡	2044	37188	28838	100	1020	50	7
洛龙区安乐镇	1967	51635	23705	1062	25140	154	3
洛龙区白马寺镇	2621	29673	5520	218	5687	61	3
洛龙区李楼镇	3656	57923	5336	341	7689	114	12
洛龙区丰李镇	3354	43525	6859	112	2200	59	7
洛龙区诸葛镇	6042	51076	23034	185	23155	149	36
洛龙区李村镇	8388	80234	19480	246	10684	182	30
洛龙区庞村镇	3290	35946	21968	286	12580	239	68
洛龙区寇店镇	6397	39442	12648	138	9680	110	22
洛龙区佃庄镇	3847	42786	6027	60	3295	55	18
孟津县城关镇	7850	83630	68918	239	20461	79	7
孟津县会盟镇	12860	51802	20057	135	6610	75	15
孟津县平乐镇	6380	48771	12794	216	8612	72	30

续表 267　　　　　　　　　　　　(河南省)　　　　　　　　　　　　单位：公顷、人、个

名　　称	行政区域面　积	常住人口	#城镇建成区	企业个数	企　业从业人员	工业企业个　数	#规模以上
孟津县送庄镇	4648	26573	26573	158	3165	37	7
孟津县白鹤镇	11740	52843	30668	245	12623	146	48
孟津县朝阳镇	6800	49033	21465	263	7358	205	39
孟津县小浪底镇	11107	35998	13869	113	3555	13	5
孟津县麻屯镇	4883	55150	32700	589	18418	261	76
孟津县横水镇	6020	40325	12860	121	1680	28	3
孟津县常袋镇	4170	28176	9092	167	2840	126	40
新安县城关镇	7541	98930	52414	128	712	94	6
新安县石寺镇	7532	45119	22636	680	15407	135	13
新安县五头镇	8896	51919	9318	88	1825	65	3
新安县磁涧镇	10884	66896	15716	248	25116	235	80
新安县铁门镇	11378	77169	16680	536	20654	467	48
新安县南李村镇	8631	34270	2360	125	3690	54	7
新安县北冶镇	15187	40539	9100	128	5890	59	7
新安县仓头镇	7371	27677	7120	88	1680	43	2
新安县正村镇	5768	41107	4529	202	2458	183	12
新安县石井镇	19155	25545	6998	23	991	6	5
新安县曹村乡	14080	20104	3018	42	1228	38	3
栾川县城关镇	2772	46425	39556	2558	31754	7	
栾川县赤土店镇	15131	15971	7396	69	3561	63	7
栾川县合峪镇	31040	22231	11524	31	1590	18	5
栾川县潭头镇	25236	35250	15312	18	503	13	4
栾川县三川镇	9686	26170	9360	17	370	8	3
栾川县冷水镇	5302	19020	12036	32	5762	27	6
栾川县陶湾镇	20184	33464	15183	52	3641	44	4
栾川县石庙镇	9261	20055	9671	30	2486	27	4
栾川县庙子镇	37600	32670	8630	102	3800	50	5
栾川县狮子庙镇	27564	20402	5835	33	850	30	3
栾川县白土镇	14803	15390	6671	24	892	19	5
栾川县叫河镇	17846	19523	7834	55	3013	15	3
栾川县栾川乡	14613	38880		52	1856	43	6
栾川县秋扒乡	16663	10816		16	346	13	1
嵩县城关镇	10074	99825	74184	576	4264	38	2
嵩县田湖镇	12291	51223	4900	34	850	33	3
嵩县旧县镇	14842	20179	3061	30	150	15	1
嵩县车村镇	55237	50795	25492	155	6975	97	3
嵩县闫庄镇	13070	41526	6000	16	86	5	1
嵩县德亭镇	31464	35718	5896	25	200	23	4
嵩县大章镇	26783	25629	5680	192	4497	42	5
嵩县白河镇	30828	11253	6890	14	72	2	2
嵩县纸房镇	18406	29251	7600	206	2447	26	2
嵩县饭坡镇	8533	19646	3548	10	598	7	3
嵩县大坪乡	11684	27948		20	225	20	
嵩县库区乡	7546	33121		93	652	7	
嵩县何村乡	9268	25475	2835	22	956	1	1
嵩县九店乡	9403	19589		15	531	11	
嵩县黄庄乡	18510	17505		12	71		
嵩县木植街乡	22743	11773		18	523	14	1
汝阳县城关镇	9237	83856	47969	1222	13534	51	8
汝阳县上店镇	5143	43889	13841	60	945	45	4

续表 268　　(河南省)　　单位：公顷、人、个

名　　称	行政区域面　　积	常住人口	#城镇建成区	企业个数	企　　业从业人员	工业企业个　　数	#规模以上
汝阳县付店镇	21594	16160	3768	70	2170	49	7
汝阳县小店镇	6670	55314	12436	162	3379	35	8
汝阳县三屯镇	14009	43869	4928	107	1546	23	3
汝阳县刘店镇	7635	37564	4593	46	431	32	3
汝阳县内埠镇	3609	28354	11820	104	5819	42	11
汝阳县陶营镇	5000	41182	3715	190	1433	28	4
汝阳县柏树乡	7026	29022	4360	34	582	14	2
汝阳县十八盘乡	11171	18263	1070	10	583	7	3
汝阳县靳村乡	12838	13574	3920	17	90	10	2
汝阳县王坪乡	15604	13826	3053	43	949	20	2
汝阳县蔡店乡	7328	53520	6213	82	4199	46	5
宜阳县城关镇	1246	74538	55266	102	4237	35	3
宜阳县柳泉镇	12107	60287	17842	112	2930	87	6
宜阳县韩城镇	8281	47628	23993	65	3220	29	1
宜阳县白杨镇	7920	46771	18671	27	792	12	6
宜阳县香鹿山镇	12248	60975	7150	386	5089	168	60
宜阳县锦屏镇	9001	50271	4052	45	2905	30	24
宜阳县三乡镇	6775	37688	11201	64	6454	32	6
宜阳县张坞镇	11501	33116	4146	29	1322	17	3
宜阳县莲庄镇	7639	27302	4592	49	892	32	2
宜阳县赵保镇	13172	32871	9871	98	976	12	3
宜阳县樊村镇	5979	27776	3963	29	386	25	6
宜阳县盐镇乡	17043	61312		91	728	6	1
宜阳县高村乡	14892	46537	8366	11	89	6	2
宜阳县花果山乡	9773	4183		5	162	1	1
宜阳县上观乡	14482	5817		10	172	5	3
宜阳县董王庄乡	9130	25421		40	1052	19	5
洛宁县城关镇	850	54035	54035	125	6890	25	4
洛宁县王范回族镇	1500	33562	27403	46	1132	8	2
洛宁县上戈镇	22000	14132	2126	11	100	6	2
洛宁县下峪镇	20680	11720	3001	15	2621	9	3
洛宁县河底镇	13370	40697	4913	51	1650	17	4
洛宁县兴华镇	16870	15641	3965	10	190	6	1
洛宁县东宋镇	15080	31215	1992	18	225	13	3
洛宁县马店镇	12460	18398	6130	11	346	8	1
洛宁县故县镇	14150	5123	1820	10	581	2	
洛宁县赵村镇	13880	39752	5062	16	1115	13	3
洛宁县长水镇	12140	10800	8895	56	438	21	1
洛宁县城郊乡	5660	41311		127	29626	66	9
洛宁县小界乡	17410	23268		35	635	6	2
洛宁县罗岭乡	15150	9810		9	368	4	1
洛宁县底张乡	12100	16934		23	1809	18	4
洛宁县西山底乡	7995	18863	3183	129	3732	15	4
洛宁县陈吴乡	16170	32236	7998	40	2202	24	4
洛宁县涧口乡	12670	19000		48	2217	35	9
伊川县鸣皋镇	7892	67830	17984	138	3450	124	14
伊川县水寨镇	3525	31433	8340	56	1674	54	10
伊川县彭婆镇	8230	67760	13805	176	5142	166	27
伊川县白沙镇	11267	77112	9398	267	3262	61	23
伊川县江左镇	7990	50945	9054	115	2944	16	2

续表 269　　　　(河南省)　　　　单位：公顷、人、个

名　　称	行政区域面积	常住人口	#城镇建成区	企业个数	企业从业人员	工业企业个数	#规模以上
伊川县高山镇	6387	49290	10108	42	1357	38	4
伊川县吕店镇	10665	58399	2553	77	1529	34	5
伊川县半坡镇	4751	18486	2367	44	1636	22	1
伊川县酒后镇	7242	38559	4310	67	3982	13	2
伊川县白元镇	6542	58540	8626	80	3152	50	5
伊川县鸦岭乡	12529	72289		151	2680	16	5
伊川县平等乡	5317	53284	10858	127	3458	116	9
伊川县葛寨乡	6274	41057		19	881	9	4
偃师市翟镇	3099	39055	25502	168	5130	166	29
偃师市岳滩镇	2936	39542	23200	410	16000	360	69
偃师市顾县镇	4385	59462	23150	597	9895	411	46
偃师市缑氏镇	8031	68345	12167	58	2430	45	16
偃师市府店镇	12193	56735	11978	112	2158	107	20
偃师市高龙镇	3777	35086	9627	78	7890	57	22
偃师市山化镇	6510	44909	5021	434	3321	156	16
偃师市邙岭镇	5931	26593	7786	78	2613	68	16
偃师市大口镇	8856	42821	6568	727	6480	710	12
平顶山市新华区焦店镇	2363	17379	1147	72	2352	32	5
湛河区曹镇乡	4061	45170		153	1296	13	5
宝丰县城关镇	1150	62315	62315	428	9821	219	3
宝丰县周庄镇	5677	39119	6399	134	1733	42	9
宝丰县闹店镇	6150	41168	8975	301	5421	30	4
宝丰县石桥镇	6994	46700	12036	232	4788	36	4
宝丰县商酒务镇	6295	44382	13625	90	3225	35	10
宝丰县大营镇	12665	69125	12304	368	3153	47	11
宝丰县张八桥镇	6106	28697	4335	537	17312	48	12
宝丰县杨庄镇	6200	49987	4332	436	5830	63	23
宝丰县赵庄镇	4460	39841	2189	138	3720	23	1
宝丰县肖旗乡	6382	39647	4139	133	3864	23	1
宝丰县前营乡	4878	34527	6435	392	5879	45	11
宝丰县李庄乡	4223	28249	1753	304	5397	48	7
叶县任店镇	8237	62061	12851	476	5712	27	1
叶县保安镇	11700	40538	8342	1042	9472	28	3
叶县仙台镇	8400	60747	7260	353	3462	33	1
叶县叶邑镇	10331	62729	22956	47	2572	23	7
叶县廉村镇	8993	62647	7220	76	746	19	2
叶县常村镇	17800	44463	4879	135	3145	61	1
叶县辛店镇	14000	49186	3365	91	1056	9	1
叶县洪庄杨镇	4600	38330	4300	283	1620	54	2
叶县龚店镇	6300	67920	9180	599	13258	417	13
叶县夏李乡	10801	47543	2917	145	2282	20	
叶县马庄回族乡	1059	11990	2985	28	816	13	6
叶县田庄乡	5900	42714	1560	180	4610	142	5
叶县龙泉乡	7350	47810	2800	32	963	26	4
叶县水寨乡	5300	34486	2630	126	928	67	2
叶县邓李乡	6600	48147	4968	191	2477	36	2
鲁山县下汤镇	11742	34368	12495	19	352	4	
鲁山县梁洼镇	5037	31419	13406	334	10739	27	11
鲁山县张官营镇	8208	60099	21590	107	998	14	3
鲁山县张良镇	9024	58368	36975	144	5500	33	8

续表 270 (河南省) 单位：公顷、人、个

名　　称	行政区域面　　积	常住人口	#城镇建成区	企业个数	企　业从业人员	工业企业个　　数	#规模以上
鲁山县尧山镇	30490	22542	6058	70	807	1	
鲁山县瓦屋镇	12408	36635	4982	205	1120	13	1
鲁山县赵村镇	21751	29584	6755	121	5513	12	2
鲁山县四棵树乡	12784	17026		65	472	10	1
鲁山县团城乡	10114	13946		41	470	4	1
鲁山县熊背乡	13523	22915		155	1680	10	
鲁山县让河乡	8874	44456		94	2631	20	3
鲁山县观音寺乡	6205	22173		596	3318	14	2
鲁山县昭平台库区乡	10200	26018		32	982	4	2
鲁山县背孜乡	16918	25649		29	200	4	1
鲁山县仓头乡	7900	26494		18	163	2	1
鲁山县董周乡	9448	48452		365	3439	9	1
鲁山县张店乡	6320	37552		85	1136	50	1
鲁山县辛集乡	9044	55694		156	3305	31	9
鲁山县滚子营乡	10503	71310		46	546	15	2
鲁山县马楼乡	15090	91842		184	2124	118	5
郏县冢头镇	5408	54352	39782	84	2035	35	14
郏县安良镇	9177	61450	25307	75	11207	68	18
郏县堂街镇	7130	48083	18156	74	713	43	7
郏县薛店镇	6973	71035	11006	59	2344	51	14
郏县长桥镇	5454	53286	14354	43	2240	40	8
郏县茨芭镇	10297	52703	13971	67	1339	22	7
郏县黄道镇	4609	27516	11027	84	5610	20	15
郏县李口镇	4423	27254	7992	57	1890	15	9
郏县王集乡	5321	42470	7993	81	2843	24	6
郏县姚庄回族乡	754	8503		15	283	12	5
郏县白庙乡	4994	36696		105	2096	42	12
郏县广阔天地乡	1400	14842		126	8696	45	22
郏县渣元乡	4028	34417		94	2518	35	11
平顶山高新技术产业开发区遵化店镇	5195	36191	8905	137	10240	37	16
平顶山市新城区滍阳镇	3200	30737	2349	58	601	3	1
舞钢市尚店镇	10700	43872	3298	112	2760	35	4
舞钢市八台镇	5590	33453	1139	89	1021	41	4
舞钢市尹集镇	10150	26062	5359	206	4062	31	4
舞钢市枣林镇	8210	53339	21188	117	2340	35	4
舞钢市庙街乡	5630	15575	640	161	2251	18	5
舞钢市武功乡	5120	25727		78	2721	47	10
舞钢市杨庄乡	13400	27318		138	2615	34	5
汝州市寄料镇	17749	53973	19234	86	8237	25	8
汝州市温泉镇	5961	51703	4925	33	1200	14	4
汝州市临汝镇	9400	59910	26789	613	6982	501	14
汝州市小屯镇	12325	86531	35532	915	30371	493	29
汝州市杨楼镇	7387	56890	8510	115	4560	36	14
汝州市蟒川镇	14590	58554	19940	58	3207	50	25
汝州市庙下镇	8774	65071	12560	263	7900	237	8
汝州市米庙镇	9403	42097	4352	289	6483	148	1
汝州市陵头镇	9925	44455	10564	715	9786	486	5
汝州市纸坊镇	7898	61929	9412	339	4812	36	4
汝州市大峪镇	13364	21068	1265	27	841	8	3
汝州市夏店镇	6660	27969	3963	25	654	6	4

续表 271　　　　　　　　　　　（河南省）　　　　　　　　　　　单位：公顷、人、个

名　　称	行政区域面　　积	常住人口	#城镇建成区	企业个数	企　　业从业人员	工业企业个　　数	#规模以上
汝州市焦村镇	6888	20854	3490	245	1297	28	4
汝州市王寨乡	7635	42835		81	1128	53	3
汝州市骑岭乡	5927	42089		347	5420	186	8
文峰区宝莲寺镇	5200	57635	14056	90	1439	40	3
安阳县柏庄镇	4147	36116	22232	415	27727	310	19
殷都区西郊乡	2330	39854		227	2056	16	2
龙安区龙泉镇	5700	33182	2184	65	2462	64	9
龙安区马投涧镇	10200	53750	3500	52	3892	38	13
龙安区东风乡	3748	64000		900	18129	213	12
安阳县水冶镇	9610	136818	74985	955	26277	598	50
安阳县铜冶镇	6000	37058	12160	232	10535	100	30
安阳县善应镇	6975	26100	6398	45	1450	18	7
安阳县白璧镇	5862	79880	51901	700	16508	320	5
安阳县曲沟镇	3272	51618	20661	375	16708	311	35
安阳县吕村镇	6361	73437	16860	22	895	10	1
安阳县伦掌镇	7336	40136	8942	168	7135	39	11
安阳县崔家桥镇	4927	51522	4406	21	120	12	3
安阳县辛村镇	7610	70545	8974	143	6485	28	1
安阳县韩陵镇	3640	32307	4926	34	1472	28	3
安阳县永和镇	4673	48473	10053	162	1559	19	3
安阳县都里镇	8700	22500	5895	114	1093	18	1
文峰区高庄镇	6030	56880	56880	273	3280	48	7
安阳县磊口乡	5905	22580		134	3200	106	6
安阳县许家沟乡	6000	41286		56	2050	35	6
安阳县马家乡	6100	26371		79	619	10	3
安阳县安丰乡	8333	60762		30	415	27	7
安阳县洪河屯乡	5860	39574		196	1480	136	5
安阳县瓦店乡	5766	44506	3584	76	1130	9	
安阳县北郭乡	5300	44865	8125	31	410	12	1
汤阴县城关镇	1951	74451	74451	909	34100	82	18
汤阴县菜园镇	7658	52057	18213	174	3270	25	4
汤阴县任固镇	8025	54998	15465	181	2780	27	5
汤阴县五陵镇	6351	47937	8930	138	2846	23	4
汤阴县宜沟镇	12763	59029	24638	293	7175	80	27
汤阴县白营镇	3891	34260	22300	475	12735	102	15
汤阴县伏道镇	7609	43596	12236	252	7744	64	22
汤阴县韩庄镇	6569	44361	12932	481	15741	136	28
汤阴县古贤镇	3791	32916	7781	185	3802	51	19
汤阴县瓦岗乡	5978	36308		67	1241	15	4
滑县道口镇	1750	77119	73035	210	10658	71	8
滑县城关镇	6690	84024	26112	285	1425	26	7
滑县白道口镇	11364	49050	13110	156	2240	151	26
滑县留固镇	11785	55185	14901	24	1852	20	11
滑县上官镇	9389	50963	8327	2162	23926	190	24
滑县牛屯镇	11325	50325	9623	35	8501	27	5
滑县万古镇	8604	41421	15583	45	1430	34	2
滑县高平镇	7242	45859	11534	171	2727	102	24
滑县王庄镇	7628	42524	10301	98	5880	72	5
滑县老店镇	9766	52800	5896	410	2500	59	4
滑县慈周寨镇	6355	36062	9821	130	1180	32	7

续表 272　　(河南省)　　单位：公顷、人、个

名　称	行政区域面积	常住人口	#城镇建成区	企业个数	企业从业人员	工业企业个数	#规模以上
滑县焦虎镇	8041	39933	6241	172	996	18	3
滑县枣村乡	8616	31888		72	1510	38	5
滑县四间房乡	7100	29860		58	1755	45	6
滑县八里营乡	11815	47749		24	1016	24	1
滑县赵营乡	7290	28770		76	1790	28	2
滑县大寨乡	6708	33432		105	4820	32	5
滑县桑村乡	5049	28097		56	402	26	6
滑县老爷庙乡	7970	41423		122	1324	30	6
滑县瓦岗寨乡	5613	26845		32	1025	22	2
滑县半坡店乡	8912	37661		110	1720	90	1
滑县小铺乡	5424	31338	4174	86	2936	54	
内黄县城关镇	11400	133688	97470	542	38347	65	14
内黄县东庄镇	9160	47938	8220	52	4826	34	8
内黄县井店镇	4780	30916	15153	126	2375	101	11
内黄县梁庄镇	10110	30265	6596	126	4172	73	10
内黄县后河镇	12000	36250	7851	111	8353	47	11
内黄县楚旺镇	3950	30814	26593	63	4327	54	9
内黄县田氏镇	5380	42674	13490	41	33210	25	2
内黄县二安镇	5710	35446	8896	99	5208	69	7
内黄县张龙乡	4920	35120		98	3216	43	8
内黄县马上乡	7800	37428		57	1827	39	12
内黄县高堤乡	6110	25075		125	4263	44	6
内黄县亳城乡	7220	40232		81	3579	44	7
内黄县六村乡	7200	27688		51	1784	48	6
内黄县中召乡	5890	19973		56	987	24	3
内黄县宋村乡	4070	30372		17	1219	14	3
内黄县石盘屯乡	4400	26755		31	1510	8	5
内黄县豆公乡	4400	35101		65	1082	65	4
林州市合涧镇	13203	50132	13662	187	8520	23	8
林州市临淇镇	18555	94134	25057	193	3218	113	6
林州市东姚镇	17200	48329	13420	148	3842	67	5
林州市横水镇	14400	85003	14225	283	17649	258	12
林州市河顺镇	11400	60592	12560	186	16859	156	6
林州市任村镇	18500	30697	9890	143	3080	19	4
林州市姚村镇	10300	86237	28846	491	28621	375	106
林州市陵阳镇	2600	30131	5167	173	26640	107	32
林州市原康镇	13700	33531	8093	42	4595	40	10
林州市五龙镇	19000	63950	4970	15	8340	10	1
林州市采桑镇	8478	31796	3984	13	5983	5	5
林州市东岗镇	13924	32956	6921	44	2465	40	6
林州市桂林镇	9400	41214	7165	31	3107	26	7
林州市茶店镇	9403	34538	7267	24	3045	21	5
林州市石板岩镇	8985	6732	1634	19	431	1	
林州市城郊乡	13900	94800		210	1560	120	20
鹤山区鹤壁集镇	6468	63487	63487	496	10659	134	22
鹤山区姬家山乡	5793	16286	16286	186	1700	57	16
山城区石林镇	9700	45811	16330	90	13560	48	24
淇滨区大赉店镇	4875	27929	98	593	3806	12	
淇滨区钜桥镇	6820	51800	14000	32	340	27	4
淇滨区上峪乡	6246	8724		24	126	13	2

续表 273 （河南省） 单位：公顷、人、个

名称	行政区域面积	常住人口	#城镇建成区	企业个数	企业从业人员	工业企业个数	#规模以上
淇滨区大河涧乡	9700	14107		23	270	17	2
浚县善堂镇	12542	87332	37650	47	3820	22	7
浚县屯子镇	11671	74593	18880	42	2100	26	7
浚县新镇镇	11660	84524	15382	193	2482	28	4
浚县小河镇	10175	74326	5540	100	2410	42	5
浚县卫贤镇	9667	64102	16888	51	405	30	5
浚县王庄镇	9950	66283	16870	203	3350	39	6
浚县白寺乡	10641	46592	8037	33	1120	15	8
淇县高村镇	7353	47080	22200	312	17939	48	27
淇县北阳镇	11468	41650	16850	220	5050	120	15
淇县西岗镇	6338	51997	24140	172	988	55	17
淇县庙口镇	9175	38830	4970	185	7473	93	20
淇县黄洞乡	11393	10080	1870	18	1230	6	3
红旗区洪门镇	3420	27832	16184	3196	31214	73	6
红旗区小店镇	3360	31856	13386	310	9098	132	7
卫滨区平原镇	3200	43876	17030	295	2597	246	13
凤泉区大块镇	4595	51711	16876	833	14632	563	27
凤泉区耿黄镇	2700	42558	22311	483	5922	100	9
凤泉区潞王坟乡	3205	25139		32	3518	24	5
牧野区王村镇	2404	43058	27850	621	15870	338	21
牧野区牧野镇	2835	50236	30125	207	8312	166	2
新乡县翟坡镇	4633	40116	30860	912	14208	296	19
新乡县小冀镇	3050	42824	37598	608	18362	211	17
新乡县七里营镇	10813	104672	31142	777	36863	299	34
新乡县朗公庙镇	8264	62475	18840	190	8995	121	7
新乡县古固寨镇	4858	41069	33089	172	7430	48	15
新乡县大召营镇	2987	22221	13996	232	7620	212	16
新乡县合河乡	3817	36334	6550	559	8681	291	4
获嘉县城关镇	2963	68556	21017	203	10819	139	25
获嘉县照镜镇	3290	29638	3895	38	5817	38	9
获嘉县黄堤镇	3530	23174	3558	70	1266	32	4
获嘉县中和镇	2475	31280	13350	39	2407	20	4
获嘉县徐营镇	4217	34148	8244	34	2138	20	2
获嘉县冯庄镇	5258	42250	429	85	2720	79	3
获嘉县亢村镇	5571	55865	19156	262	5013	225	14
获嘉县史庄镇	4419	37838	7012	47	1755	26	4
获嘉县太山镇	6080	42609	5275	90	1768	46	6
获嘉县位庄乡	3530	28352	9749	35	2465	22	6
获嘉县大新庄乡	4964	39698	286	32	1600	22	4
原阳县齐街镇	6978	51235	14173	69	1300	63	8
原阳县太平镇	8130	43910	12588	51	5340	42	7
原阳县福宁集镇	10456	52051	15570	132	3200	12	7
原阳县葛埠口乡	5143	33507	9608	172	1920	6	3
原阳县蒋庄乡	8016	37567	413	122	2592	57	1
原阳县官厂乡	9036	43450	4500	43	1900	43	1
原阳县大宾乡	6090	31875	5407	78	8126	74	5
原阳县陡门乡	13432	65634	595	30	3021	22	3
原阳县路寨乡	5939	44386	44341	150	1020	43	
原阳县阳阿乡	7086	37246	5508	119	6753	85	4
原阳县靳堂乡	9719	43222	7041	41	1511	41	1

续表 274　　(河南省)　　单位：公顷、人、个

名称	行政区域面积	常住人口	#城镇建成区	企业个数	企业从业人员	工业企业个数	#规模以上
延津县城关镇	1650	71433	66947	992	10134	85	3
延津县东屯镇	4187	33478	10653	95	4094	89	6
延津县丰庄镇	4900	36859	4586	97	3320	85	3
延津县石婆固镇	10276	46994	7920	59	1840	58	9
延津县王楼镇	6065	31075	5433	48	3348	17	11
延津县僧固乡	5554	35338	9146	60	3027	42	8
延津县魏邱乡	10854	45810	8470	30	518	18	3
延津县司寨乡	7000	38610	9130	47	1159	40	5
延津县马庄乡	9451	49398	9686	126	974	53	
延津县胙城乡	9990	37962	7310	62	4230	51	4
延津县榆林乡	6490	29855	2855	50	370	36	5
延津县小潭乡	7615	40900	8700	43	2300	35	4
封丘县城关镇	1294	65572	65572	1438	11980	130	13
封丘县黄陵镇	5292	39673	16615	133	974	78	17
封丘县黄德镇	5723	37876	8066	60	1000	28	2
封丘县应举镇	9647	52225	7693	160	3650	55	3
封丘县陈桥镇	10687	52030	6000	150	1200	39	2
封丘县赵岗镇	7915	53638	6671	231	2933	103	6
封丘县留光镇	5849	49879	8879	161	1450	53	6
封丘县潘店镇	7328	58430	8760	123	2960	72	7
封丘县李庄镇	8297	19322	6802	181	3895	13	1
封丘县陈固镇	6352	35272	6882	76	1935	41	3
封丘县居厢镇	5240	31184	8510	93	2180	33	3
封丘县鲁岗镇	5296	40138	5428	76	1895	40	2
封丘县尹岗镇	4750	25729	4648	192	2448	150	18
封丘县城关乡	6982	58495	9800	317	4850	57	3
封丘县回族乡	778	5705		46	368	10	2
封丘县王村乡	5425	48054	4184	205	24321	78	16
封丘县荆宫乡	12561	56975		323	4085	15	1
封丘县曹岗乡	8004	33620	6145	78	1205	11	2
封丘县冯村乡	5127	35066	3827	126	1522	62	3
长垣县丁栾镇	4939	50940	17100	196	5420	20	9
长垣县樊相镇	5160	47477	12160	180	6200	119	5
长垣县恼里镇	9034	59358	13045	158	13852	118	13
长垣县常村镇	7344	56395	4897	193	1991	18	1
长垣县赵堤镇	4590	42356	42356	39	7383	12	1
长垣县孟岗镇	5126	47522	5520	84	7413	24	1
长垣县满村镇	4317	38846	4793	268	6364	143	7
长垣县苗寨镇	6547	54853	10523	180	9726	7	
长垣县张三寨镇	3895	37780	1410	148	4535	22	2
长垣县方里镇	5044	51382	7201	177	3544	42	1
长垣县佘家镇	5416	56920	9321	63	4436	20	3
长垣县芦岗乡	7600	62134		240	7045	66	1
长垣县武邱乡	8600	58184		25	338	7	1
新乡高新技术产业开发区关堤乡	4100	50708		135	20920	36	9
新乡市平原城乡一体化示范区原武镇	5723	29783	7334	52	2185	20	2
新乡市平原城乡一体化示范区师寨镇	6661	52480	1525	99	505	96	4
原阳县韩董庄镇	5758	38689	15785	365	4015	275	5
新乡市平原城乡一体化示范区祝楼乡	6247	33432	4179	22	431	22	9
新乡市平原城乡一体化示范区桥北乡	6985	33276	2630	11	947	3	3

续表 275 (河南省) 单位：公顷、人、个

名　　称	行政区域面　积	常住人口	#城镇建成区	企业个数	企　业从业人员	工业企业个　数	#规模以上
卫辉市汲水镇	1893	56492	56492	145	5142	34	4
卫辉市太公镇	7704	28495	8300	10	121	10	
卫辉市孙杏村镇	3289	26636	2016	135	2566	135	6
卫辉市后河镇	4294	37423	5384	45	1031	37	5
卫辉市李源屯镇	6682	56432	11400	24	1132	24	
卫辉市唐庄镇	7747	48600	32950	291	9880	230	38
卫辉市上乐村镇	6489	40405	7045	16	280	7	
卫辉市狮豹头乡	21217	13030		5	295	2	
卫辉市安都乡	8050	38341		98	1020	12	2
卫辉市顿坊店乡	5573	34264	5516	35	670	12	
卫辉市柳庄乡	3758	31561	5153	32	1550	22	2
卫辉市庞寨乡	4676	27285		21	136	1	1
卫辉市城郊乡	5154	60582	36264	91	6152	54	2
辉县市薄壁镇	19700	45180	10000	151	6320	45	3
辉县市峪河镇	6900	49853	15120	38	6398	26	2
辉县市百泉镇	8000	82913	49913	517	18836	111	24
辉县市孟庄镇	3600	72063	28982	400	19950	370	55
辉县市常村镇	9100	51238	14265	171	8169	103	14
辉县市吴村镇	9500	61214	5700	35	3712	25	15
辉县市南村镇	11800	23987	2937	22	1120	20	
辉县市南寨镇	14600	18752	7240	66	3670	44	1
辉县市上八里镇	20450	21367	4200	78	1088	7	
辉县市北云门镇	5000	47282	6050	147	2564	60	6
辉县市占城镇	5900	38650	3297	59	518	32	2
辉县市冀屯镇	8100	49116	24512	201	7600	96	5
辉县市黄水乡	13000	11700		35	1367	10	1
辉县市拍石头乡	13000	9156		18	204	7	
辉县市高庄乡	9200	42976		56	1525	32	6
辉县市张村乡	10800	15850		49	3489	40	1
辉县市赵固乡	6500	43914	12407	33	5195	24	3
辉县市西平罗乡	5300	16550		80	640	12	
辉县市洪洲乡	4650	10730		26	800	26	14
辉县市沙窑乡	11800	8550		51	869	5	
修武县城关镇	2922	63112	53885	491	11565	49	6
修武县七贤镇	9079	39216	23000	185	4737	29	6
修武县郇封镇	8775	65740	7183	213	14513	54	32
修武县周庄镇	2238	16560	1566	52	1600	35	14
修武县云台山镇	10300	3445	1965	31	1447		
修武县王屯乡	2810	21012		25	592	12	2
修武县五里源乡	5689	40772		117	4510	39	12
修武县西村乡	18873	16548		11	296	6	1
博爱县柏山镇	2497	39152	10854	495	4503	42	8
博爱县月山镇	2900	34649	26178	250	8132	71	11
博爱县许良镇	2927	51447	17738	395	5425	68	20
博爱县磨头镇	3613	32033	5400	65	2560	20	12
博爱县孝敬镇	6029	53682	6450	69	1825	34	8
博爱县寨豁乡	13088	12600		32	181	15	9
博爱县金城乡	6237	53804		40	711	25	7
武陟县詹店镇	8300	38998	34496	595	14326	485	23
武陟县西陶镇	3674	45983	27835	790	5250	779	18

续表 276　　(河南省)　　单位：公顷、人、个

名　称	行政区域面积	常住人口	#城镇建成区	企业个数	企业从业人员	工业企业个数	#规模以上
武陟县谢旗营镇	5765	50495	19025	1063	12398	700	11
武陟县大封镇	8395	66888	26881	363	15417	269	20
武陟县嘉应观乡	7565	38247		18	1630	18	5
武陟县乔庙乡	5230	36782		212	6985	72	7
武陟县圪当店乡	3727	31222		43	1321	20	8
武陟县三阳乡	7364	41569		155	2250	40	11
武陟县小董乡	5040	37502		16	496	16	4
武陟县大虹桥乡	7573	52611		107	1500	76	12
武陟县北郭乡	7753	35177		62	4094	36	13
温县祥云镇	6316	47681	21000	64	5140	58	14
温县番田镇	6308	46265	4520	78	2310	70	15
温县黄庄镇	6819	46529	3420	165	8658	83	14
温县武德镇	4712	48364	7266	65	2682	65	13
温县赵堡镇	4868	46422	9390	67	1680	39	5
温县招贤乡	3544	23701		51	1052	26	4
温县北冷乡	2081	20646		29	1450	27	4
焦作城乡一体化示范区阳庙镇	2664	37225	15374	126	631	20	8
焦作城乡一体化示范区宁郭镇	3688	29025	8549	32	165	32	6
焦作城乡一体化示范区苏家作乡	3018	35924		13	553	13	2
沁阳市崇义镇	4793	33498	6099	42	5074	37	12
沁阳市西向镇	9402	79883	33139	568	50983	223	37
沁阳市西万镇	3620	38587	12846	148	8174	83	17
沁阳市柏香镇	8340	58512	11041	225	12890	82	19
沁阳市山王庄镇	1867	30235	10017	140	2850	86	17
沁阳市紫陵镇	5922	28432	6350	105	8480	83	21
沁阳市常平乡	7002	5324		26	690	10	5
沁阳市王召乡	6633	51530		134	4910	72	11
沁阳市王曲乡	5638	42180		117	5700	84	23
孟州市化工镇	6644	37350	10980	34	2760	32	12
孟州市南庄镇	4656	43480	22628	246	13108	146	54
孟州市城伯镇	3890	31165	2531	99	3420	41	10
孟州市谷旦镇	4042	27078	2570	58	850	41	12
孟州市赵和镇	8130	38039	2519	24	1450	22	6
孟州市西虢镇	7685	34800	2909	142	19000	103	37
孟州市槐树乡	7300	20173		48	1753	33	7
华龙区岳村镇	2956	29759	8096	43	3480	19	5
华龙区孟轲乡	2030	41268	21151	55	3329	16	15
清丰县城关镇	2610	75054	74025	358	5205	115	22
清丰县马庄桥镇	1648	14056	6891	144	9102	112	11
清丰县瓦屋头镇	5785	40162	7924	78	2435	48	6
清丰县仙庄镇	6840	32976	25768	376	3925	225	5
清丰县柳格镇	4185	41576	5967	114	9342	108	18
清丰县六塔乡	5126	42265		122	2613	50	3
清丰县巩营乡	4811	30837		105	3120	79	3
清丰县马村乡	5889	30488		70	2300	34	2
清丰县高堡乡	5093	36981		89	4982	86	10
清丰县古城乡	4933	36363		55	455	26	5
清丰县大流乡	4932	34138		59	3055	53	9
清丰县韩村乡	5069	38794		63	412	6	1
清丰县大屯乡	4720	31232		132	3961	84	7

续表 277　　（河南省）　　单位：公顷、人、个

名　称	行政区域面积	常住人口	#城镇建成区	企业个数	企业从业人员	工业企业个数	#规模以上
清丰县固城乡	4434	36509		143	4120	64	5
清丰县双庙乡	4550	39256		68	2466	51	4
清丰县纸房乡	5716	30863		62	2653	26	2
清丰县阳邵乡	6916	43650		916	4923	165	8
南乐县城关镇	3100	51874	40085	168	1019	65	19
南乐县韩张镇	4300	39973	17643	169	1783	98	9
南乐县元村镇	6000	59031	37027	441	18986	314	19
南乐县福堪镇	6700	49000	7100	70	950	23	12
南乐县张果屯镇	5570	42339	12175	428	5641	43	11
南乐县千口镇	6300	44601	10389	279	7630	155	9
南乐县杨村乡	4933	28442		85	1500	29	8
南乐县谷金楼乡	4862	31445		109	1890	14	10
南乐县西邵乡	4800	43519	4206	265	12595	164	6
南乐县寺庄乡	5800	39567		158	6580	76	9
南乐县梁村乡	4798	49719		75	7163	41	3
南乐县近德固乡	4900	40743		249	7130	123	7
范县城关镇	1010	47896	32010	1224	6250	76	5
范县濮城镇	4152	68856	33992	506	30989	320	48
范县龙王庄镇	6252	45271	8500	138	766	124	10
范县高码头镇	4934	34380	8277	242	1755	72	16
范县王楼镇	3826	32738	10000	70	4352	45	21
范县辛庄镇	7107	43155	8000	232	3650	50	9
范县陈庄镇	5628	31413	5520	83	1920	43	9
范县杨集乡	5813	38375	6425	185	4610	49	5
范县白衣阁乡	5094	31766	4550	157	4639	64	9
范县颜村铺乡	4761	31328	6020	199	2523	53	16
范县陆集乡	5021	28937	6350	272	5674	186	5
范县张庄乡	4939	32304	12000	333	4165	74	18
台前县城关镇	2798	54812	54812	670	12529	118	15
台前县侯庙镇	5595	57906	11083	125	1381	73	16
台前县孙口镇	3082	33678	21000	512	9613	145	18
台前县打渔陈镇	5906	54636	12889	196	1899	67	8
台前县马楼镇	6889	56612	19770	258	7781	136	15
台前县吴坝镇	3600	33754	3214	112	621	21	11
台前县后方乡	3383	38682	12000	342	10260	172	11
台前县清水河乡	4336	39120	39120	155	4005	85	15
台前县夹河乡	4262	44158	7810	253	2653	54	10
濮阳县城关镇	5132	58601	51670	517	35997	340	21
濮阳县柳屯镇	7500	69820	39873	736	27573	482	47
濮阳县文留镇	7966	80506	40077	722	29950	496	61
濮阳县庆祖镇	7243	63551	22477	156	12220	134	22
濮阳县八公桥镇	7999	67034	4094	118	3622	9	5
濮阳县徐镇镇	6480	56210	7921	44	5480	26	4
濮阳县户部寨镇	6900	56271	6763	397	13849	221	15
濮阳县鲁河镇	7144	57369	29550	119	2500	55	9
濮阳县子岸镇	7900	56245	9604	98	3270	49	5
濮阳县胡状镇	7067	51560	5204	76	1364	23	5
濮阳县王称固镇	7260	56674	5477	67	958	20	2
濮阳县清河头乡	5800	44398	2715	81	865	25	11
濮阳县梁庄乡	6700	51400		119	9967	46	5

续表 278　　(河南省)　　单位：公顷、人、个

名　　称	行政区域面积	常住人口	#城镇建成区	企业个数	企业从业人员	工业企业个数	#规模以上
濮阳县白罡乡	5500	39899	5720	42	4726	24	1
濮阳县梨园乡	6369	50208		40	810	29	2
濮阳县五星乡	5100	49308		146	2431	23	9
濮阳县郎中乡	8875	63944		60	2261	60	2
濮阳县海通乡	6320	58134		58	2468	22	12
濮阳县渠村乡	7800	49781		56	1350	38	2
濮阳县习城乡	7600	48310		28	1360	3	1
濮阳经济技术开发区王助镇	6220	50710	9203	295	18222	155	48
濮阳经济技术开发区新习镇	7230	56871	1608	51	536	20	11
濮阳经济技术开发区胡村乡	5552	25896		26	803	15	4
许昌县将官池镇	4184	38942		156	4176	66	6
许昌县五女店镇	7448	42899	11188	366	5732	162	9
许昌县尚集镇	2257	35574	11268	189	40195	95	21
许昌县苏桥镇	6600	57889	14019	298	3897	172	12
许昌县蒋李集镇	8508	49871	5221	142	2402	123	12
许昌县张潘镇	6274	40958	15610	145	9130	111	17
许昌县灵井镇	7058	56291	25000	102	8967	92	15
许昌县陈曹乡	8566	54471		366	4593	248	7
许昌县邓庄乡	4644	56308		82	3820	15	
许昌县小召乡	6461	56381		188	3500	92	5
许昌县河街乡	4919	40892		121	4214	107	13
许昌县桂村乡	4965	25208		117	1520	18	9
许昌县椹涧乡	7686	42698		186	3916	115	12
许昌县榆林乡	7376	42196		160	2500	148	7
许昌县艾庄回族乡	1355	10283		56	786	17	6
鄢陵县安陵镇	1448	69262	38825	1475	42357	48	30
鄢陵县马栏镇	8522	46675	41065	1892	18112	1696	11
鄢陵县柏梁镇	6080	51020	41966	177	5926	65	3
鄢陵县陈化店镇	4946	29700	5810	115	6870	12	4
鄢陵县望田镇	7950	44741	14831	214	2018	3	3
鄢陵县大马镇	7670	48237	19765	589	12867	51	8
鄢陵县陶城镇	10408	54670	5510	1310	12650	1260	5
鄢陵县张桥镇	8459	48709	766	178	1004	153	6
鄢陵县彭店镇	8777	39030	22412	403	5099	262	6
鄢陵县只乐镇	8642	46850	14255	350	2100	292	
鄢陵县南坞镇	6440	33985	33985	105	2610	19	
鄢陵县马坊乡	7256	39628	4571	395	4200	360	6
襄城县城关镇	780	64690	64690	329	1738	8	8
襄城县颍桥回族镇	950	5737	5737	41	1841	17	2
襄城县麦岭镇	5010	49097	6646	39	3647	21	6
襄城县颍阳镇	6206	52717	12165	292	12051	67	10
襄城县王洛镇	6670	50109	8655	160	4712	139	14
襄城县紫云镇	8190	47942	6710	234	6519	77	14
襄城县库庄镇	6280	51214	6520	237	3856	36	13
襄城县十里铺镇	6824	53243	7530	239	8146	137	4
襄城县山头店镇	6294	58406	5829	93	5096	58	10
襄城县湛北乡	5518	30423		84	8868	66	14
襄城县茨沟乡	4235	55877		68	5163	4	4
襄城县丁营乡	5100	49369		152	2741	45	4
襄城县姜庄乡	8800	44672		38	1082	11	5

续表 279　　（河南省）　　单位：公顷、人、个

名　　称	行政区域面积	常住人口	#城镇建成区	企业个数	企业从业人员	工业企业个数	#规模以上
襄城县范湖乡	9658	58963		245	6123	103	1
襄城县双庙乡	5000	46833		32	3595	16	4
襄城县汾陈乡	4518	46140		126	3867	38	8
许昌经济技术开发区长村张乡	3800	32623		48	480	25	1
禹州市火龙镇	4670	49246	17688	141	8917	107	18
禹州市顺店镇	7155	66222	13158	147	1260	134	30
禹州市方山镇	7400	38459	5889	87	1740	49	24
禹州市神垕镇	4910	42644	42644	1153	26800	500	26
禹州市鸿畅镇	6900	56830	19140	580	26750	484	23
禹州市梁北镇	4650	44846	28700	482	16000	360	12
禹州市古城镇	5382	49080	15050	270	3720	160	23
禹州市无梁镇	8648	34196	7691	208	6846	25	15
禹州市文殊镇	6200	42189	3810	65	3730	57	14
禹州市鸠山镇	9600	33063	12013	82	5690	35	13
禹州市褚河镇	7331	65485	17824	290	19652	86	18
禹州市范坡镇	7180	48982	12848	41	5680	30	8
禹州市郭连镇	5044	51135	4762	165	4552	61	16
禹州市朱阁镇	7080	40950	6189	105	1420	84	13
禹州市浅井镇	11200	33839	3500	364	6167	152	14
禹州市方岗镇	4400	34208	5700	72	5000	35	10
禹州市花石镇	7202	56097	5866	283	5362	214	18
禹州市张得镇	7044	48076	6112	141	8143	121	5
禹州市苌庄乡	8775	29052	2900	75	1080	65	14
禹州市磨街乡	5900	18123		20	3600	12	12
禹州市小吕乡	4969	31622		261	5911	36	7
禹州市山货回族乡	1200	12448		83	1747	52	7
长葛市和尚桥镇	4070	26499	13353	795	25079	646	60
长葛市坡胡镇	4662	55825	8114	424	12645	385	37
长葛市后河镇	4438	49012	10758	972	32745	825	35
长葛市石固镇	3880	45738	13127	2641	20217	1947	45
长葛市老城镇	4914	64675	16214	547	23478	394	47
长葛市南席镇	6318	51430	5227	281	3584	243	4
长葛市大周镇	6440	81750	45120	1120	38250	750	130
长葛市董村镇	5250	53665	10247	698	13780	629	15
长葛市石象镇	5600	52313	4250	85	3310	68	5
长葛市古桥镇	5630	49460	11603	98	1623	53	3
长葛市增福庙镇	3285	32659	10460	189	8579	142	19
长葛市官亭镇	6202	50588	8279	226	17220	218	20
源汇区大刘镇	4200	37450	4200	35	1500	7	1
源汇区阴阳赵镇	4600	44758	11644	45	3000	10	6
源汇区空冢郭镇	4403	45872	11247	230	42695	186	20
源汇区问十乡	4200	23561		380	2300	18	1
郾城区城关镇	1370	75751	56513	1031	22962	39	16
郾城区孟庙镇	6030	67329	14039	182	16830	118	36
郾城区商桥镇	5070	45087	9715	66	1830	32	9
郾城区裴城镇	7971	52935	7026	70	2306	46	11
郾城区新店镇	6990	48628	9589	62	895	14	10
郾城区龙城镇	6390	60437	26701	64	976	56	17
郾城区李集镇	5470	42765	10234	51	11838	20	6
郾城区黑龙潭镇	3890	37202	63	33	1695	30	10

续表 280　　　　　　　　　　(河南省)　　　　　　　　　　单位：公顷、人、个

名　　称	行政区域面　积	常住人口	#城镇建成区	企业个数	企　业从业人员	工业企业个　数	#规模以上
召陵区召陵镇	7045	80416	21871	319	5568	296	24
召陵区邓襄镇	4067	45249	8133	64	1402	63	3
召陵区万金镇	7968	75989	8520	62	1021	52	1
召陵区老窝镇	7968	75846	7192	212	1986	26	3
召陵区姬石镇	3441	40999	14635	111	890	90	5
召陵区青年镇	7716	68219	6000	100	700	74	1
舞阳县舞泉镇	2152	77197	77197	295	28022	72	38
舞阳县吴城镇	6617	40307	17836	81	798	15	7
舞阳县北舞渡镇	4138	27017	19915	80	1596	10	5
舞阳县莲花镇	6310	42373	11895	26	917	22	10
舞阳县辛安镇	5070	36484	8586	80	1288	23	5
舞阳县孟寨镇	6232	40071	20574	81	3800	14	
舞阳县太尉镇	3677	26348	4988	45	1680	11	7
舞阳县侯集镇	5874	45449	6395	31	405	27	4
舞阳县九街镇	7038	38296	12340	24	260	20	2
舞阳县文峰乡	5692	40393		31	6958	23	5
舞阳县保和乡	6918	43817	5160	35	450	19	2
舞阳县马村乡	6431	36956	3610	16	2160	11	2
舞阳县姜店乡	6580	31885	5215	12	230	10	2
舞阳县章化乡	4754	34007	9006	17	160	13	
临颍县城关镇	3650	92975	92975	629	10412	326	41
临颍县繁城镇	6900	55074	55074	21	2629	14	8
临颍县杜曲镇	5850	67692	67692	789	16987	697	57
临颍县王岗镇	9400	59828	59828	36	565	29	5
临颍县台陈镇	6768	53362	11213	118	3823	116	2
临颍县巨陵镇	5250	41237	10012	42	3394	13	4
临颍县瓦店镇	5300	44512	31250	32	1816	29	5
临颍县三家店镇	4700	31400	31320	70	620	27	1
临颍县窝城镇	4900	31255	4621	5	203	4	3
临颍县王孟镇	6000	37184	6124	4	298	4	2
临颍县大郭镇	7450	52186	52186	24	420	20	2
临颍县皇帝庙乡	4792	29362	29362	26	2515	26	3
临颍县固厢乡	3550	32041		67	2800	64	8
临颍县石桥乡	4550	24648		12	490	11	7
临颍县陈庄乡	3100	21943		3	287	2	2
漯河经济技术开发区后谢镇	4358	85919	44015	682	45100	364	103
湖滨区交口乡	4171	20580		405	8003	25	4
湖滨区磁钟乡	2360	8778		163	1086	35	5
湖滨区高庙乡	5907	6604		116	1109	17	3
陕州区大营镇	5614	35424	35424	128	3571	51	4
陕州区原店镇	1384	26676	23102	203	3221	41	2
陕州区西张村镇	30035	48130	14100	29	276	8	2
陕州区观音堂镇	12042	36366	5204	81	3920	40	4
陕州区张汴乡	13253	10229		26	289	10	2
陕州区张湾乡	6576	26860		28	931	6	1
陕州区菜园乡	14624	37067		31	1275	9	3
陕州区张茅乡	8150	19120		51	1080	48	3
陕州区王家后乡	13165	17998		22	5916	22	5
陕州区硖石乡	6942	11393		21	218	15	
陕州区西李村乡	14432	20290		7	260		

续表 281　　　　（河南省）　　　　单位：公顷、人、个

名　　称	行政区域面　积	常住人口	#城镇建成区	企业个数	企　业从业人员	工业企业个　数	#规模以上
陕州区宫前乡	22260	12043		7	348	5	
陕州区店子乡	16900	3490		5	52		
渑池县城关镇	3315	83044	21475	426	33175	66	12
渑池县英豪镇	8900	36145	7371	15	6317	15	12
渑池县张村镇	5400	26022	13231	38	7456	23	14
渑池县洪阳镇	6945	21769	2710	56	3102	50	11
渑池县天池镇	13700	41202	3488	24	1422	12	7
渑池县仰韶镇	9027	35914	4566	78	10182	51	23
渑池县仁村乡	12518	15715		11	682	7	4
渑池县果园乡	12147	38224		62	3645	44	12
渑池县陈村乡	12355	28979		78	5164	74	5
渑池县坡头乡	21200	15217		9	1800	9	6
渑池县段村乡	20196	7434		13	865	13	3
渑池县南村乡	10792	4783		31	2033	31	10
卢氏县城关镇	6400	43014	37654	153	2567	20	2
卢氏县杜关镇	20100	17195	2770	7	269	7	2
卢氏县五里川镇	16820	18874	8837	9	75	5	2
卢氏县官道口镇	21100	21363	3704	57	312	6	
卢氏县朱阳关镇	13750	16811	3622	15	80	5	
卢氏县官坡镇	26821	23752	4312	55	385	12	2
卢氏县范里镇	31162	35360	9042	60	302	31	2
卢氏县东明镇	20760	33589	13300	94	1638	64	4
卢氏县双龙湾镇	14605	13059	5200	20	238	6	3
卢氏县文峪乡	23579	30205		16	668	16	5
卢氏县横涧乡	24842	30605		12	510	8	2
卢氏县双槐树乡	13649	11290		5	233	4	1
卢氏县汤河乡	15169	10192		23	230	5	2
卢氏县瓦窑沟乡	24737	13206		1	25		
卢氏县狮子坪乡	24092	10289		11	523	1	
卢氏县沙河乡	14261	14200		22	110		
卢氏县徐家湾乡	15978	9209		7	37	1	1
卢氏县潘河乡	25322	12689		9	875	9	3
卢氏县木桐乡	18599	7755		20	115	1	1
灵宝市城关镇	1935	8933	1637	58	4515	30	6
灵宝市尹庄镇	8238	45403	3211	550	2805	74	11
灵宝市朱阳镇	81482	45361	7508	264	5420	41	15
灵宝市阳平镇	27991	73042		95	497	42	38
灵宝市故县镇	19546	40835	11537	75	6219	70	25
灵宝市豫灵镇	18215	60135	13701	139	13370	105	34
灵宝市大王镇	8960	35125	8485	1320	7200	24	3
灵宝市阳店镇	19515	56640	2370	45	1540	33	
灵宝市函谷关镇	6055	24909	2770	30	200	4	4
灵宝市焦村镇	12652	51396	9449	26	2789	6	6
灵宝市川口乡	10630	29523		20	410	1	1
灵宝市寺河乡	15471	6594		2	125	2	2
灵宝市苏村乡	26761	26003		17	545	15	9
灵宝市五亩乡	24185	35299		36	450	22	8
灵宝市西阎乡	14900	53644		62	1200	21	2
宛城区官庄镇	4910	51952	9258	122	3055	11	3
宛城区瓦店镇	8600	57475	15423	1102	8602	691	7

续表 282　　(河南省)　　单位：公顷、人、个

名　称	行政区域面积	常住人口	#城镇建成区	企业个数	企业从业人员	工业企业个数	#规模以上
宛城区红泥湾镇	13664	88973	31490	260	6169	78	8
宛城区黄台岗镇	9070	51540	9972	87	4878	36	6
宛城区金华镇	6800	47099	12600	386	2184	58	3
宛城区溧河乡	4696	39338		455	6301	56	28
宛城区汉冢乡	8300	49826		145	2345	28	4
宛城区茶庵乡	5118	37650		302	1546	86	2
宛城区高庙乡	8140	48886		209	2391	94	4
卧龙区石桥镇	3973	42413	16985	119	3520	95	4
卧龙区潦河镇	7644	68729	9270	225	2833	70	5
卧龙区安皋镇	7428	39455	5132	42	1456	27	3
卧龙区蒲山镇	12470	104202	48380	407	9345	220	21
卧龙区陆营镇	7500	64148	7426	151	3436	90	3
卧龙区青华镇	9159	76961	7296	104	1341	44	3
卧龙区英庄镇	8940	71152	4800	88	2219	65	3
卧龙区潦河坡镇	10600	19862	1516	26	1584	18	1
卧龙区谢庄镇	10600	36887	8150	17	1040	14	
卧龙区七里园乡	4612	37232		38	3883	21	11
卧龙区王村乡	4422	37088		46	5247	28	14
南召县城关镇	1075	58961	58961	3368	29687	7	4
南召县留山镇	16940	26922	3771	20	1377	7	3
南召县云阳镇	13486	65081	55160	96	9365	67	9
南召县皇路店镇	11889	57417	20150	52	13270	11	9
南召县南河店镇	13059	44874	11984	589	7310	561	15
南召县板山坪镇	34610	22060	3152	125	931	29	8
南召县乔端镇	34225	15256	3711	25	978	13	9
南召县白土岗镇	19600	34972	8121	168	2899	103	14
南召县城郊乡	14400	38694	38694	53	1134	15	6
南召县小店乡	16853	24906		103	1896	82	3
南召县皇后乡	15600	24843		225	2549	164	8
南召县太山庙乡	8722	24726	6224	9	588	5	4
南召县石门乡	9408	20304	18639	26	402	18	9
南召县四棵树乡	22250	24937		51	2917	18	12
南召县马市坪乡	29200	20344		20	460	15	5
南召县崔庄乡	31328	33500		41	673	25	4
方城县独树镇	22403	55711	33471	195	5132	100	15
方城县博望镇	15902	88700	41300	422	8358	159	13
方城县拐河镇	17920	32342	9436	43	780	15	9
方城县小史店镇	26553	55558	8326	126	742	103	16
方城县赵河镇	15360	76890	37122	37	1566	11	5
方城县广阳镇	13624	52286	37011	126	6759	57	11
方城县二郎庙镇	12500	39687	9125	318	1810	40	9
方城县杨楼镇	18676	51111	12372	59	1716	26	6
方城县券桥镇	10000	47918	17886	466	6645	136	11
方城县清河镇	14907	47582	5816	128	5732	94	7
方城县杨集乡	16764	40839		165	3468	77	13
方城县古庄店乡	19294	55308		185	1233	79	14
方城县柳河乡	13600	30984		68	587	27	5
方城县四里店乡	27938	33607	13551	286	5621	29	13
方城县袁店回族乡	3538	15525		23	1267	17	3
西峡县丹水镇	13313	46987	16605	79	624	39	6

续表 283　　(河南省)　　单位：公顷、人、个

名　称	行政区域面　积	常住人口	#城镇建成区	企业个数	企　业从业人员	工业企业个　数	#规模以上
西峡县西坪镇	25670	40559	22520	107	4992	65	12
西峡县双龙镇	29367	21533	14863	142	5682	115	21
西峡县回车镇	18743	36971	7890	372	13603	292	12
西峡县丁河镇	40026	36060	9092	315	62835	168	15
西峡县桑坪镇	27503	25151	3515	176	1276	151	3
西峡县米坪镇	21933	21458	6850	137	3105	82	7
西峡县五里桥镇	22278	61413	19662	148	16881	125	17
西峡县重阳镇	23237	31070	19762	98	598	70	11
西峡县太平镇	30453	11121	5055	221	6812	75	15
西峡县阳城镇	9782	14398	4532	141	3752	63	14
西峡县二郎坪镇	20207	9378	2800	30	982	29	5
西峡县石界河镇	19524	11991	3910	71	940	24	2
西峡县军马河镇	16370	17548	5380	89	1690	62	5
西峡县田关乡	9097	20892		52	1280	52	5
西峡县寨根乡	16885	8140		45	1990	41	6
镇平县石佛寺镇	8566	79195	79195	523	3125	112	11
镇平县晁陂镇	4523	38434	3702	30	1692	22	12
镇平县贾宋镇	5589	50019	15760	88	2612	66	5
镇平县侯集镇	6907	55670	8122	25	5459	12	4
镇平县老庄镇	13940	34629	3688	48	7658	31	15
镇平县卢医镇	5225	26725	3288	26	535	24	1
镇平县遮山镇	6902	27153	3012	60	1683	55	11
镇平县高丘镇	17169	56346	3806	223	10221	21	8
镇平县曲屯镇	4871	33719	3167	4	234	3	2
镇平县枣园镇	6202	36124	3678	88	2853	27	6
镇平县杨营镇	5820	55302	4350	78	10944	33	11
镇平县安字营镇	7100	50028	12367	54	1173	32	3
镇平县张林镇	8800	54511	7200	38	1800	21	3
镇平县柳泉铺镇	6260	33258	5200	27	1920	27	3
镇平县彭营镇	7615	53395	8706	58	3006	20	10
镇平县二龙乡	17600	9864		32	455	12	2
镇平县王岗乡	3881	28567		45	4020	30	6
镇平县马庄乡	3807	22895		20	835	10	2
镇平县郭庄乡	1607	11125		9	972	9	3
内乡县城关镇	1300	56151	56151	157	9015	10	3
内乡县夏馆镇	36000	24398	3432	34	291	34	5
内乡县师岗镇	12148	63228	33228	314	7246	32	6
内乡县马山口镇	28300	57445	24123	30	821	15	9
内乡县湍东镇	12341	64045	23624	262	9234	173	65
内乡县赤眉镇	15430	43331	16654	87	1194	52	4
内乡县瓦亭镇	8932	30870	6423	9	278	8	1
内乡县王店镇	10600	47850	12311	129	1982	65	3
内乡县灌涨镇	11600	54215	6045	375	2369	176	5
内乡县桃溪镇	14000	28541	4474	76	1089	48	6
内乡县岞曲镇	12919	29474	4876	42	936	23	4
内乡县余关镇	11177	33483	1631	22	965	15	5
内乡县板场乡	18465	9695		62	694	42	7
内乡县大桥乡	5780	31985		51	1586	40	2
内乡县赵店乡	10800	44412		108	2485	34	9
内乡县七里坪乡	34570	17577		7	174	4	2

续表 284　　　　(河南省)　　　　单位：公顷、人、个

名　　称	行政区域面　积	常住人口	#城镇建成区	企业个数	企　业从业人员	工业企业个　数	#规模以上
淅川县荆紫关镇	16880	57292	9000	63	7120	30	7
淅川县老城镇	9803	19079	1165	58	776	10	1
淅川县香花镇	37400	32663	22690	21	1520	11	1
淅川县厚坡镇	15400	93568	19860	210	1820	46	7
淅川县丹阳镇	13640	59556	15791	285	7450	180	11
淅川县盛湾镇	31490	36730	4379	252	1632	23	1
淅川县金河镇	14593	36131	15407	158	1985	13	5
淅川县寺湾镇	13332	39790	6528	15	248	4	3
淅川县仓房镇	15568	10735	3319	31	41332	15	8
淅川县上集镇	18700	72010	72010	42	1055	22	4
淅川县马蹬镇	20800	34688	4722	52	3386	27	7
淅川县西簧乡	23500	20373		25	562	6	1
淅川县毛堂乡	21009	26214	3100	27	1300	25	6
淅川县大石桥乡	13052	17690		18	280	8	1
淅川县滔河乡	15627	21335		16	375		
社旗县赊店镇	2312	69712	61245	1524	9687	1035	5
社旗县桥头镇	8347	38896	11465	119	1056	29	2
社旗县饶良镇	10851	56612	8415	352	2886	273	7
社旗县兴隆镇	5133	28124	4215	126	2246	15	4
社旗县晋庄镇	5543	31926	11982	321	4600	96	7
社旗县李店镇	10224	51935	10965	167	2687	33	9
社旗县苗店镇	7099	36968	10230	283	3145	36	4
社旗县郝寨镇	9110	59657	8725	243	2356	110	3
社旗县朱集镇	11062	51385	10235	218	2587	110	5
社旗县下洼镇	11458	49265	9875	152	924	68	7
社旗县太和镇	6100	31154	5802	49	680	41	1
社旗县大冯营镇	6607	35215	6850	116	2963	16	8
社旗县陌陂镇	6671	40864	4736	113	1968	7	2
社旗县唐庄乡	6505	38246	7100	278	3845	28	9
唐河县源潭镇	15476	66511	22304	92	1913	21	7
唐河县张店镇	12739	48528	13471	161	12360	137	12
唐河县郭滩镇	12200	62080	30128	312	4350	195	8
唐河县湖阳镇	14950	46939	19363	524	3435	432	9
唐河县黑龙镇	11980	41243	6921	470	3159	441	9
唐河县大河屯镇	13700	58333	6468	1193	47573	762	10
唐河县龙潭镇	9800	36586	7443	259	3979	254	12
唐河县桐寨铺镇	16000	62517	21896	751	6244	681	9
唐河县苍台镇	8570	37287	10143	24	480	14	7
唐河县上屯镇	11700	56289	13264	36	2613	30	12
唐河县毕店镇	11330	47436	14736	225	4442	131	9
唐河县少拜寺镇	9900	35865	3548	418	2392	27	7
唐河县城郊乡	12211	54968		291	3694	42	11
唐河县桐河乡	9536	28124		322	3468	317	7
唐河县昝岗乡	14880	42718		296	19206	233	8
唐河县祁仪乡	18720	34337		133	6487	46	3
唐河县马振抚乡	16171	37523		163	1279	34	7
唐河县古城乡	11270	47815		359	2386	304	16
唐河县王集乡	8400	37254		10	341	9	7
新野县王庄镇	6300	35115	2758	189	3015	139	13
新野县沙堰镇	7999	45789	8541	98	1354	35	5

续表 285　　　　　　　　　　　　（河南省）　　　　　　　　　　单位：公顷、人、个

名　　称	行政区域面　　积	常住人口	#城镇建成区	企业个数	企　　业从业人员	工业企业个　　数	#规模以上
新野县新甸铺镇	10600	62920	10366	192	7950	164	13
新野县施庵镇	10600	55505	7152	949	5249	31	11
新野县歪子镇	10170	56125	14398	203	2511	176	10
新野县五星镇	8200	53105	5491	164	3964	80	7
新野县溧河铺镇	9600	51820	15090	185	1256	156	13
新野县王集镇	7400	54359	6951	16	1769	7	2
新野县城郊乡	6650	41621		47	3445	32	12
新野县前高庙乡	5906	41235		104	623	62	7
新野县樊集乡	4600	33160		92	5862	81	8
新野县上庄乡	8300	50413		34	1655	15	13
新野县上港乡	6100	44953		285	10864	126	65
桐柏县城关镇	2620	78992	78992	908	12577	48	9
桐柏县月河镇	12866	25682	9872	220	2755	140	5
桐柏县吴城镇	14600	24100	8768	142	1344	98	14
桐柏县固县镇	12066	24117	5200	167	1385	150	16
桐柏县毛集镇	17640	36600	24987	281	3112	157	5
桐柏县大河镇	15077	10900	2021	28	1378	11	4
桐柏县埠江镇	4227	31700	14675	135	7012	61	18
桐柏县平氏镇	4800	20785	12000	113	4230	94	5
桐柏县淮源镇	17000	18300	4800	93	1904	82	11
桐柏县黄岗镇	12710	16900	7563	70	1180	55	9
桐柏县安棚镇	9347	44831	28101	198	5503	82	18
桐柏县朱庄镇	13610	11980	4800	89	1290	64	18
桐柏县程湾镇	12945	10700	3890	26	896	17	7
桐柏县城郊乡	19264	28000		137	1325	128	9
桐柏县回龙乡	15754	10035		28	142	14	8
桐柏县新集乡	6992	15800		65	1968	18	7
南阳市城乡一体化示范区新店乡	9260	70713		416	8920	80	4
邓州市罗庄镇	7820	46180	6627	18	583	2	2
邓州市汲滩镇	8745	64354	19865	280	2750	10	4
邓州市穰东镇	9898	87373	54881	771	67142	339	8
邓州市孟楼镇	5450	23804	1881	63	575	6	3
邓州市林扒镇	8761	46763	3529	403	4526	3	3
邓州市构林镇	16374	67303	42913	95	1130	22	18
邓州市十林镇	9218	61626	8240	85	3105	4	3
邓州市张村镇	7815	57121	5584	52	1820	14	4
邓州市都司镇	9530	44632	5800	15	80	12	2
邓州市赵集镇	12600	68278	20520	439	3850	5	3
邓州市刘集镇	12900	70219	12658	174	916	14	5
邓州市桑庄镇	8030	44014	5253	156	3658	13	2
邓州市彭桥镇	10471	50011	50011	226	1299	8	2
邓州市白牛镇	7450	43180	5108	44	4380	19	3
邓州市腰店镇	8063	52980	15715	67	2619	18	7
邓州市九龙镇	7650	54650	15980	156	1620	56	4
邓州市文渠镇	7738	62140	6250	19	3420	8	4
邓州市高集镇	7867	63610	31900	33	252	8	
邓州市张楼乡	6150	42117		1823	14365	835	9
邓州市夏集乡	10998	57232	12300	245	13960	46	4
邓州市裴营乡	14773	89574	13260	371	22134	209	5
邓州市陶营乡	9330	38693	38693	45	1635	10	5

续表 286 （河南省） 单位：公顷、人、个

名称	行政区域面积	常住人口	#城镇建成区	企业个数	企业从业人员	工业企业个数	#规模以上
邓州市小杨营乡	4868	31539		105	1460	10	2
邓州市龙堰乡	8300	47958	11569	261	3710	10	5
梁园区谢集镇	5740	44200	15680	38	1288	9	1
梁园区双八镇	4287	37191	18472	1801	9134	134	2
梁园区刘口乡	5636	38035		122	1869	35	4
梁园区水池铺乡	5750	38680		38	1470	18	3
梁园区观堂乡	6700	43530	6470	12	264	8	1
梁园区王楼乡	4700	38181		114	5635	87	12
梁园区李庄乡	9600	63252	469	34	3370	28	10
梁园区孙福集乡	5360	43410	9672	704	5336	5	5
睢阳区宋集镇	6911	54266	22089	116	1286	14	9
睢阳区郭村镇	9660	56394	55846	162	6322	23	2
睢阳区李口镇	5634	38926	7198	181	7879	30	3
睢阳区高辛镇	6600	53125	15626	161	3366	5	3
睢阳区坞墙镇	7770	49497	14103	145	17501	85	5
睢阳区冯桥镇	5930	31580	7270	69	2350	46	5
睢阳区路河镇	7823	55162		60	21446	60	3
睢阳区闫集镇	7000	48361	5245	18	400	14	10
睢阳区毛堌堆镇	6640	44815	4542	320	12386	257	6
睢阳区包公庙乡	5190	35346		139	3610	65	2
睢阳区娄店乡	4329	27622		2	200		
睢阳区勒马乡	7680	57844		39	2687	15	6
睢阳区临河店乡	5430	42652	12947	23	1068	8	4
民权县人和镇	7014	54932	31336	659	19223	615	18
民权县龙塘镇	6500	54849	16023	216	2751	173	9
民权县北关镇	9350	43965	28750	960	19320	870	6
民权县程庄镇	11882	82415	15596	19	367	11	5
民权县王庄寨镇	4250	36807	7995	36	2210	4	2
民权县孙六镇	3989	38200	14380	289	4689	175	15
民权县白云寺镇	9300	61110	19450	410	6800	380	6
民权县王桥镇	7500	48932	14263	115	11021	106	
民权县庄子镇	5400	32731	2966	26	3310	18	13
民权县双塔镇	7300	30622	4603	127	3608	41	9
民权县野岗镇	9704	44068	1226	860	4600	102	9
民权县伯党回族乡	2500	22009		11	79	4	2
民权县花园乡	3700	23919	9864	68	5587	68	24
民权县林七乡	4768	33406		159	4296	53	10
民权县胡集乡	2322	18261		14	274	6	6
民权县褚庙乡	6700	36435		58	5688	58	3
民权县老颜集乡	5400	38177		106	3486	93	9
睢县长岗镇	4089	41581	11679	14	1523	14	3
睢县平岗镇	4290	32545	9489	25	2680	22	5
睢县周堂镇	4014	25541	8158	55	1652	22	3
睢县蓼堤镇	6052	34056	11076	19	7141	17	5
睢县西陵寺镇	7038	35510	1243	43	1888	32	2
睢县城关镇	1194	64354	64354	142	8094	52	14
睢县潮庄镇	4013	27094	12125	29	1845	22	4
睢县尚屯镇	5247	45155	9180	43	4350	25	5
睢县后台乡	2974	20091		11	256	6	3
睢县河集乡	5108	40985		30	5890	25	4

续表 287　　(河南省)　　单位: 公顷、人、个

名　　称	行政区域面积	常住人口	#城镇建成区	企业个数	企业从业人员	工业企业个数	#规模以上
睢县孙聚寨乡	5179	39816		46	1531	22	5
睢县白楼乡	3463	24426		75	3556	28	5
睢县河堤乡	4116	32654		33	1986	21	1
睢县白庙乡	3823	26208		19	596	14	3
睢县胡堂乡	2989	16269		24	1537	14	2
睢县尤吉屯乡	4443	30483		23	780	12	6
睢县董店乡	7646	40501		89	12411	78	10
睢县涧岗乡	5244	32410		30	4520	29	1
睢县匡城乡	5974	39075		75	1210	25	5
睢县城郊乡	5136	50360		104	7204	88	11
宁陵县城关镇	1304	52765	52765	63	1600	46	5
宁陵县张弓镇	4430	47900	14650	78	4930	49	6
宁陵县柳河镇	7827	52896	16064	54	4000	50	11
宁陵县逻岗镇	10590	39985	17995	95	1756	73	5
宁陵县石桥镇	6423	49759	13753	32	1039	32	2
宁陵县黄岗镇	4932	43166	11690	55	3457	52	8
宁陵县华堡镇	7253	61126	7800	68	2188	50	11
宁陵县刘楼乡	4803	31000		70	2363	70	6
宁陵县程楼乡	3966	40155		33	2113	33	1
宁陵县乔楼乡	5304	39115		72	2166	69	8
宁陵县城郊乡	3335	27100		48	8426	48	10
宁陵县阳驿乡	6788	49867		31	1749	31	4
宁陵县孔集乡	5572	31909		47	2190	45	3
宁陵县赵村乡	5127	29451		38	1582	38	6
柘城县城关镇	800	67253	38977	281	9744	22	7
柘城县陈青集镇	5301	40356	9823	413	9420	186	3
柘城县起台镇	5301	41325	8752	127	3125	97	1
柘城县胡襄镇	5539	33558	5022	31	270	31	2
柘城县慈圣镇	6002	42910	11109	30	266	3	3
柘城县安平镇	8190	56315	14860	6	536	6	3
柘城县远襄镇	5277	37387	12000	12	320	8	2
柘城县岗王镇	4862	58232	9586	102	3615	56	8
柘城县伯岗镇	5600	50101	7241	92	6541	79	
柘城县张桥镇	3700	30540	11920	92	520	92	2
柘城县邵元乡	2355	44498		115	6345	89	40
柘城县洪恩乡	3400	26114		64	1795	56	2
柘城县老王集乡	4236	26465	11448	127	1370	37	3
柘城县大仵乡	4844	40523		61	2830	45	1
柘城县马集乡	4067	27574	1682	37	2462	26	1
柘城县牛城乡	5567	38193		36	2520	36	4
柘城县惠济乡	6000	35426		78	1565	36	2
柘城县申桥乡	4701	41553	11092	115	9275	53	3
柘城县李原乡	4398	39856	12005	295	1563	12	1
柘城县皇集乡	4166	31214		136	16483	42	1
虞城县城关镇	1200	63180	63180	445	21500	380	55
虞城县界沟镇	6700	43273	11320	235	2114	132	3
虞城县木兰镇	4300	30230	5680	594	3250	438	
虞城县杜集镇	7304	52006	36956	258	14649	212	2
虞城县谷熟镇	2718	30834	16970	418	9670	382	1
虞城县大杨集镇	6016	27494	3973	73	6183	31	

续表 288　　(河南省)　　单位：公顷、人、个

名　　称	行政区域面积	常住人口	#城镇建成区	企业个数	企业从业人员	工业企业个数	#规模以上
虞城县利民镇	7211	56049	36220	154	22822	29	9
虞城县张集镇	5300	48405	3200	300	27137	12	
虞城县站集镇	4963	48725	7110	205	12560	56	13
虞城县稍岗镇	7089	61559	7502	359	9620	245	10
虞城县黄冢乡	6200	44104		75	1125	42	1
虞城县沙集乡	4756	40131		151	1887	36	
虞城县店集乡	4930	45015		199	1460	142	
虞城县闻集乡	6000	40606		77	2652	49	1
虞城县芒种桥乡	4842	27510					
虞城县刘店乡	5976	67801		140	702	18	3
虞城县大候乡	8264	53421		366	4122	223	4
虞城县城郊乡	5230	64200		180	11745	160	62
虞城县郑集乡	4600	23279		38	3747	31	
虞城县李老家乡	7403	42245	7122	92	11026	59	3
虞城县镇里固乡	4600	18060	4980	8	187	8	
虞城县古王集乡	3000	15300		36	410	20	2
虞城县刘集乡	6111	34615		170	2315	36	
虞城县乔集乡	4500	34810		546	5596	184	
虞城县田庙乡	2949	20986		65	7260	2	1
夏邑县城关镇	2497	60488	50488	419	13127	110	32
夏邑县会亭镇	6440	43022	27700	346	6398	135	5
夏邑县马头镇	5288	30926	11206	373	4618	46	
夏邑县济阳镇	5100	32653	9864	64	2746	52	1
夏邑县李集镇	10331	55547	7912	230	3881	90	7
夏邑县车站镇	7102	42627	23120	79	5267	76	6
夏邑县杨集镇	6225	32635	13169	59	810	29	2
夏邑县韩道口镇	6931	32544	11468	35	1024	24	
夏邑县太平镇	8640	41836	3389	80	1355	39	1
夏邑县罗庄镇	4770	28895	9148	41	4210	16	1
夏邑县火店镇	6920	32435	9243	35	2732	35	2
夏邑县北岭镇	6891	33210	14650	47	2751	40	
夏邑县郭店镇	6140	31494	12500	259	5700	60	10
夏邑县曹集乡	4900	51284		950	39256	269	93
夏邑县胡桥乡	6779	32583		27	1120	25	6
夏邑县歧河乡	6584	28750		45	2543	29	3
夏邑县业庙乡	6914	39672		58	1557	53	2
夏邑县中峰乡	4250	22056		12	575	5	1
夏邑县桑堌乡	6999	39710		22	590	22	2
夏邑县何营乡	4501	28870		166	4264	63	6
夏邑县王集乡	5182	29654		67	1147	65	3
夏邑县刘店集乡	4318	30285		54	1358	16	4
夏邑县骆集乡	6500	26228		55	1357	53	4
夏邑县孔庄乡	7396	39093		10	350	10	
豫东综合物流产业聚集区张阁镇	4000	36200	15600	18	900	15	5
豫东综合物流产业聚集区贾寨镇	7682	62445	14469	495	5026	38	4
商丘经济开发区周集乡	3600	32020	3600	9	520	9	3
永城市演集镇	6350	122584	12000	2121	12100	85	38
永城市城关镇	1649	118512	118512	1261	29563	329	19
永城市芒山镇	7100	50820	41900	48	3200	38	4
永城市高庄镇	7656	57720	10496	71	8345	47	10

续表 289　　(河南省)　　单位：公顷、人、个

名　　称	行政区域面　积	常住人口	#城镇建成区	企业个数	企　业从业人员	工业企业个　数	#规模以上
永城市酂城镇	6826	56588	6245	75	2580	19	6
永城市裴桥镇	12028	48746	8018	156	1433	16	3
永城市马桥镇	9995	48420	25923	43	1586	19	11
永城市薛湖镇	12435	69882	24560	104	26684	59	10
永城市蒋口镇	8386	40315	4600	11	800	4	4
永城市陈集镇	7706	55260	17135	100	7425	97	4
永城市十八里镇	4781	23782	3906	72	2601	58	2
永城市太丘镇	4859	24151	10820	135	1424	90	2
永城市李寨镇	7073	34628	8918	40	2270	32	7
永城市苗桥镇	5321	32576	8879	77	1902	31	4
永城市顺和镇	6193	32450	5500	98	3960	95	3
永城市茴村镇	5158	32054	13420	110	3638	39	4
永城市酂阳镇	6990	51103	6703	27	558	16	6
永城市龙岗镇	7800	30255	9560	215	4068	121	7
永城市马牧镇	6268	38176	8060	38	2120	28	4
永城市大王集镇	5661	27684	10021	56	2460	17	4
永城市刘河镇	6850	25800	9890	53	4870	21	4
永城市双桥镇	8160	34500	7100	54	650	8	3
永城市卧龙镇	6164	36157	3580	67	1305	10	5
永城市城厢乡	5800	38510	6800	170	5266	41	4
永城市侯岭乡	9980	60373		1068	13820	76	22
永城市黄口乡	7207	28661	4745	165	1335	17	2
永城市新桥乡	7438	36238	7612	42	1020	26	3
永城市条河乡	6300	52900	2000	40	2684	22	4
永城市陈官庄乡	3150	17430	17430	6	210	4	4
浉河区李家寨镇	23450	32556	8225	2	69		
浉河区吴家店镇	14980	48554	5379	46	1265	43	7
浉河区东双河镇	11780	41596	8985	321	3548	70	6
浉河区董家河镇	25070	35868	7985	58	1656	36	9
浉河区浉河港镇	23110	30723	3269	90	1320	82	5
浉河区游河乡	13940	38554		70	4004	68	9
浉河区谭家河乡	20520	28878		82	650	62	7
浉河区柳林乡	10590	18537		100	1178	98	6
浉河区十三里桥乡	10170	33181		71	1798	36	9
平桥区明港镇	16700	149302	110224	343	31425	84	27
平桥区五里镇	7983	16146	5795	19	692	10	1
平桥区邢集镇	15950	35870	6114	74	382	40	6
平桥区平昌镇	13330	56717	9059	37	251	35	3
平桥区洋河镇	10000	25614	13622	37	938	23	
平桥区肖王镇	9114	24461	9110	36	496	22	1
平桥区龙井乡	10100	23027		45	248	14	1
平桥区胡店乡	14830	32229		69	385	24	
平桥区彭家湾乡	6578	20157		72	456	8	
平桥区长台关乡	5850	29294		116	1905	91	3
平桥区肖店乡	5050	24165		52	723	9	
平桥区王岗乡	10000	20262		12	335	9	4
平桥区高梁店乡	10400	20886		29	386	22	1
平桥区查山乡	7904	22838		16	438	5	1
罗山县周党镇	12550	46012	18204	25	513	4	4
罗山县竹竿镇	11076	50512	5301	5	757	5	4

续表 290　(河南省)　单位：公顷、人、个

名　　称	行政区域面　　积	常住人口	#城镇建成区	企业个数	企　　业从业人员	工业企业个　　数	#规模以上
罗山县灵山镇	12500	20131	6955	73	3451	48	3
罗山县子路镇	14000	35610	7764	7	433	6	2
罗山县楠杆镇	12686	37609	5016	41	1043	7	5
罗山县青山镇	9700	26848	5332	64	922	55	2
罗山县潘新镇	9500	26264	3280	33	3004	14	2
罗山县彭新镇	19600	42915	4188	51	4375	23	2
罗山县莽张镇	12600	44692	10316	28	1039	25	4
罗山县东铺镇	8930	36817	1939	89	1557	84	1
罗山县铁铺镇	11800	15306	3012	29	8011	26	2
罗山县庙仙乡	9200	30152		16	356	15	2
罗山县定远乡	10500	35028		21	810	17	9
罗山县山店乡	9820	17627		27	475	9	1
罗山县朱堂乡	10200	27441		45	742	38	3
罗山县尤店乡	8210	25079		35	452	16	3
罗山县高店乡	10400	29517		25	657	12	4
光山县十里镇	5400	29260	1426	42	523	22	8
光山县寨河镇	11766	49104	15698	64	2219	26	4
光山县孙铁铺镇	14781	52340	12350	187	1025	2	2
光山县马畈镇	10021	44393	19862	259	1921	15	5
光山县泼陂河镇	14200	54250	20166	51	888	23	5
光山县白雀园镇	12770	56543	26207	46	232	10	2
光山县砖桥镇	6960	25200	2890	12	125	1	1
光山县仙居乡	11000	32962		136	1884	8	3
光山县北向店乡	7580	31824		10	422	6	5
光山县罗陈乡	7800	26880		25	417	4	4
光山县殷棚乡	5270	9988		27	270	4	2
光山县南向店乡	9350	24848		31	215	8	2
光山县晏河乡	14193	47966		30	220	9	1
光山县凉亭乡	6715	22915		32	238	23	3
光山县斛山乡	13400	48257		104	1354	25	3
光山县槐店乡	10346	25011		101	36245	69	51
光山县文殊乡	12300	39174		28	350	4	2
新县新集镇	14571	68513	58359	306	23443	46	2
新县沙窝镇	13158	22376	8904	37	1749	21	5
新县吴陈河镇	5138	11600	7305	24	154	1	1
新县苏河镇	9544	19003	6735	192	2450	29	1
新县八里畈镇	8858	18628	6517	67	686	15	6
新县周河乡	11093	8912		3	60	2	1
新县陡山河乡	13384	16944		9	88		
新县浒湾乡	4949	9399		30	522	27	4
新县千斤乡	9738	25926		38	527	21	2
新县卡房乡	11614	6801		10	62	7	
新县郭家河乡	7704	7307		40	507	14	
新县陈店乡	7511	12287		18	654	7	1
新县箭厂河乡	6196	12199		23	539	13	1
新县泗店乡	9757	11821		35	1385	20	1
新县田铺乡	10313	6171		4	46	1	
商城县上石桥镇	15190	55145	9098	140	17300	78	2
商城县鄢岗镇	11550	38652	4362	125	1126	108	6
商城县双椿铺镇	16120	40761	5678	91	2446	87	6

续表 291 (河南省) 单位：公顷、人、个

名称	行政区域面积	常住人口	#城镇建成区	企业个数	企业从业人员	工业企业个数	#规模以上
商城县汪桥镇	9130	25098	3174	55	1396	38	5
商城县余集镇	8940	29627	12898	52	2537	40	5
商城县达权店镇	15360	25246	6617	18	562	14	2
商城县丰集镇	8602	27627	9660	32	180	25	3
商城县汪岗镇	7950	18187	1980	98	603	21	2
商城县观庙镇	9140	20865	12555	83	1125	25	1
商城县金刚台镇	9180	16887	2774	40	603	16	3
商城县河凤桥乡	7840	24451	20451	74	877	63	5
商城县李集乡	9350	24311		76	3051	56	2
商城县苏仙石乡	9230	11651		40	1795	16	3
商城县伏山乡	14160	21302		22	651	20	2
商城县吴河乡	11150	18221		115	2405	111	1
商城县冯店乡	13220	19750	2510	27	715	9	4
商城县长竹园乡	22900	22580	3000	7	80	4	2
固始县陈淋子镇	10600	35008	16889	321	8013	136	47
固始县黎集镇	15200	46370	18321	81	3019	44	8
固始县蒋集镇	7500	28366	8310	253	2587	71	4
固始县往流镇	9740	39879	11585	98	1054	25	4
固始县郭陆滩镇	9833	35470	35470	58	1012	12	6
固始县胡族铺镇	18400	51952	3953	84	1525	27	8
固始县方集镇	9600	23978	11287	37	547	4	2
固始县三河尖镇	7920	37873	7033	275	11753	89	17
固始县段集镇	10640	23426	23426	117	3020	44	7
固始县汪棚镇	12961	28843	1310	55	1406	22	7
固始县张广庙镇	10139	30107	5203	99	1218	16	7
固始县陈集镇	10300	25907	12785	453	4585	88	10
固始县武庙集镇	10753	22340	2295	167	852	10	7
固始县分水亭镇	8300	35264	3026	4	105		
固始县石佛店镇	6400	26658	4549	41	885	14	3
固始县泉河铺镇	8130	24307	2541	55	1985	15	3
固始县祖师庙镇	9261	25469	2761	17	538	8	6
固始县李店镇	7200	26529	1315	6	456	3	2
固始县洪埠乡	8694	34823	3950	65	1431	10	2
固始县杨集乡	11648	29169	3895	52	1233	19	3
固始县马堽集乡	10260	28991		58	1438	13	5
固始县草庙集乡	7651	21951		15	216	4	2
固始县南大桥乡	6400	19554		45	1920	18	2
固始县赵岗乡	6505	15585		24	556	7	2
固始县张老埠乡	7650	18023		11	262	3	3
固始县沙河铺乡	7100	40209		55	862	19	7
固始县徐集乡	7500	27683	5127	11	705	6	3
固始县丰港乡	8300	37205		53	328	15	2
固始县柳树店乡	4900	21173		65	526	21	1
固始县观堂乡	7661	22077		38	848	7	2
潢川县双柳树镇	8450	49129	14912	552	9112	42	8
潢川县伞陂镇	9864	42688	7155	66	432	8	2
潢川县卜塔集镇	4000	25799	5125	34	497	3	
潢川县仁和镇	9598	33615	3062	19	160	7	7
潢川县付店镇	8570	25622	15322	37	782	24	19
潢川县踅孜镇	5400	26914	4964	31	2090	1	1

续表 292　　(河南省)　　单位：公顷、人、个

名　称	行政区域面　积	常住人口	#城镇建成区	企业个数	企　业从业人员	工业企业个　数	#规模以上
潢川县桃林铺镇	12600	28493	3314	68	1268	35	5
潢川县黄寺岗镇	11679	32860	5372	178	2360	18	5
潢川县江家集镇	9680	33725	16460	41	1168	31	6
潢川县传流店乡	8210	29240		15	160	3	3
潢川县魏岗乡	12600	42617		117	4517	59	14
潢川县张集乡	9600	33126		60	304	15	8
潢川县来龙乡	8300	36121		10	68	4	2
潢川县隆古乡	7441	21868		1	53		
潢川县谈店乡	13041	37832		138	1991	29	1
潢川县上油岗乡	8467	21822		171	1682	23	2
潢川县白店乡	12200	36258		101	1129	21	4
淮滨县马集镇	6954	33054	9500	110	3520	7	5
淮滨县防胡镇	7810	41560	8376	65	480	35	3
淮滨县新里镇	7800	44650	7850	36	230	20	6
淮滨县期思镇	8500	39815	7032	189	2350	82	3
淮滨县赵集镇	4800	32723	6943	101	2799	35	5
淮滨县台头乡	7300	30085		67	2935	51	4
淮滨县王家岗乡	4629	24130		50	1010	5	2
淮滨县固城乡	7889	46826		263	2865	70	7
淮滨县三空桥乡	7100	46580		10	260	1	1
淮滨县张里乡	6000	31168		90	1578	44	1
淮滨县邓湾乡	5100	24566		25	642	1	1
淮滨县张庄乡	9150	30972		32	703	22	2
淮滨县王店乡	11400	37107		93	998	8	3
淮滨县谷堆乡	7679	52823		185	5559	116	1
淮滨县芦集乡	9100	48219		4	1800	4	2
息县包信镇	8737	62711	8235	65	580	12	5
息县夏庄镇	7935	43231	9835	58	671	14	5
息县东岳镇	11185	52130	6749	2	86		
息县项店镇	11846	48382	6223	55	617	10	2
息县小茴店镇	14465	74211	5941	10	223	5	5
息县曹黄林镇	12200	48231	7324	243	2138	105	3
息县孙庙乡	9812	33896	30453	13	89	6	6
息县路口乡	12300	41562		21	602	4	3
息县彭店乡	9560	38977		175	1690	170	5
息县杨店乡	10628	41496		32	921	12	6
息县张陶乡	10100	63893		28	201	3	3
息县白土店乡	8348	48145		45	890	14	4
息县岗李店乡	7400	61224		15	172	4	1
息县长陵乡	5889	33826		18	295	3	3
息县陈棚乡	5104	33104		5	64	1	1
息县临河乡	8556	41604		4	287	2	1
息县关店乡	9068	77642		20	345	4	1
息县八里岔乡	11622	52798		14	82	2	2
川汇区李埠口乡	5100	51045	12000	60	500	10	1
川汇区许湾乡	8491	80978		1	6	1	
扶沟县城关镇	985	48503	48503	82	5301	8	8
扶沟县崔桥镇	7993	40598	21450	48	288	14	3
扶沟县江村镇	9318	59172	9082	16	1968	11	5
扶沟县白潭镇	8862	40593	13011	69	1398	38	3

续表 293　　(河南省)　　单位：公顷、人、个

名　　称	行政区域面　　积	常住人口	#城镇建成区	企业个数	企　　业从业人员	工业企业个　　数	#规模以上
扶沟县韭园镇	8246	36105	13305	95	2510	19	5
扶沟县练寺镇	8740	37345	13654	137	2312	4	4
扶沟县大新镇	7783	31677	7092	42	542	10	3
扶沟县包屯镇	8384	36335	6732	35	2030	20	5
扶沟县汴岗镇	8231	38561	8927	48	1116	12	3
扶沟县曹里乡	8030	36440		60	3972	19	5
扶沟县柴岗乡	7091	38406		38	706	35	3
扶沟县固城乡	7687	38476		46	1890	36	4
扶沟县吕潭乡	9555	41048		121	2120	3	3
扶沟县大李庄乡	3000	17365		33	3869	5	5
扶沟县城郊乡	4177	27895		10	944	5	5
西华县西夏亭镇	7311	46601	1609	102	15210	63	5
西华县逍遥镇	5687	38999	22551	13	642	8	4
西华县奉母镇	7286	31260	11850	15	850	5	5
西华县红花集镇	9000	43296	5450	30	3862	28	7
西华县聂堆镇	7026	43656	9990	132	2820	13	7
西华县东夏镇	4926	39654	8651	56	2130	22	6
西华县西华营镇	7479	48823		3	535	3	3
西华县址坊镇	5130	31626	2663	163	3031	116	7
西华县田口乡	4515	31167		32	665	32	7
西华县清河驿乡	4839	35274		89	1400	52	5
西华县东王营乡	4060	27121		108	685	108	3
西华县大王庄乡	4198	29769		9	68	9	2
西华县李大庄乡	4463	39879		8	438	4	4
西华县叶埠口乡	5701	40227		160	4300	154	7
西华县迟营乡	5303	27600		86	3813	33	6
西华县黄土桥乡	4480	27346		166	1760	160	9
西华县艾岗乡	5605	31508		33	3744	2	2
商水县黄寨镇	6165	41119	17625	175	2280	91	4
商水县练集镇	5127	35477	14967	306	4215	14	2
商水县魏集镇	5977	45281	15968	352	3287	56	7
商水县固墙镇	8200	56120	16400	22	960	12	4
商水县白寺镇	6191	34752	8560	700	19154	530	10
商水县巴村镇	6377	36463	7450	228	3769	55	1
商水县谭庄镇	9072	46998	18632	244	1754	56	4
商水县邓城镇	6920	43784	6452	10	670	9	4
商水县胡吉镇	5600	35502	6200	400	2400	312	9
商水县城关乡	2780	44787		79	1936	63	4
商水县平店乡	5500	34095		177	2853	174	6
商水县袁老乡	5530	33232		395	6875	208	4
商水县化河乡	3800	26275		30	1250	20	2
商水县姚集乡	8300	39944		126	884	4	3
商水县舒庄乡	5993	24725		68	935	39	2
商水县大武乡	5506	27673	4925	85	1936	55	2
商水县张明乡	6180	33112		17	87	12	2
商水县郝岗乡	5100	25557		40	2582	35	4
商水县张庄乡	7100	39528		25	451	8	2
商水县汤庄乡	5701	30811		217	5353	156	5
沈丘县槐店回族镇	2934	126614	126614	290	88112	185	79
沈丘县刘庄店镇	5815	57450	4771	28	1755	22	2

续表 294　　(河南省)　　单位：公顷、人、个

名　　称	行政区域面　　积	常住人口	#城镇建成区	企业个数	企　　业从业人员	工业企业个　　数	#规模以上
沈丘县留福集镇	4722	27318	6584	389	3692	259	2
沈丘县老城镇	5498	41641	12952	291	2653	241	4
沈丘县赵德营镇	7029	36438	15098	47	790	32	2
沈丘县付井镇	6920	43430	39904	172	9813	28	2
沈丘县纸店镇	2960	25920	15020	286	3092	200	2
沈丘县新安集镇	5132	51985	5148	225	3596	199	4
沈丘县白集镇	5600	46236	14658	350	5031	324	1
沈丘县刘湾镇	3374	33264	4312	105	1886	66	1
沈丘县莲池镇	3468	49556	8600	238	3350	222	8
沈丘县洪山镇	6030	52375	5986	69	1864	34	
沈丘县石槽集乡	6284	15830		279	2324	248	2
沈丘县范营乡	6400	46708		185	4590	107	2
沈丘县李老庄乡	4225	37430		56	6500	43	3
沈丘县大邢庄乡	2472	13237	1613	34	815	12	1
沈丘县冯营乡	7029	35093		68	813	48	1
沈丘县周营乡	4171	41685	2450	51	2730	31	2
沈丘县北杨集乡	5600	25400		23	2145	8	2
沈丘县卞路口乡	5538	42330		353	5510	325	2
郸城县吴台镇	6905	56248	56248	182	2496	32	6
郸城县南丰镇	7723	38379	18950	60	493	52	1
郸城县白马镇	10895	44320	8573	48	724	15	3
郸城县宁平镇	7952	43310	6120	102	2462	11	7
郸城县宜路镇	12420	46501	15632	11	712	11	7
郸城县钱店镇	8761	53231	12479	256	5200	48	6
郸城县汲冢镇	9463	55518	11951	59	3216	37	4
郸城县石槽镇	7065	38286	3250	35	1452	28	7
郸城县城郊乡	5190	41295		35	428	27	6
郸城县虎头岗乡	7980	40155		40	1196	16	2
郸城县汲水乡	8739	41923		8	351	4	1
郸城县张完集乡	8697	41107		26	604	18	3
郸城县丁村乡	7360	38267		14	2150	12	4
郸城县双楼乡	4421	28860		77	436	25	2
郸城县秋渠乡	7520	34064		25	389	4	3
郸城县东风乡	4773	25998		5	453	2	2
郸城县巴集乡	6557	42270		6	417	4	4
郸城县李楼乡	6465	43981		143	2332	14	2
郸城县胡集乡	6675	37083		58	1431	57	7
淮阳县城关回族镇	4075	127026	38302	289	11230	194	5
淮阳县新站镇	6530	50820	10063	337	2670	196	4
淮阳县鲁台镇	6473	74116	4733	276	4125	174	2
淮阳县四通镇	6663	40110	33785	330	3672	20	2
淮阳县临蔡镇	7526	45468	4926	35	2380	23	1
淮阳县安岭镇	10157	48680	5100	186	1200	38	6
淮阳县白楼镇	7216	45232	7193	135	7505	34	3
淮阳县朱集乡	7155	53245		75	9285	35	3
淮阳县豆门乡	5076	37446		89	2062	78	1
淮阳县冯塘乡	8813	61124		101	8896	71	2
淮阳县刘振屯乡	7945	50030		732	9266	642	8
淮阳县王店乡	6084	50464		402	4673	395	
淮阳县大连乡	9295	58714	652	372	1956	245	1

续表 295　　(河南省)　　单位：公顷、人、个

名　　称	行政区域面　　积	常住人口	#城镇建成区	企业个数	企　　业从业人员	工业企业个　　数	#规模以上
淮阳县葛店乡	7037	50898		16	86	9	3
淮阳县黄集乡	6111	37513		42	3508	33	1
淮阳县齐老乡	9318	51613		518	6402	518	2
淮阳县郑集乡	8741	52482					
淮阳县曹河乡	8243	43526		4	551	4	2
太康县城关回族镇	1340	100403	100403	289	2719	96	8
太康县常营镇	10030	50769	6620	66	5300	57	2
太康县逊母口镇	9473	53089	11516	243	4312	215	2
太康县老冢镇	7500	54343	12236	83	3214	35	3
太康县朱口镇	10700	59746	7679	286	3518	173	4
太康县马头镇	10650	49309	11680	114	4691	108	4
太康县龙曲镇	5760	29331	6528	14	342	4	3
太康县板桥镇	8909	43409	4216	43	1293	28	1
太康县符草楼镇	7100	41790	11611	92	3012	52	5
太康县马厂镇	10020	53913	5964	60	1554	25	1
太康县毛庄镇	6023	42823	4210	271	10236	193	5
太康县张集镇	6190	37067	9499	15	1658	13	6
太康县清集镇	8500	32392	5438	41	3497	26	5
太康县城郊乡	4520	28223		173	8690	95	3
太康县杨庙乡	9778	46368		43	1106	19	5
太康县王集乡	8420	45714		30	3126	5	4
太康县高贤乡	7409	44498		60	1208	20	3
太康县芝麻洼乡	8100	46131		15	547	6	2
太康县独塘乡	6231	37073		143	1489	143	3
太康县大许寨乡	7549	37862		179	9276	95	3
太康县五里口乡	4737	37729		18	2532	9	3
太康县高朗乡	8808	43735		171	4581	8	1
太康县转楼乡	7747	37882		81	1201	30	2
鹿邑县涡北镇	4573	31838	3901	195	34203	89	70
鹿邑县玄武镇	5724	46976	24993	1971	18119	1681	6
鹿邑县宋河镇	5567	46612	13120	350	3850	30	5
鹿邑县太清宫镇	4842	48999	4378	63	2089	12	9
鹿邑县王皮溜镇	7852	67776	5688	14	130	2	2
鹿邑县试量镇	6696	61853	9512	213	8100	54	4
鹿邑县辛集镇	5727	46609	7895	112	971	25	5
鹿邑县马铺镇	6328	52131	3925	145	2016	21	8
鹿邑县贾滩镇	7905	70436	12039	302	1523	232	2
鹿邑县杨湖口镇	7518	79131	17888	817	7880	575	4
鹿邑县张店镇	5504	50185	50185	12	462	8	8
鹿邑县观堂镇	6070	56312	8728	121	1860	90	1
鹿邑县生铁冢镇	5583	55947	3859	92	1911	33	6
鹿邑县郑家集乡	4270	31557	2415	4	140	2	1
鹿邑县赵村乡	6387	68060		43	286	11	8
鹿邑县任集乡	6353	72680		40	1712	1	1
鹿邑县唐集乡	4404	28222		33	466	2	
鹿邑县高集乡	6363	51727		12	520	1	1
鹿邑县邱集乡	4208	39989		47	1792	2	2
鹿邑县穆店乡	6352	47259		64	1256	25	4
项城市南顿镇	5745	48838	5191	198	3506	105	7
项城市孙店镇	7080	46861	8498	211	19826	141	14

续表 296　　(河南省)　　单位：公顷、人、个

名　　称	行政区域面　　积	常住人口	#城镇建成区	企业个数	企　　业从业人员	工业企业个　　数	#规模以上
项城市李寨镇	6750	45297	12640	25	1278	3	3
项城市贾岭镇	8772	45716	18265	89	1639	7	7
项城市高寺镇	6469	41295	2653	11	1680	10	3
项城市新桥镇	7451	46215	3199	38	1302	4	2
项城市付集镇	4688	32793	5000	3	65	2	2
项城市官会镇	7249	45603	9406	83	4538	68	5
项城市丁集镇	6364	39811	9873	180	9067	163	15
项城市郑郭镇	6030	44433	3796	657	9789	642	8
项城市秣陵镇	6240	48395	22748	28	14280	12	9
项城市王明口镇	7587	45422	2821	523	4175	399	4
项城市范集镇	5814	45317	13950	695	6010	130	8
项城市三店镇	6150	30660	7506	76	791	31	2
项城市永丰镇	5775	46155	5710	23	720	13	9
驿城区水屯镇	9523	73591	5196	66	3256	38	6
驿城区沙河店镇	9600	38428	8001	20	594	4	2
驿城区板桥镇	24209	42287	7615	61	3620	29	4
驿城区诸市镇	7300	30474	4819	29	619	22	3
驿城区蚁蜂镇	11600	21500	2780	36	708	33	6
驿城区老河乡	12700	32581		17	2402	17	2
驿城区朱古洞乡	6880	21980		20	895	9	1
驿城区胡庙乡	14901	43514		75	505	45	4
西平县五沟营镇	5262	43222	9845	34	1392	3	3
西平县权寨镇	5823	30387	12330	47	1280	21	4
西平县师灵镇	6360	38571	16396	563	2912	523	1
西平县出山镇	11233	44751	5512	12	456	7	3
西平县盆尧镇	6291	55688	7271	535	6788	359	3
西平县嫘祖镇	6735	39293	3824	495	4160	391	3
西平县重渠乡	5100	31092	4436	492	5730	403	2
西平县人和乡	6132	38429		238	18460	208	5
西平县宋集乡	6292	35519		82	4729	36	3
西平县谭店乡	5532	39988		10	147	4	2
西平县芦庙乡	7458	31373		51	265	42	2
西平县杨庄乡	4541	34294		67	650	2	2
西平县专探乡	7397	58929		501	12289	501	6
西平县二郎乡	5520	43875		86	2638	57	7
西平县蔡寨回族乡	1854	17022		51	3578	29	2
西平县焦庄乡	4710	26607		202	2267	28	4
上蔡县黄埠镇	4700	30215	10205	135	4876	60	4
上蔡县杨集镇	5600	33133	16391	691	7731	26	
上蔡县洙湖镇	7209	48422	18920	126	630	29	2
上蔡县党店镇	6450	33992	7815	138	2732	116	1
上蔡县朱里镇	8378	50857	18955	161	1669	21	2
上蔡县华陂镇	7600	44500	11832	516	3268	386	2
上蔡县塔桥镇	8252	33356	19260	175	925	20	
上蔡县东洪镇	9176	50678	10211	179	898	47	1
上蔡县邵店镇	8000	43068	3298	2152	20146	169	5
上蔡县五龙镇	4063	21034	3302	142	4462	71	4
上蔡县和店镇	9000	45567	2011	150	1355	10	1
上蔡县大路李乡	5559	19526		23	720	23	1
上蔡县无量寺乡	6214	36998		28	271	18	1

续表 297　　(河南省)　　单位：公顷、人、个

名　称	行政区域面积	常住人口	#城镇建成区	企业个数	企业从业人员	工业企业个数	#规模以上
上蔡县杨屯乡	3915	21037		19	1002	12	1
上蔡县蔡沟乡	7512	29606		19	185	19	5
上蔡县齐海乡	4502	28072		312	4560	160	2
上蔡县崇礼乡	5600	39102	4851	11	150		
上蔡县韩寨乡	5600	25075		226	1582	28	3
上蔡县东岸乡	6500	44933		69	4734	17	1
上蔡县小岳寺乡	4810	19550		76	440	19	1
上蔡县西洪乡	5604	25539		59	1125	44	1
上蔡县百尺乡	8023	49592		136	689		
平舆县杨埠镇	7860	49685	5028	74	3848	48	6
平舆县东和店镇	7987	48440	5670	121	3540	16	14
平舆县庙湾镇	7530	58416	11894	101	3196	38	10
平舆县射桥镇	6494	51860	6685	57	2261	57	10
平舆县西洋店镇	13074	63724	10541	57	5514	31	14
平舆县阳城镇	9763	56239	6098	77	3959	52	9
平舆县郭楼镇	6298	39359	6173	48	2518	12	8
平舆县李屯镇	6577	30356	5267	48	3676	23	9
平舆县万金店镇	7358	39576	4826	66	5610	66	7
平舆县高杨店镇	7896	39445	8685	67	3488	27	8
平舆县万家镇	7900	49623	6226	24	3163	24	4
平舆县十字路乡	4456	30845		30	1982	24	8
平舆县玉皇庙乡	5625	37910		66	5118	50	9
平舆县老王岗乡	7046	35603		66	712	30	7
平舆县辛店乡	5399	35892		14	1334	11	5
平舆县双庙乡	6369	28493		49	3097	21	6
正阳县真阳街道办事处	2863	69647	69647	1728	8935	357	4
正阳县寒冻镇	9987	47632	4676	83	1734	16	3
正阳县汝南埠镇	10562	57102	6872	92	2122	6	4
正阳县铜钟镇	9997	37586	5830	8	160	5	3
正阳县陡沟镇	10069	42036	5268	28	436	18	4
正阳县熊寨镇	8202	29934	5302	64	536	23	4
正阳县大林镇	12084	44256	4273	12	311	8	7
正阳县永兴镇	8900	30384	2996	92	941	36	3
正阳县慎水乡	12559	52551		396	25694	284	4
正阳县付寨乡	9518	36516		86	687	77	3
正阳县袁寨乡	8960	44231		65	1511	24	4
正阳县新阮店乡	7517	31401		44	431	26	3
正阳县油坊店乡	8274	41692		59	1577	47	4
正阳县雷寨乡	12753	51786		42	1451	15	5
正阳县王勿桥乡	8550	32524		73	1148	42	6
正阳县吕河乡	8988	31640		47	920	11	7
正阳县皮店乡	10281	34401		108	2536	62	3
正阳县彭桥乡	7900	30531		86	2802	30	4
正阳县兰青乡	11457	36575		28	365	3	2
确山县竹沟镇	18666	33997	6552	1245	7516	55	8
确山县任店镇	25264	50106	3615	213	1065	106	9
确山县新安店镇	16392	53146	5752	96	495	58	12
确山县留庄镇	12195	55527	11737	158	8337	55	7
确山县刘店镇	9647	43224	11215	141	2411	95	16
确山县瓦岗镇	18036	27783	3850	74	467	20	14

续表 298　　(河南省)　　单位：公顷、人、个

名　称	行政区域面积	常住人口	#城镇建成区	企业个数	企业从业人员	工业企业个数	#规模以上
确山县双河镇	14118	49836	1071	307	1563	91	13
确山县石滚河镇	13910	19626	4150	25	1950	17	8
确山县李新店镇	8759	20576	2765	29	1752	18	4
确山县普会寺镇	7185	34961	2980	92	900	19	10
泌阳县羊册镇	14815	48680	10662	111	7055	30	8
泌阳县马谷田镇	21431	34326	6123	108	5201	85	11
泌阳县春水镇	11862	23508	7840	99	5532	87	44
泌阳县官庄镇	12492	36479	9614	48	1664	23	1
泌阳县赊湾镇	6649	23430	2631	92	1645	9	
泌阳县郭集镇	10202	29500	7291	87	5144	45	5
泌阳县泰山庙镇	8768	41280	9521	39	6852	28	1
泌阳县王店镇	9866	19631	3463	93	3716	55	3
泌阳县杨家集镇	8262	21985	5734	65	326	30	3
泌阳县高店乡	6962	17538	9968	31	1771	19	7
泌阳县盘古乡	14682	22812		120	5528	90	5
泌阳县高邑乡	8043	14851	335	61	4180	35	2
泌阳县铜山乡	22586	15310		88	12700	75	6
泌阳县下碑寺乡	9964	14210		130	2100	18	4
泌阳县象河乡	13021	25740	7516	216	12514	178	33
泌阳县付庄乡	11917	21388		40	5560	13	5
泌阳县贾楼乡	10706	12668		24	1350	16	3
泌阳县黄山口乡	11675	11853		27	1599	25	5
泌阳县双庙街乡	6749	20695		60	9860	43	2
汝南县王岗镇	7300	44021	2651	402	5628	47	5
汝南县梁祝镇	8000	49565	9989	56	5388	35	9
汝南县和孝镇	7600	33516	13101	118	6325	43	12
汝南县老君庙镇	7097	39877	3468	44	439	18	6
汝南县留盆镇	8238	60520	13428	285	2325	28	4
汝南县金铺镇	7136	54643	7658	128	2201	20	2
汝南县东官庄镇	10493	47868	4720	135	2250	28	4
汝南县常兴镇	14474	57013	15247	132	5714	78	5
汝南县罗店镇	5970	54081	3646	98	3920	67	6
汝南县韩庄镇	7606	36312	3250	50	599	16	2
汝南县三桥镇	12690	72957	4065	162	5356	24	3
汝南县张楼镇	5408	41205	6287	70	754	16	4
汝南县南余店乡	6006	24108		32	1123	8	2
汝南县板店乡	6136	36012		65	2510	10	2
遂平县玉山镇	6956	29302	5729	92	1635	42	4
遂平县查岈山镇	8677	27421	27421	119	635	28	2
遂平县石寨铺镇	4800	27221	5683	29	764	26	3
遂平县和兴镇	11808	77608	77608	130	3100	110	8
遂平县沈寨镇	10306	52217	7201	77	3233	74	5
遂平县阳丰镇	7612	37327	6227	53	5691	51	6
遂平县常庄镇	8953	52594	5425	75	2435	45	8
遂平县花庄镇	9854	27257	1402	28	1350	12	4
遂平县槐树乡	8035	32552	4800	26	468	13	4
遂平县文城乡	7417	19512		42	1311	32	2
遂平县褚堂乡	4858	21147		80	3348	65	5
新蔡县砖店镇	5168	31153	8852	6	609	4	4
新蔡县陈店镇	6510	37286	4412	121	836	37	4

续表 299　　(河南省、湖北省)　　单位：公顷、人、个

名　　称	行政区域面积	常住人口	#城镇建成区	企业个数	企业从业人员	工业企业个数	#规模以上
新蔡县佛阁寺镇	8123	44117	6621	140	751	82	8
新蔡县练村镇	8375	60784	3008	104	912	26	5
新蔡县棠村镇	6068	48688	7359	51	1832	46	5
新蔡县韩集镇	6425	37669	4785	8	786	6	1
新蔡县龙口镇	6639	42765	6257	166	1025	62	5
新蔡县李桥回族镇	4097	26495	4974	82	4784	13	7
新蔡县黄楼镇	6466	39176	6837	216	1121	138	8
新蔡县孙召镇	7024	52390	5433	232	3850	181	3
新蔡县余店镇	14907	63000	6200	95	520	3	1
新蔡县河坞乡	5580	30532		8	320	3	2
新蔡县关津乡	8214	51977		26	166	25	6
新蔡县宋岗乡	5328	29457		23	320	8	4
新蔡县顿岗乡	5792	38101		60	2240	5	4
新蔡县涧头乡	8113	48227		365	3567	246	6
新蔡县杨庄户乡	4949	45485		45	5028	45	5
新蔡县化庄乡	6598	54283		29	227	11	3
新蔡县栎城乡	6737	44520		55	1655	30	4
新蔡县弥陀寺乡	5851	42946		72	932	46	3
驻马店经济开发区关王庙乡	4771	29557		115	8750	94	8
济源市克井镇	20839	67684	42432	785	43598	420	21
济源市五龙口镇	10420	44968	6974	586	18541	416	18
济源市轵城镇	13850	86932	33500	240	9800	110	19
济源市承留镇	19283	62924	17223	843	36311	810	25
济源市邵原镇	33700	39057	7000	35	2000	18	7
济源市坡头镇	13700	25269	6456	133	3730	33	5
济源市梨林镇	5733	44081	6232	370	1893	368	10
济源市大峪镇	22591	19752	2547	42	1002	13	7
济源市思礼镇	6970	35743	10982	126	6013	94	20
济源市王屋镇	24034	29739	498	60	571	51	5
济源市下冶镇	14701	35286	3225	86	3000	13	10
湖北省							
洪山区天兴乡	2600	4145	4145				
蔡甸区消泗乡	14333	12286	5194	36	815	3	
黄陂区木兰乡	16910	36154	1834	73	425	13	2
新洲区凤凰镇	5721	23992	2578	265	7518	69	6
铁山区直辖村模拟镇	2783	58400	58400	700	27457	164	42
阳新县兴国镇	10036	113442	54592	1210	23189	181	36
阳新县富池镇	12133	34692	21701	361	16350	101	32
阳新县黄颡口镇	8818	32912	9375	191	2027	38	3
阳新县韦源口镇	7831	35957	13112	255	2534	23	9
阳新县太子镇	10484	38529	15635	218	2064	33	1
阳新县大王镇	9116	41345	6442	190	1685	27	
阳新县陶港镇	15333	30251	5859	189	2730	10	7
阳新县白沙镇	18266	98145	72234	439	22828	105	11
阳新县浮屠镇	18746	70253	25389	461	3467	147	5
阳新县三溪镇	14471	38387	12079	251	5910	106	2
阳新县龙港镇	26438	100027	9388	478	2868	133	2
阳新县洋港镇	14709	31323	6356	202	1865	7	
阳新县排市镇	15694	34597	4015	169	1045	49	2
阳新县木港镇	24606	42163	6858	230	1632	14	4

续表 300　　　　(湖北省)　　　　单位：公顷、人、个

名　　称	行政区域面　积	常住人口	#城镇建成区	企业个数	企　业从业人员	工业企业个　数	#规模以上
阳新县枫林镇	26684	39911	27849	202	3104	97	4
阳新县王英镇	27130	44589	5590	195	1170		
大冶市金牛镇	15469	67414	42612	305	6413	57	9
大冶市保安镇	14031	58971	43184	413	13612	121	38
大冶市灵乡镇	14418	44996	34643	368	20418	123	52
大冶市金山店镇	6264	45582	19608	300	6504	71	10
大冶市还地桥镇	16350	86207	46972	560	36556	165	62
大冶市殷祖镇	12029	38304	10589	191	3145	54	8
大冶市刘仁八镇	11286	34520	8012	186	3742	40	6
大冶市陈贵镇	11180	55748	36206	616	20527	407	28
大冶市大箕铺镇	8930	52747	6856	310	4755	113	16
大冶市汪仁镇	7125	43478	4762	985	11502	610	10
大冶市茗山乡	6983	36788	3579	97	11135	34	7
茅箭区大川镇	6907	2630	2630	1	15		
茅箭区小川乡	15135	1833	1833				
茅箭区茅塔乡	16485	5076	5076	1	20	1	1
茅箭区鸳鸯乡	4969	31672	31672	270	15637	129	96
张湾区黄龙镇	13300	17963	6458	78	784	10	3
张湾区柏林镇	10700	14700	12155	41	3380	16	3
张湾区方滩乡	6600	1610	323	1	40		
张湾区西沟乡	11352	2920	330	1	15	1	
郧阳区安阳镇	20679	22042	2612	15	92	1	1
郧阳区杨溪铺镇	13841	20445	1667	143	732	104	5
郧阳区青曲镇	17048	26956	2746	16	425	14	
郧阳区白桑关镇	21781	21965	1735	44	264	9	1
郧阳区南化塘镇	41499	51256	8986	25	172	20	2
郧阳区白浪镇	6657	12047	2546	19	512	8	2
郧阳区刘洞镇	8554	14685	2496	20	175	3	3
郧阳区谭山镇	11844	28355	28355	85	2614	25	4
郧阳区梅铺镇	11054	28098	935	2	352	2	2
郧阳区青山镇	13369	18987	975	16	176	14	4
郧阳区茶店镇	9887	35175	26178	286	6923	165	89
郧阳区柳陂镇	17902	40256	5536	25	1589	14	11
郧阳区鲍峡镇	38756	29878	5426	66	657	40	3
郧阳区胡家营镇	21639	21823	2352	40	210	28	1
郧阳区谭家湾镇	15040	19122	19107	56	4898	25	16
郧阳区郧县城关镇	15682	123912	56465	386	3514	350	20
郧阳区大柳乡	36729	12142	2123	48	602	9	4
郧阳区五峰乡	23315	33265	1696	34	688	14	1
郧阳区叶大乡	32039	13289	1872	22	289	6	
郧西县城关镇	12775	84866	43037	450	5200	95	10
郧西县土门镇	21763	22030	2460	18	433	6	3
郧西县上津镇	22650	24214	4971	82	1220	22	1
郧西县店子镇	25000	19134	9134	20	630	10	
郧西县夹河镇	19749	32577	8326	10	389	7	1
郧西县羊尾镇	11694	15430	5184	33	420	21	1
郧西县观音镇	18172	31311	3240	49	1021	21	2
郧西县马鞍镇	17420	19177	7367	25	160	20	
郧西县河夹镇	24580	24822	3026	8	6321	7	
郧西县香口乡	26944	20382	7042	5	26		

续表 301 (湖北省) 单位：公顷、人、个

名称	行政区域面积	常住人口	#城镇建成区	企业个数	企业从业人员	工业企业个数	#规模以上
郧西县关防乡	20700	14522	6656	20	156	4	
郧西县湖北口回族乡	25149	18115	5266	38	201	3	
郧西县景阳乡	21638	24707	8568	18	116	3	
郧西县六郎乡	20730	23526	8433	14	186	6	
郧西县涧池乡	10530	19225	5967	26	568	12	
郧西县安家乡	23388	9537	4550	12	197	10	1
竹山县城关镇	6900	50632	42831	1595	15232	297	11
竹山县溢水镇	19970	33107	16500	77	2950	23	2
竹山县麻家渡镇	20486	30163	16573	657	3383	223	2
竹山县宝丰镇	18828	50321	35241	1495	7588	264	6
竹山县擂鼓镇	10141	27190	4260	411	2064	272	1
竹山县秦古镇	9833	23583	6772	920	5479	54	3
竹山县得胜镇	27383	25116	6770	431	2215	91	6
竹山县上庸镇	18267	16044	3761	120	827	98	
竹山县官渡镇	32688	19492	4613	60	271	7	1
竹山县潘口乡	8287	21667	21667	49	1927	18	4
竹山县竹坪乡	16342	25422	654	52	645	11	1
竹山县大庙乡	12502	13231	3420	62	406	24	
竹山县双台乡	38999	16359	2926	75	1300	6	1
竹山县楼台乡	32934	22508	2763	6	97	4	1
竹山县文峰乡	17296	13728	1206	73	486	23	
竹山县深河乡	15588	9843	2563	70	1100	9	
竹山县柳林乡	47272	12955	1544	20	125	20	1
竹溪县城关镇	3450	83273	13129	1063	10959	118	4
竹溪县蒋家堰镇	12326	32205	12867	95	917	36	
竹溪县中峰镇	6690	23688	5902	63	680	20	2
竹溪县水坪镇	19311	46525	15587	378	8650	130	6
竹溪县县河镇	12000	16335	3750	65	435	20	1
竹溪县泉溪镇	22752	9992	1832	91	764	18	
竹溪县丰溪镇	39166	9351	2100	57	437	21	1
竹溪县龙坝镇	13374	16030	1752	17	231	7	
竹溪县兵营镇	16850	8691	2328	36	421	19	
竹溪县汇湾镇	17805	10853	1718	60	1010	37	1
竹溪县新洲镇	19428	13967	2150	68	340	23	
竹溪县鄂坪乡	17864	8124	1615	18	647	9	
竹溪县天宝乡	24262	16632	4500	51	311	41	
竹溪县桃源乡	33982	7533	806	28	225	22	
竹溪县向坝乡	11165	5514	1724	79	395	24	1
房县城关镇	6798	84522	73819	3493	24995	176	27
房县军店镇	16080	31632	31632	262	3744	22	
房县化龙堰镇	15790	25401	1494	760	3987	379	1
房县土城镇	36157	11800	5325	203	1016	178	2
房县大木厂镇	41874	25190	6790	63	558	26	
房县青峰镇	41169	30990	23000	591	3700	36	
房县门古寺镇	52000	24105	1556	76	1246	12	1
房县白鹤镇	22879	32976	2510	102	1460	62	1
房县野人谷镇	39100	12052	1228	300	1776	40	
房县红塔镇	22237	41621	6345	182	910	49	14
房县窑淮镇	24728	14449	4501	131	655	106	1
房县尹吉甫镇	10300	5990	1650	45	225	16	

续表 302　　(湖北省)　　单位：公顷、人、个

名　称	行政区域面积	常住人口	#城镇建成区	企业个数	企业从业人员	工业企业个数	#规模以上
房县姚坪乡	20370	16049		64	320	2	
房县沙河乡	23643	6695		95	488	1	
房县万峪河乡	19600	7970	1068				
房县上龛乡	35510	5983		92	622	46	
房县中坝乡	26140	8808		128	766	51	
房县九道乡	33450	9273		39	238	25	
房县回龙乡	14100	4272		22	200	20	
房县五台乡	10941	2522	215	92	476	43	1
丹江口市土关垭镇	11030	12991	4291	7	264	4	4
丹江口市浪河镇	14667	19081	12322	112	1950	45	12
丹江口市丁家营镇	8420	12905	6395	60	2258	43	6
丹江口市六里坪镇	18691	51799	41435	632	13799	397	71
丹江口市盐池河镇	19600	6887	3710	3	15	1	
丹江口市均县镇	27286	21680	4380	53	265	6	
丹江口市习家店镇	30933	36313	23365	54	1077	22	2
丹江口市蒿坪镇	12100	12643	2688	22	565	6	
丹江口市石鼓镇	17600	13853	1750	8	120	2	
丹江口市凉水河镇	24200	26379	6379	36	1455	9	1
丹江口市官山镇	30160	10141	3523	2	20		
丹江口市龙山镇	14500	13895	3450				
西陵区窑湾乡	2832	14221	13635	1571	14905	120	14
伍家岗区伍家乡	7000	68657	68657	7728	40159	316	40
点军区艾家镇	7031	8484	300	7	118	1	
点军区桥边镇	13241	25692	3752	41	2912	14	4
点军区联棚乡	9430	13916	4252	32	390	26	5
点军区土城乡	18501	22610	1815	26	654	15	1
夷陵区樟村坪镇	45686	24268	4398	479	8820	223	19
夷陵区雾渡河镇	38456	30815	1831	337	4583	145	14
夷陵区分乡镇	31873	32402	3722	174	3425	96	1
夷陵区太平溪镇	15230	25089	7499	458	3912	323	6
夷陵区三斗坪镇	17714	31060	5800	126	1412	12	3
夷陵区乐天溪镇	25255	27834	11522	178	2580	90	5
夷陵区龙泉镇	26139	59856	32035	640	23100	236	17
夷陵区鸦鹊岭镇	24289	53364	22558	893	10884	645	10
夷陵区黄花镇	28868	32755	5195	140	3700	71	3
夷陵区下堡坪乡	25700	19633	1286	237	6738	148	13
夷陵区邓村乡	32011	26692	1210	174	1689	106	10
远安县鸣凤镇	7100	54168	54168	166	5193	46	30
远安县花林寺镇	22000	16699	6974	208	1406	30	10
远安县旧县镇	16600	25822	2229	21	860	10	8
远安县洋坪镇	23800	35479	5641	44	1456	23	13
远安县茅坪场镇	45800	17081	4416	34	2792	13	13
远安县嫘祖镇	39600	25699	1837	103	5220	20	20
远安县河口乡	20700	10946	9946	12	820	4	4
兴山县古夫镇	44536	53135	35998	230	6250	60	5
兴山县昭君镇	14392	21026	10558	135	1400	16	3
兴山县峡口镇	21633	21655	2597	160	1020	4	
兴山县南阳镇	27346	9038	2796	67	338	11	
兴山县黄粮镇	24572	18285	3816	21	296	10	2
兴山县水月寺镇	46147	19768	5481	42	756	30	4

续表 303　　（湖北省）　　单位：公顷、人、个

名　称	行政区域面积	常住人口	#城镇建成区	企业个数	企业从业人员	工业企业个数	#规模以上
兴山县高桥乡	17299	14212	3582	14	70	8	
兴山县榛子乡	35971	10138	968	65	447	7	
秭归县茅坪镇	20600	120000	74323	2402	17920	340	4
秭归县归州镇	12000	26900	8685	32	315	7	
秭归县屈原镇	21742	12590	1462	9	165	6	
秭归县沙镇溪镇	19113	28030	5408	35	605	21	2
秭归县两河口镇	26900	23098	4950	42	500	12	2
秭归县郭家坝镇	31300	50350	41140	167	1218	12	3
秭归县杨林桥镇	22647	24140	3970	15	109	7	4
秭归县九畹溪镇	23934	21438	4726	56	499	49	2
秭归县水田坝乡	22400	27823	6321	32	161	6	
秭归县泄滩乡	15139	10223	1412	3	15		
秭归县梅家河乡	10969	16122	1938	10	135	5	2
秭归县磨坪乡	14100	9758	2400	60	300		
长阳土家族自治县龙舟坪镇	34070	98365	98365	399	4576	31	6
长阳土家族自治县高家堰镇	21410	19387	2448	23	1200	9	3
长阳土家族自治县磨市镇	22650	32416	26994	29	642	17	4
长阳土家族自治县都镇湾镇	52500	52000	2995	35	862	19	1
长阳土家族自治县资丘镇	37190	37702	37656	161	816	24	
长阳土家族自治县渔峡口镇	29420	35682	2185	17	284	6	1
长阳土家族自治县榔坪镇	53130	38135	2607	25	446	20	3
长阳土家族自治县贺家坪镇	34720	25689	25689	22	1467	12	3
长阳土家族自治县大堰乡	24740	34197	3946	25	380	15	2
长阳土家族自治县鸭子口乡	23251	18594	1082	9	168	9	1
长阳土家族自治县火烧坪乡	10500	7752	2691	75	1311	5	1
五峰土家族自治县渔洋关镇	35506	45790	18618	134	2612	58	18
五峰土家族自治县仁和坪镇	24342	22017	3123	22	203	5	2
五峰土家族自治县长乐坪镇	38271	23769	1715	18	475	7	1
五峰土家族自治县五峰镇	45783	34546	14336	131	1273	22	5
五峰土家族自治县湾潭镇	32604	16696	3500	48	482	12	
五峰土家族自治县付家堰乡	13954	17775	979	7	38	7	1
五峰土家族自治县牛庄乡	15400	7145	852	3	27	3	
五峰土家族自治县采花乡	29135	24624	782	85	1145	17	7
宜都市红花套镇	14900	27731	15704	440	8856	213	31
宜都市高坝洲镇	9400	27710	3903	48	445	27	16
宜都市聂家河镇	11500	17359	1057	84	2045	51	17
宜都市松木坪镇	12700	27571	6461	311	3836	286	19
宜都市枝城镇	23500	89266	40156	984	26894	568	43
宜都市姚家店镇	6700	32221	12944	392	6708	268	27
宜都市五眼泉镇	10500	21953	1296	241	1883	146	20
宜都市王家畈镇	25500	29638	6057	157	785	97	18
宜都市潘家湾土家族乡	14400	9695	1052	246	2323	66	9
当阳市两河镇	9695	35528	3856	297	4324	76	15
当阳市河溶镇	22150	50981	12901	209	5002	137	22
当阳市育溪镇	37430	47121	8174	115	12033	44	13
当阳市庙前镇	33220	35225	1792	270	14605	86	14
当阳市王店镇	26490	38827	8651	198	6132	158	22
当阳市半月镇	21700	33153	6555	144	8733	84	22
当阳市草埠湖镇	9727	19932	5809	30	2238	20	8
枝江市安福寺镇	22300	53205	23637	259	11711	112	28

续表 304　　　　(湖北省)　　　　单位：公顷、人、个

名　　称	行政区域面积	常住人口	#城镇建成区	企业个数	企业从业人员	工业企业个数	#规模以上
枝江市白洋镇	15600	38947	5875	135	4449	42	10
枝江市顾家店镇	6615	20073	2203	251	3672	56	22
枝江市董市镇	14921	56458	26247	885	21171	213	32
枝江市仙女镇	17067	32928	9138	407	7253	69	21
枝江市问安镇	16000	43718	8438	267	12506	89	19
枝江市七星台镇	12900	45204	12761	496	10175	128	13
枝江市百里洲镇	22913	67140	16700	606	7466	36	5
襄城区欧庙镇	17166	75863	19939	513	11307	316	2
襄城区卧龙镇	28285	82149	32298	491	3149	284	4
襄城区尹集乡	4972	23351	12683	297	3016	63	5
樊城区牛首镇	16419	86801	23336	125	2884	28	6
樊城区太平店镇	23270	94853	35240	262	13968	72	25
樊城区高新区团山镇	6022	54630	6118	357	23890	281	119
樊城区高新区米庄镇	5600	83411	4351	711	72000	355	130
襄州区龙王镇	24657	71849	21358	786	4010	589	3
襄州区石桥镇	20366	78010	7613	169	1064	41	3
襄州区黄集镇	19870	69219	14958	712	12016	501	9
襄州区伙牌镇	15700	49700	18316	411	2556	301	58
襄州区古驿镇	23773	61898	7245	331	2450	142	5
襄州区朱集镇	11198	69125	18310	170	2142	53	3
襄州区程河镇	12112	64859	6069	342	2138	52	6
襄州区双沟镇	14336	105470	36589	352	11125	234	19
襄州区张家集镇	13561	49801	7412	229	1569	42	2
襄州区黄龙镇	15258	32899	8796	199	1480	23	1
襄州区峪山镇	25800	47752	18000	46	1849	35	4
襄州区东津镇	24900	107310	31457	148	2017	39	
南漳县城关镇	30610	169061	76758	2306	27128	310	22
南漳县武安镇	41586	104177	104177	1188	5964	104	10
南漳县九集镇	47141	98526	8010	1644	30100	210	56
南漳县李庙镇	53912	16347	704	25	518	16	1
南漳县长坪镇	25465	16154	4015	119	701	2	2
南漳县薛坪镇	39839	27385	6591	326	4513	18	5
南漳县板桥镇	25588	13462	4196	9	291	2	2
南漳县巡检镇	36693	27161	4353	205	3035	18	2
南漳县东巩镇	43195	30216	6398	173	4322	26	8
南漳县肖堰镇	37629	28265	4254	26	541	20	2
谷城县城关镇	14410	105136	71485	2096	46105	498	82
谷城县石花镇	26318	111692	56629	1085	29392	96	46
谷城县盛康镇	30100	64512	15556	520	6200	88	6
谷城县庙滩镇	22140	36775	22355	404	4292	91	9
谷城县五山镇	24390	36825	11221	139	1452	57	5
谷城县茨河镇	18440	17856	1896	168	1809	6	5
谷城县南河镇	24140	19003	2872	147	752	21	4
谷城县紫金镇	37847	15372	5401	42	523	26	1
谷城县冷集镇	26680	48622	11202	222	6935	113	8
谷城县赵湾乡	23164	7723	1372	20	428	5	
保康县城关镇	24336	62678	48077	1423	18564	230	21
保康县黄堡镇	28832	21683	2000	185	1100	12	5
保康县后坪镇	20992	10280	1250	132	921	6	2
保康县龙坪镇	20172	7592	520	83	734	4	1

续表 305　　(湖北省)　　单位：公顷、人、个

名　称	行政区域面积	常住人口	#城镇建成区	企业个数	企业从业人员	工业企业个数	#规模以上
保康县店垭镇	13850	15700	896	124	2152	14	5
保康县马良镇	33740	33106	1396	187	1491	23	5
保康县歇马镇	64357	38833	5880	287	1742	16	2
保康县马桥镇	47946	29074	29074	243	12150	101	25
保康县寺坪镇	35902	27131	3210	253	1986	66	2
保康县过渡湾镇	15700	11055	1059	71	728	54	7
保康县两峪乡	16327	6794		70	520	4	1
老河口市孟楼镇	6496	34066	16413	246	1733	24	8
老河口市竹林桥镇	10123	33482	5916	329	3259	5	3
老河口市薛集镇	9586	38119	6119	10	1125	10	5
老河口市张集镇	17094	43153	6758	151	2055	63	4
老河口市仙人渡镇	11442	40269	16225	363	2310	171	17
老河口市洪山嘴镇	20108	37928	17462	356	5500	69	22
老河口市李楼镇	7850	42235	14325	609	6050	605	58
老河口市袁冲乡	12834	31871	4526	212	1066	76	3
枣阳市琚湾镇	21965	74167	27481	1688	22421	429	8
枣阳市七方镇	30203	89296	20281	422	6287	321	9
枣阳市杨当镇	18790	64162	26168	68	902	42	3
枣阳市太平镇	25625	89580	52420	269	9763	20	7
枣阳市新市镇	23312	52831	9013	188	4346	156	3
枣阳市鹿头镇	21003	64346	15232	322	4632	212	9
枣阳市刘升镇	20008	35781	4982	217	4289	159	7
枣阳市兴隆镇	18771	51878	31812	556	8363	432	22
枣阳市王城镇	19073	41255	14470	262	4346	41	9
枣阳市吴店镇	35913	99857	68450	1854	38690	1687	83
枣阳市熊集镇	26292	42017	16636	339	4126	86	4
枣阳市平林镇	20564	24952	10920	152	766	42	6
宜城市郑集镇	22400	70707	13012	217	2058	36	16
宜城市小河镇	17900	60224	9516	612	11497	224	24
宜城市刘猴镇	19000	34226	8226	56	1780	31	7
宜城市孔湾镇	10100	24865	3768	215	3569	47	6
宜城市流水镇	51779	50402	4200	60	820	41	5
宜城市板桥店镇	38100	43137	6149	152	2339	23	11
宜城市王集镇	14700	43633	3379	13	65	4	2
宜城市雷河镇	11100	36988	9809	185	6915	159	16
梁子湖区太和镇	7893	44206	19248	62	4302	21	5
梁子湖区东沟镇	4397	13523	6133	24	230	8	5
梁子湖区涂家垴镇	14877	22101	8428	65	1215	6	6
梁子湖区沼山镇	6500	36961	15444	204	4465	71	7
华容区华容镇	7476	50229	33348	201	12765	135	41
华容区葛店镇	9373	137441	42604	1475	94813	792	128
华容区庙岭镇	9428	30232	5991	109	3879	20	15
华容区段店镇	7157	31172	5788	34	7210	17	14
华容区临江乡	6151	31002	31000	21	4860	20	10
华容区蒲团乡	9117	23316	5231	68	1221	35	13
鄂城区泽林镇	9288	56874	11863	512	6523	161	18
鄂城区杜山镇	4959	20213	4963	39	307	4	4
鄂城区新庙镇	2678	38801	1853	371	6210	61	29
鄂城区碧石渡镇	3020	27796	9426	112	3746	58	19
鄂城区汀祖镇	7800	52378	5023	346	2003	76	19

续表 306　　(湖北省)　　单位：公顷、人、个

名　称	行政区域面积	常住人口	#城镇建成区	企业个数	企业从业人员	工业企业个数	#规模以上
鄂城区燕矶镇	6203	29780	29780	257	1439	226	16
鄂城区杨叶镇	3935	25620	6859	145	5689	70	22
鄂城区花湖镇	5510	79537	58331	571	10595	154	29
鄂城区长港镇	3937	15371	15371	118	785	9	7
鄂城区沙窝乡	5888	30487	2374	15	650	8	2
东宝区栗溪镇	37446	18175	3412	55	2135	50	5
东宝区子陵镇	30269	46722	24359	721	34126	227	68
东宝区漳河镇	36190	36893	10498	321	4429	51	3
东宝区马河镇	16217	9176	1017	85	3982	45	9
东宝区石桥驿镇	17570	32747	7443	185	8835	112	13
东宝区牌楼镇	11524	21516	5683	361	8213	125	36
东宝区仙居乡	15896	23804	1287	59	713	21	6
掇刀区团林铺镇	24288	64080	19585	295	3718	112	8
掇刀区麻城镇	15659	37490	4236	374	5635	65	24
京山县新市镇	32100	136127	136127	2445	35963	671	56
京山县永兴镇	17385	23778	12703	312	8077	192	47
京山县曹武镇	18589	27148	6787	177	2471	98	12
京山县罗店镇	29850	48939	16009	436	13897	193	9
京山县宋河镇	31200	51995	30136	709	26296	466	31
京山县坪坝镇	8880	19235	4628	33	200	22	9
京山县三阳镇	23032	26460	6024	78	4820	25	11
京山县绿林镇	25179	8045	1505	235	1460	78	5
京山县杨集镇	28487	12937	2518	89	2589	75	9
京山县孙桥镇	34400	31192	10418	237	4355	46	25
京山县石龙镇	30100	23902	4152	169	826	142	11
京山县永漋镇	10060	49332	18666	182	3319	101	19
京山县雁门口镇	25800	38992	14566	282	1528	106	23
京山县钱场镇	20350	41732	26748	534	10475	334	32
京山县开发区(镇)	3216	33961	33961	427	31263	185	118
沙洋县沙洋镇	3874	45843	45843	502	11246	89	8
沙洋县五里铺镇	20200	41462	8315	35	176	31	8
沙洋县十里铺镇	16444	31922	13582	103	2537	80	8
沙洋县纪山镇	10053	29017	4311	70	2483	58	18
沙洋县拾回桥镇	14286	40859	7860	49	2210	35	12
沙洋县后港镇	27379	68981	58869	284	8521	49	27
沙洋县毛李镇	16043	29848	9378	93	590	20	6
沙洋县官当镇	14847	38031	27401	348	4720	333	28
沙洋县李市镇	9282	38626	6720	72	1396	61	7
沙洋县马良镇	11134	34743	6709	167	2447	135	8
沙洋县高阳镇	19614	37815	7058	70	680	66	8
沙洋县沈集镇	19593	40538	11346	225	1302	159	8
沙洋县曾集镇	21557	38252	12136	237	3409	183	10
钟祥市洋梓镇	40300	49366	5045	857	16715	358	17
钟祥市长寿镇	27500	26882	6336	76	607	72	7
钟祥市丰乐镇	19642	63692	20457	236	3423	71	10
钟祥市胡集镇	39400	145925	89860	1152	26172	219	39
钟祥市双河镇	23500	39217	16805	302	6557	280	29
钟祥市磷矿镇	22736	42646	10053	256	8346	200	13
钟祥市文集镇	12800	47572	3307	175	1952	43	12
钟祥市冷水镇	31710	45812	6033	57	651	33	16

续表 307　　(湖北省)　　单位：公顷、人、个

名　　称	行政区域面　积	常住人口	#城镇建成区	企业个数	企　业从业人员	工业企业个　数	#规模以上
钟祥市石牌镇	29500	83818	19123	35	1200	19	11
钟祥市旧口镇	24871	93589	25482	499	7265	202	12
钟祥市柴湖镇	15430	109672	6851	218	7352	134	6
钟祥市长滩镇	15300	17118	4325	21	326	18	9
钟祥市东桥镇	24670	20954	5382	60	572	15	7
钟祥市客店镇	29300	13147	4062	91	1550	59	4
钟祥市张集镇	29090	22128	4950	460	6380	390	14
钟祥市九里乡	9980	13240	8560	134	4200	69	7
孝南区新铺镇	4390	32780	6211	68	5381	57	11
孝南区西河镇	5707	27395	5818	42	645	32	4
孝南区杨店镇	12340	63794	18992	192	3960	22	3
孝南区陡岗镇	5580	39443	5492	32	286	31	
孝南区肖港镇	10800	82949	44206	197	2338	67	6
孝南区毛陈镇	9960	38586	18315	396	3175	127	10
孝南区三汊镇	7153	40285	13790	490	7350	42	5
孝南区祝站镇	5986	33700	8024	49	2357	32	14
孝南区朋兴乡	7260	44708	3030	16	320	8	7
孝南区卧龙乡	6417	53290	2242	45	2160	28	3
孝南区闵集乡	9710	27938	9258	8	1200	6	
孝昌县花园镇	10608	128455	108352	1564	31881	1491	9
孝昌县丰山镇	4230	27819	5234	108	3008	68	2
孝昌县周巷镇	12411	49976	11134	281	3104	18	2
孝昌县小河镇	7129	42038	6553	41	585	24	1
孝昌县王店镇	8018	42011	6493	104	702	35	2
孝昌县卫店镇	6566	32868	4100	102	1742	12	1
孝昌县白沙镇	7630	47556	6000	27	445	10	2
孝昌县邹岗镇	13350	59263	15246	162	2458	34	2
孝昌县小悟乡	7640	17154	1200	81	860	68	3
孝昌县季店乡	9173	34162	2475	11	310	7	2
孝昌县花西乡	9162	43071	43071	124	4512	3	1
孝昌县陡山乡	9692	48224	651	401	5366	140	3
大悟县城关镇	8779	111169	73105	346	14188	67	8
大悟县阳平镇	11571	21578	2255	284	1720	256	2
大悟县芳畈镇	16351	25507	10586	279	2848	131	1
大悟县新城镇	12083	43307	16629	28	712	18	3
大悟县夏店镇	9120	25293	9215	652	3500	198	5
大悟县刘集镇	6690	28114	1213	354	2560	344	3
大悟县河口镇	4280	25805	11083	796	6827	395	3
大悟县四姑镇	6064	26775	4851	486	5244	240	
大悟县吕王镇	7523	24685	11260	100	549	79	2
大悟县黄站镇	5119	15899	6501	423	2241	294	1
大悟县宣化店镇	26364	69109	24448	663	3316	348	3
大悟县丰店镇	15676	30092	4327	263	3692	21	1
大悟县大新镇	9466	33074	7629	106	974	62	3
大悟县三里镇	11940	25694	10332	769	3866	92	3
大悟县高店乡	13421	40826	33961	171	1774	32	1
大悟县彭店乡	11246	33208		127	3356	66	1
大悟县东新乡	14543	28817	4613	135	3582	44	1
云梦县城关镇	2723	132892	121155	3956	23169	1548	30
云梦县义堂镇	6300	44549	7991	266	12610	254	7

续表 308 （湖北省） 单位：公顷、人、个

名称	行政区域面积	常住人口	#城镇建成区	企业个数	企业从业人员	工业企业个数	#规模以上
云梦县曾店镇	6200	34077	7656	258	2313	33	8
云梦县吴铺镇	6900	32475	4732	365	7676	323	41
云梦县伍洛镇	4400	33772	13773	652	9147	612	17
云梦县下辛店镇	8100	51422	14314	294	5884	279	7
云梦县道桥镇	3200	24030	5654	582	11124	265	11
云梦县隔蒲潭镇	6200	51520	13816	371	17158	357	14
云梦县胡金店镇	3000	28726	6294	283	8964	226	4
云梦县倒店乡	4800	24647	2881	226	2307	214	10
云梦县沙河乡	4800	32886	4557	275	3542	193	8
云梦县清明河乡	3300	26876	4138	515	6684	348	5
应城市田店镇	6346	17390	4369	14	320	4	2
应城市杨河镇	11373	40871	13528	104	2488	31	5
应城市三合镇	8111	26475	4652	20	481	9	3
应城市郎君镇	8065	48732	8652	122	2310	12	6
应城市黄滩镇	6188	38314	4852	1	220	1	
应城市天鹅镇	7065	30062	3087	73	1354	47	2
应城市义和镇	9068	26773	2640	282	3676	1	
应城市陈河镇	13201	42523	13160	122	1185	17	6
应城市杨岭镇	12407	26525	4873	18	358	15	11
应城市汤池镇	5030	13522	2425	8	350	3	
安陆市赵棚镇	11420	27725	6408	108	2596	68	1
安陆市李店镇	5700	25318	9320	362	5938	76	9
安陆市巡店镇	10100	44680	8217	172	2164	28	1
安陆市棠棣镇	8400	26717	3886	123	2280	105	5
安陆市雷公镇	12010	27659	5380	131	2190	117	2
安陆市王义贞镇	13307	27236	3281	243	1246	16	
安陆市烟店镇	11000	29875	9232	215	2820	92	6
安陆市孛畈镇	11720	33476	4171	255	2335	158	3
安陆市伏水镇	9600	24256	7512	191	4622	48	5
安陆市陈店乡	8206	32441	2790	124	3876	12	5
安陆市辛榨乡	4500	27163	4480	258	9963	124	1
安陆市木梓乡	8600	18291	1672	94	1496	93	1
安陆市接官乡	10200	16158	2430	82	1950	13	2
汉川市马口镇	6268	83313	57681	536	36859	436	52
汉川市脉旺镇	4034	27745	16500	1258	8622	69	9
汉川市城隍镇	6223	55994	30324	475	13850	174	30
汉川市分水镇	7551	57285	15232	282	5776	227	16
汉川市沉湖镇	7825	63494	36884	199	16878	167	18
汉川市田二河镇	7577	34310	12643	192	2685	38	3
汉川市回龙镇	5365	31343	4860	40	1587	35	2
汉川市新堰镇	8107	29810	3924	17	496	11	1
汉川市垌塚镇	3484	11918	2715	10	85	4	1
汉川市麻河镇	7742	25204	6130	12	285	8	2
汉川市刘家隔镇	12176	45181	9678	116	2623	76	10
汉川市新河镇	11952	131298	52632	1564	41962	871	145
汉川市庙头镇	4643	33263	1684	384	7961	353	20
汉川市杨林沟镇	6721	27140	2960	81	775	51	2
汉川市西江乡	9155	44678	2633	315	6813	85	6
汉川市湾潭乡	4412	22807	3895	78	593	38	3
汉川市南河乡	7978	41557	2240	53	912	51	3

续表 309　　（湖北省）　　单位：公顷、人、个

名　称	行政区域面积	常住人口	#城镇建成区	企业个数	企业从业人员	工业企业个数	#规模以上
汉川市马鞍乡	4730	27614	10265	188	11215	153	16
汉川市里潭乡	5966	24590	963	17	347	4	3
汉川市韩集乡	7720	30619	1886	89	495	71	4
沙市区锣场镇	3133	11540	1562	127	7128	87	52
沙市区岑河镇	13915	42896	20739	382	3465	142	18
沙市区观音垱镇	17455	49290	10763	52	3390	45	11
沙市区关沮镇	2894	25729	17723	1637	13359	125	28
沙市区立新乡	743	48989		348	15984	31	2
荆州区纪南镇	15985	61912	8523	65	2486	53	11
荆州区川店镇	17813	35289	26450	55	1225	25	15
荆州区马山镇	12886	27634	5127	36	500	16	6
荆州区八岭山镇	12637	31320	6469	489	8385	110	5
荆州区李埠镇	9289	22252	9483	165	1988	43	6
荆州区弥市镇	16862	61710	37552	350	3250	65	10
荆州区郢城镇	1847	45792	39672	131	2005	23	5
公安县埠河镇	22912	82335	29553	553	4613	67	4
公安县斗湖堤镇	9381	150949	85536	2200	19644	298	62
公安县夹竹园镇	13221	40105	9898	70	1872	48	11
公安县闸口镇	13155	41847	14916	62	1450	20	3
公安县杨家厂镇	13770	51466	20516	281	7836	103	7
公安县麻豪口镇	18210	52369	8361	21	379	17	7
公安县藕池镇	10287	37815	18385	205	1358	198	11
公安县黄山头镇	11880	31603	8760	293	1566	161	2
公安县孟家溪镇	12271	36812	10049	171	2963	101	6
公安县南平镇	8706	53115	32012	345	5604	336	9
公安县章庄铺镇	18260	50133	11048	182	1537	20	6
公安县狮子口镇	16708	52308	15309	17	180	14	1
公安县斑竹垱镇	15920	58539	15289	46	241	28	3
公安县毛家港镇	19331	57899	5019	48	389	40	2
公安县甘家厂乡	9791	30053	3294	121	1920	119	3
公安县章田寺乡	11889	35467	1872	104	2078	86	5
监利县容城镇	11026	146846	146846	164	12012	134	33
监利县朱河镇	11968	74417	55980	38	2800	33	14
监利县新沟镇	16102	72888	72888	341	6410	108	11
监利县龚场镇	10754	30571	10581	65	2000	61	1
监利县周老嘴镇	15081	46036	12887	133	762	33	5
监利县黄歇口镇	15184	41769	11765	39	780	36	3
监利县汪桥镇	15632	49106	9376	27	2250	23	5
监利县程集镇	11566	31904	6518	18	404	13	2
监利县分盐镇	14593	36503	7109	18	445	15	2
监利县毛市镇	13592	37420	11235	43	445	32	2
监利县福田寺镇	9862	28587	2004	25	232	16	2
监利县上车湾镇	7737	26117	6481	133	997	18	4
监利县汴河镇	18707	40452	8041	40	1243	20	4
监利县尺八镇	15729	51141	9582	23	510	22	2
监利县白螺镇	17328	38866	17262	150	1212	12	3
监利县网市镇	9520	33501	6303	45	1580	30	4
监利县三洲镇	17666	21471	7958	15	432	9	2
监利县桥市镇	14418	41699	7035	13	145	11	1
监利县红城乡	21440	70201	16280	54	795	44	7

续表 310　　(湖北省)　　单位：公顷、人、个

名　称	行政区域面　积	常住人口	#城镇建成区	企业个数	企　业从业人员	工业企业个　数	#规模以上
监利县棋盘乡	14402	26581	2591	1	310	1	1
监利县柘木乡	16361	52484	3927	11	252	9	2
江陵县资市镇	7848	22011	5329	265	2397	27	2
江陵县熊河镇	13966	38896	9398	93	4155	57	6
江陵县白马寺镇	14940	39252	9450	36	1800	16	6
江陵县沙岗镇	14708	43347	13409	31	1586	13	4
江陵县普济镇	7814	31443	8435	42	345	21	2
江陵县郝穴镇	3696	45956	42360	112	934	35	6
江陵县马家寨乡	13083	33669	1850	10	428	8	
江陵县秦市乡	5569	20383	3057	14	114	12	
荆州经济技术开发区滩桥镇	7778	29112	11853	71	825	49	5
石首市新厂镇	9540	35679	14982	62	1310	45	7
石首市横沟市镇	6554	35436	9952	90	986	49	4
石首市大垸镇	17114	45183	11548	45	460	28	1
石首市小河口镇	13800	28867	9231	120	3056	14	6
石首市桃花山镇	9710	20998	8332	93	743	78	4
石首市调关镇	13304	39844	9859	134	1055	125	6
石首市东升镇	18238	55354	19143	75	880	58	9
石首市高基庙镇	8593	35003	4579	132	1206	122	9
石首市南口镇	9092	24011	4009	34	355	15	5
石首市高陵镇	7685	30363	7032	96	1315	68	10
石首市团山寺镇	6686	26503	9663	32	1927	19	5
石首市久合垸乡	6144	21743	1456	18	149	17	2
洪湖市螺山镇	14083	30563	4231	69	663	63	1
洪湖市乌林镇	12184	41377	5752	54	4117	35	2
洪湖市龙口镇	12386	42183	10672	35	512	27	1
洪湖市燕窝镇	15389	40416	8612	44	570	4	2
洪湖市新滩镇	16341	33507	7532	61	1683	27	10
洪湖市峰口镇	13601	84211	33800	136	2736	31	5
洪湖市曹市镇	10225	41113	14672	162	2468	155	18
洪湖市府场镇	2751	14263	4126	103	1646	96	29
洪湖市戴家场镇	10196	41963	11662	45	336	3	1
洪湖市瞿家湾镇	3863	15466	2426	33	563	4	
洪湖市沙口镇	12324	42494	11489	116	1054	15	
洪湖市万全镇	16353	52886	18375	160	4350	56	5
洪湖市汊河镇	14576	40489	8316	189	1570	11	1
洪湖市黄家口镇	13648	34505	18463	144	2634	25	1
洪湖市老湾乡	6131	11042	2295	58	310	26	1
松滋市新江口镇	10099	146802	91983	1276	13842	282	19
松滋市南海镇	17589	55633	11042	48	4595	44	4
松滋市八宝镇	16014	69901	23796	523	6784	448	33
松滋市涴市镇	13467	47432	16634	31	1546	20	2
松滋市老城镇	11403	42008	5992	11	425	3	1
松滋市陈店镇	15268	35768	6987	112	3861	26	13
松滋市王家桥镇	15408	43191	5309	77	2125	33	7
松滋市斯家场镇	9512	26550	8159	80	1572	28	5
松滋市杨林市镇	12173	40982	9423	68	1402	34	4
松滋市纸厂河镇	10642	34187	6652	27	782	21	2
松滋市街河市镇	8106	35711	10084	44	1329	26	4
松滋市洈水镇	29004	64760	41153	117	2823	49	5

续表 311　　(湖北省)　　单位：公顷、人、个

名　　称	行政区域面　　积	常住人口	#城镇建成区	企业个数	企　　业从业人员	工业企业个　　数	#规模以上
松滋市刘家场镇	25272	56861	42875	361	3546	123	10
松滋市沙道观镇	6954	31980	20845	23	1869	14	4
松滋市万家乡	6467	23149	2897	19	526	15	5
松滋市卸甲坪土家族乡	10315	13717	622	23	531	18	1
黄州区路口镇	6390	25420	10400	288	4670	28	22
黄州区堵城镇	5911	30431	15630	101	1490	43	2
黄州区陈策楼镇	5868	33725	10352	264	15632	112	20
黄州区陶店乡	4764	27162	4230	90	1502	88	5
团风县团风镇	10760	91748	54391	148	6831	51	15
团风县淋山河镇	11650	62101	8916	312	4355	32	3
团风县方高坪镇	4697	23576	3305	245	5593	58	8
团风县回龙山镇	6514	26895	4785	354	3812	28	11
团风县马曹庙镇	5210	18610	3410	56	2100	26	2
团风县上巴河镇	6150	29145	7856	108	7012	12	1
团风县总路咀镇	5220	19756	5876	405	4896	15	2
团风县但店镇	12890	37476	11457	340	1785	75	6
团风县贾庙乡	10236	15752	2030	133	668	42	1
团风县杜皮乡	8350	17441	17441	28	380	11	
红安县城关镇	12142	114035	114035	3950	25699	58	16
红安县七里坪镇	36200	78475	26562	426	1503	117	2
红安县华河镇	20469	42772	6820	309	1680	35	2
红安县二程镇	12925	38886	6060	24	2400	13	6
红安县上新集镇	8570	29186	5394	387	4269	203	3
红安县高桥镇	15200	45138	12960	436	10198	72	6
红安县觅儿寺镇	7826	21758	21758	165	8725	73	39
红安县八里湾镇	7379	31177	23103	208	5332	125	7
红安县太平桥镇	6810	20806	1903	182	2047	39	6
红安县永佳河镇	22839	48537	9352	268	3720	218	8
红安县杏花乡	16999	84008	65385	26	1981	17	9
罗田县凤山镇	25723	158356	128534	1638	32257	307	10
罗田县骆驼坳镇	8923	28312	8029	134	1165	14	3
罗田县大河岸镇	15152	30440	6012	88	1310	19	3
罗田县九资河镇	24800	31758	12200	165	3017	28	4
罗田县胜利镇	22632	48920	19845	135	1877	29	4
罗田县河铺镇	21608	47085	11735	143	1491	29	4
罗田县三里畈镇	17048	60549	26099	241	1956	58	9
罗田县匡河镇	19608	57133	11667	130	1406	25	3
罗田县白庙河镇	18471	22015	4752	112	1547	15	1
罗田县大崎镇	13042	31194	5008	78	412	14	
罗田县白莲河乡	10163	20085	2285	85	1851	31	9
罗田县平湖乡	10094	16853	518	57	730	12	1
英山县温泉镇	17498	111825	62086	544	20117	500	11
英山县南河镇	7671	18995	4920	69	3785	38	4
英山县红山镇	6950	19910	1860	142	7536	107	4
英山县金家铺镇	9930	26573	10888	266	8531	173	
英山县石头咀镇	26438	33507	12169	77	4839	19	4
英山县草盘地镇	10430	20255	4599	242	4577	136	1
英山县雷家店镇	15543	32479	3624	53	3685	18	3
英山县杨柳湾镇	21785	49567	4503	28	3795	20	7
英山县方家咀乡	8158	28031	4600	90	5022	59	3

续表 312　　(湖北省)　　单位：公顷、人、个

名　　称	行政区域面积	常住人口	#城镇建成区	企业个数	企业从业人员	工业企业个数	#规模以上
英山县孔家坊乡	9120	24256		36	2662	28	1
英山县陶家河乡	7033	7723		16	2665	6	1
浠水县清泉镇	25950	196516	125948	1302	37313	169	16
浠水县巴河镇	22707	120519	52182	308	15879	102	18
浠水县竹瓦镇	14090	48625	11874	368	2412	98	3
浠水县汪岗镇	8934	41982	6840	34	2231	9	2
浠水县团陂镇	20341	88654	23371	497	5621	24	5
浠水县关口镇	21872	79393	2723	164	3689	44	7
浠水县白莲镇	4953	21713	5150	80	1300	27	7
浠水县蔡河镇	9617	31736	6579	78	402	6	2
浠水县洗马镇	13390	51571	12473	651	3265	25	2
浠水县丁司垱镇	11845	38445	7200	415	2546	53	1
浠水县散花镇	13560	66500	9700	311	8520	132	35
浠水县兰溪镇	11538	43100	8734	139	3011	51	11
浠水县绿杨乡	11481	22767	1658	93	852	20	1
蕲春县漕河镇	15357	170298	144824	3050	39338	376	32
蕲春县赤东镇	14018	62716	27800	118	5613	103	24
蕲春县蕲州镇	17286	63014	52118	589	22324	288	19
蕲春县管窑镇	8736	28901	7205	44	789	42	5
蕲春县彭思镇	10238	26826	4885	60	491	48	3
蕲春县横车镇	19377	69960	42140	391	8320	357	15
蕲春县株林镇	14743	41064	4922	129	3587	72	1
蕲春县刘河镇	23109	61594	9062	321	10012	231	14
蕲春县狮子镇	23983	46654	14256	24	240	22	1
蕲春县青石镇	20726	44595	4922	145	2488	80	2
蕲春县张塝镇	20926	46092	20563	279	3569	218	1
蕲春县大同镇	13766	21295	5023	71	958	32	2
蕲春县檀林镇	17269	44662	7918	96	480	86	3
蕲春县向桥乡	16300	35214	5766	87	1023	21	2
黄梅县黄梅镇	8370	150550	150190	3025	22916	279	22
黄梅县孔垄镇	12536	99887	98776	613	5500	54	23
黄梅县小池镇	15400	97188	56079	1310	13500	365	16
黄梅县下新镇	13996	23147	7330	33	2033	13	6
黄梅县大河镇	14200	66096	10010	250	3300	102	5
黄梅县停前镇	8327	29184	2876	26	639	6	1
黄梅县五祖镇	8960	25251	11600	60	320	6	2
黄梅县濯港镇	16353	79311	9321	366	8527	175	16
黄梅县蔡山镇	11820	86638	12560	74	750	17	8
黄梅县新开镇	9570	41922	8262	42	607	14	5
黄梅县独山镇	8995	24469	6268	289	2626	71	15
黄梅县分路镇	7221	47163	4921	209	3300	97	13
黄梅县柳林乡	6240	13080	1790	30	330	7	1
黄梅县杉木乡	7794	43882	42784	15	2300	11	7
黄梅县苦竹乡	9226	27758	7065	87	2670	11	2
黄梅县刘佐乡	4835	18098	232	11	138	2	2
麻城市中馆驿镇	14979	50467	20600	86	7200	42	20
麻城市宋埠镇	15303	74957	45700	178	5354	78	12
麻城市歧亭镇	8740	27092	7814	240	4118	134	1
麻城市白果镇	16800	75959	75959	100	11040	45	12
麻城市夫子河镇	12850	38090	4804	56	3326	11	4

续表 313　　(湖北省)　　单位：公顷、人、个

名　　称	行政区域面　积	常住人口	#城镇建成区	企业个数	企　业从业人员	工业企业个　数	#规模以上
麻城市阎家河镇	12120	43241	5632	98	4532	63	3
麻城市龟山镇	27533	44734	1450	50	3312	47	8
麻城市盐田河镇	13738	40108	12272	87	2317	16	
麻城市张家畈镇	21300	53353	2244	85	1452	75	3
麻城市木子店镇	25600	41006	8610	92	2586	52	3
麻城市三河口镇	38036	46265	1912	51	2856	27	3
麻城市黄土岗镇	27490	48908	8908	167	3102	45	5
麻城市福田河镇	25733	51804	10632	92	1532	32	11
麻城市乘马岗镇	29700	58330	3656	82	1723	51	3
麻城市顺河镇	26102	60049	2410	172	2663	33	2
麻城市铁门岗乡	17369	56875		40	1732	3	3
武穴市田镇街道办事处	4530	22176	13415	295	11050	216	32
武穴市梅川镇	27200	129966	56843	710	3860	193	16
武穴市余川镇	20200	60199	9688	83	2490	32	4
武穴市花桥镇	15912	79644	41224	312	7660	262	20
武穴市大金镇	7093	38842	9865	296	5987	98	7
武穴市石佛寺镇	11154	64297	10162	50	1500	31	19
武穴市四望镇	10320	41843	1809	20	140	16	
武穴市大法寺镇	11720	47531	4703	205	2376	139	5
武穴市龙坪镇	6400	40796	8153	82	2412	43	27
咸安区汀泗桥镇	18524	24702	5706	47	1070	32	5
咸安区向阳湖镇	9590	26563	5842	117	1994	32	11
咸安区官埠桥镇	11918	33972	5537	116	9860	48	25
咸安区横沟桥镇	14174	58942	58942	82	1296	65	13
咸安区贺胜桥镇	8800	21120	5889	101	2510	23	5
咸安区双溪桥镇	17760	29736	7425	179	5770	43	5
咸安区马桥镇	11950	35277	9533	118	3042	58	9
咸安区桂花镇	18560	34643	4028	37	588	26	1
咸安区高桥镇	10031	15803	6852	13	100	5	1
咸安区大幕乡	16810	31206	8768	31	1180	17	3
嘉鱼县陆溪镇	8967	18750	6600	148	3240	113	11
嘉鱼县高铁岭镇	12209	25003	2918	92	5601	46	12
嘉鱼县官桥镇	16172	30822	4750	149	4789	87	14
嘉鱼县鱼岳镇	11119	94609	93149	686	19170	271	67
嘉鱼县新街镇	12553	20993	1822	80	1788	37	12
嘉鱼县渡普镇	12404	25340	6479	62	449	26	12
嘉鱼县潘家湾镇	13127	53952	29290	456	2870	282	49
嘉鱼县牌洲湾镇	15402	48052	13560	53	825	19	19
通城县隽水镇	10265	124880	22391	171	8686	48	25
通城县麦市镇	10422	35890	9221	68	1360	52	9
通城县塘湖镇	10700	40162	7209	52	2083	20	1
通城县关刀镇	11927	34750	3250	33	1650	17	8
通城县沙堆镇	5050	25089	3750	42	687	25	2
通城县五里镇	10416	32851	3975	45	4251	19	4
通城县石南镇	5485	29958	6251	71	2673	43	2
通城县北港镇	5450	27480	8664	52	2879	6	6
通城县马港镇	15395	40550	5233	12	1056	11	9
通城县四庄乡	16500	23357	2115	6	364	1	1
通城县大坪乡	15271	60633	7033	88	4235	45	12
崇阳县天城镇	20700	124705	78374	617	24556	336	70

续表 314　　(湖北省)　　单位：公顷、人、个

名　　称	行政区域面　　积	常住人口	#城镇建成区	企业个数	企　　业从业人员	工业企业个　　数	#规模以上
崇阳县沙坪镇	12700	25179	22960	101	1452	68	2
崇阳县石城镇	18700	34370	7258	118	680	55	1
崇阳县桂花泉镇	14100	9632	2365	27	149	26	
崇阳县白霓镇	14900	52023	17926	85	2876	73	1
崇阳县路口镇	22600	21966	2830	65	403	25	
崇阳县金塘镇	24400	19262	2354	23	132	13	
崇阳县青山镇	20500	45959	8960	172	1813	132	4
崇阳县肖岭乡	8800	24003	4336	59	375	51	1
崇阳县铜钟乡	8000	16087	2153	54	275	41	1
崇阳县港口乡	22600	24100	2366	47	242	45	
崇阳县高枧乡	8800	9037	2340	16	85	16	
通山县通羊镇	20451	149228	101181	760	20490	135	16
通山县南林桥镇	19104	39854	8061	266	1352	47	7
通山县黄沙铺镇	26940	44678	2310	16	343	6	3
通山县厦铺镇	31147	12568	11463	7	63		
通山县九宫山镇	19192	38675	15234	116	2862	32	10
通山县闯王镇	24232	19491	3662	76	1542	18	3
通山县洪港镇	24661	38494	5122	200	1244	29	11
通山县大畈镇	17161	19603	3967	76	434	7	1
通山县大路乡	9155	27765	4165	341	6589	266	4
通山县杨芳林乡	13516	12169	9802	11	96	1	
通山县燕厦乡	18688	28027	6328	166	3842	114	2
通山县慈口乡	13538	18532	4600	21	130	5	
赤壁市新店镇	10300	21907	4122	54	426	10	3
赤壁市赵李桥镇	11566	28686	15692	336	13852	77	18
赤壁市茶庵岭镇	8770	16803	1534	45	288	34	3
赤壁市车埠镇	14460	39126	16430	70	3897	40	14
赤壁市赤壁镇	8800	19645	3995	5	286	1	1
赤壁市柳山湖镇	3200	7460	816	31	232	1	1
赤壁市神山镇	20800	26475	5690	189	1125	89	2
赤壁市中伙铺镇	15310	22629	9263	20	412	12	8
赤壁市官塘驿镇	30187	68510	19013	198	4020	45	9
赤壁市黄盖湖镇	2840	8143	3848	15	788	9	1
赤壁市余家桥乡	13260	9038	886	42	350	40	
曾都区万店镇	23475	48749	8352	563	3933	23	15
曾都区何店镇	21870	42712	7490	316	12618	25	13
曾都区洛阳镇	22851	30255	5810	53	720	7	4
曾都区府河镇	19387	49326	18942	155	2243	35	3
曾都区淅河镇	27981	133623	31209	433	12375	323	20
随县厉山镇	23707	62803	36921	725	8537	328	46
随县高城镇	18478	26161	8756	44	457	29	5
随县殷店镇	67640	54875	33442	298	1595	115	6
随县草店镇	30009	28114	8303	99	3189	50	6
随县小林镇	12257	27969	27969	354	5642	51	12
随县淮河镇	25227	27972	6277	42	5037	28	2
随县万和镇	70389	67894	14948	430	12566	88	30
随县尚市镇	20683	40943	16730	19	2257	15	7
随县唐县镇	29200	79384	57000	303	7620	298	12
随县吴山镇	35641	35745	8987	503	21099	401	48
随县新街镇	14454	35554	6812	475	8296	418	10

续表 315　　(湖北省)　　单位：公顷、人、个

名　　称	行政区域面积	常住人口	#城镇建成区	企业个数	企业从业人员	工业企业个数	#规模以上
随县安居镇	11476	55183	15120	328	2945	254	9
随县澴潭镇	43406	53178	31512	92	486	42	9
随县洪山镇	47788	66459	36859	574	7921	339	11
随县长岗镇	23050	17962	5051	75	382	10	2
随县三里岗镇	31884	42507	7437	46	4897	35	11
随县柳林镇	19749	20342	6552	187	1975	155	8
随县均川镇	22569	55979	27030	213	2765	129	12
随县万福店镇	6644	21487	10245	87	3021	11	9
广水市武胜关镇	21657	34260	16026	235	7566	159	27
广水市杨寨镇	11228	34584	16283	388	5280	82	11
广水市陈巷镇	13100	41462	9553	183	1089	44	11
广水市长岭镇	21600	65390	27920	85	1964	32	8
广水市马坪镇	9730	31812	16542	186	1315	7	5
广水市关庙镇	17200	41627	9413	101	876	25	5
广水市余店镇	24800	53314	33655	47	3005	34	11
广水市吴店镇	22800	23409	6977	189	3762	36	6
广水市郝店镇	22900	28937	11684	78	1260	15	6
广水市蔡河镇	21200	42320	11368	119	1203	46	9
广水市李店镇	8300	32411	11308	55	1876	29	6
广水市太平镇	7600	26815	7988	112	1378	32	5
广水市骆店镇	10500	31694	5214	75	825	33	6
恩施市龙凤镇	27705	68062	34428	393	4010	105	11
恩施市崔家坝镇	22277	40444	10940	42	922	13	
恩施市板桥镇	27262	17858	3996	52	406	13	3
恩施市白杨坪镇	26899	55096	15126	103	548	37	4
恩施市三岔镇	24902	34521	34521	70	465	14	1
恩施市新塘乡	40845	43506	11740	55	290	9	1
恩施市红土乡	22872	35154	35154	48	578	17	2
恩施市沙地乡	19029	30104	6035	40	228	16	2
恩施市太阳河乡	24777	17339	2075	25	152	13	1
恩施市屯堡乡	25884	48928	9210	80	410	40	9
恩施市白果乡	32450	26430	5500	58	345	27	2
恩施市芭蕉侗族乡	28477	55490	8120	112	1124	38	5
恩施市盛家坝乡	36919	36431	7550	58	355	7	1
利川市谋道镇	33827	42356	42356	86	1245	6	
利川市柏杨坝镇	57993	62121	62121	126	3010	26	2
利川市汪营镇	35502	68834	25630	326	1630	21	5
利川市建南镇	32595	41839	12105	125	663	12	2
利川市忠路镇	51362	55572	19890	78	1020	22	2
利川市团堡镇	44772	58037	5525	17	245	7	2
利川市毛坝镇	32542	22901	8935	772	4451	20	7
利川市凉雾乡	41904	44833	14786	206	1605	27	6
利川市元堡乡	26616	22890	6504	101	526	7	2
利川市南坪乡	14846	37651	3000	251	1255	4	2
利川市文斗乡	43189	47673	15290	24	1850	17	
利川市沙溪乡	29286	24589	3510	34	198	7	1
建始县业州镇	37284	107258	56517	1221	12302	240	27
建始县高坪镇	25972	43267	15134	248	1245	30	3
建始县红岩寺镇	8500	18672	10550	22	726	9	6
建始县景阳镇	16003	29929	3200	596	3025	15	2

续表 316 (湖北省) 单位：公顷、人、个

名　　称	行政区域面积	常住人口	#城镇建成区	企业个数	企业从业人员	工业企业个数	#规模以上
建始县官店镇	37176	44250	3748	59	1273	17	
建始县花坪镇	40522	41501	2323	51	1021	23	5
建始县长梁镇	38914	58640	2875	2770	13850	86	9
建始县茅田乡	21925	17103	17103	51	3788	23	4
建始县龙坪乡	22986	22574	4588	138	3004	27	4
建始县三里乡	17219	37006	6702	86	1388	47	1
巴东县信陵镇	8769	60882	42850	1585	8027	108	15
巴东县东瀼口镇	10906	21010	6000	169	845	18	3
巴东县沿渡河镇	48463	39720	16000	306	1532	42	7
巴东县官渡口镇	32762	53651	12125	453	2280	18	2
巴东县茶店子镇	26626	26932	5998	224	1122	24	4
巴东县绿葱坡镇	28063	18782	2626	98	499	20	
巴东县大支坪镇	21177	17006	3810	169	623	25	1
巴东县野三关镇	52914	64460	57513	910	6066	79	15
巴东县水布垭镇	32878	36174	4250	1399	2034	32	5
巴东县清太坪镇	27923	31594	3591	213	768	24	2
巴东县溪丘湾乡	26453	39609	4085	387	1936	41	3
巴东县金果坪乡	18228	19180	5150	71	580	25	2
宣恩县珠山镇	16377	46528	30690	1580	10164	104	16
宣恩县椒园镇	17598	21122	6725	277	3213	63	21
宣恩县沙道沟镇	64995	55739	21893	241	1460	43	2
宣恩县李家河镇	21679	42648	13383	167	1075	39	3
宣恩县高罗镇	28719	37392	6108	151	1278	30	3
宣恩县万寨乡	18358	25114	3678	166	1362	38	11
宣恩县长潭河侗族乡	43271	31568	5372	129	843	41	2
宣恩县晓关侗族乡	42138	35630	11103	196	1029	46	3
宣恩县椿木营乡	20584	10415	4321	68	511	21	1
咸丰县高乐山镇	32200	77512	27430	1432	20435	90	40
咸丰县忠堡镇	14600	12653	5100	17	800	16	11
咸丰县坪坝营镇	34700	36915	7100	140	4432	21	4
咸丰县朝阳寺镇	8300	13723	1356	18	530	1	1
咸丰县清坪镇	30500	36526	8936	95	1650	24	6
咸丰县唐崖镇	30168	33652	3360	15	315	2	2
咸丰县丁寨乡	19300	25600	3216	9	450	6	2
咸丰县活龙坪乡	28600	25514	1008	6	55	3	2
咸丰县小村乡	22600	21309	5200	84	420	28	4
咸丰县黄金洞乡	21500	18240	2504	49	806	43	5
来凤县翔凤镇	13778	88305	59381	118	3685	58	36
来凤县百福司镇	19014	22861	3800	6	156	4	4
来凤县大河镇	32484	32984	5043	8	217	6	2
来凤县绿水镇	11547	19807	3576	26	1243	23	4
来凤县旧司镇	19854	37139	3296	16	525	11	3
来凤县革勒车镇	11627	13052	5045	7	190	4	2
来凤县漫水乡	13358	12358	1548	4	60	1	1
来凤县三胡乡	12542	20195	1787	8	67	5	5
鹤峰县走马镇	49803	46013	29800	230	1283	57	8
鹤峰县容美镇	30971	57964	57964	348	20788	150	9
鹤峰县太平镇	32000	16592	1200	16	797	16	9
鹤峰县燕子镇	36956	20257	1702	176	1203	30	5
鹤峰县中营镇	41545	24497	2637	78	2234	58	7

续表 317 （湖北省） 单位：公顷、人、个

名　称	行政区域面积	常住人口	#城镇建成区	企业个数	企业从业人员	工业企业个数	#规模以上
鹤峰县铁炉白族乡	22841	12826	3090	11	287	7	2
鹤峰县五里乡	37970	17325	1264	53	367	19	2
鹤峰县下坪乡	16067	15201	756	15	286	15	4
鹤峰县邬阳乡	18614	13653	1663	23	630	17	2
仙桃市郑场镇	10800	46470	13958	135	6098	118	11
仙桃市毛嘴镇	11550	65598	26420	388	18782	336	15
仙桃市剅河镇	17530	71132	16260	371	7518	302	8
仙桃市三伏潭镇	11900	52567	19724	117	2102	44	16
仙桃市胡场镇	7499	53408	15809	62	3980	36	15
仙桃市长埫口镇	19215	85641	32696	268	5825	137	20
仙桃市西流河镇	19570	57466	20886	228	11871	35	20
仙桃市沙湖镇	17144	42176	10755	171	3693	132	9
仙桃市杨林尾镇	25290	55676	38340	259	14892	74	11
仙桃市彭场镇	15800	82620	60752	325	33652	286	52
仙桃市张沟镇	14128	62964	37902	109	3633	68	23
仙桃市郭河镇	12600	37638	26535	87	10521	78	14
仙桃市沔城回族镇	3610	19539	5781	17	2550	10	4
仙桃市通海口镇	12610	56211	16211	126	11065	79	12
仙桃市陈场镇	15510	57784	23065	36	5709	26	9
潜江市竹根滩镇	9504	64596	4763	124	1725	106	
潜江市渔洋镇	14608	48532	47900	361	9450	135	13
潜江市王场镇	9873	45087	14258	221	9115	42	16
潜江市高石碑镇	11579	44521	6691	80	4982	59	4
潜江市熊口镇	10178	46179	20207	80	7900	38	4
潜江市老新镇	12562	52016	6824	598	26524	255	4
潜江市浩口镇	17090	64181	23249	324	7895	117	12
潜江市积玉口镇	11090	37025	8942	240	2680	213	4
潜江市张金镇	15502	58887	17294	3040	20040	436	13
潜江市龙湾镇	13151	45148	9496	401	6026	318	14
天门市多宝镇	19654	53421	12678	299	25132	106	6
天门市拖市镇	13389	45565	7125	125	3713	49	6
天门市张港镇	15300	79319	13500	130	4530	45	4
天门市蒋场镇	8012	41357	2431	305	3312	186	3
天门市汪场镇	7600	32616	2812	121	1415	47	2
天门市渔薪镇	9204	49267	18326	87	2049	68	8
天门市黄潭镇	7549	49440	6028	207	4612	93	12
天门市岳口镇	12500	98207	61081	343	18655	184	37
天门市横林镇	10115	58126	5266	18	1758	16	5
天门市彭市镇	7760	44369	6635	83	2438	36	7
天门市麻洋镇	7300	53327	16752	36	3816	15	5
天门市多祥镇	12169	55622	54461	275	13752	178	32
天门市干驿镇	8200	57341	19110	44	391	15	9
天门市马湾镇	8400	36229	6085	180	1002	35	4
天门市卢市镇	10800	45926	9025	93	1213	64	3
天门市小板镇	6363	31583	5215	112	3138	36	12
天门市九真镇	16000	55071	12914	178	2413	44	4
天门市皂市镇	14439	49775	32240	352	8350	122	28
天门市胡市镇	7663	21889	3690	132	1860	23	3
天门市石河镇	13600	42050	8546	45	305	16	6
天门市佛子山镇	13000	25473	5367	16	519	16	4

续表 318　　　　（湖北省、湖南省）　　　　单位：公顷、人、个

名　　称	行政区域面　　积	常住人口	#城镇建成区	企业个数	企　　业从业人员	工业企业个　　数	#规模以上
天门市净潭乡	9600	22536		291	2320	275	1
神农架林区松柏镇	33632	29688	29688	151	755	78	4
神农架林区阳日镇	26000	10947	3825	17	702	12	1
神农架林区木鱼镇	45419	10753	5021	380	1903	27	
神农架林区红坪镇	74200	4759	689	88	540		
神农架林区新华镇	22885	3542	330	4	300	2	2
神农架林区九湖镇	34806	3746	1200	127	687		
神农架林区宋洛乡	64845	6726		12	135	11	2
神农架林区下谷坪土家族乡	21600	5330	5330	7	50	6	1
湖南省							
岳麓区莲花镇	11300	50230	14362	113	565	10	1
岳麓区雨敞坪镇	8370	35978	4211	8	145	1	
雨花区跳马镇	17696	73204	10622	152	6498	80	9
望城区铜官街道	9031	42286	22729	276	10842	89	26
望城区桥驿镇	10300	38344	4579	64	2450	32	10
望城区茶亭镇	10500	49270	9381	141	25968	78	15
望城区靖港镇	9253	67383	22144	253	3685	16	4
望城区乔口镇	4623	31056	12865	972	14321	8	5
望城区白箬铺镇	10600	46611	15538	645	17557	47	17
长沙县黄兴镇	15711	123469	83756	551	34281	329	15
长沙县江背镇	17452	60427	28954	605	12000	350	27
长沙县黄花镇	14083	107991	50061	1296	50060	496	31
长沙县春华镇	12534	45207	3903	82	4600	44	9
长沙县果园镇	6858	25244	4136	45	2052	38	11
长沙县路口镇	8828	27967	3600	18	310	4	1
长沙县高桥镇	11153	27142	4342	291	3417	27	4
长沙县金井镇	20957	63217	22728	315	4560	53	14
长沙县福临镇	8222	29571	2800	252	1570	12	1
长沙县青山铺镇	4619	19057	3046	45	398	17	1
长沙县安沙镇	15942	52374	1682	412	10142	138	24
长沙县北山镇	14478	53816	17865	115	1369	53	14
长沙县开慧镇	11475	42109	3005	142	2239	37	4
浏阳市社港镇	17470	48921	6245	36	2851	18	13
浏阳市官渡镇	10200	28858	2215	216	12540	145	19
浏阳市张坊镇	31970	21395	11395	202	5140	43	3
浏阳市达浒镇	20200	26093	10452	71	4574	45	10
浏阳市沿溪镇	12300	32547	2754	48	3523	34	18
浏阳市古港镇	20958	60655	20456	150	14156	130	43
浏阳市永和镇	23450	39065	16867	48	7225	36	17
浏阳市大瑶镇	14930	122756	37623	452	23535	187	64
浏阳市金刚镇	7980	64544	19373	165	25526	152	29
浏阳市文家市镇	15595	58784	10784	533	1355	247	35
浏阳市枨冲镇	19890	44181	4846	118	8402	95	24
浏阳市镇头镇	16016	54784	21055	271	4621	245	17
浏阳市普迹镇	17650	42812	17355	26	2874	18	8
浏阳市永安镇	11200	85268	62123	897	29871	692	119
浏阳市北盛镇	7836	58590	9118	97	3512	67	10
浏阳市龙伏镇	13221	43166	5381	51	5265	40	9
浏阳市澄潭江镇	15783	65682	23317	365	14840	139	35
浏阳市中和镇	15255	25128	2160	29	2100	19	16

续表 319　　(湖南省)　　单位：公顷、人、个

名　　称	行政区域面积	常住人口	#城镇建成区	企业个数	企业从业人员	工业企业个数	#规模以上
浏阳市柏加镇	8750	23146	2439	271	1355		
浏阳市洞阳镇	10550	50123	6998	402	8364	59	10
浏阳市大围山镇	40170	25696	3068	361	2513	124	6
浏阳市沙市镇	20970	61205	11596	101	8519	67	19
浏阳市淳口镇	23345	66785	8105	610	9842	88	13
浏阳市高坪镇	25740	37581	11520	34	2300	28	19
浏阳市官桥镇	8790	24618	2812	25	2286	16	8
浏阳市葛家镇	10680	20314	4723	48	2612	48	13
浏阳市小河乡	11000	15042	2915	18	1399	17	3
浏阳市蕉溪乡	8740	27433	3200	142	2848	90	11
宁乡县道林镇	13500	58823	8902	57	8290	15	3
宁乡县花明楼镇	11356	48598	10615	225	6984	62	18
宁乡县东湖塘镇	13172	48188	5185	85	5673	20	7
宁乡县夏铎铺镇	10325	41076	10453	136	10147	118	67
宁乡县双江口镇	15504	71245	3638	27	1580	25	15
宁乡县煤炭坝镇	7370	47015	26334	501	23160	346	39
宁乡县坝塘镇	18083	55426	2457	159	2355	35	7
宁乡县灰汤镇	21090	84348	30251	20	1354	5	3
宁乡县双凫铺镇	9167	40267	2092	98	2675	47	11
宁乡县老粮仓镇	13275	52630	2786	335	2476	25	2
宁乡县流沙河镇	14056	54538	18816	192	3551	41	4
宁乡县巷子口镇	10580	48415	2498	7	331	4	4
宁乡县龙田镇	7315	23195	7746	42	305	16	7
宁乡县横市镇	12262	52252	7700	96	2198	45	10
宁乡县回龙铺镇	7189	37932	3186	181	4325	61	10
宁乡县黄材镇	22000	62591	27245	147	4325	6	1
宁乡县大成桥镇	5801	33680	2896	68	4650	17	7
宁乡县青山桥镇	13800	42134	7709	145	2758	102	4
宁乡县金洲镇	6130	31942	11297	81	2360	5	5
宁乡县大屯营镇	10827	41699	4926	106	6749	54	3
宁乡县资福镇	8854	37466	3500	9	3200	5	1
宁乡县菁华铺乡	6576	34353		442	2318	378	12
宁乡县喻家坳乡	9685	33498		118	2465	54	3
宁乡县沙田乡	7422	35211	35211	27	220	3	1
宁乡县沩山乡	7307	14823		120	1231	3	3
荷塘区仙庾镇	11074	46737	13	80	2067	27	8
芦淞区白关镇	15067	55640	3584	108	5102	96	22
天元区群丰镇	5906	26360		36	750	11	2
天元区雷打石镇	8600	36249	4493	178	2476	71	1
天元区三门镇	9274	34852	1782	89	2958		
株洲县渌口镇	13863	110664	42588	401	23508	305	72
株洲县朱亭镇	16500	41513	4123	35	187	4	4
株洲县古岳峰镇	7100	16145	3075	18	499	3	
株洲县淦田镇	11228	22254	480	14	127	5	
株洲县龙门镇	12637	20356	1546	20	984	16	5
株洲县龙潭镇	13000	20974	4100	5	450	3	
株洲县南洲镇	13663	48812	1320	58	2910	54	6
株洲县龙船镇	16100	43815	2198	159	4216	152	7
攸县酒埠江镇	12894	28464	17920	92	5457	28	12
攸县桃水镇	9785	30046	6426	68	3392	35	7

续表 320　　(湖南省)　　单位：公顷、人、个

名　称	行政区域面积	常住人口	#城镇建成区	企业个数	企业从业人员	工业企业个数	#规模以上
攸县网岭镇	22248	47351	21000	208	12352	81	28
攸县渌田镇	10050	24978	6742	30	690	14	2
攸县石羊塘镇	8239	23529	4695	60	2906	16	7
攸县黄丰桥镇	29462	30647	12136	171	12843	115	38
攸县鸾山镇	22057	25304	8013	173	6809	101	25
攸县丫江桥镇	15494	33160	9104	42	1310	10	2
攸县皇图岭镇	22609	50213	21894	222	6321	52	14
攸县新市镇	18709	55781	13561	153	8338	65	18
攸县菜花坪镇	10573	27268	20055	68	3705	27	11
攸县莲塘坳镇	25453	25596	5719	96	4572	46	5
攸县宁家坪镇	20155	38669	2409	89	3425	40	25
茶陵县界首镇	8450	30528	30500	16	326	15	4
茶陵县湖口镇	30433	40123	8960	264	4800	8	6
茶陵县马江镇	8487	30950	1080	48	1200	10	3
茶陵县高陇镇	12556	21213	3815	188	1564	80	4
茶陵县虎踞镇	23897	55894	4186	52	3140	42	24
茶陵县枣市镇	10631	28156	1648	65	1100	12	6
茶陵县火田镇	24665	29910	2036	26	469	23	8
茶陵县严塘镇	21116	38909	6168	260	2870	194	3
茶陵县秩堂镇	16500	27131	3073	41	1793	16	2
茶陵县腰潞镇	29530	62605	11500	257	15431	81	17
茶陵县舲舫乡	8964	27743		8	150	6	5
茶陵县桃坑乡	24891	8778		8	139	4	
炎陵县霞阳镇	21345	73346	36104	1636	8498	95	65
炎陵县沔渡镇	21474	20289	3374	44	3458	12	6
炎陵县十都镇	24600	11968	1360	46	812	30	3
炎陵县水口镇	19970	16332	2100	32	420	30	4
炎陵县鹿原镇	19232	36350	8970	36	193	16	
炎陵县垄溪乡	14100	7575		23	730	23	1
炎陵县策源乡	18048	5571		16	110	16	
炎陵县下村乡	18840	7522		16	310	13	
炎陵县船形乡	10400	8230		26	240	18	1
炎陵县中村瑶族乡	29752	12797		88	596	35	2
云龙示范区云田镇	5150	26344	26344	226	5000	40	3
醴陵市白兔潭镇	7203	69700	23073	70	11515	55	35
醴陵市浦口镇	7913	40869	40869	315	17486	120	35
醴陵市王仙镇	8590	48942	48942	94	670	47	41
醴陵市泗汾镇	7581	37759	4074	158	12576	143	15
醴陵市沈潭镇	5335	26242	26242	27	2441	22	13
醴陵市船湾镇	12051	51394	22696	326	20986	76	32
醴陵市均楚镇	17339	34784	19230	198	7290	24	9
醴陵市东富镇	8041	39196	3702	92	30766	63	27
醴陵市石亭镇	11230	40837	2689	10	179	2	1
醴陵市孙家湾镇	7089	21280		23	10263	20	2
醴陵市官庄镇	21230	15678	2861	18	1147	5	4
醴陵市嘉树镇	10420	21305		33	2108	28	21
醴陵市板杉镇	8990	40025	2534	21	2524	16	13
醴陵市沩山镇	8600	16451	8441	35	15584	16	16
醴陵市枫林镇	10064	39309	6103	30	1532	12	8
醴陵市李畋镇	13200	49042	49042	96	899	75	42

续表 321　　　　(湖南省)　　　　单位：公顷、人、个

名　　称	行政区域面　　积	常住人口	#城镇建成区	企业个数	企　　业从业人员	工业企业个　　数	#规模以上
醴陵市明月镇	15812	67385	12163	45	881	27	11
醴陵市左权镇	12356	43398	43398	17	2057	11	7
醴陵市茶山镇	16680	59157	32399	129	7210	30	11
雨湖区鹤岭镇	15644	62012	18925	78	6511	65	10
雨湖区楠竹山镇	816	31686	31686	60	1986	34	13
雨湖区姜畲镇	9023	54656	17207	44	1328	22	12
雨湖区长城乡	2400	29450		322	2513	69	18
湘潭县易俗河镇	20607	137537	73508	5340	26700	532	16
湘潭县谭家山镇	10045	43262	8230	1014	5300	22	7
湘潭县中路铺镇	18300	65437	19363	125	1000	15	3
湘潭县茶恩寺镇	13703	42123	11213	80	11368	68	6
湘潭县河口镇	9510	43350	5010	30	1280	20	2
湘潭县射埠镇	17096	56111	8599	23	960	10	7
湘潭县花石镇	26268	87718	13572	68	1322	53	15
湘潭县青石桥镇	11147	35881	4550	137	8510	37	14
湘潭县石鼓镇	9650	48712	3224	5	446	2	
湘潭县云湖桥镇	13520	55012	14320	178	3797	65	12
湘潭县石潭镇	12380	77707	10683	475	2450	10	2
湘潭县杨嘉桥镇	11592	55879	8424	69	2105	54	15
湘潭县乌石镇	9742	27143	315	8	415	8	2
湘潭县白石镇	10040	35682	4520	15	2865	7	3
湘潭县分水乡	8615	28791	10248	6	380	2	
湘潭县排头乡	12888	57646	4550	35	3190	26	4
湘潭县锦石乡	5670	27576	2155	17	320	5	1
湘潭昭山示范区昭山镇	6913	35574	35574	30	952	15	5
湘潭九华示范区响水乡	7543	36201		103	3666	75	9
湘乡市山枣镇	10100	43255	5413	40	1655	28	6
湘乡市栗山镇	6884	20505	557	13	714	5	2
湘乡市中沙镇	6550	18489	2663	7	398	3	2
湘乡市虞唐镇	8671	29653	10822	17	1963	15	11
湘乡市潭市镇	12750	38644	6852	25	2685	15	5
湘乡市棋梓镇	13890	52314	22000	1364	12956	101	9
湘乡市壶天镇	14470	47149	4629	218	1705	18	3
湘乡市翻江镇	13339	28340	3850	18	2380	11	1
湘乡市金石镇	8115	27968	13813	33	240	12	2
湘乡市白田镇	10573	38985	657	85	1365	11	5
湘乡市月山镇	14970	48327	6208	28	336	7	7
湘乡市泉塘镇	9847	51185	9342	109	3252	42	13
湘乡市梅桥镇	13760	46264	3366	43	850	12	5
湘乡市毛田镇	11093	38710	587	21	1520	12	1
湘乡市龙洞镇	7480	25715	4000	23	1760	17	13
湘乡市东郊乡	8990	56170	16851	130	9825	112	20
湘乡市金薮乡	10400	37942	1695	88	560	7	1
湘乡市育塅乡	8800	36769	3476	13	1132	8	2
韶山市清溪镇	7116	48522	13120	32	3200	9	4
韶山市银田镇	2800	14387	14387	47	718	11	6
韶山市韶山乡	9766	38452		123	760	19	12
韶山市杨林乡	6228	20877	20877	110	785	7	
珠晖区茶山坳镇	5680	22550	22550	84	5210	35	14
珠晖区和平乡	1731	24534		15	486	9	2

续表 322　　　　(湖南省)　　　　单位：公顷、人、个

名　　称	行政区域面积	常住人口	#城镇建成区	企业个数	企业从业人员	工业企业个数	#规模以上
珠晖区酃湖乡	2444	30090	30090	9	325	3	2
雁峰区岳屏镇	3600	20092	20092	296	7678	38	15
石鼓区角山乡	3438	22972	22972	145	890	4	2
蒸湘区呆鹰岭镇	2880	28904	28904	52	4500	26	9
蒸湘区雨母山镇	3850	21306		45	453	3	3
南岳区南岳镇	7754	40896		219	1650	16	1
南岳区寿岳乡	5092	6474		116	618	2	
衡阳县西渡镇	15274	257291	145636	4445	42043	247	54
衡阳县集兵镇	9539	32858	14280	102	1381	31	6
衡阳县杉桥镇	7100	17429	510	22	126	18	
衡阳县井头镇	15518	56534	11080	94	8950	78	5
衡阳县演陂镇	8747	34326	12453	48	1194	37	4
衡阳县金兰镇	16484	61282	3751	103	1421	60	1
衡阳县洪市镇	11297	53694	6049	29	500	2	1
衡阳县曲兰镇	11790	44903	44876	26	462	11	
衡阳县金溪镇	11243	30120	1765	37	697	28	1
衡阳县界牌镇	9831	30156	13789	95	6158	71	17
衡阳县渣江镇	14045	50514	9964	37	1621	34	1
衡阳县三湖镇	11256	36874	3245	5	56		
衡阳县台源镇	11895	46865	5913	71	2326	46	3
衡阳县关市镇	9074	41836	8650	38	680	17	1
衡阳县库宗桥镇	9866	32307	2893	35	1560	15	2
衡阳县岘山镇	15562	48786	12246	22	735	14	2
衡阳县石市镇	14516	47133	4036	35	863	21	1
衡阳县樟木乡	9903	23596		20	312	20	1
衡阳县岣嵝乡	12024	17160		32	412	6	1
衡阳县栏垅乡	5135	18704		15	188	10	1
衡阳县大安乡	7905	36822	35314	2	21		
衡阳县溪江乡	8422	23961		31	452	23	
衡阳县长安乡	3895	11265		6	143	6	2
衡阳县板市乡	2435	10444		9	362	7	1
衡阳县樟树乡	2834	12620		31	4120	30	8
衡南县云集镇	30248	64589	47556	2365	15320	479	13
衡南县廖田镇	11024	14726	6177	193	1031	7	
衡南县茶市镇	6839	28238	2767	91	1264	32	
衡南县冠市镇	7913	49576	5499	85	2055	45	2
衡南县江口镇	9973	67000	19600	52	740	12	2
衡南县宝盖镇	17629	36131	3417	3	281		
衡南县花桥镇	23561	55912	11634	94	485	6	2
衡南县铁丝塘镇	7468	16032	3347	12	251	1	
衡南县泉溪镇	5353	27621	6509	39	273	2	
衡南县洪山镇	11164	37814	5369	81	806	11	4
衡南县三塘镇	16606	126389	70830	850	17360	34	13
衡南县谭子山镇	11061	23402	8586	6	486	1	
衡南县鸡笼镇	11935	39477	9650	18	1860	5	2
衡南县泉湖镇	9045	40249	2926	64	1800	36	
衡南县柞市镇	7972	25566	2410	18	110		
衡南县茅市镇	16120	64132	15600	1	12	1	1
衡南县硫市镇	12560	42163	8164	8	136		
衡南县栗江镇	13065	45905	45905	15	165		

续表 323 （湖南省） 单位：公顷、人、个

名　　称	行政区域面　　积	常住人口	#城镇建成区	企业个数	企　　业从业人员	工业企业个　　数	#规模以上
衡南县近尾洲镇	8370	24285	1983	7	102	1	
衡南县咸塘镇	5200	18587	18587	208	2213	25	3
衡南县松江镇	12625	39330	9000	97	2016	41	2
衡南县相市乡	7978	21569		12	340	6	3
衡山县开云镇	14690	126000	70012	660	22680	260	58
衡山县白果镇	9120	49450	43850	18	380	7	5
衡山县东湖镇	9361	26893	9910	49	934	42	15
衡山县萱洲镇	8990	35864	9172	65	1103	21	1
衡山县长江镇	7437	25969	6641	38	1990	13	5
衡山县新桥镇	7752	25555	8130	146	2898	6	2
衡山县店门镇	9659	26492	757	17	337	1	
衡山县永和乡	6818	27256		17	730	3	
衡山县福田铺乡	4349	19786		12	120	6	
衡山县岭坡乡	8371	30184		5	980	1	
衡山县贯塘乡	3457	21492		5	72	1	
衡山县江东乡	3441	20256		36	389		
衡东县洣水镇	13091	126900	120955	886	27020	88	4
衡东县石湾镇	7762	28199	20376	103	4878	50	5
衡东县新塘镇	9762	41856	29036	121	11258	76	4
衡东县大浦镇	11505	44956	41350	319	25368	168	60
衡东县吴集镇	27446	74790	12259	126	3500	66	7
衡东县甘溪镇	11038	27165	6207	93	3786	38	7
衡东县杨林镇	13086	26084	4996	89	455	22	3
衡东县草市镇	14393	48595	6468	54	1425	36	1
衡东县杨桥镇	11073	29181	3012	40	658	15	2
衡东县霞流镇	9905	36397	4071	78	1625	30	3
衡东县荣桓镇	8710	25290	4052	74	2055	19	2
衡东县高湖镇	9745	25803	2546	42	1250	17	1
衡东县白莲镇	8483	23130	2214	24	752	11	
衡东县三樟镇	11219	34868	2145	55	702	38	3
衡东县蓬源镇	8555	21487	21440	52	660	22	
衡东县南湾乡	7974	8345		21	394	16	
衡东县石滩乡	8938	25758		23	540	8	1
祁东县金桥镇	7989	43439	9949	55	1752	10	4
祁东县鸟江镇	6714	25643	3800	53	642	15	1
祁东县粮市镇	5600	20699		45	900	13	
祁东县河洲镇	7172	31012	5896	45	1487	3	
祁东县归阳镇	7949	37166	12600	127	3352	49	10
祁东县过水坪镇	9716	41747	9897	136	4876	68	2
祁东县双桥镇	5639	32794	11526	64	1160	9	3
祁东县灵官镇	7892	41763	10045	45	980	13	1
祁东县风石堰镇	10581	51023	4093	97	2676	29	6
祁东县白地市镇	9687	74960	19963	138	3465	30	6
祁东县黄土铺镇	9300	44883	12876	91	2817	33	11
祁东县石亭子镇	5545	33909	8786	45	2908	8	3
祁东县官家嘴镇	1787	36985		6	1774	1	1
祁东县步云桥镇	14950	69317	4362	30	621		
祁东县砖塘镇	6842	40240	7601	34	653	6	1
祁东县蒋家桥镇	6684	38096	9254	40	2000	7	
祁东县太和堂镇	16120	52430	12597	70	1826	15	

续表 324　　(湖南省)　　单位：公顷、人、个

名　　称	行政区域面　积	常住人口	#城镇建成区	企业个数	企　业从业人员	工业企业个　数	#规模以上
祁东县马杜桥乡	6030	15098	3003	12	1010	6	2
祁东县凤岐平乡	3955	11245	166	12	563	1	
祁东县城连墟乡	3733	19659	375	52	628		
耒阳市黄市镇	9320	21039		15	8900	15	4
耒阳市小水镇	14280	52263	18351	60	2976	20	8
耒阳市公平圩镇	9658	38404	6037	35	678	18	2
耒阳市三都镇	11763	40112	1420	39	1425	15	5
耒阳市南阳镇	10077	15460	897	7	567		
耒阳市夏塘镇	7600	36897	2367	30	310	8	
耒阳市龙塘镇	8299	35272	4231	6	3690	3	2
耒阳市哲桥镇	12501	34062	7822	28	612	21	8
耒阳市永济镇	4921	34521	1230	35	298	5	
耒阳市遥田镇	4397	22097	1267	39	1517	15	4
耒阳市新市镇	7500	27215	16450	60	385	3	1
耒阳市淝田镇	5120	19722	2215	200	2680	4	
耒阳市大市镇	11984	47852		15	1368	7	3
耒阳市仁义镇	9700	47690	2627	22	480	3	2
耒阳市南京镇	7600	20324	1530	82	412	4	1
耒阳市大义镇	10440	30849	1079	69	560	21	4
耒阳市东湖圩镇	12659	49654	3245	92	667	14	
耒阳市马水镇	17284	48456	610	4	65	1	1
耒阳市导子镇	13530	41293	2278	156	900	6	2
耒阳市亮源乡	10481	20120					
耒阳市太平圩乡	4968	15469					
耒阳市长坪乡	8480	26508		42	1260	5	
耒阳市太和圩乡	7875	23700		69	350		
耒阳市坛下乡	6520	13272		3	72		
常宁市柏坊镇	14060	33890	17580	136	1580	103	15
常宁市水口山镇	10718	108393	51421	220	14381	158	14
常宁市烟洲镇	10699	36416	11232	1	189		
常宁市荫田镇	10736	42169	4926	11	1080	2	1
常宁市白沙镇	7934	36798	4822	45	2226	7	2
常宁市西岭镇	12515	35660	680	38	630	38	2
常宁市三角塘镇	11886	45011	1730	35	450	7	5
常宁市洋泉镇	18000	63619	4048	21	1000	1	
常宁市庙前镇	7860	16990	2579	146	8964	14	
常宁市罗桥镇	10735	34108	2680	212	1482	22	2
常宁市板桥镇	8024	42532	3296	66	20578	22	15
常宁市胜桥镇	7823	42332	1010	1	26	1	1
常宁市官岭镇	9029	41820	12820	52	260	27	
常宁市新河镇	16896	44747	37586	7	226	5	5
常宁市蓬塘乡	11290	44503	7600	16	112	6	2
常宁市兰江乡	7760	36504		23	12680		
常宁市大堡乡	8293	27678	2589	30	150	28	
常宁市塔山瑶族乡	14395	7914		12	4986	12	
双清区高崇山镇	3050	27487	2538	156	6836	29	18
双清区渡头桥镇	2400	20700	2455	38	826	12	1
双清区火车站乡	2319	21289	4355	172	12952	55	14
大祥区罗士镇	4321	24510	2321	5	78	4	2
大祥区蔡锷乡	3699	22585		12	660	3	

续表 325　　(湖南省)　　单位：公顷、人、个

名　称	行政区域面积	常住人口	#城镇建成区	企业个数	企业从业人员	工业企业个数	#规模以上
大祥区板桥乡	2866	24511		41	389	10	7
北塔区陈家桥乡	2242	21681		12	679	8	5
邵东县牛马司镇	8177	60122	5741	287	9012	108	22
邵东县九龙岭镇	8896	25901	3987	49	3687	40	5
邵东县仙槎桥镇	7400	37168	29848	90	6600	75	35
邵东县火厂坪镇	9700	44522	2069	221	2303	83	27
邵东县佘田桥镇	5253	22906	6210	66	2376	34	5
邵东县灵官殿镇	13136	58720	2980	121	800	80	6
邵东县团山镇	9609	62515	9119	39	4621	20	3
邵东县砂石镇	4143	22080	2360	13	421	11	3
邵东县廉桥镇	8677	49868	32879	312	12005	152	10
邵东县流光岭镇	3985	16365	7782	9	696	4	2
邵东县流泽镇	5320	31590	8217	88	8016	44	14
邵东县魏家桥镇	7118	30657	3054	60	3324	35	4
邵东县野鸡坪镇	7570	30930	7448	28	368	13	1
邵东县杨桥镇	5115	28456	2181	40	1578	13	3
邵东县水东江镇	9864	35961	6450	22	3700	22	2
邵东县黑田铺镇	10089	45852	6479	171	3415	103	29
邵东县简家陇镇	13038	40337	8067	13	155	8	1
邵东县界岭镇	5600	21415	2659	9	512	9	1
邵东县双凤乡	5577	14378		24	185	1	1
邵东县周官桥乡	4900	29259		82	3089	62	17
邵东县堡面前乡	5508	11756		10	275	2	
邵东县斫曹乡	4774	18949		8	89	4	
新邵县酿溪镇	6334	100884	92912	806	26587	251	48
新邵县严塘镇	12136	53395	15462	41	989	15	9
新邵县雀塘镇	9000	53874	12057	102	7408	13	6
新邵县陈家坊镇	10346	69095	12837	151	5627	25	5
新邵县潭溪镇	11094	36020	12236	7	484	3	1
新邵县寸石镇	9849	45529	2480	66	2482	52	5
新邵县坪上镇	17374	82388	23895	290	2578	93	8
新邵县龙溪铺镇	12768	55998	9799	102	1213	46	7
新邵县巨口铺镇	16005	54769	19875	30	635	13	7
新邵县新田铺镇	11307	57347	10141	64	3529	19	4
新邵县小塘镇	10599	48662	10497	42	526	25	3
新邵县太芝庙镇	8854	30047	9324	16	267	2	2
新邵县大新镇	13477	33082	11761	27	374	9	2
新邵县潭府乡	9857	28968		13	242	7	6
新邵县迎光乡	5370	32234		12	569	3	2
邵阳县塘渡口镇	24679	179478	93865	361	26180	185	38
邵阳县白仓镇	14027	72087	13280	261	3450	52	1
邵阳县金称市镇	13788	38373	3752	121	1930	14	1
邵阳县塘田市镇	9989	45288	4825	31	3835	15	3
邵阳县黄亭市镇	13537	53680	21294	103	1450	92	2
邵阳县长阳铺镇	9684	38201	6201	180	4226	32	7
邵阳县岩口铺镇	8800	33072	6130	15	1125	5	1
邵阳县九公桥镇	11156	51914	2200	410	11900	274	9
邵阳县下花桥镇	8160	50550	9005	35	3402	7	2
邵阳县谷洲镇	8469	35391	14135	347	4266	325	2
邵阳县郦家坪镇	11019	52146	3523	176	1786	2	

续表 326 （湖南省） 单位：公顷、人、个

名　称	行政区域面　积	常住人口	#城镇建成区	企业个数	企　业从业人员	工业企业个　数	#规模以上
邵阳县五峰铺镇	13784	92084	17425	332	12610	72	4
邵阳县小溪市乡	9091	35543		15	286	4	1
邵阳县长乐乡	6381	24260		16	1105	6	1
邵阳县蔡桥乡	6972	26403		14	286	9	
邵阳县河伯乡	9462	32912		17	230	4	
邵阳县黄荆乡	4917	15564		24	138		
邵阳县诸甲亭乡	4900	29344		5	58	1	
邵阳县罗城乡	3548	16634		12	122	5	
邵阳县金江乡	809	2221		1	5		
隆回县桃洪镇	25950	294208	211014	1311	33443	221	83
隆回县小沙江镇	16766	24562	2780	153	1023	48	4
隆回县金石桥镇	19980	65247	20392	87	1084	26	2
隆回县司门前镇	16680	59877	16453	62	6842	32	8
隆回县高平镇	15855	67341	18567	36	403	19	3
隆回县六都寨镇	16280	58791	19105	101	894	68	6
隆回县荷香桥镇	12350	51599	25445	88	1690	42	1
隆回县横板桥镇	9833	46472	22730	78	1065	36	3
隆回县周旺镇	7547	33102	11612	48	602	38	3
隆回县滩头镇	17740	63413	26413	35	488	23	1
隆回县鸭田镇	7460	28100	8590	38	472	11	
隆回县西洋江镇	9900	31061	15623	48	613	21	1
隆回县岩口镇	19270	62002	13240	105	1342	62	3
隆回县北山镇	10040	36253	9523	42	370	30	7
隆回县三阁司镇	11730	66375	12628	90	1183	50	3
隆回县南岳庙镇	6928	34882	9321	58	912	35	2
隆回县七江镇	10746	55321	19870	71	886	39	1
隆回县羊古坳镇	6129	30802	5419	48	693	33	1
隆回县罗洪镇	6324	21601	4746	36	881	9	1
隆回县麻塘山乡	6670	14059		8	43	5	1
隆回县虎形山瑶族乡	9330	14690		21	199	14	
隆回县大水田乡	9334	12545		10	120	5	
隆回县荷田乡	8146	20277		35	612	30	1
隆回县山界回族乡	4710	18148		19	210	15	1
洞口县江口镇	9609	12686	6639	48	986	28	3
洞口县毓兰镇	11537	43261	9045	164	2412	44	4
洞口县高沙镇	15321	102284	39621	275	6856	134	20
洞口县竹市镇	13961	70365	7420	94	2301	83	3
洞口县石江镇	13888	75239	18663	55	1522	11	8
洞口县黄桥镇	13233	87137	27511	211	2867	109	2
洞口县山门镇	10128	46140	14603	4	355	3	3
洞口县醪田镇	5432	26352	3640	44	322	30	1
洞口县花园镇	8177	29026	6350	38	1336	35	2
洞口县岩山镇	8011	24772	8097	48	357	32	
洞口县水东镇	3489	20087	6623	215	1348	4	
洞口县杨林镇	4546	25776	4613	20	215	5	
洞口县古楼乡	8252	5617		16	358	8	2
洞口县长塘瑶族乡	5972	5190		11	180	10	2
洞口县罗溪瑶族乡	23583	10121		48	1256	26	3
洞口县月溪乡	12996	15102		2	125	1	1
洞口县渣坪乡	8879	6994		1	52	1	1

续表 327　　(湖南省)　　单位：公顷、人、个

名　　称	行政区域面　积	常住人口	#城镇建成区	企业个数	企　业从业人员	工业企业个　数	#规模以上
洞口县石柱乡	9239	23655		4	286	3	3
洞口县桐山乡	8892	11491		22	173	21	
洞口县大屋瑶族乡	7355	5155		5	30	4	
绥宁县长铺镇	1261	52532	50847	260	2586	20	12
绥宁县武阳镇	19916	29636	4300	56	1458	28	2
绥宁县李熙桥镇	17977	29163	3968	29	362	4	2
绥宁县红岩镇	12422	26748	2257	22	146	4	
绥宁县唐家坊镇	9885	20257	2710	36	234	3	1
绥宁县金屋塘镇	14270	17553	1922	20	723	1	1
绥宁县瓦屋塘镇	14402	20328	8096	36	816	22	3
绥宁县黄土矿镇	5514	15769	2453	35	175	2	
绥宁县东山侗族乡	11665	16452		22	213	6	2
绥宁县鹅公岭侗族苗族乡	7339	12448					
绥宁县寨市苗族侗族乡	41532	26697		25	1645	10	5
绥宁县乐安铺苗族侗族乡	10566	9655		33	1126	13	5
绥宁县关峡苗族乡	21748	22693		35	457	15	2
绥宁县长铺子苗族侗族乡	55106	35988		79	1905	60	31
绥宁县麻塘苗族瑶族乡	24958	14706		33	357	12	
绥宁县河口苗族乡	14154	16210		10	51	6	
绥宁县水口乡	8986	10067		23	204		
新宁县金石镇	42260	179979	81210	1120	26850	118	43
新宁县水庙镇	16156	23237	3241	68	570	17	2
新宁县崀山镇	26624	26502	4576	25	345	15	1
新宁县黄龙镇	21292	27692	7143	19	881	17	2
新宁县高桥镇	15672	30197	6765	23	2069	20	4
新宁县回龙寺镇	23676	74940	24218	134	2360	51	4
新宁县一渡水镇	24376	34991	5525	57	465	3	1
新宁县马头桥镇	18233	47263	3436	50	1125	11	1
新宁县黄金瑶族乡	12856	7049		14	224	14	1
新宁县麻林瑶族乡	17223	13149		38	835	35	2
新宁县万塘乡	10655	24341		28	218	4	1
新宁县清江桥乡	12848	24834		30	745	15	2
新宁县安山乡	10500	23820		16	338	12	1
新宁县丰田乡	7787	21644		32	569	5	
新宁县巡田乡	9126	21035		41	326	7	
新宁县靖位乡	6329	6673		18	226	7	
城步苗族自治县儒林镇	31100	76032	38645	216	13168	76	17
城步苗族自治县茅坪镇	16820	19721	8200	117	1402	37	5
城步苗族自治县西岩镇	19400	48210	17026	39	364	24	1
城步苗族自治县丹口镇	47600	25316	1286	29	270	26	2
城步苗族自治县五团镇	15000	11741	1900	26	130	10	
城步苗族自治县长安营镇	28000	8477	2267	57	407	12	1
城步苗族自治县威溪乡	8300	8274		22	158	20	
城步苗族自治县白毛坪乡	40400	17320		27	155	10	1
城步苗族自治县兰蓉乡	13900	8834		27	286	21	
城步苗族自治县汀坪乡	27700	18446		29	170	15	1
城步苗族自治县蒋坊乡	9480	11520		7	110	4	
城步苗族自治县金紫乡	7000	19099		32	175	13	
武冈市邓元泰镇	14216	64185	4568	15	380	7	
武冈市湾头桥镇	13941	72458	6067	15	380	12	

续表 328　　(湖南省)　　单位：公顷、人、个

名　称	行政区域面积	常住人口	#城镇建成区	企业个数	企业从业人员	工业企业个数	#规模以上
武冈市文坪镇	8417	39267	11072	8	362	8	
武冈市荆竹铺镇	7899	45450	4037	8	671	5	
武冈市稠树塘镇	10920	38239	4256	5	31	1	
武冈市邓家铺镇	10948	57415	5748	19	482	2	
武冈市龙溪镇	4985	32928	3551	12	415	6	1
武冈市司马冲镇	7486	22048	7252	22	576	12	4
武冈市秦桥镇	7399	23841	1889				
武冈市双牌镇	10080	39351	3267	20	862	10	
武冈市大甸镇	6605	28330	6366	33	512	12	2
武冈市马坪乡	6111	32244		4	76	1	
武冈市晏田乡	6670	26871		3	26	2	
武冈市水浸坪乡	7261	27264		1	35		
岳阳楼区西塘镇	14260	45742	7102	74	1216	44	20
岳阳楼区郭镇乡	2004	9395		18	414	13	3
岳阳楼区康王乡	6153	26840		150	2542	31	5
云溪区长岭街道	5390	48011	48011	154	17758	65	12
云溪区云溪镇	15830	89778	34152	299	19463	205	78
云溪区陆城镇	11200	18946	3864	81	2364	35	5
云溪区路口镇	7880	21458	4110	64	764	30	2
君山区广兴洲镇	8840	43556	16996	56	510	13	3
君山区许市镇	14112	31406	8042	52	830	17	1
君山区钱粮湖镇	16164	68449	30700	119	2100	94	5
君山区良心堡镇	7080	34550	9720	72	580	20	4
岳阳县荣家湾镇	21740	172465	172465	205	10054	151	39
岳阳县黄沙街镇	13000	45213	4213	45	3165	2	2
岳阳县新墙镇	7597	36266	36266	241	9897	31	10
岳阳县柏祥镇	10016	26800	5234	5	330	5	5
岳阳县筻口镇	13938	58926	58926	189	3212	17	6
岳阳县公田镇	14647	47058	5832	193	5632	41	8
岳阳县毛田镇	22148	34336	3566	43	526	18	
岳阳县月田镇	17550	46021	18920	101	2151	10	2
岳阳县张谷英镇	22569	47478	2051	133	2116	7	1
岳阳县新开镇	13100	37987	36555	171	3828	33	20
岳阳县步仙镇	10410	31654	3657	86	527		
岳阳县中洲乡	7289	29757	2560	67	3578	13	7
岳阳县长湖乡	12060	36658	4052	94	1070	5	3
岳阳县杨林乡	8596	32158		120	2015	11	2
华容县三封寺镇	7580	27885	2564	80	3944	56	9
华容县治河渡镇	4572	27801	5600	50	3100	31	6
华容县北景港镇	7600	33779	3527	46	1220	34	3
华容县鲇鱼须镇	10800	51522	3951	95	3450	38	8
华容县万庾镇	9850	40013	2403	70	3460	15	2
华容县插旗镇	5130	29035	3223	46	3215	12	5
华容县注滋口镇	12889	61464	58879	85	889	2	1
华容县操军镇	6868	46174	2340	19	257	18	1
华容县东山镇	27360	81618	38500	78	6300	42	2
华容县梅田湖镇	8802	33255	3120	20	2012	20	3
华容县章华镇	12718	163250	137198	876	47230	111	14
华容县禹山镇	10046	44510	1852	12	369	6	3
华容县新河乡	7050	40522		8	504	8	8

续表 329　　（湖南省）　　单位：公顷、人、个

名　　称	行政区域面　　积	常住人口	#城镇建成区	企业个数	企　　业从业人员	工业企业个　　数	#规模以上
华容县团洲乡	5503	26851	2200	23	852	2	2
湘阴县文星镇	10812	155154	155088	297	14698	207	78
湘阴县东塘镇	5208	29042	2147	13	245	2	1
湘阴县樟树镇	5860	27227	4312	78	4368	4	1
湘阴县三塘镇	4053	22503	217	23	937	13	4
湘阴县岭北镇	15840	77360	1423	39	3050	15	4
湘阴县新泉镇	14800	85946	2570	158	918	13	4
湘阴县湘滨镇	11980	59415	1154	8	173	6	3
湘阴县南湖洲镇	10200	41070	15498	23	1433	2	2
湘阴县鹤龙湖镇	14050	71938	3458	65	2458	6	4
湘阴县金龙镇	3712	17564	576	16	3512	14	3
湘阴县静河镇	6092	27396	1778	47	1350	3	3
湘阴县玉华镇	4670	20510		10	899	4	4
湘阴县六塘乡	3519	16891	763	19	107	4	1
湘阴县杨林寨乡	3500	30886		3	62	3	
平江县汉昌镇	6307	108472	79148	523	17569	204	16
平江县安定镇	16783	73240	72729	110	2232	28	10
平江县三市镇	13808	58153	15081	173	15000	150	10
平江县加义镇	43862	61890	61890	366	2000		
平江县长寿镇	49444	90354	90345	490	4965	125	7
平江县龙门镇	20500	39013	38654	10	265		
平江县虹桥镇	18317	30970	30970	10	410	2	
平江县南江镇	19600	84109	40989	26	8745	15	3
平江县梅仙镇	20474	61350	4162	20	785	7	3
平江县浯口镇	18993	39662	3525	30	1258	12	
平江县瓮江镇	25387	55790	3943	63	316	1	1
平江县伍市镇	19102	81000	20000	185	5000	117	12
平江县向家镇	4132	16863	4820	20	200	5	2
平江县童市镇	15879	27005	2520	5	165	1	
平江县岑川镇	9207	20218	3440	6	42		
平江县福寿山镇	13659	18206	2600	56	400	7	5
平江县余坪镇	18210	40378	8050	42	430	20	6
平江县石牛寨镇	10833	23500	3571	35	560		
平江县上塔市镇	5986	22980	4200	28	2830	1	
平江县三阳乡	20507	58416		47	2300	22	5
平江县木金乡	11894	27416	27416	11	890	4	
平江县板江乡	7017	13680	1640	5	264		
平江县大洲乡	10030	18588	1236	42	1500	15	2
平江县三墩乡	11754	30712		3	66	3	
岳阳市屈原管理区营田镇	6868	36537	27908	85	6021	53	2
岳阳市屈原管理区河市镇	8023	25937	3711	10	377	6	
岳阳市屈原管理区凤凰乡	6721	16937		4	86	2	2
汨罗市汨罗镇	3450	27375	15161	87	6288	56	3
汨罗市新市镇	5466	32335	5683	50	420	25	8
汨罗市古培镇	5216	32493	7021	405	2080	80	5
汨罗市白水镇	8320	34956	6900	29	776	6	1
汨罗市川山坪镇	17936	55824	2098	206	1908	98	8
汨罗市弼时镇	14609	60230	2569	124	750	52	13
汨罗市长乐镇	5600	31433	12000	333	4116	185	9
汨罗市大荆镇	8108	27813	2800	34	612	6	5

续表 330　　(湖南省)　　单位：公顷、人、个

名　称	行政区域面积	常住人口	#城镇建成区	企业个数	企业从业人员	工业企业个数	#规模以上
汨罗市桃林寺镇	15700	57761	57761	38	7028	16	8
汨罗市三江镇	14200	27564	518	20	1850	20	10
汨罗市屈子祠镇	9800	43368	3100	5	116	5	1
汨罗市归义镇	3450	119480	7832	420	15840	60	16
汨罗市神鼎山镇	11873	43622	1462	47	4126	23	16
汨罗市罗江镇	15596	54338	2221	30	1320	5	3
汨罗市白塘镇	7560	21685	806	27	836	12	7
临湘市忠防镇	11700	25246	5976	102	4889	25	1
临湘市聂市镇	25900	50470	14829	318	2252	203	9
临湘市江南镇	19430	42406	6380	315	5120	16	4
临湘市桃林镇	15780	48716	18643	49	4786	18	11
临湘市长塘镇	5800	28500	5160	14	760	3	2
临湘市白羊田镇	8339	16780	3120	7	118	1	
临湘市詹桥镇	13584	28323	3742	89	864	35	2
临湘市黄盖镇	3430	13215	11250	37	188	13	3
临湘市羊楼司镇	28300	56872	22456	2939	25681	899	9
临湘市坦渡镇	14790	26422	5230	6	103	2	
武陵区河洑镇	1900	14932	14932	115	820	35	3
武陵区白鹤镇	9700	27398	2640	11	2950	8	
武陵区芦荻山乡	5400	34599		3	15	2	2
武陵区丹洲乡	2930	21679		38	1216	22	3
鼎城区蒿子港镇	5467	25862	9869	46	793	8	2
鼎城区中河口镇	6825	30339	1249	35	298	4	2
鼎城区十美堂镇	13810	62454	6000	94	184	4	1
鼎城区牛鼻滩镇	8676	30909	3120	5	75	2	1
鼎城区韩公渡镇	10297	37358	3461				
鼎城区石公桥镇	9200	34671	5872	188	941	2	1
鼎城区镇德桥镇	4235	21378	2559	2	26		
鼎城区周家店镇	13468	29788	6064	49	246	7	2
鼎城区双桥坪镇	10741	29765	1741	32	186	2	2
鼎城区灌溪镇	6400	35362	11632	348	7368	346	26
鼎城区蔡家岗镇	15575	40232	3779	138	1295	56	2
鼎城区草坪镇	7614	25277	5796	55	275	7	1
鼎城区石门桥镇	10830	47886	6849	86	1918	33	10
鼎城区谢家铺镇	12332	36434	4700	117	585	3	2
鼎城区黄土店镇	23727	49800	9200				
鼎城区尧天坪镇	11980	29790	327	66	412	7	1
鼎城区石板滩镇	6550	19613	6648	86	3350	37	7
鼎城区花岩溪镇	13472	20951	2430	82	750	1	1
鼎城区许家桥回维乡	11656	33730		10	100	10	1
安乡县深柳镇	6803	148185	116865	2075	25781	48	32
安乡县大鲸港镇	7403	45681	6501	208	1929	37	11
安乡县黄山头镇	6931	35643	5186	358	1857	16	2
安乡县三岔河镇	14340	54280	5068	197	1533	31	5
安乡县官垱镇	8394	37173	6851	35	315	5	3
安乡县下渔口镇	8091	33056	3064	107	1289	9	2
安乡县陈家嘴镇	9068	40423	4462	163	1458	58	2
安乡县大湖口镇	15284	48532	1760	86	686	22	1
安乡县安障乡	4634	18988	1856	54	1225	8	1
安乡县安全乡	6328	20935		65	1982	32	

续表 331　　(湖南省)　　单位：公顷、人、个

名　称	行政区域面　积	常住人口	#城镇建成区	企业个数	企　业从业人员	工业企业个　数	#规模以上
安乡县安丰乡	6486	27012		89	2169	4	2
安乡县安康乡	5702	24450		107	702	14	1
汉寿县蒋家嘴镇	6355	33245	22450	212	4022	103	7
汉寿县岩汪湖镇	15334	38920	8348	185	2815	30	2
汉寿县坡头镇	10394	31759	4200	45	226	7	2
汉寿县酉港镇	9155	34489	3700	6	121		
汉寿县洲口镇	11128	36538	6804	97	562	22	2
汉寿县罐头嘴镇	7404	33833	12126	44	338	2	
汉寿县沧港镇	10921	47732	8560	121	2640	48	4
汉寿县朱家铺镇	8131	22963	5735	216	1087		
汉寿县太子庙镇	11545	45877	11839	172	2084	131	29
汉寿县崔家桥镇	15110	49571	3996	206	10712	10	3
汉寿县军山铺镇	7086	27224	10835	45	1167	18	3
汉寿县百禄桥镇	4998	21825	1599	14	780	2	
汉寿县西湖镇	2926	32686	16680	178	2155	12	1
汉寿县洋淘湖镇	3427	13458	5582	4	257	2	2
汉寿县丰家铺镇	14591	50532	4600	47	1550	8	
汉寿县龙潭桥镇	13219	47348	6918	44	876	17	1
汉寿县聂家桥乡	4827	20364		40	1049	32	2
汉寿县毛家滩回族维吾尔族乡	5305	26841		40	230	13	4
澧县小渡口镇	15339	59250	8501	248	1268	112	3
澧县梦溪镇	15220	43696	43696	36	1597	15	1
澧县复兴镇	11984	33000	7600	210	1600	42	2
澧县盐井镇	13667	38122	2200	5	310	5	1
澧县大堰垱镇	112	55083	13100	360	5200	22	5
澧县王家厂镇	10791	27469	8000	5	56	5	3
澧县金罗镇	11300	29134	8623	113	2784	27	7
澧县码头铺镇	16500	50823		184	1650	65	4
澧县甘溪滩镇	18493	35956	3100	76	489	35	2
澧县火连坡镇	15099	43654	1638	226	1574	3	2
澧县澧南镇	12002	38696	38696	37	3855	19	14
澧县如东镇	12200	32591	4351	10	90	2	1
澧县涔南镇	9176	36897	6638	35	2884	10	5
澧县官垸镇	8187	16011		14	178	2	1
澧县城头山镇	10161	58352	3710	59	616	28	9
临澧县安福镇	15210	105998	73966	284	14392	65	55
临澧县合口镇	4934	47912	18683	118	6652	76	14
临澧县新安镇	5891	46243	19000	1964	14382	195	11
临澧县佘市桥镇	14915	40971	3837	37	257	23	3
临澧县太浮镇	14125	27958	3279	120	853	4	1
临澧县四新岗镇	19411	43920	1709	148	6476	31	5
临澧县停弦渡镇	11772	31508	3257	87	4379	68	11
临澧县修梅镇	11510	30382	1785	66	8275	43	3
临澧县烽火乡	9733	23389		195	998	30	1
临澧县刻木山乡	12172	44921		85	8850	45	11
桃源县漳江镇	23198	160805	96880	3393	57723	478	21
桃源县陬市镇	10481	60735	11873	92	2439	31	17
桃源县盘塘镇	8500	21060	2387	93	2831	12	2
桃源县热市镇	19122	39723	3522	61	1582	31	2
桃源县黄石镇	14732	18749	5560	23	350	4	

续表 332　　(湖南省)　　单位：公顷、人、个

名　　称	行政区域面　　积	常住人口	#城镇建成区	企业个数	企　　业从业人员	工业企业个　　数	#规模以上
桃源县漆河镇	22186	68889	23552	242	2623	149	4
桃源县理公港镇	22012	29383	7800	56	280	24	
桃源县观音寺镇	23089	25054	2153	5	227	2	
桃源县龙潭镇	24724	25842	6180	26	196	12	
桃源县三阳港镇	17691	30180	5823	123	630	15	2
桃源县剪市镇	10875	14669	2268	14	195	2	
桃源县茶庵铺镇	33296	39975	3248	171	1340	37	2
桃源县西安镇	19975	12855	1688	25	323	1	
桃源县沙坪镇	30460	32217	2933	117	678	19	
桃源县桃花源镇	10784	32712	4862	192	960	27	2
桃源县架桥镇	9826	30477	6574	38	945	20	
桃源县马鬃岭镇	6846	18000	4100	26	240		
桃源县夷望溪镇	24599	24594	3557	170	1102	29	2
桃源县双溪口镇	6493	24990	2488	47	268	15	
桃源县九溪镇	10000	21010	1465	26	265	6	
桃源县牛车河镇	17084	13061	7996	22	288	1	1
桃源县杨溪桥镇	18910	15774	15774	12	355	2	1
桃源县郑家驿镇	15120	22858	1830	103	518	14	2
桃源县青林回族维吾尔族乡	10120	37835		139	3225	10	
桃源县枫树维吾尔族回族乡	6827	31170		12	850	6	5
桃源县木塘垸乡	5684	31423	3336	26	9159	2	
桃源县佘家坪乡	12744	18304		14	165	3	
桃源县泥窝潭乡	9183	15018		12	198	3	
石门县蒙泉镇	23766	67388	22500	184	2890	28	10
石门县夹山镇	18700	41236	4130	252	2812	50	9
石门县易家渡镇	2565	22969	5220	45	3200	28	4
石门县新关镇	5889	15857	4885	6	480	6	6
石门县皂市镇	13780	24938	9662	165	1445	120	2
石门县维新镇	23900	14965	1448	41	263		
石门县太平镇	35944	26672	3790	210	1060	3	
石门县磨市镇	21653	21184	4531	16	179	12	
石门县壶瓶山镇	66530	26178	26178	56	298	53	
石门县南北镇	14428	6900	1140	3	35	3	
石门县白云镇	13606	29750	815	32	179	2	
石门县新铺镇	16154	27700		178	2993	48	3
石门县子良镇	19900	24191	1398	367	1872	255	
石门县三圣乡	27140	35510		25	2250	16	4
石门县所街乡	21178	25312		28	320	22	1
石门县雁池乡	23840	23433		18	130	15	1
石门县罗坪乡	20900	15706	6245	15	82		
常德市西洞庭管理区祝丰镇	7045	17385	17385	22	1072	6	3
津市市新洲镇	8612	33564	7955	376	2465	60	1
津市市白衣镇	8362	23209	3300	30	230	25	1
津市市药山镇	10959	37162	8630	530	3220	32	2
津市市毛里湖镇	10530	45762	5286	847	4235	31	6
张家界市永定区新桥镇	6423	10674	2455	71	565	61	3
张家界市永定区茅岩河镇	16837	10350	2014	112	8620	104	1
张家界市永定区教字垭镇	12250	31937	5212	8	285	8	
张家界市永定区天门山镇	10038	9194	1300	37	231	9	
张家界市永定区沅古坪镇	13767	15152	2052	12	72		

续表 333　　　　　　　　　　　　　　（湖南省）　　　　　　　　　　　　单位：公顷、人、个

名　　称	行政区域面　积	常住人口	#城镇建成区	企业个数	企　业从业人员	工业企业个　数	#规模以上
张家界市永定区尹家溪镇	8872	20110	2260	87	1153	28	1
张家界市永定区王家坪镇	16853	14632	1590	18	105		
张家界市永定区三家馆乡	10776	12657	1562	11	58	1	1
张家界市永定区合作桥乡	6165	13702	1320	4	48		
张家界市永定区谢家垭乡	13948	12831		2	13		
张家界市永定区罗塔坪乡	8529	7094					
张家界市永定区罗水乡	6182	6905					
张家界市永定区桥头乡	5436	11282	1800	1	50		
张家界市永定区四都坪乡	17017	7815		7	40		
武陵源区锣鼓塔街道	4810	4307	4307	4	150		
武陵源区协和乡	5737	7365	220	16	95		
武陵源区中湖乡	6760	13460		184	920		
慈利县零阳镇	29630	145799	77834	801	8610	470	50
慈利县岩泊渡镇	10800	31113	11000	234	1728	58	3
慈利县溪口镇	11077	17627	3090	30	288	8	
慈利县东岳观镇	10814	24073	2230	13	93	8	2
慈利县通津铺镇	9445	28557	3605	145	854	16	4
慈利县杉木桥镇	9104	24536	4500	7	84	2	
慈利县象市镇	10110	23540	2580	165	1536	120	1
慈利县江垭镇	29713	47456	14000	150	1756	69	1
慈利县苗市镇	10400	26246	26246	106	800	50	3
慈利县零溪镇	15500	38054	4899	21	105	11	1
慈利县高桥镇	16204	11978	3120	35	196	3	
慈利县龙潭河镇	19993	22500	2955	96	1183	80	2
慈利县广福桥镇	9890	14763	2697	57	560	51	
慈利县三合镇	22518	22655	2255	112	990	93	8
慈利县二坊坪镇	17152	18568	3518	156	845	19	4
慈利县南山坪乡	11974	11568		38	552	30	1
慈利县洞溪乡	11948	10603		32	600	30	2
慈利县杨柳铺乡	11045	20035		90	800	81	1
慈利县三官寺土家族乡	11349	22456	4300	89	923		
慈利县高峰土家族乡	14452	16669		1	350	1	
慈利县许家坊土家族乡	7739	16469	16469	31	287	3	
慈利县金岩土家族乡	13822	15413	3400	28	174	3	
慈利县赵家岗土家族乡	7249	12785	2642	7	157	7	
慈利县甘堰土家族乡	18070	31538		15	510	4	
慈利县阳和土家族乡	7297	19464		81	530	47	
桑植县澧源镇	9800	82500	82200	1042	8109	334	19
桑植县瑞塔铺镇	10800	24748	8967	124	1162	44	2
桑植县官地坪镇	12600	24598	5900	10	100	3	1
桑植县凉水口镇	8050	14017	1123	20	128	1	1
桑植县龙潭坪镇	25265	19987	19987	30	150	7	
桑植县五道水镇	28950	8958	2200	59	300	9	2
桑植县陈家河镇	22247	31120	3968	70	355		
桑植县廖家村镇	5800	7599	215	1	6	1	
桑植县利福塔镇	8400	21042	1680	27	1200	11	1
桑植县八大公山镇	32150	11639	6427	42	245		
桑植县桥自弯镇	20836	8645	1610	14	93	6	
桑植县人潮溪镇	31720	15710	3200	35	210		
桑植县空壳树乡	6863	10973		2	139		

续表 334　　(湖南省)　　单位：公顷、人、个

名　　称	行政区域面积	常住人口	#城镇建成区	企业个数	企业从业人员	工业企业个数	#规模以上
桑植县竹叶坪乡	14100	9973		18	55	10	
桑植县走马坪白族乡	13200	15950	2726				
桑植县刘家坪白族乡	3811	11691		30	200	2	
桑植县芙蓉桥白族乡	20555	12832	3500	2	12		
桑植县马合口白族乡	13397	14620	2500	2	10		
桑植县洪家关白族乡	14740	23293		9	70	6	1
桑植县沙塔坪乡	13250	11430		12	71	5	
桑植县河口乡	13740	8272					
桑植县上河溪乡	13648	13858		10	62		
桑植县上洞街乡	5673	11008	2098	22	158	3	
资阳区迎风桥镇	5700	35645	15468	120	3012	27	3
资阳区沙头镇	4400	24844	5500	60	1243	12	1
资阳区茈湖口镇	9476	31318	11785	71	2384	60	2
资阳区长春镇	10888	73438	19101	106	4023	43	19
资阳区新桥河镇	14000	69506	21088	398	20510	221	8
资阳区张家塞乡	9000	36889	1232	58	1853	34	
赫山区八字哨镇	3738	21290	2612	20	1343	4	4
赫山区泉交河镇	10170	40052	3315	36	1635	16	8
赫山区欧江岔镇	12648	52760	8468	135	1920	69	3
赫山区沧水铺镇	6962	33371	5010	293	5681	113	17
赫山区岳家桥镇	8878	35184	1018	63	1320	48	3
赫山区新市渡镇	6580	18573	1498	125	642	13	3
赫山区兰溪镇	11807	69982	11980	610	55487	175	23
赫山区衡龙桥镇	9842	43789	11480	455	9975	75	15
赫山区泥江口镇	13800	49873	4791	488	2928	98	9
赫山区笔架山乡	8142	30436	4810	37	920	11	3
南县明山头镇	6266	32347	5584	143	860	7	
南县青树嘴镇	7700	35823	3231	116	688	6	
南县厂窖镇	6849	34036	6114	61	715	8	1
南县武圣宫镇	5200	24584	2993	186	1000	82	1
南县南洲镇	8787	157486	116258	1720	16180	250	42
南县华阁镇	10807	39882	4460	222	1155	49	2
南县茅草街镇	9568	58596	19642	532	3575	127	8
南县三仙湖镇	9183	43439	8810	190	1620	39	2
南县麻河口镇	10898	46978	6118	184	1350	34	
南县浪拔湖镇	9574	46775	2920	196	2177	50	7
南县乌嘴乡	7013	38393	2555	172	865	20	1
南县中鱼口乡	9451	49963	4375	148	744	26	5
桃江县修山镇	9400	29598	7821	19	377	11	2
桃江县鸬鹚渡镇	12400	32950	9800	235	2650	165	9
桃江县石牛江镇	6400	30726	30726	182	1296	13	5
桃江县牛田镇	7000	31877	8038	66	401	5	3
桃江县松木塘镇	21400	29765	9989	31	336	6	4
桃江县桃花江镇	18100	161292	104972	4538	43136	261	47
桃江县灰山港镇	23200	121287	40164	752	5223	382	37
桃江县武潭镇	22800	68224	22362	71	3120	45	16
桃江县马迹塘镇	22200	58669	21853	14	1235	8	8
桃江县三堂街镇	14500	53321	9883	55	1021	46	9
桃江县大栗港镇	17100	59634	17526	218	2068	48	7
桃江县沾溪镇	6600	24643	7912	15	412	5	4

续表 335 （湖南省） 单位：公顷、人、个

名　称	行政区域面　积	常住人口	#城镇建成区	企业个数	企　业从业人员	工业企业个　数	#规模以上
桃江县高桥乡	9600	26355	6453	94	1368	47	6
桃江县鲊埠回族乡	3900	18818	6346	31	3027	27	6
桃江县浮丘山乡	12200	46847	6000	37	856	15	8
安化县清塘铺镇	22499	48070	8658	168	406	13	3
安化县仙溪镇	28019	40835	7268	49	1763	27	6
安化县长塘镇	17861	33038	4299	215	1100	17	3
安化县小淹镇	17707	32019	11083	53	1674	33	7
安化县羊角塘镇	24671	46666	9567	33	397	16	1
安化县冷市镇	18337	28676	9413	29	694	15	2
安化县奎溪镇	24154	20228	8177	43	1222	10	5
安化县烟溪镇	19599	19912	4726	28	619	21	6
安化县渠江镇	8620	9816	1650	11	56	3	1
安化县平口镇	10315	19148	8052	31	1017	31	4
安化县柘溪镇	14258	14166	4010	84	449	19	8
安化县乐安镇	19121	35117	4973	13	168	9	4
安化县滔溪镇	15416	21559	6121	11	95	5	2
安化县梅城镇	28660	99593	45950	591	9725	106	5
安化县大福镇	31723	73477	10061	44	886	12	1
安化县马路镇	39034	40892	7286	59	658	25	11
安化县东坪镇	43585	149490	143282	478	6581	206	19
安化县江南镇	28875	51877	7892	85	1712	46	8
安化县高明乡	9740	12967		12	360	11	11
安化县龙塘乡	14196	28372	2931	17	146	8	1
安化县田庄乡	20950	23767	9495	87	1847	36	4
安化县南金乡	19490	8532	1557	5	47	2	1
安化县古楼乡	17170	9550	834	6	35		
益阳市大通湖管理区河坝镇	17461	47635	18780	45	2700	24	12
益阳市大通湖管理区金盆镇	4665	20625	5889	16	785	6	5
益阳市大通湖管理区北洲子镇	4109	17084	5672	17	1799	10	8
益阳市大通湖管理区千山红镇	7523	26914	9613	31	1592	16	9
益阳高新技术产业园区谢林港镇	8000	37891	3920	928	14210	112	45
沅江市四季红镇	1723	17497	2821	45	232		
沅江市泗湖山镇	11700	49102	3875	386	2951	36	7
沅江市南嘴镇	7400	16141	1450	182	1350	16	3
沅江市新湾镇	5650	19300	2630	132	730	21	1
沅江市茶盘洲镇	8762	19618	11390	80	4350	17	4
沅江市南大膳镇	16970	89864	21800	479	4280	236	6
沅江市黄茅洲镇	12679	65114	65114	214	1674	7	4
沅江市草尾镇	15500	80009	31000	12	350	10	7
沅江市阳罗洲镇	9792	39478	4980	198	1010	16	3
沅江市共华镇	15100	56482	4318	205	1463	31	6
北湖区华塘镇	17260	30189	15038	851	4350	336	7
北湖区鲁塘镇	11350	33201	3186	156	3220	40	3
北湖区仰天湖瑶族乡	17567	21239	750	4	150	4	2
北湖区保和瑶族乡	10116	15241	201	12	1303	2	1
苏仙区白露塘镇	15638	40156	16798	232	6343	162	82
苏仙区良田镇	19192	48546	16632	345	14251	131	16
苏仙区栖凤渡镇	10396	47131	18932	249	5301	28	6
苏仙区坳上镇	16228	20774	6781	46	1125	19	7
苏仙区许家洞镇	18970	24400	9856	19	1753	7	7

续表 336　　　　(湖南省)　　　　单位：公顷、人、个

名　　称	行政区域面　积	常住人口	#城镇建成区	企业个数	企　业从业人员	工业企业个　数	#规模以上
苏仙区五里牌镇	10330	35682	26371	332	2936	171	9
苏仙区五盖山镇	11600	8100	8100	5	394	4	4
苏仙区飞天山镇	21816	26853	1482	142	6354	45	11
桂阳县仁义镇	21164	25646	5288	83	415	6	1
桂阳县太和镇	11845	30169	3692	90	1956	79	4
桂阳县洋市镇	17161	34890	5368	2	64	1	
桂阳县和平镇	11250	16390		56	283		
桂阳县流峰镇	22212	44462	2612	200	1780	12	1
桂阳县塘市镇	11076	14946	5705	9	162	6	1
桂阳县莲塘镇	16769	28154	3483	178	1121	95	
桂阳县舂陵江镇	25809	43379	16851	130	16962	62	13
桂阳县荷叶镇	8037	19552	1833	137	689	1	1
桂阳县方元镇	22018	39651	2734	115	2378	10	1
桂阳县樟市镇	19012	31429	2448	6	311	3	2
桂阳县敖泉镇	11593	16360	760	70	780	20	
桂阳县正和镇	10694	20798	1886	143	2856	13	13
桂阳县浩塘镇	7366	12326	1065	69	1033		
桂阳县雷坪镇	11799	22878	815	95	1255	5	5
桂阳县欧阳海镇	10064	19365	4316	121	834	78	1
桂阳县四里镇	12611	29987	24566	34	1026	8	1
桂阳县桥市乡	17807	12471		109	701	25	5
桂阳县白水瑶族乡	13535	12391		26	131		
宜章县白石渡镇	5388	11888	11315	33	1030	23	4
宜章县杨梅山镇	11681	20246	7312	64	463	13	4
宜章县瑶岗仙镇	9801	19435	10107	112	2420	48	6
宜章县梅田镇	13459	55072	5395	158	5899	38	11
宜章县黄沙镇	10255	33913	7364	51	3320	18	7
宜章县迎春镇	8957	22637	1922	24	5720	12	1
宜章县一六镇	6792	42363	24617	156	3471	35	16
宜章县栗源镇	7194	31942	14257	11	1024	9	7
宜章县岩泉镇	7340	37160	18952	106	4692	86	18
宜章县玉溪镇	23994	111967	111967	1056	16896	105	35
宜章县天塘镇	15270	39730		69	4543	33	19
宜章县笆篱镇	14125	37548	4737	157	4157	126	12
宜章县里田镇	7676	18548	18548	45	321	3	1
宜章县五岭镇	14659	30882	5503	16	422	3	2
宜章县浆水乡	8570	22458		149	2310	117	3
宜章县长村乡	5888	14558		30	682	4	4
宜章县莽山瑶族乡	28564	7891		38	268	16	
宜章县关溪乡	5451	14149		15	895	5	3
宜章县赤石乡	8162	17278		38	498	16	1
永兴县马田镇	12100	68309	8477	1325	6626	12	8
永兴县湘阴渡镇	6500	31469	12653	145	5189	27	7
永兴县塘门口镇	9500	13538	1868	32	3625	14	11
永兴县金龟镇	9660	19147	2159	85	763	6	6
永兴县柏林镇	19300	45664	14350	190	9126	30	30
永兴县鲤鱼塘镇	21690	20453	2463	230	3220	13	3
永兴县便江镇	18700	135625	3777	713	9742	33	8
永兴县悦来镇	5200	19785	2730	8	42	3	
永兴县黄泥镇	12600	24422	618	13	953	11	8

续表 337　　(湖南省)　　单位：公顷、人、个

名　　称	行政区域面积	常住人口	#城镇建成区	企业个数	企业从业人员	工业企业个数	#规模以上
永兴县樟树镇	9750	26154	5274	79	485	6	3
永兴县太和镇	9700	16563	400	15	1566	12	12
永兴县油麻镇	9200	24292	576	58	367	1	1
永兴县高亭司镇	8800	46079	2076	64	1685	17	10
永兴县洋塘乡	5100	18064		9	986	6	3
永兴县大布江乡	11900	11203		8	58	8	
永兴县龙形市乡	15700	11028	1177	23	600	2	1
永兴县七甲乡	12540	10736		53	294	25	1
嘉禾县珠泉镇	9463	91316	91316	786	16083	296	60
嘉禾县塘村镇	3170	27849	15458	346	4516	64	27
嘉禾县袁家镇	5241	22909	13547	110	18273	100	12
嘉禾县行廊镇	7521	32629	23008	67	375	18	3
嘉禾县龙潭镇	7212	21527	1215	66	842	52	11
嘉禾县石桥镇	5700	25408	984	14	137	3	1
嘉禾县坦坪镇	7620	29308	29308	89	452	17	10
嘉禾县广发镇	6800	30211	1400	18	106		
嘉禾县晋屏镇	7176	30200	12256	251	1910	58	1
嘉禾县普满乡	6935	18043	1288	34	5245	2	2
临武县舜峰镇	10234	104400	65630	568	3133	92	3
临武县金江镇	4876	17600	2549	45	401	12	4
临武县武水镇	9873	45700	18319	350	4065	45	20
临武县南强镇	18039	32200	3651	70	1208	31	3
临武县汾市镇	10291	26100	2460	16	4950	16	2
临武县水东镇	11066	21300	2642	73	2325	37	2
临武县楚江镇	7624	15200	1250	9	45	9	3
临武县麦市镇	7665	20500	3210	170	850	157	3
临武县香花镇	7776	17500	7910	46	1960	27	4
临武县花塘乡	15910	13700		19	538	19	6
临武县万水乡	6148	16000		40	2610	40	2
临武县镇南乡	8273	7800		42	320	31	3
临武县西山瑶族乡	20531	8500		15	75	10	
汝城县热水镇	13900	10437	1900	51	2312	22	1
汝城县土桥镇	16749	45944	45944	66	2092	45	1
汝城县泉水镇	9309	29696	10120	54	1171	41	3
汝城县暖水镇	15974	21193	2113	73	2453	30	4
汝城县大坪镇	13629	26052	7500	24	3230	23	2
汝城县三江口瑶族镇	11671	8124	2347	1	40		
汝城县卢阳镇	11559	80144	80144	172	17671	83	9
汝城县马桥镇	19818	30923	954	40	1478	35	1
汝城县井坡镇	8899	19636	3711	8	186	1	1
汝城县南洞乡	15832	7538		5	57	5	1
汝城县濠头乡	17738	11547		206	1200	168	2
汝城县延寿瑶族乡	17313	17544		34	527	11	2
汝城县集益乡	17003	8407	8407	34	285	12	2
汝城县文明瑶族乡	38305	43556	12156	48	2007	31	
桂东县沤江镇	32304	68672	34500	214	8755	98	7
桂东县沙田镇	15810	34361	20152	55	1366	35	3
桂东县清泉镇	6461	10813		22	172	10	
桂东县大塘镇	6213	20296	13130	47	620	8	
桂东县四都镇	15847	21093	6920	128	648	5	

续表 338　　(湖南省)　　单位：公顷、人、个

名　　称	行政区域面　　积	常住人口	#城镇建成区	企业个数	企　　业从业人员	工业企业个　　数	#规模以上
桂东县寨前镇	12709	25960	1327	24	229	24	2
桂东县普乐镇	12761	20251	3582	12	360	12	
桂东县桥头乡	8594	10247		21	762	21	1
桂东县新坊乡	8637	10359		16	500	14	
桂东县东洛乡	9032	1691		7	60	7	
桂东县青山乡	11142	5174		10	92	10	
安仁县安平镇	12297	58271	55512	120	1010	11	2
安仁县龙海镇	7080	17061	17061	58	478	19	6
安仁县灵官镇	7860	18983	9680	92	1365	36	4
安仁县永乐江镇	35874	126823	65487	832	33258	143	32
安仁县金紫仙镇	41344	39597	2700	135	988	47	
安仁县龙市乡	8200	12603		13	71	1	
安仁县渡口乡	5324	18421		14	76	3	
安仁县华王乡	6280	18320		36	292	11	1
安仁县牌楼乡	8341	32467		41	348	13	
安仁县平背乡	4517	16201		27	492	11	1
安仁县承坪乡	3570	13610		38	310	16	
安仁县竹山乡	3243	10960		26	208	7	
安仁县洋际乡	5560	13979		34	321	11	1
资兴市滁口镇	15651	15013	1286	14	280		
资兴市三都镇	9154	31918	2983	149	9903	91	11
资兴市蓼江镇	8886	11223	4271	46	356	23	2
资兴市兴宁镇	28617	33153	21205	95	2659	27	3
资兴市州门司镇	35922	34471	15865	71	3152	27	4
资兴市黄草镇	36068	14509	1099	57	361	18	1
资兴市汤溪镇	16747	9082	420	15	280		
资兴市清江镇	13471	12110	1789	55	335		
资兴市白廊镇	25849	13381	1058	24	462	14	
资兴市回龙山瑶族乡	12965	11280	9430	2	72	1	1
资兴市八面山瑶族乡	24138	13628	1275	43	1824	25	2
零陵区水口山镇	12909	44779	5686	82	1526	69	3
零陵区珠山镇	19543	57572	25012	121	3768	21	13
零陵区黄田铺镇	12831	21912	4527	87	2641	28	3
零陵区富家桥镇	25660	49902	13712	229	4325	109	7
零陵区菱角塘镇	15680	21055	861	38	6511	33	2
零陵区邮亭圩镇	33004	34269	7835	234	1564	21	3
零陵区石岩头镇	12600	39115	5246	44	518	24	
零陵区大庆坪乡	15556	28569	14152	18	385	11	
零陵区梳子铺乡	9982	28906	1826	32	1580	18	3
零陵区凼底乡	8287	23351	23351	10	330	9	
冷水滩区花桥街镇	6980	16636	3408	50	1900	4	
冷水滩区普利桥镇	13592	48618	5600	22	122	2	2
冷水滩区牛角坝镇	8600	26670	3850				
冷水滩区高溪市镇	8180	17994	687	16	867	7	2
冷水滩区黄阳司镇	12970	28523	8025	25	425	7	1
冷水滩区上岭桥镇	20182	41063	129	180	4000	70	8
冷水滩区伊塘镇	8219	17471	2195	38	320	2	2
冷水滩区蔡市镇	7280	22803	942	56	826	9	2
冷水滩区杨村甸乡	8276	14895	1251	1	34	1	1
祁阳县观音滩镇	8120	26674	10566	20	1310	13	6

续表 339　　　　　　　　　　（湖南省）　　　　　　　　　　单位：公顷、人、个

名　　称	行政区域面积	常住人口	#城镇建成区	企业个数	企业从业人员	工业企业个数	#规模以上
祁阳县茅竹镇	9210	23438	11322	26	320	11	2
祁阳县大忠桥镇	13611	40471	7102	40	982	38	3
祁阳县三口塘镇	8600	14491	3900	12	72	3	1
祁阳县肖家镇	9352	49657	2786	165	1544	12	1
祁阳县八宝镇	8210	31878	5645	138	690	99	
祁阳县白水镇	12697	44562	31825	187	7023	69	17
祁阳县黄泥塘镇	7509	34620	2845	5	80	3	1
祁阳县进宝塘镇	6484	26549	7463	16	467	7	2
祁阳县潘市镇	12036	42307	14905	8	348	4	1
祁阳县梅溪镇	6339	20210	3010	51	2531	19	
祁阳县羊角塘镇	13115	48213	5211	40	2280	37	2
祁阳县下马渡镇	12530	42680	8850	35	1285	33	2
祁阳县七里桥镇	8230	29320	2550	75	375	16	3
祁阳县大村甸镇	9294	37747	4982	76	389	2	2
祁阳县黎家坪镇	8355	44010	32054	237	1867	107	11
祁阳县文富市镇	5950	28348	2203	311	3540	6	
祁阳县文明铺镇	11261	34330	9124	160	800	25	2
祁阳县龚家坪镇	8007	22351	3891	70	350	3	
东安县白牙市镇	28607	118564	77852	201	25356	83	35
东安县大庙口镇	22203	30825	1988	158	973	2	2
东安县紫溪市镇	17200	37642	6072	81	431	44	3
东安县横塘镇	14083	30246	2621	141	1521	141	
东安县石期市镇	12422	32946	32946	65	351	34	7
东安县井头圩镇	16555	41026	3316	32	2201	25	12
东安县端桥铺镇	13488	40788	4523	448	2586	292	1
东安县鹿马桥镇	17931	24948	6780	162	9645	100	1
东安县芦洪市镇	12972	55059	16663	583	3363	58	7
东安县新圩江镇	13250	27966	19756	7	35	7	
东安县花桥镇	5300	13964	1930	1	15	1	1
东安县大盛镇	9915	25923	1491	1	6		
东安县南桥镇	10370	34311	3023	56	3483	35	
东安县川岩乡	10000	17028	4192	38	459	38	
东安县水岭乡	5930	10100		8	200	5	
双牌县泷泊镇	33798	100613	80014	403	6020	61	42
双牌县江村镇	16104	19826		15	150	6	1
双牌县五里牌镇	8048	11415	3060	47	1450	13	2
双牌县茶林镇	12960	8387		18	330	2	2
双牌县何家洞镇	19911	9306		44	828	6	
双牌县麻江镇	8240	7701	254	17	216	2	1
双牌县塘底乡	10838	5834		6	90	1	
双牌县上梧江瑶族乡	19620	9834		5	90	4	
双牌县理家坪乡	8043	14022	14022	16	249	5	1
双牌县五星岭乡	7397	3322		23	414	3	
双牌县打鼓坪乡	5780	4429		8	146	3	
道县梅花镇	9712	20504	7050	42	225	17	
道县寿雁镇	18651	80000	9000	14	3000	5	1
道县仙子脚镇	13086	28437	6024	24	310	6	3
道县清塘镇	14990	40871	8200	40	3952	35	1
道县祥霖铺镇	20828	63615	6460	45	928	7	2
道县蚣坝镇	13968	44757	6012	198	1523	24	2

续表 340　　(湖南省)　　单位：公顷、人、个

名　　称	行政区域面　　积	常住人口	#城镇建成区	企业个数	企　　业从业人员	工业企业个　　数	#规模以上
道县四马桥镇	12070	37345	6649	10	180	5	
道县白马渡镇	9712	37780	4280	6	105	3	
道县柑子园镇	7996	29453	4568	8	130	4	
道县白芒铺镇	10243	26890	6688	104	607	8	
道县桥头镇	24807	27420	2682				
道县乐福堂乡	12150	17939		2	16	2	
道县审章塘瑶族乡	10400	25210	4781	1	10		
道县横岭瑶族乡	11450	10671	360				
道县洪塘营瑶族乡	22200	11325		17	131	17	
江永县潇浦镇	20266	77065	77065	114	6101	84	28
江永县上江圩镇	8620	23548	2066	21	1170	8	2
江永县夏层铺镇	12008	21548	2743	18	1055	4	
江永县桃川镇	54744	41078	5346	40	2320	12	4
江永县粗石江镇	16894	16454	2143	30	1673	4	1
江永县松柏瑶族乡	22846	26238		21	1142	8	1
江永县千家峒瑶族乡	15981	19195		15	825	6	2
江永县兰溪瑶族乡	6555	6115		1	38		
江永县源口瑶族乡	20320	18071		19	204	4	
宁远县天堂镇	8574	25230	8286	72	427	24	1
宁远县水市镇	21820	53331	17179	114	2267	18	6
宁远县湾井镇	11599	33597	17021	64	612	2	1
宁远县冷水镇	16080	47119	18116	91	2876	30	11
宁远县太平镇	13470	52626	9230	44	360	24	3
宁远县禾亭镇	8217	33277	11251	20	310	20	1
宁远县仁和镇	6890	24021	6507	62	1988	29	4
宁远县中和镇	30251	49030	13692	20	115	8	1
宁远县柏家坪镇	16056	46583	18884	91	2637	23	2
宁远县清水桥镇	11221	38950	6408	87	3978	28	2
宁远县鲤溪镇	14700	37525	6025	83	445	12	1
宁远县保安镇	7018	19660	2158	7	278	5	1
宁远县九疑山瑶族乡	32830	28528		88	496	20	3
宁远县五龙山瑶族乡	15580	7502					
宁远县棉花坪瑶族乡	5961	4179					
宁远县桐木漯瑶族乡	6902	4549		1	53	1	1
蓝山县塔峰镇	29170	158620	158620	578	35895	301	50
蓝山县毛俊镇	11000	17000	5060	35	410	10	4
蓝山县楠市镇	9050	34500	34500	30	200	10	
蓝山县所城镇	17306	20196	5125	63	3256	31	3
蓝山县新圩镇	14148	35588	6658	70	421		
蓝山县祠堂圩镇	7516	21894	4120	70	768	26	2
蓝山县土市镇	11836	21686	6308	5	90		
蓝山县太平圩镇	7370	24111	5623	194	4960	119	15
蓝山县汇源瑶族乡	5077	1840		4	30		
蓝山县犁头瑶族乡	3403	1608					
蓝山县浆洞瑶族乡	7906	4380		44	252	43	
蓝山县湘江源瑶族乡	5631	2103		16	92	16	
蓝山县大桥瑶族乡	8300	5400		6	50		
蓝山县荆竹瑶族乡	19300	3877					
新田县龙泉镇	20349	155851	99779	1051	17349	127	54
新田县金陵镇	7608	14568	4417	5	96		

续表 341　　　　　　　　　　（湖南省）　　　　　　　　　　单位：公顷、人、个

名　称	行政区域面　积	常住人口	#城镇建成区	企业个数	企　业从业人员	工业企业个　数	#规模以上
新田县骥村镇	9680	17118	3121	5	68	2	
新田县枧头镇	11089	27763	3681	8	42		
新田县新圩镇	6306	22543	1460	24	173	3	
新田县石羊镇	6380	20019	1875	13	52	2	
新田县新隆镇	4205	12815	2852	13	22		
新田县三井镇	6577	20862	1654	11	68	1	
新田县大坪塘镇	7866	18970	6572	6	41	1	
新田县陶岭镇	4002	12767	1208	16	57	7	
新田县金盆镇	4765	15403	2962	13	59		
新田县门楼下瑶族乡	13413	5906	1100	3	25	2	
江华瑶族自治县沱江镇	30677	192189	142664	1304	21416	371	30
江华瑶族自治县大路铺镇	17203	33354	4628	66	1837	12	2
江华瑶族自治县白芒营镇	17910	34746	7708	120	1350	27	
江华瑶族自治县涛圩镇	10611	34276	4458	81	729	12	1
江华瑶族自治县河路口镇	13476	15668	5012	85	2421	13	5
江华瑶族自治县大圩镇	22199	26109	8227	39	706	15	
江华瑶族自治县水口镇	32116	25000	11600	56	300	23	
江华瑶族自治县码市镇	52160	22720	4689	96	932	85	3
江华瑶族自治县涔天河镇	37563	34208	5770	73	365	5	1
江华瑶族自治县界牌乡	7322	18474		50	257	3	2
江华瑶族自治县桥市乡	6939	10128		19	525	11	
江华瑶族自治县大石桥乡	9243	23816		18	112	4	
江华瑶族自治县湘江乡	18981	4048		11	125	8	1
江华瑶族自治县蔚竹口乡	15220	7950		12	80	12	
江华瑶族自治县大锡乡	12032	3539		18	92	11	
江华瑶族自治县小圩壮族乡	13334	19660		38	269	10	
永州市金洞管理区金洞镇	18669	18482	18482	121	685	8	
永州市金洞管理区晒北滩瑶族乡	11811	6166		2	13		
永州市金洞管理区凤凰乡	12020	13168		16	68		
永州市金洞管理区石鼓源乡	7962	15211		11	131	3	
永州市回龙圩管理区回龙圩镇	9668	13814	6200	65	2400	10	2
鹤城区黄金坳镇	15889	32482	2610	10	100	4	
鹤城区盈口乡	6978	50924		13	1200		
鹤城区凉亭坳乡	19155	16759		15	86	1	1
中方县中方镇	27518	69552	20790	47	351	15	8
中方县泸阳镇	14943	39652	10623	164	900	31	7
中方县花桥镇	16034	21462	4650	13	259	5	1
中方县铜湾镇	9767	22530	5338	1	65	1	1
中方县桐木镇	9372	21036	5032	23	426	3	1
中方县铁坡镇	10289	11408	1020	13	73	4	
中方县新建镇	11802	14149	1285	27	283	1	
中方县接龙镇	4709	8567	1210	7	38	2	
中方县铜鼎镇	4800	13056	1395				
中方县新路河镇	10722	18621	810	22	110	5	
中方县袁家镇	9443	11939		1	5		
中方县蒿吉坪瑶族乡	6763	6147	856	11	55		
沅陵县麻溪铺镇	9600	18474	4889	17	1238	12	4
沅陵县五强溪镇	27200	38534	16000	14	900	8	2
沅陵县明溪口镇	24022	22323	2105				
沅陵县凉水井镇	56000	52062	3821	222	2180	43	4

续表 342　　(湖南省)　　单位：公顷、人、个

名　　称	行政区域面　　积	常住人口	#城镇建成区	企业个数	企　　业从业人员	工业企业个　　数	#规模以上
沅陵县七甲坪镇	42633	39330	2600	6	35	1	1
沅陵县筲箕湾镇	24600	30991	22023	7	1026		
沅陵县官庄镇	46108	54737	17734	251	7752	13	5
沅陵县沅陵镇	40890	138076	30564	85	1959	14	7
沅陵县杜家坪乡	15614	6550	1148				
沅陵县楠木铺乡	16687	15598		5	28	2	
沅陵县肖家桥乡	14378	11764		11	56		
沅陵县火场乡	9831	6263		4	35		
沅陵县陈家滩乡	11560	8447					
沅陵县清浪乡	31592	16288		26	280	1	
沅陵县借母溪乡	29008	20073					
沅陵县荔溪乡	29800	29013	5678	42	260	18	
沅陵县大合坪乡	23900	15315	15315				
沅陵县马底驿乡	24100	20085					
沅陵县北溶乡	36026	17873		18	120		
沅陵县二酉乡	35835	37750	3700	67	372		
沅陵县盘古乡	16517	20561	5400	4	23		
辰溪县辰阳镇	10997	186542	101320	1167	34111	102	6
辰溪县孝坪镇	9985	45356	16692	223	1338	5	3
辰溪县田湾镇	9133	7525	7500				
辰溪县火马冲镇	13838	39511	7451	156	3810	93	24
辰溪县黄溪口镇	6109	29865	19385	45	755	5	
辰溪县潭湾镇	9875	39106		30	332	11	5
辰溪县安坪镇	8039	17003	5904	15	152		
辰溪县锦滨镇	7412	31725	14198	35	235	3	
辰溪县修溪镇	18982	21042	789				
辰溪县船溪乡	6859	12386					
辰溪县长田湾乡	9076	14890	780				
辰溪县小龙门乡	6426	11249		4	25		
辰溪县后塘瑶族乡	6924	11000					
辰溪县苏木溪瑶族乡	5487	8444					
辰溪县罗子山瑶族乡	4878	6641					
辰溪县上蒲溪瑶族乡	6345	9660	1000				
辰溪县仙人湾瑶族乡	12391	23108	1821	23	200	1	
辰溪县龙头庵乡	5379	16337					
辰溪县大水田乡	10132	18315	951				
辰溪县桥头溪乡	6217	7245	912				
辰溪县龙泉岩乡	5220	10182		1	13		
辰溪县柿溪乡	10051	16012					
辰溪县谭家场乡	8964	11808					
溆浦县卢峰镇	22022	177360	94849	716	10465	153	23
溆浦县低庄镇	20200	46968	22876	523	2800	32	5
溆浦县桥江镇	10240	42362	2149	52	320	28	
溆浦县龙潭镇	24721	55420	21937	156	794	10	8
溆浦县均坪镇	8500	17235	764	13	65		
溆浦县观音阁镇	16206	33788	1826	26	165	3	1
溆浦县双井镇	10450	50335	2200	204	1060	2	1
溆浦县水东镇	12458	29690	4214	2	105		
溆浦县两丫坪镇	8300	11352	11352	20	120	11	2
溆浦县黄茅园镇	11070	28867	28867	35	1350	20	3

续表 343　　（湖南省）　　单位：公顷、人、个

名　称	行政区域面积	常住人口	#城镇建成区	企业个数	企业从业人员	工业企业个数	#规模以上
溆浦县葛竹坪镇	10600	19196	1200	34	1600	34	5
溆浦县大江口镇	21164	53479	25307	27	3500	21	5
溆浦县思蒙镇	9127	18407	1467	11	69		
溆浦县深子湖镇	23610	28086		16	474	10	6
溆浦县祖市殿镇	12306	23875	1350				
溆浦县三江镇	28758	27380					
溆浦县统溪河镇	10700	11236		15	243		
溆浦县北斗溪镇	16200	10959		15	182	15	
溆浦县舒溶溪乡	6371	11601					
溆浦县油洋乡	8420	20252		3	30	1	
溆浦县小横垅乡	12800	12907		8	565		
溆浦县中都乡	9277	10920		8	55	8	
溆浦县沿溪乡	15510	9279		11	271	1	1
溆浦县龙庄湾乡	4500	7503		34	270	2	1
溆浦县淘金坪乡	7049	11601					
会同县林城镇	28285	93898	44154	142	3047	16	15
会同县坪村镇	6819	19841	1864	3	89	1	1
会同县堡子镇	6400	17101	5830	49	251	10	
会同县团河镇	13322	13260	1860	35	180	3	
会同县若水镇	21000	18824	4211	11	60	4	2
会同县广坪镇	13273	17330	3002	14	126	5	
会同县马鞍镇	12086	12014	3560	5	108		
会同县金竹镇	20186	20125	3142	66	605	1	1
会同县沙溪乡	12694	12051		3	35	2	
会同县金子岩侗族苗族乡	23700	29230		5	63	5	
会同县高椅乡	9667	9164					
会同县宝田侗族苗族乡	6450	9683		1	67	1	1
会同县漠滨侗族苗族乡	7920	11756	4051				
会同县蒲稳侗族苗族乡	5555	8620		9	56	1	
会同县青朗侗族苗族乡	11823	16330		1	126	1	1
会同县炮团侗族苗族乡	8530	11051					
会同县地灵乡	7520	7656					
会同县连山乡	7300	14117		51	419	13	5
麻阳苗族自治县锦和镇	14704	18352	12000	6	345	6	3
麻阳苗族自治县江口墟镇	10740	21294	2850	46	245	1	1
麻阳苗族自治县岩门镇	7242	20182	3126	21	120	10	
麻阳苗族自治县兰里镇	8050	23470	12645				
麻阳苗族自治县吕家坪镇	5700	14919	1624	4	135	1	
麻阳苗族自治县高村镇	19067	126719	126719	127	6181	61	19
麻阳苗族自治县尧市镇	19628	22379		117	1293		
麻阳苗族自治县郭公坪镇	14300	10612	2215	17	121	5	
麻阳苗族自治县文昌阁乡	6740	12044					
麻阳苗族自治县大桥江乡	62000	10325	2130	36	182		
麻阳苗族自治县舒家村乡	4200	11338		1	12		
麻阳苗族自治县隆家堡乡	6920	13116					
麻阳苗族自治县谭家寨乡	7234	12458		6	31	2	
麻阳苗族自治县石羊哨乡	7270	6921	751				
麻阳苗族自治县板栗树乡	7000	8361					
麻阳苗族自治县兰村乡	7300	7198		28	165		
麻阳苗族自治县和平溪乡	5883	15826					

续表 344　　(湖南省)　　单位：公顷、人、个

名　　称	行政区域面积	常住人口	#城镇建成区	企业个数	企业从业人员	工业企业个数	#规模以上
麻阳苗族自治县黄桑乡	5021	9792					
新晃侗族自治县波洲镇	9646	11692	11692	17	864	12	4
新晃侗族自治县鱼市镇	11544	18306	1495	23	2750	19	13
新晃侗族自治县凉伞镇	24374	31428	31428	4	135	3	
新晃侗族自治县扶罗镇	22018	17509	17509	6	169	3	1
新晃侗族自治县中寨镇	12621	12845	12845	36	192	34	1
新晃侗族自治县晃州镇	24804	77875	30946	131	4219	97	14
新晃侗族自治县林冲镇	10700	13077	928	5	221	2	
新晃侗族自治县贡溪镇	7150	10654	2562	7	350	3	
新晃侗族自治县禾滩镇	12301	14361	930	2	58	1	
新晃侗族自治县步头降苗族乡	7909	11596	2339	5	54	5	
新晃侗族自治县米贝乡	12158	11061		1	128	1	1
芷江侗族自治县芷江镇	26862	150182	97852	358	5328	97	22
芷江侗族自治县罗旧镇	8201	18612	3872	78	3865	3	
芷江侗族自治县新店坪镇	21149	30304	5250	196	2980	91	3
芷江侗族自治县碧涌镇	20200	28723	1080	32	160		
芷江侗族自治县公坪镇	8500	10602	1525	85	936	35	12
芷江侗族自治县岩桥镇	9013	14015	4580	14	96	14	3
芷江侗族自治县三道坑镇	18929	10691	870				
芷江侗族自治县土桥镇	17719	20796	1866	4	210		
芷江侗族自治县楠木坪镇	9400	11288	2100				
芷江侗族自治县牛牯坪乡	11374	5664					
芷江侗族自治县水宽乡	5100	8706		7	37		
芷江侗族自治县大树坳乡	10447	9106		43	216		
芷江侗族自治县梨溪口乡	8290	11392	870				
芷江侗族自治县洞下场乡	6233	6984		8	48	2	
芷江侗族自治县禾梨坳乡	5224	10468		13	147	2	
芷江侗族自治县冷水溪乡	7500	12080	895				
芷江侗族自治县晓坪乡	5600	10263					
芷江侗族自治县罗卜田乡	6344	9686					
靖州苗族侗族自治县渠阳镇	64212	92764	69169	648	13523	179	27
靖州苗族侗族自治县甘棠镇	13756	19207	2578	16	1181	13	3
靖州苗族侗族自治县大堡子镇	20610	21539	2697				
靖州苗族侗族自治县坳上镇	22358	14895	1971				
靖州苗族侗族自治县新厂镇	19994	22080	738	30	1520	6	
靖州苗族侗族自治县平茶镇	18144	10350	338	8	65	7	
靖州苗族侗族自治县太阳坪乡	9084	10996	214	2	27		
靖州苗族侗族自治县三锹乡	17505	5882		2	20	2	
靖州苗族侗族自治县文溪乡	11526	10285		7	3735	7	
靖州苗族侗族自治县寨牙乡	14355	5572	594	6	120		
靖州苗族侗族自治县藕团乡	16753	12612					
通道侗族自治县双江镇	23909	65067	52054	304	9322	45	8
通道侗族自治县县溪镇	31632	30282	5867	43	1026	42	8
通道侗族自治县播阳镇	16259	17078	3200	12	465	12	
通道侗族自治县牙屯堡镇	17909	16850	1705	8	120		
通道侗族自治县菁芜洲镇	13723	14905	1720	22	155	8	3
通道侗族自治县溪口镇	29316	17134	1178	19	437	19	2
通道侗族自治县陇城镇	15710	19463	1483	17	668	16	1
通道侗族自治县万佛山镇	41523	24951	4126	44	1600	38	4
通道侗族自治县独坡镇	15236	14399	265	4	195	4	

续表 345 (湖南省) 单位：公顷、人、个

名　　称	行政区域面　积	常住人口	#城镇建成区	企业个数	企　业从业人员	工业企业个　数	#规模以上
通道侗族自治县大高坪乡	2833	3100	228				
通道侗族自治县坪坦乡	12956	17072		7	35	2	
怀化市洪江管理区横岩乡	3300	3670		21	441	17	2
怀化市洪江管理区桂花园乡	6960	15729		26	882	26	9
洪江市黔城镇	36576	104042	31009	696	7340	37	14
洪江市安江镇	20889	123883	81230	307	5226	41	20
洪江市托口镇	11733	27623	11170	114	582	25	
洪江市雪峰镇	6800	15687	1610	2	10	1	
洪江市江市镇	9560	13791	3780	28	142	5	
洪江市沅河镇	5400	12426	1453	5	25		
洪江市塘湾镇	6378	12081	922	30	366	7	1
洪江市岔头乡	11850	9216		4	25	4	
洪江市茅渡乡	5631	7267	935	4	27		
洪江市大崇乡	7923	8923		2	12		
洪江市熟坪乡	12700	7083	7083	92	1234	16	
洪江市铁山乡	10700	8281	8281	40	230	26	
洪江市群峰乡	6800	8875		8	40	5	
洪江市湾溪乡	4555	9424		20	103	12	
洪江市洗马乡	6696	11805		6	49	2	1
洪江市沙湾乡	8700	19898					
洪江市深渡苗族乡	8714	10075		18	95	9	
洪江市龙船塘瑶族乡	10400	7450		19	120	19	
洪江市太平乡	7600	14764		22	133	6	
洪江市岩垅乡	6630	15113		1	15	1	
娄星区杉山镇	6687	31241	4068	264	2976	43	11
娄星区万宝镇	8160	44343	916	68	2889	40	17
娄星区石井镇	7027	35101	459	430	3960	101	16
涟源市水洞底镇	8200	42872	11012	19	384	11	1
双峰县蛇形山镇	11900	54435	8590	15	960	4	4
娄星区双江乡	7336	15250	15250	22	3012	15	4
双峰县永丰镇	8266	113911	59112	743	8215	291	14
双峰县荷叶镇	14106	49865	6788	71	520	6	2
双峰县井字镇	7909	33912	3409	27	135	3	3
双峰县梓门桥镇	13002	67957	4572	276	3915	183	13
双峰县杏子铺镇	17330	70397	8024	31	1560	26	6
双峰县走马街镇	10818	71094	9010	40	2880	20	3
双峰县洪山殿镇	5585	43885	8294	334	2756	221	7
双峰县甘棠镇	13285	71038	9847	67	1621	50	6
双峰县三塘铺镇	6792	47436	1705	190	8002	129	14
双峰县青树坪镇	9669	63094	31000	310	6804	53	13
双峰县花门镇	9886	60255	5574	42	549	30	1
双峰县锁石镇	7824	36020	3385	21	627	16	2
双峰县石牛乡	17913	43061		26	735	26	2
双峰县沙塘乡	6964	25410		15	575	13	2
双峰县印塘乡	8900	45921		126	2649	112	5
新化县上梅镇	9800	169490	169490	625	58772	82	19
新化县石冲口镇	9700	59044	3190	90	3525	9	4
新化县洋溪镇	13281	48953	8462	63	356	8	2
新化县槎溪镇	10700	34403	11833	37	1600	13	2
新化县水车镇	11561	30312	6915	16	92	5	

续表 346　　(湖南省)　　单位：公顷、人、个

名　　称	行政区域面　　积	常住人口	#城镇建成区	企业个数	企　　业从业人员	工业企业个　　数	#规模以上
新化县文田镇	8977	23942	3846	10	256	4	3
新化县奉家镇	24600	19811	2952	54	273	11	
新化县炉观镇	11849	53969	3578	40	3489	15	7
新化县游家镇	14553	64015	3510	8	52		
新化县西河镇	15393	58031	9182	249	4321	13	3
新化县孟公镇	11724	67193	17348	1205	6615	35	1
新化县琅塘镇	12775	47812	16695	155	1695	54	12
新化县白溪镇	24365	53186	9787	23	253	5	5
新化县圳上镇	26400	45269	14532	128	7658	72	5
新化县吉庆镇	18250	39386	4163	58	565	8	4
新化县温塘镇	17017	51620	2720	107	6750	30	11
新化县田坪镇	12855	31609	5251	88	440	8	3
新化县桑梓镇	15150	62386	1693	41	6100	37	12
新化县曹家镇	15556	50011	900	18	2100	12	3
新化县科头乡	6747	39278	5837	11	320	1	1
新化县维山乡	8525	36345	4998	49	1385	5	2
新化县天门乡	14109	10596	2358				
新化县荣华乡	10194	28126	4251	8	102	2	
新化县金凤乡	11272	11832	2385	40	380	16	1
新化县油溪乡	8780	32744	4937	5	130		
新化县坐石乡	8740	29500	4550	23	300	11	
冷水江市禾青镇	4444	38614	2452	65	3200	40	14
冷水江市渣渡镇	7673	27589	4475	15	4241	5	2
冷水江市铎山镇	5229	46804	4605	80	5868	24	16
冷水江市三尖镇	4340	20658	1660	32	861	12	4
冷水江市金竹山镇	2708	17848	1388	27	2866	20	4
冷水江市中连乡	5303	24653	2856	31	2185	25	6
涟源市六亩塘镇	6980	64351	44886	61	2435	44	17
涟源市石马山镇	11676	75465	32242	231	7865	31	14
涟源市安平镇	9080	42279	16350	67	5320	26	8
涟源市湄江镇	11860	46066	4972	13	650	12	6
涟源市伏口镇	18270	52980	12950	70	3200	11	5
涟源市桥头河镇	13262	102248	30145	124	3216	56	10
涟源市七星街镇	17400	68999	574	33	280	7	2
涟源市杨市镇	11950	74368	28125	85	1265	40	8
涟源市枫坪镇	4179	24006	1067	12	830	11	5
涟源市斗笠山镇	7390	55702	3756	955	14325	90	10
涟源市白马镇	9660	36926	5816	45	320	6	3
涟源市茅塘镇	5553	23256	6123	8	3888	3	3
涟源市荷塘镇	10200	42250	7550	19	290	15	1
涟源市金石镇	11472	50123	6125	4	106	4	1
涟源市龙塘镇	10548	62833	8192	83	739	47	3
涟源市渡头塘镇	6289	29523	7380	54	1600	27	6
涟源市三甲乡	8220	39822	22816	10	193	8	4
涟源市古塘乡	5189	16352	3681	4	176		
吉首市矮寨镇	14227	18458	3000	110	605	9	
吉首市马颈坳镇	16580	32360	2397	117	2000	9	1
吉首市河溪镇	9750	12417	4058	109	2167	26	6
吉首市丹青镇	12504	8273	740	53	300		
吉首市太平镇	12088	12369		50	280		

续表 347　　　　　　　　　　　　（湖南省）　　　　　　　　　　　　单位：公顷、人、个

名　　称	行政区域面积	常住人口	#城镇建成区	企业个数	企业从业人员	工业企业个数	#规模以上
吉首市已略乡	7836	8304		22	110		
泸溪县达岚镇	11840	15703	3358	9	52	4	
泸溪县兴隆场镇	13182	28295	3689	35	200	31	
泸溪县潭溪镇	14487	16036	2363	3	17		
泸溪县洗溪镇	29801	32500	2791	42	225	36	1
泸溪县武溪镇	18596	56760	37013	357	1800	189	36
泸溪县浦市镇	23614	53385	14713	62	350	37	
泸溪县合水镇	12736	22481	1767	12	68	10	
泸溪县石榴坪乡	5486	12851		3	15		
泸溪县解放岩乡	8659	11575		20	100	20	
泸溪县小章乡	6978	10064		6	33		
泸溪县白羊溪乡	9235	7520		5	25		
凤凰县廖家桥镇	11261	30015	2402	47	1232	22	5
凤凰县茶田镇	9599	13125	2430	15	193	5	2
凤凰县吉信镇	11711	16915	4157	14	460	6	1
凤凰县腊尔山镇	8301	15920	3106	11	300	3	
凤凰县禾库镇	17741	26055	1302	9	85	6	
凤凰县沱江镇	18264	81138	47160	515	13547	55	7
凤凰县阿拉营镇	7614	23782	7132	56	526	18	
凤凰县木江坪镇	11857	17635	2310	13	168	5	
凤凰县山江镇	10583	17165	2325	16	224	3	
凤凰县落潮井镇	6055	15609	1322	18	1590	13	2
凤凰县新场镇	10473	18947	1258	25	487	13	3
凤凰县箪子坪镇	10225	20010	1370	21	271	12	1
凤凰县千工坪镇	11021	26635	1499	10	165	3	
凤凰县水打田乡	8662	10254	1586	6	52	4	
凤凰县林峰乡	7134	7163		7	52	3	
凤凰县麻冲乡	5205	8162	1384	3	29	1	
凤凰县两林乡	7388	12527		12	220	1	
花垣县龙潭镇	5969	15126	5103	22	2953	10	3
花垣县民乐镇	10360	22783	2828	35	850	8	6
花垣县吉卫镇	8454	16741	3095	24	120	7	
花垣县麻栗场镇	5354	14822	3200	19	125	13	
花垣县雅酉镇	5145	7286	2010	20	101	14	
花垣县边城镇	7695	22971	4150	37	870	26	
花垣县花垣镇	20120	124215	55560	788	38753	297	36
花垣县双龙镇	15570	21251	1350	19	193	9	
花垣县石栏镇	8740	14986	1603	27	630	25	
花垣县长乐乡	8166	13554	1206	7	220		
花垣县猫儿乡	6907	15509	1120	39	872	39	1
花垣县补抽乡	8430	14117	1211	20	160	12	
保靖县普戎镇	11521	12735	922	12	83	9	
保靖县复兴镇	11353	21050	3101	45	462	33	2
保靖县迁陵镇	36125	96630	65930	268	13246	120	19
保靖县清水坪镇	24500	25768	5065	30	175	25	
保靖县比耳镇	6507	11367	1057	31	165	23	
保靖县毛沟镇	18665	32900	2685	31	198	24	
保靖县水田河镇	11616	17452	11268	22	130	8	1
保靖县葫芦镇	13010	14550	3120	50	270	28	1
保靖县碗米坡镇	13396	11682	3395	16	111	11	1

续表 348　　　　(湖南省)　　　　单位：公顷、人、个

名　　称	行政区域面积	常住人口	#城镇建成区	企业个数	企业从业人员	工业企业个数	#规模以上
保靖县吕洞山镇	12754	14021	2176	48	302	22	
保靖县阳朝乡	12003	17791		14	84	11	
保靖县长潭河乡	7621	13303		13	81	10	
古丈县古阳镇	29880	54250	21858	609	4886	92	14
古丈县岩头寨镇	21713	17991	1162	12	265	2	1
古丈县默戎镇	10779	12881	3100	32	1966	10	
古丈县红石林镇	10389	12886	2912	47	562	7	4
古丈县断龙山镇	12390	12410	958	11	261	3	2
古丈县高峰镇	32544	11374	1053	10	62	1	
古丈县坪坝镇	10952	9572	259	3	25	2	
永顺县首车镇	11811	10782	1249	19	242	6	
永顺县芙蓉镇	22440	33139	11010	70	912	4	
永顺县永茂镇	8131	7090	2578	26	132	2	
永顺县小溪镇	46153	17037	1007	36	350	7	
永顺县石堤镇	30850	38345	13456	67	340	19	2
永顺县万坪镇	14426	26099	8736	39	451	10	1
永顺县塔卧镇	13866	30479	7278	47	243	20	2
永顺县砂坝镇	13679	17815	4973	5	102	4	1
永顺县灵溪镇	62283	137210	75289	489	34210	64	11
永顺县松柏镇	15600	23671	1690	32	397	14	2
永顺县泽家镇	15413	15248	834	28	293	9	3
永顺县两岔乡	11099	8403	8403	7	41	1	
永顺县西歧乡	9024	9010		3	19		
永顺县对山乡	8837	7378		2	12	1	
永顺县高坪乡	12522	14819	14819	19	153	5	2
永顺县朗溪乡	11388	4620		4	68	2	
永顺县润雅乡	9038	5714		4	25		
永顺县车坪乡	7752	11200		10	70	3	
永顺县毛坝乡	9198	8167		19	96	2	
永顺县万民乡	13930	12007					
永顺县盐井乡	7750	7492		3	17	2	
永顺县颗砂乡	7853	14225	14225	13	138	1	
龙山县洗车河镇	176	13562	13562	152	850	4	1
龙山县石牌镇	11528	24979	24979	9	62	2	1
龙山县茨岩塘镇	13000	14794	1002	24	153	8	
龙山县红岩溪镇	18425	25450	5016	35	180	1	
龙山县靛房镇	18900	25143	2235	3	29		
龙山县苗儿滩镇	21900	21022	11200	10	56		
龙山县里耶镇	26126	47935	10199	160	920		
龙山县桂塘镇	20322	20389	3215	60	389	2	
龙山县召市镇	23030	24600	8600	70	351	1	
龙山县洗洛镇	13869	25638	2937	11	93	7	3
龙山县水田坝镇	19251	9674	2500	7	42		
龙山县农车镇	19922	21847	2071				
龙山县洛塔乡	17170	12531	1056	2	21		
龙山县大安乡	17200	11790		6	34	3	
龙山县内溪乡	8390	11471		14	73	6	
龙山县咱果乡	10895	12584		8	40	3	
龙山县茅坪乡	9891	14100		7	55	1	

续表 349　　　　(广东省)　　　　单位：公顷、人、个

名　　称	行政区域面积	常住人口	#城镇建成区	企业个数	企业从业人员	工业企业个数	#规模以上
广东省							
白云区人和镇	7440	183812	5178	1921	53985	836	72
白云区太和镇	15537	375940	3844	3018	78261	1394	102
白云区钟落潭镇	16900	219335	11047	2091	57987	1401	120
白云区江高镇	10228	196862	23562	1689	73971	821	111
黄埔区九龙镇	17942	108575	13008	650	39923	140	42
番禺区南村镇	4700	297772	86076	6504	103622	2172	73
番禺区新造镇	1400	31328	7241	112	7226	88	14
番禺区化龙镇	5373	78137	3005	492	47361	245	53
番禺区石楼镇	12600	152021	73144	1256	55846	485	94
番禺区沙湾镇	3745	115988	92785	2982	78756	1265	58
番禺区石基镇	4703	108224	21080	2601	50182	1515	84
花都区梯面镇	9128	10614	1698	59	2613	25	5
花都区花山镇	11640	118570	11446	2075	68768	629	79
花都区花东镇	20844	165128	21543	1638	43092	621	68
花都区炭步镇	11330	69415	39707	1002	29918	450	69
花都区赤坭镇	16040	57835	9014	210	4133	100	20
花都区狮岭镇	13631	271060	87521	2996	171032	1503	158
南沙区万顷沙镇	14285	50210	8000	185	9800	15	15
南沙区横沥镇	5413	42073	1329	269	4145	62	20
南沙区黄阁镇	7650	55458	7000	114	33802	61	61
南沙区东涌镇	9200	190245	18094	2589	132836	915	162
南沙区大岗镇	9007	130296	87931	854	41256	514	49
南沙区榄核镇	7450	89107	17893	816	45415	503	70
从化区温泉镇	21224	54300	5614	283	9456	72	17
从化区良口镇	43915	42800	4461	123	3933	10	1
从化区吕田镇	39300	32000	3107	160	2469	11	1
从化区太平镇	21033	99300	15329	841	28220	280	62
从化区鳌头镇	41000	150000	14369	420	21000	165	14
增城区新塘镇	8632	257894	97321	5574	143300	1800	492
增城区石滩镇	17097	146691	10066	543	10974	300	110
增城区中新镇	23237	94166	13027	237	10249	218	72
增城区正果镇	23941	62595	2774	114	1728	51	4
增城区派潭镇	28900	77567	7236	474	3627	50	
增城区小楼镇	13600	40582	3895	135	3010	48	5
增城区仙村镇	5665	48132	6570	253	12200	200	51
武江区西联镇	6900	35384	8450	354	30576	46	32
武江区西河镇	6300	24368	1829	123	1431	31	3
武江区龙归镇	23700	35433	3272	86	1250	30	1
武江区江湾镇	21757	5481	1273	20	210	11	
武江区重阳镇	8200	13911	670	15	174	5	
浈江区新韶镇	10600	17891	15742	258	2323	28	
浈江区乐园镇	2400	67003	8326	676	10303	18	14
浈江区十里亭镇	5490	75901	74043	489	32357	12	12
浈江区犁市镇	30500	41090	7225	243	3833	81	16
浈江区花坪镇	7650	5080	1297	87	576		
曲江区马坝镇	18886	147175	15547	776	22137	88	17
曲江区大塘镇	17281	30112	2760	53	830	38	
曲江区枫湾镇	22000	14241	1292	38	235	13	1
曲江区小坑镇	16446	5002	1080	20	488	15	
曲江区沙溪镇	21000	12789	970	69	2942	34	5

续表 350　　(广东省)　　单位：公顷、人、个

名　称	行政区域面积	常住人口	#城镇建成区	企业个数	企业从业人员	工业企业个数	#规模以上
曲江区乌石镇	11866	14942	1235	77	1072	30	6
曲江区樟市镇	22860	25976	1668	33	243	15	1
曲江区白土镇	13905	22241	1632	91	6290	57	17
曲江区罗坑镇	21866	7830	539	30	127	20	1
始兴县太平镇	28725	69649	50784	361	28929	123	53
始兴县马市镇	27710	31293	2128	43	1833	28	3
始兴县澄江镇	21029	8943	243	12	188	6	
始兴县顿岗镇	9500	22221	4138	21	327	15	
始兴县罗坝镇	31419	15607	1814	30	601	20	1
始兴县司前镇	25789	9688	2589	14	118	12	
始兴县隘子镇	32183	15578	1855	12	76	12	
始兴县城南镇	5286	19239	5964	24	983	16	1
始兴县沈所镇	12513	19120	599	7	73	4	
始兴县深渡水乡	19040	4762	980	12	350	10	
仁化县闻韶镇	9800	4475	982	39	195	3	
仁化县扶溪镇	18000	10656	2831	32	442	17	
仁化县长江镇	31300	22919	6000	61	1988	46	2
仁化县城口镇	32200	8745	2679	20	126	19	2
仁化县红山镇	16670	8095	389	28	250	23	1
仁化县石塘镇	8000	9371	4460	10	122	4	2
仁化县董塘镇	19300	42368	7845	232	1242	26	15
仁化县大桥镇	16900	7703	696	47	681	12	3
仁化县周田镇	28900	20730	3577	73	2100	35	22
仁化县黄坑镇	17500	8947	1264	27	262	15	
翁源县龙仙镇	43158	117476	60750	509	3264	129	6
翁源县坝仔镇	38298	41710	3300	97	520	53	2
翁源县江尾镇	33355	37606	6100	143	720	37	2
翁源县官渡镇	23695	39770	3950	192	2378	86	22
翁源县周陂镇	21378	36871	2024	48	1520	18	1
翁源县翁城镇	13719	32706	6087	117	3367	51	23
翁源县新江镇	34299	37408	2239	116	1052	27	1
乳源瑶族自治县乳城镇	20935	73145	6265	794	20215	162	50
乳源瑶族自治县一六镇	7758	14950	593	58	290	7	1
乳源瑶族自治县桂头镇	12451	28005	7573	121	1637	49	11
乳源瑶族自治县洛阳镇	58825	8762	365	67	384	51	1
乳源瑶族自治县大布镇	22026	7629	1025	27	367	10	
乳源瑶族自治县大桥镇	46572	28864	1600	90	633	23	1
乳源瑶族自治县东坪镇	33297	9099	1844	50	813	31	
乳源瑶族自治县游溪镇	13360	9309	448	37	200	18	
乳源瑶族自治县必背镇	14677	7737	205	16	80	7	
新丰县黄磜镇	24700	7387	659	50	368	16	5
新丰县马头镇	53035	28063	2578	126	1198	29	18
新丰县梅坑镇	31000	19003	1187	84	683	38	9
新丰县沙田镇	24200	14370	929	44	320	11	1
新丰县遥田镇	21400	27061	1406	34	247	10	1
新丰县回龙镇	19300	17488	2894	84	640	19	7
乐昌市北乡镇	9547	11977	1020	33	312	16	
乐昌市九峰镇	19931	17445	2218	80	421	25	
乐昌市廊田镇	16239	29580	11500	110	2753	43	8
乐昌市长来镇	11650	21495	5493	96	2206	24	7

续表 351　　（广东省）　　单位：公顷、人、个

名　　称	行政区域面积	常住人口	#城镇建成区	企业个数	企业从业人员	工业企业个数	#规模以上
乐昌市梅花镇	19833	50912	16480	98	3090	19	1
乐昌市三溪镇	7251	3382	1486	12	260	4	
乐昌市坪石镇	27153	74368	43417	227	3867	52	7
乐昌市黄圃镇	7910	16267	2573	22	170	6	
乐昌市五山镇	18600	8425	2198	21	106		
乐昌市两江镇	13300	8720	1400	24	251	18	
乐昌市沙坪镇	14600	12021	794	5	95	5	
乐昌市云岩镇	6647	8612	723	8	85	3	
乐昌市秀水镇	5581	12601	625	38	465	12	1
乐昌市大源镇	28206	10511	10511	47	255	36	
乐昌市庆云镇	8854	7388	1266	27	425	11	1
乐昌市白石镇	7925	10890	1489	32	190	4	
南雄市乌迳镇	15702	28026	16462	96	2343	16	1
南雄市界址镇	5639	8555	1413	42	1358	4	
南雄市坪田镇	13826	16363	1694	65	1795	7	
南雄市黄坑镇	5827	15851	4046	75	1970	13	2
南雄市邓坊镇	11804	10376	2390	75	1779	14	
南雄市油山镇	14663	16554	2230	104	1666	18	
南雄市南亩镇	11126	10233	1213	59	1305	7	
南雄市水口镇	10680	15683	1652	77	1565	10	1
南雄市江头镇	13108	7171	1580	89	1595	27	2
南雄市湖口镇	7364	18231	3128	114	2922	22	2
南雄市珠玑镇	19753	23521	3968	198	4275	41	4
南雄市主田镇	16567	9478	1842	59	1090	15	1
南雄市古市镇	9863	12827	1728	259	16589	85	42
南雄市全安镇	19044	16841	1349	127	5296	38	5
南雄市百顺镇	19142	10529	2013	73	1186	35	
南雄市澜河镇	13925	6332	1048	56	1220	21	
南雄市帽子峰镇	9721	6454	952	46	1021	7	
香洲区唐家湾镇	13900	127543	127543	3046	91118	151	151
香洲区南屏镇	6070	135405	135405	108	9617	20	20
香洲区横琴镇	8288	9436	9436	3366	27290	38	1
香洲区桂山镇	650	2035	2035	269	3000		
香洲区万山镇	2300	1473	1363	167	2225	1	
香洲区担杆镇	4190	1028	1028	350	3850		
斗门区莲洲镇	8660	46466	2468	62	5048	29	4
斗门区斗门镇	10500	52666	7200	153	18547	55	23
斗门区乾务镇	19062	81433	14280	308	28005	258	63
斗门区白蕉镇	17800	125225	38686	265	13600	48	48
斗门区井岸镇	9960	172983	76825	161	62190	60	60
金湾区三灶镇	24306	155842		837	62125	540	118
金湾区南水镇	15294	35966	30598	781	25157	384	107
金湾区红旗镇	12300	90216	56000	135	34949	76	76
金湾区平沙镇	15500	79647	51103	803	25371	97	61
龙湖区外砂镇	2935	86433	86433	1144	42693	808	24
龙湖区新溪镇	2740	71883	71883	82	3003	54	9
潮阳区海门镇	2780	126298	110748	313	8122	206	4
潮阳区河溪镇	6350	79876	5965	7	170	6	
潮阳区和平镇	5894	209390	111821	615	53800	603	115
潮阳区西胪镇	10982	198359	15672	123	3075	14	

续表 352　　（广东省）　　单位：公顷、人、个

名　称	行政区域面　积	常住人口	#城镇建成区	企业个数	企　业从业人员	工业企业个　数	#规模以上
潮阳区关埠镇	5456	112202	112202	29	449	3	
潮阳区谷饶镇	7029	184755	178368	3100	156690	1200	158
潮阳区贵屿镇	5217	170876	20686	1498	44960	1042	53
潮阳区铜盂镇	4240	134012	25372	928	6000	215	25
潮阳区金灶镇	7890	123976	67049	26	310	26	1
潮南区井都镇	4599	81005	34929	110	4251	26	3
潮南区成田镇	5708	98074	4752	225	7000	60	15
潮南区司马浦镇	3064	157006	33627	571	16697	323	52
潮南区陈店镇	2677	131163	70270	1045	22608	455	87
潮南区两英镇	8521	235784	14440	536	20340	340	82
潮南区仙城镇	5471	123245	45863	230	5762	90	7
潮南区胪岗镇	5024	149491	51243	392	26866	324	46
潮南区红场镇	6955	23351	2363	13	110	7	
潮南区雷岭镇	6228	40288	2865	22	518	6	2
潮南区陇田镇	7141	132401	13164	212	6210	107	16
澄海区上华镇	2174	38382	5486	90	4151	77	11
澄海区隆都镇	3384	75508	5304	90	2623	83	5
澄海区莲下镇	5609	127288	67277	1645	33021	1152	46
澄海区莲上镇	2950	59662	57945	374	17990	184	13
澄海区溪南镇	4066	69925	61070	308	4615	111	26
澄海区东里镇	3492	79174	79174	818	19145	238	24
澄海区盐鸿镇	3072	49008	48008	391	4000	102	21
澄海区莲华镇	1991	28714	13370	302	2820	290	1
南澳县后宅镇	4088	36095	32841	778	10453	31	1
南澳县云澳镇	2046	18263	17273	78	775	6	1
南澳县深澳镇	4705	12077	5543	88	1158	11	3
禅城区南庄镇	7603	193827	193827	12935	67958	2256	227
南海区九江镇	9501	210351	210351	5782	72800	2847	193
南海区西樵镇	17663	292776	55279	4529	105300	3515	249
南海区丹灶镇	14348	163000	58002	3000	75000	1900	211
南海区狮山镇	33060	806670	806670	22634	309860	10317	918
南海区大沥镇	9590	614874	614874	20420	204810	4472	230
南海区里水镇	14828	435998	435998	8128	189850	5514	463
顺德区陈村镇	5070	189565	106606	5127	73340	1421	129
顺德区北滘镇	9211	324764	324764	8956	189600	2924	218
顺德区乐从镇	7785	319324	135817	16112	186842	2177	37
顺德区龙江镇	7385	301361	301361	10227	152667	3101	177
顺德区杏坛镇	12198	159319	57647	5434	13427	2165	132
顺德区均安镇	8013	170543	94419	3320	60255	1611	146
三水区大塘镇	9815	50342	15720	423	34450	204	141
三水区乐平镇	19201	141865	33177	4085	116860	825	265
三水区白坭镇	6663	67069	44826	356	33086	295	98
三水区芦苞镇	10395	42083	8534	520	28126	149	76
三水区南山镇	12421	24277	2019	80	3800	37	22
高明区杨和镇	22833	56990	9985	1284	35749	612	100
高明区明城镇	18341	36885	21720	837	15480	289	89
高明区更合镇	34701	48312	48312	443	10238	185	54
蓬江区棠下镇	13102	105863	4460	2679	63354	881	113
蓬江区荷塘镇	3200	82901	10378	1302	53299	1108	96
蓬江区杜阮镇	8052	115873	36891	2760	53520	1628	110

续表 353　　(广东省)　　单位：公顷、人、个

名称	行政区域面积	常住人口	#城镇建成区	企业个数	企业从业人员	工业企业个数	#规模以上
新会区大泽镇	8176	49124	2135	571	10163	536	41
新会区司前镇	8990	75131	8340	405	16077	362	62
新会区罗坑镇	12290	23025	2163	412	6125	201	14
新会区双水镇	20744	92392	2842	1112	12522	340	32
新会区崖门镇	29841	54006	12555	252	9125	182	36
新会区沙堆镇	9788	35623	1419	138	11863	52	20
新会区古井镇	11232	35230	4527	415	4265	202	25
新会区三江镇	8237	50060	1331	216	4883	147	27
新会区睦洲镇	7980	38568	4946	483	4057	113	26
新会区大鳌镇	5251	38322	3956	158	8343	58	8
台山市大江镇	6903	44598	9868	459	8066	376	31
台山市水步镇	11461	41071	10043	482	5242	171	30
台山市四九镇	24659	35913	13743	374	16726	172	25
台山市白沙镇	16984	57477	16899	230	7294	37	7
台山市三合镇	21406	34055	16893	149	3475	105	4
台山市冲蒌镇	11471	36091	15892	169	3765	40	10
台山市斗山镇	13705	45415	8368	192	1840	32	6
台山市都斛镇	15422	43062	7085	136	2225	25	1
台山市赤溪镇	28222	30657	11785	185	3254	63	
台山市端芬镇	29931	49645	14330	155	1406	38	6
台山市广海镇	13792	40948	32123	231	3561	86	7
台山市海宴镇	24591	69346	8137	185	3078	29	4
台山市汶村镇	16434	52200	16556	134	2076	31	1
台山市深井镇	31983	46738	4259	111	790	5	
台山市北陡镇	17943	25879	6650	94	1317	18	
台山市川岛镇	28045	33329	938	285	5040	3	
开平市沙塘镇	8530	23247	885	94	1539	55	17
开平市苍城镇	12810	31445	3444	124	632	53	18
开平市龙胜镇	16380	37199	1080	99	4450	49	6
开平市大沙镇	21560	22915	1403	48	405	11	
开平市马冈镇	9230	37532	1360	63	3480	13	1
开平市塘口镇	7280	26315	848	97	2215	46	4
开平市赤坎镇	6210	27564	2055	129	6000	66	20
开平市百合镇	6630	17332	1147	85	1766	38	5
开平市蚬冈镇	6790	14365	944	35	436	12	3
开平市金鸡镇	12050	18009	1030	74	1940	21	2
开平市月山镇	12120	47764	2566	169	3755	96	16
开平市赤水镇	28390	37971	596	58	321	9	2
开平市水口镇	8050	74889	8174	1170	45138	732	97
鹤山市龙口镇	15888	43227	7088	231	8625	163	33
鹤山市雅瑶镇	8230	42271	20253	602	18352	301	44
鹤山市古劳镇	6822	32527	9808	287	25861	150	26
鹤山市桃源镇	5547	30631	13327	593	15964	219	36
鹤山市鹤城镇	15900	33834	9218	374	26178	202	50
鹤山市共和镇	8993	32100	21828	588	14322	256	57
鹤山市址山镇	9822	46500	7203	791	18665	539	50
鹤山市宅梧镇	20506	28041	4574	198	4884	83	7
鹤山市双合镇	12346	16330	2260	196	4120	96	9
恩平市横陂镇	20173	22726	5836	32	4327	17	7
恩平市圣堂镇	5665	21985	3762	42	1306	26	4

续表 354　　（广东省）　　单位：公顷、人、个

名　　称	行政区域面积	常住人口	#城镇建成区	企业个数	企业从业人员	工业企业个数	#规模以上
恩平市良西镇	12175	22961	2071	59	325	4	2
恩平市沙湖镇	16486	50347	8685	181	9300	21	16
恩平市牛江镇	9100	20292	1809	730	4430	294	4
恩平市君堂镇	10060	46335	9312	43	700	25	1
恩平市大田镇	20236	24202	855	49	730	19	
恩平市那吉镇	26000	12563	2318	20	1481	18	2
恩平市大槐镇	12200	17618	3879	384	6619	46	11
恩平市东成镇	11297	25702	1381	252	2614	97	5
坡头区南三镇	16463	78861	4561	124	621	4	
坡头区坡头镇	8906	68789	7578	73	3358	30	11
坡头区乾塘镇	4889	38356	1942	2	20	2	
坡头区龙头镇	11339	63734	9301	1354	5768	188	14
坡头区官渡镇	9505	62255	4358	84	9513	75	29
麻章区麻章镇	13444	106797	48992	1526	28594	298	58
麻章区太平镇	12135	86530	25671	85	3651	21	5
麻章区湖光镇	15242	74905	5688	129	1159	20	3
麻章区硇洲镇	5600	45383	13547	26	210	4	
遂溪县遂城镇	26500	262136	163254	1569	27578	289	36
遂溪县黄略镇	14900	84363	7058	386	5038	386	14
遂溪县洋青镇	16833	79761	6798	108	931	43	13
遂溪县界炮镇	13297	63643	8908	125	3556	13	1
遂溪县乐民镇	9650	39448	5527	25	165	15	
遂溪县江洪镇	5948	32135	12274	70	453	15	1
遂溪县杨柑镇	18710	94961	10762	214	1640	19	3
遂溪县城月镇	20909	92608	36163	209	2721	37	11
遂溪县乌塘镇	4970	17152	2073	5	245	5	4
遂溪县建新镇	5743	19612	1357	3	159	3	3
遂溪县岭北镇	10906	24086	13352	96	3781	68	21
遂溪县北坡镇	16400	30145	10950	135	1295	24	4
遂溪县港门镇	9800	40289	7125	12	168	2	2
遂溪县草潭镇	12275	68373	7236	30	3312	12	4
遂溪县河头镇	14400	34035	10616	96	2325	40	1
徐闻县迈陈镇	12300	74725	9153	40	762	20	
徐闻县海安镇	3685	25925	7046	131	1962	67	
徐闻县曲界镇	15593	44612	13502	37	890	37	1
徐闻县前山镇	11522	33012	3573	14	300	9	3
徐闻县西连镇	8100	42522	3262	18	218	18	
徐闻县下桥镇	15025	42237	5681	18	1180	12	4
徐闻县龙塘镇	18405	59252	5977	20	432	6	
徐闻县下洋镇	7500	30763	3360	19	187	1	1
徐闻县锦和镇	11169	37967	7538	83	756	12	1
徐闻县和安镇	5888	31797	6150	99	841	13	1
徐闻县新寮镇	8595	29280	5572	3	170	3	1
徐闻县南山镇	13537	78253	3121	149	440	46	4
徐闻县城北乡	12500	39026		48	367	7	3
徐闻县角尾乡	5020	27213	3880	3	338	3	3
廉江市石城镇	12700	74327	6000	200	5177	175	11
廉江市新民镇	10200	44957	2566	238	2861	188	9
廉江市吉水镇	11100	77249	3245	272	13862	251	65
廉江市河唇镇	16002	84186	15822	108	2298	88	8

续表 355　　　　（广东省）　　　　单位：公顷、人、个

名称	行政区域面积	常住人口	#城镇建成区	企业个数	企业从业人员	工业企业个数	#规模以上
廉江市石角镇	16400	49128	4125	332	1600	10	
廉江市良垌镇	28900	113276	7325	118	2729	72	5
廉江市横山镇	18561	113721	7419	239	2673	90	17
廉江市安铺镇	8550	108556	53856	206	10113	128	21
廉江市营仔镇	20400	74710	7849	141	1839	53	11
廉江市青平镇	27664	101447	18484	213	2568	37	8
廉江市车板镇	11100	41054	3669	141	707	128	3
廉江市高桥镇	12118	48266	1037	31	1206	11	6
廉江市石岭镇	22500	102199	28038	269	21186	90	54
廉江市雅塘镇	7600	40592	2487	47	1612	39	2
廉江市石颈镇	9041	43014	2159	38	1473	12	1
廉江市长山镇	13800	52805	7512	245	2314	51	2
廉江市塘蓬镇	16200	72125	10890	126	3594	43	4
廉江市和寮镇	10655	34543	3126	124	705	119	
雷州市白沙镇	11053	88588	5223	1124	12314	76	6
雷州市沈塘镇	6660	58163	4628	25	151	7	
雷州市客路镇	33433	115123	25511	161	810	51	2
雷州市杨家镇	16395	86674	14326	33	226	8	3
雷州市唐家镇	19200	50787	13895	50	3716	41	4
雷州市企水镇	10601	50726	20384	46	421	12	1
雷州市纪家镇	33913	110480	7366	50	600	40	2
雷州市松竹镇	6793	71241	1923	32	365	23	3
雷州市南兴镇	13500	84190	11312	168	10251	39	2
雷州市雷高镇	16503	44103	6073	19	1843	11	1
雷州市东里镇	13600	62008	9006	4	312	1	1
雷州市调风镇	22148	68551	10850	31	1345	20	2
雷州市龙门镇	25333	91792	39120	231	2491	64	5
雷州市英利镇	26500	86995	31549	136	5698	53	8
雷州市北和镇	18376	86004	10561	135	1425	6	1
雷州市乌石镇	12690	89208	25813	42	1368	27	3
雷州市覃斗镇	10400	53542	3752	30	2540	4	2
雷州市附城镇	12900	109361	3600	50	751	26	6
吴川市浅水镇	7809	42247	7850	54	1009	53	3
吴川市长岐镇	6050	78950	3593	83	1392	28	5
吴川市覃巴镇	7706	66913	4500	210	3650	121	7
吴川市王村港镇	2620	27145	5019	8	290	6	4
吴川市振文镇	5820	107136	2132	98	1440	22	6
吴川市樟铺镇	5238	60424	2295	89	919	23	2
吴川市吴阳镇	8160	86583	12187	27	142	15	1
吴川市塘缀镇	11843	121008	13637	96	986	19	13
吴川市黄坡镇	15327	137232	41950	483	4972	120	14
吴川市兰石镇	3315	34875	8391	22	183	2	2
茂南区金塘镇	10443	70980	4210	1534	2500	48	12
茂南区公馆镇	10360	69201	2963	295	7145	142	15
茂南区新坡镇	2479	34180	7126	390	5180	360	16
茂南区镇盛镇	5959	56570	56570	57	733	47	5
茂南区鳌头镇	5476	74597	2955	94	2653	92	2
茂南区袂花镇	2559	41809	2129	122	1135	86	2
茂南区高山镇	1219	20115	3290	1658	18020	157	5
茂南区山阁镇	4474	32709	986	89	3633	53	14

续表 356　　(广东省)　　单位：公顷、人、个

名　　称	行政区域面积	常住人口	#城镇建成区	企业个数	企业从业人员	工业企业个数	#规模以上
电白区羊角镇	10146	22572	9857	557	5977	80	12
电白区马踏镇	15599	69886	2745	24	415	9	3
电白区岭门镇	10254	65838	4883	69	871	34	12
电白区坡心镇	5254	63202	2557	131	3278	48	6
电白区七迳镇	8036	72240	3336	320	6558	129	45
电白区树仔镇	6592	50477	3283	95	1536	58	12
电白区沙院镇	4718	40820	6819	128	1402	80	18
电白区麻岗镇	9426	62368	3908	81	1011	47	19
电白区旦场镇	8774	63744	5064	68	1067	21	8
电白区小良镇	6288	46282	2053	76	698	46	6
电白区霞洞镇	12907	77120	2803	57	1241	34	16
电白区观珠镇	18962	83324	5512	52	682	24	5
电白区沙琅镇	9890	71631	13478	78	1113	28	7
电白区黄岭镇	7833	34614	2114	36	524	12	8
电白区望夫镇	9532	29359	1025	21	313	8	1
电白区罗坑镇	15107	28962	1544	44	429	35	1
电白区那霍镇	14106	51342	2498	45	532	23	2
电白区水东镇	3923	151738	126395	1551	62259	270	30
电白区博贺镇	5663	71075	20843	67	1696	33	4
电白区林头镇	14120	120817	10165	122	1612	57	16
电白区电城镇	15743	146137	20948	58	1855	20	6
电白区陈村镇	3630	50593	14002	100	1115	45	8
高州市谢鸡镇	10320	57363	4255	23	597	13	5
高州市新垌镇	16816	57382	1792	124	1461	28	3
高州市云潭镇	8491	44009	3150	168	5700	49	4
高州市分界镇	6660	40849	2680	208	6334	49	6
高州市根子镇	8700	56367	6491	178	3104	21	5
高州市泗水镇	7600	47923	3902	22	497	18	2
高州市镇江镇	10100	39523	2160	46	1380	23	9
高州市沙田镇	9800	34632	2384	60	1392	9	4
高州市南塘镇	14800	47313	2801	79	1400	23	7
高州市荷花镇	10703	38552	1237	46	3650	24	4
高州市石板镇	9100	40117	1591	103	2611	43	8
高州市大井镇	12800	39142	13474	130	1500	47	6
高州市潭头镇	10300	41862	2232	90	1209	15	4
高州市大坡镇	23600	50821	8220	112	1208	53	5
高州市平山镇	14900	32661	1350	187	1028	186	4
高州市深镇镇	12132	28238	1130	277	1385	40	2
高州市马贵镇	15723	31669	2543	80	703	37	2
高州市古丁镇	11200	33186	4460	67	558	16	1
高州市曹江镇	12500	72546	1694	153	2815	51	8
高州市荷塘镇	11600	31732	1376	154	2311	25	7
高州市石鼓镇	15524	108408	39980	148	4230	131	27
高州市东岸镇	26040	78733	3597	112	562	7	4
高州市长坡镇	22438	90320	5750	354	1775	254	4
化州市长岐镇	3700	43193	1538	48	870	12	3
化州市同庆镇	6040	56872	6951	165	4263	51	10
化州市杨梅镇	9200	82758	2260	168	7328	22	5
化州市良光镇	10800	57074	6647	34	1899	21	12
化州市笪桥镇	9460	46639	1738	20	1648	10	6

续表 357　　　　（广东省）　　　　单位：公顷、人、个

名　　称	行政区域面积	常住人口	#城镇建成区	企业个数	企业从业人员	工业企业个数	#规模以上
化州市丽岗镇	7860	49074	2850	68	2952	18	8
化州市新安镇	15495	45720	4621	68	2993	35	4
化州市官桥镇	11420	55645	5187	136	1345	14	5
化州市林尘镇	12500	56306	4500	70	1080	12	4
化州市合江镇	17625	74510	5166	131	6571	34	10
化州市那务镇	17930	95808	4268	133	13864	121	5
化州市播扬镇	12590	36752	3956	68	1755	16	7
化州市宝圩镇	5280	21812	4927	103	4350	92	7
化州市平定镇	21680	71063	7510	509	5930	80	10
化州市文楼镇	15905	60448	1880	49	1947	43	7
化州市江湖镇	5819	28690	2574	130	4231	10	6
化州市中垌镇	23450	113266	12603	245	1503	114	7
信宜市镇隆镇	8050	55318	20049	281	3358	200	21
信宜市水口镇	12380	58475	5232	119	2548	39	5
信宜市丁堡镇	8149	40007	920	39	1421	36	5
信宜市池洞镇	14625	59276	7324	40	3026	34	7
信宜市贵子镇	15865	38225	14212	102	3247	32	6
信宜市怀乡镇	16213	66535	12875	131	8955	122	21
信宜市茶山镇	10120	20448	5310	16	389	10	1
信宜市洪冠镇	14891	37725	2338	162	1095	70	3
信宜市白石镇	18010	58295	6984	102	1678	28	4
信宜市大成镇	12828	32427	3623	269	10518	201	14
信宜市钱排镇	20491	58340	5800	169	2300	30	2
信宜市合水镇	14118	34890	5102	189	3643	150	4
信宜市新宝镇	18449	29331	29331	87	805	40	3
信宜市平塘镇	19058	43426	4905	48	1270	38	2
信宜市思贺镇	18105	28206	28206	61	405	3	
信宜市金垌镇	19571	31298	2437	32	372	7	4
信宜市朱砂镇	28203	67300	8208	875	8806	825	11
信宜市北界镇	18294	76102	4616	186	2000	94	5
鼎湖区永安镇	7835	32362	3801	122	9756	58	24
鼎湖区沙浦镇	11900	19189	1246	38	446	9	
鼎湖区凤凰镇	16192	8397	1251	74	2071	24	2
鼎湖区莲花镇	8722	34133	8562	194	13581	77	23
高要区河台镇	14805	17582	1538	16	928	16	
高要区乐城镇	9456	28003	1654	10	387	10	
高要区水南镇	11069	8804	1183	9	211	7	
高要区禄步镇	25138	66908	6607	458	6212	23	6
高要区小湘镇	19976	33537	6442	38	3608	38	12
高要区大湾镇	10163	44863	8915	119	655	20	9
高要区新桥镇	3451	40615	13065	43	8036	33	13
高要区白诸镇	12749	45321	1543	46	3456	45	8
高要区莲塘镇	11979	56209	17991	203	2324	84	8
高要区活道镇	23106	38577	1918	104	1058	34	3
高要区蛟塘镇	12990	34180	15328	118	4253	55	19
高要区回龙镇	11383	25318	1284	49	2382	36	12
高要区白土镇	10753	75214	40226	255	11267	163	26
高要区金渡镇	13132	52676	44043	538	21235	352	50
高要区金利镇	15238	98512	7316	4016	20480	221	53
高要区蚬岗镇	7207	32440	12518	116	5316	92	11

续表 358　　(广东省)　　单位：公顷、人、个

名　称	行政区域面　积	常住人口	#城镇建成区	企业个数	企　业从业人员	工业企业个　数	#规模以上
广宁县排沙镇	15315	25791	6041	145	779	125	4
广宁县潭布镇	13204	27192	6001	15	234	8	
广宁县江屯镇	24755	48133	6622	395	2361	31	2
广宁县螺岗镇	9735	10785	766	12	60	4	
广宁县北市镇	23024	18108	3788	130	650	15	
广宁县坑口镇	18094	25362	3296	349	2311	28	2
广宁县赤坑镇	17993	17935	2306	54	270	26	
广宁县南街镇	18923	91655	54559	1431	7403	289	20
广宁县宾亨镇	17228	39722	7778	92	2652	64	18
广宁县五和镇	11685	17670	4185	298	2931	31	18
广宁县横山镇	13640	35367	7619	162	3560	33	5
广宁县木格镇	12319	16562	1708	18	596	9	5
广宁县石咀镇	8369	12723	3356	17	330	5	
广宁县古水镇	25987	38324	5811	182	5401	179	8
广宁县洲仔镇	15273	16671	3516	41	430	7	1
怀集县怀城镇	33624	159083	159083	341	4575	193	14
怀集县闸岗镇	8726	16101	1115	11	76	6	
怀集县坳仔镇	22152	34213	2810	44	734	43	6
怀集县汶朗镇	8668	10444	459	10	250	3	2
怀集县甘洒镇	12828	22961	985	10	20	9	
怀集县凤岗镇	27777	34951	2142	35	583	26	3
怀集县洽水镇	52900	27744	3516	284	812	126	3
怀集县梁村镇	8785	66478	10562	15	140	10	1
怀集县大岗镇	11747	63438	3527	19	241		
怀集县岗坪镇	5527	30663	1785	24	785	17	1
怀集县冷坑镇	19322	97293	9018	64	4251	41	
怀集县马宁镇	5878	40750	2418	18	750	10	1
怀集县蓝钟镇	19849	17940	1825	146	330	50	
怀集县永固镇	19000	38937	2642	13	112	8	
怀集县诗洞镇	32950	55960	5016	17	196	13	1
怀集县桥头镇	21064	46827	4829	75	2156	5	3
怀集县中洲镇	25185	39959	6130	72	2953	52	8
怀集县连麦镇	12258	31832	1058	574	648	26	1
怀集县下帅壮族瑶族乡	7659	9221	9221	22	241	9	
封开县江口镇	17700	55855	11363	449	12361	59	
封开县江川镇	11986	12043	1942	38	1480	38	1
封开县白垢镇	14145	12441	2048	34	715	26	
封开县大洲镇	16273	15974	2700	39	514	6	
封开县渔涝镇	10146	18542	7537	116	1873	61	1
封开县河儿口镇	21803	19122	2473	49	3130	48	1
封开县连都镇	25567	31961	2814	305	7029	43	1
封开县杏花镇	15607	22239	3188	93	1384	30	
封开县罗董镇	18000	25458	1997	420	750	230	
封开县长岗镇	15300	23815	3039	180	5613	162	6
封开县平凤镇	11193	17883	3131	51	680	39	
封开县南丰镇	30600	74268	22756	235	7052	229	1
封开县大玉口镇	13090	12734	3052	13	769	13	
封开县都平镇	13087	8675	1850	9	213	9	
封开县金装镇	12711	42749	3840	26	1258	24	
封开县长安镇	14211	38291	7352	13	1469	13	

续表 359　　（广东省）　　单位：公顷、人、个

名　称	行政区域面积	常住人口	#城镇建成区	企业个数	企业从业人员	工业企业个数	#规模以上
德庆县新圩镇	11518	21174	3215	56	2238	23	1
德庆县回龙镇	15812	20212	2834	39	2215	19	1
德庆县官圩镇	23256	32478	4501	89	614	62	12
德庆县马圩镇	11065	20238	5617	15	631	15	2
德庆县高良镇	29470	30014	5250	65	1385	20	1
德庆县莫村镇	26950	29670	3605	75	450	72	1
德庆县永丰镇	13241	20991	3926	23	887	17	2
德庆县武垄镇	8747	16948	1653	25	152	25	1
德庆县播植镇	8001	17628	3916	15	542	15	
德庆县凤村镇	13676	28889	5614	23	198	23	1
德庆县悦城镇	20623	33111	6234	64	2180	61	12
德庆县九市镇	15461	28093	2706	30	1190	24	4
四会市龙甫镇	7986	17875	446	105	9726	74	45
四会市地豆镇	9090	27033	1388	45	3732	38	5
四会市威整镇	6402	16845	1123	33	450	13	2
四会市罗源镇	2622	7719	427	13	899	2	1
四会市迳口镇	9752	17645	923	22	2152	19	3
四会市大沙镇	8635	40334	3600	661	25320	136	19
四会市石狗镇	14247	23376	3495	18	205	16	1
四会市黄田镇	8745	12275	452	70	452	8	2
四会市江谷镇	13276	29243	2063	58	1036	10	8
四会市下茆镇	10695	29335	2100	66	3453	48	13
惠城区汝湖镇	15300	55442	4486	306	13542	141	15
惠城区三栋镇	6797	72191	8347	256	25634	132	16
惠城区潼湖镇	11261	42856	4580	15	893	10	10
惠城区沥林镇	4900	55836	22385	63	15117	54	54
惠城区马安镇	7600	41662	14933	287	9303	182	17
惠城区横沥镇	34283	54738	9272	92	1584	31	1
惠城区芦洲镇	20487	22378	1867	26	213	5	
惠城区潼侨镇	3098	33688	7720	46	8255	39	39
惠阳区沙田镇	7384	30679	13279	520	7889	36	36
惠阳区新圩镇	15352	79286	30135	128	45232	108	108
惠阳区镇隆镇	14946	47138	17208	461	23981	67	67
惠阳区永湖镇	11466	26515	6008	29	6599	19	19
惠阳区良井镇	7260	27884	25616	150	4200	9	9
惠阳区平潭镇	9680	35195	35195	372	4450	19	19
博罗县石坝镇	18091	44698	10006	9	291	2	1
博罗县麻陂镇	8896	25186	5211	37	2148	25	6
博罗县观音阁镇	14393	18641	3587	139	723	10	2
博罗县公庄镇	30976	50448	20072	353	2007	90	11
博罗县杨村镇	12494	45575	8048	106	5478	92	7
博罗县柏塘镇	25587	52061	9896	80	5256	69	15
博罗县泰美镇	17944	34652	11756	112	8596	94	25
博罗县罗阳镇	25162	205717	168928	2613	31145	415	81
博罗县湖镇镇	23724	58249	20100	357	25622	157	32
博罗县长宁镇	6140	41137	8520	253	3104	110	14
博罗县福田镇	9327	38680	6450	814	8673	338	27
博罗县龙华镇	5818	26730	2703	165	12483	86	13
博罗县龙溪街道办事处	11900	92972	58283	1516	45479	342	77
博罗县园洲镇	11294	152891	75676	1065	12783	797	71

续表 360　　　　(广东省)　　　　单位：公顷、人、个

名　　称	行政区域面积	常住人口	#城镇建成区	企业个数	企业从业人员	工业企业个数	#规模以上
博罗县石湾镇	8296	120952	23892	1891	51286	1637	102
博罗县杨侨镇	8961	32562	11750	76	2200	46	10
博罗县横河镇	23460	17975	2630	12	820	4	3
惠东县大岭镇	16023	136314	98653	1682	20862	568	93
惠东县白花镇	20389	74642	68642	645	25998	304	58
惠东县梁化镇	26310	51872	10720	221	3570	55	7
惠东县稔山镇	19155	64820	7461	654	8523	97	14
惠东县铁涌镇	11666	40987	9000	366	4757	57	10
惠东县平海镇	23858	70668	24660	914	7932	86	2
惠东县吉隆镇	12802	83923	83923	420	8643	191	79
惠东县黄埠镇	8424	81666	66739	716	39571	464	111
惠东县多祝镇	57530	59287	6725	410	10740	93	9
惠东县安墩镇	47910	25383	2441	372	1862	29	1
惠东县高潭镇	19621	7552	899	134	1499	20	
惠东县宝口镇	32925	4544	892	38	295	20	
惠东县白盆珠镇	39772	11307	1182	104	3867	60	
龙门县麻榨镇	24015	23495	7911	125	750	63	16
龙门县永汉镇	39269	48558	17518	105	9022	80	13
龙门县龙田镇	17426	24563	5261	144	869	27	8
龙门县龙潭镇	25740	24492	3890	135	702	58	8
龙门县地派镇	21739	16273	5216	55	716	34	14
龙门县龙华镇	37454	33129	3080	378	3290	45	10
龙门县龙江镇	17189	22773	1563	170	1269	45	10
龙门县蓝田瑶族乡	13079	8330		44	1844	43	7
梅江区三角镇	3900	59217	8342	450	9998	90	19
梅江区长沙镇	9476	11367	2088	23	210	4	1
梅江区城北镇	11778	43218		298	1490	110	3
梅江区西阳镇	27266	25164	4298	109	3936	73	15
梅县区城东镇	7928	18000	4100	550	2850	64	5
梅县区石扇镇	9104	16432	1320	75	825	18	3
梅县区梅西镇	9250	21280	945	22	510	8	2
梅县区大坪镇	7824	8973	1517	15	240	3	
梅县区石坑镇	8808	15787	1000	2	205	1	
梅县区水车镇	12300	10286	1536	61	389	9	1
梅县区梅南镇	14560	8130	8130	96	650	23	3
梅县区丙村镇	17070	40809	10528	203	2510	88	4
梅县区白渡镇	18761	18000	1380	120	2000	55	3
梅县区松源镇	14950	25564	2624	160	804	5	
梅县区隆文镇	11340	15780	1479	48	300	18	
梅县区桃尧镇	11800	10356	2622	16	148	15	
梅县区畲江镇	17670	40520	25000	252	6470	65	8
梅县区雁洋镇	18300	27138	6062	232	21415	47	11
梅县区松口镇	32840	57110	4761	30	450	4	1
梅县区南口镇	26212	46970	2740	154	1990	75	3
梅县区程江镇	5800	108048	86972	2906	78361	234	12
梅县区扶大镇	1855	11519	2250	217	6512	70	7
大埔县湖寮镇	19860	98566	73425	1052	4692	10	5
大埔县青溪镇	16060	10358	450	18	189	8	1
大埔县三河镇	15023	17546	1508	63	1236	36	4
大埔县银江镇	20982	13200	890	30	154		

续表 361　　（广东省）　　单位：公顷、人、个

名　　称	行政区域面　积	常住人口	#城镇建成区	企业个数	企　业从业人员	工业企业个　数	#规模以上
大埔县洲瑞镇	8930	11415	2789	43	216	22	1
大埔县光德镇	13107	19562	4952	36	3700	29	12
大埔县桃源镇	7702	11762	2494	23	1501	10	9
大埔县百侯镇	11024	16909	2690	30	111	11	
大埔县大东镇	9168	6924	100	14	112		
大埔县大麻镇	23264	25533	4926	23	116	15	
大埔县枫朗镇	17523	30414	1764	40	639	25	2
大埔县茶阳镇	28881	34739	8090	208	1687	39	4
大埔县高陂镇	30891	50026	10739	142	4142	97	14
大埔县西河镇	19975	21660	3168	89	1037	33	
丰顺县北斗镇	9029	8856	1473	6	58	1	
丰顺县汤西镇	19696	36448	4020	118	3250	116	6
丰顺县汤南镇	4501	36243	2169	529	2916	163	3
丰顺县埔寨镇	9770	23024	11053	48	1182	30	4
丰顺县建桥镇	9410	19856	7126	4	20		
丰顺县龙岗镇	11299	11833	1435	147	736	54	1
丰顺县潘田镇	14604	22115	2998	98	495	20	
丰顺县黄金镇	15590	24680	5780	304	1563	8	
丰顺县小胜镇	7569	8439	5098	1	8	1	1
丰顺县砂田镇	14625	12566	1521	35	283	28	
丰顺县八乡山镇	19362	12662	1895	15	75	1	1
丰顺县丰良镇	24960	41087	20125	23	380	3	1
丰顺县潭江镇	21771	16020	2387	5	1735	3	
丰顺县汤坑镇	22072	142788	60215	4666	50690	1055	37
丰顺县留隍镇	42823	58707	21579	248	1615	90	3
丰顺县大龙华镇	22668	13330	3627	105	685	63	
五华县转水镇	17567	73000	51003	80	889	10	1
五华县潭下镇	23006	30976	13525	79	503	11	
五华县郭田镇	13660	32149	32149	45	502	1	
五华县双华镇	14445	31339	31339	51	670	1	
五华县梅林镇	13585	44526	44526	96	2031	9	
五华县华阳镇	14890	45971	45971	66	2315	2	
五华县华城镇	22416	111677	111677	298	3085	42	2
五华县周江镇	20129	50353	50353	58	1160	5	
五华县水寨镇	8342	143278	97398	1713	37973	188	33
五华县河东镇	23894	105271	105271	268	3049		
五华县岐岭镇	15486	56261	56261	75	1525	11	2
五华县长布镇	30401	48332	3952	64	571	9	
五华县横陂镇	24069	83651	83651	159	4770	1	
五华县安流镇	24706	113847	6845	213	1942	26	3
五华县棉洋镇	24291	101253	101253	117	2569	9	
五华县龙村镇	32895	73869	3746	135	889	16	
平远县石正镇	10100	31736	4138	65	4012	61	1
平远县八尺镇	10850	9181	1045	61	1415	25	2
平远县差干镇	9500	6241	966	117	2230	41	2
平远县河头镇	8442	6720	6720	54	394	8	1
平远县中行镇	6403	5629	1200	58	1116	30	1
平远县上举镇	9860	3446	179	44	359	14	
平远县泗水镇	13380	6733	2238	54	416	29	1
平远县长田镇	6822	8896	2031	52	1755	22	4

续表 362　　（广东省）　　单位：公顷、人、个

名　　称	行政区域面积	常住人口	#城镇建成区	企业个数	企业从业人员	工业企业个数	#规模以上
平远县热柘镇	10484	9242	860	57	756	23	1
平远县东石镇	16300	30191	2984	91	4831	64	6
平远县仁居镇	19020	18513	5203	144	2300	46	
平远县大柘镇	15440	87793	87793	189	1235	130	25
蕉岭县三圳镇	9600	14296	2723	46	276	6	
蕉岭县文福镇	12270	13791	6250	54	473	41	5
蕉岭县广福镇	10713	13319	1750	77	850	6	
蕉岭县新铺镇	18499	30340	790	112	1975	35	6
蕉岭县蓝坊镇	12880	11327	2150	333	1832	333	
蕉岭县南礤镇	17390	8656	8656	42	219		
蕉岭县蕉城镇	5733	79580	51036	342	1712	27	
蕉岭县长潭镇	9159	18255	3320	74	1011		
兴宁市永和镇	10906	32146	5676	34	3886	18	1
兴宁市新圩镇	10192	31534	2075	52	3820	32	3
兴宁市罗浮镇	27444	40908	11048	48	592	48	
兴宁市罗岗镇	15106	40507	2554	22	215	18	
兴宁市黄槐镇	9510	24081	1761	29	2067	10	
兴宁市龙田镇	4640	25992	3774	33	2265	33	2
兴宁市石马镇	10800	28406	2344	20	142	12	
兴宁市宁中镇	4364	27341	1475	39	682	14	
兴宁市径南镇	14414	23604	1285	18	250	10	
兴宁市坭陂镇	8960	61582	12220	91	7680	59	1
兴宁市水口镇	22340	77598	11323	41	343	19	3
兴宁市黄陂镇	12659	50312	19439	99	796	18	1
兴宁市合水镇	10062	21418	1345	103	862	16	4
兴宁市大坪镇	18699	44961	30714	13	3200	13	
兴宁市叶塘镇	13189	71888	12488	157	3231	47	12
兴宁市新陂镇	4308	28856	1758	42	785	23	5
兴宁市刁坊镇	6790	24552	1542	14	1810	14	1
汕尾市城区红草镇	6980	43423	6930	146	5600	96	11
汕尾市城区东涌镇	11774	42033	25304	65	8310	65	6
汕尾市城区捷胜镇	4948	26916	26916	231	2500	18	4
海丰县梅陇镇	15254	135081	102522	685	23491	381	10
海丰县小漠镇	3445	11717	3219	34	522	34	1
海丰县鲘门镇	3450	20439	7272	45	535	8	1
海丰县联安镇	5208	14938	2548	17	90	14	
海丰县陶河镇	6410	9976	1531	5	1024	1	1
海丰县赤坑镇	10313	35557	6721	175	2996	163	2
海丰县大湖镇	3185	2944	1812	31	521		
海丰县可塘镇	7450	45817	21525	3196	31635	914	6
海丰县黄羌镇	14263	22813	4623	98	606	4	
海丰县平东镇	13322	16550	6654	108	850	23	
海丰县海城镇	23160	158541	158541	4420	26652	105	1
海丰县鹅埠镇	9018	17572	1				
海丰县赤石镇	30682	23896	4600	69	1561	58	
海丰县公平镇	15414	85240	85240	88	30966	54	24
海丰县附城镇	6971	114028	95341	378	6879	43	7
海丰县城东镇	7856	84520	21587	355	5547	36	6
陆河县河田镇	8354	127242	46345	568	30838	204	
陆河县水唇镇	12162	36850	3210	42	1260	32	3

续表 363 （广东省） 单位：公顷、人、个

名　　称	行政区域面积	常住人口	#城镇建成区	企业个数	企业从业人员	工业企业个数	#规模以上
陆河县河口镇	15998	44675	9500	60	3000	8	4
陆河县新田镇	17452	33302	10661	90	600	30	1
陆河县上护镇	11114	23566	4108	40	560	17	3
陆河县螺溪镇	14453	29314	5000	95	1040	14	
陆河县东坑镇	7800	13916	1655	6	80		
陆河县南万镇	11119	3043	2170	19	97	16	
陆丰市甲子镇	1470	112572	111952	4319	27909	251	24
陆丰市碣石镇	12000	201512	103540	589	6897	531	19
陆丰市湖东镇	5959	73261	30004	13	65	3	3
陆丰市大安镇	9350	30751	9278	49	890		
陆丰市博美镇	5859	51728	20368	20	173	1	
陆丰市内湖镇	4200	32851	32851	46	253		
陆丰市南塘镇	14151	117200	29120	146	8244	49	1
陆丰市陂洋镇	15900	37600	13980	43	222	1	1
陆丰市八万镇	11879	31164	2612	25	610	25	
陆丰市金厢镇	5774	35849		34	170	15	1
陆丰市潭西镇	7348	53415	6980	16	264	11	
陆丰市甲东镇	7500	72285	4987	21	715	17	4
陆丰市河东镇	5925	32499	9301	51	8155	44	2
陆丰市上英镇	5060	23198		16	108	3	
陆丰市桥冲镇	6600	46801		9	54		
陆丰市甲西镇	9620	106584	9207	11	73		
陆丰市西南镇	8086	24465	24465	2	21		
源城区源南镇	11860	53452	4452	22	1685	14	14
源城区埔前镇	16200	90369	90369	51	31220	45	17
紫金县紫城镇	38480	174112	100683	422	7287	58	13
紫金县龙窝镇	42200	76604	2168	96	2843	21	1
紫金县九和镇	25497	25653	1347	24	210	1	1
紫金县上义镇	17820	21280	2920	46	805	22	
紫金县蓝塘镇	30190	81353	7688	213	1066	18	2
紫金县凤安镇	13000	20163	2060	84	431	5	1
紫金县义容镇	35622	50768	5346	115	1391	31	5
紫金县古竹镇	27810	67750	25716	81	7820	25	4
紫金县临江镇	13500	41402	2373	95	6833	90	21
紫金县柏埔镇	13498	28568	2850	19	254	6	3
紫金县黄塘镇	22631	32309	350	14	84	14	
紫金县敬梓镇	11030	23308	700	20	260		
紫金县水墩镇	11484	18010	839	12	248		
紫金县南岭镇	10020	13199	484	10	250		
紫金县苏区镇	12500	17212	1804	26	236		
紫金县瓦溪镇	23000	26691	951	100	550	18	
紫金县好义镇	8672	13145	1195	68	1456	3	1
紫金县中坝镇	17633	42060	2398	66	429	5	
龙川县老隆镇	10756	219708	177293	1016	7834	81	5
龙川县义都镇	10640	21742	1873	18	93	13	
龙川县佗城镇	16513	43256	5288	89	7839	89	16
龙川县鹤市镇	5200	17280	4635	33	550	15	2
龙川县黄布镇	5614	11010	1050	14	940	8	
龙川县紫市镇	10974	14064	512	20	137	11	
龙川县通衢镇	10070	20820	1080	14	118	10	1

续表 364　　（广东省）　　单位：公顷、人、个

名　　称	行政区域面　　积	常住人口	#城镇建成区	企业个数	企　　业从业人员	工业企业个　　数	#规模以上
龙川县登云镇	7038	16186	1120	10	5629	3	
龙川县丰稔镇	13512	21148	1460	56	850		
龙川县四都镇	8057	9492	439	5	35	2	
龙川县铁场镇	19667	37244	1630	13	104	3	
龙川县龙母镇	15100	26287	2107	18	1651	9	
龙川县田心镇	8860	24318	1176	275	1375		
龙川县黎咀镇	13701	11496	1617	15	76	11	2
龙川县黄石镇	10954	6201	310	6	118	3	1
龙川县赤光镇	14173	31056	9789	19	312	13	2
龙川县回龙镇	8350	18068	2060	4	390	2	
龙川县新田镇	6433	17675	568				
龙川县车田镇	31200	51021	4600	69	509	14	
龙川县岩镇镇	12164	11798	389	1	28	1	
龙川县麻布岗镇	18000	42306	4120	30	136	13	
龙川县贝岭镇	10499	13756	753	4	22		
龙川县细坳镇	15245	14119	930	15	351	15	
龙川县上坪镇	20815	24780	24780	11	155	10	
连平县元善镇	28532	83886		62	312	25	8
连平县上坪镇	30093	30154	3265	88	2564	16	1
连平县内莞镇	23081	13005	1956	11	1010	5	
连平县陂头镇	36432	23048	1441	26	650	6	1
连平县溪山镇	11099	12975	249	32	192	30	
连平县隆街镇	24064	33216	3450	96	864	13	6
连平县田源镇	12978	9018	901	18	95	17	
连平县油溪镇	28356	28233	8230	20	210	7	2
连平县忠信镇	8768	66741	33289	268	3181	30	14
连平县高莞镇	6250	19860	836	3	22		
连平县大湖镇	6423	17807	1587	6	183	2	1
连平县三角镇	4460	17707	390	31	1800	23	23
连平县绣缎镇	6206	12241	2688	8	232	4	3
和平县阳明镇	18838	127701	86711	1309	20715	803	58
和平县大坝镇	17537	28819	1618	199	1035	156	10
和平县长塘镇	16918	11090	1680	23	115	3	
和平县下车镇	13499	13461	1797	108	543	27	
和平县上陵镇	14465	17591	1256	20	263	7	1
和平县优胜镇	11731	10080	597	4	23	2	
和平县贝墩镇	13235	18152	1031	33	162	15	2
和平县古寨镇	6428	8774	1052	8	172	2	1
和平县彭寨镇	20744	42502	7428	53	1563	27	3
和平县合水镇	12430	22097	583	241	1835	11	1
和平县公白镇	6377	11073	576	30	200	2	
和平县青州镇	10109	9239	850	77	385	49	
和平县浰源镇	13211	13821	509	16	120	3	1
和平县热水镇	14713	14608	1733	28	310	9	
和平县东水镇	15621	22265	2674	35	1322	14	3
和平县礼士镇	7015	13926	3214	60	725	44	
和平县林寨镇	9284	18031	1797	31	402	19	
东源县仙塘镇	16262	57551	27142	153	18233	54	27
东源县灯塔镇	20500	42788	18086	170	5080	21	7
东源县骆湖镇	9756	16148	16148	79	3000	23	5

续表 365　　　　（广东省）　　　　单位：公顷、人、个

名　　称	行政区域面　　积	常住人口	#城镇建成区	企业个数	企　　业从业人员	工业企业个　　数	#规模以上
东源县船塘镇	20843	66982	7654	99	8125	46	1
东源县顺天镇	11603	13934	13934	38	302	13	
东源县上莞镇	9748	21421	1270	58	704	40	3
东源县曾田镇	14910	11158		17	85		
东源县柳城镇	9856	18000	2200	65	760	50	13
东源县义合镇	17679	10637	4175	68	880	16	1
东源县蓝口镇	19600	28290	6500	57	2000	41	7
东源县黄田镇	24545	17473	1585	138	1650	25	1
东源县叶潭镇	16951	23105	3621	15	97	7	
东源县黄村镇	22000	33486	8665	445	1780		
东源县康禾镇	23000	17520	1132	35	243	10	2
东源县锡场镇	42000	5380	657	14	72	6	
东源县新港镇	16375	10955	5692	25	500	3	
东源县双江镇	14550	4312	2412	26	135		
东源县涧头镇	17410	8847	533	25	168	8	1
东源县新回龙镇	38986	3000	900	21	120	9	
东源县半江镇	24334	3026	308	15	70	10	
东源县漳溪乡	6824	12374	896	9	225	5	2
江城区埠场镇	7500	37684	37684	129	3741	119	3
江城区平冈镇	18014	90706	90706	96	44347	64	32
江城区闸坡镇	13259	79818	79818	592	8192	34	7
江城区双捷镇	6885	28042	2289	36	768	20	3
阳东区东城镇	4066	76546	45917	1694	35516	1527	83
阳东区北惯镇	11322	42482	17259	623	9190	345	65
阳东区那龙镇	15562	29427	5052	68	1086	46	4
阳东区东平镇	12895	45799	32392	216	8790	65	2
阳东区雅韶镇	6843	25531	2687	71	1311	52	7
阳东区大沟镇	10484	35137	3523	55	330	31	1
阳东区新洲镇	23752	43573	11913	160	1011	55	
阳东区合山镇	9006	45223	36073	220	7250	215	14
阳东区塘坪镇	15499	37792	2865	91	3635	35	
阳东区大八镇	30375	31905	10231	135	6121	130	
阳东区红丰镇	9454	42907	15163	143	1672	85	6
阳西县织篢镇	33325	126414	126414	230	10050	210	46
阳西县程村镇	19676	56552		19	3050	18	2
阳西县塘口镇	19396	24599	8464	44	250	27	
阳西县上洋镇	17160	64583	4770	2	96		
阳西县溪头镇	21047	76179	16305	144	972	25	5
阳西县沙扒镇	2861	28375	15320	135	1456	20	2
阳西县儒洞镇	12875	45948	24629	36	3489	34	6
阳西县新圩镇	18100	29914	4606	76	3689	22	2
阳春市河朗镇	20000	41164	5268	34	1243	11	2
阳春市松柏镇	17600	41469	13175	133	1533	33	2
阳春市石望镇	11000	28306	2000	21	486	8	1
阳春市春湾镇	34240	86011	28079	282	2108	63	2
阳春市合水镇	24000	58268	58268	152	1052	123	2
阳春市陂面镇	12300	46701	4599	26	1635	26	4
阳春市圭岗镇	38634	22937	2462	59	219	45	2
阳春市永宁镇	36200	27947	1924	66	458	65	1
阳春市马水镇	14990	35398	5716	68	2065	68	13

续表 366　　（广东省）　　单位：公顷、人、个

名　称	行政区域面　积	常住人口	#城镇建成区	企业个数	企　业从业人员	工业企业个　数	#规模以上
阳春市岗美镇	19420	48009	3124	54	1643	32	6
阳春市河口镇	21000	25696	2680	36	687	33	3
阳春市潭水镇	22800	72939	10429	140	4000	40	15
阳春市三甲镇	30820	52147	17911	112	2912	54	2
阳春市双窖镇	27920	39646	3145	79	1021	18	
阳春市八甲镇	41900	58135	8248	83	5058	42	2
清城区源潭镇	23110	101538	36762	161	27033	29	29
清城区龙塘镇	13906	91313	12763	538	46020	109	109
清城区石角镇	17797	93294	18736	272	27425	57	57
清城区飞来峡镇	37149	56683	12314	98	2887	5	5
清新区太和镇	8608	245143	213880	158	37407	43	43
清新区太平镇	21342	75135	21824	47	13928	37	37
清新区山塘镇	8693	51366	2171	14	2647	10	10
清新区三坑镇	11212	43546	5012	7	560	3	3
清新区龙颈镇	55338	80674	5126	13	3583	8	8
清新区禾云镇	43362	83797	12113	15	6526	12	12
清新区浸潭镇	46400	77881	3081	6	1118	4	4
清新区石潭镇	29930	70236	14598	4	1307	4	4
佛冈县石角镇	37439	129554	52845	353	39232	35	35
佛冈县水头镇	14621	24740	966	11	218	4	1
佛冈县汤塘镇	22937	70680	2064	85	8364	52	23
佛冈县龙山镇	16047	45899	1661	178	7384	72	20
佛冈县高岗镇	20074	24614	780	8	1720	7	5
佛冈县迳头镇	18504	29942	1039	11	3200	11	11
阳山县青莲镇	21298	25753	7101	43	926	1	1
阳山县江英镇	30305	22729	3118	34	632	1	1
阳山县杜步镇	15773	17704	3662	49	1017	3	3
阳山县七拱镇	31323	41360	11617	137	1853	3	3
阳山县太平镇	25997	35679	5275	68	1035	1	1
阳山县杨梅镇	17689	4387	1324	21	170		
阳山县大莨镇	9601	10785	1160	53	738	1	1
阳山县小江镇	22692	20687	3619	51	662	2	2
阳山县岭背镇	22976	20904	3012	39	581		
阳山县黄坌镇	15662	9896	1691	30	266		
阳山县黎埠镇	26917	40945	9907	139	1817	1	1
阳山县阳城镇	29974	125461	93786	1248	17126	5	5
阳山县秤架瑶族乡	56673	12100	5379	86	1236	1	1
连山壮族瑶族自治县永和镇	19726	22896	3025	30	275		
连山壮族瑶族自治县吉田镇	17340	25819	12979	343	4606	2	2
连山壮族瑶族自治县太保镇	14787	13204	2983	55	279		
连山壮族瑶族自治县禾洞镇	12804	7723	786	32	167		
连山壮族瑶族自治县福堂镇	18937	16577	2541	46	338		
连山壮族瑶族自治县小三江镇	28074	14472	4241	115	581	1	1
连山壮族瑶族自治县上帅镇	10214	4022	510				
连南瑶族自治县三江镇	21887	43768	24769	612	12302	7	7
连南瑶族自治县大麦山镇	14348	17421	1988	73	525	39	
连南瑶族自治县寨岗镇	33041	52005	13208	540	5506	98	6
连南瑶族自治县三排镇	14957	25818	3451	10	116	5	
连南瑶族自治县涡水镇	13198	8232	1589				
连南瑶族自治县大坪镇	9894	10536	1476	11	55	11	

续表 367　　　　（广东省）　　　　单位：公顷、人、个

名　　称	行政区域面　积	常住人口	#城镇建成区	企业个数	企　业从业人员	工业企业个　数	#规模以上
连南瑶族自治县香坪镇	16766	11813	2476				
英德市沙口镇	32227	36741	7118	21	849	5	5
英德市望埠镇	20730	50134	10431	234	3661	9	9
英德市横石水镇	11847	31375	2525	68	420		
英德市桥头镇	14555	35423	2699	17	1196	3	3
英德市青塘镇	12151	30342	4158	67	743	1	1
英德市白沙镇	16280	32384	2414	83	508	2	2
英德市大站镇	24597	36203	11235	66	1347	4	4
英德市西牛镇	24522	41001	9932	3	430	2	2
英德市九龙镇	23561	40406	7698	32	167	4	4
英德市含光镇	23594	60120	23247	142	1446	1	1
英德市大湾镇	38195	68092	16121	1	86	1	1
英德市石灰铺镇	22695	31812	8724	126	2183	1	1
英德市石牯塘镇	33255	30587	2749	46	306	1	1
英德市下太镇	17409	11266	2965	36	229	1	1
英德市波罗镇	17295	7999	541	23	126		
英德市横石塘镇	20183	23110	3276	63	611	2	
英德市大洞镇	18479	13183	1093				
英德市连江口镇	38040	36765	13620	30	450	1	1
英德市黎溪镇	28499	33578	16791	97	9584	2	2
英德市水边镇	10514	11530	5961	9	49	7	
英德市英红镇	21875	32132	5992	383	3342	15	15
英德市东华镇	55869	102795	2620	414	41692	42	42
英德市黄花镇	20547	38400	7411	53	405		
连州市连州镇	17565	145636	111561	933	9740	11	11
连州市星子镇	47161	41402	18054	55	617	1	1
连州市大路边镇	22335	42244	6661	32	342	3	3
连州市龙坪镇	30327	30918	4892	169	851	4	4
连州市西岸镇	21103	47222	3500	110	2430	22	
连州市保安镇	18110	35952	7753	41	600	5	5
连州市丰阳镇	17043	17333	6900	75	426	22	
连州市东陂镇	10855	23992	5210	36	432		
连州市九陂镇	16267	29437	2030	70	380	4	4
连州市西江镇	18533	12337	2347	103	813	49	5
连州市瑶安瑶族乡	22040	12548		30	160		
连州市三水瑶族乡	13721	3462		17	106	17	
东莞市石碣镇	3621	241500	241500	3004	151360	2362	154
东莞市石龙镇	1383	143600	143600	3064	73685	1059	50
东莞市茶山镇	4540	159100	159100	2816	34256	1985	183
东莞市石排镇	4872	157700	157700	6195	85123	3620	142
东莞市企石镇	5821	122200	122200	4281	95671	2348	132
东莞市横沥镇	4476	205200	205200	6402	163928	3596	163
东莞市桥头镇	5600	165800	165800	5150	92848	2913	201
东莞市谢岗镇	9104	98100	98100	3193	44787	1645	125
东莞市东坑镇	2380	134500	134500	4509	98629	2382	127
东莞市常平镇	10330	389500	389500	19917	273557	1746	265
东莞市寮步镇	7138	413600	413600	18852	311435	10360	300
东莞市樟木头镇	11878	133806	133806	11036	64298	3328	94
东莞市大朗镇	9750	315800	315800	15613	198536	6730	352
东莞市黄江镇	9286	229900	229900	10376	83008	2603	154

续表 368 (广东省) 单位：公顷、人、个

名称	行政区域面积	常住人口	#城镇建成区	企业个数	企业从业人员	工业企业个数	#规模以上
东莞市清溪镇	14000	310700	310700	10885	219097	2915	310
东莞市塘厦镇	12820	493100	493100	7453	203127	4533	354
东莞市凤岗镇	8243	320122	320122	12437	193005	6851	256
东莞市大岭山镇	9553	279500	279050	15065	175800	2660	335
东莞市长安镇	8153	663822	663345	33550	383736	2371	597
东莞市虎门镇	17850	639400	639400	33105	385672	12720	359
东莞市厚街镇	12570	438515	438515	18970	126749	6395	331
东莞市沙田镇	11154	179900	179900	5263	78939	2116	129
东莞市道滘镇	5425	142500	142500	4521	48575	1373	134
东莞市洪梅镇	3320	58600	58600	1074	28833	166	51
东莞市麻涌镇	9111	120900	120900	2548	53833	845	99
东莞市望牛墩镇	3159	86200	86200	1653	50722	671	95
东莞市中堂镇	6000	140800	140800	4708	51785	2753	132
东莞市高埗镇	3460	215300	215300	4689	106077	1810	148
中山市小榄镇	7540	328867	328867	15426	260775	8880	350
中山市黄圃镇	8835	149664	124380	4951	104421	2894	182
中山市民众镇	11887	112129	40316	1702	30678	646	102
中山市东凤镇	5624	129427	129427	7038	74355	4631	200
中山市东升镇	7582	126551	54565	8655	75584	5152	197
中山市古镇镇	5222	153813	153813	8103	41325	3769	88
中山市沙溪镇	5500	125862	125862	6504	56304	1839	99
中山市坦洲镇	13000	226405	136591	6688	110095	1473	187
中山市港口镇	7127	121149	121149	3716	80118	1311	102
中山市三角镇	7013	123900	20499	2037	55640	823	129
中山市横栏镇	7570	107702	107702	8244	84189	6066	113
中山市南头镇	2800	134267	134267	4545	59085	1760	203
中山市阜沙镇	3710	59593	30705	962	29151	510	101
中山市南朗镇	21886	110039	110039	2601	64326	783	155
中山市三乡镇	9368	204411	204411	7346	112308	3180	143
中山市板芙镇	7970	85400	85400	1325	51109	628	98
中山市大涌镇	4066	74986	74986	1549	21346	707	69
中山市神湾镇	6093	32184	7738	791	16500	444	60
湘桥区意溪镇	7200	44879	39715	180	3987	120	8
湘桥区磷溪镇	7640	79263	23571	243	3274	155	7
湘桥区铁铺镇	6680	38723	12697	215	3673	52	11
湘桥区官塘镇	3109	31512	4771	110	1650	31	7
潮安区古巷镇	6112	88454	44156	750	26870	520	71
潮安区登塘镇	15732	38037	14335	212	8480	194	13
潮安区凤塘镇	3858	93264	16650	850	21650	670	53
潮安区浮洋镇	3884	100209	18626	728	5958	552	46
潮安区龙湖镇	2082	60486	14923	436	19224	311	20
潮安区金石镇	2246	71260	2623	525	2832	315	15
潮安区沙溪镇	3487	59021	27426	219	2247	122	11
潮安区彩塘镇	4387	136170	20729	2062	32140	1824	94
潮安区东凤镇	3423	93309	19555	898	12009	629	36
潮安区庵埠镇	3041	153873	153873	1172	24527	1075	112
潮安区江东镇	3804	69502	22143	198	16782	192	20
潮安区归湖镇	12817	21536	3355	103	4562	32	1
潮安区文祠镇	7146	13621	1322	22	1593	17	2
潮安区凤凰镇	22706	37176	4099	63	325	5	

续表 369　　(广东省)　　单位：公顷、人、个

名　　称	行政区域面积	常住人口	#城镇建成区	企业个数	企业从业人员	工业企业个数	#规模以上
潮安区赤凤镇	8857	5473	680	47	243	3	
潮安区枫溪镇	2447	148917	148917	1886	63550	1063	132
饶平县黄冈镇	8860	213128	213128	741	59010	198	29
饶平县上饶镇	9946	46383	12695	48	3013	36	1
饶平县饶洋镇	8770	46670	12665	47	4539	34	8
饶平县新丰镇	11738	58370	13980	251	10500	146	14
饶平县建饶镇	7316	11446	1277	21	285	21	
饶平县三饶镇	15174	47996	27584	332	2855	122	18
饶平县新塘镇	7995	20358	6308	22	300	20	2
饶平县汤溪镇	8083	7507	1989	14	367	10	
饶平县浮滨镇	15902	25298	2216	53	1205	29	3
饶平县浮山镇	6972	22183	11530	63	642	15	2
饶平县东山镇	7446	15831	2648	22	236	9	
饶平县新圩镇	9328	26072	13668	10	191	10	1
饶平县樟溪镇	10817	16187	3295	12	730	12	1
饶平县钱东镇	12266	87224	50731	845	25023	153	20
饶平县高堂镇	2542	24556	21001	45	300	19	2
饶平县联饶镇	8210	28357	1911	72	1346	17	2
饶平县所城镇	5200	32644	17307	12	180	11	3
饶平县大埕镇	3195	25502	14867	17	198	14	
饶平县柘林镇	1198	12177	9702	120	2673	19	4
饶平县洪洲镇	3451	56840	51000	168	3655	165	5
饶平县海山镇	5117	67132	21005	330	5790	86	1
榕城区渔湖镇	4422	122978	116347	1233	18463	776	178
榕城区炮台镇	5400	120982	62779	229	10386	105	63
榕城区地都镇	8700	104890	2605	409	12000	350	42
榕城区登岗镇	3504	77968	9194	815	10154	416	14
揭东区云路镇	7879	84859	20494	193	4150	140	39
揭东区玉窖镇	3800	51422	1815	107	3460	57	36
揭东区锡场镇	5069	108156	21234	422	23241	80	52
揭东区新亨镇	9526	106851	70393	366	7352	189	37
揭东区玉湖镇	13500	81338	4450	104	715	99	10
揭东区埔田镇	7312	59589	6850	203	6520	58	21
揭东区霖磐镇	2800	67497	3485	98	25011	58	16
揭东区月城镇	1830	48955	5098	213	2153	202	21
揭东区白塔镇	5965	76733	4269	41	504	41	25
揭东区龙尾镇	4800	24560	2812	30	315	14	7
揭东区桂岭镇	3184	44362	2511	89	806	9	9
揭西县龙潭镇	7796	34616	34616	189	948	8	1
揭西县南山镇	13454	25435	8073	421	2178	251	3
揭西县五经富镇	16860	52083	9477	59	2020	38	2
揭西县京溪园镇	7348	40931	5746	389	4633	190	11
揭西县灰寨镇	5358	35466	5034	193	6322	162	8
揭西县塔头镇	2935	52163	9641	150	1953	129	3
揭西县东园镇	2606	32980	6601	262	1320	9	
揭西县凤江镇	3466	79414	8601	362	15264	322	11
揭西县棉湖镇	3038	106237	57832	445	48687	195	33
揭西县金和镇	4846	65454	14483	96	1876	74	5
揭西县大溪镇	3534	18808	4126	19	152	17	
揭西县钱坑镇	4668	38915	5725	55	1426	30	1

续表 370　　(广东省)　　单位：公顷、人、个

名　　称	行政区域面积	常住人口	#城镇建成区	企业个数	企业从业人员	工业企业个数	#规模以上
揭西县坪上镇	9299	29467	5890	37	1340	26	1
揭西县五云镇	14598	45679	7186	26	985	18	2
揭西县上砂镇	12589	51472	5943	360	1805	122	
揭西县良田乡	13017	12481		25	187		
惠来县惠城镇	17300	158189	158189	928	8440	294	53
惠来县华湖镇	6170	58211	19152	67	3732	29	16
惠来县仙庵镇	8356	84657	35426	325	4216	73	4
惠来县靖海镇	4900	62342	24861	159	3825	50	11
惠来县周田镇	7430	88725	16583	55	553	38	11
惠来县前詹镇	6300	54889	54889	150	1854	10	5
惠来县神泉镇	5086	72023	30139	122	4965	78	25
惠来县东陇镇	5400	94572	13356	15	726	15	9
惠来县岐石镇	4543	75786	16268	14	146	8	3
惠来县隆江镇	13060	135853	42725	551	11923	20	20
惠来县溪西镇	5038	74557	7813	173	2285	92	5
惠来县鳌江镇	6306	54061	11986	57	994	19	7
惠来县东港镇	5284	28714	9508	71	1611	58	7
惠来县葵潭镇	14485	115353	57144	58	2352	1	1
普宁市赤岗镇	2400	47264	14086	127	1810	126	7
普宁市大坝镇	5900	89860	27521	139	2770	136	7
普宁市洪阳镇	6600	140075	68610	209	5940	184	20
普宁市南溪镇	5000	101348	10025	42	260	6	3
普宁市广太镇	3730	58094	2211	18	1669	16	3
普宁市麒麟镇	5600	95621	8809	238	2189	89	6
普宁市南径镇	5289	148631	27496	419	2096	355	7
普宁市占陇镇	5200	186425	9689	672	50080	489	106
普宁市军埠镇	2720	105091	6166	509	38572	301	45
普宁市下架山镇	8200	98800	16488	121	6025	118	16
普宁市高埔镇	10584	61290	12508	85	1500	65	7
普宁市云落镇	10338	51331	16415	41	2157	38	10
普宁市大坪镇	7600	30226	6238	45	2813	32	5
普宁市船埔镇	13300	43019	5258	55	1874	46	3
普宁市梅林镇	14771	52383	16412	37	580	26	6
普宁市里湖镇	8490	91316	43750	298	13620	215	21
普宁市梅塘镇	7600	106913	18288	264	9878	250	22
普宁市后溪乡	8100	10271	587	18	270	16	1
云城区腰古镇	10781	32306	1630	244	3520	123	11
云城区思劳镇	9550	20784	8463	260	2975	220	29
云城区前锋镇	12898	26041	4393	29	387	19	6
云城区南盛镇	13934	34184	1029	21	222		
云安区六都镇	21455	50579	11580	528	12476	173	66
云安区高村镇	18459	22051	5699	61	876	25	2
云安区白石镇	7231	25702	7011	45	434	13	3
云安区镇安镇	11001	36519	6856	81	856	33	5
云安区富林镇	17233	50031	7612	61	468	20	1
云安区石城镇	18188	46622	7625	280	2043	202	17
云安区都杨镇	25296	45814	4715	326	6090	94	26
新兴县新城镇	11700	136226	96105	780	35000	430	142
新兴县车岗镇	9229	24162	575	67	800	30	9
新兴县水台镇	8473	13960	2798	120	6000	14	14

续表 371　　（广东省、广西壮族自治区）　　单位：公顷、人、个

名　　称	行政区域面　积	常住人口	#城镇建成区	企业个数	企　业从业人员	工业企业个　数	#规模以上
新兴县稔村镇	11245	30431	5003	34	3764	22	10
新兴县东成镇	12000	26978	2741	65	1660	15	4
新兴县太平镇	15489	58120	4550	139	1708	95	11
新兴县里洞镇	12800	16621	663	23	213	14	
新兴县大江镇	10300	6869	256	9	30	8	
新兴县天堂镇	13390	48730	9740	237	4712	45	5
新兴县河头镇	16778	16836	16836	31	287	15	2
新兴县簕竹镇	10180	14529	3863	22	2167	7	6
新兴县六祖镇	18696	60678	5870	64	5125	19	6
郁南县都城镇	9260	81562	60580	180	2852	132	45
郁南县平台镇	13160	24798	2662	12	175	12	6
郁南县桂圩镇	16690	32527	3286	27	233	19	2
郁南县通门镇	15800	17435	2772	22	110	9	3
郁南县建城镇	22261	34966	34966	36	800	33	18
郁南县宝珠镇	9690	12101	404	18	235	18	2
郁南县大方镇	6470	12344	12344	20	112	10	1
郁南县千官镇	18348	47930	32822	20	2586	20	1
郁南县大湾镇	4590	16873	2342	23	675	10	6
郁南县河口镇	7650	24348	24348	48	420	15	5
郁南县宋桂镇	8180	25158	1665	15	148	15	4
郁南县东坝镇	10697	33498	32685	18	983	10	5
郁南县连滩镇	9510	56227	26000	75	521	22	5
郁南县历洞镇	13156	15692	15692	30	151	12	1
郁南县南江口镇	20070	28700	7800	125	3890	33	11
罗定市罗镜镇	16140	70661	16528	175	1989	125	2
罗定市太平镇	9380	45876	5860	95	1545	36	5
罗定市分界镇	9750	20513	893	29	145	15	
罗定市罗平镇	13580	63547	4880	80	2580	69	4
罗定市船步镇	12920	79311	9360	42	1060	26	3
罗定市满塘镇	8410	32419	2735	213	1086	43	7
罗定市苹塘镇	8840	30505	4125	65	4058	44	6
罗定市金鸡镇	8610	29328	2512	70	385	50	10
罗定市围底镇	6601	30103	30103	89	4547	33	11
罗定市华石镇	6250	20627	3133	31	180	29	6
罗定市林滨镇	15410	37562	1828	116	1083	42	6
罗定市黎少镇	13420	46013	967	65	1354	12	6
罗定市生江镇	6200	27539	6459	56	2743	18	2
罗定市连州镇	12584	39769	3974	24	320	3	1
罗定市泗纶镇	23380	54008	3510	82	1230	40	7
罗定市加益镇	8009	18384	913	15	159	7	1
罗定市龙湾镇	12620	25874	2739	28	661	8	2
广西壮族自治区							
兴宁区三塘镇	22400	73108	8700	117	5032	61	10
兴宁区五塘镇	28000	61542	16792	87	2854	34	6
兴宁区昆仑镇	13300	16681	2500	14	156	7	
青秀区刘圩镇	16008	49985	3678	36	267	3	1
青秀区南阳镇	9410	23997	1835	25	248	3	1
青秀区伶俐镇	26400	32280	2841	23	1890	8	2
青秀区长塘镇	16697	24176	1995	49	1010	1	
江南区吴圩镇	39400	116948	38122	460	25336	65	11

续表 372　　（广西壮族自治区）　　单位：公顷、人、个

名　称	行政区域面积	常住人口	#城镇建成区	企业个数	企业从业人员	工业企业个数	#规模以上
江南区苏圩镇	22300	65139	11240	70	1807	21	
江南区延安镇	13198	22538	3080	11	51	2	
江南区江西镇	21400	43311	3469	66	638	10	
西乡塘区金陵镇	22100	53701	53701	346	2820	67	3
西乡塘区双定镇	18800	29808	3730	43	1010	26	3
西乡塘区坛洛镇	33500	79234	15788	160	1330	13	3
良庆区良庆镇	8710	51575	4550	520	3200	3	
良庆区那马镇	16766	28632	5241	252	3548	5	
良庆区那陈镇	29300	37171	2450	65	625	2	1
良庆区大塘镇	49800	45422	3907	320	1600	30	2
良庆区南晓镇	29400	32895	2788	73	815	5	
邕宁区蒲庙镇	23672	96500	38489	920	4650	428	20
邕宁区那楼镇	35129	79607	4841	9	396	9	
邕宁区新江镇	16535	30603	1610	14	280	8	
邕宁区百济镇	30810	41022	2415	83	365	4	
邕宁区中和乡	16927	33481	1030	17	450	2	
武鸣区城厢镇	24748	139476	60386	1281	26848	122	43
武鸣区太平镇	37110	33928	2648	30	310	10	
武鸣区双桥镇	21331	59787	5985	422	6214	90	2
武鸣区宁武镇	25398	32398	4406	102	3215	35	5
武鸣区锣圩镇	40151	53354	7783	92	2181	9	2
武鸣区仙湖镇	20898	36750	6154	39	284	4	
武鸣区府城镇	26809	51969	4323	198	1324	10	1
武鸣区陆斡镇	25431	60203	6036	85	1356	27	1
武鸣区两江镇	20014	38294	3183	78	826	27	
武鸣区罗波镇	16246	28902	5631	51	397	3	
武鸣区灵马镇	19495	32073	4627	49	424	4	1
武鸣区甘圩镇	10270	22348	8805	53	673	33	4
武鸣区马头镇	16515	18029	2019	45	401	5	2
隆安县城厢镇	39177	69414	21125	626	6488	39	4
隆安县南圩镇	32067	40532	8570	259	2881	16	4
隆安县雁江镇	12157	25638	2980	4	315	3	
隆安县那桐镇	19397	51056	9273	191	4776	5	3
隆安县乔建镇	20632	35700	4874	47	237	9	
隆安县丁当镇	27337	33650	7124	56	4200	9	1
隆安县古潭乡	12384	23423	1258	15	428	9	1
隆安县都结乡	24655	41930	3287	18	183	5	
隆安县布泉乡	15254	22434	1500	13	90	9	
隆安县屏山乡	24814	12456	2536	8	83	5	
马山县白山镇	23463	85402	49936	165	1654	93	8
马山县百龙滩镇	8783	21496	3485	209	1310	5	2
马山县林圩镇	32091	93915	2737	189	2079	13	1
马山县古零镇	25894	53976	3556	75	609	5	
马山县金钗镇	12583	29384	3266	211	1931	14	
马山县周鹿镇	34146	88066	6890	213	1650	14	
马山县永州镇	21398	55047	15901	58	598	7	
马山县乔利乡	17275	36259	1974	347	5021	22	3
马山县加方乡	20469	23335		50	293	7	
马山县古寨瑶族乡	15262	19025		61	1206	4	
马山县里当瑶族乡	15200	21350		95	510	2	

续表 373　　(广西壮族自治区)　　单位：公顷、人、个

名　称	行政区域面积	常住人口	#城镇建成区	企业个数	企业从业人员	工业企业个数	#规模以上
上林县大丰镇	19816	56988	25440	358	2105	35	2
上林县明亮镇	9189	27659	4880	11	112	7	
上林县巷贤镇	18040	38493	2560	57	710	11	2
上林县白圩镇	23487	73764	7860	108	1200	2	2
上林县三里镇	19464	42821	5800	33	166	16	
上林县乔贤镇	12778	35122	9464	10	120	4	
上林县西燕镇	25171	40744	2800	17	99	14	
上林县澄泰乡	11896	38972		13	1652	13	9
上林县木山乡	14811	18788		1	100	1	1
上林县塘红乡	18422	34789		7	36	7	
上林县镇圩瑶族乡	11330	20188		23	186	13	
宾阳县宾州镇	23373	219015	168299	3204	48216	318	17
宾阳县黎塘镇	21951	115564	81902	258	19306	158	28
宾阳县甘棠镇	19151	37363	25332	92	524	13	
宾阳县思陇镇	17366	42589	42589	126	688	68	
宾阳县新桥镇	10780	70773	70773	322	3207	80	1
宾阳县新圩镇	6589	20537	2405	42	849	11	1
宾阳县邹圩镇	14392	30984	5641	60	337	26	
宾阳县大桥镇	11467	55041	8915	186	1094	14	1
宾阳县武陵镇	15841	40849	3611	101	1154	26	2
宾阳县中华镇	7722	22222	1875	48	450	11	2
宾阳县古辣镇	11392	38213	38213	234	1872	15	6
宾阳县露圩镇	12477	23942	8245	96	1728	11	
宾阳县王灵镇	16053	24158	24158	33	408	11	2
宾阳县和吉镇	11962	37842	35000	36	216	16	1
宾阳县洋桥镇	12198	26366	1021	120	912	6	1
宾阳县陈平镇	15478	14378	14378	30	165	4	
横县横州镇	18224	163500	59796	1823	22346	235	21
横县百合镇	18417	76700	8820	105	570	25	1
横县那阳镇	13995	50000	6809	66	750	27	1
横县南乡镇	34218	77100	57562	81	675	15	
横县新福镇	34753	35500	5355	71	355	9	
横县莲塘镇	15447	29600	3462	61	312	18	2
横县平马镇	14409	31100	3853	36	182	5	1
横县峦城镇	7755	40300	7657	113	1286	15	2
横县六景镇	31679	72200	5560	280	18621	93	29
横县石塘镇	22193	44600	7253	111	1657	12	5
横县陶圩镇	18449	53700	8360	178	1290	20	
横县校椅镇	24038	84210	9750	232	1278	45	9
横县云表镇	25505	57900	5117	161	1599	36	3
横县马岭镇	9201	20600	3058	105	1168	29	8
横县马山乡	13003	34200		58	565	13	
横县平朗乡	12560	27100		35	189	6	
横县镇龙乡	26623	12900		19	177	3	
鱼峰区雒容镇	35300	99184	32878	743	9985	90	37
鱼峰区洛埠镇	1560	8432	2100	30	1736	13	3
柳南区太阳村镇	10338	42931	989	491	12280	425	57
柳北区石碑坪镇	8757	20390	2433	261	1050	30	11
柳北区沙塘镇	8750	50267	50136	396	26245	157	36
柳北区长塘镇	7403	51366	51366	713	4253	341	37

续表 374　　(广西壮族自治区)　　单位：公顷、人、个

名　称	行政区域面　积	常住人口	#城镇建成区	企业个数	企　业从业人员	工业企业个　数	#规模以上
柳江区拉堡镇	4578	176315	170320	7010	38250	747	9
柳江区里雍镇	27200	30594	1192	19	400	17	
柳江区百朋镇	32200	62212	8300	25	825	12	
柳江区成团镇	13300	49864	2400	47	1120		
柳江区洛满镇	21644	37255	5172	37	331	5	1
柳江区流山镇	14671	22234	1994	80	485	36	1
柳江区三都镇	12700	31393	4292	67	725	65	
柳江区里高镇	14170	26068	26068	332	1950	296	
柳江区进德镇	11932	58971	3637	107	1293	102	1
柳江区穿山镇	44762	66796	4113	184	4120	169	5
柳江区土博镇	41667	42301	1695				
柳江区白沙镇	14580	17702	6610	3	366	2	1
柳城县大埔镇	23063	78806	78806	386	10000	367	13
柳城县龙头镇	11654	17084	1064	40	202	25	
柳城县太平镇	30151	37722	37722	422	2522	45	
柳城县沙埔镇	15433	31913	31913	295	7496	64	13
柳城县东泉镇	22517	57254	55405	290	1568	9	
柳城县凤山镇	11903	18198	18198	255	2875	115	2
柳城县六塘镇	16605	30844	2230	171	3120	35	8
柳城县冲脉镇	8791	16068	1765	5	231	3	
柳城县寨隆镇	8525	15528	3000	5	350	5	
柳城县马山镇	14861	21642	8508	20	681	8	1
柳城县古砦仫佬族乡	24757	30441		39	243	2	
柳城县社冲乡	12867	15596		27	280	27	
鹿寨县鹿寨镇	43800	122908	96250	1400	13500	232	40
鹿寨县中渡镇	37400	36210	3200	45	665	4	
鹿寨县寨沙镇	35600	63561	7243	15	4563	4	
鹿寨县平山镇	32300	34020	1017	23	126	2	
鹿寨县黄冕镇	43700	29341	7100	28	1648	18	5
鹿寨县四排镇	35660	35242	5546	42	546	10	
鹿寨县江口乡	16800	14479		3	48	2	
鹿寨县导江乡	17500	11660		16	465	12	
鹿寨县拉沟乡	24700	10806	268	1	28		
融安县长安镇	31454	129856	65786	860	16534	122	24
融安县浮石镇	24939	31754	3333	112	1927	38	11
融安县泗顶镇	27905	18793	1305	36	413	5	1
融安县板榄镇	44147	22605	2474	73	387	28	
融安县大将镇	25363	24553	2541	70	1042	6	
融安县大良镇	22388	20385	3290	104	685	8	
融安县雅瑶乡	24814	14778		39	253	3	
融安县大坡乡	21077	11284		36	735	3	
融安县东起乡	11841	7918		8	49		
融安县沙子乡	14200	13828		33	165	1	
融安县桥板乡	23169	17687		2	69	2	
融安县潭头乡	17008	19453		36	192	2	
融水苗族自治县融水镇	25849	111098	92286	1476	17692	263	32
融水苗族自治县和睦镇	16215	24971	4382	6	436	3	3
融水苗族自治县三防镇	22283	22523	1634	27	135	8	
融水苗族自治县怀宝镇	31812	16873	1448	4	102		
融水苗族自治县洞头镇	21142	19253	2100	4	40	3	

续表 375　　　　(广西壮族自治区)　　　　单位：公顷、人、个

名　称	行政区域面积	常住人口	#城镇建成区	企业个数	企业从业人员	工业企业个数	#规模以上
融水苗族自治县大浪镇	21347	21931	876	2	18		
融水苗族自治县永乐镇	18993	25307	879	2	26	2	
融水苗族自治县四荣乡	27877	18653		65	579	14	
融水苗族自治县香粉乡	14938	13198		28	193	11	
融水苗族自治县安太乡	29366	23387		11	56	8	
融水苗族自治县汪洞乡	22826	14443		5	45	5	
融水苗族自治县同练瑶族乡	20718	10864		12	67	2	
融水苗族自治县滚贝侗族乡	28965	19053		13	105	13	
融水苗族自治县杆洞乡	31254	25030		10	79		
融水苗族自治县安陲乡	29606	17038		6	90	6	2
融水苗族自治县白云乡	25319	36104		7	78	5	
融水苗族自治县红水乡	13581	23868		5	28	5	
融水苗族自治县拱洞乡	15126	28248		11	100	4	
融水苗族自治县良寨乡	12886	24379		2	13	1	
融水苗族自治县大年乡	10227	16802		9	71	1	
三江侗族自治县古宜镇	20472	43643	42268	1109	4794	365	9
三江侗族自治县斗江镇	26502	18622	3912	104	1011	51	
三江侗族自治县丹洲镇	22954	12875	12875	90	502	13	
三江侗族自治县八江镇	16912	23810	1027	62	312	22	
三江侗族自治县林溪镇	14447	25246	4014	72	368	20	
三江侗族自治县独峒镇	17801	39071	1300	27	263		
三江侗族自治县同乐苗族乡	17982	37033		3	15	3	
三江侗族自治县梅林乡	8035	10304		25	238	3	
三江侗族自治县富禄苗族乡	16763	28316		20	115	20	
三江侗族自治县洋溪乡	11732	17469		28	140		
三江侗族自治县良口乡	16912	24313		39	217	6	
三江侗族自治县老堡乡	16941	12977		31	236	3	
三江侗族自治县高基瑶族乡	16877	5970		50	255	50	
三江侗族自治县和平乡	10819	5622		25	400	10	
三江侗族自治县程村乡	6569	5929		6	408	6	
叠彩区大河乡	3900	27305		73	465	73	
象山区二塘乡	6297	17829		209	3675	47	4
七星区朝阳乡	4820	17916		84	3176	72	4
雁山区雁山镇	9849	26502	596	35	234	25	3
雁山区柘木镇	8634	19776		440	2390	22	3
雁山区大埠乡	8770	10932		29	685	5	1
雁山区草坪回族乡	2952	5411		13	265		
临桂区临桂镇	21343	129125	3968	2586	32525	1164	52
临桂区六塘镇	10766	41215	6382	311	1570	250	
临桂区会仙镇	17450	49575	2891	275	2580	50	13
临桂区两江镇	25945	64251	3702	362	2851	132	3
临桂区五通镇	26260	36507	5392	1539	7787	463	
临桂区四塘镇	15882	41150	1902	255	1280	143	5
临桂区南边山镇	15776	29306	3255	100	1574	35	
临桂区中庸镇	8503	19660	1679	22	785	4	1
临桂区茶洞镇	21750	21347		23	715	23	
临桂区宛田瑶族乡	34232	20758		24	150	22	
临桂区黄沙瑶族乡	26174	5478		60	322		
阳朔县阳朔镇	7665	49298	49298	533	2870	76	1
阳朔县白沙镇	15420	40089	1709	1106	7805	365	8

续表 376　　（广西壮族自治区）　　单位：公顷、人、个

名　　称	行政区域面积	常住人口	#城镇建成区	企业个数	企业从业人员	工业企业个数	#规模以上
阳朔县福利镇	23266	41502	3666	13	265	10	2
阳朔县兴坪镇	30540	39878	4430	104	521	34	
阳朔县葡萄镇	13140	28978	1985	335	2460	306	5
阳朔县高田镇	15660	33218	2978	87	1188	53	3
阳朔县金宝乡	20490	33163		127	6297	125	1
阳朔县普益乡	7020	11770		19	208	5	1
阳朔县杨堤乡	9289	10274		24	180	17	1
灵川县灵川镇	11429	83529	49107	411	6107	217	18
灵川县大圩镇	21392	53780	10525	298	1532	20	4
灵川县定江镇	8529	43611	8485	248	8950	248	19
灵川县三街镇	18094	19592	5900	22	215	22	3
灵川县潭下镇	14340	37672	5479	63	1021	32	7
灵川县九屋镇	30876	30599	3264	81	408	27	1
灵川县灵田镇	26738	28936	1585	116	2055	109	1
灵川县潮田乡	22683	24922		38	206	6	2
灵川县大境瑶族乡	26520	12273		23	180	16	
灵川县海洋乡	21883	22510		6	72	5	
灵川县兰田瑶族乡	12489	5990		12	120	11	1
灵川县公平乡	15351	13747		7	82	6	1
全州县全州镇	16920	158844	79760	1798	8990	1627	28
全州县黄沙河镇	11200	28975	9029	24	744	4	4
全州县庙头镇	12088	29375	2158	352	1985	308	1
全州县文桥镇	28380	57012	2498	1329	6645	830	2
全州县大西江镇	36657	34345	1454	262	1328	3	2
全州县龙水镇	28493	51010	1800	105	2800	85	2
全州县才湾镇	35828	56501	2286	872	4830	127	9
全州县绍水镇	25281	42925	4102	425	5269	82	2
全州县石塘镇	23815	77010	13920	609	4498	233	
全州县咸水镇	21549	37244	1653	8	299	1	1
全州县凤凰镇	18224	49391	1519	124	744	124	
全州县安和镇	16180	30217	3100	170	2516	65	2
全州县两河镇	16146	24537	2247	64	536	46	
全州县枧塘镇	12300	22548	1350	40	200	17	3
全州县永岁镇	18096	29963	1163	2642	13218	103	2
全州县蕉江瑶族乡	23000	15308					
全州县白宝乡	13070	10779		610	3260	15	
全州县东山瑶族乡	42000	32579		26	146		
兴安县兴安镇	20584	103985	71902	481	26681	117	15
兴安县湘漓镇	15960	48843	910	133	1191	24	2
兴安县界首镇	15913	35606	7509	132	5042	23	3
兴安县高尚镇	26750	42685	7224	110	556	26	2
兴安县严关镇	12064	17300	1105	69	1950	65	5
兴安县溶江镇	46185	48203	14066	57	2280	48	12
兴安县漠川乡	31200	15978		37	413	14	1
兴安县白石乡	8643	8868		2	40	1	
兴安县崔家乡	9643	20688		30	360	6	3
兴安县华江瑶族乡	43754	15166		126	2467	36	3
永福县永福镇	27896	54348	54348	903	5102	112	10
永福县罗锦镇	23690	40649	14207	172	860	2	2
永福县百寿镇	41337	32627	7769	103	515		

续表 377　　（广西壮族自治区）　　单位：公顷、人、个

名　称	行政区域面积	常住人口	#城镇建成区	企业个数	企业从业人员	工业企业个数	#规模以上
永福县苏桥镇	12404	28101	4925	312	1650	113	33
永福县三皇镇	19901	24149	4900	99	495	1	
永福县堡里镇	38217	25324	21746	82	824	1	1
永福县广福乡	44510	20761		25	422	11	2
永福县永安乡	35273	20312		18	733	9	1
永福县龙江乡	36253	19182		39	223	9	1
灌阳县灌阳镇	40607	63117	26582	2504	12976	208	13
灌阳县黄关镇	20612	40768	7856	238	1894	175	
灌阳县文市镇	14048	29274	11826	561	3695	275	8
灌阳县新街镇	16735	37275	12250	110	2789	90	5
灌阳县新圩镇	18304	23347	4634	16	156	4	
灌阳县水车镇	20801	33420	9145	185	984	49	1
灌阳县洞井瑶族乡	20742	8562		110	560	96	
灌阳县观音阁乡	12877	7996		33	336	15	1
灌阳县西山瑶族乡	18802	11696		215	1120	101	
龙胜各族自治县龙胜镇	37052	42334	24621	13863	69318	47	7
龙胜各族自治县瓢里镇	20591	15673	6118	101	1224	42	5
龙胜各族自治县三门镇	35258	15604	6032	183	1512	39	2
龙胜各族自治县龙脊镇	23734	16580	3856	35	428	14	1
龙胜各族自治县平等镇	36820	24556	4510	163	942	19	1
龙胜各族自治县泗水乡	19032	13712		31	485	27	4
龙胜各族自治县江底乡	24682	8799		148	589	14	
龙胜各族自治县马堤乡	15320	12020		98	490	10	
龙胜各族自治县伟江乡	16560	7764		51	292	6	
龙胜各族自治县乐江乡	24750	20189		24	204	12	1
资源县资源镇	37233	43814	12158	1312	4391	57	6
资源县中峰镇	38310	33574	5412	197	1073	30	15
资源县梅溪镇	38641	31897	31897	50	356	25	4
资源县瓜里乡	24411	16119	1499	50	260	25	4
资源县车田苗族乡	31035	25123		23	117	14	2
资源县两水苗族乡	13270	11039		27	380	23	
资源县河口瑶族乡	11200	4795		86	650	48	
平乐县平乐镇	31324	101342	65600	3289	36145	721	10
平乐县二塘镇	22372	75133	12589	1964	15716	319	4
平乐县沙子镇	19321	42878	6442	1159	5804	235	5
平乐县同安镇	13627	51197	6340	1166	8166	248	11
平乐县张家镇	11653	43389	5215	1514	12112	209	4
平乐县源头镇	22586	49918	4510	1052	5766	252	3
平乐县阳安乡	6763	21844		516	3612	103	
平乐县青龙乡	7152	24275		252	1266	66	
平乐县桥亭乡	10823	18686		151	963	120	1
平乐县大发瑶族乡	43693	18454		242	1210	104	1
荔浦县荔城镇	9500	78260	3831	3980	27848	469	15
荔浦县东昌镇	14500	22581	3279	285	1932	42	1
荔浦县新坪镇	25100	28755	4340	276	2056	243	7
荔浦县杜莫镇	11900	24783	3672	165	1235	146	
荔浦县青山镇	7200	35588	3320	53	3260	35	9
荔浦县修仁镇	10900	29365	29365	85	575	14	14
荔浦县大塘镇	10400	21875	2629	221	2372	20	1
荔浦县花篢镇	12956	23648	4824	599	2995	169	

续表 378　　（广西壮族自治区）　　单位：公顷、人、个

名　称	行政区域面积	常住人口	#城镇建成区	企业个数	企业从业人员	工业企业个数	#规模以上
荔浦县双江镇	14492	29822	4802	174	3513	33	3
荔浦县马岭镇	14300	41067	4675	528	5193	44	4
荔浦县龙怀乡	8100	10804		313	1720	38	1
荔浦县茶城乡	9800	10628		17	527	17	1
荔浦县蒲芦瑶族乡	25900	9681	2063	19	750	16	2
恭城瑶族自治县恭城镇	9283	71971	42208	395	2378	62	1
恭城瑶族自治县栗木镇	27731	43800	8500	289	3959	49	1
恭城瑶族自治县莲花镇	36500	52985	5655	762	3896	343	
恭城瑶族自治县嘉会镇	24800	24975	2415	268	1340	214	
恭城瑶族自治县西岭镇	42823	37460	4797	73	951	49	2
恭城瑶族自治县平安乡	24342	36259		122	994	89	
恭城瑶族自治县三江乡	32402	14129		385	1930	43	
恭城瑶族自治县观音乡	13260	8628		102	224	38	
恭城瑶族自治县龙虎乡	7443	11318		45	231	22	1
万秀区城东镇	12200	20352		261	1685	192	9
万秀区龙湖镇	6714	13936	1021	102	2065	19	7
万秀区夏郢镇	22700	47560	2059	14	252	13	3
长洲区长洲镇	3625	51347	51347	262	3901	25	2
长洲区倒水镇	27423	42318	2401	491	3200	10	2
龙圩区龙圩镇	17599	85980	85980	1614	22738	132	29
龙圩区大坡镇	26183	57320		153	1577	15	
龙圩区广平镇	29550	68784		105	1391	2	1
龙圩区新地镇	23809	74516		191	1500	16	
苍梧县石桥镇	24860	67808	2640	369	963	2	1
苍梧县沙头镇	41682	67801	6128	295	1605	6	
苍梧县梨埠镇	25328	28633	10894	8	187	6	1
苍梧县岭脚镇	45600	48625	16115	14	65	9	
苍梧县京南镇	39841	41123	3674	20	312	8	2
苍梧县狮寨镇	28387	18023	967	44	220	10	
苍梧县旺甫镇	25527	42982	8950	529	2970	38	8
苍梧县六堡镇	29100	19801	4960	601	876	22	1
苍梧县木双镇	14572	13676	4700	350	1751	5	
藤县藤州镇	37235	138117	125554	2455	13623	810	7
藤县塘步镇	24357	56141	4555	236	8601	39	5
藤县埌南镇	19712	41261	7165	28	253	8	2
藤县同心镇	13832	20737	4396	15	1436	1	1
藤县金鸡镇	24267	59577	8929	41	1564	8	3
藤县新庆镇	13385	35420	3750	20	785	10	
藤县象棋镇	18300	38545	4469	36	2163	9	1
藤县岭景镇	19005	35746	3151	4	123	4	
藤县天平镇	35186	68890	9985	47	11250	23	3
藤县蒙江镇	29138	73837	25436	74	1256	13	8
藤县和平镇	16818	68324	3854	43	316	3	1
藤县太平镇	28301	89392	35927	120	7148	96	10
藤县古龙镇	17638	36787	6623	25	824	2	2
藤县东荣镇	20931	33044	4632	27	511	2	2
藤县大黎镇	31354	35996	4225	69	210		
藤县平福乡	33275	28919		8	76	2	2
藤县宁康乡	11883	16262		2	16		
蒙山县蒙山镇	8540	58456	50430	116	7979	75	15

续表 379　　　　（广西壮族自治区）　　　　单位：公顷、人、个

名　　称	行政区域面　　积	常住人口	#城镇建成区	企业个数	企　　业从业人员	工业企业个　　数	#规模以上
蒙山县西河镇	19499	33650	270	15	234	8	5
蒙山县新圩镇	14750	22616	3010	15	235	1	1
蒙山县文圩镇	14379	32152	4925	142	3202	8	2
蒙山县黄村镇	24079	21506	4298	9	46		
蒙山县陈塘镇	15428	25010	3631	25	360	4	1
蒙山县汉豪乡	10213	8614					
蒙山县长坪瑶族乡	13189	2610					
蒙山县夏宜瑶族乡	8091	4641					
岑溪市岑城镇	23960	200791	137806	1086	55907	251	40
岑溪市马路镇	23660	63074		338	5326	95	13
岑溪市南渡镇	24510	72885	14124	198	2564	41	3
岑溪市水汶镇	20510	41016		158	1744	17	1
岑溪市大隆镇	12810	24749	2108	130	685	19	
岑溪市梨木镇	20030	38141		139	1832	39	2
岑溪市大业镇	14870	40059		195	2671	81	4
岑溪市筋竹镇	18700	41668		225	671	17	4
岑溪市诚谏镇	19350	41152		141	715	16	3
岑溪市归义镇	17600	66811		192	8678	33	10
岑溪市糯垌镇	18700	65438		232	4825	42	5
岑溪市安平镇	15590	27269	7350	152	3100	9	1
岑溪市三堡镇	31830	59022		264	3168	53	7
岑溪市波塘镇	20690	31320	4453	138	695	46	
海城区涠洲镇	2663	10207	10207	832	4995	4	1
银海区福成镇	29380	92318	13000	213	3594	25	2
银海区银滩镇	7900	68556	14219	3825	55407	75	2
银海区平阳镇	6869	16201	2862	130	2000	34	3
银海区侨港镇	110	22325	22325	128	1756	14	5
铁山港区南康镇	17586	53230	17171	265	7250	28	1
铁山港区营盘镇	12034	53492	6322	129	3830	17	3
铁山港区兴港镇	12342	56625	5278	197	6320	40	10
合浦县廉州镇	20600	181722	128279	590	25200	175	43
合浦县党江镇	8200	44532	2643	42	972	15	1
合浦县西场镇	18200	85449	5360	165	1867	43	1
合浦县沙岗镇	10300	35205	2519	87	1305	7	1
合浦县乌家镇	19600	13630	2857	53	1621	10	2
合浦县闸口镇	11400	39737	4625	98	493	30	
合浦县公馆镇	17778	119181	31429	331	13078	95	3
合浦县白沙镇	23342	100686	11328	192	2900	38	1
合浦县山口镇	12360	70157	8995	274	3500	35	2
合浦县沙田镇	3600	17553	3210	50	385	5	
合浦县石湾镇	22700	42575	4039	28	420	28	
合浦县石康镇	19100	66622	11205	223	3824	23	6
合浦县常乐镇	26400	71872	13680	66	1680	28	3
合浦县星岛湖镇	18800	23768	2138	149	2478	24	4
合浦县曲樟乡	12700	23011	3839	150	762		
港口区企沙镇	8659	43096	43096	256	1620	36	4
港口区光坡镇	9800	35411	4126	199	1004	11	2
防城区大菉镇	22400	47034	2479	15	575	13	
防城区华石镇	9160	12631	2552	4	138	1	1
防城区那梭镇	20541	31037	4242	67	1387	2	2

续表 380　　（广西壮族自治区）　　单位：公顷、人、个

名　　称	行政区域面　积	常住人口	#城镇建成区	企业个数	企　业从业人员	工业企业个　数	#规模以上
防城区那良镇	38370	51084	10841	290	2191	4	4
防城区峒中镇	28857	29504	29504	130	653	2	2
防城区江山镇	19128	18609	3013	274	2239	4	3
防城区茅岭镇	12314	20377	20377	113	565	7	7
防城区扶隆镇	23070	31180	4617	18	167	3	3
防城区防城区滩营乡	24634	38936		62	1243	44	9
防城区十万山瑶族乡	9880	9100		6	110	2	1
上思县思阳镇	26600	82681	44744	1209	6236	72	16
上思县在妙镇	20600	34668	4338	73	800	17	
上思县华兰镇	14670	11572	1625	30	210	1	1
上思县叫安镇	58400	45896	3647	14	82	13	1
上思县南屏瑶族乡	52646	13390		21	213	1	1
上思县平福乡	27670	18307		32	522	32	1
上思县那琴乡	30840	17582		57	382	7	
上思县公正乡	33639	15027		36	180	2	
东兴市东兴镇	13333	100157	71391	3302	33717	115	16
东兴市江平镇	29137	52098	9533	422	4947	72	11
东兴市马路镇	16529	15893	1951	175	2992	26	1
钦南区沙埠镇	14550	40162		187	8376	42	16
钦南区康熙岭镇	9207	42784		112	3689	42	3
钦南区黄屋屯镇	22670	32975		22	517	20	4
钦南区大番坡镇	9643	21337		25	1500	2	2
钦南区龙门港镇	3677	6685	3301	155	1001	10	
钦南区久隆镇	22290	42557		135	1420		
钦南区东场镇	17930	21642					
钦南区那丽镇	22608	36298		30	1340	17	4
钦南区那彭镇	29138	28046		93	280	7	2
钦南区那思镇	24476	27752		22	110	11	
钦南区犀牛脚镇	25440	58839	19869	37	744	36	1
钦北区大垌镇	12787	38095	5682	167	3261	112	15
钦北区平吉镇	25998	86662	18232	171	2376	23	3
钦北区青塘镇	12304	49779	44760	13	93	13	
钦北区小董镇	16262	92630	10983	40	1240	24	2
钦北区板城镇	17864	84543	8139	26	154	26	
钦北区那蒙镇	13770	43775	3465	55	736	35	1
钦北区长滩镇	11866	56143	3016	1	44		
钦北区新棠镇	11200	40753	6844				
钦北区大直镇	38117	88224	18891	44	526	18	5
钦北区大寺镇	27182	87527	33791	351	2592	17	3
钦北区贵台镇	20600	26304	26304	60	597	5	1
灵山县新圩镇	16781	111195	13175	201	8353	191	12
灵山县丰塘镇	12664	46348	3630	21	120	20	
灵山县平山镇	14197	50522	3785	7	1175	7	2
灵山县石塘镇	11701	52074	13669	200	2721	26	2
灵山县佛子镇	16818	66433	5302	100	600	5	
灵山县平南镇	11155	63586	4879	95	876	34	3
灵山县烟墩镇	14605	77638	9576	36	198	33	
灵山县檀圩镇	14241	110772	10772	134	4523	102	5
灵山县那隆镇	24912	99049	7318	108	1209	26	1
灵山县三隆镇	14115	69004	8221	46	542	18	2

续表 381　　（广西壮族自治区）　　单位：公顷、人、个

名　　称	行政区域面　积	常住人口	#城镇建成区	企业个数	企　业从业人员	工业企业个　数	#规模以上
灵山县陆屋镇	28301	105706	20660	157	4500	15	6
灵山县旧州镇	22006	91782	6922	48	692	43	2
灵山县太平镇	27745	129137	11500	26	350	18	1
灵山县沙坪镇	11202	61596	8230	79	511	15	1
灵山县武利镇	17932	88917	35110	146	5612	48	23
灵山县文利镇	35596	36584	3985	37	470	28	
灵山县伯劳镇	38931	103880	8413	92	1112	62	2
浦北县泉水镇	9984	29276	2730	131	6601	97	36
浦北县石埇镇	4559	21323	2895	24	1258	3	2
浦北县安石镇	10972	26530	3125	53	280	2	1
浦北县张黄镇	20932	80151	20166	48	5061	17	9
浦北县大成镇	15309	32114	2017	25	835	7	2
浦北县白石水镇	8634	41518	4880	45	726	6	2
浦北县北通镇	15000	69657	6607	50	3015	17	4
浦北县三合镇	7856	35251	1060	432	2214	10	1
浦北县龙门镇	25939	92550	5672	154	4455	25	7
浦北县福旺镇	23000	68188	4922	468	4218	3	1
浦北县寨圩镇	17587	88956	7520	209	1120	36	5
浦北县乐民镇	8396	49541	7514	83	1354	32	2
浦北县六硍镇	21625	49924	3879	33	2130	1	1
浦北县平睦镇	11434	29066	3914	34	822	11	2
浦北县官垌镇	19382	44459	2690	267	1335	10	1
港北区港城镇	13652	76330	75900	890	10939	28	14
港北区大圩镇	15900	94597		297	3508	16	6
港北区庆丰镇	13502	94133		219	2410	3	2
港北区根竹镇	6146	32932		11	5411	5	4
港北区武乐镇	7097	34089		76	1340	4	4
港北区奇石乡	14645	23755		66	685		
港北区中里乡	19200	69412		12	455		
港南区桥圩镇	12274	89686	20375	242	4386	160	30
港南区木格镇	21768	90507	14787	48	850	13	3
港南区木梓镇	16367	55133	19960	8	189	6	1
港南区湛江镇	8088	56373	4000	29	1000	26	5
港南区东津镇	10930	65434	3168	142	200	12	1
港南区新塘镇	10572	67389	7336	184	2138	24	6
港南区瓦塘镇	16435	54496	7829	7	242	5	1
覃塘区覃塘镇	13457	104475	19142	1196	28513	147	30
覃塘区东龙镇	11964	64720	64720	539	4312	351	30
覃塘区三里镇	12757	65108	9765	398	2712	156	4
覃塘区黄练镇	13976	50697	6981	209	3186	47	5
覃塘区石卡镇	20085	77021	5688	202	4211	121	19
覃塘区五里镇	10134	42790	42790	130	780	109	8
覃塘区樟木镇	24820	80546	2100	372	3575	27	
覃塘区蒙公镇	11706	42021	2311	42	710	42	
覃塘区山北乡	7788	44329		159	2891	141	3
覃塘区大岭乡	8538	33022		199	1063	10	1
平南县平南镇	11299	196067	95600	4549	38246	560	33
平南县平山镇	11523	47102	7384	41	4345	39	15
平南县寺面镇	11493	48523	6589	60	390	50	4
平南县六陈镇	23028	74152	5516	50	2096	42	2

续表 382 （广西壮族自治区） 单位：公顷、人、个

名　　称	行政区域面积	常住人口	#城镇建成区	企业个数	企业从业人员	工业企业个数	#规模以上
平南县大新镇	298396	85987	21050	287	26011	263	2
平南县大安镇	12142	115889	42051	425	4013	3	3
平南县武林镇	4663	26461	3458	83	654	15	1
平南县大坡镇	9979	36480	6787	37	185		
平南县大洲镇	11778	40976	2301	40	302	2	1
平南县镇隆镇	17547	75885	3588	167	835	38	1
平南县上渡镇	7999	75580	10111	1025	6005	149	4
平南县安怀镇	20911	62984	7493	12	885	12	5
平南县丹竹镇	15934	96452	11081	353	8521	64	25
平南县官成镇	19761	100812	6763	172	1673	18	2
平南县思旺镇	17280	91542	6916	937	5284	136	2
平南县大鹏镇	23031	43186	3060	55	1120	38	
平南县同和镇	19596	68743	2969	18	112	2	
平南县东华镇	8080	36256	3165	29	392	5	1
平南县思界乡	3108	30293	3556	15	650	10	3
平南县国安瑶族乡	14300	19090	2500	2	20	1	1
平南县马练瑶族乡	23648	41356		31	162	3	
桂平市木乐镇	8700	74365	14500	280	15000	206	18
桂平市木圭镇	11000	66149	1740	8	784	8	4
桂平市石咀镇	7200	47026	5570	136	800	8	4
桂平市油麻镇	16600	56909	7567	74	372	3	1
桂平市社坡镇	16100	73215	3320	68	1605	53	6
桂平市罗秀镇	18500	68912	9756	94	752	5	3
桂平市麻垌镇	20800	100587	18138	108	850	2	
桂平市社步镇	12600	63123	8584	567	2912	10	1
桂平市下湾镇	15500	76421	67000	23	180	5	
桂平市木根镇	11000	62628	9873	32	171	9	
桂平市中沙镇	20600	58860	5979	19	1190	11	3
桂平市大洋镇	12200	64673	5200	108	981	3	1
桂平市大湾镇	13400	68685	4832	6	34	6	
桂平市白沙镇	16000	81736	8539	102	510	45	1
桂平市石龙镇	28400	78808	11936	58	962	16	4
桂平市蒙圩镇	23900	89796	1726	138	2844	34	5
桂平市西山镇	29100	259321	259321	2709	21870	109	22
桂平市南木镇	22100	121228	4000	203	1150	11	5
桂平市江口镇	14300	108800	15829	21	410	5	2
桂平市金田镇	15300	80960	16949	3	142	3	1
桂平市紫荆镇	26500	20227	1346	44	242	9	
桂平市马皮乡	6300	46402		13	286	8	2
桂平市寻旺乡	10800	77033		265	12816	86	21
桂平市罗播乡	8800	40000		2	65	2	
桂平市厚禄乡	8800	41362		61	753	7	3
桂平市垌心乡	11200	20441		15	200	9	
玉州区大塘镇	3240	23655	7266	149	2110	126	1
玉州区茂林镇	11200	101600	6710	1404	12986	240	31
玉州区仁东镇	6300	51368	3210	144	1615	3	3
玉州区仁厚镇	3000	28615	1818	68	1805	68	2
福绵区福绵镇	7348	88312	45850	820	44000	780	9
福绵区成均镇	21840	74006	16552	172	3000	76	3
福绵区樟木镇	21048	78013	20350	58	3004	24	

续表 383　　　　（广西壮族自治区）　　　　单位：公顷、人、个

名　　称	行政区域面　积	常住人口	#城镇建成区	企业个数	企　业从业人员	工业企业个　　数	#规模以上
福绵区新桥镇	8273	62022	3629	238	7500	43	6
福绵区沙田镇	16059	50874	8744	310	1561	22	3
福绵区石和镇	8331	33460	3119	28	143	19	3
容县容州镇	18052	156705	108574	2283	55876	453	50
容县杨梅镇	14680	47090	13875	145	2329	42	2
容县灵山镇	13539	33774	6931	127	1886	22	2
容县六王镇	18522	55335	8827	130	4410	26	2
容县黎村镇	20482	66016	23122	250	2511	41	
容县杨村镇	20513	45318	9673	120	2231	40	3
容县县底镇	19819	43495	7990	130	2010	22	1
容县自良镇	10670	30552	3465	108	1501	23	1
容县松山镇	13422	33660	9490	150	3359	23	2
容县罗江镇	7717	20296	5160	88	1321	27	
容县石头镇	20819	45033	10071	143	2076	44	
容县石寨镇	14540	29406	13726	216	3253	42	6
容县十里镇	14987	32378	11864	138	3289	58	3
容县容西镇	4678	14427	2869	101	2675	42	10
容县浪水镇	13056	16417	2186	42	396	4	
陆川县温泉镇	12674	178968	93872	391	8812	221	6
陆川县米场镇	8709	59121	6624	49	9012	48	5
陆川县马坡镇	14500	86733	7382	53	1443	38	5
陆川县珊罗镇	5200	48692	1148	108	3480	35	14
陆川县平乐镇	6756	50426	1232	59	768	28	
陆川县沙坡镇	14591	69981	4889	139	6991	10	1
陆川县大桥镇	10195	50830	3978	27	921	5	2
陆川县乌石镇	21350	94135	5918	124	637	25	1
陆川县良田镇	13560	86456	4405	342	7986	116	7
陆川县清湖镇	11400	65602	8510	83	1950	18	2
陆川县古城镇	11800	74064	4273	684	4391	85	4
陆川县沙湖镇	7029	24494	1768	80	405	3	1
陆川县横山镇	10200	38418	1882	29	245	23	
陆川县滩面镇	6300	31551	1160	7	200	3	
博白县博白镇	14470	177022	147086	1045	72910	809	33
博白县双凤镇	9532	22905	1750	38	246		
博白县顿谷镇	13017	40902	2321	25	1510	22	3
博白县水鸣镇	14495	49780	9285	12	258	8	1
博白县那林镇	20045	38462	7822	29	2321	2	
博白县江宁镇	15300	43582	2395	60	955	23	4
博白县三滩镇	9935	60321	1895	42	3985	18	3
博白县黄凌镇	9402	25233	825	15	1158	15	
博白县亚山镇	13260	63998	1992	89	4362	52	5
博白县旺茂镇	12050	58006	3224	55	350	10	5
博白县东平镇	26969	93580	3692	207	1340	162	4
博白县沙河镇	17780	59088	6053	22	409	18	2
博白县菱角镇	12881	43241	1342	60	1755	35	
博白县新田镇	11152	41313	2899	48	521	8	1
博白县凤山镇	15370	73086	3052	25	958	13	1
博白县宁潭镇	13260	61282	3410	20	252	6	
博白县文地镇	12033	88650	9121	264	2660	136	3
博白县英桥镇	12242	66114	9703	37	390	10	3

续表 384　　（广西壮族自治区）　　单位：公顷、人、个

名　称	行政区域面积	常住人口	#城镇建成区	企业个数	企业从业人员	工业企业个数	#规模以上
博白县那卜镇	6329	19967	2063	20	480	9	2
博白县大垌镇	7530	21338	753	18	1084	5	2
博白县沙陂镇	10520	36980	3580	24	748	16	1
博白县双旺镇	11148	33864	2089	19	255	12	
博白县松旺镇	18380	36996	2650	70	2620	30	2
博白县龙潭镇	15969	74266	23110	312	5321	72	4
博白县大坝镇	8210	28756	2983	98	816	15	5
博白县永安镇	11802	30387	4225	45	1023	27	1
博白县径口镇	16269	43208	1828	45	756	31	2
博白县浪平镇	11180	28211	1528	17	1870	6	
兴业县石南镇	13817	81314	14340	166	5950	160	14
兴业县大平山镇	10168	45138	13900	75	3572	25	14
兴业县葵阳镇	16575	74298	7974	98	5947	74	8
兴业县城隍镇	15918	57144	24850	51	1629	42	3
兴业县山心镇	18728	74102	12968	46	2689	39	
兴业县沙塘镇	8163	71459	2343	25	210	1	
兴业县蒲塘镇	9950	49167	6853	59	314	25	2
兴业县北市镇	13264	60427	3372	16	316	5	
兴业县龙安镇	9937	41964	1950				
兴业县高峰镇	8444	42814	2557	87	450		
兴业县小平山镇	10761	37205	5220	13	367		
兴业县卖酒镇	5317	34602	5644	56	300	2	
兴业县洛阳镇	5710	25036	2754	35	230	17	
北流市北流镇	14350	83496	5286	1038	19006	357	25
北流市新荣镇	8200	42009	2078	156	4562	38	4
北流市民安镇	8900	43710	750	342	9212	131	20
北流市山围镇	8236	29123	1155	83	5310	70	3
北流市民乐镇	16700	64994	3770	583	7824	446	8
北流市西垠镇	6800	61043	1882	253	7590	120	21
北流市新圩镇	7517	62697	14353	500	3200	142	10
北流市大里镇	8386	46186	3858	158	3784	30	2
北流市塘岸镇	11400	55898	1919	52	710	25	7
北流市清水口镇	12756	51385	1521	134	2814	70	1
北流市隆盛镇	17299	67855	1898	128	2566	69	8
北流市大坡外镇	12354	49173	1706	101	875	77	
北流市六麻镇	19718	102734	1896	170	850	46	2
北流市新丰镇	10300	52618	2747	89	4770	60	4
北流市沙垌镇	7706	35992	4070	23	530	6	1
北流市平政镇	15276	76490	3613	126	862	52	2
北流市白马镇	7770	61953	5771	87	2800	54	2
北流市大伦镇	8167	37987	4056	97	582	77	1
北流市扶新镇	6300	30151	523	18	242	7	1
北流市六靖镇	11861	87112	5292	140	1000	107	6
北流市石窝镇	14514	73656	2059	84	840	61	3
北流市清湾镇	11192	53104	2303	179	2103	94	4
右江区阳圩镇	70474	27213	3290	100	3541	5	1
右江区四塘镇	36326	27749	4375	231	5522	33	8
右江区龙川镇	40364	34809	4598	94	450	13	
右江区永乐镇	42200	18783	3560	128	1526	23	1
右江区汪甸瑶族乡	54708	25845	2930	145	650	11	1

续表 385　　（广西壮族自治区）　　单位：公顷、人、个

名　称	行政区域面积	常住人口	#城镇建成区	企业个数	企业从业人员	工业企业个数	#规模以上
右江区大楞乡	65756	24954	1230	75	452	6	
右江区泮水乡	24153	11013	298	43	332	6	
田阳县田州镇	10472	118705	118705	1914	9572	135	16
田阳县那坡镇	25429	40906	5734	157	2879	54	3
田阳县坡洪镇	30956	31281	2601	56	445	3	
田阳县那满镇	13087	22930	2650	74	592		
田阳县百育镇	13068	28970	1345	294	2058	35	3
田阳县玉凤镇	57066	38074	849	65	630	5	
田阳县头塘镇	14437	25204	3912	212	3607	66	16
田阳县五村镇	22043	24211	1573	55	279	4	
田阳县洞靖镇	31567	31791	1141	22	119	7	
田阳县巴别乡	19180	20028		25	125		
田东县平马镇	21485	98521	62530	171	48538	115	27
田东县祥周镇	26241	48643	47147	50	8520	20	3
田东县林逢镇	37433	53285	5446	88	883	65	3
田东县思林镇	45597	58575	7427	53	3502	11	2
田东县印茶镇	21139	23638	3112	8	45	1	
田东县江城镇	14176	18069	1416	73	389	6	
田东县朔良镇	39141	33220	33220	81	405	2	
田东县义圩镇	18701	23840	2720	10	165	2	
田东县那拔镇	20032	16017	1293	16	613	6	2
田东县作登瑶族乡	37108	39032		22	201	5	
平果县马头镇	22598	94172	81865	2461	22085	204	25
平果县新安镇	22078	50673	3241	300	17959	141	27
平果县果化镇	23080	52103	3264	124	1121	20	3
平果县太平镇	34643	70019	4029	109	759	16	
平果县坡造镇	11653	15214	2540	104	945	20	3
平果县四塘镇	19487	20111	901	75	630	8	1
平果县旧城镇	25463	38563	4149	85	450	11	
平果县榜圩镇	15052	30927	4951	65	416	7	
平果县风梧镇	21225	23565	4882	65	335	9	
平果县海城乡	26401	24565		69	539	20	
平果县黎明乡	10883	12046		29	147	4	
平果县同老乡	12695	13660		17	131	4	
德保县城关镇	14619	55446	55446	664	3658	86	6
德保县足荣镇	15961	22650	4986	121	2361	12	4
德保县隆桑镇	11023	16565	3214	4	25	4	
德保县敬德镇	27284	29846	3245	6	57	4	
德保县马隘镇	22195	37871	2249	22	709	15	6
德保县东凌镇	31878	35452	3778	41	215	3	
德保县那甲镇	19125	25928	1948	20	1585	17	6
德保县都安乡	13461	18686	1486	8	69	3	
德保县荣华乡	21944	18765	1453	12	158	4	
德保县燕峒乡	32639	30831	1729	21	1186	12	1
德保县龙光乡	24825	33938	1563	6	73	6	
德保县巴头乡	17846	22103	1439	6	39	3	
那坡县城厢镇	33755	43315	24110	53	424	42	4
那坡县平孟镇	22441	16113	15901	65	326	1	
那坡县龙合镇	27626	32652	465	20	225	7	2
那坡县坡荷乡	13303	14695	1639	18	124	7	

续表 386 （广西壮族自治区） 单位：公顷、人、个

名　　称	行政区域面积	常住人口	#城镇建成区	企业个数	企业从业人员	工业企业个数	#规模以上
那坡县德隆乡	24503	20586		6	223	6	1
那坡县百合乡	26502	14728	2935	7	240		
那坡县百南乡	13479	9043	1567	16	80		
那坡县百省乡	33129	17641	1883	5	25		
那坡县百都乡	27534	21432		32	160	6	
凌云县泗城镇	33314	49345	22256	193	2609	13	13
凌云县逻楼镇	33400	32172	7117	9	289		
凌云县加尤镇	27180	28967	4693	105	416		
凌云县下甲镇	18505	17895	1021	6	62	4	
凌云县伶站瑶族乡	21148	16010	3074	25	1394	16	4
凌云县朝里瑶族乡	17562	8594	878	13	68	10	
凌云县沙里瑶族乡	22092	20017	4201	4	21		
凌云县玉洪瑶族乡	31561	22300	20230	34	293	2	
乐业县同乐镇	31217	47990	47990	939	11403	76	6
乐业县甘田镇	15466	18889	5266	104	1530	5	1
乐业县新化镇	37146	19380	4753	131	1306	2	
乐业县花坪镇	32536	14522	1315	55	1227	4	
乐业县逻沙乡	23134	13760	4896	35	352	3	1
乐业县逻西乡	47924	18315		75	689		
乐业县幼平乡	45027	16388	16388	89	914	2	1
乐业县雅长乡	30867	6656		20	117		
田林县乐里镇	30423	29944	23607	935	11736	57	12
田林县旧州镇	46546	18637	3036	80	480	16	1
田林县定安镇	30089	12848	3956	139	698	13	
田林县六隆镇	46349	18765	2469	46	141	6	
田林县浪平镇	45449	30330	2493	19	38		
田林县潞城瑶族乡	78838	24678		152	2473	57	15
田林县利周瑶族乡	25257	15500		62	987	5	1
田林县平塘乡	19059	12403		30	150	11	1
田林县八桂瑶族乡	33560	13651		33	310	10	4
田林县八渡瑶族乡	67723	20162		70	510	15	1
田林县那比乡	21713	7869		23	200	5	2
田林县高龙乡	27127	7849		32	320	7	1
田林县百乐乡	52142	11969		38	220	7	
田林县者苗乡	28101	9103		10	50		
西林县八达镇	35924	44218	4461	1058	5390	16	5
西林县古障镇	62709	31706	2790	852	4261	17	
西林县那劳镇	22675	8400	2256	233	1471	7	
西林县马蚌镇	42345	17063	2038	301	2001	70	
西林县普合苗族乡	19459	11942		238	1508	22	2
西林县西平乡	28643	12990		279	1423	106	
西林县那佐苗族乡	59751	25830		425	2125	28	
西林县足别乡	28220	9301		18	240	5	
隆林各族自治县新州镇	18896	56139	56117	184	2937	63	11
隆林各族自治县桠杈镇	9879	12283	2850				
隆林各族自治县天生桥镇	17174	23879	3522	12	156	7	2
隆林各族自治县平班镇	21595	35061	1458	7	267	3	1
隆林各族自治县德峨镇	31349	37753	37753	4	30	4	1
隆林各族自治县隆或镇	22966	32016	5100	31	180	4	1
隆林各族自治县沙梨乡	14238	17097		8	43	2	

续表 387　　（广西壮族自治区）　　单位：公顷、人、个

名　称	行政区域面积	常住人口	#城镇建成区	企业个数	企业从业人员	工业企业个数	#规模以上
隆林各族自治县者保乡	19557	30118	3850	4	62	1	1
隆林各族自治县者浪乡	15100	19112		50	960	1	1
隆林各族自治县革步乡	29528	24722		5	25		
隆林各族自治县金钟山乡	25888	9173	314				
隆林各族自治县猪场乡	23839	22427		2	25	2	
隆林各族自治县蛇场乡	23251	15320					
隆林各族自治县克长乡	28694	28768	3316				
隆林各族自治县岩茶乡	28600	20430	3226	4	50	4	
隆林各族自治县介廷乡	20010	13768	2323	9	40	3	
靖西市新靖镇	11939	96995	50520	2060	8255	203	4
靖西市化峒镇	9368	21058	2677	7	35		
靖西市湖润镇	20628	27962	4340	138	8186	98	10
靖西市安德镇	22084	43065	1610				
靖西市龙临镇	14922	35365	3816				
靖西市渠洋镇	24049	39655	3350	355	1855	5	5
靖西市岳圩镇	9712	14798	3071	86	433		
靖西市龙邦镇	11337	21769	4234	11	76	9	
靖西市禄峒镇	30200	36804	2114	12	1203	6	
靖西市武平镇	26252	44985	1340	8	151	8	
靖西市地州镇	18830	30191	2620	1	16	1	
靖西市同德乡	15456	17426					
靖西市壬庄乡	11613	22498		2	83	2	
靖西市安宁乡	12738	17041					
靖西市南坡乡	18712	28475	1887				
靖西市吞盘乡	13907	12205	605	21	107	1	
靖西市果乐乡	13190	21627	563				
靖西市新甲乡	19295	44235	44235	129	2101	4	2
靖西市魁圩乡	20076	22811					
八步区贺街镇	34825	75138	11836	300	3300	28	4
八步区步头镇	57900	33130	3520	19	451	13	
八步区莲塘镇	19270	83618	5855	1312	6631	46	7
八步区大宁镇	34687	43852	3085	237	1285	24	1
八步区南乡镇	25300	21821	3980	13	305	9	1
八步区桂岭镇	41480	75210	6382	429	6130	17	1
八步区开山镇	12366	10012	1570	7	45		
八步区里松镇	21312	12356	2050	32	578	15	1
八步区信都镇	26077	65046	20213	418	6618	39	7
八步区灵峰镇	16493	8184	1362	8	1020	5	1
八步区仁义镇	31350	66196	2640	40	2936	15	6
八步区铺门镇	17320	68645	3740	35	623	12	
八步区黄洞瑶族乡	18900	7389	1105	13	342	11	1
平桂区黄田镇	30800	72866	11055	830	950	154	15
平桂区鹅塘镇	18900	49170	1115	322	1663	34	3
平桂区沙田镇	47600	98295	38965	221	1530	23	
平桂区公会镇	30000	65600	14635	82	493	9	
平桂区水口镇	19310	13090	850	22	115	8	
平桂区望高镇	22227	34371	3756	328	5136	189	31
平桂区羊头镇	15900	36998	12798	90	450	10	
平桂区大平瑶族乡	21700	12893	886	31	160	8	
昭平县昭平镇	53900	87149	43100	430	5953	60	7

续表 388　　(广西壮族自治区)　　单位：公顷、人、个

名　称	行政区域面积	常住人口	#城镇建成区	企业个数	企业从业人员	工业企业个数	#规模以上
昭平县文竹镇	28603	10168	620	20	201	3	
昭平县黄姚镇	24307	54760	5236	125	1520	20	
昭平县富罗镇	33300	28776	1383	57	650	24	
昭平县北陀镇	41700	36874	1970	58	587	9	
昭平县马江镇	6564	37653	1396	82	1421	7	3
昭平县五将镇	29307	28922	3252	67	480	5	
昭平县走马镇	38000	29700	1174	70	981	23	3
昭平县樟木林镇	14800	34659	280	49	500	7	1
昭平县仙回瑶族乡	19000	8982		28	282	4	
昭平县凤凰乡	5960	28226		29	156		
昭平县木格乡	22111	16185	994	16	250	16	
钟山县钟山镇	22956	104323	52733	1311	8126	312	24
钟山县回龙镇	8600	44435	2443	106	1201	10	4
钟山县石龙镇	6192	32074	762	116	580	75	
钟山县凤翔镇	7555	24965	5670	63	2615	15	
钟山县珊瑚镇	4277	19898	4475	121	1284	46	1
钟山县同古镇	11665	21405	1892	160	885	112	1
钟山县公安镇	13620	52450	6202	80	930	47	
钟山县清塘镇	18420	57588	4078	448	3270	306	
钟山县燕塘镇	11408	24330	857	82	465	63	5
钟山县红花镇	9367	21095	1990	35	579	10	1
钟山县花山瑶族乡	18829	7541	2493	155	1510	129	4
钟山县两安瑶族乡	14036	16322	16322	167	892	147	
富川瑶族自治县富阳镇	21355	85308	45308	433	2165	15	15
富川瑶族自治县白沙镇	9025	14331	3011	96	1633	29	1
富川瑶族自治县莲山镇	9120	26760	1630	130	1432	3	2
富川瑶族自治县古城镇	4299	22894	1432	56	446	8	1
富川瑶族自治县福利镇	9089	23088	3345	71	550	1	1
富川瑶族自治县麦岭镇	19137	19934	3956	123	979	3	
富川瑶族自治县葛坡镇	9356	17810	3295	107	803	9	
富川瑶族自治县城北镇	12299	19210	3278	112	693	15	
富川瑶族自治县朝东镇	21742	33850	3567	151	1068	19	
富川瑶族自治县新华乡	10435	21290		82	809	3	
富川瑶族自治县石家乡	8969	14996		127	635	5	
富川瑶族自治县柳家乡	16383	16640		18	757		
金城江区东江镇	19315	31950	17810	760	7120	60	9
金城江区六圩镇	22841	28027	11939	212	1992	22	4
金城江区六甲镇	8400	11053	3837	28	1966	4	2
金城江区河池镇	32604	27690	7885	28	492	13	
金城江区拔贡镇	19973	14673	2573	17	123	3	
金城江区九圩镇	42316	29659	4848	167	900	10	1
金城江区五圩镇	16928	13577	2014	53	486	10	1
金城江区白土乡	17870	17230		22	120		
金城江区侧岭乡	16723	11146		45	229	6	
金城江区保平乡	16063	11759		8	127	3	
金城江区长老乡	19016	13555		17	335	4	
宜州市庆远镇	31510	175096	13500	2251	11357	919	30
宜州市三岔镇	12805	16250	2459	25	581	1	1
宜州市洛西镇	12887	28023	6046	75	375	71	
宜州市怀远镇	23323	34139	6649	296	1520	24	3

续表 389 （广西壮族自治区） 单位：公顷、人、个

名　　称	行政区域面积	常住人口	#城镇建成区	企业个数	企业从业人员	工业企业个数	#规模以上
宜州市德胜镇	34513	45323	12205	167	3227	117	1
宜州市石别镇	20243	34771	5202	21	310	14	1
宜州市北山镇	15783	32359	3940	58	342	18	
宜州市刘三姐镇	36990	37955	2354	24	283	22	1
宜州市洛东镇	10547	24140	4020	72	730	10	2
宜州市祥贝乡	21134	16913		7	68	7	
宜州市屏南乡	14693	25929		51	255	48	
宜州市福龙瑶族乡	40012	38683		61	305	52	
宜州市北牙瑶族乡	37018	62004	8636	20	186	9	
宜州市同德乡	16274	22194		29	161	29	
宜州市安马乡	27900	24409		11	89		
宜州市龙头乡	30077	39707		132	660	128	1
南丹县城关镇	39309	80708	65241	348	10322	9	3
南丹县大厂镇	25342	26192	16425	42	2643	2	1
南丹县车河镇	16317	14552	4542	379	4682	19	5
南丹县芒场镇	37895	29006	2944	38	410	1	1
南丹县六寨镇	65056	45512	3188	25	150	1	1
南丹县月里镇	31830	25293	2420	2	32		
南丹县吾隘镇	27233	18757	1302	34	196		
南丹县罗富镇	44460	26590	1986	5	25		
南丹县中堡苗族乡	15830	7980		10	56		
南丹县八圩瑶族乡	51042	29697					
南丹县里湖瑶族乡	36176	26510					
天峨县六排镇	38300	43529	43529	604	3488	270	4
天峨县向阳镇	69620	29520	3450	189	945	1	
天峨县岜暮乡	25473	13701		61	305	2	
天峨县八腊瑶族乡	32640	22553		301	1505	2	
天峨县纳直乡	19790	6791		19	106		
天峨县更新乡	30910	15700		26	130	1	
天峨县下老乡	31120	15192		45	252		
天峨县坡结乡	42620	14528		30	283	1	
天峨县三堡乡	24329	15336		27	142		
凤山县凤城镇	24516	48161	16421	90	800	87	2
凤山县长洲镇	17026	22781	2404	19	98	11	
凤山县三门海镇	11030	12984	6189	10	102	6	1
凤山县砦牙乡	16371	16285					
凤山县乔音乡	34215	33607		1	17		
凤山县金牙瑶族乡	23608	27811		16	240	9	
凤山县中亭乡	11005	14315					
凤山县平乐瑶族乡	17025	28332		6	132	6	1
凤山县江洲瑶族乡	9189	10940		25	169	10	
东兰县东兰镇	26292	63321	26884	432	7244	124	3
东兰县隘洞镇	33026	42017	4590	119	595	24	2
东兰县长乐镇	16811	16375	1578	87	1021	3	
东兰县三石镇	29557	23216	4586	64	321	3	
东兰县武篆镇	19012	24507	4916	93	466	6	
东兰县长江镇	15335	24381	24381	54	193	3	
东兰县泗孟乡	13043	14830		34	175		
东兰县兰木乡	16379	11202		22	112		
东兰县巴畴乡	11946	15026		32	176	1	

续表 390　　（广西壮族自治区）　　单位：公顷、人、个

名　称	行政区域面积	常住人口	#城镇建成区	企业个数	企业从业人员	工业企业个数	#规模以上
东兰县金谷乡	12836	8759		12	20	3	
东兰县三弄瑶族乡	6654	5351		12	137		
东兰县大同乡	15562	15598		34	183	2	
东兰县花香乡	18422	19334		20	106	1	
东兰县切学乡	8371	8412		31	192	5	
罗城仫佬族自治县东门镇	38706	86769	86769	1002	10026	26	12
罗城仫佬族自治县龙岸镇	36077	38352	4208	13	131		
罗城仫佬族自治县黄金镇	17868	23429	3910	15	351	8	
罗城仫佬族自治县小长安镇	25200	31135	30841	17	319	11	
罗城仫佬族自治县四把镇	28941	40126	6880	16	700		
罗城仫佬族自治县天河镇	19107	19324	1703	13	189	4	1
罗城仫佬族自治县怀群镇	17119	17772	7257				
罗城仫佬族自治县宝坛乡	28813	21770	4230	4	49	2	
罗城仫佬族自治县乔善乡	14454	19641	19641	10	134		
罗城仫佬族自治县纳翁乡	19833	6008	1720	4	30		
罗城仫佬族自治县兼爱乡	19748	13054	1650				
环江毛南族自治县思恩镇	27799	38659	23068	772	5027	115	12
环江毛南族自治县水源镇	35498	31898	6226	20	170	20	
环江毛南族自治县洛阳镇	46759	36816	4654	245	2510	34	5
环江毛南族自治县川山镇	66440	35362	4530	13	468	13	
环江毛南族自治县明伦镇	45775	30352	2438	12	130	5	
环江毛南族自治县东兴镇	49514	18536	5430	34	450	34	1
环江毛南族自治县大才乡	12839	9986		8	98	8	
环江毛南族自治县下南乡	25387	13998		2	10		
环江毛南族自治县大安乡	22087	16035		6	109	3	
环江毛南族自治县长美乡	23817	11630		9	83	9	
环江毛南族自治县龙岩乡	40999	17376		10	200	10	
环江毛南族自治县驯乐苗族乡	58359	21452		23	1276	12	4
巴马瑶族自治县巴马镇	27583	82403	39039	1421	7120	157	9
巴马瑶族自治县甲篆镇	15711	30812	4880	194	980	40	1
巴马瑶族自治县燕洞镇	22712	28699	3560	90	641	89	
巴马瑶族自治县那社乡	17668	17864		12	72		
巴马瑶族自治县所略乡	34444	40521		94	616	92	
巴马瑶族自治县西山乡	25360	22869		3	81	3	
巴马瑶族自治县东山乡	12060	15717		4	21		
巴马瑶族自治县凤凰乡	8855	11950		12	120	6	
巴马瑶族自治县百林乡	11989	18547					
巴马瑶族自治县那桃乡	21259	34731		29	790	24	3
都安瑶族自治县安阳镇	5260	59300	46518	990	11982	81	3
都安瑶族自治县高岭镇	28696	82910	11325	27	812	21	1
都安瑶族自治县地苏镇	24259	76300	715	89	1857	35	2
都安瑶族自治县下坳镇	34800	45684	2016				
都安瑶族自治县拉烈镇	34136	39271	32266	110	550	2	
都安瑶族自治县百旺镇	23970	32966	2869	82	412	10	1
都安瑶族自治县澄江镇	25880	59440	4950	29	1330	22	8
都安瑶族自治县大兴镇	16340	35132	698	11	62	1	
都安瑶族自治县拉仁镇	18987	29072	25665	21	152		
都安瑶族自治县永安镇	21070	27480					
都安瑶族自治县东庙乡	15630	28847		14	83	14	
都安瑶族自治县隆福乡	12257	22117		4	20		

续表 391　　　　　　　　　　　　　　（广西壮族自治区）　　　　　　　　　　　　　　单位：公顷、人、个

名　　称	行政区域面　积	常住人口	#城镇建成区	企业个数	企　业从业人员	工业企业个　数	#规模以上
都安瑶族自治县保安乡	23560	30143					
都安瑶族自治县板岭乡	28185	36506		30	165	3	
都安瑶族自治县三只羊乡	26400	19200		13	30		
都安瑶族自治县龙湾乡	16740	15535					
都安瑶族自治县菁盛乡	21580	23632					
都安瑶族自治县加贵乡	16659	21783	20847				
都安瑶族自治县九渡乡	17390	20234					
大化瑶族自治县大化镇	27206	54037	54037	146	1145	70	5
大化瑶族自治县都阳镇	17412	23458	6272	84	641	11	
大化瑶族自治县岩滩镇	18743	33146	3546	80	770	15	1
大化瑶族自治县北景镇	20586	28138	5088	139	698	25	
大化瑶族自治县共和乡	12360	21323		19	105	4	
大化瑶族自治县贡川乡	10921	17223					
大化瑶族自治县百马乡	13269	20174		4	43		
大化瑶族自治县古河乡	5763	5451		2	12		
大化瑶族自治县古文乡	9747	11811					
大化瑶族自治县江南乡	16843	25261		4	82	4	
大化瑶族自治县羌圩乡	12534	19144		5	25		
大化瑶族自治县乙圩乡	11972	15006		8	50		
大化瑶族自治县板升乡	30193	31154					
大化瑶族自治县七百弄乡	20229	19086					
大化瑶族自治县雅龙乡	26482	32459					
大化瑶族自治县六也乡	20740	26094		21	126		
兴宾区凤凰镇	41390	87230	38392	226	8261	79	8
兴宾区良江镇	20150	52073	52073	213	5294	84	18
兴宾区小平阳镇	21857	60412	13374	9	751	1	1
兴宾区迁江镇	42319	73459	8518	106	561	37	6
兴宾区石陵镇	15640	34583	5156	46	261	24	
兴宾区平阳镇	30420	44589	7816	25	227	23	
兴宾区蒙村镇	28225	52340	7620	98	1522	42	4
兴宾区大湾镇	14278	34316	4563	55	340	45	1
兴宾区桥巩镇	20570	43833	1663	87	643	15	1
兴宾区寺山镇	19680	44615	7580	72	529	45	
兴宾区城厢镇	17500	28922	9560	192	6161	84	24
兴宾区三五镇	21600	62660	6890	47	245	10	
兴宾区陶邓镇	20120	44400	5626	50	253	9	
兴宾区石牙镇	13520	36672		31	182	16	
兴宾区五山乡	13420	34598		31	157	8	
兴宾区良塘乡	23861	27272		28	158	22	
兴宾区七洞乡	18700	21684		14	74	3	
兴宾区南泗乡	17600	30155		24	151	6	
兴宾区高安乡	8300	14312	1021	19	158	3	
兴宾区正龙乡	8705	28790		32	710	6	1
忻城县城关镇	41900	70602	35412	523	10889	24	9
忻城县大塘镇	31300	39749	7475	60	356	9	2
忻城县思练镇	37800	42157	18520	71	1650	7	4
忻城县红渡镇	22200	30047	8344	43	241	8	2
忻城县古蓬镇	14600	27832	3953	38	227	9	
忻城县果遂镇	14800	22849	1250	11	70	5	
忻城县马泗乡	23466	15773		25	131	7	

续表 392　　　　(广西壮族自治区)　　　　单位：公顷、人、个

名　　称	行政区域面积	常住人口	#城镇建成区	企业个数	企业从业人员	工业企业个数	#规模以上
忻城县欧洞乡	13393	12742		34	175	6	
忻城县安东乡	12000	15954					
忻城县新圩乡	7200	11095					
忻城县遂意乡	15800	18603		30	570	3	
忻城县北更乡	19630	21497					
象州县象州镇	23323	52849	48016	1253	10125	304	28
象州县石龙镇	21799	34766	14766	291	1786	54	16
象州县运江镇	25361	36020	4633	52	273	17	1
象州县寺村镇	21920	45825	9816	290	2380	17	4
象州县中平镇	9720	35825	3740	172	1325	8	
象州县罗秀镇	12913	27650	6250	200	1065	21	2
象州县大乐镇	11818	25880	4103	117	725	7	4
象州县马坪镇	21115	36003	5514	256	1323	25	1
象州县妙皇乡	21700	22449		89	556	4	
象州县百丈乡	9200	18385		92	756	6	
象州县水晶乡	13823	20409		130	926	4	1
武宣县武宣镇	15818	70118	70118	1471	7355	136	32
武宣县桐岭镇	18477	58096	4829	6	1065	4	3
武宣县通挽镇	8779	42150	7112	54	328		
武宣县东乡镇	19546	46244	3744	17	283	6	
武宣县三里镇	20196	44096	6080	122	615	13	3
武宣县二塘镇	26000	47471	9932	28	270	5	3
武宣县黄茆镇	12820	24818	3769	8	134	2	
武宣县禄新镇	12700	41350	469	26	350	8	1
武宣县思灵镇	8525	23110	560	78	391	2	
武宣县金鸡乡	14816	21760	2639	90	450	11	
金秀瑶族自治县金秀镇	30322	18754	10564	281	1915	35	
金秀瑶族自治县桐木镇	20486	49918	14215	330	5120	73	11
金秀瑶族自治县头排镇	10742	19182	4752	128	641	22	2
金秀瑶族自治县三角乡	18444	4613		10	90	2	
金秀瑶族自治县忠良乡	33605	9550		25	170	15	
金秀瑶族自治县罗香乡	29122	12791		38	194	11	
金秀瑶族自治县长垌乡	19652	4957		18	92	6	
金秀瑶族自治县大樟乡	37674	8835		34	272	10	
金秀瑶族自治县六巷乡	26253	4822		19	141	4	1
金秀瑶族自治县三江乡	20976	9240		18	95	8	
合山市岭南镇	9800	71240	15193	620	3340	289	6
合山市北泗镇	11454	28806	6472	49	590	32	1
合山市河里镇	13142	29604	5440	82	442	13	1
江州区新和镇	21700	20531	7471				
江州区濑湍镇	17476	23981	3678	2	38	2	
江州区江州镇	27911	49124	10786				
江州区左州镇	38800	37783	6115				
江州区那隆镇	35375	36880	6200	68	340		
江州区驮卢镇	44308	53018	7859	82	415	69	3
江州区罗白乡	15960	28886	6022	7	230	2	
江州区板利乡	10700	10699		4	75		
扶绥县新宁镇	14264	97556	66028	1456	8052	120	19
扶绥县渠黎镇	32233	62351	6873	283	3672	67	8
扶绥县渠旧镇	16539	25683	3012	7	185	4	

续表 393　　　　　　　　　　　　　（广西壮族自治区）　　　　　　　　　　　　单位：公顷、人、个

名　　称	行政区域面　　积	常住人口	#城镇建成区	企业个数	企　　业从业人员	工业企业个　　数	#规模以上
扶绥县柳桥镇	29956	36924	4260	27	330	14	2
扶绥县东门镇	37760	48411	23468	435	3188	28	2
扶绥县山圩镇	25986	30041	7531	44	1601	31	16
扶绥县中东镇	34259	39400	6189	22	530	16	1
扶绥县东罗镇	21364	22483	10069	33	923	15	2
扶绥县龙头乡	14862	25788		47	487	16	2
扶绥县岜盆乡	17760	26443		35	311	7	
扶绥县昌平乡	18066	23465		67	615	16	1
宁明县城中镇	21934	72343	62175	589	8134	81	13
宁明县爱店镇	8370	8584	4032	78	401	2	
宁明县明江镇	18753	35123	3821	43	453	16	1
宁明县海渊镇	22034	33271	7616	38	1362	11	1
宁明县桐棉镇	65467	40667	5206	4	152	4	1
宁明县那堪镇	29925	26460	4453	25	228	8	1
宁明县亭亮镇	34661	28667	3197	25	242	3	1
宁明县寨安乡	23353	15426		21	236	7	
宁明县峙浪乡	27787	21433		2	135	2	1
宁明县东安乡	14507	13088		8	64	1	
宁明县板棍乡	24034	16874		17	126	2	
宁明县北江乡	17890	18745		20	249	4	
宁明县那楠乡	55378	19728		14	78	3	1
龙州县龙州镇	17404	50556	41123	1195	24583	65	6
龙州县下冻镇	16855	16458	1301	70	3323	7	1
龙州县水口镇	21135	20158	2415	226	2987	19	4
龙州县金龙镇	20212	22456	1748	49	339	9	
龙州县响水镇	20654	13022	2543	45	356	6	
龙州县八角乡	8932	6488		11	128	2	
龙州县上降乡	9323	9015					
龙州县彬桥乡	12100	15636		44	401	5	
龙州县上龙乡	21329	15682		16	163	3	3
龙州县武德乡	23772	16842		45	320	3	
龙州县逐卜乡	22098	14852		28	205	3	
龙州县上金乡	26702	16563		8	825	3	1
大新县桃城镇	24244	65897	65897	1459	19988	146	10
大新县全茗镇	18565	19732	19732	136	1863	19	
大新县雷平镇	37578	45297	45297	341	2827	34	2
大新县硕龙镇	16936	10648	10648	123	1685	16	
大新县下雷镇	25290	23635	23635	177	5876	63	10
大新县五山乡	14429	14122		71	973	2	
大新县龙门乡	14973	12485		94	1288	8	
大新县昌明乡	13709	13452		106	1452	1	
大新县福隆乡	14409	15190		67	918	7	
大新县那岭乡	17956	14758		87	1192	2	
大新县恩城乡	14199	12440		125	900	4	
大新县榄圩乡	36213	23891		139	1904	13	
大新县宝圩乡	11268	16843		102	397	10	
大新县堪圩乡	12800	16257		109	1493	5	
天等县天等镇	21231	76909	54778	546	7863	66	7
天等县龙茗镇	11867	16465	3154	42	223	8	
天等县进结镇	21440	28311	3905	42	273	9	1

续表 394　　(广西壮族自治区、海南省)　　单位：公顷、人、个

名　称	行政区域面积	常住人口	#城镇建成区	企业个数	企业从业人员	工业企业个数	#规模以上
天等县向都镇	23187	38339	4388	33	186	4	
天等县东平镇	12982	18844	3449	48	716	20	4
天等县福新镇	28071	24787	3387	26	113	7	
天等县都康乡	13429	23294		32	262	4	
天等县宁干乡	9323	15229		16	121	2	
天等县驮堪乡	21523	29209		30	323	5	
天等县进远乡	6488	8949		9	32	1	
天等县上映乡	16884	28823		60	516	9	
天等县把荷乡	14455	19089		26	172	1	
天等县小山乡	9709	11551		8	27	1	
凭祥市凭祥镇	6602	59865	59865	346	4350	36	14
凭祥市友谊镇	16334	16765	48	19	873	17	1
凭祥市上石镇	18169	18312	1650	16	675	8	3
凭祥市夏石镇	23392	24458	3810	37	837	37	6
海南省							
秀英区长流镇	4830	47728	19948	63	958	32	11
秀英区西秀镇	4430	40701	3057	56	1959	32	1
秀英区海秀镇	1970	43875	3748	119	1237	12	
秀英区石山镇	13453	34686	3664	15	365	8	3
秀英区永兴镇	11200	33802	33802	135	9000	31	5
秀英区东山镇	13109	78653	20146	13	265	13	
龙华区城西镇	3500	61432	36795	930	32789	103	52
龙华区龙桥镇	4950	26000	4204	116	2621	21	
龙华区新坡镇	5412	33725	4584	37	186		
龙华区遵谭镇	5570	21956	3502	96	532	1	
龙华区龙泉镇	7340	49123	10610	29	620	5	1
琼山区龙塘镇	3879	30757	6528	18	245	6	
琼山区云龙镇	9600	24349	7500	65	2113	14	4
琼山区红旗镇	12470	28139	11802	53	874	5	
琼山区三门坡镇	21900	40333	3999	127	946	8	
琼山区甲子镇	15138	26700	3508	51	630	7	1
琼山区旧州镇	8279	29140	4800	60	443	2	
美兰区灵山镇	11230	93885	22087	24	210		
美兰区演丰镇	13100	28458	4726	135	1314	15	
美兰区三江镇	7572	15879	4795	28	455	5	1
美兰区大致坡镇	11394	37641	11956	46	604	25	
海棠区海棠湾镇	38420	89097	20126	800	32928	23	3
吉阳区吉阳镇	37206	335287	156320	7612	123452	136	12
天涯区天涯镇	61960	281933	281933	7223	37846	50	3
崖州区崖城镇	38300	102280	102280	65	6065	8	5
儋州市那大镇	30180	248999	231653	5590	35470	23	4
儋州市和庆镇	14860	34969	870	35	178	2	
儋州市南丰镇	22887	27152	3244	7	210	3	
儋州市大成镇	23153	83504	2355	4	30	3	
儋州市雅星镇	77696	83986	1795	18	152	7	3
儋州市兰洋镇	32689	26928	10690	54	876	3	
儋州市光村镇	23973	51412	6935	84	16883	1	
儋州市木棠镇	17250	35650	8231	46	498	6	4
儋州市海头镇	19700	45910	5880	7	136	4	
儋州市峨蔓镇	9122	14157	1710	1	10	1	1

续表 395　　　　(海南省)　　　　单位：公顷、人、个

名　　称	行政区域面　　积	常住人口	#城镇建成区	企业个数	企　　业从业人员	工业企业个　　数	#规模以上
儋州市王五镇	14400	27046	5747	2	204	2	2
儋州市白马井镇	7350	78367	2595	449	14735	16	2
儋州市中和镇	6200	41082	11057	14	71	2	1
儋州市排浦镇	10900	24710	4280	2	24	2	
儋州市东成镇	22943	65163	1285	114	1594	5	1
儋州市新州镇	11635	86333	6591	1	17	1	
五指山市通什镇	21463	47751	32140	469	6615	32	2
五指山市南圣镇	14903	8130	490	90	1250	12	
五指山市毛阳镇	23506	14442	2148	89	538	6	1
五指山市番阳镇	12330	8076	198	21	179	1	
五指山市畅好乡	14988	4606		95	310	6	
五指山市毛道乡	11310	5367	451	44	220	1	
五指山市水满乡	10805	4605	912	67	834	2	1
琼海市嘉积镇	13630	205722	140022	808	25878	54	4
琼海市万泉镇	20940	34464	3410	10	186	7	
琼海市石壁镇	16496	23379	1231	58	290		
琼海市中原镇	10400	27510	6043	102	2011	13	1
琼海市博鳌镇	8696	30407	4860	465	6956	2	
琼海市阳江镇	10599	25488	3625	101	512		
琼海市龙江镇	5100	22692	3158	32	178		
琼海市潭门镇	7810	31302	7785	131	1048	38	
琼海市塔洋镇	6900	29100	1070	104	938	13	1
琼海市长坡镇	16903	52280	12948	158	836	8	
琼海市大路镇	9275	39848	5641	233	2784	5	2
琼海市会山镇	29129	29270	198	3	252	1	
文昌市文城镇	32280	138806	77632	1197	5985	120	8
文昌市重兴镇	11920	28731	2166	48	263	9	
文昌市蓬莱镇	12100	18895	3684	92	1688	7	
文昌市会文镇	13560	32421	6350	172	1242	45	2
文昌市东路镇	8600	25030	2903	9	340	1	1
文昌市潭牛镇	14100	33886	5688	65	955	23	1
文昌市东阁镇	10940	23488	4450	82	390	3	
文昌市文教镇	7150	25557	3129	54	294	4	
文昌市东郊镇	8824	50231	4000	175	21500	154	1
文昌市龙楼镇	9800	26086	5879	167	1006	3	1
文昌市昌洒镇	19700	16365	3216	127	1318	9	
文昌市翁田镇	26487	34292	8918	123	1393	10	
文昌市抱罗镇	10933	17584	1810	25	716	4	1
文昌市冯坡镇	9700	12400	2158	11	125	3	
文昌市锦山镇	16400	35243	6474	113	1017	17	1
文昌市铺前镇	13470	43199	9047	76	804	30	
文昌市公坡镇	8480	10041	1108	6	46		
万宁市万城镇	10890	145686	64141	371	11102	18	1
万宁市龙滚镇	15200	22330	6612	60	428	10	1
万宁市和乐镇	8040	60112	10189	188	3958	28	1
万宁市后安镇	9622	52299	4088	16	4633	16	2
万宁市大茂镇	5210	28768	5540	62	1010	52	
万宁市东澳镇	9348	40840	3497	136	4108	4	
万宁市礼纪镇	18200	43229	5277	64	6003	15	1
万宁市长丰镇	10600	29098	1556	11	2511	7	2

续表 396　　(海南省)　　单位：公顷、人、个

名　　称	行政区域面积	常住人口	#城镇建成区	企业个数	企业从业人员	工业企业个数	#规模以上
万宁市山根镇	6000	13551	1480	11	384	1	1
万宁市北大镇	27609	22360	1745	17	106	1	
万宁市南桥镇	6900	12506	702	4	76	1	
万宁市三更罗镇	7000	11022	654	7	56	5	
万宁市兴隆华侨农场	11700	30013	10500	61	2511	2	1
东方市八所镇	30300	179659	78681	1496	8124	361	10
东方市东河镇	32296	22100	5716	2	96		
东方市大田镇	13583	27619	2687	2	18		
东方市感城镇	19244	51307	17178	8	141	4	1
东方市板桥镇	30369	37320	9800	87	850	45	1
东方市三家镇	17282	31856	5796	27	226		
东方市四更镇	8009	34010	9873	38	266	32	1
东方市新龙镇	8660	20373	1769	4	88		
东方市天安乡	27236	13331					
东方市江边乡	19853	5648		6	96		
定安县定城镇	14580	96867	53517	288	8038	81	13
定安县新竹镇	7926	21933	5460	11	170	5	
定安县龙湖镇	9900	20949	4927	11	249	4	
定安县黄竹镇	17326	11298	3659	16	278	1	
定安县雷鸣镇	12944	29051	8145	21	431	2	
定安县龙门镇	10300	20185	5683	9	250	2	
定安县龙河镇	12003	33278	5611	8	198	2	
定安县岭口镇	6500	25516	3399	7	185	4	
定安县翰林镇	4250	17022	12116	7	42	2	
定安县富文镇	14647	16728	1865	1	12	1	
屯昌县屯城镇	20510	96981	69349	1505	8096	24	3
屯昌县新兴镇	12300	30854	3821	35	305	2	
屯昌县枫木镇	9500	18781	2002	76	608	4	
屯昌县乌坡镇	7770	22047	22047	9	178	3	
屯昌县南吕镇	8226	30708	5871	39	312	9	
屯昌县南坤镇	37513	54550	3327	64	889	5	
屯昌县西昌镇	11384	16782	2876	41	328	7	
澄迈县金江镇	36142	179509	35208	712	12052	22	4
澄迈县老城镇	14920	75303	15079	283	29793	105	35
澄迈县瑞溪镇	5668	34951	10042	84	452	2	
澄迈县永发镇	12730	43451	9985	82	765	10	
澄迈县加乐镇	6260	23475	3461	5	41	2	1
澄迈县文儒镇	20402	43846	4712	2	60	2	
澄迈县中兴镇	18243	36197	5264	70	368	2	1
澄迈县桥头镇	7030	22097	3242	72	363	3	
澄迈县大丰镇	10400	15619	6800	172	1094		
临高县临城镇	16640	131501	131501	30	2290	19	3
临高县波莲镇	11742	30011					
临高县东英镇	8330	26187	1413	9	82	2	
临高县博厚镇	17440	43557	3398	25	1420	20	1
临高县皇桐镇	12430	20930	2310	8	382		
临高县多文镇	9043	21741	3025	7	107	3	
临高县和舍镇	13910	24915	7580	10	269	7	
临高县南宝镇	8817	14842	3762	24	412	2	
临高县新盈镇	5200	60876	19015	25	600		

续表 397　　　　(海南省)　　　　单位：公顷、人、个

名　　称	行政区域面积	常住人口	#城镇建成区	企业个数	企业从业人员	工业企业个数	#规模以上
临高县调楼镇	4960	54687	22305	94	471	4	
白沙黎族自治县牙叉镇	26448	38162	18678	38	520		
白沙黎族自治县七坊镇	30200	25040	3573	88	1632	3	1
白沙黎族自治县邦溪镇	12667	13647	3905	39	545	9	
白沙黎族自治县打安镇	16800	15188	1208	2	73	2	1
白沙黎族自治县细水乡	25298	6157		2	19		
白沙黎族自治县元门乡	18246	5924	715	1	32		
白沙黎族自治县南开乡	34899	5027					
白沙黎族自治县阜龙乡	6420	5360		3	18		
白沙黎族自治县青松乡	24878	9275		4	36		
白沙黎族自治县金波乡	11600	5010					
白沙黎族自治县荣邦乡	8979	7454		3	17		
昌江黎族自治县石碌镇	26064	60732	27412	12	13682	11	3
昌江黎族自治县叉河镇	9880	14962	2249	104	750	9	5
昌江黎族自治县十月田镇	22895	22764	810	108	579		
昌江黎族自治县乌烈镇	8900	32352	12948	38	190	1	
昌江黎族自治县昌化镇	12587	20201	5308	103	518	3	
昌江黎族自治县海尾镇	20260	29184	10421	85	1912	1	1
昌江黎族自治县七叉镇	10491	19154	1319	20	215	4	
昌江黎族自治县王下乡	36500	3155	2773	4	20	1	
乐东黎族自治县抱由镇	26055	82477	33298	25	134	7	1
乐东黎族自治县万冲镇	30850	40124	28432				
乐东黎族自治县大安镇	13737	30478	600	13	66		
乐东黎族自治县志仲镇	33100	40756	1735				
乐东黎族自治县千家镇	16500	44598	1922	93	2200	14	1
乐东黎族自治县九所镇	19870	47121	3210	135	1744	6	
乐东黎族自治县利国镇	25743	76808	8202	218	1212	7	
乐东黎族自治县黄流镇	14212	71836	19001	86	1204	4	
乐东黎族自治县佛罗镇	8900	37981	6025	9	58	1	
乐东黎族自治县尖峰镇	20500	23677	4900	58	400	4	
乐东黎族自治县莺歌海镇	2400	18230	18230	9	188	1	1
陵水黎族自治县椰林镇	7250	109543	41351	161	1714	2	1
陵水黎族自治县光坡镇	7500	25492	1044	26	1216	3	
陵水黎族自治县三才镇	5100	15945	2198	4	60	3	
陵水黎族自治县英州镇	12900	41933	9380	74	1106	2	
陵水黎族自治县隆广镇	8400	21446	765	24	418	1	
陵水黎族自治县文罗镇	5200	16108	1226	23	138	2	
陵水黎族自治县本号镇	18700	30573	3283	4	100	2	
陵水黎族自治县新村镇	5400	28611	6767	13	72	2	
陵水黎族自治县黎安镇	3200	19814	8647	2	56	1	
陵水黎族自治县提蒙乡	4000	18119	1092	7	96	4	
陵水黎族自治县群英乡	5300	7331	745				
保亭黎族苗族自治县保城镇	17502	41173	27527	641	7123	7	1
保亭黎族苗族自治县什玲镇	17688	14841	668	32	321	1	
保亭黎族苗族自治县加茂镇	11108	22132	2154	35	423	1	
保亭黎族苗族自治县响水镇	15835	31474	5197	122	742	7	1
保亭黎族苗族自治县新政镇	17112	15356	2370	26	210	1	
保亭黎族苗族自治县三道镇	9996	19275	3019	105	3210		
保亭黎族苗族自治县六弓乡	8173	7404		8	39		
保亭黎族苗族自治县南林乡	5982	5656		3	21		

续表 398　　(海南省、重庆市)　　单位：公顷、人、个

名　　称	行政区域面　　积	常住人口	#城镇建成区	企业个数	企　　业从业人员	工业企业个　　数	#规模以上
保亭黎族苗族自治县毛感乡	12752	4340		9	31		
琼中黎族苗族自治县营根镇	33580	46617	30316	52	535	12	1
琼中黎族苗族自治县湾岭镇	15671	31010	3256	3	129	1	1
琼中黎族苗族自治县黎母山镇	13170	46730	665	51	518	8	5
琼中黎族苗族自治县和平镇	38380	8705	801	6	31		
琼中黎族苗族自治县长征镇	24941	13502	819	8	260	2	
琼中黎族苗族自治县红毛镇	15677	8912	675	4	20	2	
琼中黎族苗族自治县中平镇	37283	13825	766				
琼中黎族苗族自治县吊罗山乡	14666	8302		16	107		
琼中黎族苗族自治县上安乡	20533	7006		8	128	6	
琼中黎族苗族自治县什运乡	12700	5831					
重庆市							
万州区小周镇	2678	8565	2168	48	1237	6	1
万州区大周镇	2433	13859	1913	37	256	13	3
万州区新乡镇	4330	8571	1821	56	336	9	
万州区孙家镇	4620	13574	1700	184	1150	7	
万州区高峰镇	4620	15968	4925	177	1407	20	1
万州区龙沙镇	6850	27732	8075	335	3450	20	1
万州区响水镇	6208	12985	3987	259	1256	10	
万州区武陵镇	8070	27235	10285	315	2001	37	
万州区瀼渡镇	3640	9186	3865	121	613	34	
万州区甘宁镇	10480	47562	18050	276	3300	25	
万州区天城镇	7813	41218	17669	452	15930	80	14
万州区熊家镇	8250	38677	18573	132	698	64	2
万州区高梁镇	10090	44361	4246	204	7195	67	9
万州区李河镇	7780	34826	8862	315	4357	52	8
万州区分水镇	22090	81912	25704	752	10649	89	5
万州区余家镇	13895	38015	18658	512	2786	44	1
万州区后山镇	7830	24235	5672	265	1935	11	
万州区弹子镇	7403	18978	2761	121	1198	12	2
万州区长岭镇	9940	35745	9565	304	1520	31	5
万州区新田镇	15178	42663	20687	489	6628	46	6
万州区白羊镇	9849	35316	17273	381	1921	49	
万州区龙驹镇	24790	49875	14085	218	1126	29	
万州区走马镇	17649	42650	8638	272	2042	19	
万州区罗田镇	8218	27320	2865	513	2570	8	
万州区太龙镇	6248	18354	4356	154	1569	8	2
万州区长滩镇	12780	27060	3841	218	1572	24	
万州区太安镇	6868	25464	8310	110	440	15	
万州区白土镇	6630	16742	2969	216	1200	24	
万州区郭村镇	5739	21083	2276	152	1398	9	
万州区柱山乡	5388	10887		135	788		
万州区铁峰乡	5146	10338	10338	1118	1200	8	
万州区溪口乡	4464	5719		64	352	3	
万州区长坪乡	4430	7297		55	574	2	
万州区燕山乡	5640	5503		61	402	6	
万州区梨树乡	4857	5272		62	311	2	
万州区普子乡	8570	13420		24	160	6	
万州区地宝土家族乡	3928	5447		8	27	3	
万州区恒合土家族乡	8200	23811		255	1301	15	

续表 399　　（重庆市）　　单位：公顷、人、个

名　称	行政区域面积	常住人口	#城镇建成区	企业个数	企业从业人员	工业企业个数	#规模以上
万州区黄柏乡	3206	9132		57	309	8	
万州区九池乡	3140	15948	9061	74	1084	22	5
万州区茨竹乡	4380	5813		81	412	7	
涪陵区南沱镇	6714	37863	3730	388	8577	25	7
涪陵区青羊镇	10758	15175	1816	112	9535	6	2
涪陵区百胜镇	14737	33248	6232	574	7923	95	14
涪陵区珍溪镇	18445	60054	13486	612	21000	73	8
涪陵区清溪镇	7933	35420	14586	614	9538	49	18
涪陵区焦石镇	16643	27073	14000	218	3488	11	
涪陵区马武镇	16153	32958	8124	243	7325	74	7
涪陵区龙潭镇	12390	33487	14625	551	4423	24	5
涪陵区蔺市镇	16364	40658	10120	752	12531	43	7
涪陵区新妙镇	13912	46699	18360	310	5550	37	7
涪陵区石沱镇	10224	20170	8011	309	2411	22	
涪陵区义和镇	9945	35238	7380	678	6613	36	7
涪陵区罗云乡	7280	12404		21	425	9	2
涪陵区大木乡	8088	2887		235	1065	2	
涪陵区武陵山乡	11264	7212		225	924	8	1
涪陵区大顺乡	9690	18525		135	1352	8	1
涪陵区增福乡	8157	14246		201	837	13	
涪陵区同乐乡	9766	15923		185	1015	8	2
大渡口区八桥镇	2049	55648	34260	543	25096	398	37
大渡口区建胜镇	1606	22636	10882	169	7365	93	9
大渡口区跳磴镇	4968	32936	8324	673	8513	203	23
江北区鱼嘴镇	3967	53901	8659	385	21291	69	39
江北区复盛镇	3050	22582	22582	335	2482	53	11
江北区五宝镇	4280	9335	1644	103	356	7	
沙坪坝区井口镇	2225	85700	85700	400	12530	256	38
沙坪坝区歌乐山镇	3400	47160	3810	1280	22100	255	36
沙坪坝区青木关镇	3227	33797	22147	276	7574	176	19
沙坪坝区凤凰镇	3170	22211	3072	255	8497	221	20
沙坪坝区回龙坝镇	3910	32113	7625	401	6000	292	8
沙坪坝区曾家镇	3403	62930	12311	650	61000	80	12
沙坪坝区土主镇	3300	35078	18769	79	1157	16	1
沙坪坝区中梁镇	4037	27683	5873	54	1946	36	4
九龙坡区九龙镇	930	92556	92556	79	10518	25	17
九龙坡区华岩镇	2550	124095	119897	326	17314	187	23
九龙坡区含谷镇	2950	25700	16125	122	9660	103	35
九龙坡区金凤镇	3694	21005	8520	266	10526	195	48
九龙坡区白市驿镇	5195	91771	27660	287	16961	193	51
九龙坡区走马镇	3659	20537	3136	296	3514	70	6
九龙坡区石板镇	2311	13500	4112	23	1159	20	3
九龙坡区巴福镇	1815	21155	21155	138	24658	131	16
九龙坡区陶家镇	4250	21985	15338	622	3085	77	17
九龙坡区西彭镇	8696	106215	106215	2468	24189	450	49
九龙坡区铜罐驿镇	2331	21564	9578	93	3917	49	8
南岸区南坪镇	1000	93112	93112	561	18632	13	8
南岸区涂山镇	890	121253	117241	966	12160	69	4
南岸区鸡冠石镇	890	13332	13332	280	6440	267	20
南岸区峡口镇	2300	7815	6832	152	4976	36	5

续表 400　　(重庆市)　　单位：公顷、人、个

名　　称	行政区域面　　积	常住人口	#城镇建成区	企业个数	企　　业从业人员	工业企业个　　数	#规模以上
南岸区长生桥镇	5857	72574	62111	1574	59568	347	131
南岸区迎龙镇	4570	20437	7638	38	2259	30	3
南岸区广阳镇	3712	17898	5376	195	4853	72	10
北碚区歇马镇	5858	76228	49090	1167	31283	643	35
北碚区澄江镇	6387	25635	6000	451	4480	98	6
北碚区童家溪镇	2272	23124	8100	497	6924	261	37
北碚区天府镇	5267	19956	2480	175	8250	52	7
北碚区施家梁镇	1900	6342	1724	140	7380	120	7
北碚区水土镇	5170	45109	39462	628	23532	620	58
北碚区静观镇	7250	40379	18312	810	8512	28	2
北碚区柳荫镇	6383	17327	3240	225	1575	9	
北碚区复兴镇	6206	33026	23883	53	3139	14	3
北碚区三圣镇	6122	18887	2878	200	4201	5	1
北碚区金刀峡镇	7419	8710	2236	172	893		
綦江区万东镇	5599	70259	21101	1254	10854	73	17
綦江区南桐镇	6440	65362	3586	105	16852	71	46
綦江区青年镇	5550	25445	5602	425	2920	60	8
綦江区关坝镇	7875	26353	6316	655	3613	16	9
綦江区丛林镇	5494	5873	4871	76	968	19	4
綦江区石林镇	8596	8133	892	416	2121	4	1
綦江区金桥镇	6800	9105	364	441	2210	5	4
綦江区黑山镇	9830	7504	1348	739	3880	9	2
綦江区石角镇	14802	36118	11856	79	9823	36	5
綦江区东溪镇	15374	54763	24300	385	1926	32	2
綦江区赶水镇	19823	47236	13910	403	5368	57	5
綦江区打通镇	11767	64355	39265	269	7151	46	3
綦江区石壕镇	10630	39902	33215	198	2675	29	3
綦江区永新镇	23100	43489	19326	63	2249	25	1
綦江区三角镇	10600	32209	10928	151	1684	25	3
綦江区隆盛镇	13000	35960	9717	367	2269	21	3
綦江区郭扶镇	15700	33329	12736	312	1561	13	
綦江区篆塘镇	7022	16878	5051	118	3296	37	5
綦江区丁山镇	3300	7677	1396	165	897	6	1
綦江区安稳镇	9800	35320	21178	367	6352	21	5
綦江区扶欢镇	6378	28762	6486	83	569	24	2
綦江区永城镇	6298	19596	6668	307	4258	37	24
綦江区新盛镇	7600	15193	787	168	1940	11	2
綦江区中峰镇	8000	15816	4645	28	390	4	
綦江区横山镇	4500	12937	1722	59	365	3	
大足区龙水镇	9863	116026	106760	3658	79010	2335	173
大足区宝顶镇	6610	25440	9560	165	825	25	
大足区中敖镇	10879	46269	11517	221	1375	46	
大足区三驱镇	7656	43197	10765	162	2941	15	2
大足区宝兴镇	5169	23135	4483	111	1120	35	7
大足区玉龙镇	5012	19835	7523	296	12065	132	17
大足区石马镇	5152	25365	5012	229	3264	63	5
大足区拾万镇	4468	17455	2760	105	1320	24	3
大足区回龙镇	5136	14568	1405	123	789	6	
大足区金山镇	3491	13045	3120	115	1403	19	
大足区万古镇	6649	30287	16617	415	5576	115	15

续表 401　　(重庆市)　　单位：公顷、人、个

名　　称	行政区域面　积	常住人口	#城镇建成区	企业个数	企　业从业人员	工业企业个　数	#规模以上
大足区国梁镇	3753	17484	1568	129	3245		
大足区雍溪镇	3995	23496	3651	96	2308	11	2
大足区珠溪镇	9355	39122	5410	175	8766	13	2
大足区龙石镇	3090	7588	1135	91	699	8	
大足区邮亭镇	8725	50557	17500	432	30240	195	48
大足区铁山镇	5996	16079	4695	230	1250	8	
大足区高升镇	4900	14633	1719	117	595	7	
大足区季家镇	5353	13798	1862	180	1023	10	
大足区古龙镇	1709	7751	765	61	1690	32	5
大足区高坪镇	5104	15094	1656	119	686	9	
渝北区玉峰山镇	6112	29140	13500	142	1712	12	1
渝北区龙兴镇	10368	103000	103000	180	5230	17	15
渝北区统景镇	11750	28290	13520	473	2530	20	
渝北区大湾镇	11771	20315	1154	88	510	22	
渝北区兴隆镇	9350	15149	5144	706	2238	7	1
渝北区木耳镇	8270	73645	9591	603	10567	72	3
渝北区茨竹镇	11279	19056	3650	227	956	30	
渝北区古路镇	9296	14654	14654	68	692	44	
渝北区石船镇	12970	66340	11810	268	1342	95	
渝北区大盛镇	10376	16052	983	134	675	7	
渝北区洛碛镇	9534	46490	24250	175	1998	31	2
巴南区界石镇	6840	98561	81095	2560	36783	714	41
巴南区安澜镇	12242	21975	10026	147	1886	17	
巴南区跳石镇	13624	27522	3000	233	2130	9	2
巴南区木洞镇	10430	33849	18641	739	12847	380	6
巴南区双河口镇	6200	13862	5124	168	537	5	
巴南区麻柳嘴镇	7790	17981	8412	140	8900	62	3
巴南区丰盛镇	6900	12824	1513	217	1085	10	1
巴南区二圣镇	5740	17341	4592	532	1164	6	1
巴南区东泉镇	12270	33425	17034	311	1154	6	
巴南区姜家镇	8036	15379	3513	73	917	10	
巴南区天星寺镇	4610	9182	1188	123	201	3	
巴南区接龙镇	18820	46210	15553	733	3668	14	1
巴南区石滩镇	4740	11216	2132	176	986	8	
巴南区石龙镇	11080	19400	1560	239	2065	7	
黔江区阿蓬江镇	17225	23711	7452	183	1085	47	
黔江区石会镇	12700	15900	8650	194	970	3	1
黔江区黑溪镇	9500	15712	3624	75	375	4	
黔江区黄溪镇	6632	10475	3376	78	581	1	
黔江区黎水镇	8072	9968	3289	58	312	2	
黔江区金溪镇	8420	10904	3890	205	1235	28	
黔江区马喇镇	14660	12987	8530	125	630	66	
黔江区濯水镇	9670	22576	13000	397	2180	13	
黔江区石家镇	9321	8445	3074	90	428	21	
黔江区鹅池镇	7300	10725	3152	12	157	2	
黔江区小南海镇	11332	7851	1547	286	1435	6	
黔江区邻鄂镇	4984	11517	3205	108	649	15	
黔江区中塘乡	8164	13141	3560	16	82	8	
黔江区蓬东乡	3493	6818	3500	31	286	7	1
黔江区沙坝乡	7940	15102	4135	5	195	2	

续表 402　　(重庆市)　　单位：公顷、人、个

名　　称	行政区域面积	常住人口	#城镇建成区	企业个数	企业从业人员	工业企业个数	#规模以上
黔江区白石乡	8900	10202	1956	5	153	3	3
黔江区杉岭乡	5347	7558	1420	120	618	13	
黔江区太极乡	6300	9220	2121	90	462	18	
黔江区水田乡	3195	7253	388	18	128	4	
黔江区白土乡	6512	5982	1219	97	486	1	
黔江区金洞乡	9626	7335		5	15	4	
黔江区五里乡	4953	7168	1035	74	370	2	
黔江区水市乡	9676	7648	2010	22	131	3	
黔江区新华乡	7200	8197	1500	71	480	64	
长寿区邻封镇	5517	28620	4003	187	439	17	
长寿区但渡镇	5740	15037	4780	230	920	7	
长寿区云集镇	11532	21493	5788	605	3205	17	
长寿区长寿湖镇	10450	38520	16580	815	4215	8	
长寿区双龙镇	5694	27418	15465	372	2189	25	1
长寿区龙河镇	8990	45148	6128	332	2015	9	
长寿区石堰镇	10720	42530	8160	541	3300	35	
长寿区云台镇	8900	47788	6812	432	1306	33	5
长寿区海棠镇	4600	24458	1720	155	1004	16	5
长寿区葛兰镇	11090	72028	25453	731	10213	43	28
长寿区洪湖镇	10300	19301	4035	346	2193	36	
长寿区万顺镇	5700	14957	5765	150	700	13	
江津区油溪镇	15400	60934	23299	474	12455	103	3
江津区吴滩镇	8179	31421	4690	297	2350	30	1
江津区石门镇	8400	34199	16499	357	3814	30	1
江津区朱杨镇	5800	25638	8120	62	2417	25	
江津区石蟆镇	20800	66834	17215	105	854	70	1
江津区永兴镇	14100	34414	9263	347	3409	23	
江津区塘河镇	6100	14028	3812	88	522	15	
江津区白沙镇	24100	129339	71425	894	11347	196	23
江津区龙华镇	8100	29708	9287	260	2544	17	
江津区李市镇	18000	54829	11276	640	5720	93	2
江津区慈云镇	5100	24399	7418	349	2143	41	
江津区蔡家镇	21000	50327	9450	398	2309	32	
江津区中山镇	14300	24070	3642	157	1142	23	
江津区嘉平镇	8900	19420	4252	201	2213	14	
江津区柏林镇	11880	22830	5479	174	870	52	
江津区先锋镇	12700	56504	15759	567	10981	156	5
江津区珞璜镇	14800	87967	64873	2090	56794	819	129
江津区贾嗣镇	8100	27685	7512	290	1521	18	
江津区夏坝镇	3700	13729	2590	71	1123	12	2
江津区西湖镇	14200	37762	16928	342	1524	30	
江津区杜市镇	8900	27035	13078	145	3607	56	2
江津区广兴镇	3700	13554	3649	137	3229	57	5
江津区四面山镇	25520	13624	3859	267	695	29	
江津区支坪镇	8100	32199	24198	100	1623	52	
江津区四屏镇	6000	10655	2281	39	268	5	
合川区沙鱼镇	2235	14698	3960	57	608	8	1
合川区官渡镇	6159	34636	2908	114	1825	24	1
合川区涞滩镇	6476	29471	3051	85	1109	6	1
合川区肖家镇	2940	18665	8023	42	795	12	1

续表 403　　（重庆市）　　单位：公顷、人、个

名　称	行政区域面　积	常住人口	#城镇建成区	企业个数	企　业从业人员	工业企业个　数	#规模以上
合川区古楼镇	6438	21000	4236	65	735	13	2
合川区三庙镇	8540	39710	9782	96	1628	35	1
合川区二郎镇	3741	17523	10873	45	1471	16	3
合川区龙凤镇	6610	20304	2493	112	962	20	2
合川区隆兴镇	9063	19899	4258	272	1381	11	2
合川区铜溪镇	8359	34652	3221	74	4298	61	5
合川区双凤镇	9683	35320	3800	75	3714	60	14
合川区狮滩镇	5387	23419	1713	36	460	18	5
合川区清平镇	5756	21025	12315	295	12131	182	29
合川区土场镇	3802	24687	13362	97	21348	81	32
合川区小沔镇	6303	29562	3197	70	2986	36	2
合川区三汇镇	9346	50636	23956	350	5261	35	6
合川区香龙镇	5905	17943	8694	81	459	16	1
合川区钱塘镇	13999	63021	30633	505	4545	78	9
合川区龙市镇	11993	70754	20496	128	2536	57	6
合川区燕窝镇	6511	30609	4846	58	469	26	2
合川区太和镇	15741	57539	46389	1149	10306	72	12
合川区渭沱镇	10033	44507	2877	327	1772	57	5
合川区双槐镇	9510	52189	11234	112	2944	19	4
永川区青峰镇	4913	22975	2590	86	2483	71	11
永川区金龙镇	7346	34288	1980	60	512	1	
永川区临江镇	7710	37449	5920	142	2655	41	3
永川区何埂镇	8040	57800	6485	117	3866	16	4
永川区松溉镇	3446	18931	10291	157	4386	26	9
永川区仙龙镇	8319	31962	31962	385	2179	38	2
永川区吉安镇	6001	23335	4976	136	1940	17	2
永川区五间镇	3770	23422	8057	364	2372	44	5
永川区来苏镇	9321	50042	10352	245	4250	82	6
永川区宝峰镇	3817	18700	1491	55	286	5	
永川区双石镇	6450	26324	5132	267	3416	36	14
永川区红炉镇	6400	25940	8961	216	4918	23	4
永川区永荣镇	5991	15563	4234	135	2186	9	4
永川区三教镇	10800	58478	31726	392	13408	292	35
永川区板桥镇	5380	24845	3865	243	1254	58	5
永川区朱沱镇	12765	88015	41891	763	10901	56	21
南川区三泉镇	19150	14507	2706	364	2086	5	
南川区南平镇	12992	33052	7093	751	7520	110	30
南川区神童镇	3916	7521	2530	75	420	14	2
南川区鸣玉镇	3668	12148	2942	230	1251	32	4
南川区大观镇	6642	22187	4161	317	2557	48	5
南川区兴隆镇	7652	16892	4180	252	1500	34	5
南川区太平场镇	6710	10357	1973	96	813	5	
南川区白沙镇	3675	7135	1914	65	361	2	
南川区水江镇	23303	50435	25863	494	5653	64	13
南川区石墙镇	3729	7893	1681	99	497	9	
南川区金山镇	10127	10224	6022	212	2519	19	1
南川区头渡镇	16419	7641	3815	349	1755	12	1
南川区大有镇	12069	12568	4569	257	1315	15	
南川区合溪镇	10353	6977	2950	127	687	9	
南川区黎香湖镇	3480	7925	1218	79	563		

续表 404　　　　(重庆市)　　　　单位：公顷、人、个

名　称	行政区域面　积	常住人口	#城镇建成区	企业个数	企　业从业人员	工业企业个　数	#规模以上
南川区山王坪镇	10500	5600	1054	95	600	4	
南川区木凉镇	3560	8135	1365	246	1451	5	1
南川区楠竹山镇	5037	7775	1609	150	810	6	2
南川区石溪镇	5406	12893	1635	165	983	19	
南川区德隆镇	7505	5617	1760	262	1310	2	
南川区民主镇	3298	8627	1066	103	525	23	1
南川区福寿镇	4219	7757	1400	152	1065	5	
南川区河图镇	3300	7167	2136	124	604	6	
南川区庆元镇	7326	6540	810	98	509	3	
南川区古花镇	5800	9931	2047	130	600	4	
南川区石莲镇	3767	3873	210	21	193	4	1
南川区乾丰镇	3409	7268	804	43	266	6	1
南川区骑龙镇	3824	8031	1043	14	230	2	
南川区冷水关镇	3738	10577	1300	88	525	16	
南川区中桥乡	4328	7748		83	498	11	1
南川区峰岩乡	3838	8792		101	1025	6	
璧山区八塘镇	6316	25430	8908	72	2018	62	1
璧山区七塘镇	5700	22428	5562	88	1298	11	3
璧山区河边镇	5250	20935	3515	45	1010	42	6
璧山区福禄镇	4060	18274	2475	215	3695	43	2
璧山区大兴镇	10014	41210	3230	54	3272	39	1
璧山区正兴镇	7281	28687	3392	81	5402	22	1
璧山区广普镇	4715	17807	2059	160	875	20	3
璧山区三合镇	3598	11621	1057	128	641	9	
璧山区健龙镇	4976	22689	1058	45	1235	29	4
铜梁区旧县街道	7960	51399	7102	325	4560	143	9
铜梁区土桥镇	4519	12943	2089	115	3475	36	6
铜梁区二坪镇	2561	9035	826	38	723	16	1
铜梁区水口镇	2600	4856	381	93	3325	15	
铜梁区安居镇	5670	23935	5896	467	6831	132	8
铜梁区白羊镇	3819	13340	710	150	2450	8	
铜梁区平滩镇	9120	29314	12036	361	3630	29	2
铜梁区小林镇	3067	7352	819	112	572	9	
铜梁区双山镇	3383	7893	587	212	2576	25	
铜梁区虎峰镇	7665	29386	5128	226	8668	166	18
铜梁区石鱼镇	3177	18465	2224	197	4265	83	10
铜梁区福果镇	3842	10067	720	207	2805	80	4
铜梁区庆隆镇	2602	13101	266	125	875	21	1
铜梁区少云镇	6685	23408	7185	59	1175	47	5
铜梁区维新镇	4827	15928	1320	30	791	6	
铜梁区高楼镇	2647	6678	751	72	1256	40	
铜梁区大庙镇	4168	21662	2725	129	1607	47	5
铜梁区围龙镇	4650	17122	1506	227	5214	37	6
铜梁区华兴镇	3452	11568	584	106	2021	22	4
铜梁区永嘉镇	6391	24854	2745	331	2845	63	2
铜梁区安溪镇	2994	7361	583	141	1569	24	2
铜梁区西河镇	3417	13602	4958	179	3871	40	12
铜梁区侣俸镇	8847	39206	7558	94	3695	78	13
铜梁区太平镇	5170	17862	1862	147	1968	15	4
潼南区上和镇	6814	19671	9173	68	532	45	3

续表 405 （重庆市） 单位：公顷、人、个

名称	行政区域面积	常住人口	#城镇建成区	企业个数	企业从业人员	工业企业个数	#规模以上
潼南区龙形镇	8036	26035	4362	153	2600	42	3
潼南区古溪镇	11440	37281	24532	331	5228	68	9
潼南区宝龙镇	4227	14863	3204	53	1399	15	
潼南区玉溪镇	5441	17698	3248	90	791	32	3
潼南区米心镇	5455	14618	3438	54	1116	38	3
潼南区群力镇	4856	14161	2991	115	741	17	2
潼南区双江镇	11906	37022	11139	238	3123	55	14
潼南区花岩镇	2530	8003	2985	50	517	15	
潼南区柏梓镇	12670	49900	17785	197	2436	42	4
潼南区崇龛镇	8510	24776	7441	130	1090	61	5
潼南区塘坝镇	10160	58888	19897	131	983	30	6
潼南区新胜镇	5042	15877	1826	75	921	24	3
潼南区太安镇	6081	26060	3783	125	1279	37	6
潼南区小渡镇	8823	30984	15881	358	2589	111	7
潼南区卧佛镇	9669	25447	9500	154	2224	31	3
潼南区五桂镇	3280	8490	3467	39	1085	31	
潼南区田家镇	6313	17371	2879	147	2632	61	3
潼南区别口镇	4133	8984	2966	115	1326	46	4
潼南区寿桥镇	2094	8806	2446	82	3567	42	5
荣昌区荣隆镇	6422	36063	12584	88	13875	77	23
荣昌区仁义镇	8538	36300	6416	91	7326	36	10
荣昌区盘龙镇	11800	52985	9078	218	19560	166	22
荣昌区吴家镇	8151	39300	9142	239	5760	78	32
荣昌区直升镇	2982	13614	2286	116	2372	22	7
荣昌区万灵镇	2497	11805	1290	45	721	6	2
荣昌区清升镇	2791	14937	2337	50	3301	43	11
荣昌区清江镇	1780	10845	2828	37	1226	16	8
荣昌区古昌镇	3537	16089	1670	102	916	23	5
荣昌区河包镇	6601	28156	4670	96	4260	48	14
荣昌区观胜镇	4252	14344	825	57	978	18	4
荣昌区铜鼓镇	3877	10850	1718	62	1576	13	3
荣昌区清流镇	2614	10400	1825	83	4800	27	8
荣昌区远觉镇	2710	8910	1698	69	1776	7	5
荣昌区龙集镇	2147	12675	1956	49	905	9	4
开州区大德镇	11800	31691	1840	249	1586	12	
开州区镇安镇	4600	16880	6550	410	2335	52	
开州区厚坝镇	4900	25509	5950	37	1083	1	1
开州区金峰镇	5700	15905	5678	20	108	11	
开州区温泉镇	14900	35440	24283	326	4087	40	6
开州区郭家镇	7900	30100	16200	155	1750	54	5
开州区白桥镇	8400	13330	1080	36	1960	19	
开州区和谦镇	8000	23061	5800	115	620	30	1
开州区河堰镇	15400	28849	3460	42	3217	6	
开州区大进镇	25100	38749	11689	357	2309	37	
开州区谭家镇	12500	16078	7589	144	3300	45	
开州区敦好镇	14400	34411	13420	110	7210	40	2
开州区高桥镇	7800	26199	2578	168	857	17	
开州区九龙山镇	13500	34288	5210	127	753	18	
开州区天和镇	6700	17987	2859	18	1606	14	1
开州区中和镇	8900	46255	8630	188	5623	46	2

续表 406　　　　（重庆市）　　　　单位：公顷、人、个

名　　称	行政区域面　　积	常住人口	#城镇建成区	企业个数	企　　业从业人员	工业企业个　　数	#规模以上
开州区义和镇	6100	19960	4303	65	395	12	
开州区临江镇	12300	78948	41040	495	6024	69	5
开州区竹溪镇	8400	25608	3620	345	5426	53	3
开州区铁桥镇	11500	62576	30470	418	5020	75	3
开州区南雅镇	7000	26630	11650	135	981	20	
开州区巫山镇	11700	16528	3669	58	291	26	
开州区岳溪镇	18100	45586	19832	260	4563	63	4
开州区长沙镇	13600	56476	17860	476	4750	52	5
开州区南门镇	15000	43093	19650	197	5320	54	
开州区渠口镇	6800	17484	2974	98	587	8	1
开州区满月乡	14895	12650		6	46		
开州区关面乡	14300	7015		37	185	19	1
开州区白泉乡	19600	9843		54	280	6	
开州区麻柳乡	9400	23467		24	283	19	
开州区紫水乡	9400	20581		23	345	7	
开州区三汇口乡	7900	15762		133	888	17	1
开州区五通乡	4958	4129		2	12		
梁平县仁贤镇	4058	21551	4301	243	1778	50	1
梁平县礼让镇	4500	22278	6674	352	3146	63	3
梁平县云龙镇	7796	27500	10010	155	1660	56	7
梁平县屏锦镇	10211	53230	35638	602	3057	192	7
梁平县袁驿镇	4260	17526	8569	234	3592	111	6
梁平县新盛镇	6800	27951	11152	288	2780	80	1
梁平县福禄镇	8750	15493	7931	246	1232	37	
梁平县金带镇	3145	13375	9088	93	465	22	2
梁平县聚奎镇	5700	34420	6052	264	1460	76	3
梁平县明达镇	5890	24037	6412	154	1652	42	2
梁平县荫平镇	5400	18415	5056	18	165	1	
梁平县和林镇	5800	15790	5002	94	1021	9	
梁平县回龙镇	8950	35881	8686	231	1322	75	4
梁平县碧山镇	3870	17911	1210	145	820	44	5
梁平县虎城镇	7776	27412	4723	270	2572	72	1
梁平县七星镇	3308	6112	2813	216	2756	8	
梁平县龙门镇	5297	17858	4342	114	577	32	1
梁平县文化镇	2948	12135	2235	87	562	25	
梁平县合兴镇	5140	13375	7043	145	807	11	
梁平县石安镇	5200	12382	3468	54	270	5	
梁平县柏家镇	6950	13087	2598	145	1609	19	
梁平县大观镇	5324	12241	3402	123	620	7	
梁平县竹山镇	4939	4558	1243	88	952	7	2
梁平县蟠龙镇	9627	13447	4745	46	986	18	2
梁平县星桥镇	5310	14164	1763	79	895	11	1
梁平县曲水镇	4703	14877	1602	147	1025	7	2
梁平县安胜镇	2800	10561	825	55	602	8	2
梁平县复平镇	3120	5259	1135	9	115	2	
梁平县紫照镇	3550	10526	1127	19	189	2	
梁平县铁门乡	3066	4513		32	226	5	2
梁平县龙胜乡	3600	5674		46	778	10	
武隆县巷口镇	27610	79633	55100	1290	10210	58	6
武隆县白马镇	21150	25804	8893	586	4449	71	12

续表 407　　(重庆市)　　单位：公顷、人、个

名　称	行政区域面积	常住人口	#城镇建成区	企业个数	企业从业人员	工业企业个数	#规模以上
武隆县江口镇	12910	21158	3241	224	5844	19	2
武隆县仙女山镇	23325	14467	2576	425	2926	11	2
武隆县火炉镇	17960	22763	3769	56	282	17	
武隆县鸭江镇	12070	19024	5355	290	1602	21	2
武隆县羊角镇	9931	11862	2700	26	623	24	
武隆县长坝镇	10530	16393	2691	136	1033	17	1
武隆县平桥镇	7340	13795	4303	26	627	16	2
武隆县桐梓镇	10150	8750	2673	130	869	8	
武隆县土坎镇	4130	8742	1958	140	711	69	1
武隆县和顺镇	10320	12344	1200	71	1456	19	1
武隆县双河镇	16900	9986	465	129	650	3	
武隆县凤来乡	5230	11005		6	116	3	
武隆县庙垭乡	3590	8191		138	892	3	
武隆县石桥苗族土家族乡	10270	8521		27	340	9	
武隆县黄莺乡	14680	8123		15	146	14	
武隆县沧沟乡	7350	8515		25	267	8	
武隆县文复苗族土家族乡	10960	7068		34	189	2	
武隆县土地乡	7580	5554		155	950	7	
武隆县白云乡	4010	5950		76	384	5	
武隆县后坪苗族土家族乡	8730	4637		24	162	9	
武隆县浩口苗族仡佬族乡	8450	4585		3	28	3	
武隆县接龙乡	11470	4326		1	5	1	
武隆县赵家乡	6020	3147		99	498	5	
武隆县大洞河乡	6270	2867		54	285	3	
城口县巴山镇	12723	10010	10002	68	350	2	2
城口县坪坝镇	6044	11277	3780	54	275	3	
城口县庙坝镇	14683	12868	12868	21	460	13	2
城口县明通镇	8051	8247	3550	15	100	1	
城口县修齐镇	16580	13892	13581	244	1260	13	1
城口县高观镇	13681	11073	6916	47	52		
城口县高燕镇	13796	15746	4254	20	566	12	5
城口县东安镇	39957	8666	780	240	1225		
城口县咸宜镇	13103	8102	3800	32	152	2	
城口县高楠镇	11219	6523	5743	38	41		
城口县龙田乡	22067	8575		70	400	5	
城口县北屏乡	13871	4908		90	110		
城口县左岚乡	8009	7449	7449	9	135	3	1
城口县沿河乡	11106	5151	1532	40	180	3	
城口县双河乡	17463	7726		44	178	1	1
城口县蓼子乡	15100	8894	6300	2	11	2	
城口县鸡鸣乡	8700	4986		6	50	1	
城口县周溪乡	12432	6286		20	120		
城口县明中乡	17716	5962	1359	31	46	2	
城口县治平乡	6032	3184		14	72		
城口县岚天乡	11126	3136		7	17	1	
城口县厚坪乡	14591	6986		8	50	1	
城口县河鱼乡	13383	5129	5129	71	355		
丰都县虎威镇	7189	14034	3539	254	1285	26	4
丰都县社坛镇	10143	31326	14875	479	2587	57	5
丰都县三元镇	7702	11932	4936	223	1294	7	

续表 408　　(重庆市)　　单位：公顷、人、个

名称	行政区域面积	常住人口	#城镇建成区	企业个数	企业从业人员	工业企业个数	#规模以上
丰都县许明寺镇	5471	14482	2213	300	1553	7	
丰都县董家镇	7119	24936	5631	814	2202	22	2
丰都县树人镇	8236	13370	4638	158	1844	13	1
丰都县十直镇	11989	25675	5131	231	1843	15	1
丰都县高家镇	15512	49300	28459	542	3016	37	8
丰都县兴义镇	11145	20268	6120	637	3275	39	23
丰都县双路镇	9552	12445	3295	102	964	23	1
丰都县江池镇	6866	11350	3580	11	86	11	1
丰都县龙河镇	13900	33631	8000	351	1833	23	3
丰都县武平镇	12619	11520	3835	182	1660	21	2
丰都县包鸾镇	17777	18547	2513	298	1705	12	
丰都县湛普镇	3532	6403	1451	62	3402	14	5
丰都县南天湖镇	14706	13280	1485	248	1280	9	
丰都县保合镇	8193	17604	2846	135	676	5	
丰都县兴龙镇	5911	11120	1585	71	503	7	2
丰都县仁沙镇	9139	16234	2316	117	594	7	
丰都县龙孔镇	7115	11956	2500	104	1424	12	2
丰都县暨龙镇	15256	7923	1340	72	360	12	2
丰都县双龙镇	8760	12961	3342	149	752	4	
丰都县仙女湖镇	14510	10799	1623	85	426	5	
丰都县青龙乡	5152	6992		143	220	9	
丰都县太平坝乡	3722	2821		37	216	3	
丰都县都督乡	7563	3821		50	56	2	
丰都县栗子乡	4439	7856		92	567	6	
丰都县三建乡	6287	8592		126	709	4	1
垫江县新民镇	6388	27560	15480	137	2471	66	2
垫江县沙坪镇	8088	49486	10898	208	1214	93	3
垫江县周嘉镇	8402	38241	19580	187	3616	53	5
垫江县普顺镇	8952	26813	11068	53	1280	35	1
垫江县永安镇	8355	18496	13015	61	1805	38	1
垫江县高安镇	10476	62598	30489	344	10664	110	16
垫江县高峰镇	4714	26905	8297	113	3356	83	6
垫江县五洞镇	4179	15680	3759	167	3628	36	4
垫江县澄溪镇	5876	40152	15213	338	7452	204	8
垫江县太平镇	5136	26192	6220	171	1786	62	6
垫江县鹤游镇	3281	17691	4701	93	586	42	3
垫江县坪山镇	7465	38102	15421	296	4425	84	3
垫江县砚台镇	7586	41998	15841	44	852	8	3
垫江县曹回镇	6788	17227	5981	167	3315	33	3
垫江县杠家镇	6824	15173	6530	93	3045	60	3
垫江县包家镇	4221	16157	1386	20	371	12	
垫江县白家镇	6263	16731	3771	226	1193	52	1
垫江县永平镇	3803	11659	3761	64	655	47	1
垫江县三溪镇	6576	12087	4911	74	714	34	
垫江县裴兴镇	6002	15810	3753	66	596	40	1
垫江县黄沙镇	2993	19729	9115	77	1736	41	5
垫江县长龙镇	3858	19235	5665	180	1800	30	9
垫江县沙河乡	2995	4654	2475	44	390	21	
垫江县大石乡	3166	11032	4620	26	218	12	
忠县乌杨街道	10300	40128	16721	304	8534	51	15

续表 409　　（重庆市）　　单位：公顷、人、个

名　称	行政区域面积	常住人口	#城镇建成区	企业个数	企业从业人员	工业企业个数	#规模以上
忠县任家镇	7100	14028	3202	170	1068	15	1
忠县洋渡镇	8100	17628	5063	87	595	10	1
忠县东溪镇	3900	16417	3028	214	3459	22	2
忠县复兴镇	4500	15204	10715	176	3200	24	5
忠县石宝镇	8500	29458	12583	296	1650	48	1
忠县汝溪镇	9500	31116	15252	328	9656	80	3
忠县野鹤镇	5800	15591	2216	134	683	28	
忠县官坝镇	9600	26033	8066	255	1464	37	1
忠县石黄镇	5500	9921	2337	118	2316	47	1
忠县马灌镇	11400	28871	8296	293	1608	29	1
忠县金鸡镇	7400	14486	4904	168	2475	15	1
忠县新立镇	11600	32799	11614	399	5141	44	1
忠县双桂镇	5300	16155	3332	131	1680	13	
忠县拔山镇	15600	42449	14958	501	4510	39	2
忠县花桥镇	4900	15266	2500	96	586	9	
忠县永丰镇	5300	13952	3642	143	1462	29	1
忠县三汇镇	10100	20064	5642	214	3451	51	1
忠县白石镇	14600	25402	7715	218	1330	72	1
忠县黄金镇	10800	26796	4115	263	19161	32	
忠县善广乡	5100	8554		40	542	8	
忠县石子乡	4000	3907		45	707	9	1
忠县磨子土家族乡	3100	11365		88	1614	13	
忠县涂井乡	7600	15048		91	562	23	
忠县金声乡	3700	8616		95	512	12	
忠县兴峰乡	2900	6667		82	1193	19	1
云阳县龙角镇	6554	12376	6482	292	2358	39	
云阳县故陵镇	11403	18148	5736	238	2548	32	
云阳县红狮镇	13800	17712	12521	147	1365	19	
云阳县路阳镇	5360	17401	13920	101	512	15	
云阳县农坝镇	8640	19640	6852	39	310	22	
云阳县渠马镇	3552	10644	5010	159	1786	21	
云阳县黄石镇	4165	11156	6871	146	820	48	4
云阳县巴阳镇	5130	13908	3686	113	572	16	
云阳县沙市镇	8848	13408	6108	36	1022	12	
云阳县鱼泉镇	6664	18840	7240	30	175	25	
云阳县凤鸣镇	12883	43754	31277	98	1056	41	3
云阳县宝坪镇	11729	19228		174	870	35	
云阳县南溪镇	28120	89728	34051	456	4231	97	4
云阳县双土镇	9040	22000	1965	38	356	14	1
云阳县桑坪镇	11824	23842	9827	634	2761	28	2
云阳县江口镇	25456	89049	31046	481	3346	75	6
云阳县高阳镇	13512	35225	16923	227	2650	45	5
云阳县平安镇	11800	27116	10221	233	2450	47	2
云阳县云阳镇	12416	8735	2497	123	617	2	
云阳县云安镇	6360	12098	7859	121	784	4	3
云阳县栖霞镇	6880	17444	11238	173	1068	17	2
云阳县双龙镇	7622	26231	3592	229	1145	26	
云阳县泥溪镇	10870	9930	4230	135	2660	10	
云阳县蔈草镇	10080	19611	2800	280	3360	31	
云阳县养鹿镇	5614	13294	2838	89	694	9	

续表 410　　(重庆市)　　单位：公顷、人、个

名　称	行政区域面积	常住人口	#城镇建成区	企业个数	企业从业人员	工业企业个数	#规模以上
云阳县水口镇	3942	18970	6985	50	780	10	2
云阳县堰坪镇	5230	13325	800	301	1558	20	
云阳县龙洞镇	13270	13201	3415	215	725	5	
云阳县后叶镇	5600	14934	4966	46	258	3	
云阳县耀灵镇	5380	8010	1815	69	420	9	
云阳县大阳镇	4363	8977	4208	72	911	8	
云阳县外郎乡	4880	7566		68	144	4	
云阳县新津乡	5223	8920		13	218	5	
云阳县普安乡	5499	7172	1690	109	576	22	1
云阳县洞鹿乡	9227	8034		82	597	4	
云阳县石门乡	3482	4076	867	72	363	2	
云阳县上坝乡	7160	7560	7560	112	648	8	
云阳县清水土家族自治乡	10216	12082		37	1386	14	1
奉节县白帝镇	18900	27652	18375	219	3165	36	4
奉节县草堂镇	17066	27512	10671	55	1800	40	11
奉节县汾河镇	13350	29513	5980	19	1099	4	1
奉节县康乐镇	14193	35970	21080	27	630	14	1
奉节县大树镇	14962	19250	4836	20	653	7	
奉节县竹园镇	17832	30197	18548	27	350	15	
奉节县公平镇	13396	37973	16782	51	339	12	1
奉节县朱衣镇	14500	28722	16052	26	582	16	
奉节县甲高镇	18123	30602	9534	13	121		
奉节县羊市镇	6614	12015	4275	17	98	5	
奉节县吐祥镇	25261	29581	16800	40	286	16	
奉节县兴隆镇	34713	45983	21020	400	2420	48	
奉节县青龙镇	10784	16987	3811	44	381	17	
奉节县新民镇	9601	23580	8549	16	372	7	
奉节县永乐镇	13460	30155	4260	12	210	8	3
奉节县安坪镇	15408	28726	4458	131	656	2	
奉节县五马镇	16343	27077	5332	121	726	13	
奉节县青莲镇	17936	27042	5409	109	545	14	
奉节县岩湾乡	4905	9657		2	22	1	
奉节县平安乡	12698	15634		55	764		
奉节县红土乡	8744	12956		9	52	1	1
奉节县石岗乡	10130	18750		4	24	1	
奉节县康坪乡	3503	6965		57	297		
奉节县太和土家族乡	13143	14047		85	456	1	
奉节县鹤峰乡	8778	10520		32	400	9	
奉节县冯坪乡	11248	14675		29	235	25	
奉节县长安土家族乡	19432	12109		37	156	2	
奉节县龙桥土家族乡	11800	7926		3	130	2	1
奉节县云雾土家族乡	8099	2876		6	45	3	
巫山县庙宇镇	14400	28125	5821	69	482	11	
巫山县大昌镇	18833	29080	10366	318	1926	23	
巫山县福田镇	12233	23136	11230	120	1400	10	
巫山县龙溪镇	7440	15128	2067	112	5468	12	
巫山县双龙镇	14199	20854	2547	79	407	6	
巫山县官阳镇	11847	13735	2718	119	1216	2	
巫山县骡坪镇	15940	26681	7718	68	400	10	
巫山县抱龙镇	14813	16658	5372	165	1025	23	

续表 411　　(重庆市)　　单位：公顷、人、个

名　　称	行政区域面　积	常住人口	#城镇建成区	企业个数	企　业从业人员	工业企业个　数	#规模以上
巫山县官渡镇	21717	31668	16146	136	997	22	
巫山县铜鼓镇	9300	19847	1356	26	158	3	
巫山县巫峡镇	17200	21450		158	805	118	1
巫山县红椿乡	11000	5307		8	42		
巫山县两坪乡	13090	11908		20	210	3	
巫山县曲尺乡	11700	10562		25	150	1	
巫山县建坪乡	10467	8904		37	290	2	1
巫山县大溪乡	7600	4169		23	137		
巫山县金坪乡	4810	3171		6	54		
巫山县平河乡	16709	9090		5	90	2	
巫山县当阳乡	11230	4136		183	1036	4	
巫山县竹贤乡	9800	3125		10	55	4	
巫山县三溪乡	10700	12123		20	230	8	1
巫山县培石乡	4800	5811		7	36	1	
巫山县笃坪乡	13200	6478		52	262		
巫山县邓家乡	5800	2881		22	118	3	1
巫溪县城厢镇	13839	15743	8155	149	3999	33	
巫溪县凤凰镇	4631	16521	10674	257	1542	13	7
巫溪县宁厂镇	9527	4395	2763	51	290	5	
巫溪县上磺镇	9307	22391	9587	282	1690	17	
巫溪县古路镇	10405	19332	18000	250	1300	15	
巫溪县文峰镇	49089	31701	19385	288	8423	62	3
巫溪县徐家镇	14689	12693	8213	108	760	11	
巫溪县白鹿镇	15751	18275	3850	127	432	5	
巫溪县尖山镇	12553	16002	10987	253	2852	16	2
巫溪县下堡镇	20515	15557	2145	120	485	11	
巫溪县峰灵镇	6564	18501	4512	71	584	4	
巫溪县塘坊镇	9651	16683	16683	175	984	7	2
巫溪县朝阳镇	14717	13564	6085	112	685	5	
巫溪县田坝镇	18176	6795	2160	45	371	10	
巫溪县通城镇	10218	12903	3282	160	820	7	
巫溪县菱角镇	5963	12195	5135	155	950	7	
巫溪县蒲莲镇	4506	11282	3912	64	353	1	
巫溪县土城镇	19044	5278	2905	53	551	5	
巫溪县胜利乡	6623	6615		93	268		
巫溪县大河乡	7049	8299		123	180	3	
巫溪县天星乡	11709	2348		29	145	9	
巫溪县长桂乡	13085	3083		53	280		
巫溪县鱼鳞乡	11241	5686		45	230	4	
巫溪县乌龙乡	15212	5201		39	292	3	
巫溪县中岗乡	22938	10564		82	753		
巫溪县花台乡	2807	3447		20	108	5	
巫溪县兰英乡	9727	1990		60	70	3	
巫溪县双阳乡	16393	1778		34	176	3	
巫溪县中梁乡	12470	2785		46	80	1	
巫溪县天元乡	20403	5158		66	396	2	
石柱土家族自治县西沱镇	6101	45921	28825	448	9223	58	2
石柱土家族自治县悦崃镇	8620	12138	1932	145	725	8	
石柱土家族自治县临溪镇	14913	10344	5200	84	2509	27	
石柱土家族自治县黄水镇	21379	11674	9435	556	3462	14	

续表 412　　　　（重庆市）　　　　单位：公顷、人、个

名　　称	行政区域面　　积	常住人口	#城镇建成区	企业个数	企　　业从业人员	工业企业个　　数	#规模以上
石柱土家族自治县马武镇	9282	11574	4952	32	161	9	
石柱土家族自治县沙子镇	16800	15541	3233	126	2773	34	1
石柱土家族自治县王场镇	5735	9976	4631	356	1886	58	
石柱土家族自治县沿溪镇	5590	13499	10490	65	490	11	
石柱土家族自治县龙沙镇	7607	13770	4562	25	1954	5	3
石柱土家族自治县鱼池镇	9963	11949	4625	222	4045	21	
石柱土家族自治县三河镇	10203	18430	2974	215	1320	4	2
石柱土家族自治县大歇镇	12849	17556	17379	78	2120	10	1
石柱土家族自治县桥头镇	6672	7745	6520	32	261	3	
石柱土家族自治县万朝镇	7774	13981	1812	16	165	7	3
石柱土家族自治县冷水镇	7470	5947	448	132	730		
石柱土家族自治县黄鹤镇	3908	3333	1238	5	25	1	
石柱土家族自治县枫木镇	13641	10974	1022	89	1219		
石柱土家族自治县黎场乡	3597	6221	1212	71	488	7	
石柱土家族自治县三星乡	10200	5196		43	557	1	
石柱土家族自治县六塘乡	17067	9859		26	205	8	
石柱土家族自治县三益乡	2888	2486	2230				
石柱土家族自治县王家乡	4738	6524		7	55	2	
石柱土家族自治县河嘴乡	5966	8298		58	1428	10	
石柱土家族自治县石家乡	6248	6619		97	1108	1	1
石柱土家族自治县中益乡	15500	5247	1500	4	50	1	
石柱土家族自治县洗新乡	9600	3645	116	5	110	1	
石柱土家族自治县龙潭乡	13707	3594		11	520	8	2
石柱土家族自治县新乐乡	5553	3920		2	12		
石柱土家族自治县金铃乡	6240	2376		49	250	1	
石柱土家族自治县金竹乡	5800	1020					
秀山土家族苗族自治县清溪场镇	14689	52783	15730	383	9580	104	2
秀山土家族苗族自治县隘口镇	13357	11473	2977	118	974	6	
秀山土家族苗族自治县溶溪镇	11049	15531	4899	166	2988	19	9
秀山土家族苗族自治县官庄镇	10909	28061	6543	170	905	91	4
秀山土家族苗族自治县龙池镇	12551	22005	13421	360	8841	22	7
秀山土家族苗族自治县石堤镇	8556	11716	2415	95	1618	1	1
秀山土家族苗族自治县峨溶镇	8130	15790	4715	44	235	10	
秀山土家族苗族自治县洪安镇	8704	22402	2649	67	401	5	
秀山土家族苗族自治县雅江镇	6915	14583	2832	85	532	7	
秀山土家族苗族自治县石耶镇	3840	8615	3396	69	520	13	1
秀山土家族苗族自治县梅江镇	14954	35176	8551	253	1511	19	1
秀山土家族苗族自治县兰桥镇	6819	14962	5089	61	308	3	2
秀山土家族苗族自治县膏田镇	12897	11495	621	112	3241	20	3
秀山土家族苗族自治县溪口镇	10025	13683	1067	54	293	3	
秀山土家族苗族自治县妙泉镇	7139	8854	1075	46	285	6	3
秀山土家族苗族自治县宋农镇	7062	6491	2598	62	532	6	
秀山土家族苗族自治县里仁镇	7758	10013	1378	59	354	14	
秀山土家族苗族自治县钟灵镇	16561	19521	1450	271	1522	31	2
秀山土家族苗族自治县孝溪乡	6862	8415		84	1141	20	3
秀山土家族苗族自治县海洋乡	9131	6186		50	254	1	
秀山土家族苗族自治县大溪乡	10991	7188		52	593	1	1
秀山土家族苗族自治县涌洞乡	6480	7075		75	1120	4	
秀山土家族苗族自治县中平乡	4545	7950		76	382	4	
秀山土家族苗族自治县岑溪乡	4931	5025		77	388	6	

续表 413　　　　（重庆市）　　　　单位：公顷、人、个

名　称	行政区域面积	常住人口	#城镇建成区	企业个数	企业从业人员	工业企业个数	#规模以上
酉阳土家族苗族自治县龙潭镇	36600	65822	43720	345	4326	75	8
酉阳土家族苗族自治县麻旺镇	26286	29281	18500	240	1810	40	
酉阳土家族苗族自治县酉酬镇	20600	18970	10634	114	570	16	1
酉阳土家族苗族自治县大溪镇	12700	12780	5489	72	361	16	
酉阳土家族苗族自治县兴隆镇	18000	15142	5142	112	615	9	
酉阳土家族苗族自治县黑水镇	21300	17685	4997	72	513	3	
酉阳土家族苗族自治县丁市镇	16600	22531	7182	119	621	11	
酉阳土家族苗族自治县龚滩镇	13300	17725	5314	45	1835	8	
酉阳土家族苗族自治县李溪镇	22400	22797	13401	204	4032	19	
酉阳土家族苗族自治县泔溪镇	15300	13444	4603	270	1582	17	
酉阳土家族苗族自治县酉水河镇	11994	12857	5678	31	159	11	
酉阳土家族苗族自治县苍岭镇	14000	12966	3124	110	4600	7	
酉阳土家族苗族自治县小河镇	9500	11057	5524	46	237	6	1
酉阳土家族苗族自治县板溪镇	16008	11338	2704	364	2440	35	9
酉阳土家族苗族自治县涂市乡	14199	13574		10	330	8	
酉阳土家族苗族自治县铜鼓乡	19387	20752		18	98	6	
酉阳土家族苗族自治县可大乡	10700	10809		14	72	4	
酉阳土家族苗族自治县偏柏乡	10700	12076		17	100	7	
酉阳土家族苗族自治县五福乡	7200	8347		79	460	10	
酉阳土家族苗族自治县木叶乡	13100	6874		7	58	3	
酉阳土家族苗族自治县毛坝乡	15100	8714		170	718	5	
酉阳土家族苗族自治县花田乡	7900	8826		82	415	5	
酉阳土家族苗族自治县后坪乡	13704	9966		138	1250	8	
酉阳土家族苗族自治县天馆乡	11900	8411		6	32	3	
酉阳土家族苗族自治县宜居乡	15300	17541		144	735	5	
酉阳土家族苗族自治县万木乡	10400	14230		21	106	4	
酉阳土家族苗族自治县两罾乡	7200	7500		150	1020	8	
酉阳土家族苗族自治县板桥乡	7600	9943		6	421	6	
酉阳土家族苗族自治县官清乡	6300	8360		35	204	5	
酉阳土家族苗族自治县南腰界乡	9300	12946		15	76	2	
酉阳土家族苗族自治县车田乡	7200	5224		25	158	5	
酉阳土家族苗族自治县腴地乡	8200	8100		52	300	3	
酉阳土家族苗族自治县清泉乡	7400	5428		19	100	5	
酉阳土家族苗族自治县庙溪乡	10800	10468		17	103	7	2
酉阳土家族苗族自治县浪坪乡	6750	7911		15	78	3	
酉阳土家族苗族自治县双泉乡	14800	10527		53	381	4	
酉阳土家族苗族自治县楠木乡	5700	3614		14	71	4	
彭水苗族土家族自治县保家镇	20518	33231	6900	599	3694	61	11
彭水苗族土家族自治县郁山镇	13888	28083	12058	315	1652	23	3
彭水苗族土家族自治县高谷镇	11640	13026	10136	88	683	10	
彭水苗族土家族自治县桑柘镇	18675	28715	6259	52	510	21	1
彭水苗族土家族自治县鹿角镇	12174	8151	3842	72	432	5	
彭水苗族土家族自治县黄家镇	7733	9836	1400	79	416	8	
彭水苗族土家族自治县普子镇	17855	15742	4532	101	813	7	
彭水苗族土家族自治县龙射镇	16036	15123	2050	106	530	13	
彭水苗族土家族自治县连湖镇	7226	13108	2136	15	88	2	
彭水苗族土家族自治县万足镇	6199	4532	1319	72	425	3	1
彭水苗族土家族自治县平安镇	7688	7892	2453	9	68	5	
彭水苗族土家族自治县长生镇	5741	7985	1983	29	162	1	
彭水苗族土家族自治县新田镇	12903	15143	3789	20	1012	15	1

续表 414　　(重庆市、四川省)　　单位：公顷、人、个

名　称	行政区域面积	常住人口	#城镇建成区	企业个数	企业从业人员	工业企业个数	#规模以上
彭水苗族土家族自治县鞍子镇	12604	9931	3932	64	320	5	1
彭水苗族土家族自治县太原镇	9886	7180	3562	92	552		
彭水苗族土家族自治县龙溪镇	8123	10812	1396	4	23	3	
彭水苗族土家族自治县梅子垭镇	6985	6231	3986	34	178	5	
彭水苗族土家族自治县大同镇	4766	6547	1297	36	260	5	
彭水苗族土家族自治县岩东乡	7225	6658		5	110	4	
彭水苗族土家族自治县鹿鸣乡	12802	7035		24	145	5	
彭水苗族土家族自治县棣棠乡	9139	4532		10	55	4	
彭水苗族土家族自治县三义乡	7604	4568		18	90	6	
彭水苗族土家族自治县联合乡	6958	6963		19	115	6	1
彭水苗族土家族自治县石柳乡	4388	7152		24	135	1	
彭水苗族土家族自治县走马乡	7597	6045		17	100	3	
彭水苗族土家族自治县芦塘乡	4753	7704		41	276	3	2
彭水苗族土家族自治县乔梓乡	6606	8741		41	420	4	1
彭水苗族土家族自治县诸佛乡	12267	9230		93	572	18	1
彭水苗族土家族自治县桐楼乡	3796	3069		1	7		
彭水苗族土家族自治县善感乡	7742	4852		8	41	2	
彭水苗族土家族自治县双龙乡	5498	3129		52	287	1	
彭水苗族土家族自治县石盘乡	5941	1952		15	86		
彭水苗族土家族自治县大垭乡	6856	2984		8	60	6	
彭水苗族土家族自治县润溪乡	10666	7959		54	1052	12	
彭水苗族土家族自治县朗溪乡	6813	5127		31	201	1	
彭水苗族土家族自治县龙塘乡	8491	4641					
四川省							
龙泉驿区洛带镇	4200	20407	18456	186	1904	36	1
龙泉驿区西河镇	4640	76339	46536	289	3621	82	7
龙泉驿区洪安镇	2240	11650	3866	185	5516	47	4
龙泉驿区柏合镇	7257	90516	68596	660	40422	370	104
龙泉驿区茶店镇	6030	3374	500	30	200		
龙泉驿区黄土镇	3303	20345	3767	97	15691	39	1
龙泉驿区山泉镇	3746	11914	628	11	138	5	
龙泉驿区万兴乡	5214	367	367	16	80		
青白江区弥牟镇	2237	32900	30476	630	6905	80	28
青白江区大同镇	2165	33400	17769	506	9108	295	93
青白江区城厢镇	4569	55100	21115	187	2438	17	17
青白江区祥福镇	4442	49187	5437	82	2853	54	54
青白江区姚渡镇	2340	15700	844	11	55	10	4
青白江区清泉镇	6668	31900	13334	82	1659	14	3
青白江区龙王镇	2595	22000	4940	69	819	54	6
青白江区福洪镇	3941	20088	14462	12	697	6	4
青白江区人和乡	6008	11100	11100	25	128		
新都区石板滩镇	4300	60699	14472	365	10950	131	7
新都区新繁镇	8192	98576	51292	1306	65902	358	37
新都区新民镇	3630	38010	5627	166	3045	57	3
新都区泰兴镇	2905	35390	9116	360	20182	185	39
新都区斑竹园镇	4700	60456	23992	951	15944	186	15
新都区清流镇	3511	22918	5046	157	3395	39	4
新都区马家镇	2445	26790	6803	292	5862	63	7
新都区龙桥场镇	2300	30712	14060	621	50506	319	69
新都区木兰镇	3450	45386	14110	872	9129	44	9

续表 415　　(四川省)　　单位：公顷、人、个

名　　称	行政区域面　　积	常住人口	#城镇建成区	企业个数	企　　业从业人员	工业企业个　　数	#规模以上
新都区军屯镇	1700	20117	4486	185	4876	77	9
温江区和盛镇	3978	37759	16321	194	4120	15	
温江区永盛镇	1264	13917	13917	209	12000	162	23
温江区金马镇	2355	28460	4923	165	5321	55	8
温江区永宁镇	2388	27654	20548	102	3812	57	7
温江区万春镇	5336	64230	21028	220	5254	48	
温江区寿安镇	4816	41872	4896	53	589	12	1
双流区太平镇	4190	26070	26070	15	165	10	1
双流区永兴镇	4100	30826	9450	51	301	3	1
双流区籍田镇	4800	41351	13309	95	1300	8	2
双流区正兴镇	4790	40247	39264	498	13423	5	2
双流区彭镇	3642	49935	12756	95	1029	45	20
双流区大林镇	5510	28251	3872	21	106	5	
双流区煎茶镇	6200	41375	5840	125	661	3	2
双流区黄龙溪镇	4966	28546	4190	172	895	3	1
双流区永安镇	5665	37535	9372	36	962	30	2
双流区黄水镇	3266	42494	42494	285	6871	72	19
双流区金桥镇	4135	44910	44910	245	1586	10	4
双流区胜利镇	3417	20683	3245	176	915	4	2
双流区新兴镇	3700	38521	5123	48	824	24	3
双流区兴隆镇	4210	23750	2270	165	3257	3	2
双流区万安镇	3080	40212	40212	177	3541	19	2
双流区白沙镇	3850	34774	3313	102	2200	11	2
双流区三星镇	3890	21973	2932	19	255	5	
双流区合江镇	4335	22801	4038	35	580	28	
郫县团结镇	2890	85303	85303	350	2630	290	7
郫县犀浦镇	1950	174656	174656	627	3702	87	
郫县花园镇	2210	19866	19866	127	638	20	1
郫县唐昌镇	4900	48633	10135	215	6169	95	3
郫县安德镇	3880	49126	12958	236	15536	110	47
郫县三道堰镇镇	1960	24414	24414	164	3255	40	4
郫县安靖镇	2120	91575	73303	696	8267	40	5
郫县红光镇	3140	59213	59213	787	20111	480	172
郫县新民场镇	1830	17846	7246	51	1486	28	4
郫县德源镇	3080	39231	39231	370	21986	263	92
郫县友爱镇	4630	37988	14263	309	3903	39	1
郫县古城镇	1720	26246	26246	33	1217	20	1
郫县唐元镇	2550	24601	24601	82	835	70	1
金堂县三星镇	4485	39400	4421	71	836	3	
金堂县清江镇	2144	20600	1442	27	558	9	7
金堂县官仓镇	3725	19300	3011	78	1331	3	
金堂县淮口镇	10854	78294	62136	547	17600	531	137
金堂县白果镇	5756	34508	6542	41	641	2	1
金堂县五凤镇	6104	18800	5869	166	1785	84	1
金堂县高板镇	4633	32168	1576	142	1828	25	
金堂县三溪镇	5600	35900	4814	80	411		
金堂县福兴镇	7347	31000	1435	30	459	10	1
金堂县金龙镇	4089	19700	4113	68	256	2	
金堂县赵家镇	6124	24100	9878	345	2860	82	1
金堂县竹篙镇	7267	34315	12833	55	2446	28	9

续表 416　　　　(四川省)　　　　单位：公顷、人、个

名　　称	行政区域面积	常住人口	#城镇建成区	企业个数	企业从业人员	工业企业个数	#规模以上
金堂县广兴镇	4630	22100	3801	61	518	12	
金堂县隆盛镇	5630	22536	2938	33	258	1	1
金堂县转龙镇	4306	16600	925	12	72	4	
金堂县土桥镇	4003	19632	6712	29	617	1	
金堂县云合镇	4428	20948	3052	3	39	2	
金堂县又新镇	5056	23900	3325	9	120	6	
金堂县栖贤乡	5720	19863	1049	12	162	4	2
金堂县平桥乡	4993	26354	4200	20	564		
大邑县王泗镇	6474	48714	21500	135	4411	52	7
大邑县新场镇	3643	31163	5568	132	2350	20	2
大邑县悦来镇	5749	26317	6613	12	1177	8	
大邑县安仁镇	5722	57517	26891	29	433	21	
大邑县出江镇	6296	14688	3164	16	95	8	
大邑县花水湾镇	8697	8541	4128	32	827		
大邑县西岭镇	41251	5976	1645	39	234	20	
大邑县斜源镇	6287	7122	2260	77	112	2	
大邑县董场镇	3113	29146	6023	8	40	4	2
大邑县韩场镇	2076	17903	2917	16	1015	5	5
大邑县三岔镇	4084	33584	4867	32	469	17	2
大邑县上安镇	1976	15732	3260				
大邑县苏家镇	2045	20236	5033	3	45	1	1
大邑县青霞镇	2814	8223	2256	12	528	8	2
大邑县沙渠镇	1879	17793	17793	114	8561	112	32
大邑县蔡场镇	2161	19609	12478	8	178	6	
大邑县雾山乡	5162	3819		36	180		
大邑县金星乡	4952	6969		24	152	1	
大邑县鹤鸣乡	4882	10107		4	350	1	
蒲江县大塘镇	2975	12468	4554	17	832	16	3
蒲江县寿安镇	8763	36400	10990	293	8790	88	26
蒲江县朝阳湖镇	2926	9191	2995	35	100		
蒲江县西来镇	7895	26792	6226	113	565	18	1
蒲江县大兴镇	5917	12867	3920	23	298	9	1
蒲江县甘溪镇	2906	10220	2564	19	1186	12	
蒲江县成佳镇	4042	7466	6112	172	3301	46	5
蒲江县复兴乡	3637	13196	3598	79	395	4	1
蒲江县光明乡	2256	5754	1163	19	482	3	1
蒲江县白云乡	3736	5414	82	2	25	1	
蒲江县长秋乡	1930	3484	2836				
新津县花桥镇	3300	26021	3931	78	3617	21	4
新津县花源镇	3206	38404	12300	176	13141	18	8
新津县金华镇	3300	17104	2767	93	11041	45	27
新津县普兴镇	4202	25007	9556	19	2819	13	6
新津县兴义镇	3800	31171	2782	28	183	13	3
新津县新平镇	2500	23342	9013	177	5326	47	9
新津县方兴镇	1922	11331	3847	15	395	6	6
新津县安西镇	1503	13068	4626	89	2016	23	4
新津县永商镇	2957	20854	10402	48	1852	9	3
新津县邓双镇	2860	22922	4256	171	4707	64	27
新津县文井乡	1310	8483	5962	21	125	20	3
都江堰市蒲阳镇	5532	35822	21348	672	17365	334	68

续表 417　　　　(四川省)　　　　单位：公顷、人、个

名　　称	行政区域面积	常住人口	#城镇建成区	企业个数	企业从业人员	工业企业个数	#规模以上
都江堰市聚源镇	3274	30439	11735	596	3972	3	2
都江堰市崇义镇	4656	38621	17540	65	4300	59	5
都江堰市天马镇	3776	28539	28539	45	1651	45	3
都江堰市石羊镇	4975	41999	3251	27	977	24	
都江堰市柳街镇	4729	39642	3071	19	124	6	
都江堰市玉堂镇	5629	22520	4286	198	3917		
都江堰市中兴镇	4685	24453	2679	135	2000	23	1
都江堰市青城山镇	12667	49755	34620	328	18632	14	1
都江堰市龙池镇	48605	14542	6065	130	3900	2	1
都江堰市胥家镇	4192	33569	33569	131	2453	87	4
都江堰市安龙镇	2780	23594	5427	20	650	20	1
都江堰市大观镇	6147	15866	5577	320	2560		
都江堰市向峨乡	5820	12690	1663	4	383	3	
彭州市龙门山镇	38434	13482	2913	27	926	16	2
彭州市新兴镇	3377	12329	8322	9	120	9	
彭州市丽春镇	7712	62249	8045	326	10716	156	17
彭州市九尺镇	2796	27296	1858	235	2250	28	6
彭州市蒙阳镇	7547	73024	23492	587	8125	111	8
彭州市通济镇	7004	27825	9425	183	2637	15	1
彭州市丹景山镇	6539	15450	15450	118	1253	51	3
彭州市隆丰镇	4948	47038	7680	83	2300	61	5
彭州市敖平镇	3402	31557	2152	42	653	22	1
彭州市磁峰镇	4766	17390	1467	101	2093	1	
彭州市桂花镇	6441	30757	3478	281	4215	97	6
彭州市军乐镇	3128	27247	27247	239	2500	51	7
彭州市三界镇	4236	34066	3417	42	816	32	4
彭州市小渔洞镇	5915	13316	2881	44	439	3	1
彭州市红岩镇	4160	16488	822	27	143	7	
彭州市升平镇	3213	32351	2098	52	1360	40	2
彭州市白鹿镇	8679	9397	9397	80	419		
彭州市葛仙山镇	6807	32027	3368	22	443	10	
彭州市致和镇	6378	74189	74189	286	29016	280	53
邛崃市羊安镇	4664	52536	37360	482	26852	192	62
邛崃市牟礼镇	5925	43804	5010	106	1902	13	
邛崃市桑园镇	3705	22750	3745	163	2123	51	4
邛崃市平乐镇	7927	28818	11358	116	5381	26	
邛崃市夹关镇	4746	18001	18001	110	763	23	2
邛崃市火井镇	6554	15759	5581	32	300	2	
邛崃市水口镇	11675	18368	6144	36	235	10	
邛崃市固驿镇	5039	25932	11583	145	1186	48	4
邛崃市冉义镇	3667	24776	19867	57	2538	27	1
邛崃市回龙镇	4274	17107	2199	78	465	8	
邛崃市高埂镇	2576	16780	8933	124	2558	50	5
邛崃市前进镇	2567	14744	2870	110	1625	15	2
邛崃市高何镇	8140	10058	7299	26	174	2	
邛崃市临济镇	3757	14260	6524	52	653	8	1
邛崃市卧龙镇	3411	13055	7193	97	1446	36	1
邛崃市天台山镇	10924	13376	1176	71	435		
邛崃市宝林镇	3696	11688	2784	98	770	12	
邛崃市南宝山镇	13889	15129	1964	62	482	11	

续表 418　　　　(四川省)　　　　单位：公顷、人、个

名　称	行政区域面积	常住人口		企业个数	企业从业人员	工业企业个数	
			#城镇建成区				#规模以上
邛崃市茶园乡	3180	10298	1360	42	308	8	
邛崃市道佐乡	3231	6872	5824	21	193	7	
邛崃市大同乡	7078	14035	3190	35	175		
邛崃市孔明乡	2611	8666	3715	28	372	7	
崇州市三江镇	4712	48149	13565	781	12550	4	4
崇州市江源镇	2711	29870	4500	127	910	62	1
崇州市羊马镇	4058	45125	18850	192	13563	150	8
崇州市廖家镇	2451	21077	3127	13	320	9	
崇州市元通镇	2134	22004	2984	49	1785	45	7
崇州市观胜镇	2434	19872	19872	49	1609	7	3
崇州市怀远镇	8256	51978	17023	42	600	15	7
崇州市三郎镇	8512	15640	6213	5	243	5	
崇州市街子镇	4118	32372	4275	188	2427	43	4
崇州市文井江镇	5307	6885	1104				
崇州市王场镇	2941	21255	9965	17	360	11	
崇州市白头镇	1513	13991	2803	19	104	8	
崇州市道明镇	3673	21056	2964	11	425	4	1
崇州市隆兴镇	1800	19271	4200	27	468	25	1
崇州市大划镇	2089	27165	11530	47	13452	33	1
崇州市崇平镇	1949	17572	5630	66	4823	38	2
崇州市梓潼镇	1571	13150	3998	10	220	9	
崇州市桤泉镇	1803	17323	7963	46	498	8	4
崇州市锦江乡	1950	16101	1383	39	373	4	2
崇州市公议乡	2698	14491	4261	44	1368	38	1
崇州市鸡冠山乡	30014	3705	827	1	6	1	
崇州市济协乡	1588	14030	2568	6	310	6	1
崇州市燎原乡	2650	24701	4109	8	350		
崇州市集贤乡	1639	17125	17125	70	1052	33	
简阳市石桥镇	7300	32227	3137	92	1740	22	3
简阳市新市镇	4627	19125	4125	70	1186	8	3
简阳市石盘镇	4705	22743	4412	108	2795	28	8
简阳市东溪镇	3325	19024	822	5	83	3	1
简阳市平泉镇	3775	18408	6812	69	832	17	2
简阳市禾丰镇	8427	25023	6373	73	896	5	3
简阳市云龙镇	6692	21218	3623	37	484	3	2
简阳市三星镇	4213	16184	3553	53	837	4	
简阳市养马镇	4446	31476	20562	137	6027	29	12
简阳市贾家镇	6376	33673	32558	223	8037	164	40
简阳市石板凳镇	4719	25419	3200	37	3145	11	3
简阳市三岔镇	6200	34342	14683	286	5000	18	1
简阳市镇金镇	5733	14565	9655	26	260	6	2
简阳市石钟镇	4217	13510	1627	9	54	3	
简阳市施家镇	4357	12452	3955	5	26	2	
简阳市三合镇	4054	12899	2502	4	49	4	
简阳市平武镇	4071	15917	5260	22	221	5	
简阳市金马镇	2594	6742	2327	24	236	1	
简阳市踏水镇	4166	13518	1924	28	119	3	
简阳市江源镇	4616	15659	2554	5	164	2	1
简阳市涌泉镇	3041	10948	2200				
简阳市芦葭镇	5108	24622	4260	10	138	5	

续表 419　　　　　　　　　　　　(四川省)　　　　　　　　　　　　单位：公顷、人、个

名　　称	行政区域面积	常住人口		企业个数	企业从业人员	工业企业个数	
			#城镇建成区				#规模以上
简阳市草池镇	6554	43853	13106	27	654		
简阳市太平桥镇	1975	7294	2496	23	188	1	1
简阳市青龙镇	4100	16359	2980				
简阳市老君井乡	3334	4223	100	1	22	1	
简阳市福田乡	2886	16819	1456	61	427	9	
简阳市宏缘乡	4472	15233	3681	6	48	1	
简阳市周家乡	5517	19254	2145	21	118	3	
简阳市平窝乡	2931	6257	329	21	106	1	
简阳市武庙乡	4521	10023	362	28	246	6	
简阳市高明乡	2302	9327	2169	1	6	1	
简阳市玉成乡	4797	30087	1892	79	821	1	1
简阳市丹景乡	3675	7445	2320	17	92	3	
简阳市望水乡	3566	9237	3201	15	47	3	
简阳市清风乡	4947	16335	2650	6	52	2	
简阳市董家埂乡	4800	19273	19273	34	172	8	
简阳市五星乡	3258	7576	510				
简阳市飞龙乡	1583	3373	1070				
简阳市灵仙乡	2271	7184	554	15	82	1	
简阳市五指乡	3425	5302	415				
简阳市新民乡	1296	7381	2950	11	62		
简阳市新星乡	2088	5608	463	10	27	2	
简阳市同合乡	2360	5409	980	26	147		
简阳市老龙乡	2477	6534	835				
简阳市壮溪乡	2465	9224	3258	17	93		
简阳市海螺乡	1266	8344	434	15	320	7	
简阳市坛罐乡	2800	14100	3011	7	45	4	
简阳市雷家乡	3765	8798	4500	4	37	3	
简阳市安乐乡	2233	4900	1289	1	5	1	
简阳市普安乡	2315	5582	1231	1	30	1	
简阳市平息乡	3064	9693	1276	2	10		
简阳市五合乡	2682	8052	1211	3	15		
简阳市永宁乡	2870	7033	1420	5	65	3	
自流井区仲权镇	3429	26865	8086	65	2338	20	3
自流井区舒坪镇	2232	22985	7982	356	5553	44	20
自流井区荣边镇	2824	13147	671	63	1084	8	3
自流井区红旗乡	64	59926	59926	356	6770	2	
自流井区高峰乡	1702	14613	3465	20	370	13	
自流井区农团乡	2343	3997	436	21	353	3	
自流井区漆树乡	1047	5610	1210	23	227	5	
贡井区艾叶镇	1692	17989	10107	72	560	41	5
贡井区建设镇	1907	11505	1711	31	803	11	9
贡井区长土镇	1719	30453	21929	501	15716	190	31
贡井区龙潭镇	5299	24203	11465	85	650	15	
贡井区桥头镇	2954	12335	3389	18	161	8	2
贡井区五宝镇	7467	29151	4088	72	784	13	2
贡井区莲花镇	4419	9125	1318	8	126	2	
贡井区成佳镇	7414	40119	13100	129	800	33	8
贡井区白庙镇	2175	7780	1223	9	91	1	
贡井区章佳乡	1651	6150	692	1	44	1	
贡井区牛尾乡	3585	5750	1183	1	5		

续表 420　　(四川省)　　单位：公顷、人、个

名　　称	行政区域面　积	常住人口	#城镇建成区	企业个数	企　业从业人员	工业企业个　数	#规模以上
大安区大山铺镇	3125	41508	10269	65	5126	45	17
大安区团结镇	2065	9723	712	20	149	16	5
大安区三多寨镇	4129	21212	2756	20	833	12	3
大安区何市镇	4905	30334	3015	33	748	17	4
大安区新店镇	2261	10643	1032	6	21		
大安区新民镇	3145	34014	7561	108	2650	86	14
大安区牛佛镇	7579	52585	25412	38	480	12	1
大安区庙坝镇	3248	26757	2668	22	263	6	
大安区回龙镇	4317	25406	25406	11	68	5	
大安区永嘉乡	2138	6374	1230	3	80	1	
大安区和平乡	1133	12885	8320	65	325	54	5
大安区凤凰乡	1089	47121	47121	626	5634	122	18
沿滩区沿滩镇	2769	38521	23520	425	2345	38	36
沿滩区卫坪镇	5394	53167	39423	467	13267	169	73
沿滩区兴隆镇	2789	14944	7195	49	1225	12	2
沿滩区富全镇	3232	19774	1851	72	1287	7	
沿滩区永安镇	3511	22087	6020	26	1012	10	5
沿滩区联络镇	3134	20286	6312	46	261	2	
沿滩区邓关镇	1629	14854	14854	28	196	11	6
沿滩区王井镇	2589	19403	7244	70	2156	26	5
沿滩区黄市镇	3445	30014	6542	28	140	2	1
沿滩区瓦市镇	5986	41512	7514	98	1827	1	
沿滩区仙市镇	5534	39256	6831	138	690	15	2
沿滩区刘山乡	1782	13682	452	54	822	7	
沿滩区九洪乡	5119	21535	3572	84	1276	2	1
荣县旭阳镇	14004	221301	100855	695	24755	190	41
荣县双石镇	5698	21963	11826	35	312	22	4
荣县望佳镇	3191	11728	3451	18	92	4	
荣县鼎新镇	5330	12237	1906	13	337	4	
荣县乐德镇	8761	19875	3697	15	77	3	
荣县过水镇	4847	14630	1436	19	179	12	
荣县古文镇	4990	8940	1250	12	254	6	1
荣县河口镇	6644	12305	1020	7	69	2	
荣县新桥镇	5241	11054	2145	28	145	14	4
荣县正紫镇	3764	8168	601	8	40	2	
荣县度佳镇	8341	14790	4196	21	762	5	4
荣县东佳镇	7993	10549	1093	20	308	6	
荣县长山镇	8006	36274	20336	53	3045	13	9
荣县保华镇	6693	19050	3282	38	534	16	
荣县留佳镇	8268	26421	7571	13	70	3	
荣县来牟镇	5694	18530	2021	25	1691	24	9
荣县双古镇	9577	19872	3689	29	223	10	7
荣县观山镇	4428	11984	599	8	50	4	3
荣县高山镇	7001	18656	18656	17	2184	15	2
荣县东兴镇	5808	4265	1735	9	90	5	4
荣县铁厂镇	5920	8531	1012	64	694	24	3
荣县金花乡	4154	3910	193	9	25	2	
荣县雷音乡	3734	3745	348	1	8		
荣县古佳乡	3809	6341	400	6	12		
荣县于佳乡	2149	5578	484	5	26	2	

续表 421　　　　(四川省)　　　　单位：公顷、人、个

名　　称	行政区域面　积	常住人口	#城镇建成区	企业个数	企　业从业人员	工业企业个　数	#规模以上
荣县复兴乡	2152	6492	432	3	15	1	
荣县墨林乡	4303	4100	367	5	230	4	
富顺县富世镇	4859	179518	169742	472	48550	243	47
富顺县东湖镇	7066	77201	36289	106	4496	75	12
富顺县琵琶镇	5511	24502	5046	18	101	12	1
富顺县狮市镇	4301	19946	6620	13	254	5	3
富顺县骑龙镇	6902	35856	9244	38	1924	29	3
富顺县互助镇	5178	23201	4187	12	147	7	1
富顺县代寺镇	7230	40924	16416	121	4201	18	9
富顺县中石镇	3054	14128	1681	9	65	8	
富顺县童寺镇	5309	22989	11014	49	737	26	3
富顺县古佛镇	3044	14529	4399	15	890	5	3
富顺县永年镇	6787	30388	9544	28	421	27	8
富顺县彭庙镇	4668	16570	2441	16	489	6	1
富顺县兜山镇	7323	25153	3750	60	652	6	2
富顺县板桥镇	5785	25562	10920	50	962	15	2
富顺县福善镇	6851	22560	5027	8	59	5	
富顺县李桥镇	7133	19907	2826	6	43	1	1
富顺县赵化镇	4982	23507	15844	30	742	9	4
富顺县安溪镇	7512	25793	5075	15	294	4	3
富顺县万寿镇	4902	17429	2166	17	887	5	3
富顺县飞龙镇	5020	22833	6009	16	1080	5	3
富顺县怀德镇	4637	22916	12016	27	2025	10	1
富顺县长滩镇	2627	11663	3659	30	1048	17	1
富顺县龙万乡	5077	20860	3564	7	153	4	2
富顺县宝庆乡	3149	13362	4778	15	274	7	1
富顺县富和乡	2755	10262	2059	10	120	1	
富顺县石道乡	2538	12342	2856	31	432	7	1
东区银江镇	13316	37492	37492	613	16208	162	48
西区格里坪镇	10874	25587	23414	59	3827	45	32
仁和区仁和镇	3789	59229	52566	500	6773	55	
仁和区平地镇	17568	14591	1070	19	245	12	1
仁和区大田镇	10498	9252	2300	3	12	3	
仁和区福田镇	5018	4781	227	11	125	10	
仁和区同德镇	9342	14841	647	7	55	4	
仁和区金江镇	8797	27497	15610	260	12150	154	60
仁和区布德镇	13084	16622	3331	31	628	19	3
仁和区前进镇	10433	26866	4250	600	11000	110	31
仁和区大龙潭彝族乡	24369	15833	242	15	268	14	
仁和区啊喇彝族乡	18175	9118	287	5	25	3	
仁和区总发乡	9920	9387	1425	167	2537	23	
仁和区太平乡	21698	10410	721	43	3057	38	20
仁和区务本乡	9967	8142	22	20	500	1	1
仁和区中坝乡	10016	10193	143	26	273	8	1
米易县攀莲镇	17414	68826	41048	406	10012	60	17
米易县丙谷镇	18819	25407	7215	25	1502	12	4
米易县得石镇	28236	6903	1422	4	165	4	1
米易县撒莲镇	12228	17002	6086	5	47	3	
米易县垭口镇	9425	11848	3203	50	5123	16	8
米易县白马镇	19619	30465	9628	58	2872	22	5

续表 422 (四川省) 单位：公顷、人、个

名称	行政区域面积	常住人口	#城镇建成区	企业个数	企业从业人员	工业企业个数	#规模以上
米易县普威镇	13264	12607	2041	8	77	7	
米易县草场乡	13970	20878	7388	10	85	5	1
米易县湾丘彝族乡	13580	16055	6172	53	5122	19	9
米易县白坡彝族乡	34120	7378	1407	23	120	16	
米易县麻陇彝族乡	22793	8703	2426	2	11	2	
米易县新山傈僳族乡	7028	6873	2508	9	18	9	
盐边县桐子林镇	20642	28415	23140	87	3043	47	13
盐边县红格镇	16191	15661	11837	32	1208	17	3
盐边县渔门镇	20887	24191	11720	10	530	6	1
盐边县永兴镇	23825	19314	3303	15	198	11	
盐边县益民乡	6675	12290	1589	12	202	3	1
盐边县新九乡	12481	12234	12234	23	180	23	11
盐边县和爱彝族乡	6469	5571	950	3	26	3	
盐边县红果彝族乡	28167	13040	1861	22	1646	22	1
盐边县鳡鱼彝族乡	28780	7350	569	2	26	2	
盐边县共和乡	22867	8019	786				
盐边县国胜乡	30883	13091	2071	55	275	39	
盐边县红宝苗族彝族乡	32557	3940	1274				
盐边县惠民乡	14762	16454	1608	10	52	2	1
盐边县箐河傈僳族乡	12325	5643	830	8	120	8	
盐边县温泉彝族乡	17040	6773	1835	3	24	3	
盐边县格萨拉彝族乡	34365	7925	1830	3	15	2	1
江阳区黄舣镇	6164	36781	9102	213	5966	12	2
江阳区弥陀镇	4473	23868	6960	70	352	16	2
江阳区通滩镇	7085	45362	3660	38	227	5	5
江阳区江北镇	4737	25957	3125	27	2234	21	5
江阳区方山镇	5275	20538	1574	79	1085	8	4
江阳区丹林镇	3574	17554	4021	24	876	9	2
江阳区分水岭镇	5846	30953	7230	126	839	18	2
江阳区石寨镇	2967	21029	3402	17	140	5	3
纳溪区大渡口镇	12982	33210	6800	322	4106	86	8
纳溪区护国镇	17587	61495	24472	223	3581	69	9
纳溪区打古镇	13364	30049	3102	85	521	5	3
纳溪区上马镇	10703	26541	3641	141	2689	26	6
纳溪区合面镇	8911	37911	3542	82	1443	14	4
纳溪区棉花坡镇	4700	21322	674	245	1532	12	6
纳溪区丰乐镇	8209	34169	2394	171	11921	8	4
纳溪区白节镇	12468	30256	6324	187	6956	13	9
纳溪区天仙镇	6761	12772	1659	45	225	40	3
纳溪区新乐镇	4153	17273	360	96	2712	25	8
纳溪区渠坝镇	4503	19859	3353	158	2361	29	3
纳溪区龙车镇	7217	27169	4628	81	1586	15	4
龙马潭区胡市镇	3896	27104	16815	75	2958	42	5
龙马潭区特兴镇	4267	22592	4866	126	394	36	13
龙马潭区双加镇	3639	18432	1893	96	2363	45	9
龙马潭区金龙镇	3728	16287	853	28	2208	5	2
龙马潭区长安镇	1947	10922	3356	72	2014	30	6
泸县福集镇	8537	30491	2118	151	5216	63	8
泸县嘉明镇	4785	34476	10186	235	8715	48	12
泸县喻寺镇	6576	27155	5173	95	6823	41	3

续表 423　　　　(四川省)　　　　单位：公顷、人、个

名　　称	行政区域面积	常住人口	#城镇建成区	企业个数	企业从业人员	工业企业个数	#规模以上
泸县得胜镇	7958	31201	3096	348	8252	52	7
泸县牛滩镇	7560	29681	3589	80	4823	26	6
泸县兆雅镇	5968	28470	12802	196	3040	36	11
泸县玄滩镇	11395	77036	22692	102	2899	15	1
泸县太伏镇	12277	56122	8621	169	1786	35	6
泸县云龙镇	6948	57378	21426	130	10180	42	10
泸县石桥镇	8678	26311	1327	412	2850	148	6
泸县毗卢镇	6821	26920	3781	284	1592	48	2
泸县奇峰镇	6871	35451	7412	89	2203	31	8
泸县潮河镇	8483	43645	4916	140	3210	37	5
泸县云锦镇	10710	59905	17560	158	1738	62	6
泸县立石镇	6272	26727	6230	102	3546	16	5
泸县百和镇	8106	33125	2198	295	2868	33	7
泸县天兴镇	4156	18384	1682	129	3698	32	7
泸县方洞镇	6930	31778	2880	1052	5592	22	3
泸县海潮镇	5293	25311	4147	92	1096	27	1
合江县合江镇	7461	151628	86690	815	12892	127	12
合江县望龙镇	5500	22014	8350	58	468	12	2
合江县白沙镇	3313	19756	6947	21	115	5	3
合江县佛荫镇	6358	28723	6502	108	2912	46	7
合江县先市镇	6500	31256	31256	142	1365	27	4
合江县尧坝镇	6830	29105	5248	161	806	12	2
合江县九支镇	12175	52137	33217	169	2251	31	5
合江县五通镇	10100	16288	16288	54	362	18	1
合江县凤鸣镇	12835	26354	2965	20	162	10	2
合江县榕山镇	8800	43474	22824	124	2563	59	20
合江县白鹿镇	7710	29068	4122	23	392	6	3
合江县甘雨镇	8300	21032	2201	48	1350	18	
合江县福宝镇	42500	24456	16263	73	951	30	2
合江县先滩镇	9200	14403	1772	44	556	24	
合江县自怀镇	18900	9212	911	8	110	2	
合江县大桥镇	6929	24186	24186	53	1410	18	3
合江县车辋镇	8500	10568	3515	10	128	5	2
合江县白米镇	7408	15592	7530	34	304	11	2
合江县参宝镇	4374	22286	2091	12	358	6	3
合江县法王寺镇	9916	22660	3436	18	306	5	2
合江县虎头镇	6334	20532	4756	21	468	8	6
合江县神臂城镇	3386	16188	16188	36	296	19	1
合江县南滩镇	4600	8535	1663	108	915	5	
合江县实录镇	6121	14692	3295	75	411	2	
合江县石龙镇	5507	9419	2510	11	71	3	
合江县密溪镇	4770	15753	467	47	1285	6	1
合江县榕右乡	7126	6515	6515	15	410	9	
叙永县叙永镇	11564	119911	112700	1000	5200	100	9
叙永县江门镇	16477	27083	11307	71	1248	23	4
叙永县马岭镇	10274	27166	8179	9	49	8	3
叙永县天池镇	6656	15344	2799	17	228	14	1
叙永县水尾镇	23737	20951	4679	32	958	21	2
叙永县两河镇	12476	26608	2796	23	152	19	
叙永县落卜镇	10160	27177	6455	25	126	20	5

续表 424　　　　(四川省)　　　　单位：公顷、人、个

名　　称	行政区域面　　积	常住人口	#城镇建成区	企业个数	企　　业从业人员	工业企业个　　数	#规模以上
叙永县后山镇	12728	19490	4121	743	14536	28	4
叙永县分水镇	14770	24513	1252	52	313	26	
叙永县摩尼镇	13850	26259	5782	33	424	8	2
叙永县赤水镇	16415	24645	1984	13	58	4	
叙永县龙凤镇	12332	26097	2446	158	1180	44	3
叙永县正东镇	12340	23125	1632	78	2341	57	9
叙永县观兴镇	12232	18504	2063	26	306	24	2
叙永县向林镇	14578	17502	2236	63	2537	12	1
叙永县兴隆镇	8720	18614	2875	20	220	14	4
叙永县营山镇	7960	10904	2465	9	171	9	1
叙永县麻城镇	8700	14839	1246	21	146	6	1
叙永县大石镇	12079	16021	2210	16	450	5	
叙永县黄坭镇	15560	18477	2011	26	133	19	1
叙永县合乐苗族乡	9744	9470	408	6	60	1	
叙永县白腊苗族乡	13972	15272	587	10	123	10	1
叙永县枧槽苗族乡	8113	9519		25	134	5	
叙永县水潦彝族乡	8272	17181	1150	5	36	2	1
叙永县石坝彝族乡	3679	6928		5	36	1	
古蔺县古蔺镇	28170	103542	82506	104	4401	54	11
古蔺县龙山镇	8263	23365	2236	17	156	8	
古蔺县永乐镇	13493	38253	5981	51	432	18	3
古蔺县太平镇	10310	28253	5546	25	143	13	8
古蔺县二郎镇	9294	24875	10126	67	2458	8	3
古蔺县大村镇	8938	26124	7826	17	124	2	
古蔺县石宝镇	17513	25585	4100	24	126	10	1
古蔺县丹桂镇	11500	33160	1903	12	146	8	
古蔺县水口镇	18519	39293	7320	31	519	22	3
古蔺县观文镇	13465	32168	4237	131	912	7	3
古蔺县双沙镇	19932	44785	9927	6	108	5	
古蔺县德耀镇	9572	16132	1444	12	122	7	2
古蔺县护家镇	9573	20976	1560	30	90	8	
古蔺县石屏镇	8177	35686	5422	18	2181	17	4
古蔺县土城镇	6656	22963	9210	17	139	11	1
古蔺县皇华镇	13154	39972	2235	11	55	1	
古蔺县鱼化镇	8391	21894	5568	59	457	12	
古蔺县东新镇	5927	19872		20	112	8	
古蔺县椒园镇	9124	17812	17812	156	325	3	
古蔺县马蹄镇	13478	24198	912	51	285	7	1
古蔺县白泥乡	6307	12512	651	21	40	1	
古蔺县马嘶苗族乡	7793	8044	910	3	160	1	
古蔺县箭竹苗族乡	11253	11894	952	38	230	13	2
古蔺县大寨苗族乡	4210	4712	616	1	12	1	
古蔺县桂花乡	12518	9181	682	31	157	1	
古蔺县黄荆乡	27036	3174	280	12	170	1	
旌阳区黄许镇	8698	62456	19900	247	5891	132	14
旌阳区孝泉镇	5250	38230	18260	155	5064	83	17
旌阳区柏隆镇	3964	24274	5580	31	1086	18	11
旌阳区孝感镇	2591	28839	10192	148	4021	86	17
旌阳区天元镇	2054	17296	156	46	1039	16	16
旌阳区扬嘉镇	3084	22892	3256	126	1725	45	11

续表 425　　　　（四川省）　　　　单位：公顷、人、个

名　　称	行政区域面积	常住人口	#城镇建成区	企业个数	企业从业人员	工业企业个数	#规模以上
旌阳区德新镇	4613	32485	6630	175	1860	65	10
旌阳区双东镇	7951	22327	3100	25	460	22	2
旌阳区新中镇	4234	12420	1702	18	662	8	
旌阳区和新镇	5846	15330	905	13	261	7	
旌阳区东湖乡	3087	13845	3495	74	2216	18	1
罗江县万安镇	3329	52771	48200	359	10521	93	27
罗江县鄢家镇	6506	26751	3884	32	892	12	3
罗江县金山镇	7702	35479	15197	229	8543	167	59
罗江县略坪镇	5572	23955	6482	26	350	16	1
罗江县御营镇	2453	10839	8194	92	2350	64	19
罗江县慧觉镇	2098	9965	3232	11	437	8	2
罗江县调元镇	3645	12179	2425	17	353	13	1
罗江县新盛镇	6119	30169	5698	26	396	18	4
罗江县蟠龙镇	3481	9331	2417	15	467	14	2
罗江县白马关镇	3883	11561	3373	21	261	6	1
中江县凯江镇	772	106321	106321	702	16986	39	13
中江县南华镇	7726	80470	70512	285	28358	126	75
中江县回龙镇	7234	37760	7650	29	3102	21	4
中江县通济镇	5226	31547	2455	55	1150	25	2
中江县永太镇	7745	31333	7468	29	197	17	2
中江县黄鹿镇	5317	17114	2472	19	384	5	2
中江县集凤镇	5772	16621	4193	14	932	10	1
中江县富兴镇	8430	27376	7285	28	623	26	2
中江县辑庆镇	6589	31652	10538	85	3345	66	35
中江县兴隆镇	7193	31096	25020	53	10230	37	26
中江县龙台镇	6725	44509	20086	130	7132	45	10
中江县永安镇	4821	19559	3813	9	51	1	1
中江县双龙镇	3822	14392	584	2	18		
中江县玉兴镇	4258	26296	1235	27	228	9	3
中江县永兴镇	5593	19966	2816	22	269	4	1
中江县悦来镇	3929	13763	3669	2	12		
中江县继光镇	5500	19078	1347	12	60	2	
中江县仓山镇	11573	66565	31825	90	820	21	7
中江县广福镇	6592	41177	12468	15	402	5	2
中江县会龙镇	4666	18001	3212	35	412	12	
中江县万福镇	5510	18196	1765	79	428	8	1
中江县普兴镇	5108	21341	2633	32	166	6	
中江县联合镇	4492	15554	1245	6	156	2	
中江县冯店镇	7271	29148	10455	46	1126	22	3
中江县积金镇	3499	12596	3350	32	640	17	
中江县太安镇	4995	14809	1865	9	305	4	1
中江县杰兴镇	2579	16520	308	33	180	4	3
中江县南山镇	2788	16161	680	26	2366	17	
中江县东北镇	5393	38433	3140	147	1264	13	4
中江县古店乡	4944	11194	421	17	109	2	
中江县青市乡	2871	7028	435	37	297	7	
中江县瓦店乡	3279	8499	545	6	256	6	2
中江县石泉乡	3870	10594	374	7	165	1	
中江县柏树乡	5604	17575	2110	10	52	4	
中江县白果乡	5500	21764	685	28	256	7	

续表 426　　(四川省)　　单位：公顷、人、个

名　称	行政区域面积	常住人口	#城镇建成区	企业个数	企业从业人员	工业企业个数	#规模以上
中江县清河乡	2810	13584	2215	10	192	4	1
中江县高店乡	2255	7081	853	7	492	4	
中江县石笋乡	2039	8551	2141	3	392	1	1
中江县太平乡	3452	14636	1916	10	176	3	1
中江县民主乡	3541	10236	1026	11	58	2	
中江县永丰乡	3804	20544	2807	6	86	3	
中江县元兴乡	3141	9607	415	20	105	3	
中江县通山乡	3660	15081	1516	9	60	3	
中江县石龙乡	3087	11015	2175	14	227	9	1
中江县合兴乡	3762	11779	374	18	95	14	
广汉市雒城镇	891	90033	90033	628	15583	12	1
广汉市三水镇	3201	36455	2048	235	5742	130	8
广汉市连山镇	5318	42686	3902	126	3700	45	6
广汉市高坪镇	2789	26579	1430	66	2100	42	7
广汉市南兴镇	5295	47238	3564	172	4351	103	21
广汉市向阳镇	3390	37382	16352	175	4212	126	31
广汉市小汉镇	5042	48049	12950	469	14632	263	41
广汉市金轮镇	2314	19705	3922	36	913	19	3
广汉市新丰镇	5061	68891	5692	718	21389	665	157
广汉市兴隆镇	3043	23618	680	12	735	12	1
广汉市和兴镇	2362	21301	1479	71	1780	69	6
广汉市松林镇	3266	18816	1369	278	2846	9	
广汉市金鱼镇	2982	28984	960	85	4135	34	8
广汉市新平镇	1777	14870	225	57	1462	49	4
广汉市南丰镇	2186	20807	996	47	1273	43	6
广汉市西高镇	2404	16492	571	22	956	21	
广汉市北外乡	1737	21118	520	120	3444	105	10
广汉市西外乡	1785	17576	1753	61	3529	35	4
什邡市元石镇	1678	17116	2255	135	2701	39	6
什邡市回澜镇	2872	26676	8026	128	4831	76	26
什邡市洛水镇	4450	30955	5755	209	7542	184	78
什邡市禾丰镇	3146	23777	548	79	2102	50	16
什邡市双盛镇	2821	22723	1910	102	3056	69	13
什邡市马祖镇	2389	28739	7820	143	4789	67	18
什邡市隐峰镇	3602	23943	443	35	1481	25	8
什邡市马井镇	3951	25540	1677	63	5394	58	8
什邡市蓥华镇	7417	15000	5500	31	2000	13	2
什邡市南泉镇	3505	27210	1510	87	1199	38	6
什邡市湔氐镇	4618	29659	1305	71	1182	38	6
什邡市红白镇	29967	6107	3002	45	1116	19	1
什邡市冰川镇	5089	9398	962	23	691	5	1
什邡市师古镇	4607	42740	4562	143	6460	90	29
绵竹市剑南镇	2470	78820	78820	639	3195		
绵竹市东北镇	2596	20204	3876	28	140	3	3
绵竹市西南镇	1666	16185	11027	32	2468	24	6
绵竹市兴隆镇	2529	16641	1120	26	572	18	6
绵竹市九龙镇	5010	9534	931	26	1139	12	5
绵竹市遵道镇	3289	17028	1559	57	9310	12	6
绵竹市汉旺镇	7715	35430	15248	251	5522	54	11
绵竹市拱星镇	3424	15923	5380	14	2320	14	6

续表 427　　(四川省)　　单位：公顷、人、个

名　　称	行政区域面　积	常住人口	#城镇建成区	企业个数	企　业从业人员	工业企业个　数	#规模以上
绵竹市土门镇	4201	22674	2657	15	975	8	5
绵竹市广济镇	2613	21620	1102	34	1011	20	7
绵竹市金花镇	18904	5347	1005	7	50	7	2
绵竹市玉泉镇	3011	17457	1425	11	617	9	6
绵竹市板桥镇	2539	14215	2069	19	741	18	7
绵竹市新市镇	6074	31283	10030	57	10675	37	24
绵竹市孝德镇	8204	52079	17838	57	1108	40	24
绵竹市富新镇	4491	30989	3112	55	762	42	12
绵竹市齐天镇	2030	13592	2138	12	276	10	5
绵竹市什地镇	3516	21275	5457	29	1768	24	7
绵竹市绵远镇	2558	12411	705	10	80	4	2
绵竹市清平镇	32485	5106	2247	11	947	2	1
绵竹市天池乡	5305	2488	141	22	780	22	2
涪城区丰谷镇	2740	16583	4351	55	975	24	5
涪城区关帝镇	2382	10189	782	42	544		
涪城区塘汛镇	1872	32846	32846	396	5284	127	29
涪城区青义镇	2704	53752	20482	303	1172	61	9
涪城区龙门镇	2244	13147	2084	14	71	6	4
涪城区吴家镇	4842	21807	2696	47	752	42	1
涪城区杨家镇	3721	15965	1153	30	1075	14	
涪城区金峰镇	2696	11811	11210	21	161	3	
涪城区玉皇镇	2772	11858	1981	8	245	7	
涪城区新皂镇	4323	19142	6391	149	2451	72	14
涪城区河边镇	3698	15146	1625	72	2601	15	5
涪城区磨家镇	2461	13301	13301	103	5683	33	10
涪城区永兴镇	2378	34548	34548	952	11966	228	34
涪城区石洞乡	2670	8605	8605	12	268	7	
游仙区石马镇	3200	18738	14256	108	6120	89	26
游仙区新桥镇	3575	20168	9637	130	3891	65	16
游仙区小枧沟镇	5300	28219	5312	170	2895	20	20
游仙区魏城镇	8490	38213	18500	14	2500	5	2
游仙区沉抗镇	7830	20300	1569	251	1600	4	
游仙区忠兴镇	4700	16810	6000	31	296	1	1
游仙区柏林镇	4290	9678	1860	35	175		
游仙区徐家镇	4710	11523	11523	9	253	4	
游仙区石板镇	5200	12865	1201	7	151	7	6
游仙区刘家镇	4330	9456	6591	3	21	1	1
游仙区玉河镇	5500	11327	1700	1	40	1	1
游仙区松垭镇	1075	30653	9744	374	4697	112	24
游仙区白蝉镇	2568	6616	936	1	6	1	1
游仙区观太镇	3800	11652	2010	1	7		
游仙区云凤镇	2900	6118	1530	9	68	3	
游仙区太平镇	5400	10110	1808	27	138	1	1
游仙区街子镇	3100	9328	1605	91	1356		
游仙区东林镇	2840	8361	569	13	259	5	2
游仙区梓棉镇	2199	7824	439				
游仙区东宣镇	3540	7178	1045	12	103		
游仙区建华乡	3760	7298	350	43	327		
游仙区朝真乡	3780	6887	273	2	10		
游仙区凤凰乡	2800	5787	281	4	5	1	

续表 428　　(四川省)　　单位：公顷、人、个

名　称	行政区域面积	常住人口	#城镇建成区	企业个数	企业从业人员	工业企业个数	#规模以上
安州区桑枣镇	10100	24572	4864	76	4235	24	2
安州区花荄镇	9500	79276	35320	2605	16647	189	49
安州区黄土镇	7600	38763	11521	17	854	8	6
安州区塔水镇	6800	34982	8817	161	2315	31	6
安州区秀水镇	9300	55629	20360	382	8376	25	5
安州区河清镇	2800	14743	1842	59	1353	23	8
安州区界牌镇	3100	23253	2871	119	3849	28	27
安州区永河镇	3200	14630	1901	5	1382		
安州区雎水镇	7600	17014	1853	118	1263	22	6
安州区清泉镇	3300	9914	2410	7	1439	4	2
安州区宝林镇	2900	11482	1554	6	1526	6	2
安州区沸水镇	3900	13354	791	42	2912	31	2
安州区晓坝镇	5600	6438	4590	13	548	1	
安州区乐兴镇	5600	15181	2281	28	543	1	1
安州区千佛镇	15574	8174	1625	20	98	18	
安州区兴仁乡	2800	10398	358	18	2056	10	1
安州区高川乡	16340	6307		24	446	23	1
安州区迎新乡	2100	9333		8	420	7	2
三台县北坝镇	1424	70854	68045	572	30738	75	24
三台县潼川镇	8550	156752	111798	1079	33625	145	14
三台县东塔镇	3910	13561	1022	49	1153	28	4
三台县百顷镇	3155	9711	6659	9	278	4	1
三台县塔山镇	8083	22432	11673	61	989	19	2
三台县柳池镇	2045	5981	830	5	60	5	
三台县龙树镇	8066	13876	2329	32	397	4	
三台县石安镇	6532	15021	3178	20	164	7	
三台县富顺镇	6658	13106	1598	23	160	5	
三台县三元镇	7245	13022	916	17	226	8	1
三台县秋林镇	5088	12278	712	15	82	2	
三台县永新镇	2684	7569	1185	20	243	8	
三台县新德镇	2915	14057	392	37	621	15	2
三台县新生镇	5351	21316	2791	27	239	6	1
三台县鲁班镇	7796	21787	1718	12	147	3	
三台县景福镇	7845	28691	7638	39	579	13	
三台县紫河镇	3346	12306	1110	9	88	2	
三台县安居镇	2148	7321	1365	7	39		
三台县观桥镇	7297	27855	6514	30	206	4	
三台县郪江镇	2531	6987	733	4	20	1	
三台县中新镇	3768	13526	1673	15	274	4	
三台县古井镇	6424	25193	2108	31	284	6	1
三台县万安镇	1528	6217	581	8	126	1	1
三台县西平镇	9185	42971	23931	77	1295	16	3
三台县八洞镇	3934	16852	2553	16	339	7	2
三台县凯河镇	1684	7026	294	6	126	3	
三台县乐安镇	6247	21356	1432	11	656	4	3
三台县建平镇	4907	19453	2659	29	214	8	1
三台县前锋镇	2388	7956	755	12	30	1	
三台县建设镇	3719	8176	938	21	219	2	
三台县光辉镇	3270	9571	578	5	92	2	1
三台县中太镇	5878	17652	1802	32	408	10	3

续表 429　　　　（四川省）　　　　单位：公顷、人、个

名　　称	行政区域面　积	常住人口	#城镇建成区	企业个数	企　业从业人员	工业企业个　数	#规模以上
三台县金石镇	6313	22961	1786	35	504	8	
三台县新鲁镇	6111	19993	3390	21	478	4	1
三台县黎曙镇	2213	7896	1095	15	124	2	1
三台县刘营镇	8072	28532	7815	69	1729	15	5
三台县灵兴镇	2827	12356	2391	30	705	3	1
三台县芦溪镇	9443	41297	34968	95	3445	30	5
三台县立新镇	6938	20816	1790	29	562	10	1
三台县花园镇	3802	22986	1105	152	3432	43	14
三台县永明镇	5582	18651	879	96	946	28	2
三台县建中镇	5342	15216	1200	18	155	1	
三台县争胜镇	1922	6031	290	10	67	1	
三台县玉林镇	1988	7879	1200	14	71	1	
三台县幸福镇	2554	10213	10213	7	119	4	
三台县老马镇	2558	9989	382	19	485	5	
三台县高堰乡	2593	5862	245	3	21	2	
三台县忠孝乡	4257	7523	1029	6	57	3	
三台县双胜乡	4490	6219	680	12	67	1	
三台县金鼓乡	4351	6373	190	8	160	1	
三台县断石乡	2341	8161	442	8	45	5	
三台县乐加乡	2977	9881	883	9	125	3	
三台县曙光乡	2007	7006	188	2	4	2	
三台县宝泉乡	2190	5816	460	2	6		
三台县广利乡	2213	5989	380	1	10	1	
三台县协和乡	2539	7982	1508	1	10	1	
三台县双乐乡	2145	8246	184	2	12	1	
三台县菊河乡	2426	6883	201	8	70	1	
三台县下新乡	1877	6613	780	5	37	2	
三台县进都乡	1320	4025	116	2	11	1	
三台县上新乡	2383	9286	1526	1	7	1	
三台县里程乡	2272	6898	739	4	21		
三台县云同乡	2322	7686	236	3	50	1	
盐亭县云溪镇	3056	22577	2540	81	2522	2	
盐亭县玉龙镇	7058	18910	9758	52	533	14	
盐亭县富驿镇	12256	33426	11982	37	346	18	1
盐亭县金孔镇	5772	17843	7148	42	452	11	
盐亭县两河镇	5982	15655	5051	59	815	26	
盐亭县黄甸镇	10297	15560	4124	47	289	10	1
盐亭县柏梓镇	9320	12391	3126	28	232	4	
盐亭县八角镇	5924	18488	12087	31	290	4	
盐亭县黑坪镇	4985	6675	1868	25	211	3	
盐亭县高灯镇	6285	14256	1955	29	155	6	
盐亭县金鸡镇	3956	14463	5873	4	133	1	
盐亭县安家镇	6802	4528	4528	2	12	1	
盐亭县林农镇	4786	13168	3152	3	24	2	
盐亭县巨龙镇	4339	12734	3939	22	151	10	1
盐亭县龙泉乡	2382	9582	9582	7	49	1	
盐亭县折弓乡	2128	7528	6986	8	27	1	
盐亭县三元乡	2967	7352	1425	6	53	3	
盐亭县五龙乡	3202	10919	4611	18	123	2	
盐亭县茶亭乡	4522	4855	883	12	104	2	

续表 430　　(四川省)　　单位：公顷、人、个

名　　称	行政区域面　积	常住人口	#城镇建成区	企业个数	企　业从业人员	工业企业个　数	#规模以上
盐亭县金安乡	3486	7420	1580	10	55	2	
盐亭县洗泽乡	4437	13200	1592	28	150	3	
盐亭县毛公乡	5418	9409	1213	1	6		
盐亭县冯河乡	4953	8189	806	2	20	2	
盐亭县石牛庙乡	6216	10380	1904	9	52	1	
盐亭县大兴回族乡	2385	4832	596	6	47	2	
盐亭县宗海乡	1710	2702	1000	12	63	2	
盐亭县剑河乡	3386	3664	570	7	66	1	
盐亭县来龙乡	3070	3424	475	5	28	1	
盐亭县永泰乡	2547	3802	705	1	5	1	
盐亭县黄溪乡	2777	3500	730	12	60	1	
盐亭县榉溪乡	2589	7534		2	22	2	
盐亭县双碑乡	2713	3026	622	1	5	1	
盐亭县林山乡	1703	3888	898	7	15	3	
梓潼县文昌镇	7841	53216	38615	549	14977	45	6
梓潼县长卿镇	3165	16930	11672	238	7596	87	31
梓潼县许州镇	6565	24664	7950	38	342	19	3
梓潼县黎雅镇	4283	14242	3059	18	53	4	
梓潼县白云镇	2938	7161	945	3	50	1	
梓潼县卧龙镇	4153	10299	2050	4	31	4	
梓潼县观义镇	5033	8915	1784	5	40	4	
梓潼县玛瑙镇	5308	7874	1537	7	166	2	1
梓潼县石牛镇	6489	16139	2170	35	529	14	
梓潼县自强镇	2967	5143	770	8	89	2	
梓潼县仁和镇	5663	8451	720	4	109	4	
梓潼县双板镇	4871	8840	1042	3	29		
梓潼县金龙场镇	3982	11123	2284	3	63		
梓潼县东石乡	3115	6882		10	65	3	
梓潼县三泉乡	2520	4764		6	33		
梓潼县宏仁乡	3584	7045		10	50	9	1
梓潼县小垭乡	3568	5472		6	30	1	
梓潼县演武乡	4635	4070		6	106		
梓潼县仙峰乡	3919	6540		8	40		
梓潼县豢龙乡	3600	4693		12	64	3	
梓潼县双峰乡	3518	5163		2	31	2	
梓潼县交泰乡	4274	4689		2	22	2	
梓潼县石台乡	3993	8600		11	178	6	1
梓潼县仙鹅乡	3403	7140		5	27	1	1
梓潼县马鸣乡	7604	8404		5	29	1	1
梓潼县马迎乡	4317	4671					
梓潼县二洞乡	2977	2508	138	2	31	1	
梓潼县建兴乡	5076	3920	339				
梓潼县宝石乡	5670	7051	1450	6	51	2	
梓潼县定远乡	4149	7021	359	11	353		
梓潼县大新乡	5709	8410		8	40	1	
梓潼县文兴乡	5503	7527	83	7	72	1	
北川羌族自治县曲山镇	10968	9925	982	101	2196	47	1
北川羌族自治县擂鼓镇	14639	16010	7336	90	1023	88	4
北川羌族自治县通口镇	8694	6731	692	10	65	8	3
北川羌族自治县永昌镇	1997	27628	27628	460	8737	53	16

续表 431　　　　　　　　　　　　(四川省)　　　　　　　　　　　　单位：公顷、人、个

名　　称	行政区域面积	常住人口	#城镇建成区	企业个数	企业从业人员	工业企业个数	#规模以上
北川羌族自治县安昌镇	9896	44335	29067	187	2685	127	4
北川羌族自治县永安镇	9934	21071	962	23	127	20	2
北川羌族自治县禹里镇	21827	11357	648	31	206	30	1
北川羌族自治县桂溪镇	12077	10672	1624	74	1399	32	
北川羌族自治县陈家坝镇	12827	12134	1550	27	136	5	1
北川羌族自治县小坝镇	18672	9984	512	16	270	5	1
北川羌族自治县香泉乡	4518	7993	395	51	713	43	4
北川羌族自治县贯岭乡	8132	3500	100	7	265	2	
北川羌族自治县漩坪乡	11273	6307	112	22	112	12	
北川羌族自治县白坭乡	12694	4426	225	3	316	3	
北川羌族自治县片口乡	24958	6539	398	7	43	4	
北川羌族自治县开坪乡	17203	3542	57	9	151	8	
北川羌族自治县坝底乡	8420	5122	530	20	101	7	
北川羌族自治县白什乡	10539	2980	154	8	70	1	
北川羌族自治县青片乡	54362	2727	207	4	25	1	1
北川羌族自治县都坝乡	9929	2624	96				
北川羌族自治县桃龙藏族乡	6722	3310	184	5	25		
北川羌族自治县墩上乡	6180	1766	114	6	37	6	
北川羌族自治县马槽乡	11811	2317	210	7	80	6	1
平武县龙安镇	18400	28133	28133	479	6312	78	10
平武县古城镇	17555	13529	6180	29	380		
平武县南坝镇	32193	17650	2795	36	366	11	2
平武县响岩镇	24383	10307	4293	5	25	2	2
平武县平通镇	13379	9142	1983	24	135	8	2
平武县豆叩镇	15000	8304	8304	7	392	6	3
平武县大印镇	24800	5958	327	3	113		
平武县大桥镇	25094	6914	489				
平武县水晶镇	21727	13565	4021	5	35	3	1
平武县高村乡	17989	6080	224	3	40	2	
平武县水田羌族乡	11111	3515					
平武县坝子乡	14951	7184		3	16	3	1
平武县水观乡	8140	3450	335				
平武县平南羌族乡	9940	1728					
平武县徐塘羌族乡	12089	2256					
平武县锁江羌族乡	24832	5908		3	32	3	
平武县土城藏族乡	22093	5670		1	98	1	
平武县旧堡羌族乡	10369	2089	335				
平武县阔达藏族乡	13808	4678		2	63	1	1
平武县黄羊关藏族乡	19900	1490		2	7	1	
平武县虎牙藏族乡	48010	2714	253	55	300	3	
平武县泗耳藏族乡	40046	793		1	25	1	1
平武县白马藏族乡	78466	1602		2	195	2	1
平武县木座藏族乡	45251	1203	198				
平武县木皮藏族乡	25067	1138		2	13	1	
江油市太平镇	8641	153766	101746	408	3471	58	11
江油市三合镇	7883	93285	68721	279	35225	260	93
江油市含增镇	6827	8012	1167	98	3068	55	16
江油市青莲镇	2277	12598	10689	46	1056	28	7
江油市彰明镇	2372	14873	5586	68	694	47	16
江油市龙凤镇	3512	12863	2241	67	2268	17	6

续表 432　　(四川省)　　单位：公顷、人、个

名　　称	行政区域面　积	常住人口	#城镇建成区	企业个数	企　业从业人员	工业企业个　数	#规模以上
江油市武都镇	14532	43031	15594	239	10595	54	17
江油市大康镇	11016	16967	3253	41	391	13	6
江油市新安镇	5129	14269	1339	144	1345	6	
江油市战旗镇	5115	8473	778	15	106	2	
江油市双河镇	5246	14781	1437	190	11502	46	2
江油市永胜镇	12220	20888	4450	23	115		
江油市小溪坝镇	4839	9781	1701	21	2380	21	6
江油市河口镇	5779	10045	514	78	432	3	
江油市重华镇	5804	15002	5672	87	918	81	
江油市厚坝镇	6197	20117	8770	171	3741	49	14
江油市二郎庙镇	14802	21368	8378	58	471	24	13
江油市马角镇	14756	10129	3659	44	362	8	4
江油市雁门镇	11021	8611	1036	56	603	5	2
江油市九岭镇	4346	14637	1545	117	2878	12	4
江油市西屏镇	4272	16019	3108	89	1066	6	1
江油市贯山镇	3685	9357	534	110	1021	2	
江油市大堰镇	4648	13314	1358	101	1031	4	
江油市文胜镇	12021	6769	902	85	605	2	1
江油市方水镇	4806	13367	736	87	1133	15	2
江油市香水镇	2965	7656	1211	25	342	9	5
江油市八一镇	5823	14779	2211	10	185	7	
江油市义新镇	4612	11259	1715	36	276		
江油市东兴镇	3051	6898	650	11	85	1	
江油市新兴乡	4032	10945	2350	45	547	2	
江油市新春乡	9235	9094	2034	38	798	2	
江油市东安乡	4350	7756	377	34	228		
江油市铜星乡	4032	6713	900				
江油市重兴乡	4288	8663	1482	13	71	2	
江油市云集乡	8135	6809	3750	33	402		
江油市石元乡	7630	2833	445	3	182	3	3
江油市敬元乡	11180	6571	115				
江油市六合乡	10413	2930	2930	32	421	1	
江油市枫顺乡	9456	2035	230				
利州区荣山镇	24344	26084	10005	13	2966	13	8
利州区大石镇	14061	19787	3846	55	2208	42	20
利州区盘龙镇	6321	18025	1166	85	450	18	13
利州区宝轮镇	15624	66067	54815	270	1989	24	15
利州区赤化镇	5639	11829	2842	21	179	7	1
利州区三堆镇	21345	15783	7810	60	487	10	2
利州区工农镇	8439	9870	9870	32	268	3	
利州区白朝乡	14228	5529	362	8	64	3	
利州区金洞乡	14229	7200		5	41		
利州区龙潭乡	13740	9948		38	304		
昭化区元坝镇	6539	20077	12281	328	4116	55	31
昭化区卫子镇	5139	6691	1432	5	95	5	1
昭化区王家镇	6977	10271	1200	26	133	4	
昭化区磨滩镇	8779	8724	2550	13	75	4	
昭化区柏林沟镇	4676	7274	741	2	37	2	
昭化区太公镇	5015	6966	2412	37	188	6	1
昭化区虎跳镇	5268	7087	1271	7	120	4	1

续表 433　　　　　　　　　　　　　　　(四川省)　　　　　　　　　　　　　　单位：公顷、人、个

名　　称	行政区域面　积	常住人口	#城镇建成区	企业个数	企　业从业人员	工业企业个　数	#规模以上
昭化区红岩镇	4641	4781	924	14	70	1	
昭化区昭化镇	4344	13797	6500	66	336	8	3
昭化区石井铺镇	7974	8319	668	23	115	6	
昭化区明觉镇	4475	5697	584	22	135	3	1
昭化区晋贤乡	5103	5857	1479	6	30	1	
昭化区文村乡	4292	5246	321	1	5	1	
昭化区清水乡	5017	9424	556	9	68	3	
昭化区张家乡	4440	6777	500	22	115	1	
昭化区香溪乡	2846	3124	217	5	25	1	
昭化区青牛乡	4032	5246	92	22	111	3	
昭化区陈江乡	3165	3777	420	8	40	3	1
昭化区丁家乡	2862	3566	287	13	65	2	
昭化区黄龙乡	4901	5027	172	16	80	1	
昭化区白果乡	8601	5251	533	15	65	1	
昭化区梅树乡	5224	5081	568	20	85	2	
昭化区射箭乡	5395	5167	332	14	70	1	
昭化区朝阳乡	5077	4551	188	9	45	1	
昭化区大朝乡	4281	2581	148	7	35	1	
昭化区沙坝乡	3264	3381	358	13	65	1	
昭化区柳桥乡	4251	3977	450	13	115	2	
昭化区紫云乡	5350	3847	249	20	88	2	1
朝天区朝天镇	11447	32602	13270	210	6052	152	8
朝天区大滩镇	8679	10403	1108	10	52	8	
朝天区羊木镇	9667	16461	4785	33	348	26	2
朝天区曾家镇	8674	9381	1290	45	301	39	
朝天区中子镇	5412	8255	2794	40	1457	29	15
朝天区沙河镇	6068	7509	810	12	277	7	1
朝天区宣河镇	6383	9550	2028	14	252	5	1
朝天区转斗镇	4755	6056	640	6	30	6	
朝天区东溪河镇	9677	8439	422	11	520	8	1
朝天区陈家乡	5516	5413	477	9	55	8	
朝天区小安乡	3050	3394	154	2	25	1	
朝天区鱼洞乡	4681	3691	175	7	35	1	
朝天区花石乡	9393	3106	110	3	109	3	
朝天区蒲家乡	3586	3976	427	7	85	6	1
朝天区西北乡	5092	4798	314	8	359	8	2
朝天区青林乡	5370	3053	225	6	30	4	
朝天区平溪乡	5061	5021	300	8	261	7	1
朝天区两河口乡	10301	9707	938	9	45	6	
朝天区李家乡	11323	7540	766	11	91	8	
朝天区汪家乡	3599	6200	598	10	70	7	
朝天区麻柳乡	5123	7568	242	15	284	13	1
朝天区临溪乡	5169	6341	412	9	19	9	
朝天区文安乡	4237	4656	248	7	38	6	
朝天区马家坝乡	4406	2550	175	2	11	1	
朝天区柏杨乡	4635	3830	185	3	15	3	
旺苍县东河镇	12880	80369	47180	136	8700	73	10
旺苍县嘉川镇	8720	39186	19115	70	4400	65	27
旺苍县木门镇	5380	21392	3581	8	291	7	1
旺苍县白水镇	9780	15105	9143	6	554	4	4

续表 434　　　　(四川省)　　　　单位：公顷、人、个

名　　称	行政区域面积	常住人口	#城镇建成区	企业个数	企业从业人员	工业企业个数	#规模以上
旺苍县尚武镇	5331	12340	2450	6	350	5	2
旺苍县张华镇	6800	9472	1530	1	20	1	
旺苍县黄洋镇	10830	20130	3000	23	782	14	4
旺苍县普济镇	15636	16259	5720	11	786	7	3
旺苍县三江镇	11000	17532	5208	42	1786	31	9
旺苍县金溪镇	4512	5992	2765	6	87	5	2
旺苍县五权镇	9684	14653	2200	7	75	3	
旺苍县高阳镇	9820	7736	709	7	305	7	1
旺苍县双汇镇	8891	8353	813	2	95	1	1
旺苍县英萃镇	15320	8825	758	17	210	6	3
旺苍县国华镇	7900	7855	1160	2	12		
旺苍县龙凤镇	6387	8231	1106				
旺苍县九龙镇	4970	11171	1200	3	17	3	
旺苍县大河乡	5740	4572	916	8	413	8	2
旺苍县万家乡	13000	4392	571	1	5	1	
旺苍县燕子乡	8140	6215	609	1	142	1	1
旺苍县水磨乡	8768	6580	453	8	207	1	1
旺苍县鼓城乡	13581	3365	477	2	11		
旺苍县檬子乡	20388	3290	353	1	20	1	
旺苍县福庆乡	8298	7132	701	2	107	2	1
旺苍县枣林乡	5275	4975	412	1	64	1	
旺苍县麻英乡	5550	4492	411	2	18	2	
旺苍县柳溪乡	3340	3847	331				
旺苍县农建乡	4200	5110	623	3	65		
旺苍县化龙乡	3162	7496	782				
旺苍县大两乡	8400	5674	500	6	30	3	
旺苍县万山乡	4704	2943	512				
旺苍县正源乡	11095	6532	682	2	91	1	1
旺苍县天星乡	6629	4936	495	2	10		
旺苍县盐河乡	10300	3133	691	1	213		
旺苍县大德乡	3362	5103	312	3	245	3	1
青川县乔庄镇	9390	23902	21616	312	2538	22	5
青川县青溪镇	52660	12984	6000	67	891	21	7
青川县房石镇	9960	4300	925	29	56	2	
青川县关庄镇	3160	4481	930	25	50	1	
青川县凉水镇	7550	4424	2424	19	104	2	
青川县竹园镇	6050	21124	5103	106	1523	42	13
青川县木鱼镇	5080	6442	3236	37	369	7	2
青川县沙洲镇	13070	10811	3968	33	365	3	1
青川县姚渡镇	18230	6410	1630	20	102	1	
青川县三锅镇	18020	7176	2380	35	176	4	1
青川县马鹿镇	6650	7086	926	20	141	3	1
青川县黄坪乡	6800	5381	653	22	166	3	
青川县瓦砾乡	4120	3502	238	11	141	1	
青川县孔溪乡	8050	6764	1243	29	421	8	7
青川县茶坝乡	13040	4216	577	19	31	3	
青川县大坝乡	6500	1984	242	6	12		
青川县桥楼乡	9120	5126	286	22	57	3	
青川县蒿溪回族乡	11150	3167	856	31	160	4	
青川县乐安寺乡	4460	4684	370	13	40	1	

续表 435　　　　　　　　　　(四川省)　　　　　　　　　　单位：公顷、人、个

名　　称	行政区域面　积	常住人口	#城镇建成区	企业个数	企　业从业人员	工业企业个　数	#规模以上
青川县前进乡	5710	3945	684	1	23	1	1
青川县曲河乡	6300	3918	280	22	45	2	
青川县马公乡	6360	1046	335	6	13		
青川县石坝乡	4080	2775	462	16	38	1	
青川县红光乡	3960	2547	1037	7	15		
青川县苏河乡	6860	2654	744	15	34		
青川县茅坝乡	4050	3473	364	10	52		
青川县大院回族乡	5020	5305	566	9	140		
青川县楼子乡	5600	2052	140	8	13	1	
青川县金子山乡	3920	2628	375	8	17	1	
青川县七佛乡	4840	2782	344	14	30	4	1
青川县建峰乡	5440	5614	1077	24	212	6	2
青川县白家乡	6230	6934	498	22	148	11	
青川县板桥乡	5970	7446	1064	29	78	4	
青川县骑马乡	9370	7162	1320	12	29		
青川县观音店乡	9010	3254	715	14	35	1	
青川县营盘乡	15850	5343	175				
剑阁县普安镇	5553	45026	36593	391	2426	32	15
剑阁县龙源镇	8765	10423	4235	11	65	1	
剑阁县城北镇	9424	12645	6734	80	1060	17	2
剑阁县盐店镇	7540	5959	2811	9	46	2	
剑阁县柳沟镇	5434	6504	4077	14	89	2	
剑阁县武连镇	7470	9839	5155	20	169	6	
剑阁县东宝镇	6659	9135	4502	5	25	1	
剑阁县开封镇	6818	12059	7995	43	273	13	2
剑阁县元山镇	9417	21763	12358	29	147	12	1
剑阁县演圣镇	4291	7430	3700	7	37	2	
剑阁县王河镇	4160	7818	3463	9	46	3	
剑阁县公兴镇	3425	9384	4750	21	1396	2	
剑阁县金仙镇	3382	6288	3295	8	46	2	
剑阁县香沉镇	5093	9669	5584	6	49	2	
剑阁县白龙镇	5142	14804	7560	61	366	11	3
剑阁县鹤龄镇	8560	17895	5572	27	560	7	1
剑阁县杨村镇	3954	9105	1249	17	86	1	
剑阁县羊岭镇	6146	11205	5868	8	102	2	
剑阁县江口镇	6588	10863	4678	15	90	1	
剑阁县木马镇	6315	7478	4365	12	312	2	
剑阁县剑门关镇	13193	14872	5502	38	193	8	3
剑阁县汉阳镇	13760	11723	5859	17	104	4	1
剑阁县下寺镇	10923	35665	30862	601	3606	57	28
剑阁县江石乡	3472	4641	2099	5	32	1	
剑阁县田家乡	3798	5371	2370	11	68	1	
剑阁县闻溪乡	5326	5886	1262	5	27	3	
剑阁县姚家乡	7249	5788	2798	12	60	1	
剑阁县北庙乡	5723	6267	880	16	213	3	1
剑阁县西庙乡	4484	5148	1068	4	24		
剑阁县义兴乡	4744	5656	523	4	73	1	
剑阁县毛坝乡	4044	4095	490	3	17	1	
剑阁县凉山乡	4703	5808	315	5	125	2	2
剑阁县垂泉乡	3604	3150	478	5	28	1	

续表 436　　(四川省)　　单位：公顷、人、个

名　称	行政区域面积	常住人口	#城镇建成区	企业个数	企业从业人员	工业企业个数	#规模以上
剑阁县秀钟乡	5078	5803	2659	5	26		
剑阁县正兴乡	4865	4268	456	4	30		
剑阁县马灯乡	4637	4079	171	2	12	1	
剑阁县高池乡	5262	5092	859	9	47		
剑阁县碗泉乡	5429	5081	823	9	55		
剑阁县迎水乡	6026	5492	935	9	48	1	
剑阁县国光乡	5321	5522	1060	8	56	3	1
剑阁县柘坝乡	4866	4873	789	6	50	4	
剑阁县公店乡	4062	4807	425	8	41	1	
剑阁县吼狮乡	3918	6298	1233	3	18	2	
剑阁县长岭乡	4650	6279	553	7	39	1	
剑阁县涂山乡	4556	7285	602	1	6		
剑阁县圈龙乡	3259	6150	482	4	26	1	
剑阁县碑垭乡	3752	6535	683	7	61		
剑阁县广坪乡	3840	5577	557	4	22	1	
剑阁县禾丰乡	3806	5846	1089	7	37	1	
剑阁县店子乡	6681	7877	685	7	51		
剑阁县摇铃乡	5851	5524	251	1	5		
剑阁县樵店乡	4162	6648	706	7	42		
剑阁县锦屏乡	2686	5241	620	5	28	1	
剑阁县柏垭乡	3577	4729	1259	6	36	3	
剑阁县高观乡	5540	6966	2919	10	67	3	
剑阁县张王乡	6389	6298	1498	8	123	1	
剑阁县上寺乡	2909	3268	700	13	67	5	
苍溪县陵江镇	17568	135000	80924	1971	7592	68	41
苍溪县云峰镇	9200	22950	3620	73	1015	45	1
苍溪县东青镇	5861	13366	1970	95	475	10	
苍溪县白桥镇	6088	13246	2178	39	78	2	
苍溪县八庙镇	3901	7649	1407	26	131	1	
苍溪县五龙镇	6155	13415	3360	80	216	11	1
苍溪县永宁镇	5085	9342	2235	36	185	2	
苍溪县鸳溪镇	7035	10486	1120	27	96	5	
苍溪县三川镇	8221	15581	3116	13	65	2	
苍溪县龙王镇	8331	13012	4080	71	357	5	
苍溪县元坝镇	9072	33780	13120	131	812	19	2
苍溪县唤马镇	4183	9888	2450	27	135	1	
苍溪县歧坪镇	8077	25608	3889	155	775	15	2
苍溪县白驿镇	6003	20052	3974	52	238	12	
苍溪县漓江镇	8267	16400	3124	42	225	5	1
苍溪县文昌镇	6603	15688	3138	47	624	8	
苍溪县岳东镇	7207	22646	1996	45	389	5	
苍溪县石马镇	5500	17876	3381	31	86	1	
苍溪县运山镇	2969	10376	1441	40	150	1	
苍溪县东溪镇	10325	28173	6247	37	518	13	
苍溪县高坡镇	7794	20618	2816	32	160	8	
苍溪县龙山镇	9898	34152	5754	144	872	33	
苍溪县中土镇	3129	9626	1150	5	38	3	
苍溪县亭子镇	4728	9217	1242	25	128	5	
苍溪县禅林乡	3657	8016	984	23	50	2	
苍溪县白鹤乡	5696	12394	1532	32	64	1	

续表 437　　　　(四川省)　　　　单位：公顷、人、个

名　　称	行政区域面　积	常住人口	#城镇建成区	企业个数	企　业从业人员	工业企业个　数	#规模以上
苍溪县浙水乡	4869	8937	1157	4	99	2	
苍溪县雍河乡	4895	6243	1176	14	26	2	
苍溪县新观乡	5238	5680	562	24	121	8	
苍溪县石门乡	3336	7356	1310	33	168	5	
苍溪县月山乡	5332	14076	2735	18	100	6	
苍溪县白山乡	3106	8912	766	20	80	3	
苍溪县彭店乡	3638	7569	998	21	51	2	
苍溪县桥溪乡	5633	7498	553	15	95	3	
苍溪县龙洞乡	4170	5536	951	16	81	7	
苍溪县黄猫乡	3491	6755	845	15	91	2	
苍溪县石灶乡	3470	6421	852	7	15	2	
苍溪县河地乡	3342	11967	731	19	105	1	
苍溪县双河乡	2289	5680	985	12	61	1	
船山区龙凤镇	2199	14792	9231	30	1368	17	6
船山区仁里镇	5300	18931	3539	31	371	3	
船山区复桥镇	3212	18632	1539	13	80	11	3
船山区永兴镇	6423	47523	47523	55	2612	8	2
船山区河沙镇	5808	18699	4244	4	31	2	2
船山区新桥镇	3819	30010	5020	35	3860	25	10
船山区桂花镇	4163	28408	7588	23	312	16	1
船山区西宁乡	1591	11171		5	25	3	
船山区老池乡	6266	31579		18	185	17	4
船山区保升乡	3241	16454		21	118	20	7
船山区唐家乡	3187	20425		4	23	1	1
船山区北固乡	887	18997		32	4552		
安居区安居镇	4656	19065	556	4	334	1	
安居区东禅镇	8443	35985	4645	83	498	5	
安居区分水镇	6627	34558	3725	83	772	5	1
安居区石洞镇	5630	22215	2354	41	296	3	
安居区拦江镇	6546	23770	6093	58	350	12	
安居区保石镇	5081	37406	2735	46	273	2	1
安居区白马镇	7105	20931	4579	65	325	15	
安居区中兴镇	3935	21186	1225	26	134	1	
安居区横山镇	8283	37546	3540	60	409	3	
安居区会龙镇	4398	16988	3106	8	87	3	
安居区三家镇	10668	50062	9637	5	28	4	1
安居区玉丰镇	6136	29989	3656	17	102	8	
安居区西眉镇	11083	40652	12738	50	930	12	3
安居区磨溪镇	5444	22568	5407	67	385	4	2
安居区聚贤镇	5015	15772	1287	14	283	4	1
安居区观音镇	3238	14330	1340	30	198	4	
安居区常理镇	4424	17819	595	2	11		
安居区莲花乡	3415	12636	564	4	26	1	
安居区步云乡	2435	12020		15	251	3	
安居区大安乡	5322	16066	1320	43	285		
安居区马家乡	3639	16876		3	25		
蓬溪县赤城镇	9080	132602	100954	658	24563	135	54
蓬溪县新会镇	3691	10974	538				
蓬溪县文井镇	6660	16507	6822	17	176	8	
蓬溪县明月镇	4937	23274	3516	2	25	1	

续表 438　　　　(四川省)　　　　单位：公顷、人、个

名　　称	行政区域面　　积	常住人口	#城镇建成区	企业个数	企　　业从业人员	工业企业个　　数	#规模以上
蓬溪县常乐镇	4746	12459	2030	3	16		
蓬溪县天福镇	4658	29531	8532	131	1569		
蓬溪县红江镇	2702	16961	2658	2	12		
蓬溪县宝梵镇	3938	14589	1824	60	302	2	1
蓬溪县大石镇	4919	16338	1932	48	353	3	
蓬溪县吉祥镇	3552	11924	9531	26	145	2	
蓬溪县鸣凤镇	6916	14857	3465	10	55		
蓬溪县任隆镇	6296	22056	5759	560	2997	5	
蓬溪县三凤镇	7079	29185	6513	31	170	1	
蓬溪县高坪镇	3394	9316	1274	5	100	1	1
蓬溪县蓬南镇	8155	46957	33327	8	163	6	6
蓬溪县群利镇	3360	18013	405	2	12	2	
蓬溪县吉星镇	3657	7816	452				
蓬溪县金桥镇	2832	9113	5006	16	86	11	3
蓬溪县下东乡	3261	5880	3500	3	15		
蓬溪县新星乡	2354	2651		6	16	3	
蓬溪县罗戈乡	1543	3901	408	2	10	1	
蓬溪县板桥乡	2741	7077		4	7		
蓬溪县槐花乡	2563	7655	3255				
蓬溪县黄泥乡	3859	9231		3	9		
蓬溪县荷叶乡	3109	8450		43	225	2	
蓬溪县金龙乡	2091	7400					
蓬溪县农兴乡	2022	7432	432	3	16		
蓬溪县新胜乡	1986	3843		10	52		
蓬溪县回水乡	3095	8224		30	130		
蓬溪县群力乡	1996	8464	606	4	5		
蓬溪县高升乡	3948	13287					
射洪县太和镇	2707	11837	1029	4	23		
射洪县大榆镇	5347	34095	8320	37	7220	21	
射洪县广兴镇	5566	23431	2513	16	112	10	1
射洪县金华镇	10009	57692	31274	115	3011	54	6
射洪县沱牌镇	7455	78480	23828	300	5550	9	9
射洪县太乙镇	6386	31209	8645	10	375	6	1
射洪县金家镇	4869	19539	2955	5	278	5	
射洪县复兴镇	5210	25306	3534	31	540	28	
射洪县天仙镇	5261	19264	2731	15	2416	4	1
射洪县仁和镇	7749	33037	5310	11	61	8	1
射洪县青岗镇	8020	28007	5605	25	217	9	
射洪县洋溪镇	6978	10759	10759	65	1860	35	3
射洪县香山镇	3598	18908	14369				
射洪县明星镇	5422	31539	2745	18	244	7	
射洪县涪西镇	3979	18576	852	5	31		
射洪县陈古镇	3556	10158	790	4	32	1	
射洪县凤来镇	3726	9077	2100				
射洪县潼射镇	4736	16417	16417	14	196	12	
射洪县曹碑镇	4303	12083	2450				
射洪县官升镇	3971	16060	9560				
射洪县瞿河乡	3737	19710	542	282	4112	36	6
射洪县伏河乡	2003	6000	400				
射洪县青堤乡	1662	8376	921	3	16	1	

续表 439　　(四川省)　　单位：公顷、人、个

名　　称	行政区域面积	常住人口	#城镇建成区	企业个数	企业从业人员	工业企业个数	#规模以上
射洪县双溪乡	4047	10789		3	30	3	
射洪县文升乡	4573	17304					
射洪县万林乡	5336	28658	852	4	36	1	1
射洪县太兴乡	4453	13715	1308	8	40		
射洪县东岳乡	5065	20244	2543	7	246	7	
射洪县金鹤乡	2792	8890		4	170	4	1
射洪县玉太乡	3488	13287					
大英县蓬莱镇	13400	129130	89158	502	30825	125	81
大英县隆盛镇	10770	78013	8180	36	182	5	1
大英县回马镇	5410	30326	9050	90	28810	83	4
大英县天保镇	5160	28789	1988	11	270	6	
大英县河边镇	9370	64897	8850	8	127	7	
大英县卓筒井镇	4260	16637	4462	6	43	1	
大英县玉峰镇	6600	41486	5486	26	1855	15	1
大英县象山镇	5280	30553	5604	8	65	1	
大英县金元镇	5354	28684	3560	4	45	4	
大英县通仙乡	3080	11935	1241	3	24	2	
大英县智水乡	1590	5766	866	3	15		
内江市市中区白马镇	3758	51789	22103	136	12857	88	15
内江市市中区史家镇	1812	17906	6973	42	250	12	1
内江市市中区凌家镇	4886	37411	8260	23	513	7	2
内江市市中区朝阳镇	3548	27017	3579	7	51	4	1
内江市市中区永安镇	5025	44399	2136	16	420	7	1
内江市市中区全安镇	2699	25331	2986	18	807	3	1
内江市市中区靖民镇	1620	13622	1316	7	109	7	2
内江市市中区龚家镇	2127	13021	758	1	18		
内江市市中区凤鸣镇	2289	21645	928	2	771	1	1
内江市市中区伏龙镇	2405	13420	1513	1	16	1	1
内江市市中区龙门镇	2675	15064	230	8	80		
东兴区田家镇	4066	25389	9972	28	317	13	2
东兴区郭北镇	6027	35947	9613	16	218	11	
东兴区高梁镇	5813	23333	4619	36	526	32	
东兴区白合镇	6420	29021	4002	62	702	5	
东兴区顺河镇	8381	39486	2501	6	115	2	
东兴区双才镇	5564	31723	9211	279	1396	23	
东兴区小河口镇	3688	32019	7138	72	718	14	4
东兴区杨家镇	4656	16684	3691	3	50	3	
东兴区椑木镇	1345	27246	25018	77	3918	52	3
东兴区石子镇	4124	14889	950	4	160	4	
东兴区椑南镇	4076	26287	1294	115	1482	114	2
东兴区永兴镇	5444	21371	3217	9	65	3	
东兴区平坦镇	6041	24614	1142	6	64	3	
东兴区中山镇	2574	13887	430	15	75	2	
东兴区柳桥镇	4561	13881	1610	34	209	1	1
东兴区双桥镇	4937	15443	1812	39	195	5	
东兴区富溪镇	3892	12568	1930	6	31	2	2
东兴区同福镇	2997	10701	2098	25	792	4	2
东兴区永福镇	4239	14968	721	10	60	4	
东兴区三烈镇	2339	9648	400	12	60	7	
东兴区太安乡	4099	6927	1679	12	124	5	

续表 440　　(四川省)　　单位：公顷、人、个

名　称	行政区域面积	常住人口	#城镇建成区	企业个数	企业从业人员	工业企业个数	#规模以上
东兴区苏家乡	4340	19833	3180				
东兴区新店乡	4832	12898	805	6	286	2	
东兴区大冶乡	3584	9544	542	12	121	5	
威远县严陵镇	7050	151323	113248	204	34468	78	20
威远县铺子湾镇	3267	13995	1418	53	5455	51	4
威远县新店镇	6964	40575	5160	72	3121	48	4
威远县向义镇	4720	27337	2422	54	1203	47	3
威远县界牌镇	4356	22555	3472	21	816	19	3
威远县龙会镇	5549	26925	4689	12	747	7	3
威远县高石镇	5415	26531	3924	61	2345	43	4
威远县东联镇	3129	16476	2245	12	621	11	2
威远县靖和镇	3475	16477	3751	30	1320	23	1
威远县镇西镇	10993	52761	15765	25	4198	13	8
威远县庆卫镇	4035	11011	6016	11	1130	10	2
威远县山王镇	4766	10257	2266	26	1230	13	1
威远县黄荆沟镇	5628	13436	2812	26	3121	18	
威远县观英滩镇	9983	19720	2245	15	356	4	
威远县新场镇	13530	34011	6451	52	5405	43	4
威远县连界镇	12867	52067	25008	105	16656	42	9
威远县越溪镇	7759	15815	2648	42	1986	26	2
威远县两河镇	3990	6832	5398	23	3560	20	4
威远县碗厂镇	3225	9376	1726	37	2482	26	3
威远县小河镇	8153	18861	6451	45	3179	28	7
资中县重龙镇	4790	106842	78143	479	3175	291	9
资中县甘露镇	3711	16080	1452	8	72	2	
资中县归德镇	4561	25068	2715	13	610	7	
资中县鱼溪镇	5378	30837	3865	26	245	13	1
资中县金李井镇	4379	22190	2742	12	277	11	
资中县铁佛镇	5528	15746	3742	37	1255	33	5
资中县球溪镇	5908	43614	15907	46	3580	22	4
资中县顺河场镇	3561	17142	1079	32	380	6	
资中县龙结镇	5851	38094	10017	15	216	7	
资中县罗泉镇	6459	23022	1108	17	805	10	1
资中县发轮镇	5516	31857	2968	12	178	4	
资中县兴隆街镇	3493	20276	998	30	2425	20	10
资中县银山镇	8131	49971	13402	91	4620	27	8
资中县宋家镇	4214	21719	3602	22	209	17	3
资中县太平镇	5821	32850	2784	58	225	3	
资中县骝马镇	4004	26802	825	7	212	4	
资中县水南镇	4651	92903	56617	943	15327	63	19
资中县苏家湾镇	6544	20839	1881	14	380	3	
资中县新桥镇	7145	21896	1836	7	454	5	
资中县明心寺镇	3803	23954	2732	75	1074	17	1
资中县双河镇	5232	30769	2056	58	4932	52	6
资中县公民镇	6225	47436	4088	31	2876	26	2
资中县龙江镇	8968	36521	4181	20	243	10	
资中县双龙镇	6215	42378	2012	5	192	4	
资中县高楼镇	4858	32032	5799	7	239	6	2
资中县陈家镇	5376	28126	1310	8	264	7	
资中县配龙镇	4071	21368	1124	15	36	3	

续表 441　　(四川省)　　单位：公顷、人、个

名　称	行政区域面　积	常住人口	#城镇建成区	企业个数	企　业从业人员	工业企业个　数	#规模以上
资中县走马镇	4110	26095	1128	13	72	12	1
资中县孟塘镇	9081	37426	1636	9	103	2	1
资中县马鞍镇	4145	21344	896	15	182	11	
资中县狮子镇	4874	21850	1500	1	4	1	
资中县板栗椏镇	4017	21731	2476	6	198	5	1
资中县龙山镇	2862	18030	320	2	60	1	
内江经济开发区交通镇	1431	34850	16832	247	20173	64	22
内江经济开发区四合镇	2027	20934	4665	97	3852	17	5
隆昌县山川镇	1700	21278	2209	96	4098	40	10
隆昌县响石镇	6280	17971	7476	36	956	21	1
隆昌县圣灯镇	3440	16968	918	56	4220	36	7
隆昌县黄家镇	7180	42605	9215	35	5445	25	3
隆昌县双凤镇	5250	30282	3966	33	1260	15	2
隆昌县龙市镇	6700	40207	4025	49	5820	21	4
隆昌县迎祥镇	5500	29392	1803	15	210	7	
隆昌县界市镇	6931	39504	13680	63	645	30	
隆昌县石碾镇	4150	34031	2970	17	1569	17	3
隆昌县周兴镇	2400	13663	1923	42	239	16	3
隆昌县渔箭镇	2150	10130	2147	17	465	15	
隆昌县石燕桥镇	5816	36998	3810	98	9765	85	12
隆昌县李市镇	1998	10518	2365	8	295	7	
隆昌县胡家镇	4650	34449	6400	25	430	19	1
隆昌县云顶镇	5000	22480	3169	312	1642	38	3
隆昌县桂花井镇	1646	6640	2030	12	408	9	5
隆昌县普润镇	2885	12547	985	54	326	10	
乐山市市中区牟子镇	2090	33632	3890	38	198	5	2
乐山市市中区土主镇	4695	18737	10794	75	5638	60	22
乐山市市中区白马镇	3129	10176	595	32	207	2	1
乐山市市中区茅桥镇	3060	17288	7317	26	378	5	
乐山市市中区青平镇	3907	12014	466				
乐山市市中区苏稽镇	4073	41002	12600	80	3000	35	3
乐山市市中区水口镇	2191	22983	5628	67	3275	43	11
乐山市市中区安谷镇	5017	28790	4102	32	160	12	3
乐山市市中区棉竹镇	3785	13212	6217	221	5837	28	4
乐山市市中区全福镇	4724	11075	4762	46	708	14	1
乐山市市中区童家镇	3758	12960	962	4	128	4	
乐山市市中区九峰镇	2704	12440	7855	153	2312	48	2
乐山市市中区罗汉镇	2219	10583	2583	23	586	13	2
乐山市市中区临江镇	2014	7801	2781	6	77	1	
乐山市市中区车子镇	2111	17415	10515	230	10626	110	35
乐山市市中区悦来乡	4303	9106	208	4	120	3	1
乐山市市中区关庙乡	3441	9677	782	13	1510	5	
乐山市市中区石龙乡	3161	7121	311	6	641	2	2
乐山市市中区剑峰乡	5141	11203	672	18	260	3	
乐山市市中区凌云乡	3507	11012	1215	13	676	6	
乐山市市中区迎阳乡	1848	5487	58	1	5	1	
乐山市市中区九龙乡	1355	4481	53				
乐山市市中区普仁乡	1372	3852	147	8	117	1	
乐山市市中区平兴乡	2614	8881	265	13	185	5	
乐山市市中区杨湾乡	2207	15709	1073	35	1423	24	5

续表 442　　(四川省)　　单位：公顷、人、个

名　　称	行政区域面　　积	常住人口	#城镇建成区	企业个数	企　　业从业人员	工业企业个　　数	#规模以上
沙湾区沙湾镇	7979	46014	38650	195	7610	23	11
沙湾区嘉农镇	3858	26062	11040	150	7121	95	28
沙湾区太平镇	5492	8468	4726	10	188	8	2
沙湾区福禄镇	7215	16033	5053	32	1741	10	5
沙湾区牛石镇	4188	8183	1280	35	1050	8	2
沙湾区龚嘴镇	3988	5072	1257	9	112	3	3
沙湾区葫芦镇	4652	10411	1866	17	142	9	2
沙湾区踏水镇	3774	8135	1200	48	1800	20	7
沙湾区谭坝乡	3470	5693	384	5	69	2	
沙湾区轸溪乡	3247	4343	400	10	149	4	
沙湾区范店乡	4931	3926	386	8	62	3	
沙湾区铜茨乡	3699	5336	244	3	27	2	
沙湾区碧山乡	4030	11699	480	44	220		
五通桥区竹根镇	1680	62685	62685	260	11500	41	18
五通桥区牛华镇	4169	37675	29848	187	8345	98	11
五通桥区杨柳镇	2907	17223	17223	151	4597	70	11
五通桥区桥沟镇	2363	13340	12475	66	4558	35	3
五通桥区金粟镇	2838	16293	6983	40	2855	18	6
五通桥区金山镇	4725	23770	23770	16	207	4	1
五通桥区辉山镇	2904	10975	645	5	22	1	
五通桥区西坝镇	5861	25139	3529	42	223	5	4
五通桥区冠英镇	5608	39978	28517	71	1912	20	4
五通桥区蔡金镇	3456	12938	1184	8	66	2	
五通桥区石麟镇	7735	20676	15990	47	1598	14	4
五通桥区新云乡	2306	10843	1044	3	57	2	
金口河区永和镇	7716	18019	15843	386	3804	80	9
金口河区金河镇	14311	5917	861	6	126	3	1
金口河区和平彝族乡	4221	9221	2466	10	88	3	
金口河区共安彝族乡	16823	5342	1459	13	144	12	
金口河区吉星乡	4494	3351	3351	4	58	1	
金口河区永胜乡	12252	4285	586	17	86	2	
犍为县玉津镇	2912	103955	88624	894	30557	110	26
犍为县孝姑镇	5080	16753	1500	41	1244	8	
犍为县石溪镇	5400	18296	4355	51	1865	21	4
犍为县清溪镇	8150	39726	10573	132	2789	34	6
犍为县新民镇	10600	18388	3000	40	357	11	1
犍为县罗城镇	9500	35458	8826	94	4804	25	8
犍为县芭沟镇	3713	10538	4122	8	6565	5	1
犍为县龙孔镇	10100	15584	2010	42	274	10	
犍为县定文镇	4525	12467	964	29	249	5	1
犍为县敖家镇	4810	10580	1102	26	1119	6	3
犍为县金石井镇	4250	9987	273	19	969	5	2
犍为县泉水镇	5200	8315	579	20	1135	14	2
犍为县双溪乡	4450	7738		5	124	3	
犍为县九井乡	830	5124	823	6	47	2	
犍为县同兴乡	4504	6021		9	275	6	
犍为县榨鼓乡	4110	7814	521	9	55	2	
犍为县铁炉乡	3267	5276	710	11	33	1	
犍为县大兴乡	4740	7251	344	9	53	2	
犍为县南阳乡	1453	4798	654	10	980	4	3

续表 443　　　　（四川省）　　　　单位：公顷、人、个

名　　称	行政区域面　积	常住人口	#城镇建成区	企业个数	企　业从业人员	工业企业个　数	#规模以上
犍为县纪家乡	3330	3426	326	4	25		
犍为县新盛乡	1263	3611		9	48		
犍为县寿保乡	4010	9423	496	14	118	4	1
犍为县舞雩乡	3960	10636	758	14	484	7	1
犍为县下渡乡	4283	9328	90	32	381	12	
犍为县玉屏乡	4200	7387	795	13	79	1	
犍为县岷东乡	2595	8221	92	26	1399	11	2
犍为县塘坝乡	4271	11156	316	60	3432	25	9
犍为县马庙乡	4400	8079	151	3	397	1	1
犍为县公平乡	4800	5298	145	9	100	1	
犍为县伏龙乡	2836	6382	167	6	30	2	
井研县研城镇	4630	86379	76745	286	52212	77	34
井研县马踏镇	3784	23205	10284	44	950	3	3
井研县竹园镇	3676	11513	4992	4	2041	4	1
井研县研经镇	4452	17586	2384				
井研县周坡镇	5040	10730	3120	3	56		
井研县千佛镇	4191	17007	2567	22	2214	16	7
井研县王村镇	4629	13215	2424	6	317	6	1
井研县三江镇	3116	9550	2551	3	265	3	3
井研县东林镇	2987	7298	1283				
井研县磨池镇	1732	6993	1737	4	85	4	1
井研县集益乡	2737	10536	10536	13	394	2	2
井研县纯复乡	3035	4788	285				
井研县三教乡	1956	5541	954	22	130	22	3
井研县高滩乡	1972	5988	815	1	5	1	
井研县宝五乡	3285	6780	745	1	22	1	
井研县四合乡	2403	4872	385				
井研县黄钵乡	3236	5656	921	1	61	1	1
井研县胜泉乡	2524	6359	668				
井研县门坎乡	2244	4747	2020	4	36		
井研县石牛乡	2062	4893	664				
井研县高凤乡	3316	7973	3203	3	19		
井研县金峰乡	2967	6020	1241				
井研县分全乡	1971	4721	539				
井研县镇阳乡	3289	4610	410				
井研县天云乡	2419	4406	625	1	25	1	
井研县乌抛乡	3134	4122	576				
井研县大佛乡	3231	5982	700				
夹江县漹城镇	4064	80310	34870	134	7300	21	7
夹江县黄土镇	4736	21381	11385	101	14598	58	20
夹江县甘江镇	5934	32682	2243	18	2023	18	4
夹江县界牌镇	3393	16898	8796	52	532	13	8
夹江县中兴镇	3069	12125	11125	16	2358	16	3
夹江县三洞镇	3508	12057	1633	10	3615	9	4
夹江县吴场镇	4431	13999	3415	17	1198	12	6
夹江县木城镇	3124	14310	2065	14	89	4	1
夹江县华头镇	4365	8564	917				
夹江县甘霖镇	2798	15009	11320	21	3347	17	11
夹江县新场镇	3329	11705	5705	40	6500	35	23
夹江县顺河乡	2270	11157	6359				

续表 444　(四川省)　单位：公顷、人、个

名　　称	行政区域面　　积	常住人口	#城镇建成区	企业个数	企　　业从业人员	工业企业个　　数	#规模以上
夹江县马村乡	2834	10749	3584	36	1524	28	1
夹江县土门乡	2575	10025	6456	32	945	14	7
夹江县青州乡	2715	6402	1610	1	32	1	
夹江县梧凤乡	1942	6872	648	19	182	1	1
夹江县永青乡	1798	4256	994				
夹江县迎江乡	2882	10674	2937	6	120	6	1
夹江县龙沱乡	1716	5292	396	1	7		
夹江县南安乡	3149	9916	5414	6	56	6	1
夹江县歇马乡	5293	11436	7796	4	21		
夹江县麻柳乡	4590	5730	620				
沐川县沐溪镇	8626	44864	38893	338	5474	39	5
沐川县永福镇	11010	13152	4558	37	1158	3	1
沐川县大楠镇	7029	10892	3156	24	134	2	
沐川县箭板镇	4829	7321	3100	5	40	1	
沐川县舟坝镇	8189	14759	3946	12	65	11	3
沐川县黄丹镇	6947	12002	2325	13	216	7	4
沐川县利店镇	11728	11286	3066	28	468	14	1
沐川县建和乡	6655	7924	1250	36	680	24	3
沐川县幸福乡	6922	12263	243	25	278	5	
沐川县新凡乡	6691	9146	451	21	489	12	1
沐川县富和乡	3817	4591	98	1	5		
沐川县炭库乡	5906	6627	635				
沐川县底堡乡	7024	12836	12836	15	127	4	
沐川县杨村乡	9797	6205	237	12	133	5	
沐川县高笋乡	5055	8606	510	35	636	8	3
沐川县茨竹乡	8012	6900	633	39	242	19	
沐川县海云乡	2255	5672	380	14	418	5	2
沐川县武圣乡	8124	8698	1215	20	150	2	
沐川县凤村乡	5788	6923	763	16	286	6	1
峨边彝族自治县沙坪镇	7983	41482	34502	420	13815	99	18
峨边彝族自治县大堡镇	9043	9198	5762	10	50	7	2
峨边彝族自治县毛坪镇	7694	10499	4597	25	435	1	1
峨边彝族自治县五渡镇	16992	7857	2322	23	475	18	2
峨边彝族自治县新林镇	21786	12678	1801	29	859	11	
峨边彝族自治县黑竹沟镇	20071	4253	4253	26	295	9	1
峨边彝族自治县红花乡	2605	2379	653	1	28	1	
峨边彝族自治县宜坪乡	3783	6105	1487	3	16		
峨边彝族自治县杨村乡	4185	4687	2276	1	18	1	
峨边彝族自治县白杨乡	8225	2632	548	7	64	7	
峨边彝族自治县觉莫乡	12384	2324	721	5	65	5	1
峨边彝族自治县万坪乡	23242	1361	771	4	21	4	
峨边彝族自治县杨河乡	11319	2667	971	5	61	4	
峨边彝族自治县共和乡	1692	3738	2591	1	120	1	1
峨边彝族自治县新场乡	4708	5391	935	23	489	9	2
峨边彝族自治县平等乡	19182	3890	1089	12	60	2	
峨边彝族自治县哈曲乡	14327	2648	689	6	61	3	1
峨边彝族自治县金岩乡	7556	6673	820	9	52	8	2
峨边彝族自治县勒乌乡	41367	5438	5438	13	79	11	1
马边彝族自治县民建镇	6890	38893	38893	459	4199	93	3
马边彝族自治县荣丁镇	9581	12868	12868	39	352	6	1

续表 445　　(四川省)　　单位：公顷、人、个

名　　称	行政区域面　　积	常住人口	#城镇建成区	企业个数	企　　业从业人员	工业企业个　　数	#规模以上
马边彝族自治县下溪镇	6922	12315	2931	25	225	2	
马边彝族自治县苏坝镇	10798	13352	2996	26	234	3	1
马边彝族自治县烟峰镇	20635	10948	2465	21	279	9	5
马边彝族自治县劳动乡	7309	15124	15124	69	726	33	5
马边彝族自治县建设乡	8655	12520	12520	23	185	1	
马边彝族自治县石梁乡	3971	3461	3461	14	103	1	
马边彝族自治县莜坝乡	14750	8673	8673	23	210		
马边彝族自治县民主乡	15183	10069	10069	15	146	1	
马边彝族自治县老河坝乡	5964	4950	4950	9	90		
马边彝族自治县雪口山乡	12646	11520	2520	18	200	1	
马边彝族自治县镇江庙乡	4296	2981	2981	8	69	2	
马边彝族自治县大竹堡乡	23719	4244	4244	8	72	2	
马边彝族自治县袁家溪乡	11165	3924	3924	3	27		
马边彝族自治县沙腔乡	9556	6294	6294	9	81	1	1
马边彝族自治县三河口乡	12665	7248	7248	16	150	3	
马边彝族自治县梅子坝乡	8003	3347	3347	4	57	4	2
马边彝族自治县高卓营乡	8765	7806	7806	15	135	4	2
马边彝族自治县永红乡	27836	4486	4486	6	78	3	1
峨眉山市绥山镇	5497	118856	118112	1016	20174	68	8
峨眉山市高桥镇	7587	15012	3460	13	220	2	2
峨眉山市罗目镇	4891	23349	3761	13	204	3	2
峨眉山市九里镇	4611	19110	4381	38	1065	9	9
峨眉山市龙池镇	18956	21331	1924	13	1061	5	2
峨眉山市乐都镇	3035	13726	1997	121	3158	24	9
峨眉山市符溪镇	4270	35072	29281	157	10472	53	17
峨眉山市峨山镇	1356	25662	18135	88	955	2	
峨眉山市双福镇	5346	26865	2632	55	5262	15	6
峨眉山市桂花桥镇	4858	44913	11747	55	1273	34	4
峨眉山市大为镇	11783	11631	1792	13	213	6	2
峨眉山市胜利镇	1918	40224	33312	508	5609	23	11
峨眉山市龙门乡	6963	7874	402	1	18	1	
峨眉山市川主乡	4769	4320	3189	8	320	7	
峨眉山市沙溪乡	8466	4203	982	4	60	3	
峨眉山市新平乡	1481	11317	1175	40	2184	32	8
峨眉山市普兴乡	4296	11601	401	8	67		
峨眉山市黄湾乡	18032	19322	4915	31	1322	1	
顺庆区共兴镇	3421	11213	2167	51	2896	14	6
顺庆区金台镇	2323	16608	2207	23	425	8	3
顺庆区芦溪镇	2584	15796	4652	56	2435	13	3
顺庆区李家镇	2466	16718	6265	55	2490	8	2
顺庆区双桥镇	1562	4367	1386	15	256	11	
顺庆区搬罾镇	3066	18753	1928	72	3185	22	12
顺庆区大林镇	1509	9556	682	51	620	3	
顺庆区辉景镇	2354	9472	843	25	289	3	
顺庆区永丰镇	2784	12110	1412	24	141	1	
顺庆区新复乡	1953	7590	609	10	110	1	
顺庆区同仁乡	1960	5821	385	27	173	5	
顺庆区梵殿乡	2268	9381	771	5	20	1	
顺庆区顺河乡	2557	9006	703	21	287		
顺庆区灯台乡	1840	8735	458	8	83		

续表 446　　　　(四川省)　　　　单位：公顷、人、个

名　称	行政区域面　积	常住人口	#城镇建成区	企业个数	企　业从业人员	工业企业个　数	#规模以上
顺庆区龙桂乡	2122	11276	780	21	176	6	
顺庆区桂花乡	2107	8540	605	20	145		
顺庆区凤山乡	1855	7812	603	24	258	4	1
顺庆区渔溪乡	1989	10325	620	24	996	5	2
高坪区江陵镇	4850	22932	3250	7	36	2	
高坪区擦耳镇	3648	13762	11320	1	30	1	
高坪区老君镇	2360	14000	2000	21	200		
高坪区东观镇	5200	41690	26740	193	1150		
高坪区长乐镇	2800	23070	14460	28	337	2	1
高坪区胜观镇	2580	14330	2142				
高坪区永安镇	2160	7113	851	12	398	10	4
高坪区阙家镇	2260	8264	552	3	84	2	
高坪区石圭镇	2100	6800	2036				
高坪区青居镇	2800	11236	1539	8	568	4	2
高坪区会龙镇	2639	12400	2398	1	20	1	
高坪区螺溪镇	1920	16087	2434	10	145		
高坪区走马乡	2300	15082	14082	10	98	1	1
高坪区喻家乡	1338	4701	586				
高坪区马家乡	1620	8994	8994	2	30	1	
高坪区黄溪乡	2950	7763	3965	4	22		
高坪区万家乡	1460	2184	862	8	41	1	
高坪区御史乡	2010	8900	3500	2	10		
高坪区隆兴乡	4300	16173	800				
高坪区斑竹乡	2450	12079	1347	4	103		
高坪区鄢家乡	1966	3954	3754	4	21		
高坪区佛门乡	4420	14134	1130	6	100	6	
高坪区溪头乡	3020	15118	1386	2	26		
高坪区凤凰乡	1620	7895	619	2	3		
高坪区南江乡	1600	8898	1200	14	320	4	1
嘉陵区曲水镇	3366	13288	1830	19	96	2	1
嘉陵区李渡镇	3560	32954	19526	14	211	4	1
嘉陵区吉安镇	2364	14288	1220	5	26	1	1
嘉陵区龙岭镇	3975	14635	2252	7	136	4	1
嘉陵区金凤镇	4589	13926	4403	20	224	5	
嘉陵区安福镇	2832	7347	2345				
嘉陵区安平镇	5541	26622	8683	13	126	3	
嘉陵区世阳镇	4972	17609	1824	13	120	1	
嘉陵区大通镇	4575	22720	5981	22	409	8	1
嘉陵区一立镇	3935	13010	1860	3	75	3	
嘉陵区龙蟠镇	2933	15126	2704	11	125		
嘉陵区里坝镇	2076	9212	2549	1	9	1	
嘉陵区集凤镇	1960	7379	2131	10	50		
嘉陵区金宝镇	2529	9536	3412	6	30		
嘉陵区三会镇	1836	6277	2805	1	57	1	
嘉陵区双桂镇	3384	5396	1620				
嘉陵区七宝寺镇	1788	4006	1679	1	5		
嘉陵区龙泉镇	2448	6933	1500	5	45		
嘉陵区河西镇	3101	9864	1606	29	1786	8	6
嘉陵区花园镇	2074	8750	1437	6	925	6	2
嘉陵区木老镇	2057	6769	1081	8	189	4	1

续表 447　　　　(四川省)　　　　单位：公顷、人、个

名　　称	行政区域面　　积	常住人口	#城镇建成区	企业个数	企　　业从业人员	工业企业个　　数	#规模以上
嘉陵区移山乡	2815	8703	1348	4	23		
嘉陵区新场乡	2151	8389	562	3	16		
嘉陵区土门乡	2032	10804	800				
嘉陵区临江乡	2654	7306	771	8	79	1	
嘉陵区双店乡	2707	11620	1302				
嘉陵区白家乡	2966	9540	1450	11	120		
嘉陵区华兴乡	2803	10937	793	5	143	1	
嘉陵区大同乡	1705	6842	834	1	5		
嘉陵区盐溪乡	2489	6726	720	1	6	1	
嘉陵区桥龙乡	1789	3105	714				
嘉陵区天星乡	1938	5290	865	2	225	2	1
嘉陵区大观乡	1925	6390	383	2	18		
嘉陵区大兴乡	2894	6759	880	10	50		
嘉陵区新庙乡	1545	3437	910	3	8		
嘉陵区桃园乡	2065	4000	465				
嘉陵区太和乡	1950	3657	356				
嘉陵区积善乡	2033	9618	1685				
嘉陵区石楼乡	2142	6442	342				
嘉陵区礼乐乡	2306	6572	660	4	25	1	
南部县南隆镇	2423	27380	10850	12	110	7	1
南部县河东镇	1682	13775	1523	57	13950	41	38
南部县老鸦镇	3447	21010	1700	2	379	1	1
南部县永定镇	3050	17915	3650	6	518	5	1
南部县碑院镇	2970	17793	3981	10	3540	9	
南部县谢河镇	2230	6023	2425				
南部县盘龙镇	5450	28013	11025	13	195	10	
南部县铁佛塘镇	2560	9545	6458	14	73	14	
南部县石河镇	2860	8102	3995	34	180		
南部县王家镇	2365	12457	8962	20	124	9	
南部县富利镇	4138	7530	3763	12	66	4	4
南部县楠木镇	4080	13736	5387	51	1580	5	
南部县长坪镇	2182	7781	1852	2	13	1	
南部县东坝镇	3398	15023	4378	50	363	10	3
南部县河坝镇	3791	17397	3050	2	10	1	
南部县定水镇	5475	18246	13230	15	289	5	5
南部县大王镇	2033	10658	2035	3	62		
南部县黄金镇	3462	10100	10100				
南部县流马镇	2311	7797	961	48	260		
南部县建兴镇	6731	31902	31902	213	2563	9	3
南部县三官镇	3100	16564	2788	3	16		
南部县伏虎镇	2365	16497	11240	2	10		
南部县双佛镇	2956	7645	3578	45	225	21	
南部县花罐镇	3420	8236	4368				
南部县大桥镇	2755	12100	3600	50	253	5	2
南部县大河镇	2632	7950	3203	9	45	1	
南部县万年镇	2697	11171	4005	7	67		
南部县升钟镇	4670	7764	7225	24	436	2	2
南部县升水镇	2590	11572	2060	2	10	1	
南部县大坪镇	3340	10100	3850				
南部县神坝镇	4735	5218	2068	12	71	1	

续表 448　　　　(四川省)　　　　单位：公顷、人、个

名　　称	行政区域面积	常住人口	#城镇建成区	企业个数	企业从业人员	工业企业个数	#规模以上
南部县碾盘乡	2120	9988	286	11	213	3	
南部县火峰乡	2000	14923	2410	4	135	2	
南部县群龙乡	2805	10087	2685				
南部县大富乡	3325	7981	1375				
南部县碧龙乡	2705	11987	335				
南部县三清乡	2821	12187	1315				
南部县中心乡	3750	11499	400	5	70		
南部县五灵乡	2705	14970	8245	5	95	3	
南部县平桥乡	2661	14455	975	4	65	4	
南部县梅家乡	2650	10326	753	43	215		
南部县龙庙乡	1820	3561	386	5	28		
南部县马王乡	2263	7726	993	16	102		
南部县大堰乡	1710	6135	1587	22	124		
南部县窑场乡	2621	7627	7627	4	28		
南部县太华乡	1581	8655	278	5	365	5	
南部县兴盛乡	2943	13179	3672	6	30	2	1
南部县寒坡乡	2508	8486	570	5	208	1	
南部县肖家乡	1808	6320	1785	3	70		
南部县四龙乡	2185	12378	1426	31	172	1	
南部县碾垭乡	2390	8388	679	4	34	4	1
南部县千秋乡	2210	6580	1460	18	95		
南部县玉镇乡	2907	6986	285	8	10	1	
南部县小元乡	3050	6630	1564	15	167		
南部县柳驿乡	3018	13500	13500	5	32		
南部县石泉乡	3210	12086	748	3	2412	3	1
南部县雄狮乡	2250	9766	3110	20	105	1	
南部县宏观乡	3600	15890	15890	2	12	1	
南部县永庆乡	1620	4590	457	42	210		
南部县永红乡	3432	12624	2381	2	171	2	1
南部县柳树乡	3556	7878	1650	1	5	1	
南部县保城乡	4280	9082	810	2	10		
南部县双峰乡	5441	10044	1287				
南部县皂角乡	2745	8106	1630	6	30		
南部县丘垭乡	4326	6579	468				
南部县光中乡	3460	9875	9875				
南部县铁鞭乡	2901	7868	972				
南部县太霞乡	3325	7099	1308				
南部县店垭乡	4300	7569	653				
南部县桐坪乡	5280	10623	130				
南部县西河乡	2363	3507	337				
营山县朗池镇	5833	15395	5818	35	175	5	2
营山县渌井镇	3120	11170	1653	6	200	4	1
营山县东升镇	4209	17056	4871	1	6		
营山县骆市镇	5075	28830	9124	16	20	11	3
营山县黄渡镇	3022	8568	670				
营山县小桥镇	4109	19846	19846	12	217	4	
营山县灵鹫镇	3950	23121	1326	3	41		
营山县老林镇	3662	11890	5992	12	30	3	
营山县木垭镇	2509	9599	1025	4	15		
营山县消水镇	4616	10181	2411	8	72	5	

续表 449 (四川省) 单位：公顷、人、个

名称	行政区域面积	常住人口		企业个数	企业从业人员	工业企业个数	
			#城镇建成区				#规模以上
营山县双流镇	6421	20571	2097	10	63	1	
营山县绿水镇	3807	16055	5364				
营山县三兴镇	2195	7869	675				
营山县蓼叶镇	3074	5991	1090				
营山县新店镇	5336	15670	15670	18	91	2	
营山县回龙镇	4282	21230	3995	7	41	1	
营山县星火镇	4661	20288	2747	4	25	2	
营山县西桥镇	2305	9923	1835	2	11	1	
营山县城南镇	2813	17567	5009				
营山县济川镇	2931	14912	1571	25	291	4	2
营山县茶盘乡	2535	6842	1320	18	235		
营山县双溪乡	2590	10101	1019	2	12	2	
营山县带河乡	1835	7230	335	12	266	2	
营山县四喜乡	1703	8891	738	1	5		
营山县玲珑乡	1466	5216	640				
营山县涌泉乡	2729	7203	224	9	67	1	1
营山县木顶乡	2346	7145	853				
营山县清源乡	2222	7119	187				
营山县龙伏乡	2443	6820	845	2	13		
营山县双林乡	3369	7462	1932	1	20	1	
营山县明德乡	4045	7105	1210	6	30		
营山县普岭乡	2889	8516	1016	13	48	1	
营山县三元乡	2934	6075	244				
营山县太蓬乡	2705	7155	1456				
营山县柏林乡	3064	6983	2132	2	23	2	
营山县孔雀乡	2510	6635	450				
营山县合兴乡	3973	6481	2574	10	16		
营山县六合乡	1835	3618	891				
营山县悦中乡	3015	5068	982	12	32	5	
营山县高码乡	2424	4679	350	10	50		
营山县安固乡	2100	6349	1600	5	25	1	
营山县大庙乡	3432	8173	260	1	10	1	
营山县通天乡	4086	11237	1176				
营山县安化乡	2920	6012	886	2	10		
营山县法堂乡	2268	7475	1575	10	50	2	
营山县增产乡	1841	12044	573				
营山县丰产乡	1900	11252	1506	19	99	6	2
营山县清水乡	2384	6898	985	2	55	1	
营山县青山乡	2260	6071	1280				
营山县福源乡	2470	5178	780				
营山县柏坪乡	2303	3205	38				
营山县七涧乡	1570	4016	395	7	35		
营山县凉风乡	2216	4337	126				
蓬安县锦屏镇	3647	12280	4300	20	2670	5	1
蓬安县巨龙镇	2798	13348	13348	30	158		
蓬安县正源镇	2775	15780	1688	4	20		
蓬安县龙云镇	2198	7855	525	2	12		
蓬安县金溪镇	7576	19237	4880	20	193	10	1
蓬安县徐家镇	5563	22152	8653	79	556	3	
蓬安县河舒镇	4147	17742	10945	81	8630	63	41

续表 450 (四川省) 单位：公顷、人、个

名　　称	行政区域面　　积	常住人口	#城镇建成区	企业个数	企　　业从业人员	工业企业个　　数	#规模以上
蓬安县利溪镇	5223	16069	3415	6	208	4	1
蓬安县龙蚕镇	3417	11070	2300	11	98	4	
蓬安县杨家镇	4125	12517	8354	2	17	2	
蓬安县罗家镇	5354	17536	7103	21	178	7	
蓬安县福德镇	3251	17626	9826	11	112	5	1
蓬安县银汉镇	3774	12698	2568	6	49		
蓬安县兴旺镇	3052	14736	3925	6	120	3	
蓬安县相如镇	10414	149832	116891	623	25391	135	25
蓬安县高庙乡	1865	4411	3352	9	58	4	
蓬安县群乐乡	2320	8171	2306	2	11		
蓬安县长梁乡	3701	8295	653	12	102	4	
蓬安县两路乡	1530	5959	912				
蓬安县睦坝乡	3047	18366	456	5	70	1	1
蓬安县石梁乡	2294	8687	678	6	73	3	
蓬安县平头乡	2516	10442	1243	8	53		
蓬安县鲜店乡	2801	6233	1297	5	25		
蓬安县茶亭乡	2766	6869	1103	3	61	2	
蓬安县诸家乡	3141	8678	541				
蓬安县骑龙乡	1971	5072	460	1	13	1	
蓬安县金甲乡	3889	13297	1120	21	110		
蓬安县新园乡	2571	9855	4107	3	40		
蓬安县三坝乡	2443	11139	2259	7	46		
蓬安县碧溪乡	3284	8354	2072	4	69	2	
蓬安县柳滩乡	3505	12290	2546				
蓬安县石孔乡	2785	8705	1940	2	13		
蓬安县开元乡	2256	3698	397	1	7		
蓬安县新河乡	3410	11869	2857	4	20	1	
蓬安县南燕乡	3121	11960	319	8	63	1	
蓬安县天成乡	2874	11499	2235	2	10	1	
蓬安县海田乡	2888	8211	932	3	15		
蓬安县济渡乡	1687	10239	2715	2	12	1	
蓬安县凤石乡	3123	6480	1549	5	62		
仪陇县金城镇	5016	124398	75622	2937	16153	118	5
仪陇县新政镇	11546	102139	70621	1136	8673	172	29
仪陇县马鞍镇	5363	68320	38369	180	900	38	1
仪陇县永乐镇	4995	18990	2411	95	622	22	
仪陇县日兴镇	4805	35781	9880	47	298	5	
仪陇县土门镇	4678	31967	6952	28	85	26	1
仪陇县复兴镇	5311	36013	10279	56	400	8	
仪陇县观紫镇	2963	13512	5320	52	280	6	
仪陇县先锋镇	2077	9360	463	7	40	1	
仪陇县三蛟镇	2593	8013	619	23	119	8	
仪陇县回春镇	4110	17886	972	12	68	1	
仪陇县柳垭镇	4146	13019	3112	58	356	9	
仪陇县义路镇	2065	5923	2013	27	210		
仪陇县立山镇	8476	19048	8333	54	350	16	1
仪陇县三河镇	4155	14154	6483	15	80	4	
仪陇县瓦子镇	2580	5200	750	4	22	3	
仪陇县大寅镇	3392	11175	804	56	308	5	
仪陇县二道镇	4788	21158	4019	18	92	11	

续表 451　　(四川省)　　单位：公顷、人、个

名　　称	行政区域面　积	常住人口	#城镇建成区	企业个数	企　业从业人员	工业企业个　数	#规模以上
仪陇县赛金镇	2793	26500	6182	29	150	5	
仪陇县丁字桥镇	1324	7572	450	10	70	4	
仪陇县大仪镇	3229	14966	3100	12	150	2	
仪陇县张公镇	3101	16428	1268	27	86	4	
仪陇县五福镇	2478	11322	689	39	71		
仪陇县周河镇	1834	6921	1025	5	29	2	
仪陇县杨桥镇	3192	17011	5710	2	15		
仪陇县保平镇	3315	19671	1936	12	64	3	
仪陇县文星镇	3243	10954	10954	8	42	3	
仪陇县双胜镇	4420	9389	536	93	539	8	2
仪陇县度门镇	3453	8726	268	27	145	9	
仪陇县老木乡	1929	8125	400				
仪陇县檬垭乡	1793	4662	450	2	12	2	
仪陇县铜鼓乡	2661	9290	9108	14	57	6	
仪陇县中坝乡	2223	6694	532	3	10	1	
仪陇县双盘乡	1691	11185	450	5	32		
仪陇县凤仪乡	2337	8865	1358	10	56	6	
仪陇县双庆乡	1902	10800	1621	1	5	1	
仪陇县大风乡	2266	11854	1341	8	43	6	1
仪陇县福临乡	2326	8525	389	4	20	4	
仪陇县来仪乡	2372	8987	900	3	168	3	
仪陇县碧泉乡	1873	6315	352	4	104	2	
仪陇县乐兴乡	1651	9550	870	4	20	1	
仪陇县石佛乡	2649	11604	1001	6	35		
仪陇县思德乡	1983	3490	921	15	75	1	
仪陇县秋垭乡	2075	6310	1320	6	70	2	
仪陇县大罗乡	1762	4758	323	4	32		
仪陇县义门乡	2310	9650	385				
仪陇县合作乡	1498	5615	289	4	21		
仪陇县龙桥乡	2562	4851	1100				
仪陇县板桥乡	2708	5118	847	14	17	4	
仪陇县永光乡	2510	5077	5077	11	12	3	
仪陇县炬光乡	1849	4662	1040	4	10	3	
仪陇县九龙乡	2900	4754	468	10	15		
仪陇县芭蕉乡	2440	6732	515				
仪陇县灯塔乡	2657	4754	587	12	60	2	
仪陇县武棚乡	1960	10741	603	16	81		
仪陇县柴井乡	3951	15163	3141	8	65	3	
仪陇县光华乡	1797	7281	621	4	8		
西充县晋城镇	3960	135868	121415	317	27591	174	13
西充县太平镇	2760	12292	3773	19	95		
西充县大全镇	2260	6683	6683				
西充县仙林镇	2330	10635	886	1	5	1	
西充县古楼镇	3200	6392	6392	49	398		
西充县义兴镇	3700	12850	12789	4	38	1	1
西充县关文镇	2090	6293	2130	2	45	1	1
西充县凤鸣镇	2330	10389	1318	28	142	1	1
西充县青狮镇	3010	11321	3188	2	12	1	
西充县槐树镇	2800	11068	6803	26	300		
西充县鸣龙镇	3112	13205	1234	3	28	2	

续表 452　　(四川省)　　单位：公顷、人、个

名　称	行政区域面积	常住人口	#城镇建成区	企业个数	企业从业人员	工业企业个数	#规模以上
西充县双凤镇	2831	16233	8432	79	563	11	2
西充县高院镇	3128	10622	2000	13	76		
西充县仁和镇	3010	13465	4300	10	2970	3	2
西充县多扶镇	3490	49520	27888	140	8925	130	24
西充县莲池镇	2730	11000	1598	2	35		
西充县常林乡	5320	18025	18025	85	17635	38	23
西充县占山乡	4130	15300	960	1	40	1	
西充县宏桥乡	2390	4580	400	20	450	1	1
西充县金泉乡	2160	5474	3426	1	12		
西充县华光乡	2400	7086	324	20	135		
西充县金源乡	2023	3730	810	16	185	1	1
西充县岱林乡	1712	4108	336				
西充县李桥乡	2020	9325	850	6	150	1	1
西充县中岭乡	2010	7450	742	5	58	2	
西充县西碾乡	1750	6750	4550	6	165	2	
西充县紫岩乡	1920	8985	1832	9	45		
西充县复安乡	1540	4505	689				
西充县观凤乡	1860	3650	1221	32	186		
西充县青龙乡	2280	5595	5595				
西充县双洛乡	2210	6338	513				
西充县义和乡	1750	5675	831	4	26		
西充县中南乡	1368	3805	277				
西充县双江乡	1600	3710	419				
西充县凤和乡	1927	5834	586	1	182	1	1
西充县东岱乡	2140	4557	1054				
西充县同德乡	1590	3852	1150				
西充县祥龙乡	2750	15185	732	4	25		
西充县车龙乡	3370	8304	8304				
西充县扶君乡	1890	4630	352	5	31	2	
西充县东太乡	2760	9275	2684	2	10		
西充县永清乡	2500	3087	325	1	25		
西充县金山乡	1960	6170	320				
西充县罐垭乡	2790	9360	1430				
阆中市彭城镇	3370	17255	4432	5	55	3	1
阆中市双龙镇	2705	10232	4350	6	30	1	
阆中市柏垭镇	9671	29512	19134	16	87	2	1
阆中市飞凤镇	2948	9862	667	12	191		
阆中市思依镇	6171	16724	1300	5	30		
阆中市文成镇	4147	10745	5902	16	80	3	
阆中市二龙镇	5908	16435	2510	1	25	1	
阆中市石滩镇	3710	8751	1318	1	9	1	
阆中市老观镇	6450	23000	8500	10	82	2	
阆中市龙泉镇	4113	10780	1425	18	110	1	
阆中市千佛镇	6410	16925	5640	81	210	1	1
阆中市望垭镇	4625	11291	1070				
阆中市河溪镇	4795	21338	9216	28	150	12	
阆中市妙高镇	5119	10220	1260	15	88		
阆中市洪山镇	3859	14834	4625	7	89		
阆中市石龙镇	3152	14812	1167	1	30		
阆中市宝马镇	2662	7367	1179	1	65	1	1

续表 453　　(四川省)　　单位：公顷、人、个

名　称	行政区域面积	常住人口	#城镇建成区	企业个数	企业从业人员	工业企业个数	#规模以上
阆中市水观镇	5340	17761	3971	10	55	1	
阆中市金垭镇	5001	19600	1239				
阆中市玉台镇	2089	4345	906				
阆中市裕华镇	3513	9885	338	1	5		
阆中市木兰镇	2965	5318	730	2	15		
阆中市东兴镇	4302	9860	240	1	85	1	1
阆中市凉水镇	4414	10086	1610	15	78	1	
阆中市五马镇	5355	13630	490				
阆中市垭口乡	3410	5672	905	1	20	1	1
阆中市治平乡	2561	4582	393				
阆中市天宫乡	3259	7360	1273				
阆中市天林乡	3860	8706	468				
阆中市枣碧乡	2876	5886	590				
阆中市北门乡	2564	5332	320				
阆中市桥楼乡	3494	4119	340				
阆中市河楼乡	3966	6530	192				
阆中市清泉乡	2300	3427	401				
阆中市博树回族乡	2348	3900	518	21	35	3	
阆中市解元乡	2666	5011	1234				
阆中市西山乡	2605	9065	780	3	16		
阆中市方山乡	2995	5562	480				
阆中市金子乡	3531	6371	297	6	30		
阆中市三庙乡	1834	5773	616	3	15		
阆中市峰占乡	3269	10115	1800				
阆中市鹤峰乡	2720	6080	560	10	50		
阆中市金城乡	2148	2874	468				
阆中市朱镇乡	2156	7372	1261				
阆中市宝台乡	3039	7678	750				
阆中市福星乡	2427	10141	582				
东坡区白马镇	3733	14934	2855	47	1184	29	1
东坡区象耳镇	2239	10546	9120	67	9835	40	32
东坡区太和镇	4025	31647	5716	77	5364	45	12
东坡区悦兴镇	5267	23754	5576	19	1302	16	2
东坡区尚义镇	6227	38582	1065	140	6400	68	16
东坡区多悦镇	7644	32113	6528	36	1234	16	
东坡区秦家镇	8444	29514	793	26	726	9	1
东坡区万胜镇	7139	23727	3210	40	2180	13	3
东坡区崇仁镇	7544	26483	771	37	3600	18	5
东坡区思蒙镇	7572	39252	17210	45	2640	35	6
东坡区修文镇	9393	38676	30204	114	25917	74	31
东坡区松江镇	5706	33747	33747	163	4761	58	22
东坡区崇礼镇	5481	35834	1201	67	1125	52	40
东坡区富牛镇	5437	27643	1080	38	955	4	
东坡区永寿镇	4761	42276	6612	28	553	17	4
东坡区三苏镇	8539	27207	1570	118	887	20	
东坡区广济乡	6559	17986	908	10	235	5	
东坡区盘鳌乡	7619	13748	1722	15	1024	3	
东坡区土地乡	3539	11314	759	4	46		
东坡区复盛乡	2958	11348	1377	20	678	11	1
东坡区复兴乡	2944	17543	1187	6	80	6	

续表 454　　　　　　　　　　　(四川省)　　　　　　　　　　　单位：公顷、人、个

名　　称	行政区域面　　积	常住人口	#城镇建成区	企业个数	企　　业从业人员	工业企业个　　数	#规模以上
东坡区金花乡	3235	13257	1002	12	184	3	1
东坡区柳圣乡	2270	10378	685	1	10	1	
彭山区武阳镇	2897	14058	800	77	2056	73	9
彭山区江口镇	4939	16192	1362	19	190	6	
彭山区公义镇	4031	22852	18320	23	115	13	1
彭山区牧马镇	2800	17574	3300	9	148	5	
彭山区谢家镇	4784	24063	5381	107	682	15	2
彭山区黄丰镇	4038	15740	1780	8	65	4	
彭山区观音镇	2670	24806	3500	336	3445	336	24
彭山区青龙镇	4379	42056	19275	382	26954	85	61
彭山区保胜乡	3495	12979	2573	25	216	14	
彭山区义和乡	3518	14321	87	180	1258	5	2
彭山区锦江乡	3673	11556	387	6	160	6	1
仁寿县文宫镇	5952	24052	11725	166	835	13	
仁寿县禾加镇	2649	13825	8753	6	236	4	1
仁寿县龙马镇	4266	19927	4297	15	98	14	1
仁寿县方家镇	4615	15053	3008	25	264	4	
仁寿县文林镇	9702	211719	180720	1290	72393	182	26
仁寿县大化镇	6625	21009	6471	17	485	10	3
仁寿县高家镇	5823	15252	3525	9	55	7	
仁寿县中农镇	2872	13285	2045				
仁寿县禄加镇	5429	23800	6106	50	310	14	
仁寿县宝飞镇	4319	20798	5710	7	273	5	3
仁寿县彰加镇	5102	22478	7024	98	500	5	1
仁寿县慈航镇	6047	18500	8909	126	641	40	1
仁寿县汪洋镇	7269	43350	31505	245	7580	28	27
仁寿县钟祥镇	5258	24500	7512	39	1310	8	1
仁寿县始建镇	5348	24818	2558	4	58	2	
仁寿县满井镇	6414	25021	4632	462	2192	53	4
仁寿县富加镇	7092	50121	35308	961	5768	36	4
仁寿县龙正镇	5774	21259	18325	76	4987	42	15
仁寿县黑龙滩镇	15050	38906	4210	250	2115	1	
仁寿县清水镇	6528	20137	7563	107	1422	49	
仁寿县视高镇	5004	44553	44553	305	1611	160	53
仁寿县北斗镇	5234	30788	3146	20	578	8	
仁寿县兴盛镇	3649	13315	1708	132	8354	121	18
仁寿县观寺镇	3808	18836	1982	15	555	2	
仁寿县宝马镇	5396	20986	608	33	170	33	3
仁寿县珠嘉镇	5302	21755	8310	206	1123	6	
仁寿县四公镇	3562	10021	1489	12	149	4	
仁寿县曹家镇	6125	18032	1546	35	186		
仁寿县天峨镇	4749	13047	1002	18	40	17	2
仁寿县中岗镇	3832	15982	1933	3	45	1	
仁寿县向家镇	3010	12230	1005	4	42	2	
仁寿县识经镇	2934	12012	2849	4	147	3	
仁寿县曲江镇	3621	13020	2103	5	179	2	
仁寿县玉龙镇	2159	10743	1890	3	30	1	
仁寿县元通镇	3076	15574	1500	1	30		
仁寿县里仁镇	3678	12218	1456	11	93	1	
仁寿县农旺镇	3914	17658	428	2	12	1	

续表 455　　(四川省)　　单位：公顷、人、个

名　称	行政区域面积	常住人口	#城镇建成区	企业个数	企业从业人员	工业企业个数	#规模以上
仁寿县虞丞乡	3734	4884	457	26	152		
仁寿县青岗乡	2946	9421	865	1	6		
仁寿县古佛乡	2259	12641	451	26	98	3	
仁寿县板燕乡	2276	10564	760	10	42	1	
仁寿县石咀乡	2096	11590	1590				
仁寿县藕塘乡	2046	9240	512	4	75	3	
仁寿县合兴乡	1751	8040	286	3	68	1	
仁寿县促进乡	1953	6046	166				
仁寿县鸭池乡	1914	6414	1383				
仁寿县双堡乡	3080	12265	163	11	221	6	
仁寿县河口乡	2329	9574	512				
仁寿县板桥乡	1954	8301	374	1	15		
仁寿县兆嘉乡	2248	7287	302	1	28	1	
仁寿县鳌陵乡	3847	8424	201	2	15		
仁寿县龙桥乡	5890	17620	2125	30	121	3	
仁寿县城堰乡	4016	8428	265	5	62		
仁寿县谢安乡	3303	10765	1108	11	85	2	
仁寿县新店乡	2784	15210	552	15	20		
仁寿县凤陵乡	3326	13765	354				
仁寿县涂加乡	3225	9631	331	3	52	3	
仁寿县松峰乡	3108	9314	160	4	130	3	
仁寿县景贤乡	4311	6048	251	2	14		
仁寿县洪峰乡	5213	12131	1315	24	120	1	
洪雅县止戈镇	4468	19558	2720	36	2155	21	8
洪雅县三宝镇	3787	12644	2537	25	416	14	2
洪雅县花溪镇	8303	14277	1811	10	135	4	
洪雅县洪川镇	7924	80986	60653	301	9315	65	16
洪雅县余坪镇	10315	33479	2307	34	226	20	2
洪雅县槽渔滩镇	8296	18564	2081	60	1732	24	
洪雅县中保镇	6787	18159	6312	11	336	8	1
洪雅县东岳镇	10609	21336	3249	32	968	9	
洪雅县柳江镇	15987	14960	5677	68	2138	26	
洪雅县高庙镇	22939	15326	3675	69	961	5	1
洪雅县瓦屋山镇	69426	16020	4236	284	3380	80	1
洪雅县中山乡	4013	12405	2199	7	62	4	
洪雅县将军乡	5449	18290	8876	42	5500	16	11
洪雅县汉王乡	7084	8769	1324	3	145	1	
洪雅县桃源乡	4366	4312	4103				
丹棱县仁美镇	3225	14602	1414	10	85	5	
丹棱县丹棱镇	6032	45306	22870	400	8425	112	16
丹棱县杨场镇	9082	27060	1684	51	5374	42	18
丹棱县双桥镇	8797	26841	1277	12	121	3	3
丹棱县张场镇	9780	21323	1760	13	102		
丹棱县石桥乡	2259	3835	421	3	28	1	
丹棱县顺龙乡	5689	7533	205	5	65	2	
青神县汉阳镇	2161	6500	1032	24	290	4	
青神县河坝子镇	2564	6700	586	34	590		
青神县南城镇	1944	17000	6503	130	3120	55	11
青神县青城镇	1239	58573	58573	685	17035	110	10
青神县瑞峰镇	4917	9400	1809	71	415	10	1

续表 456　　(四川省)　　单位：公顷、人、个

名称	行政区域面积	常住人口	#城镇建成区	企业个数	企业从业人员	工业企业个数	#规模以上
青神县黑龙镇	3100	20100	1332	173	8510	57	16
青神县西龙镇	7540	17700	1945	87	3052	31	7
青神县高台乡	2032	8400	260	38	205	2	
青神县白果乡	8230	14706		47	1170	8	1
青神县罗波乡	4954	9100	982	34	431	12	2
翠屏区南广镇	8222	28287	28287	29	3584	22	8
翠屏区李庄镇	6720	31256	9786	143	1120	22	4
翠屏区菜坝镇	4473	28772	14120	301	12021	39	5
翠屏区金坪镇	7820	21150	3118	25	1019	15	1
翠屏区高店镇	4178	12443	2689	1	95	1	1
翠屏区牟坪镇	5247	18425	1365	2	14	2	
翠屏区李端镇	5090	21667	2711	65	328	4	1
翠屏区邱场镇	8905	18448	2312	56	3645	4	1
翠屏区宗场镇	7220	16657	4035	75	376	5	
翠屏区宋家镇	5816	19612	2735	21	394	9	7
翠屏区明威镇	6667	12572		185	1909	7	1
翠屏区凉姜镇	4392	13327	1350	160	1020	1	
翠屏区思坡镇	10598	19415		12	475	10	6
南溪区刘家镇	5528	20115	1603	72	959	10	1
南溪区江南镇	4152	11498	925	56	746	3	
南溪区大观镇	7605	36243	5590	136	2717	12	3
南溪区汪家镇	3988	9796	530	40	541	2	1
南溪区黄沙镇	3847	8899	650	44	586	9	1
南溪区仙临镇	6598	20355	513	69	871	3	
南溪区长兴镇	3713	21007	1120	58	1365	9	1
南溪区裴石镇	3263	14765	3560	75	1052	16	7
南溪区马家乡	5157	7368					
南溪区大坪乡	2767	4425					
南溪区石鼓乡	2759	9991		21	610	2	1
南溪区林丰乡	3303	4298		3	40	1	
南溪区留宾乡	2767	14166	2595	5	25	2	
宜宾县柏溪镇	5167	136600	72777	1042	55057	79	41
宜宾县喜捷镇	9289	27900	6904	72	2035	19	4
宜宾县观音镇	24192	61600	24585	92	1532	15	10
宜宾县横江镇	9874	20800	7049	15	220	5	1
宜宾县永兴镇	11457	28800	9183	44	334	4	3
宜宾县白花镇	13828	36700	9880	35	665	2	2
宜宾县柳嘉镇	17844	35600	12010	29	223	2	1
宜宾县泥溪镇	13048	30900	4516	59	1573	13	3
宜宾县蕨溪镇	21493	40400	13328	102	1342	18	7
宜宾县商州镇	16360	16100	4850	15	120	2	
宜宾县高场镇	9780	28700	9261	63	2455	11	5
宜宾县安边镇	5962	17500	9050	49	1615	8	6
宜宾县双龙镇	15899	37700	6784	20	172	5	
宜宾县李场镇	13697	29800	2891	23	390	2	1
宜宾县合什镇	8921	16100	419	18	462	4	4
宜宾县古罗镇	9699	17800	2758	18	466	4	3
宜宾县孔滩镇	10036	44600	10500	56	5698	5	4
宜宾县复龙镇	8364	20300	3874	20	295	4	
宜宾县普安镇	9102	26200	4004	43	1401	9	7

续表 457 (四川省) 单位：公顷、人、个

名　　称	行政区域面积	常住人口	#城镇建成区	企业个数	企业从业人员	工业企业个数	#规模以上
宜宾县双谊镇	12207	14700	13662	40	1424	11	2
宜宾县古柏镇	7787	18900	3689	14	225	3	2
宜宾县王场镇	5413	21300	2014	15	196	3	
宜宾县泥南镇	6324	13300	1062	11	97	4	1
宜宾县隆兴乡	13379	15900	1412	13	138	3	
宜宾县龙池乡	6674	7500	942	13	113	3	1
宜宾县凤仪乡	8177	13100	2360	9	507	3	1
江安县江安镇	5604	70854	70854	703	19850	38	9
江安县红桥镇	4851	23796	8695	31	885	14	
江安县桐梓镇	6006	30350	1521	26	1196	21	5
江安县井口镇	2511	16838	4519	13	1573	13	4
江安县怡乐镇	8169	24987	3802	21	392	7	5
江安县留耕镇	4754	19877	4251	10	212	5	2
江安县底蓬镇	5557	32275	8216	2	20	2	
江安县五矿镇	2100	16138	1128	25	1347	25	6
江安县迎安镇	4234	18919	2667	1	5	1	
江安县夕佳山镇	3267	17294	2084	6	72	6	
江安县水清镇	2389	13823	5687	21	382	7	2
江安县铁清镇	5255	32661	7836	9	613	4	1
江安县四面山镇	6454	20781	3897	17	1871	12	4
江安县大井镇	6542	14102	1382	18	1913	4	4
江安县阳春镇	4831	22653	1867	103	6325	24	20
江安县大妙乡	3122	12000		11	60	3	
江安县蟠龙乡	4507	18384		6	988	5	2
江安县仁和乡	9248	11003		10	216	1	1
长宁县长宁镇	9220	110413	69304	545	24822	51	23
长宁县梅硐镇	7775	14253	4926	36	348	4	
长宁县双河镇	8687	18955	7512	80	3185	32	8
长宁县硐底镇	5123	15601	2859	42	248	21	2
长宁县花滩镇	5235	12592	4895	19	215	7	
长宁县竹海镇	10196	22958	9108	70	511	11	3
长宁县老翁镇	5987	17762	3161	17	125	8	2
长宁县古河镇	5651	13695	3864	33	702	6	1
长宁县下长镇	5444	19814	5314	73	2018	16	4
长宁县龙头镇	5868	18390	7686	34	489	5	4
长宁县开佛镇	3388	10907	2564	50	1838	15	10
长宁县铜鼓镇	3335	10496	1245	17	625	12	3
长宁县井江镇	4328	10220	2282	8	57	6	
长宁县铜锣乡	3543	7787		6	40	4	
长宁县桃坪乡	3214	7284		25	135	4	
长宁县三元乡	3461	10737		5	85	3	1
长宁县富兴乡	4850	9160		14	255	12	
长宁县梅白乡	4313	14521		11	55	8	1
高县文江镇	15396	71739	34565	187	8828	44	9
高县庆符镇	13702	58237	22957	364	4032	47	13
高县沙河镇	11052	42867	7975	49	250	23	3
高县嘉乐镇	4813	13689	415	4	36	1	
高县大窝镇	7309	20470	3060	7	56	1	
高县罗场镇	6938	21251	5125	30	1452	15	2
高县蕉村镇	8572	26714	9908	34	513	5	2

续表 458　　(四川省)　　单位：公顷、人、个

名　称	行政区域面积	常住人口	#城镇建成区	企业个数	企业从业人员	工业企业个数	#规模以上
高县可久镇	8787	15122	1887	13	102	8	
高县来复镇	5270	18632	4091	21	691	3	2
高县月江镇	8300	28422	5693	68	2572	45	16
高县胜天镇	8408	12465	3415	3	16	2	1
高县复兴镇	5540	13875	1123	24	124	5	1
高县趲滩乡	2036	3778		1	6	1	
高县羊田乡	3043	10452	2141	12	485	7	2
高县落润乡	5916	13449	1255	14	172	6	
高县潆溪乡	4094	7581		3	15	2	
高县庆岭乡	3369	13351	867	8	96	2	
高县双河乡	3368	9127		19	851	10	3
高县四烈乡	6087	13216		22	833	10	3
珙县珙泉镇	10293	41260	23487	148	3864	102	8
珙县巡场镇	10722	124722	52216	701	10645	53	33
珙县孝儿镇	7583	27514	4940	56	2441	10	1
珙县底洞镇	12670	22181	1849	34	182	29	8
珙县上罗镇	11655	28911	9412	17	98	5	5
珙县洛表镇	8112	28150	3812	10	55	7	1
珙县洛亥镇	6415	20337	1022	19	248	19	4
珙县王家镇	10135	16148	2530	7	35	3	
珙县沐滩镇	4724	12364	2129	2	25	1	
珙县下罗镇	5597	16725	513	9	75	2	
珙县曹营镇	4487	10176	1589	6	49	1	
珙县恒丰乡	4912	8922	335	11	65	1	
珙县仁义乡	3795	10515		2	11	1	
珙县玉和苗族乡	2496	5918		2	15	2	
珙县罗渡苗族乡	4095	13257		15	300	1	1
珙县石碑乡	4717	8092		14	70	13	2
珙县观斗苗族乡	2035	5143		4	631	2	2
筠连县筠连镇	13141	91194	59810	260	2885	71	9
筠连县腾达镇	9831	20363	1855	24	165	11	2
筠连县巡司镇	8817	36947	31572	20	568	14	9
筠连县双腾镇	8723	16838	1042	24	178	10	1
筠连县沐爱镇	7936	26461	5424	13	614	10	2
筠连县维新镇	7235	18817	3365	44	4215	12	3
筠连县镇舟镇	6318	15709	1159	85	2858	16	5
筠连县蒿坝镇	9791	14186	1138	7	101	7	1
筠连县大雪山镇	9028	16736	997	31	449	31	2
筠连县武德乡	10062	20913		24	413	18	1
筠连县塘坝乡	3167	7030		6	263	3	1
筠连县龙镇乡	6698	6818		2	16	2	
筠连县孔雀乡	5419	6006		6	30	1	
筠连县乐义乡	4440	10507		27	359	16	
筠连县高坎乡	3236	4799		3	180	3	
筠连县团林苗族乡	4622	5745		11	80	4	
筠连县联合苗族乡	3891	7926	59	2	10	1	
筠连县高坪苗族乡	3279	5705		11	326	3	2
兴文县古宋镇	15640	106398	57875	298	9726	24	18
兴文县僰王山镇	14696	39419	9878	105	2385	34	4
兴文县共乐镇	5497	34751	3003	23	996	11	4

续表 459　　（四川省）　　单位：公顷、人、个

名　　称	行政区域面积	常住人口	#城镇建成区	企业个数	企业从业人员	工业企业个数	#规模以上
兴文县莲花镇	7537	19230	1034	30	690	13	2
兴文县九丝城镇	12904	19005	1244	16	81	9	
兴文县石海镇	8136	12384	1219	65	1330	26	3
兴文县太平镇	6430	20796	2909	126	2826	18	8
兴文县周家镇	6224	7899	428	103	3682	9	3
兴文县五星镇	4827	20116	5488	72	1120	9	3
兴文县玉屏镇	2524	7808	1648	10	286	5	2
兴文县大坝苗族乡	12797	25529	6502	57	606	16	1
兴文县毓秀苗族乡	5972	5056	215	37	113	4	
兴文县大河苗族乡	12505	28385	1145	79	1671	22	7
兴文县麒麟苗族乡	11413	28445	1365	24	315	18	2
兴文县仙峰苗族乡	10887	11479	401	37	5767	24	5
屏山县锦屏镇	9159	22125	2196	34	1669	20	
屏山县新市镇	15103	19403	2021	11	83	2	
屏山县中都镇	14283	24194	8112	14	235	9	2
屏山县龙华镇	12166	13713	1532	6	91	1	
屏山县大乘镇	10813	20628	7436	43	484	2	
屏山县富荣镇	11142	10093	2643	16	200	9	
屏山县新安镇	13504	17173	4531	25	135	5	1
屏山县书楼镇	11790	20421	6985	49	294	18	
屏山县屏山镇	8636	57755	31275	924	18489	94	38
屏山县鸭池乡	6284	12008	3256	11	316	6	
屏山县龙溪乡	5794	6302		7	215	1	
屏山县太平乡	6819	10016	1434	81	394	10	1
屏山县夏溪乡	7089	7334		5	45	3	1
屏山县屏边彝族乡	9388	8410		2	141	2	1
屏山县清平彝族乡	8420	6728		10	101	4	
广安区枣山镇	3292	33456	2670	153	2539	10	4
广安区官盛镇	1594	5435	2271	6	217	4	1
广安区协兴镇	3640	22519	7909	93	1128	9	5
广安区浓溪镇	2883	10691	952	11	182	4	1
广安区悦来镇	4094	13526	2679	2	32		
广安区兴平镇	3594	7954	1072	13	42	11	
广安区井河镇	5130	14502	2326	6	149	3	
广安区花桥镇	4857	25120	12721	5	38	4	1
广安区龙台镇	6890	20105	1593	10	123	5	2
广安区肖溪镇	6181	18245	2332	4	53	1	
广安区恒升镇	4984	13644	13275	10	144	4	1
广安区石笋镇	5903	19671	11702	3	25	2	
广安区白市镇	3523	12660	2448	4	16	1	
广安区大安镇	2712	9568	3988	3	251	2	
广安区穿石乡	1422	7951	86	4	82	4	1
广安区广门乡	2334	7740	1452	8	82	3	1
广安区广罗乡	1714	7325	638	1	6		
广安区方坪乡	2857	17015	1622	7	56	2	1
广安区化龙乡	2428	9991	683	9	42	1	
广安区大龙乡	2712	11925	1544	2	69	1	
广安区崇望乡	2261	4559	830	4	168	2	
广安区龙安乡	1733	6284	1371	2	34		
广安区彭家乡	1887	7784	798	8	52	2	

续表 460 (四川省) 单位：公顷、人、个

名称	行政区域面积	常住人口	#城镇建成区	企业个数	企业从业人员	工业企业个数	#规模以上
广安区杨坪乡	2240	8915	670	1	15		
广安区郑山乡	3887	3759	1422	1	6		
广安区蒲莲乡	2878	5676	570				
广安区大有乡	2004	11197	365	6	10	1	
广安区消河乡	1867	10526	109	8	127	6	
广安区东岳乡	3261	12456	1126				
广安区苏溪乡	2502	3559	894	1	20		
广安区白马乡	2468	8855	964	2	30	1	
前锋区桂兴镇	9183	11271	868	17	1164	12	8
前锋区观阁镇	3238	22433	9522	13	174	3	
前锋区广兴镇	1631	6923	698	1	6		
前锋区代市镇	7028	62815	28857	75	2519	21	3
前锋区观塘镇	4927	25196	4264	40	488	9	
前锋区护安镇	3040	15893	1983	56	1757	11	3
前锋区龙滩镇	3648	5960	1002	23	418	7	
前锋区虎城镇	3543	17511	234	6	49	2	
前锋区小井乡	3618	14406	133	10	354	5	
前锋区光辉乡	3890	6230	240	8	96	2	1
岳池县九龙镇	7052	133949	132467	1027	50629	127	58
岳池县花园镇	5138	27208	14762	12	769	9	
岳池县坪滩镇	4324	29740	14000	15	148	5	
岳池县龙孔镇	3621	14186	1655	2	22	2	
岳池县镇裕镇	2143	12242	3650	2	54	1	
岳池县白庙镇	6261	23124	3283	15	341	2	
岳池县西溪镇	3829	16692	10689	6	110	3	1
岳池县同兴镇	2728	11406	4520	7	165	2	1
岳池县兴隆镇	6130	14997	1375	10	206	4	
岳池县秦溪镇	5062	8504	912	5	26		
岳池县顾县镇	5762	31220	19089	15	584	7	1
岳池县苟角镇	6851	31091	8340	10	120	3	
岳池县天平镇	6459	19397	542	2	19		
岳池县石垭镇	4581	36212	11560	45	6127	17	6
岳池县乔家镇	3623	18135	685	8	320	3	
岳池县罗渡镇	2620	22510	8887	23	1141	8	6
岳池县裕民镇	4122	20478	2343	5	75	1	
岳池县中和镇	3469	18837	2379	6	41	1	
岳池县新场镇	4120	18711	2746	4	28	1	
岳池县普安镇	4267	19806	7500	5	223	4	2
岳池县赛龙镇	2405	14653	3480	3	20		
岳池县临溪镇	1885	14020	1869	2	30	1	
岳池县朝阳乡	1742	11812	385	7	58		
岳池县北城乡	1889	10135	109	3	29	1	
岳池县镇龙乡	1952	10147	399	1	25		
岳池县粽粑乡	3133	14182	1100	3	60	2	
岳池县排楼乡	2262	11089	1596	1	5		
岳池县西板乡	3212	16943	520	6	37	2	
岳池县嘉陵乡	1613	4181	379	3	75	1	1
岳池县石鼓乡	1560	8856	249	2	30	1	
岳池县平安乡	1667	7601	791	1	6	1	
岳池县恐龙乡	2352	10159	1070				

续表 461　　(四川省)　　单位：公顷、人、个

名　　称	行政区域面积	常住人口	#城镇建成区	企业个数	企业从业人员	工业企业个数	#规模以上
岳池县团结乡	2184	5704	282	1	23		
岳池县黄龙乡	3001	7032	1183				
岳池县双鄢乡	2797	2808	759	1	15	1	
岳池县东板乡	2301	6901	398				
岳池县长田乡	2277	6962	80	2	16		
岳池县鱼峰乡	3434	9416	1414	3	48	1	
岳池县大石乡	1914	11870	1130	4	23	3	
岳池县花板乡	1838	10677	179	3	63	3	
岳池县大佛乡	2544	16122	1062	3	17	2	
岳池县齐福乡	3144	12594	362	9	158	3	1
岳池县伏龙乡	4611	29893	1086	2	11		
武胜县沿口镇	6870	132621	116453	432	36305	79	51
武胜县中心镇	6231	26412	4687	9	436	9	9
武胜县烈面镇	4910	32321	16670	26	447	7	
武胜县飞龙镇	2798	17665	8978	8	568	6	1
武胜县乐善镇	3318	18812	4287	8	57	4	
武胜县万善镇	2395	16105	5768	10	136	3	1
武胜县龙女镇	4534	24309	1025	6	60	2	1
武胜县三溪镇	3196	12302	1256	6	30	6	
武胜县赛马镇	4144	24237	6141	3	17	2	
武胜县胜利镇	4192	25320	1291	2	17		
武胜县金牛镇	2869	17638	3337	6	172	5	
武胜县清平镇	3580	12411	384	1	55	1	
武胜县街子镇	3189	15725	4688	37	2016	26	17
武胜县万隆镇	2187	20981	10596	8	279	4	1
武胜县礼安镇	2447	10098	878	1	6	1	1
武胜县华封镇	3292	19792	1196	7	36	5	2
武胜县宝箴塞镇	2657	16652	2016	2	52		
武胜县鸣钟乡	3148	14923	571	51	412	4	2
武胜县真静乡	1856	7511	715	1	95		
武胜县猛山乡	2232	9032	830	3	22	1	
武胜县双星乡	2540	11033	344	8	354	5	3
武胜县龙庭乡	1938	7298	463				
武胜县石盘乡	3458	15018	2911	2	12	1	
武胜县旧县乡	2264	10201	124	3	16	3	3
武胜县鼓匠乡	2631	11573	1836	6	103	6	1
武胜县白坪乡	2854	14392	14081	4	25		
武胜县永胜乡	1781	5324	240	3	22	2	
武胜县新学乡	2257	9917	397	2	10	1	
武胜县金光乡	2412	10928	361	2	10		
武胜县八一乡	1631	8933	720	1	6		
武胜县高石乡	1807	7120	467	1	5		
邻水县鼎屏镇	784	137374	137374	814	12955	49	8
邻水县城北镇	9741	29943	9722	33	205	17	
邻水县城南镇	6208	32149	8097	211	17251	134	69
邻水县柑子镇	5019	12813	3350	8	835	3	1
邻水县龙安镇	5461	11490	3594	15	415	6	1
邻水县观音桥镇	6404	16979	5008	16	99	4	1
邻水县牟家镇	3416	13922	2869	10	135	3	
邻水县合流镇	4229	13114	5081	10	568	5	1

续表 462　　(四川省)　　单位：公顷、人、个

名　　称	行政区域面积	常住人口	#城镇建成区	企业个数	企业从业人员	工业企业个数	#规模以上
邻水县坛同镇	6415	25892	4689	17	135	4	
邻水县高滩镇	6735	20285	3233	44	2589	30	9
邻水县九龙镇	6632	47095	20137	43	435	16	
邻水县御临镇	6140	14413	3137	11	64	1	
邻水县袁市镇	2874	17433	5628	16	96	3	
邻水县丰禾镇	6803	51115	22397	78	3857	25	5
邻水县八耳镇	4677	9684	3543	17	89	8	
邻水县石永镇	4894	21670	5569	5	56	2	
邻水县兴仁镇	6203	14289	4661	16	75	3	
邻水县王家镇	5255	13777	6010	15	187		
邻水县石滓镇	4779	10583	563	16	735	6	1
邻水县三古镇	4408	10586	300	8	75	1	
邻水县两河镇	2361	7627	466	8	63		
邻水县太和乡	5644	11016	622	4	35	2	
邻水县新镇乡	2917	4787	381	8	50		
邻水县冷家乡	4029	5792	440	3	56		
邻水县长安乡	4605	10345	369	4	63	2	
邻水县西天乡	4507	8014	537	4	75	2	
邻水县梁板乡	4828	8559	274	8	398	1	1
邻水县甘坝乡	3815	6031	245	11	147	2	
邻水县四海乡	3575	6773	365	20	1916	8	3
邻水县九峰乡	3434	4029	180	4	38	1	
邻水县椿木乡	3070	6217	192	4	35	2	
邻水县华蓥乡	3254	2359	537	3	32	3	
邻水县子中乡	3552	8227	337	3	26	1	
邻水县风垭乡	2128	5863	202	2	22	1	
邻水县黎家乡	5318	8045	322	14	385	5	
邻水县龙桥乡	2931	11539	392	5	75	1	
邻水县关河乡	3169	7187	490	1	11		
邻水县长滩乡	1958	8089	302	1	5		
邻水县凉山乡	4223	5219	493	8	206	1	
邻水县复盛乡	3552	12655	599	10	75	5	
邻水县古路乡	3109	5795	350	2	18		
邻水县荆坪乡	2029	7408	350				
邻水县柳塘乡	1827	9380	549	5	45		
邻水县护邻乡	2522	7869	301				
邻水县同石乡	1307	4569	218	4	28		
华蓥市天池镇	3905	13517	10422	21	1254	12	2
华蓥市禄市镇	2685	18733	4062	29	366	12	3
华蓥市永兴镇	2496	23566	4223	13	762	6	1
华蓥市明月镇	2990	16345	3494	2	99		
华蓥市阳和镇	3959	19975	1854	31	592	9	2
华蓥市高兴镇	3585	18251	4227	26	1621	7	3
华蓥市观音溪镇	4983	14738	7521	16	1725	12	4
华蓥市溪口镇	5405	20014	18905	56	492	27	17
华蓥市庆华镇	4481	22631	6297	21	2803	17	7
华蓥市红岩乡	3630	1896	262	4	240	1	
通川区西外镇	2239	32550	10912	42	325	11	7
通川区北外镇	4185	32287	14880	105	3646	27	6
通川区罗江镇	5123	16264	7930	64	132	1	

续表 463　　　　　　　　　　（四川省）　　　　　　　　　　单位：公顷、人、个

名　称	行政区域面　积	常住人口	#城镇建成区	企业个数	企　业从业人员	工业企业个　数	#规模以上
通川区蒲家镇	5382	29998	8527	18	374	3	
通川区复兴镇	4069	26350	7042	48	1182	38	15
通川区双龙镇	4682	15203	3946	27	843	17	1
通川区魏兴镇	1941	16560	2097	18	710	12	7
通川区江陵镇	6933	15923	5522	2	11	2	
通川区碑庙镇	6020	21625	5637	11	92		
通川区磐石镇	7514	19563	781	49	1287	38	5
通川区东岳镇	3467	12190	4165	18	1325	18	4
通川区梓桐镇	2980	4922	542	6	14	1	
通川区北山镇	5480	20352	3235	7	35	2	
通川区金石镇	6150	16570	2752				
通川区新村乡	3339	6277	1272	7	35		
通川区檬双乡	2450	6581	705				
通川区龙滩乡	3750	8890	860				
通川区安云乡	6450	11410	2960	2	71	1	
通川区青宁乡	3870	11330	3124	6	35		
达川区亭子镇	6497	37259	10116	104	1021	14	3
达川区福善镇	4060	9957	3216	1	268	1	1
达川区麻柳镇	4902	30568	11055	52	960	7	3
达川区檀木镇	3815	12768	2160	2	35	2	2
达川区大树镇	7387	29348	5343	47	1285	15	2
达川区南岳镇	4224	18670	951	34	180	2	
达川区万家镇	7246	35066	3479	5	136	5	1
达川区景市镇	8625	18365	7750	28	1720	11	4
达川区百节镇	3533	11812	2365	14	1315	7	4
达川区赵家镇	3440	16633	9020	97	566	4	1
达川区河市镇	4433	29376	12361	84	483	5	4
达川区石板镇	2783	7698	6739	156	1700	23	3
达川区金垭镇	2817	7124	2633	29	155	2	
达川区渡市镇	6384	20573	7850	55	460	3	
达川区管村镇	3684	19683	1225	28	152	8	2
达川区石梯镇	5270	31619	10394	265	2769	45	
达川区石桥镇	5584	27200	7526	3	52	1	
达川区堡子镇	6359	20132	2488				
达川区平滩镇	4151	13265	856	14	320	12	1
达川区马家镇	3470	12198	1940	45	1310	19	4
达川区双庙镇	5217	23177	3100	51	652	8	
达川区金檀镇	2800	10322	1252	45	500	5	1
达川区赵固镇	4780	14462	1370	37	188		
达川区桥湾镇	6396	18896	2708	22	196	20	
达川区木子镇	3350	16035	921	1	6		
达川区大堰镇	4903	9575	1421	29	210	3	
达川区五四镇	2500	11082	1257	68	345	3	
达川区罐子镇	4170	16210	3560	65	980	1	
达川区九岭镇	3601	10068	705	29	150	5	
达川区大风乡	3580	8088	1053	22	145	15	
达川区江阳乡	3259	10772	3609	13	100	2	1
达川区东兴乡	3523	17625	2535	18	90	1	
达川区安仁乡	2925	10303	517	5	31	1	
达川区葫芦乡	2849	4806	244	19	114	2	

续表 464 (四川省) 单位：公顷、人、个

名　　称	行政区域面　　积	常住人口	#城镇建成区	企业个数	企　　业从业人员	工业企业个　　数	#规模以上
达川区大滩乡	2459	8866	350	1	259	1	1
达川区花红乡	2875	9805	413	1	6	1	
达川区黄庭乡	3301	5321	215	7	85	1	
达川区黄都乡	3149	9840	731	8	120	1	1
达川区碑高乡	3580	9352	490	11	115	1	1
达川区陈家乡	3295	13036	743	5	342	1	
达川区龙会乡	3330	13905	3680	3	48	3	
达川区申家乡	3663	7342	1139	15	124	1	
达川区草兴乡	2412	8602	559	21	105	3	
达川区木头乡	1685	9082	477	2	70	1	1
达川区银铁乡	2072	6982	1250	4	5		
达川区沿河乡	3287	8510	900	3	7	1	
达川区香隆乡	2520	4150		1	12	1	
达川区永进乡	3159	14023	3560				
达川区洛车乡	3048	9380	230	1	8	1	
达川区道让乡	2579	6203	1117				
达川区虎让乡	4022	10221	1364	7	36	1	
达川区米城乡	2961	9851	475	7	35	1	
宣汉县东乡镇	14090	172098	160645	485	9613	93	14
宣汉县君塘镇	5773	12367	1882	3	18	2	
宣汉县清溪镇	10215	30938	5893	10	85	7	
宣汉县普光镇	8347	19985	4052	16	1458	11	3
宣汉县天生镇	6171	17436	3483	10	278	2	2
宣汉县柏树镇	5813	17926	4315	6	30	2	
宣汉县芭蕉镇	11074	20748	3829	5	131	2	1
宣汉县南坝镇	14342	95569	68847	46	391	24	5
宣汉县五宝镇	7066	21048	12982	1	35	1	1
宣汉县峰城镇	8595	17086	10318	6	153	6	
宣汉县土黄镇	10244	28208	12000	8	60	2	1
宣汉县华景镇	11230	22759	4400	58	390	1	
宣汉县樊哙镇	11465	19508	3634	5	2250	4	3
宣汉县新华镇	16743	18408	2802	2	11	2	
宣汉县黄金镇	11257	21755	5238	5	98	4	
宣汉县胡家镇	8877	29920	11520	16	290	8	1
宣汉县毛坝镇	14365	19890	3180	11	243	2	
宣汉县双河镇	8472	29778	7290	13	121	8	
宣汉县大成镇	9472	27140	4372	16	168	4	
宣汉县土主镇	4400	10846	5500	4	42	2	1
宣汉县下八镇	7927	25206	2685	6	90		
宣汉县红岭镇	3892	11061	2750	1	41	1	
宣汉县塔河镇	8430	16358	1155	3	23	2	1
宣汉县茶河镇	14801	23026	3302	33	219		
宣汉县厂溪镇	18616	22367	7132	1	8		
宣汉县红峰镇	9849	14097	2963	2	14	1	
宣汉县七里镇	4754	12777	3752	16	345	7	
宣汉县白马镇	7702	11732	6321				
宣汉县桃花镇	6190	15889	3244	4	24		
宣汉县柳池镇	6915	21245	2641	75	1150	18	9
宣汉县马渡镇	4418	12886	3940	5	40	3	
宣汉县明月乡	3628	6547	1200	1	5	1	1

续表 465　　　　(四川省)　　　　单位：公顷、人、个

名　　称	行政区域面　积	常住人口	#城镇建成区	企业个数	企　业从业人员	工业企业个　数	#规模以上
宣汉县三河乡	4861	10165	1186	3	18	1	
宣汉县老君乡	8472	12986	1120				
宣汉县黄石乡	4580	11783	2800	26	131		
宣汉县庙安乡	2850	4838	404				
宣汉县天宝乡	2296	5124	815				
宣汉县东林乡	4335	8056	1198				
宣汉县凉风乡	5609	7488	1154	2	12	2	
宣汉县上峡乡	6409	11928	880	6	1290	2	1
宣汉县天台乡	3769	8653	474	1	8	1	
宣汉县观山乡	3220	5247	459				
宣汉县南坪乡	2774	4280	790				
宣汉县凤林乡	3651	5146	1304	16	82		
宣汉县漆碑乡	6101	7868	652	4	186	4	
宣汉县三墩土家族乡	9117	11274	2234	7	335	7	2
宣汉县漆树土家族乡	4187	5140	1023	8	83		
宣汉县龙泉土家族乡	22364	8416	804	1	65		
宣汉县渡口土家族乡	9086	5968	1497	7	35	2	
宣汉县石铁乡	7798	7286	1568				
宣汉县凤鸣乡	6497	10897	841	5	18		
宣汉县花池乡	5277	10468	2035				
宣汉县庆云乡	4590	14978	1768				
宣汉县隘口乡	4215	10476	2306	1	56	1	1
开江县新宁镇	8250	86662	64805	337	43006	72	11
开江县普安镇	6801	49813	18300	225	8060	132	15
开江县回龙镇	3456	13513	4196	34	873	18	4
开江县天师镇	4190	11081	3634	11	200	5	1
开江县永兴镇	4892	26527	9642	46	2271	24	3
开江县讲治镇	6485	22421	5058	14	131	4	
开江县甘棠镇	9270	38372	7376	32	261	13	1
开江县任市镇	5937	37138	10676	64	938	21	5
开江县广福镇	4964	15793	3127	16	297	7	
开江县长岭镇	7504	28755	4480	15	325	7	
开江县八庙镇	4528	15431	2532	8	120	2	
开江县灵岩镇	6768	11798	2916	15	120	10	1
开江县宝石镇	5326	13116	4682	6	356	2	
开江县长田乡	2595	8341	2000	9	76	5	1
开江县骑龙乡	2908	9107	1018	15	91	7	
开江县新太乡	4224	11159	2117	23	158	15	2
开江县沙坝场乡	3969	9633	2500	10	187	6	1
开江县梅家乡	4546	10896	2863	10	61	3	
开江县靖安乡	3430	17558	3915	10	162	4	1
开江县新街乡	3104	11574	2074	10	68	2	1
大竹县乌木镇	4490	16106	2270	25	730	6	2
大竹县团坝镇	4820	12866	1081	7	1579	7	2
大竹县杨家镇	5720	23369	3391	45	797	3	3
大竹县清河镇	5040	14045	4320	32	525	7	1
大竹县柏林镇	4370	18126	3705	37	245	9	3
大竹县石河镇	6630	35354	12843	28	1130	12	4
大竹县双拱镇	3120	9556	3522	22	1421	9	1
大竹县石桥铺镇	4900	23940	9136	20	118	7	1

续表 466　　(四川省)　　单位：公顷、人、个

名　　称	行政区域面　积	常住人口	#城镇建成区	企业个数	企　业从业人员	工业企业个　数	#规模以上
大竹县观音镇	4750	20975	2680	45	790	10	3
大竹县周家镇	7200	40536	12134	69	2092	13	4
大竹县石子镇	7090	19576	8793	9	303	7	
大竹县文星镇	4950	23840	12345	24	291	4	
大竹县妈妈镇	3170	12798	8177	19	40		
大竹县高穴镇	6020	21882	7155	11	540	7	1
大竹县欧家镇	5070	9903	2452	8	45	3	1
大竹县庙坝镇	7070	20589	16512	101	1478	16	5
大竹县清水镇	8045	26551	5878	5	55	4	3
大竹县月华镇	5920	20863	2339	10	1000	5	2
大竹县高明镇	5410	20816	2627	7	438	6	2
大竹县童家镇	4830	24608	1280	7	282	7	
大竹县天城镇	3330	9669	1758	13	30		
大竹县人和镇	2300	12082	838	4	221	2	
大竹县二郎镇	2720	10278	2358	18	488	18	
大竹县张家镇	2290	6200	6200	11	55	2	
大竹县四合镇	2990	13000					
大竹县城西乡	5980	13467	2529	30	1525	12	2
大竹县竹北乡	1700	10472	753	36	2743	9	7
大竹县朝阳乡	5194	14164	1354	28	350	8	2
大竹县中华乡	4450	7376	204	25	532	2	2
大竹县黄家乡	2310	7287	1078	8	835	7	3
大竹县柏家乡	2410	9510	299	5	25		
大竹县李家乡	2890	9557	1316	1	10	1	
大竹县蒲包乡	3000	2107	134	5	293	4	1
大竹县永胜乡	4820	14127	2616	23	223	1	1
大竹县新生乡	4230	10821	1536	21	685	4	2
大竹县安吉乡	4120	10763	1235	13	119	1	
大竹县白坝乡	4400	15667	1210	4	36	4	1
大竹县双溪乡	3260	13885	630	2	475	2	1
大竹县八渡乡	5400	10216	418	24	606	3	2
大竹县中和乡	3630	8309	526	3	300	2	1
大竹县杨通乡	2550	11630	835	1	6	1	
大竹县神合乡	3010	6512	1205	2	22	2	
大竹县金鸡乡	3710	8254	1123	6	72	4	
大竹县黄滩乡	2350	5776	390	20	600	4	1
大竹县牌坊乡	2612	10123	1578	5	1152	1	1
大竹县姚市乡	2720	9850	1011	12	298	1	
大竹县莲印乡	2482	10440	318	22	2673	17	4
大竹县川主乡	2420	11104	1012	2	25	1	
渠县渠江镇	3000	223572	163761	1001	18536	60	11
渠县天星镇	3100	46714	24073	102	5527	54	37
渠县临巴镇	4700	31892	8158	16	1977	15	3
渠县土溪镇	6300	39854	16035	8	603	8	3
渠县三汇镇	4600	45328	30056	19	1123	18	4
渠县文崇镇	4000	14717	2616	30	180		
渠县涌兴镇	5000	33031	5278	14	2956	3	
渠县贵福镇	4200	22340	5808	15	79	5	
渠县岩峰镇	3700	15773	3470	4	42	2	1
渠县静边镇	3800	19375	5940	4	34	3	

续表 467　　（四川省）　　单位：公顷、人、个

名　　称	行政区域面　积	常住人口	#城镇建成区	企业个数	企　业从业人员	工业企业个　数	#规模以上
渠县清溪场镇	5500	25396	2780	3	20	2	
渠县宝城镇	3400	22568	3119	7	81	7	
渠县有庆镇	3100	24285	6249	6	294	5	1
渠县鲜渡镇	3900	15847	2776	3	15		
渠县琅琊镇	5800	21014	7863	4	156	3	
渠县李渡镇	5300	28085	2267	5	693	4	4
渠县中滩镇	2000	11187	2865	10	115	6	
渠县龙潭镇	7600	12431	575	6	72	5	2
渠县三板镇	2800	13037	999	7	57	4	
渠县丰乐镇	3700	16136	1140	1	5		
渠县李馥镇	6200	21939	1625	4	53	4	
渠县鹤林镇	2600	10466	836	16	282	2	
渠县流溪镇	2500	13404	2002	2	21	2	
渠县青龙镇	4300	19968	1257	4	22	3	
渠县水口镇	3500	17897	848	6	37	1	
渠县渠南乡	3000	15264	1213	12	109	11	1
渠县渠北乡	2000	14659	1408	22	317	5	1
渠县板桥乡	2600	11907	1453	2	14		
渠县锡溪乡	2200	11232	1162	2	13	1	
渠县河东乡	2000	8603	580	2	11		
渠县青神乡	2500	11607	177				
渠县东安乡	4800	12236	901	3	184	3	1
渠县汇东乡	4600	11327	236	1	315	1	1
渠县汇南乡	3800	6624	540	6	1137	6	3
渠县汇北乡	1900	8750	495	1	32	1	
渠县报恩乡	4300	15315	456	7	64	3	1
渠县安北乡	3100	11665	610	1	5		
渠县平安乡	1800	8930	905				
渠县千佛乡	1900	8535	671	2	16		
渠县柏水乡	2900	5188	195				
渠县大义乡	2500	4660	654	3	16		
渠县义和乡	2600	4459	115				
渠县巨光乡	2300	10343	636	2	18		
渠县蔡和乡	2300	4104	647	1	7		
渠县白兔乡	2200	7381	730	2	12		
渠县青丝乡	2200	6667	405	1	9	1	
渠县万寿乡	1700	5707	478	2	13		
渠县射洪乡	2900	13803	395				
渠县望江乡	2500	8951	652	2	24	2	
渠县和乐乡	1500	4526	668				
渠县龙凤乡	3100	11870	1328	2	15		
渠县新市乡	2300	11416	2061	6	75	1	
渠县宋家乡	2400	10270	1542	3	28	1	
渠县拱市乡	2700	10525	1756	7	106	3	
渠县屏西乡	2900	8210	2014	1	10		
渠县定远乡	2500	14840	3012	1	16	1	
渠县嘉禾乡	1800	7733	626	1	6		
渠县望溪乡	6300	19143	5200	10	989	10	3
渠县双土乡	2600	13030	1122	3	32	1	
渠县卷硐乡	4500	8756	1995	13	715	9	4

续表 468　　(四川省)　　单位：公顷、人、个

名　　称	行政区域面　　积	常住人口	#城镇建成区	企业个数	企　　业从业人员	工业企业个　　数	#规模以上
达州经济开发区斌郎乡	9720	30048	3352	123	1946	24	21
达州经济开发区幺塘乡	5100	19882	1975	24	263	8	4
万源市太平镇	11526	80356	78550	118	4334	28	6
万源市青花镇	12135	8999	8999	17	735	16	6
万源市旧院镇	8807	16230	8538	5	30		
万源市罗文镇	11879	12090	5116	14	85	9	
万源市河口镇	7590	7768	4218	4	45	1	
万源市草坝镇	5072	9462	3235	9	48	4	
万源市竹峪镇	10661	8046	1606	5	34	3	
万源市大竹镇	11815	14050	3435	28	422	8	2
万源市黄钟镇	8560	7860	7860	17	85		
万源市官渡镇	8343	9800	9800	19	749	16	4
万源市白沙镇	11155	10023	10023	46	436	21	7
万源市沙滩镇	9412	11021	11021	24	131	7	2
万源市石窝镇	7859	5876	3116	31	180		
万源市八台镇	6281	8503	8503	50	513	13	4
万源市石塘镇	6987	10156	4586	34	439		
万源市铁矿镇	7100	6797	6797	9	84		
万源市大沙镇	6276	8656	3000	25	164		
万源市魏家镇	5176	7000		8	73		
万源市白果镇	7397	5087	2336	2	216	2	1
万源市茶垭乡	7951	6287	1358	18	150	3	3
万源市长石乡	11008	5506	510	6	212	6	2
万源市白羊乡	6111	7659	6125	7	112	4	1
万源市固军乡	6462	8431	176	2	11		
万源市井溪乡	12912	8200	8200	4	20		
万源市堰塘乡	5394	2541	384	1	8		
万源市蜂桶乡	8648	2980	886	7	9		
万源市花楼乡	9482	8100	1893	3	16		
万源市长坝乡	9483	8990	829	82	229	4	1
万源市曾家乡	8245	8500	1100	2	12		
万源市秦河乡	4856	5993	450	1	5		
万源市庙垭乡	3254	6700	2056	1	5		
万源市鹰背乡	3899	7098	1895	13	65	3	
万源市玉带乡	6927	7917	1560	29	145		
万源市新店乡	7209	4620	163	3	16	2	
万源市柳黄乡	3986	5124	683				
万源市溪口乡	7580	4706	1610	11	36		
万源市永宁乡	8123	5386	1142	7	461	2	
万源市虹桥乡	7418	3710	340	2	5		
万源市康乐乡	5691	2198	139				
万源市钟亭乡	4790	4753	162				
万源市庙子乡	12622	6440	472	17	106		
万源市紫溪乡	3597	1580	210	3	15		
万源市庙坡乡	7775	5687	2136				
万源市梨树乡	9480	5680	288	2	3	1	
万源市皮窝乡	5106	3284	242				
万源市丝罗乡	7680	4435	1481	25	2738	2	1
万源市罐坝乡	8233	2203	186				
万源市石人乡	5671	3147	501	13	40	2	2

续表 469　　(四川省)　　单位：公顷、人、个

名　称	行政区域面积	常住人口	#城镇建成区	企业个数	企业从业人员	工业企业个数	#规模以上
万源市赵塘乡	7258	4023	423	3	15		
万源市中坪乡	7339	5049	771	2	7		
万源市花萼乡	4807	820	70	3	16		
万源市曹家乡	12090	4268	43	1	10	1	
雨城区北郊镇	6391	25538	3633	59	295	3	2
雨城区草坝镇	4465	25330	7432	371	2300	45	9
雨城区合江镇	2798	8503	1076	70	182	51	
雨城区大兴镇	6095	25269	14750	147	1971	34	5
雨城区对岩镇	3605	13804	1523	6	256	1	1
雨城区沙坪镇	5020	4397	462	7	100	5	1
雨城区中里镇	3745	12913	2810	48	362		
雨城区上里镇	6765	10785	3206	3	84		
雨城区严桥镇	9128	10450	795	7	68		
雨城区晏场镇	10140	9068	1491	3	20		
雨城区多营镇	2870	8548	6305	216	2120	25	1
雨城区碧峰峡镇	6414	10710	1810	5	200	4	
雨城区南郊乡	4035	15326	4500	1	26	1	1
雨城区八步乡	4394	9753	2400	2	25		
雨城区观化乡	6215	5177	480	8	260		
雨城区孔坪乡	6310	10417	1186	5	188		
雨城区凤鸣乡	2310	8003	780	2	10		
雨城区望鱼乡	14073	7325	462	3	20		
名山区蒙阳镇	3239	50752	29885	98	1739	52	2
名山区百丈镇	3722	20564	5486	90	762	2	
名山区车岭镇	4757	18925	2301	93	1037	3	
名山区永兴镇	3356	18705	5531	184	1152	150	2
名山区马岭镇	3629	11915	2415	37	236	34	1
名山区新店镇	4695	20285	2723	436	2300	120	8
名山区蒙顶山镇	2701	9382	2701				
名山区黑竹镇	2388	9772	3723	37	780	12	
名山区红星镇	2749	10504	500	47	235	40	
名山区城东乡	2247	7632	342				
名山区前进乡	3436	10102	1630	21	145		
名山区中峰乡	4405	9574	946	32	565	15	2
名山区联江乡	2616	9072	259	30	580	15	1
名山区廖场乡	2443	10702	270	27	150		
名山区万古乡	2402	9400	1148	38	410	24	2
名山区红岩乡	1776	6758	1032	105	542	79	1
名山区双河乡	3312	9025	1457	114	598	82	
名山区建山乡	3379	7483	62	9	45	7	
名山区解放乡	2242	9267	1241	34	262	30	1
名山区茅河乡	1931	7665	185	33	252	24	
荥经县严道镇	1495	39028	38310	345	5810	145	8
荥经县花滩镇	5870	12589	3219	55	2381	55	7
荥经县龙苍沟镇	45859	7286	3309	28	168	19	9
荥经县三合镇	31734	2321	310	59	570	45	1
荥经县六合乡	1890	10110	329	49	2615	45	8
荥经县烈太乡	1555	5654	964	2	950	1	1
荥经县安靖乡	14511	5152	418	6	215	4	4
荥经县民建彝族乡	2006	3890	1150	1	35		

续表 470　　　　　　　　　　(四川省)　　　　　　　　　　单位：公顷、人、个

名　　称	行政区域面　　积	常住人口		企业个数	企　　业从业人员	工业企业个　　数	
			#城镇建成区				#规模以上
荥经县烈士乡	2164	3986	768	26	742	8	2
荥经县荥河乡	2937	6254	281	7	221	4	4
荥经县新建乡	19193	2147	512	21	108		
荥经县泗坪乡	11748	4090	1021	3	41		
荥经县新庙乡	15225	2809	1275	18	200	1	1
荥经县大田坝乡	906	6680	3980	11	218	11	2
荥经县天凤乡	1273	2528	819	3	13		
荥经县宝峰彝族乡	1226	2513	894	1	10		
荥经县新添乡	5165	11387	2302	10	438	10	4
荥经县附城乡	1361	5282	3033	22	531	18	4
荥经县五宪乡	2163	4828	2090				
荥经县烟竹乡	4089	3308	1795	4	212	3	1
荥经县青龙乡	5295	6010	2178				
汉源县富林镇	6020	41128	33712	120	730	4	
汉源县九襄镇	8599	48521	47568	228	1629		
汉源县乌斯河镇	5762	8668	2655	65	748	15	3
汉源县宜东镇	10468	21084	5425	105	694		
汉源县富庄镇	6468	12017	1619	3	25		
汉源县清溪镇	6290	10504	4213	121	398	7	1
汉源县大树镇	7920	13835	2858	221	1276	2	2
汉源县皇木镇	8312	6224	2082	52	260		
汉源县唐家镇	5640	24484	6817	79	395	76	10
汉源县富泉镇	4391	14805	14805	437	2186	33	1
汉源县大田乡	2360	13160	1754	6	79	2	
汉源县河西乡	5344	15140	3688	3	152	3	1
汉源县前域乡	2580	10567	3164	35	76	10	
汉源县后域乡	4885	3637	786	2	43	1	
汉源县富乡乡	15223	6682	1005	67	249	6	
汉源县梨园乡	6065	4281	1678	2	11	2	
汉源县三交乡	21982	4535	986				
汉源县双溪乡	6740	7260	2403	20	57		
汉源县西溪乡	3873	3857	544	1	20		
汉源县安乐乡	2031	9067	1320	15	270	4	4
汉源县万里乡	10021	3353	2800	37	2500	21	7
汉源县马烈乡	11795	3961	1779	6	90	5	
汉源县河南乡	14831	4998	1452	6	58		
汉源县晒经乡	2927	4056	2117				
汉源县料林乡	3858	5031	1691				
汉源县小堡藏族彝族乡	5800	2240	1159	1	18	1	
汉源县片马乡	5615	4071	868	1	6		
汉源县坭美乡	6680	2020	541				
汉源县永利彝族乡	8433	2899					
汉源县顺河彝族乡	8550	4628					
石棉县新棉镇	13159	10799	10799	55	1053	12	
石棉县安顺彝族乡	21167	7406	1505	198	1614	42	8
石棉县先锋藏族乡	9351	6425	1428	22	381	22	2
石棉县蟹螺藏族乡	20303	3068	3068	24	120	17	4
石棉县永和乡	7518	4517	562	5	30	5	
石棉县回隆彝族乡	22023	7082		31	3120	31	18
石棉县擦罗彝族乡	7906	3420	3420	17	324	3	

续表 471　　　　(四川省)　　　　单位：公顷、人、个

名称	行政区域面积	常住人口	#城镇建成区	企业个数	企业从业人员	工业企业个数	#规模以上
石棉县栗子坪彝族乡	51000	5126	1716	46	506	42	
石棉县美罗乡	5276	8415	267	20	404	10	
石棉县迎政乡	5928	6121	390	9	334	7	1
石棉县宰羊乡	2138	4810	125	17	90	8	
石棉县丰乐乡	23144	2480	2480	19	294	15	
石棉县新民藏族彝族乡	8703	6120	736	13	300	13	
石棉县挖角彝族藏族乡	18597	3482	1976	10	158	10	
石棉县田湾彝族乡	14865	2279	137	5	63	5	1
石棉县草科藏族乡	34052	2473	2473	25	321	24	1
天全县城厢镇	4594	41654	32409	328	4153	27	8
天全县始阳镇	3897	19752	19752	85	3358	33	8
天全县小河乡	49450	8012	8012	38	289	26	6
天全县思经乡	13663	8059	8059	14	600	6	
天全县鱼泉乡	6542	2115	2115	7	318	7	
天全县紫石乡	89984	2123	2123	59	1185	25	3
天全县两路乡	32056	1784	1784	190	951		
天全县大坪乡	1924	5030	5030	3	90	3	2
天全县乐英乡	2579	8617	8617	192	963	10	1
天全县多功乡	2033	4850	4850	50	322	3	
天全县仁义乡	4037	9672	9672	8	55		
天全县老场乡	7979	6058	6058	2	34	2	
天全县新华乡	3258	5012	5012	5	33	5	
天全县新场乡	6286	9412	9412	7	45		
天全县兴业乡	10749	6937	6937	24	122	22	
芦山县芦阳镇	6564	26246	26246	165	855	132	10
芦山县飞仙关镇	5212	10214	10214	19	450	15	8
芦山县双石镇	7801	8014	8014	1	14	1	
芦山县太平镇	19234	12410	12410	84	435	39	
芦山县大川镇	51957	5187	5187	101	2571	43	3
芦山县思延乡	2362	9320		8	255	8	4
芦山县清仁乡	5148	12984		40	1042	40	10
芦山县龙门乡	9222	19841	19841	47	235	22	11
芦山县宝盛乡	11643	6181		30	312	30	1
宝兴县穆坪镇	16415	11766	10332	235	1325	39	3
宝兴县灵关镇	23575	18896	11249	330	8228	186	24
宝兴县陇东镇	49322	5789	812	20	162	12	6
宝兴县蜂桶寨乡	36534	4789	460	33	165	13	3
宝兴县硗碛藏族乡	94812	4453	475	15	78	1	1
宝兴县永富乡	66307	1594	210	18	193	11	
宝兴县明礼乡	11868	1440	261	14	71	6	
宝兴县五龙乡	7371	5958	1700	28	155	5	1
宝兴县大溪乡	5195	3750	962	7	42		
巴州区大茅坪镇	1935	7465	935	10	5631	10	1
巴州区清江镇	6449	31192	13437	24	963	16	7
巴州区水宁寺镇	5252	17396	2416	8	945	8	2
巴州区化成镇	5408	22215	4607	4	25		
巴州区曾口镇	10936	30839	10587	23	440	13	1
巴州区梁永镇	7081	20234	5718	53	665	13	1
巴州区三江镇	3812	12429	1496	1	6	1	1
巴州区鼎山镇	7408	24892	8289	11	129	8	

续表 472　　(四川省)　　单位：公顷、人、个

名　　称	行政区域面积	常住人口	#城镇建成区	企业个数	企业从业人员	工业企业个数	#规模以上
巴州区大罗镇	5240	10915	1414	1	8	1	
巴州区枣林镇	5695	10623	3539	28	212	12	1
巴州区平梁镇	11430	28386	7789	17	895	15	7
巴州区光辉镇	2254	8618	1528	2	352	2	1
巴州区寺岭镇	6669	7065	2125				
巴州区梓桐庙镇	5385	10805	2896				
巴州区凤溪镇	4973	11870	1820				
巴州区花溪乡	3354	9428	824	1	28	1	
巴州区大和乡	3422	7322	1178	2	10		
巴州区白庙乡	5412	6882	769				
巴州区关渡乡	2538	5979	1468	6	34		
巴州区凌云乡	2779	8541	636				
巴州区金碑乡	2852	7155	531	13	438	6	1
巴州区羊凤乡	3572	8677	1043	2	10		
巴州区龙背乡	2445	6102	1452				
恩阳区明阳镇	4170	18218	3060	105	2175	22	9
恩阳区玉山镇	10435	37990	23250	101	818	4	1
恩阳区渔溪镇	8002	35960	12112	57	342	5	
恩阳区三河场镇	3201	13288	1564	45	896	4	1
恩阳区青木镇	4431	12055	1189	12	221	7	1
恩阳区花丛镇	7834	27430	6331	35	232	8	1
恩阳区柳林镇	6778	29993	16953	38	353	18	3
恩阳区下八庙镇	4830	16236	2123	43	285	8	2
恩阳区茶坝镇	4076	16547	4273	42	338	5	1
恩阳区观音井镇	4732	16225	4126	34	192	4	1
恩阳区三汇镇	4222	12764	1865	44	148	4	
恩阳区上八庙镇	3692	13269	1434	7	45	4	
恩阳区关公镇	5746	17620	2788	28	172	2	
恩阳区兴隆场镇	3647	10844	3016	46	240	4	
恩阳区双胜镇	4086	14968	1815	8	164	2	
恩阳区群乐镇	3754	12642	1632	21	216	1	
恩阳区义兴镇	3337	10278	977	25	144		
恩阳区三星乡	2875	8000	1536	20	159		
恩阳区舞凤乡	2044	6424	718	12	62	2	
恩阳区石城乡	3634	13643	2812	16	241		
恩阳区九镇乡	2803	9105	8352	21	735	2	1
恩阳区尹家乡	2775	6981	1149	7	67	1	
恩阳区万安乡	3199	10064	984	9	61	1	
恩阳区玉井乡	3050	8217	1285	16	112	1	
通江县诺江镇	12954	163251	122121	411	15060	88	22
通江县民胜镇	6238	15164	3642	5	34	5	5
通江县火炬镇	5967	11424	1700				
通江县广纳镇	9313	31561	3810	8	128	1	1
通江县铁佛镇	11634	41242	34240	13	105	1	
通江县麻石镇	4370	14736	14736	1	12		
通江县至诚镇	9265	18862	3621	3	28	3	
通江县洪口镇	5636	9634	3108	6	254	2	
通江县沙溪镇	7807	18633	3832	19	106		
通江县瓦室镇	8491	20318	11890	32	178		
通江县永安镇	11019	20181	3109	1	13		

续表 473 （四川省） 单位：公顷、人、个

名称	行政区域面积	常住人口	#城镇建成区	企业个数	企业从业人员	工业企业个数	#规模以上
通江县铁溪镇	16937	13702	96	20	210	2	
通江县涪阳镇	6517	24115	16758	16	86		
通江县诺水河镇	30901	22075	3210	41	320	5	1
通江县毛浴镇	9317	12487	914	9	152		
通江县泥溪镇	8300	12405	1616	7	43		
通江县两河口镇	15799	10586	462				
通江县板桥口镇	15019	15021	415				
通江县新场镇	8098	9213	1213	1	5		
通江县杨柏乡	5377	16447	2250	3	16		
通江县大兴乡	2823	4871	218	13	68		
通江县东山乡	2121	4820	406				
通江县三溪乡	2941	7825	3150	3	41		
通江县双泉乡	2726	6185		1	23		
通江县文峰乡	3993	7600	3060	3	20	1	1
通江县春在乡	6210	7580	7580	10	154	10	5
通江县三合乡	3621	7766	545	11	68	1	
通江县云昙乡	3488	4435	572	3	13	2	
通江县唱歌乡	3523	4595	157	2	53	1	
通江县芝苞乡	7206	10930					
通江县龙凤场乡	10036	17286	985				
通江县董溪乡	9694	4674	625				
通江县澌波乡	7364	6196	722				
通江县松溪乡	10685	7702					
通江县九层乡	2691	5697	369	3	35	1	
通江县胜利乡	11963	6300	500				
通江具板凳乡	3655	3986	312				
通江县文胜乡	4797	4413					
通江县兴隆乡	9188	13268	870				
通江县烟溪乡	8538	8635	670	5	28		
通江县沙坪乡	8700	4377	276				
通江县朱元乡	6402	3465	221				
通江县长坪乡	15921	10856	1521				
通江县空山乡	13734	6852	742	4	20		
通江县青浴乡	10498	10188	345	3	17		
通江县铁厂乡	9335	3198	972	3	107	2	
通江县陈河乡	11506	11832	264	2	12		
通江县草池乡	3680	6580	513				
通江县回林乡	6358	3131	286				
南江县南江镇	11472	114018	102121	781	53035	68	20
南江县沙河镇	5477	17586	5893	43	926	31	5
南江县乐坝镇	1655	3890	2520	16	321	4	1
南江县长赤镇	8211	41425	13803	82	1410	24	5
南江县正直镇	7180	30605	8867	48	954	7	2
南江县大河镇	11468	21528	4351	35	316	2	
南江县光雾山镇	25482	3670	1109	27	373	2	
南江县东榆镇	12398	34508	4802	82	2782	32	14
南江县下两镇	9380	23874	8686	34	519	9	2
南江县赶场镇	11254	14215	802	12	119	1	1
南江县杨坝镇	17377	7460	2020	10	115	6	
南江县天池镇	3853	14256	588	13	75	2	

续表 474　　(四川省)　　单位：公顷、人、个

名　称	行政区域面　积	常住人口	#城镇建成区	企业个数	企　业从业人员	工业企业个　数	#规模以上
南江县关坝镇	26753	5725	1756	3	19	3	
南江县红光镇	4492	18426	899	21	255	1	
南江县元潭镇	6164	13905	1465	39	702	9	3
南江县赤溪镇	4357	12973	998	18	182	2	
南江县八庙镇	2652	9013	451	8	64	1	
南江县双流镇	6587	14306	463	12	81	1	
南江县坪河镇	6754	6215	515	10	135	4	1
南江县燕山乡	2599	6903	198	4	72		
南江县高塔乡	4757	10577	1488	18	179	6	
南江县团结乡	5531	7790	685	8	72	1	
南江县傅家乡	2456	8570	423	2	7		
南江县红四乡	4086	5879	212	2	20		
南江县侯家乡	3337	12700	1194	12	58	1	
南江县双桂乡	1621	5945	99				
南江县凤仪乡	3546	9981	1400	2	12		
南江县朱公乡	3256	7250	286	8	45	3	
南江县黑潭乡	4300	7356	921	6	43	2	
南江县和平乡	4961	12734	3396	6	142	3	
南江县高桥乡	3845	8520	2398	3	35	2	
南江县平岗乡	3926	5022	444	2	12		
南江县仁和乡	9783	10839	998	6	43		
南江县石滩乡	5195	12351	625	12	61	1	
南江县关门乡	8275	9399	426	16	166	1	
南江县兴马乡	11496	13533	925	6	13	4	
南江县北极乡	6060	4720	307	5	54	3	
南江县关路乡	6075	5018	931	10	127	2	
南江县关田乡	3988	2816	161	4	15		
南江县红岩乡	4999	1912	99	1	13		
南江县桥亭乡	6970	5433	353	7	35	1	
南江县贵民乡	5364	1589	267	6	37	1	
南江县沙坝乡	9158	6103	630	8	303	2	1
南江县柳湾乡	5958	5180	164	10	556	5	1
南江县汇滩乡	5972	2953	305	4	89	2	
南江县上两乡	7267	4906	778	19	225	10	1
南江县寨坡乡	5662	2388	283	8	45	2	
南江县流坝乡	5552	6574	1273	23	324	8	
平昌县江口镇	9716	26907	4678	26	273	14	4
平昌县响滩镇	5222	20538	20000	89	760	1	1
平昌县西兴镇	4699	13217	2786	26	728		
平昌县佛楼镇	4439	6103	1851	4	20	1	
平昌县白衣镇	8822	23402	9875	17	288	1	
平昌县涵水镇	4090	9807	2496	5	25		
平昌县岳家镇	4554	15291	14259	40	328		
平昌县兰草镇	5665	14681	4365	48	260		
平昌县驷马镇	9278	33408	12660	45	1890	4	4
平昌县坦溪镇	5647	17541	9683	15	500	1	1
平昌县元山镇	7373	30134	5200	4	75	3	
平昌县云台镇	7207	18166	5637	3	36		
平昌县邱家镇	5092	15935	9256	30	198	1	
平昌县笔山镇	9220	25775	5510	10	60		

续表 475　　　　　　　　　　　　(四川省)　　　　　　　　　　　　单位：公顷、人、个

名　　称	行政区域面积	常住人口		企业个数	企业从业人员	工业企业个数	
			#城镇建成区				#规模以上
平昌县镇龙镇	9522	21511	8700	7	40	3	1
平昌县得胜镇	4635	21820	5621	49	451	2	1
平昌县鹿鸣镇	3446	8552	1750	13	70	2	2
平昌县青凤镇	3741	11938	1012	127	636		
平昌县灵山镇	3523	11734	843	2	12		
平昌县土兴镇	7476	28002	2732	8	68		
平昌县望京镇	6151	12066	2150	1	5		
平昌县龙岗镇	6009	12737	12737	21	112		
平昌县板庙镇	4154	7495	3000	1	50	1	
平昌县泥龙镇	4262	12825	2490				
平昌县五木镇	3588	14033	1498				
平昌县青云镇	5126	17440	3325	6	32		
平昌县大寨镇	4486	9821	2740	3	16		
平昌县土垭镇	4980	8751	365				
平昌县澌岸镇	3916	12874	1158	9	106		
平昌县元石乡	5895	14624	14624				
平昌县六门乡	3557	8544	2620	2	26	1	
平昌县岩口乡	3139	8968	554	10	35	1	
平昌县喜神乡	4364	8798	1457	25	47		
平昌县石垭乡	4529	8921	1124				
平昌县马鞍乡	3895	7354	885	9	45		
平昌县界牌乡	3342	6833	798	7	10		
平昌县粉壁乡	2861	6229	2452				
平昌县澌滩乡	4135	6180	1370	7	40		
平昌县高峰乡	3181	10205	1258				
平昌县南风乡	3655	8525	1966				
平昌县福申乡	2979	6930	1278	2	10		
平昌县双鹿乡	2631	8132	1720	1	20		
平昌县黑水乡	2166	5485	1000	1	7		
雁江区雁江镇	5200	50367	39682	42	1872	13	8
雁江区松涛镇	4800	37704	23989	108	14300	105	54
雁江区宝台镇	5620	34838	9250	44	3745	40	10
雁江区临江镇	8950	29750	1380	41	5110	32	9
雁江区保和镇	11521	36257	3520	29	613	21	1
雁江区老君镇	9430	33400	2800	8	90	1	1
雁江区中和镇	12176	34741	3766	42	380	6	6
雁江区丹山镇	11480	26227	5984	20	385	8	1
雁江区小院镇	8320	27740	8132	10	114	10	
雁江区堪嘉镇	5695	29905	1684	6	38		
雁江区伍隍镇	7710	39306	6381	4	21	2	
雁江区石岭镇	5412	26835	2121	4	20	1	
雁江区东峰镇	7080	16785	1726	54	136	7	
雁江区南津镇	7620	26067	1213	17	364	4	2
雁江区忠义镇	5470	20345	710	1	13	1	1
雁江区碑记镇	4550	21396	836	13	105	4	2
雁江区丰裕镇	5780	25471	2623	89	567	18	3
雁江区迎接镇	7493	39721	3012	91	479	25	6
雁江区祥符镇	8000	19540	2038	20	592	6	1
雁江区清水镇	7610	25181	1831	10	512	8	
雁江区新场乡	5430	19024	988	14	107	5	1

续表 476　　(四川省)　　单位：公顷、人、个

名称	行政区域面积	常住人口	#城镇建成区	企业个数	企业从业人员	工业企业个数	#规模以上
雁江区回龙乡	5992	11967	915	80	431	2	1
安岳县岳阳镇	7718	198459	175905	925	22116	50	16
安岳县鸳大镇	4704	13112	1644	16	295	2	
安岳县石桥铺镇	4865	23070	11619	64	503	33	26
安岳县通贤镇	5909	24935	2985	254	1356	11	7
安岳县龙台镇	4714	40453	32136	432	13520	43	11
安岳县姚市镇	6373	17815	6032	13	394	11	2
安岳县林凤镇	4728	20984	1890	13	126	12	5
安岳县毛家镇	3343	11131	2697	6	226	5	
安岳县永清镇	6118	29003	10444	6	345	6	4
安岳县永顺镇	5732	17514	3201	2	174	1	1
安岳县石羊镇	6247	45311	25689	78	4520	45	14
安岳县两板桥镇	4917	13926	3090	2	35	2	
安岳县护龙镇	5893	21903	3114	14	314	8	2
安岳县李家镇	4613	20424	15548	131	947	14	6
安岳县元坝镇	3100	9724	4563	17	286	4	1
安岳县兴隆镇	5793	22849	5689	8	420	4	4
安岳县天林镇	3531	9789	1455	8	55	4	
安岳县镇子镇	5408	28229	5482	34	177	9	3
安岳县文化镇	5343	17844	1220				
安岳县周礼镇	5107	32500	9067	16	347	15	8
安岳县驯龙镇	4588	24379	3489	7	2995	4	1
安岳县华严镇	4883	16315	4320	98	491	3	1
安岳县卧佛镇	5170	14810	2119	6	153	2	
安岳县长河源镇	5298	26161	2987	4	20	2	1
安岳县忠义镇	4664	15328	1358	6	32	2	
安岳县护建镇	4903	16059	1885	11	138	5	
安岳县南薰镇	5059	17577	1462				
安岳县思贤镇	3596	13113	1355	5	240	3	
安岳县人和镇	3003	8932	38	42	220	5	1
安岳县清流镇	2998	8187	2937	196	328	4	1
安岳县协和镇	4088	13859	3860	3	420	3	3
安岳县朝阳镇	2276	5111	1047				
安岳县城北乡	3758	11457	462	8	112	3	1
安岳县城西乡	3376	9059	827	2	86	2	
安岳县石鼓乡	2809	6554	956	4	51	1	
安岳县来凤乡	4365	9635	4326	1	13		
安岳县天马乡	3320	8869	1275	4	110	4	
安岳县团结乡	2714	6653	726	17	296	4	
安岳县悦来乡	1931	3815	324	3	15		
安岳县白水乡	2779	9705	893	1	15		
安岳县云峰乡	3211	11426	750	1	30	1	
安岳县岳新乡	2777	11622	1363	6	120	3	
安岳县偏岩乡	2570	9623	365				
安岳县东胜乡	2836	7972	478				
安岳县坪河乡	2052	5286	410	7	8	1	
安岳县乾龙乡	2966	8260	1720	3	68	2	2
安岳县高升乡	4223	14412	1806				
安岳县横庙乡	3423	8925	923				
安岳县瑞云乡	2755	10833	339	39	2653	32	4

续表 477　　　　(四川省)　　　　单位：公顷、人、个

名　　称	行政区域面积	常住人口	#城镇建成区	企业个数	企业从业人员	工业企业个数	#规模以上
安岳县白塔寺乡	4929	15865	1600	1	30	1	
安岳县双龙街乡	3773	9773	920	22	110	3	
安岳县顶新乡	3027	9966	2312	1	6	1	1
安岳县和平乡	2609	7513	1315	5	31	2	
安岳县高屋乡	3067	7368	1112	20	152	6	
安岳县合义乡	3626	10140	1430	2	12	1	
安岳县努力乡	3968	8609	537	8	15		
安岳县共和乡	3004	8407	542				
安岳县天宝乡	3077	10319	838	2	12	2	
安岳县鱼龙乡	2262	6341	526	3	4		
安岳县建华乡	2426	6577	768	35	175	19	
安岳县大平乡	4913	11039	1161	8	50	4	
安岳县九龙乡	2764	5616	814				
安岳县岳源乡	2162	5565	512	27	138	1	
安岳县龙桥乡	2447	9942	853				
安岳县千佛乡	4082	11360	2068	7	16	1	
安岳县拱桥乡	3054	7930	616				
安岳县宝华乡	2314	7168	635	2	32	1	
安岳县自治乡	2255	6376	1023	2	3		
安岳县大埝乡	2672	5314	722	2	12	2	
乐至县天池镇	4212	155199	132834	138	14500	65	39
乐至县石佛镇	9962	14960	1644	13	177	13	3
乐至县回澜镇	7881	19734	6338	15	240	2	
乐至县石湍镇	6777	16600	2500	11	255	8	2
乐至县童家镇	7929	21109	8865	41	745	16	8
乐至县宝林镇	6672	18495	4522	28	692	1	
乐至县大佛镇	6996	20923	2715	15	710	3	2
乐至县良安镇	8494	28388	6000	16	716	16	
乐至县金顺镇	5912	23817	801	2	18	2	1
乐至县中和场镇	4570	12431	3205	7	35	7	
乐至县劳动镇	6064	17310	2796	10	120	4	
乐至县中天镇	5233	13926	748	25	4618	17	11
乐至县佛星镇	6704	12675	2050	2	10	2	2
乐至县蟠龙镇	3978	11636	508	5	71	1	
乐至县东山镇	5450	13836	1298	3	46	3	
乐至县通旅镇	4950	10214	2836	6	226	6	
乐至县高寺镇	7276	15386	2583	4	44	3	1
乐至县龙溪乡	3725	9383	1023	10	100	2	
乐至县全胜乡	2250	6718	967	1	28	1	
乐至县孔雀乡	4365	7047	1104	2	12	2	2
乐至县龙门乡	4517	11640	621	7	112	1	
乐至县双河场乡	5231	10746	1023	2	30	1	
乐至县放生乡	3692	11636	1450	4	28	4	
乐至县盛池乡	4694	19066	567	2	15	1	
乐至县凉水乡	3508	8712	793	49	94		
马尔康市马尔康镇	36916	30239	19608	339	9030	26	2
马尔康市卓克基镇	35154	1157	588	5	122	2	
马尔康市松岗镇	24870	2258	689	3	49	1	1
马尔康市沙尔宗镇	2577	2002	256	1	6	1	
马尔康市梭磨乡	109458	2300	254	9	261	3	

续表 478　　(四川省)　　单位：公顷、人、个

名　　称	行政区域面　积	常住人口	#城镇建成区	企业个数	企　业从业人员	工业企业个　数	#规模以上
马尔康市白湾乡	26326	2575	2575	4	75	1	1
马尔康市党坝乡	32664	2052	125	6	213	3	1
马尔康市木尔宗乡	21393	1496	33				
马尔康市脚木足乡	43201	3921	160	3	39		
马尔康市龙尔甲乡	35464	1649	340	2	8		
马尔康市大藏乡	40762	593	126				
马尔康市康山乡	65356	1621	105				
马尔康市草登乡	56494	3316	3316	22	110	1	
马尔康市日部乡	95868	4003	340	1	220		
汶川县威州镇	13428	26907	19720	27	1874	11	4
汶川县映秀镇	11399	5725	3808	11	1643	7	3
汶川县卧龙镇	82079	2989	780	1	79	1	1
汶川县水磨镇	8917	16952	5112	20	826	14	5
汶川县漩口镇	10424	6677	1785	15	1650	15	9
汶川县三江镇	49049	4259	4259	13	514	13	
汶川县耿达镇	84319	3572	617	6	354	4	1
汶川县绵虒镇	77673	10470	2985	32	325	4	4
汶川县龙溪乡	21283	4023	1026	8	126	7	
汶川县克枯乡	6421	3563		1	5		
汶川县雁门乡	14568	6736		3	21	1	
汶川县银杏乡	28740	2491	2491	21	783	21	4
理县杂谷脑镇	18682	14702	6357	127	2003	25	5
理县米亚罗镇	66585	1820	361	10	286	1	
理县古尔沟镇	50452	3321	210	12	154	6	
理县薛城镇	25404	4788	1134	14	168	2	
理县桃坪镇	9459	2860	490	10	193		
理县夹壁乡	36415	1212	64	10	43		
理县朴头乡	85175	3930	250	8	296	5	3
理县甘堡乡	11715	3464	149	3	85	1	1
理县蒲溪乡	11809	1492	207	2	73		
理县上孟乡	72558	2959	2959	5	62	2	2
理县下孟乡	7535	2797	131	21	1067	4	2
理县木卡乡	4505	1468	105	4	53	1	1
理县通化乡	30876	3887	579	7	36		
茂县凤仪镇	29661	41324	23541	543	2811	18	6
茂县南新镇	38060	8306	615	58	450	8	2
茂县叠溪镇	28466	2761	620	16	288	3	1
茂县光明镇	10180	6845	1677	20	115	5	
茂县雅都镇	61857	4510	348	17	95	6	
茂县富顺镇	23624	5811	1006	21	985	8	5
茂县东兴镇	8219	4572	360	19	156	7	3
茂县渭门乡	6987	3361	3361	13	77	1	
茂县永和乡	13349	3511	3511	11	265	2	
茂县沟口乡	9320	3784	3784	13	65	2	
茂县土门乡	7451	4647	4647	16	650	3	
茂县黑虎乡	13418	2481	2481	11	61	3	
茂县飞虹乡	6628	2005	2005	10	55		
茂县回龙乡	6730	2129	2129	20	145	2	
茂县三龙乡	22979	2839	2839	17	102	5	
茂县白溪乡	9172	1810	1810	12	119	2	

续表 479　　　　　　　　　　　　(四川省)　　　　　　　　　　　　单位：公顷、人、个

名　　称	行政区域面　积	常住人口	#城镇建成区	企业个数	企　业从业人员	工业企业个　数	#规模以上
茂县洼底乡	12679	1799	1799	2	19	2	
茂县石大关乡	15208	2170	2170	14	92	1	
茂县太平乡	16529	2438	2438	11	76	1	
茂县松坪沟乡	38600	1310	1310	16	200	1	
茂县曲谷乡	10625	2409	2409	14	72	1	
松潘县进安镇	434	9408	9408	34	472	9	
松潘县川主寺镇	104654	6689	847	137	161	11	
松潘县进安回族乡	2342	5285	305	11	854		
松潘县十里回族乡	4646	3550	321				
松潘县青云乡	8286	4162	680	5	60	1	1
松潘县安宏乡	12307	4352	210				
松潘县大寨乡	26340	2007	121				
松潘县牟尼乡	39375	1485	406	3	26		
松潘县镇江关乡	12212	3726	910	1	6	1	
松潘县镇坪乡	21347	3798	180	1	9	1	
松潘县岷江乡	30908	3220	158				
松潘县大姓乡	31258	1170	296				
松潘县白羊乡	54421	2400	286				
松潘县红土乡	30846	2565	96				
松潘县红扎乡	20688	1107	282				
松潘县小姓乡	31258	2499	478	1	6	1	
松潘县燕云乡	52981	1146	432				
松潘县山巴乡	38588	2543	30	3	16		
松潘县水晶乡	34627	1994	267	11	265		
松潘县小河乡	11450	2083	124	6	60	4	3
松潘县施家堡乡	34069	2141	340				
松潘县黄龙乡	41134	901	426	15	78		
松潘县上八寨乡	62102	2300	536				
松潘县下八寨乡	74892	1099	211				
松潘县草原乡	49592	1879	837				
九寨沟县永乐镇	3736	22571	15217	50	273	7	2
九寨沟县漳扎镇	134841	11635	11635	358	7598	7	
九寨沟县双河镇	11006	4390	456				
九寨沟县永丰乡	6150	5738	518	42	220		
九寨沟县永和乡	3977	3711	512				
九寨沟县安乐乡	12963	3385	803				
九寨沟县白河乡	23907	2214	140				
九寨沟县保华乡	4118	2527	568	1	37		
九寨沟县罗依乡	6416	2547	180				
九寨沟县勿角乡	21827	2560	266				
九寨沟县马家乡	29571	1254	539				
九寨沟县郭元乡	13595	4796	259				
九寨沟县草地乡	8762	1350	265	1	3	1	1
九寨沟县陵江乡	35382	1819	205	1	23		
九寨沟县黑河乡	47092	3015	281	1	150	1	1
九寨沟县玉瓦乡	33442	2082	281				
九寨沟县大录乡	131979	2440	130				
金川县观音桥镇	31436	2432	647	4	120	1	
金川县安宁镇	16516	3335	1428	17	89		
金川县勒乌镇	19314	8441	1026	10	103	1	1

续表 480　　　　(四川省)　　　　单位：公顷、人、个

名　　称	行政区域面　　积	常住人口	#城镇建成区	企业个数	企　　业从业人员	工业企业个　　数	#规模以上
金川县沙耳乡	5478	6007	986	50	170	2	
金川县庆宁乡	5744	2970	40	1	10	1	
金川县咯尔乡	13052	5841	431	16	78	2	
金川县万林乡	36476	2236	158	4	25	1	
金川县河东乡	7175	1328	393				
金川县河西乡	4942	3218	833				
金川县集沐乡	21390	1885	505	3	31	2	
金川县撒瓦脚乡	17092	1095	58	1	3		
金川县卡拉足乡	13133	1041	176				
金川县俄热乡	74174	3081	825				
金川县太阳河乡	21501	685	401	3	60	1	
金川县二嘎里乡	34660	2782	338	1	23	1	
金川县阿科里乡	56172	1879	23				
金川县卡撒乡	22833	4110	981				
金川县曾达乡	16430	3229	154	3	18	1	
金川县独松乡	17900	1721	782	7	62	3	1
金川县马尔邦乡	12066	1547	172	2	3		
金川县马奈乡	9406	1010	120				
金川县毛日乡	78569	2437	103				
小金县美兴镇	5432	14201	7229	25	272	3	3
小金县四姑娘山镇	57769	3312	840	2	20		
小金县两河口镇	105394	4870	1089				
小金县达维镇	37574	4075	875	4	20		
小金县沃日镇	10407	3328	647	5	60	1	
小金县老营乡	3486	2877	893	2	40	2	2
小金县崇德乡	13375	2814	117	2	150		
小金县新桥乡	11864	4372	98				
小金县美沃乡	36976	3358	110	14	105	2	1
小金县沙龙乡	13137	2416	72	4	20	1	
小金县宅垄乡	12621	2806	595	1	10	1	
小金县新格乡	9449	2704	771				
小金县日尔乡	19165	3110	389	1	10	1	
小金县结斯乡	45983	2290	75	4	65	4	
小金县木坡乡	25870	3520	524				
小金县抚边乡	48057	4548	342				
小金县八角乡	11484	2802	95				
小金县双柏乡	5228	2106	95				
小金县窝底乡	36104	2614	75				
小金县汗牛乡	32155	1785	65				
小金县潘安乡	14949	1625	62	8	86	8	1
黑水县芦花镇	117070	28121	3025	36	314	16	3
黑水县卡龙镇	39117	1035	209				
黑水县色尔古镇	4154	2174	2002	3	200	2	1
黑水县沙石多乡	71681	1971	412	3	109	3	1
黑水县红岩乡	10378	3415	3415	2	52	2	1
黑水县麻窝乡	8581	992	154	2	10	2	
黑水县双溜索乡	5902	725	68	3	22	3	
黑水县瓦钵乡	8170	1280	267				
黑水县石碉楼乡	12565	3856	820	1	9	1	
黑水县龙坝乡	4290	1250	130				

续表 481　　(四川省)　　单位：公顷、人、个

名　　称	行政区域面　　积	常住人口	#城镇建成区	企业个数	企　　业从业人员	工业企业个　　数	#规模以上
黑水县洛多乡	18199	1395	63				
黑水县木苏乡	11283	2216	680	1	5	1	
黑水县维古乡	6747	390	390	3	279	3	1
黑水县知木林乡	19320	3631	400	1	15	1	
黑水县扎窝乡	17940	4303	1672	2	12	2	1
黑水县晴朗乡	54585	2973	280	3	156	3	2
黑水县慈坝乡	4182	873	873				
壤塘县壤柯镇	30	5000	5000	80	654	7	
壤塘县南木达镇	48098	4658	1809				
壤塘县中壤塘镇	33390	4143	933				
壤塘县蒲西乡	116249	2258	2258				
壤塘县宗科乡	54321	2866	2866				
壤塘县石里乡	34339	1889	83				
壤塘县吾伊乡	66124	3186	100				
壤塘县岗木达乡	120198	4674					
壤塘县上杜柯乡	85314	3927	3927				
壤塘县茸木达乡	22300	2162	2102				
壤塘县尕多乡	32175	5183	935				
壤塘县上壤塘乡	51484	3037	3037				
阿坝县阿坝镇	51134	11055	10492	36	260	9	1
阿坝县贾洛镇	108600	6910	6910				
阿坝县哇尔玛乡	5907	4133	75				
阿坝县麦昆乡	22559	3743	120				
阿坝县河支乡	18651	3101	59				
阿坝县龙藏乡	49937	3013	128				
阿坝县求吉玛乡	53524	3633	259				
阿坝县甲尔多乡	18756	3351	99				
阿坝县各莫乡	5636	3360	98				
阿坝县德格乡	15571	1986	76				
阿坝县四洼乡	19711	2827	79	1	13	1	
阿坝县安斗乡	31519	2024	94				
阿坝县柯河乡	75131	1775	298				
阿坝县垮沙乡	71016	1525	83				
阿坝县安羌乡	34383	2516	1233				
阿坝县查理乡	66598	3955	330				
阿坝县茸安乡	100445	3085	3085				
阿坝县洛尔达乡	61244	5240	148				
阿坝县麦尔玛乡	79988	5326	479	1	9	1	1
若尔盖县达扎寺镇	54401	9382	9200	524	2637	4	4
若尔盖县唐克镇	100975	7890	1045				
若尔盖县红星镇	57532	6606	503				
若尔盖县辖曼镇	77173	7900	596				
若尔盖县班佑乡	112354	6190	96				
若尔盖县阿西乡	87221	6100	195				
若尔盖县麦溪乡	80610	5666	23				
若尔盖县嫩哇乡	46923	3258	286				
若尔盖县冻列乡	5254	2668	97				
若尔盖县崇尔乡	14823	2911	120				
若尔盖县热尔乡	42146	2514	180				
若尔盖县占哇乡	18863	2705	150				

续表 482 (四川省) 单位：公顷、人、个

名　　称	行政区域面　积	常住人口	#城镇建成区	企业个数	企　业从业人员	工业企业个　数	#规模以上
若尔盖县降扎乡	23613	2701	228				
若尔盖县巴西乡	21820	1557	301				
若尔盖县阿西茸乡	21890	3086	320				
若尔盖县求吉乡	49905	3437	110				
若尔盖县包座乡	132765	3506	240				
红原县邛溪镇	89594	11958	5035	51	2085	35	8
红原县刷经寺镇	16540	1474	526	1	6	1	
红原县瓦切镇	99028	7325	1327				
红原县安曲镇	88346	4278	1900				
红原县色地镇	119902	7007	4960				
红原县龙日乡	64477	2353	1695				
红原县江茸乡	51359	1419	1419				
红原县查尔玛乡	72860	2321	2321				
红原县阿木乡	89251	3211	3211	2	10		
红原县壤口乡	82143	901	901	1	95		
红原县麦洼乡	55977	3996	3996				
康定市姑咱镇	19400	18541	18541	81	411	32	3
康定市新都桥镇	46300	8638	8638	18	560		
康定市塔公镇	71700	10070	349				
康定市沙德镇	83700	3638	243				
康定市金汤镇	20000	3724	663	8	57	3	
康定市雅拉乡	72900	4480		45	360	2	
康定市时济乡	6400	3332					
康定市麦崩乡	11400	2150		7	165	1	1
康定市三合乡	26200	3258		7	285	3	
康定市捧塔乡	69900	2838		8	210	7	
康定市贡嘎山乡	215000	3140		2	64	1	1
康定市普沙绒乡	66800	2576					
康定市吉居乡	36200	2225					
康定市瓦泽乡	50200	4153		1	15		
康定市呷巴乡	45900	3981		4	158		
康定市甲根坝乡	25500	2696					
康定市朋布西乡	42800	2947					
康定市孔玉乡	119400	5042		20	2420	20	4
康定市前溪乡舍联乡	37200	4386		11	271	7	3
泸定县泸桥镇	14993	24921	9937	92	530	62	2
泸定县冷碛镇	7282	8712	3699	54	532	35	1
泸定县兴隆镇	10822	9172	1134	24	873	7	1
泸定县磨西镇	31083	7297	4752	69	860	27	2
泸定县得妥镇	27722	8064	492	61	120	8	1
泸定县烹坝镇	11630	4680	1653	13	82	3	
泸定县岚安乡	5796	3034		2	19	2	
泸定县田坝乡	22949	4619		8	96	5	
泸定县杵坭乡	4954	3240		32	58	7	
泸定县加郡乡	13084	4562		12	92	12	
泸定县德威乡	6820	4876		10	55	10	
丹巴县章谷镇	1183	10115	10115	154	1056	125	1
丹巴县巴底镇	48932	6250	6250	116	236	45	
丹巴县革什扎镇	36467	5763	321	1	80	1	1
丹巴县巴旺乡	16627	3015		18	90	10	

续表 483　　(四川省)　　单位：公顷、人、个

名　称	行政区域面积	常住人口	#城镇建成区	企业个数	企业从业人员	工业企业个数	#规模以上
丹巴县聂呷乡	5069	4137		63	161	32	
丹巴县边耳乡	83700	2625		2	200	2	2
丹巴县丹东乡	52954	1468					
丹巴县东谷乡	95843	4161		32	150	18	
丹巴县水子乡	9238	3803		28	140	14	
丹巴县格宗乡	35629	5240		12	201	10	
丹巴县梭坡乡	12829	3414		2	10	1	
丹巴县中路乡	4584	3484					
丹巴县岳扎乡	7385	4698		16	80	6	1
丹巴县半扇门乡	24021	5958		3	20	3	
丹巴县太平桥乡	16187	4690	4683				
九龙县呷尔镇	66054	20724	11025	39	703	28	
九龙县烟袋镇	11799	4986	1306	25	87	23	
九龙县汤古乡	84821	2219	2105	2	20	2	
九龙县斜卡乡	62869	1057	1057	2	21	2	
九龙县三岩龙乡	93828	2866	2861				
九龙县上团乡	35574	505	481				
九龙县八窝龙乡	32596	1110	1110				
九龙县乃渠乡	42110	3295	1230	8	138	8	1
九龙县乌拉溪乡	20476	4277	1195	17	667	17	5
九龙县魁多乡	6999	5414	4906	20	1034	19	2
九龙县子耳彝族乡	35287	4175	3852	2	53	2	1
九龙县三垭彝族乡	11144	2843	1550				
九龙县俄尔彝族乡	11835	2787	2651				
九龙县小金彝族乡	3487	2851	2466	1	56	1	1
九龙县朵洛彝族乡	12341	677	677	1	5		
九龙县踏卡彝族乡	26809	4540	4486	2	16	2	
九龙县湾坝彝族乡	61564	6673	1973	5	75	4	1
九龙县洪坝乡	56595	995	463	7	113	3	2
雅江县河口镇	49268	11408	3328	32	303	26	
雅江县呷拉镇	30485	6750		4	86	4	
雅江县西俄洛镇	63898	3491	3491	2	11	1	
雅江县红龙镇	48060	3623					
雅江县八角楼乡	55139	4154		2	20	2	
雅江县普巴绒乡	43608	2187		1	5	1	
雅江县祝桑乡	41169	3660					
雅江县米龙乡	29526	2265					
雅江县八衣绒乡	41944	2876					
雅江县波斯河乡	8167	1138					
雅江县恶古乡	45334	2454		3	177	3	1
雅江县牙衣河乡	55799	1033					
雅江县麻郎错乡	27402	2058					
雅江县德差乡	62422	1768		1	5	1	
雅江县柯拉乡	53220	3401					
雅江县瓦多乡	39922	2298		1	5	1	
雅江县木绒乡	56575	2143					
道孚县鲜水镇	10619	11863	2930	172	890	65	
道孚县八美镇	28130	5487	930	16	130		
道孚县亚卓镇	32317	2228	2228				
道孚县甲宗镇	12928	1023	750				

续表 484　　(四川省)　　单位：公顷、人、个

名称	行政区域面积	常住人口	#城镇建成区	企业个数	企业从业人员	工业企业个数	#规模以上
道孚县格西乡	8015	2715					
道孚县麻孜乡	32905	4301					
道孚县孔色乡	20784	2965					
道孚县葛卡乡	32673	2531					
道孚县仲尼乡	19196	1340					
道孚县红顶乡	21129	975					
道孚县扎拖乡	14635	1457					
道孚县下拖乡	24487	1202					
道孚县瓦日乡	13405	1952					
道孚县木茹乡	28459	1395					
道孚县甲斯孔乡	97629	2631					
道孚县甲斯孔乡	51428	2425					
道孚县银恩乡	55997	2570					
道孚县维它乡	34578	1740					
道孚县龙灯乡	38000	2630					
道孚县协德乡	33424	2696					
道孚县色卡乡	42617	3497					
道孚县沙冲乡	51724	997					
炉霍县新都镇	4440	10352	10352	61	356	30	
炉霍县朱倭镇	8986	2709	2709				
炉霍县斯木镇	6548	2688	2688	1	69	1	
炉霍县泥巴乡	12473	2596					
炉霍县雅德乡	9966	2776		1	45	1	1
炉霍县洛秋乡	110623	2634					
炉霍县宜木乡	12324	3129		1	11		
炉霍县仁达乡	11524	2568					
炉霍县旦都乡	12708	2830					
炉霍县充古乡	3592	1948					
炉霍县更知乡	52946	1858					
炉霍县卡娘乡	49522	1261					
炉霍县宗塔乡	43195	2395					
炉霍县宗麦乡	117429	3316					
炉霍县上罗柯马乡	38983	2679		1	12		
炉霍县下罗柯马乡	84401	3414		1	35	1	1
甘孜县甘孜镇	16444	21744	15228	194	980	191	1
甘孜县查龙镇	24988	2881	1290				
甘孜县来马镇	68333	3239	312				
甘孜县呷拉乡	12470	2519	373				
甘孜县色西底乡	7242	1974	323				
甘孜县南多乡	8116	1461	303				
甘孜县生康乡	17127	1984	372				
甘孜县贡隆乡	17373	1595	82				
甘孜县扎科乡	49143	3372	328				
甘孜县昔色乡	24215	2248	302				
甘孜县卡攻乡	20350	1256	56				
甘孜县仁果乡	4400	1640	288				
甘孜县拖坝乡	6352	3616	392				
甘孜县斯俄乡	7997	2875	396				
甘孜县庭卡乡	22725	2002	264				
甘孜县下雄乡	4057	2765	285				

续表 485　　　　(四川省)　　　　单位：公顷、人、个

名　称	行政区域面　积	常住人口	#城镇建成区	企业个数	企　业从业人员	工业企业个　数	#规模以上
甘孜县四通达乡	23587	2752	349				
甘孜县夺多乡	37463	1346	142				
甘孜县泥柯乡	39792	1612	204				
甘孜县茶扎乡	110987	3763	452				
甘孜县大德乡	160023	4046	436				
甘孜县卡龙乡	47095	2763	397				
新龙县如龙镇	9856	8726	6643	61	489	42	
新龙县拉日马镇	164263	5482	5482	13	84	12	
新龙县大盖镇	16246	3829	668	4	22	4	
新龙县沙堆乡	35722	2174		1	7	1	
新龙县乐安乡	35997	1850		2	15	2	
新龙县绕鲁乡	20857	1522		2	15	2	
新龙县色威乡	20093	2903		3	20	3	
新龙县甲拉西乡	33173	3211					
新龙县博美乡	24678	2955		21	182	19	
新龙县尤拉西乡	21829	2113		2	17	2	
新龙县子拖西乡	80119	1863					
新龙县和平乡	23606	2007		3	25	3	
新龙县洛古乡	24915	1674					
新龙县雄龙西乡	79758	3524		1	6	1	
新龙县麻日乡	23157	1155					
新龙县通宵乡	31485	1885		1	5	1	
新龙县友谊乡	71491	1550					
新龙县皮擦乡	13896	1233		1	6	1	
新龙县银多乡	125900	1709					
德格县更庆镇	41530	12180	8457	17	414	7	
德格县马尼干戈镇	65625	3512	1379	1	9		
德格县竹庆镇	110104	6765	6765				
德格县阿须镇	29896	2701	483				
德格县达马镇	28669	1475	205	2	60	1	
德格县错阿镇	52794	3009	960				
德格县普马乡	30252	2155					
德格县岳巴乡	41848	2068					
德格县八帮乡	57019	3131					
德格县龚垭乡	25969	3080					
德格县白垭乡	18590	2282					
德格县汪布顶乡	22529	2669					
德格县柯洛洞乡	97808	4806					
德格县卡松渡乡	29764	1390					
德格县俄南乡	29873	1410					
德格县俄支乡	31326	4417					
德格县玉隆乡	19892	2750					
德格县中扎科乡	41037	4923					
德格县然姑乡	46558	2370					
德格县窝公乡	45455	2410					
德格县温拖乡	29311	3865					
德格县年古乡	39493	3475					
德格县浪多乡	62099	3810					
德格县打滚乡	21888	2714					
德格县亚丁乡	59166	4086					

续表 486　　　　(四川省)　　　　单位：公顷、人、个

名　　称	行政区域面　　积	常住人口	#城镇建成区	企业个数	企　　业从业人员	工业企业个　　数	#规模以上
德格县所巴乡	24025	1934					
白玉县建设镇	21000	7181	5323	30	259	25	
白玉县阿察镇	58200	11703	816	48	293		
白玉县金沙乡	36600	2925	2921				
白玉县绒盖乡	46600	2152	2152				
白玉县章都乡	71800	2289	2289				
白玉县麻绒乡	79400	1956	1956				
白玉县河坡乡	27900	4041	4041	1	103	1	
白玉县热加乡	72500	4849	179				
白玉县灯龙乡	23000	1940	1940				
白玉县赠科乡	65600	4692		1	35	1	
白玉县麻邛乡	42900	3029	847	2	722	2	1
白玉县辽西乡	76700	1570	1570				
白玉县纳塔乡	141900	3985	996				
白玉县安孜乡	72200	2872	2872				
白玉县盖玉乡	92100	2892	2892				
白玉县沙马乡	65100	1015	1015				
白玉县山岩乡	45100	1867	1867				
石渠县尼呷镇	1343	9179	5172	27	136		
石渠县洛须镇	1428	4019	1142				
石渠县色须镇	311663	8386	3358				
石渠县虾扎镇	84695	4682	1892				
石渠县温波镇	76218	5749	1789				
石渠县蒙宜镇	1462	5607	1052				
石渠县真达乡	61692	2745	36				
石渠县奔达乡	40000	1133	20				
石渠县正科乡	77353	3292	23				
石渠县麻呷乡	43828	2350	36				
石渠县德荣马乡	104205	4252	32				
石渠县长沙贡马乡	262577	4793	26				
石渠县呷衣乡	219200	5574	32				
石渠县格孟乡	175800	4639	42				
石渠县新荣乡	1221	4016					
石渠县宜牛乡	87874	2418	36				
石渠县起坞乡	125315	5148	230				
石渠县阿日扎乡	180900	6584	25				
石渠县长须贡马乡	106152	3551	48				
石渠县长沙干马乡	73685	4318	48				
石渠县长须干马乡	99810	3545	29				
石渠县瓦须乡	114645	4761	35				
色达县色柯镇	82531	10253	6460	69	350	44	
色达县翁达镇	23933	2647	800				
色达县洛若镇	53784	3255	733				
色达县泥朵镇	124159	4723	3130				
色达县克戈乡	38793	3089					
色达县然充乡	72515	3614					
色达县康勒乡	29751	2998					
色达县大章乡	138297	3541					
色达县大则乡	59799	3976					
色达县亚龙乡	38289	3458					

续表 487　　　　（四川省）　　　　单位：公顷、人、个

名　　称	行政区域面积	常住人口	#城镇建成区	企业个数	企业从业人员	工业企业个数	#规模以上
色达县塔子乡	45878	3534					
色达县年龙乡	75174	2810					
色达县霍西乡	81468	5672					
色达县旭日乡	16509	2468					
色达县杨各乡	14922	3239					
色达县甲学乡	24329	1687					
色达县歌乐沱乡	13027	876					
理塘县高城镇	15585	31081	12753	242	1215	132	
理塘县甲洼镇	20495	1401	1401				
理塘县君坝乡	43002	2193	248				
理塘县哈依乡	16975	659	266				
理塘县觉吾乡	22258	1771	385				
理塘县莫坝乡	24203	694	369				
理塘县亚火乡	18314	1880	556				
理塘县绒坝乡	22884	1536	202				
理塘县呷洼乡	59582	880	189				
理塘县奔戈乡	107071	2626	317				
理塘县村戈乡	83584	2898	325	1	22	1	
理塘县禾尼乡	180709	4041	271				
理塘县曲登乡	141422	4242	512	1	42	1	
理塘县喇嘛垭乡	70630	1761	314				
理塘县章纳乡	93644	1217	563				
理塘县上木拉乡	22576	1582	109				
理塘县下木拉乡	42086	1596	290				
理塘县中木拉乡	35107	1637	226				
理塘县濯桑乡	79691	3003	222				
理塘县藏坝乡	19949	1096	445				
理塘县格木乡	101893	1815	844				
理塘县拉波乡	49400	1690	343				
理塘县麦洼乡	48346	1184	253	1	115	1	
理塘县德巫乡	80261	1240	646				
巴塘县夏邛镇	61400	11938	5214	48	925	32	3
巴塘县中咱镇	55600	4538	1253				
巴塘县措拉镇	24100	1788	1788				
巴塘县拉哇乡	14200	1343					
巴塘县党巴乡	23400	2618					
巴塘县竹巴龙乡	28400	2088					
巴塘县中心绒乡	12900	2117					
巴塘县苏哇龙乡	47700	4011					
巴塘县昌波乡	14500	1637					
巴塘县地巫乡	13900	2180					
巴塘县亚日贡乡	98600	4043					
巴塘县波密乡	116400	2246					
巴塘县莫多乡	50100	2202					
巴塘县松多乡	42800	2025					
巴塘县波戈溪乡	30300	2214					
巴塘县甲英乡	29600	1289					
巴塘县茶洛乡	33600	1531					
巴塘县列衣乡	31100	1104					
巴塘县德达乡	56600	1903					

续表 488　　　　　　　　　　　　(四川省)　　　　　　　　　　　　单位：公顷、人、个

名　　称	行政区域面　　积	常住人口	#城镇建成区	企业个数	企　　业从业人员	工业企业个　　数	#规模以上
乡城县香巴拉镇	23300	9928	3122	252	1590	47	3
乡城县青德镇	8400	3523	3523				
乡城县尼斯镇	7800	2442	2442				
乡城县沙贡乡	35700	1507	925				
乡城县水洼乡	48900	2331	334				
乡城县青麦乡	20200	3079	421				
乡城县然乌乡	34300	2011	321				
乡城县洞松乡	21600	1359	253				
乡城县热打乡	125000	3843	984				
乡城县定波乡	69300	1722	201				
乡城县正斗乡	46200	2320	235				
乡城县白依乡	60000	1330	224				
稻城县金珠镇	16100	8436	7381	63	320	51	
稻城县香格里拉镇	73600	3560	3262	8	630	1	
稻城县桑堆镇	115200	2798	2798				
稻城县省母乡	58000	1785					
稻城县傍河乡	26300	1596					
稻城县色拉乡	18470	1967					
稻城县巨龙乡	59300	2098					
稻城县邓波乡	84150	1094					
稻城县木拉乡	84500	1815					
稻城县赤土乡	26200	2930					
稻城县蒙自乡	23600	2060					
稻城县各卡乡	71080	938					
稻城县吉呷乡	42300	1518					
稻城县俄牙同乡	33500	1459					
得荣县松麦镇	14827	7029		2	10	1	
得荣县瓦卡镇	19416	1963	940	2	15		
得荣县白松镇	39353	3634					
得荣县斯闸乡	15472	1079		1	8	1	
得荣县斯闸乡徐龙乡	16728	1437					
得荣县日龙乡	8517	989					
得荣县曲雅贡乡	16020	2369					
得荣县奔都乡	34052	1595		1	10	1	
得荣县八日乡	29569	1355					
得荣县古学乡	33075	2649		3	95	3	2
得荣县贡波乡	24600	1254					
得荣县茨巫乡	39970	3023					
西昌市马道镇	2290	19547	10220	8	100	1	1
西昌市礼州镇	2249	26420	5321	16	600	7	
西昌市安宁镇	3704	34080	19314	162	6380	20	15
西昌市川兴镇	5218	38939	2692				
西昌市黄联关镇	5400	13696	3580	6	110	5	
西昌市佑君镇	3350	16500	4189	34	600		
西昌市太和镇	3140	23010	8300	113	1750	33	3
西昌市安哈镇	13192	7146	5914				
西昌市西郊乡	1189	45505		32	5004	7	2
西昌市高枧乡	1680	10375					
西昌市小庙乡	3670	22988	506	25	180	18	4
西昌市四合乡	6297	13288		2	20	2	

续表 489　　　　(四川省)　　　　单位：公顷、人、个

名　　称	行政区域面　积	常住人口	#城镇建成区	企业个数	企　业从业人员	工业企业个　数	#规模以上
西昌市月华乡	6680	19888					
西昌市兴胜乡	2705	17522					
西昌市琅环乡	3163	7890	1300	1	25		
西昌市民胜乡	18200	12587		3	50	3	
西昌市西乡乡	2810	24614					
西昌市樟木箐乡	5100	14238	1453				
西昌市响水乡	14141	9296		9	180	9	
西昌市开元乡	14300	10207					
西昌市大兴乡	2781	7050					
西昌市海南乡	1000	7620	540	4	20		
西昌市大箐乡	8500	6672					
西昌市经久乡	3336	13664		35	8500	35	15
西昌市西溪乡	3931	14542		22	600	10	6
西昌市黄水乡	9233	7085	568	1	30		
西昌市洛古波乡	5066	10695					
西昌市裕隆回族乡	4422	19375		4	120	1	
西昌市高草回族乡	3356	14436		4	101	2	
西昌市中坝乡	3968	13017					
西昌市阿七乡	3642	9010					
西昌市荞地乡	11738	7896					
西昌市磨盘乡	9263	11801					
西昌市巴汝乡	8840	5611	123				
西昌市银厂乡	24318	2701					
西昌市白马乡	18065	3898					
西昌市马鞍山乡	14563	5955					
木里藏族自治县乔瓦镇	24037	21983	20035	22	1719	5	
木里藏族自治县瓦厂镇	19472	5779	1840	2	124		
木里藏族自治县茶布朗镇	30732	3706	2327	1	71		
木里藏族自治县雅砻江镇	65879	2633	856				
木里藏族自治县博科乡	33642	4801	316				
木里藏族自治县宁朗乡	60692	2250	75	1	187	1	1
木里藏族自治县依吉乡	26010	3668	346				
木里藏族自治县俄亚乡	59024	5969	482				
木里藏族自治县水洛乡	134143	6024	353				
木里藏族自治县牦牛坪乡	23629	3674	133	1	48		
木里藏族自治县屋脚乡	30577	2528	543				
木里藏族自治县项脚乡	14057	3541	176				
木里藏族自治县李子坪乡	19746	4459	206				
木里藏族自治县列瓦乡	10385	4183	284				
木里藏族自治县芽租乡	17776	3766	137				
木里藏族自治县下麦地乡	11594	3814	184				
木里藏族自治县西秋乡	13421	3026	327				
木里藏族自治县克尔乡	24976	4185	350				
木里藏族自治县白碉乡	37861	5781	435				
木里藏族自治县三桷桠乡	35083	4486	141				
木里藏族自治县倮波乡	46965	5941	192				
木里藏族自治县卡拉乡	123852	4078	260	3	175	1	1
木里藏族自治县后所乡	21271	5757	327				
木里藏族自治县沙湾乡	65187	5354	234	4	836	2	2
木里藏族自治县固增乡	47138	3595	389	2	329	1	1

续表 490　　(四川省)　　单位：公顷、人、个

名　　称	行政区域面积	常住人口	#城镇建成区	企业个数	企业从业人员	工业企业个数	#规模以上
木里藏族自治县麦日乡	62429	2963	245	1	27		
木里藏族自治县东朗乡	57304	2777	387				
木里藏族自治县唐央乡	124968	4654	333	1	37		
木里藏族自治县博窝乡	80420	1825	168				
盐源县盐井镇	28063	39568	32630	172	7405	9	9
盐源县卫城镇	30758	24530	3956	6	132		
盐源县梅雨镇	16145	26348	3808	6	58		
盐源县白乌镇	61370	21286	1281	4	37	1	1
盐源县树河镇	36033	10705	1146	17	328	6	1
盐源县黄草镇	33408	12051	640	1	3	1	
盐源县平川镇	46510	17863	2949	28	2987	2	2
盐源县泸沽湖镇	28560	12861	1220	21	284		
盐源县官地镇	60794	8878	200	3	47		
盐源县双河乡	16108	22789	1520	10	92		
盐源县下海乡	16173	27853		21	599	5	2
盐源县棉桠乡	37965	18449		4	68	2	
盐源县甘塘乡	11910	7542	137	3	85		
盐源县藤桥乡	18549	7476	626	3	20		
盐源县田湾乡	15042	8087					
盐源县大河乡	35825	12684	2500	1	15		
盐源县盐塘乡	21440	8035	857	3	17	3	
盐源县巫木乡	22718	6925	420				
盐源县大草乡	36888	4164					
盐源县博大乡	29555	8117					
盐源县金河乡	15504	10961	630	16	98		
盐源县右所乡	22353	8297	122				
盐源县长柏乡	27945	10787	152	3	67	2	1
盐源县桃子乡	23044	6195					
盐源县盖租乡	32206	5102					
盐源县前所乡	26129	7005					
盐源县沃底乡	28048	5630					
盐源县大坡蒙古族乡	14837	3926					
盐源县洼里乡	23364	3203	38				
盐源县梅子坪乡	23585	3153	350				
德昌县德州镇	12300	71158	26306	614	7122	68	18
德昌县永郎镇	6900	8163	1672	49	656	11	1
德昌县乐跃镇	27600	9559	1338	19	190	4	1
德昌县麻栗镇	19300	16700	2456	36	2562	16	8
德昌县阿月镇	11900	15564	861	8	137	3	
德昌县六所镇	6600	9557	493	8	139		
德昌县茨达镇	20300	12310	955	5	25	1	
德昌县小高镇	18900	11768	461	33	726	25	2
德昌县王所镇	5800	12316	1872	18	132	5	
德昌县巴洞镇	11300	8219	2550	27	216	18	
德昌县宽裕镇	7800	8802	370	8	48		
德昌县锦川镇	5800	8590	305	9	47	4	1
德昌县老碾镇	12300	7458	325	9	115	1	
德昌县大湾镇	10100	3467	475				
德昌县铁炉镇	11700	5095	177				
德昌县热河镇	20700	8193	363				

续表 491　　　　(四川省)　　　　单位：公顷、人、个

名　　称	行政区域面　　积	常住人口	#城镇建成区	企业个数	企　　业从业人员	工业企业个　　数	#规模以上
德昌县大陆槽乡	7800	2280	258	4	366	4	1
德昌县南山傈僳族乡	3900	1870	267				
德昌县金沙傈僳族乡	7400	2749	466				
会理县鹿厂镇	23692	27304	1500	50	1100	22	4
会理县黎溪镇	25227	31894	5650	60	3000	24	7
会理县通安镇	13874	16814	4419	45	1139	18	7
会理县太平镇	24238	17871	2974	21	249	6	
会理县益门镇	8581	7345	7345	28	8970	8	1
会理县绿水镇	13262	9818	316	36	5657	22	12
会理县新发镇	19695	17119	1342	20	570	6	2
会理县云甸镇	11795	14873	1873	28	1755	19	1
会理县关河镇	19793	15123	1360	32	610	21	2
会理县富乐镇	14573	15064	336	8	42	1	
会理县彰冠镇	9803	16499	2203	15	107	1	
会理县木古镇	9177	9515	600	5	32		
会理县六华镇	55962	10984	1342	10	58	9	3
会理县小黑箐镇	22970	14742	297	23	3180	9	3
会理县内东乡	13775	12935		1	15		
会理县外北乡	13322	10582		13	106	8	
会理县爱民乡	9795	11035		2	16	1	
会理县树堡乡	12818	10260		1	31	1	1
会理县新安傣族乡	13727	9072		3	475		
会理县竹箐乡	12564	12467		13	558	12	2
会理县杨家坝乡	13007	12305		2	10		
会理县槽元乡	16542	8711		3	15	3	
会理县白果湾乡	15163	11565		5	48	5	2
会理县下村乡	16649	9716	2803	7	153	3	
会东县鲹鱼河镇	33508	72430	62455	386	8367	79	10
会东县铅锌镇	35639	44407	9517	27	3415	16	6
会东县堵格镇	18575	16828	4372	5	32	5	
会东县姜州镇	13465	19021	6331	10	168	4	
会东县乌东德镇	23845	21619	9941	4	24	3	
会东县淌塘镇	17363	12908	7089	6	228	3	
会东县铁柳镇	20187	23359	6300	6	443	6	
会东县嘎吉镇	11269	21242	5948	3	63	2	
会东县满银沟镇	20292	14451	1880	6	1641	5	2
会东县新街镇	15972	20050	4673	4	84	2	
会东县鲁吉镇	12803	17547	2610	14	128	4	
会东县大崇镇	11831	22063	12318	12	201	2	
会东县松坪镇	14292	10753	1491	7	259	6	1
会东县小坝乡	7237	10001	1725	5	123	2	
会东县拉马乡	8547	7822		4	167	4	1
会东县老君滩乡	20607	9283		1	12		
会东县江西街乡	15616	15464		4	53	3	
会东县溜姑乡	3892	6479					
会东县野牛坪乡	2328	3768		4	96		
会东县野租乡	15315	8169		3	22	1	
宁南县披砂镇	7463	32460	5340	30	1353	6	3
宁南县松新镇	4694	10400	1600	5	250	3	3
宁南县竹寿镇	3943	6286	1029	4	40	2	

续表 492　　　　（四川省）　　　　单位：公顷、人、个

名　　称	行政区域面积	常住人口	#城镇建成区	企业个数	企业从业人员	工业企业个数	#规模以上
宁南县华弹镇	4527	15352	3966				
宁南县白鹤滩镇	4897	9660	1898	2	35		
宁南县葫芦口镇	3772	6852	1526	1	10		
宁南县西瑶镇	4773	4875	126	1	120	1	1
宁南县景星镇	4167	11340	3243	3	121	1	1
宁南县大同镇	4507	5872	482	2	10	2	
宁南县骑骡沟镇	8113	7065	356				
宁南县跑马镇	13681	8530	1382				
宁南县幸福镇	6982	5689	238				
宁南县石梨镇	3433	7496	1381				
宁南县六铁镇	11127	7135	3927	6	50	2	
宁南县松林镇	5236	5913	224				
宁南县新华镇	3309	6003	378				
宁南县俱乐乡	6245	4446	420				
宁南县新村乡	5029	5028	333				
宁南县海子乡	8206	5230	50				
宁南县新建乡	12044	3719	140	1	9	1	
宁南县稻谷乡	10424	4002	603	1	6	1	
宁南县杉树乡	9813	3580	115				
宁南县梁子乡	8852	4174	123	1	34	1	1
宁南县红星乡	3249	3615	120				
宁南县倮格乡	8549	6346	130				
普格县普基镇	3452	27961	27961	66	2393	16	2
普格县荞窝镇	14964	10374	2608	1	16	1	
普格县螺髻山镇	15090	11065	11065	8	165	4	
普格县永安乡	6222	6438		1	51	1	
普格县向阳乡	5060	5117					
普格县文坪乡	3139	4480					
普格县黎安乡	8941	3532					
普格县花山乡	2261	7208		5	200	4	1
普格县东山乡	5972	5723					
普格县大坪乡	3895	6192		1	12	1	
普格县辉隆乡	6516	2479		1	23	1	
普格县洛乌沟乡	5365	2450					
普格县雨水乡	4577	7723					
普格县甘天地乡	6483	2030					
普格县洛乌乡	2704	4735		2	19	1	
普格县孟甘乡	9115	6134					
普格县特兹乡	4880	4395					
普格县吉乐乡	1765	4218		1	34	1	
普格县特口乡	3945	1332					
普格县耶底乡	4837	1198					
普格县夹铁乡	7129	6319		2	15	1	
普格县瓦洛乡	7423	4994		2	6	1	
普格县哈力洛乡	2780	2269					
普格县菜子乡	4771	3614					
普格县祝联乡	3456	2836					
普格县刘家坪乡	3080	5079					
普格县月吾乡	4750	3164					
普格县特补乡	6228	5671		1	93	1	

续表 493 （四川省） 单位：公顷、人、个

名称	行政区域面积	常住人口	#城镇建成区	企业个数	企业从业人员	工业企业个数	#规模以上
普格县五道箐乡	4322	3836		1	9		
普格县特尔果乡	7305	3697					
普格县大槽乡	5922	3880					
普格县马洪乡	4585	2105					
普格县洛甘乡	4814	1115					
普格县红莫依达乡	4752	1937					
布拖县特木里镇	13295	31218	31218	78	702	2	1
布拖县龙潭镇	5361	7412	2622	3	186	3	1
布拖县拖觉镇	9899	9564	9564	23	121	2	1
布拖县木尔乡	2481	6252	2246				
布拖县九都乡	3009	6006	1360	2	12	2	
布拖县拉达乡	5360	4107	1362	1	13	1	
布拖县乌科乡	3546	2087	715				
布拖县沙洛乡	3891	4080	465	3	60	1	
布拖县洛古乡	3902	3513	692				
布拖县补尔乡	5231	7349	500				
布拖县觉撒乡	6365	3412	364	5	26		
布拖县美撒乡	4294	4288	540	3	18	1	
布拖县拉果乡	4590	4117	592				
布拖县乌依乡	5190	3176	500				
布拖县浪珠乡	4028	2189	287				
布拖县包谷坪乡	8658	5032	545				
布拖县合井乡	13270	7350	836				
布拖县罗家坪乡	3283	4653	271				
布拖县牛角湾乡	6257	8316	534	6	83	4	
布拖县补洛乡	3931	6037	213				
布拖县火烈乡	6748	6215	328	1	6	1	1
布拖县乐安乡	10364	8786	954				
布拖县四棵乡	3630	1661	198				
布拖县地洛乡	10965	13363	1021	1	28		
布拖县俄里坪乡	4679	5168	503	3	4		
布拖县瓦都乡	3287	2909	275				
布拖县采哈乡	2452	2488	192				
布拖县委只洛乡	2768	3355	462	4	185	1	
布拖县联补乡	3576	4362	201				
布拖县基只乡	4318	3435	255				
金阳县天地坝镇	5647	15984	15984	40	1955	28	1
金阳县派来镇	4417	9216	2959	1	5	1	
金阳县芦稿镇	2202	3824	1534	6	120	6	
金阳县对坪镇	4388	12200	3732	1	5	1	
金阳县桃坪乡	3376	6863					
金阳县热水河乡	3145	4114		2	118	2	1
金阳县马依足乡	2561	8815					
金阳县红峰乡	3004	2314					
金阳县尔觉西乡	7038	4539					
金阳县热柯觉乡	6826	3068					
金阳县甲依乡	5728	4696					
金阳县木府乡	2536	4235		2	74	2	
金阳县寨子乡	4022	2801					
金阳县则祖乡	2887	2525					

续表 494　　　　(四川省)　　　　单位：公顷、人、个

名　　称	行政区域面　积	常住人口	#城镇建成区	企业个数	企　业从业人员	工业企业个　数	#规模以上
金阳县基觉乡	7800	5281					
金阳县小银木乡	4628	5350					
金阳县春江乡	2625	3219					
金阳县红联乡	3714	6608					
金阳县青松乡	5419	6003					
金阳县放马坪乡	4025	5817					
金阳县梗堡乡	4988	3831					
金阳县山江乡	3020	3185		1	7	1	
金阳县洛觉乡	3474	6504		1	5	1	
金阳县向岭乡	3504	5041					
金阳县谷德乡	4179	2644		1	12	1	
金阳县高峰乡	13270	1445		1	5	1	
金阳县老寨子乡	4997	3860					
金阳县德溪乡	1707	6166		1	6	1	
金阳县南瓦乡	4628	6056		1	5	1	
金阳县依莫合乡	3527	2496					
金阳县土沟乡	4376	4672					
金阳县丙底乡	9662	4373		1	6	1	
金阳县依达乡	7231	2926					
金阳县丝窝乡	4130	3129					
昭觉县新城镇	5580	17625	17211	117	2793	38	6
昭觉县城北乡	3722	7923	160	12	266	4	
昭觉县树坪乡	2928	1695	87				
昭觉县谷曲乡	5819	7512	134	2	34	2	
昭觉县达洛乡	2864	2731	182				
昭觉县龙恩乡	2985	5319	127				
昭觉县美甘乡	3678	4537	87				
昭觉县四开乡	8695	16003	301	3	94	2	
昭觉县大坝乡	3673	7400	87				
昭觉县地莫乡	6918	10769	226				
昭觉县柳且乡	6037	7281	82				
昭觉县博洛乡	6875	6293	59				
昭觉县库莫乡	6296	3543	48				
昭觉县解放乡	9094	5504	216	5	119		
昭觉县三岗乡	9734	4743	119				
昭觉县洒拉地坡乡	9107	8281	501				
昭觉县三岔河乡	6953	4882	90				
昭觉县尼地乡	7648	2153	38				
昭觉县碗厂乡	7002	3296	116				
昭觉县普诗乡	9692	6735	266	5	141	1	
昭觉县玛增依乌乡	4421	7001	118				
昭觉县塘且乡	2858	3368	160				
昭觉县久特洛古乡	4017	3524	111	2	50	1	1
昭觉县齿可波西乡	5370	9447	252				
昭觉县特口甲谷乡	8737	3896	90				
昭觉县竹核乡	6332	11567	1344	9	421	3	3
昭觉县阿并洛古乡	4884	7622	544				
昭觉县格吾乡	3016	2496	200				
昭觉县特布洛乡	8450	7006	1025	1	8	1	
昭觉县庆恒乡	3750	5923	332	3	97		

续表 495　　(四川省)　　单位：公顷、人、个

名　　称	行政区域面　积	常住人口	#城镇建成区	企业个数	企　业从业人员	工业企业个　数	#规模以上
昭觉县拉一木乡	3571	5531	223	1	16		
昭觉县色底乡	5027	1821	36				
昭觉县补约乡	3985	2216	161				
昭觉县比尔乡	6699	8271	1369				
昭觉县库依乡	7151	9007	33				
昭觉县金曲乡	5442	2577	44				
昭觉县宜牧地乡	6935	3904	52				
昭觉县波洛乡	5925	902	94				
昭觉县央摩租乡	3693	2721	75				
昭觉县则普乡	7068	4599	571				
昭觉县永乐乡	4371	2844	50				
昭觉县且莫乡	5406	3241	152				
昭觉县甘多洛古乡	4995	2143	97				
昭觉县支尔莫乡	5636	3065	899	3	60		
昭觉县龙沟乡	3097	1539	76				
昭觉县日哈乡	9433	4793	274				
昭觉县哈甘乡	4526	5251	17				
喜德县光明镇	12762	24937	11775	97	2130	12	2
喜德县冕山镇	19150	12464	4314	67	1632	62	3
喜德县红莫镇	14697	12236	1050	5	45		
喜德县两河口镇	9201	14141	10761	8	40	2	
喜德县米市镇	12105	5155	5155	3	9	1	
喜德县洛哈镇	12883	3497	2016				
喜德县尼波镇	14524	8829	1929	2	10	1	
喜德县拉克乡	5544	11320	1499	13	275	10	1
喜德县则约乡	7215	3835	2282				
喜德县贺波洛乡	13496	9583	2186	6	70	5	
喜德县鲁基乡	9852	10693	1721	9	112	6	
喜德县李子乡	7010	10064	189	8	412	8	
喜德县北山乡	10140	5522					
喜德县西河乡	8759	576	576				
喜德县东河乡	8618	11338	3200	1	10		
喜德县且拖乡	4278	5181	2000	1	8		
喜德县博洛拉达乡	6174	2783	613	2	15	2	
喜德县沙马拉达乡	4516	4791	872	2	22	2	
喜德县巴久乡	6730	2666					
喜德县洛莫乡	7206	2284	450				
喜德县依洛乡	5458	2062	298				
喜德县热柯依达乡	7912	2538					
喜德县额尼乡	5230	2240		1	9	1	
喜德县乐武乡	7164	4892					
冕宁县城厢镇	19087	38500	32578	90	1010	27	5
冕宁县漫水湾镇	4359	11261	1320	4	260	4	1
冕宁县大桥镇	39113	16598	1993	8	110	8	1
冕宁县复兴镇	6350	20194	20194	38	1425	14	7
冕宁县泸沽镇	9745	22627	18192	168	3552	21	4
冕宁县沙坝镇	12720	28394	4100	25	390	25	1
冕宁县彝海镇	12846	6198	1585	9	106	9	
冕宁县石龙镇	2318	15212	7386	2	40	2	
冕宁县回龙镇	5070	12652	3445	3	22		

续表 496　　(四川省)　　单位：公顷、人、个

名　称	行政区域面积	常住人口	#城镇建成区	企业个数	企业从业人员	工业企业个数	#规模以上
冕宁县河边镇	4379	11918	1121				
冕宁县锦屏镇	3846	3868	960	17	55	2	
冕宁县后山镇	10388	15985	15985	27	588	8	4
冕宁县里庄镇	8465	2429	712	3	88	3	1
冕宁县惠安镇	17464	10028	350	8	355	7	2
冕宁县宏模镇	4705	15789	1891	7	39	3	
冕宁县泽远镇	16919	13002	13002	18	382	12	
冕宁县回坪乡	4228	12730	1261	24	745	23	3
冕宁县哈哈乡	13051	9736		8	40	8	1
冕宁县森荣乡	20137	15056	186	3	164	3	
冕宁县林里乡	4280	5786	5786	40	200	1	1
冕宁县铁厂乡	11147	10242	3888	2	72	2	2
冕宁县河里乡	9411	6239	420				
冕宁县冶勒乡	36712	1134	324				
冕宁县拖乌乡	26316	3117		16	150	16	
冕宁县曹古乡	12197	8780	532	3	70	3	
冕宁县先锋乡	6251	11978	1630	10	73	2	1
冕宁县金林乡	5133	1246		1	15	1	
冕宁县腊窝乡	9743	1820		5	92	5	
冕宁县联合乡	21088	3021		31	231	31	
冕宁县麦地沟乡	10910	3584	1866	2	45	2	
冕宁县南河乡	16725	2701	145	9	51	9	1
冕宁县青纳乡	5531	3637		1	6	1	
冕宁县和爱藏族乡	9615	2200	2200	2	25	2	
冕宁县棉沙湾乡	9118	2478		2	14	2	
冕宁县马头乡	9760	1823		1	10	1	
冕宁县窝堡乡	5386	3408	215	1	6	1	
冕宁县新兴乡	9125	1703	105				
冕宁县健美乡	8412	2167		1	6	1	
越西县越城镇	2870	41352	29234	98	500	10	5
越西县中所镇	1293	11565	9520	49	250	38	
越西县新民镇	1421	8292	4363	13	68	7	1
越西县乃托镇	8084	7851	1564	18	2385	10	6
越西县普雄镇	4744	18500	7500	47	285	3	
越西县大瑞镇	2892	15450	1902	23	123	12	
越西县竹阿觉镇	7006	7854	1015	3	20	1	
越西县书古镇	6026	7731					
越西县依洛地坝镇	6777	8356					
越西县南箐镇	11075	12078		1	13		
越西县新乡乡	6606	2989		1	6	1	
越西县马拖乡	4105	12030		1	7	1	
越西县丁山乡	1298	7438		5	60	2	
越西县大花乡	10664	8753		3	420	3	1
越西县河东乡	2366	9302		7	116		
越西县西山乡	8021	6254		1	23	1	
越西县板桥乡	9348	9770					
越西县瓦岩乡	12668	7805		5	38	5	
越西县大屯乡	2657	9805		7	60		
越西县保安藏族乡	3333	3120					
越西县白果乡	5626	6750	360	6	30	6	

续表 497　　　　（四川省）　　　　单位：公顷、人、个

名　称	行政区域面积	常住人口	#城镇建成区	企业个数	企业从业人员	工业企业个数	#规模以上
越西县梅花乡	8208	3094		1	16	1	
越西县拉普乡	6916	6042		2	24	2	
越西县铁西乡	2691	4741		1	131	1	1
越西县尔觉乡	3569	4628					
越西县四甘普乡	4570	4543					
越西县贡莫乡	2480	7800		2	10	1	
越西县拉白乡	1742	2630					
越西县乐青地乡	2629	5360					
越西县德吉乡	5130	932					
越西县尔赛乡	4509	5245					
越西县保石乡	7448	2318					
越西县五里箐乡	5585	7326		1	8	1	
越西县瓦普莫乡	4338	2884					
越西县申果乡	6408	2823					
越西县瓦曲觉乡	4173	2821		1	13		
越西县申普乡	5922	3102					
越西县拉吉乡	30506	2976					
甘洛县新市坝镇	20370	40302	24692	65	1260	51	11
甘洛县田坝镇	5777	20594	6734	4	105	4	
甘洛县海棠镇	11088	4875	1512	19	125	19	1
甘洛县吉米镇	6256	6066	1299				
甘洛县斯觉镇	2548	7912	688	1	20	1	
甘洛县普昌镇	4458	15756	1996	9	220	9	
甘洛县玉田镇	4298	6942	1745				
甘洛县前进乡	2873	7061		1	8	1	
甘洛县胜利乡	5001	7017		2	15	2	
甘洛县新茶乡	3597	2900					
甘洛县两河乡	5684	2816					
甘洛县里克乡	2128	5964					
甘洛县尼尔觉乡	4872	6151					
甘洛县拉莫乡	11432	2405					
甘洛县波波乡	9407	1862		3	35	3	
甘洛县阿嘎乡	20626	4705		1	15	1	
甘洛县阿尔乡	5370	12307		1	20	1	
甘洛县石海乡	2992	9108		3	115	3	1
甘洛县团结乡	8374	5597					
甘洛县嘎日乡	4398	10185		2	25	2	1
甘洛县则拉乡	5082	3367					
甘洛县坪坝乡	13127	3473					
甘洛县蓼坪乡	10899	5497					
甘洛县阿兹觉乡	19848	3223		1	12	1	
甘洛县乌史大桥乡	12090	4236					
甘洛县黑马乡	4588	4971					
甘洛县沙岱乡	4488	3499		1	280	1	1
甘洛县苏雄乡	3923	4909		6	125	6	
美姑县巴普镇	3670	11753	11753	37	276	1	1
美姑县觉洛乡	2925	6680	162				
美姑县井叶特西乡	10753	8173					
美姑县合姑洛乡	9368	4136					
美姑县巴古乡	4558	7491					

续表 498　　　　(四川省)　　　　单位：公顷、人、个

名　　称	行政区域面　积	常住人口	#城镇建成区	企业个数	企　业从业人员	工业企业个　数	#规模以上
美姑县农作乡	3617	6229					
美姑县佐戈依达乡	5114	10593	108	1	15	1	
美姑县子威乡	3660	4448					
美姑县依洛拉达乡	2308	4529					
美姑县典补乡	4384	8100					
美姑县哈洛乡	3668	3306					
美姑县牛牛坝乡	6407	14259		1	15	1	
美姑县尔合乡	4724	5452					
美姑县竹库乡	4996	6708					
美姑县候古莫乡	7470	8954					
美姑县候播乃拖乡	8576	8681		1	120	1	1
美姑县采红乡	3516	4164					
美姑县苏洛乡	17095	4300					
美姑县九口乡	4855	11120					
美姑县洛俄依甘乡	4417	8406	404	1	10	1	
美姑县拉木阿觉乡	3881	9666		2	158	2	2
美姑县洛莫依达乡	4780	4567					
美姑县柳洪乡	4864	6330					
美姑县乐约乡	4108	4115					
美姑县尔其乡	3815	4078					
美姑县瓦古乡	6363	3148					
美姑县峨曲古乡	2845	5625					
美姑县炳途乡	7400	4930					
美姑县拖木乡	4071	4334					
美姑县尼哈乡	4656	2188					
美姑县龙门乡	9064	8802					
美姑县依果觉乡	19497	8543		1	22	1	
美姑县洒库乡	6035	8196					
美姑县瓦西乡	10714	4239					
美姑县树窝乡	17169	2731	84				
美姑县龙窝乡	26110	4469					
雷波县锦城镇	3751	14933	14799	166	2287	23	4
雷波县西宁镇	17712	7447	7411	33	205	5	
雷波县汶水镇	8866	12095	12095	4	377	2	1
雷波县黄琅镇	3534	8255	7954	15	285	3	
雷波县金沙镇	2674	9964	9964	53	366	2	
雷波县海湾乡	2730	6678		32	2377	3	1
雷波县杉树堡乡	1355	5485		9	117	2	
雷波县箐口乡	5966	6712		2	35	2	
雷波县帕哈乡	4073	6338		2	78	1	
雷波县永盛乡	3397	8119		10	53		
雷波县溪洛米乡	2854	4901		3	48	3	
雷波县顺河乡	915	2385		1	512	1	1
雷波县渡口乡	5005	7037					
雷波县回龙场乡	4602	6464		1	1897	1	1
雷波县马湖乡	8765	8768		2	22		
雷波县中田乡	3323	5248		2	58	2	
雷波县谷米乡	3319	7013		1	23	1	
雷波县柑子乡	2913	2811					
雷波县双河口乡	7796	2121					

续表 499　　　　(四川省、贵州省)　　　　单位：公顷、人、个

名　　称	行政区域面积	常住人口	#城镇建成区	企业个数	企业从业人员	工业企业个数	#规模以上
雷波县罗山溪乡	15519	3388					
雷波县桂花乡	15831	4017		1	21	1	
雷波县烂坝子乡	11277	2963		1	17	1	
雷波县沙坨乡	6889	3095		5	115	5	
雷波县山棱岗乡	7579	5695		1	9	1	
雷波县长河乡	12824	2788		1	32	1	
雷波县谷堆乡	17578	2887					
雷波县八寨乡	3700	5889		5	75	5	
雷波县拉咪乡	21532	1771		2	14		
雷波县松树乡	2560	4233		1	27	1	1
雷波县曲依乡	3167	4849		2	114	2	
雷波县千万贯乡	2599	3731		1	6		
雷波县五官乡	3430	5413		4	55	2	
雷波县上田坝乡	3768	3088					
雷波县大坪子乡	2181	2149		1	23	1	
雷波县簸箕梁子乡	4599	2802					
雷波县小沟乡	3631	1042					
雷波县莫红乡	3621	3928		1	32	1	
雷波县克觉乡	3333	21					
雷波县坪头乡	2226	2388		1	1414	1	1
雷波县雷池乡	7541	4258					
雷波县巴姑乡	2750	4789		2	26	1	
雷波县咪姑乡	5631	5072					
雷波县一车乡	4979	4200					
雷波县斯古溪乡	2718	2103					
雷波县卡哈洛乡	5411	6667					
雷波县元宝山乡	5846	9005					
雷波县大岩洞乡	3819	2140					
雷波县岩脚乡	3445	3355		1	20	1	
贵州省							
南明区后巢乡	1851	106089		501	4012	17	2
南明区云关乡	2127	81062		89	560	3	3
南明区小碧布依族苗族乡	6604	4684					
南明区永乐乡	5790	11681					
云岩区黔灵镇	4200	132371	132371	1066	14871	174	10
花溪区青岩镇	9230	36244	15044	135	690	4	4
花溪区石板镇	5160	30489	8862	1511	12710	6	6
花溪区党武镇	6340	30772	11131	17	160	6	
花溪区麦坪镇	4981	21780	3125	88	546	12	1
花溪区燕楼镇	5700	12982	8071	16	500		
花溪区孟关苗族布依族乡	6829	20296					
花溪区湖潮苗族布依族乡	8931	21222					
花溪区久安乡	4860	14732					
花溪区高坡苗族乡	12000	14997		10	156	1	1
花溪区黔陶布依族苗族乡	7480	10081					
花溪区马铃布依族苗族乡	8108	9277					
乌当区东风镇	8432	36649	12470	350	7650	175	35
乌当区水田镇	10601	15144	3614	98	586	16	5
乌当区羊昌镇	7358	16678	7310	297	1850	8	1
乌当区下坝镇	10627	11135	594	63	320	3	2

续表 500　　　　（贵州省）　　　　单位：公顷、人、个

名　　称	行政区域面　积	常住人口	#城镇建成区	企业个数	企　业从业人员	工业企业个　数	#规模以上
乌当区新场镇	8975	14567	11250	21	160	15	4
乌当区百宜镇	9822	10815	1480	191	955		
乌当区新堡布依族乡	5361	5219		54	916		
乌当区偏坡布依族乡	1361	2033		25	150		
贵阳市白云区艳山红镇	4830	112923	112923	340	3670	180	19
贵阳市白云区麦架镇	4681	59556	18440	393	4711	359	27
贵阳市白云区沙文镇	6429	33593	5578	64	956	64	26
贵阳市白云区都拉布依族乡	3569	14267		23	620	21	7
贵阳市白云区牛场布依族乡	6748	14441		285	1710	8	
观山湖区金华镇	6998	59809		400	4541	35	11
观山湖区朱昌镇	5642	27987	27987	266	1330	2	2
观山湖区百花湖镇	10873	21342		536	3126		
开阳县城关镇	16186	53352	28756	563	5485	46	15
开阳县双流镇	17886	30324	5731	145	2351	48	17
开阳县金中镇	7484	20265	7426	25	3652	8	6
开阳县冯三镇	17931	29976	4348	23	136	6	
开阳县楠木渡镇	19332	28516	15224	11	163	4	
开阳县龙岗镇	20500	30301	18790	96	1234	17	4
开阳县永温镇	9930	18117	6880	68	2262	16	5
开阳县花梨镇	13389	20198	5179	82	506	3	1
开阳县南龙乡	12524	12253	12253	84	528	5	5
开阳县宅吉乡	9987	14898		26	256		
开阳县龙水乡	5941	8562		34	264	3	1
开阳县米坪乡	3913	5007		71	372		
开阳县禾丰布依族苗族乡	8313	17084		18	5824	18	1
开阳县南江布依族苗族乡	11957	16259		103	882	11	
开阳县高寨苗族布依族乡	17734	18817		11	286	2	2
开阳县毛云乡	8719	8956		36	512	2	1
息烽县永靖镇	15219	66859	35021	689	3446	122	17
息烽县温泉镇	8503	22533	4106	119	5962	32	12
息烽县九庄镇	11436	25035	11041	186	954	9	2
息烽县小寨坝镇	13808	33353	12749	444	11809	65	8
息烽县西山镇	7440	18191	2326	172	492	9	3
息烽县养龙司镇	9626	22556	725	286	1430	25	3
息烽县石硐镇	11950	19564	3059	134	845	9	2
息烽县鹿窝镇	9744	14516	2150	77	389	8	
息烽县流长镇	10589	13179	969	140	752	20	
息烽县青山苗族乡	4947	4870		79	420	1	
修文县龙场镇	17025	74696	74696	812	4790	108	21
修文县扎佐镇	12548	34162	4057	148	7668	100	66
修文县久长镇	11751	40037	4911	35	1213	14	7
修文县六广镇	9410	22734	7282	130	620	8	4
修文县六屯镇	7795	13560	3545	39	200	2	
修文县洒坪镇	8570	14116	1625	86	473	2	1
修文县六桶镇	11000	18489	2812	49	245	1	
修文县谷堡镇	12110	21560	2592	201	4780	3	3
修文县小箐镇	10390	16230	312				
修文县大石布依族乡	5110	8567		9	45		
清镇市红枫湖镇	18142	48372	1738	18	1419	16	5
清镇市站街镇	20533	91406	70	136	1932	129	33

续表 501　　　　　　　　　　(贵州省)　　　　　　　　　　单位：公顷、人、个

名　　称	行政区域面积	常住人口	#城镇建成区	企业个数	企业从业人员	工业企业个数	#规模以上
清镇市卫城镇	20303	56543	11725	287	2564	89	8
清镇市新店镇	14220	42130	3523	197	4765	28	1
清镇市暗流镇	10171	21574	5220	31	426	6	2
清镇市犁倭镇	14258	30800	1360	48	567	17	1
清镇市麦格苗族布依族乡	12700	23324		184	960	7	1
清镇市王庄布依族苗族乡	7739	18107		106	1925	20	3
清镇市流长苗族乡	15449	34252		271	1355	8	
钟山区大河镇	6944	36823	19050	210	1815	11	4
钟山区汪家寨镇	7735	55530	4368	315	2568	99	9
钟山区大湾镇	9384	50384	28800	355	18748	28	8
六枝特区岩脚镇	13104	40398	11163	244	2135	112	6
六枝特区木岗镇	5665	16993	4141	65	3041	37	12
六枝特区大用镇	6947	20391	4814	82	1051	15	4
六枝特区关寨镇	19730	28963	3988	848	5379	151	2
六枝特区牂牁镇	16134	15446	5483	91	475	1	1
六枝特区新华镇	6355	19312	2144	575	2875	93	1
六枝特区龙河镇	5950	29473	9632	119	2033	65	2
六枝特区新窑镇	10318	31719	18523	186	2824	53	6
六枝特区郎岱镇	18854	40868	4341	564	2987	134	6
六枝特区梭戛苗族彝族回族乡	5737	14680		437	983	122	
六枝特区牛场苗族彝族乡	8451	15879		182	965	75	2
六枝特区新场乡	14203	25705	3860	168	451	13	
六枝特区中寨苗族彝族布依族乡	16469	39395		24	2363	4	4
六枝特区落别布依族彝族乡	9653	21917		230	1200	7	2
六枝特区月亮河彝族布依族苗族乡	11706	16674		136	2450	120	3
水城县比德镇	8896	18571	217	30	1475	20	4
水城县化乐镇	8436	35866	2012	76	2113	9	3
水城县蟠龙镇	15070	38183	7530	90	2186	26	1
水城县阿戛镇	17261	50384	5146	63	1509	55	6
水城县勺米镇	9917	23906	2574	26	3126	8	6
水城县玉舍镇	31449	55056	12534	43	1569	21	8
水城县都格镇	7305	14642	14642	320	2310	9	4
水城县发耳镇	9371	37871	23842	261	8200	6	5
水城县鸡场镇	11520	22586	8506	80	3860	22	7
水城县木果镇	15996	32152	2920	4	62	4	1
水城县保华镇	12862	34847	1311	13	1017	13	1
水城县陡箐镇	24323	30963		10	52	9	
水城县米箩镇	11814	22213	1800	116	999	10	
水城县南开苗族彝族乡	13794	44469		75	460	1	
水城县青林苗族彝族乡	6416	21988		11	100	1	
水城县金盆苗族彝族乡	10227	24792		26	158	3	
水城县坪寨彝族乡	9798	8511		2	40	1	
水城县龙场苗族白族彝族乡	9621	25349		1	15	1	
水城县营盘苗族彝族白族乡	11463	20217		24	120	24	1
水城县顺场苗族彝族布依族乡	11490	24705		35	210	30	1
水城县花戛苗族布依族彝族乡	16064	16517		2	61	2	1
水城县杨梅彝族苗族回族乡	16849	23200		40	200	4	3
水城县新街彝族苗族布依族乡	4794	11936		2	22	2	
水城县野钟苗族彝族布依族乡	14199	21186		19	245	9	1
水城县果布戛彝族苗族布依族乡	11528	13502		120	180	109	

续表 502　　(贵州省)　　单位：公顷、人、个

名　称	行政区域面积	常住人口	#城镇建成区	企业个数	企业从业人员	工业企业个数	#规模以上
水城县猴场苗族布依族乡	15442	19518		52	261	12	
盘县民主镇	14369	29113	624	146	876	4	
盘县大山镇	7663	68322	2210	230	2588	150	6
盘县保田镇	21785	45768	4740	282	1451	45	
盘县石桥镇	19987	65964	6760	636	8226	126	6
盘县响水镇	8431	28430	11000	120	600	5	5
盘县柏果镇	21200	95326	38072	530	9210	40	10
盘县新民镇	13450	31288	5331	146	745	86	3
盘县盘关镇	17674	87011	34146	367	10435	41	3
盘县竹海镇	24411	56767	3212	226	1806	3	1
盘县英武镇	16929	23789	23789	114	587	19	
盘县鸡场坪镇	25797	93878	93878	465	7260	98	5
盘县双凤镇	14595	78148	39961	385	2495	89	2
盘县丹霞镇	17535	48962	7959	222	1517	21	1
盘县乌蒙镇	10860	21552	3862	190	950	3	
盘县普田回族乡	7358	10239		68	349	8	
盘县坪地彝族乡	15215	33206		132	678	66	1
盘县淤泥彝族乡	17235	29409		92	4948	18	7
盘县普古彝族苗族乡	14995	21457		167	1362	30	2
盘县旧营白族彝族苗族乡	10128	17343		98	602	28	1
盘县羊场布依族白族苗族乡	13600	26306		108	2043	23	4
盘县保基苗族彝族乡	14707	12455		127	1012	4	
红花岗区巷口镇	4900	17741	943	35	356	20	2
红花岗区海龙镇	4350	17378	3671	65	489	4	1
红花岗区深溪镇	10150	35463	8235	1489	7500	108	23
红花岗区金鼎山镇	14650	28773	9084	23	240	8	
红花岗区新舟镇	16569	101669	38509	269	2133	23	1
红花岗区虾子镇	21398	69550	30414	384	23547	62	39
红花岗区三渡镇	10396	13167	3826	58	349	2	
红花岗区永乐镇	21954	25834	3390	42	840	7	
红花岗区喇叭镇	9414	15458	2486	48	301	12	
汇川区团泽镇	17493	48714	1674	102	1063	50	1
汇川区板桥镇	13200	23922	11934	94	633	8	
汇川区泗渡镇	11348	31589	7968	192	1729	22	2
汇川区沙湾镇	18455	16838	4578	95	862	17	3
汇川区山盆镇	22480	46828	6154	53	1137	15	3
汇川区芝麻镇	9217	13635	3700	23	92	3	
汇川区松林镇	15147	17253	4921	56	360	1	
汇川区毛石镇	15252	16414	7245	25	205	7	
播州区三岔镇	11800	25992	14542	248	6258	45	6
播州区苟江镇	8049	18794	6512	194	4332	56	16
播州区三合镇	20804	58227	15620	609	21762	42	15
播州区乌江镇	6409	14502	14502	76	1040	11	5
播州区龙坪镇	12645	28551	12047	300	3512	75	12
播州区团溪镇	18438	39365	15127	233	3359	70	9
播州区铁厂镇	10613	9704	2368	28	932	10	5
播州区西坪镇	13275	26983	6376	42	653	7	2
播州区尚嵇镇	10549	34475	19161	86	1400	8	4
播州区茅栗镇	13497	19890	6582	87	1652	25	7
播州区新民镇	9367	17782	3910	51	256	6	

续表 503　　　　　　　　　　　　（贵州省）　　　　　　　　　　　　单位：公顷、人、个

名　　称	行政区域面　积	常住人口	#城镇建成区	企业个数	企　业从业人员	工业企业个　数	#规模以上
播州区鸭溪镇	12161	55365	47939	576	7488	74	21
播州区石板镇	13244	22462	2719	118	883	15	1
播州区乐山镇	10743	18124	3786	82	1021	6	
播州区枫香镇	14642	32023	4694	176	2640	37	3
播州区泮水镇	11116	29717	10733	289	4182	243	4
播州区马蹄镇	11650	25132	5100	82	1362	12	6
播州区平正仡佬族乡	14496	14328		87	1308	10	1
播州区洪关苗族乡	6297	8424		46	236		
桐梓县娄山关街道	9658	92498		765	5200	70	5
桐梓县楚米镇	14036	25642	25642	182	3014	67	10
桐梓县新站镇	15256	23206	3240	21	105	3	
桐梓县松坎镇	12303	19702	7502	153	782	16	4
桐梓县高桥镇	10495	26810	3998	5	32		
桐梓县水坝塘镇	16390	18071	10258	210	1169	14	2
桐梓县官仓镇	13809	33021	8695	17	216	10	1
桐梓县花秋镇	14671	47235	13058	155	779	27	1
桐梓县羊磴镇	18720	17589	4896	23	254	4	
桐梓县九坝镇	14250	30643	5935	71	380	15	2
桐梓县大河镇	10762	8163	2194	10	62	4	1
桐梓县夜郎镇	14265	21172	7549	15	215		
桐梓具木瓜镇	15656	25098	5880	44	2336	13	4
桐梓县坡渡镇	11225	20888	3643	9	334	5	
桐梓县燎原镇	8525	22563	5703	336	25322	49	7
桐梓县狮溪镇	19712	26339	3195	5	29	4	1
桐梓县茅石镇	13753	13567	3374	15	1230	3	1
桐梓县尧龙山镇	12632	21697	2560	174	870		
桐梓县风水镇	7072	24305	6120	7	56	2	
桐梓县容光镇	6665	16832	8854	18	480	9	
桐梓县芭蕉镇	12180	9659	3521	26	120		
桐梓县小水乡	13298	10797		6	31		
桐梓县黄莲乡	19783	4508		13	380	1	1
桐梓县马鬃苗族乡	10724	7198		1	28		
绥阳县洋川镇	13721	73132	67508	843	7588	75	19
绥阳县郑场镇	15542	32478	13976	37	375	9	7
绥阳县旺草镇	27250	47412	19153	173	1022	17	3
绥阳县蒲场镇	14366	29829	19746	210	1421	36	14
绥阳县风华镇	13754	36125	4211	310	8372	134	42
绥阳县茅垭镇	18035	22266	2880	24	1654		
绥阳县枧坝镇	22079	13447	2738	52	3814	5	1
绥阳县宽阔镇	19271	15023	3678	5	65	1	
绥阳县黄杨镇	17089	19849	3856	31	685	5	2
绥阳县青杠塘镇	24166	19233	2450	45	763	8	2
绥阳县太白镇	17678	16201	6728	28	186	1	
绥阳县温泉镇	16753	19427	4012	57	419	3	1
绥阳县坪乐镇	10910	14870	3870	4	36		
绥阳县大路槽乡	9587	11824		2	40		
绥阳县小关乡	14439	12784		28	155	2	
正安县凤仪街道	7732	62648		510	7652	57	14
正安县瑞溪镇	10864	20162	9256	146	1826	18	6
正安县和溪镇	14704	22566	7328	51	867	13	6

续表 504　　　　(贵州省)　　　　单位：公顷、人、个

名　　称	行政区域面　积	常住人口	#城镇建成区	企业个数	企　业从业人员	工业企业个　数	#规模以上
正安县安场镇	13358	48271	30112	245	5273	47	33
正安县土坪镇	21512	27915	15255	39	768	5	2
正安县流渡镇	17058	21471	1090	31	602	3	
正安县格林镇	15658	20299	1675	78	548	9	1
正安县新州镇	17010	18659	10312	28	148	8	2
正安县庙塘镇	19286	13098	4062	17	167	9	1
正安县小雅镇	16649	19017	14250	86	657	16	2
正安县中观镇	18475	17451	10014	5	35	3	1
正安县芙蓉江镇	7500	12279	6896	28	176	6	
正安县班竹镇	13983	16374	9037	31	217	3	1
正安县碧峰镇	12869	16235	3668	38	192	3	1
正安县乐俭镇	9184	9092	865	12	72	5	3
正安县杨兴镇	8177	11455	612	35	176	5	
正安县桴镇	16459	10826	2716	31	468	15	2
正安县谢坝仡佬族苗族乡	9258	8376		45	225	12	2
正安县市坪苗族仡佬族乡	10980	12006		32	1176	10	2
道真仡佬族苗族自治县玉溪镇	25945	89326	54236	610	9218	32	12
道真仡佬族苗族自治县三江镇	7853	10542	864	35	307	1	
道真仡佬族苗族自治县隆兴镇	16827	17975	1240	53	698	3	3
道真仡佬族苗族自治县旧城镇	15938	18887	3060	10	187	5	3
道真仡佬族苗族自治县忠信镇	15030	14012	1412	50	481	15	1
道真仡佬族苗族自治县洛龙镇	23925	14887	2795	166	521	26	1
道真仡佬族苗族自治县阳溪镇	18026	8154	988	33	329	10	1
道真仡佬族苗族自治县三桥镇	23121	16103	6420	40	264	10	
道真仡佬族苗族自治县大磏镇	19647	16356	1174	60	402	12	1
道真仡佬族苗族自治县平模镇	8923	8878	670	62	310	3	
道真仡佬族苗族自治县河口镇	12903	16312	850	32	211	4	
道真仡佬族苗族自治县上坝土家族乡	9205	16525		321	2145	45	36
道真仡佬族苗族自治县棕坪乡	7752	8342		35	178	3	
道真仡佬族苗族自治县桃源乡	10502	8447		23	139	2	
务川仡佬族苗族自治县丰乐镇	21280	28752	2402	120	634	19	1
务川仡佬族苗族自治县黄都镇	21000	27177	3590	63	567	24	1
务川仡佬族苗族自治县涪洋镇	22626	26704	3359	87	597	6	
务川仡佬族苗族自治县镇南镇	11492	21486	4231	35	385	3	3
务川仡佬族苗族自治县砚山镇	8975	12975	806	24	300	1	1
务川仡佬族苗族自治县泥水镇	22427	35935	17832	85	568	35	
务川仡佬族苗族自治县茅天镇	20350	17423	3462	41	217	7	
务川仡佬族苗族自治县柏村镇	9281	11260	2023	48	400	7	2
务川仡佬族苗族自治县泥高镇	23753	25781	8010	22	268	2	
务川仡佬族苗族自治县分水镇	17022	17650	2153	17	121	4	
务川仡佬族苗族自治县蕉坝镇	19010	16325	2460	34	213	7	
务川仡佬族苗族自治县红丝乡	17000	12577	1543	29	146		
务川仡佬族苗族自治县石朝乡	12594	8992		35	316	5	1
凤冈县龙泉镇	10397	65604	52610	1411	13254	38	13
凤冈县进化镇	18133	25672	2850	123	625	5	2
凤冈县琊川镇	11462	21825	3788	181	921	4	4
凤冈县蜂岩镇	18950	24212	2416	28	162	3	3
凤冈县永和镇	11703	16005	1083	19	342	11	
凤冈县花坪镇	10785	14684	1325	108	944	10	10
凤冈县绥阳镇	15235	24287	8050	135	810	40	3

续表 505 （贵州省） 单位：公顷、人、个

名　　称	行政区域面　积	常住人口	#城镇建成区	企业个数	企　业从业人员	工业企业个　数	#规模以上
凤冈县土溪镇	20347	24577	1891	106	571	14	2
凤冈县永安镇	11640	20379	2403	142	1449	107	13
凤冈县何坝镇	11756	19042	4958	120	6821	54	7
凤冈县天桥镇	15294	17248	2184	77	395	8	
凤冈县王寨镇	12376	15922	4210	16	312	4	
凤冈县新建镇	11332	14025	3112	50	292	8	
凤冈县石径乡	9098	10116		68	369	8	
湄潭县永兴镇	16580	40335	9323	189	3620	123	12
湄潭县复兴镇	14520	23617	2150	123	642	41	2
湄潭县马山镇	8205	19781	689	154	787	11	1
湄潭县高台镇	16190	20057	20057	68	869	1	1
湄潭县茅坪镇	7981	8817	4380	12	60		
湄潭县兴隆镇	13110	26190	2231	69	508	14	4
湄潭县新南镇	12846	18706	5462	38	547	5	1
湄潭县石莲镇	20580	19920	4906	80	452	5	2
湄潭县西河镇	15517	18452	5200	952	12201	3	1
湄潭县洗马镇	9490	17103	4706	84	727	18	3
湄潭县抄乐镇	9610	13163	1175	82	412	6	2
湄潭县天城镇	7060	13094	3803	81	563	13	4
余庆县龙溪镇	16049	33316	14954	269	3506	119	13
余庆县构皮滩镇	20657	25339	8720	202	1325	85	4
余庆县大乌江镇	25811	25424	3000	84	422	26	
余庆县敖溪镇	10859	18185	10911	170	860	58	1
余庆县龙家镇	11468	14722	6211	87	469	26	
余庆县松烟镇	13874	25363	12988	162	1352	78	8
余庆县关兴镇	15588	16931	5241	71	355	39	
余庆县白泥镇	35440	35201	14182	284	3616	115	4
余庆县花山苗族乡	10605	10987		59	297	33	2
习水县土城镇	28836	32563	12311	168	5326	18	7
习水县同民镇	11454	20963	2752	302	1516	9	
习水县醒民镇	5333	17622	2882	30	1430	6	
习水县隆兴镇	8430	20130	1494	55	330	35	1
习水县习酒镇	8128	37930	6500	135	8250	60	19
习水县回龙镇	9006	33141	1790	14	650	10	3
习水县桑木镇	10371	17923	3293	46	239	1	
习水县永安镇	10521	16633	4319	31	589	7	
习水县良村镇	18717	30266	2142	89	3552	47	5
习水县温水镇	16710	38569	15157	280	4500	65	5
习水县仙源镇	16650	26178	11082	61	520	16	1
习水县官店镇	13576	21293	934	40	225	17	
习水县寨坝镇	16214	21325	1720	73	922	9	
习水县民化镇	5004	15374	2053	30	1414	11	5
习水县二郎镇	6443	22350	5600	48	515	8	6
习水县二里镇	8069	18383	7480	8	55	2	
习水县三岔河镇	16481	14926	3729	19	150	1	
习水县大坡镇	16809	27731	1453	33	186	8	
习水县桃林镇	12527	26640	1497	25	125	4	
习水县程寨镇	18651	13634	5000	74	380	10	
习水县双龙乡	10355	10850		14	85	4	
习水县坭坝乡	7827	20865		15	92		

续表 506　　(贵州省)　　单位：公顷、人、个

名　称	行政区域面积	常住人口	#城镇建成区	企业个数	企业从业人员	工业企业个数	#规模以上
赤水市天台镇	9944	16091	6424	123	1542	35	8
赤水市复兴镇	9932	15042	4325	167	1633	30	8
赤水市大同镇	11087	16650	2915	125	682	39	2
赤水市旺隆镇	10990	17689	3980	140	950	10	3
赤水市葫市镇	23241	12699	2265	117	713	6	1
赤水市元厚镇	20417	12692	1956	75	376	14	1
赤水市官渡镇	24067	20328	8546	135	680	24	5
赤水市长期镇	11417	19698	4313	105	550	18	1
赤水市长沙镇	8751	15311	3930	106	535	20	6
赤水市两河口镇	17889	4615	521	80	400	13	
赤水市丙安镇	12589	5923	710	66	521	2	1
赤水市宝源乡	7112	6956		35	246	15	
赤水市石堡乡	9263	5780		26	156	4	
赤水市白云乡	4960	8437		43	216	7	1
仁怀市长岗镇	11575	17556	5530	102	920	19	1
仁怀市五马镇	12420	24936	3120	77	920	4	1
仁怀市茅坝镇	13970	32282	11252	6	140		
仁怀市九仓镇	9130	22404	6800	45	680	8	
仁怀市喜头镇	9140	19985	4803	34	176	9	
仁怀市大坝镇	7710	30891	5970	72	371	12	
仁怀市三合镇	7754	22366	2668	21	136	8	
仁怀市合马镇	4893	10999	2215	50	480	5	2
仁怀市火石镇	5438	19085	4400	6	32	3	
仁怀市学孔镇	6880	29290	4226	11	65		
仁怀市龙井镇	9032	16177	7002	8	45		
仁怀市美酒河镇	4760	9975	2648	79	400	26	
仁怀市高大坪镇	7889	28994	5345	35	280	4	
仁怀市茅台镇	22512	84872	14886	2575	60000	216	43
仁怀市后山苗族布依族乡	7148	10522		23	263		
西秀区宋旗镇	4879	20308	11075	304	5233	94	17
西秀区幺铺镇	9441	46525	31871	293	5440	128	18
西秀区宁谷镇	9732	30354	6049	310	3930	33	4
西秀区龙宫镇	9484	19290	1686	192	1944	1	
西秀区双堡镇	13652	26195	8313	139	1720	35	4
西秀区大西桥镇	7121	33329	1634	289	5680	23	13
西秀区七眼桥镇	9611	45879	23180	586	7360	146	8
西秀区蔡官镇	11611	46065	19050	150	6250	54	16
西秀区轿子山镇	8593	38621	3256	256	8450	17	10
西秀区旧州镇	11685	28679	6750	223	3129	22	6
西秀区新场布依族苗族乡	6972	10716		115	600	6	
西秀区岩腊苗族布依族乡	11531	13749		77	596	7	
西秀区鸡场布依族苗族乡	10610	12857		119	567	38	2
西秀区杨武布依族苗族乡	15227	17294		210	850	15	3
西秀区东屯乡	10212	19748		11	172	3	3
西秀区黄腊布依族苗族乡	7165	10815		94	960	10	2
西秀区刘官乡	3729	10896		196	2418	97	2
平坝区白云镇	7391	24557	14861	174	970	25	4
平坝区高峰镇	10449	26278	5034	200	2624	42	3
平坝区天龙镇	6308	21539	7430	148	1928	30	4
平坝区夏云镇	8146	34158	14280	722	7652	256	39

续表 507　　　　（贵州省）　　　　单位：公顷、人、个

名　　称	行政区域面积	常住人口	#城镇建成区	企业个数	企业从业人员	工业企业个数	#规模以上
平坝区马场镇	19354	46000	7065	1008	18600	110	13
平坝区乐平镇	12878	37100	11219	136	4232	47	10
平坝区齐伯镇	8147	13529	2680	51	436	11	2
平坝区十字回族苗族乡	10988	27055		72	890	30	2
平坝区羊昌布依族苗族乡	7481	15776		93	1280	35	5
普定县马官镇	6540	32437	5694	230	3560	124	7
普定县化处镇	11448	39341	7489	179	1568	37	4
普定县马场镇	11343	39665	996	112	651	23	
普定县白岩镇	7301	31843	8360	234	4080	61	3
普定县坪上镇	10307	24979	23312	42	465	15	1
普定县鸡场坡镇	8331	30741	1833	83	1708	23	3
普定县补郎苗族乡	8191	21694		65	1500	20	1
普定县猴场苗族仡佬族乡	9321	18749		49	450	12	1
普定县猫洞苗族仡佬族乡	9013	21621		113	2232	20	4
镇宁布依族苗族自治县黄果树镇	8784	15894	2271	98	2110	5	1
镇宁布依族苗族自治县马厂镇	12341	17492	2157	33	185		
镇宁布依族苗族自治县良田镇	19836	15619	1120	53	285	4	
镇宁布依族苗族自治县扁担山镇	4941	8369	680	17	179	3	
镇宁布依族苗族自治县募役镇	10493	12651	2652	25	163	6	
镇宁布依族苗族自治县江龙镇	14435	25132	1782	92	905	22	
镇宁布依族苗族自治县本寨镇	9907	13309	1622	22	124	5	
镇宁布依族苗族自治县六马镇	25156	20295	3107	98	563	1	
镇宁布依族苗族自治县沙子乡	13577	8924		21	118		
镇宁布依族苗族自治县革利乡	7900	10442		36	568		
镇宁布依族苗族自治县简嘎乡	12855	6897		20	121	1	
关岭布依族苗族自治县永宁镇	11953	23426	1411	37	268	3	1
关岭布依族苗族自治县岗乌镇	12383	16867	1351	49	249	10	
关岭布依族苗族自治县上关镇	10574	18704	1810	68	760	36	
关岭布依族苗族自治县坡贡镇	6277	14430	2356	65	347	14	1
关岭布依族苗族自治县白水镇	5679	14030	4188	264	1400	12	
关岭布依族苗族自治县新铺镇	15467	16425	2930	41	398	7	
关岭布依族苗族自治县沙营镇	8715	17103	2246	44	222	10	
关岭布依族苗族自治县花江镇	29490	55704	19487	285	2123	45	2
关岭布依族苗族自治县断桥镇	15634	21202	2900	110	785	24	1
关岭布依族苗族自治县普利乡	10754	14931		111	578	9	4
紫云苗族布依族自治县格凸河镇	17642	17531	1858	65	336	14	2
紫云苗族布依族自治县猴场镇	20880	25135	1595	31	193		
紫云苗族布依族自治县猫营镇	29272	29456	14271	200	5030	77	5
紫云苗族布依族自治县板当镇	22176	29647	1693	128	1069	34	1
紫云苗族布依族自治县宗地镇	31362	27842	1619	36	199		
紫云苗族布依族自治县大营镇	17807	18297	4551	58	457		
紫云苗族布依族自治县坝羊镇	12263	12855	5671	126	1417	23	1
紫云苗族布依族自治县火花镇	26831	15535	10377	47	1578	9	
紫云苗族布依族自治县白石岩乡	10400	11049		42	466	9	1
紫云苗族布依族自治县四大寨乡	18776	13237		64	322	7	
七星关区鸭池镇	8533	67066	67066	696	12563	114	8
七星关区梨树镇	6773	29871	10119	62	5280	12	7
七星关区岔河镇	12860	32212	4635	22	2580	11	
七星关区朱昌镇	9532	51516	21104	113	687	27	
七星关区田坝镇	6822	25849	9321	51	341	17	

续表 508　　　　(贵州省)　　　　单位：公顷、人、个

名　　称	行政区域面　　积	常住人口	#城镇建成区	企业个数	企　　业从业人员	工业企业个　　数	#规模以上
七星关区长春堡镇	12719	55099	21317	165	1090	47	2
七星关区撒拉溪镇	14545	62385	6832	86	1179	53	
七星关区杨家湾镇	9864	54215	23153	280	1350	50	1
七星关区放珠镇	8610	33858	3608	48	355	25	
七星关区青场镇	9955	34814	3306	195	1240	36	
七星关区水箐镇	9908	30018	4998	112	584	18	
七星关区何官屯镇	11032	39120	3680	110	1000	53	
七星关区对坡镇	9297	23529	5428	21	8678	9	
七星关区大银镇	9939	28067	28067	28	275	14	
七星关区林口镇	8369	27223	12630	80	400	35	
七星关区生机镇	11581	36021	4185	32	165	21	
七星关区清水铺镇	12511	28520	28520	130	890	33	
七星关区亮岩镇	8333	29284	4200	51	530	29	
七星关区燕子口镇	12405	35698	35698	182	1141	30	1
七星关区八寨镇	8449	27356	3015	61	626	8	2
七星关区田坝桥镇	6130	20528	7602	47	265	10	
七星关区海子街镇	8277	30956	15200	156	762	30	
七星关区小坝镇	6462	31051	28504	231	35342	56	42
七星关区层台镇	7658	20615	11037	143	1276	21	
七星关区小吉场镇	12167	49123	17162	326	1650	31	
七星关区普宜镇	8800	17550	6356	117	593	37	
七星关区龙场营镇	5871	15615	4373	68	408	12	
七星关区千溪彝族苗族白族乡	5468	15523		61	378	12	1
七星关区阴底彝族苗族白族乡	11413	29982		48	360	12	
七星关区野角乡	12153	25407		132	1170	16	
七星关区大河乡	7309	19010		11	56	6	
七星关区团结彝族苗族乡	8866	21965		38	195	27	
七星关区阿市苗族彝族乡	10725	20679		67	1072	9	
七星关区大屯彝族乡	5961	19469		55	358	51	
七星关区田坎彝族乡	6115	11820		31	160	3	
大方县双山镇	9375	46852	9971	15	2967	13	
大方县猫场镇	10220	31957	6798	139	1458	44	
大方县马场镇	13208	48722	4720	122	981	41	
大方县羊场镇	7207	22945	4512	104	1285	23	
大方县黄泥塘镇	25368	58845	2360	233	1529	37	
大方县六龙镇	7708	26412	3100	113	2142	20	3
大方县达溪镇	11685	29274	3837	90	872	5	1
大方县瓢井镇	12865	29630	6217	109	550	10	
大方县长石镇	11601	33824	8561	122	4993	10	
大方县对江镇	10294	45207	4283	71	912	11	
大方县东关乡	4833	22451		199	2650	63	13
大方县竹园彝族苗族乡	5317	21538		36	410	1	1
大方县响水白族彝族仡佬族乡	11166	35465		26	1227	20	1
大方县文阁乡	7762	29689		4	440	3	
大方县绿塘乡	7607	13610		57	384	17	1
大方县鼎新彝族苗族乡	11026	30834		73	611	29	
大方县牛场苗族彝族乡	10590	29764		61	392	21	
大方县小屯乡	4502	15083		51	431	6	
大方县理化苗族彝族乡	13107	32788		75	514	23	
大方县凤山彝族蒙古族乡	7920	14374		108	3123	22	6

续表 509　　(贵州省)　　单位：公顷、人、个

名　　称	行政区域面　积	常住人口	#城镇建成区	企业个数	企　业从业人员	工业企业个　数	#规模以上
大方县安乐彝族仡佬族乡	6788	14260		57	638	16	1
大方县核桃彝族白族乡	8615	23517		60	305	22	
大方县八堡彝族苗族乡	10854	28367		93	685	12	
大方县兴隆苗族乡	9962	24962		83	425	8	
大方县果瓦乡	9474	11544		45	560	3	
大方县大山苗族彝族乡	8537	12437		1	7	1	
大方县雨冲乡	14652	11904		71	610	1	
大方县黄泥彝族苗族满族乡	8954	9531		30	749	9	2
大方县大水彝族苗族布依族乡	9073	11963		20	215	1	1
大方县沙厂彝族乡	7353	9411		45	542		
大方县普底彝族苗族白族乡	16778	28178		158	895	16	16
大方县百纳彝族乡	9596	16667		76	720	9	2
大方县三元彝族苗族白族乡	9368	15629		36	324	1	
大方县星宿苗族彝族仡佬族乡	12752	12140		38	2100	8	2
黔西县金碧镇	8924	27466	7882	62	546	19	
黔西县雨朵镇	5575	17285	10988	53	754	15	1
黔西县大关镇	6667	21266	2935	16	195	5	2
黔西县谷里镇	6048	18995	4642	49	523	35	4
黔西县素朴镇	10536	24464	6713	72	765	32	
黔西县中坪镇	12611	21139	19139	37	229	10	
黔西县重新镇	13867	26813	5874	54	307	16	2
黔西县林泉镇	9555	23218	9647	64	812	22	1
黔西县金兰镇	5418	17138	4246	27	292	15	1
黔西县甘棠镇	11677	22846	1721	49	350	11	2
黔西县洪水镇	7049	16434	16398	26	352	13	2
黔西县锦星镇	9976	20418	3117	28	320	11	
黔西县钟山镇	10903	27070	4758	92	1235	42	
黔西县协和镇	9040	17332	17235	33	495	13	1
黔西县观音洞镇	11741	28361	28361	22	274	11	
黔西县五里布依族苗族乡	8281	11220		17	405	8	1
黔西县绿化白族彝族乡	4516	10324		53	875	27	4
黔西县新仁苗族乡	7153	16930		25	320	1	
黔西县铁石苗族彝族乡	8801	12987		22	202	9	
黔西县太来彝族苗族乡	10290	17348		37	486	14	1
黔西县永燊彝族苗族乡	9314	15684		9	90	2	
黔西县中建苗族彝族乡	6188	8124		19	805	7	
黔西县花溪彝族苗族乡	8287	8814		7	421	5	2
黔西县定新彝族苗族乡	9288	9688		19	95	10	
黔西县金坡苗族彝族满族乡	7421	16786		58	4321	15	9
黔西县仁和彝族苗族乡	9972	18954		36	600	4	2
黔西县红林彝族苗族乡	8295	17632		15	1000	7	2
金沙县安底镇	7070	18298	15335	145	955	3	
金沙县沙土镇	20696	66830	28560	269	7926	10	4
金沙县禹谟镇	12290	22696	8525	78	986	3	1
金沙县岚头镇	6510	12618	8521	85	1670	3	1
金沙县清池镇	10980	17363	8582	35	732	2	
金沙县柳塘镇	9431	18753	3514	133	2789	12	1
金沙县平坝镇	24190	24884	12460	121	2462	2	1
金沙县源村镇	8774	18560	4832	81	1523	13	2
金沙县高坪镇	7800	20946	3925	45	2990	5	5

续表 510 (贵州省) 单位：公顷、人、个

名　　称	行政区域面　　积	常住人口	#城镇建成区	企业个数	企　　业从业人员	工业企业个　　数	#规模以上
金沙县化觉镇	8760	16141	3027	21	1050	3	3
金沙县茶园镇	7470	19986	5457	62	718	2	2
金沙县木孔镇	8060	18145	4727	38	2120	3	3
金沙县长坝镇	10570	15339	4105	15	390	3	2
金沙县后山镇	10250	15324	4325	34	965	2	
金沙县石场苗族彝族乡	12090	22138		68	1023		
金沙县桂花乡	8610	11413		26	225	1	
金沙县太平彝族苗族乡	8580	13249		38	280		
金沙县安洛苗族彝族满族乡	10720	17850		64	1588	8	8
金沙县新化苗族彝族满族乡	9360	23956		61	3850	15	12
金沙县大田彝族苗族布依族乡	8380	8148		34	682	4	2
金沙县马路彝族苗族乡	8330	7941		10	53		
织金县桂果镇	11650	24125	9420	121	741	15	
织金县牛场镇	10580	31528	12005	245	1758	13	1
织金县猫场镇	15850	52362	7510	45	250	14	2
织金县化起镇	9630	37012	4850	120	750	10	3
织金县龙场镇	8020	26860	2099	37	550	13	1
织金县以那镇	8430	30712	9712	92	536	7	1
织金县三塘镇	13270	33223	6876	393	2500	49	4
织金县阿弓镇	10110	30828	9828	75	400	2	1
织金县珠藏镇	13040	38231	2879	198	1543	78	9
织金县中寨镇	10210	17428	1577	57	285	4	2
织金县马场镇	7310	28651	6521	156	810	7	2
织金县板桥镇	6440	20426	3001	45	225	8	
织金县白泥镇	6740	21560	2600	8	253	4	1
织金县少普镇	8690	32483	5144	93	4938	35	12
织金县熊家场镇	9670	22189	3415	31	172	13	
织金县黑土镇	9900	18162	1750	10	60	5	
织金县自强苗族乡	5270	12054		7	78	6	
织金县大平苗族彝族乡	5620	13663		40	200	15	
织金县官寨苗族乡	6260	28629		65	365	8	
织金县茶店布依族苗族彝族乡	10620	30283		52	325	4	1
织金县金龙苗族彝族布依族乡	10860	34257		35	180	4	
织金县后寨苗族乡	11010	24386		57	2418	46	2
织金县鸡场苗族彝族乡	10540	35371		40	360	8	
织金县实兴乡	8970	16285		84	1627	2	
织金县上坪寨乡	5840	26456		33	598	3	1
织金县纳雍乡	5260	18346		10	150	5	
纳雍县中岭镇	11055	38159	3475	35	2200	12	6
纳雍县阳长镇	10977	54632	1231	48	2600	26	8
纳雍县维新镇	7369	29745	7986	32	168	12	
纳雍县龙场镇	11361	49803	6284	162	929	13	
纳雍县乐治镇	7724	29851	4903	82	410	7	1
纳雍县百兴镇	8509	37502	6556	7	62	3	1
纳雍县张家湾镇	14525	34988	5589	31	256	8	4
纳雍县勺窝镇	7049	23294	5369	172	2582	12	9
纳雍县寨乐镇	9042	33097	6200	65	350	35	4
纳雍县玉龙坝镇	10929	44497	4012	32	165	10	1
纳雍县沙包镇	8574	35894	1252	18	340	3	1
纳雍县水东镇	13067	24812	6000	79	460		

续表 511　　　　(贵州省)　　　　单位：公顷、人、个

名　　称	行政区域面　积	常住人口	#城镇建成区	企业个数	企　业从业人员	工业企业个　数	#规模以上
纳雍县曙光镇	9785	36520	3546	146	1156	7	2
纳雍县新房彝族苗族乡	9967	31906		88	450	7	5
纳雍县库东关彝族白族苗族乡	5868	15360		40	314	5	2
纳雍县董地苗族彝族乡	9909	30310		12	68	4	
纳雍县化作苗族彝族乡	9747	34864		5	80	5	
纳雍县姑开苗族彝族乡	7730	28104		8	50	3	1
纳雍县羊场苗族彝族乡	11728	33482		27	146	4	
纳雍县锅圈岩苗族彝族乡	10394	27733		2	20	2	
纳雍县昆寨苗族彝族白族乡	8983	23367		47	278	3	
纳雍县左鸠戛彝族苗族乡	5667	12058		3	15		
纳雍县猪场苗族彝族乡	8686	18025		78	3840	6	1
威宁彝族回族苗族自治县草海镇	9367	33979	9862	12	1112	2	2
威宁彝族回族苗族自治县么站镇	19183	37407	1250	27	1835	21	
威宁彝族回族苗族自治县金钟镇	14452	63484	5770	25	198	13	2
威宁彝族回族苗族自治县炉山镇	19341	60915	6219	15	3320	7	7
威宁彝族回族苗族自治县龙场镇	24785	71893	2512	8	264	1	
威宁彝族回族苗族自治县黑石头镇	33396	49101	5460	26	305	14	
威宁彝族回族苗族自治县哲觉镇	27885	31574	3360	49	171	4	
威宁彝族回族苗族自治县观风海镇	17504	32437	2457	46	231		
威宁彝族回族苗族自治县牛棚镇	17789	47928	11290	98	490		
威宁彝族回族苗族自治县迤那镇	20536	39371	4630	562	3215	38	1
威宁彝族回族苗族自治县中水镇	10223	46768	5326	25	235	6	
威宁彝族回族苗族自治县龙街镇	28485	48384	5648	4	30		
威宁彝族回族苗族自治县雪山镇	34318	52163	4562				
威宁彝族回族苗族自治县羊街镇	15502	44950	4528	125	1368	5	
威宁彝族回族苗族自治县小海镇	19738	48447	12041	21	153	2	2
威宁彝族回族苗族自治县盐仓镇	16654	33302	15330	24	156		
威宁彝族回族苗族自治县东风镇	11055	51480	11650	48	3020	24	4
威宁彝族回族苗族自治县二塘镇	10480	24612	4619	117	586	20	2
威宁彝族回族苗族自治县猴场镇	8530	33859	3501	43	275	7	
威宁彝族回族苗族自治县秀水镇	13901	26765	2200	9	200	1	1
威宁彝族回族苗族自治县双龙镇	13160	34724	6560	35	175	8	1
威宁彝族回族苗族自治县麻乍镇	27587	41253	2115	193	1132	4	
威宁彝族回族苗族自治县兔街镇	14603	39176	2637	101	505	11	1
威宁彝族回族苗族自治县海拉镇	22314	29186	2675	86	435		
威宁彝族回族苗族自治县玉龙镇	14978	37621	2500	55	280	2	
威宁彝族回族苗族自治县哈喇河镇	14242	21901	1662				
威宁彝族回族苗族自治县斗古镇	11887	22469	492	60	125		
威宁彝族回族苗族自治县金斗镇	10722	32736	3345	24	251	3	1
威宁彝族回族苗族自治县岔河镇	18597	26156	1260	15	80	2	1
威宁彝族回族苗族自治县黑土河镇	12734	21756	2465	15	360	2	2
威宁彝族回族苗族自治县新发布依族乡	14882	40745		1	156	1	1
威宁彝族回族苗族自治县石门乡	14001	18634		62	323	10	
威宁彝族回族苗族自治县云贵乡	13290	17847	17847	516	2845	1	
威宁彝族回族苗族自治县板底乡	10564	15349		2	11		
威宁彝族回族苗族自治县大街乡	11132	15438		9	47	1	
赫章县城关镇	7134	66090	56645	430	4400	30	6
赫章县白果镇	12920	34353	19343	81	785	17	1
赫章县妈姑镇	13723	37755	15717	78	1896	43	8
赫章县财神镇	18196	35134	6539	66	666	24	1

续表 512　　(贵州省)　　单位：公顷、人、个

名　　称	行政区域面积	常住人口	#城镇建成区	企业个数	企业从业人员	工业企业个数	#规模以上
赫章县六曲河镇	10830	30334	6602	19	425	15	5
赫章县野马川镇	9257	42966	22984	145	785	27	9
赫章县达依乡	7185	20781		50	398	12	
赫章县水塘堡彝族苗族乡	12106	16950		29	386	29	
赫章县兴发苗族彝族回族乡	18759	24056		47	285	16	
赫章县松林坡白族彝族苗族乡	11196	22651		15	265	13	1
赫章县雉街彝族苗族乡	13994	14177		23	403	19	4
赫章县珠市彝族乡	15819	17868		60	1028	47	16
赫章县罗州乡	11083	25384		61	453	14	1
赫章县双坪彝族苗族乡	19280	39219		42	312	12	
赫章县铁匠苗族乡	8797	16148		19	348	9	1
赫章县辅处彝族苗族乡	8261	14192		25	130	7	
赫章县可乐彝族苗族乡	13200	31302		26	157	2	1
赫章县河镇彝族苗族乡	17410	29552		38	193	5	
赫章县德卓乡	11524	25795		12	164	9	
赫章县安乐溪乡	9981	17963		14	95	5	
赫章县朱明乡	12588	28951		21	148	3	
赫章县结构彝族苗族乡	10558	15639		45	358	12	1
赫章县古基乡	11108	20899		28	215	3	
赫章县哲庄乡	8653	25293		20	135	20	1
赫章县平山乡	8976	24114		77	895	12	1
赫章县古达苗族彝族乡	12945	20696		14	121	7	
赫章县威奢乡	8794	11406		18	162	12	1
碧江区坝黄镇	19059	33701	3015	126	837	18	
碧江区云场坪镇	3471	4951	1655	21	256	5	
碧江区漾头镇	8159	7532	1765	26	197	7	
碧江区桐木坪乡	6850	9879		12	115	5	
碧江区滑石乡	7937	20327		135	969	17	3
碧江区和平乡	11831	22457		21	215	5	
碧江区瓦屋乡	11538	8696		23	423	15	
碧江区六龙山乡	8647	3855		28	201	2	
万山区万山镇	1551	16918	16918	196	826	20	15
万山区高楼坪侗族乡	7578	13578		209	1824	109	18
万山区黄道侗族乡	8921	8674		21	123	9	
万山区敖寨侗族乡	8905	2605		6	200		
万山区下溪侗族乡	6885	8346		5	508	3	3
万山区鱼塘侗族苗族乡	14466	21922		14	115		
万山区大坪侗族土家族苗族乡	15477	26854		5	10	5	
江口县闵孝镇	26830	18649	3474	87	957	10	2
江口县太平镇	36030	14522	1472	16	96	1	
江口县坝盘镇	17910	16643	1338	65	986	11	
江口县民和镇	21840	22500	2587	48	866	9	
江口县桃映镇	14090	21498	3260	417	2188	2	1
江口县怒溪镇	13580	16609	1928	45	540	6	1
江口县德旺土家族苗族乡	26740	10685		48	256		
江口县官和侗族土家族苗族乡	12610	7562		35	176		
玉屏侗族自治县新店镇	5796	8422	3113	30	683	7	7
玉屏侗族自治县大龙镇	8620	29519	18309	764	10818	114	62
玉屏侗族自治县朱家场镇	11157	16195	1712	12	129	1	1
玉屏侗族自治县田坪镇	15287	29099	2312	86	1662	13	7

续表 513　　　　(贵州省)　　　　单位：公顷、人、个

名　　称	行政区域面积	常住人口	#城镇建成区	企业个数	企业从业人员	工业企业个数	#规模以上
玉屏侗族自治县亚鱼乡	3337	8486		3	18	1	1
石阡县中坝街道	7250	12128	4089	205	6790	5	2
石阡县本庄镇	25196	35568	12375	380	2367	2	
石阡县白沙镇	12550	19792	4200	195	980	1	1
石阡县龙塘镇	10218	25108	3981	15	78	4	
石阡县花桥镇	9669	13143	3361	63	453		
石阡县五德镇	13412	13181	1802	8	92	3	
石阡县河坝镇	15612	13934	2566	31	157		
石阡县国荣乡	5466	10517	1090	76	388		
石阡县聚凤仡佬族侗族乡	15700	16164	2467	38	213	12	
石阡县龙井侗族仡佬族乡	10457	21166					
石阡县大沙坝仡佬族侗族乡	6155	13870	1264	27	135	2	
石阡县枫香侗族仡佬族乡	6650	6790	1896	17	85	5	
石阡县青阳苗族仡佬族侗族乡	13441	9195		13	71		
石阡县石固仡佬族侗族乡	16410	10615		14	195		
石阡县坪地场仡佬族侗族乡	12303	15718	4258	135	705	3	2
石阡县甘溪仡佬族侗族乡	15875	10098		15	4759		
石阡县坪山仡佬族侗族乡	12234	6305	3125	25	1201	1	1
思南县塘头镇	11236	71460	57640	1650	8741	40	
思南县许家坝镇	10839	31946	13819	169	2162	6	3
思南县大坝场镇	15334	21463	3000	16	168	9	3
思南县文家店镇	6132	10983	3253	52	260	4	1
思南县鹦鹉溪镇	16047	26040	3667	7	143	2	
思南县合朋溪镇	5868	14613	6098	25	125	13	2
思南县张家寨镇	9969	20516	4189	13	100	11	2
思南县孙家坝镇	6048	23065	3905	44	240	9	8
思南县青杠坡镇	9919	19282	3560	5	183	3	1
思南县瓮溪镇	13240	18356	11400	460	2800	2	
思南县凉水井镇	10086	26823	4780	4	20		
思南县邵家桥镇	9095	37317	37317	16	80		
思南县大河坝镇	8600	12940	209	61	342	3	
思南县亭子坝镇	5888	12449	5710	306	1540	2	
思南县香坝镇	8191	25630	4504	65	325		
思南县长坝镇	6025	9799	2698	10	60	5	1
思南县板桥镇	4108	15498	2210	29	146	5	1
思南县思林土家族苗族乡	5110	9854		8	40	1	
思南县胡家湾苗族土家族乡	5972	12142		29	237	4	1
思南县宽坪苗族土家族乡	7121	13315		1	6	1	
思南县枫芸土家族苗族乡	6660	15371		4	52	4	
思南县三道水土家族苗族乡	6027	20517	1762	19	35		
思南县天桥土家族苗族乡	6987	10816	3216	2	126	1	
思南县兴隆土家族苗族乡	5392	12385	3000	10	50	2	
思南县杨家坳苗族土家族乡	7895	22916		3	21		
印江土家族苗族自治县板溪镇	11312	36240	4982	120	630	10	
印江土家族苗族自治县沙子坡镇	12184	18285	3005	133	788	22	1
印江土家族苗族自治县天堂镇	13499	20638	8868	11	70	5	
印江土家族苗族自治县木黄镇	28118	34867	32200	125	980	11	2
印江土家族苗族自治县合水镇	10150	22879	1932	22	163	10	
印江土家族苗族自治县朗溪镇	6734	12662	2253	30	500	2	
印江土家族苗族自治县缠溪镇	13828	19712	5140	7	182	3	1

续表 514 （贵州省） 单位：公顷、人、个

名　称	行政区域面积	常住人口	#城镇建成区	企业个数	企业从业人员	工业企业个数	#规模以上
印江土家族苗族自治县洋溪镇	17169	10729	2850	35	301	4	
印江土家族苗族自治县新寨镇	9752	12664	1022	56	502		
印江土家族苗族自治县杉树镇	7363	15574	1231	54	476	5	
印江土家族苗族自治县刀坝镇	12659	21024	3769	36	465	6	
印江土家族苗族自治县紫薇镇	13349	8306	2248	82	605	5	
印江土家族苗族自治县杨柳镇	10840	10212	2103	30	185	7	
印江土家族苗族自治县罗场乡	8540	9736	2036	22	235	10	2
德江县煎茶镇	20054	39236	13195	113	3472	22	5
德江县潮砥镇	6128	16201	1551	32	531	2	
德江县枫香溪镇	10581	21536	2448	64	952	6	2
德江县稳坪镇	6986	16712	3215	30	508	4	
德江县复兴镇	13835	28427	5419	75	1295	9	3
德江县合兴镇	12726	21258	3755	49	1095	10	1
德江县高山镇	9139	13660	2435	34	590	3	
德江县泉口镇	12186	20355	2318	64	927	5	
德江县长堡镇	8772	23234	2407	33	539	4	
德江县共和镇	10768	18251	3165	55	1218	10	1
德江县平原镇	8382	12368	1703	47	843	8	2
德江县荆角土家族乡	9241	13182		25	510	6	2
德江县堰塘土家族乡	10300	14268		52	1094	7	2
德江县龙泉土家族乡	8434	11778		40	865	8	2
德江县钱家土家族乡	7454	11856		39	704	9	1
德江县沙溪土家族乡	12131	10931		30	510	2	1
德江县楠杆土家族乡	12226	12747		28	623	3	
德江县长丰土家族乡	9611	14015		67	1016	7	
德江县桶井土家族乡	8876	16250		50	910	7	
沿河土家族自治县黑水镇	8984	24070	744	90	460	11	2
沿河土家族自治县谯家镇	16387	48302	7613	80	916	10	
沿河土家族自治县夹石镇	13561	26538	6983	24	121	13	1
沿河土家族自治县淇滩镇	9912	38482	11640	47	240	28	2
沿河土家族自治县官舟镇	14424	64504	30319	124	2015	78	9
沿河土家族自治县土地坳镇	9685	23255	6642	23	169		
沿河土家族自治县思渠镇	18596	20951	4126	15	89	11	
沿河土家族自治县客田镇	14775	14149	6893	13	79	4	
沿河土家族自治县洪渡镇	7615	8832	6589	18	120	16	
沿河土家族自治县中界镇	7565	20874	2074	29	269	7	1
沿河土家族自治县甘溪镇	10901	20176	2288	41	248	28	
沿河土家族自治县板场镇	10319	28125	1243	41	205	22	
沿河土家族自治县泉坝镇	10424	20144	1295	16	95	15	
沿河土家族自治县中寨镇	11297	15381	874	50	251	8	
沿河土家族自治县黄土镇	16774	15849	1885	35	325	18	2
沿河土家族自治县新景镇	16552	14998	981	6	181	6	3
沿河土家族自治县塘坝镇	12118	24225	24225	60	360	37	2
沿河土家族自治县晓景乡	8322	10685		11	77	10	1
沿河土家族自治县后坪乡	10951	10868		14	85	14	
松桃苗族自治县盘石镇	11850	12736	3674	12	86		
松桃苗族自治县盘信镇	16280	19531	7538	14	112	1	1
松桃苗族自治县大坪场镇	6070	15926	5240	50	280	15	2
松桃苗族自治县普觉镇	11560	18195	5213	121	1098	13	2
松桃苗族自治县寨英镇	19920	20895	6433	53	751	4	4

续表 515　　　　（贵州省）　　　　单位：公顷、人、个

名　称	行政区域面积	常住人口	#城镇建成区	企业个数	企业从业人员	工业企业个数	#规模以上
松桃苗族自治县孟溪镇	13240	24389	11125	132	803	23	5
松桃苗族自治县乌罗镇	17400	17658	5446	38	536	4	4
松桃苗族自治县甘龙镇	11910	25458	4582	85	710		
松桃苗族自治县长兴堡镇	7020	19500	1454	35	185	1	1
松桃苗族自治县迓驾镇	7140	14580	2830	111	580	1	1
松桃苗族自治县牛郎镇	9420	14192	3045	7	36		
松桃苗族自治县黄板镇	10150	19853	1130	82	500		
松桃苗族自治县平头镇	10300	14534	2760	27	380	2	1
松桃苗族自治县大路镇	7730	19108	312	60	302	9	1
松桃苗族自治县木树镇	7440	11880	1850	3	401	2	2
松桃苗族自治县冷水溪镇	13540	14359	1800	6	97	1	1
松桃苗族自治县正大镇	11260	15226	2318	48	321	4	1
松桃苗族自治县长坪乡	8030	9352					
松桃苗族自治县妙隘乡	6370	10087					
松桃苗族自治县石梁乡	8310	8450					
松桃苗族自治县瓦溪乡	10810	6081					
松桃苗族自治县永安乡	8300	7643					
松桃苗族自治县沙坝河乡	6820	7884					
兴义市敬南镇	15525	37155	3726	54	624	17	1
兴义市泥凼镇	13779	21982	3726	71	570		
兴义市南盘江镇	14888	17628	1182	28	364		
兴义市捧乍镇	14397	22980	2922	13	375		
兴义市鲁布格镇	6163	10973	2430	39	196	15	
兴义市三江口镇	8576	8900	2245	13	225	3	
兴义市乌沙镇	13394	36422	5705	157	1522	44	2
兴义市白碗窑镇	11908	24771	3636	70	1489	14	2
兴义市马岭镇	10424	31290	4981	327	7303	106	13
兴义市威舍镇	8595	15368	5460	173	3013	62	18
兴义市清水河镇	16117	27579	2611	161	4512	78	25
兴义市顶效镇	10477	45046	12567	796	9052	174	33
兴义市郑屯镇	15105	29378	5841	97	1795	59	4
兴义市万屯镇	17962	48279	4078	135	1476	53	7
兴义市鲁屯镇	6794	18451	6958	68	740		
兴义市仓更镇	7183	9362	2750	31	288	10	1
兴义市七舍镇	11423	14074	3188	48	388	24	
兴义市则戎乡	10711	19204		120	1338	16	
兴义市沧江乡	9477	6583		51	528		
兴义市洛万乡	16106	13359		21	162		
兴义市猪场坪乡	9603	19500		35	105		
兴义市雄武乡	6863	13836		26	788	11	6
兴仁县屯脚镇	13193	31105	9110	710	3763	16	5
兴仁县巴铃镇	21857	57454	15680	406	5825	15	5
兴仁县百德镇	9485	19167	9996	70	494	25	
兴仁县雨樟镇	15123	14505	9652	43	260	3	
兴仁县潘家庄镇	10489	15447	8936	87	6991	19	10
兴仁县回龙镇	11458	40769	12169	69	652	3	1
兴仁县下山镇	16096	11901	10730	35	5330	15	9
兴仁县新龙场镇	9854	10368	9658	8	1064	7	5
兴仁县大山镇	11537	19127	10259	58	393	11	
兴仁县马马崖镇	10091	12034	8487	10	63	3	

续表 516　　(贵州省)　　单位：公顷、人、个

名　　称	行政区域面积	常住人口	#城镇建成区	企业个数	企业从业人员	工业企业个数	#规模以上
兴仁县波阳镇	8401	25652	9618	112	802	2	
兴仁县鲁础营回族乡	14162	21993		21	130	2	
普安县龙吟镇	17458	17555	1882	62	338	9	2
普安县江西坡镇	9676	29101	1648	75	378	16	7
普安县地瓜镇	10307	22597	2310	30	153	7	2
普安县楼下镇	13399	27982	5478	52	288	22	16
普安县兴中镇	9743	12624	4134	30	153	7	1
普安县青山镇	25618	58458	15360	106	649	11	2
普安县罗汉镇	9988	19615	2208	26	149	6	
普安县新店镇	14018	16445	2953	55	320	20	1
普安县白沙乡	8417	13420		15	78	7	
普安县高棉乡	6741	12271		26	168	10	
晴隆县沙子镇	7034	11130	7165	91	489	16	1
晴隆县碧痕镇	9828	14876	3129	49	489	28	1
晴隆县大厂镇	9972	16951	3015	79	465	26	3
晴隆县鸡场镇	9987	20366	1832	58	524	16	3
晴隆县花贡镇	16288	15794	6090	86	471	19	
晴隆县中营镇	8275	16722	2890	93	1234	17	5
晴隆县光照镇	15683	17244	2475	121	1456	15	2
晴隆县茶马镇	14958	27676	10139	47	235	10	
晴隆县长流乡	6271	17336		25	156	17	2
晴隆县紫马乡	6984	15852		28	381	7	2
晴隆县安谷乡	10199	16087		40	256	9	
晴隆县三宝彝族乡	2487	3797		16	84		
贞丰县龙场镇	11547	32417	12009	85	3659	43	16
贞丰县者相镇	12815	31988	13900	147	750	32	1
贞丰县北盘江镇	11386	26612	2301	32	573	30	5
贞丰县白层镇	15601	18711	799	35	261	6	
贞丰县鲁贡镇	15897	18671	2052	30	187	2	1
贞丰县小屯镇	8621	27066	1225	18	966	1	1
贞丰县长田镇	5965	16215	4650	53	285	2	
贞丰县沙坪镇	14186	15624	2077	14	251	2	2
贞丰县挽澜镇	9231	13316	1204	69	1701	33	9
贞丰县连环乡	8021	14006		7	36	5	
贞丰县平街乡	8295	17849		37	190	3	
贞丰县鲁容乡	13565	13527		70	411	2	
望谟县乐元镇	24045	20571	1178	50	265		
望谟县打易镇	21117	19020	2195	32	213	1	
望谟县乐旺镇	21532	13801	1632	33	180	5	1
望谟县桑郎镇	11470	7393	3130	44	678	3	
望谟县麻山镇	22753	13850	1176	44	335		
望谟县石屯镇	29545	25711	2020	71	360	3	
望谟县蔗香镇	35604	14276	1940	107	963	5	1
望谟县郊纳镇	11492	13007	1877	36	196	1	
望谟县大观镇	16536	12249	2945	53	450	4	2
望谟县边饶镇	26010	18619	1556	46	231	2	
望谟县昂武镇	23279	8700	625	40	201		
望谟县油迈瑶族乡	15637	9512		33	203		
册亨县丫他镇	23684	13106	1363	11	197	4	2
册亨县巧马镇	24797	11079	575	22	1645	11	7

续表 517　　　　（贵州省）　　　　单位：公顷、人、个

名　　称	行政区域面　积	常住人口	#城镇建成区	企业个数	企　业从业人员	工业企业个　数	#规模以上
册亨县秧坝镇	19228	11257	415	12	165	1	
册亨县岩架镇	17391	11305	1080	46	230	4	1
册亨县八渡镇	23487	6528	450	17	124	3	
册亨县冗渡镇	24190	21705	1236	26	316		
册亨县坡妹镇	23580	37622	1650	47	243		
册亨县双江镇	42515	19251	951	8	40		
册亨县弼佑镇	18784	9799	951	10	53		
册亨县百口乡	23351	4612		5	65		
安龙县龙广镇	16631	42882	28910	90	510	30	3
安龙县德卧镇	20199	30016	2860	41	452	9	3
安龙县万峰湖镇	14053	21176	6212	54	422	7	
安龙县木咱镇	6050	10160	2943	11	120	3	
安龙县洒雨镇	11468	20841	2689	46	487	6	
安龙县普坪镇	25413	33667	9158	105	613	33	8
安龙县龙山镇	12581	20201	2920	49	2800	10	5
安龙县新桥镇	11125	17603	2503	28	1893	18	5
安龙县海子镇	12910	18545	1857	59	566	7	3
安龙县笃山镇	12634	12735	1590	41	330	13	3
凯里市三棵树镇	19119	28451	1537	69	578		
凯里市舟溪镇	11186	18480	1906	69	479		
凯里市旁海镇	9180	17226	2228	53	265		
凯里市湾水镇	7674	10047	2540	76	161		
凯里市炉山镇	19821	23760	12458	100	548		
凯里市万潮镇	8148	9578	2575	28	202		
凯里市龙场镇	9713	11386	1595	174	1130		
凯里市碧波镇	11418	18458	2458	7	587		
凯里市下司镇	15109	27186	8935	15	170		
凯里市凯棠镇	4973	13755	6744	63	315		
凯里市大风洞镇	16909	20201	7015	14	70		
黄平县新州镇	31007	80971	80971	240	1450	138	4
黄平县旧州镇	22503	46416	25450	223	1652	34	3
黄平县重安镇	15611	42605	13695	176	952	8	1
黄平县谷陇镇	22820	45424	14210	215	1152	15	6
黄平县平溪镇	10500	12147	5374	12	60		
黄平县野洞河镇	15300	15050		21	105		
黄平县浪洞镇	11912	15220	15220	84	1021		
黄平县上塘镇	14910	9268	2532	71	868		
黄平县一碗水乡	9210	11648	781	5	65		
黄平县纸房乡	7793	7460	7460	40	336	2	
黄平县翁坪乡	4918	7962		17	123		
施秉县城关镇	32875	52061	18544	997	5838	405	6
施秉县杨柳塘镇	15213	13106	13106	73	1386	1	
施秉县双井镇	12275	13621	13582	8	218	4	
施秉县牛大场镇	28284	19210	19210	8	81	8	1
施秉县马号镇	16892	16020	13082	14	95	6	
施秉县白垛乡	19211	7126		25	896	1	
施秉县甘溪乡	10678	7656		3	6	1	
施秉县马溪乡	17754	5019		2	215	2	
三穗县八弓镇	16392	53467	32986	213	1136	38	28
三穗县台烈镇	14934	19217	2911	60	310	2	

续表 518　　(贵州省)　　单位：公顷、人、个

名　称	行政区域面积	常住人口	#城镇建成区	企业个数	企业从业人员	工业企业个数	#规模以上
三穗县瓦寨镇	8204	12185	2686	62	321	8	
三穗县桐林镇	12994	11884	3837	69	358		
三穗县雪洞镇	8678	9419	2871	55	364	1	
三穗县长吉镇	9750	18021	3583	42	502	7	1
三穗县良上镇	13345	12869	1225	1	48	1	1
三穗县滚马乡	8209	10973					
三穗县款场乡	10458	9159		6	33	1	
镇远县舞阳镇	29950	59510	46448	107	708		
镇远县蕉溪镇	16091	15662	1143				
镇远县青溪镇	14127	24859	6638	130	734	32	32
镇远县羊坪镇	10329	18191	8900	35	175	2	
镇远县羊场镇	24100	15926	4530				
镇远县都坪镇	18790	13640	1602				
镇远县金堡镇	18822	14245	11730				
镇远县江古镇	17761	14694	3950	35	190		
镇远县涌溪乡	15312	8911					
镇远县报京乡	6869	6892		31	162		
镇远县大地乡	9800	8083	2630				
镇远县尚寨土家族乡	7031	5387					
岑巩县思旸镇	13401	39161	3748	785	4468	11	11
岑巩县水尾镇	10245	16170	4210	16	448	1	1
岑巩县天马镇	19876	16237	912	33	166		
岑巩县龙田镇	15229	17111	2358	1	16		
岑巩县大有镇	13986	16254	1424	30	213	15	15
岑巩县注溪镇	15581	15365	2155	8	255		
岑巩县凯本镇	15623	13114	3215	79	1215	2	
岑巩县平庄镇	13504	12293	3235	5	36		
岑巩县客楼镇	7432	8290	1782	52	265		
岑巩县天星乡	7685	13348		32	328		
岑巩县羊桥土家族乡	16441	22851		89	445		
天柱县凤城街道	14532	39676		135	1370	83	10
天柱县坪地镇	18199	13187	1558	4	21	3	
天柱县兰田镇	15548	20685	1931	6	31	6	1
天柱县瓮洞镇	12576	15154	1384	15	77	3	1
天柱县高酿镇	24035	19462	1465	13	79	13	
天柱县石洞镇	18488	19472	1423	3	21	3	
天柱县远口镇	13483	18489	3500	51	348	8	1
天柱县坌处镇	13394	11134	2112	11	84	7	
天柱县白市镇	15853	23279	5462	38	240	7	
天柱县渡马镇	8454	13166	1076	4	21	4	
天柱县江东镇	10117	12037	1511	2	13	2	
天柱县竹林镇	8948	10286	1232	2	11	2	
天柱县注溪乡	3884	3842					
天柱县地湖乡	1467	2933					
锦屏县三江镇	12504	46822	22804	334	1670		
锦屏县茅坪镇	4673	4207	2513	39	310	14	
锦屏县敦寨镇	17233	25654	6146	380	1900	12	2
锦屏县启蒙镇	19812	19683	2426	99	596	6	3
锦屏县平秋镇	11558	11627	510				
锦屏县铜鼓镇	14968	13431	3200	5	198		

续表 519　　（贵州省）　　单位：公顷、人、个

名　　称	行政区域面积	常住人口	#城镇建成区	企业个数	企业从业人员	工业企业个数	#规模以上
锦屏县平略镇	11783	11270	1253	75	1320	4	2
锦屏县大同乡	12071	13635		5	32	5	
锦屏县新化乡	5384	7955		4	118	1	
锦屏县隆里乡	4845	4427		31	258	5	
锦屏县钟灵乡	8991	9380		15	96	3	
锦屏县偶里乡	9086	9783		7	52	2	
锦屏县固本乡	7551	8617		3	15		
锦屏县河口乡	12421	10930					
锦屏县彦洞乡	9034	7555					
剑河县柳川镇	24005	17205	4410	126	632	2	
剑河县岑松镇	13274	16952	3280	145	1286	26	7
剑河县南加镇	18071	15300	3328	136	708		
剑河县南明镇	22933	18578	2900	74	450	1	
剑河县革东镇	10348	10600	1116	63	1410		
剑河县太拥镇	26200	12411	1854	45	352	4	
剑河县磻溪镇	14906	9864	1391	126	630		
剑河县久仰镇	16147	15700	1120	76	385	1	
剑河县南哨镇	18367	9162	1709	66	345		
剑河县南寨镇	17875	9558	1538	86	435	1	
剑河县观么镇	14108	9235	850	45	310		
剑河县敏洞乡	17312	10600		72	360		
台江县施洞镇	10147	11343	3814	268	1346		
台江县南宫镇	26591	14384	5747				
台江县革一镇	9297	10559	1049	14	75	14	
台江县方召镇	9256	13621	1290	16	80		
台江县排羊乡	11007	6043		3	62		
台江县台盘乡	9553	12011		4	30		
台江县老屯乡	9393	10521		1	15	1	1
黎平县德凤街道办事处	31000	62633		23	745	15	15
黎平县中潮镇	29600	22240	8715	7	699	6	6
黎平县孟彦镇	18400	10625	2122	2	12		
黎平县敖市镇	9700	11087	4538	66	428		
黎平县九潮镇	29900	18405	2863	17	85	1	1
黎平县岩洞镇	14600	10558	4220	12	200	1	1
黎平县水口镇	26000	26961	8621	50	280	23	
黎平县洪州镇	30100	21399	5170	1	35	1	1
黎平县尚重镇	22700	21532	3100	41	221		
黎平县双江镇	26300	16857	1420	16	95		
黎平县肇兴镇	13300	16821	5039	1	35	1	1
黎平县龙额镇	12400	17013	2574	7	36		
黎平县永从镇	14900	13738	2500	45	175		
黎平县茅贡镇	17200	12169	1620				
黎平县地坪镇	11800	12755	1509	7	230		
黎平县顺化瑶族乡	5900	3537					
黎平县雷洞瑶族水族乡	8200	9234					
黎平县罗里乡	16600	11579		6	30		
黎平县坝寨乡	13300	9647		71	652		
黎平县口江乡	11600	7514		1	15		
黎平县德顺乡	21200	11222		25	402	16	
黎平县大稼乡	11000	9840		22	310		

续表 520 (贵州省) 单位：公顷、人、个

名　　称	行政区域面　　积	常住人口	#城镇建成区	企业个数	企　　业从业人员	工业企业个　　数	#规模以上
黎平县平寨乡	9100	8206		1	5		
黎平县德化乡	11100	6868		1	12		
榕江县古州镇	27798	70377	63410	125	6352	11	9
榕江县忠诚镇	18077	24330	6676	181	1125	18	6
榕江县寨蒿镇	18952	19647	5455	150	800	8	
榕江县平永镇	15733	18862	3944	8	42		
榕江县乐里镇	18764	24693	2910	82	670	4	
榕江县朗洞镇	23638	17236	2370	29	147	7	
榕江县栽麻镇	16494	14943	1540	25	125		
榕江县平江镇	17049	14683	4235	38	345		
榕江县八开镇	23605	17920	1886	12	57		
榕江县崇义乡	8929	8615		20	132		
榕江县三江水族乡	19903	13353		3	27	1	
榕江县仁里水族乡	8217	9572					
榕江县塔石瑶族水族乡	8971	7605		4	24		
榕江县定威水族乡	14469	4974		4	78		
榕江县兴华水族乡	17582	9496		13	168	10	
榕江县计划乡	26104	12892		17	85		
榕江县水尾水族乡	17119	2682					
榕江县平阳乡	16155	10224		7	70		
榕江县两汪乡	12059	7823					
从江县丙妹镇	29217	43615	19975	621	8776	151	4
从江县贯洞镇	11995	20406	5678	119	1990	47	5
从江县洛香镇	12730	17959	3401	114	1196	39	3
从江县下江镇	28292	29029	2687	60	709	23	2
从江县宰便镇	17677	12428	1775	39	312	20	
从江县西山镇	12660	13474	3432	53	343	21	
从江县停洞镇	12113	20104	2094	57	1130	11	
从江县往洞镇	25713	16214	1573	40	243	9	
从江县庆云镇	8551	9568	3714	21	204	6	
从江县斗里镇	9788	11092	2212	81	562	45	
从江县东朗镇	12065	16107	1997	24	126	3	
从江县加鸠镇	26342	14098	1743	29	238	8	
从江县高增乡	14878	14547		48	362	14	
从江县谷坪乡	17647	11297		49	378	9	2
从江县刚边壮族乡	14528	8453		48	610	13	
从江县加榜乡	20733	9496		31	166	4	
从江县秀塘壮族乡	17822	6545		20	109	8	
从江县翠里瑶族壮族乡	16533	11126		39	203	8	
从江县加勉乡	15137	7842		15	140		
雷山县丹江镇	13874	33432	18876	922	2984	210	4
雷山县西江镇	17898	20843	7674	237	1685		
雷山县永乐镇	24765	17729	4761	38	112		
雷山县郎德镇	7335	7682	7682	71	162	6	
雷山县大塘镇	23363	16817	2822	48	362	15	
雷山县望丰乡	9870	10281		89	1569	2	
雷山县达地水族乡	7183	7662	2852	52	484		
雷山县方祥乡	16147	3790		20	103		
麻江县谷硐镇	18994	19405	3578	64	860	21	3
麻江县宣威镇	22251	23896	4089	163	951	9	

续表 521　　(贵州省)　　单位：公顷、人、个

名　　称	行政区域面　　积	常住人口	#城镇建成区	企业个数	企　　业从业人员	工业企业个　　数	#规模以上
麻江县龙山镇	11027	14110	2190	71	380	6	2
麻江县贤昌镇	10380	12501	3096	33	285	1	
麻江县坝芒布依族乡	12774	10909		20	151	7	1
丹寨县龙泉镇	12071	37832	27186	545	1531	141	20
丹寨县兴仁镇	18893	24896	3140	120	613	24	6
丹寨县排调镇	29183	18232	2258	33	269	7	
丹寨县扬武镇	15753	28588	5162	136	1276	41	
丹寨县雅灰乡	8175	5202		30	150	4	
丹寨县南皋乡	10128	9150		24	129	9	
都匀市墨冲镇	32058	51068	4695	248	3030	39	1
都匀市平浪镇	40055	35989	1856	136	2049	14	
都匀市毛尖镇	25001	20225	1356	190	2812	12	
都匀市匀东镇	49620	97566	14600	603	12230	173	13
都匀市归兰水族乡	15636	32093		78	1232	3	
福泉市凤山镇	11345	21860	6673	42	530	35	11
福泉市陆坪镇	36269	42820	6871	47	726	5	1
福泉市龙昌镇	13129	20880	4473	54	2450	25	11
福泉市牛场镇	24332	56900	25103	735	14583	235	26
福泉市道坪镇	22094	31270	10417	120	2100	75	26
福泉市仙桥乡	16202	10530		52	312	1	
荔波县朝阳镇	15442	13213	6100	93	1128	11	
荔波县茂兰镇	29932	16739	8103	104	3084	28	7
荔波县甲良镇	24319	33178	14800	180	1762	29	1
荔波县佳荣镇	35434	17864	3235	83	1043	25	1
荔波县小七孔镇	30491	27523	3395	172	1865	42	2
荔波县瑶山瑶族乡	19048	9576		85	1075	9	
荔波县黎明关水族乡	48576	16059		144	1311	19	
贵定县新巴镇	8100	10281	2418	78	402	12	
贵定县德新镇	19350	23600		122	1705	16	
贵定县盘江镇	19720	26687	17450	300	4657	57	5
贵定县沿山镇	17631	21705	2849	202	1667	44	6
贵定县昌明镇	43490	48234	6233	618	4487	135	28
贵定县云雾镇	32800	39215	4912	329	5026	34	2
瓮安县平定营镇	8391	25011	1182	18	257	17	6
瓮安县中坪镇	15409	28121	2418	15	818	6	
瓮安县建中镇	23738	26091	4465	35	878	25	5
瓮安县永和镇	18241	31913	1628	78	1912	7	5
瓮安县珠藏镇	26396	44350	17853	65	510	19	5
瓮安县玉山镇	12500	24021	3900	20	730	4	3
瓮安县天文镇	11676	16533	16463	17	305	2	
瓮安县银盏镇	18708	58428	27820	232	15252	105	72
瓮安县猴场镇	21945	65982	41251	169	2900	19	
瓮安县江界河镇	19080	27356	1836	82	412	3	
瓮安县岚关乡	11088	14562		18	580	10	1
独山县百泉镇	39568	89456	38546	1203	12654	120	22
独山县影山镇	21115	21261	3705	86	2159	58	8
独山县基长镇	28641	53834	15470	110	5800	65	4
独山县下司镇	28400	29176	3345	113	20122	48	4
独山县麻尾镇	47346	53445	7358	223	8850	88	19
独山县麻万镇	14093	37140	19459	200	5383	174	21

续表 522　　　　(贵州省、云南省)　　　　单位：公顷、人、个

名　　称	行政区域面　　积	常住人口	#城镇建成区	企业个数	企　　业从业人员	工业企业个　　数	#规模以上
独山县上司镇	54532	44412	12582	355	2165	52	8
独山县玉水镇	14400	21404	4280	99	1260	39	3
平塘县金盆街道办事处	10358	27045		708	10600	85	10
平塘县平舟镇	24330	22585	3021	89	1500	18	7
平塘县牙舟镇	39500	24194	12630	73	620	25	2
平塘县通州镇	31485	26242	12060	169	2300	62	5
平塘县大塘镇	28946	19256	11348	71	712	7	3
平塘县克度镇	27782	29668	10545	51	259	43	1
平塘县塘边镇	19427	23118	2948	59	302	18	
平塘县甲茶镇	31475	24515	7590	77	390	13	
平塘县者密镇	36128	23780	6661	62	375	16	
平塘县掌布镇	20503	11237	2583	33	170	8	
平塘县卡蒲毛南族乡	10482	11902		37	185	4	
罗甸县龙坪镇	49106	44160	4956	23	171	19	2
罗甸县边阳镇	52215	64789	23612	53	419	8	2
罗甸县沫阳镇	40601	34945	9066	52	319	19	7
罗甸县逢亭镇	22097	19054	1754	39	238	10	2
罗甸县罗悃镇	32591	20016	5197	22	179	8	3
罗甸县茂井镇	31462	16900	5073	12	100	3	
罗甸县红水河镇	33346	16337	5449	19	133	6	
罗甸县木引镇	17712	15386	6523	34	206	2	
罗甸县凤亭乡	21285	8549		9	68		
长顺县广顺镇	39571	78283	11543	234	2021	69	16
长顺县摆所镇	22045	38299	2560	82	405	2	
长顺县代化镇	16548	26791	8678	86	432		
长顺县白云山镇	18877	20799	1899	155	1231	85	11
长顺县鼓扬镇	17824	25618	3189	11	89	3	
长顺县敦操乡	6644	7009		25	196	1	1
龙里县龙山镇	31950	22586	5576	175	3383	65	17
龙里县醒狮镇	17800	20101	4637	117	1556	38	
龙里县谷脚镇	22400	20331	8852	551	13865	248	54
龙里县湾滩河镇	24400	30196	4208	94	1218	30	1
龙里县洗马镇	32050	31739	6936	101	1565	34	1
惠水县好花红镇	24227	53193	20511	442	3089	14	1
惠水县摆金镇	34724	51859	6370	170	850	6	
惠水县雅水镇	26478	34618	5750	34	181	5	1
惠水县断杉镇	36559	38847	6523	164	920	3	1
惠水县芦山镇	8975	22641	2541	8	50	6	
惠水县王佑镇	19523	32349	5442	80	450	4	1
惠水县羡塘镇	22598	23390	4031	92	465	6	
惠水县岗度镇	27425	23000	1280	104	700	63	3
三都水族自治县三合街道办事处	27669	57442	28234	541	7995	123	9
三都水族自治县大河镇	29783	50714	3421	304	2128	29	4
三都水族自治县普安镇	15103	37118	4880	150	1030	32	8
三都水族自治县都江镇	60285	42207	9018	169	1173	19	
三都水族自治县中和镇	36843	68626	6480	247	1235	11	5
三都水族自治县周覃镇	27526	49722	3963	181	1384	30	4
三都水族自治县九阡镇	40410	29974	7425	124	878	28	3
云南省							
东川区汤丹镇	29151	36689	4821	96	4800	63	5

续表 523　　　　　　　　　　　　(云南省)　　　　　　　　　　　　单位：公顷、人、个

名　　称	行政区域面积	常住人口	#城镇建成区	企业个数	企业从业人员	工业企业个数	#规模以上
东川区因民镇	14517	13667	7600	75	3506	34	2
东川区阿旺镇	27480	34578	2401	200	1190	23	1
东川区乌龙镇	13162	15494	7664	161	966	3	
东川区红土地镇	32293	17621	957	60	310	4	1
东川区拖布卡镇	19393	29912	8220	19	128	18	1
东川区舍块乡	16620	5843		20	210	12	1
晋宁县晋城镇	25322	107793	43799	265	14028	217	21
晋宁县二街镇	16381	17999	2924	342	4167	200	29
晋宁县上蒜镇	12726	38952	6176	241	5025	66	16
晋宁县六街镇	11130	13059	4583	30	287	5	2
晋宁县双河彝族乡	15203	7950		25	215	6	
晋宁县夕阳彝族乡	16032	6837		9	1388		
富民县罗免镇	12500	14927	2471	23	1489	8	2
富民县赤鹫镇	16700	9893	4201	32	2151	12	
富民县东村镇	12228	14047	1962	103	545	7	
富民县款庄镇	18500	22527	8360	35	3900	28	1
富民县散旦镇	10100	11702	3091	15	1435	13	1
宜良县北古城镇	25820	59738	6789	530	3650	109	45
宜良县狗街镇	20778	63708	12425	422	2520	29	10
宜良县竹山镇	24492	23616	2042	86	1260	3	1
宜良县马街镇	11122	17682	3648	129	1021	19	
宜良县耿家营乡	19436	18005		170	1275	7	1
宜良县九乡乡	30178	17767		122	1120	9	
石林彝族自治县西街口镇	29147	20357	2182	395	3553	41	
石林彝族自治县长湖镇	29912	17213	1091	432	3108	9	
石林彝族自治县圭山镇	32043	23918	2141	915	13000	85	5
石林彝族自治县大可乡	10498	16481		56	394	9	1
嵩明县小街镇	12100	71203	46560	412	22467	150	9
嵩明县杨林镇	16270	60210	19596	278	10075	184	68
嵩明县牛栏江镇	22880	56716	8462	34	5236	12	2
禄劝彝族苗族自治县撒营盘镇	51160	41759	8256	112	563	5	
禄劝彝族苗族自治县转龙镇	25613	30476	7105	30	156	9	
禄劝彝族苗族自治县茂山镇	23700	37200	4900	192	966	23	2
禄劝彝族苗族自治县团街镇	19160	24870	765	51	312	5	1
禄劝彝族苗族自治县中屏镇	25010	17785	2002	138	830	3	2
禄劝彝族苗族自治县皎平渡镇	25080	23022	789	63	340		
禄劝彝族苗族自治县乌东德镇	18720	16963	2540	114	993		
禄劝彝族苗族自治县翠华镇	30735	35073	4579	8	96	4	2
禄劝彝族苗族自治县九龙镇	37850	40135	2340	81	536	2	2
禄劝彝族苗族自治县云龙乡	27590	10031		13	76		
禄劝彝族苗族自治县汤郎乡	21016	15210		27	216		
禄劝彝族苗族自治县马鹿塘乡	22220	15317	15317	56	324	44	
禄劝彝族苗族自治县则黑乡	33640	26912		77	412	1	
禄劝彝族苗族自治县乌蒙乡	17538	14986		14	102	1	
禄劝彝族苗族自治县雪山乡	13725	10240		7	135	7	
寻甸回族彝族自治县羊街镇	16300	48351	4900	1945	12253	25	6
寻甸回族彝族自治县柯渡镇	27196	32696	2120	5	280	4	
寻甸回族彝族自治县倘甸镇	21220	44609	9753	102	1548	7	5
寻甸回族彝族自治县功山镇	40465	41276	2584	424	3860		
寻甸回族彝族自治县河口镇	44100	35445	3745	124	900	3	1

续表 524　　　　(云南省)　　　　单位：公顷、人、个

名　　称	行政区域面　积	常住人口	#城镇建成区	企业个数	企　业从业人员	工业企业个　数	#规模以上
寻甸回族彝族自治县七星镇	12700	19857	1219	131	655	5	
寻甸回族彝族自治县先锋镇	15600	24456	3700	36	2985	5	2
寻甸回族彝族自治县鸡街镇	22680	31542	1178	25	185	1	
寻甸回族彝族自治县凤合镇	23341	40280	1438	14	221	11	1
寻甸回族彝族自治县六哨乡	18614	19815		1	52	1	1
寻甸回族彝族自治县联合乡	16590	12489		23	190	8	
寻甸回族彝族自治县金源乡	15400	22530		2	36	2	1
寻甸回族彝族自治县甸沙乡	20536	21029		1	97	1	1
麒麟区越州镇	26300	72253	7384	112	7926	92	19
麒麟区东山镇	42093	81720	6351	52	3121	35	16
麒麟区茨营镇	19400	29666	4920	259	2180	13	5
沾益区白水镇	32259	32142	5720	34	2497	34	24
沾益区盘江镇	20656	34889	6689	876	4671	163	1
沾益区炎方乡	43316	41558		51	1204	5	2
沾益区播乐乡	28502	33058		14	1350	14	2
沾益区大坡乡	48413	45632		88	700	10	
沾益区菱角乡	49699	49322		451	13530	25	
沾益区德泽乡	14930	19012		12	69	1	
马龙县马过河镇	13100	15249	1141	224	1200	27	
马龙县纳章镇	15700	14337	2706	16	178		
马龙县马鸣乡	23900	13090		25	133		
马龙县大庄乡	13400	13575		36	1300		
马龙县月望乡	22500	29326		14	267	6	
陆良县板桥镇	18217	91142	91142	684	11430	126	2
陆良县三岔河镇	12140	120043	15642	425	3897	209	1
陆良县马街镇	16412	113660	30864	2803	22317	433	4
陆良县召夸镇	18790	34048	4151	695	3515	52	3
陆良县大莫古镇	21590	49841	49841	110	3305	41	9
陆良县芳华镇	23421	34855	7039	77	600	14	1
陆良县小百户镇	44987	40191	6043	30	1100	28	5
陆良县活水乡	20514	25389		19	388	7	1
陆良县龙海乡	15490	26945		36	182	4	
师宗县雄壁镇	23434	55313	2756	403	12603	93	14
师宗县葵山镇	12916	38510	6103	5	65	4	
师宗县彩云镇	19052	37184	11161	128	684	8	
师宗县竹基镇	22849	45771	11364				
师宗县龙庆乡	47547	38711		90	451	4	
师宗县五龙乡	47114	31688					
师宗县高良乡	56420	28495					
罗平县板桥镇	18188	52077	20973	146	950	16	4
罗平县马街镇	26612	61753	7465	72	364	2	1
罗平县富乐镇	21085	49723	6860	58	1986	15	
罗平县阿岗镇	36859	65019	6791	372	4512	141	6
罗平县大水井乡	25948	29080		120	641	16	1
罗平县鲁布革乡	24246	18928	7605	86	536	27	
罗平县旧屋基乡	12032	10629		48	246	1	
罗平县钟山乡	20158	32595		426	2556	197	
罗平县长底乡	9490	16414	2256	366	673	62	
罗平县老厂乡	21030	39258		227	1737	119	2
富源县营上镇	15230	76543	8544	246	43210	68	10

续表 525　　　　　　　　　　　　（云南省）　　　　　　　　　　　　单位：公顷、人、个

名　　称	行政区域面　积	常住人口	#城镇建成区	企业个数	企　业从业人员	工业企业个　数	#规模以上
富源县黄泥河镇	26327	58459	7880	243	1235	40	12
富源县竹园镇	16405	46397	6411	28	1859	20	15
富源县后所镇	43000	69507	18257	115	10311	36	8
富源县大河镇	24750	84875	12600	352	3617	29	7
富源县墨红镇	49550	61251	5627	376	2719	37	9
富源县富村镇	33053	108846	27234	1837	11843	117	4
富源县十八连山镇	33400	67520	16353	61	2987	26	10
富源县老厂镇	23600	46979	1976	198	6852	40	15
富源县古敢水族乡	8260	13657	1620	184	925	5	
会泽县娜姑镇	25800	61657	61657	21	125	13	
会泽县迤车镇	46200	87136	87136	16	120	2	2
会泽县乐业镇	36200	64243	35263	14	273	7	
会泽县矿山镇	22500	22319	9950	8	160	4	
会泽县者海镇	36500	86031	86031	76	1519	31	3
会泽县大井镇	25300	38769	38769	20	120	2	2
会泽县待补镇	35200	46266	46266	28	201	12	
会泽县大海乡	31100	25572		22	421	10	2
会泽县老厂乡	16300	19648		4	80	2	
会泽县五星乡	20900	29056		24	305	4	1
会泽县大桥乡	22200	31640		39	195	4	
会泽县纸厂乡	9800	17892		4	80	4	
会泽县马路乡	19600	26896		3	60	1	1
会泽县火红乡	26802	32479		4	40	2	
会泽县新街乡	25200	32348		4	44	3	
会泽县雨碌乡	24500	37928		14	260	8	
会泽县鲁纳乡	17500	18360		2	40	2	
会泽县上村乡	27000	31009		6	143	1	1
会泽县驾车乡	29300	23383		2	12	2	
会泽县田坝乡	32600	31881		2	16	2	
宣威市格宜镇	24473	44989	8081	281	6625	23	3
宣威市田坝镇	26973	62122	14970	24	4456	24	2
宣威市羊场镇	27644	45055	11359	62	3390	21	4
宣威市倘塘镇	38258	80403	11545	509	3797	14	4
宣威市落水镇	23222	37988	6973	34	540	32	2
宣威市务德镇	44977	43721	3863	6	76	5	1
宣威市海岱镇	22082	61624	16906	160	960	19	
宣威市龙场镇	26322	49536	17101	315	5760	210	7
宣威市龙潭镇	31544	62551	6948	72	1465	4	4
宣威市热水镇	60019	81390	11095	74	370	13	
宣威市宝山镇	22982	63880	6653	28	6800	26	6
宣威市东山镇	29175	54055	7285	463	4122	32	8
宣威市杨柳镇	16053	47791	1028	8	316		
宣威市普立乡	17358	35388		24	168		
宣威市西泽乡	36096	33199		15	121	5	
宣威市得禄乡	17045	33947		9	153	9	
宣威市双河乡	10724	35398		14	910	8	4
宣威市乐丰乡	24380	50369		27	4120	10	2
宣威市文兴乡	13310	59078		381	5096	17	4
宣威市阿都乡	12530	38615		18	381	3	
红塔区小石桥乡	7303	6524		16	937	5	2

续表 526　　　　(云南省)　　　　单位：公顷、人、个

名　　称	行政区域面　积	常住人口	#城镇建成区	企业个数	企　业从业人员	工业企业个　数	#规模以上
红塔区洛河乡	17061	10157	1312	10	322	10	2
江川区江城镇	17800	62628	8660	83	2677	39	5
江川区前卫镇	8947	49278	6638	39	1555	33	16
江川区九溪镇	11400	27114	4569	37	540	6	2
江川区路居镇	8134	29261	5664	26	759	26	1
江川区安化乡	9560	9512		1	35	1	1
江川区雄关乡	6370	11574		12	230	12	3
澄江县右所镇	7840	40283	6999	228	1359	138	1
澄江县阳宗镇	13140	31598	4053	33	430	21	
澄江县海口镇	10270	11851	4554	79	395		
澄江县九村镇	10930	11944	2326	138	2913	123	19
通海县杨广镇	9922	50475	12345	468	8149	48	6
通海县河西镇	18726	50695	6453	452	6954	57	11
通海县四街镇	7495	44292	10855	510	3638	98	9
通海县纳古镇	1200	12361	7273	143	5466	69	9
通海县里山乡	10011	8632		91	1303	18	9
通海县高大乡	10122	11293		50	689	14	1
通海县兴蒙乡	477	5778		21	380	8	1
华宁县盘溪镇	17690	53723	22358	50	2691	37	3
华宁县华溪镇	13930	13441	2403	50	1560	15	
华宁县青龙镇	43315	52521	14260	1251	2980	160	3
华宁县通红甸乡	11450	10050		5	172	3	
易门县绿汁镇	23265	12984	4620	45	398	14	
易门县浦贝彝族乡	17697	16036		75	1152	20	4
易门县十街彝族乡	16108	11593		64	698	3	
易门县铜厂彝族乡	29144	21427		20	119	17	
易门县小街乡	14954	10583		2	102	2	
峨山彝族自治县甸中镇	18865	18921	5823	10	264	2	
峨山彝族自治县化念镇	29842	13308	902	3	675	2	2
峨山彝族自治县塔甸镇	27675	13938	3228	9	850	7	1
峨山彝族自治县岔河乡	18577	9729					
峨山彝族自治县大龙潭乡	21318	12279		4	80	3	
峨山彝族自治县富良棚乡	24880	10564		6	33	1	
新平彝族傣族自治县扬武镇	48700	21194	5930	75	4610	31	9
新平彝族傣族自治县漠沙镇	68400	45696	3153	31	1064	14	2
新平彝族傣族自治县戛洒镇	41561	50723	50723	450	8250	23	7
新平彝族傣族自治县水塘镇	30200	21954	3106	162	1405	8	2
新平彝族傣族自治县平甸乡	43560	13139		1	15	1	
新平彝族傣族自治县新化乡	49000	22119		10	65	1	
新平彝族傣族自治县建兴乡	20500	10876		7	110	5	
新平彝族傣族自治县老厂乡	44221	14847		42	510	2	1
新平彝族傣族自治县者竜乡	30600	12288	791	11	97	3	
新平彝族傣族自治县平掌乡	24402	11268		8	60	5	
元江哈尼族彝族傣族自治县曼来镇	41169	31719	3005	250	325	13	3
元江哈尼族彝族傣族自治县因远镇	32980	28739	4223	538	1912	15	3
元江哈尼族彝族傣族自治县龙潭乡	27200	5171					
元江哈尼族彝族傣族自治县羊街乡	16100	17488		42	212		
元江哈尼族彝族傣族自治县那诺乡	10800	17328					
元江哈尼族彝族傣族自治县洼垤乡	32900	7660		2	67	2	1
元江哈尼族彝族傣族自治县咪哩乡	19013	13719		6	31	1	

续表 527 （云南省） 单位：公顷、人、个

名　　称	行政区域面积	常住人口	#城镇建成区	企业个数	企业从业人员	工业企业个数	#规模以上
隆阳区板桥镇	34600	103975	12094	167	6572	71	16
隆阳区汉庄镇	15281	47293	6547	186	930	17	2
隆阳区蒲缥镇	31200	52525	8194	70	5710	16	5
隆阳区瓦窑镇	46097	38143	5790	68	398	19	4
隆阳区潞江镇	73461	79476	2760	223	3248	48	8
隆阳区金鸡乡	5200	26280		29	456	11	1
隆阳区辛街乡	11845	56640		12	290	6	2
隆阳区西邑乡	22755	54890		30	804	16	
隆阳区丙麻乡	21916	26580		3	171	3	1
隆阳区瓦渡乡	23400	24397		3	150	3	
隆阳区水寨乡	10700	14460		5	45	5	
隆阳区瓦马彝族白族乡	30700	24785		2	42	2	
隆阳区瓦房彝族苗族乡	30000	33175		4	50	4	1
隆阳区杨柳白族彝族乡	49200	39675		187	1022	12	
隆阳区芒宽彝族傣族乡	54400	48083		29	808	22	3
施甸县甸阳镇	13200	51519	35589	571	6212	5	5
施甸县由旺镇	11700	37838	8002	15	247	4	4
施甸县姚关镇	19520	39609	6400	208	824	3	3
施甸县仁和镇	14336	51833	7462	162	974	56	2
施甸县太平镇	23684	30853	3118	2	33		
施甸县万兴乡	9537	14816		40	623		
施甸县摆榔乡	8254	6691		18	54		
施甸县酒房乡	31796	25834		20	70	1	1
施甸县旧城乡	22627	16889		64	669	3	3
施甸县木老元乡	7660	4768		4	23		
施甸县老麦乡	11200	22068		38	193	2	
施甸县何元乡	13800	16468		1	5	1	1
施甸县水长乡	9524	18089		195	1324	53	8
龙陵县龙山镇	31754	56073	31773	362	5052	76	24
龙陵县镇安镇	25620	45243	8840	17	693	17	2
龙陵县勐糯镇	22782	16728	8730	588	3310	26	3
龙陵县腊勐镇	18194	21152	21152	14	70	11	
龙陵县象达镇	42587	34568	7958	97	521	15	1
龙陵县龙江乡	19480	31011		118	708	13	
龙陵县碧寨乡	28314	21848		78	1016	13	3
龙陵县龙新乡	31810	29706		110	1860	37	4
龙陵县平达乡	35620	27078		46	278	17	1
龙陵县木城彝族傈僳族乡	23420	8470		10	253	8	
昌宁县田园镇	25600	75093	38638	609	12784	174	26
昌宁县漭水镇	31100	26131	4876	51	943	10	2
昌宁县柯街镇	21100	32788	32788	52	785	7	1
昌宁县卡斯镇	24400	40302	5120	41	975	33	4
昌宁县勐统镇	29800	23360	1892	16	1367	10	2
昌宁县温泉镇	22500	25868	3000	33	1020	10	3
昌宁县大田坝镇	31200	21486	21486	15	340	9	1
昌宁县鸡飞镇	33800	19200	614	10	207	5	2
昌宁县翁堵镇	19100	14323	14323	14	82	4	1
昌宁县湾甸乡	31600	18808		56	2112	12	2
昌宁县更戛乡	54700	24888		18	513	7	2
昌宁县珠街彝族乡	28100	13062		7	253	5	

续表 528　　(云南省)　　单位：公顷、人、个

名　称	行政区域面积	常住人口	#城镇建成区	企业个数	企业从业人员	工业企业个数	#规模以上
昌宁县耇街彝族苗族乡	35800	23044		32	311	7	1
腾冲市腾越镇	27198	127506	89133	990	14710	93	19
腾冲市固东镇	24200	46618	4601	112	1304	20	2
腾冲市滇滩镇	39300	29286	5857	51	650	27	3
腾冲市猴桥镇	108600	29613	8910	126	4493	21	1
腾冲市和顺镇	1800	7531	7531	425	2784	10	10
腾冲市界头镇	83900	71252	5928	16	81	8	
腾冲市曲石镇	37300	45237	4557	9	510	6	1
腾冲市明光镇	73100	40154	6061	600	3200	35	2
腾冲市中和镇	41200	41223	4933	217	4900	40	6
腾冲市芒棒镇	29600	43817	2681	80	175	4	
腾冲市荷花镇	13200	28736	5884	96	850	15	4
腾冲市马站乡	16800	28859		62	1181	16	2
腾冲市北海乡	18100	24879		10	568		
腾冲市清水乡	9900	16910		30	205		
腾冲市五合乡	16000	36042		47	336	2	
腾冲市新华乡	12100	18108		1	14	1	1
腾冲市蒲川乡	17500	29583		25	412	6	1
腾冲市团田乡	9900	20096		5	98	5	1
昭阳区旧圃镇	8670	71013	71013	306	4312	9	2
昭阳区永丰镇	9140	41132	9620	3	357	1	1
昭阳区北闸镇	13175	46729	5669	193	2025	50	6
昭阳区盘河镇	15390	23748	23748	1	6	1	
昭阳区靖安镇	17608	41938	2109	12	374	8	
昭阳区洒渔镇	22219	51994	51994	15	135	14	1
昭阳区乐居镇	8295	28742	975	48	246	2	
昭阳区苏家院镇	10939	38464	1260	5	146	4	
昭阳区大山包镇	19200	12947	1005	23	129	1	
昭阳区炎山镇	8083	17822	17822	7	36	3	
昭阳区布嘎回族乡	9243	28136		2	52	2	2
昭阳区守望回族乡	6722	43128		27	612	4	
昭阳区小龙洞回族彝族乡	12335	35956		7	186	5	1
昭阳区青岗岭回族彝族乡	11120	24038		10	300	6	
昭阳区苏甲乡	21298	21861		1	26		
昭阳区大寨子乡	7800	12789		2	21		
昭阳区田坝乡	5337	14360					
鲁甸县文屏镇	8775	88760	33610	375	4530	44	4
鲁甸县水磨镇	27014	35451	1512	17	89	5	
鲁甸县龙头山镇	21082	50288	6818	26	300	4	
鲁甸县小寨镇	9746	19025	720	21	249	4	
鲁甸县江底镇	14032	28063	409	12	160	4	
鲁甸县火德红镇	9191	19567	620	4	495	2	1
鲁甸县龙树镇	10826	33484	5155	49	85	3	
鲁甸县新街镇	11287	19632	3920	13	100	2	
鲁甸县梭山镇	13461	28872	2149	7	207	5	1
鲁甸县乐红镇	12991	33053	2356	4	2744	3	1
鲁甸县桃源回族乡	5802	35186		43	1210	19	4
鲁甸县茨院回族乡	4196	27359		49	1910	24	6
巧家县白鹤滩镇	32467	102631	41356	1120	10183	192	6
巧家县大寨镇	18886	36550	8674	45	321	13	

续表 529　　(云南省)　　单位：公顷、人、个

名　称	行政区域面积	常住人口	#城镇建成区	企业个数	企业从业人员	工业企业个数	#规模以上
巧家县小河镇	19217	37431	4450	38	261	6	
巧家县药山镇	38527	40480	6209	43	260	16	
巧家县马树镇	29267	36706	7356	79	406	12	
巧家县老店镇	43291	53209	6984	70	357	8	
巧家县茂租镇	13117	21165	2056	30	339	8	1
巧家县东坪镇	15761	24994	4016	41	302	9	
巧家县新店镇	14786	27506	5085	32	218	7	1
巧家县崇溪镇	24702	32977	2987	31	186	4	
巧家县金塘镇	12114	17151	1316	52	283	17	
巧家县蒙姑镇	12103	19499	6718	55	385	16	
巧家县红山乡	10923	17588	1796	14	80	5	
巧家县包谷垴乡	12560	27302	1503	19	108	2	
巧家县中寨乡	8636	12752	2500	13	134	2	
巧家县炉房乡	13329	21409	500	9	46	3	
盐津县盐井镇	23400	60855	18743	164	3235	21	3
盐津县普洱镇	37300	65257	16588	101	536	26	
盐津县豆沙镇	15600	23251	7475	46	315	25	
盐津县中和镇	23950	36384	36384	65	400	22	1
盐津县庙坝镇	33600	49771	2808	115	580	39	1
盐津县柿子镇	17400	24848	7326	97	524	12	
盐津县兴隆乡	15500	37829		19	240	2	
盐津县落雁乡	13000	26796		20	105	20	
盐津县滩头乡	13700	28376		44	236	18	2
盐津县牛寨乡	15700	34295		333	2465	25	
大关县翠华镇	15481	43167	13034	278	4189	40	1
大关县玉碗镇	10207	14919	3530	12	60	4	
大关县吉利镇	12627	17992	1104	25	636	7	3
大关县天星镇	41003	55905	4856	47	594	17	
大关县木杆镇	24114	25664	603	38	480	13	
大关县悦乐镇	15028	28773	1713	23	291	4	
大关县寿山镇	18220	26865	1219	23	691	14	2
大关县高桥镇	24779	26893	1994	12	139	11	
大关县上高桥回族彝族苗族乡	10641	14155		36	455	1	
永善县溪洛渡镇	33552	99164	44488	761	5120	40	2
永善县桧溪镇	9150	17067	2328	21	453	4	
永善县黄华镇	20127	56064	12947	26	150	6	
永善县茂林镇	26567	19849	2879	22	113	4	
永善县大兴镇	14089	31398	9856	17	208	7	1
永善县莲峰镇	28661	37554	4913	21	121	3	
永善县务基镇	13452	24804	4742	16	80	1	
永善县码口镇	14493	26164	5150	3	16	1	
永善县团结乡	19829	20774		23	265	9	
永善县细沙乡	15993	19663		10	164	2	1
永善县青胜乡	9215	11541		2	12		
永善县马楠苗族彝族乡	20971	10176		6	42	1	
永善县水竹乡	17915	7277		6	9	2	
永善县墨翰乡	16552	23395		10	168	7	1
永善县伍寨彝族苗族乡	17259	12224		12	50	2	1
绥江县中城镇	24106	81031	38181	928	9143	72	1
绥江县南岸镇	8675	14965	3244	46	276	1	

续表 530　　(云南省)　　单位：公顷、人、个

名　称	行政区域面积	常住人口	#城镇建成区	企业个数	企业从业人员	工业企业个数	#规模以上
绥江县新滩镇	8711	21727	5482	70	1329	7	1
绥江县会仪镇	10203	20477	4434	76	845	5	1
绥江县板栗镇	23192	19729	1519	50	1756	10	2
镇雄县泼机镇	12851	109730	9078	23	631	19	5
镇雄县黑树镇	8835	30542	5481	2	40	2	
镇雄县母享镇	13016	63709	9120	11	215	11	
镇雄县大湾镇	11985	52352	3889	3	30	2	
镇雄县以勒镇	17500	75903	15100	5	47	5	
镇雄县赤水源镇	18048	65420	6800	16	1180	15	7
镇雄县芒部镇	14800	43467	9100	2	65	2	1
镇雄县雨河镇	13588	41546	5078	14	358	7	2
镇雄县罗坎镇	22129	81609	3889	7	141	7	
镇雄县牛场镇	16747	45504	3254	4	20	4	1
镇雄县五德镇	19035	67900	6419	12	1729	8	5
镇雄县坡头镇	14808	63295	6765	14	675	14	2
镇雄县以古镇	16809	31128	1815				
镇雄县场坝镇	17519	60027	3126	2	87	2	1
镇雄县塘房镇	8910	63478	2114	8	2216	8	2
镇雄县中屯镇	7335	54920	5044	22	136	14	2
镇雄县木卓镇	8661	32203	4215	4	38	1	
镇雄县盐源镇	15269	32652	2000	2	12	1	
镇雄县碗厂镇	15808	23523	5210	10	187	4	
镇雄县坪上镇	9875	46759	13416	2	353	2	1
镇雄县鱼洞乡	5495	15900		2	16	1	
镇雄县花朗乡	5965	22694		2	19	2	
镇雄县尖山乡	6558	36644		1	6	1	
镇雄县杉树乡	15512	23630		7	34	6	
镇雄县花山乡	18758	25263		15	1325	3	3
镇雄县果珠彝族乡	9089	42730		2	115	2	1
镇雄县林口彝族苗族乡	11455	47374		21	115	5	4
彝良县角奎镇	33744	105860	21123	742	5974	66	4
彝良县洛泽河镇	27917	60957	756	100	4571	48	3
彝良县牛街镇	17650	39403	5216	48	1040	27	
彝良县海子镇	19203	31116	6370	19	66	4	
彝良县荞山镇	20263	41150	5134	16	536	3	
彝良县龙安镇	12873	21676	21676	78	630	3	
彝良县钟鸣镇	10566	17860	1322	26	238	6	1
彝良县两河镇	16364	21848	6415	40	154	4	
彝良县小草坝镇	20692	24444	24444	151	1398	19	
彝良县龙海镇	15332	21031	1927	22	140	7	
彝良县龙街苗族彝族乡	23861	44202		24	108	7	
彝良县奎香苗族彝族乡	22825	49440		19	345	2	
彝良县树林彝族苗族乡	11861	24939		15	69	5	
彝良县柳溪苗族乡	9696	20914		12	188	4	
彝良县洛旺乡	17035	29377		17	142	6	
威信县扎西镇	33800	120222	53598	240	5100	95	18
威信县旧城镇	16200	27603	6800	9	300	7	1
威信县罗布镇	16400	51657	13482	25	790	20	4
威信县林凤镇	13300	42454	13785	16	1830	10	2
威信县长安镇	7800	30264	4511	9	85	8	

续表 531　　　　　　　　　　　　　　　（云南省）　　　　　　　　　　　　　　单位：公顷、人、个

名　　称	行政区域面　积	常住人口	#城镇建成区	企业个数	企　业从业人员	工业企业个　数	#规模以上
威信县庙沟镇	5700	21397	5655	14	502	13	
威信县水田镇	4500	14923	1420	10	171	5	
威信县双河苗族彝族乡	14500	35361		17	552	12	
威信县高田乡	17300	30372		15	585	13	
威信县三桃乡	10500	33749		14	339	13	
水富县向家坝镇	6135	19294	2543	102	1102	7	4
水富县太平镇	19917	15263	943	46	789	5	
水富县两碗镇	12228	15920	1031	20	201	5	2
古城区金安镇	14450	5641	162	13	450	8	3
古城区七河镇	36630	21211	423	14	191	4	
古城区大东乡	22090	6858		4	155	2	1
古城区金江白族乡	8920	2925					
玉龙纳西族自治县黄山镇	11650	47868	33550	282	2256		
玉龙纳西族自治县石鼓镇	63400	22304	2000	10	52		
玉龙纳西族自治县巨甸镇	40760	20661	6550	11	102		
玉龙纳西族自治县白沙镇	24630	8784	1004	11	530		
玉龙纳西族自治县拉市镇	16860	16315	2354	32	240	10	1
玉龙纳西族自治县奉科镇	35500	7030	1487	17	86		
玉龙纳西族自治县鸣音镇	36060	7125	1341	1	20		
玉龙纳西族自治县太安乡	24930	9531		3	70	1	
玉龙纳西族自治县龙蟠乡	27770	10571		5	140	1	
玉龙纳西族自治县黎明傈僳族乡	70440	15553	15553	2	109	2	1
玉龙纳西族自治县鲁甸乡	52080	17409		4	120	1	
玉龙纳西族自治县塔城乡	27300	8639		1	9	1	
玉龙纳西族自治县大具乡	46810	9350		21	130		
玉龙纳西族自治县宝山乡	48070	8598		23	115		
玉龙纳西族自治县石头白族乡	56930	8818		39	221		
玉龙纳西族自治县九河白族乡	36810	26668		9	250		
永胜县永北镇	24294	58613	22807	67	4651	33	15
永胜县仁和镇	42049	24145	4249	16	372	7	
永胜县期纳镇	26488	38439	6957	61	680	1	1
永胜县三川镇	21594	66250	4629	215	1322	16	3
永胜县程海镇	44386	43893	4611	155	1130	4	2
永胜县涛源镇	46131	37511	6890	13	134	5	
永胜县鲁地拉镇	43446	12935	1983				
永胜县片角镇	37765	23251	5191	3	73		
永胜县顺州镇	47522	31710	5382	8	88	7	
永胜县羊坪彝族乡	16317	7918					
永胜县六德傈僳族彝族乡	30073	14185		12	142	12	
永胜县东山傈僳族彝族乡	43543	7920		19	110		
永胜县光华傈僳族彝族乡	16350	14783					
永胜县松坪傈僳族乡	28307	7529		4	22		
永胜县大安彝族纳西族乡	24219	15116		26	130	1	
华坪县中心镇	32640	47403	24128	54	5138	22	3
华坪县荣将镇	41290	33450	8148	465	3415	37	3
华坪县兴泉镇	22870	18185	6850	280	2000	27	8
华坪县石龙坝镇	31550	13995	5268	57	3632	45	2
华坪县新庄傈僳族傣族乡	27660	17526		22	220	4	
华坪县通达傈僳族乡	15170	8317		3	29	3	
华坪县永兴傈僳族乡	31460	12844		12	485	6	

续表 532　　(云南省)　　单位：公顷、人、个

名　称	行政区域面积	常住人口	#城镇建成区	企业个数	企业从业人员	工业企业个数	#规模以上
华坪县船房傈僳族傣族乡	17360	9685	7200	3	115	3	1
宁蒗彝族自治县大兴镇	38870	50746	50746	1042	3420	3	3
宁蒗彝族自治县拉伯乡	30703	10991					
宁蒗彝族自治县永宁乡	64200	22820		71	500	5	
宁蒗彝族自治县翠玉乡	61760	13730					
宁蒗彝族自治县红桥乡	51431	19853		17	411	14	2
宁蒗彝族自治县宁利乡	33581	15938		17	95		
宁蒗彝族自治县金棉乡	26173	7544		22	110		
宁蒗彝族自治县西川乡	40172	16579					
宁蒗彝族自治县西布河乡	49554	18073					
宁蒗彝族自治县战河乡	57065	24185		45	650	6	3
宁蒗彝族自治县永宁坪乡	24500	8612					
宁蒗彝族自治县跑马坪乡	25520	13783					
宁蒗彝族自治县蝉战河乡	25090	8570					
宁蒗彝族自治县新营盘乡	23710	20634					
宁蒗彝族自治县烂泥箐乡	43719	13085					
思茅区思茅镇	20350	108192	108192	587	24924	77	1
思茅区南屏镇	50850	100112	84401	1872	41047	183	15
思茅区倚象镇	104102	38977	7764	260	4530	20	1
思茅区思茅港镇	65000	23205	3981	93	1191	3	2
思茅区六顺镇	52400	13732	3928	99	1289	8	2
思茅区龙潭彝族傣族乡	33000	11192		35	201	5	
思茅区云仙彝族乡	68100	14157		85	487	1	
宁洱哈尼族彝族自治县宁洱镇	53888	69839	1095	900	12203	340	14
宁洱哈尼族彝族自治县磨黑镇	49103	17652	2740	144	720	53	
宁洱哈尼族彝族自治县德化镇	35430	11610	1763	33	280	22	1
宁洱哈尼族彝族自治县同心镇	33365	15389	1803	101	1233	40	2
宁洱哈尼族彝族自治县勐先镇	49246	21236	4370	119	271	47	
宁洱哈尼族彝族自治县梅子镇	28147	10642	2503	49	505	20	
宁洱哈尼族彝族自治县德安乡	33830	7863		39	195	38	
宁洱哈尼族彝族自治县普义乡	36771	7857		67	452	4	
宁洱哈尼族彝族自治县黎明乡	46824	8910	1165	56	176	13	
墨江哈尼族自治县联珠镇	68100	61469	38400	302	5436	65	10
墨江哈尼族自治县通关镇	55140	24459	7747	19	154	5	1
墨江哈尼族自治县龙坝镇	22558	22014	3692	20	139	3	1
墨江哈尼族自治县新安镇	30500	15556	1096	11	160	6	1
墨江哈尼族自治县团田镇	47973	14553	398	10	58	3	
墨江哈尼族自治县新抚镇	47384	17245	2050	5	26	4	
墨江哈尼族自治县景星镇	43900	22537	1704	17	131	5	1
墨江哈尼族自治县鱼塘镇	29000	11950	2679	3	18	2	
墨江哈尼族自治县文武镇	36500	19619	2510	8	46		
墨江哈尼族自治县坝溜镇	27659	22235	3842	3	31	2	
墨江哈尼族自治县泗南江镇	30615	20470	1431	5	126	3	2
墨江哈尼族自治县雅邑镇	33760	20075	3640	4	22	2	
墨江哈尼族自治县孟弄乡	20100	9985		6	126	1	
墨江哈尼族自治县龙潭乡	22800	10227		3	16		
墨江哈尼族自治县那哈乡	18900	13086					
景东彝族自治县锦屏镇	53039	69892	21648	857	7152	93	7
景东彝族自治县文井镇	84267	71515	8716	265	2028	34	2
景东彝族自治县漫湾镇	30623	19812	4455	55	462	3	

续表 533　　　　　　　　　　　　（云南省）　　　　　　　　　　　单位：公顷、人、个

名　　称	行政区域面积	常住人口	#城镇建成区	企业个数	企业从业人员	工业企业个数	#规模以上
景东彝族自治县大朝山东镇	54382	27029	2719	21	189	7	1
景东彝族自治县花山镇	29466	27850	2438	34	263	9	
景东彝族自治县大街镇	18760	23114	2447	33	285	13	2
景东彝族自治县太忠镇	29288	22398	2114	39	318	9	
景东彝族自治县文龙镇	28626	17608	1889	30	250	6	
景东彝族自治县安定镇	23075	20145	1201	29	236	3	
景东彝族自治县景福镇	28320	21233	1979	24	199	3	
景东彝族自治县曼等乡	17121	12682		2	15	1	
景东彝族自治县龙街乡	27277	20860		18	149	5	
景东彝族自治县林街乡	21856	13458		2	14	1	
景谷傣族彝族自治县威远镇	112700	100096	30902	275	4462	138	18
景谷傣族彝族自治县永平镇	146566	71679	4311	873	4598	11	
景谷傣族彝族自治县正兴镇	88310	17680	1050	79	634	6	1
景谷傣族彝族自治县民乐镇	72400	24159	24159	11	522	5	2
景谷傣族彝族自治县凤山镇	52060	18704	2928	59	1388	7	1
景谷傣族彝族自治县景谷镇	26350	17747	5244	9	213	9	
景谷傣族彝族自治县碧安乡	94700	19394	5000	3	21		
景谷傣族彝族自治县益智乡	78861	12626		55	334	2	2
景谷傣族彝族自治县半坡乡	35510	10048		4	54		
景谷傣族彝族自治县勐班乡	49283	24177		10	52	8	
镇沅彝族哈尼族拉祜族自治县恩乐镇	50850	32543	20474	55	660	15	3
镇沅彝族哈尼族拉祜族自治县按板镇	44075	20302	4591	50	313	11	2
镇沅彝族哈尼族拉祜族自治县勐大镇	86554	41201	5380	88	488	9	1
镇沅彝族哈尼族拉祜族自治县者东镇	56434	28766	3750	130	655	19	2
镇沅彝族哈尼族拉祜族自治县九甲镇	20465	16217	633	10	145	3	1
镇沅彝族哈尼族拉祜族自治县古城镇	41036	14025	2995	11	142	9	
镇沅彝族哈尼族拉祜族自治县振太镇	66341	35697	1475	62	508	13	1
镇沅彝族哈尼族拉祜族自治县和平镇	23059	12206	857	60	318	6	3
镇沅彝族哈尼族拉祜族自治县田坝乡	25988	6970		65	325	2	
江城哈尼族彝族自治县勐烈镇	38767	32032	27165	218	1685	21	3
江城哈尼族彝族自治县整董镇	30500	11693	5531	130	1100	7	
江城哈尼族彝族自治县曲水镇	58831	19681	7761	68	3382	4	2
江城哈尼族彝族自治县宝藏镇	56400	9488	3290	104	515	6	1
江城哈尼族彝族自治县康平镇	79869	24403	3510	315	1675	16	5
江城哈尼族彝族自治县国庆乡	35519	13581		120	610	7	
江城哈尼族彝族自治县嘉禾乡	54704	15568		53	432	5	3
孟连傣族拉祜族佤族自治县娜允镇	35928	49657	49657	546	6320	33	4
孟连傣族拉祜族佤族自治县勐马镇	51505	31549	5394	65	1850	20	2
孟连傣族拉祜族佤族自治县芒信镇	34076	16988	342	23	190	4	
孟连傣族拉祜族佤族自治县富岩镇	23926	14799	335	25	201	7	
孟连傣族拉祜族佤族自治县景信乡	16988	13348		22	236	2	
孟连傣族拉祜族佤族自治县公信乡	26919	16388		4	42	3	
澜沧拉祜族自治县勐朗镇	71000	87703	56937	17	80	9	9
澜沧拉祜族自治县上允镇	43300	43598	15931	93	560	11	1
澜沧拉祜族自治县糯扎渡镇	93700	30419	1920	70	125	6	
澜沧拉祜族自治县惠民镇	38661	18467	2812	205	1468		
澜沧拉祜族自治县东回镇	33000	15503	1163	26	398	2	
澜沧拉祜族自治县发展河哈尼族乡	48600	15884		102	519	9	
澜沧拉祜族自治县谦六彝族乡	89600	43031		233	1136	2	
澜沧拉祜族自治县糯福乡	87967	17556		9	92	9	

续表 534　　(云南省)　　单位：公顷、人、个

名　　称	行政区域面　　积	常住人口	#城镇建成区	企业个数	企　　业从业人员	工业企业个　　数	#规模以上
澜沧拉祜族自治县东河乡	25600	11115					
澜沧拉祜族自治县大山乡	23300	16281					
澜沧拉祜族自治县南岭乡	47100	23839		29	164		
澜沧拉祜族自治县雪林佤族乡	24711	12738		10	1522	1	
澜沧拉祜族自治县木戛乡	27800	16113		12	365		
澜沧拉祜族自治县酒井哈尼族乡	38100	14065		11	281		
澜沧拉祜族自治县拉巴乡	32300	13639		2	20	1	
澜沧拉祜族自治县竹塘乡	63600	32455		112	644	15	1
澜沧拉祜族自治县富邦乡	33200	20210		8	74	1	
澜沧拉祜族自治县安康佤族乡	17900	12772					
澜沧拉祜族自治县文东佤族乡	18000	14471					
澜沧拉祜族自治县富东乡	23800	13824		1	6	1	
西盟佤族自治县勐梭镇	25187	23612	5143	118	600	16	1
西盟佤族自治县勐卡镇	15916	16465	3895	505	2050	14	
西盟佤族自治县翁嘎科镇	22244	11646	11646	19	95		
西盟佤族自治县中课镇	21006	11312	367	13	65	1	1
西盟佤族自治县新厂镇	12889	12651	279	15	75	15	
西盟佤族自治县力所拉祜族乡	18550	12019		47	1010	9	1
西盟佤族自治县岳宋乡	9322	7799		23	115	2	
临翔区博尚镇	33450	37650	14429	13	166	10	6
临翔区南美乡	12724	4610		3	51	3	
临翔区蚂蚁堆乡	34821	33076		12	374	9	3
临翔区章驮乡	21504	21680		3	345	3	
临翔区圈内乡	30121	32757		31	221	28	3
临翔区马台乡	29232	26112		3	20	3	
临翔区邦东乡	19389	13960		7	56	7	
临翔区平村乡	28514	8637		3	39	3	1
凤庆县凤山镇	21149	79297	31224	377	13611	138	18
凤庆县鲁史镇	31803	26771	3744	17	85	3	
凤庆县小湾镇	19834	28060	1770	12	365	12	1
凤庆县营盘镇	36692	44501	5223	16	463	5	1
凤庆县三岔河镇	28078	27573	3382	23	120	8	
凤庆县勐佑镇	38578	50639	12801	56	1076	37	3
凤庆县雪山镇	23057	30055	1500	16	80	5	
凤庆县洛党镇	25151	39526	7289	30	315	22	2
凤庆县诗礼乡	21168	24823		10	60	7	1
凤庆县新华乡	31974	25532		15	130	5	
凤庆县大寺乡	20400	35146		25	648	25	1
凤庆县腰街乡	9157	9379		1	15	1	
凤庆县郭大寨乡	25337	22252		13	95	5	
云县爱华镇	50088	113171	71734	859	5239	148	21
云县漫湾镇	25441	22887	1121	10	209	5	1
云县大朝山西镇	20827	17795	2989	3	50	1	1
云县涌宝镇	34837	43940	11200	14	102	8	
云县茂兰镇	37888	43190	5968	15	142	11	
云县幸福镇	63190	46283	5379	34	2436	13	4
云县大寨镇	21853	36894	5086	23	1318	19	
云县忙怀乡	24896	20468		4	47	3	1
云县晓街乡	25299	41242		8	226	4	2
云县茶房乡	17972	36126		29	464	25	2

续表 535　　　　　　　　　　（云南省）　　　　　　　　　　单位：公顷、人、个

名　　称	行政区域面积	常住人口	#城镇建成区	企业个数	企业从业人员	工业企业个数	#规模以上
云县栗树乡	24433	22029		1	10	1	
云县后箐乡	19145	21275		3	20	2	
永德县德党镇	36444	66426	24391	718	3712	45	5
永德县小勐统计镇	57150	55288	4500	118	592	39	
永德县永康镇	51421	63782	43050	389	1945	40	4
永德县勐板乡	21830	30981		89	446	14	
永德县亚练乡	29341	28438		83	415	20	1
永德县乌木龙乡	20606	30068		55	301	33	
永德县大雪山乡	39230	22664		21	156	17	1
永德县班卡乡	16588	23134		38	121	35	
永德县崇岗乡	31320	28868		108	603	39	1
永德县大山乡	17523	23703		60	340	36	
镇康县凤尾镇	19276	17476	2866	32	257	16	5
镇康县勐捧镇	54813	45353	5516	26	196	11	1
镇康县南伞镇	54410	45375	17782	382	3406	54	12
镇康县忙丙乡	21518	21331		7	127	6	
镇康县勐堆乡	52938	21524		19	375	5	1
镇康县木场乡	31550	19036		8	109	7	
镇康县军赛乡	18421	14605		99	575	6	1
双江拉祜族佤族布朗族傣族自治县勐勐镇	42196	50981	17400	240	1285	10	6
双江拉祜族佤族布朗族傣族自治县勐库镇	44691	28994	4104	136	700	5	3
双江拉祜族佤族布朗族傣族自治县沙河乡	41399	27026		287	2978	20	7
双江拉祜族佤族布朗族傣族自治县大文乡	30420	18652					
双江拉祜族佤族布朗族傣族自治县忙糯乡	23460	20404		18	92		
双江拉祜族佤族布朗族傣族自治县邦丙乡	33545	17525		1	15	1	
耿马傣族佤族自治县耿马镇	44195	65886	47603	62	2869	56	4
耿马傣族佤族自治县勐永镇	39960	32726	4251	16	1299	16	2
耿马傣族佤族自治县勐撒镇	51511	41415	10869	77	780	76	3
耿马傣族佤族自治县孟定镇	106915	100050	48006	83	6016	63	12
耿马傣族佤族自治县大兴乡	16000	10915		5	28	5	
耿马傣族佤族自治县芒洪乡	25930	8284		7	35	7	
耿马傣族佤族自治县四排山乡	34986	15797		12	653	11	1
耿马傣族佤族自治县贺派乡	25174	18483		8	112	8	1
耿马傣族佤族自治县勐简乡	28119	15144		10	63	8	1
沧源佤族自治县勐董镇	26343	38583	21029	654	3272	36	3
沧源佤族自治县岩帅镇	45446	31386	2035	11	74	9	
沧源佤族自治县勐省镇	19761	24034	6614	18	878	6	3
沧源佤族自治县芒卡镇	27599	13044	4112	10	68	8	
沧源佤族自治县单甲乡	20197	11370		7	36	5	
沧源佤族自治县糯良乡	14076	14200		8	22	1	
沧源佤族自治县勐来乡	18803	13967		5	25	5	
沧源佤族自治县勐角民族乡	21784	13615		11	125	7	
沧源佤族自治县班洪乡	33352	9470		5	26	3	
沧源佤族自治县班老乡	17283	8322		12	257	3	
楚雄市鹿城镇	37200	219286	202842	2861	14316	181	34
楚雄市东瓜镇	22852	111318	89724	4015	25547	62	45
楚雄市吕合镇	19340	19451	5670	15	968	3	2
楚雄市紫溪镇	24619	15724	2372	32	1907	12	1
楚雄市东华镇	43564	29469	10045	75	380	5	
楚雄市子午镇	36417	35133	2135	11	390	10	

续表 536　　(云南省)　　单位：公顷、人、个

名　称	行政区域面积	常住人口	#城镇建成区	企业个数	企业从业人员	工业企业个数	#规模以上
楚雄市苍岭镇	34105	29186	1965	38	2907	3	2
楚雄市三街镇	20350	23718	3311	5	2099	3	
楚雄市八角镇	14543	16505	2281	56	401	2	
楚雄市中山镇	30113	23750	3885	450	2257	5	
楚雄市新村镇	35781	13993	3041	54	270	2	
楚雄市西舍路镇	38057	18914	1538	20	132		
楚雄市树苴乡	13460	17676		43	390	3	1
楚雄市大过口乡	34229	15358		4	93	2	1
楚雄市大地基乡	39055	10103		535	2675		
双柏县妥甸镇	70279	47405	29230	824	7285	73	20
双柏县大庄镇	53493	27234	2650	730	4000	50	2
双柏县法脿镇	36123	23495	4239	461	2232	149	
双柏县鄂嘉镇	60163	27877	5381	525	2627	119	1
双柏县大麦地镇	49697	9191	486	65	517	13	1
双柏县安龙堡乡	28759	8118		26	189	26	1
双柏县爱尼山乡	65588	13030		177	1333	98	
双柏县独田乡	24714	4455		158	790	8	
牟定县共和镇	24405	80453	22152	131	10223	58	18
牟定县新桥镇	15908	31123	1650	42	1839	19	3
牟定县江坡镇	20940	29116	5567	23	480	12	4
牟定县凤屯镇	20623	17907	1491	12	223	6	2
牟定县蟠猫乡	17098	11683		5	194	5	
牟定县戌街乡	20145	18058	1592	31	182	3	1
牟定县安乐乡	26938	25146		8	249	8	1
南华县龙川镇	59221	89199	16162	4133	21719	1730	25
南华县沙桥镇	36196	34572	9173	1840	5266	5	
南华县五街镇	26770	17427	2206	18	105	15	
南华县红土坡镇	16810	12845	1869	18	25	1	1
南华县马街镇	17517	17862	1754	3	320	3	
南华县兔街镇	15256	14426	2083	20	381	18	
南华县雨露白族自治乡	24300	13958		4	28		
南华县一街乡	16810	20296		9	46	6	
南华县罗武庄乡	12340	12099		16	90	1	
南华县五顶山乡	9080	9888		48	170		
姚安县栋川镇	19500	92490	23029	1688	8700	150	15
姚安县光禄镇	13664	33598	4478	170	851	11	3
姚安县前场镇	30516	17579	2974	148	878	19	
姚安县弥兴镇	19500	19644	2536	99	523	6	
姚安县太平镇	20263	9700	1490	49	246	9	1
姚安县官屯镇	27461	15508	1320	101	864	31	1
姚安县适中乡	10913	5100		21	225	2	
姚安县左门乡	20300	4036		13	78	2	
姚安县大河口乡	18500	7245		16	80	1	
大姚县金碧镇	45455	102851	28225	360	5065	85	31
大姚县石羊镇	41027	27517	4423	10	88	9	
大姚县六苴镇	28758	12800	3441	6	31	2	1
大姚县龙街镇	34365	24445	3075	37	210	9	1
大姚县新街镇	21661	27100	4387	112	560	7	1
大姚县赵家店镇	41381	12700	289	53	395	19	
大姚县三岔河镇	30398	13319	802	40	216	5	

续表 537　　(云南省)　　单位：公顷、人、个

名　称	行政区域面积	常住人口	#城镇建成区	企业个数	企业从业人员	工业企业个数	#规模以上
大姚县桂花镇	33502	11775	2140	41	246	4	
大姚县昙华乡	19726	7822		35	181	1	
大姚县湾碧傣族傈僳族自治乡	58156	17144		55	331	7	
大姚县铁锁乡	21743	10243		22	136	1	
大姚县三台乡	38423	12036		37	185	6	
永仁县永定镇	27900	35004	4637	122	1826	66	15
永仁县宜就镇	33900	17153	4420	40	168	3	
永仁县中和镇	43500	11065	1381	17	256	5	1
永仁县莲池乡	18000	14553		10	532	10	4
永仁县维的乡	20600	12059		3	28	2	2
永仁县猛虎乡	21400	10142		19	192	3	
永仁县永兴乡	53600	11424		389	880	3	
元谋县元马镇	13237	63410	26878	5487	28217	62	18
元谋县黄瓜园镇	17026	37669	6734	1523	7615	131	4
元谋县羊街镇	26347	18176	1164	512	2560	6	1
元谋县老城乡	25070	27659		19	399	14	2
元谋县物茂乡	24845	16486		236	1416	13	1
元谋县江边乡	25483	16949		259	1347	2	
元谋县新华乡	20010	8049		17	437	2	
元谋县平田乡	16900	14877		328	2011	9	3
元谋县凉山乡	8170	4146		7	37	5	
元谋县姜驿乡	25467	13679		13	130	1	
武定县狮山镇	43900	91489	44057	593	12447	189	19
武定县高桥镇	41200	35442	6378	54	2601	34	
武定县猫街镇	46100	26804	4419	107	1533	45	3
武定县插甸镇	34000	23496	3514	172	1528	83	
武定县白路镇	30800	14424	1697	56	804	6	
武定县万德镇	24000	15230	3732	71	383	12	
武定县己衣镇	23600	15445	2767	82	417	5	
武定县田心乡	13700	18103		83	481	15	1
武定县发窝乡	28400	14142		44	538	6	
武定县环州乡	24600	11260		28	279	5	
武定县东坡傣族自治乡	21900	13948		31	249	6	
禄丰县金山镇	41920	103642	36575	294	12064	83	8
禄丰县仁兴镇	23100	36841	7188	20	1459	17	2
禄丰县碧城镇	18701	50249	5600	360	4869	11	7
禄丰县勤丰镇	25340	26046	5816	687	6223	13	7
禄丰县一平浪镇	53500	31749	9864	1856	5847	18	2
禄丰县广通镇	35220	40933	17051	139	2927	42	4
禄丰县黑井镇	13360	13589	2536	1	25		
禄丰县土官镇	9560	11333	3147	26	850	18	11
禄丰县彩云镇	30280	18814	6206	7	185	5	
禄丰县和平镇	28470	23716	1329	21	357	14	
禄丰县恐龙山镇	24200	17448	3260	31	246	1	
禄丰县中村乡	30170	16419		15	172	12	
禄丰县高峰乡	15630	9892		7	103	1	
禄丰县妥安乡	13603	23142		6	206	6	
个旧市锡城镇	8587	25459	1976	199	4356	49	3
个旧市沙甸镇	2570	18319	4517	202	5425	36	9
个旧市鸡街镇	28397	54053	10132	492	12348	271	14

续表 538　　(云南省)　　单位：公顷、人、个

名　称	行政区域面积	常住人口	#城镇建成区	企业个数	企业从业人员	工业企业个数	#规模以上
个旧市大屯镇	13281	68350	9377	779	14409	172	2
个旧市老厂镇	14618	22028	16724	72	5360	45	1
个旧市卡房镇	34260	36341	10826	955	7191	118	
个旧市蔓耗镇	10327	6598	1425	52	997	8	2
个旧市贾沙乡	31650	19843		80	635	3	
个旧市保和乡	14370	10752		50	278	4	
开远市中和营镇	60281	36402	3357	56	300	11	1
开远市小龙潭镇	17944	15644	15644	77	2780	14	2
开远市大庄回族乡	10370	19602		28	1721	26	1
开远市羊街乡	22600	36740		84	1300	20	3
开远市碑格乡	22960	15741					
蒙自市文澜镇	23140	249394	204503	1318	9390	195	11
蒙自市草坝镇	13690	41656	6102	89	1515	72	
蒙自市雨过铺镇	8870	24924	6172	17	1220	16	3
蒙自市新安所镇	8720	35668	16318	170	890	116	1
蒙自市芷村镇	30100	34324	3981	336	1695	61	
蒙自市鸣鹫镇	22460	19042	3650	76	273	1	
蒙自市冷泉镇	41890	21022	2450	6	95		
蒙自市期路白乡	21240	17052					
蒙自市老寨乡	15700	11526		4	59		
蒙自市水田乡	18130	6158					
蒙自市西北勒乡	20028	9785					
弥勒市弥阳镇	38800	158269	69157	1690	13051	72	26
弥勒市新哨镇	31520	60999	8791	129	2239	23	5
弥勒市虹溪镇	15674	36258	12801	40	304	6	
弥勒市竹园镇	20401	55071	16189	96	1109	8	2
弥勒市朋普镇	34180	49777	18314	79	1576	7	1
弥勒市巡检司镇	39900	30860	7450	29	2240	18	2
弥勒市西一镇	34500	27463	1474	23	425	2	
弥勒市西二镇	39800	40445	3650	18	91	1	1
弥勒市西三镇	28880	24037	1132	29	498	8	
弥勒市东山镇	36800	20246	2043	12	111	3	1
弥勒市五山乡	36582	18005		3	39	1	1
弥勒市江边乡	39100	13388		4	495		
屏边苗族自治县玉屏镇	31369	32715	15212	203	1488	39	7
屏边苗族自治县新现镇	32588	22323	3256	21	260	10	1
屏边苗族自治县和平镇	26219	28638	3689	20	100	8	1
屏边苗族自治县白河镇	36937	22825	1634	26	192	9	3
屏边苗族自治县白云乡	20486	16242		5	35	3	1
屏边苗族自治县新华乡	18943	17760		8	227	1	1
屏边苗族自治县湾塘乡	17883	12678		14	95	3	1
建水县临安镇	35100	197097	78976	1689	8445	187	11
建水县官厅镇	38165	36877	4898	65	521	28	
建水县西庄镇	14453	36009	725	103	1600	24	
建水县青龙镇	33049	16250	1149	425	1390	4	
建水县南庄镇	21416	50293	7982	45	3546	15	8
建水县岔科镇	27600	25521	1320	12	60	3	
建水县曲江镇	34700	67538	7959	19	400	18	
建水县面甸镇	35083	41292	1906	46	780	16	
建水县普雄乡	26029	13780		50	450	33	1

续表 539　　　　　　　　　　　　（云南省）　　　　　　　　　　　　单位：公顷、人、个

名　称	行政区域面　积	常住人口	#城镇建成区	企业个数	企　业从业人员	工业企业个　数	#规模以上
建水县李浩寨乡	16500	17066		30	150		
建水县坡头乡	31704	24113		74	375	28	
建水县盘江乡	22450	11589		11	945	9	
建水县利民乡	25536	14212		4	768	4	
建水县甸尾乡	15700	14526		2	52	1	
石屏县异龙镇	44946	100797	35637	865	16915	120	13
石屏县宝秀镇	43825	50378	8973	29	4114	23	2
石屏县坝心镇	22563	27878	4707	8	765	4	1
石屏县龙朋镇	29589	27574	5031	13	546	8	
石屏县龙武镇	32501	22825	1774	28	876	21	2
石屏县哨冲镇	25550	18548	1638	17	580	14	
石屏县牛街镇	61122	31402	2429	19	385	3	2
石屏县新城乡	13263	10126		6	377	6	1
石屏县大桥乡	26442	15089		14	109	14	1
泸西县中枢镇	25130	125953	60554	671	9398	73	16
泸西县金马镇	11850	56696	13284	78	1687	11	1
泸西县旧城镇	15600	62099	4678	432	6353	62	7
泸西县午街铺镇	21600	49193	6859	87	479	10	2
泸西县白水镇	23500	54832	2664	36	2542	14	13
泸西县向阳乡	21630	28570		25	132	5	
泸西县三塘乡	21600	19709		16	82	2	1
泸西县永宁乡	22980	22002		305	2429	6	1
元阳县南沙镇	16872	26702	12250	1360	8125	129	3
元阳县新街镇	23433	78645	3360	232	1860		
元阳县牛角寨镇	11687	32195	4980				
元阳县沙拉托乡	10200	19275					
元阳县嘎娘乡	12580	21100		14	78		
元阳县上新城乡	13905	26200		11	265	7	4
元阳县小新街乡	11695	27923		39	196	1	
元阳县逢春岭乡	17883	32237		30	166		
元阳县大坪乡	12899	24524		21	611	7	1
元阳县攀枝花乡	8513	22219					
元阳县黄茅岭乡	1182	20762		2	120	2	
元阳县黄草岭乡	22960	35764		3	24		
元阳县俄扎乡	20532	22995		1	12		
元阳县马街乡	18945	28380					
红河县迤萨镇	24108	39954	31275	678	3800	47	7
红河县甲寅镇	8757	27533	6732	4	106	4	
红河县宝华镇	12170	23964		5	64	3	
红河县乐育镇	9412	23475	5598	3	25	3	
红河县浪堤镇	10925	29482	8188	3	95	3	
红河县洛恩乡	19476	25104		1	19	1	
红河县石头寨乡	7760	16700		18	112	7	
红河县阿扎河乡	16790	45095		2	31	2	
红河县大羊街乡	9600	21626		35	183	3	
红河县车古乡	11771	14567		7	36	1	
红河县架车乡	33225	20629		3	47	2	
红河县垤玛乡	21989	17294		7	42	1	
红河县三村乡	16749	16704		23	115	4	
金平苗族瑶族傣族自治县金河镇	34800	86865	14822	496	4072	8	3

续表 540　　(云南省)　　单位：公顷、人、个

名　　称	行政区域面　积	常住人口	#城镇建成区	企业个数	企　业从业人员	工业企业个　数	#规模以上
金平苗族瑶族傣族自治县金水河镇	42600	23542	520	50	511	2	1
金平苗族瑶族傣族自治县勐拉镇	38200	36098	29691	81	2135	3	2
金平苗族瑶族傣族自治县老勐镇	19300	17453	15377	10	112	1	
金平苗族瑶族傣族自治县铜厂乡	28500	32814		35	410	1	1
金平苗族瑶族傣族自治县老集寨乡	32100	27061		17	129	2	1
金平苗族瑶族傣族自治县者米拉祜族乡	38300	23529		19	112		
金平苗族瑶族傣族自治县阿得博乡	11400	15727		12	65	4	
金平苗族瑶族傣族自治县沙依坡乡	14300	20770					
金平苗族瑶族傣族自治县大寨乡	18000	15806		24	136	5	2
金平苗族瑶族傣族自治县马鞍底乡	30500	18596		22	125	2	2
金平苗族瑶族傣族自治县勐桥乡	38300	26493		64	1755	20	5
金平苗族瑶族傣族自治县营盘乡	21400	30848		4	25		
绿春县大兴镇	31168	54875	23601	122	1506	44	2
绿春县牛孔镇	40518	36767	3276	38	241	3	1
绿春县大黑山镇	41100	19561	3276	61	305	3	
绿春县平河镇	45700	32592	3361	21	165	3	
绿春县戈奎乡	17448	23984		2	12	1	
绿春县大水沟乡	23600	20166		5	52	2	1
绿春县半坡乡	36500	11754		12	98	4	
绿春县骑马坝乡	47221	14532		170	1020	5	1
绿春县三猛乡	26300	27127		10	60	2	
河口瑶族自治县河口镇	19002	29226	2632	29	1305	2	2
河口瑶族自治县南溪镇	25556	9802	1880	115	595	5	1
河口瑶族自治县老范寨乡	18050	4494		1	30		
河口瑶族自治县桥头苗族壮族乡	16506	19472					
河口瑶族自治县瑶山乡	25721	11090					
河口瑶族自治县莲花滩乡	28365	10468		3	91	3	1
文山市古木镇	17225	26998	7713	15	280	3	
文山市平坝镇	26259	34346	2387	3	48		
文山市马塘镇	28333	36155	1785	68	3496	12	9
文山市德厚镇	32137	33823	3260	2	32		
文山市小街镇	20765	24988	2580	4	60	3	
文山市薄竹镇	29564	31580	2044	14	72	4	
文山市追栗街镇	9158	11156	768	7	320	6	
文山市东山彝族乡	15840	10626	526	5	168		
文山市柳井彝族乡	16796	15292	673				
文山市新街乡	14297	14115	845	1	18		
文山市喜古乡	8586	12595	2219	36	188	6	
文山市坝心彝族乡	12566	8240	723				
文山市秉烈彝族乡	28291	21187	1300	9	16		
文山市红甸回族乡	9042	14589	1870	4	979	2	1
砚山县江那镇	26610	98908	98908	1012	15279	157	21
砚山县平远镇	58522	92657	27450	216	3968	31	8
砚山县稼依镇	22730	43968	19915	78	1712	13	
砚山县阿猛镇	52900	56913	8794	34	233	9	
砚山县阿舍彝族乡	26800	23863		26	1030	10	
砚山县维摩彝族乡	58100	58072		35	359	4	
砚山县盘龙彝族乡	23800	32278		39	1447	12	2
砚山县八嘎乡	37760	29469		8	29	3	
砚山县者腊乡	26100	31942		21	621	6	1

续表 541　　(云南省)　　单位：公顷、人、个

名　　称	行政区域面　积	常住人口	#城镇建成区	企业个数	企　业从业人员	工业企业个　数	#规模以上
砚山县蚌峨乡	23800	14790		6	57	2	
砚山县干河彝族乡	23710	26922		45	3067	27	10
西畴县西洒镇	17587	47220	15400	64	1533	19	1
西畴县兴街镇	25470	51147	51147	56	1286	32	2
西畴县蚌谷乡	13280	21150		4	24	2	
西畴县莲花塘乡	16552	23464		24	584	7	
西畴县新马街乡	10336	18248		7	65	7	
西畴县柏林乡	7090	11713		3	30		
西畴县法斗乡	22375	29997		17	68	3	
西畴县董马乡	12785	21353		4	36	4	1
西畴县鸡街乡	24851	37791		10	195	2	
麻栗坡县麻栗镇	27600	49463	14491	104	3546	82	6
麻栗坡县大坪镇	18900	24580	5395	7	56	7	
麻栗坡县董干镇	45400	48695	2404	4	15	4	
麻栗坡县天保镇	22900	19384	127	23	524	21	3
麻栗坡县猛硐瑶族乡	20100	15056		11	212	11	
麻栗坡县下金厂乡	13200	11587		2	23	2	
麻栗坡县八布乡	17600	21699		7	52	7	
麻栗坡县六河乡	13773	17416		2	76	2	
麻栗坡县杨万乡	14027	18154		12	465	12	
麻栗坡县铁厂乡	20800	28684		18	47	3	
麻栗坡县马街乡	19100	27121		4	31	4	
马关县马白镇	27725	77957	34871	179	4850	52	9
马关县八寨镇	35189	41115	6214	15	452	12	1
马关县仁和镇	19154	33446	1722	13	715	3	2
马关县木厂镇	16263	27606	960	6	141	1	
马关县夹寒箐镇	25228	39388	7267	15	90	14	3
马关县小坝子镇	12750	15156	1379	4	85	2	1
马关县都龙镇	21168	35340	11942	30	3541	29	2
马关县金厂镇	6925	9648	766	1	35	1	
马关县坡脚镇	19287	22117	468	4	110	3	1
马关县南捞乡	18454	13874		14	570	12	1
马关县大栗树乡	24120	32374		2	15	2	
马关县篾厂乡	16903	17246		2	22	1	
马关县古林箐乡	21514	11910		4	35	1	
丘北县锦屏镇	25800	71849	34821	978	13663	105	16
丘北县曰者镇	34300	34853	7841	26	295	6	
丘北县双龙营镇	63535	71909	8918	121	1436	6	
丘北县八道哨彝族乡	21400	33386		65	844	7	2
丘北县天星乡	40500	40832		32	163	2	
丘北县平寨乡	35500	35386		6	39	4	1
丘北县树皮彝族乡	58500	46193	1751	74	376	1	
丘北县腻脚彝族乡	41400	27273		32	325	4	1
丘北县新店彝族乡	47200	20699		8	40	2	1
丘北县舍得彝族乡	28800	19361		17	224	3	2
丘北县官寨乡	54200	47401		15	118	3	
丘北县温浏乡	49400	31149		21	369	6	2
广南县莲城镇	64300	106048	51240	172	6593	59	12
广南县八宝镇	56900	71747	13225	32	1090	21	1
广南县南屏镇	38000	43035	5603	3	52	2	

续表 542　　(云南省)　　单位：公顷、人、个

名　　称	行政区域面积	常住人口	#城镇建成区	企业个数	企业从业人员	工业企业个数	#规模以上
广南县珠街镇	26900	41195	7729	3	80	1	
广南县那洒镇	44700	51746	5034	5	132	5	
广南县珠琳镇	49700	65782	6913	4	51	1	
广南县坝美镇	88800	62614	2750	20	1235	10	4
广南县董堡乡	23800	20964		3	87	3	
广南县旧莫乡	54500	61105		7	312	7	1
广南县杨柳井乡	50800	36417		6	294	6	
广南县板蚌乡	29700	17309		5	107	4	
广南县曙光乡	26100	32342		14	203	11	
广南县黑支果乡	45300	53213		4	30	3	
广南县篆角乡	23200	29254					
广南县五珠乡	24600	28581		4	47	2	
广南县者兔乡	48600	43441		5	60	5	
广南县者太乡	45500	20509		3	25	3	
广南县底圩乡	39600	34647		55	2291	48	
富宁县新华镇	34000	76872	54025	761	9486	98	7
富宁县归朝镇	52000	45584	2443	42	1511	16	3
富宁县剥隘镇	49333	24202	6730	67	392	8	
富宁县里达镇	19000	23569	3697	16	168	8	
富宁县田蓬镇	46200	55726	1795	39	226	6	
富宁县木央镇	56666	52383	1859	47	1358	15	3
富宁县板仑乡	32000	26541		47	1213	25	4
富宁县谷拉乡	38667	23251		9	136	4	2
富宁县者桑乡	31333	15645		27	400	9	1
富宁县那能乡	39333	19636		8	57	1	
富宁县洞波瑶族乡	53333	35456		14	95	3	
富宁县阿用乡	49333	18385		6	58	1	1
富宁县花甲乡	34200	20011		14	125	4	1
景洪市嘎洒镇	73000	67051	51006	1089	6178	16	9
景洪市勐龙镇	138419	107353	8834	113	14397	19	3
景洪市勐罕镇	32191	44190	5708	253	1265	14	8
景洪市勐养镇	72008	24961	16951	59	448	11	4
景洪市普文镇	55400	27808	3174	49	2999	4	2
景洪市景哈乡	44271	23355	23355	8	48	2	
景洪市景讷乡	67084	15046	3632	37	222	1	
景洪市大渡岗乡	78700	24611		18	1377	6	
景洪市勐旺乡	76600	14691	1590	21	1001		
景洪市基诺乡	62290	14029		19	152	3	
勐海县勐海镇	35759	66176	24415	1351	15299	126	15
勐海县打洛镇	38522	22289	6388	6	39	2	1
勐海县勐混镇	35255	32402	5595	40	350	7	
勐海县勐遮镇	48845	57852	7558	335	930	54	
勐海县勐满镇	44853	19385	1425	271	1355	16	2
勐海县勐阿镇	47291	22506	3539	20	150	5	
勐海县勐宋乡	49293	22973		31	915	11	
勐海县勐往乡	45618	15067		16	109	1	
勐海县格朗和乡	32074	17355		53	421	11	
勐海县布朗山乡	100066	22384		17	158	1	
勐海县西定乡	61549	25899		15	328	6	1
勐腊县勐腊镇	86813	68337	23074	799	14296	49	3

续表 543　　　　（云南省）　　　　单位：公顷、人、个

名　　称	行政区域面积	常住人口	#城镇建成区	企业个数	企业从业人员	工业企业个数	#规模以上
勐腊县勐捧镇	65785	57389	4294	182	6895	35	2
勐腊县勐满镇	35303	24484	3196	44	1174	5	
勐腊县勐仑镇	32787	32350	6088	95	910	13	1
勐腊县西双版纳磨憨镇	75532	26105	7173	346	2803	17	
勐腊县勐伴镇	58052	12882	2327	29	544	1	
勐腊县关累镇	98106	27002	2015	80	1983	11	2
勐腊县易武镇	93847	17420	4233	86	430	55	1
勐腊县象明乡	93440	13082		35	811	4	
勐腊县瑶区乡	46420	9600		25	677	10	
大理市下关镇	16900	232760	211176	222	20048	85	12
大理市大理镇	7648	92000	53868	118	3299	19	3
大理市凤仪镇	26930	64734	64734	652	3940	49	25
大理市喜洲镇	16781	63914	15184	268	1340	10	
大理市海东镇	12800	36098	19705	572	1820	19	3
大理市挖色镇	10680	21018	3865	98	700	3	1
大理市湾桥镇	6380	25923	4851	11	902	7	
大理市银桥镇	6987	32574	3627	15	878	14	2
大理市双廊镇	21800	18890	6187	9	94	3	
大理市上关镇	12900	44709	4118	11	210	8	2
大理市太邑彝族乡	10650	9314		6	116	6	
漾濞彝族自治县苍山西镇	35584	46410	13377	300	1900	70	11
漾濞彝族自治县漾江镇	37738	16239	3127	54	453	14	1
漾濞彝族自治县平坡镇	12943	8836	3449	54	662	15	5
漾濞彝族自治县顺濞镇	13492	6184	6184	32	703	10	1
漾濞彝族自治县富恒乡	22536	8619		22	138	2	
漾濞彝族自治县太平乡	23931	7106		50	480	5	
漾濞彝族自治县瓦厂乡	11016	4934		16	85	1	1
漾濞彝族自治县龙潭乡	14552	6448		15	85		
漾濞彝族自治县鸡街乡	14209	5141		12	80		
祥云县祥城镇	32500	155978	103273	1650	10725	191	31
祥云县沙龙镇	5200	32517	10330	72	710	26	
祥云县云南驿镇	21900	97519	33448	275	2148	69	1
祥云县下庄镇	22550	53323	16926	162	3620	25	3
祥云县普棚镇	32514	27150	2617	23	266	1	
祥云县刘厂镇	9000	37702	22535	176	1961	32	3
祥云县禾甸镇	30600	44214	11669	150	3100	27	
祥云县米甸镇	41300	29210	6173	169	2285	43	1
祥云县鹿鸣乡	15322	13173		20	114	11	
祥云县东山彝族乡	31600	9833		13	55	1	
宾川县金牛镇	27300	106331	56080	479	7783	89	23
宾川县宾居镇	15800	39535	7060	11	240	6	1
宾川县州城镇	20092	48602	8012	50	571	33	
宾川县大营镇	30254	25865	9504	12	368	12	2
宾川县鸡足山镇	31600	30676	2168	17	712	9	
宾川县力角镇	19300	33699	6388	14	313	6	2
宾川县平川镇	45900	33128	4547	28	1779	23	
宾川县乔甸镇	19600	23380	6244	17	196	11	
宾川县钟英傈僳族彝族乡	29200	9071		4	51		
宾川县拉乌彝族乡	23100	10613		5	90	5	
弥渡县弥城镇	17432	101814	36624	721	5459	42	6

续表 544　　(云南省)　　单位：公顷、人、个

名　　称	行政区域面积	常住人口	#城镇建成区	企业个数	企业从业人员	工业企业个数	#规模以上
弥渡县红岩镇	12660	47159	3425	130	984	17	3
弥渡县新街镇	12460	48786	6297	121	916	20	5
弥渡县寅街镇	20720	44614	6882	109	825	17	5
弥渡县苴力镇	19556	24249	885	102	772	19	2
弥渡县密祉镇	13205	14207	1573	52	394	3	
弥渡县德苴乡	29922	23646		40	303	4	
弥渡县牛街乡	26389	19338		36	273	4	
南涧彝族自治县南涧镇	36293	49471	30756	625	3245	47	13
南涧彝族自治县小湾东镇	20504	18853	4180	15	75	7	
南涧彝族自治县公郎镇	29085	32713	4497	128	772	17	1
南涧彝族自治县宝华镇	21520	31435	2510	28	188	3	
南涧彝族自治县无量山镇	25195	35642	35642	762	2070	17	3
南涧彝族自治县拥翠乡	11799	21068		43	217	1	
南涧彝族自治县乐秋乡	16326	18464	558				
南涧彝族自治县碧溪乡	12488	18309		6	63	6	
巍山彝族回族自治县南诏镇	14977	46777	33326	499	3612	33	6
巍山彝族回族自治县庙街镇	19032	61815	7199	123	1435	20	2
巍山彝族回族自治县大仓镇	19055	53582	10989	167	2094	38	11
巍山彝族回族自治县永建镇	20890	55042	11770	68	820	13	1
巍山彝族回族自治县巍宝山乡	15850	13671		13	202	2	
巍山彝族回族自治县马鞍山乡	27197	16521		24	441	9	
巍山彝族回族自治县紫金乡	16878	13888		12	135	2	
巍山彝族回族自治县五印乡	42887	25900		29	425	3	
巍山彝族回族自治县牛街乡	16550	11854		28	380	7	1
巍山彝族回族自治县青华乡	24773	16445		29	325	5	
永平县博南镇	46600	60397	33333	95	2635	71	5
永平县杉阳镇	42210	38626	5882	89	1574	13	2
永平县龙街镇	46400	23779	3270	12	171	3	
永平县龙门乡	29740	12567		17	849	14	2
永平县北斗彝族乡	48190	12200		13	262	10	
永平县厂街彝族乡	35700	18950		16	408	12	
永平县水泄彝族乡	39550	16378		39	1309	39	1
云龙县诺邓镇	23505	23192	12699	67	588	17	1
云龙县功果桥镇	44599	26367	7221	152	1522	34	2
云龙县漕涧镇	51358	32822	11815	83	1220	45	3
云龙县白石镇	32150	13942	1000	66	332	3	
云龙县宝丰乡	48311	18034		424	869	7	1
云龙县关坪乡	26800	11868		6	68	4	
云龙县团结彝族乡	30200	11101		35	180	5	
云龙县长新乡	46368	20862		17	117	8	
云龙县检槽乡	36930	15541		27	690	5	1
云龙县苗尾傈僳族乡	66213	18143		22	1296	20	
云龙县民建乡	21475	9002		26	172	8	
洱源县茈碧湖镇	29033	61951	21708	308	1694	20	5
洱源县邓川镇	5700	16864	3355	148	2500	25	9
洱源县右所镇	26900	57499	6900	196	936	41	2
洱源县三营镇	27700	34388	4760	47	457		
洱源县凤羽镇	19500	29232	6414	33	170	14	
洱源县乔后镇	45508	21485	4786	17	550	2	
洱源县牛街乡	26700	21035		67	328	5	

续表 545　　(云南省)　　单位：公顷、人、个

名　称	行政区域面积	常住人口	#城镇建成区	企业个数	企业从业人员	工业企业个数	#规模以上
洱源县炼铁乡	24600	23546		10	49	10	
洱源县西山乡	51700	13888		23	98		
剑川县金华镇	31800	52126	21279	417	2991	82	7
剑川县老君山镇	23800	18396	2222	90	1037	19	1
剑川县甸南镇	24400	33372	8475	154	2515	60	3
剑川县沙溪镇	28700	23743	4776	47	280	6	
剑川县马登镇	35700	22527	2194	87	1216	14	
剑川县羊岑乡	35000	13339		49	1210	9	1
剑川县弥沙乡	25600	9281		14	256	3	
剑川县象图乡	20000	5355		12	96	4	
鹤庆县云鹤镇	830	24426	24426	103	3020	21	4
鹤庆县辛屯镇	10090	35865	7032	37	743	6	1
鹤庆县松桂镇	33170	30519	3882	95	490	11	2
鹤庆县黄坪镇	55170	37162	3848	41	225	8	
鹤庆县草海镇	32800	45086	5766	47	468	44	4
鹤庆县西邑镇	30640	15406	5495	58	1340	20	4
鹤庆县龙开口镇	29770	25646	2162	30	151	8	5
鹤庆县金墩乡	22080	35387		174	2350	36	4
鹤庆县六合彝族乡	24950	15503		2	35	2	1
瑞丽市勐卯镇	20811	120196	93467	2231	31234	199	18
瑞丽市畹町镇	9565	19144	6075	184	2208	36	3
瑞丽市弄岛镇	10205	18602	3856	42	672	10	
瑞丽市姐相乡	6370	23276		35	625	10	1
瑞丽市户育乡	21069	10943		20	402	8	2
瑞丽市勐秀乡	26455	16389		44	352	5	1
芒市芒市镇	33779	46223	14512	2134	30423	51	4
芒市遮放镇	43771	55148	9223	104	1710	29	6
芒市勐戛镇	35226	31814	7010	34	565	9	
芒市芒海镇	10631	6777	880	7	89	2	
芒市风平镇	39442	72733	10042	212	5253	111	11
芒市轩岗乡	16038	24122		53	714	13	1
芒市江东乡	21969	33674		43	570	1	
芒市西山乡	25271	12320		11	113		
芒市中山乡	27940	12488		13	140	2	1
芒市三台山乡	14660	7410		17	309		
芒市五岔路乡	19598	19073		22	121		
梁河县遮岛镇	5262	23360	21280	368	2024	25	2
梁河县芒东镇	20407	31051	2905	82	410	3	1
梁河县勐养镇	25181	17098	1460	68	259	7	1
梁河县平山乡	12589	16724		59	126	1	
梁河县小厂乡	5245	10159		30	60	1	
梁河县大厂乡	8552	8724		21	105		
梁河县九保阿昌族乡	13389	14681		111	928	10	1
梁河县曩宋阿昌族乡	10926	20875		85	208	3	
梁河县河西乡	12118	18269		98	480	4	
盈江县平原镇	39003	84378	84018	1453	18756	130	19
盈江县旧城镇	13461	23489	5043	89	1148	5	
盈江县那邦镇	8778	2452	646	47	487	2	1
盈江县弄璋镇	35402	46683	6705	201	2278	15	5
盈江县盏西镇	34959	25780	5548	70	1078	5	1

续表 546　　（云南省）　　单位：公顷、人、个

名　称	行政区域面积	常住人口	#城镇建成区	企业个数	企业从业人员	工业企业个数	#规模以上
盈江县卡场镇	34590	10415	1212	58	629	10	3
盈江县昔马镇	22802	13478	3956	57	489	4	2
盈江县太平镇	42587	27683	2868	134	713	18	7
盈江县新城乡	29284	19531		111	986	17	5
盈江县油松岭乡	8130	15439		33	388	1	
盈江县芒章乡	26086	12451		38	650	8	2
盈江县支那乡	37482	15236		36	468	9	1
盈江县苏典乡	46591	8334		30	287	3	1
盈江县勐弄乡	22493	11149		62	584		
盈江县铜壁关乡	30051	6703		36	286	4	
陇川县章凤镇	13389	53989	18316	821	6917	46	3
陇川县陇把镇	20400	21326	5768	84	4505	6	2
陇川县景罕镇	24926	29319	6920	113	1663	7	2
陇川县城子镇	21656	24970	8345	103	757	17	2
陇川县户撒阿昌族乡	25612	25510		67	716	12	3
陇川县护国乡	15718	6265		29	199	2	
陇川县清平乡	19997	11276		16	47	2	
陇川县王子树乡	25657	14529		27	100	4	
陇川县勐约乡	19938	8173		21	41	2	
泸水市六库镇	37600	55273	31256	962	14014	87	2
泸水市鲁掌镇	32800	12556	1171	124	810	5	
泸水市片马镇	14100	3560	1286	21	1621	21	
泸水市上江镇	30000	30867	3200	50	933	10	
泸水市老窝镇	31200	15815	920	118	2650	24	6
泸水市大兴地镇	40600	17126	3001	4	30	2	
泸水市称杆乡	48032	19845		42	764	14	2
泸水市古登乡	32800	15753		4	83	4	
泸水市洛本卓乡	26700	13031		3	25	3	
福贡县上帕镇	38672	32811	8389	33	238	7	1
福贡县匹河乡	40209	11341		3	76	2	1
福贡县子里甲乡	30570	12716		3	89	3	
福贡县架科底乡	25715	17930		2	47	2	
福贡县鹿马登乡	41395	15782		3	58	3	
福贡县石月亮乡	47633	12890		2	10	2	
福贡县马吉乡	50275	9562		5	140	5	1
贡山独龙族怒族自治县茨开镇	79066	12563	7929	55	3765	3	2
贡山独龙族怒族自治县丙中洛镇	82300	6355	6050	208	1040	2	
贡山独龙族怒族自治县捧当乡	45582	5970		5	98	5	1
贡山独龙族怒族自治县普拉底乡	42200	5915					
贡山独龙族怒族自治县独龙江乡	193994	4339					
兰坪白族普米族自治县金顶镇	40648	45760	5050	81	6100	17	2
兰坪白族普米族自治县啦井镇	50847	16420	3002	10	345	6	
兰坪白族普米族自治县营盘镇	56129	38470	3657	23	115	3	
兰坪白族普米族自治县通甸镇	51958	24980	5861	150	752	17	
兰坪白族普米族自治县河西乡	57712	18180		5	42	4	
兰坪白族普米族自治县中排乡	70098	25250		7	38	2	
兰坪白族普米族自治县石登乡	55173	28290		54	280	10	
兰坪白族普米族自治县兔峨乡	54655	20687		15	76	1	
香格里拉市建塘镇	145445	58339	25337	103	3083	48	9
香格里拉市小中甸镇	88094	10614	632	3	113	1	

续表 547　（云南省、西藏自治区）　单位：公顷、人、个

名　　称	行政区域面　　积	常住人口	#城镇建成区	企业个数	企　　业从业人员	工业企业个　　数	#规模以上
香格里拉市虎跳峡镇	81714	21276	3200	27	2140	19	4
香格里拉市金江镇	62683	17405	3591	9	175	6	
香格里拉市上江乡	37354	11237		4	212	4	1
香格里拉市三坝乡	97973	18318		2	111	2	1
香格里拉市洛吉乡	100601	4853		2	91	2	
香格里拉市尼西乡	83778	6980		8	60		
香格里拉市格咱乡	282465	6910		4	548	4	2
香格里拉市东旺乡	128169	6511		4	21		
香格里拉市五境乡	33590	4098		1	12	1	
德钦县升平镇	76625	14280	10415	247	1482	5	
德钦县奔子栏镇	116399	9794	2026	5	20	3	
德钦县佛山乡	91352	3807		44	223	1	
德钦县云岭乡	93199	5552		31	159	2	
德钦县燕门乡	58033	7949		60	305	2	
德钦县拖顶乡	37481	9891		75	450	2	
德钦县霞若乡	141491	9059		60	350	2	
德钦县羊拉乡	114489	5613		34	650	2	1
维西傈僳族自治县保和镇	31000	32672	17917	36	324	30	2
维西傈僳族自治县叶枝镇	46952	10508	10508	2	36	2	2
维西傈僳族自治县塔城镇	76673	15744	15744	26	151	1	
维西傈僳族白治县永春乡	34986	14912		16	80	16	
维西傈僳族自治县攀天阁乡	28095	15293		2	32	2	1
维西傈僳族自治县白济迅乡	59048	26658		6	32	2	
维西傈僳族自治县康普乡	44960	10474		2	7	1	
维西傈僳族自治县巴迪乡	56567	10867		9	90	3	1
维西傈僳族自治县中路乡	31190	11144		2	65		
维西傈僳族自治县维登乡	38183	13847		13	492	12	
西藏自治区							
拉萨市城关区蔡公堂乡	20560	11830	11830	19	370		
拉萨市城关区纳金乡	5500	39480	39480	205	4200	1	
拉萨市城关区娘热乡	9740	14370		12	154	1	
拉萨市城关区夺底乡	9700	7386	4436	14	576		
堆龙德庆区东嘎镇	4755	15114	12735	212	2025	15	
堆龙德庆区乃琼镇	25378	14141	9882	19	327		
堆龙德庆区羊达乡	12187	5914	5266	105	1980	25	
堆龙德庆区古荣乡	76369	6762		4	90	4	1
堆龙德庆区柳梧乡	25649	4770					
堆龙德庆区马乡	47998	5298		29	170		
堆龙德庆区德庆乡	74620	8053		7	41		
林周县甘丹曲果镇	20262	12873	10183	7	258	7	
林周县春堆乡	29471	5887		3	60	3	
林周县松盘乡	23370	4653		2	34	2	
林周县强嘎乡	22211	6835		1	6	1	
林周县卡孜乡	49754	6441		1	7	1	
林周县边交林乡	13672	5395		1	67	1	
林周县江热夏乡	23236	5388		1	7	1	
林周县阿朗乡	57272	4692					
林周县唐古乡	121578	5242		1	15	1	
林周县旁多乡	85592	4765		1	10	1	1
当雄县当曲卡镇	32491	7754	7754	15	128	4	1

续表 548　　　　　　　　　　（西藏自治区）　　　　　　　　　　单位：公顷、人、个

名　　称	行政区域面积	常住人口	#城镇建成区	企业个数	企业从业人员	工业企业个数	#规模以上
当雄县羊八井镇	120148	5618	145	8	65	3	3
当雄县格达乡	179621	4753		3	45	3	2
当雄县宁中乡	173743	9922		4	52		
当雄县公塘乡	63956	6335		7	39	1	1
当雄县龙仁乡	42037	4980		5	45	1	1
当雄县乌玛塘乡	127853	9050		11	320	5	2
当雄县纳木湖乡	283040	5409					
尼木县塔荣镇	12404	11700	6056	12	205	12	
尼木县麻江乡	109395	2776					
尼木县普松乡	7346	2429					
尼木县卡如乡	27107	1371					
尼木县尼木乡	25642	7136					
尼木县续迈乡	57749	4860					
尼木县帕古乡	71776	3421					
尼木县吞巴乡	18272	2722					
曲水县曲水镇	45208	10789	3789	42	289	7	2
曲水县达嘎乡	44750	8347		33	167	1	
曲水县才纳乡	16882	5205		19	123	1	
曲水县南木乡	17885	3408		10	120	1	1
曲水县聂当乡	13746	4792		98	816	25	6
曲水县茶巴拉乡	22600	4451		20	120	2	1
达孜县德庆镇	42450	12884	12884	138	969	39	11
达孜县塔杰乡	17030	3310					
达孜县章多乡	16440	4477					
达孜县唐嘎乡	24670	5409					
达孜县雪乡	18590	2879					
达孜县帮堆乡	18120	4005					
墨竹工卡县工卡镇	19865	12178	5376	85	1607	4	
墨竹工卡县扎雪乡	68571	8115		9	56		
墨竹工卡县门巴乡	137242	3944					
墨竹工卡县扎西岗乡	88100	8344					
墨竹工卡县日多乡	92683	2735		14	23		
墨竹工卡县尼玛江热乡	86598	8794		31	331	4	2
墨竹工卡县甲玛乡	28642	4608		25	2110	2	2
墨竹工卡县唐加乡	27709	7617		33	68	1	1
桑珠孜区曲美乡	37229	7020		3	54		
桑珠孜区聂日雄乡	37010	5160		12	315	5	
桑珠孜区曲布雄乡	32499	5800		13	150	1	1
桑珠孜区联乡	23021	5584		3	25	1	
桑珠孜区甲措雄乡	41708	14505		41	212		
桑珠孜区纳尔乡	23725	2044		8	50		
桑珠孜区年木乡	16641	4151		3	60		
桑珠孜区东嘎乡	92363	10053					
桑珠孜区边雄乡	23021	4902		8	50		
桑珠孜区江当乡	32554	5946		29	476	1	
南木林县南木林镇	34958	11962	5535	484	1102	3	
南木林县普当乡	42180	3658		15	43		
南木林县仁堆乡	124693	1521		32	150		
南木林县拉布普乡	170919	2265		31	75		
南木林县多角乡	22671	5586		23	145		

续表 549　　　　(西藏自治区)　　　　单位：公顷、人、个

名　　称	行政区域面　积	常住人口	#城镇建成区	企业个数	企　业从业人员	工业企业个　数	#规模以上
南木林县卡孜乡	23804	6409		11	25		
南木林县土布加乡	46289	6687		34	117		
南木林县艾玛乡	37810	11710		55	285	1	
南木林县奴玛乡	21758	3862		5	16		
南木林县达孜乡	21934	5086		25	70		
南木林县索金乡	35905	4043		40	448		
南木林县茶尔乡	23090	2886		12	28		
南木林县秋木乡	26981	2775		16	80		
南木林县达那乡	21565	2867		19	114		
南木林县芒热乡	76287	3470		29	106		
南木林县热当乡	46351	8207		88	540		
南木林县甲措乡	33492	5327		14	120		
江孜县江孜镇	4636	20050	20050	41	186	13	
江孜县纳如乡	29606	4535		5	320		
江孜县卡麦乡	17043	5555		14	1189		
江孜县卡堆乡	15113	5421		50	524	7	
江孜县藏改乡	12485	2756		4	260		
江孜县日朗乡	20433	1385		2	50		
江孜县达孜乡	6107	3140		35	162		
江孜县热索乡	6884	3805		22	42		
江孜县重孜乡	11992	5165		26	28		
江孜县龙马乡	48912	1942					
江孜县紫金乡	4774	3954					
江孜县江热乡	14689	4657		53	54	4	
江孜县年堆乡	10667	3878					
江孜县康卓乡	25448	2524		1	2		
江孜县金嘎乡	36928	2859					
江孜县日星乡	15648	2500		4	6		
江孜县热龙乡	70666	2261		2	53		
江孜县车仁乡	13059	3049					
江孜县加克西乡	19833	664					
定日县协格尔镇	72290	11527	2432	7	256	1	
定日县岗嘎镇	135334	8185	1066	2	82	1	1
定日县加措乡	127320	1505					
定日县绒辖乡	97971	946					
定日县尼辖乡	46407	1966					
定日县盆吉乡	105190	1674					
定日县曲当乡	251149	6801		1	20		
定日县扎果乡	52784	2686					
定日县扎西宗乡	292158	7645					
定日县长所乡	24732	4078					
定日县曲洛乡	40269	3300					
定日县措果乡	34320	4202					
定日县克玛乡	103571	4476					
萨迦县萨迦镇	59379	7764	6101	8	183	1	
萨迦县吉定镇	27876	7252	1179	7	779	2	1
萨迦县木拉乡	83363	3381		1	15		
萨迦县查荣乡	51359	4271		1	28		
萨迦县拉洛乡	94954	3812		3	91	1	
萨迦县赛乡	32770	3653		1	23		

续表 550　　(西藏自治区)　　单位：公顷、人、个

名　　称	行政区域面积	常住人口	#城镇建成区	企业个数	企业从业人员	工业企业个数	#规模以上
萨迦县扯休乡	29793	5683		3	74		
萨迦县扎西岗乡	53505	5148		2	56		
萨迦县雄玛乡	38596	6162		3	74		
萨迦县麻布加乡	55062	4444		1	24		
萨迦县雄麦乡	48224	2605		1	28		
拉孜县曲下镇	12175	9800	9800	8	354	1	
拉孜县拉孜镇	42941	6906	6906	1	24	1	
拉孜县扎西宗乡	21460	3169					
拉孜县曲玛乡	40436	5160		4	138	4	
拉孜县彭措林乡	66364	4373		2	111	1	
拉孜县扎西岗乡	39834	7675		10	115	8	
拉孜县柳乡	30318	4385		7	275	1	
拉孜县热萨乡	51733	3969		1	280		
拉孜县芒普乡	63661	3755		2	9	2	
拉孜县锡钦乡	35766	7062		3	201	1	
拉孜县查务乡	44183	4528		4	175		
昂仁县卡嘎镇	151388	8952	8952	1	18		
昂仁县桑桑镇	273348	4777	458				
昂仁县切热乡	183865	1432					
昂仁县秋窝乡	94829	7865		1	16		
昂仁县达居乡	53755	4909		2	17		
昂仁县亚木乡	96999	7086		1	18		
昂仁县贡久布乡	110684	1386					
昂仁县达若乡	192239	694					
昂仁县措迈乡	305476	1730					
昂仁县尼果乡	182171	1732					
昂仁县孔隆乡	146732	850					
昂仁县如萨乡	267440	855					
昂仁县阿木雄乡	157600	874					
昂仁县查孜乡	231181	1418					
昂仁县日吾其乡	96807	5572		1	10		
昂仁县多白乡	96022	6326		1	16		
昂仁县雄巴乡	95354	864		1	6		
谢通门县卡嘎镇	17939	10197	6317	17	264	8	
谢通门县达木夏乡	76075	5061					
谢通门县查布乡	61908	1975					
谢通门县春哲乡	76917	1362					
谢通门县则许乡	55454	817					
谢通门县娘热乡	108828	1273		2	620	2	2
谢通门县措布西乡	130169	1956					
谢通门县纳当乡	89637	1533					
谢通门县青都乡	109890	767					
谢通门县切琼乡	103609	756					
谢通门县美巴切勤乡	211625	1289					
谢通门县列巴乡	129533	1679					
谢通门县塔定乡	11413	2338					
谢通门县荣玛乡	18228	2661					
谢通门县通门乡	14090	3318					
谢通门县仁钦则乡	46942	6342					
谢通门县达那普乡	32272	2540					

续表 551 （西藏自治区） 单位：公顷、人、个

名称	行政区域面积	常住人口	#城镇建成区	企业个数	企业从业人员	工业企业个数	#规模以上
谢通门县达那塔乡	11208	4311					
谢通门县南木切乡	19001	1257					
白朗县洛江镇	16155	7112	6982	134	998	11	1
白朗县嘎东镇	21056	8506	8351	6	164	5	1
白朗县巴扎乡	9876	6036		6	56	3	
白朗县玛乡	19298	5075					
白朗县旺丹乡	22732	4642		54	324		
白朗县曲奴乡	12610	3611		8	42		
白朗县杜琼乡	11653	3780		2	25		
白朗县强堆乡	9756	2832	766	47	250	13	
白朗县嘎普乡	29654	2313		1	30		
白朗县者下乡	32683	2049					
白朗县东喜乡	95111	1299		1	5		
仁布县德吉林镇	31725	5293	2332	58	1160	3	
仁布县帕当乡	16888	3800		7	140		
仁布县康雄乡	22642	4164		14	280	1	
仁布县普松乡	15817	2161		13	260	2	
仁布县然巴乡	28861	2325		17	340	3	
仁布县茶巴乡	30832	4828	405	65	1300	3	
仁布县切洼乡	37733	4390		18	360	2	1
仁布县母乡	14809	4221		23	460	1	
仁布县仁布乡	13101	3159		18	360	1	
康马县康马镇	42240	5159					
康马县涅如麦乡	30310	1813		1	8		
康马县涅如堆乡	332500	2221					
康马县嘎啦乡	116370	3540					
康马县萨玛达乡	57800	2011					
康马县康如乡	30999	1911					
康马县少岗乡	30740	2419					
康马县南尼乡	15200	2452					
康马县雄章乡	89100	2018					
定结县江嘎镇	48668	6431	867	14	224	1	
定结县陈塘镇	43062	2482	1833	1	35		
定结县日屋镇	79630	1214	771	1	25		
定结县确布乡	34430	1733		2	45		
定结县扎西岗乡	53181	2126		4	86		
定结县多布扎乡	72792	1726		1	26		
定结县定结乡	28668	1634		4	102		
定结县琼孜乡	138502	2725		9	230		
定结县萨尔乡	45298	2360		7	164		
定结县郭加乡	39226	864		2	46		
仲巴县帕羊镇	261236	2650	2302	20	45	1	
仲巴县拉让乡	169922	930					
仲巴县帕江乡	348634	2735		2	235	2	1
仲巴县仁多乡	601358	2257					
仲巴县吉玛乡	264293	2235					
仲巴县隆格尔乡	668674	3671					
仲巴县霍尔巴乡	311072	1669					
仲巴县吉拉乡	617054	1018					
仲巴县纳久乡	172890	1424					

续表 552 (西藏自治区) 单位：公顷、人、个

名　　称	行政区域面积	常住人口	#城镇建成区	企业个数	企业从业人员	工业企业个数	#规模以上
仲巴县偏吉乡	330217	1915					
仲巴县布多乡	244277	665					
仲巴县亚热乡	170349	1581					
仲巴县琼果乡	200317	1393					
亚东县下司马镇	22945	1553	1488	8	610		
亚东县帕里镇	42548	2611	2611	3	210		
亚东县下亚东乡	65088	961		4	355		
亚东县堆纳乡	108136	2963					
亚东县上亚东乡	21905	1222					
亚东县吉汝乡	102422	943					
亚东县康布乡	61059	1206		1	45		
吉隆县宗嘎镇	161317	4795	3350	5	61	4	
吉隆县吉隆镇	74757	3946	1239	3	18		
吉隆县折巴乡	301061	2726					
吉隆县贡当乡	133395	1241					
吉隆县差那乡	166880	3228					
吉隆县萨勒乡	64562	1784					
聂拉木县聂拉木镇	125698	4882	4882	3	185	3	1
聂拉木县樟木镇	33421	2184	2184				
聂拉木县亚来乡	86817	1810	1810				
聂拉木县锁作乡	113606	3848	3848				
聂拉木县门布乡	154889	3247	3247				
聂拉木县乃龙乡	33557	1590	1590	2	8		
聂拉木县波绒乡	238404	2813	2813	1	4		
萨嘎县加加镇	201913	3453	1950	25	394	2	
萨嘎县夏如乡	103113	2728					
萨嘎县旦嘎乡	89061	1692					
萨嘎县达吉岭乡	111973	1395					
萨嘎县如角乡	181051	1120					
萨嘎县拉藏乡	120084	1732	1732				
萨嘎县雄如乡	134471	2228					
萨嘎县昌果乡	301386	1698					
岗巴县岗巴镇	67581	2260	554	2	78	2	
岗巴县昌龙乡	74078	2194	568				
岗巴县直克乡	51374	1361					
岗巴县孔玛乡	80048	1492					
岗巴县龙中乡	120768	2300					
卡若区城关镇	21944	68584	68584	385	8560		
卡若区俄洛镇	64081	6292	6292				
卡若区卡若镇	69537	4418	4418				
卡若区芒达乡	45404	3559					
卡若区沙贡乡	27944	5232					
卡若区若巴乡	102000	3539					
卡若区埃西乡	44139	4964					
卡若区如意乡	30871	2993					
卡若区日通乡	56008	5779		1	64		
卡若区柴维乡	88004	8211					
卡若区妥坝乡	176161	9262					
卡若区嘎玛乡	39333	3638					
卡若区面达乡	120348	7027					

续表 553

（西藏自治区）

单位：公顷、人、个

名称	行政区域面积	常住人口	#城镇建成区	企业个数	企业从业人员	工业企业个数	#规模以上
卡若区约巴乡	56175	4088					
卡若区拉多乡	140165	9194					
江达县江达镇	36578	3333					
江达县岗托镇	32490	3937					
江达县邓柯乡	181752	7752					
江达县岩比乡	39716	4073					
江达县卡贡乡	67761	4370					
江达县生达乡	206354	13325					
江达县娘西乡	51916	2401					
江达县字嘎乡	161222	9559					
江达县青泥洞乡	81444	4401		1	662	1	1
江达县汪布顶乡	117158	9164					
江达县德登乡	145308	7074					
江达县同普乡	97960	8330					
江达县波罗乡	104377	8207					
贡觉县莫洛镇	84191	9961	8638	9	45	2	
贡觉县敏都乡	13422	1857					
贡觉县则巴乡	93365	3377					
贡觉县罗麦乡	11943	1759					
贡觉县沙东乡	13467	2030					
贡觉县克日乡	32484	1078					
贡觉县木协乡	47255	1809					
贡觉县阿旺乡	85296	1743					
贡觉县拉妥乡	72014	2185					
贡觉县雄松乡	23031	1891					
贡觉县哈加乡	46596	6362					
贡觉县相皮乡	109192	8115					
类乌齐县桑多镇	70124	11860	11860	2	156	2	
类乌齐县类乌齐镇	68656	7629	7629				
类乌齐县吉多乡	41958	5796					
类乌齐县岗色乡	100425	2576					
类乌齐县宾达乡	35549	2699					
类乌齐县卡玛多乡	95958	5915					
类乌齐县尚卡乡	51286	3617					
类乌齐县伊日乡	43281	3040					
类乌齐县甲桑卡乡	39797	4588		1	25	1	
类乌齐县长毛岭乡	88863	7955					
丁青县丁青镇	127540	29320	8952				
丁青县尺犊镇	131200	12135	1849				
丁青县木塔乡	129375	2256					
丁青县布塔乡	175378	3231	1860				
丁青县巴达乡	34645	2607	702				
丁青县甘岩乡	54898	1967	382				
丁青县嘎塔乡	134160	4637	927				
丁青县色扎乡	86072	11471					
丁青县协雄乡	60850	9582	2270				
丁青县桑多乡	81483	4111	1966				
丁青县当堆乡	122779	6665	1677				
丁青县沙贡乡	19658	4775	2217				
丁青县觉恩乡	90504	12416	1314				

续表 554 （西藏自治区） 单位：公顷、人、个

名　　称	行政区域面积	常住人口	#城镇建成区	企业个数	企业从业人员	工业企业个数	#规模以上
察雅县烟多镇	69678	8341	8341	4	68		
察雅县吉塘镇	53592	4482	4482				
察雅县香堆镇	123699	8930	8930				
察雅县宗沙乡	107798	5185					
察雅县肯通乡	55908	2792					
察雅县扩达乡	89483	7098					
察雅县新卡乡	16591	1445					
察雅县王卡乡	45726	5908					
察雅县阿孜乡	62511	1754					
察雅县巴日乡	44368	5126					
察雅县荣周乡	60124	5908					
察雅县卡贡乡	50978	3741					
察雅县察拉乡	40147	1778					
八宿县白玛镇	103156	4155	992	2	20		
八宿县然乌镇	135711	4077	569	69	345		
八宿县帮达镇	70279	1761	63				
八宿县同卡镇	207507	4688	712				
八宿县林卡乡	119648	2921					
八宿县夏里乡	57583	1038					
八宿县拥乡	18854	1138					
八宿县瓦乡	11643	433					
八宿县吉达乡	155463	4745	880	9	62		
八宿县卡瓦白庆乡	26408	125					
八宿县吉中乡	46725	1728					
八宿县益庆乡	32038	3101					
八宿县拉根乡	74449	2476					
八宿县郭庆乡	162400	6079		1	6		
左贡县旺达镇	148584	8356	8356				
左贡县田妥镇	121696	6187	6187				
左贡县扎玉镇	176650	7240	6741	125	750		
左贡县东坝乡	44844	2222					
左贡县中林卡乡	259288	6777					
左贡县美玉乡	128415	4330					
左贡县下林卡乡	68635	2768					
左贡县碧土乡	102332	2397					
左贡县仁果乡	90774	3871					
左贡县绕金乡	42758	1617					
芒康县嘎托镇	90212	16735		42	210	35	
芒康县如美镇	85852	6452		8	46	3	
芒康县曲孜卡乡	67543	3661	1000	1	20		
芒康县木许乡	28351	2383					
芒康县纳西民族乡	37488	5543		67	80	1	
芒康县朱巴龙乡	92877	5390		4	20		
芒康县曲登乡	118004	3726		9	280	1	
芒康县徐中乡	103976	6123		6	25		
芒康县帮达乡	102466	9226		4	32		
芒康县戈波乡	57740	3449					
芒康县洛尼乡	47208	4392		1	5		
芒康县措瓦乡	99386	10028		7	35		
芒康县昂多乡	54640	1928					

续表 555　　　　（西藏自治区）　　　　单位：公顷、人、个

名　　称	行政区域面积	常住人口	#城镇建成区	企业个数	企业从业人员	工业企业个数	#规模以上
芒康县宗西乡	102530	6100					
芒康县莽岭乡	20550	3376					
芒康县索多西乡	56034	6011					
洛隆县孜托镇	122434	11370	11370	14	95	2	
洛隆县硕督镇	57910	5496	5496	3	19		
洛隆县康沙镇	56908	6280	6280	1	25	1	
洛隆县马利镇	75513	5154	5154	4	31		
洛隆县玉西乡	34395	1321					
洛隆县新荣乡	54828	4403					
洛隆县达龙乡	44669	1583					
洛隆县腊久乡	193395	6088					
洛隆县俄西乡	93032	6989	6989	3	23		
洛隆县中亦乡	62238	3446					
洛隆县白达乡	9974	841					
边坝县草卡镇	54244	12085	12025	37	797	4	
边坝县边坝镇	112164	5821	5821	2	10	2	
边坝县马武乡	35365	2789					
边坝县热玉乡	33739	2098		1	26		
边坝县尼木乡	66600	3024		1	6		
边坝县沙丁乡	73604	4091	150	4	25	1	
边坝县金岭乡	185177	4570		3	26		
边坝县加贡乡	105500	978					
边坝县马秀乡	68162	2563					
边坝县都瓦乡	59875	3543					
边坝县拉孜乡	82879	4241		1	52		
巴宜区林芝镇	45515	2612	420	22	110		
巴宜区百巴镇	219992	3952	335	3	112		
巴宜区八一镇	129152	48733	34147	457	2742	53	3
巴宜区鲁朗镇	315202	1464	363	21	320		
巴宜区更章门巴民族乡	74553	1363					
巴宜区布久乡	49090	2778		2	12		
巴宜区米瑞乡	20010	2211		2	98		
工布江达县工布江达镇	55806	8142	3700	13	190	3	
工布江达县金达镇	131996	5041	4838				
工布江达县巴河镇	81704	2847	972	5	170		
工布江达县错高乡	183431	2699		1	108		
工布江达县朱拉乡	170639	3109					
工布江达县仲莎乡	189784	3100					
工布江达县江达乡	71832	2972		1	170		
工布江达县娘蒲乡	159772	3300					
工布江达县加兴乡	251054	4700					
米林县米林镇	34658	5769	5769	11	262	10	
米林县卧龙镇	261987	4607	4607	4	40	3	
米林县派镇	105497	3567	3567				
米林县丹娘乡	53585	2025		3	16	3	
米林县南伊珞巴民族乡	63281	549		2	40	2	
米林县羌纳乡	45039	3242		2	55	2	
米林县里龙乡	218435	2854		6	39		
米林县扎西绕登乡	166974	3698		4	49	4	
墨脱县墨脱镇	121700	5055	5055	9	160	5	

续表 556　　(西藏自治区)　　单位：公顷、人、个

名　称	行政区域面积	常住人口	#城镇建成区	企业个数	企业从业人员	工业企业个数	#规模以上
墨脱县甘登乡	79001	322					
墨脱县加热萨乡	79000	601					
墨脱县达木珞巴民族乡	88000	1071					
墨脱县帮辛乡	100000	1369		2	10		
墨脱县格当乡	94000	967					
墨脱县德兴乡	110000	1800		1	6	1	
墨脱县背崩乡	375000	2540		6	31		
波密县扎木镇	99206	12414	12414	9	204	5	
波密县倾多镇	187961	5066	5066	2	84	1	
波密县松宗镇	82563	2563	2121	4	68		
波密县古乡	89013	1656		2	86		
波密县玉许乡	238931	6158		3	68		
波密县多吉乡	122269	3232					
波密县康玉乡	164617	1963		4	37		
波密县玉普乡	207442	1902					
波密县易贡乡	276978	1602		2	35		
波密县八盖乡	205853	1370					
察隅县竹瓦根镇	567093	8002	389	11	89	5	
察隅县上察隅镇	1252148	3341	200	3	84		
察隅县下察隅镇	518867	6194	448	2	21	1	
察隅县古玉乡	205138	3150					
察隅县古拉乡	207354	2394					
察隅县察瓦龙乡	293795	8317		6	55		
朗县朗镇	49885	4366	723	8	55	5	
朗县仲达镇	20273	2297	717	2	19	1	
朗县洞嘎镇	112702	2731	489	2	19	1	
朗县金东乡	96786	2016		2	14	1	
朗县拉多乡	60245	2289					
朗县登木乡	70700	2898					
乃东区泽当镇	15000	47045					
乃东区昌珠镇	17385	6819					
乃东区颇章乡	31500	6978					
乃东区结巴乡	25200	4759					
乃东区多颇章乡	13000	1728					
乃东区索珠乡	40000	2417					
乃东区亚堆乡	75200	6819					
扎囊县扎唐镇	24285	11897		113	1200	7	
扎囊县桑耶镇	82371	4563		13	200	3	
扎囊县阿扎乡	24800	2385		5	115	5	
扎囊县扎其乡	43344	9339		36	227	2	
扎囊县吉汝乡	39400	10401		2	32		
贡嘎县吉雄镇	15999	10743	7452				
贡嘎县岗堆镇	32339	7025	80				
贡嘎县甲竹林镇	37885	7559	7100				
贡嘎县江塘镇	24134	5040	410				
贡嘎县杰德秀镇	17536	5036	5036				
贡嘎县朗杰学乡	36180	6230					
贡嘎县昌果乡	29123	2927					
贡嘎县东拉乡	36779	4632					
贡嘎县克西乡	8625	2895					

续表 557　　（西藏自治区）　　单位：公顷、人、个

名　　称	行政区域面积	常住人口	#城镇建成区	企业个数	企业从业人员	工业企业个数	#规模以上
桑日县桑日镇	49808	3681	3681	9	249	7	2
桑日县增期乡	119781	4493					
桑日县白堆乡	50304	1800					
桑日县绒乡	43324	5541		3	342	3	1
琼结县琼结镇	44070	6308	6308	8	90	2	
琼结县拉玉乡	17803	4482		4	30	3	
琼结县下水乡	11161	3139		2	20	1	
琼结县加麻乡	29966	4561		2	37	1	
曲松县曲松镇	45123	5497	5497	7	286	4	
曲松县罗布沙镇	9013	1375	1375	2	35	2	2
曲松县邱多江乡	92701	2516	114				
曲松县堆随乡	20941	2673	2673				
曲松县下江乡	39220	1876		33	44	1	1
措美县措美镇	78261	4060	120				
措美县哲古镇	209569	5178	99				
措美县乃西乡	73467	2021					
措美县古堆乡	56424	1441					
洛扎县洛扎镇	87090	4617	1020	6	110	3	
洛扎县拉康镇	43000	1987	1987	1	34	1	
洛扎县生格乡	32686	2913					
洛扎县边巴乡	39856	1374		2	70		
洛扎县扎日乡	104260	5125		2	26	2	
洛扎县色乡	109898	2196		3	79		
加查县加查镇	51204	3516	75				
加查县安饶镇	31960	7478	4136				
加查县拉绥乡	54351	3652					
加查县崔久乡	108215	743					
加查县坝乡	109499	1543					
加查县冷达乡	26759	2197					
加查县洛林乡	53795	4084		1	265		
隆子县隆子镇	53520	6002	6002	5	141	2	
隆子县日当镇	112517	7611	7611	4	429	1	1
隆子县加玉乡	89158	3343		1	28	1	
隆子县列麦乡	51864	2149					
隆子县热荣乡	77224	4046		1	27		
隆子县三林乡	88383	2996		3	83	1	
隆子县准巴乡	22865	436					
隆子县斗玉珞巴民族乡	32802	653		1	28		
隆子县雪萨乡	72085	4310		3	75		
隆子县扎日乡	56242	603		1	6	1	
隆子县玉麦乡	353497	35					
错那县错那镇	131285	3509	3509	2	177	1	
错那县勒门巴民族乡	67356	164					
错那县贡日门巴民族乡	11120	213		1	4	1	
错那县吉巴门巴民族乡	8899	242					
错那县麻麻门巴民族乡	10659	232					
错那县库局乡	61945	459					
错那县曲卓木乡	135019	4011		1	13	1	
错那县浪波乡	57824	357					
错那县觉拉乡	73459	4284		1	80	1	

续表 558　　(西藏自治区)　　单位：公顷、人、个

名　　称	行政区域面　　积	常住人口	#城镇建成区	企业个数	企　　业从业人员	工业企业个　　数	#规模以上
错那县卡达乡	205709	1766					
浪卡子县浪卡子镇	57706	6625	4466	11	531	2	
浪卡子县打隆镇	133977	5524	1892				
浪卡子县张达乡	31793	3992		1	65	1	
浪卡子县工布学乡	146919	6946		4	159	4	
浪卡子县多却乡	140934	5969					
浪卡子县普玛江塘乡	151101	1068					
浪卡子县阿扎乡	55796	2019		1	6	1	
浪卡子县卡龙乡	26420	2071		1	7	1	
浪卡子县白地乡	34488	2290					
浪卡子县卡热乡	17854	2581					
那曲县那曲镇	146900	13835					
那曲县罗玛镇	414600	7335					
那曲县古露镇	212140	4276					
那曲县香茂乡	88300	6881					
那曲县油恰乡	14700	6850					
那曲县那么切乡	250000	9081					
那曲县孔玛乡	77000	5677					
那曲县达萨乡	105900	9372					
那曲县劳麦乡	69300	5226					
那曲县色雄乡	51800	5080					
那曲县尼玛乡	107100	6890					
那曲县达前乡	81760	5253					
嘉黎县阿扎镇	152703	3269					
嘉黎县嘉黎镇	149766	4090					
嘉黎县鸽群乡	97302	2983					
嘉黎县藏比乡	74569	2233					
嘉黎县忠玉乡	183574	2055					
嘉黎县措多乡	168732	5932					
嘉黎县措拉乡	158339	4840		5	12		
嘉黎县林堤乡	36304	1799					
嘉黎县夏玛乡	149310	4406					
嘉黎县绒多乡	136268	3522		15	930	2	
比如县比如镇	57205	6094	869				
比如县夏曲镇	206451	15450					
比如县白嘎乡	189200	9744					
比如县羊秀乡	235397	7833					
比如县香曲乡	83392	6312					
比如县达塘乡	94980	9461					
比如县良曲乡	114109	5362					
比如县茶曲乡	60617	7174					
比如县扎拉乡	86995	4896					
比如县恰则乡	40103	3045					
聂荣县聂荣镇	74339	2388	2388				
聂荣县尼玛乡	480725	5000					
聂荣县查当乡	139632	3642					
聂荣县当木江乡	86683	3019					
聂荣县永曲乡	220550	1845					
聂荣县白雄乡	266067	4079					
聂荣县桑荣乡	135000	1983					

续表 559　　(西藏自治区)　　单位：公顷、人、个

名　　称	行政区域面　　积	常住人口	#城镇建成区	企业个数	企　　业从业人员	工业企业个　　数	#规模以上
聂荣县下曲乡	113634	3033					
聂荣县色庆乡	480996	5418					
安多县扎仁镇	1600000	9561	9561				
安多县雁石坪镇	1400000	2919	2919				
安多县强玛镇	810000	5236	5236				
安多县帕那镇	800000	3327	3327				
安多县措玛乡	509600	4373	4373				
安多县滩堆乡	33099	1234	235				
安多县扎曲乡	283934	1256	1256				
安多县岗尼乡	1218634	1912					
安多县玛曲乡	2640000	2842	2842				
安多县色务乡	327518	1044	1044				
安多县玛荣乡	8000	1154	1154				
安多县多玛乡	960000	1888					
安多县帮爱乡	490000	2190	2190				
申扎县申扎镇	353001	2464	120	2	18		
申扎县雄梅镇	443654	3981	3780				
申扎县马跃乡	380089	2106	72				
申扎县买巴乡	140270	1566					
申扎县塔尔玛乡	518487	3856	678				
申扎县下过乡	189270	2586	495				
申扎县卡乡	214159	1716	215				
申扎县巴扎乡	325596	2136	304				
索县亚拉镇	61226	8263					
索县荣布镇	66607	7867	7867				
索县若达乡	48045	2710					
索县热瓦乡	31861	2764					
索县西昌乡	64959	3478					
索县嘎木乡	58195	2400					
索县赤多乡	61176	3594					
索县嘎美乡	55282	5632					
索县加勤乡	60795	5640					
索县江达乡	54968	4049					
班戈县普保镇	214985	5793	5793				
班戈县北拉镇	238706	5412	5412				
班戈县佳琼镇	515525	2763	2763				
班戈县德庆镇	219861	4148	4148				
班戈县马前乡	304880	2740	2740				
班戈县门当乡	523138	5352					
班戈县保吉乡	126782	2191					
班戈县青龙乡	305974	4155					
班戈县新吉乡	317226	4093					
班戈县尼玛乡	68246	2606					
巴青县岗切乡	89553	4638	4638				
尼玛县尼玛镇	14142	5032	5032	4	20		
尼玛县文布乡	2954	2053		18	91		
尼玛县中仓乡	1425000	2804					
尼玛县卓瓦乡	3150	2039	114				
尼玛县卓尼乡	4712	1990		18	90		
尼玛县吉瓦乡	267227	1938					

续表 560　　　　(西藏自治区)　　　　单位：公顷、人、个

名　　称	行政区域面积	常住人口	#城镇建成区	企业个数	企业从业人员	工业企业个数	#规模以上
尼玛县甲谷乡	2658	2274		9	45		
尼玛县阿索乡	769390	1961					
尼玛县俄久乡	270000	2548					
尼玛县荣玛乡	16779	1173					
尼玛县达果乡	258380	1838					
尼玛县申亚乡	3460	1963					
尼玛县来多乡	4201	2215					
尼玛县军仓乡	500000	1516					
双湖县措折罗玛镇	376740	3235	350				
双湖县协德乡	799946	2661	846				
双湖县雅曲乡	958832	1153	217				
双湖县嘎措乡	703006	624	624				
双湖县措折强玛乡	2134402	1307	181				
双湖县多玛乡	676480	2145	90				
双湖县巴岭乡	887720	2152	326				
普兰县普兰镇	325127	4012	4012	18	2721	2	
普兰县巴嘎乡	419544	1560	1560	1	18	1	
普兰县霍尔乡	505866	2133	2133				
札达县托林镇	431399	2860	2860	23	180	21	
札达县萨让乡	317718	676	55				
札达县达巴乡	678736	1418	75				
札达县底雅乡	290691	858					
札达县香孜乡	238950	1369	98				
札达县曲松乡	277256	486	410	1	3		
札达县楚鲁松杰乡	287898	531	62				
噶尔县狮泉河镇	104200	54947	54947				
噶尔县昆莎乡	264400	2286					
噶尔县左左乡	800000	1426					
噶尔县门士乡	477300	2470					
噶尔县扎西岗乡	353337	901					
日土县日土镇	468111	1053	1053				
日土县热帮乡	1509319	2630					
日土县日松乡	774125	2348	2348				
日土县东汝乡	3668082	1494					
日土县多玛乡	1289945	1131	560				
革吉县革吉镇	1213036	4955					
革吉县雄巴乡	789436	3563					
革吉县亚热乡	1159413	3791					
革吉县盐湖乡	1061450	3472					
革吉县文布当桑乡	387093	2227					
改则县改则镇	462406	3956	1321				
改则县物玛乡	837131	2290	78				
改则县先遣乡	3648644	1825	315				
改则县麻米乡	878791	5081	692				
改则县洞措乡	660138	2775	485				
改则县古姆乡	1255666	2518	719				
改则县察布乡	5818823	4086	483				
措勤县措勤镇	268011	2950	2950	9	57		
措勤县磁石乡	376204	2923		4	12		
措勤县曲洛乡	488846	2433					
措勤县江让乡	755762	3091					
措勤县达雄乡	324766	2935					

续表 561　　（陕西省）　　单位：公顷、人、个

名　　称	行政区域面积	常住人口	#城镇建成区	企业个数	企业从业人员	工业企业个数	#规模以上
陕西省							
阎良区武屯镇	5280	37984	5324	140	1208	74	5
阎良区关山镇	8500	59101	6185	31	677	30	11
户县余下镇	2835	59236	23243	198	3775	110	4
户县祖庵镇	3154	30235	6816	66	1145	33	2
户县秦渡镇	5059	46929	7057	130	1654	110	2
户县大王镇	3091	35629	5228	206	4522	185	3
户县草堂镇	27948	34114	10850	329	7062	291	26
户县蒋村镇	13147	36726	7320	85	2032	40	3
户县庞光镇	3742	28179	4782	82	1317	41	2
户县涝店镇	4877	36399	3866	68	1670	41	
户县甘河镇	3337	28516	3216	69	1008	34	
户县石井镇	41763	28180	23960	124	4050	52	
户县玉蝉镇	5494	43311	1445	168	2762	95	2
户县五竹镇	4283	38970	37518	299	11377	229	39
户县渭丰镇	4030	27746	2017	112	1826	55	2
蓝田县洩湖镇	9584	41300	7623	219	2560	2	
蓝田县华胥镇	7990	35860	15958	120	2750	105	15
蓝田县前卫镇	4757	37273	1920	220	900	25	
蓝田县汤峪镇	14844	50198	7520	370	3220	145	
蓝田县焦岱镇	4483	23453	1200	14	166	5	
蓝田县玉山镇	4872	24378	1340	15	220	10	
蓝田县三里镇	6967	60528	2250	366	4500	191	14
蓝田县普化镇	14153	56682	3767	158	915	10	1
蓝田县葛牌镇	19257	13987	492				
蓝田县灞源镇	18319	17466	983	36	224	4	
蓝田县九间房镇	11814	12850	355	11	66	2	
蓝田县蓝桥镇	11467	11247	1236	8	202		
蓝田县辋川镇	28723	17385	286	16	136	4	
蓝田县厚镇	8793	16406	2401	45	401	33	
蓝田县三官庙镇	10780	34800	3600	50	251		
蓝田县安村镇	4380	31355	1300	22	130		
蓝田县孟村镇	4409	28696	3000	135	1352	19	
蓝田县小寨镇	9422	21845	3142	42	605	5	2
周至县二曲街道办事处	3344	79856	62985	836	5697	15	10
周至县哑柏镇	4416	48122	15682	41	932	9	6
周至县终南镇	6586	59361	16249	289	1713	5	1
周至县马召镇	7795	36031	12352	78	457	7	6
周至县集贤镇	29455	26556	11882	32	3672	18	18
周至县楼观镇	19741	43234	14958	708	5123	89	2
周至县尚村镇	6231	41696	8245	96	3077	19	1
周至县广济镇	4875	36256	9142	27	571	22	
周至县厚畛子镇	69627	2349	407	15	227	3	
周至县青化镇	3392	24135	3358	6	115	2	
周至县竹峪镇	10217	19675	1515	12	143	1	
周至县翠峰镇	4736	22239	1785	17	119	1	
周至县四屯镇	5388	37570	5136	56	634	26	2
周至县司竹镇	3360	25413	1562	94	571	13	1

续表 562　　　　　　　　　　(陕西省)　　　　　　　　　　单位：公顷、人、个

名　　称	行政区域面积	常住人口	#城镇建成区	企业个数	企业从业人员	工业企业个数	#规模以上
周至县九峰镇	10600	29651	1527	12	310	9	1
周至县富仁镇	6953	40695	5865	52	315	4	2
周至县骆峪镇	9565	7160	802	12	210	12	
周至县陈河镇	23749	3745	305	2	42	1	1
周至县板房子镇	37444	3084	416				
周至县王家河镇	29400	2595	597				
王益区黄堡镇	8194	35883	15790	795	45476	69	33
印台区陈炉镇	8272	16289	3198	89	685	30	6
印台区红土镇	10059	18338	2847	121	894	7	4
印台区广阳镇	10639	26246	829	98	586	9	1
印台区金锁关镇	16893	22764	12042	151	780		
印台区阿庄镇	5580	10345	3067	17	89		
耀州区董家河镇	4100	13927	4002	321	4945	175	14
耀州区庙湾镇	30600	19030	6000	47	2375	3	2
耀州区瑶曲镇	22444	20222	5300	40	1000	10	3
耀州区照金镇	16400	7770	7770	43	2459	4	3
耀州区小丘镇	15600	30966	3900	151	800	4	1
耀州区孙塬镇	5700	17209	4111	71	4100	16	12
耀州区关庄镇	21000	17821	2271	38	598	4	1
耀州区石柱镇	26482	30153	2986	44	408	3	3
宜君县彭镇	27974	13552	958	49	882	47	5
宜君县五里镇	18568	14509	345	52	285	48	
宜君县太安镇	18503	10863	1078	45	450	18	4
宜君县棋盘镇	15107	6686	385	23	255	9	
宜君县尧生镇	25923	10954	888	26	155	25	1
宜君县哭泉镇	14109	7088	700	40	448	8	
宜君县云梦乡	17584	9005	1158	38	542	20	1
渭滨区马营镇	17700	33765	3816	246	7690	206	18
渭滨区石鼓镇	11199	18794	1093	168	2842	120	2
渭滨区神农镇	13240	17950	1256	71	630	10	2
渭滨区高家镇	22847	29460	2260	96	1300	68	1
渭滨区八鱼镇	16301	28018	4038	1339	6787	163	15
金台区陈仓镇	1620	50475	50475	48	260	41	7
金台区蟠龙镇	4200	38343	3152	27	3722	14	4
金台区金河镇	6350	27657	1577	94	3402	76	13
金台区硖石镇	14910	19281	1687	32	650	11	
陈仓区阳平镇	4000	47368	2152	124	2980	70	8
陈仓区千河镇	5400	43685	1605	345	7860	243	4
陈仓区磻溪镇	18200	47307	2783	63	2120	41	21
陈仓区天王镇	15470	32258	2300	36	1450	26	5
陈仓区慕仪镇	4335	37685	2628	73	1200	27	2
陈仓区周原镇	4850	44647	4085	70	9410	54	3
陈仓区贾村镇	11207	51666	1180	11	640		
陈仓区县功镇	26200	42216	2800	143	2035	14	2
陈仓区新街镇	20500	16482	1834	40	530		
陈仓区坪头镇	30300	15400	2995	31	400	2	
陈仓区香泉镇	19700	12786	2024	3	80		
陈仓区赤沙镇	14700	14119	1983	23	150		
陈仓区拓石镇	30346	16487	2875	11	326	8	2
陈仓区凤阁岭镇	20400	9135	833	11	270		

续表 563　　　　　　　　　　（陕西省）　　　　　　　　　　单位：公顷、人、个

名　　称	行政区域面　　积	常住人口	#城镇建成区	企业个数	企　　业从业人员	工业企业个　　数	#规模以上
陈仓区钓渭镇	11700	29667	1730	195	5790	78	6
凤翔县城关镇	7200	82326	38927	225	5087	145	18
凤翔县虢王镇	4500	32892	3200	78	1095	32	
凤翔县彪角镇	11800	56997	7596	230	3112	102	5
凤翔县横水镇	10100	42098	4670	196	6053	56	9
凤翔县田家庄镇	4900	24332	5850	38	190	36	2
凤翔县糜杆桥镇	19700	33159	5500	118	1721	79	4
凤翔县南指挥镇	7000	37248	1120	60	3346	49	2
凤翔县陈村镇	5800	51528	7724	203	6834	106	12
凤翔县长青镇	4800	25985	18292	85	5630	30	7
凤翔县柳林镇	16800	61823	28000	179	6000	12	4
凤翔县姚家沟镇	15000	5211	1667	30	340	1	1
凤翔县范家寨镇	10300	29066	1742	142	1830	76	2
岐山县凤鸣镇	12270	105654	62392	705	20981	275	11
岐山县蔡家坡镇	20980	154192	75737	2316	39461	1927	65
岐山县益店镇	4940	27080	3950	48	3120	11	2
岐山县蒲村镇	7770	24646	2189	35	2592	26	2
岐山县青化镇	3880	26399	3950	46	1210	2	
岐山县枣林镇	4580	34638	2981	40	3801	6	
岐山县雍川镇	6142	49247	4622	34	4450	8	4
岐山县故郡镇	14210	18516	600	66	1699	38	
岐山县京当镇	10828	30806	3465	38	1146	30	5
扶风县城关街道办事处	9635	92350	13990	222	10950	115	19
扶风县天度镇	17868	43848	2952	85	4435	29	7
扶风县午井镇	5724	36865	6012	33	732	16	4
扶风县绛帐镇	8679	77402	3428	169	3502	104	22
扶风县段家镇	3460	25780	1449	12	199	7	2
扶风县杏林镇	6685	47795	5363	37	311	18	
扶风县召公镇	5536	38210	9628	43	1511	23	2
扶风县法门镇	12942	69384	11659	86	3287	60	4
眉县横渠镇	10910	49890	1565	308	5286	8	1
眉县槐芽镇	3310	18519	2124	272	2312	70	1
眉县汤峪镇	29151	41803	1530	124	3015	18	3
眉县常兴镇	6080	48875	12640	216	14360	85	29
眉县金渠镇	5837	34765	7895	91	2605	73	25
眉县营头镇	17738	19687	1822	37	3324	23	1
眉县齐镇	6600	31564	1860	214	3781	103	4
陇县城关镇	17103	77305	22691	580	10847	92	9
陇县东风镇	23481	35037	6008	101	4102	26	3
陇县八渡镇	27692	9009	1621	27	225	7	
陇县东南镇	9822	42789	16224	102	1810	37	3
陇县温水镇	32561	40317	16254	65	530	10	
陇县天成镇	39906	15800	6601	50	921	5	
陇县曹家湾镇	21502	18720	3960	40	410	20	1
陇县固关镇	24392	9337	3005	25	280	10	2
陇县河北镇	20782	10760	2810	10	66		
陇县新集川镇	10450	6091	144	12	130	2	
千阳县城关镇	11846	44139	23470	388	2412	62	10
千阳县崔家头镇	4011	7074	1405	12	72	1	
千阳县南寨镇	14888	22525	2860	38	678	17	

续表 564　　　　(陕西省)　　　　单位：公顷、人、个

名　　称	行政区域面积	常住人口	#城镇建成区	企业个数	企业从业人员	工业企业个数	#规模以上
千阳县张家塬镇	22163	18062	3450	28	200	8	
千阳县水沟镇	11414	18101	1478	43	680	17	3
千阳县草碧镇	16300	12670	2200	61	587	38	12
千阳县高崖镇	19066	3329	567	5	27		
麟游县九成宫镇	47849	36869	17674	184	4403	18	4
麟游县崔木镇	29695	9603	990	32	704	5	1
麟游县招贤镇	21918	11148	830	25	550	3	
麟游县两亭镇	26988	11564	2350	45	1110	6	2
麟游县常丰镇	15317	8529	120	15	330	2	
麟游县丈八镇	11068	6163	663	18	378	2	
麟游县酒房镇	17565	8424	663	29	450	2	
凤县双石铺镇	27654	32186	14418	126	2632	46	6
凤县凤州镇	32735	16570	4382	112	4563	47	12
凤县黄牛铺镇	45625	8304	1459	34	235	11	3
凤县红花铺镇	23093	4084	720	4	135	3	1
凤县河口镇	40440	12050	706	291	2058	45	10
凤县唐藏镇	36757	5515	1755	7	722	7	2
凤县平木镇	19837	9771	900	5	64	3	
凤县坪坎镇	20438	4100	295	47	2381	26	6
凤县留凤关镇	72121	14921	2037	63	1733	39	13
太白县咀头镇	61200	26870	13650	123	756	75	5
太白县桃川镇	33100	6193	996	47	263	10	1
太白县鹦鸽镇	31300	8942	1403	82	432	13	1
太白县靖口镇	19400	3675	205	10	51	9	
太白县太白河镇	26100	2240	482	1	1498	1	1
太白县黄柏塬镇	85200	2308	319	3	45	1	1
太白县王家堎镇	13500	1532	463	12	195	12	
杨陵区五泉镇	3220	31585	7695	60	780	17	3
杨陵区揉谷镇	3611	35876	23125	6	96	6	
三原县陂西镇	5769	44488	3904	38	866	36	8
三原县独李镇	2690	22146	1122	33	546	27	5
三原县大程镇	6780	41923	1690	81	1699	56	18
三原县西阳镇	3642	23333	6531	52	3506	48	19
三原县鲁桥镇	3019	26111	1342	44	956	10	4
三原县陵前镇	11290	44231	3521	56	3074	36	9
三原县新兴镇	7791	26877	2436	17	269	11	1
三原县嵯峨镇	7771	23011	1963	18	415	12	1
三原县渠岸镇	2839	24423	2356	22	1153	14	10
泾阳县永乐镇	2580	35118	34165	234	7212	224	33
泾阳县云阳镇	7529	53208	23085	298	3942	35	5
泾阳县桥底镇	4470	33264	17290	61	412	15	5
泾阳县王桥镇	4270	25733	10315	85	1093	31	5
泾阳县口镇	5040	22159	4975	25	360	19	
泾阳县三渠镇	5120	45946	10946	142	2986	47	5
泾阳县高庄镇	2628	20756	10427	138	2815	40	3
泾阳县太平镇	5370	32763	6202	275	1440	3	
泾阳县崇文镇	2700	24876	24876	20	1750	19	5
泾阳县安吴镇	9817	44489	5256	45	1735	30	3
泾阳县兴隆镇	14760	41146	8840	36	878	20	2
泾阳县中张镇	5960	44717	11685	48	1372	45	6

续表 565　　(陕西省)　　单位：公顷、人、个

名　　称	行政区域面积	常住人口	#城镇建成区	企业个数	企业从业人员	工业企业个数	#规模以上
乾县薛录镇	6173	41679	11460	26	406	18	
乾县梁村镇	5791	34400	12047	9	335	4	
乾县临平镇	10177	40581	13815	14	367	11	2
乾县姜村镇	4350	28321	12837	30	412	22	3
乾县王村镇	4410	31252	11347	24	180	15	
乾县马连镇	3577	25835	11839	47	473	39	1
乾县阳峪镇	7270	30664	10113	25	1575	16	3
乾县峰阳镇	8835	20511	10237	12	75	8	
乾县注泔镇	5648	20747	9875	6	211	4	
乾县灵源镇	3539	21529	9431	15	626	7	1
乾县阳洪镇	4046	22381	13958	39	3614	33	6
乾县梁山镇	11329	26291	6039	8	137	5	
乾县周城镇	3342	25645	7401	23	410	17	
乾县新阳镇	3912	36897	7739	10	133	7	
乾县大杨镇	6014	38280	8781	43	235	29	1
礼泉县史德镇	5444	38095	3946	25	530	6	3
礼泉县西张堡镇	4653	24406	3832	39	779	22	6
礼泉县阡东镇	5259	31586	4465	18	456	11	1
礼泉县烽火镇	5618	29702	3698	28	892	12	1
礼泉县烟霞镇	8897	32605	8614	262	1322	3	3
礼泉县赵镇	4769	26778	5388	25	230	8	2
礼泉县叱干镇	16665	28125	2295	18	163	1	
礼泉县南坊镇	13152	24786	3192	14	160	4	
礼泉县石潭镇	5717	25632	6337	18	312	11	
礼泉县昭陵镇	12833	42365	4915	26	580	6	
礼泉县骏马镇	4399	27202	2395	12	253	2	
永寿县店头镇	12867	27489	4236	17	171	11	1
永寿县常宁镇	16200	41001	8397	103	590	5	
永寿县甘井镇	8400	18359	896	14	133		
永寿县马坊镇	14870	27921	3990	29	595	1	
永寿县渠子镇	14920	16101	3253	44	316	31	
永寿县永平镇	16345	4528	751	4	30	1	
彬县北极镇	11439	34076	3910	54	324	23	3
彬县新民镇	21108	62772	8578	104	543	60	4
彬县龙高镇	14651	27228	3120	6	31	3	2
彬县永乐镇	7372	18501	2916	31	483	15	2
彬县义门镇	10770	33329	1988	50	2970	24	2
彬县水口镇	16298	24922	1920	3	30	2	
彬县韩家镇	14590	15632	879	6	295	6	1
彬县太峪镇	13191	23206	2163	24	210	13	5
长武县相公镇	6546	25035	1682	56	1831	26	1
长武县巨家镇	7536	17188	1852	41	1325	9	
长武县丁家镇	3556	11313	2990	86	774	13	3
长武县洪家镇	7362	22904	3015	33	431	31	
长武县亭口镇	14423	33347	12788	68	4480	42	9
长武县彭公镇	6294	24658	3180	42	1500	9	3
长武县枣园镇	5157	8406	1088	33	4223	8	
旬邑县土桥镇	18897	48335	8068	68	764	11	3
旬邑县职田镇	7204	25619	4925	45	314	10	
旬邑县张洪镇	8020	33947	8450	16	90	5	1

续表 566　　(陕西省)　　单位：公顷、人、个

名　称	行政区域面积	常住人口	#城镇建成区	企业个数	企业从业人员	工业企业个数	#规模以上
旬邑县太村镇	9991	46036	9812	102	1692	31	5
旬邑县郑家镇	4000	18889	8838	55	2450	6	2
旬邑县湫坡头镇	8722	24890	6367	68	410		
旬邑县底庙镇	7410	17809	1564	7	71	4	
旬邑县马栏镇	79200	13329	11216	39	279	5	
旬邑县清塬镇	17026	9658	2366	9	328	4	3
淳化县官庄镇	15440	32972	4465	23	125	17	2
淳化县方里镇	14500	30179	3165	11	265	8	7
淳化县润镇	9590	27945	6256	30	1235	23	7
淳化县车坞镇	9651	9617	2038	10	960	3	3
淳化县铁王镇	14022	16985	2085	7	380	5	
淳化县石桥镇	10217	15386	1965	7	180	5	3
淳化县十里塬镇	15430	29121	1895	40	1620	6	1
武功县苏坊镇	3503	25984	1752	121	5965	24	2
武功县武功镇	4302	42587	11029	149	4896	25	3
武功县游凤镇	2965	21054	521	82	2956	17	
武功县贞元镇	7815	62587	1023	242	10956	65	3
武功县长宁镇	6756	52689	1564	226	13256	42	4
武功县小村镇	4656	71058	3452	264	18926	75	2
武功县大庄镇	4147	41062	435	212	17356	74	5
兴平市赵村镇	2960	33503	4161	50	7613	46	9
兴平市桑镇	2730	28111	4590	32	778	26	4
兴平市南市镇	5040	31545	5726	41	1847	37	5
兴平市庄头镇	2790	30037	6797	55	698	47	4
兴平市南位镇	5460	37381	3680	27	208	2	1
兴平市阜寨镇	5530	44193	3506	48	1588	30	2
兴平市丰仪镇	3280	26172	4190	57	3692	52	9
兴平市汤坊镇	3110	30160	2423	55	1683	48	6
临渭区桥南镇	6673	24812	1389	50	2557	31	
临渭区阳郭镇	13900	51465	3405	6	31	3	1
临渭区故市镇	8166	54061	7715	5	340	1	
临渭区下邽镇	8283	64582	6750	20	125	2	1
临渭区三张镇	4350	31254	1205	58	650	18	
临渭区交斜镇	3409	29562	3121	582	3105	11	2
临渭区崇凝镇	3440	21306	3517	42	425	10	
临渭区孝义镇	3941	25085	7210	29	169	3	
临渭区蔺店镇	7309	48206	3123	6	69	1	
临渭区官底镇	4687	34576	4135	27	331	6	
临渭区官路镇	4424	26688	3127	7	80	5	2
临渭区丰原镇	4347	26520	1898	4	132	3	
临渭区阎村镇	3902	30734	2520	443	4125	15	
临渭区官道镇	2275	41175	1116	118	980	9	
华州区杏林镇	10500	28832	13900	243	1216	45	6
华州区赤水镇	7760	42538	5718	46	231	22	2
华州区高塘镇	23395	41412	6035	52	538	18	3
华州区大明镇	16325	29858	1740	54	430	18	
华州区瓜坡镇	4800	27755	9402	75	2285	17	7
华州区莲花寺镇	11457	25685	2920	66	716	25	7
华州区柳枝镇	10170	29757	3820	26	508	21	1
华州区下庙镇	4900	22254	2045	25	153	3	

续表 567　　　　(陕西省)　　　　单位：公顷、人、个

名　　称	行政区域面积	常住人口	#城镇建成区	企业个数	企业从业人员	工业企业个数	#规模以上
华州区金堆镇	22400	15456	10920	51	7711	9	2
潼关县秦东镇	6874	24598	7806	13	455	3	1
潼关县太要镇	7600	20566	3605	22	263	22	5
潼关县桐峪镇	8440	14688	3000	20	1800	19	4
潼关县代字营镇	5208	23587	2048	16	361	4	3
大荔县许庄镇	10871	50938	3897	216	7536	52	4
大荔县朝邑镇	11460	60914	4987	191	6263	11	1
大荔县安仁镇	8335	52249	2546	28	38	5	1
大荔县两宜镇	10376	45000	1807	14	28	7	1
大荔县羌白镇	12958	53033	4815	170	2850	8	1
大荔县官池镇	12762	60653	12175	210	6620	32	13
大荔县冯村镇	4665	21897	3180	80	1925	5	1
大荔县双全镇	5836	26528	2680	83	1036	2	
大荔县下寨镇	10665	37975	2430	18	332	1	
大荔县韦林镇	9652	40321	2881	24	380		
大荔县范家镇	6740	28945	8223	73	1200	3	2
大荔县苏村镇	7390	28357	5500	22	340	1	1
大荔县赵渡镇	15090	30735	5891	60	650	3	
大荔县埝桥镇	5008	29248	2310	75	750	3	1
大荔县段家镇	7522	25991	1910	75	1100	7	1
合阳县甘井镇	11400	26879	2151	21	135	18	
合阳县坊镇	11410	42151	5710	27	710	1	
合阳县洽川镇	12500	9554	1060	27	720		
合阳县新池镇	8300	29875	2850	20	120	3	
合阳县黑池镇	19662	44241	2265	20	209	3	
合阳县路井镇	12080	40774	8812	53	500	15	
合阳县和家庄镇	13900	26312	3375	27	72	3	
合阳县王村镇	8200	24155	1673	1315	5890	445	1
合阳县同家庄镇	9791	30796	2120	168	850	135	1
合阳县百良镇	8907	40969	2381	28	450	3	1
合阳县金峪镇	11420	24542	1700	104	1500	5	
澄城县冯原镇	22361	45426	3600	67	3992	17	
澄城县王庄镇	16957	42089	1460	39	455	5	
澄城县尧头镇	5752	30598	4100	35	1800	17	
澄城县赵庄镇	15315	31211	1352	31	685	4	
澄城县交道镇	7812	20204	4278	43	1232	13	
澄城县寺前镇	9101	29633	5400	47	703	12	1
澄城县韦庄镇	8701	36269	9534	89	2134	20	3
澄城县安里镇	8480	25014	2140	31	877	10	4
澄城县庄头镇	12707	39907	2920	104	3376	21	3
蒲城县罕井镇	9450	54568	29214	36	1803	22	4
蒲城县孙镇	10465	70392	1036	34	358	29	8
蒲城县兴镇	4900	28348	10175	31	1000	21	
蒲城县党睦镇	9449	42911	3552	24	160	2	
蒲城县高阳镇	5846	20232	3500	52	297	6	1
蒲城县永丰镇	7508	25803	2760	37	208	6	1
蒲城县荆姚镇	32800	80393	8280	1	50	1	1
蒲城县苏坊镇	4670	30694	2100	25	152	2	1
蒲城县龙阳镇	5020	27141	1461	7	325	6	2
蒲城县洛滨镇	11930	28638	3017	12	256	10	4

续表 568　　(陕西省)　　单位：公顷、人、个

名　　称	行政区域面　　积	常住人口	#城镇建成区	企业个数	企　　业从业人员	工业企业个　　数	#规模以上
蒲城县陈庄镇	5867	22824	2234	24	1060	22	13
蒲城县桥陵镇	13733	60659	1710	4	200	4	4
蒲城县尧山镇	13299	50584	2238	14	137	13	2
蒲城县椿林镇	5609	36780	2035	13	203	12	1
蒲城县龙池镇	7090	34297	449	1	22		
白水县尧禾镇	17108	37326	1490	5	315	2	2
白水县杜康镇	5995	19380	2500	7	2850	7	7
白水县西固镇	11347	28120	1930	4	802	4	4
白水县林皋镇	13420	30210	4620				
白水县史官镇	13736	25010	1873	1	52	1	1
白水县北塬镇	11409	16530	1520				
白水县雷牙镇	12730	32010	1250	7	440	7	7
富平县庄里镇	12206	83869	4710	69	14000	61	30
富平县张桥镇	4130	32034	2348	6	57		
富平县美原镇	7800	41859	12693	7	55		
富平县流曲镇	8464	53086	226	132	698		
富平县淡村镇	7030	43528	550	10	210		
富平县留古镇	4900	24640	2257	106	530	3	
富平县老庙镇	11000	38790	6600	6	2500	4	2
富平县薛镇	15469	62000	1600	38	210	1	1
富平县到贤镇	7441	42541	1310				
富平县曹村镇	11923	43072	4610	3	800	1	1
富平县宫里镇	6500	29323	4200	230	3860	23	1
富平县梅家坪镇	3584	27770	3246	4	1000	4	4
富平县刘集镇	5000	29543	2362	4	90	3	
富平县齐村镇	3742	29800	2103	36	960	3	
韩城市龙门镇	6800	60942	15846	292	25241	54	14
韩城市桑树坪镇	58250	35821	8626	155	7658	15	2
韩城市芝川镇	18200	50423	5612	11	136	4	2
韩城市西庄镇	24150	46252	3900	68	7300	35	18
韩城市芝阳镇	17300	29174	3850	19	1450	1	1
韩城市板桥镇	26710	11050	2223	26	151	1	
华阴市孟塬镇	11196	25515	10310	92	460	1	1
华阴市华西镇	12178	21888	4555	79	395	3	2
华阴市罗敷镇	23172	55761	6050	114	2045	15	11
华阴市华山镇	18598	50133	43277	182	2500	10	10
宝塔区河庄坪镇	13797	17282	8120	560	2253	17	1
宝塔区李渠镇	14135	28732	6860	645	1835	55	2
宝塔区姚店镇	25900	32424	7860	96	2440	26	6
宝塔区青化砭镇	26404	29656	10717	69	15800	2	
宝塔区蟠龙镇	26358	8216	4783	4	562	3	1
宝塔区柳林镇	25100	32771	25743	96	915	57	3
宝塔区南泥湾镇	51398	7063	2610	6	4868	6	
宝塔区临镇	51182	11381	6248	3	645	2	
宝塔区甘谷驿镇	17244	12195	7787	5	3840	1	
宝塔区川口乡	16514	9987		13	6825	12	2
宝塔区冯庄乡	18795	9647		3	631	2	
宝塔区麻洞川乡	25273	9898		4	400	1	
宝塔区万花山乡	15800	19692		19	463	11	
安塞区砖窑湾镇	36592	13385	4310	87	452	2	

续表 569　　　　(陕西省)　　　　单位：公顷、人、个

名　称	行政区域面　积	常住人口	#城镇建成区	企业个数	企　业从业人员	工业企业个　数	#规模以上
安塞区沿河湾镇	21085	20835	1658	93	2546	30	5
安塞区招安镇	49324	24692	2826	56	202	1	1
安塞区化子坪镇	31731	19398	12560	58	1430	5	1
安塞区坪桥镇	47058	10328	512	69	398	1	1
安塞区建华镇	32009	16096	1208	42	145	3	
安塞区高桥镇	30812	11238	690	69	96		
安塞区镰刀湾镇	23956	6008	1190	32	67	3	
延长县黑家堡镇	17220	11770	1080	6	130	4	1
延长县郑庄镇	27530	15008	1346	4	35	2	
延长县张家滩镇	37357	13364	1200	4	20	2	
延长县交口镇	30322	10974	1200	5	35	2	
延长县雷赤镇	31641	13202	865	2	150	1	1
延长县罗子山镇	41131	9399	1090	2	10	1	
延长县安沟镇	17990	6832	613	2	12	1	
延川县永坪镇	34800	47350	18985	183	1395	33	2
延川县延水关镇	23300	9030	1280	40	252	14	1
延川县文安驿镇	32400	8133	1200	56	342	30	2
延川县杨家圪台镇	19300	6052	441	10	16	4	
延川县贾家坪镇	16100	4021	1230	11	62	2	
延川县关庄镇	21900	5083	726	17	52	2	
延川县乾坤湾镇	20487	5201	531	20	112	1	
子长县杨家园子镇	34227	23934	6374	26	204	6	1
子长县玉家湾镇	17255	6985	1590	12	128	2	
子长县安定镇	21469	11598	3416	12	172	3	
子长县马家砭镇	20725	9585	575	9	114		
子长县南沟岔镇	15794	8484	1862	10	83		
子长县涧峪岔镇	35105	10994	2215	12	116	2	
子长县李家岔镇	43412	11462	2286	15	132		
子长县余家坪镇	25325	15882	984	26	4698	8	7
志丹县杏河镇	49410	17994	5180	20	292	2	
志丹县顺宁镇	53500	18002	1170	51	672	16	1
志丹县旦八镇	31940	14432	872	51	690	15	
志丹县金丁镇	38820	12180	1005	18	176	11	
志丹县永宁镇	81040	12356	3790	26	364	3	1
志丹县义正镇	57671	15136	385	24	452	2	
志丹县双河镇	43190	11102	2678	71	2850	36	6
吴起县铁边城镇	79630	15319	6713	24	144	6	
吴起县周湾镇	23880	9722	1534	13	72	1	
吴起县白豹镇	47380	9268	2456	17	102	2	
吴起县长官庙镇	24470	5590	2660	20	170	7	
吴起县长城镇	16780	7361	1931	15	75	2	
吴起县五谷城镇	47030	11439	3149	17	225	4	
吴起县吴仓堡镇	38620	9451	1265	10	101	3	
吴起县庙沟镇	37290	3564	1648	21	161	1	
甘泉县下寺湾镇	42678	10975	1592	25	245	7	
甘泉县道镇	68217	9198	1115	27	214	4	1
甘泉县石门镇	47357	11402	1158	12	65	5	
甘泉县桥镇乡	36306	3500		2	20		
甘泉县劳山乡	20147	5132		13	150	3	1
富县羊泉镇	29735	34093	8028	60	512	5	

续表 570　　(陕西省)　　单位：公顷、人、个

名　　称	行政区域面　　积	常住人口	#城镇建成区	企业个数	企　　业从业人员	工业企业个　　数	#规模以上
富县张村驿镇	28270	10856	2406	14	1589	5	4
富县张家湾镇	123955	10856	5520	13	1077	5	1
富县直罗镇	104340	13435	3760	36	460	6	
富县牛武镇	38166	9070	691	25	275	13	4
富县寺仙镇	16211	9786	722	16	239	1	
富县北道德乡	17177	8699		17	249	1	
洛川县旧县镇	37965	15947	7120	108	541	5	
洛川县交口河镇	7857	16580	6500	156	4560	6	1
洛川县老庙镇	17229	31543	3411	138	691	8	
洛川县土基镇	17064	20738	972	123	616	6	
洛川县石头镇	25713	33538	3859	147	736	4	
洛川县槐柏镇	22900	25312	1560	126	268	9	
洛川县永乡镇	17127	22061	5186	106	531	3	
洛川县菩堤乡	19630	6153		2	52		
宜川县秋林镇	41187	17957	659	63	521	3	
宜川县云岩镇	44596	26711	1523	82	465	5	
宜川县集义镇	76218	10980	999	24	256	1	1
宜川县壶口镇	21319	9540	331	29	422	3	
宜川县英旺乡	50593	5678		19	175	5	1
宜川县交里乡	28660	5414		15	126	1	
黄龙县石堡镇	53430	20806	18809	228	2683	36	
黄龙县白马滩镇	45307	6303	1407	24	226	4	
黄龙县瓦子街镇	41086	2174	623	17	320	1	
黄龙县界头庙镇	27132	7738	498	22	153	2	1
黄龙县三岔镇	16352	7631	582	33	227	5	
黄龙县圪台乡	43037	2401		14	183		
黄龙县崾崄乡	48216	3147		12	143		
黄陵县店头镇	62747	30434	23128	214	14839	58	17
黄陵县隆坊镇	15268	22548	8923	85	948	2	2
黄陵县田庄镇	12300	13427	1869	31	247	1	
黄陵县阿党镇	15053	16275	968	112	1423	3	
黄陵县双龙镇	104665	6514	903	34	3506	2	2
汉台区铺镇镇	4726	50268	25968	553	9506	138	22
汉台区武乡镇	9670	29866	6785	69	996	19	1
汉台区河东店镇	13600	22471	2000	171	6654	62	7
汉台区宗营镇	3418	28976	5432	72	3520	45	5
汉台区老君镇	3518	24371	2497	39	682	16	11
汉台区汉王镇	3984	16406	2103	71	397	15	
汉台区徐望镇	4600	17776	4091	61	315	17	1
南郑县汉山街道办事处	5716	68080	68080	452	8276	105	8
南郑县圣水镇	6586	24941	22341	62	2451	18	2
南郑县大河坎镇	5213	58634	49762	893	15492	143	19
南郑县协税镇	3067	17076	6120	28	385	9	2
南郑县梁山镇	5724	31795	7789	153	3179	76	14
南郑县阳春镇	4370	15198	3185	54	707	21	6
南郑县高台镇	5046	21929	2975	51	856	15	2
南郑县新集镇	13189	48503	20300	124	1189	25	2
南郑县濂水镇	2574	13067	2100	6	150	2	
南郑县黄官镇	26020	28170	7349	52	1082	30	3
南郑县青树镇	5846	24193	12350	46	933	8	2

续表 571　　(陕西省)　　单位：公顷、人、个

名　　称	行政区域面积	常住人口	#城镇建成区	企业个数	企业从业人员	工业企业个数	#规模以上
南郑县红庙镇	15371	23837	8018	66	785	10	
南郑县牟家坝镇	9036	24910	4872	55	275	23	6
南郑县法镇	17999	14666	3240	40	1008	17	5
南郑县湘水镇	8773	7905	2179	18	211	1	1
南郑县小南海镇	24104	8591	1171	26	994	9	
南郑县碑坝镇	46215	12269	4824	36	547	13	
南郑县黎坪镇	36652	6702	3350	21	210		
南郑县福成镇	24574	5781	626	12	160	2	2
南郑县两河镇	10400	6601	1165	9	118	6	
南郑县胡家营镇	4430	14879	8910	59	1591	13	1
城固县博望街道办事处	3720	76947	67633	293	7320	85	12
城固县龙头镇	4140	28931	2310	43	223	35	5
城固县沙河营镇	2440	16440	1688	52	468	25	5
城固县文川镇	2690	13369	2938	18	1936	13	2
城固县柳林镇	3970	38100	14868	199	10083	39	6
城固县老庄镇	14170	30351	16523	78	932	23	3
城固县桔园镇	20400	34400	5136	151	2510	48	2
城固县原公镇	10130	34132	2761	96	582	24	1
城固县上元观镇	6200	33122	6770	21	122	18	2
城固县天明镇	18640	24496	1491	19	129	18	1
城固县二里镇	35710	22002	1736	16	119	14	
城固县五堵镇	13180	20110	2588	137	695	10	
城固县双溪镇	25720	6289	521	16	196	15	
城固县小河镇	48450	6789	733	11	238	4	1
城固县董家营镇	7460	25410	2415	30	753	19	1
城固县三合镇	6540	19012	8850	45	982	26	1
洋县龙亭镇	12798	32480	3618	37	1098	13	
洋县谢村镇	7510	47695	4150	96	3269	45	5
洋县马畅镇	4702	17045	2441	39	1559	18	6
洋县溢水镇	25826	12179	2500	14	200	10	
洋县磨子桥镇	20907	46367	10886	53	1703	18	2
洋县黄家营镇	13169	15202	1319	7	195	7	
洋县黄安镇	11751	22615	4374	26	385	22	
洋县黄金峡镇	15358	8654	1030	4	103	1	
洋县槐树关镇	20180	28610	2600	12	110	6	
洋县金水镇	27878	13495	1850	10	244	3	
洋县华阳镇	56796	6857	1556	23	412	4	
洋县茅坪镇	30604	6335	811	8	123	8	
洋县八里关镇	15498	3429	462	5	30	5	
洋县桑溪镇	13550	8934	847	9	2200	5	1
洋县关帝镇	19862	6795	170	5	38	2	
西乡县杨河镇	12231	30671	3671	51	547	22	2
西乡县柳树镇	9944	25307	5597	36	222	9	1
西乡县沙河镇	18926	27483	2740	120	605	16	2
西乡县私渡镇	11930	10279	2310	26	312	1	
西乡县桑园镇	13055	10810	10810	35	175	4	1
西乡县白龙塘镇	16583	13574	13574	49	265	17	6
西乡县峡口镇	29000	17660	6780	120	613	18	5
西乡县堰口镇	44663	40871	4146	139	878	42	6
西乡县茶镇镇	13770	9728	1480	140	748	2	

续表 572　　(陕西省)　　单位：公顷、人、个

名　　称	行政区域面　　积	常住人口	#城镇建成区	企业个数	企　　业从业人员	工业企业个　　数	#规模以上
西乡县高川镇	22723	20112	1268	44	216	15	1
西乡县两河口镇	10571	15957	1500	24	40	3	
西乡县大河镇	43494	4874	4874	6	30	1	
西乡县骆家坝镇	18884	8245	3085	10	82	3	1
西乡县子午镇	24756	9310	605	22	260	2	1
西乡县白勉峡镇	19022	10860	4681	29	146	5	
勉县武侯镇	16014	20235	1896	46	572	14	2
勉县周家山镇	4924	35405	2481	137	1466	49	6
勉县同沟寺镇	19924	14898	2153	34	870	17	2
勉县新街子镇	17894	25782	1750	67	1588	31	6
勉县老道寺镇	7744	37014	1090	97	682	45	7
勉县褒城镇	3234	11159	1929	37	860	25	5
勉县金泉镇	4314	13888	3412	44	800	25	3
勉县定军山镇	8824	37365	2061	241	4410	40	12
勉县温泉镇	2824	18609	2637	34	240	6	
勉县元墩镇	10524	14058	2590	12	185	6	
勉县阜川镇	12914	17903	1902	22	153	4	1
勉县新铺镇	16988	25479	2099	18	578	3	
勉县茶店镇	22424	14234	1604	19	355	11	
勉县镇川镇	5124	13862	621	24	3522	14	3
勉县漆树坝镇	8704	5201	345	6	46	1	
勉县张家河镇	32614	5034	551	8	53	1	
勉县长沟河镇	41804	4945	533	10	230	5	
宁强县大安镇	34153	42964	12278	31	686	22	6
宁强县代家坝镇	26524	24865	3859	18	521	15	4
宁强县阳平关镇	30061	28931	14801	24	532	16	1
宁强县燕子砭镇	22597	25138	8134	20	376	11	1
宁强县广坪镇	19035	9298	2574	24	327	11	2
宁强县青木川镇	19532	6648	4069	15	241	9	1
宁强县毛坝河镇	17108	12338	2119	8	68	1	
宁强县铁锁关镇	15003	14530	6068	8	125	6	
宁强县胡家坝镇	13229	14380	1657	35	543	14	2
宁强县巴山镇	11849	10153	2338	8	167	6	
宁强县巨亭镇	14781	11443	542	11	71	2	2
宁强县舒家坝镇	10337	9271	994	4	83	2	
宁强县太阳岭镇	13380	6752	1312	3	85	3	1
宁强县安乐河镇	14963	8448	2480	3	69	3	
宁强县二郎坝镇	16107	5358	1000	1	18		
宁强县禅家岩镇	9857	6771	1451				
略阳县接官亭镇	14900	12827	1968	33	1456	32	4
略阳县西淮坝镇	11800	3767	1007	3	43	1	
略阳县两河口镇	19900	4563	546	26	135		
略阳县金家河镇	10600	5430	1080	9	56	9	2
略阳县徐家坪镇	20400	13143	585	3	44	3	
略阳县白水江镇	15500	9934	1820	6	36	6	
略阳县硖口驿镇	10000	9575	1165	43	761	16	2
略阳县马蹄湾镇	9700	3643	632				
略阳县乐素河镇	14100	7853	753				
略阳县郭镇	21900	12774	3230	42	752	2	2
略阳县黑河镇	14100	10348	1185	10	125	10	1

续表 573　　（陕西省）　　单位：公顷、人、个

名　　称	行政区域面　积	常住人口	#城镇建成区	企业个数	企　业从业人员	工业企业个　数	#规模以上
略阳县白雀寺镇	20200	11347	955	3	17	3	
略阳县仙台坝镇	20300	3789	1708				
略阳县五龙洞镇	25800	5159	712				
略阳县观音寺镇	11800	3758	590	1	5	1	
镇巴县渔渡镇	14900	13301	6751	10	650	3	
镇巴县盐场镇	13600	15439	5576	15	1000	3	3
镇巴县观音镇	21050	18376	2880	22	702	13	3
镇巴县巴庙镇	16000	16738	180	4	80	1	1
镇巴县兴隆镇	22900	16696	140	7	210	4	4
镇巴县长岭镇	19850	13822	2000	25	200	6	2
镇巴县三元镇	34800	15355	2969	42	210	10	1
镇巴县简池镇	22800	12263	3812	11	60	8	1
镇巴县碾子镇	9800	10395	1689	21	143	14	
镇巴县小洋镇	16720	10422	3012	44	248	12	3
镇巴县青水镇	23300	6111	2042	6	40	3	
镇巴县赤南镇	12700	14099	2335	9	132	4	1
镇巴县平安镇	11600	9348	2336	12	96	2	1
镇巴县杨家河镇	14500	5630	1389	2	10	1	
镇巴县巴山镇	14880	10403	160	6	378	4	4
镇巴县黎坝镇	10200	8910	2021	21	68	1	
镇巴县仁村镇	10800	7148	1690	10	132	2	1
镇巴县大池镇	12600	5072	1998	4	25	2	1
镇巴县永乐镇	12400	6504	1203	7	116	3	1
留坝县马道镇	17657	5131	3690	3	25	1	1
留坝县武关驿镇	22300	5340	5340	3	35	1	1
留坝县留侯镇	12896	3007	3007	16	82	1	
留坝县江口镇	34913	9179	3328	40	201	10	1
留坝县玉皇庙镇	28479	4988	1060	4	20	2	1
留坝县火烧店镇	18610	3240	1206	1	7		
留坝县青桥驿镇	12100	2115	205				
佛坪县陈家坝镇	8093	3557	1260	7	86	3	
佛坪县大河坝镇	13176	5861	3472	37	197	4	
佛坪县西岔河镇	9638	3807	1059	8	43	3	1
佛坪县岳坝镇	50498	3138	500	19	125	2	
佛坪县长角坝镇	31500	2753	2039	17	111	6	2
佛坪县石墩河镇	3891	1812	1260	6	30	2	
榆阳区鱼河镇	11400	16360	6435	6	280	1	1
榆阳区上盐湾镇	22100	10239	536	2	19		
榆阳区镇川镇	5700	22799	9922	108	648	6	4
榆阳区麻黄梁镇	48800	15334	5283	46	844	23	16
榆阳区牛家梁镇	23300	20450	2646	418	4256	14	4
榆阳区金鸡滩镇	26700	27543	7052	78	8506	11	11
榆阳区马合镇	28500	11504	1488	5	465		
榆阳区巴拉素镇	44600	9826	5674	4	50	2	
榆阳区鱼河峁镇	19500	18654	1767	128	648		
榆阳区青云镇	30300	31165	5647	52	789	35	
榆阳区古塔镇	27200	9533	2597	7	89	5	
榆阳区大河塔镇	50700	8025	479	6	60	2	1
榆阳区小纪汗镇	60000	14005	1368	8	783	4	2
榆阳区芹河镇	38500	35655	35655	187	5236	26	6

续表 574　　(陕西省)　　单位：公顷、人、个

名　　称	行政区域面　　积	常住人口	#城镇建成区	企业个数	企　　业从业人员	工业企业个　　数	#规模以上
榆阳区孟家湾乡	52300	15361					
榆阳区小壕兔乡	58603	9157	1386	7	724	6	2
榆阳区岔河则乡	35200	7805		78	396		
榆阳区补浪河乡	49800	11599	11599	202	1010	4	
榆阳区红石桥乡	55700	13022	13022	108	1647	12	
横山区石湾镇	17090	9416	2455	27	350		
横山区高镇	25500	14092	1930	3	65		
横山区武镇	25179	18360	550				
横山区党岔镇	18000	19262	1320	33	600	4	1
横山区响水镇	28140	15806	1920	5	300	1	1
横山区波罗镇	31720	21800	1815	41	3000	31	7
横山区殿市镇	23220	17750	1180	14	2700	9	9
横山区塔湾镇	36510	12231	508	20	168	1	1
横山区赵石畔镇	45390	14548	850				
横山区魏家楼镇	32910	11205	3704	6	215	1	1
横山区韩岔镇	46600	15377	620	4	130	2	2
横山区白界镇	37500	52000		64	4000	9	9
横山区雷龙湾镇	36800	8764	192				
府谷县府谷镇	32871	113518	101948	1422	35951	36	19
府谷县黄甫镇	28765	18185	3075	163	3958	4	4
府谷县哈镇	23889	5424	1430	41	223		
府谷县庙沟门镇	34433	22112	10000	247	6308	26	21
府谷县新民镇	20458	21209	8503	194	10083	58	48
府谷县孤山镇	18025	10231	2890	174	3296	10	6
府谷县清水镇	23806	13166	3410	203	4029	28	16
府谷县大昌汗镇	20101	11392	6154	126	6096	27	24
府谷县古城镇	18025	6345	460	56	363	4	1
府谷县三道沟镇	15083	11606	988	109	4537	33	24
府谷县老高川镇	22778	19437	4129	259	10594	87	61
府谷县武家庄镇	24459	7467	1000	82	557		
府谷县木瓜镇	17449	3643	3000	48	240		
府谷县田家寨镇	20292	5180	669	67	802	7	7
靖边县东坑镇	52250	52003	29500	242	1250	45	
靖边县青阳岔镇	30600	11977	1750	9	70		
靖边县宁条梁镇	29600	20100	2853	111	2000	4	
靖边县周河镇	37100	7924	2680				
靖边县红墩界镇	28800	5916	237				
靖边县杨桥畔镇	33910	13961	63	91	861	8	
靖边县王渠则镇	39800	11203	500	36	180	3	
靖边县中山涧镇	25600	8399	158	7	36		
靖边县杨米涧镇	38170	13903	6364	10	3500		
靖边县天赐湾镇	35040	6045	4637	28	1124	2	
靖边县小河镇	19800	4845	305				
靖边县龙洲镇	22000	7360	955	183	923		
靖边县黄蒿界镇	22740	6911	1040				
靖边县海则滩镇	31270	7850	3000	3	60	3	
靖边县席麻湾镇	19900	11437	481	13	156	6	
靖边县镇靖镇	21000	12331	390	6	40	4	
定边县贺圈镇	41600	33093	9989	360	1800	24	2
定边县红柳沟镇	38600	14538	2405	87	435		

续表 575 (陕西省) 单位：公顷、人、个

名称	行政区域面积	常住人口	#城镇建成区	企业个数	企业从业人员	工业企业个数	#规模以上
定边县砖井镇	68179	26721	2738	126	630	5	
定边县白泥井镇	60551	27952	7130	243	1216	3	
定边县安边镇	24900	17315	2600	63	320	1	
定边县堆子梁镇	14900	11260	992	52	260		
定边县白湾子镇	28400	8120	2020	26	130		
定边县姬塬镇	52800	10602	700	70	350		
定边县杨井镇	43900	17166	777	83	415		
定边县新安边镇	30800	5107	677	15	75		
定边县张要先镇	51100	7472	860	18	90		
定边县樊学镇	46200	7677	440	21	117	2	
定边县盐场堡镇	49470	10073	220	124	620	12	2
定边县郝滩镇	27700	17290	2028	67	336	2	
定边县石洞沟乡	14600	9366		80	400	1	
定边县油房庄乡	25100	10271		70	350	1	
定边县冯地坑乡	21800	9083		14	1800	1	
定边县学庄乡	36300	5123		31	155		
绥德县名州镇	17100	70313	70026	748	21456	78	11
绥德县薛家峁镇	10600	12044	366	6	32	1	
绥德县崔家湾镇	13600	15218	695	16	81	2	1
绥德县定仙墕镇	11200	11657	920	11	66	11	
绥德县枣林坪镇	11100	10946	523	12	380	12	1
绥德县义合镇	19600	21690	4877	98	516	5	
绥德县吉镇	7800	12120	2408	31	158		
绥德县薛家河镇	8300	13683	1460				
绥德县四十铺镇	16700	33251	3376	36	216	26	2
绥德县石家湾镇	8900	13788	1724	23	364	23	
绥德县田庄镇	9800	12878	1211	4	128	4	
绥德县中角镇	16900	19530	1070				
绥德县满堂川镇	15400	13753	1426	6	51	3	
绥德县张家砭镇	9600	20000	5560	26	218	20	3
绥德县白家硷镇	8700	10423	1200	5	50	5	
米脂县桃镇	12800	11842	11102	6	42	6	
米脂县龙镇	13665	10458	10458	49	260	1	1
米脂县杨家沟镇	8167	8821	2120				
米脂县石沟镇	15200	9843	1921				
米脂县沙店镇	18110	12810	12810	52	343		
米脂县印斗镇	17986	16432	16432				
米脂县郭兴庄镇	7807	7377	307	8	47		
米脂县城郊镇	10330	29787	29787	35	385	5	
佳县坑镇	14200	16690	3210	2	35		
佳县店镇	8600	11068	820	3	25	2	
佳县乌镇	13660	15874	4243	54	285		
佳县金明寺镇	18170	18652	600				
佳县通镇	16360	25761	12530	19	465	2	1
佳县王家砭镇	17500	13874	8400	28	168	2	
佳县方塌镇	17480	4341	2322	28	142	1	
佳县朱家坬镇	9400	5947	500	5	30		
佳县螅镇	13070	19428	1500	2	10	2	
佳县朱官寨镇	17300	11706	1201				
佳县刘国具镇	13200	14266	620	62	400		

续表 576　　　　(陕西省)　　　　单位：公顷、人、个

名　　称	行政区域面　　积	常住人口	#城镇建成区	企业个数	企　　业从业人员	工业企业个　　数	#规模以上
佳县木头峪镇	7730	6537	1416	1	17	1	
吴堡县宋家川街道办事处	8050	32822	1412	82	413	13	7
吴堡县辛家沟镇	5660	5214	756	11	108	4	1
吴堡县郭家沟镇	6290	6756	621	46	896	5	
吴堡县寇家塬镇	9910	8352	205	279	1436	7	3
吴堡县岔上镇	8380	6025	577	12	65	5	2
吴堡县张家山镇	4510	5331	152	3	17	2	
清涧县宽州镇	28700	64340	18864	144	4853	39	7
清涧县石咀驿镇	24300	9895	3658	35	175		
清涧县折家坪镇	15300	9679	2500	98	540	8	
清涧县玉家河镇	23740	11529	2324	21	145	11	
清涧县高杰村镇	11000	4997	1764	28	145		
清涧县李家塔镇	21370	17221	640	8	36		
清涧县店则沟镇	13400	6160	1112	15	78	1	1
清涧县解家沟镇	24600	9874	536	86	459	13	1
清涧县下廿里铺镇	25600	12856	580	6	124	2	2
子洲县何家集镇	16800	12904	986	10	51		
子洲县老君殿镇	11800	9360	890	7	35	2	
子洲县裴家湾镇	14000	9773	1195	26	155	2	
子洲县苗家坪镇	19227	21908	2408	36	525	23	7
子洲县三川口镇	17600	12678	346	7	125	4	3
子洲县马蹄沟镇	20200	20350	600	8	40	2	2
子洲县周家硷镇	17600	12237	2145	30	340	20	1
子洲县电市镇	22100	12811	3390	3	21	1	
子洲县砖庙镇	9300	3342	780	20	150		
子洲县淮宁湾镇	15000	15022	1230	53	605	1	
子洲县马岔镇	18400	17418	530	4	60	2	2
子洲县驼耳巷乡	15000	7469	318	3	20	1	
神木县神木镇	138483	277256	251781	1445	36125	152	85
神木县高家堡镇	43607	12684	5120	46	2214	28	8
神木县店塔镇	32500	36919	10615	121	19652	78	13
神木县孙家岔镇	40210	11419	7136	492	6555	216	33
神木县大柳塔镇	43800	73032	15435	792	26428	153	27
神木县花石崖镇	22600	3587	185				
神木县中鸡镇	61140	10230	780	214	1446	11	5
神木县贺家川镇	35520	4698	781	52	325		
神木县尔林兔镇	54610	10256	1010	34	218	1	
神木县万镇	22000	3232	140	23	120		
神木县大保当镇	29281	18539	12852	113	2498	39	7
神木县马镇	44780	3456	380	8	43		
神木县栏杆堡镇	54180	3156	1655	5	26		
神木县沙峁镇	50050	4156	1152	7	80	1	
神木县锦界镇	77700	45000	6105	600	9788	67	23
汉滨区关庙镇	10470	46578	21625	90	2560	24	8
汉滨区张滩镇	5150	28095	17101	32	630	4	3
汉滨区瀛湖镇	20010	37640	11395	25	937	14	4
汉滨区五里镇	13840	75265	16420	328	4755	68	37
汉滨区恒口镇	38320	159694	77487	589	5352	49	12
汉滨区吉河镇	12070	21957	1354	25	530	7	1
汉滨区流水镇	12610	21105	5565	14	390	4	2

续表 577　　(陕西省)　　单位：公顷、人、个

名　　称	行政区域面　积	常住人口	#城镇建成区	企业个数	企　业从业人员	工业企业个　数	#规模以上
汉滨区大竹园镇	6470	14181	3820	7	238	4	4
汉滨区洪山镇	13240	21604	6439	20	369	5	1
汉滨区茨沟镇	24620	14596	2705	19	225		
汉滨区大河镇	26320	33085	6380	15	355	3	1
汉滨区沈坝镇	11290	8415	2346	4	65	1	
汉滨区双龙镇	10870	14765	3652	8	365	4	1
汉滨区叶坪镇	15210	3606	1800				
汉滨区中原镇	22670	15220	1140	1	6		
汉滨区县河镇	13140	24914	7120	17	650	3	2
汉滨区紫荆镇	19370	8891	2213				
汉滨区早阳镇	20500	29856	7754	11	222	4	
汉滨区关家镇	9520	16781	8520				
汉滨区石梯镇	6570	12985	1403	4	152	1	1
汉滨区坝河镇	7940	9818	5108	2	11		
汉滨区牛蹄镇	4700	5146	1146	2	11		
汉滨区晏坝镇	8040	13250	4936	4	262	1	
汉滨区谭坝镇	12680	13450	2896	3	28	3	
汉阴县城关镇	13334	68648	29257	271	3690	95	24
汉阴县涧池镇	12764	35294	14620	210	3978	110	26
汉阴县蒲溪镇	7972	23511	5650	240	1220	195	13
汉阴县平梁镇	20393	28016	4595	229	1890	193	7
汉阴县双乳镇	3791	11685	5058	90	510	80	2
汉阴县铁佛寺镇	16378	12689	1800	22	577	9	3
汉阴县漩涡镇	22497	28301	3024	56	1388	7	2
汉阴县汉阳镇	16339	21068	3055	71	518	4	1
汉阴县双河口镇	14168	12713	1124	11	581	4	3
汉阴县观音河镇	8880	7036	712	10	88	2	
石泉县城关镇	23426	59186	56452	1192	9757	272	40
石泉县饶峰镇	15927	11934	2200	64	785	7	3
石泉县两河镇	15057	8219	2100	52	1174	25	3
石泉县迎丰镇	15091	7344	2000	24	250	3	
石泉县池河镇	9877	22506	11991	664	3851	123	12
石泉县后柳镇	14663	14658	3500	56	577	4	2
石泉县喜河镇	13964	12664	1500	67	948	11	5
石泉县熨斗镇	8157	12506	3700	11	137	4	2
石泉县云雾山镇	15176	8788	1390	12	315	4	4
石泉县中池镇	9452	8680	1152	11	56	2	
石泉县曾溪镇	10850	6325	554	4	198	3	2
宁陕县城关镇	67800	28521	17365	183	5129	22	7
宁陕县四亩地镇	37100	4011	1265	6	67	1	1
宁陕县江口镇	47200	8963	2867	18	1035	5	2
宁陕县广货街镇	42800	5538	1918	24	1021	5	4
宁陕县龙王镇	25700	4935	1132	3	102	2	1
宁陕县筒车湾镇	18500	4632	2276	18	589	2	
宁陕县金川镇	13300	3733	1055	6	76	3	
宁陕县皇冠镇	50800	2301	763	19	513	7	2
宁陕县太山庙镇	27400	5101	1337	2	18	1	
宁陕县梅子镇	7300	2534	662	3	13		
宁陕县新场镇	29900	1003	581	4	32	2	1
紫阳县城关镇	12365	38615	38610	182	2235	34	14

续表 578　(陕西省)　单位：公顷、人、个

名　称	行政区域面积	常住人口	#城镇建成区	企业个数	企业从业人员	工业企业个数	#规模以上
紫阳县蒿坪镇	10954	28933	5635	30	1862	23	9
紫阳县汉王镇	8161	19229	1850	8	260	4	2
紫阳县焕古镇	10858	13132	2094	19	1085	15	4
紫阳县向阳镇	13283	19035	4700	14	366	5	2
紫阳县洞河镇	9478	15062	2810	10	116	7	
紫阳县洄水镇	9534	12328	2285	10	118	2	1
紫阳县双桥镇	16971	14121	2810	7	810	2	1
紫阳县高桥镇	15368	16361	3847	22	420	12	3
紫阳县红椿镇	11634	12200	2900	22	950	12	7
紫阳县高滩镇	24841	23948	4050	24	520	12	1
紫阳县毛坝镇	17447	16683	3664	20	435	6	3
紫阳县瓦庙镇	8776	10741	883	11	320	5	
紫阳县麻柳镇	8136	11834	2384	25	877	6	3
紫阳县双安镇	10390	13168	2130	15	310	4	
紫阳县东木镇	13482	11890	522	3	552	2	1
紫阳县界岭镇	22334	9930	1512	2	62	1	1
岚皋县城关镇	11699	42025	38000	291	6551	60	17
岚皋县佐龙镇	15331	15307	4512	15	780	7	2
岚皋县滔河镇	38133	8978	2797	17	167	8	2
岚皋县官元镇	14245	6332	1330	5	74	3	
岚皋县石门镇	30995	12468	5260	18	588	10	2
岚皋县民主镇	19518	24774	7864	40	900	12	5
岚皋县大道河镇	2575	4993	960	8	241	3	
岚皋县堰门镇	7370	8041	4046	3	20	1	
岚皋县蔺河镇	10726	7988	1988	21	892	8	4
岚皋县四季镇	13376	5197	993	11	280	4	1
岚皋县孟石岭镇	12806	8755	2245	26	154	15	2
岚皋县南宫山镇	18954	11129	2290	29	561	12	2
平利县城关镇	30547	38391	30637	360	12310	56	33
平利县兴隆镇	19157	11619	3116	20	211	13	
平利县老县镇	14347	18235	7859	41	2253	13	6
平利县大贵镇	11346	11389	6132	248	1478	7	5
平利县三阳镇	17250	12276	1593	15	226	6	1
平利县洛河镇	32637	13002	3610	40	1210	20	8
平利县广佛镇	36001	22077	5126	50	443	10	7
平利县八仙镇	31359	26626	7545	43	1096	18	4
平利县长安镇	21636	19158	8424	62	3506	23	11
平利县正阳镇	41632	9061	2001	38	264	35	1
平利县西河镇	8868	13440	1934	15	369	3	2
镇坪县城关镇	24350	17033	8299	263	1830	85	11
镇坪县曾家镇	27247	9641	3172	156	865	112	3
镇坪县牛头店镇	20658	5712	2107	85	532	74	2
镇坪县钟宝镇	15144	8713	1208	60	326	7	1
镇坪县上竹镇	10978	4280	623	30	265	9	4
镇坪县华坪镇	9625	3097	955	25	146	22	
镇坪县曙坪镇	42245	8876	2125	57	335	52	2
旬阳县城关镇	16691	62585	49206	1155	11276	134	22
旬阳县棕溪镇	22670	26589	7531	35	311	5	1
旬阳县关口镇	13134	15343	1750	25	402	11	3
旬阳县蜀河镇	18031	36782	11610	79	495	11	3

续表 579 （陕西省） 单位：公顷、人、个

名 称	行政区域面积	常住人口	#城镇建成区	企业个数	企业从业人员	工业企业个数	#规模以上
旬阳县双河镇	29529	28313	2840	49	458	12	4
旬阳县小河镇	28632	25883	7560	41	502	12	3
旬阳县赵湾镇	16834	15047	5532	43	235	6	1
旬阳县麻坪镇	12648	11019	4890	15	112	1	1
旬阳县甘溪镇	14924	15610	3200	69	631	23	7
旬阳县白柳镇	19200	14643	4400	136	1875	21	5
旬阳县吕河镇	19118	30588	6484	62	583	22	9
旬阳县神河镇	12903	17131	4638	37	352	6	2
旬阳县铜钱关镇	28148	25460	4422	31	492	8	3
旬阳县段家河镇	11987	15652	3619	16	211	1	1
旬阳县仙河镇	11436	22088	3952	32	520	3	1
旬阳县金寨镇	13386	13818	2063	29	330	6	
旬阳县桐木镇	12529	13052	2098	19	233	3	1
旬阳县构元镇	14035	11973	1100	22	781	9	6
旬阳县石门镇	13796	11494	1800	20	200	1	1
旬阳县红军镇	16385	11782	3240	19	165	6	
旬阳县仁河口镇	8052	6883	1287	29	394	2	
白河县城关镇	7043	34049	19580	363	8086	49	16
白河县中厂镇	14512	12895	3687	45	1151	19	6
白河县构朳镇	11661	10212	1931	39	928	6	4
白河县卡子镇	13309	10724	2363	30	754	9	5
白河县茅坪镇	21206	21765	11367	66	1031	12	3
白河县宋家镇	15410	11213	1612	17	489	7	3
白河县西营镇	10391	11905	3717	31	602	3	3
白河县仓上镇	10729	12210	2305	54	1012	11	3
白河县冷水镇	18507	18593	7696	36	726	5	4
白河县双丰镇	10341	9013	1318	15	337	3	2
白河县麻虎镇	12237	12766	3134	24	200	8	
商州区夜村镇	26470	51541	3500	23	750	4	1
商州区沙河子镇	17690	45693	9234	216	6348	21	7
商州区杨峪河镇	13830	31927	31927	160	800	95	1
商州区金陵寺镇	8810	20227	3525	8	255	6	
商州区黑山镇	8980	13666	1996	80	432	30	
商州区杨斜镇	42130	36538	2369	143	725	48	1
商州区麻街镇	8430	15859	1368	11	70		
商州区牧护关镇	26270	37319	3287				
商州区大荆镇	17650	37540	5706	394	1971	3	1
商州区腰市镇	15650	33224	3023	186	930	15	
商州区板桥镇	17580	25023	2359	24	156	5	1
商州区北宽坪镇	16690	14081	1900	3	30	3	
商州区三岔河镇	12470	10576	1912	23	120		
商州区闫村镇	14510	12317	1270				
洛南县景村镇	20560	40780	12043	706	3620	53	2
洛南县古城镇	18260	36386	10786	82	2250	26	1
洛南县三要镇	10440	16589	5561	36	1389	4	
洛南县灵口镇	37500	30068	4211	93	1746	39	
洛南县寺耳镇	25666	10595	1450	25	2214	15	2
洛南县巡检镇	24794	12794	3785	68	1386	22	3
洛南县石坡镇	26748	24823	3417	96	5740	22	2
洛南县石门镇	18230	25309	15162	94	3800	42	6

续表 580　　(陕西省)　　单位：公顷、人、个

名　　称	行政区域面　　积	常住人口	#城镇建成区	企业个数	企　　业从业人员	工业企业个　　数	#规模以上
洛南县麻坪镇	13987	14816	2237	30	230	10	
洛南县洛源镇	14157	14289	2873	24	248	15	1
洛南县保安镇	10738	25420	4985	27	1112	20	1
洛南县永丰镇	8963	32800	12931	102	2230	61	4
洛南县柏峪寺镇	7610	11438	2756	30	436	5	
洛南县高耀镇	14700	12685	1395	32	1350	4	
丹凤县庾岭镇	19400	16852	2377	27	199	2	
丹凤县蔡川镇	18600	13758	2362	8	458	6	2
丹凤县峦庄镇	37300	21600	4063	35	208	3	
丹凤县铁峪铺镇	13606	16858	4058	42	682	8	
丹凤县武关镇	28670	21403	2987	20	485	11	
丹凤县竹林关镇	23593	31654	6452	61	805	25	2
丹凤县土门镇	10460	12043	3520	4	52	2	1
丹凤县寺坪镇	17045	16133	2506	14	62	2	
丹凤县商镇	12823	30200	10530	195	1989	68	14
丹凤县棣花镇	7800	21307	8560	39	582	13	2
丹凤县花瓶子镇	11434	8911	810	4	16		
商南县富水镇	14700	20474	5725	36	456	22	2
商南县湘河镇	22550	20226	2645	33	788	20	1
商南县赵川镇	31721	17790	5174	38	467	35	
商南县过风楼镇	24970	22734	4530	35	380	22	2
商南县试马镇	13310	18245	1864	18	1500	14	1
商南县清油河镇	25800	13389	4875	22	189		
商南县十里坪镇	32240	18147	2200	22	215	8	
商南县金丝峡镇	30060	24074	1880	104	864	16	1
商南县青山镇	12049	10889	2345	58	703	52	
山阳县高坝店镇	24330	41546	10618	30	697	14	1
山阳县天竺山镇	15170	16685	1807	3	231	1	1
山阳县中村镇	14860	23076	3168	52	2407	23	6
山阳县银花镇	8750	15140	2289	24	346	13	2
山阳县西照川镇	26010	18194	2879	24	160	18	
山阳县漫川关镇	26640	28542	6940	60	850	32	4
山阳县南宽坪镇	23010	18667	3350	16	168	6	
山阳县户家塬镇	24940	37495	5009	23	1060	9	3
山阳县杨地镇	18250	22305	2278	15	75	4	1
山阳县小河口镇	22370	20926	1708	12	212	4	
山阳县色河铺镇	23200	24107	2501	22	178	4	
山阳县板岩镇	22470	24255	1990	12	100	1	1
山阳县延坪镇	18150	12440	668	12	110	8	
山阳县两岭镇	12600	10544	1120				
山阳县王阎镇	26490	13645	932	14	180	14	2
山阳县法官镇	9410	15363	1300	19	380	6	
镇安县永乐街道办事处	38654	76985	3108	981	24001	119	25
镇安县回龙镇	12305	10145	2112	36	842	14	5
镇安县铁厂镇	12704	13579	2933	18	106	1	
镇安县大坪镇	13765	17585	1120	30	235	5	
镇安县米粮镇	23747	26090	1484	49	401	2	
镇安县茅坪回族镇	10547	7699	1876	17	85	1	
镇安县西口回族镇	16675	15802	1832	21	109		
镇安县高峰镇	15591	18609	1933	42	322	4	

续表 581　　(陕西省、甘肃省)　　单位：公顷、人、个

名　　称	行政区域面积	常住人口	#城镇建成区	企业个数	企业从业人员	工业企业个数	#规模以上
镇安县青铜关镇	27752	19200	2200	35	260	5	
镇安县柴坪镇	29125	16953	1578	20	102	2	
镇安县达仁镇	22398	12177	1331	20	182	3	
镇安县木王镇	44022	12303	2130	41	314	4	
镇安县云盖寺镇	21051	12862	3086	51	2832	11	9
镇安县庙沟镇	16122	8010	1800	7	36		
镇安县月河镇	44282	15420	1755	58	940	3	1
柞水县营盘镇	64455	11321	1460	12	945	8	1
柞水县下梁镇	32395	21793	11208	69	4350	10	7
柞水县小岭镇	11506	11116	1500	23	2412	19	9
柞水县凤凰镇	16710	17320	5300	115	1245	30	
柞水县红岩寺镇	20995	15613	2170	22	277	2	
柞水县曹坪镇	21856	15612	3762	12	66	2	1
柞水县杏坪镇	25409	23864	3420	86	450	83	1
柞水县瓦房口镇	19970	13036	647	7	112	3	
甘肃省							
七里河区阿干镇	8550	28863	15760	13	2072	11	4
七里河区八里镇	4260	24724	2786	94	2698	68	1
七里河区彭家坪镇	2280	16892	15798	165	5150	151	11
七里河区西果园镇	8260	27071	1672	249	7351	170	5
七里河区黄峪乡	6850	17625		11	110	9	
七里河区魏岭乡	6500	12274		67	335	25	2
西固区新城镇	5230	16918	3343	56	4361	40	7
西固区东川镇	4211	9210	4498	18	285	16	1
西固区河口镇	11491	14569	3012	34	1200	13	4
西固区达川镇	2045	6492	1707	30	711	17	1
西固区柳泉镇	1787	7292	6637	53	1036	48	3
西固区金沟乡	3610	4578		45	1016	42	7
红古区海石湾镇	800	22756	5321	262	3374	11	1
红古区花庄镇	20478	15413	2183	370	1947	24	3
红古区平安镇	12685	15116	2382	718	7073	30	13
红古区红古镇	16302	13490	1540	192	1526	6	
永登县城关镇	6733	48508	47646	166	1480	65	1
永登县红城镇	33778	23879	6117	23	1860	14	1
永登县中堡镇	8245	20016	7066	122	1350	78	6
永登县武胜驿镇	46931	34310	4300	102	697	71	2
永登县河桥镇	16843	38090	20893	83	13680	35	6
永登县连城镇	42310	33760	11343	36	2666	6	3
永登县苦水镇	44000	31268	2105	58	296	30	4
永登县大同镇	28500	22271	4138	109	621	35	2
永登县龙泉寺镇	25500	20996	3252	166	860	14	1
永登县树屏镇	32500	12871	2825	110	2010	67	3
永登县上川镇	34581	22700	3012	92	460	10	
永登县柳树镇	40000	23327	3687	75	3700	34	7
永登县坪城乡	53420	11028		76	597		
永登县民乐乡	41000	29999		12	633	12	2
永登县通远乡	40050	14349		12	180	7	1
永登县七山乡	68300	3333					
皋兰县石洞镇	41200	41538	13644	87	5800	56	18
皋兰县忠和镇	25100	14995	5712	117	3218	58	5

续表 582　　　　(甘肃省)　　　　单位：公顷、人、个

名　称	行政区域面积	常住人口	#城镇建成区	企业个数	企业从业人员	工业企业个数	#规模以上
皋兰县什川镇	40500	18748	10641	14	176	10	1
皋兰县九合镇	21400	12810	1795	82	1570	77	4
皋兰县水阜镇	25600	8747	3235	17	216	12	2
皋兰县黑石镇	64200	10876	2123	36	1175	35	4
榆中县城关镇	8921	71710	71710	478	7170	17	2
榆中县夏官营镇	13600	46841	36312	102	664	19	
榆中县高崖镇	7412	11052	2998	29	1758	3	
榆中县金崖镇	26000	24163	7617	155	35340	43	5
榆中县和平镇	14293	27180	7856	360	19471	85	5
榆中县甘草店镇	12148	15602	5110	59	605	10	1
榆中县青城镇	13756	19132	5952	93	800		
榆中县定远镇	6762	18544	5010	254	2500	46	1
榆中县连搭镇	13300	33375	1675	150	3250	25	
榆中县新营镇	14200	18391	2304	69	360		
榆中县贡井镇	23466	4619	225	18	91		
榆中县来紫堡乡	11700	22007		385	3000	174	1
榆中县三角城乡	7095	25830		33	5255	25	3
榆中县小康营乡	10182	27700	712	30	458	6	1
榆中县银山乡	7939	8411	3135	13	66	1	
榆中县马坡乡	16550	14365	3096	39	275		
榆中县清水驿乡	16350	17258	2991	68	864	7	
榆中县龙泉乡	8400	9441	718	15	90	1	
榆中县韦营乡	12300	4334		14	70		
榆中县中连川乡	20800	5648	200	8	42		
榆中县园子岔乡	26870	5085	337				
榆中县上花岔乡	17400	4560	342	27	165		
榆中县哈岘乡	20500	1700	1060	16	85		
兰州新区中川镇	27028	47889	15023	219	26116	138	51
兰州新区秦川镇	18865	52927	7000	83	920	28	6
兰州新区西岔镇	35231	45354	5217	29	375	17	1
市辖区新城镇	24682	10110	195	1	12		
市辖区峪泉镇	79200	3016	150				
市辖区文殊镇	13391	7442	370	1	6		
金川区宁远堡镇	96000	38399	18356	245	5736	61	
金川区双湾镇	165896	20161	5645	251	1350	45	2
永昌县城关镇	21278	70654	56278	690	26582	85	4
永昌县河西堡镇	66400	46228	46180	426	12000	126	27
永昌县新城子镇	52410	17053	1937	164	831	29	
永昌县朱王堡镇	40717	25950	6077	145	1266	11	3
永昌县东寨镇	25950	10163	1104	117	602	29	12
永昌县水源镇	59800	16131	1787	39	1120	16	5
永昌县红山窑镇	153333	19820	317	186	1003	24	
永昌县焦家庄镇	29933	14809	337	114	1069	42	2
永昌县六坝镇	31800	10981	3198	123	650	13	1
永昌县南坝乡	11140	3525	1008	32	246	5	
白银区水川镇	13995	20168	7103	56	1548	28	3
白银区四龙镇	9900	10210	4180	135	2410	10	
白银区王岘镇	28546	11958	6149	195	2125	182	5
白银区强湾乡	25503	8210		29	368	12	
白银区武川乡	48100	11986		8	165	7	

续表 583　　（甘肃省）　　单位：公顷、人、个

名　　称	行政区域面　　积	常住人口	#城镇建成区	企业个数	企　　业从业人员	工业企业个　　数	#规模以上
平川区王家山镇	21625	15531	1926	41	340	24	1
平川区水泉镇	54119	33890	1700	300	1500	2	
平川区共和镇	30299	18833	2873	25	480	5	1
平川区宝积镇	34193	14892	598	168	842	17	
平川区黄峤镇	31117	10108	2164	52	370	4	
平川区种田乡	19290	5133		27	160		
平川区复兴乡	10494	5212		15	33		
靖远县北湾镇	26760	45883	5613	15	102	13	1
靖远县东湾镇	16996	42665	6829	519	5620	54	3
靖远县乌兰镇	36367	80778	59102	1222	15423	72	1
靖远县刘川镇	41246	33541	2834	345	5864	46	4
靖远县北滩镇	54203	44600	4200	605	4796	71	
靖远县五合镇	33294	32993	7280	421	3959	12	2
靖远县大芦镇	37133	16000	5882	200	2000	5	
靖远县糜滩镇	14674	24537	3214	163	1123	7	
靖远县高湾镇	56912	25621	1898	195	975	10	
靖远县平堡镇	4200	17215	2600				
靖远县东升镇	28568	24620	2598	320	2341	14	
靖远县双龙镇	18173	12683	1466	108	952	2	
靖远县三滩镇	25122	21418	3100	131	965	13	
靖远县兴隆乡	15168	7847		2	35	1	
靖远县石门乡	43033	10966					
靖远县靖安乡	29857	11910		48	357		
靖远县永新乡	33070	8230		95	486	5	
靖远县若笠乡	43245	4012	831				
会宁县会师镇	18680	87161	73326	841	13209	75	5
会宁县郭城驿镇	32910	36780	9641	204	2400	26	1
会宁县河畔镇	24340	30058	8918	75	1368	14	1
会宁县头寨子镇	47300	24173	1687	63	567	14	
会宁县太平店镇	13990	17144	600	25	400	6	
会宁县甘沟驿镇	33620	19102	3222	53	899	12	1
会宁县侯家川镇	11230	11180	1160	19	170	1	
会宁县柴家门镇	27930	18220	3882	188	4025	60	14
会宁县汉家岔镇	38570	18452	1249	22	194	11	
会宁县刘家寨子镇	29730	16558	594	20	188	2	
会宁县白草塬镇	17500	25032	448	45	405	5	
会宁县大沟镇	28570	18505	756	28	255	3	
会宁县四房吴镇	25880	17692	1125	13	117	3	
会宁县中川镇	13830	12808	949	27	243	11	1
会宁县老君坡镇	14530	19268	785	31	282	4	1
会宁县平头川镇	13830	11879	730	16	142		
会宁县丁家沟镇	16470	15380	270	22	190	8	
会宁县杨崖集镇	16280	16519	405	37	330	3	
会宁县翟家所镇	18190	17695	1017	33	299	10	2
会宁县韩家集镇	18870	11453	1958	11	104	2	
会宁县土门岘镇	18590	9277	1055	5	51		
会宁县新塬镇	28730	10792	1067	11	99	1	
会宁县草滩镇	21110	11074	786	9	81		
会宁县新庄镇	32330	10312	579	9	81		
会宁县新添堡回族乡	21800	14712		25	281	7	1

续表 584 (甘肃省) 单位：公顷、人、个

名称	行政区域面积	常住人口	#城镇建成区	企业个数	企业从业人员	工业企业个数	#规模以上
会宁县党家岘乡	14980	17652		21	202	1	
会宁县八里湾乡	19530	15037		22	186	2	
会宁县土高山乡	24580	8159		8	73		
景泰县一条山镇	13970	86318	61695	493	20116	7	7
景泰县芦阳镇	34062	23098	6113	17	86	12	
景泰县上沙沃镇	49700	9802	3460	33	224	29	4
景泰县喜泉镇	59439	17424	5593	44	835	10	4
景泰县草窝滩镇	54900	22104	5980	182	4715	2	2
景泰县红水镇	30060	18800	3336	130	1300	3	3
景泰县中泉镇	97400	12739	852	10	51	8	
景泰县正路镇	65700	12095	1642				
景泰县寺滩乡	70680	13800		11	145		
景泰县五佛乡	58300	12836		18	176	3	
景泰县漫水滩乡	13480	10681		22	250	3	
秦州区玉泉镇	10630	50324	2060	24	360	9	
秦州区太京镇	13451	31713	1939	31	142	3	
秦州区藉口镇	19096	38084	6150	4	144	3	
秦州区皂郊镇	22280	42350	5236	129	3560	7	
秦州区汪川镇	19200	37753	2540	16	150		
秦州区牡丹镇	13208	22183	3516	4	22		
秦州区关子镇	14740	29038	5188	62	805	1	1
秦州区平南镇	9546	40232	6112	3	150		
秦州区天水镇	9152	32410	10227				
秦州区娘娘坝镇	15454	24058	1530	25	370	10	1
秦州区中梁镇	6894	16716	2491	30	78		
秦州区杨家寺镇	12461	15109	2425	1	40	1	
秦州区齐寿镇	7388	21994	2570	13	20		
秦州区大门镇	7800	15620	266	3	86		
秦州区秦岭镇	7510	13506	13506	1	82	1	
秦州区华歧镇	10628	16160	16125	1	18	1	
麦积区社棠镇	5760	19578	5638	22	1893	19	
麦积区马跑泉镇	10100	52214	7785	74	2420		
麦积区甘泉镇	21100	41025	5426	21	112	21	
麦积区渭南镇	9884	40864	2351	1	52	1	
麦积区东岔镇	39674	10441	1121	1	7		
麦积区花牛镇	11897	44403	3353	23	145	22	
麦积区中滩镇	4878	35002	3021	35	253		
麦积区新阳镇	9603	29142	6200	3	41		
麦积区元龙镇	20318	21702	1050	29	572	10	
麦积区伯阳镇	10939	25060	510	6	123		
麦积区麦积镇	10628	19687	1745	8	112	2	
麦积区石佛镇	10211	39570	5280	15	90	12	
麦积区三岔镇	34200	15617	1825	1	16		
麦积区琥珀镇	3975	13209	3445				
麦积区利桥镇	55300	4903	1350	2	55		
麦积区五龙镇	7200	25142	1041				
麦积区党川镇	76000	5056	1000	3	27	1	
清水县永清镇	14950	42820	39264	60	1951	6	4
清水县红堡镇	14900	26668	3019	7	372	7	3
清水县白驼镇	12920	16078	2644	15	75	3	

续表 585　　　　　　　　　　（甘肃省）　　　　　　　　　　单位：公顷、人、个

名　　称	行政区域面　　积	常住人口	#城镇建成区	企业个数	企　　业从业人员	工业企业个　　数	#规模以上
清水县金集镇	8880	16008	2805	35	820		
清水县秦亭镇	22520	16600	1760				
清水县山门镇	22980	9837	1920	5	35		
清水县白沙镇	13300	19556	3940	31	250		
清水县王河镇	6950	12194	1850	19	95		
清水县郭川镇	7310	16981	16981	19	100		
清水县黄门镇	9800	15196	261	207	1112	4	1
清水县松树镇	6420	12035		2	12		
清水县远门镇	6200	9139	788				
清水县土门镇	6452	12368	1681	2	15	1	
清水县草川铺镇	11620	12433	1664				
清水县陇东镇	10710	12826	1029				
清水县贾川乡	4800	11386	212	1	29		
清水县丰望乡	7200	10091					
清水县新城乡	12720	10269					
秦安县兴国镇	7365	92941	88979	634	4571	185	8
秦安县莲花镇	9452	37450	4566	100	527	9	
秦安县西川镇	7282	35174	5021	138	1069	29	2
秦安县陇城镇	7532	30367	8139	99	694	17	1
秦安县郭嘉镇	14839	38269	4232	138	690	20	
秦安县五营镇	9033	38250	1864	108	613	14	
秦安县叶堡镇	8510	37022	25000	234	1587	19	1
秦安县魏店镇	14011	26437	2085	57	275	5	
秦安县安伏镇	10687	29580	1654	67	514	10	3
秦安县千户镇	7559	18972	18972	10	58	2	
秦安县王尹镇	7108	27735	2241	39	264	38	
秦安县兴丰镇	9085	29827	1800	42	210	2	
秦安县中山镇	13636	33000	1568	45	230	3	
秦安县刘坪镇	6083	21242	1207	43	215	5	
秦安县王铺镇	15081	24823	785	58	295	3	
秦安县王窑镇	8521	21520	21520	52	287	17	
秦安县云山镇	5863	18047	2020	21	116	3	
甘谷县大像山镇	4894	96833	83850	162	4730	26	6
甘谷县磐安镇	17200	74564	17538	102	1320	21	2
甘谷县新兴镇	12987	99781	40069	692	6830	70	2
甘谷县安远镇	15525	43304	6645	58	520	53	
甘谷县六峰镇	6288	45350	4681	183	2263	20	10
甘谷县金山镇	11880	32103	1530	19	1310	6	
甘谷县大庄镇	10710	16640	290	28	168		
甘谷县大石镇	9795	28654	15635	15	220	6	
甘谷县礼辛镇	10500	20010	984	9	400	6	
甘谷县八里湾镇	10100	30965	310	7	45	3	
甘谷县西坪镇	10314	15894	301				
甘谷县古坡镇	13280	10734	1018	2	12	2	
甘谷县武家河镇	7600	12319	236	8	69	6	
甘谷县谢家湾乡	9770	21089					
甘谷县白家湾乡	6329	23435		14	348	14	
武山县城关镇	11554	56652	24232	236	7026	53	8
武山县洛门镇	11468	81977	46946	165	2848	56	3
武山县鸳鸯镇	11626	26128	22245	108	564	2	2

续表 586　　(甘肃省)　　单位：公顷、人、个

名　称	行政区域面积	常住人口	#城镇建成区	企业个数	企业从业人员	工业企业个数	#规模以上
武山县滩歌镇	18733	39534	6503	21	442	3	
武山县四门镇	13176	28189	2371	26	335	15	1
武山县马力镇	20467	44740	4537	41	354	18	1
武山县山丹镇	11753	25677	3863	31	413	13	2
武山县温泉镇	13977	19577	868	16	82		
武山县桦林镇	10173	17851	4535	24	890	10	
武山县龙台镇	10460	14084	3918	54	279		
武山县榆盘镇	15666	15889	873	2	32		
武山县高楼镇	12180	20120	1512	7	64	4	
武山县杨河镇	16267	17781	1340	5	32	2	
武山县咀头乡	11380	16524	862	2	46		
武山县沿安乡	12220	16420	1286	5	38	2	
张家川回族自治县张家川镇	9080	44371	24150	20	134	1	
张家川回族自治县龙山镇	4230	35981	12120	175	876	41	
张家川回族自治县恭门镇	17800	24835	3120				
张家川回族自治县马鹿镇	27970	12663	1880	20	105	4	
张家川回族自治县梁山镇	3930	15398	946				
张家川回族自治县马关镇	5150	22713	1880				
张家川回族自治县刘堡镇	5810	12836	2105	8	45	3	
张家川回族自治县胡川镇	6110	15398	665				
张家川回族自治县大阳镇	5510	21655	1655	6	158	6	
张家川回族自治县川王镇	5040	13806	920				
张家川回族自治县张棉乡	9490	10018		3	16		
张家川回族自治县木河乡	4330	15404					
张家川回族自治县连五乡	4270	12121		5	28		
张家川回族自治县平安乡	13300	5920					
张家川回族自治县阎家乡	9150	8543					
凉州区黄羊镇	17284	76200	37350	104	8700	76	28
凉州区武南镇	8715	50473	23995	73	2566	50	20
凉州区清源镇	10680	22164	1150	24	480	7	1
凉州区永昌镇	10400	44039	5518	11	472	6	1
凉州区双城镇	7934	33685	5620	56	298	5	1
凉州区丰乐镇	13937	16091	2458	1	35		
凉州区高坝镇	9300	50948	12356	31	3015	2	1
凉州区金羊镇	1698	47402	1706	50	12000	10	
凉州区和平镇	1840	19458	2452	30	1436	8	
凉州区羊下坝镇	2184	15593	3264	1	86		
凉州区中坝镇	2114	16505	2609	7	216	7	
凉州区永丰镇	4043	10432	3070				
凉州区古城镇	15500	22869	2856	2	20	1	1
凉州区张义镇	34700	20079	15326	21	350	5	
凉州区发放镇	7700	28516	4028	10	1320	2	2
凉州区西营镇	35700	23630	854	9	182	1	
凉州区四坝镇	4071	13072	3368	5	104	4	
凉州区洪祥镇	6531	21983	3280	2	81	2	1
凉州区谢河镇	10500	19955	2113	52	816	11	4
凉州区金沙镇	1700	15327	925	19	476	3	
凉州区松树镇	12300	14465	14465	18	482	8	1
凉州区怀安镇	2886	13352	180	35	2691	16	5
凉州区下双镇	3442	10701	680	6	65	3	1

续表 587　　(甘肃省)　　单位：公顷、人、个

名　　称	行政区域面　　积	常住人口	#城镇建成区	企业个数	企　　业从业人员	工业企业个　　数	#规模以上
凉州区清水镇	3265	18383	1980	8	41	1	
凉州区河东镇	3391	14872	14872	4	25	3	
凉州区五和镇	2762	11133		5	100		
凉州区长城镇	9800	17878	252	8	60		
凉州区吴家井镇	3400	8354	8354	23	115		
凉州区东河镇	4800	15112	15112				
凉州区韩佐乡	2097	10292		3	72		
凉州区大柳乡	1917	13537					
凉州区柏树乡	2500	16852		179	1026	13	
凉州区金塔乡	2553	14404		2	16	1	
凉州区九墩乡	3220	8165					
凉州区金山乡	5800	6192		1	12		
凉州区新华乡	12973	17846		8	104	5	
凉州区康宁乡	3926	10119		8	165	7	
民勤县三雷镇	5319	66921	53547	346	8025	154	16
民勤县东坝镇	14294	9583	1509	7	54	7	
民勤县泉山镇	11064	10357	2439	10	120	10	
民勤县西渠镇	33154	20119	4800	34	438	32	
民勤县东湖镇	473174	13172	1450	12	240	12	3
民勤县红沙岗镇	578788	2973	2973	62	2209	59	19
民勤县昌宁镇	43552	9173	1150	6	44	6	
民勤县重兴镇	15534	7963	763	6	60	6	
民勤县薛百镇	15691	14330	1246	7	35	7	
民勤县大坝镇	9363	13933	359	8	40	7	
民勤县苏武镇	21197	30949	6276	28	146	26	1
民勤县大滩镇	9220	9885	1040	18	252	18	
民勤县双茨科镇	11777	12696	5333	8	41	8	
民勤县红沙梁镇	9054	8076	1843	12	105	12	
民勤县蔡旗镇	15400	8856	1077	6	40	6	
民勤县夹河镇	19779	7850	672	2	18	2	
民勤县收成镇	20341	12687	3254	6	165	6	1
民勤县南湖镇	250983	1294	395				
古浪县古浪镇	8757	18403	9892	118	180	112	3
古浪县泗水镇	15202	23527	6032	164	721	99	13
古浪县土门镇	16716	39956	6896	68	510	59	4
古浪县大靖镇	24332	42448	16800	508	2600	38	
古浪县裴家营镇	19324	19720	5034	44	220	43	
古浪县海子滩镇	13385	27906	1620	70	1000	58	
古浪县定宁镇	16509	22363	17506	31	296	13	
古浪县黄羊川镇	26828	19527	3150	28	176	1	
古浪县黑松驿镇	13124	12760	2188	12	60	4	
古浪县永丰滩镇	6541	10415	1468	64	76	64	
古浪县黄花滩镇	45672	20895	1100	20	100	10	5
古浪县西靖镇	21901	28866	19304	7	140	6	1
古浪县民权镇	24708	19751	560	9	46	9	
古浪县直滩镇	27488	18707	1160	9	120	6	
古浪县新堡乡	51434	3725					
古浪县干城乡	17613	8277					
古浪县横梁乡	19214	5739					
古浪县十八里堡乡	8194	4535		4	31	1	

续表 588 (甘肃省) 单位：公顷、人、个

名　　称	行政区域面　　积	常住人口	#城镇建成区	企业个数	企　　业从业人员	工业企业个　　数	#规模以上
古浪县古丰乡	14343	11244		2	10	2	
天祝藏族自治县华藏寺镇	54635	59441	20647	315	2020	194	14
天祝藏族自治县打柴沟镇	40067	15719	6245	73	754	53	9
天祝藏族自治县安远镇	20648	7354	124	27	79		
天祝藏族自治县炭山岭镇	35643	12643	2494	14	3204	11	7
天祝藏族自治县哈溪镇	50985	19905	2308	26	78		
天祝藏族自治县赛什斯镇	40544	11069	1486	16	82	2	1
天祝藏族自治县石门镇	17735	6030	1358	54	1125	36	13
天祝藏族自治县松山镇	71137	11429	616	65	227	5	1
天祝藏族自治县天堂镇	30104	10492	1206	301	1505		
天祝藏族自治县朵什镇	31268	8521	333	1	26		
天祝藏族自治县西大滩镇	24216	7617	793				
天祝藏族自治县东坪乡	5520	3066		1	16		
天祝藏族自治县赛拉隆乡	15296	228					
天祝藏族自治县东大滩乡	14466	2372		7	35		
天祝藏族自治县抓喜秀龙乡	51089	3423		1	105		
天祝藏族自治县大红沟乡	29790	8764		1	5		
天祝藏族自治县毛藏乡	58636	1182		1	81	1	1
天祝藏族自治县祁连乡	48980	2443		2	20		
天祝藏族自治县旦马乡	73941	2141					
甘州区梁家墩镇	1650	19029	6614	208	1306	80	3
甘州区上秦镇	4640	24840	1595	60	301	7	2
甘州区大满镇	10265	31839	1315	68	355	2	
甘州区沙井镇	16590	37426	4128	58	290	12	1
甘州区乌江镇	10971	25246	867	159	798	15	
甘州区甘浚镇	13362	22191	1926	103	240	15	
甘州区新墩镇	4379	28338	2357	49	758	16	1
甘州区党寨镇	11787	30194	1485	35	574	11	8
甘州区碱滩镇	15606	20416	1052	4	87		
甘州区三闸镇	10062	18610	984	72	824	2	1
甘州区小满镇	7186	22685	3934	22	110	2	
甘州区明永镇	7559	13402	3865	23	1056	12	4
甘州区长安镇	3058	21382	2249	250	1280	11	1
甘州区安阳乡	17204	13203		1	68	1	1
甘州区花寨乡	6842	7584		1	45	1	1
甘州区龙渠乡	4907	11393		106	1580	3	
甘州区靖安乡	2639	7011		25	300	4	
甘州区平山湖蒙古族乡	104000	811					
肃南裕固族自治县红湾寺镇	520	9094	9094	42	410	9	3
肃南裕固族自治县皇城镇	397200	8176	8176	58	1200	14	
肃南裕固族自治县康乐镇	242800	3325	3325	43	195	2	2
肃南裕固族自治县马蹄藏族乡	199800	4054		42	211	10	4
肃南裕固族自治县白银蒙古族乡	45000	552		9	80	4	
肃南裕固族自治县大河乡	299290	4308		39	241	18	4
肃南裕固族自治县明花乡	170480	3438		19	95	2	1
肃南裕固族自治县祁丰藏族乡	1020200	3022		44	829	23	11
民乐县洪水镇	15934	35257	12107	112	1595	20	
民乐县六坝镇	25000	22430	4519	11	157	5	
民乐县新天镇	24948	24288	4771				
民乐县南古镇	22520	26907	4512	10	136	4	

续表 589　　(甘肃省)　　单位：公顷、人、个

名　　称	行政区域面　积	常住人口	#城镇建成区	企业个数	企　业从业人员	工业企业个　数	#规模以上
民乐县永固镇	10379	16177	5833	8	213	7	
民乐县三堡镇	9429	16064	2232	2	27		
民乐县南丰镇	11213	21165	806	40	200		
民乐县民联镇	33533	22829	748	7	145	2	
民乐县顺化镇	9600	16425	2231				
民乐县丰乐镇	13900	15270	2550	1	12		
临泽县沙河镇	9834	42759	25405	244	5010	11	
临泽县新华镇	24952	16154	4404	176	904	1	
临泽县蓼泉镇	12473	17011	2707	11	80		
临泽县平川镇	69834	20370	2389	136	810	3	1
临泽县板桥镇	105968	16667	3334	163	822		
临泽县鸭暖镇	16076	20311	2468	294	1482		
临泽县倪家营镇	21600	9283	1327	8	125	1	1
高台县城关镇	570	32618	32618	66	370	47	6
高台县宣化镇	6387	14967	3125	44	220	4	
高台县南华镇	26621	16777	2318	98	3223	64	15
高台县巷道镇	8052	26753	3080	16	615	12	3
高台县合黎镇	35327	9951	1542	16	1322	7	2
高台县骆驼城镇	27640	13600	4475	9	100	7	6
高台县新坝镇	78613	17195	780	17	126	3	
高台县黑泉镇	87657	13925	1975	37	194		
高台县罗城镇	160233	9220	1189	10	326		
山丹县清泉镇	72370	88569	46879	697	7146	195	13
山丹县位奇镇	55600	20902	2497	24	658	24	2
山丹县霍城镇	18395	13664	4628	1	3		
山丹县陈户镇	35955	18797	1625	1	23	1	
山丹县大马营镇	27281	9420	1870	5	175		
山丹县东乐镇	53740	13519	2800	24	980	13	4
山丹县老军乡	56877	4303		3	1000	3	2
山丹县李桥乡	11809	5760		3	20		
崆峒区崆峒镇	18060	18610	5437	244	1470	33	2
崆峒区白水镇	10400	29099	4039	25	710	16	1
崆峒区草峰镇	20130	30127	1704	31	765	16	
崆峒区安国镇	13400	16408	1246	80	479	73	1
崆峒区柳湖镇	6415	39017	20398	548	5760	406	3
平凉工业园区四十里铺镇	12740	48426	22266	636	7124	70	26
崆峒区花所乡	6609	17307		66	491	12	
崆峒区索罗乡	5780	13164		32	331	11	
崆峒区香莲乡	7756	6990		2	11	1	
崆峒区西阳乡	8900	12730					
崆峒区大秦乡	5848	11448					
崆峒区白庙乡	6600	13819		20	254	16	2
崆峒区寨河乡	8400	14474					
崆峒区大寨乡	22704	23639		10	196	4	
崆峒区上杨乡	4593	7288		7	225	4	
崆峒区麻武乡	12260	3973					
崆峒区峡门乡	20900	21646		43	2988	28	8
泾川县城关镇	6988	22500	3845	22	1570	13	5
泾川县玉都镇	10157	25213	2298	87	247		
泾川县高平镇	23324	32123	2811	30	158	14	

续表 590　　(甘肃省)　　单位：公顷、人、个

名　　称	行政区域面积	常住人口	#城镇建成区	企业个数	企业从业人员	工业企业个数	#规模以上
泾川县荔堡镇	12300	31872	5233	50	268	10	
泾川县王村镇	10806	22049	2602	57	310	1	
泾川县窑店镇	5425	16087	2516	12	73	8	
泾川县飞云镇	8229	15920	2336	2	12		
泾川县丰台镇	8992	24152	2600	35	302	9	
泾川县党原镇	13283	24650	5120	33	715	11	
泾川县汭丰镇	6112	7235	1066	10	410	3	2
泾川县太平镇	15210	15469	2476	24	240	2	
泾川县罗汉洞乡	7092	13294		20	123	5	
泾川县泾明乡	6168	11037		43	330	13	
泾川县红河乡	4927	4976					
灵台县中台镇	12434	11498	1650	700	7100	34	5
灵台县邵寨镇	12942	14661	4185	19	126		
灵台县独店镇	17222	28086	9443	190	980	16	
灵台县什字镇	18920	27183	12120	271	1752	6	1
灵台县朝那镇	14303	16323	8840	52	265	2	
灵台县西屯镇	14259	17563	1058	31	186	4	
灵台县上良镇	9960	13872	835	13	95	2	
灵台县百里镇	35910	9289	902	72	590	3	
灵台县蒲窝镇	13278	8532	2581	6	80	2	
灵台县新开乡	12193	8487		3	86	1	
灵台县梁原乡	15878	16483		20	128		
灵台县龙门乡	14957	3835					
灵台县星火乡	11544	11275		6	58	1	
崇信县锦屏镇	30945	29369	9599	53	1365	34	6
崇信县新窑镇	20130	9272	1900	14	986	10	7
崇信县柏树镇	8110	12263	1243	3	35		
崇信县黄寨镇	9600	10221	684	4	20	1	
崇信县黄花乡	9269	7412		2	32	2	1
崇信县木林乡	6947	9194		4	46		
华亭县东华镇	8290	59950	26610	54	2375	18	5
华亭县安口镇	17146	31364	13984	123	1860	52	
华亭县西华镇	23660	29391	3989	57	1869	18	2
华亭县马峡镇	15117	12317	2694	4	195	2	1
华亭县策底镇	7395	11979	2900	18	924	15	2
华亭县上关镇	11512	10715	1534	8	84	2	
华亭县河西镇	7400	8311	1208				
华亭县神峪乡	10195	11257		19	271	7	
华亭县山寨乡	8170	14228		1	39	1	
华亭县砚峡乡	7754	4650		12	875	4	3
庄浪县水洛镇	7472	35104	12682	329	1670	32	5
庄浪县南湖镇	8461	22600	15738	91	570	58	
庄浪县朱店镇	7912	32516	32516	219	1100	211	2
庄浪县万泉镇	6207	24786	3493	11	105	3	
庄浪县韩店镇	19016	20142	4954	42	221	2	
庄浪县卧龙镇	11381	26519	1082	51	268	4	
庄浪县阳川镇	7002	23174	2194	72	380	15	
庄浪县盘安镇	8149	21311	1992				
庄浪县大庄镇	5442	16668	1335	3	20		
庄浪县通化镇	12616	17702	2212	25	125	3	

续表 591 （甘肃省） 单位：公顷、人、个

名 称	行政区域面积	常住人口	#城镇建成区	企业个数	企业从业人员	工业企业个数	#规模以上
庄浪县岳堡乡	6413	13607		32	314	8	
庄浪县杨河乡	7258	11645		9	53	9	
庄浪县赵墩乡	8389	14721		4	27	1	
庄浪县柳梁乡	8865	19600		3	68	3	
庄浪县良邑乡	6313	16886		28	148	20	1
庄浪县永宁乡	6573	14382		12	130	10	
庄浪县郑河乡	8216	10931		18	112	2	
庄浪县南坪乡	5520	16982		25	126	19	3
静宁县城关镇	2030	11364	2080	155	1086	27	
静宁县威戎镇	9700	33600	8200	146	1910	14	1
静宁县界石铺镇	15800	24995	2412	2	15	2	
静宁县八里镇	7200	18760	3812	19	1880	13	5
静宁县李店镇	8000	19929	2315	20	120	4	
静宁县古城镇	14500	32407	3068	145	725	7	1
静宁县仁大镇	10600	25782	3400	19	460		
静宁县甘沟镇	17200	30438	2962	50	265	3	
静宁县城川镇	7500	17151	4662	109	1051	10	1
静宁县曹务镇	7000	18182	2230	6	40	3	
静宁县雷大镇	9800	18455	2140	66	350	2	
静宁县四河镇	13000	20487	1683	15	90	1	
静宁县细巷镇	10300	19144	646	42	246	2	
静宁县司桥乡	6800	11290					
静宁县双岘乡	7800	13603					
静宁县余湾乡	5000	10300		1	25	1	
静宁县贾河乡	6200	10398		2	11		
静宁县深沟乡	6300	7293		35	175	2	
静宁县治平乡	7200	13325		119	756	3	
静宁县新店乡	6400	7129		5	89	1	
静宁县红寺乡	10900	16380		38	350	2	
静宁县三合乡	9300	9296		1	11	1	
静宁县原安乡	10700	12320		33	180		
静宁县灵芝乡	9400	13734		14	110		
肃州区西洞镇	17000	8451	980	94	529	10	
肃州区清水镇	64152	18360	2496	42	600	14	
肃州区总寨镇	14443	19422	1801	27	782	7	
肃州区金佛寺镇	35635	16865	636	27	2014	2	
肃州区上坝镇	12951	20927	2194	25	638	8	1
肃州区三墩镇	44264	19753	1784	17	325	4	
肃州区银达镇	34576	20960	1188	22	207	8	1
肃州区西峰镇	4802	11385	1285	3	3870		
肃州区泉湖镇	7637	20218	891	18	1468	2	
肃州区果园镇	9900	14234	1055	13	1632	9	1
肃州区下河清镇	26524	6622	278	6	113		
肃州区铧尖镇	10574	9945	540	15	310	4	
肃州区东洞镇	23702	9030	490	13	818	4	2
肃州区丰乐镇	14284	6208	267	7	710		
肃州区黄泥堡裕固族乡	9794	1679		16	82		
金塔县中东镇	201770	10937	1362	55	819	4	
金塔县鼎新镇	247534	11241	1616	108	650	5	1
金塔县金塔镇	68664	20660	2915	264	4896	49	5

续表 592　　(甘肃省)　　单位：公顷、人、个

名　　称	行政区域面　　积	常住人口	#城镇建成区	企业个数	企　　业从业人员	工业企业个　　数	#规模以上
金塔县东坝镇	146462	22174	1547	197	1445	4	
金塔县航天镇	496511	10271	1810	74	1976	12	1
金塔县大庄子乡	169357	9132		42	543	3	
金塔县古城乡	87922	10620		53	621	1	
金塔县西坝乡	241655	10104		47	658	3	1
金塔县羊井子湾乡	6473	4535		27	214		
瓜州县渊泉镇	800	34007	34007	850	4826	66	30
瓜州县柳园镇	903740	9482	4674	77	7407	68	10
瓜州县三道沟镇	102049	10122	2694	3	106	1	
瓜州县南岔镇	99564	9010	543	20	1020	2	
瓜州县锁阳城镇	497740	5696	2773	4	289	1	
瓜州县瓜州镇	45024	8215	211	4	55		
瓜州县西湖镇	430170	13630	1656	10	109		
瓜州县河东镇	87972	6095	189	11	75	1	
瓜州县双塔镇	21159	12988	543	7	35	1	1
瓜州县腰站子东镇族镇	13691	8322	660	11	79		
瓜州县布隆吉乡	148951	4263		7	292	4	
瓜州县七墩回族东乡族乡	4413	4069					
瓜州县广至藏族乡	6964	8270					
瓜州县沙河回族乡	4755	8755					
瓜州县梁湖乡	5999	7271					
肃北蒙古族自治县党城湾镇	603500	11241	10280				
肃北蒙古族自治县马鬃山镇	3163000	1845	300				
肃北蒙古族自治县盐池湾乡	1899300	605	40				
肃北蒙古族自治县石包城乡	1009000	1424	302				
阿克塞哈萨克族自治县红柳湾镇	431581	7862	6574				
阿克塞哈萨克族自治县阿克旗乡	728381	799					
阿克塞哈萨克族自治县阿勒腾乡	1759950	1112					
玉门市玉门镇	93937	11073	4852	11	475	8	3
玉门市赤金镇	188280	13515	2013	29	580	11	1
玉门市花海镇	398968	13328	4810	32	494	13	
玉门市老君庙镇	187389	17237	12460	157	11740	70	17
玉门市黄闸湾镇	67516	9827	335	25	158	5	
玉门市下西号镇	118670	9919	783	24	130	7	1
玉门市柳河镇	39615	10593	730	20	134	2	
玉门市昌马乡	166924	4319		16	150	5	2
玉门市小金湾东乡族乡	2356	6378		6	52	2	
玉门市柳湖乡	4615	5253		5	42		
玉门市独山子东乡族乡	4521	7470		1	9		
玉门市六墩乡	4400	2512					
敦煌市七里镇	5600	12817	4518	669	6569	33	3
敦煌市沙州镇	937	51226	51226	1968	14150	24	2
敦煌市肃州镇	8961	21517	3109	288	2466	22	1
敦煌市莫高镇	14213	14242	2072	207	3268	17	
敦煌市转渠口镇	7219	18476	4796	439	3209	34	4
敦煌市阳关镇	3187	4630	1731	103	785	15	
敦煌市月牙泉镇	2853	10035	3956	267	3407	12	
敦煌市郭家堡镇	11200	8873	1596	113	773	2	
敦煌市黄渠镇	5200	10345	1972	125	1383	5	
西峰区肖金镇	13460	44503	6503	60	1301	22	2

续表 593　　　　　　　　　　　　（甘肃省）　　　　　　　　　　　　单位：公顷、人、个

名　称	行政区域面　积	常住人口		企业个数	企　业从业人员	工业企业个　数	
			#城镇建成区				#规模以上
西峰区董志镇	13960	59503	9446	103	2070	23	5
西峰区后官寨镇	12120	35751	11813	41	1339	29	5
西峰区彭原镇	17660	40226	352	41	1004	23	7
西峰区温泉镇	11687	35235	4950	76	1730	10	
西峰区什社乡	11940	25581		40	915	13	1
西峰区显胜乡	9300	16398		18	560	8	
庆城县庆城镇	10973	43762	38795	970	15271	36	5
庆城县驿马镇	27350	41191	9221	115	3298	37	6
庆城县三十里铺镇	17981	20090	2890	64	1017	63	4
庆城县马岭镇	23110	23369	4930	438	2199	11	5
庆城县玄马镇	23217	19855	2235	110	985	23	1
庆城县白马铺镇	11463	13567	2836	7	183	6	1
庆城县桐川镇	28943	17020	1720	40	2100	8	
庆城县赤城乡	9961	15989		5	42	1	
庆城县太白梁乡	19387	10603					
庆城县土桥乡	13900	4927					
庆城县蔡口集乡	14514	5834		1	6		
庆城县高楼乡	10800	10356		7	50		
庆城县南庄乡	18000	9685		1	6		
庆城县翟家河乡	11600	6933					
庆城县蔡家庙乡	27490	16092		18	107	1	
环县环城镇	76720	113846	54617	1374	19500	34	4
环县曲子镇	40800	27586	6012	171	1060	13	4
环县甜水镇	53560	11470	2413	11	363	11	1
环县木钵镇	31671	22832	2833	83	664	12	
环县洪德镇	58230	26365	6700	63	512		
环县合道镇	51686	21067	426	17	132		
环县虎洞镇	44280	13368	2470	16	430	5	
环县毛井镇	53825	16541	3816	5	114	5	
环县樊家川镇	35360	12226	1100	39	199		
环县天池乡	39080	18773					
环县演武乡	28519	13061		6	32		
环县八珠乡	34120	13158		30	150		
环县耿湾乡	30510	11807		38	190	1	
环县秦团庄乡	33420	8435					
环县山城乡	43100	9456		52	260		
环县南湫乡	41150	4222		1	22	1	1
环县罗山川乡	41960	7000					
环县小南沟乡	58950	10855					
环县车道乡	68200	20702		6	182		
环县芦家湾乡	33820	10484					
华池县悦乐镇	31309	14219	3976	169	910	27	5
华池县柔远镇	33514	28337	19323	883	4622	49	2
华池县元城镇	20180	5681	3120	36	124	3	
华池县南梁镇	22209	6035	360	17	90	3	
华池县城壕镇	46131	12661	1596	31	406	3	
华池县五蛟镇	31396	14102	1304	111	566	4	
华池县上里塬乡	9930	6259		13	68	3	
华池县王咀子乡	8875	6105		23	150	2	
华池县白马乡	16792	4952		44	125	2	

续表 594　　　　(甘肃省)　　　　单位：公顷、人、个

名　　称	行政区域面积	常住人口	#城镇建成区	企业个数	企业从业人员	工业企业个数	#规模以上
华池县怀安乡	23514	7195		36	270	2	
华池县乔川乡	27935	6062		37	190	3	
华池县乔河乡	14385	5613		29	203	6	
华池县山庄乡	25504	5293		36	181	5	1
华池县林镇乡	50453	4687		59	315	5	
华池县紫坊畔乡	16968	5999		15	75	2	
合水县西华池镇	13938	24462	17958	118	1461	13	4
合水县老城镇	27481	11395	4895	23	123		
合水县太白镇	113515	6547	1275	9	48	1	
合水县板桥镇	14855	18356	782	12	318	4	
合水县何家畔镇	9937	16453	1866	6	45	3	
合水县吉岘乡	7364	13704		13	593	5	1
合水县肖咀乡	7496	11887		24	186	2	
合水县段家集乡	7129	12614		3	76	3	
合水县固城乡	31284	9805		5	45	1	
合水县太莪乡	23542	7316		10	50		
合水县店子乡	8072	9203		4	80	2	1
合水县蒿咀铺乡	28726	4723		6	36	1	
正宁县山河镇	11920	41574	21826	641	6454	48	3
正宁县榆林子镇	9370	26151	9603	11	110	11	1
正宁县宫河镇	8886	22754	1521	7	68	6	
正宁县永和镇	11520	20989	2166	13	178	9	
正宁县永正镇	9533	18925	1380	59	590	3	
正宁县周家镇	7840	17723	1549	37	489	9	1
正宁县湫头镇	8627	14265	569	44	605	6	
正宁县西坡镇	25714	11578	485	2	30	2	
正宁县五顷原乡	14480	4817					
正宁县三嘉乡	24060	5124		2	32	1	
宁县新宁镇	10356	37561	16621	402	2050	5	2
宁县平子镇	10299	29896	6028	19	416	15	
宁县早胜镇	10767	22175	1642	7	141	1	1
宁县长庆桥镇	2500	8095	5792	9	1535	7	2
宁县和盛镇	13227	36124	8923	25	241	4	4
宁县湘乐镇	14700	18862	371	11	164	2	
宁县新庄镇	10280	34219	2320	18	116	1	
宁县盘克镇	8674	43217	6620	6	80	4	
宁县中村镇	16792	37937	1362	14	96	6	
宁县焦村镇	18347	44284	1623	35	563	5	3
宁县米桥镇	9887	23511	3102	9	293	7	1
宁县良平镇	7657	26651	1782	5	125		
宁县太昌镇	5500	14882	816	23	1265	3	
宁县春荣镇	22911	46678	2462	16	127	13	
宁县南义乡	9100	19314		18	115	1	
宁县瓦斜乡	7038	13103		14	213	1	
宁县金村乡	3028	7809		1	32	1	
宁县九岘乡	10800	8745		13	69		
镇原县城关镇	13160	42142	30133	324	4563	65	11
镇原县屯字镇	23700	47694	12068	79	1429	36	1
镇原县孟坝镇	25420	47877	16982	97	880	34	1
镇原县三岔镇	24320	14870	5011	34	570	18	1

续表 595　　（甘肃省）　　单位：公顷、人、个

名　　称	行政区域面积	常住人口	#城镇建成区	企业个数	企业从业人员	工业企业个数	#规模以上
镇原县平泉镇	21253	41529	3394	82	1410	33	1
镇原县开边镇	15987	20071	1500	34	577	10	
镇原县太平镇	23560	31597	7987	58	974	16	
镇原县临泾镇	18673	26941	3522	65	1093	14	
镇原县新城镇	22727	29776	2862	88	1480	16	1
镇原县南川乡	15007	20546		38	645	10	
镇原县上肖乡	15080	35335		17	316	12	1
镇原县新集乡	21733	18565		46	781	12	
镇原县方山乡	16767	13369		23	365	6	
镇原县殷家城乡	16540	7816		17	288	4	
镇原县马渠乡	15734	13366		57	982	16	
镇原县庙渠乡	17807	16789		25	421	11	
镇原县武沟乡	14873	12318		25	411	9	
镇原县郭原乡	13733	13211		26	463	11	1
镇原县中原乡	11287	18850		26	435	8	
安定区凤翔镇	26860	44868	4884	18	150	2	2
安定区内官营镇	31541	59051	31264	220	2250	13	
安定区巉口镇	31152	23207	13850	75	1890	35	12
安定区称钩驿镇	18690	14176	1040	11	60		
安定区鲁家沟镇	28601	10598	1974	25	240		
安定区西巩驿镇	20502	16793	1208	64	2683	1	
安定区宁远镇	19325	16766	1521	12	331	7	2
安定区李家堡镇	23105	18372	3342	4	21		
安定区团结镇	13443	13184	2545	74	373		
安定区香泉镇	14441	18719	2888	90	285	1	1
安定区符家川镇	8979	11680	1561	3	56		
安定区葛家岔镇	15936	9413	1700	1	6		
安定区白碌乡	19584	2350		1	6		
安定区石峡湾乡	17070	7760		15	172	12	
安定区新集乡	19993	10491					
安定区青岚山乡	21794	15238					
安定区高峰乡	6324	6681					
安定区石泉乡	13073	12092					
安定区杏园乡	10936	6458					
通渭县平襄镇	21884	57409	57409	183	935	118	12
通渭县马营镇	34083	41277	9292	58	398	58	
通渭县鸡川镇	12798	17148	3356	2	6	1	
通渭县榜罗镇	28054	34280	4410	4	64		
通渭县常家河镇	18223	33801	1700	55	210	1	
通渭县义岗川镇	13608	20490	2849	3	61		
通渭县陇阳镇	11006	14954	14954	3	60	3	
通渭县陇山镇	12250	15778	1210				
通渭县陇川镇	11794	14534	1000	2	40	2	1
通渭县碧玉镇	12698	18820	5310	18	1600	12	
通渭县襄南镇	14553	21391	1358	1	30	1	
通渭县什川镇	17448	18406	18406	1	46	1	
通渭县华家岭镇	15700	17414	240	10	89	1	1
通渭县北城铺镇	17061	23193		4	38	4	1
通渭县新景乡	10542	12654					
通渭县李家店乡	10469	14762		1	5	1	

续表 596　　(甘肃省)　　单位：公顷、人、个

名　称	行政区域面积	常住人口	#城镇建成区	企业个数	企业从业人员	工业企业个数	#规模以上
通渭县第三铺乡	16686	16288		2	10	1	
通渭县寺子川乡	11993	15314					
陇西县巩昌镇	13540	118202	107260	1021	5105	136	14
陇西县文峰镇	24220	76948	61425	564	3450	72	11
陇西县首阳镇	12340	41659	12470	226	1450	35	2
陇西县菜子镇	20302	39266	4076	35	1025	7	1
陇西县福星镇	31129	33302	1384	14	70	1	
陇西县通安驿镇	21092	20832	2985	25	415	11	
陇西县云田镇	15704	21805	2222	29	178	6	
陇西县碧岩镇	7881	17062	2198	8	53	2	
陇西县马河镇	7773	11557	2147	7	50		
陇西县柯寨镇	9423	11023	1575	4	67		
陇西县双泉镇	7323	10543	1673	5	42	1	
陇西县权家湾镇	12472	7690	930	2	11		
陇西县渭阳乡	13366	12074					
陇西县宏伟乡	13669	11052		17	85	2	
陇西县和平乡	10040	12450		6	32	2	
陇西县德兴乡	11180	9135					
陇西县永吉乡	9190	8322		7	50	3	
渭源县清源镇	18278	51404	10760	201	2481	19	3
渭源县莲峰镇	16760	44941	5329	58	292	7	
渭源县会川镇	12614	41589	11200	18	396	15	3
渭源县五竹镇	13767	13774	1927				
渭源县路园镇	8190	19910	1025	11	171	11	
渭源县北寨镇	14790	16059	2956	10	82		
渭源县新寨镇	16039	19827	1100	3	21		
渭源县麻家集镇	7016	16803	2190	4	27		
渭源县锹峪镇	6223	15526	1425	1	42		
渭源县庆坪镇	9330	14706	900				
渭源县祁家庙镇	9768	16814	610				
渭源县上湾镇	11079	19456	5230	1	41	1	
渭源县大安乡	12207	11220		1	10		
渭源县秦祁乡	11778	9076		1	12	1	
渭源县峡城乡	6845	8786					
渭源县田家河乡	6743	11209		13	66		
临洮县洮阳镇	13100	101323	69018	528	3252	33	12
临洮县八里铺镇	12216	31762	7152	10	139	10	
临洮县新添镇	13285	48081	16517	29	285		
临洮县辛店镇	18048	34878	5644	12	245	7	2
临洮县太石镇	21802	33823	6270	219	1110	17	2
临洮县中铺镇	25355	19237	4842	65	1560	41	15
临洮县峡口镇	20215	14510	2114				
临洮县龙门镇	15419	23301	3358	22	162	4	
临洮县窑店镇	14574	21501	2892	5	128	4	
临洮县玉井镇	9864	36247	1188	26	1290	26	2
临洮县衙下集镇	14074	43120	2623	7	202	7	1
临洮县南屏镇	14089	27918	420	2	28		
临洮县红旗乡	22001	11708		6	156	1	1
临洮县上营乡	14152	16675		8	48		
临洮县康家集乡	9346	14271		10	56		

续表 597　　（甘肃省）　　单位：公顷、人、个

名　　称	行政区域面　　积	常住人口	#城镇建成区	企业个数	企　　业从业人员	工业企业个　　数	#规模以上
临洮县站滩乡	16360	13703					
临洮县漫洼乡	8757	9615		1	30	1	
临洮县连儿湾乡	17684	16270					
漳县武阳镇	12594	32722	21550	89	1052	26	1
漳县三岔镇	12464	24265	3825	6	45	6	
漳县新寺镇	9428	16840	10156	25	150	9	
漳县金钟镇	27052	17665	2500				
漳县盐井镇	10714	13878	1253	6	500	2	1
漳县殪虎桥镇	23917	14995	896	11	70		
漳县大草滩镇	22454	10499	1300				
漳县四族镇	16728	11643	2712	15	95	15	
漳县石川镇	20749	13861	2210	25	128	8	
漳县贵清山镇	13200	11940	479				
漳县马泉乡	13758	12500					
漳县武当乡	9087	10370		1	6	1	
漳县东泉乡	24412	7022		1	36	1	
岷县岷阳镇	3866	61138	61138	115	2188	30	9
岷县蒲麻镇	28536	28264	1324				
岷县西寨镇	6832	16987	1500				
岷县梅川镇	18938	43552	5632	1	20		
岷县西江镇	11285	26578	582				
岷县闾井镇	52986	34265	3362	10	50		
岷县十里镇	9423	41063	2664	1	40		
岷县茶埠镇	10844	23684	1923	3	50	3	2
岷县中寨镇	19394	35025	2950	12	65		
岷县清水镇	17234	28723	2065	2	90	2	2
岷县寺沟镇	25785	21220	3680				
岷县麻子川镇	16826	11799	275				
岷县维新镇	14380	15682	480				
岷县禾驮镇	25615	19526	1980				
岷县马坞镇	20858	10391	2023				
岷县秦许乡	36085	20862		2	100	2	1
岷县申都乡	11471	10061					
岷县锁龙乡	26998	11080					
武都区城关镇	2190	67524	6315	182	3710	67	9
武都区安化镇	17422	29813	600	410	480		
武都区东江镇	1890	9703	9077	700	4008	70	
武都区两水镇	16860	31520	16500	216	2048	15	1
武都区汉王镇	11730	29688	9567	41	337	6	1
武都区洛塘镇	27770	26550	1317	99	520		
武都区角弓镇	10000	21597	3314	8	66		
武都区马街镇	11997	22264	1661	76	428	2	
武都区三河镇	10181	14830	13200	190	950	9	
武都区甘泉镇	7668	11663	1851	2	32		
武都区鱼龙镇	19124	17489	819	2	11		
武都区琵琶镇	16075	7498	7498	3	84	2	1
武都区外纳镇	17718	19322	1425	12	150	5	1
武都区马营镇	18500	16800	994	4	120	4	
武都区柏林镇	5419	12777	12777				
武都区姚寨镇	7470	6800	912	13	117		

续表 598 （甘肃省） 单位：公顷、人、个

名称	行政区域面积	常住人口	#城镇建成区	企业个数	企业从业人员	工业企业个数	#规模以上
武都区佛崖镇	12370	13439	13439				
武都区石门镇	6994	11979	10923	9	46		
武都区五马镇	18700	6407	6407				
武都区裕河镇	26560	5145	5145	15	82		
武都区汉林镇	3690	10940	10940				
武都区坪垭藏族乡	9450	6270					
武都区蒲池乡	12134	15602					
武都区池坝乡	5220	6332		10	50		
武都区黄坪乡	14500	9642					
武都区隆兴乡	14470	10470		12	112		
武都区龙坝乡	12550	5873					
武都区龙凤乡	6090	11490					
武都区桔柑乡	6700	7382		1	25		
武都区磨坝藏族乡	6192	5218					
武都区玉皇乡	7737	8521					
武都区郭河乡	8970	12284					
武都区枫相乡	37000	9925					
武都区三仓乡	19280	14052		7	39	2	
武都区五库乡	17956	11908		1	9	1	
武都区月照乡	11120	4867					
成县城关镇	10760	78827	67760	388	7364	216	3
成县黄渚镇	14719	8166	4800	22	160	8	
成县红川镇	4372	12267	4642	47	820	4	2
成县小川镇	6923	19402	2558	50	276	9	1
成县纸坊镇	7782	12270	1028	5	67	2	
成县抛沙镇	6026	25410	3680	28	345	14	2
成县店村镇	6759	15039	2325	55	353	17	
成县王磨镇	16610	8794	1121	24	171	15	1
成县陈院镇	7840	10985	1758	35	693	3	
成县沙坝镇	6921	10415	1376	21	142	8	
成县黄陈镇	5901	11410	1644	15	130	3	
成县鸡峰镇	18327	16722	1772	45	401	5	
成县苏元镇	5229	8326	385	13	70	4	
成县索池镇	5053	9909	1728	16	82	1	
成县宋坪乡	17433	5552		6	30	1	
成县二郎乡	15503	3884		25	128	5	
成县镡河乡	11460	5210		7	39	1	
文县城关镇	15831	36408	19019	275	1900	31	1
文县碧口镇	20817	17736	9240	65	1703	10	2
文县尚德镇	22975	11036	1860	25	315	9	2
文县中寨镇	37774	20299	6400	22	350	11	
文县临江镇	11271	8321	1700	83	1027	27	3
文县桥头镇	22913	22647	1100	7	49	1	
文县黎坪镇	14671	11333	1483	6	50	5	
文县天池镇	28312	6752	5820	8	41	3	
文县堡子坝镇	28322	13368	1010	10	115	7	
文县石坊镇	13314	9178	1046	19	199	7	1
文县石鸡坝镇	26033	14526	1645	37	880	17	3
文县丹堡镇	51914	7699	750	20	138	8	
文县中庙镇	27581	12317	578	25	125	6	3

续表 599　　　　(甘肃省)　　　　单位：公顷、人、个

名　　称	行政区域面　积	常住人口	#城镇建成区	企业个数	企　业从业人员	工业企业个　　数	#规模以上
文县范坝镇	48920	10037	1326	11	286		
文县铁楼藏族乡	31764	9600		14	78	3	
文县刘家坪乡	34341	1579		3	26	2	
文县玉垒乡	23068	4764		3	34	1	1
文县口头坝乡	21417	6100		8	95	2	
文县尖山乡	12919	4256		5	26	2	
文县舍书乡	6116	4170					
宕昌县城关镇	10431	27639	27639	13	200	1	
宕昌县哈达铺镇	14060	29108	5055	98	720		
宕昌县理川镇	8610	21773	21773				
宕昌县南阳镇	10621	12899	1080	18	98		
宕昌县官亭镇	11652	9604	1130	2	10		
宕昌县沙湾镇	10795	24209	24209	30	180		
宕昌县阿坞镇	7777	10841					
宕昌县南河镇	34420	7724		6	30		
宕昌县八力镇	10298	9188	1383	7	36		
宕昌县临江镇	6779	6007					
宕昌县两河口镇	12294	10633	1582				
宕昌县木耳乡	5195	7853					
宕昌县庞家乡	6472	8861					
宕昌县何家堡乡	19250	6632					
宕昌县贾河乡	14522	9400					
宕昌县将台乡	5690	7935					
宕昌县车拉乡	15144	12258		2	80		
宕昌县新城子藏族乡	20940	7021					
宕昌县好梯乡	19448	6766		3	17		
宕昌县韩院乡	14889	11028					
宕昌县竹院乡	10466	5293		1	26	1	1
宕昌县兴化乡	23700	8058					
宕昌县甘江头乡	8800	6586		3	120	1	
宕昌县新寨乡	12670	11692					
宕昌县狮子乡	19590	5774					
康县城关镇	10659	27352	12190	71	735	20	1
康县平洛镇	11714	10614	2263	14	43	3	
康县大堡镇	9507	9635	1785	31	97	4	
康县岸门口镇	18759	9240	1463	43	49	2	
康县两河镇	16747	4508	695	6	30	1	
康县长坝镇	15900	12868	12745	25	140	1	1
康县云台镇	11649	10692	2562	23	115	1	
康县阳坝镇	50004	11230	2441	81	560	15	2
康县王坝镇	7200	7736	2151	36	236	8	3
康县碾坝镇	10971	9923	805	40	200	1	
康县豆坝镇	10578	6396	875	28	30	1	
康县望关镇	8687	6325	746	28	168	2	
康县大南峪镇	12228	9794	788	24	143	1	
康县周家坝镇	11466	12546	871				
康县寺台乡	5274	5409		8	20	3	
康县迷坝乡	13755	5153					
康县店子乡	13959	4670		3	15	1	
康县白杨乡	20312	5527		29	147	3	

续表 600　　　　　　　　　　　　（甘肃省）　　　　　　　　　　　　单位：公顷、人、个

名　称	行政区域面积	常住人口	#城镇建成区	企业个数	企业从业人员	工业企业个数	#规模以上
康县太石乡	5709	3537		13	65	1	
康县铜钱乡	9504	4064		3	9	1	
康县三河坝乡	22123	5579		23	26	4	
西和县汉源镇	1777	45355	11346	503	12573	2	
西和县长道镇	7785	25176	3255	41	2112	6	
西和县何坝镇	9445	34190	2873	160	1000		
西和县姜席镇	7082	27323	710				
西和县石峡镇	9762	10944	1936	53	824	1	
西和县洛峪镇	15192	29628	1428	10	55		
西和县西峪镇	2836	22416	1642				
西和县马元镇	11509	12987	3019				
西和县大桥镇	9856	9868	1515	18	150	1	1
西和县十里镇	14732	38684	981	13	762	4	2
西和县石堡镇	9521	26192	2220	3	62	2	1
西和县兴隆镇	6882	20364	2100				
西和县苏合乡	8615	19888		4	242	1	
西和县卢河乡	11900	22459		7	567	6	1
西和县稍峪乡	4270	18504		4	45	1	1
西和县晒经乡	11702	4067					
西和县蒿林乡	10068	9656					
西和县太石河乡	12570	5077					
西和县六巷乡	10783	4739		11	1000	5	1
西和县西高山乡	7918	16497		2	13		
礼县城关镇	15885	54200	54200	66	3775	35	2
礼县盐官镇	11613	49000	49000	23	2300	9	
礼县石桥镇	19353	36200	36200	2	85	2	
礼县白河镇	17677	20100	20100	2	55	2	
礼县宽川镇	13031	35880	35880	1	65	1	
礼县永兴镇	8288	27660	27660	2	320	2	1
礼县祁山镇	8638	17700	17700	1	140	1	1
礼县红河镇	8525	15000	945				
礼县永坪镇	18649	23421	23421				
礼县中坝镇	14439	20007	20007	1	60	1	
礼县罗坝镇	18036	10769	10769	2	1500	2	2
礼县雷坝镇	10295	10213	10213				
礼县崖城镇	19165	12267	12267	3	720	3	
礼县洮坪镇	29199	15003	15003				
礼县龙林镇	14372	20661	20661				
礼县马河乡	11087	13246					
礼县固城乡	20272	11981					
礼县湫山乡	13974	11990					
礼县上坪乡	35347	7003					
礼县江口乡	6470	10700					
礼县雷王乡	6549	14135					
礼县白关乡	18094	19167					
礼县沙金乡	19918	6989					
礼县草坪乡	9806	7100					
礼县王坝乡	8448	11964					
礼县肖良乡	7986	7314					
礼县三峪乡	11945	5203		3	62	3	

续表 601　　（甘肃省）　　单位：公顷、人、个

名　　称	行政区域面积	常住人口	#城镇建成区	企业个数	企业从业人员	工业企业个数	#规模以上
礼县滩坪乡	12557	11760					
徽县城关镇	6400	39400	23130	150	2171	27	1
徽县伏家镇	10230	27432	9401	99	5000	21	2
徽县江洛镇	31250	19039	6607	98	540	20	3
徽县泥阳镇	6060	15607	5053	5	109	3	
徽县柳林镇	23310	8856	1202	4	2110	4	3
徽县嘉陵镇	24860	9674	1658	1	265	1	1
徽县永宁镇	8520	10955	1351	17	230	2	
徽县银杏树镇	9550	16162	1342	23	367	4	1
徽县水阳镇	9230	13184	696	6	337	6	1
徽县栗川镇	6160	14620	352	49	256	4	
徽县麻沿河镇	30260	9568	769	2	43	2	
徽县高桥镇	42770	6487	284	4	20	4	
徽县大河店镇	15040	6719	283	1	15	1	
徽县榆树乡	27030	6926		2	18		
徽县虞关乡	21530	5228					
两当县城关镇	1917	10210	7092	16	182		
两当县站儿巷镇	10071	3563	586				
两当县西坡镇	8359	4980	3320	32	360	3	
两当县杨店镇	7051	3749					
两当县显龙镇	4347	3436					
两当县云屏镇	29677	2721	2721	9	46		
两当县左家乡	16210	2650					
两当县鱼池乡	3277	2534		1	6		
两当县兴化乡	5304	2127		3	18		
两当县张家乡	15566	1489		5	175	3	1
两当县泰山乡	5267	974					
两当县金洞乡	34173	5139		20	350	3	
临夏市城郊镇	570	29156	29156	18	1062		
临夏市枹罕镇	3114	37259	3955	33	1075	31	1
临夏市南龙镇	2501	31982	19386	660	4612	70	2
临夏市折桥镇	1307	21035	2158	189	1320	35	1
临夏县韩集镇	2146	18456	9110	113	690	16	
临夏县土桥镇	2463	12378	9840	269	1356	6	
临夏县马集镇	3367	14938	2622	2	32		
临夏县莲花镇	4080	7007	1722	1	12	1	
临夏县新集镇	3569	21831	520	29	190	17	
临夏县尹集镇	7180	27002	10350	93	6731	85	7
临夏县刁祁镇	33388	22055	2154	32	359		
临夏县北塬镇	2423	17399	1761	40	610	10	1
临夏县黄泥湾镇	2098	11083	910	38	521	14	1
临夏县营滩乡	4033	11256		1	125	1	
临夏县掌子沟乡	2382	7606		3	16		
临夏县麻尼寺沟乡	6395	20428		12	63		
临夏县漠泥沟乡	7510	11083		3	15	3	
临夏县漫路乡	5694	17662		65	345	4	
临夏县榆林乡	3956	16039		5	150	5	
临夏县井沟乡	6230	16603		1	35	1	
临夏县坡头乡	1753	6608		13	72	13	
临夏县桥寺乡	2553	11024		22	792		

续表 602　　(甘肃省)　　单位：公顷、人、个

名　称	行政区域面　积	常住人口	#城镇建成区	企业个数	企　业从业人员	工业企业个　数	#规模以上
临夏县先锋乡	2039	13664		51	302	1	
临夏县河西乡	1309	7931		4	42	3	
临夏县安家坡乡	1622	10387		21	1458	3	
临夏县南塬乡	4604	10654					
临夏县红台乡	4915	15826		19	450	19	
临夏县路盘乡	3172	6351					
临夏县民主乡	2530	6342		2	10		
康乐县附城镇	4800	26377	21050	589	7970	18	1
康乐县苏集镇	4806	20144	20144	79	492	1	
康乐县胭脂镇	5571	23780	3989	68	374	6	
康乐县景古镇	7355	14617	14617	55	276	3	
康乐县莲麓镇	15461	10533	10533	54	273	1	
康乐县康丰乡	3539	16206		87	1422	6	
康乐县虎关乡	6868	22638		90	350	13	
康乐县流川乡	4144	15572		53	375	1	
康乐县白王乡	4448	12737		32	165		
康乐县八松乡	26638	12106		45	180	1	
康乐县鸣鹿乡	5558	12966		54	71	2	
康乐县八丹乡	2982	9449		21	25	1	
康乐县上湾乡	6607	19491	19491	51	264		
康乐县草滩乡	5331	15806		51	260	2	
康乐县五户乡	4194	10778		43	91	2	
永靖县刘家峡镇	5860	60616	40645	123	1866	32	10
永靖县盐锅峡镇	18300	28036	5592	151	3085	87	5
永靖县太极镇	14800	20120	4905	504	3562	30	
永靖县西河镇	17700	12551	1010	34	2100	34	1
永靖县三塬镇	11700	18900	1954	28	420	16	
永靖县岘塬镇	2700	9937	1364	9	922	8	
永靖县陈井镇	8900	10825	897	22	202	4	
永靖县川城镇	6400	4816	346				
永靖县王台镇	5600	5630	290	18	95	2	
永靖县红泉镇	10200	4397	692				
永靖县关山乡	11300	7318		1	86		
永靖县徐顶乡	5670	4017		25	246	23	
永靖县三条岘乡	15790	4992		10	196	10	
永靖县坪沟乡	19180	2866					
永靖县新寺乡	17900	6289					
永靖县小岭乡	5500	5255					
永靖县杨塔乡	8900	2988					
广河县城关镇	5735	45412	9910	94	3596	54	
广河县三甲集镇	8845	45942	15970	45	2530	35	1
广河县祁家集镇	6638	36961	1850	48	1390	45	
广河县庄禾集镇	7940	23751	2010				
广河县买家巷镇	5244	23703	2405				
广河县齐家镇	6706	22270	1920				
广河县水泉乡	5903	21132		10	52		
广河县官坊乡	3123	9448		1	5		
广河县阿力麻土东乡族乡	3632	15281					
和政县城关镇	2801	30528	208	46	241	33	
和政县三合镇	2512	10796	272	33	270	5	2

续表 603　　　　　　　　　　　　（甘肃省）　　　　　　　　　　　　单位：公顷、人、个

名　　称	行政区域面　　积	常住人口	#城镇建成区	企业个数	企　　业从业人员	工业企业个　　数	#规模以上
和政县三十里铺镇	5577	19489	256	5	36	5	
和政县马家堡镇	3737	14681	3214	1	45	1	
和政县买家集镇	5400	11921	450	5	30	5	
和政县松鸣镇	6700	15773	1404	84	421	4	
和政县陈家集镇	3788	12453	405				
和政县罗家集镇	6724	12959	3655	26	185	2	
和政县新营镇	5888	10253	403	18	152	5	1
和政县梁家寺乡	3868	11932		11	68	3	
和政县卜家庄乡	2256	12951		15	90	11	
和政县新庄乡	9739	17055		18	91	5	
和政县达浪乡	2793	13051		3	18	3	
东乡族自治县锁南镇	6109	22884	8076	3	21		
东乡族自治县达板镇	5145	26552	573	11	560	3	3
东乡族自治县河滩镇	5229	32640	1254	5	92	5	
东乡族自治县那勒寺镇	7805	25481	5647				
东乡族自治县唐汪镇	4600	15787	705				
东镇族自治县果园镇	6989	18782	976				
东镇族自治县汪集镇	10491	12386	750				
东镇族自治县龙泉镇	11393	15910	139				
东乡族自治县春台乡	7860	9641					
东乡族自治县柳树乡	6102	6611					
东乡族自治县东塬乡	6046	13500		54	291	7	
东乡族自治县坪庄乡	5082	14167					
东乡族自治县百和乡	4751	11003					
东乡族自治县关卜乡	3425	7810					
东乡族自治县赵家乡	3917	12191					
东乡族自治县五家乡	4009	12191					
东乡族自治县沿岭乡	3591	6099					
东乡族自治县风山乡	5515	5751					
东乡族自治县车家湾乡	5377	3929					
东乡族自治县高山乡	6230	3988					
东乡族自治县大树乡	6579	8960					
东乡族自治县北岭乡	4267	6144					
东乡族自治县考勒乡	6144	9768					
东乡族自治县董岭乡	12627	6657					
积石山保安族东乡族撒拉族自治县吹麻滩镇	3654	36505	12656	335	2310		
积石山保安族东乡族撒拉族自治县大河家镇	5164	32009	32009	102	650	7	
积石山保安族东乡族撒拉族自治县居集镇	3033	14796	4230	155	781	3	
积石山保安族东乡族撒拉族自治县癿藏镇	2967	16324	2858	180	900		
积石山保安族东乡族撒拉族自治县刘集乡	5703	16708					
积石山保安族东乡族撒拉族自治县石塬乡	5373	10765		1	8		
积石山保安族东乡族撒拉族自治县柳沟乡	4993	11550		21	107		
积石山保安族东乡族撒拉族自治县关家川乡	6965	12706					
积石山保安族东乡族撒拉族自治县胡林家乡	5035	12457					
积石山保安族东乡族撒拉族自治县安集乡	5040	13852					
积石山保安族东乡族撒拉族自治县寨子沟乡	3433	14064		28	220		
积石山保安族东乡族撒拉族自治县郭干乡	2440	6792					
积石山保安族东乡族撒拉族自治县徐扈家乡	2167	9994					
积石山保安族东乡族撒拉族自治县中咀岭乡	2926	12521					
积石山保安族东乡族撒拉族自治县小关乡	2967	11161					

续表 604 (甘肃省) 单位：公顷、人、个

名 称	行政区域面积	常住人口	#城镇建成区	企业个数	企业从业人员	工业企业个数	#规模以上
积石山保安族东乡族撒拉族自治县铺川乡	3118	11386					
积石山保安族东乡族撒拉族自治县银川乡	6740	18478					
合作市那吾镇	24118	7412		3	100	1	1
合作市勒秀镇	45363	8604	337	4	165	4	1
合作市佐盖曼玛镇	34755	6539	388	5	92		
合作市卡加曼乡	9295	3141		1	21		
合作市卡加道乡	33763	2628					
合作市佐盖多玛乡	56906	3860		2	15		
临潭县城关镇	3121	16798	15926	364	3046	19	
临潭县新城镇	12453	20376	5085	2	23		
临潭县冶力关镇	11754	12188	2431	58	1047		
临潭县羊永镇	4764	9612	1585	22	142	4	
临潭县王旗镇	13484	12032	3011	6	31	1	
临潭县古战回族镇	3256	6059	2466	41	206		
临潭县洮滨镇	9174	9603	1403	40	200		
临潭县八角镇	6124	5495		132	374	1	
临潭县初布乡	12707	3747		5	64	3	
临潭县卓洛回族乡	1984	3042		1	11		
临潭县长川回族乡	4731	10907					
临潭县流顺乡	4218	10310					
临潭县店子乡	7620	5077		5	26		
临潭县三岔乡	8200	2377		2	10		
临潭县石门乡	13297	7583		7	42	2	
临潭县羊沙乡	22459	5832		12	60	2	
卓尼县柳林镇	5034	18876	11879	21	330	14	
卓尼县木耳镇	79310	9572	2435	11	261	8	
卓尼县扎古录镇	21694	6775	1652	8	86	6	
卓尼县喀尔钦镇	78998	10179	380	5	95	4	2
卓尼县藏巴哇镇	33727	10152	321	1	194	1	1
卓尼县纳浪乡	21626	7526		2	36	1	
卓尼县刀告乡	33849	4998					
卓尼县尼巴乡	77195	5481		1	19	1	
卓尼县完冒乡	27473	4190					
卓尼县阿子塘乡	10722	7212		2	15	1	
卓尼县申藏乡	16366	8261		1	40	1	
卓尼县恰盖乡	57006	3519					
卓尼县康多乡	34841	2321		1	12	1	
卓尼县勺哇土族乡	4352	1884		1	20	1	
卓尼县洮砚乡	11685	5231		1	12	1	
舟曲县城关镇	11264	22843	12626	372	5604	3	
舟曲县大川镇	3958	6225	1256	97	892	5	1
舟曲县峰迭镇	19729	13460	4317	238	2134	7	1
舟曲县立节镇	8455	5140	1745	124	976	2	1
舟曲县东山镇	6782	11543	310	3	65	1	
舟曲县曲告纳镇	44454	12508	1320	96	584	10	1
舟曲县博峪镇	41750	4563	565	70	725		
舟曲县曲瓦乡	14900	4150		71	688	5	
舟曲县巴藏乡	9624	4999		76	763	1	
舟曲县大峪乡	15406	5112		79	825	5	
舟曲县憨班乡	15002	5081		80	1160	1	1

续表 605　　　　(甘肃省、青海省)　　　　单位：公顷、人、个

名　　称	行政区域面积	常住人口	#城镇建成区	企业个数	企业从业人员	工业企业个数	#规模以上
舟曲县坪定乡	6783	5040		92	1269		
舟曲县江盘乡	3058	4592		79	1162	3	1
舟曲县南峪乡	6481	4244		34	350		
舟曲县果耶乡	6744	10252		72	765		
舟曲县八楞乡	9058	4715		35	392	2	
舟曲县武坪乡	39214	5738		91	1069	1	
舟曲县插岗乡	19523	3103		52	528	6	
舟曲县拱坝乡	19336	5764		58	718	1	
迭部县电尕镇	62599	5916	5916	10	74		
迭部县益哇镇	36500	4829					
迭部县旺藏镇	49523	7548		4	30	3	3
迭部县腊子口镇	48009	3428		4	36	2	
迭部县洛大镇	25456	5247					
迭部县卡坝乡	43173	2188					
迭部县达拉乡	74000	2184		1	25	1	1
迭部县尼傲乡	24201	2142					
迭部县阿夏乡	30280	1263					
迭部县多儿乡	49237	3714					
迭部县桑坝乡	32948	3656					
玛曲县尼玛镇	59637	12656	12656	439	2395	14	5
玛曲县曼日玛镇	112392	8240	8240	2	11	2	
玛曲县阿万仓镇	148289	6273	6273	2	14	2	
玛曲县齐哈玛镇	83213	5697	5697	3	18	2	
玛曲县欧拉乡	138363	5393		3	36	3	
玛曲县欧拉秀玛乡	141665	3597					
玛曲县木西合乡	161824	3946		1	10	1	
玛曲县采日玛乡	67932	5577		1	11	1	
碌曲县郎木寺镇	57092	4276	1726	2	230	2	1
碌曲县玛艾镇	85072	11401	5815	52	327	6	
碌曲县西仓镇	24558	2747	874	2	58	2	
碌曲县尕海镇	110115	5404	822	1	30		
碌曲县双岔镇	44836	5133	1022				
碌曲县拉仁关乡	72060	3025					
碌曲县阿拉乡	17591	3145		2	38	2	1
夏河县拉卜楞镇	17407	19468	19468	320	3568	12	
夏河县王格尔塘镇	24741	3558	3558	7	208	7	1
夏河县阿木去乎镇	89760	12730	6977	1	245	1	1
夏河县桑科镇	125071	7963	1265	13	156		
夏河县甘加镇	84279	7942	847	1	15	1	
夏河县麻当镇	35937	5308	922	1	139	1	1
夏河县博拉镇	34098	6743	288				
夏河县科才镇	89984	3960	1251				
夏河县达麦乡	18367	3805		28	356	2	
夏河县曲奥乡	20484	2617		5	81	5	
夏河县唐尕昂乡	20803	2646					
夏河县扎油乡	37828	3906					
夏河县吉仓乡	28859	4824					
青海省							
西宁市城东区乐家湾镇政府	1279	49548	49548	2014	50500	107	58
西宁市城东区韵家口镇政府	3478	20282	20282	77	470	18	

续表 606　　　　(青海省)　　　　单位：公顷、人、个

名　　称	行政区域面　　积	常住人口	#城镇建成区	企业个数	企　　业从业人员	工业企业个　　数	#规模以上
西宁市城中区总寨镇	11700	63638	63060	140	1200	23	1
西宁市城西区彭家寨镇	3286	26471	23951	273	3851	4	1
西宁市城北区大堡子镇	4817	27120	4500	37	1200	25	2
西宁市城北区廿里铺镇	5200	33759	18885	418	2532	72	1
大通回族土族自治县桥头镇	12015	142623	103487	52	3381	36	10
大通回族土族自治县城关镇	4364	24929	8021	10	89	2	
大通回族土族自治县塔尔镇	7680	31963	4902				
大通回族土族自治县东峡镇	9440	14936	1914	2	240		
大通回族土族自治县黄家寨镇	6178	32076	2068	22	191	21	3
大通回族土族自治县长宁镇	9311	41084	3039	325	14560	188	10
大通回族土族自治县景阳镇	10640	25430	2600				
大通回族土族自治县多林镇	4680	10296	1538				
大通回族土族自治县新庄镇	5440	15570	400	1	7	1	
大通回族土族自治县青林乡	29560	10641					
大通回族土族自治县青山乡	14715	16120					
大通回族土族自治县逊让乡	12800	12733		3	18		
大通回族土族自治县极乐乡	5458	12807					
大通回族土族自治县石山乡	2942	9833					
大通回族土族自治县宝库乡	117485	8089					
大通回族土族自治县斜沟乡	4782	8370					
大通回族土族自治县良教乡	4280	20237					
大通回族土族自治县向化藏族乡	17499	8397		4	21		
大通回族土族自治县桦林乡	20880	15804					
大通回族土族自治县朔北藏族乡	8040	19221					
湟中县鲁沙尔镇	18381	60100	25180	486	2790	345	2
湟中县西堡镇	9401	24868	526	49	3585	29	3
湟中县上新庄镇	22523	34926	428	27	1620	24	3
湟中县田家寨镇	32949	36036	2834	179	1644	174	
湟中县甘河滩镇	6649	21289	1207	9	408		
湟中县共和镇	26439	32387	2331	20	120	20	
湟中县多巴镇	14876	72012	10535	308	3721	106	8
湟中县拦隆口镇	14608	41370	17141	78	660		
湟中县上五庄镇	56153	34814	3215	61	315	56	
湟中县李家山镇	14495	26536	2463	16	725	8	
湟中县群加乡	9856	2417					
湟中县土门关乡	11232	17876		1	40		
湟中县汉东乡	4019	5461		1	6		
湟中县大才乡	7208	21142					
湟中县海子沟乡	9536	15990		1	35		
湟源县城关镇	2931	46725	9025	325	2568	89	7
湟源县大华镇	23563	19008	1236	177	1478	71	5
湟源县东峡乡	11727	4435		35	342	12	1
湟源县日月乡	48503	12395		51	420	7	
湟源县和平乡	16890	11376		49	480	4	
湟源县波航乡	8561	7770		34	240	8	
湟源县申中乡	12231	13167		154	1601	23	2
湟源县巴燕乡	12054	8434		39	405	9	
湟源县寺寨乡	14183	4115		18	154	1	
乐都区碾伯镇	14443	72394	3410	123	1177	86	3
乐都区雨润镇	10212	16747	3275	73	1360	26	8

续表 607　　　　（青海省）　　　　单位：公顷、人、个

名　称	行政区域面　积	常住人口	#城镇建成区	企业个数	企　业从业人员	工业企业个　数	#规模以上
乐都区寿乐镇	40675	22544	2012	11	120	10	
乐都区高庙镇	9990	23193	2386				
乐都区洪水镇	14634	18482	1200	27	672	25	8
乐都区高店镇	4619	8520	1126	5	212	2	2
乐都区瞿昙镇	26325	19468	1500	2	58	2	
乐都区共和乡	9127	8764					
乐都区中岭乡	9295	5678					
乐都区李家乡	16838	9489					
乐都区下营乡	7241	4818					
乐都区芦化乡	9429	6998		1	20	1	
乐都区马营乡	12869	9796		1	48	1	
乐都区马厂乡	8504	2943					
乐都区蒲台乡	14602	14553					
乐都区中坝乡	11212	7111					
乐都区峰堆乡	6737	6211					
乐都区城台乡	9405	3648					
乐都区达拉乡	11898	7135					
平安区平安镇	10604	55035	55035	910	29729	135	3
平安区小峡镇	5935	12186	5698	158	2055	60	2
平安区三合镇	14807	11427	1427	143	851	19	1
平安区洪水泉乡	7791	1821		95	475	3	
平安区石灰窑乡	7427	9174		89	418	3	
平安区古城乡	9482	11028		72	253	2	2
平安区沙沟乡	8520	9841		76	454	15	1
平安区巴藏沟乡	8893	3383		51	266	1	
民和回族土族自治县川口镇	8747	81200	81200	184	3312	96	2
民和回族土族自治县古鄯镇	13249	23455	2983	3	35	3	
民和回族土族自治县马营镇	5501	19225	6965	1	38	1	
民和回族土族自治县官亭镇	8633	16524	7412	6	36	2	2
民和回族土族自治县巴州镇	11166	21692	3300	3	35	3	
民和回族土族自治县满坪镇	5686	15070	2644				
民和回族土族自治县李二堡镇	13172	17356	2637	12	75		
民和回族土族自治县峡门镇	10064	12421	5231				
民和回族土族自治县马场垣乡	8810	23257		35	4196	34	14
民和回族土族自治县北山乡	6119	4667					
民和回族土族自治县松树乡	6739	7338					
民和回族土族自治县西沟乡	11701	21854					
民和回族土族自治县总堡乡	4904	12749					
民和回族土族自治县隆治乡	12206	8576					
民和回族土族自治县大庄乡	6275	10899					
民和回族土族自治县转导乡	10235	15073		1	6	1	
民和回族土族自治县前河乡	7063	9233					
民和回族土族自治县甘沟乡	5077	15776					
民和回族土族自治县中川乡	13550	19030		8	185	7	
民和回族土族自治县杏儿乡	5984	4532					
民和回族土族自治县核桃庄乡	6006	13229					
民和回族土族自治县新民乡	8877	7765					
互助土族自治县威远镇	8088	71050	53085	385	6012	34	3
互助土族自治县丹麻镇	15120	22702	270	1	6		
互助土族自治县高寨镇	7366	15158					

续表 608　　　　(青海省)　　　　单位：公顷、人、个

名　　称	行政区域面　　积	常住人口	#城镇建成区	企业个数	企　　业从业人员	工业企业个　　数	#规模以上
互助土族自治县南门峡镇	22447	18811	2025	3	30	3	
互助土族自治县加定镇	61937	7809	120	22	120	1	
互助土族自治县塘川镇	15554	41361	811	33	2110	20	10
互助土族自治县五十镇	19390	18161	560	29	156		
互助土族自治县五峰镇	8835	23277	511	5	101	4	
互助土族自治县台子乡	8102	23192		14	150	5	
互助土族自治县西山乡	9379	19781					
互助土族自治县红崖子沟乡	17931	19129		15	581	15	1
互助土族自治县巴扎藏族乡	52130	5278					
互助土族自治县哈拉直沟乡	13279	16316		10	50		
互助土族自治县松多藏族乡	23382	5905					
互助土族自治县东山乡	9049	10357					
互助土族自治县东和乡	9932	17825		22	328	1	
互助土族自治县东沟乡	9468	20554					
互助土族自治县林川乡	15951	25016		2	20	2	
互助土族自治县蔡家堡乡	7225	7499					
化隆回族自治县巴燕镇	15375	39018	15842	69	652	25	4
化隆回族自治县群科镇	10350	26857	3464	38	249	26	1
化隆回族自治县牙什尕镇	8724	14680	2485	10	143	7	1
化隆回族自治县甘都镇	16084	22058	2754	26	174	21	1
化隆回族自治县扎巴镇	18053	22133	1903	29	169	14	1
化隆回族自治县昂思多镇	18465	19582	1881	11	433	9	
化隆回族自治县雄先藏族乡	18303	8602		2	19	2	
化隆回族自治县初麻乡	18889	4652					
化隆回族自治县查甫藏族乡	12124	5056					
化隆回族自治县塔加藏族乡	15980	4157					
化隆回族自治县金源藏族乡	31490	6530		2	16	2	
化隆回族自治县二塘乡	11260	8821		1	12	1	
化隆回族自治县谢家滩乡	7091	6208		2	24	2	
化隆回族自治县德恒隆乡	24747	7215		4	48	1	
化隆回族自治县沙连堡乡	9513	3819		3	43	3	
化隆回族自治县阿什奴乡	10060	3425					
化隆回族自治县石大仓乡	19436	5805		2	14	2	
循化撒拉族自治县积石镇	10621	38165	36168	400	6230	69	5
循化撒拉族自治县白庄镇	16260	25217	2613	34	412	8	1
循化撒拉族自治县街子镇	8075	21526	5128	201	2500	50	6
循化撒拉族自治县道帏藏族乡	44428	17020		36	298	2	
循化撒拉族自治县清水乡	24012	17165		92	1047	9	3
循化撒拉族自治县岗察藏族乡	26606	2079		4	22		
循化撒拉族自治县查汗都斯乡	10562	12567		82	805	7	
循化撒拉族自治县文都藏族乡	22488	8146		68	850	17	
循化撒拉族自治县尕楞藏族乡	18471	5132		7	35		
门源回族自治县浩门镇	37850	33930	19915	149	1032		
门源回族自治县青石咀镇	74811	31672	4090	142	2398	9	1
门源回族自治县泉口镇	22318	19752	19752	30	150	4	
门源回族自治县东川镇	45224	20212	2310	54	275	6	
门源回族自治县北山乡	9320	7747		8	140	7	
门源回族自治县麻莲乡	10028	7610					
门源回族自治县西滩乡	6516	10581					
门源回族自治县阴田乡	12020	9860					

续表 609 （青海省） 单位：公顷、人、个

名　　称	行政区域面积	常住人口	#城镇建成区	企业个数	企业从业人员	工业企业个数	#规模以上
门源回族自治县仙米乡	156430	6037					
门源回族自治县珠固乡	101775	5215					
门源回族自治县苏吉滩乡	69484	2111					
门源回族自治县皇城蒙古族乡	54261	1933					
祁连县八宝镇	81445	25199	12687	71	355	1	1
祁连县峨堡镇	116545	3373	2241	41	355	13	
祁连县默勒镇	303969	6473	793	2	321		
祁连县扎麻什乡	53207	4957		4	93		
祁连县阿柔乡	120587	3437					
祁连县野牛沟乡	459634	3823					
祁连县央隆乡	255118	2388	792				
海晏县三角城镇	29824	15833	11728	13	115	9	9
海晏县西海镇	1861	15366	15366	92	2062		
海晏县金滩乡	20699	5437	3740	75	463	1	
海晏县哈勒景蒙古族乡	75983	1542					
海晏县青海湖乡	86373	3136					
海晏县甘子河乡	148864	5648		9	50		
刚察县沙柳河镇	123782	13393	6507	11	158	9	1
刚察县哈尔盖镇	172901	10724	2192	14	210	12	1
刚察县伊克乌兰乡	177870	5807					
刚察县泉吉乡	150293	6225	582	5	67	5	5
刚察县吉尔孟乡	146360	3292		11	560		
同仁县隆务镇	10471	9184	9181				
同仁县保安镇	31933	10794	2475	2	65		
同仁县多哇镇	93748	6311	5067				
同仁县兰采乡	40779	4851					
同仁县双朋西乡	25299	3599					
同仁县扎毛乡	21785	4790					
同仁县黄乃亥乡	8500	3076					
同仁县曲库乎乡	22366	8710					
同仁县年都乎乡	16935	8960					
同仁县瓜什则乡	40128	4348					
同仁县加吾乡	14962	5125					
尖扎县马克堂镇	10108	15274	14378	25	880	10	1
尖扎县康扬镇	3295	8208	1645	17	170	10	1
尖扎县坎布拉镇	35873	13561	3120	21	880	17	3
尖扎县贾加乡	13305	1947					
尖扎县措周乡	14337	4698					
尖扎县昂拉乡	7793	2039					
尖扎县能科乡	6051	2190					
尖扎县当顺乡	12815	1809		4	86	4	
尖扎县尖扎滩乡	52203	5521					
泽库县泽曲镇	98996	18480	8312	117	1046	19	
泽库县麦秀镇	142222	12589	2155	14	774	3	
泽库县和日镇	109979	12656	3025	20	1074	5	
泽库县宁秀乡	122012	16416		10	105	2	
泽库县王加乡	56221	4573		14	774		
泽库县西卜沙乡	17710	3144					
泽库县多禾茂乡	129442	9436		3	31	1	
河南蒙古族自治县优干宁镇	224252	21475	6887	281	1408	36	4

续表 610 (青海省) 单位：公顷、人、个

名称	行政区域面积	常住人口	#城镇建成区	企业个数	企业从业人员	工业企业个数	#规模以上
河南蒙古族自治县宁木特镇	179383	9986	3675	4	22		
河南蒙古族自治县多松乡	57959	2622		3	16		
河南蒙古族自治县赛尔龙乡	101571	3363		5	26		
河南蒙古族自治县柯生乡	106859	3252		8	41		
共和县恰卜恰镇	69878	53030	39213	340	2138	70	28
共和县倒淌河镇	342543	10718	936				
共和县龙羊峡镇	75731	8656	720	4	412	2	2
共和县塘格木镇	146170	13734	1361				
共和县黑马河乡	115679	4860					
共和县石乃亥乡	167861	6994					
共和县沙珠玉乡	54308	5950					
共和县铁盖乡	100426	5300					
共和县廿地乡	73057	4140					
共和县切吉乡	404661	8712					
共和县江西沟乡	66579	7395		8	75		
同德县尕巴松多镇	125873	25870	25673	45	280	20	1
同德县唐谷镇	93568	13907	430				
同德县巴沟乡	44817	8730	520	3	57	3	
同德县秀麻乡	97319	8784					
同德县河北乡	101704	6501	376	2	19	1	
贵德县河阴镇	3267	35691	22459	27	215	13	
贵德县河西镇	49834	23878	2771	9	168	7	2
贵德县拉西瓦镇	78393	6288	1378	2	283	2	2
贵德县常牧镇	123154	17852	835				
贵德县河东乡	27505	15223		2	108	2	
贵德县新街回族乡	9270	6255		3	36	3	
贵德县尕让乡	59889	13878		6	37	6	
兴海县子科滩镇	363229	29774	17142	318	1896	68	3
兴海县河卡镇	196773	16304	1141	135	752	15	1
兴海县曲什安镇	37119	5063	372	20	609	3	3
兴海县温泉乡	335532	9312		28	345	2	1
兴海县龙藏乡	89636	5462		24	132		
兴海县中铁乡	87332	7395		27	152		
兴海县唐乃亥乡	89759	6502		98	571		
贵南县茫曲镇	9122	17667	6608	140	711	28	
贵南县过马营镇	173766	13857	4152	75	375	13	
贵南县森多镇	141960	15213	3257	45	254	1	
贵南县沙沟乡	93703	8448		26	130	3	
贵南县茫拉乡	42879	7500		2	15	2	
贵南县塔秀乡	113955	10926		51	490	3	
玛沁县大武镇	195574	3664	370				
玛沁县拉加镇	262620	12202	1292				
玛沁县大武乡	181373	4650					
玛沁县东倾沟乡	77967	2204					
玛沁县雪山乡	135093	2098					
玛沁县下大武乡	164100	1779					
玛沁县优云乡	147580	3091					
玛沁县当洛乡	173486	4442					
班玛县赛来塘镇	61856	2554	168				
班玛县多贡麻乡	56394	2973					

续表 611　　　　（青海省）　　　　单位：公顷、人、个

名　　称	行政区域面积	常住人口	#城镇建成区	企业个数	企业从业人员	工业企业个数	#规模以上
班玛县马可河乡	61166	2106					
班玛县吉卡乡	66641	2368					
班玛县达卡乡	99034	2882					
班玛县知钦乡	89752	2549					
班玛县江日堂乡	41239	3129					
班玛县亚尔堂乡	36495	2792					
班玛县灯塔乡	101289	4077					
甘德县柯曲镇	175300	6682	145				
甘德县上贡麻乡	82402	3885					
甘德县下贡麻乡	71000	4221					
甘德县岗龙乡	104200	4473					
甘德县青珍乡	131000	6156		1	5		
甘德县江千乡	70100	3616					
甘德县下藏科乡	70600	5459					
达日县吉迈镇	92680	3068	80				
达日县满掌乡	100453	3321					
达日县德昂乡	95940	2896					
达日县窝赛乡	56120	2537					
达日县莫坝乡	190546	2480					
达日县上红科乡	178533	3975					
达日县下红科乡	109560	3123					
达日县建设乡	147913	3300					
达日县桑日麻乡	300120	2804					
达日县特合土乡	212380	2225					
久治县智青松多镇	186565	4579	157				
久治县门堂乡	110957	2571					
久治县哇赛乡	113333	3866					
久治县索呼日麻乡	206246	5048					
久治县白玉乡	153179	5289					
久治县哇尔依乡	105445	3806					
玛多县玛查理镇	565326	2843	2843				
玛多县花石峡镇	880433	4751	4751				
玛多县黄河乡	560960	2820					
玛多县扎陵湖乡	618163	2523					
玉树市隆宝镇	172840	8694	7587				
玉树市下拉秀镇	308567	18335	2023				
玉树市仲达乡	71067	5961					
玉树市巴塘乡	236100	9370					
玉树市小苏莽乡	214770	12730					
玉树市上拉秀乡	213767	13136					
玉树市哈秀乡	135300	5189					
玉树市安冲乡	92660	6132					
杂多县萨呼腾镇	243903	8983	6291				
杂多县昂赛乡	168117	8501					
杂多县结多乡	247123	9425					
杂多县阿多乡	319677	8921					
杂多县苏鲁乡	175215	7471					
杂多县查旦乡	1196893	5525					
杂多县莫云乡	602072	6323					
杂多县扎青乡	598787	9183					

续表 612 (青海省) 单位：公顷、人、个

名称	行政区域面积	常住人口	#城镇建成区	企业个数	企业从业人员	工业企业个数	#规模以上
称多县称文镇	100779	7201	1723				
称多县歇武镇	72572	5835	2917				
称多县扎朵镇	431766	9819	2200				
称多县清水河镇	453851	8571	3279	2	21		
称多县珍秦镇	232677	11505	3280				
称多县尕朵乡	117808	8986					
称多县拉布乡	52375	4417					
治多县加吉博洛格镇	166206	3589					
治多县索加乡	6506211	6553					
治多县扎河乡	442941	6646					
治多县多彩乡	638462	6923					
治多县治渠乡	221828	3879					
治多县立新乡	88548	3285					
囊谦县香达镇	136430	24612	19106				
囊谦县白扎乡	166470	14733					
囊谦县吉曲乡	184417	13073					
囊谦县娘拉乡	51366	6499					
囊谦县毛庄乡	82020	8873					
囊谦县觉拉乡	95386	5831					
囊谦县东坝乡	113822	5611					
囊谦县尕羊乡	132859	3501					
囊谦县吉尼赛乡	110502	7920					
囊谦县着晓乡	196216	6559					
曲麻莱县约改镇	227853	20682	20682				
曲麻莱县巴干乡	190821	6047					
曲麻莱县秋智乡	559530	5498					
曲麻莱县叶格乡	748299	3584					
曲麻莱县麻多乡	1485294	5902					
曲麻莱县曲麻河乡	1461082	4170					
格尔木市郭勒木德镇	2622397	43944	5681	53	410	7	
格尔木市唐古拉镇	4800000	1614	275	60	316		
格尔木市大格勒乡	168271	1788	1788	5	270		
格尔木市乌图美仁乡	3451712	1839		16	186	4	
德令哈市尕海镇	247000	7559	242	109	546	11	1
德令哈市怀头他拉镇	1070000	3099	1876	39	195	3	3
德令哈市柯鲁柯镇	667900	14337	1228	159	810	16	2
德令哈市蓄集乡	773800	1793	950	39	300	13	
乌兰县希里沟镇	27034	13174	8142	127	928	15	
乌兰县茶卡镇	171044	3676	2092	59	5724	16	2
乌兰县柯柯镇	806285	13474	1612	18	1308	18	
乌兰县铜普镇	204766	3975	977	20	1192	6	2
都兰县察汉乌苏镇	10700	17172	7538	200	1250	31	2
都兰县香日德镇	82400	24968	2364	143	815	8	1
都兰县夏日哈镇	315300	4127	484	6	200	3	
都兰县宗加镇	2372800	6152	674	38	240	8	7
都兰县热水乡	87700	4328	4328	2	48	2	
都兰县香加乡	507700	4903	501				
都兰县沟里乡	327100	1660		1	45	1	1
都兰县巴隆乡	823300	6234	1010	3	100		
天峻县新源镇	153579	19412	16474	186	942	7	1

续表 613　　　　（青海省、宁夏回族自治区）　　　　单位：公顷、人、个

名　　称	行政区域面　　积	常住人口	#城镇建成区	企业个数	企　　业从业人员	工业企业个　　数	#规模以上
天峻县木里镇	168057	1233	424	10	58		
天峻县江河镇	81650	2207	801	4	27		
天峻县快尔玛乡	168599	1953		2	12		
天峻县舟群乡	140629	1374					
天峻县织合玛乡	85431	1506					
天峻县苏里乡	979620	1458		1	6		
天峻县生格乡	233554	977					
天峻县阳康乡	310388	1132					
天峻县龙门乡	239750	1289		2	14		
大柴旦行政委员会柴旦镇	1863300	8728	7889	45	5771	43	20
大柴旦行政委员会锡铁山镇	227100	2005	2005	10	3441	10	7
冷湖行政委员会冷湖镇	1750000	3408	3408	29	1375	11	5
茫崖行政委员会花土沟镇	2997300	28910	28890	383	3720	21	4
茫崖行政委员会茫崖镇	209000	1598	1598	3	1238	1	1
宁夏回族自治区							
兴庆区掌政镇	15300	29497	7824	193	1922	41	
兴庆区大新镇	3300	28910	14585	553	3318	26	
兴庆区通贵乡	11100	17857		8	52	6	
兴庆区月牙湖乡	32995	30659		78	1789	10	10
西夏区兴泾镇	2885	24513	17966	17	510		
西夏区镇北堡镇	8000	32535	11260	125	3600	33	2
金凤区良田镇	7890	39792	4940	106	1473	5	
金凤区丰登镇	4846	17873	3293	65	2400	4	2
永宁县杨和镇	6300	21973	4525	47	2046	6	
永宁县李俊镇	9820	28593	12569	103	2252	9	
永宁县望远镇	12285	82835	82835	1200	12558	162	
永宁县望洪镇	10500	36125	2241	43	230	2	
永宁县闽宁镇	8798	44573	8233	115	1382	19	
永宁县胜利乡	10501	17814	4520	165	1626	14	
贺兰县习岗镇	9725	154713	136529	2649	24800	559	104
贺兰县金贵镇	12740	35920	7104	222	1500	20	2
贺兰县立岗镇	16887	22060	3895	98	1764	5	2
贺兰县洪广镇	31956	26979	6035	351	6713	86	36
贺兰县常信乡	17856	26414	426	38	228	14	
灵武市东塔镇	11802	21857	4924	67	10441	57	57
灵武市郝家桥镇	21470	42075	1542	6	158	6	6
灵武市崇兴镇	12267	46745	4420	71	1046	35	
灵武市宁东镇	101539	33490	33490	1523	80140	28	28
灵武市马家滩镇	59745	6200	1790	48	10400	5	
灵武市临河镇	59127	8134	6589	123	18596	36	8
灵武市梧桐树乡	15427	28072		76	795	29	14
灵武市白土岗乡	69192	11833		19	1950	16	9
大武口区星海镇	13800	65850	31926	48	3800	38	4
惠农区红果子镇	7751	21862	21862	363	12688	95	37
惠农区尾闸镇	4059	7056	6329	130	871	22	1
惠农区园艺镇	847	43834	9200	195	1940	5	
惠农区庙台乡	5300	6418		73	1393	8	
惠农区礼和乡	7203	9500		65	386	6	1
惠农区燕子墩乡	9600	9837		126	626	7	
平罗县城关镇	15039	144720	125720	1479	45974	327	65

续表 614　　　　(宁夏回族自治区)　　　　单位：公顷、人、个

名　　称	行政区域面　积	常住人口	#城镇建成区	企业个数	企　业从业人员	工业企业个　数	#规模以上
平罗县黄渠桥镇	9023	14701	1930	82	410	23	
平罗县宝丰镇	4061	11560		11	135		
平罗县头闸镇	9800	14137	324	5	58	2	
平罗县姚伏镇	11304	17077	1325	396	2105		
平罗县崇岗镇	43655	12726	1926	56	989	52	13
平罗县陶乐镇	11582	14857	4608	72	975	1	
平罗县高庄乡	7691	19248		49	386	20	
平罗县灵沙乡	8362	15706		19	92		
平罗县渠口乡	14430	18315		33	280	2	
平罗县通伏乡	13239	16773		10	280	10	2
平罗县高仁乡	14809	5468		34	196	1	1
平罗县红崖子乡	26270	16213		61	2842	47	16
利通区金积镇	7040	47850	21350	453	8689	138	36
利通区金银滩镇	8700	31654	1784	40	1003	25	5
利通区高闸镇	7570	16551	1203	14	1650	13	13
利通区扁担沟镇	53000	22463	6013	90	3793	6	2
利通区上桥镇	1320	25112	25112	22	4755	11	9
利通区古城镇	3126	28055	21987	96	3802	45	7
利通区金星镇	1250	91285	91285	67	3991		
利通区胜利镇	820	55353	55353	38	11200	7	5
利通区东塔寺乡	2470	27511	7012	34	1250	18	17
利通区板桥乡	3068	30828	21285	116	1109	41	4
利通区马莲渠乡	3528	24309	6093	45	643	11	6
利通区郭家桥乡	2750	21041	1100	69	795	23	1
红寺堡区红寺堡镇	32200	86474	34152	755	7502	94	15
红寺堡区太阳山镇	108000	16784		11	177	1	
红寺堡区大河乡	48602	35973		92	901	15	2
红寺堡区新庄集乡	67271	45139		93	949	19	
红寺堡区柳泉乡	60000	34884		98	1027	5	
盐池县花马池镇	153100	59476	59476	2010	12314	31	31
盐池县大水坑镇	145850	15742	9998	246	1254	2	2
盐池县惠安堡镇	128920	25460	13233	431	2310	35	3
盐池县高沙窝镇	87350	6534	5000	619	1120	61	8
盐池县王乐井乡	104580	10273		40	235	4	3
盐池县冯记沟乡	90230	6543		14	132	7	2
盐池县青山乡	62237	4366		19	450	19	3
盐池县麻黄山乡	76870	7121		1	10	1	1
同心县豫海镇	20038	110027	110027	974	4997	211	12
同心县河西镇	55353	53119	15010	3	63	1	
同心县韦州镇	52121	29769	16931	61	741		
同心县下马关镇	66700	50427	8342	21	168		
同心县预旺镇	35033	19699		11	110	2	
同心县王团镇	49371	38575	7521	175	932	42	2
同心县丁塘镇	16506	37889	2664	21	451	5	
同心县田老庄乡	50360	2746					
同心县马高庄乡	47010	7265		1	121		
同心县张家塬乡	68010	3222					
同心县兴隆乡	17800	14567		3	85		
青铜峡市小坝镇	4597	24860	3660	226	2517	88	11
青铜峡市大坝镇	20971	29495	7780	123	7409	32	9

续表 615　　（宁夏回族自治区）　　单位：公顷、人、个

名　　称	行政区域面积	常住人口	#城镇建成区	企业个数	企业从业人员	工业企业个数	#规模以上
青铜峡市青铜峡镇	55700	49520	4430	408	13200	364	79
青铜峡市叶盛镇	5571	17704	3144	117	1028	58	7
青铜峡市瞿靖镇	10210	29965	1134	48	1134	8	6
青铜峡市峡口镇	33300	31497	4053	87	7680	65	13
青铜峡市邵岗镇	38100	27102	1852	75	614	7	4
青铜峡市陈袁滩镇	6400	35918	24214	778	7895	212	19
原州区三营镇	17258	28327	12521	177	890	16	1
原州区官厅镇	30017	15558	230	14	400	14	
原州区开城镇	24411	24898	220	88	890	21	
原州区张易镇	28416	31694	2650	13	289	8	
原州区彭堡镇	19407	24398	1573	10	290	5	1
原州区头营镇	28026	39897	5235	129	1130	39	4
原州区黄铎堡镇	19747	24774	2720	28	540	11	1
原州区中河乡	20204	21514		46	705	14	4
原州区河川乡	20581	7030		23	553		
原州区炭山乡	25352	5529		5	117	5	
原州区寨科乡	32302	8974		31	613	1	1
西吉县吉强镇	25175	76548	63216	678	8746	63	5
西吉县兴隆镇	22007	39201	2596	119	1923	39	
西吉县平峰镇	19272	18732	1244	5	106	2	
西吉县将台镇	11286	20913	4415	18	1108	15	
西吉县新营乡	28271	22930		17	321	12	1
西吉县红耀乡	13657	7294		1	15		
西吉县田坪乡	16873	7915		1	32	1	
西吉县马建乡	17713	14077		2	43	1	
西吉县震湖乡	15223	14158		4	78	2	
西吉县兴平乡	13971	14156		1	8		
西吉县西滩乡	9596	9958					
西吉县王民乡	9424	7712		1	8		
西吉县什字乡	11237	15326		15	1466	15	
西吉县马莲乡	10460	15947		15	1345	15	1
西吉县硝河乡	13505	13943		9	120	4	
西吉县偏城乡	20053	17682		3	150	3	2
西吉县沙沟乡	19543	10412		16	125	2	
西吉县白崖乡	19676	10369		1	12		
西吉县火石寨乡	16061	8471		5	239	4	
隆德县城关镇	16044	47752	5604	450	4965	67	7
隆德县沙塘镇	7575	14266	1540	35	187	9	1
隆德县联财镇	4588	7817	1803	23	129	6	
隆德县陈靳乡	4656	4473		16	81	1	
隆德县好水乡	6990	6488		13	66	2	
隆德县观庄乡	12005	16247		9	182	7	
隆德县杨河乡	6252	9681		22	118	5	
隆德县神林乡	5193	9134		26	172	5	
隆德县张程乡	8035	9939		12	78		
隆德县凤岭乡	6680	7858		20	104	6	
隆德县山河乡	5813	865		7	38	1	
隆德县温堡乡	8197	17629		21	112	9	
隆德县奠安乡	7048	4188		2	12		
泾源县香水镇	18120	39203	18320	33	745	9	3

续表 616　　　　(宁夏回族自治区)　　　　单位：公顷、人、个

名　　称	行政区域面积	常住人口	#城镇建成区	企业个数	企业从业人员	工业企业个数	#规模以上
泾源县泾河源镇	17600	19884	3572	18	133	3	
泾源县六盘山镇	26040	16412	2920	77	1672	15	
泾源县新民乡	17600	12745	1560	13	73		
泾源县兴盛乡	6440	8746	88	5	55		
泾源县黄花乡	15420	9884	67	1	15	1	
泾源县大湾乡	11380	11945	113	2	39	2	
彭阳县白阳镇	27179	46851	39140	523	7038	71	4
彭阳县王洼镇	34123	18442	3338	84	3794	12	1
彭阳县古城镇	32336	25764	8628	108	1350	12	
彭阳县红河镇	16397	16615	2033	62	693	7	
彭阳县新集乡	22686	29344		51	589	6	
彭阳县城阳乡	18548	20524		60	620	12	
彭阳县冯庄乡	17650	5212		16	265		
彭阳县小岔乡	15268	3212		22	110		
彭阳县孟塬乡	21268	12150		31	470	7	
彭阳县罗洼乡	15653	3120		18	306	4	
彭阳县交岔乡	14565	3022		12	160	2	
彭阳县草庙乡	17668	12731		46	480	5	1
沙坡头区滨河镇	2821	83543	60599	787	8361	43	4
沙坡头区文昌镇	2676	97709	94683	1176	22672	23	2
沙坡头区东园镇	18410	26803		211	2853	28	3
沙坡头区柔远镇	4194	21662	2936	76	2612	10	1
沙坡头区镇罗镇	20596	23514	4256	112	2342	29	11
沙坡头区宣和镇	46425	47785	4971	72	1432	54	6
沙坡头区永康镇	51763	30261	3642	55	1551	22	
沙坡头区常乐镇	88481	20657	2904	61	7219	38	6
沙坡头区迎水桥镇	122282	23304	3473	231	5070	35	5
沙坡头区兴仁镇	77235	25800	4778	103	600	8	
沙坡头区香山乡	93378	8711		3	12		
中宁县宁安镇	16283	100633	93165	1512	36288	99	6
中宁县鸣沙镇	23372	18742	1660	26	390	13	
中宁县石空镇	34726	22818	12040	249	26726	111	21
中宁县新堡镇	21286	24503	16947	386	7550	90	13
中宁县恩和镇	17370	14261	5037	135	2302	60	1
中宁县大战场镇	19797	64946	15000	77	1751	20	3
中宁县舟塔乡	13495	19470		78	986	9	
中宁县白马乡	10089	6740		12	214	4	
中宁县余丁乡	30614	10708		109	835	23	1
中宁县喊叫水乡	54919	13860		14	105	4	
中宁县徐套乡	68247	17088		9	55	1	
海原县海城镇	17328	21839	5762	33	503	7	1
海原县李旺镇	34670	35545	12999	43	622	8	
海原县西安镇	35306	21954	13062	48	654	11	
海原县三河镇	23216	32684	5221	136	1836	21	
海原县七营镇	26758	23752	4321	32	428	6	
海原县史店乡	26564	17432		10	52	3	
海原县树台乡	39308	21324		51	65	1	
海原县关桥乡	58427	25129		17	107	2	
海原县高崖乡	12680	21425		33	489	18	
海原县郑旗乡	35752	18524		12	72	2	

续表 617　　（宁夏回族自治区、新疆维吾尔自治区）　　单位：公顷、人、个

名　　称	行政区域面　　积	常住人口	#城镇建成区	企业个数	企　业从业人员	工业企业个　　数	#规模以上
海原县贾塘乡	30123	23418		32	166	3	
海原县曹洼乡	22277	7468		13	85	2	
海原县九彩乡	16973	7025					
海原县李俊乡	21205	6415		13	83	1	
海原县红羊乡	33335	10142		6	200	1	
海原县关庄乡	12576	6017		7	50		
海原县甘城乡	22815	6052					
新疆维吾尔自治区							
兵团第十二师一零四团	233840	24461		195	4193	110	3
兵团第十二师西山农场	9121	12252		15	627	7	2
新市区安宁渠镇	4795	21497	6210				
新市区二工乡	1340	9276					
新市区地窝堡乡	1500	9850		285	1630		
新市区青格达湖乡	1500	5122		10	70	2	1
新市区六十户乡	5500	7498		80	410	8	
兵团第十二师三坪农场	7849	20392		35	5932	7	
兵团第十二师五一农场	6124	15728		100	6657	24	1
兵团第十二师头屯河农场	4147	15955		9	248	3	
达坂城区达坂城镇	60000	5011	5011	30	55		
达坂城区东沟乡	35000	4482					
达坂城区西沟乡	57800	3989					
达坂城区阿克苏乡	159048	3223	3223				
米东区古牧地镇	11400	41017	7425	28	660	27	2
米东区铁厂沟镇	11600	6346	3063	336	3100	123	6
米东区长山子镇	6797	12131	2012	6	49	4	1
米东区羊毛工镇	6375	13141	2251	10	164	10	
米东区三道坝镇	7922	6790	1500	3	54		
米东区柏杨河乡	77054	3849	62	27	1023	27	3
米东区芦草沟乡	5000	25461	8120	91	700	21	
乌鲁木齐县水西沟镇	53080	10805	3398	36	396	9	
乌鲁木齐县板房沟镇	106300	18195		410	2530	4	
乌鲁木齐县永丰乡	14600	9346		6	68	6	
乌鲁木齐县萨尔达坂乡	78985	6322		89	466	21	1
乌鲁木齐县甘沟乡	62500	4259		5	30	5	
乌鲁木齐县托里乡	8266	4369		24	524		
克拉玛依区小拐乡	126394	1178		38	286		
兵团第七师一二九团	30456	18039	16829	32	4512	19	4
兵团第八师一三六团	19411	11119		10	628	3	
兵团第七师一三七团	59791	8980		63	4767	7	1
高昌区七泉湖镇	1140	6700	6700	26	1802	10	7
高昌区大河沿镇	4000	1434	1434	4	20		
高昌区亚尔镇	2123	62723	62723				
高昌区艾丁湖镇	33300	21598	21598	7	125		
高昌区葡萄镇	4900	20683	20683	13	117		
高昌区恰特喀勒乡	82500	34113	34113	22	183		
高昌区二堡乡	10424	14685	14685	1	20		
高昌区三堡乡	35000	17699	17699	74	1094		
高昌区胜金乡	490	28284		10	150	3	
兵团第十二师二二一团	13177	5393		12	2690	9	1
鄯善县鄯善镇	8400	38129	38129	134	700		

续表 618　　　　（新疆维吾尔自治区）　　　　单位：公顷、人、个

名　称	行政区域面积	常住人口	#城镇建成区	企业个数	企业从业人员	工业企业个数	#规模以上
鄯善县七克台镇	379200	16867	1336	27	910	13	
鄯善县火车站镇	4000	25671	25671	44	11000	32	6
鄯善县连木沁镇	7509	35446	3295	23	300	11	5
鄯善县鲁克沁镇	13700	32028	9527	99	1836	5	
鄯善县辟展乡	7866	28318		3	175		
鄯善县东巴扎回族民族乡	1900	4195	4195				
鄯善县吐峪沟乡	18744	27673					
鄯善县达朗坎乡	112100	16977		2	37	2	
鄯善县迪坎乡	100000	8643					
托克逊县托克逊镇	2970	39936	39936	1169	14814	50	23
托克逊县库米什镇	738244	2091	2091	45	328	19	2
托克逊县克尔碱镇	232524	1838	70	21	130	13	7
托克逊县阿乐惠镇	87619	542	542	26	4596	26	10
托克逊县伊拉湖镇	114161	17138	2292	36	431	14	1
托克逊县夏乡	49882	28602					
托克逊县郭勒布依乡	90695	20344	2700	41	254	9	2
托克逊县博斯坦乡	142470	22781		28	142	1	
伊州区雅满苏镇	964600	1060	1060	15	678	15	1
伊州区七角井镇	949674	1271	436	10	93	10	3
伊州区星星峡镇	228504	202	202				
伊州区二堡镇	69942	13015	2895				
伊州区陶家宫镇	44270	20634	2812	60	421	46	
伊州区五堡镇	1715900	14675	1754	16	137	14	
伊州区沁城乡	1035603	9992		13	128	13	8
伊州区乌拉台哈萨克民族乡	64000	848					
伊州区双井子乡	718271	1467	578				
伊州区大泉湾乡	591630	9079		5	37	5	2
伊州区回城乡	14736	9949	750	22	409	20	
伊州区花园乡	30800	11196		20	977	18	2
伊州区南湖乡	953590	3161		9	1147	9	4
伊州区德外里都如克哈萨克乡	91900	3310	516				
伊州区西山乡	160280	3691					
伊州区天山乡	224700	7606					
伊州区柳树沟乡	92088	1713		1	12		
兵团第十三师红星一场	15000	15510	15510	50	1506	45	15
兵团第十三师红星二场	20300	8378	7486	66	1550	38	9
兵团第十三师红星四场	125500	8732	5120	27	1355	23	5
兵团第十三师黄田农场	100085	12214	10149	50	8644	50	10
兵团第十三师火箭农场	18150	22432	20187	374	6217	40	13
兵团第十三师柳树泉农场	142345	11521	9980	26	900	14	8
巴里坤哈萨克自治县巴里坤镇	1648	15056	15056	45	1260	40	
巴里坤哈萨克自治县博尔羌吉镇	19929	580	580	19	903	19	2
巴里坤哈萨克自治县大河镇	116200	9315	1500	4	36	4	
巴里坤哈萨克自治县奎苏镇	102100	4719	478	7	35	7	
巴里坤哈萨克自治县三塘湖镇	1100000	900	84	34	489	34	16
巴里坤哈萨克自治县萨尔乔克乡	136400	4249		2	18	2	
巴里坤哈萨克自治县海子沿乡	289735	5295					
巴里坤哈萨克自治县下涝坝乡	247400	4341		3	35	3	
巴里坤哈萨克自治县石人子乡	27637	3439		7	98	6	
巴里坤哈萨克自治县花园乡	55144	3881		14	303	14	

续表 619　　（新疆维吾尔自治区）　　单位：公顷、人、个

名　　称	行政区域面积	常住人口	#城镇建成区	企业个数	企业从业人员	工业企业个数	#规模以上
巴里坤哈萨克自治县大红柳峡乡	1257700	3523		5	870	5	3
巴里坤哈萨克自治县八墙子乡	97900	1701		1	25	1	
兵团第十三师红山农场	326100	13586	10564	31	431	30	14
伊吾县伊吾镇	288	4092	4092	8	90	6	
伊吾县淖毛湖镇	769747	7226	4723	19	2649	9	2
伊吾县盐池镇	225007	2972	2972	3	23	3	
伊吾县苇子峡乡	129228	443					
伊吾县下马崖乡	471448	720	720				
伊吾县吐葫芦乡	128503	2588					
伊吾县前山哈萨克民族乡	187891	2071					
兵团第十三师淖毛湖农场	3553	2851		15	907	14	8
昌吉市硫磺沟镇	7400	3737					
昌吉市三工镇	12300	21798		130	3264	80	16
昌吉市榆树沟镇	42646	13946	650	85	425		
昌吉市二六工镇	10400	13619	870	241	845	7	2
昌吉市大西渠镇	19600	14077	3232	201	1120	70	14
昌吉市六工镇	10810	9033		155	1476	62	2
昌吉市滨湖镇	14192	10680		40	505	17	2
昌吉市佃坝镇	10540	5280		40	270	9	6
昌吉市阿什里哈萨克民族乡	300000	7904	2425	70	601	7	
昌吉市庙尔沟乡	74600	3505	2324	7	81	2	
兵团第六师共青团农场	22733	10886		58	2311	9	2
兵团第六师军户农场	9100	15024		15	114	6	
阜康市甘河子镇	423	4796	4796	92	9685	92	17
阜康市城关镇	8318	18356	18356	15	422	14	
阜康市九运街镇	16800	12300	12300	27	1234	25	5
阜康市滋泥泉子镇	36163	17538	17538	11	230	10	1
阜康市上户沟哈萨克民族乡	220431	11288		25	1874	25	13
阜康市水磨沟乡	44063	5166		31	1623	29	15
阜康市三工河哈萨克民族乡	65701	4688		12	282	12	
兵团第六师土墩子农场	8464	5509		23	294	13	1
兵团第六师六运湖农场	5200	6010		14	299	4	
兵团二二二团农场	17756	10713		67	2391	14	4
呼图壁县呼图壁镇	1300	49393	49393	23	398	8	2
呼图壁县大丰镇	39598	8559	8559	81	4739	26	4
呼图壁县雀尔沟镇	206296	11359	11359	12	379	12	2
呼图壁县二十里店镇	31097	15795	505	17	214	8	2
呼图壁县园户村镇	22300	21290	3129	12	271	11	7
呼图壁县五工台镇	56095	19798	1195	240	3855	35	10
呼图壁县石梯子乡	122550	7828		2	45	2	2
兵团第六师一零五团	23319	13807		32	5057	7	3
兵团第六师一零六团	28186	5483	5268	3	355	2	
兵团第六师芳草湖总场	94641	61316		92	11295	27	9
玛纳斯县玛纳斯镇	5009	55654	55654	47	1101	20	1
玛纳斯县乐土驿镇	14333	8862	1355	7	290	6	4
玛纳斯县包家店镇	23600	16399	1790	18	3473	12	10
玛纳斯县凉州户镇	6197	4618	1804	10	1170	10	4
玛纳斯县北五岔镇	22600	4523	552	6	682	6	
玛纳斯县六户地镇	25079	4859	4856	18	1079	7	2
玛纳斯县兰州湾镇	15575	6759	6759	28	1422	16	6

续表 620　　　　(新疆维吾尔自治区)　　　　单位：公顷、人、个

名　称	行政区域面积	常住人口	#城镇建成区	企业个数	企业从业人员	工业企业个数	#规模以上
玛纳斯县广东地乡	9602	4455		14	389	7	2
玛纳斯县清水河子哈萨克民族乡	287600	4633	4633				
玛纳斯县塔西河乡	85056	4500	45				
玛纳斯县旱卡子滩乡	46000	4935	2320	4	1115	4	2
兵团第六师新湖农场	83233	36897		30	2178	29	8
兵团第八师一四七团	22485	15472		225	3115	20	5
兵团第八师一四八团	30196	24259		24	9717	5	3
兵团第八师一四九团	42192	16606		5	485	5	1
兵团第八师一五零团	45073	15446	14420	12	1121	11	5
奇台县奇台镇	3297	102525	1361	369	9159	169	22
奇台县老奇台镇	17902	6857	1356	17	94	10	1
奇台县半截沟镇	180200	10425	1018				
奇台县吉布库镇	85002	8963	2997	2	20	2	
奇台县东湾镇	19685	6564	1496	17	325	8	
奇台县西地镇	42113	7461	1870	14	1274	14	5
奇台县碧流河镇	25500	4578	4578	22	113	22	
奇台县三个庄子镇	8932	2755	278	18	350	4	1
奇台县西北湾镇	85029	15959	7743	166	1148	164	1
奇台县坎尔孜乡	4228	5477	12	29	215	11	1
奇台县五马场乡	13200	8921	1328	3	20	3	
奇台县古城乡	7791	9780	9041	145	750	60	2
奇台县乔仁乡	217079	3063	455	22	858	1	1
奇台县七户乡	17731	2260	68	5	25	2	
奇台县塔塔尔乡	134936	4266	351	3	17	3	
兵团第六师奇台农场	76400	28613		61	3019	18	8
兵团第六师北塔山牧场	225300	3864		2	68	2	2
吉木萨尔县吉木萨尔镇	3845	53600	53600	477	10116	23	9
吉木萨尔县三台镇	50939	10993	1882	74	1352	9	1
吉木萨尔县泉子街镇	45086	7360	498	46	540	1	
吉木萨尔县北庭镇	19357	5999	1552	58	310		
吉木萨尔县二工镇	29053	9743	1540	128	661	7	
吉木萨尔县大有镇	25117	10588	901	64	1200		
吉木萨尔县庆阳湖乡	36277	5744		23	381	10	
吉木萨尔县老台乡	65282	5220	586	5	28		
吉木萨尔县新地乡	34371	4699		6	310		
兵团第六师红旗农场	146667	13188		15	224	12	1
木垒哈萨克自治县木垒镇	605	26441	26441	15	181	3	
木垒哈萨克自治县西吉尔镇	11526	3399	1600	17	94		
木垒哈萨克自治县东城镇	50066	9376	899				
木垒哈萨克自治县新户镇	56716	8369	2475	46	260		
木垒哈萨克自治县英格堡乡	10017	3064					
木垒哈萨克自治县照壁山乡	43955	4595					
木垒哈萨克自治县雀仁乡	145261	3827		32	424	9	2
木垒哈萨克自治县白杨河乡	47052	1891		1	19		
木垒哈萨克自治县大石头乡	717887	7503					
木垒哈萨克自治县大南沟乌孜别克乡	21641	3327		2	32	1	
木垒哈萨克自治县博斯坦乡	150507	3818					
博乐市小营盘镇	115900	26211	26211	24	508	21	2
博乐市达勒特镇	119200	19025	1804	33	821	20	
博乐市乌图布拉格镇	75000	19411	3500	35	370	6	

续表 621　　　　　　　　（新疆维吾尔自治区）　　　　　　　　单位：公顷、人、个

名　　称	行政区域面　　积	常住人口	#城镇建成区	企业个数	企　　业从业人员	工业企业个　　数	#规模以上
博乐市青得里镇	58100	28599	316	49	366	10	
博乐市贝林哈日莫墩乡	13700	7504	652	14	137	7	
兵团第五师八十一团	12328	11188	10586	80	4388	12	5
兵团第五师八十四团	75200	7815	7815	13	365	11	3
兵团第五师八十六团	34000	22315	7939	28	571	12	1
兵团第五师八十九团	17541	16446	15006	38	6273	22	4
兵团第五师九十团	33544	8462		8	3855	7	
阿拉山口市艾比湖镇	124900	11850	11850	180	1500	38	28
精河县精河镇	2282	31108	31108	70	3360	30	
精河县大河沿子镇	223142	22348	4105	147	1231	6	
精河县托里镇	232424	15823	15823	130	1319	12	
精河县托托镇	186400	2519	850	24	125		
精河县茫丁乡	237600	18152					
兵团第五师八十三团	46060	21294		46	8218	8	
兵团第五师九十一团	15744	3876	3876	6	85	6	
温泉县博格达尔镇	460	12002	12002	15	65	3	
温泉县哈日布呼镇	56943	13527	3035	4	8		
温泉县安格里格镇	61430	11000	2980	40	200	2	
温泉县查干屯格乡	91800	4681	452				
温泉县扎勒木特乡	114516	4178		2	38		
温泉县塔秀乡	20265	7190					
兵团第五师八十七团	19461	4190	3902	7	158	5	
兵团第五师八十八团	32700	3045		7	201	6	
库尔勒市塔什店镇	17907	9191	7342	66	5364	46	7
库尔勒市上户镇	15005	9587	8143	20	509	18	1
库尔勒市西尼尔镇	4918	14575	8295	32	976	3	
库尔勒市铁克其乡	2626	27857		2	6	2	
库尔勒市恰尔巴格乡	1306	19095		7	35	7	
库尔勒市英下乡	2533	11287		1	102	1	
库尔勒市兰干乡	3594	9380		4	112	4	1
库尔勒市和什力克乡	9541	7370		1	11	1	
库尔勒市哈拉玉宫乡	34838	9662		2	12	2	
库尔勒市阿瓦提乡	16556	14421		2	10	2	
库尔勒市托布力其乡	16256	7521		3	15	3	
库尔勒市普惠乡	5308	3267		6	68		
兵团第二师二十九团	27539	10788	8239	32	678	16	8
兵团第二师三零团	27711	10098	8584	28	2550	11	4
轮台县轮台镇	11050	21455	21455	513	3925	71	4
轮台县轮南镇	164023	1796	325	170	6500	17	2
轮台县群巴克镇	10343	12670	2868	107	1170	42	6
轮台县阳霞镇	7326	13356	1209	63	130	7	
轮台县哈尔巴克乡	15518	11991		40	168	2	1
轮台县野云沟乡	2868	3804		23	46		
轮台县阿克萨来乡	4548	5878		7	12		
轮台县塔尔拉克乡	5814	5107		21	148		
轮台县草湖乡	120468	1226		17	32		
轮台县铁热克巴扎乡	8589	10349		28	41	7	
轮台县策达雅乡	4818	7108		33	89	3	
尉犁县尉犁镇	1090	34203	34203	116	1400	102	18
尉犁县团结镇	3400	5403	885				

续表 622 （新疆维吾尔自治区） 单位：公顷、人、个

名　　称	行政区域面　　积	常住人口	#城镇建成区	企业个数	企　　业从业人员	工业企业个　　数	#规模以上
尉犁县塔里木乡	2230000	6371		5	25	3	
尉犁县兴平乡	267003	11977		18	120	18	4
尉犁县墩阔坦乡	1546890	4545		3	88		
尉犁县喀尔曲尕乡	1500000	3698					
尉犁县阿克苏普乡	58939	2474		3	126	3	1
尉犁县古勒巴格乡	158738	6697		13	75	10	1
兵团第二师三十一团	51771	10082		29	1542	14	5
兵团第二师三十三团	54335	14198	14198	37	5249	13	7
兵团第二师三十四团	88800	13059	12210	12	1876	8	6
若羌县若羌镇	2800	11950	4010	653	6677	28	2
若羌县依吞布拉克镇	37000	300		15	220	6	
若羌县罗布泊镇	5100000	4358		23	4320	3	2
若羌县瓦石峡镇	2410000	6936		37	187	1	
若羌县铁干里克镇	2320000	7082		51	283	4	3
若羌县吾塔木乡	1170000	5258		30	204		
若羌县铁木里克乡	2630000	153		3	55	3	
若羌县祁曼塔克乡	6560000	9		4	48	2	1
兵团第二师三十六团	55649	8136		30	2784	14	1
且末县且末镇	521	19332	227	157	1896	93	1
且末县奥依亚依拉克镇	347200	2033	97				
且末县塔提让镇	100840	4083	15	22	250	1	
且末县阿羌镇	1411224	3052	16	6	193	1	
且末县阿热勒乡	5000	2835		5	69	5	
且末县琼库勒乡	4400	6198		25	156	16	
且末县托格拉克勒克乡	5200	8817		15	150	10	
且末县巴格艾日克乡	5055	4338		8	79	8	
且末县英吾斯塘乡	4800	6889					
且末县阿克提坎墩乡	57500	3242		13	240	5	
且末县阔什萨特玛乡	18369	2933		24	982	3	
且末县库拉木勒克乡	1470000	1883		1	7	1	
兵团第二师三十七团	11200	2954		17	365	7	
兵团第二师三十八团	19528	6788	6788	97	3980	2	2
焉耆回族自治县焉耆镇	1186	33335	7697	42	950	23	4
焉耆回族自治县七个星镇	75000	19626	1998	75	1127	39	5
焉耆回族自治县永宁镇	6516	21860	2390				
焉耆回族自治县四十里城子镇	6057	8335	2845				
焉耆回族自治县北大渠乡	13800	12957					
焉耆回族自治县五号渠乡	5960	16051		243	1215	35	3
焉耆回族自治县查汗采开乡	2442	4722					
焉耆回族自治县包尔海乡	3614	6300		1	70		
和静县和静镇	30999	48409	45957	1267	14201		
和静县巴仑台镇	500267	7231	1491	16	400	16	
和静县巴润哈尔莫墩镇	48271	20151	3014	24	386	24	3
和静县哈尔莫墩镇	335953	27560	2909	10	210		
和静县巴音布鲁克镇	571731	7682	1654				
和静县巩乃斯镇	298645	1321	110				
和静县乃门莫墩镇	11492	10219	450				
和静县协比乃尔布呼镇	3641	6083	6083				
和静县克尔古提乡	75417	951					
和静县阿拉沟乡	155350	1307		7	174		

续表 623　　　　　　（新疆维吾尔自治区）　　　　　　单位：公顷、人、个

名　　称	行政区域面积	常住人口	#城镇建成区	企业个数	企业从业人员	工业企业个数	#规模以上
和静县额勒再特乌鲁乡	571088	3231					
和静县巴音郭愣乡	697278	1596					
兵团第二师二十一团	28325	10572	10572	22	1448	12	8
兵团第二师二十二团	62325	19066		26	1442	21	6
兵团第二师二二三团	64215	8586		9	323	8	3
和硕县特吾里克镇	2199	15532	15532	91	512	24	2
和硕县塔哈其镇	19045	5735		16	85	4	1
和硕县曲惠镇	18489	3781		15	90	5	
和硕县乌什塔拉回族民族乡	43103	8086		12	60	8	1
和硕县苏哈特乡	3093	3512		2	10	1	1
和硕县乃仁克尔乡	284693	1340		5	66	3	
和硕县新塔热乡	15075	3159		4	20	1	
兵团第二师二十四团	21319	13327		25	1001	16	5
博湖县博湖镇	3350	12070	12070	156	3294	19	2
博湖县本布图镇	11699	8207	847	63	856	3	
博湖县塔温觉肯乡	14573	6191		24	184	10	
博湖县乌兰再格森乡	4188	1971		22	198	1	
博湖县才坎诺尔乡	12449	4812		2	78	2	
博湖县查干诺尔乡	7793	8078		37	535	3	
博湖县博斯腾湖乡	301035	365		71	484	4	4
兵团第二师二十五团	5389	5333		17	435	5	1
阿克苏市喀勒塔勒镇	82818	41956	3791	28	382	3	1
阿克苏市阿依库勒镇	141333	54718	3968	8	550		
阿克苏市依干其乡	29942	33971		12	328	12	
阿克苏市拜什吐格曼乡	20113	28926		1	42	1	
阿克苏市托普鲁克乡	14092	18300		8	550	8	
阿克苏市库木巴希乡	12213	27349		3	66	3	
温宿县吐木秀克镇	230709	15598		10	689		
温宿县克孜勒镇	31321	28420	2318	8	230	1	
温宿县阿热勒镇	39248	24121		12	110	8	
温宿县佳木镇	63270	14293	1609	3	27		
温宿县托甫汗镇	14209	6943	6943	4	67	4	
温宿县共青团镇	18500	12754	12754	1	1051		
温宿县柯柯牙镇	301300	8136		27	1850	15	
温宿县托乎拉乡	12980	13391					
温宿县恰格拉克乡	29149	16676		20	23		
温宿县依希来木其乡	32595	16345					
温宿县古勒阿瓦提乡	88276	16684		33	175	8	
温宿县博孜墩柯尔克孜民族乡	510907	7373					
兵团第一师五团	79073	21153	21153	141	9651	22	9
兵团第一师六团	13247	11154	11154	131	4395	46	9
库车县乌恰镇	5907	42574	9674	7	386	3	
库车县阿拉哈格镇	15340	44046	13140	3	26		
库车县齐满镇	20307	42634	5029	48	575	12	
库车县墩阔坦镇	90780	19782	1938	9	123	5	1
库车县牙哈镇	265640	34702	34702	34	180	4	
库车县乌尊镇	30887	33693	752	13	245	8	
库车县依西哈拉镇	59736	30005	30005	5	245	3	
库车县雅克拉镇	14767	5390	4646	2	280	1	
库车县玉奇吾斯塘乡	32006	31141		7	50	5	

续表 624 （新疆维吾尔自治区） 单位：公顷、人、个

名　称	行政区域面　积	常住人口	#城镇建成区	企业个数	企　业从业人员	工业企业个　数	#规模以上
库车县比西巴格乡	15113	31767		22	298		
库车县哈尼喀塔木乡	72540	39105		3	24		
库车县阿克吾斯塘乡	37773	17622		7	120	3	
库车县阿格乡	125647	2655		13	383		
库车县塔里木乡	47713	3423					
沙雅县沙雅镇	3450	54052	50874	192	962	51	16
沙雅县托依堡勒迪镇	18038	42373	5695	1	120		
沙雅县红旗镇	24300	34443	3275	2	23		
沙雅县英买力镇	32300	34574	1005	1	6		
沙雅县古勒巴格镇	30400	29482	2780	4	24		
沙雅县海楼镇	42696	25834	24501	85	146		
沙雅县努尔巴克乡	40700	12009		4	64		
沙雅县塔里木乡	94000	6529		8	153		
沙雅县盖孜库木乡	238810	7005		18	176		
沙雅县央塔克协海尔乡	52700	14360		1	26		
新和县新和镇	1118	35227	35227	405	2035	10	1
新和县尤鲁都斯巴格镇	15659	24217	4741	50	374	1	1
新和县依其艾日克镇	12042	27664	2716	63	787	10	5
新和县排先拜巴扎乡	13000	19007		34	315		
新和县塔什艾日克乡	9478	19827		65	1048	20	4
新和县渭干乡	21463	23065		6	49	2	
新和县玉奇喀特乡	24072	24643		56	280		
新和县塔木托格拉克乡	12936	10246		47	252		
拜城县拜城镇	12463	52130	2290	91	6450	35	
拜城县铁热克镇	12901	1702	345	7	1444	7	5
拜城县察尔齐镇	128360	18469	200	17	123	2	1
拜城县赛里木镇	104150	13866	269	3	20	2	
拜城县黑英山乡	5544	12841					
拜城县克孜尔乡	119259	7183		2	48	2	1
拜城县托克逊乡	74237	15420					
拜城县亚吐尔乡	110884	18255		6	170	6	
拜城县康其乡	63515	17513		6	91	6	
拜城县布隆乡	50456	9437		3	66	3	
拜城县米吉克乡	20995	15270		14	580	12	
拜城县温巴什乡	67325	16249		3	22	1	
拜城县大桥乡	40150	9861		2	26	2	
拜城县老虎台乡	99218	12242					
乌什县乌什镇	1842	40258	31315	74	735	42	7
乌什县阿合雅镇	233688	42104	1612				
乌什县依麻木镇	41900	26290					
乌什县阿克托海乡	17700	26112					
乌什县亚科瑞克乡	16645	20141					
乌什县阿恰塔格乡	5623	19815					
乌什县英阿瓦提乡	240690	17133					
乌什县亚曼苏柯尔克孜族乡	180666	9307					
乌什县奥特贝希乡	39908	26187		25	137		
兵团第一师四团	41000	6273		4	206	4	2
阿瓦提县阿瓦提镇	651	37364	35675	93	493	23	2
阿瓦提县乌鲁却勒镇	337583	51499	4932	13	121	7	
阿瓦提县拜什艾日克镇	46843	38299	5575	7	65		

续表 625　　（新疆维吾尔自治区）　　单位：公顷、人、个

名　　称	行政区域面　积	常住人口	#城镇建成区	企业个数	企　业从业人员	工业企业个　数	#规模以上
阿瓦提县阿依巴格乡	569930	38814		16	679	16	3
阿瓦提县塔木托格拉克乡	170448	22399		5	430	3	
阿瓦提县英艾日克乡	93813	26378		5	69	1	
阿瓦提县多浪乡	4002	9151		15	324	12	5
阿瓦提县巴格托格拉克乡	55412	10559		2	21	1	
柯坪县柯坪镇	816	9971	9971	15	148	11	
柯坪县盖孜力克镇	334296	16729	291	38	192	7	1
柯坪县阿恰勒镇	216423	8740	521	7	172	5	1
柯坪县玉尔其乡	228999	14968		3	17		
柯坪县启浪乡	104082	5752		12	63	7	2
阿图什市上阿图什镇	78191	53590	3828	15	75	10	
阿图什市松他克乡	18300	44235		18	375	6	2
阿图什市阿扎克乡	28200	46319		79	405	12	
阿图什市阿湖乡	60900	19383		4	85	4	
阿图什市格达良乡	179959	19995					
阿图什市哈拉峻乡	857388	17426		7	90	7	
阿图什市吐古买提乡	308305	9434					
兵团第三师红旗农场	9247	4212	178	1	22	1	
阿克陶县阿克陶镇	13600	22068		30	640	28	
阿克陶县奥依塔克镇	153700	5976	2840	17	1250	13	6
阿克陶县玉麦乡	19400	28750		6	80	5	
阿克陶县巴仁乡	108700	40473		2	65	2	
阿克陶县喀热克其克乡	10800	5412					
阿克陶县加马铁热克乡	4704	13434					
阿克陶县木吉乡	760200	4156		18	530	2	
阿克陶县布伦口乡	411400	7141		5	65	5	1
阿克陶县克孜勒陶乡	388200	9897		25	203	5	1
阿克陶县恰尔隆乡	220300	5013		3	4		
阿克陶县库斯拉甫乡	103900	4124		7	156	1	1
阿克陶县塔尔塔吉克族乡	102300	5260		5	450	1	1
阿合奇县阿合奇镇	117099	4251	578	195	3120	35	1
阿合奇县库兰萨日克乡	109776	4252					
阿合奇县色帕巴依乡	58303	3901					
阿合奇县苏木塔什乡	131562	4810					
阿合奇县哈拉奇乡	232940	9110					
阿合奇县哈拉布拉克乡	407754	6367					
乌恰县乌恰镇	400	12268	12268	15	532	9	1
乌恰县康苏镇	2200	1745	1745	3	50	3	
乌恰县乌鲁克恰提乡	174900	4314		14	1056		
乌恰县吾合沙鲁乡	174500	1033					
乌恰县膘尔托阔依乡	422120	6987					
乌恰县黑孜韦乡	278240	6701					
乌恰县托云乡	171589	2806					
乌恰县铁列克乡	150000	3695		1	46		
乌恰县巴音库鲁提乡	131700	2554					
乌恰县波斯坦铁列克乡	455200	9510					
乌恰县吉根乡	145200	2471					
兵团第三师托云牧场	49330	1273	1273	46	523	3	
喀什市乃则尔巴格镇	3012	49655	5450	24	1590	24	11
喀什市夏马勒巴格镇	1550	28599	28599				

续表 626　　　　（新疆维吾尔自治区）　　　　单位：公顷、人、个

名　　称	行政区域面积	常住人口	#城镇建成区	企业个数	企业从业人员	工业企业个数	#规模以上
喀什市多来特巴格乡	3567	54314		25	253		
喀什市浩罕乡	7850	56386		20	453	20	4
喀什市色满乡	3500	22038					
喀什市荒地乡	1218	14246		3	67	3	
喀什市帕哈太克里乡	3188	17456		15	122	14	
喀什市伯什克然木乡	22078	44423		11	475	11	
喀什市阿瓦提乡	8641	36691		6	55	1	
喀什市英吾斯坦乡	10916	45904					
疏附县托克扎克镇	7048	33570	14500	459	2295	17	
疏附县兰干镇	25957	22165	2830	102	743	29	
疏附县吾库萨克镇	6526	20987	1200	180	985	50	2
疏附县塔什米里克乡	38259	36305		47	261	9	
疏附县铁日木乡	5980	5772		14	135	4	
疏附县布拉克苏乡	20041	48599		75	402	3	
疏附县萨依巴格乡	21047	26038		119	992	16	
疏附县站敏乡	26806	24922		64	461	4	
疏附县木什乡	69312	18086		95	621	10	
疏勒县疏勒镇	1400	44819		30	572	21	
疏勒县牙甫泉镇	16300	30227	7753				
疏勒县巴仁乡	10280	36619		1	136		
疏勒县洋大曼乡	9061	18447					
疏勒县亚曼牙乡	12500	17957		1	15		
疏勒县巴合齐乡	11600	25225	885				
疏勒县塔孜洪乡	15620	33745					
疏勒县英尔力克乡	9800	28709					
疏勒县库木西力克乡	12000	23822	578				
疏勒县塔合其乡	6467	10802					
疏勒县艾尔木东乡	17400	14474		7	35		
疏勒县英阿瓦提乡	11200	13069					
英吉沙县乌恰镇	21310	45732					
英吉沙县城关乡	1388	8500					
英吉沙县乔勒番乡	5694	13327					
英吉沙县龙甫乡	16142	7276					
英吉沙县芒辛乡	8300	25881					
英吉沙县色提力乡	12874	12085					
英吉沙县萨罕乡	52250	34500					
英吉沙县英也尔乡	8131	15689					
英吉沙县克孜勒乡	2300	30893		3	464		
英吉沙县托普鲁克乡	34652	15329		5	210	5	
英吉沙县苏盖提乡	20432	27410					
英吉沙县艾古斯乡	16461	10430					
英吉沙县依格孜也尔乡	12958	6087		2	292	2	1
兵团第三师东风农场	7487	1730	1730				
泽普县泽普镇	965	36360	36360	326	9821	14	4
泽普县奎依巴格镇	22914	10490	10490	188	1620	49	5
泽普县波斯喀木乡	4466	20439		40	902	4	
泽普县依玛乡	9946	22575		35	502	5	
泽普县古勒巴格乡	11860	21426		36	1560	2	
泽普县赛力乡	6870	18130		36	421	8	
泽普县依肯苏乡	9289	21949		30	389	1	

续表 627　　　　（新疆维吾尔自治区）　　　　单位：公顷、人、个

名　　称	行政区域面积	常住人口	#城镇建成区	企业个数	企业从业人员	工业企业个数	#规模以上
泽普县图呼其乡	5311	11087		21	423	1	
泽普县奎依巴格乡	7644	14261		32	551	2	
泽普县阿克塔木乡	5107	7575		24	260	2	
泽普县阿依库勒乡	6224	13262		37	459	5	
泽普县布依鲁克塔吉克族乡	2561	3972		10	172	1	
莎车县莎车镇	400	20418	7808	185	849		
莎车县恰热克镇	58043	27280	7956				
莎车县艾力西湖镇	86400	41179	978				
莎车县荒地镇	23152	39171	39171	4	26		
莎车县阿瓦提镇	15080	27644	2365				
莎车县白什坎特镇	15560	45090	2840	1	15	1	
莎车县依盖尔其镇	10060	30897	30897				
莎车县古勒巴格镇	3851	47125	47125	281	1659	3	
莎车县米夏镇	6900	37154	37154				
莎车县阿热勒乡	5333	20365					
莎车县恰尔巴格乡	7448	15392		2	60	2	
莎车县托木吾斯塘乡	3250	15864					
莎车县英吾斯塘乡	5318	12109					
莎车县乌达力克乡	16810	35951		221	1105		
莎车县阿尔斯兰巴格乡	12395	22368					
莎车县孜热甫夏提塔吉克族乡	12397	10929		12	104	7	
莎车县亚喀艾日克乡	8595	10696					
莎车县喀群乡	7330	21184		3	15		
莎车县霍什拉甫乡	40020	18976					
莎车县达木斯乡	117213	8738					
莎车县伊什库力乡	5573	33689		2	100		
莎车县拍克其乡	57971	23476					
莎车县塔尕尔其乡	11650	35441		4	150		
莎车县阔什艾日克乡	6027	19764		4	70		
莎车县墩巴格乡	7530	20374		1	22		
莎车县阿拉买提乡	13223	27865		3	15		
莎车县巴格阿瓦提乡	12682	19759					
莎车县喀拉苏乡	20006	15977		2	10		
叶城县喀格勒克镇	8830	90160	90021	1091	4550	1081	16
叶城县恰尔巴格镇	4221	22795	1820	2	73	2	
叶城县乌夏巴什镇	5655	25986		9	45	9	7
叶城县伯西热克乡	1207	44197	853	16	96	1	
叶城县铁提乡	3607	21113	120	11	280	11	
叶城县恰斯米其提乡	1882	22353					
叶城县吐古其乡	4616	24974		8	81	4	
叶城县江格勒斯乡	7948	24090					
叶城县加依提勒克乡	9738	28672		1	30	1	1
叶城县巴仁乡	2918	12012		2	183	2	
叶城县乌吉热克乡	5756	24026					
叶城县夏合甫乡	6400	22878					
叶城县依提木孔乡	4973	40206		20	150	13	
叶城县宗朗乡	7275	8027					
叶城县柯克亚乡	366250	24228					
叶城县西合休乡	4000	6783	5769				
叶城县棋盘乡	10310	19478					

续表 628　　(新疆维吾尔自治区)　　单位：公顷、人、个

名　　称	行政区域面　　积	常住人口	#城镇建成区	企业个数	企　业从业人员	工业企业个　　数	#规模以上
叶城县萨依巴格乡	11600	26783					
兵团第三师叶城牧场	64933	1303	885	5	62	4	
麦盖提县麦盖提镇	3757	57967	57967	174	3691	57	4
麦盖提县巴扎结米乡	7452	30455		24	50	7	
麦盖提县希依提墩乡	15638	14805		38	372	29	
麦盖提县央塔克乡	21739	34215		9	92	4	
麦盖提县吐曼塔勒乡	23149	27549		4	9	4	
麦盖提县尕孜库勒乡	21314	24538		11	57	5	
麦盖提县克孜勒阿瓦提乡	24310	28318		4	22	1	
麦盖提县库木库萨尔乡	7459	13500		5	67	3	
麦盖提县昂格特勒克乡	4699	5640		2	32	1	
麦盖提县库尔玛乡	18474	13572		5	37	2	
兵团第三师四十五团	88667	25999	17876	33	10979	15	7
兵团第三师四十六团	19733	3463	2910	2	1437	1	1
岳普湖县艾西曼镇	9695	19734	2065				
岳普湖县铁热木镇	104529	22425	1123	3	32		
岳普湖县也克先拜巴扎镇	13031	19384	2140				
岳普湖县岳普湖乡	24477	16802	16802				
岳普湖县阿其克乡	24717	25268	25268				
岳普湖县色也克乡	26969	19657	19657				
岳普湖县巴依阿瓦提乡	63274	11430	208				
岳普湖县阿洪鲁库木乡	28101	2428					
兵团第三师四十二团	14655	4275	3726	8	1942	7	4
伽师县巴仁镇	1785	42500	42500	76	4320	76	11
伽师县西克尔库勒镇	13657	880	880	1	934	1	1
伽师县夏普吐勒镇	20423	35210	5563	8	350	5	
伽师县卧里托格拉克镇	153300	49230	49230				
伽师县铁日木乡	5813	17074	17074				
伽师县英买里乡	79526	33400		2	550		
伽师县江巴孜乡	26243	37563					
伽师县克孜勒博依乡	67843	51620					
伽师县米夏乡	10103	33782					
伽师县和夏阿瓦提乡	39437	49230					
伽师县克孜勒苏乡	29188	43568					
伽师县古勒鲁克乡	52680	29678					
伽师县玉代克力克乡	102203	17820					
兵团第三师伽师总场	50533	15068	8770	9	225	7	6
巴楚县巴楚镇	1490	54438	53658				
巴楚县色力布亚镇	27599	54033	38650	10	650	1	
巴楚县阿瓦提镇	30181	24883	24883				
巴楚县三岔口镇	90259	371	371				
巴楚县恰尔巴格乡	378589	30773					
巴楚县多来提巴格乡	64079	27082					
巴楚县阿纳库勒乡	173354	24175					
巴楚县夏马勒乡	128239	10400					
巴楚县阿克萨克玛热勒乡	73847	29023					
巴楚县阿拉根乡	36206	31734					
巴楚县琼库恰克乡	43118	42167					
巴楚县英吾斯坦乡	31563	26619					
兵团第三师四十八团	17000	7829	7829	8	596	6	4

续表 629 （新疆维吾尔自治区） 单位：公顷、人、个

名　　称	行政区域面积	常住人口	#城镇建成区	企业个数	企业从业人员	工业企业个数	#规模以上
塔什库尔干塔吉克自治县塔什库尔干镇	2536	5650	5650				
塔什库尔干塔吉克自治县塔吉克阿巴提镇	3333	3661					
塔什库尔干塔吉克自治县塔什库尔干乡	368920	5771		1	20		
塔什库尔干塔吉克自治县塔合曼乡	83184	3219		2	12		
塔什库尔干塔吉克自治县科克亚尔柯尔克孜族乡	210037	1098					
塔什库尔干塔吉克自治县提孜那甫乡	32151	3396		2	23		
塔什库尔干塔吉克自治县达布达尔乡	1175294	3109					
塔什库尔干塔吉克自治县马尔洋乡	222837	1964					
塔什库尔干塔吉克自治县瓦恰乡	73897	2987					
塔什库尔干塔吉克自治县班迪尔乡	62511	2113					
塔什库尔干塔吉克自治县库科西鲁格乡	56745	2086					
塔什库尔干塔吉克自治县大同乡	125760	1841					
和田市拉斯奎镇	4766	34272	1898	150	825	24	1
和田市玉龙喀什镇	4224	29344	29073	158	1437	19	1
和田市肖尔巴格乡	3292	51058	1851	258	1672	39	2
和田市伊里其乡	5217	88357		495	2789	89	
和田市古江巴格乡	1753	22424	1832	84	1259		
和田市吐沙拉乡	10210	63629		104	1450	30	
和田市吉亚乡	17180	29795	2051	60	561	21	
和田市阿克恰勒乡	11810	5028		9	79		
和田县巴格其镇	6646	69126	8784	131	533	1	
和田县罕艾日克镇	9054	57479	4912	168	1235	7	2
和田县英阿瓦提乡	9528	31697		311	1555	10	
和田县英艾日克乡	21689	13821		16	46		
和田县布扎克乡	11603	33756		132	795	11	1
和田县拉依喀乡	5233	35326		82	353		
和田县朗如乡	2323362	21817		196	249	4	2
和田县塔瓦库勒乡	34451	37789		32	161		
和田县伊斯拉木阿瓦提乡	53409	28825		8	340		
和田县色格孜库勒乡	36563	11789		10	52		
和田县喀什塔什乡	1574582	7378		32	275	3	1
和田县吾宗肖乡	15365	8215		25	69		
墨玉县喀拉喀什镇	3445	35026	2820	506	4215	8	
墨玉县扎瓦镇	35623	67076	5600	61	250	2	
墨玉县奎牙镇	7481	56625	56625	61	280		
墨玉县喀尔赛镇	390250	52820	1439	31	113		
墨玉县阿克萨拉依乡	4368	34338		41	352	1	
墨玉县乌尔其乡	24613	22417		12	43		
墨玉县托胡拉乡	2071	25211		45	243		
墨玉县萨依巴格乡	222655	40410		153	1184	22	2
墨玉县加汗巴格乡	4535	31514		34	173	1	
墨玉县普恰克其乡	6425	46907		42	245	1	
墨玉县芒来乡	2361	30490		36	195		
墨玉县雅瓦乡	333224	43599		27	135		
墨玉县吐外特乡	4661	31537		28	115		
墨玉县英也尔乡	7443	15008		20	102		
墨玉县喀瓦克乡	1237333	14002		9	40		
兵团第十四师四十七团	15399	5874	3433	1	40	1	
兵团第十四师二二四团	32020	14349		15	210	6	1
皮山县固玛镇	19433	34042	8933	3	30		

续表 630 (新疆维吾尔自治区) 单位：公顷、人、个

名 称	行政区域面积	常住人口	#城镇建成区	企业个数	企业从业人员	工业企业个数	#规模以上
皮山县杜瓦镇	321807	9262	1600				
皮山县赛图拉镇	825000	444	321				
皮山县木吉镇	341375	27237	3750	6	45	1	
皮山县阔什塔格镇	69200	19492		1	120		
皮山县桑株镇	162880	37325		3	55		
皮山县克里阳乡	44357	7972		1	20		
皮山县科克铁热克乡	317233	47621					
皮山县乔达乡	172250	16342		3	100	3	
皮山县木奎拉乡	227000	24659		12	216		
皮山县藏桂乡	303488	17036	17036				
皮山县皮亚勒玛乡	8000	8148	8148	3	34		
皮山县皮西那乡	41047	9743					
皮山县巴什兰干乡	2616	6259					
皮山县垴阿巴提塔吉克民族乡	501200	1062					
皮山县康克尔柯尔克孜民族乡	1004808	1719					
兵团第十四师皮山农场	44528	30189		5	365	3	
洛浦县洛浦镇	4813	23910	552	20	815		
洛浦县山普鲁镇	203518	38472	1702				
洛浦县杭桂镇	354218	48727	1555				
洛浦县布亚乡	9396	39219		14	153		
洛浦县恰尔巴格乡	9450	53188		4	56		
洛浦县多鲁乡	282767	41778					
洛浦县纳瓦乡	2755	16865					
洛浦县拜什托格拉克乡	543780	7119					
洛浦县阿其克乡	664	1741					
策勒县策勒镇	26301	32954	14926	237	2237	95	
策勒县固拉合玛镇	68955	31685	5683	37	191	8	
策勒县策勒乡	932716	35530					
策勒县达玛沟乡	544038	23196		24	180	10	
策勒县恰哈乡	449662	17046		33	168		
策勒县乌鲁克萨依乡	344267	5086		9	45		
策勒县奴尔乡	459661	13084		11	60		
策勒县博斯坦乡	332184	7482		7	35		
兵团第十四师一牧场	84493	2854	1470	60	320	3	
于田县木尕拉镇	9912	56335	2998				
于田县先拜巴扎镇	8505	21463	1393	2	465	2	
于田县科克亚乡	5297	23272		1	16		
于田县阿热勒乡	48499	20553					
于田县阿日希乡	15905	8507					
于田县兰干乡	121620	24498		4	187	4	1
于田县斯也克乡	54904	26114					
于田县托格日尕孜乡	25177	18601		1	6		
于田县喀拉克尔乡	77822	16675					
于田县奥依托格拉克乡	833158	21297		15	250	10	2
于田县阿羌乡	1321865	9512					
于田县英巴格乡	335688	9545		8	75		
于田县希吾勒乡	52379	5235					
于田县达里雅布依乡	971496	1415					
民丰县尼雅镇	1426	13885	13885	137	1850	41	
民丰县尼雅乡	906999	5786					

续表 631　　　　（新疆维吾尔自治区）　　　　单位：公顷、人、个

名　　称	行政区域面积	常住人口	#城镇建成区	企业个数	企业从业人员	工业企业个数	#规模以上
民丰县若克雅乡	38331	6991					
民丰县萨勒吾则克乡	684278	5097					
民丰县叶亦克乡	2395591	3973					
民丰县安迪尔乡	920878	2478					
民丰县亚瓦通古孜乡	722815	358					
伊宁市巴彦岱镇	24406	25092	9345	41	2951	30	4
伊宁市潘津镇	4921	28999	3470				
伊宁市英也尔乡	9058	18973		22	3952	21	5
伊宁市汉宾乡	3178	17206		2	65	2	
伊宁市塔什科瑞克乡	1437	35748		2	95	2	
伊宁市喀尔墩乡	3448	33657		22	739	21	3
伊宁市托格拉克乡	3075	8991		5	83	5	
伊宁市克伯克圩孜乡	1596	8049		3	126	3	
伊宁市达达木图乡	5670	33071		21	426	19	1
奎屯市开十齐乡	47600	1548		11	145	5	
兵团第七师一三一团	77900	18835		16	1214	15	1
霍尔果斯市伊车嘎善乡	8000	10592		7	355	7	
兵团第四师六十一团	105300	13289	12114	21	634	18	6
兵团第四师六十二团	13607	20031		185	4903	23	5
伊宁县吉里于孜镇	7222	45565	3737	65	1051	28	8
伊宁县墩麻扎镇	4917	14113	4781	6	149	3	1
伊宁县英塔木镇	12769	24997	2077	4	21		
伊宁县胡地于孜镇	5438	23995	5311	13	651	7	4
伊宁县巴依托海镇	14203	24264	5073				
伊宁县阿热吾斯塘镇	11808	21731	5320				
伊宁县吐鲁番于孜乡	5764	14101					
伊宁县喀拉亚尕奇乡	114540	12601		14	1977	14	6
伊宁县武功乡	5307	11447					
伊宁县萨地克于孜乡	1309	6853					
伊宁县愉群翁回族乡	15220	55121					
伊宁县维吾尔玉其温乡	6651	20379		15	724	10	2
伊宁县萨木于孜乡	16643	18898					
伊宁县喀什乡	67999	24117		6	45		
伊宁县麻扎乡	37728	13464					
伊宁县温亚尔乡	13073	30507					
伊宁县阿乌利亚乡	3326	15328					
伊宁县曲鲁海乡	9396	12941		7	81	1	1
兵团七十团中心团场	12255	11796	5458	22	5213	19	7
察布查尔锡伯自治县察布查尔镇	8188	31560	6125	180	1689	41	11
察布查尔锡伯自治县爱新色里镇	29327	9358	8774	7	86	2	
察布查尔锡伯自治县孙扎齐牛录镇	20357	8964	4832	4	20	1	
察布查尔锡伯自治县堆齐牛录乡	19478	8598		8	60		
察布查尔锡伯自治县绰霍尔乡	8418	9615		13	73	9	
察布查尔锡伯自治县纳达齐牛录乡	6530	4987		15	291	5	1
察布查尔锡伯自治县扎库齐牛录乡	31361	15289		15	78	5	1
察布查尔锡伯自治县米粮泉回族乡	3201	4412					
察布查尔锡伯自治县坎乡	54917	13332		4	122	3	
察布查尔锡伯自治县阔洪奇乡	22961	9385		1	8	1	
察布查尔锡伯自治县海努克乡	26986	15763		3	15	3	
察布查尔锡伯自治县加尕斯台乡	50251	16013		4	103	4	

续表 632　　(新疆维吾尔自治区)　　单位：公顷、人、个

名　　称	行政区域面积	常住人口	#城镇建成区	企业个数	企业从业人员	工业企业个数	#规模以上
察布查尔锡伯自治县琼博拉乡	41704	6703		72	190		
兵团第四师六十七团	61598	13927	6150	13	186	12	
兵团第四师六十八团	13231	9650	7033	37	1752	13	1
兵团第四师六十九团	10203	7063	3384	12	685	8	5
霍城县水定镇	25025	38491	31599	40	2679	37	
霍城县清水河镇	36600	55226	16525	692	6000	58	5
霍城县芦草沟镇	38516	36510	5210	23	168	16	
霍城县惠远镇	13862	21796	6001	10	182	7	1
霍城县萨尔布拉克镇	64710	30336	7705				
霍城县兰干乡	24600	25893		15	1140	10	1
霍城县三道河乡	4500	10996		2	21	2	
霍城县三宫乡	7200	13121		3	83	3	1
霍城县大西沟乡	15200	9238		3	120	2	
兵团第四师六十三团	28717	9054	6760	6	281	5	2
兵团第四师六十四团	36300	25899	18155	11	239	11	6
兵团六十六团	33660	29494		22	1044	22	4
巩留县巩留镇	2526	33139	3397	103	1925	26	2
巩留县阿克图别克镇	61333	11412	2723	4	48		
巩留县库尔德宁镇	56800	13981	3947	3	71	1	
巩留县东买里镇	31832	28287	3983	10	53	4	
巩留县阿尕尔森镇	58666	20712	3402	16	365	12	2
巩留县提克阿热克镇	42667	13530	13530	6	389	5	1
巩留县吉尔格郎乡	42660	8231		4	648	4	3
巩留县塔斯托别乡	41400	24527		5	172	5	1
兵团第四师七十三团	28700	7561	7561	67	2046	30	11
新源县新源镇	42684	51002	17800	261	1872	20	4
新源县则克台镇	42914	23533	6875	19	5432	18	3
新源县阿热勒托别镇	41890	32671	11074	7	281	7	1
新源县塔勒德镇	103959	22286	10869				
新源县那拉提镇	159946	31035	7671	3	73		
新源县肖尔布拉克镇	26041	9681	1933	1	94	1	1
新源县喀拉布拉镇	55082	21090	7379				
新源县阿勒玛勒镇	27206	12288	6171				
新源县坎苏镇	37420	13870	1050				
新源县别斯托别乡	46006	33767		71	429	19	5
新源县吐尔根乡	27704	9648		1	84	1	1
兵团第四师七十一团	16000	11483	9601	37	1732	15	6
兵团第四师七十二团	22755	11375		16	3008	10	2
昭苏县昭苏镇	45204	34179	5845	225	6258	25	
昭苏县喀夏加尔镇	40766	12026	2666	6	52	1	1
昭苏县阿克达拉镇	40444	12135	653	3	161		
昭苏县喀拉苏镇	190141	14488	1871	1	12		
昭苏县洪纳海乡	26740	8456		18	652	1	
昭苏县乌尊布拉克乡	56843	8465		16	240		
昭苏县萨尔阔布乡	98755	11084		2	61		
昭苏县察汗乌苏蒙古族乡	42029	8950		10	175	1	
昭苏县夏特柯尔克孜族乡	106152	14417		8	54		
昭苏县胡松图喀尔逊蒙古族乡	144736	9548		4	29		
兵团第四师七十四团	77800	3678	2781	7	145	4	
兵团第四师七十五团	7908	3231	2784	10	131	5	2

续表 633　　（新疆维吾尔自治区）　　单位：公顷、人、个

名　　称	行政区域面　　积	常住人口	#城镇建成区	企业个数	企　　业从业人员	工业企业个　　数	#规模以上
兵团第四师七十六团	60153	10874	6219	6	6451	5	2
兵团第四师七十七团	39070	7611		9	3843	8	2
特克斯县特克斯镇	67272	37784	3200	12	484	6	1
特克斯县乔拉克铁热克镇	164935	34508	4693				
特克斯县喀拉达拉镇	115126	19227	2193	1	15	1	1
特克斯县齐勒乌泽克镇	70174	17436	3166				
特克斯县喀拉托海镇	107769	12318	4864	1	132	1	1
特克斯县呼吉尔特蒙古民族乡	21957	7325		6	250	6	1
特克斯县阔克苏乡	1316	2343		2	79	2	2
特克斯县阔克铁热克柯尔克孜民族乡	152751	14713					
兵团第四师七十八团	65600	5021	1715	8	211	4	
尼勒克县尼勒克镇	28867	33793	32278	17	158	10	
尼勒克县苏布台乡	29333	7871					
尼勒克县喀拉苏乡	65786	14303		2	23	2	
尼勒克县加哈乌拉斯台乡	47600	9785		1	11	1	
尼勒克县乌赞乡	45333	14378		8	206	7	1
尼勒克县科克浩特浩尔蒙古民族乡	101333	15049		6	290	6	2
尼勒克县乌拉斯台乡	59500	7603		2	21	1	
尼勒克县克令乡	126866	12117		5	427	5	2
尼勒克县喀拉托别乡	36561	10124					
尼勒克县胡吉尔台乡	80000	7935		4	409	4	2
尼勒克县木斯乡	94666	14690		6	560	6	3
兵团第四师七十九团	24360	5005	2030	9	2312	8	1
塔城市二工镇	45000	16789	1182	85	3679	49	1
塔城市恰夏镇	43200	9873	3320	2	56		
塔城市喀拉哈巴克乡	29000	8700					
塔城市阿西尔达斡尔民族乡	40200	10068		5	158	3	
塔城市阿不都拉乡	22569	6372					
塔城市也门勒乡	37200	6820		7	41		
兵团第九师一六三团	20568	7224		20	729	3	
兵团第九师一六四团	19161	5981		30	354	4	
乌苏市白杨沟镇	8643	1353	550	1	1048	1	1
乌苏市哈图布呼镇	11200	18417	6500				
乌苏市皇宫镇	13729	10965	4562				
乌苏市车排子镇	9340	4250	2210	3	30		
乌苏市甘河子镇	24563	9600	551				
乌苏市百泉镇	17156	7318	1092				
乌苏市四棵树镇	10700	12750	1752	2	130	2	
乌苏市古尔图镇	389425	12048	2815				
乌苏市西湖镇	20500	8124	1700				
乌苏市西大沟镇	26700	8490	342				
乌苏市八十四户乡	9418	13323		15	150	6	
乌苏市夹河子乡	4500	4059		1	45		
乌苏市九间楼乡	9497	5147	1084				
乌苏市石桥乡	16074	5560					
乌苏市头台乡	15228	2992					
乌苏市吉尔格勒特郭愣蒙古民族乡	30600	3326	776				
乌苏市塔布勒合特蒙古民族乡	185416	1830					
兵团第七师一二三团	23150	22957		14	3568	12	3
兵团第七师一二四团	92898	17029		40	990	7	3

续表 634　　(新疆维吾尔自治区)　　单位：公顷、人、个

名　称	行政区域面积	常住人口	#城镇建成区	企业个数	企业从业人员	工业企业个数	#规模以上
兵团第七师一二五团	43051	18893		10	9881	3	1
兵团第七师一二六团	20004	11760		3	120	3	
兵团第七师一二七团	18548	14647		8	968	6	
兵团第七师一二八团	28603	14655		14	965	14	4
兵团第七师一三零团	63070	21435		153	5725	17	6
额敏县额敏镇	717	56610	56610				
额敏县玉什喀拉苏镇	15024	9592	9592	8	50		
额敏县杰勒阿尕什镇	35000	6574	1780	25	125	1	
额敏县上户镇	23344	8695	8695				
额敏县玛热勒苏镇	14055	9644	9644				
额敏县郊区乡	30842	13277					
额敏县额玛勒郭楞蒙古民族乡	6111	3066		6	10		
额敏县喇嘛昭乡	5133	1340					
额敏县二道桥乡	15276	1686					
兵团第九师一六五团	93876	5940		8	122	4	
兵团第九师一六六团	49433	8150		15	286	15	1
兵团第九师一六七团	40900	5708		8	89	2	
兵团第九师一六八团	42400	9745		17	4572	1	
兵团第九师团结农场	5369	3631		24	1638	6	
沙湾县三道河子镇	986	58183	5136	2027	12162	44	15
沙湾县四道河子镇	42000	17372	2100	9	240	1	
沙湾县老沙湾镇	53973	9020	2315	10	230	10	1
沙湾县乌兰乌苏镇	10067	19462	980	1	6		
沙湾县安集海镇	35666	18500	1004	16	1395	3	
沙湾县东湾镇	38666	10863	660				
沙湾县西戈壁镇	77543	11927	1260				
沙湾县柳毛湾镇	17451	10478	2310	32	2247	22	5
沙湾县金沟河镇	24000	12251	490				
沙湾县商户地乡	10700	5818	260	3	27	1	
沙湾县大泉乡	13470	13526		25	583	25	
沙湾县博尔通古乡	85549	6673					
兵团第八师一二一团	58500	37969		9	3820	8	1
兵团第八师一三三团	57594	22108	20853	44	7842	6	1
兵团第八师一三四团	58000	21034		460	9584	3	2
兵团第八师一四一团	20003	10765		14	288	8	2
兵团第八师一四二团	70000	25333		104	11012	10	3
兵团第八师一四三团	93627	34088		83	14145	36	6
兵团第八师一四四团	31583	12751		8	61	8	1
托里县托里镇	9406	26389	23077	4	79	3	2
托里县铁厂沟镇	230000	8946	5160	168	1423	81	6
托里县庙尔沟镇	140909	5250	665	2	459	2	
托里县多拉特乡	291000	5520					
托里县乌雪特乡	40072	10809					
托里县库普乡	600000	16681					
托里县阿克别里斗乡	160000	9123					
兵团第九师一七〇团	97400	3396		17	211	15	2
裕民县哈拉布拉镇	1013	12864	12864	29	855	16	3
裕民县吉也克镇	83943	6182	2120				
裕民县哈拉布拉乡	44233	6695					
裕民县新地乡	49183	4176					

续表 635　　　　（新疆维吾尔自治区）　　　　单位：公顷、人、个

名　称	行政区域面积	常住人口	#城镇建成区	企业个数	企业从业人员	工业企业个数	#规模以上
裕民县阿勒腾也木勒乡	67241	5194					
裕民县江格斯乡	26943	4947		1	46		
兵团第九师一六一团	124104	5379		9	151	2	
和布克赛尔蒙古自治县和布克赛尔镇	15232	14549	14549	10	145	8	2
和布克赛尔蒙古自治县和什托洛盖镇	204297	13000	13000	21	2800	19	8
和布克赛尔蒙古自治县夏孜盖乡	114024	826	826	2	19	2	
和布克赛尔蒙古自治县铁布肯乌散乡	126909	1866	1866				
和布克赛尔蒙古自治县查干库勒乡	190464	1422	1422				
和布克赛尔蒙古自治县巴音傲瓦乡	150000	1505	1505				
和布克赛尔蒙古自治县莫特格乡	15323	2391	2391				
和布克赛尔蒙古自治县查和特乡	1411552	3102	3102				
兵团第十师一八四团	72424	8009		16	936	13	3
阿勒泰市北屯镇	555	12561	12561	352	4841	64	2
阿勒泰市阿苇滩镇	100000	10014	2299	2	11		
阿勒泰市红墩镇	108000	12453	3963	9	237	4	
阿勒泰市切木尔切克镇	196000	11338	1764	1	51	1	1
阿勒泰市阿拉哈克镇	187600	10471	2512	1	40	1	1
阿勒泰市汗德尕特蒙古族乡	52800	3582		4	225	4	3
阿勒泰市拉斯特乡	55790	3461		6	65	4	1
阿勒泰市喀拉希力克乡	62400	5772					
阿勒泰市萨尔胡松乡	100724	5681		1	20	1	
阿勒泰市巴里巴盖乡	99962	4720		1	25		
阿勒泰市切尔克齐乡	96450	5592		1	6	1	
兵团第十师一八一团	76000	10683	5629	23	5024	20	2
布尔津县布尔津镇	4547	29754		404	3116	23	11
布尔津县冲乎尔镇	214927	10963		8	162	4	2
布尔津县窝依莫克镇	257747	14350		5	67	3	3
布尔津县阔斯特克镇	29362	5351					
布尔津县杜来提乡	86837	7564		3	50	1	1
布尔津县也格孜托别乡	95709	3619		5	45		
布尔津县禾木哈纳斯蒙古民族乡	345369	2663		15	481		
富蕴县库额尔齐斯镇	1213	28692		409	5150	127	
富蕴县可可托海镇	1710	4115	3367	20	200	4	
富蕴县恰库尔图镇	12006	2374	1102	15	145	3	
富蕴县喀拉通克镇	30330	8096	2812	15	1160	2	
富蕴县杜热镇	1400000	17836	1402	8	811	3	
富蕴县吐尔洪乡	1787140	14425					
富蕴县库尔特乡	950000	9781		7	210		
富蕴县克孜勒希力克乡	682530	6085					
富蕴县铁买克乡	300000	5980		3	20	1	
富蕴县喀拉布勒根乡	700000	6385		10	660	3	
福海县福海镇	4060	25241	25241	353	4462	69	
福海县喀拉玛盖镇	2020759	10079	10079	68	765	6	
福海县解特阿热勒镇	320507	13130	13130	97	901	12	
福海县阔克阿尕什乡	138550	6649					
福海县齐干吉迭乡	656428	4790					
福海县阿尔达乡	8571	3094					
兵团第十师一八二团	35756	5306		37	2486	14	2
兵团第十师一八三团	35333	9294		16	318	15	5
兵团第十师一八七团	29030	6796		26	592	19	3

续表 636　　(新疆维吾尔自治区)　　单位：公顷、人、个

名　　称	行政区域面　　积	常住人口	#城镇建成区	企业个数	企　　业从业人员	工业企业个　　数	#规模以上
兵团第十师一八八团	39000	11306		175	2100	48	5
哈巴河县阿克齐镇	1200	28294	28294	142	1657	17	1
哈巴河县萨尔布拉克镇	181800	13536	1519				
哈巴河县齐巴尔镇	57600	8428	840				
哈巴河县萨尔塔木乡	129500	10443					
哈巴河县加依勒玛乡	124100	12876					
哈巴河县库勒拜乡	136000	14616					
哈巴河县铁热克提乡	130300	2829					
兵团第十师一八五团	90795	3346		4	912	2	
青河县青河镇	4584	16184	16184				
青河县塔克什肯镇	151300	4329	845	6	34		
青河县阿热勒托别镇	346015	10049	8471	31	1523		
青河县阿热勒乡	433293	12072	12072	23	460	12	2
青河县萨尔托海乡	283796	6025	6025				
青河县查干郭勒乡	174249	5130		16	336	8	
青河县阿尕什敖包乡	184405	5843					
吉木乃县托普铁热克镇	618	11219	11219				
吉木乃县吉木乃镇	125356	2793	2793				
吉木乃县喀尔交镇	242279	4052	2382	1	5		
吉木乃县托普铁热克乡	91145	8613	474				
吉木乃县托斯特乡	112724	4628		1	20		
吉木乃县恰勒什海乡	17174	1165		2	25		
吉木乃县别斯铁热克乡	118857	3433					
兵团第十师一八六团	62190	2650		10	220	5	
石河子市北泉镇	47500	51698	51698	803	20023	148	21
石河子市石河子镇	3957	11352		68	2100	28	2
兵团第八师一五二团	10159	6397		15	4111	11	3
阿拉尔市托喀依乡	12204	3449	486				
兵团第一师七团	22720	14728		169	2424	53	14
兵团第一师八团	20851	11640		63	1634	24	8
兵团第一师十团	97835	19579		27	3149	24	10
兵团第一师十一团	43007	13215		20	6537	12	5
兵团第一师十二团	49255	21860		143	8462	37	14
兵团第一师十三团	35490	24036		186	1827	25	8
兵团第一师十四团	47507	12014		67	4715	18	8
兵团第一师十六团	34374	16360		114	10043	25	7
兵团第一师幸福农场	17580	5116		11	318	7	5
阿拉尔市金银川路街道办事处	37878	25360	23685	130	2601	31	10
兵团第一师二团	40100	15731		67	1757	21	9
兵团第一师三团	49222	16300		74	7316	30	10
兵团第三师四十一团	7600	10708	10659	26	1897	9	4
兵团第三师四十四团	61333	27714	19400	154	9986	21	6
兵团第三师四十九团	30800	16442	16442	16	901	11	3
兵团第三师五十团	55300	23597	14170	21	583	11	5
兵团第三师五十一团	141117	48830	34000	18	1321	18	5
兵团第三师五十三团	126590	24137	8680	22	1505	11	3
兵团第六师一零一团	9104	23701		119	7809	10	3
五家渠市梧桐镇	34549	19763	15738	55	1422	20	11
五家渠市蔡家湖镇	54600	16820	13217	27	1081	13	3

附录：主要指标解释

主要指标解释

行政区域面积 指辖区内的全部陆地面积和水域面积。包括耕地、荒山、荒地、山林、草原、滩涂、道路和建筑物占地等陆地面积，以及河流、湖泊、水库等水域面积。

户籍人口 指年末户籍在本辖区的人口数，即公安部门户籍人口。

常住人口 指以下四部分人口之和：居住在本辖区，户口在本辖区或者户口待定的人口；居住在本辖区，户口在外乡镇，离开户口登记地半年以上的人口；户口在本辖区，居住在外乡镇，离开户口登记地不到半年的人口；户口在本辖区，居住在港澳台或国外的人口。

公共财政收入 包括国内增值税、营业税、企业所得税、个人所得税、资源税、城市维护建设税、房产税、印花税、城镇土地使用税、土地增值税、车船税、耕地占用税、契税、烟叶税、其他等税收收入和专项收入、行政事业性收费收入、罚没收入、国有资本经营收入、国有资源（资产）有偿使用收入、其他收入等非税收入。

企业个数 指企业法人单位数。法人单位是指有权拥有资产、承担负债，并独立从事社会经济活动（或与其他单位进行交易）的组织。法人单位应同时具备以下条件：1.依法成立，有自己的名称、组织机构和场所，能够独立承担民事责任；2.独立拥有（或授权使用）资产或者经费，承担负债，有权与其他单位签订合同；3.具有包括资产负债表在内的账户，或者能够根据需要编制账户。

企业从业人员 指年末在企业工作，并取得工资或其他形式劳动报酬的人员数。

工业企业单位数 指按行业划分标准为工业的企业单位个数。

规模以上工业企业单位数 指年主营业务收入2000万元以上的工业企业单位数。